SHANGHAI EDUCATIONAL YEARBOOK

2014
上海教育年鉴

SHANGHAI MUNICIPAL EDUCATION COMMISSION

上海市教育委员会 编

Shanghai People's
Publishing House

上海人民出版社

《2014上海教育年鉴》编委会

上海市人民政府
表彰第三届“上海市教育功臣”

为促进教育事业发展，表彰在教育教学、教育科研和教育管理工作中作出突出贡献的优秀教育工作者，2002 年上海设立“上海市教育功臣”荣誉称号制度。“上海市教育功臣”每 5 年评选一次，每届评选 10 名，由市政府发文表彰。2003 年、2008 年上海已评选表彰两届共 19 名“上海市教育功臣”。

2013 年 6 月，上海组织开展了第三届“上海市教育功臣”评选工作。经推荐、评审、网上公示、“上海市教育功臣”评选工作领导小组审定，上海市人民政府批准，共 10 人获“上海市教育功臣”荣誉称号。

第三届“上海市教育功臣”

（按姓氏笔画排序）

卞松泉：上海市打虎山路第一小学 校长

汤钊猷：中国工程院院士、复旦大学 教授

刘宪权：华东政法大学 教授

邬宪伟：复旦大学 教授

杨槱：中国科学院院士、上海交通大学 教授

何积丰：中国科学院院士、华东师范大学 教授

张志敏：上海市格致中学 校长

张洁华：上海市宝山区培智学校 校长

范立础：中国工程院院士、同济大学 教授

封莉蓉：宋庆龄幼儿园 园长

上海纽约大学 2013 级新生入学仪式

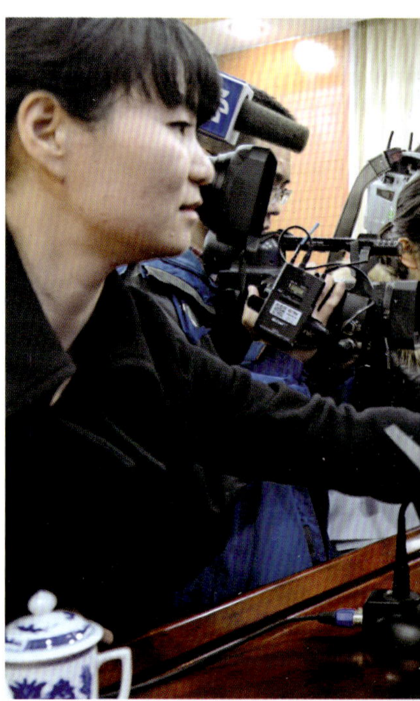
PISA2012 中国上海新闻发布会

上海中小学开设《公共安全行为指南》课程

教育 因你而有梦——2013 上海教育年度新闻人物颁奖典礼

家长代表参观 2013 年高考阅卷现场

胸怀中国梦 幸福在校园——卢湾中学新学期开学

听电话

电子学生证

课外阅读

参观上海教育博览会

电子书包

学生创作摄影大赛开幕

“桃李杯”全国艺术类院校国际标准舞比赛

2013年上海春季人才交流洽谈会暨长三角地区高校毕业生就业招聘会

2013年6月上海高考

上海市普通高校招生体育类专业统一考试

大学新生秀才艺

华东政法大学师生庆祝建校 61 周年

贺绿汀纪念塑像在上海音乐学院落成

同济大学 3D 打印微型飞机成功试飞

上海交通大学学生获第 37 届 ACM 国际大学生程序设计总决赛金牌

“翰墨香·中国梦——上海教育系统师生书法联展

上海中医药大学“中药质量控制综合评价技术创新及其应用”参展工业博览会，获创新金奖

中外学生参加达人秀活动

中等职业学校学生在上实践课

中等职业学校学生演出话剧《兄弟》

上海市商业学校形象设计班学生上实践课

法制教育课：模拟法庭

上海市商贸旅游学校美术班学生学习彩绘

上海城市科技学校学生制作创意木工作品

上海市宝山区培智学校老师在上课

关注特殊儿童——医教结合。中外专家观摩浦东特殊教育学校的肢体训练

第六个“世界自闭症日”主题活动

浦东新区全民终身学习活动周开幕

闵行区民办非学历教育成果汇报展演

市民舞蹈大赛

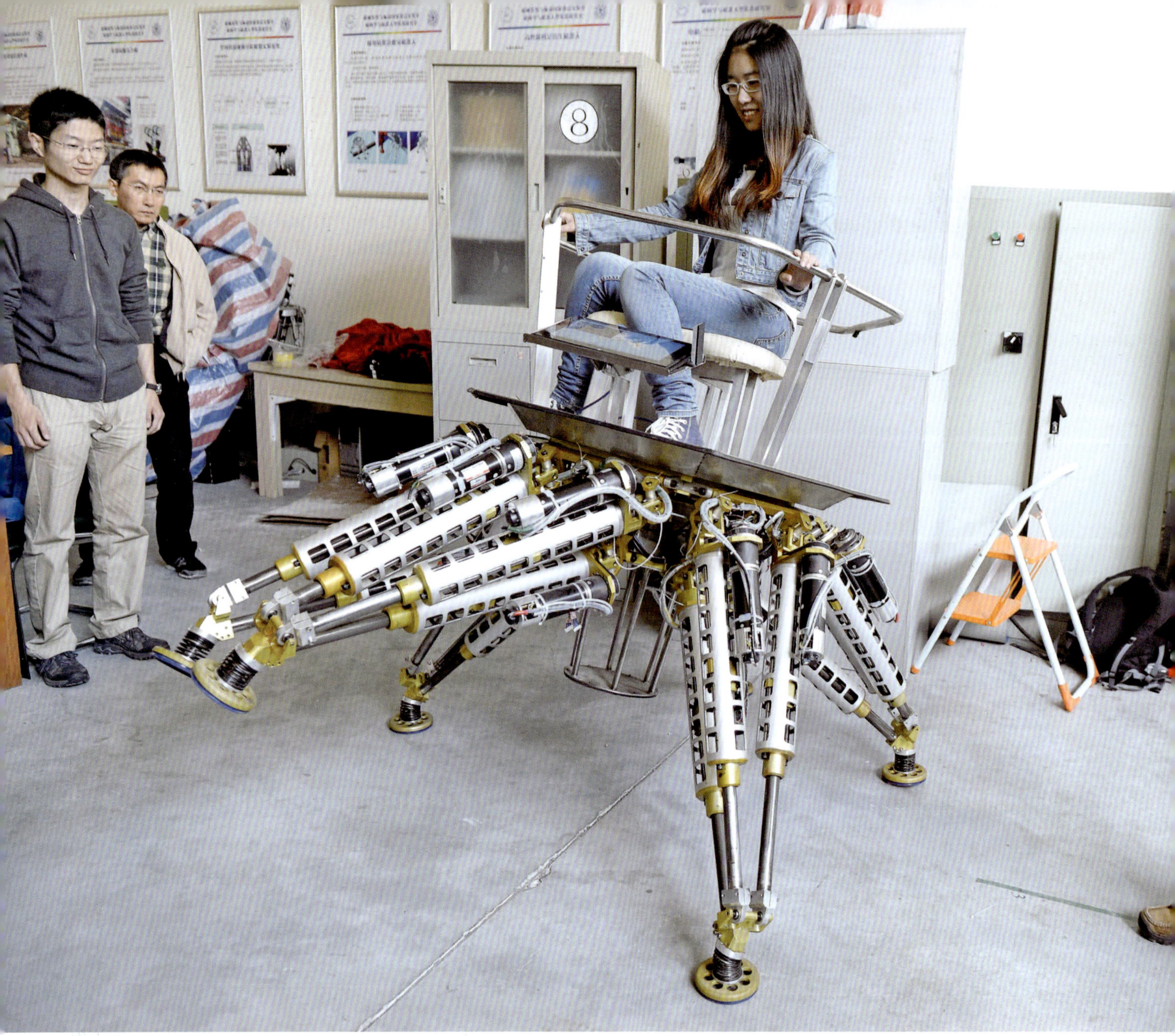

上海交通大学研制“六爪章鱼”救援机器人

创意模型登月车

2013 上海国际科学与艺术展开幕

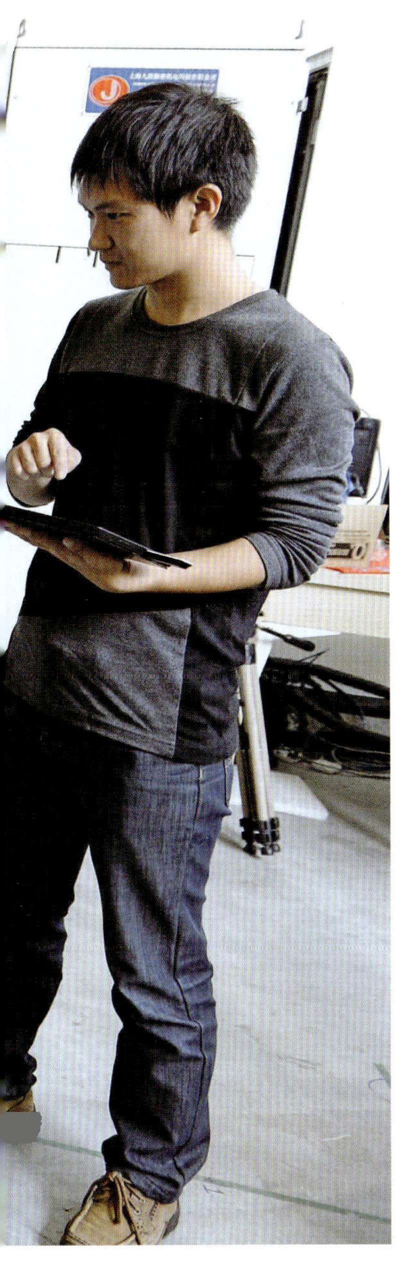

上海学生获世界头脑奥林匹克古典类比赛冠军

OM 头脑奥林匹克大赛比赛现场

2013 年上海青少年科技节展示的机器人

14 岁种下成长纪念树

钱学森图书馆里的学生讲解员

上海市 18 岁成人节在东方绿舟举行

放飞梦想

中小学生心系灾区

志愿者服务社学生表演音乐剧

学雷锋，爱劳动

大学生健康跑活动

中学生摔跤队在训练

小学生阳光体育运动

第六届 DBA 篮球赛开幕式

学生暑假游泳活动

训练小球员

大学生阳光体育运动

中外学生参加学校体验日活动

中法中学生开展数学交流活动

世界学前教育组织第 65 届研讨会在沪召开

诺贝尔文学奖得主进校园

上海市商业学校与加拿大天骄音乐团交流演出

上海交通大学比利时文化周开幕

参观 2013 首届中国上海国际童书展

参加课余科技比赛

高中学生器乐队演奏《情系千年》

小学生课余兴趣科技活动

拓展课——大提琴演奏

上海首支高中女子行进打击乐队

“美丽中国梦 校园民族风”活动：京剧演唱

上停机坪看飞机起飞

参观 2013 上海书展

表演皮影戏

学习折纸

亲近大自然

参观第九届中国国际动漫游戏博览会

华东理工大学学生合唱团赴香港特区参加国际青少年合唱节

目　录

特　载

法律　法规　规章　文件

各级各类教育

区 县 教 育

高 等 学 校

教育科研与考试、评估机构

教育电视、报刊与教育集团

教育人物

大事记

教育统计

Contents

Special Articles

Laws, Regulations and Documents

Various Educations at Different Levels

Education in Districts and Counties

High Schools

Institutions of Scientific Research, Examination and Evaluation on Education

Educational TV, Press and Education Group

Educational Personage

Chronicles

Educational Statistics

特　　载

在同各界优秀青年代表座谈时的讲话

（2013 年 5 月 4 日）

中共中央总书记、国家主席、中央军委主席　**习近平**

青年朋友们，同志们：

今天是五四青年节。在这个属于青春的日子里，很高兴来参加“实现中国梦、青春勇担当”主题团日活动，同各条战线的优秀青年代表一起交流，聆听大家抒发与祖国共奋进、与时代齐发展的青春感受。

首先，我代表党中央，向全国各族各界青年，致以节日的问候！向荣获中国青年五四奖章的青年朋友们，向中国大学生和全国高校辅导员年度人物、中国青年创业奖获得者、全国农村青年致富带头人标兵、“西部计划”优秀志愿者等优秀青年代表，表示热烈的祝贺！向各行各业的先进青年典型，表示由衷的敬意！

我们同青年朋友们到航天城来，就是要实地感受载人航天精神，激励包括广大青年在内的全国各族人民为实现中华民族伟大复兴的中国梦而奋斗。

刚才，不同领域的优秀青年代表作了很好的发言。在你们身上，充分体现了当代青年报效祖国的远大志向、朝气蓬勃的精神风貌、自强不息的意志品格、甘于奉献的思想境界，也充分体现了广大青年对中国特色社会主义的坚定信念、对实现中华民族伟大复兴的必胜信心。

青年最富有朝气、最富有梦想。近代以来，我国青年不懈追求的美好梦想，始终与振兴中华的历史进程紧密相连。在革命战争年代，广大青年满怀革命理想，为争取民族独立、人民解放冲锋陷阵、抛洒热血。在社会主义革命和建设时期，广大青年响应党的号召，向困难进军，向荒原进军，保卫祖国，建设祖国，在新中国的广阔天地忘我劳动、艰苦创业。在改革开放历史新时期，广大青年发出团结起来、振兴中华的时代强音，为祖国繁荣富强开拓奋进、锐意创新。在最近的芦山抗震救灾中，大批青年临危不惧、顽强拼搏，广大青年心系灾区、无私奉献，为抗震救灾作出了重要贡献。

历史和现实都告诉我们，青年一代有理想、有担当，国家就有前途，民族就有希望，实现我们的发展目标就有源源不断的强大力量。

党的十八大描绘了全面建成小康社会、加快推进社会主义现代化的宏伟蓝图，发出了向实现“两个一百年”奋斗目标进军的时代号召。根据党的十八大精神，我们明确提出要实现中华民族伟大复兴的中国梦。现在，大家都在谈论中国梦，都在思考中国梦与自己的关系、自己为实现中国梦应尽的责任。

——中国梦是历史的、现实的，也是未来的。中国梦凝结着无数仁人志士的不懈努力，承载着全体中华儿女的共同向往，昭示着国家富强、民族振兴、人民幸福的美好前景。

——中国梦是国家的、民族的，也是每一个中国人的。国家好、民族好，大家才会好。只有每个人都为美好梦想而奋斗，才能汇聚起实现中国梦的磅礴力量。

——中国梦是我们的，更是你们青年一代的。中华民族伟大复兴终将在广大青年的接力奋斗中变为现实。

在革命、建设、改革各个历史时期，中国共产党始终高度重视青年、关怀青年、信任青年，对青年一代寄予殷切期望。中国共产党从来都把青年看作是祖国的未来、民族的希望，从来都把青年作为党和人民事业发展的生力军，从来都支持青年在人民的伟大奋斗中实现自己的人生理想。

现在，我们比历史上任何时期都更接近实现中华民族伟大复兴的目标，比历史上任何时期都更有信心、更有能力实现这个目标。行百里者半九十。距离实现中华民族伟大复兴的目标越近，我们越不能懈怠，越要加倍努力，越要动员广大青年为之奋斗。

展望未来，我国青年一代必将大有可为，也必将大有作为。这是“长江后浪推前浪”的历史规律，也是“一代更比一代强”的青春责任。广大青年要勇敢肩负起时代赋予的重任，志存高远，脚踏实地，努力在实现中华民族伟大复兴的中国梦的生动实践中放飞青春梦想。

第一，广大青年一定要坚定理想信念。“功崇惟志，业广惟勤。”理想指引人生方向，信念决定事业成败。没有理想信念，就会导致精神上“缺钙”。中国梦是全国各族人民的共同理想，也是青年一代应该牢固树立的远大理想。中国特色社会主义是我们党带领人民历经千辛万苦找到的实现中国梦的正确道路，也是广大青年应该牢固确立的人生信念。

广大青年要坚持用邓小平理论、“三个代表”重要思想、科学发展观武装头脑，把理想信念建立在对科学理论的理性认同上，建立在对历史规律的正确认识上，建立在对基本国情的准确把握上，不断增强道路自信、理论自信、制度自信，增强对坚持党的领导的信念，永远紧跟党高高举起中国特色社会主义伟大旗帜。

第二，广大青年一定要练就过硬本领。学习是成长进步的阶梯，实践是提高本领的途径。青年的素质和本领直接影响着实现中国梦的进程。古人说：“学如弓弩，才如箭镞。”说的是学问的根基好比弓弩，才能好比箭头，只要依靠厚实的见识来引导，就可以让才能很好发挥作用。青年人正处于学习的黄金时期，应该把学习作为首要任务，作为一种责任、一种精神追求、一种生活方式，树立梦想从学习开始、事业靠本领成就的观念，让勤奋学习成为青春远航的动力，让增长本领成为青春搏击的能量。

广大青年要坚持面向现代化、面向世界、面向未来，增强知识更新的紧迫感，如饥似渴学习，既扎实打牢基础知识又及时更新知识，既刻苦钻研理论又积极掌握技能，不断提高与时代发展和事业要求相适应的素质和能力。要坚持学以致用，深入基层、深入群众，在改革开放和社会主义现代化建设的大熔炉中，在社会的大学校里，掌握真才实学，增益其所不能，努力成为可堪大用、能担重任的栋梁之材。

第三，广大青年一定要勇于创新创造。创新是民族进步的灵魂，是一个国家兴旺发达的不竭源泉，也是中华民族最深沉的民族禀赋，正所谓“苟日新，日日新，又日新”。生活从不眷顾因循守旧、满足现状者，从不等待不思进取、坐享其成者，而是将更多机遇留给善于和勇于创新的人们。青年是社会上最富活力、最具创造性的群体，理应走在创新创造前列。

广大青年要有敢为人先的锐气，勇于解放思想、与时俱进，敢于上下求索、开拓进取，树立在继承前人的基础上超越前人的雄心壮志，“以青春之我……创建青春之国家，青春之民族”。要有逢山开路、遇河架桥的意志，为了创新创造而百折不挠、勇往直前。要有探索真知、求真务实的态度，在立足本职的创新创造中不断积累经验、取得成果。

第四，广大青年一定要矢志艰苦奋斗。“宝剑锋从磨砺出，梅花香自苦寒来。”人类的美好理想，都不可能唾手可得，都离不开筚路蓝缕、手胼足胝的艰苦奋斗。我们的国家，我们的民族，从积贫积弱一步一步走到今天的发展繁荣，靠的就是一代又一代人的顽强拼搏，靠的就是中华民族自强不息的奋斗精神。当前，我们既面临着重要发展机遇，也面临着前所未有的困难和挑战。梦在前方，路在脚下。自胜者强，自强者胜。实现我们的发展目标，需要广大青年锲而不舍、驰而不息的奋斗。

广大青年要牢记“空谈误国、实干兴邦”，立足本职、埋头苦干，从自身做起，从点滴做起，用勤劳的双手、一流的业绩成就属于自己的人生精彩。要不怕困难、攻坚克难，勇于到条件艰苦的基层、国家建设的一线、项目攻关的前沿，经受锻炼，增长才干。要勇于创业、敢闯敢干，努力在改革开放中闯新路、创新业，不断开辟事业发展新天地。

第五，广大青年一定要锤炼高尚品格。中国特色社会主义是物质文明和精神文明全面发展的社会主义。一个没有精神力量的民族难以自立自强，一项没有文化支撑的事业难以持续长久。青年是引风气之先的社会力量。一个民族的文明素养很大程度上体现在青年一代的道德水准和精神风貌上。

广大青年要把正确的道德认知、自觉的道德养成、积极的道德实践紧密结合起来，自觉树立和践行社会主义核心价值观，带头倡导良好社会风气。要加强思想道德修养，自觉弘扬爱国主义、集体主义、社会主义思想，积极倡导社会公德、职业道德、家庭美德。要牢记“从善如登，从恶如崩”的道理，始终保持积极的人生态度、良好的道德品质、健康的生活情趣。要倡导社会文明新风，带头学雷锋，积极参加志愿服务，主动承担社会责任，热诚关爱他人，多做扶贫济困、扶弱助残的实事好事，以实际行动促进社会进步。

为实现中华民族伟大复兴的中国梦而奋斗，是中国青年运动的时代主题。共青团要在广大青少年中深入开展“我的中国梦”主题教育实践活动，为每个青少年播种梦想、点燃梦想，让更多青少年敢于有梦、勇于追梦、勤于圆梦，让每个青少年都为实现中国梦增添强大青春能量。要用中国梦打牢广大青少年的共同思想基础，教育和帮助青少年树立正确的世界观、人生观、价值观，永远热爱我们伟大的祖国，永远热爱我们伟大的人民，永远热爱我们伟大的中华民族，坚定跟着党走中国道路。要用中国梦激发广大青少年的历史责任感，发扬“党有号召，团有行动”的光荣传统，在党和国家工作大局中找准自身工作的切入点和结合点，组织动员广大青少年支持改革、促进发展、维护稳定。要积极为广大青少年实现梦想提供服务，切实改进作风，深入基层、走近青年，想青年之所想，急青年之所急，代表和维护青少年普遍性利益诉求，努力为广大青少年成长成才创造良好环境。

青年模范人物是广大青少年学习的榜样，肩负着更多社会责任和公众期望，在青少年中乃至全社会都有着很强的示范带动作用。希望青年模范们再接再厉、严于律己、锐意进取，用自身的成长历程、精神追求、模范行动为广大青少年做好表率。

青年兴则国家兴，青年强则国家强。我们党自成立之日起，就始终代表广大青年、赢得广大青年、依靠广大青年。各级党委和政府要充分信任青年、热情关心青年、严格要求青年，为青年驰骋思想打开更浩瀚的天空，为青年实践创新搭建更广阔的舞台，为青年塑造人生提供更丰富的机会，为青年建功立业创造更有利的条件。各级领导干部要关注青年愿望、帮助青年发展、支持青年创业，做青年朋友的知心人，做青年工作的热心人。

青年朋友们，人的一生只有一次青春。现在，青春是用来奋斗的；将来，青春是用来回忆的。人生之路，有坦途也有陡坡，有平川也有险滩，有直道也有弯路。青年面临的选择很多，关键是要以正确的世界观、人生观、价值观来指导自己的选择。无数人生成功的事实表明，青年时代，选择吃苦也就选择了收获，选择奉献也就选择了高尚。青年时期多经历一点摔打、挫折、考验，有利于走好一生的路。要历练宠辱不惊的心理素质，坚定百折不挠的进取意志，保持乐观向上的精神状态，变挫折为动力，用从挫折中吸取的教训启迪人生，使人生获得升华和超越。总之，只有进行了激情奋斗的青春，只有进行了顽强拼搏的青春，只有为人民作出了奉献的青春，才会留下充实、温暖、持久、无悔的青春回忆。

青年朋友们，我坚信，在党的领导下，只要全国各族人民紧密团结，脚踏实地、开拓进取，到本世纪中叶，我们必将建成富强民主文明和谐的社会主义现代化国家，我国广大青年必将同全国各族人民一道共同见证、共同享有中国梦的实现！

（《人民日报》2013年5月5日）

在2013年春季上海高校党政负责干部会议上的讲话(摘要)

(2013年2月23日)

上海市副市长　**翁铁慧**

一、进一步聚集高等教育内涵发展的重点领域和关键环节

当前,高等教育内涵建设的重点领域有三方面:一是提高人才培养水平,特别是提升本科生的教育教学质量。二是增强高校的创新能力。三是加强高校教师队伍建设。

1. 要切实提高人才培养水平

人才培养是高校办学的生命线和立校之本。当前,高校的人才培养处于全球化的竞争环境中。我们要更加自觉地去思考:怎样才能守住高校办学的生命线。为此,政府和学校必须从三个方面作出努力。一要在进一步深化高等教育资源配置方式方面的改革创新,为高校聚精会神提高人才培养质量确立正确标杆和导向。二要通过科学合理的制度安排,激发高校教师教书育人的动力和潜能。在严格规范教学管理的同时,积极稳妥地推进教师人事制度特别是专业技术职务评聘、收入分配等方面制度的改革,引导广大教师潜心教书育人,切实承担起立德树人的责任和使命。三要强化对高校教育教学质量的评价监督。今后,要在地方本科院校已经开展本科教学质量年度报告发布工作的基础上,进一步完善这一工作,主动接受社会监督。同时深入研究社会各方面,包括用人单位对毕业生及高校办学质量的评价反馈意见。

2. 要切实增强高校创新能力

韩正同志曾强调,大学要始终站在创新前列,成为创新的源泉之地。当前,高校在增强创新能力方面有很大机遇。国务院印发的《"十二五"国家自主创新能力建设规划》中,有不少内容都与高校有密切联系,如加强国家重点实验室建设、加强制造业共性技术创新平台建设、增强战略性新兴产业创新能力等。在2012年召开的全市科技创新大会上,市委、市政府印发的《关于贯彻〈中共中央国务院关于深化科技体制改革加快国家创新体系建设的意见〉的实施意见》,提出要启动实施一批市级重大科技专项、推进高校科技成果转化和股权激励等,为高校加快科技创新提供了机遇。

高校要抓住各种机遇,切实增强自身创新能力,提升社会服务水平,要着力做好四个方面的工作。一要苦练内功。学科建设是学校最要紧的内功,不练好内功,服务经济社会很难有所为,办学很难有定力。二要找准定位。对于基础前沿研究,既是高校的强项、也是职责所在,必须坚持。对于应用研究,高校要在科技和产业创新链的不同阶段来不同定位,在科技研究阶段,高校要做好"主力军";在科技成果转化和应用阶段,高校与企业要架好"立交桥",共同发挥作用;在科技成果产业化阶段,企业是主体,高校要扬长避短、发挥应有作用。三要制度支撑。要大胆探索,构建高校与企业人员的双向兼职和流动机制,健全技术要素参与分配的激励机制。"高等学校可保留3%的编制额度,专门用于支持教师流动;骨干教师到企业工作的,可保留其人事聘用关系和事业编制""进一步推进股权激励试点,落实国有企事业单位股权奖励及科技成果折价奖励政策,明确事业单位职务发明成果股权奖励操作流程,制定出台配套优惠政策。"这些政策突破力度非常大,要深入研究、积极利用好这些政策。

3. 要切实加强教师队伍建设

实现人才培养和创新能力的突破,关键在人,在教师队伍建设。做好这项工作。一要重视加强人才引进工作。这是短时间内提升教师队伍水平的有效办法,周边兄弟省市的不少地方高校就通过这个办法在近几年取得了跨越式的发展。上海的高校也要高度重视人才引进工作,将人才引进特别是高层次人才的引进放在极其突出的位置。二要注重培养人才和留住人才。关键是要给他们广阔的事业发展空间和实现价值的舞

台。同时，要高度重视“本土”教师的培养，特别是对青年骨干教师的培养。对各种人才培养计划，要加强梳理衔接，逐步构建一个覆盖教师成长各环节的较为健全的培养体系。在管理制度上，要抓住评价考核这一关键，完善针对不同类型、不同岗位教师的分类管理办法，既坚持一视同仁，又体现区别对待，从而有效激发每一个教师的能动性和进取心。在职称评聘、收入分配等方面要有符合不同系列人员特点的制度安排，让大家都有足够的成长发展空间。

在引进、培养和留住人才的基础上，要进一步提高师资队伍建设的整体水平。一要激发教师的职业理想，增加教书育人的责任感。二要给骨干教师特别是青年骨干教师压担子，“养用结合”，为他们持续提升自己改善条件、创造空间、提供帮助。三要创新教师人事管理制度和机制。彻底改变对教师“一刀切”的评价、考核办法，完善针对不同类型、不同岗位教师分类管理的办法。四要真正关心教师，关注他们的合理诉求，想办法破解青年教师住房等一些比较突出的难题。

二、以探索建立中国特色现代大学制度为目标，谋划下一步高校发展改革的蓝图

推进现代大学制度建设，是今后进一步深化高等教育改革的一个契机，一个关键路径和重要方向。《国家中长期教育改革和发展规划纲要(2010—2020年)》明确指出，完善现代大学制度，要以科学的治理结构、宽松的学术环境、依法自主办学、扩大社会合作、推进专业评价、加强民主管理等为重点。我们要循序渐进地实践这些内容，当前重点要关注依法自主办学和加强民主管理。

首先，关于依法自主办学。对政府来说，要立足宏观指导、减少微观干预，扩大整体投入力度、减少专项经费比例。对学校来说，要善于自主确立学校发展战略和目标，善于自主规划学校发展的未来，并能构架一套自主管理学校的科学体系。

其次，关于加强民主管理。重点是制度构建，要建立能保障民主管理有序运行的制度和规则体系，要让学校管理者、专家教授、一般教师和学生都能在科学决策中发挥各自的积极作用，要善于协调各方利益，凝聚共识。要做到这些，政府要进一步明确职能和定位；高校要有明确的办学理念，能总结传承学校的文化传统，能系统思考全面谋划学校的改革和发展，能动员、调度、整合校内外的各种力量和资源，能非常专业地管理学校等。

三、下阶段重点调研的问题

一是提升本科生教育教学质量，特别是政府应该如何评价学校的教育水平。二是提升高校创新能力建设的问题，包括如何提升高校创新能力、如何推动产学研紧密结合等。三是高水平大学建设和现代大学制度构建问题，包括上海高等教育体系的总体规划、高水平大学的总量与布局，还包括高水平民办高校建设以及现代职业教育体系建设等。四是高校招生考试制度改革。五是完善高等教育经费投入方式，包括如何增强经费使用绩效。六是教师队伍建设问题，包括如何推进各级各类人才的分类管理，如何健全完善评价制度体系，如何加强教师队伍培养以及提高教师待遇等。

在2013年秋季上海高校党政负责干部会议上的讲话

（2013年8月30日）

中共上海市教育卫生工作委员会书记 **陈克宏**

刚才，苏明同志着重谈了当前进一步推动上海高等教育内涵发展的主要思路和举措。我与苏明同志的看法相同，也深感市教卫工作党委、市教委过往历届领导班子为包括高等教育在内的上海教育事业改革发展打下了十分坚实的基础。作为后来者，我们有责任把过去的成绩和经验巩固好、发扬好，并且努力在此基础上取得新的进展。同时，我也由衷期待在座各位一如既往地支持市教卫工作党委和市教委的工作。作为党委的负责人，从“围绕中心、服务大局”的原则出发，结合苏明同志谈到的有关工作，借今天这个机会，主要谈两个问题，一是高校领导班子建设问题，二是党风廉政建设问题。

一、全面切实加强高校领导班子建设

在6月28日至29日召开的全国组织工作会议上，习近平总书记强调，实现党的十八大确定的各项目标任务，关键在党，关键在人。其中，关键在人，就要建设一支宏大的高素质干部队伍。他还指出，党要管党，首先是管好干部；从严治党，关键是从严治吏。8月21日，上海召开全市组织工作会议，学习贯彻全国组织工作会议精神，谋划部署今后一个时期上海党的建设和组织工作。韩正书记在讲话中指出，针对当前逐步凸显、亟待解决的一些矛盾和问题，管党治党，首先要抓好班子建设和管理，还要严格管好干部，从严管好队伍。中央和市委领导同志的这些重要讲话精神，既为我们加强高校领导班子建设指明了方向，也提出了更高的要求。

领导班子是学校改革发展的引路人，学校办学水平很大程度上取决于领导班子的能力与水平。高校作为办学的主体，承担着立德树人的重要使命。为确保这一使命的实现，高校领导班子必须切实肩负起把握办学方向、承担办学责任的重任。这是高校领导班子的首要职责，使命光荣，任务艰巨。总体而言，目前上海高校领导班子的面貌和状态是好的，工作是卓有成效的，特别是部属高校的领导班子确实是相当坚强有力的，有不少成功做法和经验值得市属高校、民办高校以及行业划转高校学习借鉴。但是，在肯定主流的同时，也应当看到，当前上海高校领导班子中仍然存在一定的问题，特别是面对上海高等教育改革发展的新形势、新任务、新情况，进一步全面切实地加强高校领导班子建设，是现阶段亟待推进的一项重要工作。针对这一问题，我简要谈两个方面的意见。

（一）深刻认识当前重视加强高校领导班子建设的必要性和紧迫性

这个问题，可以从四个角度来把握。

首先，高校领导班子中存在的若干突出作风问题亟待解决。领导班子的作风问题是一个十分重要的问题，作风折射的是领导班子的思想觉悟、精神状态、宗旨意识、工作态度与方法等方面的水平和状况。针对当前存在的若干突出问题，我们必须从不同方面着力，花大功夫认真加以解决。这次，市委决定把高校作为本市党的群众路线教育实践活动的第一批开展单位，不仅十分必要，而且非常及时。8月5日，以市教卫工作党委系统群众路线教育实践活动动员大会的召开为标志，新一轮作风建设已经伴随着群众路线教育实践活动而展开。希望各高校党委牢牢把握此次活动提供的契机，全面加强学校党政领导班子的作风建设。其中，在政治作风方面，要强调始终坚持强化宗旨意识，积极践行为民服务；在工作作风方面，要大力贯彻落实深入基层、深入群众的要求；在思想作风方面，主要是要实事求是。作为领导班子建设的一个重要方面，切实加强和改进作风建设，是我们任何时候都必须高度重视的一个重要问题。

其次，近年来，上海正在深入实施“创新驱动、转型发展”战略，加快建设“四个中心”和现代化国际大都市。党和国家始终对上海的改革发展寄予厚望，习近平总书记一再要求上海要当好全国改革开放排头兵和科学发展先行者。所有这些，在给上海教育改革发展带来宝贵机遇和巨大空间的同时，也对上海教育提出了更高的要求，特别是上海高等教育在加强知识创新、成为区域经济发展引擎等方面所承载的期待可谓前所未有。但是，另一方面，就高等教育改革发展自身而言，特别是在内涵发展问题上，还存在许多亟待突破的瓶颈，正处于深化改革、转型发展的紧要关头。沧海横流，方显英雄本色。有效应对这些挑战和考验，切实承担起上海高等教育理应肩负的历史与时代使命，迫切要求高校领导班子的能力与水平实现质的提升和飞跃。

再次，市委巡视组巡视发现的高校领导班子现存的若干突出问题，亟待花大力气加以解决。2012 年下半年至 2013 年上半年，市委巡视组分两批先后对 12 所市属高校开展了巡视。巡视过程中，巡视组发现目前各高校领导班子在精神状态、能力素质、作风以及年龄结构等方面还存在不少问题，一些问题还比较严重，群众反映较为强烈。这些问题，尽管目前仅暴露于前两批巡视所涉及的 12 所市属高校，但是这些问题具有一定程度的普遍性，已经引起市委、市政府主要领导的高度重视。有效解决这些问题，同样需要大力加强领导班子建设。

第四，全面切实地加强高校领导班子建设，是市委、市政府高度重视的重要问题和明确要求。针对前面提到的 12 所市属高校领导班子存在的突出问题，市委巡视组专门向市委作了报告。韩正书记对这一报告非常重视，专门作出重要批示，指出，高校解决所有问题的核心，关键在领导班子，必须牢牢抓住，贯穿始终。在与我的谈话中，韩正书记在强调的几项重点任务中也首先强调了这一问题。在不久前市教卫工作党委领导班子调整宣布会议上，李希副书记在代表市委所作的重要讲话中，以及在与我的谈话中，也都把加强高校领导班子建设作为当前市教卫工作党委的首要任务。同时，翁铁慧副市长在日常工作中，特别是不久前来市教卫工作党委指导教育实践活动开展时，也一再强调务必要抓好高校领导班子建设。对于市委、市政府的这些明确要求，我们必须不折不扣地将其落到实处。

（二）切实落实当前高校领导班子建设的重点任务

当前，从上海高校领导班子的现状与实际出发，必须坚持把政治思想建设、组织建设、制度建设和能力建设作为当前加强高校领导班子建设的重中之重。

1. 在政治思想建设方面，必须始终坚持三点要求

一是进一步坚定政治信念，强化政治意识，建设一个政治过硬的领导班子。政治过硬的核心，是坚决拥护并巩固党的领导。高校是人才培养的殿堂，肩负着立德树人、培养接班人的历史重任，必须坚定不移地坚持社会主义办学方向，这是由高校的使命和性质所决定的，是事关我们事业后继有人的千秋万代的大事。在这一点上，容不得有任何含糊和游移。在学生工作方面，要始终坚持立德树人，要始终清醒把握“培养什么样的人的问题”，大力引导学生树立正确的世界观、人生观、价值观。同时，要加强对民族学生的管理。还要积极抵御境外宗教势力在高校校园的渗透和传播。在教师队伍建设方面，要着力强化教师队伍立德树人的责任感和使命感，引导广大教师自觉做青年学生成长发展的引路人。同时，要大力强化全员育人的观念，使教书育人特别是学生的思想政治工作成为每一位教师的责任，而不是仅仅依赖于思想政治工作者队伍的努力。

二是切实增强自觉贯彻落实改革开放政策特别是党的十八大精神的主动性与积极性。改革开放是改变我们国家发展方向和前途命运的一个伟大战略抉择。党的十八大向全世界昭示了我们党继续坚定不移地走改革开放道路的决心和信心，明确地回答了举什么旗、走什么路、以什么样的精神状态、朝着什么样的目标前进的问题。当前，在新的历史阶段继续贯彻落实改革开放政策，核心就是要贯彻落实好党的十八大精神。我们在座的绝大部分领导都是改革开放的亲身参与者、拥护者、实践者、受益者，因而尤其要切实增强推动改革开放的责任感和使命感，自觉拥护、自觉落实、自觉宣传党的改革开放政策，并且要在此基础上，始终以改革开放精神推动各项事业发展，更加主动、更加积极地把改革开放精神贯彻到我们工作的各方面、各环节。当前，特别要以改革开放精神为引领，积极稳妥推进中国特色现代大学制度建设。探索建设中国特色现代大学制度是当前的一项紧迫任务，事关高等教育科学发展的全局。这一探索，涉及政府、高校、社会等各方面关系的进一步理顺，涉及高校内部治理结构、管理运行机制等方面的健全与完善，还势必将涉及各方面权利义务关系和切身利益的调整。因此，深入推进这一探索，唯有勇于改革、善于创新方能取得成功。希望各高校领导班子认真贯彻落实十八大精神，以更大的勇气和智慧，敢于冲破思想观念障碍和利益固化藩篱，锐意改革创新，努力把建设中国特色现代大学制度的探索和实践不断推向深入。

三是始终践行和弘扬党的宗旨意识与群众路线。各高校务必要以此次教育实践活动为契机，狠抓党的

宗旨意识教育，深入实践党的群众路线。特别是要紧密结合高校的特点，把践行宗旨意识、群众路线和做好知识分子工作有机结合起来，要真诚尊重、热情关心广大知识分子，主动关注、回应他们思想的困惑，努力为他们的事业发展创造有利条件，把大家紧紧团结在党的周围。

2. 在组织建设方面，必须着力抓好五个方面的工作

一是加强高校领导班子配备。下一阶段，在配备高校领导班子时，要区分高校的不同特点，结合具体岗位的个性化要求，统筹共性与个性、一般与特殊、远期与近期等关系，按照"整体规划""人岗相适""缺什么补什么"等原则，通盘思考，分类指导，有序推进。在加强配备这个问题上，特别要配好配强党政"一把手"。目前，一些高校的党政"一把手"没有很好地发挥核心和引领作用，在一定程度上影响了班子的整体能力建设。今后的努力目标，党委书记应该是懂教育的"政治家"，校长应该是懂政治的"教育家"。学校党政领导，特别是校长，不应该只是某一方面的专家，而应该是懂政治、顾大局、识大体、善于治理学校的教育家。每一位高校领导，都要主动、及时、彻底地实现由专家向政治家、教育家的转变；在任期间，都要把自身价值的实现落实在引领、推动学校科学发展上，而不是落实在某一领域专家的身份上。因此，无论书记还是校长，都应当有较强的驾驭全局能力和领导工作经验，熟悉学校全面工作，作风民主，胸襟开阔，顾全大局，能团结带领一班人开拓进取、搞好工作。在配好配强"一把手"的基础上，要合理配置班子结构。目前，市属高校领导班子年龄结构不合理，副职在同一岗位任职时间过长，专业和学缘结构也不尽合理。下一步配备时，要注意能力、特长的互补，专业、学科的搭配，年龄、经历的融合，同时也要吸收一定比例的女干部和民主党派干部，努力增强班子的整体功能，形成合力。此外，要及时做好空缺和到龄岗位的选配计划。经过前阶段的工作，高校班子建设已经得到了加强，下半年，针对岗位空缺、干部超龄到龄等原因而产生的调整需要，我们将结合干部交流工作，挑选年富力强的优秀干部上岗，优化班子结构，增强领导能力。

二是推进高校领导干部任期制。任期制作为现代干部人事工作的一项基本制度，能够激励领导干部在任时奋发进取，促进领导班子正常的新陈代谢，为优秀干部脱颖而出腾出位子、辟通道路。在这一点上，部属高校做得比较好。近年来，交通大学、同济大学、东华大学都进行了行政换届，一些60后的干部都按照任期制的规定从领导岗位上退了下来。其实，经市委批准，上海高校在1993年、医院在1994年就开始实施任期制。2002年，市委《关于上海市所属高校和市级医院党政领导干部实行任期制有关问题的批复》(沪委发〔2002〕188号)，同意上海市所属高校和市级医院党政领导干部继续实行任期制，每届任期为四年，连任一般不超过两届。但是，后来因为种种原因，市属高校没能坚持执行。下一步我们将在条件成熟的高校逐步实行任期制，符合任职条件的干部可以连任，但在同一职位连续任职一般不超过两个任期，做到干部"能进能出"。同时，也为年轻同志上岗"腾出位子"，为他们锻炼成长提供机会，有利于班子结构的优化。

三是加大领导干部轮岗交流力度。推动领导干部交流轮岗，既有利于解决年轻干部任期届满的安排问题，也能够促进干部交流，使干部始终保持对工作的新鲜感和激情。今后，我们将积极加强对高校的指导和支持，大力推动校内轮岗、校际交流任职、系统内外交流任职等形式的干部轮岗交流。

四是加强高校后备干部队伍建设。如果想要在选配领导班子时有足够多足够好的备选人选，就必须要有高质量的后备队伍库作为支撑。2013年，结合市委选拔优秀年轻干部专项调研工作，市委组织部和我们市教卫工作党委正在积极探索将这项工作制度化、长效化，做好年轻干部培养选拔工作规划，把年轻干部的培养工作放在干部队伍建设的大格局中考虑，在市级层面搭建平台，加强统筹。

五是加强对高校领导班子及其成员的考核。判断一个领导干部干得到底好不好，需要有科学、完善的考核制度来规范、制约和评价领导干部的行为。下一步，我们将仔细研究，针对高校特点，制定切实可行的考核措施，通过任职前考核、年度考核和届满考核等多种方式，了解掌握高校领导班子及其成员的实际工作情况。考核结果作为奖惩、任免高校领导干部的重要依据。对不能正常开展工作、影响改革发展的领导班子和领导干部，要及时进行整顿和调整。对违反党纪政纪的领导干部，要依纪严肃处理。

在上述五个方面的重点工作之外，还有一个问题，我在这里提出来，请我们各高校党委、领导班子认真思考和研究。当前，许多高校都在大力推进内部管理体制、机制的改革，管理重心下移成为一个普遍选择。在这样一个大背景下，如何切实加强二级学院的领导班子建设，使之真正成为推动和保障院系健康发展的有力支撑，我感觉这是一个相当重要也相当迫切的问题。希望各高校进一步深入开展这个方面的探索，努力形成可供推广借鉴的有效经验。

3. 在制度建设方面，必须着力抓好三件事情

一是坚持和完善党委领导下的校长负责制。民主集中制是我们党的根本组织原则。具体到高校，民主集中制的集中体现就是党委领导下的校长负责制。党委领导下的校长负责制，是基于中国共产党领导下的社会主义制度及高等教育事业快速发展的时代背景，经过反复探索与实践而形成的公立高校的根本领导体制。党委领导下的校长负责制的基本内涵，体现在“党委领导，校长负责，教授治学，民主管理”这16个字当中。这里，党委领导是核心，校长负责是关键，教授治学是基础，民主管理是保证。党委领导下的校长负责制的实质，是党委领导与校长负责的辩证统一。值得强调的是，“党委领导”不是党委书记一个人领导，而是学校党委集体领导；“校长负责”也不是校长一个人说了算，而是学校行政班子统一负责。在执行和完善党委领导下的校长负责制的过程中，党委和校长应各负其责、各司其职，各自发挥其优势和特长，既坚持党委在学校的核心领导地位，又充分发挥校长所代表的行政班子在办学中的重要作用，相互支持，共同做好工作，努力形成具有高度凝聚力和充满活力的党政领导班子，而不是“两张皮”。这里，我要特别强调一下，不同于公办高校，民办高校的领导体制有其特殊性，尚需结合中央精神、相关法律法规、民办高等教育发展的实践及其规律，进行深入、系统的研究。但是，无论如何，民办高校党委都必须坚定坚持政治核心地位，在思想引领、参与决策和制度规范建设，特别是在民主监督等方面充分发挥积极作用，努力促进民办高校健康持续发展。

二是坚持和完善民主生活会制度。民主生活会，是党员领导干部召开的旨在开展批评与自我批评的组织活动制度，是增强党的生机与活力的一个重要途径。我们现在规定，高校领导班子至少每年年底要召开一次民主生活会。从各高校民主生活会的执行情况来看，总体是好的，但也有一些民主生活会质量不高、收效不大，少数单位民主生活会制度坚持得不好，存在形式化、庸俗化、溢美化、简单化等现象。2013年，结合党的群众路线教育实践活动，希望各高校领导班子切切实实开好一次高质量的民主生活会，特别要针对通过民主生活会发现的问题制定措施进行整改，并将整改情况在一定范围内向师生员工通报。

三是坚持与完善教职工参与民主管埋和监督的各项制度。为确保高校政治权力、行政权力和学术权力正常行使，建立健全民主监督机制必不可少。《中华人民共和国教育法》以教育基本法律的形式规定，“学校及其他教育机构应当按照国家有关规定，通过以教师为主体的教职工代表大会等组织形式，保障教职工参与民主管理和监督”。《国家中长期教育改革和发展规划纲要（2010—2020年）》也提出，“完善教职工代表大会制度，构建以教代会制度为基本形式的高校内部民主监督机制，强化高校内部民主监督，是确保高校内部权力正确行使的迫切需要，也是完善现代大学制度的本质要求和基本保障。”各高校要按照有关要求，充分发挥教代会、学术委员会等组织在学校行政权力运行机制中的作用，拓宽教职工参与决策的渠道，落实他们在决策中的知情权、参与权、建议权、监督权，调动其参与学校重大事务的积极性，推进决策科学化、民主化进程。同时，积极推进党务公开、校务公开，切实营造民主管理和民主监督的良好氛围。

4. 在能力建设方面，必须着力加强六个方面的能力

一是学习研究的能力。伴随着高等教育内涵发展的深入推进，特别是伴随着改革进入“深水区”和攻坚期，高校领导干部必须牢固树立学习研究“没有终点，只有起点”“没有毕业，只有毕生”的意识，做到善学、善思、善悟，努力建设学习型领导班子，自觉成为学习型领导干部。在学习内容上，一方面，重要的是要学习当代发展着的马克思主义，特别是学习党的政治文献，深刻领会马克思主义的精髓和实质，切实做到真学、真懂、真信、真用。另一方面，是要学习管理技能与业务知识。通过这些方面的学习增强实际工作能力，切实把中央和市委的各项要求落实好、完成好。在这两个方面中，核心都是要学好马克思主义的立场、观点和方法，尤其是立场和方法，要融会贯通、学以致用，落脚于解决学校改革发展中的实际问题，能够做到不管遇到什么样的风浪，都能够处变不惊、临事不乱，坚定不移地按照既定战略推进学校改革发展。通过这样的学习研究，用理论上的成熟来进一步促进政治上的坚定，进一步强化学校发展方向和战略上的自觉与自信。在学习方法上，要特别注重理论联系实际，坚持问政于民、问需于民、问计于民，尊重群众的首创精神，向实践学习真理，向人民群众学习智慧。在学习效果上，不能仅仅满足于记住一些具体的结论、掌握一些专门的技能，而是应当注重增强科学制定公共政策的能力和水平，特别是要善于平衡和协调各方面利益，从根本上维护好、落实好、发展好广大公众的切身利益，从而提高政策的有效性和执行力。

二是战略谋划的能力。教育是一个长线的事业，要推动教育事业持续向前发展，一定要尊重教育规律，不能急功近利、浮躁冒进。高校领导干部的工作既要“谋事”，扎扎实实落实好当前的重点工作，但更要“谋

势”，善于进行战略顶层设计和前瞻布局。要能够登高望远、总揽全局、统筹谋划，系统思考高等教育发展的目标、路径和方法，准确把握学校发展的趋势和方向。特别是要牢固树立“特色就是质量”“特色就是优势”的理念。有了特色，就有了自己的不可替代性，就有可能脱颖而出，就拥有了勇争第一的机会。反之，必然将沦为平庸。当然，追求特色，往往是说起来容易做起来难，但是，也恰恰因为这样，才体现出领导班子的眼光、胸襟和能力。要养成全面思考和观察问题的思想方法，科学判断形势，努力抢抓机遇，从世界发展、国家建设、城市战略和高等教育布局的大局中找到自己的方位，力争“一校一策”，不求大求全，不盲目攀比，立足学校实际、现有资源和条件，明晰自己的特色和定位，找准改革发展的着力点和切入点，从而在更高的起点上统筹谋划学校的长远发展。要树立谋大局、谋长远的科学发展新理念，正确处理眼前利益和长远利益的关系，正确对待“隐性政绩”和“显性政绩”的关系，多干打基础、利长远的工作。要增强系统意识，善于用系统的观念来思考工作，统筹高校在改革和发展中遇到的各种错综复杂的关系，把握好总体战略与具体战术之间的关系、与各项政策、制度之间的关系，做到整体设计，分步实施，聚焦重点，点状突破，以点带面。

三是合作共事的能力。也就是团结协作的能力。团结是领导班子建设的重要问题，讲团结是讲政治、顾大局的重要表现。高校工作千头万绪，各种矛盾错综复杂，只有依靠领导班子群策群力、集思广益、团结协作，才能把工作做好。增强合作共事能力，维护团结和谐，对领导班子来说，关键还是要靠制度。要始终坚持民主集中制原则，正确处理好民主与集中的关系，严格按照规则和程序办事。要严格执行“三重一大”集体决策制度，对于高校重大事项决策、重要干部任免、重要项目安排和大额度资金的使用，一定要按照“集体领导，民主集中，个别酝酿，会议决定”的原则，由集体讨论作出决定，确保公开决策、民主决策、科学决策。要建立和完善党内情况通报、情况反映制度，积极推进校务公开，充分调动和发挥教代会、学术委员会等群众组织和学术组织，以及广大干部职工的积极性和创造性，自觉接受党组织、党员和群众的监督。在强化制度基础性作用的同时，领导干部特别是党政一把手要带头发扬民主、提升修养，坚持大事讲原则、小事讲风格，虚怀若谷、互相尊重，加强沟通、彼此谅解，在寻求共识中求团结，在相互协调中求和谐。此外，要特别注意妥善处理好党委和行政、正职和副职之间的关系。党委要集中精力管方向、管大事、抓党建，做到统揽不包揽、放手不甩手、过问不代替，要支持校长依法积极主动、独立负责地开展工作。行政要坚决服从党委的集体领导，执行党委的决策，同时也要积极支持和参与党的工作。

四是做群众工作的能力。群众观点须臾不能忘记。不会做群众工作，不能解决群众问题，就不是合格的党政“一把手”，就不是称职的领导干部。在我们高校，做好群众工作，关键就是要做好知识分子工作。高校领导干部本身都是高级知识分子，但这并不意味着就必然能做好知识分子工作。我们要研究做好知识分子工作的规律和有效方式，不断增强做群众工作的能力，敢于、勤于、善于做群众工作。特别要增强群众工作的科学性和艺术性，既要关心知识分子的切身利益，更要关注和尊重知识分子的精神追求，发挥知识分子在学校改革发展中的主体地位，注重倾听专家学者的意见，倾听广大教师的意见，更好地激励广大教职员工参与学校改革和发展。

五是自我净化、自我管理与自我完善的能力。纯洁性是马克思主义政党的本质属性，是马克思主义政党的生命所系、力量所在。在知识分子荟萃、专家学者云集的高校，更加需要提高领导干部的自我净化、自我管理与自我完善能力，切实体现我们领导干部的胸襟、修养和气度。因此，高校领导班子成员要始终坚持以身作则、严格自律，“见贤思齐”，“吾日三省吾身”，善于反思自照，严于解剖自己，不为私心所扰，不为名利所累，不为物欲所惑，始终保持高尚的道德情操。同时，领导班子成员之间应经常开展批评与自我批评，特别是要提倡“君子之交淡如水”，反对“小人之交甘若醴”，杜绝你好、我好、大家好的“好人主义”，不以私情废公事，不拿原则做交易。

六是宣传工作的能力。关于宣传工作，前段时间我在卫计委、食药监局以及申康中心调研时都反复作了强调，对高校更要讲这个问题。在前不久刚刚举行的全国宣传思想工作会议上，习近平总书记对新形势下做好宣传思想工作提出了新的更高要求，特别强调要提高质量和水平，在事关大是大非和政治原则问题上增强主动性、掌握主动权、打好主动仗。高校是意识形态斗争的重要阵地，因而也是我们思想宣传工作必须占领的一块阵地。这必然对高校党政领导的宣传工作能力提出了新的更高要求。当前高校所面临的社会舆论环境呈现新形势、新特点，特别是近年来信息技术、互联网技术的爆发式发展，使我们处于更加复杂多变的媒体格局和社会舆论环境中。这对高校领导班子的宣传工作能力提出严峻的考验和挑战。应对这一考验和挑战，首先要在宣传内容上下功夫，善于发现题材、挖掘素材，加强正面宣传和引导的力度，增进师生对学校的认同感和荣誉感。其次，要在宣传方式上下功夫，善于用好新媒体，加强网络阵地建设。回避不是办法，适应才有出路。与此同时，要在舆情引导上下功夫，培养舆情敏感性，能够及时发现苗头性和倾向性问题，对重大热点舆情能够做到快速反应，准确研判，并拿出有效处置意见；根据舆情发展态势，把握时机和节奏，让主流声音和正确言论能够及时上网，合理引导网络舆论。坦率地说，当前环境下，不光是高校，全社会、各方面都要高度重视这个问题，加强这方面工作。所以，习近平总书记在全国宣传思想工作会议上强调，宣传思想工作必须遵循“坚持团结稳定鼓劲、正面宣传为主”的重要方针，必须坚持巩固壮大主流思想舆论，弘扬主旋律，传播正能量，激发全社会团结奋进的强大力量，必须增强主动性、掌握主动权、打好主动仗。我感到，这不仅非常重要，而且也十分必要和及时。

党政“一把手”是领导班子的“领头羊”。党政“一把手”的能力和水平，在相当大的程度上决定着学校的改革发展状况。因此，在能力建设这个问题上，除了上述加强班子集体的能力建设外，还尤其要格外重视加强党政“一把手”自身的能力建设。作为“一把手”，除了必须具备刚才谈到的六方面能力外，自身还必须着力加强五个方面的修养。一是始终保持政治上的坚定性和理论上的成熟性。理论上的成熟是政治上坚定的基础，理论上的与时俱进是行动上锐意进取的前提。对于高校党政“一把手”而言，理论上的成熟和政治信念的坚定须臾不可或缺。党政“一把手”要始终保持清醒的政治头脑，严格按照社会主义政治家和教育家的标准要求自己、锻炼自己，在重大政治是非面前，立场坚定，决不含糊动摇、退却让步。要认真加强理论学习，时刻保持理论上的清醒，以理论成熟促进政治坚定。特别是党委书记，尤其要具有理论上的成熟性，要能够把许多实实在在的事情和道理讲透彻、讲圆满、讲明晰。党政“一把手”要通过自身的政治坚定性和理论成熟性为班子成员、全校党员干部和广大师生树立标杆、树立形象。二是善于驾驭复杂局势。当前高校改革发展所处的内外部环境错综复杂，特别是意识形态领域的形势依然十分严峻，影响政治安全的隐患并没有减少，迫切要求党政“一把手”增强政治意识、大局意识、忧患意识，提高驾驭复杂局势的能力，牢牢把握党对学校意识形态工作的主导权。同时，党政“一把手”还要善于全面统筹协调，善于谋全局、把方向、管大事，善于抓重点、抓关键、抓主要矛盾，善于科学民主决策、维护和促进校园和谐稳定。三是善于协调班子成员、形成领导班子强大合力。一个领导班子好比一个手掌，摊开是“多个指头”，握紧是“一个拳头”。班子的团结就好比“指头”与“拳头”的关系。一个“指头”劲再大，其他“指头”如果不用力，也难以体现出“拳头”的合力。所以，党政“一把手”要加强班子成员之间的沟通协调，充分调动班子成员的积极性，使他们各司其职、各负其责、各展其才，从而使这个领导集体攥紧“拳头”，打出“团结牌”，形成整体合力。四是始终坚持以身作则，展现强大人格魅力。党政“一把手”要始终坚持以身作则、率先垂范，在一言一行中塑造形象，在点点滴滴中树立威信，始终保持共产党员的政治本色，不断增强人格魅力，以实际行动与高尚情操感召和引领广大干部群众。五是善于带好班子和队伍。在市委常委会等许多不同场合，我多次听到韩正书记严肃指出，如今我们在干部管理上，存在着失之于宽、失之于软的现象，好人主义盛行，坚持原则、敢于担当不够，这不仅仅是作风问题，更是党风政风、党性修养品格的问题。这个问题值得我们各位高校领导深思和重视。作为“一把手”，一定要对班子成员、中层干部加强管理，坚持严字当头，从严管干部、从严带队伍，严格执行中央各项规定，坚决反对“四风”，以良好作风取信于民、推动发展。

除了加强上述班子六个方面能力和党政“一把手”五个方面修养之外，这里，我还想提醒一下，我们高校领导班子和党政“一把手”在任何情况下都还应当强化两个方面的意识。一是大局意识，始终坚持局部服从整体、个人服从组织。高校领导干部都是受党多年教育培养的同志，要正确处理暂时利益与长远利益、局部利益与整体利益、个人利益与集体利益的关系，无论在任何时候任何情况下，都应该坚持党和国家的利益高于一切，维护整体和集体利益高于局部和个人利益，并落实到实实在在的行动上。二是组织纪律意识，尤其是要始终坚持先组织后个人、先公后私、先人后己。古代贤哲都有“先天下之忧而忧，后天下之乐而乐”的胸襟和情怀，我们高校领导干部，更应具有先人后己，先公后私的品格。要克己奉公，廉洁自律，在大事上决不含糊马虎，严格按法律、法规和各项规章制度办事。在日常琐事上，在牵涉个人利益、亲属利益的问题上，一定要做到不争不抢，先公后私。尤其是要注意防止借助公权力与民争利，在重点学科建设、技术职务晋升、重点科研项目申报等方面，要防止权力因素介入，自觉接受群众监督，使自己在阳光下工作，清清白白干事，干干净净做人。

二、深入推进党风廉政建设和反腐败工作

第二个问题，我想简要谈谈党风廉政建设和反腐败工作问题。关于这一问题的系统的部署，将在专门召开的系统党风廉政建设会议上作出。

高校的改革发展，与其他各项事业改革发展一样，归根结底无非是抓好两头，一是做好工作，二是守住底线。做好工作，就是要按照国家和上海中长期教育改革发展规划纲要的部署，全面深入推进高等教育事业的改革发展，完成好各项任务。守住底线，就是要在推进事业改革发展的同时，确保干部不出问题。这就要求高校党委始终高度重视党风廉政建设和反腐败工作，这既是高校党委的政治责任，也是对高校党委的基本要求。近几年来，上海财政对教育的投入显著增长。同时，随着高校办学自主权的逐步落实，高校在人、财、物等方面的管理权限越来越大。与此同时，高校产生腐败问题的风险指数也越来越高，有可能成为腐败现象易发、多发、高发的领域。应该说，现在我们高校的书记、校长手中的钱很多，如何用好、管好这些钱，在提高使用效益的同时，确保资金使用过程中不出问题，是我们面临的一项艰巨任务。围绕这一问题，我简要强调三点。

（一）始终坚持常抓不懈、警钟长鸣

习近平总书记在2013年年初召开的十八届中央纪委二次全会上强调，反腐倡廉必须常抓不懈，拒腐防变必须警钟长鸣，关键就在“常”“长”二字，一个是要经常抓，一个是要长期抓。我们要坚定决心，有腐必反、有贪必肃，不断铲除腐败现象滋生蔓延的土壤，以实际成效取信于民。总书记在讲话中强调了“常”“长”二字，体现了我们党对反腐倡廉形势的准确判断。我们一定要深刻理解反腐倡廉的重要性和紧迫性，以高度的政治责任感和历史使命感，全面推进惩治和预防腐败体系建设，坚持标本兼治、综合治理、惩防并举、注重预防的方针，坚持“老虎”“苍蝇”一起打，严肃查处党员干部违纪违法案件，充分发挥震慑力，全面加强高校反腐倡廉建设和廉政文化建设。

（二）着力健全、完善惩治和预防腐败体系

上海教育系统反腐败工作惩防体系建设要分层设计。对市教卫工作党委、市教委机关来说，重点是要管好干部，加强对公权力使用的监督。对两委直属事业单位而言，重点是要做好政府职能的延伸，搞好公共教育服务，管好大额资金的使用。对各区县教育局来说，重点是要管政策、管协调、抓落实，建立长效机制。对系统各单位所辖企业来说，重点是要管好法人治理结构，监督大额资金的使用和对外投资。对我们高校来说，重点是要管好党政“一把手”、领导班子及其成员，落实好党风廉政建设责任制。

在高校惩防体系建设中，“防”的责任主体是党委，“惩”的责任主要落在纪委。在坚决惩治腐败的同时，必须更加注重科学有效地防治腐败，“防”重于“惩”，党委要在“防”上面多下功夫，不断加强制度建设，规范权力运行，开展廉洁自律教育，筑牢拒腐防变的思想道德防线，形成不敢腐的惩戒机制、不能腐的防范机制、不易腐的保障机制，最大限度降低腐败和不正之风发生的概率，这也是从根本上爱护和保护干部。为此，党委要着力做好三件事情。一是要始终坚持“党委统一领导、党政齐抓共管、纪委组织协调、部门各负其责、依靠群众支持和参与”的反腐败领导体制和工作机制。党委要切实担负起全面领导党风廉政建设和反腐败工作的主体责任，坚持把党风廉政建设和反腐败工作列入重要议事日程，做到党政班子高度重视，党政主要领导亲自抓，切实加强对工作的领导。要形成工作合力，始终坚持党政齐抓共管。就高校反腐倡廉的重点而言，党委和书记主要是管好人、用好人，行政和校长主要是管好钱、用好钱。需要特别强调的是，高校党委书记是党风廉政建设和反腐败工作的第一责任人，校长是主要责任人，都必须积极主动地承担起相应的责任，尤其是要带头严以律己，阻绝抵制诱惑、拒绝腐败，做到眼不花、嘴不馋、手不伸、心不贪，不义之财不取、不仁之事不为、不正之风不沾。同时，书记和校长要自觉承担起做好干部廉洁教育工作的责任，应当经常找干部交心、谈话、敲警钟，要重视干部队伍中出现的不良的苗头性、倾向性问题，抓早抓小抓细。二是要严格落实好党风廉政建设责任制，强化党风廉政建设的领导责任和工作责任。党委书记要切实履行好党风廉政建设第一责任人的职责，校长是落实党风廉政建设责任制的主要责任人，党政班子每个成员都要落实好“一岗双责”，在布置业务工作的同时提出廉政要求，抓好党风廉政建设责任制的落实。要强化推进责任分解、责任报告、责任考核、责任追究四位一体的工作机制，确保责任落实到位。三是要继续加强高校廉政风险预警防控机制建设。以“制度＋科技＋文化”为理念，以项目化推进为思路，对腐败易发多发高发的重点领域和关键环节，通过工作流程梳理、廉政风险点查找、评定风险等级、建立防控措施，进一步完善管理监督制度，并建立相关网络监控平台。

（三）党委务必要大力支持纪委开展各项工作

纪委的工作要回归“主业”，重心是执纪监督和查信办案，这是纪委的基本职责和重要任务。各高校党委务必要积极创造有利条件，支持和保障纪委顺利履行这些职责。一是支持纪委推进建章立制工作。加强制度建设，是夺取反腐败工作胜利的重要基础。但是，在现实环境中，许多制度、规定都不是纪委凭一己之力能够制定出来的。因此，党委必须充分发挥自身的领导核心优势，大力支持纪委推进相关制度建设。二是主动维护纪委的权威。党委要大力支持纪委参与本单位重大问题的决策，以及重大事项实施过程的全程监督。同时，党委要对干部严格要求，要高度重视查信办案和违纪违规问题的查处。三是积极为纪委工作的顺利开展创造便利。党委要大力支持纪委大胆开展工作，不仅要在制度、教育和监督、查办案件等方面加大人、财、物的投入力度，还要保证纪检监察干部能够把主要的时间和精力投入到执纪监督主业上来。当纪委在工作中遇到干扰和阻力时，党委要及时出面帮助协调解决，为纪检监察干部排忧解难，遮风挡雨，创造良好的执纪环境。对优秀的纪检监察干部，要重点培养使用。要保障纪委正常开展工作的必要条件，条件配备好，监督才能有保障。

最后，需要再次特别强调的是，确保党风廉政建设和反腐败工作取得成效，强化党委书记第一责任人的意识和作用是关键。同时，党政主要领导，包括党委书记、校长，都必须始终坚持以身作则、率先垂范，在想干事、能干事、干成事的同时，坚决确保不出事，带头营造风清气正的健康风气。

站在上海高等教育改革发展的新的历史起点上，面对诸多新形势、新情况、新问题，进一步大力推动上海高等教育内涵发展，我们各高校的领导班子任重而道远。在我今天所谈到的各方面任务中，除了领导班子组织建设相关工作需要由市教卫工作党委配合市委组织部开展之外，其他大量的工作都需要我们高校的领导班子来承担。针对这些任务，市教卫工作党委将切实加强相关服务、支持、协调等方面工作，努力为高校领导班子各方面工作的开展，创造条件、提供保障。同时，我们也将对相关任务的推进和完成情况进一步加大督查力度，以便及时发现和纠正各种可能产生的问题，确保各项任务顺利、高效地完成。我由衷相信，在市委、市政府的正确有力的领导下，在我们各高校党政主要领导的共同努力下，今天会议提出的各项任务一定能够得到圆满完成，上海高等教育的内涵发展也必将跨上一个新的台阶！

在2013年秋季上海高校党政负责干部会议上的讲话

（2013年8月30日）

上海市教育委员会主任 苏 明

我代表市教委，向大家报告我们对进一步深化上海高等教育内涵发展的一些看法和措施，并简要布置下半年若干重点工作。

一、上海高等教育事业所处的方位和深化改革的重点

（一）上海高等教育事业所处的方位

在历届市教卫工作党委、市教委班子的扎实工作和有效推动下，上海高等教育在全面完成教育事业“十一五”规划的基础上，积极落实国家和上海市教育规划纲要，以及上海市教育改革和发展“十二五”规划确定的目标任务，在完成高校空间形态布局的基础上，面向社会发展需求，遵循高等教育发展规律，探索开辟了以提高质量为核心的内涵发展道路，在许多领域取得了长足进展和重大成果，比如超前确立内涵发展理念和方向，启动实施“085工程”和民办高校强师、强校工程；深入实施“985工程”“211工程”部市合作共建，在沪部属高校为提升国家核心竞争力、上海城市软实力和竞争力发挥了越来越重要的作用；探索实施分类指导分类管理体系，率先告别“用一把尺子衡量所有高校”的评价制度；扎实推进高等教育体制、机制创新，依托国家教育综合改革试验区共建机制，开展先行先试，实施教育“十大工程”（10项教育综合改革重点试验项目加上10项重点发展项目）和27项国家教改试点项目；探索实行“三个转变”“三个打通”，推进了财政高等教育投入方式改革；等等。总体上讲，上海高等教育办学实力和整体水平在全国依然处于比较领先的位置。

但是，必须清醒地认识到，当前进一步深化上海高等教育的改革面临着严峻的挑战和艰巨的任务。从区域发展环境看，我们有处于改革开放前沿领域和现代化国际大都市建设的区位优势，有先进制造业集群化、现代服务业高端化以及战略性新兴产业规模化的发展优势，但这些都还没有完全整合成为加快高等教育发展的强大的外部动力；从教育改革条件看，我们有部市共建国家教育综合改革试验区先行先试的政策支持，有相对充足的财政教育经费保障，有市委、市政府的高度重视和市教育体制改革领导小组的有力统筹，但这些都还没有完全转化为高校深化改革的内驱动力。

基于上述认识，我们认为，上海高等教育要在国家和上海的经济社会发展中发挥引领和支撑作用，同样面临着创新驱动、转型发展的严峻挑战。如何把上海在教育体制、机制改革方面取得的重要突破，转化为推动改革发展的“红利”，如何把高等教育的内外发展环境，整合为高校深化内涵和提升质量的动力，需要我们采取有效措施予以落实。因此，必须在巩固以往成绩、推广成功经验的基础上，整合相关资源、积蓄转型力量，立足新起点、推动新改革。

（二）上海高等教育改革发展的方向

这些年来，上海高等教育发展情况与北京市的差距有扩大的趋势；原来处于“追兵”位置的其他兄弟省市，正在不断缩小与我们的差距。在一些核心发展指标上，部分省市已经超过我们。最近，市教委对全市21所地方本科高校开展“十大工程专项资金支持项目”中期绩效评估。我也参加了不少评估会，从中能感受到书记、校长们对此具有的强烈的危机感和紧迫感，但是，面对这么大的投入，如何加强校级统筹和长远规划、办出特色和水平、更好更快地推动改革发展，许多同志还没有经验、或多或少还存在一定的困惑，对今后的改革方向以及究竟要走怎样的发展道路，还存在一定的迷茫。

在思考上海高校改革发展方向时，我有以下两个想法。

1. 要处理好立足现实与吸收、借鉴的关系

当前，不少高校尤其是部属高校，把“建设世界一流大学”作为中长期发展目标，他们是当前上海高等教

育冲击世界一流的主力军。在具体的实施路径上，有些学校选择在引进海外人才的同时，把西方高校的办学模式、科研组织形式和绩效评价模式等一并引进过来，以体现与一流大学的对接和国际化程度。我认为，吸收借鉴世界一流大学的办学经验是十分必要的，有利于促进高水平大学实现跨越式发展。但是，不能局限于就办学论办学，而应立足现实，在更宽阔的视野下思考和谋划学校的发展。其中有两个方面需要予以关注。一个方面是，西方大学与我们所处的现实社会环境存在很大差别。西方国家大多已经进入了后工业社会发展阶段，社会发展的成熟度较高，对大学在技术革新、制度创新等方面的需求和依赖度并不是特别急迫，大学可以以一种相对超然的姿态专精于高深学问的探究；而中国的经济社会正处于大发展、大变革时期，迫切需要高校发挥优势、支撑发展，高校不能不立足所处的外部发展环境，不能不回应社会发展需求。因此，《国家中长期教育改革和发展规划纲要（2010—2020 年）》明确提出，高校要"增强社会服务能力，牢固树立主动为社会服务的意识，全方位开展服务"。另一个方面是，西方一流大学的制度、机制也在动态调整。比如，受2008—2009 年华尔街金融危机影响，美国高校的捐赠收入由 2008 年的 316 亿美元大幅缩水至 2009 年的278.5 亿美元，创造了有史以来最大的降幅（达到 11.9%）。在不景气的经济背景下，美国不少理工类大学也并不是一味躲在实验室搞精深研究，也在主动与所在区域的行业、企业开展紧密合作和知识服务。因此，"建设一流大学"还是应该立足实际，以动态的视角看待和借鉴西方一流大学的发展经验。

2. 处理好规模扩张与特色发展的关系

应该说，地方高校在办学质量达到一定的层次和水平后，根据学校整体发展规划，确实需要升格或更名、确实需要进行规模扩张的，我们会给予积极支持。但是，大家心里都明白，多数地方高校要想通过规模扩张的方式，在短期内建设成为高水平大学是不现实的。只有采取错位竞争、特色发展的策略，才能在上海、全国乃至世界高等教育领域占有一席之地。

近年来，特色办学已经成为部分上海地方高校谋求持续快速发展的基本途径，比如上海中医药大学、上海音乐学院、上海海洋大学、上海工程技术大学等。以上海中医药大学为例，该校近年来学科建设成效突出，其中中药学位居全国第一、中医学位居全国第二、中西医结合位居全国第三。虽然上海中医药大学的例子比较特殊，可能不具有可比性，但这恰恰说明追求特色的重要性，说明学校不贪大求全，不盲目铺摊才能实现特色办学。

与此同时，仍有部分地方高校还不能清晰地规划学校特色发展的目标和路径，把资源和精力大量集中在扩规模、上层次，而不是用在"扶需、扶特、扶强"上；部分新升本院校急于求成，升本不久后就参照综合性大学的发展目标提出了一定时期内难以实现的发展目标，导致有限资源"稀释"，反而丧失了原有的职业教育办学特色。此外，部分民办高校面对生源压力，不是主动调整办学思路，在人才培养的质量上下功夫，而是继续提出学校规模持续扩张的蓝图，反而加剧了生源竞争压力。

那么，推动上海高等教育进一步改革发展的方向在哪里？党的十八大报告提出，要"推动高等教育内涵式发展"，即现阶段高等教育的发展核心是深化内涵、提升质量。

现阶段，上海的高校已很难开展大规模的空间扩张和形态布局了。据市发展改革委的统计数据，上海资源环境承载能力已接近极限，可供开发的土地快速减少，建设用地占全市陆域面积的比重已超过 1/3，高出许多国际大都市 15%—20%的水平，新增建设用地的潜力已接近极限。

因此，我们要紧紧依靠现有存量，以集约求效益、以质量促发展，走内涵深化和质量提升的发展道路。

（三）促进上海高等教育内涵发展的重点

2013 年年初，我们在广泛调研的基础上，推动高等教育管理方式的改革，明确市教委今后推动高等教育改革发展，将着力在规划引导、质量提升和评价提效三方面。

规划引导方面，我们于 2013 年初启动了高校布局结构规划、学科专业布局规划、现代职教体系规划的编制。高校布局结构规划的目标是，明确上海各级各类高校的数量、规模与结构，努力在结构布局上与长三角区域各级各类人才需求及产业结构大致匹配。学科专业布局规划的目标是，引导形成各有特色、各有优势的高校学科生态，指导学科发展经费的合理投入，促使学科建设和人才培养更好地满足经济社会发展需求。现代职教体系规划的目标是，立足上海和长三角地区产业结构调整和社会发展实际，建立中高职贯通并与本科及专业研究生培养衔接，与高等教育合理分工的现代职业教育体系。

质量提升方面，要着力提升本科生培养质量、提升高校协同创新能力等，强化高等教育满足城市发展需求和市民期待的能力。深化招生考试制度综合改革，用好“指挥棒”。结合上海城市特点，重点推进教育国际化，探索引进高水平的教育资源，建立国际教育认证、咨询和考试中心等。

评价提效方面，将以“三个规划”为指导，建立起指标体系完整、权重明晰的高等教育投入产出评价体系，切实提升投入产出绩效，更好地推动和服务高校的内涵发展。

促进高等教育内涵发展是一项系统工程，涉及教育教学、科学研究、知识服务、队伍建设、经费投入等领域，每个领域都很关键，推动改革的难度都很大。作为政府部门，如何为高校改革发展提供关键支撑？我认为，当务之急是要从教师队伍建设和经费投入改革两个方面着力推动改革。

二、把完善高素质人才支持政策作为服务高校内涵发展的核心抓手

2013年1月底，全国第三轮学科评估结果对外公布。从数据指标看，上海的整体情况和发展趋势并不乐观。实事求是讲，本轮学科评估指标框架相比于以往，已经比较合理：指标框架中“师资队伍与资源”“科学研究与创作”“人才培养质量”和“学术声誉”四个一级指标下设的18个二级指标中，有11项与教师队伍建设水平直接相关（包括“专家团队”“专职教师数”“代表性学术论文质量”“人均发表论文数”“专著/专利情况”“代表性科研项目情况”“科学研究获奖”“创作设计获奖”“教学成果获奖”“学科声誉，含学术声誉、社会贡献、学术道德等”）。通过本轮学科评估以及对全市高校师资队伍情况的总体分析可以看出，上海地方高校相比于在沪部属高校及江苏地方高校，在教师队伍建设方面存在明显的短板。

地方高校表面看是学科建设、科研成果等方面落后于兄弟省市的地方高校，其实是在人才队伍建设方面落后了。我们必须严肃审视教师队伍建设上的差距，抓紧集中力量、集中资源、集中政策，抓住队伍建设这个“牛鼻子”，形成部属高校、地方高校两支队伍相互配合、相互协同的合力，共同支撑上海高等教育的质量提升。

为加快地方高校内涵发展，我们于2010年设立了“十大工程”专项资金，专项支持全市21所地方本科院校的发展。2010—2012年累计投入了35.09亿元，支持地方高校开展一流学科专业建设、教师发展工程、教育国际化重点建设工程等内涵建设项目。通过三年的专项支持，地方高校在人才培养、学科建设、科学研究和知识服务等方面取得了不少成效。但还存在不少问题，其中最大的瓶颈和短板依然是高水平教师队伍建设的力度不足。中期绩效评价报告认为，总体上讲，地方高校的教师队伍建设还没有较大突破和根本改观，在整体规划、系统推进和具体举措上没有新办法、新亮点。

改变高校尤其是地方高校教师队伍发展现状，既需要高校自身出台更加得力的制度措施、营造更加良好的引进人才的氛围，也需要政府层面在政策配套、制度建设和服务保障等方面做得更为完善。对高校来说，在座的书记、校长们办学经验都很丰富，希望大家结合市情、校情，想出实招、形成配套政策。当务之急是根据学校整体发展定位，制定人才队伍建设的总体战略；结合重点建设的学科专业需要，制定相关人才培养和引进规划。规划应明确一定时期内引进人才的数量、规格、层次和结构等具体要求，同时要有具体的时间进度。

政府层面的政策措施和制度保障，涉及市委组织部、市人力资源和社会保障局等部门职责权限的，我们将积极协调、建议和推动相关政策配套完善。属于市教委职责权限范围的，我们考虑要着力从两个方面推出改革举措，支持高校聚焦人才培养和引进工作。

（一）积极构建和完善高校教师全过程培训体系

目前，我们正在构建和完善由“入职门槛—职初培养—专业发展—职业提升—荣誉成就”五个主要环节构成的高校教师全过程培养体系。

入职门槛方面，一是实行高校教师资格制度。严格执行国家教师资格制度，对于拟聘任副教授以上教师职务或具有博士学位的，可以直接申请高校教师资格证；无博士学位的，必须在参加教学基本素质和能力测试后再申请。二是实施师资博士后制度。我们将在2013年下半年推出该制度，师资博士后的身份仍然是博士后，享受国家和地方规定的博士后待遇政策。市教委给予师资博士后工资经费和工作专项经费资助，使其工资待遇不低于新入职的博士。这样做的目的是为学校教学科研和人才队伍发展提供人力资源储备和前期职业能力考查，同时在一定程度上规避了“只进难出”的人事聘任制度带来的弊端。在具体实施过程中，没有博士学位授权的高校，或不具有博士后流动站的高校，可以委托有资质的高校帮助培养。

职初培养方面，我们自2013年起，首次启动新教师岗前培训项目，针对市属本科高校2013年新入职专

任教师，实施为期3个月的集中脱产培训。培训活动坚持模块化的教学内容，坚持能力导向的多元培训与学习方式，坚持以终身职业生涯发展为目标的学习设计。培训所涉相关费用由市教委承担。通过系统的岗前集中培训，帮助新入职教师树立职业理想、养成职业道德素养，具备先进的教育理念、基本的教育教学和科研能力，以及必备的学术规范、心理素养，为今后的发展奠定基础。

专业发展方面，市教委已经实施了高校中青年教师国外访学进修计划、高校青年骨干教师国内访问学者计划、高校教师产学研践习计划。2013年，我们还启动实施了高校实验技术队伍建设计划（面向实验教师、实验技术人员、实验室管理人员和技术工人，开展实验技术人员国内外培训、学历进修等；依托省部级重点实验室、国家认证中心等建设实验技术人员培训基地；支持实验技术人员参加学术交流活动和技术开发等），为不同类型的教师专业发展提供有力支撑。

职业提升方面，一是依托东方学者计划（入选者须有连续两年在海外学习工作的经历，回国时间不超过两年，具海外副高或相当的职务）、曙光计划（入选者须具博士学历、副教授以上职称，在40周岁以下，为学校重点培养人才）等支持项目，支持高校加大人才培养和引进力度，提升存量、扩大增量，同时更好地对接更高层次的人才计划；二是完善现有人才支持计划的遴选标准。今后，市教委实施的人才计划，要全面落实分类指导、分类管理的理念，在人才标准上摈弃单一的学术标准，让培养应用性技能型人才的高校，能够通过支持计划更多地获得学校亟需的高级工程师、企业高管、高级金融实务人员等高素质应用型人才。

荣誉成就方面，对于为上海高等教育教学、科研、管理等方面的改革发展作出突出贡献的，除了推荐其成为获国务院特殊津贴的专家、国家教学名师、国家教书育人楷模外，上海还设立了“上海教育功臣”“育才奖”“宝钢教师奖”“上海市教学名师”“上海市教书育人楷模”等荣誉称号和奖项，接下来还要实施“白玉兰教师奖”的评选和颁发，给予优秀教师崇高的荣誉，在全社会营造尊师重教的浓厚氛围。

（二）健全人才发现、跟踪和引进等服务保障机制

我们认为，上海高校人才引进工作应以即将出台的上海高校学科布局规划为指导，引进人才应尽可能符合学科“高原”“高峰”规划，更好地发挥人才引进效益。我们考虑采取三方面措施支撑高校人才引进工作。

1. 多渠道获取信息资源，确保所需人才“找得到”。上海部分地方高校在引进海外优秀人才时，往往会遭遇渠道不畅、信息不足的问题。因此，我们准备从对内对外两个方面拓展渠道。对内，要搭建平台，依托上海特定机构，尽快建立起上海高校高层次人才招聘信息的常年发布机制；同时，广泛搜集海内外各类优秀人才的信息数据，引导高校结合实际及时跟进并适时洽商引进的可能。对外，要延伸触角，依托海外相应机构，拓展海外人才的发现渠道。

2. 多管齐下跟踪和支持，确保所需人才“引得进”。主要考虑采取两方面的措施。一方面，建立专业化的人才引进洽商团队。充分发挥市教委相关服务机构的作用，赋予其高校人才引进的“猎头公司”职责，建立专业的人才商洽团队，跟进和帮助地方高校开展人才引进洽商，参与协调人才与高校之间的相互选择。这样既能为地方高校招聘到亟需的海内外优秀人才，更能够帮助学校引进最合适的人才。另一方面，要增强对优秀人才的吸引力。要积极推动部属高校与地方高校在部市共建40%引导性资金的框架下，共建市级研究、教学或产学研平台，支持地方高校把引进的人才落实到市级平台；同时，建立地方高校优秀人才滚动支持机制，一旦高校看准和引进了相关优秀人才，并在亟需的学科建设、人才培养和科研攻关等方面开始发挥重要作用，将采取滚动支持的方式，给予地方高校有力的支撑。

3. 采取多项措施，确保引进人才“用得好”。目前考虑采取的措施有以下三方面。一是统筹解决引进人才招收博士生无学位授权点问题。针对地方高校引进重要学术带头人或学术团队核心成员，客观上存在的无博士学位授权点问题，我们考虑在“985”引导性资金的支持下，引导地方高校与在沪“985高校”充实合作内涵，创造条件让地方高校引进的优秀人才到“985高校”担任兼职博士生导师，把上海每年增量的博士生名额“带帽下达”给“985高校”，不占用“985高校”原有的博士生招生名额。二是解决地方高校引进优秀人才遇到的教授职数不够的问题。我们正在会同市编办研究制订上海高校编制标准，定期调整高校编制额度，提出调整上海高校高级职务比例结构和动态调控高级职务岗位数额的方案。同时，将一部分高级职数统筹在市级层面，若地方高校确实看重和准备引进学校发展亟需的海内外优秀人才，可向市教委申请市级统筹的教授职数。三是发挥部属高校知名教授的影响力和辐射力。推动在沪4所“985”高校与10所地方高校签署的合作协议，安排经费支持和鼓励部属高校的知名教授参与和服务地方高校发展，带动地方高校学科建设、学术

科研和人才培养质量的提升。地方高校也要给予配套经费进行支持，从而实现全市教授资源的“同城共享”，整合和发挥上海高等教育的整体优势。

三、把改革教育经费投入机制作为支撑高校内涵发展的重要保障

很多人知道，上海教育经费每年有700多亿元。其实这是按照政府收支分类科目大口径来计算的，真正由教育系统作为预算执行主体的经费要打些折扣，而且教育经费的大头部分在区、县政府。目前，市级财政每年用于高等教育的经费总量在120亿元左右。

近年来，上海财政对高等教育的投入，有力地促进了高等教育的综合改革和内涵发展，但是在财政投入结构和投入方式等方面，还存在若干突出问题，不利于充分发挥地方高校的积极性和主动性。

因此，我们考虑通过改革高等教育经费投入机制、调整经费和资源分配方式，经费投入聚焦内涵发展，主要包括支持高校培养和引进优秀人才、开展高等教育体制机制改革先行先试、加快重大项目建设进度等。基本设想是，以“三个规划”（学校布局结构规划、学科专业布局规划、现代职业教育体系规划）为导向，以提升本科教育质量、推动教育教学改革和教师队伍建设为重点，在原有基础上，加快实现以专项投入为主向以经常性投入为主转变、从分项投入为主向学校整体投入为主转变、从以硬件投入为主向以软件投入为主转变，给予高校经费安排统筹权，增强自主发展能力。具体措施包括以下几项。

（一）建立以基本办学经费和内涵建设经费为主的经常性经费投入机制。一方面，把地方高校原来的人员经费、公用经费和项目支出归并为统一的生均综合定额，参照教育部的做法，制定文科、理科、工科等13大类的生均综合定额标准体系，作为编制地方高校部门预算的依据。同时，采取“限高托底”的办法，力争通过3—4年的过渡，促使上海地方高校按照分类生均综合定额来编制部门预算。另一方面，将市教委部门预算中用于地方高等教育部分，以及“十大工程”专项资金中属于内涵建设工程的资金，“整体打包”下达给地方高校，具体使用由地方高校自主安排。这对地方高校自主发展能力提出了前所未有的高要求，需要地方高校按照学校内涵建设和发展规划，自主提出发展项目、自主安排项目经费。与此同时，也给了地方高校人才引进较大的自主空间。

（二）建立以教育改革发展重大项目为导向的市级统筹投入机制。主要做法是，把经常性经费以外的市级财政高等教育投入，加上地方教育附加用于高等教育的那部分经费集中起来，建立统一的市级财政高等教育专项资金，用于全市性重大教育改革发展项目，构建以一流学科建设、领军人才建设、高水平大学建设、职业教育示范校建设等为核心的“高峰”计划，促进高水平大学建设。这部分资金，原则采用具有明确目标导向的竞争方式下达。

投入方式转变后，预计2014年上海财政高等教育经常性投入比例约占60%（比2013年提高约14%），专项经费投入约占40%。这里需要说明两点。第一，经费投入机制的改革不会影响“十大工程”目标任务的落实，反而会使地方高校在具体组织落实各校承担的“十大工程”任务时有更大的自主权。第二，无论经常性投入与专项投入之间的比例如何变化，我们都会安排相应的地方财政支持部属高校发展，因为这些高水平大学是上海新知识、新思想、新理论诞生的主要摇篮，是区域经济社会发展的重要支撑，也是上海高等教育领域的城市名片。

（三）建立以提高教育项目投入效益为目标的综合监督评估机制。此次“十大工程”中期绩效评估报告表明，面对政府大额度增长的专项经费投入和给予高校经费统筹的灵活机制，部分地方高校的领导班子显得有些不适应，对内涵发展的整体规划、重点聚焦不够。在这次中期绩效评估中，我们增加了审计环节，发现了一些问题。这说明高校财务管理工作还有进一步改进完善的空间。在这一背景下，要赋予地方高校更大的经费自主统筹权，非常有必要引导高校加强经费使用管理，提高资金使用效益。因此，考虑采取三项措施加强监督管理。一是加强重大项目支出的科学安排。建立高等教育拨款咨询机制，提出项目投入建议，对重大竞争性项目资金使用情况及其效果提出评估建议等。二是加强教育经费市级监督管理力度。在不增设新机构的前提下，梳理和整合原有经费监督管理机构的职能，检查和督导财经制度建设及执行情况、专项资金及重大项目经费管理情况以及监督检查发现问题的整改情况等。三是加强内部经费监督管理能力。计划试行地方高校总会计师制度，协助校长管理学校财经工作，直接领导财务、资产管理等工作，承担相应的领导和管理责任。加快建立地方高校经费安排的财政监督、审计监察和信息公开制度，确保高校经费使用公开、透明。

四、2013 年下半年要重点抓好的其他工作

1. 加强教学尤其是本科教学质量提升工作

本科教学质量滑坡问题必须引起高度重视。大家都认为本科教学工作很重要，为什么提升本科教学质量就这么困难？根子还在思想认识上，不少同志在潜意识里仍然把教学当作一件很简单甚至应付的工作来做。其实，更新教学内容、改革教学方法、完善教学评价，建立起一套符合本校学科专业和院系特色、培养优秀人才的课程教学和评价体系，是一件很不容易的事。

搞好本科教学工作，有两条原则是需要守住的。①教学是教师的天职，再大牌的教授也有义务为本科生授课，这应该成为高校内部教师管理制度建设的一个基本要求。②高校教师走上讲台要有一定的门槛。应该改变只要达到一定学历要求就可以走上讲台为本科生授课的状况，按照国务院 2012 年印发的《关于加强教师队伍建设的意见》要求，做好新教师的岗前培训，提高上讲台的门槛。

市教委为促进本科教学质量的提升，除了继续执行公布年度本科预警专业、全面深化本科教学质量年度报告等监督制度外，还建立了激励制度，实施骨干教师教学激励计划。实施该计划的目的，是为了强化教学激励，引导和鼓励学科领军人才、优秀骨干教师为本科生授课，尤其是讲授核心课程。但实事求是讲，在提升本科教学质量方面，市教委能做的事是有限的，市教委出台的激励政策和相关制度，只能把教授推上讲台；但要把教授的心真正留在讲台上，只有依靠高校的书记、校长营造相应的氛围、环境，让教授们重视课堂、热爱教学、喜爱讲台。

2. 大力推进上海市“2011 计划”

2013 年 7 月，我们召开了上海市“高等学校创新能力提升计划”推进会，明确了上海加大支持力度、搭建协同平台，支持高校与相关协同单位适度打破“围墙”，建立“特区”，集聚资源和力量干成几件大事。

关于推进“2011 计划”，这里简要提一提下半年要做的几件事。

一是制订上海市“2011 计划”建设规划。推动协同创新不仅是国家对高校的要求，也是上海高校提升整体创新能力的需要。计划重点支持 30—50 个市级协同创新中心建设，争取经过 3—5 年的培育，在全面建立起协同创新机制、引领上海高校转型发展和支撑知识服务社会的同时，有一批中心被认定为国家级协同创新中心。

二是改革高校教师和科研人员评价方式。力争在原有人员柔性流动机制政策突破的基础上，争取更大的政策突破，鼓励高校构建有利于激发教师主动参与协同创新的多元评价体系。

三是实施高校科技成果转化股权激励。按照科技成果技术水平的不同等级，给予职务发明者 20%—30%的奖励比例；把高校科技成果转化的股权激励纳入张江园区企业股权和分红激励试点范围进行管理。

四是依托政府部门联动搭建高校与行业企业深度协同的平台。深化科教结合、文教结合、体教结合、医教结合改革，搭建紧贴行业需求，优化“2011 协同创新中心”布局结构。

3. 平稳推进行业高校管理体制改革

8 月 22 日，市政府正式批复同意将上海电机学院等第一批 7 所行业学校的隶属关系划转至市教委，标志着上海推进行业高校管理体制改革第一阶段任务已经完成。2013 年年底前，我们还要完成上海商学院、上海政法学院及相关联的中职学校划转至市教委管理的相关事宜。同时，要继续做好相关准备工作，确保在 2014 年 7 月 1 日以前，将上海农林职业技术学院、上海交通职业技术学院、上海建峰职业技术学院 3 所行业高校及相关联的中职校划转。

这是上海高校管理体制改革的一件大事，划转高校的体量达到了市属高校的 1/4。市教委一定会加大对划转学校的支持力度。但是，相关高校一定要保持与行业企业的紧密联系，避免在课程设置上失去行业特点，避免在专业结构上“非行业化”。对此，市教委将与行业主管部门探索形成共建共管机制，依托行业深化产学研结合，促使相关高校主动对接和服务上海乃至长三角区域产业的转型升级。

4. 加强民办高校的规范扶持力度

上海 19 所民办高校是上海高等教育的重要组成部分，为上海高等教育走向普及化作出了重要贡献。上海部分民办高校正向公益性、特色化方向发展。要积极扶持民办高校尤其是公益性民办高校的发展。近年来，上海民办教育的政府扶持资金不断扩增，2013 年仅“十大工程”专项资金用于促进民办教育内涵发展的，就达 3.03 亿元。

2013年下半年，要继续实施民办高校“强师工程”，包括民办高校青年教师培训计划、民办高校骨干教师培训计划，制订和落实年金加补贴的民办高校退休教师待遇保障方案等。推进民办高校“强校工程”，探索高水平、小规模民办高校建设，发展高水平民办应用技术大学，进一步扶持民办示范性和特色高职院校的发展。成立上海民办教育发展基金会，统筹管理民办教育发展资金，支持民办学校的发展。

5. 开展上海“教育国际合作与交流综合改革试验区”建设

4月18日，市政府与教育部签署协议，决定共建“教育国际合作与交流综合改革试验区”，这为加快推进教育国际化提供了难得的契机。在2013年下半年，要着力在以下三方面下功夫。①合作模式探索方面。支持和推进上海纽约大学建设，确保发挥“鲶鱼效应”，同时继续探索引进国外各类优质教育资源开展高水平中外合作办学；支持有条件的高校筹设中外合作高等职业技术学院，探索高职中外合作办学新模式；完善高校学生海外学习、实习机制，探索培养具备国际视野和跨文化交往能力人才的新路径。②管理体制创新方面。制订中外合作办学专业指导目录，引进专业评估与认证服务；建立市级政府部门协作、区县政府联动的国际教育管理新机制；探索引进和有效管理境外教育考试，开展国际教育认证服务，建立若干国别(地区)研究基地，加强研究咨询服务。③专业服务引进方面。在亚太地区教育质量保障组织(APQN)秘书处落户上海的基础上，继续引进更多国际教育组织，探索制订国际教育组织落户上海的管理办法，提升对境外非政府组织的管理能力；在中国(上海)自贸区政策框架下，在建立相关管理制度的前提下，探索引进经营性中外合作培训机构，满足市民多样化的非学历教育培训需求。

6. 推进高校绩效工资改革

目前，上海高校绩效工资改革遭遇了照顾高等教育行业的特殊情况与确保全市事业单位绩效工资改革面上平衡的问题。我们会加强与市人力资源和社会保障、市财政等部门的协调，争取照顾高等教育行业发展实际，给予相对特殊的政策支持。

同时，高校也要对本次绩效工资改革有全面的认识。第一，绩效工资改革是一种规范性制度安排。绩效工资并非一成不变，规范后将会建立稳定的增长机制。先规范后增长。第二，要以绩效工资改革为契机，推动实施教学激励。在绩效工资改革完成后，会推出骨干教师激励计划。学校要保证激励计划起到应有的激励作用，避免与绩效工资相抵冲。第三，处理好面上分配和重点支持的关系。既要平衡面上薪资分配，更要在此基础上重点支持和培养高端人才。

7. 深化招生考试制度改革

2013年上海深化招生考试制度改革要重点抓两项工作。一是推动高中学业水平考试在在沪“985”高校自主招生中的应用。推动高中学业水平考试应用于高校自主招生，既有利于确保高中教育教学质量，缓解高中学生在“联盟考”“千分考”“华约”“北约”等自主招生考试之间疲于奔命的现象，减轻学生负担，也有利于促使高校生源的素质更加全面、综合。二是进一步完善春季高校招生考试制度。将春季高考逐步转型为面向上海地方应用型本科院校特色专业、具有自主招生性质的高校招生入学考试。春季高考主要招收具有职业技能的应用型人才，以利于推动分类指导理念的落实，推动地方高校不断扩大招生自主权，走特色发展的道路。

法律　法规

规章　文件

国务院办公厅关于做好2013年全国普通高等学校毕业生就业工作的通知

（国办发〔2013〕35号）

各省、自治区、直辖市人民政府，国务院各部委、各直属机构：

普通高等学校毕业生（以下简称高校毕业生）是国家宝贵的人才资源。做好高校毕业生就业工作，关乎经济发展、民生改善和社会稳定。2013年，全国高校毕业生就业总量压力继续加大，结构性矛盾十分突出，就业任务更加繁重。党中央、国务院高度重视高校毕业生就业工作，要求采取切实有效的措施，进一步做好高校毕业生就业工作。经国务院同意，现就有关问题通知如下：

一、深入落实高校毕业生就业政策

近年来，国务院坚持劳动者自主就业、市场调节就业、政府促进就业和鼓励创业的方针，实施就业优先战略和更加积极的就业政策，围绕促进高校毕业生就业创业出台了一系列政策措施，各地区也结合实际制定了一些有本地特色的具体政策，对促进高校毕业生就业发挥了积极作用。但从目前情况看，有的政策尚未落实到位，政策效应尚未得到充分发挥。各地区、各有关部门要抓紧对高校毕业生就业政策落实情况组织一次集中检查，逐项督促落实。对尚未制定具体实施办法的，要抓紧研究制定，尽快实施，并跟踪了解落实情况；对其中门槛高、手续复杂的，要本着尽可能方便高校毕业生享受政策的原则，制定简便易行的操作流程，切实降低门槛、简化程序；对因保障措施不到位影响政策落实的，要加大投入，提高保障水平，确保政策顺利实施。同时，要适应新的形势和特点，积极创新，进一步细化和完善促进高校毕业生就业创业的政策措施。采取多种方式广泛宣传就业法律法规和政策，提高高校毕业生和用人单位的政策知晓度。

二、拓宽高校毕业生就业渠道

各地区、各有关部门要结合转方式、调结构的进程，积极为高校毕业生开发就业岗位，尤其要充分发挥战略性新兴产业、先进制造业、高新技术产业、智力密集型产业、现代服务业、现代农业发展对高校毕业生就业的拉动作用。在制定产业发展规划时，要同时制定人才培养、吸纳、引进计划。加大对小微企业的扶持力度，进一步落实社保补贴、培训补贴等扶持政策，鼓励其吸纳高校毕业生就业。大力宣传民营企业、非公有制经济组织对经济社会发展的重要意义和突出贡献，引导高校毕业生到民营企业、非公有制经济组织就业。引导国有企业积极履行社会责任，吸纳更多高校毕业生就业。结合推进城镇化、加强和创新社会管理进程，加大财政投入，探索通过政府购买服务的方式，开发城乡基层特别是城市社区和农村公共管理及社会服务工作岗位，引导高校毕业生到基层就业。统筹实施基层服务项目，规范岗位管理，健全保障机制，落实和完善生活补贴、社会保险、期满就业服务等政策，积极促进服务期满人员就业创业。开展农业技术推广服务特岗计划试点，选拔一批高校毕业生到乡镇担任特岗人员。加大面向基层考录公务员和招聘事业单位工作人员的力度。建立健全征集高校毕业生入伍服义务兵役的政策体系和长效机制。逐步扩大科研项目单位吸纳高校毕业生规模，鼓励优秀高校毕业生作为科研助理或辅助人员参与项目实施。

三、鼓励高校毕业生自主创业

各地区、各有关部门要积极完善创业政策，加强创业教育、创业培训和创业服务，大力扶持高校毕业生自主创业，尤其要鼓励高校毕业生创办国家和地方优先发展的科技型、资源综合利用型、智力密集型企业，支持通过网络创业带动就业。各高校要将创新创业教育融入专业教学和人才培养全过程，并将创业教育课程纳入学分管理，鼓励在校生积极参加创业教育和创业实践活动。鼓励高校与公共就业人才服务机构合作开展创业培训和实训，从2013年起，将创业培训补贴政策期限从目前的毕业年度调整为毕业学年（即从毕业前一年7月1日起的12个月）。各地区要对自主创业高校毕业生进一步放宽准入条件，降低注册门槛，创业地应按规定给予小额担保贷款及贴息、税费减免等政策扶持。加大政策倾斜力度，积极推进大学生创业孵化基地建设，为自主创业高校毕业生提供项目开发、开业指导、融资、跟踪扶持等“一条龙”创业服务。

四、加强高校毕业生就业服务

各地区、各高校要切实加强对高校毕业生的就业服务和职业指导。各高校要加快推进就业指导课程和学科建设，全面开展职业发展教育和就业指导，着力提高就业指导课程的针对性和实效性。加强专兼职结合的职业指导师资队伍建设，为高校毕业生提供个性化的咨询辅导。支持高校发挥自身优势，实行校企对接，有针对性地组织开展校园招聘活动。高校开展的校园招聘活动，可纳入公共就业服务大型专项活动项目给予适当支持。各地要充分发挥公共就业人才服务机构和高校毕业生就业指导服务机构的作用，广泛开展公共就业人才服务进校园活动，帮助高校毕业生及时了解就业形势、就业政策和企业用人需求。广泛收集适合高校毕业生的就业岗位信息，及时向高校和高校毕业生提供，并组织开展分区域、分行业、分层次的专场招聘活动。健全全国就业信息公共服务网络平台，实现与高校校园网互联互通，充分利用短信、微博、移动互联平台等多种渠道发布就业信息，切实降低求职成本。允许高校毕业生在求职地（直辖市除外）进行求职登记和失业登记，申领《就业失业登记证》，纳入本地免费公共就业服务和就业扶持政策范围。各级公共就业人才服务机构要从高校毕业生的实际需要和便利出发，统一服务标准，优化服务流程，提供高效、便捷的就业服务。

五、开展就业帮扶和就业援助

大力加强离校未就业高校毕业生就业服务。在全国范围内组织实施“离校未就业高校毕业生就业促进计划”，综合运用各项政策措施和服务手段，力争使每一名有就业意愿的离校未就业高校毕业生在年底前实现就业或参加到就业准备活动中。做好未就业高校毕业生离校前后实名信息衔接和服务接续。各地公共就业人才服务机构要及时了解未就业高校毕业生的情况，依托基层服务平台，一对一地开展服务。对有就业意愿的，及时提供用人信息；对有创业意愿的，组织其参加创业培训，提供创业服务，落实创业扶持政策；对暂时不能实现就业的，要通过扩大就业见习和职业培训规模，组织参加就业见习和职业培训；对就业困难高校毕业生，提供有针对性的就业援助。各地可根据当地经济发展和物价水平，适当提高高校毕业生就业见习基本生活补助标准；对高校毕业生参加职业技能培训和技能鉴定，应按规定给予补贴。

各地区、各高校要将特困家庭高校毕业生作为帮扶的重点，认真开展摸底排查，掌握特困家庭高校毕业生的求职情况，有针对性地开展帮扶。从 2013 年起，对享受城乡居民最低生活保障家庭的毕业年度内高校毕业生，可给予一次性求职补贴，补贴标准由省级财政、人力资源社会保障部门会同有关部门根据当地实际制定，所需资金按规定列入就业专项资金支出范围。

要进一步促进少数民族高校毕业生就业。各地区、各高校要高度重视少数民族高校毕业生的就业工作，给予必要的帮扶与指导，鼓励他们自主创业。承担对口支援西藏、青海、新疆任务的地区要组织本地用人单位积极面向受援地高校毕业生开展各类招聘活动，并将到本地求职的受援地高校毕业生纳入就业扶持政策范围。承担对口支援西藏、青海、新疆任务的中央企业要结合援助项目建设，积极吸纳当地高校毕业生就业。

六、大力促进就业公平

各地区、各有关部门要大力营造公平的就业环境。用人单位招用人员、职业中介机构从事职业中介活动，不得对求职者设置性别、民族等条件，招聘高校毕业生，不得以毕业院校、年龄、户籍等作为限制性要求。规范签约行为，任何高校不得将毕业证书发放与高校毕业生签约挂钩。加大人力资源市场监管力度，严厉打击招聘过程中的欺诈行为，及时纠正性别歧视和其他各类就业歧视现象。规范国有单位招聘行为，完善公务员招考和事业单位公开招聘制度，探索建立国有单位招聘信息统一公开发布制度，加强国有企业招聘活动监管，在国有企业全面推行分级分类的公开招聘制度，切实做到信息公开、过程公开、结果公开。加大劳动用工、缴纳社会保险费等方面的劳动保障监察力度，切实维护高校毕业生就业后的合法权益。

有关部门要按照《国务院关于进一步做好普通高等学校毕业生就业工作的通知》（国办发〔2011〕16 号）的要求，研究深化高校毕业生就业制度改革的具体意见，简化高校毕业生就业程序，消除其在不同地区、不同类型单位之间流动就业的制度性障碍。要指导督促各地制定实施办法，切实落实允许包括专科生在内的高校毕业生在就（创）业地办理落户手续的政策（直辖市按有关规定执行）。

七、推动高等教育更好地适应经济社会发展需要

要深入推动教育体制改革，根据国家经济社会发展水平和产业升级的需要，合理确定普通教育与职业教育发展规模，改善人力资源供给结构。扩大高校办学自主权，逐步建立高校教学质量外部考评机制，指导高校加强实践教学，着力培养学生的综合素质和实践能力，提高人才培养质量。加强职业教育和技能培训，完善相关政策和激励措施，创新技能人才培养模式，搭建技能人才职业发展通道。加强经济社会发展对高校毕业生需求的前瞻性研究，建立健全高校毕业生需求预测和发布制度，完善就业状况的反馈机制，引导高校合理调整专业设置。建立高校毕业生就业和重点产业人才供需对接机制，超前部署重点产业相关专业设置和培养计划，努力实现人才培养、社会需求和就业的良性互动。

八、加强高校毕业生就业工作组织领导

各地区、各有关部门要把高校毕业生就业工作摆在重要位置，落实责任、各方努力，加强引导、综合施策。将高校毕业生就业工作情况列入政府政绩考核内容，明确具体目标、工作措施和进度，把责任落实到地方、部门和高校，把工作做到前面，切实缓解高校毕业生的就业困难，切实保障应届高校毕业生就业水平不降低，并力争有所提高。要充分发挥就业工作联席会议制度的作用，建立健全高校毕业生就业工作领导和协调机制，分工协作，齐抓共管，形成合力。要将高校毕业生就业工作经费纳入同级财政预算，切实保障各项就业服务工作开展所需经费。要密切关注高校毕业生就业形势，加强分析研判，及时研究解决工作中出现的新情况、新问题，同时要研究解决高校毕业生就业难问题的长远措施。要加大高校毕业生就业工作宣传力度，重点宣传新时期就业方针和就业创业政策措施，以及高校毕业生到基层就业创业的先进典型，引导广大高校毕业生树立正确的就业观和择业观，将个人理想融入实现中华民族伟大复兴中国梦进程中，到城乡基层、到中小企业、到中西部地区、到祖国最需要的地方成长成才、建功立业。

各地区、各有关部门要按照本通知精神，抓紧制定实施办法，切实抓好贯彻落实。

国务院办公厅

2013 年 5 月 16 日

国务院办公厅转发教育部等部门《关于实施教育扶贫工程意见》的通知

（国办发〔2013〕86 号）

各省、自治区、直辖市人民政府，国务院各部委、各直属机构：

教育部、发展改革委、财政部、扶贫办、人力资源社会保障部、公安部、农业部《关于实施教育扶贫工程的意见》已经国务院同意，现转发给你们，请认真贯彻执行。

国务院办公厅

2013 年 7 月 29 日

关于实施教育扶贫工程的意见

为贯彻党的十八大精神，落实中央扶贫开发工作会议要求和《中国农村扶贫开发纲要（2011—2020 年）》、《国家中长期教育改革和发展规划纲要（2010—2020 年）》的战略部署，充分发挥教育在扶贫开发中的重要作用，培养经济社会发展需要的各级各类人才，促进集中连片特殊困难地区（以下简称片区）从根本上摆脱贫困，现就组织实施教育扶贫工程提出以下意见：

一、总体要求

（一）指导思想

以邓小平理论、“三个代表”重要思想、科学发展观为指导，落实国家扶贫攻坚总体部署，把教育扶贫作为扶贫攻坚的优先任务，以提高人民群众基本文化素质和劳动者技术技能为重点，推进教育强民、技能富民、就业安民，为全面建成小康社会奠定坚实基础。

（二）总体目标

按照党的十八大提出的基本公共服务均等化总体实现和进入人力资源强国行列的目标，加快教育发展和人力资源开发，到 2020 年使片区基本公共教育服务水平接近全国平均水平，教育对促进片区人民群众脱贫致富、扩大中等收入群体、促进区域经济社会发展和生态文明建设的作用得到充分发挥。

提高基础教育的普及程度和办学质量。到 2015 年，学前三年毛入园率达到 55％以上，少数民族双语地区基本普及学前一至两年双语教育，义务教育巩固率达到 90％以上，高中阶段毛入学率达到 80％以上，视力、听力、智力三类残疾儿童义务教育入学率达到 80％。到 2020 年，基本普及学前教育，义务教育水平进一步提高，基本普及视力、听力、智力三类残疾儿童义务教育，普及高中阶段教育，基础教育普及程度和办学质量有较大提升。

提高职业教育促进脱贫致富的能力。到 2015 年，初、高中毕业后新成长劳动力都能接受适应就业需求的职业教育和职业培训，力争使有培训需求的劳动者都能得到职业技能培训。到 2020 年，职业教育体系更加完善，教育培训就业衔接更加紧密，培养一大批新型农民和在二、三产业就业的技术技能人才。

提高高等教育服务区域经济社会发展能力。通过调整优化高等学校空间布局和学科专业结构，改革人才培养模式，促进高等教育与当地经济、社会、科技发展和城镇化建设深度融合，使高等教育能为当地传统产业改造升级、新兴产业培育发展和基本公共服务提供有效的人才支撑和智力支持。通过多种途径，增加片区群众接受高等教育的机会。

提高继续教育服务劳动者就业创业能力。通过教育培训与当地公共服务、特色优势产业有效对接，大力提高就业创业水平。完善毕业生和接受培训人员就业服务政策，通过带技能转移、带技能进城、带技能就业，使转移劳动力在城镇多渠道、多形式、稳定就业。

（三）基本原则

一是以省为主，加强统筹。按照“省负总责、县抓落实、扶持到校、资助到生”的教育扶贫工作要求，省级人民政府对本行政区域内教育扶贫工程负总责，把教育扶贫纳入经济社会发展战略和总体规划，统筹各方面资源，加大教育扶贫工程的实施力度。

二是以人为本，尊重群众。围绕“人人受教育，个个有技能，家家能致富”的要求，着力解决群众最关心最直接最现实的问题，让广大人民群众真正得到看得见的实惠。工程实施的重大政策和关键环节要充分尊重群众意愿，做好政策解释和引导工作，确保工程有序稳步推进。

三是改革创新，加快发展。针对制约贫困地区教育发展的瓶颈因素和关键领域，加大改革力度，着力破除制约发展的体制机制障碍，深化人才培养模式改革，调整培养结构，加快发展步伐。

四是因地制宜，分类指导。结合各个片区的实际情况，确定教育扶贫工程的重点任务和政策范围，做到“一区一策，一省一策”，不搞“一刀切”。根据各级各类教育的特点，实事求是确定规划目标，落实政策措施，科学组织实施。

五是规划引导，分步实施。加强与国家主体功能区规划、集中连片特困地区区域发展与扶贫攻坚规划相衔接，推动片区人口和劳动力通过教育向重点开发区和优化开发区转移。制定教育扶贫工程的实施方案和年度计划，明确重点，分步实施。

（四）实施范围

实施教育扶贫工程的范围为《中国农村扶贫开发纲要（2011—2020年）》所确定的连片特困扶贫攻坚地区，具体是：六盘山区、秦巴山区、武陵山区、乌蒙山区、滇桂黔石漠化区、滇西边境山区、大兴安岭南麓山区、燕山—太行山区、吕梁山区、大别山区、罗霄山区等区域的片区和已明确实施特殊政策的西藏、四省藏区、新疆南疆三地州。

二、主要任务

（一）全面加强基础教育

1. 切实巩固提高义务教育水平。进一步加大片区义务教育投入力度，推进义务教育阶段学校标准化建设。农村义务教育学校布局要保障学生就近上学的需要。改善保留的村小学及教学点，特别是改善边境一线学校及教学点基本办学条件。完善农村义务教育薄弱学校教学用房、学生宿舍等附属设施，加强图书、教学仪器设备、多媒体远程教学设备和体育卫生、艺术教育器材的配备。进一步强化中小学幼儿园安全管理。开齐开足中小学课程，全面实施素质教育。切实保障特殊困难地区学校正常运转。对片区不足100人的小规模学校（含教学点）按100人核定公用经费补助资金，特别是要加大地处高原或寒冷地区的小规模学校（含教学点）公用经费保障水平，确保学校正常运转。

2. 加快发展学前教育。根据片区自然环境、适龄人口分布等情况，做好当地学前教育规划。按照“政府主导、社会参与、公办民办并举”的原则，充分利用中小学布局调整的富余资源及其他资源发展学前教育。在乡镇和人口较集中的行政村建设普惠性幼儿园，在人口分散的边远地区设立支教点、配备专职巡回指导教师，形成县、乡、村学前教育网络。

3. 推动普通高中多样化发展。民族地区教育基础薄弱县普通高中建设项目和普通高中改造计划优先支持片区普通高中教育。改善普通高中的办学条件，加强图书馆（室）、实验室、体育场所建设和教学仪器设备配备。支持片区推进人才培养模式多样化，鼓励普通高中办出特色、促进学生全面有个性地发展。

4. 重视发展特殊教育。改善片区特殊教育学校和接受残疾学生融合教育的普通学校办学条件。建立普惠和特惠政策相结合的资助体系，保证每一个残疾儿童不因贫困而失学。

5. 保障移民搬迁学生就学。配合实施片区区域发展与扶贫攻坚规划提出的易地扶贫搬迁、生态移民搬迁、地质灾害搬迁等措施，优先在移民安置区建设好学校并保障正常运转。

6. 加强双语教育和民族团结教育。片区的少数民族双语地区要将双语教育摆在重要位置。大力推广国家通用语言文字，尊重和保障少数民族使用本民族语言文字接受教育的权利。加大对双语寄宿制学校、双语幼儿园的支持力度。各地要通过扩大特岗教师规模、加强民语教师培训和增加核定编制的办法加快补充双语教师。在各级各类学校深入开展形式多样的民族团结教育活动,将党和国家的民族理论和民族政策教育作为教师培养培训的重要内容。

7. 鼓励教师到片区从教。研究制定教师到片区农村边远学校工作的奖励措施。各地要研究完善符合片区村小学和教学点实际的职务(职称)评定标准,职称晋升、荣誉奖励和绩效工资分配向村小学和教学点专任教师倾斜;城镇中小学教师在评聘高级职务(职称)时,同等条件下有在片区农村学校任教经历的优先。设立专项资金,对在片区乡、村学校和教学点工作的教师给予生活补助。边远艰苦地区农村学校教师周转宿舍建设工程优先在片区实施。实施好边远贫困地区、边疆民族地区和革命老区人才支持计划教师专项计划,选派优秀教师到连片特困地区支教,推动地方开展城乡教师交流活动并形成制度。鼓励免费师范生到片区从教。幼儿园和中小学教师国家和省级培训计划、农村学校教育硕士师资培养计划进一步向片区倾斜。合理配备寄宿制学校生活管理人员。

(二) 加快发展现代职业教育

1. 大力发展服务当地特色优势产业和基本公共服务的现代职业教育。在人口相对密集、当地产业发展具有一定潜力的地区,由省级人民政府统筹规划,结合城镇化规划,在产业集聚区、工业园区、经济开发区等区域办好一批中、高等职业学校。重点支持一批社会有需求、办学有质量、就业有保障的特色优势专业,更好地满足片区产业发展对技术技能人才的需求。加大职业学校教师素质提高计划的倾斜支持力度。

2. 实施中等职业教育协作计划。支持东部和中西部城市职业院校扩大招收片区学生的规模,对口支持片区职业院校,培养片区经济社会发展急需人才。有计划地支持片区内限制开发和禁止开发区初中毕业生到省(区、市)内外经济较发达地区重点中等职业学校接受教育。加大对承担对口招生任务学校的支持。对西藏、新疆南疆三地州和青海藏区的对口招生任务,原则上由中央确定的对口支援省(市)承担,按程序纳入对口支援规划后组织实施。

3. 传承创新民族文化、民族技艺。结合片区民族地区的发展需要和文化遗产保护的要求,将民族文化、民族技艺传承创新纳入职业教育体系。重点支持一批体现片区民族文化特点、具有产业化前景的民间传统技艺专业。鼓励民间艺人、技艺大师、非物质文化遗产传承人参与职业教育办学。支持民族贸易企业、文化旅游企业参与校企合作。各级教育、文化、旅游、贸易等部门加大对民族文化、民族技艺职业教育的支持力度。

4. 广泛开展职业技能培训。各地人力资源社会保障、教育、扶贫、农业等部门要联合制定培训计划,安排有学习意愿的未升入普通高中和高等学校的毕业生、具备一定文化素质的社会青年进入职业院校、培训机构等学习。鼓励通过发放"教育券"、"培训券"等方式,让学习者自主选择培训项目和培训方式,提高培训效果。

(三) 提高高等教育服务能力

1. 提高片区高等教育质量。根据当地工业化、信息化、城镇化、农业现代化总体布局,优化片区高等学校布局,加快调整学科专业结构。片区高等学校要明确服务当地经济社会发展的办学定位,重点发展支撑当地特色优势产业的学科、专业。中央相关高等教育项目和资金要对片区给予适当倾斜。将片区高等学校纳入东部高等学校对口支援西部高等学校计划,建立对口支援长效机制。

2. 加大高等学校招生倾斜力度。实施面向贫困地区定向招生专项计划,扩大片区学生接受优质高等教育的机会。高校招生计划和支援中西部地区招生协作计划向片区所在省(区、市)倾斜。普通高等学校举办的民族预科班、民族班向片区中的民族地区倾斜。

3. 开展高等学校定点扶贫工作。发挥高等学校在人才扶贫、科技扶贫、智力扶贫、信息扶贫等方面的积极作用。中央部(委)属高校主要参与国家扶贫开发工作重点县的定点扶贫工作,省属高校根据省级人民政府统一安排参加本省级行政区域内的定点扶贫工作。

(四) 提高学生资助水平

1. 稳步推进农村义务教育学生营养改善计划。加强农村义务教育学生营养改善计划的组织管理,确保学生得到实惠。逐步完善青少年营养标准,建立学生营养监测网络,加强营养干预,提高学生的营养健康水平。加快片区农村义务教育学校伙房或食堂等生活配套设施的建设。

2. 健全家庭经济困难学生资助政策。完善农村义务教育家庭经济困难寄宿生生活费补助政策,加大对家庭经济困难幼儿、孤儿、残疾幼儿入园和普通高中家庭经济困难学生的资助力度。高等学校对来自片区农村家庭经济困难的学生优先予以资助，做到应助尽助，从制度上保障每一个学生不因家庭经济困难而失学。

3. 完善职业教育资助政策。实施好对片区中等职业学校符合条件的学生按国家规定实行免学费和给予国家助学金补助的政策。对有计划转移到省(区、市)外符合条件的中等职业学校学生，在按国家规定免学费和给予国家助学金的基础上，由生源地人民政府和接收地人民政府通过统筹教育、扶贫、农业和对口支援等资金落实住宿费、交通费等补助，中央财政对转移就学工作做得较好的接收地政府予以适当奖补。对未升学的农村初、高中毕业生免费提供农业技术技能培训。"农村劳动力转移培训计划"、"阳光工程"等各项资金，按国家规定优先对当地农民或已进城的农民工接受技术技能培训予以补贴。在国家奖助学金等资助政策上对高等职业院校涉农、艰苦、紧缺专业的农村家庭经济困难学生给予倾斜。

(五) 提高教育信息化水平

1. 加快学校信息基础设施建设。加快片区学校信息基础设施建设，到 2015 年基本解决片区内义务教育学校和普通高中、职业院校的宽带接入问题。

2. 推广优质数字教育资源应用。通过卫星、电视、互联网等远程教育平台将优质教育资源输送到片区学校，实现优质资源共享。开放大学和高等学校继续教育机构要开发适合片区的教育资源。加强片区学校教育信息技术应用能力培训。优先为村小学和教学点配置数字化优质教育资源。

3. 推进教育管理信息化建设。"国家教育管理信息系统建设"相关项目优先在片区实施。开展片区教育行政干部信息化管理能力培训，提高学校信息化管理的标准化、规范化水平。加强学生学籍、资助等重要基础信息管理系统的应用。

三、保障措施

(一) 经费保障

1. 加大教育扶贫工程资金保障力度。中央和省级人民政府加大对教育扶贫工程的投入，省级人民政府加强各项教育经费统筹，经费安排向扶贫开发任务较重的地区倾斜。加大中央一般性转移支付、教育专项转移支付等的增量资金向教育扶贫工程投入力度。

2. 加强教育扶贫工程资金的使用管理。完善管理办法，对重大事项实行公告公示制度，强化审计监督，坚决查处挪用、截留和贪污教育扶贫工程资金的行为。

(二) 学生就业

1. 切实加强毕业生就业工作。加强对学生的社会实践教育和就业创业教育，注重对学生进行职业生涯规划和就业指导。对转移就学的毕业生在就学地就业的，就学地政府人力资源社会保障部门按规定免费为其提供公共就业服务，将其纳入有关社会保险制度，并在人事档案、职称评定、教育培训、人员流动等方面予以政策保障。公安部门依照规定为转移就学就业学生办理户口迁移手续。鼓励就学地企事业单位优先接受转移学生实习和就业，按照国家有关规定对接受转移学生就业较多的用人单位予以表彰。完善转移学生就业创业帮扶和劳务输出组织工作机制，探索统一派送、劳务派遣、劳务外包等输出安置新模式。

2. 引导和支持高校、中等职业学校毕业生到贫困地区就业创业。制定为贫困地区培养人才的激励政策。加大各类国家级基层就业项目对片区的倾斜力度，鼓励地方政府设立省级基层就业项目。教育部门会同有关部门按国家规定落实到片区就业创业的高校毕业生学费补偿和助学贷款代偿办法，鼓励优秀高校和中等职业学校毕业生到贫困地区工作服务。

(三) 对口支援

1. 把人才培养作为对口支援的优先领域。承担对口支援西藏、新疆和青海藏区任务的省(市)、中央企业、高校和中等职业学校要把支持片区教育发展作为工作重点，按照结对关系和对口支援规划，加大教育帮扶力度。

2. 完善教育对口支援工作机制。将教育对口支援纳入到国家对口支援工作总体部署中统筹推进。国家和省级教育行政部门加强对教育对口支援的政策支持和业务指导，建立绩效评价机制。

(四) 人才引进

组织大中城市和东部地区学校的专家学者、优秀教师、离退休专业技术人员和志愿者到片区学校服务。制定优惠政策，吸引东部地区人才到片区从教，特别是对片区高校引进人才要予以倾斜支持。

四、组织领导

（一）落实各级政府的责任

在国务院统一领导下，教育部、发展改革委、财政部、扶贫办、人力资源社会保障部、公安部、农业部等部门建立工作协调机制，研究解决教育扶贫工程实施过程中的重大问题，完善实施工程的配套措施和办法。鼓励和支持片区所属省级人民政府建立跨省级行政区域的组织协调机制。建立省、市、县级政府领导定点联系学校制度。

（二）动员社会力量支持

鼓励社会各界参与教育扶贫工程。支持中国扶贫基金会、中国教育发展基金会等公益组织积极参与教育扶贫工程。引导各类企业、社会团体、非政府组织和有关国际组织在片区开展捐资助学活动。大力支持民办教育发展。鼓励共青团、妇联、工会和各类社会团体有序组织志愿者到贫困地区扶贫支教、培训当地技术技能人才。鼓励高等学校加强扶贫理论和政策研究，为扶贫开发科学决策提供依据。把扶贫纳入基本国情教育范畴，加大教育扶贫宣传力度，营造全社会参与支持教育扶贫的氛围。

（三）加强考核评估

建立教育扶贫工程实施考核机制。省级政府要建立工作协调机制，统筹推进教育扶贫工程，对工程实施进展、质量和成效进行考核，作为对各级政府绩效考核和落实《中国农村扶贫开发纲要（2011—2020年）》、《国家中长期教育改革和发展规划纲要（2010—2020年）》、片区区域发展与扶贫攻坚规划的重点内容。对工程重点项目作为督查督办的重要事项，实行行政问责制。建立教育扶贫工作信息系统，跟踪监测教育扶贫工作。建立健全评估机制，开展第三方评估。

中华人民共和国教育部
中华人民共和国国家发展和改革委员会
中华人民共和国财政部
国务院扶贫开发领导小组办公室
中华人民共和国人力资源和社会保障部
中华人民共和国公安部
中华人民共和国农业部

国务院办公厅转发教育部等部门《关于建立中小学校舍安全保障长效机制意见》的通知

（国办发〔2013〕103 号）

各省、自治区、直辖市人民政府，国务院各部委、各直属机构：

教育部、发展改革委、公安部、监察部、财政部、国土资源部、住房城乡建设部、水利部、审计署、安全监管总局、地震局、气象局《关于建立中小学校舍安全保障长效机制的意见》已经国务院同意，现转发给你们，请认真贯彻执行。

国务院办公厅

2013 年 11 月 7 日

关于建立中小学校舍安全保障长效机制的意见

为贯彻落实《中华人民共和国防震减灾法》和《国家中长期教育改革和发展规划纲要（2010—2020 年）》，进一步提高全国中小学校舍防震减灾能力，实现城乡中小学校舍安全达标，现就建立中小学校舍安全保障长效机制（以下简称长效机制）提出如下意见。

一、充分认识建立长效机制的重要意义

校舍安全直接关系师生生命安全，社会关注度高、影响面广。党中央、国务院历来高度重视校舍安全工作，新世纪以来，先后部署实施了一系列校舍建设工程，建立了农村义务教育中小学校舍维修改造长效机制，特别是从 2009 年起，部署实施了全国中小学校舍安全工程，在各级各类城乡中小学开展校舍抗震加固和提高综合防灾能力建设，校舍安全隐患大幅减少，安全状况进一步改善。但我国中小学的学生规模大、农村学校多、基础条件差，保障校舍安全是一项长期的艰巨任务。建立长效机制，为提高中小学校舍安全管理水平和防灾减灾能力提供制度保障，是坚持以人为本、落实国家防灾减灾总体部署的必然要求，是坚持教育优先发展、办好人民满意教育的重要内容。各地区、各有关部门要统一思想，提高认识，按照国务院决策部署，切实把保障校舍安全的各项任务落实到位。

二、覆盖范围和总体要求

（一）覆盖范围。全国城镇和农村、公立和民办、教育系统和非教育系统的所有中小学（含幼儿园）。

（二）总体要求。明确和落实各级政府及其相关部门责任，综合考虑城镇化发展、人口变化等因素，紧密结合教育事业发展、防灾减灾、校园建设等规划和各类教育建设专项工程，统筹实施校舍安全保障长效机制。坚持建管并重，通过维修、加固、重建、改扩建等多种形式，逐步使所有校舍满足国家规定的建设标准、重点设防类抗震设防标准和国家综合防灾要求，同时加强对校舍的日常管理和定期维护。加强对中小学校舍规划布局、安全排查、施工建设、使用维护、信息公告、责任追究等各环节的管理，建立健全符合国情的中小学校舍安全保障制度体系。

三、长效机制的主要内容

（一）建立校舍安全年检制度。对城乡各级各类中小学现有校舍每半年要组织一次安全隐患排查。经排查后需要鉴定的，由当地教育行政部门委托有资质的专业机构及时进行相关鉴定。对未达到重点设防类抗震设防标准或达到设计使用年限仍需继续使用的校舍，每年进行一次鉴定；达到重点设防类抗震设防标准的，每 5 年进行一次鉴定。校舍排查鉴定结果要及时录入中小学校舍信息管理系统以便查询。

（二）完善校舍安全预警机制。地方各级政府要将校舍安全纳入当地防灾减灾总体规划，对本行政区域内中小学校舍灾害风险进行综合评估，指导学校编制相应的应急预案，并组织师生开展应急演练。地方各级教育、公安、国土资源、水利、地震、气象等部门要建立联动机制，及时向学校发出灾害预警信息，妥善做好师生应急避险和转移安置；对存在重大安全隐患、影响安全使用的校舍，要及时发布安全预警。

（三）建立校舍安全信息通报公告制度。教育部会同统计局、住房城乡建设部、发展改革委、财政部、国土资源部、公安部等部门对全国中小学校舍信息数据进行统计分析，向各省级政府通报可能存在安全隐患的校舍信息，并每年定期向社会发布全国中小学校舍安全信息公告。地方各级政府也要建立相应的信息通报和公告制度。

（四）完善校舍安全隐患排除机制。对经鉴定存在安全隐患、影响安全使用的校舍要及时排除隐患，由省级政府综合考虑行政区域内各市、县面临自然灾害的危险程度以及校舍状况等因素，区分轻重缓急制定相应的年度实施计划；县级政府结合本地实际，分类分步组织实施。优先考虑将部分有条件的中小学建成应急避难场所。

（五）严格校舍安全项目管理制度。中小学校舍维修、加固、重建、改扩建项目，必须严格执行项目法人责任制、招投标制、工程监理制、合同管理制。项目勘察、设计、施工和工程监理单位必须具有相应资质，严格执行国家质量安全有关法律法规和工程建设强制性标准。项目竣工后，应由建设单位按规定组织勘察、设计、施工、监理等单位及项目学校进行竣工验收并备案。位于洪泛区、蓄滞洪区、山区高原等地质灾害易发区的学校，其防险自保设施应通过水利、国土资源等主管部门验收合格，否则不得交付使用。

（六）健全校舍安全责任追究制度。对发生因校舍倒塌或其他因防范不力造成安全事故导致师生伤亡的地区，要依法追究当地政府主要负责人责任。如因校舍选址不当或建筑质量问题导致垮塌的，评估鉴定、勘察设计、施工监理等单位负责人要依法承担责任。对挤占、挪用、克扣、截留、套取长效机制专项资金、违规乱收费或玩忽职守影响校舍安全的，要依法追究相关负责人的责任。

四、工作要求和保障措施

（一）加强组织领导。地方政府是保障中小学校舍安全的责任主体，主要负责人要亲自抓、负总责，分管负责人具体负责。建立长效机制由省级政府统筹组织、市级政府协调指导、县级政府组织实施。教育、发展改革、公安、监察、财政、国土资源、住房城乡建设、水利、审计、安全监管、地震、气象等部门要各司其职，加强协调，密切配合。

（二）合理分担资金投入。各级政府要将保障中小学校舍安全资金纳入财政预算，统筹各类校舍建设项目，加大对经济落后地区的支持力度。保障农村义务教育阶段中小学校舍安全资金由中央和地方共同承担。省级政府负责统筹落实地方资金，制定省、市、县三级政府具体分担办法。中央财政通过农村中小学校舍维修改造长效机制，重点支持中西部地区农村义务教育阶段学校，对东部地区给予适当奖补。其他教育阶段保障校舍安全资金由地方及其他渠道安排。民办、外资和企（事）业办中小学所需资金由投资方和本单位负责落实，当地政府给予支持指导并监管。建立长效机制的资金实行分账核算，专款专用，资金支付按照财政国库管理制度有关规定执行。

（三）落实扶持鼓励政策。校舍建设项目涉及的行政事业性收费和政府性基金，应予以免收；涉及的经营服务性收费，在服务双方协商基础上可适当予以减收或免收。鼓励社会各界捐资捐物支持中小学校舍建设。企业通过公益性社会团体或者县级以上政府及其部门对中小学校舍建设的捐赠支出，按照相关税收政策规定予以税前扣除。

（四）提高管理信息化水平。中小学校舍信息管理系统是提高校舍安全管理水平的重要保障和技术支撑，各地要及时更新数据，加强维护，完善功能，充分发挥信息管理系统在年检、预警、信息发布、隐患排除、责任追究等方面的作用，切实提高校舍安全管理科学化、精细化水平。

（五）加强监督检查。中小学校舍安全工作实行国家重点督查、省市定期巡查、县级经常自查的监督检查机制。地方政府要把中小学校舍安全工作作为教育督导的重要内容，每年向同级人大、政协报告、通报工作情况，接受法律监督和民主监督。设置监督举报电话和公众意见箱，广泛接受社会监督。

（六）加大安全教育和宣传力度。各级各类学校要严格落实国家教学计划规定的安全教育时间和课程，对学生开展防灾和安全教育，向师生普及安全知识。要培养师生良好的安全行为习惯，掌握应急避险技能，提高师生防灾安全意识和自救互救能力。要采取多种形式向全社会宣传中小学校舍安全保障政策，认真总结、宣传推广典型经验，努力营造全社会支持、监督和推进中小学校舍安全工作的良好氛围。

中华人民共和国教育部
中华人民共和国国家发展和改革委员会
中华人民共和国公安部
中华人民共和国监察部
中华人民共和国财政部
中华人民共和国国土资源部
中华人民共和国住房和城乡建设部
中华人民共和国水利部
中华人民共和国审计署
中华人民共和国国家安全生产监督管理总局
中国地震局
中国气象局

上海市未成年人保护条例

（2004 年 11 月 25 日上海市第十二届人民代表大会常务委员会第十六次会议通过，
根据 2013 年 12 月 27 日上海市第十四届人民代表大会常务委员会第十次会议
《关于修改〈上海市未成年人保护条例〉的决定》修正）

第一章 总 则

第一条 为了保护未成年人的身心健康，保障未成年人合法权益，促进未成年人在品德、智力、体质等方面全面发展，把他们培养成为有理想、有道德、有文化、有纪律的社会主义事业接班人，根据《中华人民共和国未成年人保护法》、《中华人民共和国预防未成年人犯罪法》以及其他有关法律、行政法规，结合本市实际情况，制定本条例。

第二条 本市行政区域内未满十八周岁的公民的保护适用本条例。

第三条 保护未成年人的工作，应当遵循下列原则：

（一）保障未成年人的合法权益；

（二）尊重未成年人的人格尊严；

（三）适应未成年人身心发展的特点；

（四）教育与保护相结合。

第四条 保障未成年人合法权益，优化未成年人成长环境，预防未成年人违法犯罪，是全社会的共同责任。

第五条 市和区县人民政府领导、协调本行政区域内的未成年人保护工作，讨论和决定保护未成年人的重大事项。

市和区县、乡镇人民政府以及街道办事处设立未成年人保护委员会，根据法律、法规的规定以及上级人民政府的要求和部署，做好未成年人保护工作。未成年人保护委员会配备必要的工作人员。

共产主义青年团、妇女联合会、工会、青年联合会、学生联合会、少年先锋队、城乡基层群众性自治组织、红十字会及其他有关社会团体，按照各自职责，协助各级人民政府做好未成年人保护工作。

第二章 家庭保护

第六条 父母或者其他监护人应当依法履行对未成年人的监护职责和抚养义务，保障未成年人受教育的权利；保证其必要的物质、精神生活和医疗保健条件；保障未成年人充分的休息和娱乐时间；关心未成年人不同年龄阶段的生理、心理变化和思想、道德状况，并及时给予正确的指导；对未成年人不溺爱、不放任、不辱骂、不体罚。

家庭其他成年人有协助未成年人的父母或者其他监护人教育、保护未成年人的责任。

第七条 父母或者其他监护人以及其他成年人携带未满十二周岁未成年人乘车的，不得安排其乘坐在副驾驶座位；携带未满四周岁的未成年人乘坐家庭乘用车，应当配备并正确使用儿童安全座椅。

第八条 父母或者其他监护人应当看护好未成年人，避免让学龄前儿童独处。

第九条 父母或者其他监护人应当指导未成年人养成良好的学习和生活习惯，鼓励、支持其参加家庭劳动、社会公益劳动以及各类积极健康的文体活动、社会交往活动，增强其自学、自理和自律能力，促进其身心健康发展。

第十条 父母或者其他监护人应当预防和制止未成年人吸烟、饮酒、流浪、沉迷网络和电子游戏；预防和制止未成年人阅读、观看不适合未成年人的图书、报刊、影视节目、音像制品和电子出版物；预防和制止未成年人赌博、吸毒、卖淫等违法行为；发现未成年人逃学、夜不归宿的，应当及时寻找；发现有人诱骗、胁迫、教唆未成年人违法犯罪的，应当及时向公安机关或者未成年人保护机构报告。

父母或者其他监护人对有不良行为的未成年人应当进行教育，并协助有关部门对其进行矫治。

第十一条 父母或者其他监护人应当接受学校和家庭教育机构的指导，学习正确的教育和监护方法，以健康的思想、良好的言行和正确的方法教育、影响和保护未成年人。

第三章 学校保护

第十二条 学校应当全面贯彻国家的教育方针，遵循教育规律和未成年人的身心发展规律，提高未成年人的思想道德、科学文化和健康素质。

学校应当建立未成年人保护工作制度，并明确一名学校负责人分管未成年人保护工作。

第十三条 教师应当恪守职业道德，以自身良好的品德、言行影响和教育学生，把传授知识同陶冶情操、养成良好的行为习惯结合起来，引导学生德、智、体、美全面发展。

教师应当尊重学生的人格，维护学生的合法权益；不得对学生实施辱骂、体罚和变相体罚或者其他侮辱人格尊严的行为。

第十四条 学校应当建立安全保卫制度，非学校人员未经许可不得进入学校。食堂、学生宿舍、传达室等场所必须配备符合教育行政管理部门规定条件的人员。

学校使用校车的，应当按照国家规定，取得校车使用许可，建立校车安全管理制度。校车应当符合国家标准，并由符合条件的驾驶人驾驶。校车运载学生时，学校应当配备随车照管人员，随车照管人员应当依法履行职责，保障学生乘坐校车安全。

学校应当为学生提供安全的学习和生活设施，提供的食品、药品及学生服等学习和生活用品应当符合国家和本市的有关标准，并向家长、学生和学校教职员工公开采购情况。

在教育教学活动期间发生涉及学生人身、财产安全事件的，学校应当按照有关法律、法规立即会同有关部门处理。

第十五条 学校应当按照教学计划和课程要求开展教学活动，积极探索和改进教育方法，减轻学生过重的课业负担。

义务教育阶段的公办学校实行免试就近入学，并予以公示。

学校在义务教育阶段，不得举行或者变相举行与入学挂钩的选拔考试或者测试；不得张榜公布学生的考试成绩名次；不得推销或者变相推销练习册、习题集等教辅材料。

学校和教师不得组织或者变相组织学生参加商业性活动以及与其年龄、身心健康不相适应的其他活动。

学校应当保证学生休息、文娱、体育、课外活动和社会实践的时间，不得将学生的活动设施、场地移作他用。

第十六条 中小学校应当建设非营业性的互联网上网场所，为未成年人提供健康有益的上网服务。

寒暑假期间，中小学校的文化体育设施和场地应当向未成年人开放。

建设非营业性互联网上网场所、开放文化体育设施和场地的具体办法由市人民政府规定。

第十七条 学校应当配备合格的法制辅导员、心理指导教师，加强对学生的法制教育和心理健康指导。

市教育行政部门负责编制本市中小学生公共安全行为教材。学校应当根据教材对学生进行珍惜生命和安全防范教育，提高学生自我保护、自我救助的能力。

学校应当按照规定，制定突发事件具体应急预案，配备必要的应急救援设备、设施，进行应急知识教育，定期开展安全演练。

第十八条 学校应当建立家长委员会，加强家庭教育指导，健全家访制度，密切与家长的联系。

发现学生行为异常或者缺课的，学校应当及时与其父母或者其他监护人取得联系，查明原因。寄宿制学校学生擅自外出、夜不归宿的，学校应当及时告知其父母或者其他监护人。

学校应当及时将本校未能升入高一级学校学习的学生情况告知其居住地的街道办事处、乡镇人民政府的未成年人保护机构。

第十九条 残疾儿童、学生接受学前教育、义务教育、高中阶段教育，依照本市有关规定，享受相应的免费待遇。

学校和教师应当关心残疾学生在学习、生活上的困难，帮助其树立自强、自立的人生观。

第二十条 学校和教师对品行有缺陷、学习有困难的学生应当耐心教育、帮助，不得歧视，不得擅自停止其上课，不得随意开除学生。

学校处分学生，应当给予学生及其父母或者其他监护人申辩的机会，并对申辩的内容予以答复。

第二十一条 为未成年人提供课外培训的教育培训机构应当建立安全保卫制度，落实安全知识教育和防范措施，保障未成年人在教育培训活动期间的人身安全。

未成年人保护委员会应当督促有关部门加强对未成年人教育培训机构安全工作的定期检查。

第二十二条 有《中华人民共和国预防未成年人犯罪法》所列严重不良行为的未成年人，由其父母或者其他监护人，或者所在学校提出申请，经区县教育行政管理部门批准，可以送专门学校进行矫治和接受教育。

有《中华人民共和国预防未成年人犯罪法》所列不良行为，父母缺乏管教能力，在普通学校无法继续学习的未成年人，其父母或者其他监护人提出申请，经专门学校同意，可以进入专门学校托管班或者职业培训班学习。

学生进入专门学校后，原学校应当保留其学籍。

已满十四周岁的未成年人犯罪，因不满十六周岁不予刑事处罚的，可以送专门学校进行矫治和接受教育。

专门学校学生在升学、就业等方面与普通学校学生享有同等权利，任何单位和个人不得歧视。

第四章 社会保护

第二十三条 家庭乘用车、儿童安全座椅的生产者、销售者应当按照有关标准和规范为购买者提供儿童安全座椅安装、使用的技术指导和服务。

质量技监部门和工商行政部门应当加强对儿童安全座椅生产、销售的监督。

第二十四条 本市鼓励为未成年人创作、出版、发行、展出、演出、播放适合未成年人特点，有利于未成年人身心健康的图书、报刊、影视节目、音像制品、计算机软件、文艺节目和其他精神文化产品。

凡向未成年人提供精神文化产品的单位和个人，都应当对产品的内容、情节负责。内容、情节不利于未成年人身心健康的，严禁向未成年人提供或者展示。

第二十五条 各类博物馆、纪念馆、展览馆、烈士陵园等爱国主义教育基地以及美术馆等场所，对未成年人集体参观一律免票，对未成年人个人参观实行半票。

科技馆、影剧院、体育场馆等场所以及非公益性文化体育场所，应当定期开放未成年人专场，并对未成年人实行优惠。

向未成年人开放的场所应当符合国家和本市规定的安全标准。体育场馆等场所应当指派人员指导未成年人开展活动，预防和制止有害未成年人身心健康的行为。

第二十六条 营业性歌舞娱乐场所、互联网上网服务营业场所、酒吧以及其他未成年人不适宜进入的场所，应当在门口醒目位置设置全市统一的未成年人禁入标志，并禁止接纳未成年人。

第二十七条 中小学校校园周边二百米之内不得开设营业性歌舞娱乐场所、营业性游艺娱乐场所、互联网上网服务营业场所以及其他未成年人不适宜进入的场所。

第二十八条 任何经营场所不得向未成年人出售烟酒。任何人不得让未成年人为其购买烟酒。

经营烟酒的场所应当在醒目位置设置不向未成年人出售烟酒的标志。

托儿所、幼儿园、中小学及少年宫、青少年活动中心的室内外区域禁止吸烟、饮酒。

第二十九条 除国家另有规定外，任何组织和个人不得招用未满十六周岁的未成年人。

任何组织和个人依照国家有关规定招收已满十六周岁未满十八周岁的未成年人的，应当在工种、劳动时间、劳动强度和保护措施等方面执行国家有关规定，不得安排其从事过重、有毒、有害的劳动或者危险作业。

第三十条 公民有权检举揭发危害未成年人身心健康，侵犯未成年人合法权益的行为；有义务劝阻、制止未成年人的不良行为。

收留夜不归宿的未成年人的，应当征得其父母或者其他监护人的同意，或者在二十四小时内及时通知其父母或者其他监护人、所在学校，或者及时向公安机关报告。

第三十一条　任何组织和个人不得披露未成年人的个人隐私。

报刊、广播、电视、网络和其他公开出版物，不得披露违法犯罪的未成年人或者受侵害的未成年人的姓名、住所、单位、照片、图像以及可能推断出该未成年人的资料。

对未成年人的信件、电子邮件，任何组织和个人不得隐匿、毁弃，除因追查犯罪的需要由公安机关或者人民检察院依照法律规定的程序进行检查，或者对无行为能力的未成年人的信件由其父母或者其他监护人代为开拆外，任何组织或者个人不得开拆。

第三十二条　各级妇女联合会应当会同教育、卫生等行政管理部门和其他有关社会团体开展家庭教育指导，组建和培训家庭教育指导队伍。

第三十三条　共产主义青年团、青年联合会、学生联合会、少年先锋队应当反映未成年人的合理要求，维护他们的合法权益，并根据未成年人的特点，开展各种有益活动，促进未成年人健康成长。

第三十四条　居民委员会、村民委员会应当协助有关部门组织、指导未成年人在课余和闲暇时间，开展有益于身心健康的文体活动和社会实践。

居民委员会、村民委员会以及社区矫正人员的所在单位、就读学校、家庭成员或者监护人、保证人应当协助社区矫正机构开展对接受社区矫正的未成年人的帮教活动。

第五章　国家机关保护

第三十五条　市和区县人民政府在未成年人保护工作中承担下列职责：

（一）优先发展未成年人事业，把未成年人保护工作纳入国民经济和社会发展总体规划；

（二）为本地区未成年人保护工作提供必要的工作经费，列入财政预算；

（三）统筹规划未成年人校内外活动场所建设，保障公益性未成年人活动场所运营所需资金；

（四）引导社会力量参与未成年人保护事业，支持共产主义青年团、妇女联合会及其他社会组织为未成年人的健康成长提供社会服务；

（五）表彰和奖励保护未成年人成绩显著的组织和个人。

第三十六条　市和区县未成年人保护委员会承担下列职责：

（一）建立并完善未成年人保护工作的相关制度，加强未成年人保护工作队伍建设；

（二）督促、检查、协调、指导同级政府的各行政部门、下级未成年人保护委员会以及有关单位和组织共同实施保护未成年人的法律、法规；

（三）研究未成年人保护工作，向有关国家机关提出意见和建议；

（四）接受对侵犯未成年人合法权益行为的投诉、举报，提交并督促有关部门查处；

（五）其他应当由未成年人保护委员会承担的职责。

第三十七条　教育行政管理部门应当维护未成年人的受教育权及其相关的权益，对学校拒绝招收符合条件的学生或者随意开除学生的，及时予以处理。

教育行政管理部门应当建立科学的教育评价制度，推进教育制度改革，指导学校主动开发、利用社会教育资源，采取措施督促学校减轻学生过重的课业负担，不得把升学率作为考核学校工作的指标。

教育行政管理部门应当会同公安机关督促、指导学校建立校园安全制度。

第三十八条　公安机关对虐待、遗弃、残害、拐骗未成年人和胁迫、教唆未成年人违法犯罪的，应当依法予以处理。

公安机关应当加强校园周边的治安管理，发现对未成年人进行拦截、强索财物、侮辱殴打的，应当采取有效措施，及时制止和依法处理。

公安交通管理部门在学生上学和放学时，应当加强对校园周边交通秩序的维护，保障学生的人身安全。

第三十九条　市和区县人民政府及其民政部门应当根据需要设立救助场所，对流浪乞讨、离家出走等生活无着未成年人实施救助，承担临时监护责任，并会同公安等部门帮助寻找其父母或者其他监护人。

公安机关在依法履行职责时，发现流浪乞讨、离家出走的未成年人的，应当及时采取保护性措施，并护送其到流浪未成年人救助场所接受救助。

城管执法部门在依法履行职责时，发现流浪乞讨、离家出走的未成年人的，应当告知并协助公安或者民政部门将其护送到流浪未成年人救助场所接受救助。

第四十条 民政部门应当对孤儿、无法查明其父母或者其他监护人以及其他生活无着的未成年人，通过设立儿童福利机构、委托或者购买服务等方式收留抚养。

鼓励社会力量依法设立儿童福利机构。

第四十一条 文广影视、新闻出版、信息化行政管理部门应当编制适合未成年人的图书、报刊、影视节目、音像制品和计算机软件的创作、发行规划。

新闻出版行政管理部门应当会同教育行政管理部门依法加强对中小学教辅材料出版、发行市场的监管。

文化综合执法机构应当对图书、报刊、影视节目、音像制品、计算机软件、互联网文化产品等精神文化产品加强市场监督，及时受理市民投诉和举报，依法及时查处危害未成年人身心健康的精神文化产品。

第四十二条 劳动和社会保障行政管理部门、教育行政管理部门以及街道、乡镇劳动就业服务机构应当为已经完成义务教育、但未能继续就学的未成年人，提供职业培训的信息，并为其参加培训提供帮助。

第四十三条 工商行政、司法行政、质量技监、食品药品监管、商务、绿化市容等部门按照各自职责，做好未成年人保护工作。

第四十四条 公安机关、人民检察院、人民法院应当依法采取适合未成年人特点的方式方法讯问、审查和审理未成年人犯罪案件。

公安机关、人民检察院、人民法院在办理未成年人犯罪案件时，应当取得未成年人保护机构、学校等有关方面的协助。

第六章 自我保护

第四十五条 未成年人应当遵守法律、法规和社会公德，自尊、自爱、自律、自强，增强抵御各种灾害、伤害侵袭的意识和能力，增强辨别是非、自我保护的意识和能力，自觉抵制各种不良行为及违法犯罪行为的引诱或者侵害。

第四十六条 未成年人发现他人侵犯其人身权、财产权和法律、法规规定的其他权利的，可以通过父母或者其他监护人、所在学校、居民委员会、村民委员会、未成年人保护机构向公安机关或者其他政府有关主管部门报告，也可以自己向上述机关、部门报告。

第四十七条 未成年人遭受父母或者其他监护人遗弃、虐待的，可以向公安机关、未成年人保护机构、共产主义青年团、妇女联合会、所在学校、居民委员会、村民委员会请求保护。被请求的上述组织不得拒绝、推诿，需要采取救助措施的，应当先采取救助措施。

第七章 法律责任

第四十八条 违反本条例规定的行为，法律、行政法规有处理规定的，依照有关法律、行政法规的规定处理。

第四十九条 违反本条例第十二条第一款、第二款，第十三条第二款、第三款、第四款、第五款，第十九条第三款规定的，由教育行政管理部门对负有责任的学校负责人或者直接责任人给予行政处分。

第五十条 违反本条例第二十一条第一款规定的，由价格行政管理部门责令改正，可以处一千元以上一万元以下的罚款。

第五十一条 酒吧未在门口醒目位置设置未成年人禁入标志的，由文化综合执法机构责令改正，予以警告。酒吧接纳未成年人进入的，由文化综合执法机构处一万元以上三万元以下的罚款；情节严重的，责令停业整顿。

第五十二条 违反本条例规定，侵犯未成年人合法权益的，应当依法承担民事责任；构成犯罪的，依法追究刑事责任。

第五十三条 国家机关工作人员玩忽职守、滥用职权、徇私舞弊，不依法履行保护未成年人职责或者侵犯未成年人合法权益的，由其所在单位或者上级主管部门依法给予行政处分；构成犯罪的，依法追究刑事责任。

第五十四条 当事人对行政管理部门的具体行政行为不服的，可以依照《中华人民共和国行政复议法》或者《中华人民共和国行政诉讼法》的规定，申请行政复议或者提起行政诉讼。

当事人对具体行政行为逾期不申请复议，不提起诉讼，又不履行的，作出具体行政行为的行政管理部门可以申请人民法院强制执行。

第八章 附 则

第五十五条 本条例所称的学校，是指托儿所、幼儿园和各类初等、中等学校。

第五十六条 本条例自2005年3月1日起施行。1987年6月20日上海市第八届人民代表大会常务委员会第二十九次会议通过的《上海市青少年保护条例》同时废止。

上海市人民政府办公厅转发市教委等六部门《关于加强本市中小学生校服管理若干意见》的通知

（沪府办发〔2013〕10 号）

各区、县人民政府，市政府各委、办、局：

市教委、市质量技监局、市财政局、市物价局、市工商局、市公安局《关于加强本市中小学生校服管理的若干意见》已经市政府同意，现转发给你们，请认真按照执行。

上海市人民政府办公厅

2013 年 3 月 1 日

关于加强本市中小学生校服管理的若干意见

为了确保中小学生校服质量安全，保障广大中小学生的切身利益，现就加强本市中小学生校服管理提出如下若干意见：

一、规范校服采购管理

（一）各中小学校应当充分发挥家长委员会的作用，与家长委员会共同商定本校学生是否穿着校服；确定穿着校服的，应当制定校服穿着制度。学校应当选择质量保障体系健全、产品质量优良、社会信誉好的企业采购校服。（责任部门：市教委）

（二）学校应当与校服生产企业签订本市统一的校服采购合同，及时将校服采购情况与家长委员会沟通，并在学校公示栏或者网站公示校服采购情况，自觉接受家长的监督。同时，应当将校服采购合同向区县教育部门备案。本市校服采购合同格式文本由市教委会同市工商局制定。（责任部门：市教委、市工商局）

（三）接受学校选择的校服生产企业应当凭校服采购合同，主动向各区县质量技监部门申报。质量技监部门应当加强对校服生产企业的质量监督。（责任部门：市质量技监局）

（四）区县教育部门应当加强对学校采购校服的监督管理，规范校服采购程序。（责任部门：市教委）

二、完善校服价格管理

（五）市教委会同市物价局、市财政局按照国家有关规定，制定并公布由学校代办校服的价格区间。具体价格由学校在充分听取家长委员会意见后与校服生产企业合同约定，并按照学生自愿和非营利原则据实收取，不得加收其他任何费用。（责任部门：市教委、市物价局、市财政局）

三、建立校服双重送检制度

（六）质量技监部门应当加强对校服产品质量的监督抽查和执法检查，督促企业落实产品质量主体责任。（责任部门：市质量技监局）

（七）校服生产企业应当在每批次校服出厂前，按照国家标准要求，将一定数量校服送法定检验机构进行检验。送达各中小学校的校服，其质量标识应当完整齐全，并有法定检验机构出具的本批次产品质量检验合格报告。各中小学校在接收校服时，应当认真进行检查验收，查看产品质量检验报告和质量标识。（责任部门：市质量技监局、市教委）

（八）各中小学校应当主动将校服抽样送检，检验合格后，才可发放给学生使用。教育部门应当督促学校建立和落实校服送检制度。（责任部门：市教委、市质量技监局）

四、建立校服生产企业“黑名单”制度

（九）质量技监部门对出现严重质量问题的校服生产企业，将其列入“黑名单”并向社会公布，同时抄送教育部门、工商部门。本市中小学校不得向列入“黑名单”的生产企业采购校服。（责任部门：市质量技监局、市教委、市工商局）

（十）质量技监部门应当及时公布校服质量监督抽样结果，并及时通报教育部门。教育部门应当及时将相关信息通知各中小学校。（责任部门：市质量技监局、市教委）

五、建立问题校服退赔和惩处机制

（十一）一旦发现采购的校服有质量问题，中小学校应当立即与校服生产企业进行交涉，依照校服采购合同约定，要求校服生产企业办理退赔等事宜，并向上级教育部门汇报。同时，向质量技监部门举报，质量技监部门应当依法查处。（责任部门：市教委、市质量技监局）

（十二）校服生产企业如使用劣质原料生产校服，或者销售质量不合格校服的，由质量技监部门或工商部门依法查处，情节严重的，吊销营业执照；涉嫌构成犯罪的，依法移送公安机关处理。（责任部门：市质量技监局、市工商局、市公安局）

（十三）学校或相关教育机构的工作人员在校服采购过程中，存在违反采购程序、收取回扣等违法违规行为的，由区县教育部门依法处理。（责任部门：市教委）

（十四）相关部门或单位的工作人员未按照本意见履行职责，滥用职权、玩忽职守、徇私舞弊的，由相关职能部门依法给予行政处分；构成犯罪的，依法追究刑事责任。（责任部门：市教委、市质量技监局、市财政局、市物价局、市工商局、市公安局）

上海市教育委员会
上海市质量技术监督局
上海市财政局
上海市物价局
上海市工商行政管理局
上海市公安局
2013年2月26日

上海市人民政府办公厅转发市教委等四部门《关于来沪人员随迁子女就读本市各级各类学校实施意见》的通知

（沪府办发〔2013〕73 号）

各区、县人民政府，市政府各委、办、局：

市教委、市发展改革委、市人力资源社会保障局、市公安局《关于来沪人员随迁子女就读本市各级各类学校的实施意见》已经市政府同意，现转发给你们，请认真按照执行。

上海市人民政府办公厅
2013 年 12 月 19 日

关于来沪人员随迁子女就读本市各级各类学校的实施意见

根据《上海市居住证管理办法》、《上海市实有人口服务和管理若干规定》要求，现就来沪人员随迁子女（以下简称“随迁子女”）就读本市各级各类学校提出如下实施意见：

一、指导思想

贯彻落实《中华人民共和国义务教育法》和《国务院办公厅转发教育部等部门关于做好进城务工人员随迁子女接受义务教育后在当地参加升学考试工作意见的通知》（国办发〔2012〕46 号）精神，以“合法稳定就业、合法稳定居住”为基本条件，完善权责对等、梯度赋权的随迁子女公共教育服务制度。

二、具体安排

（一）学前教育阶段

由各区县教育部门结合实际，制定并公布本区县适龄随迁子女入园具体规定。区县教育部门可依据持《上海市居住证》且积分达到标准分值、持《上海市居住证》年限等条件，设定先后顺序，在妥善安排本市户籍适龄幼儿入园的基础上，统筹安排随迁子女进入公办幼儿园就读。

来沪人员也可选择让其随迁子女进入民办学前教育机构就读。

（二）义务教育阶段

持《上海市居住证》人员，或连续 3 年在街镇社区事务受理服务中心办妥灵活就业登记（逐步过渡到 3 年）且持有《上海市临时居住证》满 3 年（逐步过渡到 3 年）人员，其随迁子女在本市接受义务教育，可向《上海市居住证》或《上海市临时居住证》登记居住地所在区县教育主管部门申请。各区县教育主管部门根据区域内教育资源配置情况，统筹安排随迁子女进入义务教育阶段学校就读。

（三）高中阶段教育

1. 持《上海市居住证》且积分达到标准分值人员随迁子女，可在《上海市居住证》登记所在区县或就读学校所在区县，参加本市中等学校高中阶段招生考试。

2. 持《上海市居住证》人员，或连续 3 年在街镇社区事务受理服务中心办妥灵活就业登记（逐步过渡到 3 年）且持有《上海市临时居住证》满 3 年（逐步过渡到 3 年）人员，其随迁子女在本市接受 3 年初中教育（逐步过渡到 3 年）的，可参加本市全日制中等职业学校自主招生考试。

（四）高等教育阶段

1. 持《上海市居住证》且积分达到标准分值人员随迁子女在本市参加中等学校高中阶段招生考试并具

有本市高中阶段完整学习经历的，可在本市参加普通高等学校招生考试。持《上海市居住证》且积分达到标准分值人员连续持有《上海市居住证》3年，其子女为本市高中阶段毕业生的，可在本市参加普通高等学校招生考试。

2. 持《上海市居住证》人员，或连续3年在街镇社区事务受理服务中心办妥灵活就业登记(逐步过渡到3年)且持有《上海市临时居住证》满3年(逐步过渡到3年)人员，其随迁子女参加中等职业学校自主招生考试并具有本市中等职业教育完整学习经历的，可选择在本市参加专科层次依法自主招生考试和三校生高考(专科层次)；持《上海市居住证》人员，或连续3年在街镇社区事务受理服务中心办妥灵活就业登记(逐步过渡到3年)且持有《上海市临时居住证》满3年(逐步过渡到3年)人员，其随迁子女参加专科层次依法自主招生考试或三校生高考(专科层次)，并具有高等职业教育完整学习经历的，可参加本市普通高等学校专升本招生考试。

三、实施保障

(一) 市教育部门根据本实施意见，制定年度随迁子女就学工作细则，切实保障符合条件的随迁子女接受教育的权益。各区县教育部门要在区县政府的领导下，根据市教育部门年度招生政策，结合区域实际，科学合理制定本区县学前教育和义务教育阶段的具体招生操作办法，确保符合条件的随迁子女在义务教育阶段享有相应的学位。

(二) 相关部门要按照各自职责，做好《上海市居住证》证件管理和积分管理工作，进一步健全本市灵活就业登记制度，确保符合条件的来沪人员及时办证、积分和登记。

(三) 各区县政府要在加强人口综合管理和服务的同时，做好随迁子女入学工作，明确责任，健全机制，形成合力，确保这项工作平稳有序。

四、施行时间

(一) 本实施意见自2014年1月1日起施行，有效期至2018年12月31日。

(二) 本实施意见施行后，本市相关部门此前发布的涉及来沪人员随迁子女就学的相关政策同时停止执行。

上海市教育委员会
上海市发展和改革委员会
上海市人力资源和社会保障局
上海市公安局
2013年12月11日

中共上海市委宣传部 中共上海市教育卫生工作委员会 上海市教育委员会 上海市文化广播影视管理局 上海市新闻出版局 上海市财政局关于印发《上海市文教结合工作三年行动计划（2013—2015年）》的通知

（沪教委办〔2013〕67号）

各高等学校，各区县教育局、文化（广）局、财政局：

为贯彻落实党的十八大关于扎实推进社会主义文化强国建设和努力办好人民满意教育的精神，以及市委关于推进国际文化大都市建设和上海市教育规划纲要关于率先实现教育现代化的目标要求，促进本市文化、教育事业紧密合作、深度融合和协同发展，根据市委市政府关于深化文教结合改革工作的指示要求，市委宣传部、市教卫工作党委、市教委、市文广影视局（市文物局）、市新闻出版局、市财政局联合制定了《上海市文教结合工作三年行动计划（2013—2015年）》。现印发给你们，请按照执行。

特此通知。

附件：上海市文教结合工作三年行动计划（2013—2015年）

中共上海市委宣传部
中共上海市教育卫生工作委员会
上海市教育委员会
上海市文化广播影视管理局
上海市新闻出版局
上海市财政局
2013年12月6日

上海市文教结合工作三年行动计划(2013—2015年)

为深入推动本市文化、教育事业的紧密结合、相互促进、共同发展，结合本市文化、教育事业发展实际，制定本行动计划。

一、指导思想

深入贯彻党的十八大及十八届三中全会精神，积极落实《中共中央关于深化文化体制改革 推动社会文化大发展大繁荣若干重大问题的决定》《中共中央关于全面深化改革若干重大问题的决定》《中共上海市委关于贯彻〈中共中央关于深化文化体制改革 推动社会文化大发展大繁荣若干重大问题的决定〉的实施意见》，以及国家和上海市中长期教育改革发展规划纲要，市委市政府关于深化文教结合改革工作的指示要求，坚持“创新思路、打破围墙、资源共享、合作共赢”的工作思路，密切协同、深度合作，以培养和引进优秀文化人才、提升各级各类在校学生文化素养为核心，积极推动国际文化大都市建设，努力率先实现教育现代化。

二、主要任务

（一）加快培养和引进一批高水平文化人才，助推本市文化产业的繁荣发展。积极引进国内外一流文化艺术教育资源开展联合办学，积极开展文化领域紧缺人才培养培训。探索高校与社会演出团体联合培养高水平艺术人才的新机制、新模式，建立艺术人才培养和演出联盟。创造条件，积极引进一批高层次文化人才，为繁荣文化产业提供有力支撑。

(二) 积极开展各类学生综合素养提升活动，推动素质教育和学生身心发展。切实抓好社会主义核心价值体系融入国民教育全过程的各项工作。整体规划大中小学德育课程，构建纵向衔接大中小学三个学段，横向融通学校课堂、校外教育和网络空间三个领域的德育课程体系，加强和改进大学生思想政治教育和未成年人思想道德建设。深入开展“高雅艺术进校园”等公益活动，打造公共文化场馆青少年教育平台，针对学校教学需求和学生身心特点开展持续服务。

(三) 依托教育资源开展文物保护，促进文明和文化遗产的传承创新。积极探索职业教育与非物质文化遗产(以下简称“非遗”)传承相结合，加强对青少年学生非物质文化遗产知识教育和传播，发挥高校优势开展不可移动文物保护，积极培养文物保护领域的优秀人才。

(四) 推动出版事业繁荣发展，提升本市文化的辐射力、影响力和话语权。重点扶持若干服务国家战略的出版工程，支持部分高端学术刊物实施“走出去”战略，提升中国学术的国际影响力和话语权。推动出版印刷技术革新，鼓励和支持数字印刷和绿色印刷，促进本市印刷业向绿色环保升级转型。

三、具体措施

(一) 加大高水平和紧缺文化人才培养引进力度

1. 探索引进国内外优质文化教育资源。支持中国艺术研究院上海分院的设立与发展。培育和建设文化遗产保护、传承与利用的协同创新中心，构建部市支持、校企合作协同创新的文化遗产保护新机制。支持本市高校加强与国外知名文化影视教育机构开展不同层次的中外合作办学，积极探索融产学研用于一体的中外合作影视人才培养新模式，培养高水平、国际化的文化影视专业人才。

2. 加快特殊紧缺人才的培养和引进。探索高校与社会演出团体联合培养艺术硕士专业学位研究生的新模式，继续推进上海乐队学院建设。探索构建高职、应用本科和专业硕士相贯通的出版专业人才培养体系。加强影视教育学科体系和师资队伍建设，加快特殊行业人才和特殊工种人才的培养培训，加快对文化管理、文化营销、文化创意、出版策划编辑、装帧设计、版权贸易、网络出版以及新型产业类文化人才的培养培训，特别是高级职称拍卖师、文化策展人、文化经纪人、院团经理和一线技术操作人员等。积极引进海内外顶尖文艺人才，通过探索在高校共建大师工作室等方式，使其落户上海高校，促进文化、教育事业的共同发展。

3. 探索建立艺术人才培养和演出联盟。探索和完善艺术院校与文化产业部门开展联合办学的模式和机制，在创建上音—大剧院艺术中心实践基地、上海戏剧学院青年京昆剧团、麒派艺术研习班、上海电影青年计划的基础上，推动和支持上海音乐学院青年歌剧团、上海舞蹈学院青年舞蹈团发展等，重点培养艺术领域顶尖后备人才。

4. 加强新闻传播人才培养力度。深化本市高等学校和中等职业学校新闻传播类专业课程改革，探索构建符合国情、顺应时代发展趋势的课程教学体系。加强传统媒体和新媒体从业人员的培养培训，培养从业人员正确的思想政治素质和良好的职业精神，支持从业人员不断更新新闻专业知识、相关文化知识，提升信息处理能力。启动实施“卓越新闻传播人才教育计划”，建设若干应用型、卓越新闻人才教育培养基地，落实高校与新闻单位从业人员互聘“千人计划”，推动高校教师与新闻单位从业人员的柔性流动。

5. 推动高校提升哲学社会科学发展水平。深入推进马克思主义理论研究和建设工程，加强高校哲学社会科学重点学科和教材建设。以重大现实问题为主攻方向，加快哲学社会科学成果转化，更好地服务区域经济社会发展。加快高校哲学社会科学知识服务平台建设，重点建设一批具有专业优势和区域特色的高校新型智库，充分发挥智库在理论创新、咨政育人、服务社会等方面作用，力争若干高校智库入选国家“2011协同创新中心”。

(二) 切实提升学生文化艺术综合素养

6. 推动高水平学生艺术团体建设。加强上海大学生艺术实践基地、大学生艺术团和学生艺术团建设，适度扩大学生艺术团项目和人员规模，进一步优化设点布局，促使艺术团项目设置更趋合理、更加全面。

7. 深入推进学生校外教育工作。积极实施“学生创新和实践基地建设工程”，整合优质校外教育资源，开展民族文化传承、生命教育、创新素养培育等社会实践项目，注重互动体验，构建适合不同年龄阶段学生的活动项目，为青少年学生提供优质多样的社会实践服务。打造公共文化场馆青少年教育平台，支持全市博物馆利用藏品资源，面向中小学生开展陈列展览、互动体验、手工制作、现场教学等实践活动，鼓励本市重点博物馆针对学校教学需求和学生身心特点开展持续服务。加强学生美术教育培养培训，逐步在中小学和青少年活动中心设立美术教育实践基地。

8. 开展系列文化艺术进校园活动。深入开展高雅艺术进校园，将艺术大师和经典剧目引进校园，开展高雅艺术赏析和实践公益活动；支持校园原创剧创作和巡演。开展文化交流节庆活动校园行活动，推进经典艺术作品进校园展演、展播、展映；将杰出艺术家、艺术教育家引进校园，举办高端艺术教育论坛、开设公共艺术课堂。深入开展书香进校园活动，推进名家名作进校园，举办校园书香节、经典导读、优秀少儿读物推荐、名家名作诵读等系列活动，营造浓厚的校园阅读氛围。搭建本市教育系统优秀文化艺术成果走向全国、走向世界的交流平台。

9. 推进大学生进剧场活动。充分利用本市剧场资源，鼓励支持在校艺术类大学生进入剧场开展公益演出，丰富学生社会实践活动。开展“走进经典——在校大学生进剧场”活动，加大对大学生公益票或公益场次的投入，确保每年提供15万张左右的学生公益票，努力确保每位大学生在校学习期间走进社会剧场观看一次演出。

10. 创新学生文化活动的内容与形式。打造“青春放歌”大学生文化志愿者队伍，赴国内外开展文化交流演出，加强地区、民族、国家间文化交流互动，促使大学生文化志愿者成为民间外交的友好使者；将上海教育系统文化志愿者省际、国际文化交流演出纳入省级乃至国家的文化交流专项进行建设，丰富文化交流形式与载体。引导和支持学生参与各类文化节庆活动，提升学生文艺素养，培养爱国爱乡的情怀。

11. 实施“百年树人电影阳光行活动”。进一步完善定点影院、流动放映队等观影网络，组织开展相应的延伸活动，促进影视教育与学科教学的有机融合。开展面向经济困难学生、来沪务工人员随迁子女、内地少数民族班等群体的公益观影活动，确保每位学生每年观摩不少于4部优秀(推荐)影片。发挥优秀影片的育人功能，引导不同年龄阶段学生感悟影视作品的教育内涵，培养学生思辨、审美、鉴赏等能力。

12. 支持发展若干重大文化艺术项目。支持上海国际舞蹈中心、上海海洋文化艺术中心、上海大世界传艺中心等重大文化艺术项目建设，发挥重大项目的示范引领作用，带动和服务文化、教育事业的共同发展。

（三）开展“非遗”传承创新和文物保护

13. 探索职业教育与“非遗”传承相结合。依托适应本市“非遗”项目的传承创新需求，选择部分中高职院校试点探索培养相关学科专业人才，引导开展校企合作。依托上海大世界等文化场馆，组织相关职业院校结合学校办学特色和专业优势，举办师生传统艺术作品展示活动。

14. 加强学生“非遗”文化教育。开展“非遗”进校园活动，组织“非遗”传承人和民俗专家进校园为学生讲授相关课程，传承“非遗”文化。开设“非遗”保护相关课程，在校园重点推广海派旗袍、古琴艺术、上海连环画等若干非遗项目。开展“上海学子非遗展馆行”，向青年学生发放“文化上海”导览图和观展“地图”“护照”，引导和支持青年学生参观本市“非遗”主题展馆。

15. 依托高校开展不可移动文物保护。充分发挥本市高校相关学科专业的科研优势，利用激光三维扫描和传统人工测绘相结合方式，对本市多处文物保护单位进行测绘，完成文物保护单位的科学记录与归档。委托相关院校和科研设计单位编制本市不可移动文物修缮方案或保护规划。

16. 实施高校博物馆质量提升工程。加强对本市高校举办各类博物馆的业务指导，形成重点项目质量提升计划，推动提升全市高校博物馆管理和服务水平，充分发挥高校博物馆在学术研究、人才培养、科普教育等方面的育人作用。

17. 促进若干公共文化艺术展示中心发展。支持和推动上海戏剧文化交流中心和上海戏剧博物馆建设与发展，展示和传承戏曲文化的悠久历史，促进教学和创作经验交流，培养优秀戏曲人才。支持上海电影博物馆发展，充分发挥其育人功能和专业化水平，为本市学生的文化艺术熏陶和专业素养提升提供服务等。

18. 开展区域语言文化展示传播活动。依托全市社区学院(学校)，结合区域文化特色，开展市民文化艺术的学习、展示、普及等活动。依托本市文化场馆，推进上海市民终身学习文化体验基地建设。开展上海地方语言有声数据传播活动，展示上海地方戏曲、曲艺、童谣等口头文化声像，以及文字、唱片等实物，引导师生树立语言资源观，培育热爱祖国语言文字、热爱乡土文化的情感。

（四）推动教育出版事业建设与发展

19. 支持若干重大出版工程和高端学术期刊。资助本市高校开展的服务国家重大战略，涉及国家重大工程和科技攻关工作，对社会、经济、国防建设具有重要意义的项目科研成果的出版。支持本市若干高端的高校学术期刊集中优势资源办刊，开展国际合作与交流，支持相关版权合作项目和“走出去”战略翻译项目，推动和提升中国学术的国际影响力和话语权。

20. 推动数字出版重大科技攻关和数字化教材建设。充分发挥高校专家在国家级数字出版重大科技攻关项目的作用。开展数字化互动教学环境下的需求分析，统筹制订数字化教材发展规划，按照教育改革发展目标逐步开发数字化教材，支持学校智能教育。

21. 推动本市幼儿园中小学绿色教材全覆盖。逐步推动沪版幼儿园、中小学教科书、教师参考资料绿色印刷全覆盖，推动沪版教材对照国际标准制订柔性版水墨印刷相关标准，组织开展科技攻关，实现柔性版水墨印刷工艺重点突破，支持和推动本市印刷业向绿色环保升级转型。

22. 扩大“上海书展”“上海国际童书展”影响力。以上海书展为依托，推出以青少年读者和中小学生为对象的“书香上海夏令营”阅读活动，实施示范性更强、覆盖面更广儿童阅读推广计划。以中国上海国际童书展创立为契机，立足国际化和高起点，展示国内外优秀少年儿童作品，举办少儿主题阅读系列活动，吸引广大中小学生参观书展，激发少年儿童读书热情。

四、保障机制

根据市委关于“丰富上海文化建设主体”的指导意见，本市文教结合工作主要由教育部门负责实施。

（一）健全组织领导体制。形成由三个层级构成的组织领导机制：

——在市委、市政府的领导下，依托市教育体制改革领导小组和文教结合工作专题会议两个平台，研究和决策有关文教结合改革重大规划、年度工作要点和重点项目实施等重要事项。

——建立由市政府分管副秘书长担任召集人，本市宣传文化、教育、财政等部门共同参加的市文教结合改革工作协调小组，定期召开工作会议，研究推进文教结合工作各项具体任务。

——设立协调小组办公室，挂靠市教委，具体负责组织筹备召开协调小组会议，以及协调落实各项日常工作。

（二）形成工作推进制度。形成以三年行动计划为指导、以年度项目任务抓落实的推进机制：

——建立年度项目确认机制。由市教委在充分征求宣传文化部门意见的基础上，提出年度文教结合的具体项目任务，年度计划中使用财政性教育经费的项目应该符合三个标准：一是与教育和文化工作密切联系，既有利于推动素质教育深入实施和人才培养机制改革等教育事业发展，又有利于推动和服务上海国际文化大都市建设；二是项目工作的直接受益群体主要为本市各级各类在校师生；三是项目任务的实施主体和经费预算的执行主体是本市教育系统的相关部门和单位。

——建立年度经费核定机制。按照年度项目任务安排年度文教结合项目经费。项目经费以财政性教育经费为主，宣传文化部门比照以往文教结合工作模式，结合新增项目任务的具体情况，安排相应的经费。如涉及重大基本建设、重大投入等重点改革发展项目，须另外报请市领导协调确认，按规定程序另行确定经费来源及额度。

——建立经费管理监督机制。完善文教结合项目经费相关管理制度，进一步规范经费使用，加强专项评审和绩效评估，厉行节约、反对浪费，切实提高经费使用效益。

上海市教育委员会 上海市人力资源和社会保障局关于印发《上海市深化中小学教师职称制度改革试点人员过渡办法》的通知

（沪教委人〔2013〕21 号）

徐汇区、浦东新区、普陀区教育局、人力资源和社会保障局：

根据人力资源和社会保障部、教育部《关于印发深化中小学教师职称制度改革扩大试点指导意见的通知》（人社部发〔2011〕98 号）、人力资源和社会保障部办公厅、教育部办公厅《关于印发深化中小学教师职称制度改革扩大试点工作方案的通知》（人社厅发〔2011〕96 号）、《人力资源社会保障部 教育部对上海市深化中小学教师职称制度改革试点实施方案的批复》（人社部函〔2013〕37 号）等文件精神，为促进本市教育事业的科学发展，加强中小学教师队伍建设，健全中小学教师职务制度体系，建立统一的中小学教师职称（职务）制度，现将《上海市深化中小学教师职称制度改革试点人员过渡办法》印发给你们，请按照执行。

附件：上海市深化中小学教师职称制度改革试点人员过渡办法

上海市教育委员会
上海市人力资源和社会保障局
2013 年 3 月 29 日

上海市深化中小学教师职称制度改革试点人员过渡办法

为推进中小学教师职称制度改革试点工作，建立统一的中小学教师职称系列，做好现有中小学教师新老职称系列的平稳过渡，制定本办法。

一、统一后的中小学教师职称（职务）名称

统一后的中小学教师职称（职务）名称为三级教师、二级教师、一级教师、高级教师、正高级教师。三级教师和二级教师为初级职称（职务），其中三级教师为员级专业职称（职务），二级教师为助理级专业职称（职务）；一级教师为中级专业职称（职务）；高级教师和正高级教师为高级专业职称（职务），其中高级教师为副高级专业职称（职务），正高级教师为正高级专业职称（职务）。

二、统一后的中小学教师职称（职务）与原中小学教师职称（职务）的对应关系

统一后的中小学教师职称（职务）与原中小学教师职称（职务）的对应是：原小学三级教师、小学二级教师、中学三级教师对应三级教师；原小学一级教师、中学二级教师对应二级教师；原小学高级教师、中学一级教师对应一级教师；原中学高级教师对应高级教师。

三、统一后的中小学教师职称（职务）与事业单位专业技术岗位等级的对应关系

统一后的中小学教师职称（职务）与事业单位专业技术岗位等级的对应是：三级教师对应专业技术岗位十三级；二级教师对应专业技术岗位十二至十一级；一级教师对应专业技术岗位十至八级；高级教师对应专业技术岗位七至五级；正高级教师对应专业技术岗位四至一级。

四、过渡范围

凡普教系统的中小学教师，都应按照规定程序直接过渡到统一后的中小学教师职称（职务）系列。

按照职称（职务）与岗位等级对应关系进行过渡，原有教师职称（职务）的高、中、初的等级不变，原有职称

(职务)的内部岗位等级也不变。

已取得中学高级教师职称(职务)任职资格,但未被聘用到相应岗位的人员,其任职资格依然有效,今后被择优聘用到相应岗位时,不需再经过高级教师任职资格评审委员会的评审。

五、过渡程序

过渡工作在市、区改革试点领导小组的领导下,由学校统一组织办理。

1. 学校审查。学校对过渡人员的情况审查后,统一填写《上海市深化中小学教师职称制度改革试点人员过渡登记表》。

2. 个人确认。教师核对《上海市深化中小学教师职称制度改革试点人员过渡登记表》所列内容后签字。

3. 审核备案。学校统一将《上海市深化中小学教师职称制度改革试点人员过渡登记表》报区县教育局、人力资源和社会保障局审核。审核后的《上海市深化中小学教师职称制度改革试点人员过渡登记表》存入教师个人业务档案。

附表:1. 中小学教师职务过渡对应表

2. 上海市深化中小学教师职称制度改革试点人员过渡登记(略)

3. 上海市深化中小学教师职称制度改革试点过渡人员名册(略)

附表一

中小学教师职务过渡对应表

统一前职务名称与专技岗位等级		统一后职务名称与专技岗位等级	
教师职务名称	专业技术岗位等级	教师职务名称	专业技术岗位等级
小学三级教师 小学二级教师 中学三级教师	十三级	三级教师	十三级
小学一级教师 中学二级教师	十二级	二级教师	十二级
	十一级		十一级
小学高级教师 中学一级教师	十　级	一级教师	十　级
	九　级		九　级
	八　级		八　级
中学高级教师	七　级	高级教师	七　级
	六　级		六　级
	五　级		五　级

上海市教育委员会关于印发《进一步推进上海市中小学(幼儿园)见习教师规范化培训工作的意见(试行)》的通知

(沪教委人〔2013〕56号)

各区县教育局:

为贯彻国家和上海市中长期教育改革和发展规划纲要,落实全国教师工作会议精神,2012年,本市基础教育系统实施了见习教师规范化培训制度,这是上海教师资格制度改革的一项重要举措,也是推进上海基础教育高位均衡发展的重要内容,这一培训制度已被教育部教师工作司列入教师队伍建设示范项目。为进一步推进这项工作,我委经研究,制定了《进一步推进上海市中小学(幼儿园)见习教师规范化培训工作的意见(试行)》,现印发给你们。

请结合本区县实际,进一步认识见习教师规范化培训工作的重要性和必要性,增强工作的整体意识,激发各方的内在潜能,发挥基层学校的创造精神,将见习教师规范化培训工作进一步推向深入,为上海基础教育教师队伍建设的可持续发展打好扎实基础。

附件:进一步推进上海市中小学(幼儿园)见习教师规范化培训工作的意见(试行)

上海市教育委员会

2013年7月5日

进一步推进上海市中小学(幼儿园)见习教师规范化培训工作的意见(试行)

为贯彻国家和上海市中长期教育改革和发展规划纲要,落实全国教师工作会议精神,2012年,本市基础教育系统实施了见习教师规范化培训制度,这是上海教师资格制度改革的一项重要举措,也是推进上海基础教育高位均衡发展的重要内容,这一培训制度已被教育部教师工作司列入教师队伍建设示范项目。为进一步推进上海市中小学(幼儿园)见习教师规范化培训工作,现提出如下意见:

一、强化“规范”意识

1. 坚持培训场所规范。见习教师应到指定的培训学校(培训基地)接受浸润式培训,在专业学术高地或优秀学科教研团队之中实地体验先进的教研文化和学术环境氛围,领略教师严谨的工作态度和教育艺术。在浸润式培训过程中,缩短职初教师成长周期。

2. 坚持培训内容规范。培训内容坚持以新教师首次上岗后所要面对问题的应知应会的知识和技能为主,帮助新教师正确认识与适应教师角色,树立职业荣誉感,形成规范的教学行为,掌握教育教学的基本知识与技能,让每一位见习教师都得到规范化、标准化的培养。

3. 坚持培训时间规范。在培训学校(培训基地)进行培训的时间应占一年规范化培训的50%以上。

二、科学有效解决工学矛盾

1. 科学合理制定教师招聘计划数,落实新教师招聘工作。

2. 集聚区域优质资源,加强各方协调与合作,采用教师柔性流动、区域内学校间相互协调、培训学校与聘任学校互派教师等方式,积极为聘任学校提供区域内可调配师资。

3. 鼓励以政府购买服务方式解决见习教师因培训而造成的岗位空缺。

4. 正确处理见习教师培训与教学工作的关系，聘任学校应合理安排见习教师的工作量，以保障见习教师的培训时间。

三、健全培训机制

1. 进一步完善区县课程实施方案。优化培训内容和见习教师规范化培训手册，研究培训四大方面18个要点的具体落实指标，针对培训总学时和培训学校（培训基地）、聘任学校的培训学时制订一套切实可行的培训课时安排计划，建设一批成熟的区级和校级见习教师规范化培训课程，形成科学有效的培训体系。

2. 进一步建立健全与教育硕士专业学位教育结合的培养模式。开展见习教师规范化培训与教育硕士专业学位研究生教育结合工作，即见习教师在已经完成4年本科教育的基础上，通过研究生入学考试，进行为期2年的与见习教师规范化培训相结合的教育硕士专业学位教育。通过教育硕士课程学习和学位论文答辩后，见习教师可向相关高校申请教育硕士学位。

3. 进一步优化培训方法。拓宽培训渠道，充分利用区域内优质教育资源开展见习教师规范化培训，采取区县教师进修院校集中培训、培训学校（基地学校）浸润式培训、聘任学校跟岗培训等方式，鼓励区县采取"脱产与实践相结合"的培训制度，妥善处理培训学校（培训基地）与聘任学校的工学矛盾。

4. 进一步加强培训考核。各区县要根据实际情况做好见习教师的培训考核工作，指导教师进修院校、培训学校（培训基地）和聘任学校共同对见习教师进行考核，考核结果作为见习教师首次注册的依据。同时，各区县要认真做好对培训学校（培训基地）、指导教师的督查与评估，把见习教师规范化培训绩效考评纳入学校、教师年度考核的评价体系。

四、进一步加强指导教师队伍建设

1. 加强指导教师队伍建设。各区县在遴选指导教师时必须关注其本人的专业境界、专业素养和专业能力，推荐具有一定带教经验的优秀教师担任见习教师的指导教师。同时，应建立并完善指导教师专家库，根据"优胜劣汰、不断补充"为原则，优化指导教师队伍，进一步提高指导教师的带教能力与责任意识，切实发挥指导教师的引领、辐射作用。

2. 明确指导教师工作要求。加强指导教师的培训，进一步明确、细化、规范指导教师的工作内容、要求和方法，进一步加强对指导教师的绩效评价，确保指导教师真正成为见习教师职初成长的引路人。

3. 加强指导教师管理。培训学校（培训基地）应将指导教师带教工作计入本人工作量。凭区县教育局出具的带教证明，指导教师的带教经历统一认定为市级培训学分。规范指导教师的带教薪酬，促进指导教师可持续发展。

五、进一步加强组织与经费保障

1. 市教委负责定期组织专家指导团赴区县进行指导、检查与评估，适时召开工作推进会，总结推广经验。区县教育行政部门负责对教师进修院校、培训学校（培训基地）和聘任学校的动态管理，建立日常沟通机制，及时协调、解决出现的问题。培训学校（培训基地）负责落实本校规范化培训的实施，与见习教师所在学校建立定期联系制度。

2. 足额保障规范化培训工作经费。各区县应根据《上海市"十二五"中小学、幼儿园教师培训工作实施意见（试行）》，将见习教师规范化培训的实施经费纳入预算并提供足额经费保障，培训经费主要用于政府购买服务、指导教师工作、专家授课、课程开发建设等。

上海市教育委员会关于印发《上海市中小学生学籍号编制规则》的通知

（沪教委基〔2013〕61 号）

各区县教育局：

为进一步规范本市中小学、内地民族教育班、国际课程班和特殊教育学校的学生学籍管理，确保本市中小学生学籍电子化管理工作的全面实施，我委制定了《上海市中小学学生学籍号编制规则》。现印发给你们，请遵照执行。

附件：上海市中小学学生学籍号编制规则

上海市教育委员会
2013 年 8 月 22 日

上海市中小学学生学籍号编制规则

本市中小学学籍号分为主号和副号，具体编制规则如下：

一、学籍主号的编制规则

学生的学籍主号即为学生的身份证件号码。学生在本市中小学就读期间，其学籍主号具有唯一性。学籍主号一旦生成不得擅自更改。具体编制规则如下：

1. 中国大陆学生：以居民身份证号为学籍主号；
2. 中国香港学生：以香港特区身份证号为学籍主号；
3. 中国澳门学生：以澳门特区身份证号为学籍主号；
4. 中国台湾学生：以台湾居民来往大陆通行证编号为学籍主号；
5. 外籍学生：以有效护照编号为学籍主号；
6. 其他学生，实行统一编号。具体含义如下：

1	2	3	4	5	6	7	8	9	10	11	12	13	14	15	16	17	18
固定码“LS”		区县代码			出生年月								性别代码	流水码			校验码

二、学籍副号的编制规则

本市中小学生学籍副号编码由 6 部分共 19 位数字代码组成，具体编制规则如下：

1	2	3	4	5	6	7	8	9	10	11	12	13	14	15	16	17	18	19
1			2			3				4	5				6			
地区代码 310			区县代码			学校码				学段代码	入学年份代码				学生代码			

1. 地区代码（第 1—3 位）：全市地区代码均为 310。

2. 区县代码（第 4—6 位）：依照中华人民共和国国家统计局《最新县及县以上行政区划代码（截至 2011 年 10 月 31 日）》，上海市区县代码如下表所示：

黄浦区:101	徐汇区:104	长宁区:105	静安区:106
普陀区:107	闸北区:108	虹口区:109	杨浦区:110
闵行区:112	宝山区:113	嘉定区:114	浦东新区:115
金山区:116	松江区:117	青浦区:118	奉贤区:120
崇明县:230	梅山:935	大屯:936	鲁中:937
其他:939			

3. 学校码(第7—10位)

由各区县根据学校性质,并遵循下列编码规则自行确定。

小学:0000—0999(其中以招收进城务工人员随迁子女为主的民办小学为0900—0999);

初级中学:1000—1999;

实验性示范性高中:2000—3999;

普通中学(含完中、高中和综合高中):4000—4999;

九年、十年、十二年一贯制学校:5000—5999;

特教学校、工读学校:6000—6999;

内地西藏班(校):7100—7199,内地新疆班(校):7200—7299;

国际课程班(校):8100—8199。

4. 学段代码(第11位)

小学阶段:1

初中阶段:2

高中阶段:3

义务教育阶段特殊教育学校:4

5. 入学年份(第12—15位):学生进入该学段起始年级的入学年份。

6. 学生码(第16—19位):由区县或学校自行确定。

其中本市办(试办)二线运动队学校高中阶段招收的优秀体育特长生第16位统一设定为“9”;高中阶段国际课程班(校)通过本市中考所招生的学生第16位到第19位为“8000—8499”,其他所招生的学生第16位到第19位为“8500—8999”。

三、编制要求

1. 学生取得本市学籍后,在本市中小学就读期间学籍主号不变;学生在同一所学校同一学段就读,学籍副号不变。

2. 学生在本市范围内升学或转学,其学籍主号不变,学籍副号须重新编制。

3. 学籍号一旦生成使用,则不能重复使用。

4. 因学校撤并或学校性质发生变化导致在校学生学籍号变化的,由所在区县教育行政部门报市教委备案。

上海市教育委员会关于印发《上海市中等职业教育改革发展特色示范学校创建工作计划》的通知

（沪教委职〔2013〕2 号）

各区县教育局，有关委、局、控股（集团）公司：

为贯彻落实国家和上海市中长期教育改革和发展规划纲要，根据《上海市职业教育“十二五”改革和发展规划》“到 2015 年，有三分之一中等职业学校达到国家中等职业教育改革发展示范学校水平，建设一批上海市中职改革示范校”的要求，进一步推进本市中等职业教育切实加强内涵建设，提高人才培养质量，引导中等职业学校走改革创新、特色发展之路，努力培养知识型、发展型的高技能人才，充分满足上海“创新驱动、转型发展”的需要，经研究决定，从 2013 年起开展上海市中等职业教育改革发展特色示范学校创建工作。现将《上海市中等职业教育改革发展特色示范学校创建工作计划》（附件）印发给你们，请按照执行。

附件：上海市中等职业教育改革发展特色示范学校创建工作计划

上海市教育委员会
2013 年 1 月 6 日

上海市中等职业教育改革发展特色示范学校创建工作计划

一、背景

近几年，上海中等职业教育继续保持着改革发展的良好势头。在积极创建国家中等职业教育改革发展示范学校的同时，大力推进现代职业教育体系构建、集团化办学、专业布局结构调整优化、重点专业和精品课程建设、师资素质提升、教学标准开发、课程体系改革、教学法评优和信息化建设工程等工作，使中等职业学校基础能力、办学质量和服务社会能力得到显著提高，为进一步创新改革发展奠定了基础。

本市加快推进经济发展方式转变和经济结构调整的发展战略，为职业教育改革发展提供了新的发展机遇和更为广阔的发展空间。创建上海中等职业教育改革发展特色示范学校（以下简称：市中职特色示范校）旨在引导一批学校紧密结合上海实际，以创新改革、特色办学为主旋律，切实加强内涵建设，着力提高人才培养质量，在中等职业教育改革创新中发挥示范、引领和辐射作用，从而带动上海中等职业教育水平的整体提升。

二、指导思想

深入贯彻落实党的十八大精神，全面贯彻党的教育方针，积极推进素质教育，全面提高学生素质。坚持以服务为宗旨、以就业为导向、以提升质量为核心，深化教育模式改革，推进教育机制创新，突出学校办学特色。

坚持政府引导，行业参与，校企合作，项目管理，学校自主创新，确保建设计划的落地到位。引导学校从实际出发，突破瓶颈、化解难题，整合各种建设项目，提升资源集约效益，创新改革，办出特色。

三、建设目标

在推进国家中等职业教育改革发展示范学校创建的同时，用 2 到 3 年时间，重点支持 20 所左右的市中职特色示范校，以全面提升学校的育人质量为目标，力争在专业建设、人才培养模式创新、师资队伍提升、信息技术应用和校企合作等方面实现新的突破，将国家和市特色示范校创建为上海中等职业教育新标杆。

四、主要任务

（一）提高校长领导力，促进职业教育学校改革创新

校长是学校创新改革的引领者。校长要着力提高教学改革领导力，掌握现代职业教育的新理念、新模式和新方法，努力把握国内外职业教育改革发展的新趋势，制定学校发展规划，引领学校专业布局结构、人才培养模式、教师队伍、教学保障、规章制度、校园文化以及评价体系等工作。要善于激发教职员工内在动力，建设一支执行力强的专兼职的管理团队和教学团队，制定科学有效的评价体系。要紧紧围绕学校发展规划统筹、协调各个单项改革，充分利用校内外各种有利资源，整合各个建设项目，努力提升资源集约效益。

（二）推进工学结合、校企合作，深化人才培养模式改革

以培养学生综合素质为目标，重点加强职业道德教育、职业技能训练和学习能力培养，让学生成为适应工作变化的知识型、发展型技能人才。发挥职业教育开放实训中心的作用，健全校企合作制度。努力融国内外的行业企业技术标准、职业资格标准的相关内容于专业、课程、教学方案等建设中，积极推行订单培养、工学结合、顶岗实习，探索任务引领、项目导向、场景模拟等增强学生能力的教学模式。依托行业企业建立实训基地，实行课堂教学与岗位操作训练结合、专业教师与企业技术人员结合、学校教学与顶岗实习结合，建立鼓励校企合作培养教师的制度，吸纳行业企业参与教育教学评价，促进校园文化和企业文化紧密结合。

（三）聚焦专业群建设，深入实施学校专业结构布局优化调整

深入实施专业结构布局优化调整，继续推进重点专业和精品课程建设、学历证书与职业资格证书“双证”融通等工作，重点聚焦专业群的建设。学校要从自身办学条件、特点出发，抓紧建设以重点专业为龙头、相关专业为纽带、延伸专业为支撑的专业群，并形成与专业群相关的课程、教材以及教学实施方案，制订相关的师资队伍建设、人才培养、教学管理、改善办学条件、专业建设的动态机制等方面的措施，促进全市构成“定位准确、错位竞争、优势互补、各有所长、有序发展”的职业教育专业设置新格局。

（四）加强教学团队建设，师资队伍建设有新突破

加强与专业群相匹配的教学团队建设工作，把教学团队建设作为师资队伍建设的突破点。不断丰富师资队伍建设的形式、内容、层次和渠道。探索教学团队合作运行机制和监督约束机制，促进工学结合，推进教学改革，推动教学工作的传、帮、带和老中青结合，提高教师教学水平。教学团队要体现双师结构，由规模适量的专任教师和来自行业企业的兼职教师组成，发挥各自优势，分工协作，推进工学结合，加强社会服务。教学团队带头人由专任教师担任，要具有跟踪产业发展趋势和行业动态、把握专业改革发展方向、保持专业建设领先水平的能力，具有领导、管理、凝聚、建设教学团队的能力，善于整合利用行业企业资源。

（五）切实推进信息化建设，促进信息技术应用

加强学校信息化基础设施建设，构建信息化应用支撑环境，加快建成高水平的数字化校园，不断丰富信息化管理手段。引导学校充分运用信息技术，不断优化过程管理，促进信息技术与专业、课程、教材建设以及质量评估的深度融合，提高实习实训、项目教学、案例分析、技能竞赛和技能鉴定的信息化水平。用信息技术支撑产教结合、工学结合、校企结合、顶岗实习等工作，开展人才需求、就业预警和专业调整等方面的分析，建立多方参与、资源共享的机制。

（六）推动多样化办学改革，提升学校服务社会水平

继续推进中高职教育贯通培养模式试点，完善并实施中高职一体化的职业教育课程体系和教学方案。加快推动学历证书和职业资格证书的“双证”融通，探索人才培养与行业、企业用人需求紧密结合的新途径。依托职业教育开放实训中心，开展面向社会的职业技能培训和鉴定。积极推动职业教育集团化办学，支持行业和区域职业教育集团，开展职后培训，拓展社会服务功能。深化校企合作培养高技能人才项目，满足经济社会发展对技能型人才的需求。推进职业教育与普通教育、成人教育的相互沟通融合，推动学历教育与职业培训的相互促进和学分互认。

五、组织实施

市中职特色示范校创建工作坚持标准，坚持质量，分立项、建设和验收三个阶段。2013 年起实施，支持 20 所左右的学校建设。建设周期为 2 年。2014 年起，开展市特色示范校建设验收。相关事宜另行通知。

立项按学校自主申报、主办单位审核、实地抽查、专家评议、立项公示和批准等程序组织实施；建设阶段按批准立项的要求实施；验收阶段按过程监控、学校互评、专家评议、公示、批准和公布市中职特色示范校名

单等程序组织实施。

(一) 申报要求

申请立项的学校为通过上海市百所重点建设中等职业学校验收且达到国家级重点中等职业学校基本办学水平(国家中等职业教育改革发展示范学校立项学校除外)的中等职业学校。申请学校必须具备较强的综合实力和改革创新能力。

申请立项的学校须根据本计划制订《上海市中等职业教育改革发展特色示范学校创建计划项目建设方案》(以下简称"建设方案",撰写提纲详见附件1)和《上海市中等职业教育改革发展特色示范学校创建计划项目申报书》(以下简称"项目书",详见附件2)。创建方案必须目标明确、思路清晰、经费预算合理。

(二) 实施步骤

1. 学校申报

2013年3月学校准备申报材料,制定市特色示范校建设方案和项目书。经主管单位审核同意后,上报市教委。

2. 立项评审

2013年4月组织专家对申报立项学校进行评审,市教委与市财政局审核专家意见后确定拟立项学校名单。经公示一周后,予以正式立项。

3. 过程监控

建立市级示范校创建动态数据库,加强对立项学校的过程监控和指导。立项学校建设满一年后须进行中期绩效考核检查,主要考核学校项目完成情况和建设经费使用情况。

4. 项目验收

组织专家对立项学校进行验收。对通过验收的立项学校授予"上海市中等职业教育改革发展特色示范学校"称号,对未通过验收的立项学校,要求限期整改,整改后仍未通过的取消立项。

六、经费投入

市中职特色示范校创建所需资金根据学校隶属关系,分别由市、区二级财政安排。每所立项学校财政投入不超过2000万元,具体根据立项学校创新改革、办出特色措施的力度、强度等情况确定财政投入额度。立项学校的主管单位要加大对立项学校的领导和支持,并积极提供配套经费和政策支持。

财政专项资金一次确定、分期到位,逐年检查考核,并根据年度检查情况适时调整。财政专项资金主要用于支持项目学校改善教学、实习和实训条件,开展工学结合、校企合作和实习实训,培养专业带头人和骨干教师,建设专业、课程和教材体系等(相同项目不得重复申报)。其中,用于学校基础能力建设的费用不得超过专项资金的40%;用于专家评审、课题研究、课程开发、教材编写、教师带教等方面的支出,原则上不应超过经费总额的25%。

七、管理要求

(一) 加强管理,提供服务

成立市中职特色示范学校创建办公室,由市教委和市财政局有关职能处室和市评估、科研、技术装备部门等人员组成,负责组织实施总体规划、政策制定、经费统筹、项目申报、立项评审、过程监控和竣工验收等工作。办公室设在市教委职教处。

上海市教育评估院协助办公室具体组织项目申报立项、评审和评估验收等工作。其他部门根据分工和职能推动创建实施。

(二) 明确奖惩制度,推动持续发展

立项学校须制定校内市特色示范校创建相关制度,健全项目建设推进和管理机构,规范建设专项经费的使用。立项学校如出现建设经费使用违规、项目进度推进不利、绩效考核不合格或创建期间出现重大安全事故等问题,将视其情况给予警告、通报或取消创建资格等,并减少或取消对其后续专项经费支持。

附件 1. 上海市中等职业教育改革发展特色示范学校创建计划项目建设方案撰写提纲(略)

2. 上海市中等职业教育改革发展特色示范学校创建计划项目申报书(略)

上海市教育委员会关于印发《上海市中等职业学校精品特色专业认定评估实施方案》和《上海市中等职业学校精品特色专业认定评估指标体系》的通知

（沪教委职〔2013〕9号）

各区县教育局，有关委、局、控股（集团）公司：

为贯彻国家和上海市中长期教育改革和发展规划纲要精神，落实《上海市职业教育"十二五"改革和发展规划》各项任务，推动《上海市中等职业教育全面提高教学质量行动计划（2009—2013年）》和《上海市教育委员会关于推进上海市中等职业教育专业布局和结构调整优化工作的实施意见》的实施，根据《上海市教育委员会关于公布上海市中等职业学校重点建设专业立项项目的通知》的要求，我委决定从2013年起开展中等职业学校精品特色专业认定评估工作。现将《上海市中等职业学校精品特色专业认定评估实施方案》和《上海市中等职业学校精品特色专业认定评估指标体系》印发给你们，请按照执行。

希望各有关主管部门加强对所属中等职业学校专业建设工作的管理和指导，引导学校以专业建设为核心，继续实施专业设置与结构调整优化方案；各学校要认真做好自查和迎评的各项工作，积极创建精品特色专业，全面提高专业建设水平和教学质量。

附件：上海市中等职业学校精品特色专业认定评估实施方案

上海市教育委员会
2013年3月20日

上海市中等职业学校精品特色专业认定评估实施方案

为继续推进专业、课程及教材改革和建设，扶持和激励有条件的学校积极创建职业教育专业品牌，建立布局合理、结构优化、特色鲜明、品牌纷呈的上海中等职业教育专业体系，逐步形成学校之间定位准确、错位竞争、优势互补、各有所长、有序发展的专业建设新格局，根据《上海市教育委员会关于公布上海市中等职业学校重点建设专业立项项目的通知》（沪教委职〔2011〕5号），我委决定自2013年起，对上海市中等职业学校已立项的156个重点建设专业开展上海市中等职业学校精品特色专业认定评估。

一、指导思想

精品特色专业（点）是中等职业教育内涵发展的重要内容，是中等职业学校教育教学改革的突破口，也是中等职业学校办学优势和办学特色的集中体现。精品特色专业认定评估是贯彻落实本市中等职业学校专业布局和结构调整优化工作的重要环节，更是推动中等职业学校课程教材改革的重要抓手。遴选一批精品特色专业，推进专业课程教学改革，办出学校特色，全面提升教学质量，为本市中等职业学校专业建设和内涵发展提供示范。

二、组织实施

本市中等职业学校精品特色专业认定评估工作在市教委统筹指导下，由市教育评估院、市教委教研室共同组织实施。市教育评估院组建"中等职业学校精品特色专业认定评估专家组"（以下简称：专家组），具体开展相关评估工作。

三、主要文件依据

(一)《教育部关于进一步深化中等职业教育教学改革的若干意见》(教职成〔2008〕8 号)

(二)《上海市中等职业教育全面提高教学质量行动计划(2009—2013 年)》(沪教委职〔2009〕30 号)

(三)《上海市教育委员会关于推进上海市中等职业教育专业布局和结构调整优化工作的实施意见》(沪教委职〔2009〕40 号)

(四)《上海市教育委员会关于公布上海市中等职业学校重点建设专业立项项目的通知》(沪教委职〔2011〕5 号)

(五)《上海市职业教育"十二五"改革和发展规划》(沪教委职〔2011〕38 号)

(六)《上海市中等职业学校精品特色专业认定评估指标体系》(见附件,以下简称:指标体系)

四、评估标准与评估对象

精品特色专业(点)必须适应本市和区域经济发展需求,充分体现学校发展方向,培养目标定位准确;在课程教材、师资队伍、实验实训条件和教学质量等方面具有较高水准和鲜明特色;就业质量高,在工学结合、校企合作方面成效显著;在有关行业或地区有一定知名度,具有较高社会声誉和示范作用。具体标准详见指标体系(附件)市教育评估院可结合实际情况对其作相应调整修改。

《上海市教育委员会关于公布上海市中等职业学校重点建设专业立项项目的通知》(沪教委职〔2011〕5 号)中公布的 156 个重点建设立项专业(点),且该专业一般有两个平行班,已有一届以上毕业生,经学校主管单位同意,学校申报,可进入认定评估程序。

五、评估步骤

本项工作从 2013 年起至 2015 年的每年上半年,由学校自主申报,分批认定评估,至 2015 年底完成对本市重点建设立项专业(点)的认定评估工作。具体评估方式与安排如下:

(一) 学校自评和申报

学校填写《上海市中等职业学校精品特色专业认定评估申报表》,对照指标体系填写《上海市中等职业学校精品特色专业认定评估自评表》,并撰写《上海市中等职业学校精品特色专业认定评估自评总结报告》。相关评估要求和文本由市教育评估院另行发布,可至市教育评估院网站(www.seei.sh.edu.cn)和上海职教在线(www.shedu.net)相关栏目下载。申报材料经主管单位审核同意后报市教育评估院。

同时,根据指标体系要求,准备之前一学年本专业所有教学资料和能够反映重点建设立项以后实际建设成果的资料。专业教学资料和成果要注意保持内在结构的一致性,能够相互联系,相互支持,形成完整的专业资源体系,以真实反映专业全貌。其他常规资料视实地评估需要,由学校提供。

(二) 专家评审和实地评估

评估院组织专家组对学校提交的材料进行材料评议;专家组对通过材料评审的专业(点)进行实地评估,通过听取校长汇报、专家提问、随机听课、师生访谈、实地查看等方式全面了解学校专业建设的情况。

(三) 审核与公布

评估院出具评估结果报市教委审核。市教委正式公布本市中等职业学校精品特色专业(点)名单。

上海市中等职业学校精品特色专业不搞终身制,市教委委托市教育评估院、市教委教研室开展持续跟踪检查,建立上海市中等职业学校精品特色专业建设和动态管理的长效机制。

附件:上海市中等职业学校精品特色专业认定评估指标体系(略)

上海市教育委员会关于印发《上海市中等职业学校教学管理工作指导意见》的通知

（沪教委职〔2013〕22 号）

各区县教育局，有关委、局、控股（集团）公司：

为贯彻落实国家和上海市中长期教育改革和发展规划纲要，以及《上海市职业教育“十二五”改革和发展规划》，进一步加强中等职业学校教学管理工作的科学性和规范性，推进本市中等职业学校内涵建设，全面提高教学质量，根据教育部相关文件精神和本市中等职业教育实际情况，特制定《上海市中等职业学校教学管理工作指导意见》，请你们结合学校教学工作实际贯彻执行。原《上海市中等职业学校教学管理规程》（沪教委职成〔2003〕22 号）作废。

严格规范的教学管理是保持良好教学秩序、有效提高教学质量的重要保证，各中等职业学校要结合学校实际情况，认真组织实施，不断完善教学管理制度，努力提高教学质量。各相关主管部门要切实加强对学校教学工作的管理力度，确保人才培养质量。

附件：上海市中等职业学校教学管理工作指导意见

上海市教育委员会

2013 年 6 月 21 日

上海市中等职业学校教学管理工作指导意见

为进一步加强本市中等职业学校教学工作，规范教学管理，促进内涵建设，适应职业教育改革与发展的需要，不断提高教育教学质量，根据教育部有关文件精神和本市中等职业学校（以下简称学校）实际情况，提出如下意见。

一、关于专业建设管理

专业建设是学校教学工作主动适应社会需求的关键，集中体现学校的办学水平和质量，是学校可持续发展的核心竞争力所在。学校应从专业建设机制建立、专业设置与结构优化、专业建设规划制定、专业教学实施方案制定、课程标准编制以及专业建设评价等方面对专业建设工作进行规范管理，推动和深化学校各项教育教学改革工作。

1. 专业建设机制建立

专业建设机制建立主要涉及专业建设咨询机构与管理机构的建立及其职能的确定，以及对专业建设实施动态管理等。

学校应成立专业建设指导委员会和专业建设工作领导小组。专业建设指导委员会由校长、行业企业专家代表和专业带头人等组成，其主要职责是对学校的专业定位、发展方向及改革重点等提出咨询意见。专业建设工作领导小组由校长、分管教学副校长、专业部及相关职能部门负责人组成，其主要职责是根据专业建设指导委员会提出的咨询意见，对学校专业建设进行决策和工作部署。

学校要建立专业建设指导委员会定期会议制度、专业人才需求定期调研制度和年度专业建设状况评估制度，形成学校专业建设的动态管理和动态优化机制。

相关职能部门应依据学校专业建设工作领导小组对专业建设的决策意见，全面实施专业建设工作。

2. 专业设置与结构优化

科学合理设置专业并及时调整专业结构，是学校主动服务经济和社会、培养知识型发展型技能人才、体现自身功能和特色的基础性工作，也是提高学校适应力和竞争力的重要途径。

学校应根据区域经济发展及产业结构调整情况，定期对本地区的人才需求及其变化趋势进行调研，及时掌握相关信息，并结合学校的办学定位和发展规划，调整专业设置，优化专业结构。

学校专业设置与结构优化工作一般包括调整结构、打造品牌和完善机制等内容。对人才培养有优势的专业要进行重点建设，打造精品特色专业；要以精品特色专业和学校主干重点专业为核心形成专业群，以精品特色专业建设带动学校专业建设的整体发展。对就业需求逐年下降、学校办学条件不具备以及教学质量不高的专业应加以调整或停办。

学校应以教育部颁布的《中等职业学校专业目录》和上海市教委颁布的相关专业教学标准为基本依据，并按照教育行政部门的有关规定和要求，自主开设、调整和停办专业，增设新专业或专业（技能）方向。其设置条件与设置程序等均按照教育行政部门有关文件规定执行。

学校专业设置与结构优化应形成常态化的工作机制。

3. 专业建设规划制定

专业建设规划是学校对专业定位、专业发展方向和专业建设目标、任务、措施等所做的顶层设计。学校应根据专业建设工作领导小组的意见和相关人才需求调研结果，分专业制定专业建设规划。专业建设规划的内容要素一般包括：专业建设的背景与基础、指导思想与目标定位、建设思路与主要任务、改革举措与保障条件等。

专业建设规划应体现学校专业设置与结构优化的工作成果，反映相关产业的发展现状及前景，明确专业定位，注重内涵建设，突出改革创新，做到建设思路清晰、保障措施扎实。

专业建设规划一般由相关职能部门会同专业部起草或直接由专业部负责起草，但须经学校专业建设指导委员会论证，并由学校专业建设工作领导小组审定。

4. 专业教学实施方案制定

专业教学实施方案是专业教学标准校本化的实施性教学计划，是学校开展专业教学工作的依据。学校应根据教育部或本市教育行政部门颁发的专业教学标准等指导性教学文件和本校专业建设规划，制定专业教学实施方案。

专业教学实施方案的内容包括：专业名称、入学要求、学习年限、培养目标、职业范围、人才规格、课程结构、主要专业课程内容与要求简介、教学计划表、实施条件等。其中"课程结构"和"教学计划表"的确定是专业教学实施方案制定的重要内容。每一专业均应根据教育部的有关指导意见，分设两大类课程，即公共基础课程和专业技能课程。公共基础课程包括：德育、语文、数学、外语（英语等）、信息技术基础、体育与健康、艺术（或音乐和美术）等，其学时一般占总学时的三分之一；专业技能课程包括：专业核心课程和专业（技能）方向课程，其学时一般占总学时的三分之二。设置课程还应分必修与选修，其中选修课程的学时应不少于总学时的 10%。一般周学时为 28。顶岗实习一般按每周 30 小时（1 小时折 1 学时）安排。三年制的总学时数约为 3000—3300。

专业教学实施方案由学校制定，要充分听取行业企业的意见。其工作程序一般包括：市场调研、拟订方案、专家论证、方案修改、审核通过等环节。

专业教学实施方案经学校专业建设工作领导小组审定后须严格执行，不能随意变动。但学校应根据专业发展需要，按照规定的程序，对专业教学实施方案进行适时修订。

5. 课程标准编制

课程标准是学校组织教学活动、检查教学质量、评价教学效果以及选编教材和配备教学设施的基本依据。学校开设的所有课程原则上均应有课程标准。

凡教育行政部门已颁布专业教学标准的专业，学校应按其中相关的课程标准执行，但可进行校本化处理；凡教育行政部门尚未颁布专业教学标准的专业，学校应按照课程标准开发要求对专业核心课程组织编制校本课程标准。学校开设的校本课程也应按相关要求开发课程标准。

课程标准的基本内容一般包括：课程名称、适用专业、课程性质、设计思路、课程目标、课程内容与要求、实施建议等。课程标准编制要反映行业企业岗位对职业素养和职业能力的要求，体现新技术、新工艺、新方法和新知识等“四新”内容，符合职业教育课改理念，充分整合优质课程资源。

学校的课程标准开发工作，应由相关职能部门具体组织实施，其文本须经专业建设指导委员会论证，并由学校专业建设工作领导小组审定后执行。学校还应建立对课程标准进行适时修订和完善的动态管理制度。

6. 专业建设评价

专业建设评价主要涉及对专业定位、专业师资、专业课程、实训条件、教学质量等方面内容的评价。学校应根据已有基础，建立科学的评价指标体系和评价制度，进行专业建设评价，诊断和激励学校专业建设，促进专业建设的可持续发展。

学校应建立科学合理的专业建设动态监控体系，及时发现专业建设机制、专业设置、专业课程体系、专业培养模式、教学方法与教学评价、教学资源与保障条件、师资队伍建设以及教学管理制度等方面存在的问题，采取相应的改进措施，确保学校专业建设目标的实现。

学校应注意对专业建设过程材料及成果的积累，保持资料的完整性和有效性，呈现真实的专业建设工作过程及成效，为开展专业建设评价奠定基础。

学校还应建立毕业生质量跟踪、反馈机制，关注行业企业等用人单位对毕业生的评价意见等。

二、关于教学常规管理

教学常规是学校教学基本规律的体现，是对教学过程的基本要求。严格规范的教学常规管理是保持良好教学秩序、有效提高教学质量的重要保证。学校应不断完善教学常规管理制度，并切实提高对各项常规制度的执行力。

7. 教学工作计划制定

教学工作计划是学校内部对学期教学工作进行规划和安排的教学文件。学校每学期开学之前，应根据教育行政部门的工作部署和学校教学工作目标管理的基本要求，制定学校教学工作计划。各相关职能部门也应结合本部门实际制定部门教学工作计划。

学校教学工作计划由分管校长提出，经一定审定程序通过后，于新学期开学初下达执行。

8. 校历和学期教学进程表制定

校历即学校每学年主要工作的日程表，是学校统筹安排教学工作及其他工作的依据，一般采用表格形式按学期编制。其内容主要包括学期和寒暑假的起讫时间、教学周数和考试周数，以及对注册、开学和法定节假日等的日程安排。

校历应根据教育部的有关规定并结合学校整体安排，参照日历编写。每学年为52周，其中教学时间40周(含复习考试)，假期12周。

学校职能部门应在学期结束前两周完成下一学期校历的编制，经一定审定程序通过后，印发全校执行，并报学校上级主管部门备案。编制校历时，因特殊原因要延迟开学或减少教学周数，应事先征得学校上级主管部门的同意。

学期教学进程表是每学期全校各班教学活动的总体安排，一般按学期周次顺序排列，编排各班的公共基础课教学、专业技能课教学、考核测试、入学教育、毕业教育和节假日等具体进程。编制学期教学进程表要妥善处理好各个教学环节的衔接和各类教学资源的合理使用。

学期教学进程表由教务管理部门根据校历和各专业教学实施方案编制，经一定审定程序通过后，印发各部门执行。学期教学进程表一经确定，不得随意变更。如遇特殊情况需要调整，必须履行调整手续。

校历和学期教学进程表可以合并制定。

9. 教材使用和选用

教材(主要指教科书)是教师实施课程教学的基本资源。学校应建立严格规范的教材管理制度。使用和选用教材，应充分听取教研组及任课教师的意见，并由分管校长审核。一般应优先使用国家规划教材、教育行政部门公布的统编教材及行业规范教材；无上述教材时，可选用与课程标准要求基本相符的其他正式出版教材，或按课程标准要求自编的校本教材(讲义)。同时，学校还应建立教材使用意见的反馈制度。要有相关职能部门负责全校教材的预订、采购、发放等管理工作。

学校要建立校本教材建设激励机制，根据专业培养目标和行业发展的需要，有目标、有计划地组织教师开发校本教材(讲义)，作为统编教材的补充。校本教材的内容要及时反映社会经济发展和职业岗位的变化，体现学校专业特色，适应和满足职业教育教学改革与发展的需求；校本教材的呈现方式应充分体现任务引领型课程的特点；要积极探索开发数字化教材。

10. 课程表编制

课程表是学校每周教学工作和其他各项教育活动的日程安排。课程表包括全校总课程表、班级课程表、任课教师课程表。实行学分制的学校还可有学生个人课程表等。

课程表由教务管理部门负责编排。编排时应注意课程特点，体现科学性和合理性，尽可能均衡学生负担与教师负担，最大限度地提高教学场所、设施设备等教学资源的使用效率。

课程表一经公布，应严格执行。学校要建立排课、调课、代课及停课等管理制度。任课教师无权擅自改变课表安排。若因特殊情况需调整，必须预先向教务管理部门提出申请。教务管理部门批准后负责做出相应安排，并向有关部门和班级下达调整通知。

11. 学期授课计划制定

学期授课计划是教师对一学期某一课程教学工作的具体安排。学期授课计划由课程基本信息和授课进程安排两部分组成。课程基本信息主要包括：课程名称、所依据的课程标准、教材名称、总课时、课程目标及相关说明等；授课进程安排的基本要素有：周次、课次、授课内容(主题)、课时等。

教务管理部门要在学期结束前1—2周，将下一学期的教学任务进行预告，便于教师提前准备。教师必须根据教学任务、课程标准、校历、学期教学进程表，结合班级实际，认真制定学期授课计划。

学期授课计划至少应于开课前一周交教研组负责人初审，然后报教务管理部门审核后执行，并存档备查。学期授课计划一经审定，应认真执行。若因特殊情况需调整，由任课教师提出申请，经教研组负责人签署意见后，报教务管理部门审核和分管校长批准。

12. 备课

备课是教师进行教学设计的重要过程，是保障课堂教学质量的基础。教师备课要做到“五备”：即备课程标准、备教材、备学情、备教法与学法以及备职业岗位需求的发展与变化。要合理设定教学目标，正确把握教学重点和难点，恰当选择教学方法和手段，有效使用教学资源，并注重信息技术与课程教学的有机整合。教师备课应坚持个人备课与集体备课相结合。

教案是教师备课(教学设计)结果的具体展示，也是教师课堂教学的“脚本”。教案包含的基本要素有：基本信息(专业、班别、授课日期、课次、课时、课题)，教学目标、教学重点和难点、教学过程及相关教学设计说明(如教学方法、教学手段和教学资源使用)等。教案一般应根据学期授课计划按课次编写。任课教师开学前应提前写好不少于两周的教案，学期中至少要提前写好一周教案。要鼓励教师编写电子教案。教务管理部门每学期应至少进行一次教案检查。

13. 授课

授课是学校教育人、培养人和实现专业培养目标的主渠道。教师应依据课程标准按教案授课。授课的基本要求是：目标明确，重点突出，条理清晰，讲授正确，组织严密，教法适当，板书工整，有效运用现代信息技术及设施设备，职业教育特色鲜明。

教师必须严格按课程表上课，做到上课不迟到，不拖堂，不缺课，不提前下课。授课过程中，教师要严格执行课堂教学规范，做好课堂管理，并注重自身的仪容仪表、教态和言行等。

教师在课堂教学中应以学生为主体，坚持把立德树人放在首位，注重培养学生综合职业素养；坚持理论和实践、动手和动脑相结合，探索改革教学模式，实现教学做合一；坚持传统教学手段和现代多媒体技术有机结合，提高课堂教学效率。

14. 作业布置与批改

作业一般包括书面作业、口头作业和实践技能作业等。教师布置作业，内容要精炼、典型，能够举一反三，并注意通过作业养成学生良好的学习习惯；还要关注学生作业总量的合理调配，逐步提高实践技能作业的比重。

教师应及时批改作业，评语具体明确，并做好作业的反馈指导及作业成绩记录工作。教务管理部门每学期应至少进行一次教师作业批改情况的抽查。

15. 课外辅导与答疑

课外辅导与答疑是课堂教学的必要补充和延伸，是教师解答学生疑难、指导学生改进学习方法、提高学生学习能力、增强学生学习效果的一个重要教学环节。课外辅导与答疑原则上以个别辅导为主，以利于因材施教。

学校应建立课外辅导与答疑制度，安排好教师辅导时间，保证教师一定的辅导次数。教师开展课外辅导与答疑要做到时间、内容有记录，为相关职能部门考核教师教学工作提供依据。

16. 班级教学日志管理

班级教学日志是学校各班一日教学活动基本情况的原始记录，主要记载班级授课日期、周次、节(课)次、授课教师、课程名称、教学内容(章节名称或内容摘要)、课堂纪律、学生出勤情况及特殊问题处理等内容。任课教师每次授课后，应认真填写班级教学日志，并签名确认。

班级教学日志由各教学班班长或学习委员负责保管并交任课教师填写。教务管理部门要有专人负责检查，发现问题及时调查处理。有条件的学校可实行网上教学日志填写及管理。

17. 实训实习管理

实训实习是专业技能课程教学的重要环节，是培养学生在实践中运用知识与技能的能力、提高学生综合职业素养的重要途径。学校有关管理部门应在学期初会同相关职能部门根据专业教学实施方案、课程标准和教材的要求，结合专业工作岗位特点及所需资源条件等，制定各专业具体的实训实习计划。

综合实训即学生综合技能训练，一般依托校内专业实训条件实施。学校有关管理部门应根据专业教学实施方案落实各专业的综合实训，加强对综合实训教学的过程管理。指导教师应依据专业教学实施方案和课程标准，按要求编写综合实训教案；要认真做好实训前场地和材料的准备，检查设备、卫生和安全情况。做到实训过程有记录、使用耗材有登记、教师指导有教案、学生实训有考核。

实习主要指学校按照专业培养目标要求和教学计划安排，组织在校学生到企(事)业等用人单位的实际工作岗位进行的综合性实习。要大力推行工学结合、校企合作、顶岗实习。实习是专业教学的重要阶段，学校应有具体职能部门负责制定完善的管理制度，对学生实习各个环节进行全面管理，并做好学生相关责任保险工作。有条件的学校还应积极建设相应的信息管理系统，实现实习网络化管理。学生实习期间，学校和实习单位应共同制定实习计划，双方均应安排实习指导教师，负责学生的指导与管理。实习指导教师应建立实习日志，定期检查学生实习情况，及时处理实习中出现的有关问题，确保学生实习工作的正常秩序。实习原则上安排在最后一学年。

实训实习期间要加强对学生的安全教育，监督学生遵守安全操作规程，确保人身和设备安全；若发生事故，应及时处理，并立即报学校上级主管部门。

18. 考务管理

考务管理是学校教学常规管理中的一项重要工作，严肃性和纪律性是实施考务管理的基本要求。

教务管理部门应根据各专业教学实施方案和校历，统一安排学期考核日程，落实考核场地和监考教师，做好命题、制卷、阅卷、成绩评定、质量分析及学生成绩管理等工作，并创造条件推行教考分离。

学校要提出严格的考核工作要求，加强考风建设，净化考核环境，严肃考核纪律，对作弊学生按照相关制度及时进行处理。

19. 教学例会制度建立

教学例会包括教务例会、教研组负责人会议、教师和学生座谈会等。主要是布置和检查各项教学工作，及时分析、研究和解决教学过程中出现的各种问题，以及提出整改措施等。教学例会应定期召开，形成制度，每次例会要有明确的议题和会议记录。

20. 教学常规检查

教学常规检查是学校教学常规管理的重要内容，也是学校教学质量监控的基本手段。学校应建立和完善教学常规检查制度，规范教学，促进改革，保障质量。

教学常规检查主要由教务管理部门负责。教务管理部门应建立常态化的检查制度，每天派专人巡视，检查教师上课、学生出勤情况；定期抽查教师教案、学生作业、学生考试及其质量分析情况。做到期初查准备，期中查进度，期末查效果，并注意听取学生、家长对学校教学工作的意见与建议。

有条件的学校可建立校内教学督导制度。校内教学督导由校长牵头、专门部门负责实施，重点对教师的课堂管理、教学内容、教学方法、教学手段、教学效果等进行常态性的检查、诊断和反馈。发现问题及时指导和督促教师改进，发现经验及时总结和推广，促进学校课堂教学质量的不断提升。

学校还应建立教学事故的认定与处理制度，及时处理教学和教学管理中出现的过失。

21. 听课

听课是学校对课堂教学过程进行检查与监控的重要手段，也是教师开展教学研究与业务学习的常见形式。学校应建立相应的听课制度，明确学校领导、教学管理人员、任课教师每学期的听课数量及相关要求，开展常态化的听课活动，做到听课活动有计划，听课过程有记录，听课结果有评价有反馈。

22. 教研组及教研活动管理

教研组是学校实施教学工作的基层组织，承担本组教学工作、教学研究活动的组织与管理职责。

教研组应协助教务管理部门做好教学常规管理工作，如检查和督促教师完成教学计划、做好教学质量分析，协助做好教师教学任务安排等。

教研组应定期组织教师开展教研活动。教研活动内容主要有：教育教学理论学习、课程标准与教材研究、教学课例研究、教学资源开发等；教研活动的形式可以有集体备课、教学观摩、经验交流、专题研讨以及外出学习考察等。

学校要加强对教研组工作的管理，明确教研组长职责，建立健全教研制度。教研活动应做到有计划、有总结、有过程记录、有人员考勤，教研活动原则上两周一次。学校领导和教学管理人员应经常深入教研组参加教研活动，加强对教研组工作的指导。应提倡开展跨学科、跨专业的开放式教研活动，相互学习，分享经验。教研组长要认真填写《学校教研组工作手册》，并在学期末上交教务管理部门统一检查和归档。

23. 家长座谈会召开

家长座谈会是学校与家长沟通的桥梁。学校有关部门应定期举办家长座谈会，就本校教育教学等情况与家长进行交流，并听取家长的意见与建议。对家长反馈的各种信息，要做好记录，认真分析整理，对所涉及的典型性问题要制定具体解决方案，及时向主管领导汇报，并做好资料归档工作。

24. 专业实训中心（室）使用管理

专业实训中心（室）是校内开展专业课程教学及技能训练的主要场所。学校应制定专业实训中心（室）使用的专项管理制度，设立或指定具体职能部门负责管理，责任落实到人。管理人员应做好相关设备设施技术资料的收集和保管工作，根据学校财产管理要求建立完备的资产台账；应定期检查设施设备，按要求进行维护保养，并做好安全防护工作。

专业实训中心（室）应优先满足专业教学需要，由相关管理部门统筹安排，做到最大限度地提高专业实训中心（室）的使用效率。相关管理部门还应加强专业实训中心（室）使用过程的动态管理，及时记录材料消耗、能源消耗、设施设备使用及损坏等情况，保持场地整洁，保证运转安全有序。

25. 网络课程学习管理

网络课程学习是信息时代条件下一种新的学习形式，它能促进优质课程资源的有效利用，是转变和优化学生学习方式的重要途径。学校应根据本校现有基础，创设条件，积极开设网络课程。

开设网络课程的学校，要制定网络课程学习专项管理制度，配备网络课程指导教师，为学生提供选课、学习方法、学习技术、学习时间管理等方面的具体指导，掌握学生学习动态，督促学生按照要求完成学习任务。

学校应有相关职能部门承担网络课程的学习管理，指定专人负责日常的管理工作，帮助学生完成注册、选课及学习测试，并做好学生学习成绩统计等工作。

26. 学分制管理

学分制是以学生选课为前提，以学分作为学习计量单位，用绩点和学分来衡量学生学习质和量的一种综合教学管理制度。

实行学分制的学校，教务管理部门应根据教育行政管理部门的相关规定，结合学校实际，制定切实可行的学分制实施方案，对教学计划、课程设置、学习评价、学分认定、免修、重修、学费收取、休学、退学、毕业、结业等做出具体规定，并就学分制实施的相关事宜向教师、学生和家长做出详实的解释与说明。

学校应根据学生的学习特点，积极创造条件，不断深化学分制改革，不断完善学分制管理办法。

27. 教学档案管理

教学档案管理是学校教学管理工作的一项重要内容。教学档案一般包括教学文书档案、教学业务档案、教师教学业务档案、学生学习档案等。学校教学档案管理根据不同的内容，分别由相应的职能部门负责。学校应按有关档案管理办法和要求，制定具体的教学档案管理实施办法，并认真执行。

三、关于教师教学业务管理

加强教师教学业务管理、提升教师教学业务水平是学校内涵建设的重要内容，是保障和提高学校教学工作质量的重要方面。学校一般通过师资队伍建设规划制定、教师培养计划制定、教师聘任与考核、教师教学业务培训、新教师与兼职教师管理、教师教育科研管理和教师教学业务档案管理等实施教师教学业务管理。

28. 师资队伍建设规划制定

师资队伍建设规划是学校对某个时期内提升本校教师队伍质与量的整体设计，是进行教师教学业务管理的主要依据。一般以 3—5 年为一个周期。其主要内容包括学校师资队伍建设的指导思想、基本思路、建设目标、主要任务及建设举措等。

学校师资队伍建设规划制定，应以学校发展规划与专业建设规划为依据，以全面提高教师队伍素质为中心，以培养专业(学科)带头人、骨干教师和“双师型”教师为重点，要建立有利于教师资源合理配置、有利于优秀人才脱颖而出、有利于企业技术人员或能工巧匠走进课堂的有效机制，提出切实可行的改革创新举措，以推动本校师资队伍的优化与建设。

学校师资队伍建设规划应在校长领导下，由相关职能部门负责制定并组织实施。

29. 教师培养计划制定

教师培养计划是对师资队伍建设规划的具体化。学校应将师资队伍建设规划进一步转化为阶段性的专项工作计划，并予以分步实施。要在师资队伍建设规划的统领下，制定具体的教师培养计划。教师培养计划的周期可由学校根据实际需要来确定。

教师培养计划应突出阶段目标、培养途径、培养措施、工作步骤等内容。学校在制定整体的教师培养计划基础上，还可根据需要分别制定新教师、青年教师、“双师型”教师、骨干教师、专业(学科)带头人等专项培养计划。学校还可指导教师根据学校师资队伍建设规划要求和教师培养计划安排，结合本人实际，制定个人专业发展计划。

学校教师培养计划由相关职能部门负责制定并组织实施。

30. 教师聘任与考核

教师聘任与考核是教师业务管理的重要内容。学校应贯彻竞争上岗、择优聘任的原则，对教师实行聘任制，并建立健全激励和约束机制。要吸引和鼓励企事业单位工程技术人员、管理人员和有特殊技能的人员担任专、兼职教师。

学校应根据有关政策规定合理设置教师工作岗位，明确岗位职责和具体要求，制定教师教学业务考核标准。要成立以校长为组长、有关部门负责人和教师代表参加的教师考核小组，对教师的教学工作进行学年考核(含兼职教师)。教师学年教学业务考核结果记入本人业务档案，作为继续受聘任教和学校实施奖惩的依据。

学校在做好教师聘任与考核的同时，还要加强对实习指导教师、实训管理人员、网络管理人员、图书资料管理人员及教务人员等聘任与考核工作。

31. 新教师与兼职教师管理

学校应制定新教师(含见习教师)培训计划及考核制度，为每一位新教师安排至少一名带教教师，负责指导其备课、上课、批改作业、学生辅导及班主任工作等，帮助其尽快适应学校教育教学工作的要求；同时还要加强考核，对不能胜任学校教育教学工作的新教师可按有关规定作转岗或不再续聘处理。

兼职教师是学校教师队伍的重要组成部分。学校应制定兼职教师的选聘条件，重点选聘专业教学和实训急需的企业工程技术人员和能工巧匠，并按教育行政部门有关专兼职教师比例规定，聘用兼职教师。兼职教师的聘任期限视课程及授课情况而定，原则上一学期一聘。学校应要求兼职教师定期参加学校的教研活动，并将其纳入教师的考核范畴，加强对其教学质量的监控。学校还要注意发挥来自企业的兼职教师在专业课程教材建设与专业教学改革中的积极作用。

32. 教师教学业务培训

教师教学业务培训是学校师资队伍建设的重要途径。学校应根据教育行政部门的有关规定开展教师全员培训，并结合本校实际，制定明确的教师教学业务培训制度，推动教师专业发展常态化。

专业技能课教师每三年到企业生产一线的实践时间不少于半年，公共基础课教师要定期到企业接受实践教育培训。教师的企业实践学时(学分)和考核结果记入教师个人继续教育档案。鼓励教师参加高一层次学历和职业资格晋升的进修，并结合自己的教学实践，积极参与科研、学术和教学经验交流等活动。

学校应将提升教师信息素养和信息技术应用水平作为教师业务培训的重要内容，推动教师改进教学方法与手段，提高教学效益。要积极推进教师培训管理的信息化。

33. 教师教育科研管理

学校开展教育科研工作旨在掌握教育教学改革动态，开展教育教学改革探索与实践，解决一线教育教学的热点和难点问题，夯实教师教育教学基础能力，促进教育教学质量的提高。学校要确定专门的职能部门，统筹管理全校教育科研工作。

学校应加强对教师开展教育科研的组织与管理，制定教育科研工作管理制度，将教育科研工作纳入常态管理范畴。对承担教育科研课题研究与实验的教师，给予一定的奖励，同时将其所取得的成果作为职称晋升、骨干教师评选等的重要依据。学校还要注意做好教师教育科研成果的归档工作。

34. 教师教学业务档案管理

教师教学业务档案是教师教学业务水平、工作能力和主要教学业绩的真实记录，应按人建档(含在编教师和兼职教师)。教师教学业务档案应由专门部门负责管理。

教师教学业务档案内容一般包括教师个人的基本情况登记表、学历证书、职称证书、聘约证书、职业资格证书、工作量情况登记表、职务评定与晋升审批材料、教学业务水平考评及奖惩材料、教科研成果、接受继续教育和参加企业实践的有效证明材料，以及其他应归入教师业务档案的相关资料。

新教师或新引进的教师应在任教的第一学期内把到校前的业务情况如实填报，经人事部门核实后存入教师业务档案。

以上内容，如教育行政部门颁布新的相关规定，则按照新的相关规定执行。

上海市教育委员会关于印发《上海市中等职业学校教师培训工作指导意见(试行)》的通知

(沪教委职〔2013〕28 号)

各区县教育局,各有关委、局、控股(集团)公司:

为贯彻落实《教育部　财政部关于实施职业院校教师素质提高计划的意见》(教职成〔2011〕14 号)和《上海市中等职业教育师资培养培训行动计划(2011—2015)》(沪教委职〔2011〕16 号)精神,促进中等职业学校教师专业发展,推动上海市职业教育"十二五"改革和发展规划的实施,我委制定了《上海市中等职业学校教师培训工作指导意见(试行)》,现印发给各单位,请按照执行。

在试行过程中有何建议和意见,请及时与市教委职业教育处联系。

附件:上海市中等职业学校教师培训工作指导意见(试行)

上海市教育委员会
2013 年 8 月 20 日

上海市中等职业学校教师培训工作指导意见(试行)

依据《教育部　财政部关于实施职业院校教师素质提高计划的意见》(教职成〔2011〕14 号)和《上海市中等职业教育师资培养培训行动计划(2011—2015)》(沪教委职〔2011〕16 号)精神,促进教师专业发展,推动上海市职业教育"十二五"改革和发展规划的实施,现就本市中等职业学校教师培训工作提出如下指导意见。

一、指导思想

立足于以学生发展为本的教师专业素养和职业教育理念的提升,构建中职教师分级分类师资培养培训体系,拓宽教师培训渠道、创新教师培养培训方式,全面提升教师的育德意识、师德水平、教学能力、实践能力及科研能力,满足教师终身学习和专业化发展的需要,为推进上海职业教育的改革与发展提供重要保障。

二、工作目标

集聚全市职业教育教师培训资源,建立面向所有中职教师的培训课程管理体系,共建共享上海市教师教育优质培训课程资源。重点依托行业企业,探索和完善教师企业实践制度。以学分为抓手,构建市、区县(职教集团)、学校三级教师培训体系。搭建面向全社会开放、多元、多样、国际化的培训平台,全面提升中职教师的素养、知识和能力。

三、基本原则

(一) 坚持针对性。紧贴上海市经济发展对技能人才的多样化需求,围绕中职学校教育教学内涵建设的需要,服务于教师的专业化发展,提升教师的专业能力和水平。

(二) 突出实效性。培训内容及形式服务于"双师型"师资队伍建设目标,培训成果有助于促进教师创新意识、专业实践能力、课改执行力和教科研能力的提升。

(三) 加强实践性。行业、企业参与中职教师培训的全过程,通过生产现场考察观摩、顶岗实践、参与产品开发和技术改造等形式,帮助教师了解生产领域的新知识、新技能、新工艺、新方法,提高教师专业技能水平和实践教学能力。

四、主要任务

（一）完善培训管理制度

明确培训学时要求。五年内，所有在职中职教师须修满360学时，高级职称教师须修满540学时。教师完成培训学时和培训考核情况将作为教师资格定期注册、职务聘任和教师考核的必备条件。

健全培训分类管理制度。校长参加培训时间不少于240学时，区县所属中职学校校长培训时间按照区县相关规定；班主任参加专题培训不少于30学时（具体学时要求见《上海市教育委员会关于"十二五"期间加强中小学班主任培训工作的通知》沪教委德〔2011〕54号）；见习期教师参加见习培训不少于120学时。

（二）构建三级培训课程管理体系

完善市、区县（职教集团）、学校培训三级课程体系。建立中职教师定期到企业接受实践教育培训的长效机制，专业技能课教师每三年到企业生产一线的实践时间不少于半年，公共基础课教师要定期到企业接受实践教育培训。原则上每位在职教师参加市级培训课程、区县（职教集团）培训课程和校本培训的学时比例分别为15%—25%、25%—35%和50%。

（三）开展需求导向的全员培训

教师培训侧重德育工作能力、专业教学能力、实验实训指导能力和教科研能力的提升。校长培训侧重改革创新意识、决策领导能力以及学校管理水平的提高。班主任培训侧重班级管理水平和教育艺术、人际沟通能力和职业指导能力的提升。见习期教师培训着重培养职业教育理念、师德素养、岗位核心技能、基本教学规范等。

（四）搭建符合中职特性的培训课程资源平台

通过上海市教师培训共享课程管理平台，建设中职教师教育课程资源，为全市中职教师提供丰富多样、服务教师专业发展的培训课程资源。

（五）建立学分认定、折算和管理制度

原则上以10个学时折算为1个学分。5年的培训学分由教师完成的相关课程学分组成。在职教师须修满36学分，高级职称教师须修满54学分。

五、培训内容及学分分配

（一）培训内容

中职教师培训内容注重教师职业基本素养和教育能力的提升，培训课程包括师德与素养、知识与能力、教育实践活动三大类别。

1. 师德与素养课程。强化师德教育，增强从事职业教育的荣誉感、使命感，实施敬业爱岗、热爱学生、严谨治学、为人师表等为主要内容的教师职业理想和职业道德培训；着眼于教师育德意识和能力的提高，开展以法制素养、人文素养、科学素养、情操修养和身心健康等为主要内容的综合素养培训。

2. 知识与能力课程。促进教师对现代教育理念、专业发展的新知识、新技术和关键技能、教学设计与实施、班级管理、学生职业指导、专业实训、企业实践、对外交流、信息资源开发运用技能等方面的更新、学习与提高。

3. 教育实践活动课程。以教育教学实践需求为导向，运用观察记录、诊断改进、专题讨论、课题（项目）研究、成果展示等方法，促进教师掌握班级管理、家庭教育、学生职业指导、心理辅导和学科德育等教育实践知识；掌握企业实践知识与技能的教学运用；掌握教学设计、教学方法、教学过程、教学评价、技能训练、专业实训等教学实践知识；掌握课程（教材）开发、教学研究、教育科研等教研实践知识。

高级职称教师增加以教育研究为主的个性化自主学习课程18学分；包括主持或参加专业教学标准开发、课程教材开发、专业装备标准开发、实训课程资源开发、精品课程、专业教师培训包开发、撰写论文等项目（课题、专利）研究。

（二）学分分配

36学分具体要求见下表：

培训课程类别		培训学分				实施主体
		市级	区县(职教集团)级	校级	小计	
师德与素养课程	师德	1—2	2—3	6	12	市、区县(职教集团)、学校
	素养			2		
知识与能力课程		5—7	7—9		14	市、区县(职教集团)
教育实践活动课程				10	10	学校
学分总计		6—9	9—12	18	36	

备注:区县(职教集团)级培训课程指由区县教师进修院校(面向区县所属中职校教师)或职教集团(面向行业所属中职校教师)组织实施的课程。职教集团与区县教师进修院校共建共享区县(职教集团)级师德素养类及知识与能力课程资源。

高级职称教师增加以教育研究为主的个性化自主学习课程18学分;班主任参加专题培训不少于3学分;见习期教师参加集中培训不少于12学分。

六、保障措施

(一)加强机制保障:在上海市教师专业发展工程领导小组统筹指导下,上海市中等职业教育师资培养培训工作指导委员会的领导下,由上海市中等职业学校师资培训中心统筹规划、管理协调、具体落实相关事宜,为全市中职教师培训服务。成立课程专家组,负责市级中职教师培训课程开发和审核工作;成立中职教师学分审核专家组,负责中等专业学校、技工学校教师的学分管理审核。对各区县教师进修院校中职教师的学分管理提供咨询和服务。

(二)规范制度建设:建立中职教师培训学分管理制度,完善中职教师培训管理档案,逐步实现教师培训管理信息化、制度化。教师通过培训考核后,由市中职师资培训中心相关部门、区县教师进修院校登录相应的培训学分。教师在五年内修满规定学分的培训课程,获得由市教委监制的培训证书。

(三)提升服务水平:加强市中职师资培训基地、企业实践基地、职教集团的能力建设,延伸区县教师进修院校的服务范围。充分整合和运用职教资源,推进和完善中职课程资源建设。提高区县教师进修院校、职教集团的管理能力和服务水平,加强各级各类师资培训基地的过程管理和质量评估,保障培训质量。

(四)强化主体作用:建立以学校为主体的教师培训落实机制。学校立足本校实际,根据学校师资建设五年规划和年度培训计划,落实市、区县教育部门、职教集团的相关政策,注重教师职业生涯发展,支持教师参加各级培训和企业实践,统筹合理安排培训内容。完善校本研修机制,开发和实施师德与素养类别的部分课程,做好教育实践活动课程的设计与管理。

(五)加大经费投入:各区县(职教集团)要加大教师培训经费投入力度,为教师培训提供足额经费保障,提高教师培训经费使用效益。各中专学校、技校、区县所属中职学校,要在公用经费中按每生每年不低于100元标准安排教师进修经费。

(六)加强质量监控:完善培训督导,建立教师培训绩效评价机制,加强教师培训质量监控,加强对课程建设、经费投入和使用、培训项目的过程评价。

上海市教育委员会关于印发《上海市普通高等学校本科专业设置管理实施细则》的通知

（沪教委高〔2013〕39 号）

各本科高等学校：

为进一步规范上海普通高等学校本科专业设置与管理，落实和扩大高校专业设置自主权，提高人才培养质量，根据教育部《普通高等学校本科专业设置管理规定》（教高〔2012〕9 号），经过广泛征求意见，我委制定了《上海市普通高等学校本科专业设置管理实施细则》，现予印发，请按照执行。

附件：上海市普通高等学校本科专业设置管理实施细则

上海市教育委员会

2013 年 6 月 24 日

上海市普通高等学校本科专业设置管理实施细则

为进一步规范上海普通高等学校本科专业设置与管理，落实和扩大高校专业设置自主权，提高人才培养质量，根据教育部《普通高等学校本科专业设置管理规定》（教高〔2012〕9 号），制定本实施细则。

专业设置与调整

第一条　高校设置和调整专业，应主动适应国家和上海经济社会发展需要，适应知识创新、科技进步以及学科发展需要，更好地满足人民群众接受高质量高等教育需求；应遵循高等教育规律和人才成长规律，适应学生全面可持续发展的需要；应符合学校办学定位和办学条件要求，促进学校办出特色，提高人才培养质量。

第二条　教育部《普通高等学校本科专业目录（2012 年）》（以下简称《专业目录》）是高校设置和调整专业的基本依据。

第三条　高校设置专业须具备下列基本条件：

（一）符合学校办学定位和发展规划；

（二）有相关学科专业为依托；

（三）有稳定的社会人才需求；

（四）有科学、规范的专业人才培养方案；

（五）有完成专业人才培养方案所必需的专职教师队伍及教学辅助人员；

（六）具备开办专业所必需的经费、教学用房、图书资料、仪器设备、实习基地等办学条件，有保障专业可持续发展的相关制度。

第四条　为进一步调整和优化上海高校学科专业结构，鼓励和控制以下专业：

（一）鼓励设置的专业有：

1. 符合学校发展定位、彰显学校办学特色的专业；

2. 能够支撑上海经济社会发展和服务上海战略性新兴产业的相关专业，包括尚未列入《专业目录》的新专业；

3. 填补上海市空白的专业；

4. 经过调整或改造的传统专业。

（二）控制设置的专业有：

1. 毕业生签约率和就业率过低、招生调剂录取率过高的专业；

2. 重复设置较多的专业；

3. 与本校已设专业的师资队伍严重重复、课程设置严重相似的专业；

4. 预警专业。非特殊情况，原则上不向教育部推荐增设此类专业。

第五条 高校应避免过多、过快设置和低水平重复设置专业。原则上，各高校年度新设专业总数不超过3个（不包括调整专业）。

第六条 教育部对专业设置和调整实行备案或审批制度，备案或审批工作每年集中进行一次。

第七条 高校根据《专业目录》设置专业（国家控制布点专业除外），经以下程序报教育部备案：

（一）高校经校内专业设置评议专家组织审议通过后，于每年7月31日前通过教育部专门网站提交专业设置申请材料，内容包括：学校基本情况、人才培养方案、教师基本情况、办学条件等。

（二）高校专业设置申请材料在教育部专门网站公示，公示期为一个月。

（三）公示期满后，高校于9月10日前将公示期间所提意见的研究处理情况及专业设置申请材料（一式五份）报市教委。部委属高校按有关要求直接报其教育主管部门。

（四）市教委对高校提供的专业备案材料、公示期间所提意见、高校研究处理情况等进行形式审核。审核汇总后，于当年9月30日前以文件形式报教育部。

（五）教育部于当年11月30日前公布备案结果。

第八条 高校设置国家控制布点专业，按第七条有关程序和要求将申报材料报送教育部，经“教育部学科发展与专业设置专家委员会”评审，于当年11月30日前公布审批结果。

第九条 高校设置尚未列入《专业目录》的新专业（以下简称新专业），经下列程序报教育部审批：

（一）高校经校内专业设置评议专家组织审议通过后，于每年7月31日前通过教育部专门网站提交专业设置申请材料，内容包括：学校基本情况、人才培养方案、教师基本情况、办学条件等，以及该专业与所属专业类中其他专业的区分情况和专业基本要求。

（二）高校专业设置申请材料在教育部专门网站公示，公示期为一个月。

（三）在公示期间教育部委托相关教学指导委员会，对新专业的科学性、可行性以及专业名称规范性提出意见，并提交教育部。

（四）公示期满后，高校于9月10日前将公示期间所提意见的研究处理情况及专业设置申请材料（一式五份）报市教委。部委属高校按有关要求直接报其教育主管部门。

（五）市教委召开专业设置评议专家组织会议，进行审议。根据审议情况确定拟同意设置的专业并进行汇总，于当年9月30日前以文件形式（含专业设置申请材料）报教育部。

（六）教育部委托教育部学科发展与专业设置专家委员会对需审批的专业进行评审，于当年11月30日前公布审批结果。

第十条 高校调整本科专业名称时，如调整为《专业目录》专业（除国家控制布点专业外），按备案程序办理；如调整为国家控制布点专业或新专业，按审批程序办理。被调整的专业按撤销专业处理。撤销专业需由市教委报教育部备案。

第十一条 高校调整专业的学位授予门类或修业年限时，按审批程序办理。

第十二条 高校现设专业连续五年不招生的，原则上按撤销专业处理。

第十三条 市教委统筹协调所属高校的专业设置与调整工作。对高校的专业设置实行与社会需求、学校发展规划、优势与特色相结合的宏观调控管理；部委属高校设置专业，应同时考虑区域人才需求情况，在向其教育主管部门备案或申报专业时，将申报材料同时抄送市教委。

专业监督检查评估

第十四条 高校应建立和完善专业建设质量保障机制，开展专业自评工作。鼓励高校引入专门机构或社会中介机构对学校专业办学水平和质量进行评估。

高校应高度重视新设专业的建设，保证新设专业的办学条件，在没有毕业生之前，对新设专业进行年度检查、发布专业建设质量年度报告，接受社会监督。

第十五条 高校设置的专业在教育教学过程中出现办学条件严重不足、教学管理混乱、教学质量低下、毕业签约率和就业率过低、招生调剂录取率过高等的情况，应及时调减其招生计划，限期整改或暂停招生。

第十六条 市教委综合应用规划、信息服务、政策指导和资源配置等措施，对本区域内高校的专业建设实行指导、检查、监督和评估。

第十七条 新设专业备案或审批后，在正式招生前由市教委组织开展对其办学条件的检查评估，对存在办学条件严重不足等情况的，由市教委责令有关高校限期整改、暂停招生。

第十八条 市教委组织开展专业评估工作，促进所属高校加强专业内涵建设，提高专业建设水平和提高专业教学质量。对本科预警专业和有首届毕业生的新设专业以及教育教学过程中问题较大的专业统一组织实施专业达标评估。评估结论作为专业继续招生、暂停招生和调整招生计划的依据。

第十九条 未经备案或审批同意设置的专业，不得进行招生宣传和招生。对违反规定擅自设置专业或经查实申请材料弄虚作假的高校，市教委予以公开通报批评，所设专业视为无效；情节严重的，三年内不得增设专业。

附 则

第二十条 本细则适用于上海普通本科高等院校、独立学院的本科专业设置与管理工作。各高校可依据本细则制订学校实施办法。

第二十一条 本细则自 2013 年 9 月 1 日起施行，有效期为 5 年，解释权归市教委。

上海市教育委员会　上海市人力资源和社会保障局　上海市工商行政管理局关于印发《上海市经营性民办培训机构管理暂行办法》的通知

（沪教委终〔2013〕5 号）

各区县教育局、各区县人力资源社会保障局、各区县工商管理分局：

根据《上海市终身教育促进条例》等相关法律法规，结合本市实际，我们制定了《上海市经营性民办培训机构管理暂行办法》（见附件），现印发你们，请按照执行。

附件：上海市经营性民办培训机构管理暂行办法

上海市教育委员会
上海市人力资源和社会保障局
上海市工商行政管理局
2013 年 6 月 20 日

上海市经营性民办培训机构管理暂行办法

第一条（目的依据）

为促进本市教育培训市场的健康发展，规范经营性民办教育培训机构的经营行为，形成服务到位、监督有力、稳定和谐、持续发展的教育培训市场环境，根据《中华人民共和国公司法》、《中华人民共和国民办教育促进法》和《上海市终身教育促进条例》以及其他相关法律法规，结合本市实际，制定本办法。

第二条（适用范围）

本市范围内的经营性民办培训机构适用本规定。

本办法所称的经营性民办培训机构是指经征求教育行政部门或者人力资源社会保障行政部门意见后，由工商行政管理部门登记的从事经营性培训活动的内资公司制企业（不含经营性民办早期教育服务机构）。

其他公司不得以教育咨询或教育类家政服务等名义变相从事经营性培训活动。

第三条（政府管理部门）

（一）教育行政部门是教育培训的行业主管部门，主要履行以下职责：

1. 对经营性民办培训机构（文化教育类）是否符合所申请经营性培训项目的基本条件和准入要求进行审核，并向工商行政管理部门反馈书面意见。

2. 对经营性民办培训机构（文化教育类）的经营性培训项目和培训活动进行日常管理、专项检查与办学评估。

3. 对经营性民办培训机构（文化教育类）挪用办学经费和恶意终止办学行为进行查处和处罚。

4. 协同工商行政管理部门，对未经登记擅自从事文化教育类经营性培训活动的企业进行查处。

（二）人力资源社会保障行政部门是职业技能培训行业的主管部门，主要履行以下职责：

1. 对经营性民办培训机构（职业技能类）是否符合所申请经营性培训项目的基本条件和准入要求进行审核，并向工商行政管理部门反馈书面意见。

2. 对经营性民办培训机构（职业技能类）的经营性培训项目和培训活动进行日常管理、专项检查与办学评估。

3. 对经营性民办培训机构（职业技能类）挪用办学经费和恶意终止办学行为进行查处和处罚。

4. 协同工商行政管理部门，对未经登记擅自从事职业技能类经营性培训活动的企业进行查处。

（三）工商行政管理部门是经营性民办培训机构的登记管理机关，主要履行以下职责：

1. 对符合规定要求的经营性民办培训机构办理工商企业注册登记。

2. 对工商企业登记事项进行监管。

3. 对招生培训广告宣传依法进行监管。

4. 会同教育行政部门或者人力资源社会保障行政部门，对未经登记擅自从事经营性民办培训活动的企业进行查处和处罚。

（四）公安等其他相关政府职能部门按照各自职责，对经营性民办培训机构履行相应管理职能。

第四条（管辖）

（一）申请设立经营性民办培训机构的，申请人应当按照公司登记管辖的规定向工商行政管理部门提出登记申请。工商行政管理部门应当向同级教育行政部门或者人力资源社会保障行政部门征求意见。其中，从事文化教育类培训的向教育行政部门征求意见，从事职业技能类培训的向人力资源社会保障行政部门征求意见。

（二）经营性民办培训机构跨区县迁移的，应当按照《公司登记管理条例》的规定向迁入地工商行政管理部门办理变更登记。迁入地工商行政管理部门应当向同级教育行政部门或者人力资源社会保障行政部门征求意见。

经营性民办培训机构跨区县迁移时，迁入地和迁出地工商行政管理部门应当做好工商登记管理的管辖衔接；迁入地和迁出地教育行政部门或者人力资源社会保障行政部门应当做好培训行业管理的管辖衔接。

第五条（办学负责人和培训活动）

（一）经营性民办培训机构的法定代表人是经营性民办培训机构开展经营性培训活动的办学负责人。经营性民办培训机构法定代表人发生变更，应按规定向登记机关申请变更登记。

经营性民办培训机构应配备熟悉教学业务和办学管理的分公司专职负责人，并依法登记。分公司专职负责人发生变更，应按规定向登记机关申请变更登记。

（二）经营性民办培训机构应在工商行政管理部门核准登记的经营范围内从事培训活动。

经营性民办培训机构不得从事（或以合作办学名义从事）与境内外学历教育相关的教育培训项目。

第六条（学杂费使用和管理）

（一）经营性民办培训机构应根据《上海市终身教育促进条例》的规定要求，参照《上海市教育委员会等8部门关于印发〈上海市教育培训机构学杂费专用存款账户管理暂行规定〉的通知》（沪教委终〔2012〕24号）和《关于〈上海市教育培训机构学杂费专用存款账户管理暂行规定〉的补充规定》（另文发布），开设学杂费专用存款账户，建立学杂费专用存款账户管理制度。

1. 经营性民办培训机构取得《企业法人营业执照》等相关证照后，应在开展培训经营活动前，开设本单位学杂费专用存款账户。在办学过程中，应使用学杂费专用存款账户进行学杂费资金的缴存和收支管理。

2. 申请变更为经营性民办培训机构的公司企业，在申请变更时，应开设本单位学杂费专用存款账户。在办学过程中，应使用学杂费专用存款账户进行学杂费资金的缴存和收支管理。

3. 经营性民办培训机构设立的分公司（分支机构，下同）可使用本单位学杂费专用存款账户和收费票据，对分公司开展学杂费资金的缴存、收支和使用管理。

经营性民办培训机构开设分公司账户收取学杂费的，应当在本单位学杂费专用存款账户开户银行（简称“开户银行”），开设分公司学杂费专用存款账户，依法使用学杂费专用存款账户对分公司开展学杂费资金的缴存、收支和使用管理，并应按规定开具上海市地方税务局监制的统一发票。

4. 经营性民办培训机构不得以加盟连锁经营设立分公司（分支机构）等形式，授权或变相授权其他单位或个人收取学杂费。

（二）经营性民办培训机构收取学杂费，须开具本单位的由上海市地方税务局监制的收费票据；所收学杂费须及时全额缴存本单位学杂费专用存款账户，保障所收学杂费主要用于教育教学活动，维护受教育者和教师的合法权益；保障教育培训机构的办学资金和合法收益不受侵害。

第七条（培训合同）

（一）经营性民办培训机构面向社会开展招生培训经营活动时，应与培训对象或其法定监护人签订规范的《培训服务合同(或协议)》(以下简称《培训合同》),保障服务质量和双方当事人的合法权益。

《培训合同》应当载明培训机构名称、经营范围、法定代表人和住所等营业执照登记事项、培训对象姓名、营业场所、培训项目内容和质量标准与承诺、培训期限和时间安排、收费项目和金额及退费标准与办法、双方的权利、义务和违约责任,以及双方争议解决途径和方法。

(二) 经营性民办培训机构接受用人单位委托开展培训经营活动时,应与委托培训单位签订《委托培训合同》,保障服务质量和委托培训双方及参加培训人员的合法权益。

(三) 教育行政部门或人力资源社会保障行政部门,会同工商行政管理等相关政府职能部门,指导和监督经营性民办培训机构《培训合同》的签订和履约。

(四) 积极推进和倡导使用《培训合同(示范文本)》(《培训合同(示范文本)》另行公布)。

第八条(公司住所)

(一) 经营性民办培训机构应在工商行政管理部门核准登记的住所(即教学场所,下同)内开展培训活动。

在其他场所从事培训活动的,须按规定申请设立分公司。

(二) 经营性民办培训机构的住所应与其培训规模和项目要求相一致,并符合教学场所安全和消防安全的相关规定。

第九条(教职员工)

经营性民办培训机构应当配备与培训类别、层次和规模相适应,且有任职资格的专兼职教师和管理人员。

经营性民办培训机构应按照《劳动合同法》等相关法规,与专职管理人员和专职教师签订《劳动用工合同》,保障教职员工合法权益。

经营性民办培训机构聘用外籍教师或外籍管理人员,应按国家和本市的相关规定,办理聘用外籍人员来沪就业的许可。

第十条(培训招生广告)

根据《广告法》《广告管理条例》等法律法规和《关于进一步加强本市教育培训招生广告发布管理的通知》(沪工商广〔2010〕319号)的相关规定,经营性民办培训机构发布教育培训招生广告,广告内容应当在发布前,向教育行政部门或者人力资源社会保障行政部门申报备案。

第十一条(终止办学)

(一) 经营性民办培训机构有下列情形之一的,应当依法办理终止办学手续:

1. 根据公司章程的规定要求终止的;

2. 股东会或股东大会决议要求终止的;

3. 因资不抵债无法继续办学的;

4. 公司被依法宣告破产,或被依法予以解散,或被依法吊销营业执照、责令关闭或者被撤销的;

5. 法律、行政法规规定的其他情形。

(二) 经营性民办培训机构终止办学的,应按《上海市经营性民办培训机构登记暂行办法》第十五条,向登记机关提出变更或注销登记申请。

1. 经营性民办培训机构终止办学的,须提供下列材料:

(1) 法定代表人或者清算组负责人签署的经营性民办培训机构终止办学申请报告;

(2) 终止办学的同时注销公司登记的,需提供经公司股东会(或股东大会)确认的清算报告;

(3) 法定代表人或者清算组负责人签署的《在册学生清册》和安置报告;

(4) 法定代表人或者清算组负责人签署的《聘用教职工清册》和安置报告;

(5) 在本市主要新闻媒体上刊登的"本公司拟终止办学公告"。

2. 经营性民办培训机构分支机构(分公司)终止办学的,须提供下列材料:

(1) 法定代表人签署的经营性民办培训机构分公司终止办学申请报告;

(2) 法定代表人签署的《分公司在册学生清册》和善后安置报告;

(3) 法定代表人签署的《分公司聘用教职工清册》和善后安置报告;

(4) 在本市主要新闻媒体上刊登的"分公司拟终止办学公告"。

(三) 经营性民办培训机构终止办学时,应当妥善安置已招收的培训对象,保障和维护培训对象的合法权益。

（四）经营性民办培训机构恶意终止办学的，由教育行政部门或人力资源社会保障行政部门，依法予以查处和处罚；涉嫌刑事犯罪的，提请司法机关予以调查，依法追究其刑事责任。

第十二条（联合监管）

（一）教育行政部门、人力资源社会保障行政部门应当履行教育培训行业主管部门职能，开展对经营性民办培训机构的日常监管。依法建立本市经营性民办培训机构从事培训活动的专项评估制度，并向社会公布评估结果。

（二）教育、人力资源社会保障、工商行政管理等相关职能部门应当建立对经营性民办培训机构的沟通协调和联合监管机制，资源共享，依法履职。

教育行政部门、人力资源社会保障行政部门，应当将对经营性民办培训机构的日常监管、检查评估、来信来访事件处理和依法查处违法违规事件等情况，及时通报同级工商行政管理部门。

工商行政管理部门，应当结合教育行政部门或人力资源社会保障行政部门的情况通报，加强对经营性民办培训机构工商企业登记事项的年检和监管，依法处置违法违规事件，并将结果及时通报同级教育行政部门或人力资源社会保障行政部门。

第十三条（信息公开）

经营性民办培训机构的登记机关和行业主管部门，应当建立经营性民办培训机构信息公开与发布制度，强化对经营性民办培训机构经营行为的社会监督机制。

第十四条（行业协会）

积极支持和推进教育培训行业自律组织建设，建立本市经营性民办培训机构“自我服务、自我管理、自我约束”机制。

第十五条（法律责任）

（一）经营性民办培训机构挪用办学经费，由教育行政部门或人力资源社会保障行政部门，依据《上海市终身教育促进条例》规定，按照各自职责，责令改正，并处以十万元以上二十万元以下罚款；有违法所得的，退还所收费用后没收违法所得；情节严重的，责令停止招生；构成犯罪的，依法追究刑事责任。

（二）经营性民办培训机构存在下列行为的，由政府工商行政管理部门单独，或者会同教育行政部门或者人力资源社会保障行政部门依据相关法规的规定，予以处罚。

1. 经营性民办培训机构，以虚假出资或提交虚假材料或采取其他欺诈手段隐瞒重要事实等方式取得工商注册登记的，或存在或不按核准登记经营范围从事培训活动，或登记事项发生变更时未按照规定办理相关变更登记和备案，或存在“伪造、涂改、出租、出借、转让营业执照”等违法违规行为的，以及利用公司名义从事危害国家安全和社会公共利益的严重违法行为的，由工商行政管理部门，依据《中华人民共和国公司法》等法律法规规定予以处罚。

2. 境外教育培训机构（公司）违反相关法规规定，擅自在中国境内设立分支机构从事经营性培训活动的，由工商行政管理部门，依据《中华人民共和国公司法》等法律法规规定予以处罚。

3. 其他企业未经登记或变更，擅自从事或以教育咨询等名义变相从事经营性培训活动的，以及“证照不全”机构或“无证无照”从事经营性培训活动的，由工商行政管理部门会同教育行政部门或者人力资源社会保障行政部门按照相关法律法规规定予以处罚。

（三）经营性民办培训机构擅自从事（或以合作办学名义从事）与境内外学历教育相关的教育培训项目，由教育行政部门依据《中华人民共和国教育法》等法律法规规定予以处罚。

（四）工商行政管理部门、教育行政部门或者人力资源社会保障行政部门对不符合规定条件的公司登记申请予以登记；或者对符合规定条件的登记申请不予登记的，由其上级行政机关或者监察机关责令改正，对直接负责的主管人员和其他直接责任人员依法查处。

第十六条（附则）

（一）经营性民办培训机构与境外机构开展中外合作办学的，按《中华人民共和国中外合作办学条例》等法规规定执行。

（二）本办法自发布之日起30日以后施行，有效期2年。

上海市教育委员会等9部门印发《上海市教育培训机构学杂费专用存款账户管理的补充规定》的通知

（沪教委终〔2013〕10号）

各区县教育局、财政局、人力资源社会保障局、物价局、地税局和财税局、相关在沪银行业金融机构：

根据《上海市终身教育促进条例》，本市制定出台了《上海市经营性民办教育培训机构登记暂行办法》，为做好经营性民办教育培训机构的学杂费专用存款账户制度建设工作，我们在《上海市教育培训机构学杂费专用存款账户管理暂行规定》（沪教委终〔2011〕24号）基础上，进行补充和调整，形成了《上海市教育培训机构学杂费专用存款账户管理的补充规定》，现印发各相关单位，请按照执行。

附件：《上海市教育培训机构学杂费专用存款账户管理的补充规定》

上海市教育委员会
上海市人力资源和社会保障局
上海市工商行政管理局
上海市财政局
上海市地方税务局
上海市物价局
上海市金融服务办公室
中国人民银行上海分行
中国银行业监督管理委员会上海监管局
2013年7月3日

上海市教育培训机构学杂费专用存款账户管理的补充规定

《上海市教育培训机构学杂费专用存款账户管理暂行规定》（以下简称《规定》 沪教委终〔2011〕24号）2012年5月1日实施，现根据《上海市经营性民办教育培训机构登记暂行办法》，对原《规定》的内容作以下补充和调整。

一、关于"教育培训机构定义"适用范围

（一）根据《民办教育促进法》和《上海市终身教育促进条例》之规定，《上海市教育培训机构学杂费专用存款账户管理暂行规定》（以下简称《规定》）所称"教育培训机构定义"补充为：教育培训机构，包括由政府教育行政部门或人力资源社会保障部门审批管理的非经营性教育培训机构，以及经征求教育行政部门或者人力资源社会保障行政部门意见后由工商行政管理部门登记的经营性民办培训机构（以下总称"教育培训机构"）。

（二）本市行政区域内各教育培训机构，在招生办学或开展培训经营活动过程中的学杂费收缴、存取和使用管理，适用本规定。

二、关于政府相关职能部门职责和分工

市教育行政部门负责牵头制定本市教育培训机构专用账户有关监管规定；会同其他相关行政职能部门，指导监督教育培训机构和开户银行制定《管理协议》，对《规定》的实施情况进行管理和督查。

市、区县教育行政部门，负责对其审批管理非经营性教育培训机构实施《规定》的有关情况进行管理和督查；会同同级工商行政管理部门对其管理的经营性民办培训机构实施《规定》的有关情况进行管理和督查。

市、区县人力资源社会保障部门，负责对其审批管理非经营性教育培训机构实施《规定》的有关情况进行管理和督查；会同同级工商行政管理部门对其管理的经营性民办培训机构实施《规定》的有关情况进行管理和督查。

市、区县工商行政管理部门，配合同级教育行政部门或人力资源社会保障部门，开展对其注册登记的经营性民办培训机构实施《规定》的有关情况进行管理和督查。

政府其他相关部门按照各自职责，对《规定》的实施履行相应管理职能。

三、关于经营性民办培训机构专用账户的补充规定

（一）账户开设和使用

1. 经营性民办培训机构取得《企业法人营业执照》等相关证照后，应当在开展培训经营活动前，按要求只能选择一家开户银行开设本单位学杂费专用存款账户，依法使用学杂费专用存款账户开展学杂费资金的缴存和收支管理。

经营性民办培训机构学杂费专用存款账户包括用于存取和使用本机构学杂费资金的专用账户（简称“存取专用账户”）和用于存储本机构学杂费存款最低余额的专用账户（简称“最低余额专用账户”）。

2. 申请变更为经营性民办培训机构的公司企业，取得变更登记相关证照后，应当在开展培训经营活动前，按要求开设本单位学杂费专用存款账户，依法使用学杂费专用存款账户开展学杂费资金的缴存和收支管理。

3. 经营性民办培训机构设立的分公司（分支机构，下同）可使用总公司统一的学杂费专用存款账户和由上海市地方税务局监制的通用统一发票，对分公司开展学杂费资金的缴存、收支和使用管理。

经营性民办培训机构开设分公司账户收取学杂费的，应当在总公司学杂费专用存款账户开户银行（简称“开户银行”），开设分公司学杂费专用存款账户，依法使用学杂费专用存款账户对分公司开展学杂费资金的缴存、收支和使用管理，并应按规定开具上海市地方税务局监制的通用统一发票。

4. 经营性民办培训机构不得以加盟连锁经营设立分公司（分支机构）等名义，授权或变相授权其他单位或个人收取学杂费。

（二）最低余额专用账户和学杂费存款最低余额

1. 经营性民办培训机构“最低余额专用账户”专用于存储本机构学杂费存款最低余额。

经营性民办培训机构的“最低余额专用账户”中的学杂费存款最低余额每年度调整一次。由经营性民办培训机构依据《规定》的要求与开户银行续签《管理协议》时确认和调整，并报政府相关职能部门备案。

2. 经营性民办培训机构的学杂费存款最低余额为本单位上年度培训经营活动学杂费收费总额的10％，且不少于人民币10万元。新开办经营性民办培训机构的学杂费存款最低余额为其注册资本金额的10％。

经营性民办培训机构分公司的学杂费存款最低余额为分公司上年度培训经营活动学杂费收费总额的10％，且不少于人民币5万元。新开办分公司的学杂费存款最低余额为不少于人民币5万元。

（三）学杂费资金的主要用途

1. 经营性民办培训机构的学杂费应当主要用于教育教学活动，维护受教育者和教师的合法权益。

2. 经营性民办培训机构应当按《培训服务合同（或协议）》（简称《培训合同》）、培训成本和培训经营所需经费等，列支本单位学杂费资金用途。

3. 经营性民办培训机构应当根据本单位学杂费资金用途，支取使用办学经费；按《培训合同》支付办学经费的，应将相关付款合同或协议提供给开户银行备案。

四、其他

（一）本《补充规定》未提及事项，按《规定》内容执行。

（二）本《补充规定》自公布之日起施行。

上海市教育委员会关于印发《上海市民办高等教育信息化建设三年行动计划(2013—2015)》的通知

(沪教委民〔2013〕7 号)

各民办高等学校:

为贯彻《教育部教育信息化十年发展规划(2011—2020 年)》和《上海市教育信息化"十二五"发展规划》,根据全国教育信息化工作电视电话会议和《教育部等九部门关于加快推进教育信息化当前几项重点工作的通知》(教技〔2012〕13 号)的精神,在充分调研的基础上,结合本市民办高等教育信息化建设的实际,特制订《上海市民办高等教育信息化行动计划(2013—2015 年)》(见附件)。现印发至各单位,请参照执行,并根据实际情况制定和实施本校信息化建设计划。

附件:上海市民办高等教育信息化建设三年行动计划(2013—2015)

上海市教育委员会
2013 年 4 月 8 日

上海市民办高等教育信息化三年行动计划(2013—2015 年)

为了深入贯彻全国教育信息化工作电视电话会议和《教育部等九部门关于加快推进教育信息化当前几项重点工作的通知》(教技〔2012〕13 号)的精神,积极落实国家和上海市中长期教育改革和发展规划纲要、国家教育事业发展第十二个五年规划、上海市教育改革和发展"十二五"规划内容,有效推进教育部教育信息化十年发展规划(2011—2020 年)、上海市教育信息化"十二五"发展规划的实施,结合上海市民办高等教育信息化的实际情况,特制订《上海市民办高等教育信息化三年行动计划(2013—2015 年)》。

一、上海市民办高等教育信息化的发展现状

经过十多年的发展,上海市民办高等教育信息化建设已经初步成型。近三年来,上海民办高校用于信息化建设的投入逐年增加,并积极进行信息化创新应用探索,2012 年两所民办高校被列入教育部第一批教育信息化试点单位。上海市教育委员会已经将信息化建设纳入民办高校内涵建设专项扶持范围,专项扶持力度逐年加大。

与此同时,全国教育信息化工作电视电话会议精神、《教育信息化十年发展规划(2011—2020 年)》和《上海市教育信息化"十二五"发展规划》等对教育信息化提出了更高的要求,与之相比,上海市民办高等教育信息化建设整体水平还存在不小差距。

(一) 信息化基础设施建设水平需要提高

在信息化基础设施建设与应用领域,上海民办高校在信息化设备拥有水平、校园网建设与应用水平、网络与信息安全建设水平等方面普遍存在着基础薄弱、建设水平参差不齐、管理水平偏低、安全隐患较多等问题,部分民办高校的信息化基础设施建设还处于起步阶段,难以适应当前教育现代化发展的要求。

(二) 信息化资源共建共享理念有待推广

在教学资源建设及其应用领域,上海民办高校在图书馆电子资源的建设和应用、教学资源的建设和应用、科研信息化建设和应用、政务信息资源与基础数据的建设和应用等方面普遍存在着经费投入不足、自主开发教学资源专业水平不高、共享利用率低等问题,民办高校师生没有充分享受到优质的教育资源和教育技术成果。

（三）信息化应用系统顶层设计规划亟需完善

在应用系统建设及其应用领域，上海民办高校在信息化基础应用、教学信息化、实训信息化、管理信息化等方面存在着顶层设计缺失、教学科研信息化应用程度偏低、校内“信息孤岛”现象普遍、业务数据难以为管理层提供有力的决策支持等问题，难以适应信息时代教育变革与发展的要求。

（四）信息化管理体制机制面临改革

在管理体制及运行机制领域，上海民办高校在标准规范建设与应用情况、信息化制度保障、人员信息化专业技能、信息化运行维护服务管理、信息化组织保障等方面普遍存在着体制机制不完善、信息化人才短缺、管理服务不规范等问题，尚不能全面起到保障信息化运行维护和管理的作用。

随着国家教育信息化“三通两平台”建设的全面推进，上海市民办高等教育信息化建设正面临着新的发展机遇。要突破民办高等教育信息化的发展瓶颈，需要加强顶层设计，明确建设目标，建立长效投入保障机制和创新应用激励机制，加强信息化人才队伍建设和标准规范体系建设，进一步以信息化推动上海市民办高等教育现代化建设。

二、指导思想和建设目标

根据《国家教育事业发展第十二个五年规划》中“建立健全民办教育综合管理与服务体系”的要求，上海市民办高等教育信息化将“以信息化应用为建设目标提升教育质量，以信息化服务为建设过程促进内涵发展”，争取到2015年底，各民办高校基本完成绿色、安全、文明的数字校园环境建设，校园信息化基础设施建设全面达标，实现与市级教育信息云服务平台的数据共享和校际资源共享；信息技术对创新教育教学模式和人才培养的贡献度显著提高，多渠道的经费投入保障机制和专项扶持评估机制充分发挥作用；初步建成符合集成应用、统一认证理念的民办高等教育信息化服务体系，全面提高民办高等教育服务和监管能力，推动上海市民办高等教育健康、优质、可持续发展。

2013—2015年期间，上海市民办高等教育信息化的发展将以“夯实基础、充实应用、深化服务、有效管理”为原则，深入探索现代信息技术与民办高校教育教学的有效融合，全面提高民办高等教育的管理水平和公共服务质量，整体部署民办高等教育信息化的内涵发展和根本任务，积极构筑符合教育现代化要求的学习环境。

夯实基础：充分借助上海教育城域网提升项目的实施，努力提升校园内部信息化基础的效能，构筑高速可靠、安全绿色、开放共享、持续发展的基础设施环境，实现上海市民办高校的宽带网络“校校通”。

充实应用：以应用需求为驱动，推进民办高等教育模式的深入改革，充分利用公办高校和社会的资源，将教育信息化与学校内涵发展和教育教学需求有效衔接，实现上海市民办高校的学习环境“路路通”。

深化服务：顺应信息技术发展趋势，充分积累和挖掘教育行政部门、学校和社会各方面的数据源，构筑便捷灵活、泛在共享、协同配合的信息化支撑服务体系，形成上海市民办高校的共享服务“人人通”。

有效管理：统筹整体规划，加强顶层设计，明确发展重点，规范体系标准，坚持分类指导，鼓励形成特色，创新体制机制，注重实绩成效，融合教育教学过程，形成上海市民办高等教育领域的科学管理“事事通”。

三、上海市民办高等教育信息化“十二五”期间的主要任务

（一）宽带网络“校校通”

系统规划民办高校融入上海教育城域网的整体架构和模式，加快信息化基础设施建设和无线网络建设，支撑校园安全技防体系建设，构筑高速可靠、绿色安全、开放共享、持续发展的信息化环境。

到2015年底，所有民办高校与上海教育城域网具有万兆接入能力，学校内部实现光缆互通，主干带宽具备万兆连通能力；图书馆、教学场所与行政场所实现基于校园网的无线局域网（WLAN）全覆盖；所有民办高校安全技防系统成为学校宽带校园网环境的典型应用。

（二）教育环境“路路通”

全面实施具备开放、共享、互动特质的民办高等教育信息化教育环境基本要求，围绕资源共享需求探索平滑扩充与衔接模式，结合应用普及需求探索内涵发展与融合方式，辅助推进民办高校的教学实训改革。

到2015年底，所有民办高校能够达到高等教育信息化教育环境建设的基本要求，有效衔接上海高校课程资源跨校共享；依托“强师工程”，全面提升民办高校信息化人才的专业水平和教师信息化素养；构筑民办高校教育信息化技术应用研究机制，形成一批优秀研究成果和实践经验。

（三）共享服务“人人通”

规范民办高校信息化应用系统的建设，全面融入上海教育统一身份认证体系，整合民办高等教育管理工作流程，支撑一站式服务，为全市民办高校师生提供各类专属的信息服务。

到2015年底，所有民办高校的师生均能单点登录各自学校的信息化应用系统平台，并全部纳入上海教育统一身份认证体系；依托市级教育信息云服务平台，初步建成上海市民办高等教育公共数据平台及其运行机制，有效指导民办高校自身信息化应用系统建设。

（四）科学管理“事事通”

全面梳理业务管理流程，提升上海民办教育管理决策的信息化和科学化水平，实现各级各类教育管理平台的有效融合。

到2015年底，民办教育行政许可事项全部实现网上办理和信息公示；初步建成“强师工程在线学习管理平台”“政府专项资金扶持项目管理系统”等一系列市级民办教育决策支持系统，实现民办高等教育一站式过程管理与服务。

四、重点示范项目

（一）信息化基础设施达标工程

1. 建设目标

围绕宽带网络“校校通”的目标，实现民办高校的万兆带宽接入上海教育城域网，完成符合高等教育科学发展和教学应用要求的数字校园、智慧校园建设，实现校际之间的宽带网络互通，为信息化各类应用提供保障。

2. 建设内容

依托《上海市教育信息化“十二五”发展规划》重点示范项目之一的上海教育城域网提升项目，将民办高校纳入上海教育城域网的整体架构，使之具备万兆连通能力。

制订“上海市民办高等教育信息化建设指导标准”，引导民办高校全面开展校园信息化建设规划和网络基础设施达标建设。民办高校校内实现光缆互通、主干带宽万兆；教学场所、实训场所与行政场所实现网络信息点和无线局域网（WLAN）的全覆盖；数字化技能教室、仿真实训室等数字化环境、场所的覆盖率达80%以上；依托市级教育信息云服务平台，合理配备服务器、存储器、网络交换机和安全设备（含软件）的结构和数量；所有民办高校安全技防系统能够依托校园网络实现信息高速传输。

（二）信息化教育环境建设工程

1. 建设目标

实施民办高校信息化教育环境建设，开展教育信息化技术应用研究项目，提高民办高校教学环节引入信息技术的比例和使用效率，形成具有高等教育和职业教育特点的创新实验实训中心及其应用服务平台建设模式。

2. 建设内容

依托“强师工程”培训平台，大力开展信息化管理人才的专业能力培训和教师信息化素养培训，加强学校之间和校企之间在信息化建设方面的交流与学习。全面实施教育信息化技术人员的业务能力培训，落实网络与信息安全人员持证上岗制度。

开展教育信息化技术应用研究项目，充分利用信息技术手段，促进教育教学改革，创设新型的教与学模式，探索信息技术与教育教学深度融合的试点。提炼行之有效的实践案例并形成应用模型，鼓励教育教学资源的校际、校企协作建设与共享。

（三）信息化应用系统服务工程

1. 建设目标

全面推进民办高校统一身份认证建设，实现上海教育统一身份认证体系对民办高校师生的全覆盖；依托市级教育信息云服务平台，积极探索民办高校的“应用系统群”建设，统一规范和引导民办高校信息化应用系统的开发与运维。

2. 建设内容

全面实施民办高校统一身份认证建设。参照跨校身份认证体系的各类文档，实现所有民办高校的师生均能单点登录各自学校的信息化应用系统平台，并实现民办高校的全体师生纳入“上海教育统一身份认证体系”的覆盖范围。

积极探索民办高校的“应用系统群”建设。建立民办高校信息化应用系统开发的统一规范，指导民办高校进行信息化应用系统的开发和安全性检测，使之与民办高校的信息化基础设施环境相适应，有效提升民办高校信息化应用系统的使用效率，起到功能多样化、平台集约化、服务一站化的作用。

（四）信息化管理提升工程

1. 建设目标

顶层设计“上海民办教育信息化公共服务平台”，实现上海民办高等教育基础数据库和应用信息库的建设，推动所有民办高校制订并实施学校信息化发展规划或行动计划，实现民办高等教育全过程信息化管理。

2. 建设内容

顶层设计“上海民办教育信息化公共服务平台”的基本框架与内容，推动所有民办高校的信息化发展规划（或行动计划）制订工作。同时，结合教育部“‘教育管理信息教育管理基础代码’等七个教育信息化行业标准”的实施，通过对内的数据标准构建、对外的相关数据抽取（数据接口），真正实现数据共享化的民办高等教育基础数据库和应用信息库建设。

积极开展民办教育管理信息化的提升与融合项目。进一步完善民办教育许可证管理平台，努力为全国民办教育管理网络平台的定位提供可靠、优质、便捷的支撑。升级优化“民办学校财务管理系统”，初步建成“强师工程在线学习管理系统”、“政府专项资金扶持项目管理系统”等一系列市级民办教育决策支持系统。

五、保障措施

（一）组织保障

在上海市教育信息化领导小组下设立民办高等教育信息化工作指导小组，健全民办高等教育信息化工作沟通与协调机制。由市教委分管领导召集，定期召开协调会，沟通信息化工作，协调信息化经费使用，推动民办高等教育信息化建设规划的各项任务有效实施。

组织信息化领域专家、高等教育专家对民办高校信息化建设工作进行指导。

民办高校应明确信息化分管校级领导，加强学校的信息化统筹管理工作，完善学校的信息化组织建设，明确相应教育信息化管理部门的职能定位，依托上海市民办高校信息化建设协作组，加强校际交流学习，促进教育信息化建设的共建共享。

（二）制度保障

完善上海市民办高校政府信息化专项扶持项目和研究项目的申报和绩效评价制度。建立信息化管理人员的专业能力、教师的信息化素养、信息化技术人员的业务能力培训机制。将教育信息化专项督导和标准化评审有机整合，提升督导评估效能，把上海民办高校信息化建设和应用水平纳入年检评估范围，促进民办教育信息化的可持续发展。

民办高校要制订本校信息化建设规划或行动计划，明确职能部门，落实岗位职责，制订信息化项目管理细则和服务流程规范，建立保障和激励机制，确保民办高等教育信息化的长效发展。

（三）经费保障

调动各方面的积极性，多渠道筹措信息化建设资金，积极吸引其他社会单位的经费支持。民办高校要建立长效经费投入机制，保障信息化基础设施建设经费、日常运行维护经费和应用系统建设经费。政府通过专项配套和专项扶持的方式鼓励民办高校创新信息化教学应用和管理模式，进行教学资源的共建共享。民办教育政府专项资金用于信息化的部分，优先支持本计划重点项目。

（四）技术保障

依托上海教育信息化专家和上海市民办高校信息化建设协作组，建立民办教育信息化技术研发机制，强化民办教育信息化的产业支撑，加强信息化标准和技术规范建设。依托市级教育信息云服务平台，探索应用系统的集约化建设模式。

加强安全技术防范，强化安全应用检测，建立保障教育信息化安全运行的长效机制，确保应用系统和网络的安全。

附:重点项目一览表

类　别	项目名称	项　目　内　容	实施单位
信息化基础设施达标工程	上海教育城域网接入项目	组织各民办高校按计划执行《关于落实上海教育宽带网络基础设施提升工程具体工作的通知》。到2013年底全部民办高校接入上海教育城域网。	各民办高校 市教委信息中心
	校园信息化基础设施达标项目	制订"上海市民办高等教育信息化建设指导标准",引导民办高校参照"指导标准"进行校园信息化规划和基础设施达标建设。到2015年底,所有民办高校信息化基础设施都能达到"指导标准"的基本要求。	各民办高校
信息化教育环境建设工程	信息化人才培养和教师信息化素养提升项目	依托"强师工程"培训平台,开展信息化管理人才的专业能力培训和教师信息化素养培训。落实网络与信息安全人员持证上岗制度。	各民办高校 市教委 上海师范大学
	民办高等教育信息化教学环境与教育信息技术应用研究项目	支持民办高校申报信息化教学环境与教育信息技术应用研究项目,研究专业建设与课程改革过程中与信息技术应用相关的热点、重点和难点问题。形成若干有一定影响的民办高校教育信息技术应用创新案例。	各民办高校
信息化应用系统服务工程	民办高等教育统一身份认证建设项目	指导民办高校建立统一身份认证平台,到2015年底实现民办高校的全体师生纳入"上海教育统一身份认证体系"的覆盖范围。	各民办高校 市教委信息中心
	"应用系统群"建设试点项目	组织试点学校探索"应用系统群"的建设,有效提升民办高校信息化应用系统的使用效率。形成一批信息化应用系统集约化建设案例。	上海市民办教育协会民办高校信息化建设协作组
信息化管理提升工程	上海民办教育信息化公共服务平台建设项目	顶层设计"上海民办教育信息化公共服务平台"的基本框架与内容,建设民办高校基础数据库和应用信息库。到2015年底,初步建成面向民办高校的"一站式"服务平台。	市教委
	民办教育管理信息化的提升与融合项目	完善民办教育许可证管理平台,升级优化"民办学校财务管理系统",初步建成"强师工程在线学习管理系统"、"政府专项资金扶持项目管理系统"等一系列市级民办教育决策支持系统。到2015年,实现民办教育管理业务全过程信息化。	市教委

上海市教育委员会关于印发《上海市教育委员会系统高等学校科技成果转化及其股权激励暂行实施细则》的通知

（沪教委科〔2013〕14 号）

各有关高等学校：

为贯彻落实上海市张江高新技术产业开发区管理委员会等 7 单位《关于印发〈张江国家自主创新示范区企业股权和分红激励试点实施细则〉（修订稿）的通知》（沪高新管委合〔2013〕1 号）要求，我委制订了《上海市教育委员会系统高等学校科技成果转化及其股权激励暂行实施细则》（以下简称《细则》）。现将《细则》印发给你们。请参照实施。

附件：上海市教育委员会系统高等学校科技成果转化及其股权激励暂行实施细则

上海市教育委员会
2013 年 3 月 1 日

上海市教育委员会系统高等学校科技成果转化及其股权激励暂行实施细则

第一章　总　　则

第一条　为充分调动高校科技人员的积极性和创造性，促进科技成果创新和科技成果转化，提升高校知识服务功能，推动高校学科建设，根据市政府批转的《张江国家自主创新示范区企业股权和分红激励试行办法》（沪府发〔2011〕36 号）和张江高新管委会等 7 市政府部门印发的《张江国家自主创新示范区企业股权和分红激励试点实施细则》（修订稿）（沪高新管委合〔2013〕1 号）精神，制定本细则。

第二条　本细则适用范围为市教委系统以科技成果无形资产进行投资，实施科技成果转化，并按照《张江国家自主创新示范区企业股权和分红激励试点实施细则》申请成为股权激励试点单位的高等学校。

第三条　本细则所称“科技成果”，是指由高校名义承接的、高校在编或特聘科技人员以职务发明性质完成的科技成果，包括计算机软件、集成电路布图设计、植物新品种、产品新品种、外形设计、生产新工艺以及法律法规规定的其他科技成果。本细则所称“科技成果无形资产”，是指由科技成果形成的专利权、非专利技术等无形资产。

第四条　本细则所称“科技成果转化”，是指高校科学研究与技术开发所产生的具有实用价值的科技成果所进行的后续试验、开发、应用、推广直至形成新产品、新工艺、新材料，发展新产业等活动。

第五条　本细则所称“科技成果无形资产投资”，是指高校和职务发明人以科技成果无形资产为资本，经评估和批准后，出资组建新的科技企业或向存续科技企业增资股权的行为。

第六条　本细则所称的“科技成果转化股权激励”，是指高校科技成果无形资产投资企业形成股权时，高校职务发明人依本细则获得的股权奖励。

第二章　高校职能部门及职责

第七条　高校科技成果转化及其股权激励的管理体制，实行在张江国家自主创新示范区股权激励改革试点协调工作组的统一协调管理下，市教委实施监督管理，高校实施具体管理。

第八条　高校应有专门负责科技成果转化管理的职能部门或委托具有科技成果转化经营主业的高校企业，授权其代表高校负责科技成果转化及其股权激励的管理工作。其主要职责为：

（一）根据国家法律法规和政府规范性文件，起草本校科技成果转化及其股权激励管理以及无形资产管理的规章制度；

（二）负责高校科技成果无形资产的管理；

（三）负责高新技术成果转化项目的认定申报；

（四）负责科技成果转化权益奖励比例的认定；

（五）负责科技成果转化及其股权激励项目的试点申报；

（六）负责建立高校与产业界、金融界的沟通渠道，培育科技企业；

（七）负责采集、发布应用领域的科技信息，推广国内外科技成果，开展产学研成果信息交流；

（八）负责与从事高校科技成果转化的中介服务机构的沟通和合作；参与本市高校科技成果转化的机构联合；

（九）负责受理高校科技成果转化中受奖权益人的转让或投资委托。

第三章　科技成果转化权益奖励比例的认定

第九条　科技成果转化权益奖励实行认定制度。申请科技成果转化权益奖励认定的职务发明人应向高校提出申请，阐明科技成果转化行为，并提交专利权认定证书、可行性报告、科技团队情况以及科技成果技术的成熟程度和水平。

第十条　高校科技成果转化权益奖励比例的认定，原则上以科技成果的技术水平为奖励调整系数，高校可以根据实际增加一些其他方面的认定指标。科技成果的技术水平一般分为，国际先进、国内首创、国内同类三个等级。根据不同等级，按照职务发明科技成果权益奖励不低于20％且不高于30％的比例奖励职务发明人，具体奖励调整系数由高校自行制定。

第十一条　高校聘请专家对科技成果转化项目进行评审，认定其技术水平。高校根据专家评审结果，按照本细则第十条规定形成科技成果转化权益奖励比例的认定结果。认定结果按照决策程序，应通过高校职代会审议或在高校指定的内部媒体上公示，在充分汲取教职工合法意见和建议的基础上，经校(院)长办公会同意。

第十二条　职务发明人为2人及以上的，由职务发明人协商约定奖励权益的分配比例。对有奖励权益分配比例约定的从约定；没有约定的，可以协议补充约定；不能达成补充协议的，按照有关法律法规处理。

第十三条　能够形成专利权的高校科技成果，在申请专利权前，可以按照本细则第九条和第十条的规定认定科技成果权益奖励比例，并以此为据确定并登记高校和职务发明人的专利权享有比例。高校在实施科技成果转化时，原则上以此作为科技成果转化股权激励的依据。

第四章　科技成果转化的股权激励

第十四条　高校科技成果转化的股权激励纳入《张江国家自主创新示范区企业股权和分红激励试点实施细则》规定的试点范围和要求进行管理，并按照如下程序办理：

（一）高校向市教委提出试点备案申请，报送试点申请报告、奖励方案(按照科技成果转化权益奖励认定结果拟订的高校和奖励给职务发明人的权益比例)及相关文件。按照法律法规和政策性文件规定需要进行清产核资、产权界定、资产评估和备案、出具法律意见的，应履行相关程序，并将评估备案文件一并纳入试点备案申请。

（二）市教委负责确认高校提出的试点备案申请是否符合试点条件，初审同意的，提请试点协调工作组进行联合审议，经试点协调工作组同意备案的，由市教委出具《准予备案通知书》，并确认科技成果权益比例分配方案，载明激励对象名单。

第十五条　科技成果转化的股权激励对象限于职务发明人。奖励比例按照市教委出具的《准予备案通知书》中确认的高校科技成果权益比例分配方案为依据。

第十六条　高校在科技成果无形资产出资组建新的科技企业或向存续科技企业增资股权过程中，应根据市教委出具的《准予备案通知书》与科技企业合作方确定职务发明人的股权比例。

第十七条　享有科技成果无形资产投资科技企业股权激励的职务发明人，入股工商注册股东时，一般不超过3位自然人，多于3人的，职务发明人应协商，指定股东代表，签订股权委托协议。股东代表原则上应是该科技成果的核心研发人员。

第五章　科技成果无形资产的投资

第十八条　高校科技成果在转化过程中，应以无形资产作为资产形态。无形资产在实施投资时，其价值应以评估价值为准，高校应委托具有合法资质的资产评估机构对科技成果无形资产进行评估，评估价值的有效期为评估基准日起一年，超过评估有效期的应重新评估。无形资产评估报告应于评估基准日起6个月内报市教委备案，备案核准后方可实施投资。

第十九条　高校科技成果无形资产(限高校权益部分，下同)出资组建新的科技企业或向存续科技企业增资股权，按照《上海市教育委员会系统企业国有资产管理暂行办法》，在科技成果无形资产对外投资科技企业的同时，应将由此形成的高校对外投资无偿划转高校资产经营有限公司，由高校资产经营有限公司作为法定出资人。

第二十条　高校实施科技成果无形资产出资组建新的科技企业或向存续科技企业增资股权并将由此形成的高校对外投资无偿划转高校资产经营有限公司，应根据《上海市市级事业单位国有资产使用管理暂行办法》和《上海市市级事业单位国有资产处置管理暂行办法》，报请市教委审核，转报市财政局审批。

第二十一条　高校申请科技成果无形资产投资科技企业及由此形成的对外投资无偿划转高校资产经营有限公司，应向市教委提交如下材料：

(一) 高校对外投资及对外投资划转请示文件；

(二)《市级事业单位国有资产对外投资申报单》；

(三)《市级事业单位国有资产划转处置申报单》；

(四) 专利权认定文件；

(五) 科技成果转化可行性报告；

(六) 科技成果无形资产评估报告及其核准备案文件；

(七) 市教委出具的《准予备案通知书》；

(八) 对外投资合作意向书或框架协议等材料。

第二十二条　高校和高校资产经营有限公司应根据市财政局同意高校科技成果无形资产对外投资及对外投资划转的批复，以及市教委出具的《准予备案通知书》，在科技成果无形资产评估有效期内，与科技企业投资合作方(含股权激励人员)签订合作投资或增资股权协议(协议中应明确高校股权划转高校资产经营有限公司行为)，制定或修改公司章程，办理验资。上述工作完成后，按规定办理国有资产产权新设或变更登记、工商新设或变更登记，以及税务新设或变更登记。

第二十三条　经批准，科技成果无形资产投资组建新的科技企业或向存续科技企业增资股权，其科技成果具有专利权的，应在验资前，向国家专利管理部门提出申请，将专利权人变更至被投资的科技企业。

第二十四条　高校及高校资产经营有限公司在完成科技成果无形资产出资组建新的科技企业或向存续科技企业增资股权工作后，应根据市财政局批复分别做好投资和划转的相关账务处理。

第二十五条　参与高校科技成果无形资产出资组建新的科技企业或向存续科技企业增资股权的职务发明人，应按照合作协议负有提供技术服务与指导的责任，确保科技成果转化的顺利实施，以达到预先确定的技术水平和转化效果。

第六章　操 作 程 序

第二十六条　高校科技成果无形资产出资组建新的科技企业或向存续科技企业增资股权及股权激励的工作流程：

(一) 科技成果职务发明人提交科技成果转化权益奖励认定申请；

（二）高校组织专家评审，确定技术水平，并以此形成科技成果转化权益奖励比例的认定结果，通过职代会审议或公示，在充分汲取教职工合法意见和建议的基础上，经校（院）长办公会同意；

（三）聘请具有合法资质的评估机构对科技成果进行无形资产评估，并评估备案；

（四）向市教委提出股权激励试点申请，初审同意的，提请试点协调小组进行联合审议，同意备案的，由市教委出具《准予备案通知书》；

（五）向市教委提出高校科技成果无形资产投资科技企业及其形成的对外投资无偿划转高校资产经营有限公司的申请，市教委审核，转报市财政局审批；

（六）市财政局批复同意后，按照市教委出具的《准予备案通知书》，高校和高校资产经营有限公司与科技企业投资合作方（含股权激励人员）签定正式合作协议，制定或修改公司章程；

（七）具有专利权的科技成果应向国家专利管理部门申请变更专利权人为被投资科技企业；

（八）办理验资，办理工商新设或变更登记手续和企业国有资产产权新设或变更登记手续，以及税务新设或变更登记手续；

（九）高校和高校资产经营有限公司根据市教委出具的《准予备案通知书》和市财政局同意投资和对外投资划转的批复进行账务处理。

第七章　权 益 保 障

第二十七条　依本细则获得科技成果出资企业股权激励的职务发明人，个人所持的由科技成果无形资产投资形成的企业股权享有合法继承权。

第二十八条　依本细则获得科技成果出资企业股权激励的职务发明人，有权出让个人所持的由科技成果无形资产投资形成的企业股权，高校资产经营有限公司作为科技成果无形资产出资股东的第一权利人对该股权享有优先受让权。

第二十九条　依本细则获得科技成果出资企业股权激励的职务发明人，其个人所持的由科技成果无形资产投资形成的企业股权申请退股时，其股权由高校资产经营有限公司收回，个人不享有无形资产股权退股的对价收益，但可根据公司对基准日无形资产的累计摊销额，按持股比例由高校资产经营有限公司支付其摊销收益。

第八章　附　　则

第三十条　本细则指的高校职务发明科技成果属国有资产，职务发明人不得擅自利用进行投资，擅自投资的，一经查实，收缴全部投资权益，给予行政处分，违反法律的将追究其法律责任。

第三十一条　高校科技成果转化股权激励未经股权激励试点申请备案，擅自进行股权激励的，依法追究当事人的违规责任，以及校（院）领导的责任；造成国有资产损失的，依法追究当事人的民事赔偿责任；违反法律的，追究法律责任。

第三十二条　在本细则印发即日以前已实现科技成果无形资产投资企业的，职务发明人按照与高校原有的约定已获得其他方式奖励补偿的，按原有约定继续履行；未获得任何其他方式奖励补偿的可以按照本细则执行。

第三十三条　市教委系统独立法人的科研院（所）实施科技成果转化及其股权激励，按照本细则执行。

第三十四条　本细则自印发即日起实施，有效期按照《张江国家自主创新示范区企业股权和分红激励试点实施细则》（修订稿）（沪高新管委合〔2013〕1号）规定的有效期执行。

第三十五条　本细则解释权为上海市教育委员会。

上海市教育委员会关于印发《上海市教育委员会科研创新项目管理办法(2013 年修订版)》、《上海市教育委员会科研创新项目验收实施细则(2013 年修订版)》的通知

(沪教委科〔2013〕20 号)

各有关高等学校:

根据教育部《关于进一步规范高校科研行为的意见》(教监〔2012〕6 号)、教育部《关于进一步加强高校科研项目管理的意见》(教技〔2012〕14 号)、教育部 财政部《关于加强中央部门所属高校科研经费管理的意见》(教财〔2012〕7 号)文件精神,为了加强上海市教育委员会科研创新项目(以下简称"项目")的管理,进一步规范项目的申报、评审、结项、经费使用等各项工作,特修订《上海市教育委员会科研创新项目管理办法》和《上海市教育委员会科研创新项目验收实施细则》,现将修订后的版本予以印发,详见附件 1 和 2。

请各有关高校根据上述文件的要求,不断加强项目的组织和管理。

附件:1. 上海市教育委员会科研创新项目管理办法(2013 年修订版)

2. 上海市教育委员会科研创新项目验收实施细则(2013 年修订版)

上海市教育委员会

2013 年 4 月 8 日

附件 1

上海市教育委员会科研创新项目管理办法

(2013 年修订版)

第一章 总 则

第一条 为了进一步提升上海高校知识创新能力,增强高校教师创新活力,营造良好创新氛围,上海市教育委员会特设立科研创新项目。为规范和加强上海市教育委员会科研创新项目(以下简称"项目")管理,特制定本办法。

第二条 项目重点关注自然科学的基础性研究和人文社会科学研究,鼓励教师自由探索,培育教师承担更高层次的项目。

第三条 项目类别分为自然科学研究和人文社会科学研究,并分别设立重点项目和一般项目。项目完成期限为 36 个月。

第二章 申请与评审

第四条 项目申请人为本市普通高等学校(包括附属医院)在编在岗教职工。

第五条 项目采取以学校为单位,集中申报的方式申报。各申请人向学校提出申请,由学校审核后,在规定时间内,集中报送市教委,逾期报送不再受理。

第六条 项目申请人条件:

(一) 坚持中国特色社会主义方向,热爱祖国,热爱中国共产党,热爱教育事业。

(二) 有独立组织及开展科研工作的能力,身体健康,能作为项目实际主持者并担负实质性研究工作。

(三) 已承担的项目总数尚未超过两项,并且同一年度只能申报一项。

第七条 市教委对申报材料进行形式审查,并组织专家组进行评审。评审专家组一般由 5 位以上相关领域的专家组成。一般项目采用书面评审方式,重点项目采用会议评审方式。评审结果经公示无异议,由市教委审核后公布。

第三章 评议与结项

第八条 项目完成后,项目负责人须提交项目总结报告、项目经费决算表和相关成果,经学校审核后,报送市教委。

第九条 与项目相关的研究成果出版或发表时须注明“上海市教育委员会科研创新项目资助”,英文为“Supported by Innovation Program of Shanghai Municipal Education Commission”。

第十条 市教委将组织专家组对相关成果进行评议。专家组为 5 人以上。一般项目采用书面评议,重点项目采用会议评议。

第十一条 项目评议分通过、不通过 2 个等级。评议等级为“通过”的项目,办理结项手续后,下拨预留经费。评议等级为“不通过”的项目,则不予结项,并扣留该项目研究经费,且项目负责人 3 年内不得再申请本项目,同时将酌情减少相关学校的申报限额。

第四章 管理与经费

第十二条 学校是科研项目管理的责任主体,应建立健全过程管理制度,完善涵盖校、院(系)、项目负责人的分级管理体制,保障科研项目的顺利实施。

第十三条 项目负责人对科研项目实施负有直接责任,要确保项目研究的科学性和合理性,经费支出的真实性和规范性,并对科研成果的真实性承担相应责任,自觉接受国家有关部门和学校的监督和检查。

第十四条 项目计划任务一经批复应认真履行,任务目标原则上不予调整。对于涉及项目实施过程中研究目标、研究内容、研究进度和执行期、项目负责人等重大事项确需调整的,由学校组织专家论证,严格审核把关,报市教委审核备案。

第十五条 学校应组织校内相关部门、咨询专家或中介机构对本校申报的项目进行预算评审,提出预算审核建议。项目负责人应当依据预算审核建议调整预算编制。

第十六条 项目预算一经批复,原则上不予调整。确需调整的,由项目负责人根据科研活动实际需要提出预算调整方案,由学校组织专家论证,由学校报市教委审核备案。

第十七条 对研究计划执行不力、违反项目管理有关规定的项目,学校应提出撤销申请;因其他情况导致研究计划难以完成的项目,学校应提出终止申请,经市教委审核后办理有关手续。

第十八条 学校应跟踪检查项目研究进展情况,督促项目负责人按时、保质完成研究工作,每年将项目年度工作报告报送市教委。

第十九条 项目由市教委专项资金予以资助。项目经费按相关财务制度专款专用,并采取“一次核定,分期到位,包干使用,超支不补”的原则。各高校应加强对科研经费的监督和检查,建立健全科研经费使用和管理的监督约束机制,确保项目资金合理使用。

第二十条 项目立项当年下拨核定经费的 80%左右,其余经费为预留经费。预留经费在项目结项后下拨,未通过结项的,不予下达。

第二十一条 项目经费由直接费用和间接费用组成。

(一) 直接费用是指在项目实施过程中发生的与之直接相关的费用。主要包括:

1. 会议费:项目实施过程中为组织开展学术研讨、咨询以及协调项目等活动而发生的费用。

2. 差旅费:项目实施过程中开展科学实验、科学考察、业务调研、学术交流等所发生的差旅费、交通费等。

3. 小型仪器设备费:项目所需小型仪器设备的购置、租赁、使用等相关费用。

4. 材料费:项目实施过程中消耗的各种原材料、辅助材料等易耗品的采购及运输等费用。

5. 出版、文献、信息传播、知识产权等费用:项目实施过程中需要支付的出版费、资料费、专用软件购买费、文献检索费、专业通信费、专利申请及其知识产权事务等费用。

6. 劳务费:直接参加项目研究人员的劳务性费用及研究生助研津贴。劳务性费用应控制在专项经费资助总额的10%以内,研究生助研津贴应控制在专项经费资助总额的50%以内。

7. 专家咨询费:项目实施过程中支付给临时聘请的咨询专家的费用。

8. 其他支出:项目实施过程中发生的除上述费用之外的其他支出,应当在申请预算时详细列示具体用途及预算依据。

(二)间接费用是指项目承担学校在组织实施项目过程中发生的无法在直接费用中列支的相关费用。包括为项目研究提供的现有仪器设备及房屋,水、电、气、暖消耗等管理费用的支出。间接费用为专项经费资助总额的5%以内。

间接费用按项目统一核定,纳入学校财务统一管理,统筹安排使用。

第二十二条 项目结束之后应进行结题结账。项目办理结项手续后,应于预留经费到账后6个月内办完结账手续,最多不超过1年。

第二十三条 因故撤销或终止的项目,除停止拨款以外,项目所在学校视情节追回已拨经费的全部或剩余部分。

第五章 附 则

第二十四条 项目的日常管理部门为上海市教育委员会科学技术处。上海市教育委员会科技发展中心和学校科研管理部门受市教委委托负责部分项目管理工作。

第二十五条 本办法由上海市教育委员会负责解释。

第二十六条 本办法自发布之日起实施。

附件2

上海市教育委员会科研创新项目验收实施细则

(2013年修订版)

第一章 总 则

第一条 为了进一步提升上海高校知识创新能力,加强上海市教育委员会科研创新项目(以下简称项目)的管理,规范项目验收程序,特制订本实施细则。

第二条 项目验收是科研项目管理工作的重要环节。项目完成后,按本实施细则进行结项验收工作。

第三条 上海市教育委员会负责组织、管理创新项目验收工作。

第四条 验收工作坚持实事求是、客观公正、注重质量、讲求实效的原则,引入科学的评估机制,做到公平、公正、公开,确保验收工作的严肃性和科学性。

第二章 验收内容和申请

第五条 验收的主要内容包括:

1. 项目申请书规定的各项研究内容以及申请书所明确的考核指标的完成情况;

2. 项目申请书经费预算执行情况;

3. 项目所产生的论文、专著、专利、决策咨询报告、奖励等科研成果情况;

4. 项目实施情况等。

第六条 项目负责人根据要求提交验收申请和总结报告,学校科研管理部门及时组织项目负责人做好结题验收准备,认真审核验收材料,保证按期完成结题验收工作,同时防止同一科研成果在不同项目验收中重复使用。

第三章 验收方式和程序

第七条 重点项目采取会议验收形式，一般项目采取书面验收形式。会议验收由项目负责人进行陈述和答辩，验收专家组讨论并形成验收意见。书面验收由专家组审查项目验收资料，讨论并形成验收意见。

第八条 验收专家组由相关领域的业务专家组成，重点项目验收专家组不少于5人，一般项目验收专家组不少于3人。

第九条 验收的基本程序

1. 项目负责人在完成任务后，向学校科研管理部门提出验收申请，填写《上海市教育委员会科研创新项目总结报告》，并按规定提交有关验收资料；

2. 学校科研管理部门审查全部验收资料及有关证明，签署审查意见后，将创新项目验收申请表及验收资料统一整理后在规定时间内报送市教委审核；

3. 市教委收到验收申请表及验收资料后，按领域分组验收；

4. 验收方式和验收工作具体安排将提前两周通知相关学校科研管理部门。

5. 市教委将以书面方式公布验收结果。

第十条 项目申请验收，需提交以下资料：

1. 创新项目申请书复印件1份；

2. 创新项目结项报告5份；

3. 已标注“上海市教育委员会科研创新项目资助”的项目成果资料(合订成册)5套(其中至少一套成果原件)。

第四章 验收结论

第十一条 验收结论分为通过、不通过2个等级。

通过：完成了创新项目申请书约定的研究任务，经费使用合理，提供的验收文件和资料齐全，数据真实；研究成果有创新，具有一定的学术价值和应用价值。

不通过：未能完成申请书中约定的主要研究内容，考核指标或主要技术指标达不到要求；提供的验收资料、数据不真实；擅自修改原定的研究内容和考核指标；经费使用弄虚作假或挪作他用；主要项目成果第一署名人非项目负责人。

第十二条 上海市教育委员会对验收通过的创新项目，办理结项手续，拨付创新项目预留经费。

验收等级为“不通过”但确有改进基础的成果，项目负责人在规定期限内进行改进，并参加二次验收。首次验收为“不通过”且没有改进基础，以及二次验收仍为“不通过”的成果，给予批评并停拨项目研究预留经费，项目负责人3年内不得申请上海市教育委员会科研创新项目。对验收通过率较低的学校将减少下年度的申报限额。

第十三条 凡有下列情况之一的，可申请项目终止。

1. 确因不可抗力因素导致项目不能继续实施，在规定时间内无法完成项目研究开发内容和目标的；

2. 项目研究开发的关键技术已由他人公开，致使本研究开发工作没有意义；

申请终止处置的项目，由项目负责人书面提出申请，同时提交第十条中第2款规定的相关材料，经学校科研管理部门签署明确意见后，报市教委备案。

第十四条 对提供验收资料、数据不真实，经费使用弄虚作假或挪作他用的，市教委将追究项目承担人和依托单位的责任。如有违反国家法律法规行为的，按有关法律法规处理。

第五章 附 则

第十五条 本实施细则自颁布之日起生效。

第十六条 本实施细则的解释权属于上海市教育委员会。

上海市教育委员会关于印发《上海高校 E-研究院认定方案》的通知

（沪教委科〔2013〕58 号）

各有关高等学校：

为加强上海高等学校创新能力建设，落实上海高校各类研究基地建设项目认定工作，促进上海高校 E-研究院建设，我委研究制定了《上海高校 E-研究院认定方案》，现印发给你们，请按照执行。

附件：上海高校 E-研究院认定方案

上海市教育委员会
2013 年 9 月 2 日

上海高校 E-研究院认定方案

为深入贯彻国家和上海市中长期教育改革和发展规划纲要精神，增强高校协同创新能力，加强学科交叉融合，引导高校与国外科研机构开展高层次的合作与交流，进一步推动上海高校科研管理改革，上海市教育委员会决定在上海高校一流学科和上海高校知识服务平台（以下简称“学科和平台”）建设的基础上，实施上海高校 E-研究院认定工作。

一、指导思想

与“高等学校创新能力提升计划”相衔接，以制度先进促进上海高校科研管理体制机制的改革，以开放合作形成协同创新的工作机制和氛围。构建协同创新的新模式与新机制，为协同创新中心、学科和平台建设提供有力支撑。

二、建设目标

1. 建立持续创新的科研组织模式，探索促进协同创新的人事管理制度，促进上海高校科研管理体制机制的改革。

2. 建设一批以跨学科、跨地域合作为特点，以汇聚人才和培育人才、引领学科未来发展、产生重大学术成果为目的的科学研究基地。

3. 加强不同学科的交叉融合，促进新兴学科的发展，涌现一批在学科前沿领域有竞争能力的新兴学科或新的学科增长点。

4. 吸引国际创新资源，形成国际化的研究、合作与交流平台，扩大依托学科和平台在国际上的影响力。

三、认定申报

1. 申报范围：在建的学科和平台。

2. 依托学科和平台要求：

（1）在国内外有重要影响，并已取得显著进展和绩效的优势学科；

（2）新兴、交叉学科，研究内容为具有重大影响、前瞻性和学科交叉性的科学问题；

（3）学科和平台建设在体制机制创新上已有实质性的突破。

3. 首席研究员要求：在学科领域内有较强的综合影响力、凝聚力和号召力，年龄一般不超过 50 岁。

四、认定程序

1. 申报学科和平台围绕拟突破的体制机制改革重点提出 E-研究院建设计划，包括现有基础、总体思路与目标、体制机制改革与制度设计、开放共享协同创新的措施、首席与特聘研究员构成等。

2. 依托学校进行审核，并在对拟建 E-研究院提供相应的保障政策基础上向市教委提出申请。

3. 市教委根据申报要求、立项程序，在组织专家评审的基础上进行审核、予以批复冠名。

五、建设投入

1. E-研究院依托学校可在上海高校一流学科建设计划、上海高校知识服务平台建设计划、上海高等教育内涵建设工程专项建设经费以及学校经费中统筹安排建设资金。年度预算经费由首席研究员统一掌握使用。

2. 建设经费的使用要有利于协同创新、体制机制的改革，重点可用于高水平人才集聚与培养、国际合作与交流等。

3. E-研究院要对校外特聘研究员提供研究条件及其待遇。

六、管理机制

1. 每个 E-研究院建设周期与其所依托的学科和平台建设周期同步。

若 E-研究院所依托的学科和平台经绩效考核不合格退出建设范围，或首席研究员离开依托学科和平台、且该 E-研究院无合适人选继任首席研究员，则该 E-研究院终止建设。

2. E-研究院实行首席研究员负责制，以首席研究员为第一责任人，全面履行 E-研究院管理职责。

首席研究员的职责是：确定 E-研究院的研究内容，制订和执行 E-研究院的发展规划和工作计划；成立学术委员会；组织研究队伍；制订特聘研究员聘用条件；制订考核目标；组织对外合作和举办高层次的学术会议；改善工作条件；统筹安排 E-研究院建设经费，并组织争取各级各类科研课题，拓展 E-研究院的经费渠道等。

3. E-研究院特聘研究员队伍的构成比例原则上为依托学校人员、国内其他单位人员、国外人员各三分之一。特聘研究员由首席研究员按需、按标准聘用，并与首席研究员签订聘用合同。

特聘研究员若聘任合同期满，双方可根据 E-研究院研究方向、工作内容的调整而进行双向选择，以决定是否续聘。若合同期未满，特聘研究员方违约，可终止其聘任合同。

4. 首席研究员和特聘研究员（包括校外特聘研究员）要为 E-研究院培养高层次人才，开展高水平合作，以及对依托学科和平台的发展做贡献。

5. E-研究院要加强高层次国内外学术合作与交流，实现科技资源的共享和开放；要探索管理体制与运行机制上的创新，营造宽松、自由的学术氛围；要对依托学科和平台的建设与发展发挥积极的促进作用。

6. E-研究院建设绩效纳入其依托的学科和平台建设绩效的监测和考核。

7. 依托学校是 E-研究院建设的主体，要加强对 E-研究院建设的支持和管理，形成有利于 E-研究院持续健康发展的政策环境和管理“特区”，并要在管理体制和运行机制上有所创新，以保证 E-研究院的正常运行。

8. 学科所依托的二级学院要构建有利于学科和 E-研究院建设的软、硬环境，促进在建的学科和 E-研究院统筹协调发展。

上海市教育委员会关于印发《上海市教育委员会产学研项目管理办法》的通知

（沪教委科〔2013〕60 号）

各高等学校：

根据教育部《关于进一步规范高校科研行为的意见》（教监〔2012〕6 号）、教育部《关于进一步加强高校科研项目管理的意见》（教技〔2012〕14 号）、教育部 财政部《关于加强中央部门所属高校科研经费管理的意见》（教财〔2012〕7 号）精神，为加强上海市教育委员会科研项目的管理，进一步规范项目的申报、评审、结项、经费使用等各项工作，特制订《上海市教育委员会产学研项目管理办法》，现印发给你们请遵照执行，并不断加强项目的组织和管理。

附件：上海市教育委员会产学研项目管理办法

上海市教育委员会
2013 年 9 月 4 日

上海市教育委员会产学研项目管理办法

第一章 总 则

第一条 为贯彻落实《上海市中长期教育改革和发展规划纲要》，实施高校知识服务能力提升工程，进一步提升上海高校知识服务能力，努力使大学成为城市知识服务中心和国家知识服务的重要基地，支持国家和上海社会经济发展转型，鼓励高校与企业开展产学研合作，特设立上海市教育委员会产学研项目（以下简称“项目”）。为规范和加强上海市教育委员会产学研项目管理，特制定本办法。

第二条 项目以技术转移、转化及科技成果产业化为重点，重点支持以企业需求为导向、产学研相结合，以提升企业、行业的核心竞争力和技术进步为目标而与企业合作开展的科技创新工作。

第三条 项目以市教委与相关合作单位搭建平台共同支持的产学研合作为特征，优先考虑国家战略性新兴产业所涉及的重点领域，优先支持上海高校参与上海区域经济建设，项目资金主要用于支撑高校教师开展产学研合作而产生的相关费用。

第四条 鼓励高校与企业通过项目建设达成“优势互补、利益共享、风险共担、紧密合作、共同发展”的合作机制，通过项目建设带动学科的发展和创新人才的培养。

第五条 项目根据高校与企业签订的合同标的额进行配套资助，根据合同约定的履行情况进行验收，但完成期限一般不超过 24 个月。

第二章 申请与评审

第六条 项目申请人为本市普通高等学校（包括附属医院）在编在岗教职工。

第七条 项目采取以学校为单位，集中申报的方式申报。各申请人向学校提出申请，填写《上海市教育委员会产学研项目申请书》（见附件 1）由学校审核后，在规定时间内，集中报送市教委，逾期报送不予受理。

第八条 项目申请条件：

（一）项目负责人坚持中国特色社会主义方向，热爱祖国，热爱中国共产党，热爱教育事业。

（二）项目负责人有独立组织及开展科研工作的能力，身体健康，能作为项目实际主持者并担负实质性研究工作。

（三）项目负责人同一年度只能申报一项。

（四）所申请项目必须有企业共同参与，预期能产生较好的社会、经济效益，还需提交经认定登记的技术合同文本和企业到账凭证等资料。

第九条　市教委对申报材料进行形式审查，独立组织或者联合相关合作单位共同组织专家组进行评审。评审专家组一般由5位以上相关领域的专家组成。评审采用书面评审和会议评审相结合的方式。评审结果经公示无异议，由市教委审核后公布。

第三章　管理与经费

第十条　学校是产学研项目管理的责任主体，应建立健全技术转移的全过程管理制度，指导教师与企业开展合作，规范技术合同的管理，维护学校的知识产权权益，完善涵盖校、院（系）、项目负责人的分级管理体制，保障产学研项目的顺利实施。

第十一条　项目负责人对产学研项目实施负有直接责任，要确保经费支出的真实性和规范性，要与企业诚信合作，共同确保项目实施的科学性和合理性，并对项目实施的真实性和可行性承担相应责任，自觉接受国家有关部门和学校的监督和检查。

第十二条　项目计划任务一经批复应认真履行，任务目标原则上不予调整。对于涉及项目实施过程中合作目标、合作内容、合作进度和执行期、项目负责人、项目预算等重大事项确需调整的，由学校组织专家论证，严格审核把关，报市教委审核备案。

第十三条　学校应跟踪检查项目实施情况，督促项目负责人履行合同规定的各项内容和计划完成的研究工作，对计划执行不力、违反项目管理有关规定的项目，学校应提出撤销申请；因其他情况导致计划难以完成的项目，学校应提出终止申请，经市教委审核后办理有关手续。

第十四条　项目由市教委专项资金予以资助。项目经费按相关财务制度专款专用，并采取“一次到位，包干使用，超支不补”的原则。各高校应加强对科研经费的监督和检查，建立健全科研经费使用和管理的监督约束机制，确保项目资金合理使用。

第十五条　项目经费由直接费用和间接费用组成。

（一）直接费用是指在项目实施过程中发生的与之直接相关的费用。主要包括：

1. 会议费：项目实施过程中为组织开展技术服务、技术咨询、技术评估、技术交流及协调项目等产学研活动而发生的费用。

2. 差旅费：项目实施过程中开展科学实验、科学考察、企业调研等所发生的差旅费、交通费等。

3. 材料费：项目实施过程中消耗的各种原材料、辅助材料等易耗品的采购及运输等费用。

4. 出版、文献、信息传播、知识产权等费用：项目实施过程中需要支付的出版费、资料费、专用软件购买费、文献检索费、专业通信费、专利申请及其知识产权事务等费用。

5. 劳务费：直接参加项目研究人员的劳务性费用及研究生助研津贴。劳务性费用应控制在专项经费资助总额的10%以内，研究生助研津贴应控制在专项经费资助总额的50%以内。

6. 专家咨询费：项目实施过程中支付给临时聘请的咨询专家的费用。

7. 中介费：项目实施过程中委托技术经纪人所发生的费用。

8. 其他支出：项目实施过程中发生的除上述费用之外的其他支出，应当在申请预算时详细列示具体用途及预算依据。

（二）间接费用是指项目承担学校在组织实施项目过程中发生的无法在直接费用中列支的相关费用。包括为项目研究提供的现有仪器设备及房屋，水、电、气、暖消耗等管理费用的支出。间接费用为专项经费资助总额的5%以内。

间接费用按项目统一核定，纳入学校财务统一管理，统筹安排使用。

第十六条　项目结束之后应在规定期限内进行结题结账。

第十七条　因故撤销或终止的项目，除停止拨款以外，项目所在学校视情节追回已拨经费的全部或剩余部分。

第四章　验收与结项

第十八条　验收工作坚持实事求是、客观公正、注重质量、讲求实效的原则，引入科学的评估机制，做到公平、公正、公开，确保验收工作的严肃性和科学性。

第十九条　验收的主要内容包括：

1. 项目申请书和技术合同文本规定的各项技术指标和经济指标的完成情况；

2. 项目申请书经费预算执行情况；

3. 项目实施过程中产生的新的知识产权等情况；

4. 项目实施所产生的社会和经济效益；

5. 项目实施情况；

6. 项目实施中为教学和培养创新人才等作出的贡献，或在产学研合作方面的体制机制的创新等。

第二十条　验收的基本程序：

1. 项目负责人在完成合同约定的内容后，向学校产学研工作管理部门提出验收申请，填写《上海市教育委员会产学研项目总结报告》(见附件2)，并按规定提交有关验收资料；

2. 学校产学研管理部门应认真审查全部验收资料及有关证明，防止同一成果在不同项目验收中重复使用，签署审查意见后，将产学研项目验收申请表及验收资料统一整理后在规定时间内报送市教委审核；

3. 市教委收到验收申请表及验收资料后，进行项目验收；

4. 验收方式和验收工作具体安排将提前两周通知相关学校产学研管理部门；

5. 市教委将以书面方式公布验收结果。

第二十一条　项目申请验收，需提交以下资料：

1. 产学研项目申请书复印件1份；

2. 产学研项目结项报告5份；

3. 由合作企业出具的项目实施所产生的社会、经济效益的证明资料5份。

第二十二条　市教委将组织专家组对相关成果进行验收。专家组为3至5人。验收根据项目对经济发展的贡献度选择书面评议、会议评议或到企业现场评议的方式。

第二十三条　项目验收分通过、不通过2个等级。

通过：完成了产学研项目申请书约定的研究任务，经费使用合理，提供的验收文件和资料齐全，数据真实；合作成果具有一定的经济和社会效益。

不通过：未能完成申请书中约定的主要研究内容，考核指标或主要技术、经济指标达不到要求；提供的验收资料、数据不真实；擅自修改原定的研究内容和考核指标；经费使用弄虚作假或挪作他用；主要项目成果第一署名人非项目负责人。

验收等级为“不通过”但确有改进基础的成果，项目负责人在规定期限内进行改进，并参加二次验收。首次验收为“不通过”且没有改进基础，以及二次验收仍为“不通过”的成果，给予批评，项目负责人3年内不得申请上海市教育委员会产学研项目。对验收通过率较低的学校将减少下年度的申报限额。

第二十四条　上海市教育委员会对验收通过的项目，办理结项手续。

第二十五条　凡有下列情况之一的，可申请项目终止。

1. 确因不可抗力因素导致项目不能继续实施，在规定时间内无法完成项目研究开发内容和目标的；

2. 确因合作方原因导致项目不能继续实施的；

申请终止处置的项目，由项目负责人书面提出申请，同时提交产学研项目结项报告，经学校产学研管理部门签署明确意见后，报市教委备案。

第二十六条　对提供验收资料、数据不真实，经费使用弄虚作假或挪作他用的，市教委将追究项目承担人和依托单位的责任。如有违反国家法律法规行为的，按有关法律法规处理。

第五章　附　　则

第二十七条　项目的管理部门为上海市教育委员会科学技术处。上海市教育委员会科技发展中心受市教委委托负责日常管理工作。

第二十八条　本办法由上海市教育委员会负责解释。

第二十九条　本办法自发布之日起实施。

附件:1. 上海市教育委员会产学研项目申请书(略)
　　2. 上海市教育委员会产学研项目总结报告(略)

上海市教育委员会关于印发《上海教育信息化重点工作(2013—2015年)》的通知

(沪教委科〔2013〕71号)

各高等学校、各区县教育局、市教委各直属单位:

为全面落实《教育部教育信息化十年发展规划(2011—2020年)》和《上海市教育信息化"十二五"发展规划》,深入推进上海教育信息化建设,促进信息技术与教育教学的深度融合,搭建共建共享的开放式平台,形成多方投入和参与的建设模式,重点推进基于"人人通"和数据共享平台的教育信息化顶层设计,以应用为导向促进教育信息化向"主战场、大规模、常态化"发展,我委制定了《上海教育信息化重点工作(2013—2015年)》,现印发给你们,请认真贯彻落实。

附件:上海教育信息化重点工作(2013—2015年)

上海市教育委员会
2013年10月9日

上海教育信息化重点工作(2013—2015年)

一、总体思路

建设目标:以教育信息化带动教育现代化,促进信息技术与教育教学的深度融合,推进教育信息化应用进入主战场,实现规模化和常态化,促进教育理念和教学模式的深刻变革。

建设原则:推进过程中要以遵循规律、需求导向、开放共享、创新应用为原则。要遵循教育教学和信息技术发展规律,充分研究不同类型用户的需求,注重共建共享和开放式机制设计,形成多方投入和参与的建设模式,通过创新应用不断推进信息技术与教育教学的深度融合。

推进架构:分层推进,市级层面加强顶层设计和标准制定,构建"人人通"平台和数据、资源共享平台,重点推进五大任务;加强标准制定,推动数据和资源结构标准化,逐步实现基础数据和资源的统一和共享,构建"可持续、可交换、可共享"的信息化环境。区级、校级层面丰富各级各类的教育信息化应用。

二、重点工作

(一)推进上海教育数据资源中心建设

1. 上海教育数据中心建设。根据教育部推进教育管理信息化、建设国家教育管理公共服务平台的要求和上海现有业务系统状况,建设省级教育数据中心,实现各类业务数据的整合管理和共享交换,提供教育基础信息的查询、统计和分析,并为上海教育提供决策分析支持。

具体推进内容如下:

(1)建成满足国家教育管理信息系统的互联网数据中心(简称IDC)机房,按照信息安全等保三级的安全要求进行建设和运维。按照教育部要求完成数据初步对接、采集和上报工作;完成业务数据调研,完善数据中心总体设计方案。(2013年12月完成)

(2)完成数据管理机制建设及相关技术规范和管理要求;完成基础信息数据库和数据管理平台的基本功能;完成各主要业务系统数据在数据中心IDC的备份和实现各业务数据库与基础数据库的数据交换、共享和整合;对数据中心基础设施进行升级;完成教育管理公共服务平台建设,提供基础数据的统计、查询、分

析等服务。(2014年12月完成)

(3) 开展对大数据的挖掘分析,实现决策支持。(2015年12月完成)

2. 上海教育资源中心建设。依托上海学习网公共基础设施,利用云计算等技术,以"课程超市"为突破口,加强资源标准的制定与统一,逐步探索"企业竞争提供、政府评估准入、学校自主选择"的资源建设新机制,逐步形成政府购买公益服务与市场提供个性化服务相结合的资源共建共享新模式,为资源提供者和资源使用者搭建共享和应用的环境,全面推进数字教育资源共建共享。

积极探索"课程超市"服务的新模式,为易班网络学习空间、市民网络学习空间等优质资源的共建共享提供支持,逐步拓展"课程超市"平台的功能和应用,推进上海大规模开放式在线课程(MOOCs)建设。

借助电子支付手段、植入数字版权机制,将网上课程管理模式与商业超市理念、模式及机制深度融合,构建多层次的课程体系,形成新型资源共建共享平台。

具体推进内容如下:

(1) 以"云计算"技术为支撑的"课程超市"顶层设计。(2013年12月完成)

(2) "课程超市"系列机制研究,包括研究课程质量评审机制、课程标准、课程的可持续性更新与发展机制、数字版权保护等。(2014年6月完成)

(3) "课程超市"平台建设,平台为学习者提供自主选课、学习课程、交流协作、评价课程等功能;为教师和教育机构提供课程创建、课程管理、课程答疑、课程测试、教学活动组织等功能。(2014年12月完成)

(4) 进一步完善"课程超市"平台建设,并完成商业运营模式设计,实现"课程超市"优质资源的可交换、可再生;完成学分认证体系的研究和建设,与上海市终身教育学分银行系统进行对接,促进终身学习认证体系的完善。(2015年12月完成)

(二) 推进易班建设

继续强化高校易班建设,实现高校用户从学生和思政教师到师生的全覆盖。通过开放平台建设对接高校课程资源跨校共享平台和各高校的教学管理平台,全面整合教育系统的优质教学资源。

具体推进内容如下:

(1) 确立5个左右试点高校,依托学校教务处等相关部门,开展基于本校的课程资源建设。通过充分调研和分析,形成上海教育系统网络教育资源建设统一标准,并通过易班开放平台,开发相关技术接口,使大部分教育资源能够对接到易班平台。(2013年12月完成)

(2) 通过遴选10—15个重点高校开展基于全市通用课程和大部分专业课程的教育资源建设。逐步研发基于第一课堂的教育信息化应用,并选择一批学校进行试点。通过项目和政策支撑等形式,将上海教育资源库、上海高校课程中心的已有教育资源全部通过易班进行重新分类和定位,依托易班进行分享、评价、排行,将高校精品课程与易班资源建设挂钩,全部进行在线展示。(2014年12月完成)

(3) 推出基于第一课堂的教育信息化产品,在更大范围进行试点推广。进一步汇集教育系统内各单位的教育资源,逐步将易班建成覆盖大中小学各类课程和课外教育的一站式教育资源展示和应用平台,形成上海教育信息化基础服务平台。(2015年12月完成)

(三) 推进中小学数字化课程环境建设与学习评价方式转变

聚焦三项基础性工作,一是建设全覆盖的电子学生证系统和学生成长信息记录平台,为学生校内外活动提供支撑;二是建设基础教育 learning store 平台,以电子学生证信息为依据,建立中小学生个人云学习空间,并提供学习工具和资源的上传和下载服务;三是启动中小学教材数字化工程,逐步把1500种中小学教材数字化,并逐步推出多媒体版电子教材和互动性电子教材。

具体推进内容如下:

(1) 在电子学生证管理系统上线试运行的基础上,建设覆盖全市的市区校三级学生成长信息记录平台,为学生学习空间的建立提供唯一身份信息,以便各种应用信息相互交换和融通,同时为学生校内外活动提供支撑。深入调研学业管理模块、成长记录模块、体质健康模块、社会实践记录等基本模块需求,完成学籍管理模块需求分析并逐步进入应用开发阶段。(2013年12月完成)

(2) 开展基础教育质量评价改革的理论和实践研究、区县和学校分析应用"绿色指标"评价数据调研,完善建立"绿色指标"评价系统,以数据分析支撑教育质量评价方式的转变。(2013年12月完成)

(3) 基本完成上海市义务教育学业质量数据库管理系统的开发。对接各类教育信息化平台,基本实现

支持大部分教育信息化平台的统一标准。(2014 年 6 月完成)

(4) 总结提炼试点区县和试点校开展本土化、校本化实施"绿色指标"评价并进行评价数据分析和应用的典型经验。建设基础教育 learning store 平台,以电子学生证信息为依据,建立中小学生个人云学习空间。(2014 年 12 月完成)

(5) 中小学教材数字化建设实验研究项目,在维持原有工作机制的原则下,构建适应数字化教材时代的教材编制、管理、出版、发行、使用等配套机制;完成现有 1500 种中小学教材的数字化工作,并逐步推出多媒体版电子教材和互动版电子教材。完成数字化课程环境建设与学习评价方式转变项目的阶段总结。(2015 年 9 月完成)

(四) 构建中职校教育云服务

以数字化校园建设为抓手,实现一体化管理;以虚拟现实技术为支撑,构建多维教学环境;以信息平台为载体,改革中职校教学与学习方式;以易班为社交平台,构建中职学校易班。

具体推进内容如下:

(1) 继续推进数学化校园建设,通过教育城域网接入改善学校网络环境,不断提升学校硬件水平。加强中职校教学教务等管理系统建设,逐渐建立中职系统数字图书馆。发挥"上海市中等职业学校基本情况数据库"的作用,构建统一管理平台。(2015 年 12 月完成)

(2) 开展创新实验实训中心的试点建设,开发多媒体实训资源,运用网上虚拟实训和实际操作相结合的模式,有效提高实验实训资源的集聚和辐射,运用数字化手段开展以高效互动为核心的教学活动,逐步改革传统教学方法和教学模式。选取若干个试点学校进行虚拟技术在教学上应用,建成若干个创新实验实训中心。(2014 年 12 月完成)

(3) 通过电子书包、易班教育教学平台打造等,将教学的结果管理转变为过程管理,提高中职学生的学习兴趣,挖掘中职学生的学习潜力,提升中职学生的学习能力和综合素质,选取若干所中职校开展电子书包试点工作。(2013 年 12 月完成)

(4) 研发一套集校园服务平台(信息发布门户)、教育教学平台、成长轨迹记录平台、师生互动平台、校外活动平台为一体的中职易班平台:完成 3 所中职学校的抽样调查并进行结果数据研究,形成初步的推广计划,完成中职易班平台第一版上线和中职学校第一批试点学校入驻(2013 年 12 月完成)。扩大易班试点范围,推进教学过程管理(2014 年 12 月完成)。完成中职校易班教学平台建设,实现在上海中职学校的全覆盖(2015 年 12 月完成)。

(五) 构建市民网络学习空间

通过信息化手段、数字化方式,完善并联通市、区两级数字化学习平台,整合各级各类现有终身教育资源(包括课程、学习活动信息、各类学习资料等)向市民传输;进一步改善数字化学习环境,提高市民数字化学习意识,通过购买、共建、共享、研制开发等多种手段丰富数字化学习资源,最终实现以数字化方式推动市民形成无时间限制、无空间障碍的终身学习习惯。

以上海学习网为主要阵地,依托上海市终身教育学分银行,面向市民和成人继续教育学习者,探索学历教育和非学历教育的学分互认机制,为学习者提供在线学习、移动学习、数字电视学习、全网智能搜索、终身学习档案等全方位、个性化的网络学习空间及学习支持服务,打造上海终身学习云服务平台。

具体推进内容如下:

(1) 区县市民终身学习网站的进一步优化,构建覆盖全市的数字化终身教育网络体系,实现上海市 17 个区县学习网的互联互通。拓展优化上海学习网平台,建设老年门户网站、移动门户网站、数字电视门户网站以及各个主题频道的个性化门户。完善上海学习网课程资源建设,以成立的"学习资源联盟"为抓手,设计开发精品化课程和资源,新增 400 门在线课程,并增加 10 门以上精品化课程。充分调动区县社区的积极性,积极开展网上工作室的建设。(2013 年 12 月完成)

(2) 加快各级各类面向市民开放的数字化终身学习资源整合建设,通过与各区县社区学院、知名教育企业等机构的合作,形成优质教育资源中心。进一步加强徐汇区中心教室、老年大学科技分校、Wifi 体验室等社区学习环境的建设,积极推动区县联动,构建优质服务与良好技术支持的特色化社区学院。加强学分银行建设,在教育网点全覆盖的基础上,逐步实现教育类型全覆盖。加强上海学习网终身学习档案建设,并与上海市终身教育学分银行系统进行对接。推进上海学习网学习支持服务体系建设,组建一支由专家、网上辅助教师和志愿者组成的千人三级支持服务队伍。(2014 年 12 月完成)

上海市教育委员会 上海市卫生和计划生育委员会 上海市质量技术监督局 上海市水务局关于印发《上海市中小学校校园直饮水工程建设和维护基本要求》的通知

（沪教委体〔2013〕15 号）

各区县教育局、卫生局、质量技监局、水务局：

为改善本市中小学生在校期间饮用水安全和质量，逐步统一全市中小学校（含中职）校园饮用水供水模式，市教委、市卫生和计划生育委员会、市质量技监局和市水务局在调查研究和多方论证的基础上，制定了《上海市中小学校校园直饮水工程建设和维护基本要求》（以下简称《要求》）。本《要求》是各中小学校（含中职）校园直饮水建设和维护等方面的基本要求，作为本市学校饮用水卫生检查、督导和评估的重要内容。

现将《要求》印发给你们，作为各区县青少年健康促进工程的重要举措，该项工作应列入学校整体建设和发展规划之中，望认真组织实施。

附件：上海市中小学校校园直饮水工程建设和维护基本要求

上海市教育委员会
上海市卫生和计划生育委员会
上海市质量技术监督局
上海市水务局
2013 年 4 月 19 日

上海市中小学校校园直饮水工程建设和维护基本要求

根据国家《学校卫生工作条例》、《生活饮用水卫生监督管理办法》和相关规范标准的规定，为保障本市中小学校（含中职）校园（以下简称学校）直饮水卫生、安全，确保学校直饮水工程的建设质量，保证正常运行维护和提高管理水平，特制定本要求。

一、适用范围

本要求适用于学校直饮水工程的设计施工、竣工验收、运行维护、水质检验与应急处置等。

二、设备技术要求

1. 直饮水设备是指以市政自来水为原水，经净化处理（除反渗透技术外）和消毒，出水水温在 20 ℃～40 ℃的独立水处理设备。

2. 直饮水设备应具有有效的涉水产品卫生许可批件；直饮水设备使用的水处理材料应有卫生安全检验合格证明或卫生安全许可批件。

3. 直饮水设备出水水质应符合经卫生行政许可的相应水质标准和规范要求。

4. 直饮水设备宜采用快热式加热技术。

5. 直饮水设备应采用符合 GB18145《陶瓷片密封水嘴》或 QB1334《水嘴通用技术条件》要求的不锈钢水嘴。所有水嘴同时出水时，每个水嘴流量应不低于每分钟 0.6 升。

6. 直饮水设备应设置或安装显示累积处理净水量的计量器。

7. 直饮水设备外表应平整光滑，其易触及的零部件棱边和尖角应圆滑或加以防护。

8. 直饮水设备应为固定式或驻立式，设备的防触电保护应为Ⅰ类、Ⅱ类或Ⅲ类，外壳防护等级至少为IP44。设备应取得相应的国家强制认证或生产许可。

9. 直饮水设备的水嘴间距不小于400 mm，水嘴高度根据使用区域学生身高设置，且只适用于使用盛器接水。

三、设计施工要求

（一）环境要求

1. 直饮水饮水处应能满足维护方便、通风良好、确保通电通水和排水的要求，周围10 m范围内不应有污水池、垃圾桶（箱、房）、粉尘和有毒有害气体等污染源。

2. 直饮水饮水处地面、墙壁、顶部应使用防水、防滑、防腐、防霉、无辐射、易于消毒、清洗的材料，地面应有一定的疏水坡度。

3. 直饮水饮水处应设置等候区域，等候区域不得挤占走道等疏散空间。

4. 直饮水饮水处应设置简明易懂的图文说明，指导正确使用直饮水设备。

（二）给排水要求

1. 学校直饮水的原水应使用符合GB5749《生活饮用水卫生标准》的市政自来水。

2. 进水管道应从市政供水管网单独引入，在引入直饮水设备之前应安装防回水的单向阀，亦可用于排水和采样。

3. 给排水的设计与施工应符合GB50015《建筑给水排水设计规范》及其他相关标准规范的要求。

（三）电气和安防要求

1. 供电应符合JGJ16《民用建筑电气设计规范》及其他相关标准规范的要求。

2. 接地装置的设计和施工应符合GB/T50065《交流电气装置的接地设计规范》和GB50169《电气装置安装工程　接地装置施工及验收规范》的规定。

3. 应配有独立专用的断路器及过流保护装置，并使用带有安全门的固定式插座或其他等效可靠的电气连接方式。

4. 应按照GB13955《剩余电流动作保护装置安装和运行》的要求配置独立专用的漏电保护器，漏电保护器应每五年报废更新。

5. 直饮水饮水处应列为学校安全防范管理的重要部位。

四、竣工验收要求

1. 工程竣工后，应按照本要求“二、设备技术要求”和“三、设计施工要求”进行验收，并形成文件存档。

2. 竣工验收水质检测应按本要求“六、水质检验要求”中“竣工验收检验”项目执行。

3. 直饮水设备的水质、电气安全的检测应由具有资质的检测机构完成并出具检测报告。

4. 验收合格后，方可供水。

五、日常运行维护要求

（一）维护要求

1. 区（县）教育行政部门或学校应与直饮水设备制造商（以下简称“制造商”）签订售后服务协议，按照规定分工负责，确保直饮水设备安全运行和及时维护。

2. 学校在直饮水设备日常运行维护中应符合以下要求：

（1）建立健全学校直饮水卫生管理制度和卫生管理档案。

（2）制订直饮水水质事件应急处置预案。

（3）配备经培训合格的专（兼）职卫生管理员。

（4）每日使用前打开每个水嘴，放尽管道内的积水。

（5）每日由卫生管理员对直饮水设备进行清洁，并对每个水嘴进行消毒，具体消毒方法如下：用棉签蘸取75%酒精伸进水嘴中进行消毒，或用棉签蘸取酒精点燃，用火焰在水嘴处灼烧10秒，消毒完成之后打开水嘴10秒。

（6）定期公示直饮水水质检验结果，配合制造商开展直饮水日常运行维护工作和及时处置直饮水水质事件。

(7) 每日对直饮水设备进行安全卫生巡查,做好巡查记录。

(8) 加强对师生正确饮用直饮水的宣传教育。

3. 制造商在直饮水设备日常运行维护中应符合以下要求:

(1) 建立健全直饮水设备售后运行维护制度、水质检验制度和管理档案。

(2) 配备经培训合格的专职人员负责学校直饮水的日常使用维护。

(3) 定期对直饮水设备进行运行维护并做好记录,按规定更换符合国家相关卫生标准和规范要求的水处理材料和消毒装置。

(4) 对学校反映的直饮水设备异常情况应立即予以响应,并在 4 小时内到达现场,在 24 小时内解决问题。

(5) 新设直饮水设备在开始供水前应进行全面冲洗和消毒,按照本技术要求"六、水质检验要求"中"竣工验收检验"项目进行水质检验,合格后方可供水。

(6) 直饮水设备在每学期开学前一周,应进行全面冲洗和消毒,按照本技术要求"六、水质检验要求"中"学期检验"项目进行水质检验,合格后方可供水。

(7) 直饮水设备停止使用 7 天以上(含 7 天)恢复供水前,应进行全面冲洗和消毒,按照本技术要求"六、水质检验要求"中"月检验"项目进行水质检验,合格后方可供水。

(8) 更换水处理材料后应按照本技术要求"六、水质检验要求"中"月检验"项目进行水质检验,合格后方可供水。

(二) 人员要求

1. 学校和制造商直接从事学校直饮水日常管理、运行维护和水质检验的人员(以下简称"从业人员"),应取得体检合格证后方可上岗工作,并每年进行一次健康检查。

2. 患有痢疾、伤寒、甲型病毒性肝炎、戊型病毒性肝炎等消化道传染病的人员以及患有活动性肺结核、化脓性或者渗出性皮肤病等疾病的人员,治愈前不得直接从事上述工作。

3. 从业人员应符合 DB31/547《中小学、幼儿园安全防范管理基本要求》的规定。

(三) 档案要求

1. 学校直饮水卫生管理档案应包括:

(1) 从业人员设置情况、健康检查、卫生知识培训档案。

(2) 从业人员岗位责任制及卫生操作规程。

(3) 卫生管理制度和直饮水水质事件应急处置预案。

(4) 卫生安全巡查、保洁制度及记录。

(5) 直饮水设备运行维护制度和记录。

(6) 涉水产品、消毒产品索证制度及相关卫生许可批件和检验合格报告。

(7) 直饮水设备的产品说明书及竣工验收资料。

(8) 水质检验记录。

(9) 制造商售后服务承诺。

2. 学校直饮水卫生管理档案应由专人管理,至少保存 2 年。

六、水质检验要求

(一) 基本要求

1. 学校应建立并实施直饮水的周检、月检及学期检制度。

2. 周检验应由制造商完成,月检验和学期检验应由教育行政部门确定的具有资质的检测机构采样完成。

3. 制造商应建立水质检验室,配备与经营规模和水质检验要求相适应的检验人员和仪器设备。

(二) 检验数量、指标和频率

1. 周检验数量和指标:每个直饮水设备选取不少于 25% 的水嘴出水,检验菌落总数、总大肠菌群、浑浊度。检验频率:每周一次,每月所有水嘴确保抽检一次。

2. 月检验数量和指标：每个直饮水设备选取最远处的水嘴出水，检验菌落总数、总大肠菌群、浑浊度、色度、pH、臭和味、肉眼可见物、耗氧量。检验频率：每月一次。

3. 学期检验数量和指标：每个直饮水设备选取最远处的水嘴出水，检验菌落总数、总大肠菌群、色度、浑浊度、臭和味、肉眼可见物、pH、铝、铁、锰、铜、锌、氯化物、氰化物、硫酸盐、溶解性总固体、总硬度、耗氧量、挥发酚类、阴离子合成洗涤剂、砷、镉、铬(六价)、铅、汞、硒、氟化物、三氯甲烷、四氯化碳、银。检验频率：每学期开学前一次。

4. 竣工验收检验数量和指标：每个直饮水设备选取不少于 25%的水嘴出水，检验菌落总数、总大肠菌群、浑浊度；每个直饮水设备选取最远处的水嘴出水，检验菌落总数、总大肠菌群、色度、浑浊度、臭和味、肉眼可见物、pH、铝、铁、锰、铜、锌、氯化物、氰化物、硫酸盐、溶解性总固体、总硬度、耗氧量、挥发酚类、阴离子合成洗涤剂、砷、镉、铬(六价)、铅、汞、硒、氟化物、三氯甲烷、四氯化碳、银。

5. 评价标准：设备经卫生行政许可的相应水质标准和规范。

6. 检验方法：GB/T5750《生活饮用水标准检验方法》。

注：

(1) 当水样检出总大肠菌群时，应进一步检验大肠埃希氏菌或耐热大肠菌群；

(2) 使用载银活性炭时测定；

(3) 设备使用纳滤技术的不测定。

(三) 检验记录

水质检验记录应当完整清晰，档案资料保存完好。检验结果应在学校内进行公示，并于每月 10 日前将上月检验记录报送当地区(县)教育行政部门。

(四) 水质检验结果不合格的处置

当直饮水设备出水水质检验结果不合格时，学校应立即停止供水，制造商应会同学校及时查明原因，污染消除，并经水质检验合格后方可恢复供水。停水期间学校应采取措施保证充足的卫生安全的饮用水。

七、水质事件应急处置

遇学校直饮水水质污染或不明原因水质突然恶化及水源性疾病暴发事件时，应按以下要求进行处置：

1. 应立即停止供水，并根据国家和本市有关规定，及时向所在地教育行政部门和卫生行政部门报告，不得隐瞒、缓报、谎报。

2. 及时查明原因，消除污染，经水质检验合格后方可恢复供水，并向所在地教育行政部门和卫生行政部门报告处理结果。

3. 学校直饮水停水期间，学校应采取措施保障充足的卫生安全的饮用水。

上海市教育委员会关于印发《上海市实施中小学生〈国家学生体质健康标准〉监测工作方案（试行）》的通知

（沪教委体〔2013〕57 号）

各区县教育局：

为贯彻落实《中共中央国务院关于加强青少年体育增强青少年体质的意见》（中发〔2011〕15 号）及《中共上海市委、上海市人民政府关于切实提高青少年学生身心健康水平实施学生健康促进工程的通知》（沪委发〔2011〕15 号）相关要求，进一步做好本市中小学生《国家学生体质健康标准》实施工作，我委组织制定了《上海市实施中小学生〈国家学生体质健康标准〉监测工作方案（试行）》，现印发给你们，请遵照执行，并将执行过程中的意见和建议及时反馈至我委体育卫生艺术科普处。

附件：上海市实施中小学生《国家学生体质健康标准》监测工作方案（试行）

上海市教育委员会
2013 年 10 月 24 日

上海市实施中小学生《国家学生体质健康标准》监测工作方案（试行）

根据《中共中央国务院关于加强青少年体育增强青少年体质的意见》（中发〔2011〕15 号）及《中共上海市委　上海市人民政府关于切实提高青少年学生身心健康水平实施学生健康促进工程的通知》（沪委发〔2011〕15 号）精神，在做好《国家学生体质健康标准》（以下简称《标准》）实施工作的同时，逐步建立常态化的学生体质监测制度，本市将每年定期实施中小学生《标准》监测，工作方案如下：

一、监测内容

1. 对各区县教育部门、中小学校实施《标准》测试上报工作进行监督、检查。

2. 对各区县教育部门、中小学校实施《标准》测试上报数据进行复核、校验和抽样监测。

二、监测目的

1. 推进本市中小学校全面实施《标准》，建立并完善市、区、校三级监测网络和常态化的监测制度，促进青少年体质健康水平的提高。

2. 规范本市《标准》监测工作，提高测试数据的真实性、准确性、有效性。

3. 为全市各级学生体质健康状况的研究、分析、干预及公告提供重要依据和参考。

三、监测形式

学校现场监测：区县学生体质健康监测中心组织人员对本区县中小学校《标准》实施情况在学校现场进行监督和抽样核查。

区县级监测：区县学生体质健康监测中心对学校上报数据进行复核，并对本区县中小学生按一定比例进行集中抽样监测。

市级监测：市学生体质健康监测中心对各区县级集中抽样监测的测试现场进行监督、数据复核和抽样核查。

四、监测对象

监测对象为本市各区县小学一年级至高中三年级中发育健全、身体健康、无明显生理缺陷的在校学生。

五、监测样本量

根据统计学有效样本及《标准》监测工作要求，设定监测样本量，各区县可按此样本量要求增加监测样本量。

1. 学校现场监测样本量：对各个学校的监测人数不低于全校学生数的 20%。

2. 区县级监测样本量：区县学生体质健康监测中心在本区县中小学中抽取监测样本，抽样比例为本区县在校中小学生数的 5%，且确保每区县监测总样本量不得低于 2880 人（每个年级有效监测样本数不得低于 240 人）。

3. 市级监测样本量：根据教育部规定的现场数据质量控制方案，市级监测按照区级现场监测人数 3%的比例进行质量控制。

六、抽样方法

按照分层、随机整群抽样方法进行抽样，样本须覆盖全部年级。

七、测试项目与要求

按照国家教育部规定的《标准》测试项目开展监测。监测细则按照《国家学生体质健康标准解读》执行。

各区县学生体质健康监测中心需制定现场测试应急处理方案，并在现场测试过程中做好现场医务监督工作。

八、监测队伍

学校现场监测队伍由区县学生体质健康监测中心会同学校分管校长和体育、卫生、信息等学科的教师组成。

区县级监测队伍由区县学生体质健康监测中心组织专业人员组成。

市级监测队伍由市学生体质健康监测中心组织专业人员组成。

九、经费与仪器

监测经费：学校现场和区现级监测经费由学校和各区县学生体质健康监测中心列入年度预算予以保证；市级监测经费由市学生体质健康监测中心列入当年专项经费预算。

监测仪器：学校现场监测所用仪器必须符合教育部的相应要求，其中区县级和市级监测测试器材必须符合《上海市学生体质健康监测中心测试器材技术参数》（沪教委体〔2012〕47 号）要求。

十、时间安排

学校现场监测需在每年 10 月 15 日前完成；区县级监测需在每年 10 月底前完成并将数据上报；市级监测需在每年 11 月 15 日前完成。

十一、督查考核

各区县教育行政部门应制订实施细则并建立相应的督查考核制度，对认真组织测试、积极开展监测、监测数据质量高的学校给予表彰，对消极对待测试、虚报监测数据的学校给予批评，甚至通报。市教委委托市学生体质健康监测中心对各区县监测工作组织考评。

十二、本方案于 2013 年起试行。

上海市教育委员会 上海市财政局关于印发《上海高校学生食堂伙食价格平抑基金管理办法(试行)》的通知

(沪教委后〔2013〕1号)

各高等学校:

根据《教育部等五部门关于进一步加强高等学校学生食堂工作的意见》(教发〔2011〕7号)和《上海市教育委员会等六部门关于贯彻落实〈教育部等五部门关于进一步加强高等学校学生食堂工作的意见〉的通知》(沪教委后〔2011〕25号)有关要求,参照《上海市市级主副食品价格稳定基金管理暂行办法》,市教委、市财政局制定了《上海高校学生食堂伙食价格平抑基金管理办法(试行)》(以下简称《办法》),现印发给你们执行。请各高校按照《办法》有关要求,结合学校实际,制定本校平抑基金管理实施细则,并于2013年3月31日之前将本校制定的实施细则报送市教委。

附件:上海高校学生食堂伙食价格平抑基金管理办法(试行)

上海市教育委员会
上海市财政局
2013年1月24日

附件

上海高校学生食堂伙食价格平抑基金管理办法(试行)

第一条 (设立依据)

根据《教育部等五部门关于进一步加强高等学校学生食堂工作的意见》(教发〔2011〕7号)、《上海市教育委员会等六部门关于贯彻落实〈教育部等五部门关于进一步加强高等学校学生食堂工作的意见〉的通知》(沪教委后〔2011〕25号)文件精神,为确保学生食堂平稳运行,各高校应根据学校实际设立学生食堂伙食价格平抑基金(以下简称"平抑基金")。为落实国家和上海市有关文件精神,参照《上海市市级主副食品价格稳定基金管理暂行办法》有关要求,加强平抑基金管理,特制订本办法。

第二条 (设立目的)

平抑基金专项用于在成本快速、大幅上涨时,对高校学生食堂进行补贴,确保学生食堂价格和质量基本稳定,减轻高校学生基本生活压力。

第三条 (设立标准)

各高校每年应按不低于上一年度学费总收入2%的比例标准设立当年度平抑基金。

第四条 (资金来源)

平抑基金由高校统筹学费收入、其他收入及上一年度结转的平抑基金等资金渠道设立。

第五条 (使用范围)

平抑基金用以对直接为高校学生提供基本伙食保障的学生食堂(含学生清真餐厅)进行临时性成本补贴。其中,享受补贴的社会餐饮服务企业必须接受政府和学校的统一监管和指导,认真执行与学校自办学生食堂相同的伙食价格政策。

第六条　(启动条件)

满足以下条件之一,学校可以启动平抑基金:

(一) 居民消费价格指数(CPI)季度同比涨幅达到或超过3%,或者CPI中的食品类价格指数季度同比涨幅达到或超过10%。

(二) 为调控学生伙食价格、确保学生食堂平稳运行,学校根据实际情况认为应当启用时。

第七条　(管理和监督)

(一) 平抑基金的使用应严格遵守国家和本市有关法律、法规及财务会计管理制度,做到公开透明、独立核算、专款专用。

(二) 各高校应根据本校实际制定平抑基金实施细则,并设立由财务、审计、后勤、学生管理等相关部门组成的管理机构,由管理机构负责平抑基金的使用和监管。

(三) 市教委将会同有关部门组织对高校平抑基金设立和规范使用情况进行专项督查。

第八条　(附则)

(一) 本市民办高校伙食价格平抑基金管理参照本办法执行。

(二) 本办法自发布之日起试行。

上海市教育委员会关于印发《上海高校食品安全督查员管理办法（试行）》的通知

（沪教委后〔2013〕7 号）

各高等学校：

为进一步加强上海高校食品安全监管工作，充分发挥有关领域专家的专业指导作用，引导社会各界共同参与高校食品安全监督管理，推动高校食品安全工作群策群力、群防群治，及时发现高校食品安全隐患，确保高校学生安全就餐环境和饮食卫生健康，我委决定在全市高校建立食品安全督查员制度。为规范上海高校食品安全督查员工作，我委制定了《上海高校食品安全督查员管理办法（试行）》（见附件），现予印发，请遵照执行。

附件：上海高校食品安全督查员管理办法（试行）

上海市教育委员会
2013 年 5 月 13 日

上海高校食品安全督查员管理办法（试行）

第一条　为完善上海高校食品安全督查员工作制度，确保有关工作有序开展，依据《食品安全法》《食品安全法实施条例》《学校食堂与学生集体用餐卫生管理规定》等相关法律、法规、规章和本市有关食品安全监管工作要求，制定本办法。

第二条　建立高校食品安全督查员制度是教育行政部门履行学校食堂与学生集体用餐卫生“管理督查”职能的重要体现，也是会同食品安全监管部门督促学校落实食品安全责任制的创新实践。本办法所称的高校食品安全督查员工作，具体指上海市教育委员会（以下简称市教委）根据工作需要，聘请有关专家，参与本市高校食品安全工作有关的课题研究、调研、宣传、专题培训以及对本市高校食品安全责任制落实情况进行的明查和暗访工作。

第三条　高校食品安全督查员采取个人自荐、所在单位或专业学会（协会）推荐方式产生。市教委对有关人选进行遴选和聘用，聘用期一般为 1 年，由市教委统一制作聘书，统一发证，聘用情况向社会予以公示。

第四条　高校食品安全督查员应当具备以下条件：

（一）关心学校食品安全工作；

（二）具有相应的专业技术职称或管理经验；

（三）熟悉学校食品安全法律、法规、标准，具有丰富的实践经验；

（四）具有良好的思想品质和职业道德，坚持原则、客观公正、认真负责。

第五条　高校食品安全督查员的主要职责：

（一）受市教委委托，开展高校食品安全专项检查和督查暗访工作；

（二）参与高校食品安全工作宣传、咨询和专项培训；

（三）参与开展高校食品安全工作专项调查和有关课题研究；

（四）承担市教委委托的其他相关任务。

第六条　高校食品安全督查方式：

（一）明查。根据市政府工作部署和市教委工作计划，在市教委组织下，以学校自查为基础，开展食品安全专项检查。采用明查形式，应进行检查告知，现场出示聘书等检查凭证，检查内容要有记录。

（二）暗访。根据市政府工作部署、市教委工作计划和信访投诉情况，对高校食品安全工作采取飞行检查和暗查。采用暗访形式，检查组在检查时应详细记录检查时间、地点、现场状况、存在问题等，对发现的问题进行记录或拍摄，对相关文件资料进行复印。

（三）督办。接受市教委委托，对高校食品安全问题隐患和食品安全监管部门情况通报及有关信访投诉处理情况进行核实和复查。

第七条　高校食品安全督查员受市教委委托开展明查暗访工作，应以小组为单位，每个小组成员不少于3人，实行组长负责制。明察暗访结束后，检查组应于7个工作日内撰写检查报告，并上报市教委。

第八条　高校食品安全督查员实行例会制度，每两个月开展一次工作例会，分析梳理高校食品安全督查工作情况，并形成书面工作建议报市教委。

第九条　市教委委托上海市学校后勤协会对高校食品安全督查工作进行管理。

第十条　本办法自发布之日起试行。

上海市教育委员会关于印发行政规范性文件制定和备案实施办法的通知

（沪教委法〔2013〕24 号）

机关各处室：

根据《上海市行政规范性文件制定和备案规定》，在我委已有文件规定基础上，现制订并印发《上海市教育委员会行政规范性文件制定和备案实施办法》，请按照执行。

附件：1. 上海市教育委员会行政规范性文件制定和备案实施办法
2. 上海市教育委员会行政规范性文件制定和备案流程图（略）

上海市教育委员会
2013 年 8 月 6 日

附件 1

上海市教育委员会行政规范性文件制定和备案实施办法

第一条 （目的依据）

为了规范管理市教委行政规范性文件的制定和备案，严格履行法律法规内容，依法制订机关公文，提高公文的合法性和严肃性，促进依法行政，依法治教，根据《上海市行政规范性文件制定和备案规定》（简称《规定》）等有关规定，结合市教委实际，制定本办法。

第二条 （定义）

本办法所称的行政规范性文件（简称“规范性文件”），是指市教委依据法定职权或者法律、法规、规章的授权制定的，涉及学校和其他教育机构、教师、学生及其他有关组织和个人权利、义务，具有普遍约束力，在一定期限内可以反复适用的文件。

第三条 （适用范围）

规范性文件的制定、备案及其监督管理，适用本办法。本办法未规定的，按照《规定》执行。

第四条 （基本规范）

制定规范性文件，应当符合国家和本市有关行政机关公文办理的规定，并严格按照《规定》所规定的原则、名称、体例、制定程序及内容等要求执行。

第五条 （职责分工）

各处室负责涉及本处室业务的规范性文件的调研、起草、解释、清理、评估等工作。内容涉及两个及以上处室职责的，由相关处室联合调研起草，并由一个处室牵头，其他处室配合。

政策法规处负责规范性文件的立项审核、法律审核，办理规范性文件报送备案和集中清理工作。

办公室负责规范性文件的综合审核、对外公布和相关协调工作。

第六条 （立项）

各处室应当于每年的 5 月份提出当年下半年度需要制定的规范性文件立项计划，11 月份提出次年上半年度的立项计划。立项计划由政策法规处汇总后提交委主任办公会议审定。相关处室按照委主任办公会议确定的立项计划开展规范性文件的制定工作。

第七条　（调研）

起草规范性文件，起草处室应当对制定规范性文件的必要性和可行性进行研究，并对规范性文件涉及的管理领域现状、所要解决的问题、拟设定的主要政策措施或者制度的合法性和合理性等内容进行调研论证，形成规范性文件草案和起草说明。对可能引发社会稳定风险的重大教育决策、重要教育政策、重要改革举措，应当进行风险评估。

第八条　（起草要求）

规范性文件的起草，应当符合以下要求：

（一）属于市教委法定职权或者法律、法规、规章授权范围；

（二）符合法律、法规、规章以及国家和本市政策；

（三）与相关规范性文件协调一致；

（四）教育改革发展需要；

（五）与政府职能转变要求一致。

第九条　（听取意见）

起草规范性文件，起草处室应当听取相关机关和组织、委内相关处室、管理相对人和专家的意见。

起草处室听取意见，应当采取召开座谈会、书面征求意见、会签等方式，并可以根据实际需要，采取召开论证会、听证会和公开征询社会公众意见等方式。

第十条　（意见的处理）

起草处室应当认真听取、研究吸收有关意见。委内相关处室、相关机关和组织对规范性文件草案的内容提出不同意见的，起草处室应当进行协调，经协调仍不能达成一致意见的，报请分管领导协调，并提出倾向性意见，或报委主任办公会议研究决定。

对重大分歧意见的协调和处理情况，应当在起草说明中载明。

第十一条　（法律审核材料）

起草处室送政策法规处法律审核时，应当提供下列材料：

（一）发文单（注明规范性文件）；

（二）规范性文件草案；

（三）起草说明（包括规范性文件立项情况、制定目的、制定依据、制定的必要性和可行性、制定简要过程、主要制度和措施、重点难点、听取意见情况及分歧意见协调的情况和结果等内容）；

（四）起草规范性文件所依据的法律、法规、规章和国家政策以及上级行政机关的命令、决定；

（五）征求意见的有关材料；

（六）其他相关材料。

第十二条　（法律审核意见）

政策法规处应当在10个工作日内，根据《规定》第十八条的规定，及时进行审核：

（一）对符合规范性文件制定各项要求，经法律审核通过的，由起草处室经分管领导同意报请委主任办公会议审议；

（二）对属于《规定》第十九条规定情形之一的，将送审材料退回起草处室，或者要求起草处室修改、补充材料后再报请法律审核。

第十三条　（报审材料）

提请主任办公会议审议规范性文件的，起草处室应当向委主任办公会议提交下列材料：

（一）规范性文件草案；

（二）起草说明；

（三）需要提交的其他材料；

（四）政策法规处的法律审核意见。

第十四条　（审议签发）

规范性文件应当经委主任办公会议审议决定。

审议通过的，由起草处室按照公文流转程序送交办公室审核，报委主任签发。

审议未通过的，退回起草处室修改或重新研究，由起草处室按照本办法要求提请委主任办公会议重新审议。

第十五条 （公布）

市教委制定的规范性文件，由办公室按照有关规定向有关单位发布，并在发布之日起5个工作日内通过“上海教育”政府网站向社会公布。未向社会公布的，不得作为实施行政管理的依据。

根据实际需要，规范性文件还可以通过有关报纸、杂志、广播、电视等新闻媒体公布。

第十六条 （施行时间、有效期和解释）

起草处室应当根据《规定》第二十四、第二十六条的规定，明确规范性文件的施行日期和有效期。

规范性文件自载明的施行日期起实施，一般应当自发布之日起30日以后施行，但《规定》另有规定的除外。

规范性文件应当载明有效期，规范性文件的有效期一般不超过5年，规范性文件名称冠以“暂行”“试行”的，有效期不超过2年。

起草处室按照职责分工对规范性文件涉及本处室业务的内容作解释。

第十七条 （简化程序）

符合《规定》第二十一条所列情形之一的，经委主任批准，可以参照本办法简化制定程序。

第十八条 （备案报送）

政策法规处自规范性文件发布之日起15个工作日内，按照《规定》第三十条、第三十一条等规定，向市政府报送备案，报送备案的材料直接送市政府法制机构。

第十九条 （评估制度）

规范性文件的评估由起草处室负责。

规范性文件在有效期届满后需要继续实施的，应当在该文件有效期届满前6个月进行评估。

经评估的规范性文件拟在有效期届满后继续实施或者修订后实施的，起草处室应当在该文件有效期届满的1个月前，将继续实施意见或修订意见，连同评估报告一并送政策法规处进行法律审核。

规范性文件的修订程序参照本办法执行。

第二十条 （清理制度）

各处室应当根据法律、法规、规章和国家政策的修订调整情况及实际工作的需要，及时清理本处室职责范围内的规范性文件。

政策法规处根据工作需要和实际情况，适时组织相关处室集中清理规范性文件。

规范性文件清理后，政策法规处应当将决定废止、失效的规范性文件目录向社会公布。

政策法规处定期将继续有效的规范性文件进行汇编。

第二十一条 （对有关建议的处理）

起草处室应当建立健全规范性文件跟踪反馈制度。

市政府及其法制机构对市教委规范性文件备案审查后提出处理意见的，政策法规处应当会同起草处室自接到法制建议之日起，在规定期限内补正程序、停止执行、自行改正或者废止规范性文件，并将办理结果书面报告市政府法制机构。

规范性文件实施过程中，公民、法人或者其他组织对市教委规范性文件提出书面建议的，起草处室应当会同政策法规处予以核实。确有问题的，应当提出修改或撤销的建议，报委主任办公会议审议决定。

第二十二条 （监督检查）

监察室负责做好规范性文件制定工作中的监督检查工作。

因市教委不及时办理规范性文件报送备案，或者不及时纠正规范性文件有关问题，情节严重，造成不良后果的，由监察室、机关党委会同人事处依法对有关直接负责的主管人员和其他直接责任人员给予行政处分，报委领导决定后执行。

第二十三条 （施行日期）

本办法自印发之日起施行。2004年6月15日发布的《上海市教育委员会实施〈上海市行政规范性文件制定和备案规定〉的办法》（沪教委法〔2004〕7号）同时废止。

上海市教育委员会 上海市青少年学生校外活动联席会议办公室关于印发《上海市校外教育三年行动计划(2013—2015年)》的通知

(沪教委德〔2013〕30号)

各区县教育局、校外联办、各委、局、控股(集团)公司教育处:

根据《中共中央国务院关于进一步加强和改进未成年人思想道德建设的若干意见》(中发〔2004〕8号)和《关于进一步加强和改进未成年人校外活动场所建设和管理工作的意见》(中办发〔2006〕4号文)要求,进一步加强上海校外教育工作,全面实施素质教育,现制订并印发《上海市校外教育三年行动计划(2013—2015年)》,请你们结合本区县和行业德育工作与学生身心发展的实际,认真贯彻执行。在实施过程中,有何意见和建议请及时反馈给市教委德育处。

附件:上海市校外教育三年行动计划(2013—2015年)

上海市教育委员会
上海市青少年学生校外活动联席会议办公室
2013年6月4日

上海市校外教育三年行动计划(2013—2015年)

校外教育是将社会主义核心价值体系融入国民教育全过程的重要载体,是社会主义精神文明建设和未成年人思想道德建设的重要途径,是全面实施素质教育的重要组成部分。

近年来,在教育部深入推进实践育人工作指导下,在市委、市政府的高度重视下,在各委办局和社会各界的大力支持下,上海校外教育着力健全管理体制、建设活动阵地、架构内容体系、加强队伍建设、探索校内外教育衔接,努力完善校外教育联席会议制度,初步构建了以"上海市学生民族精神教育指导纲要""上海市中小学生生命教育指导纲要"为核心,适合不同年龄阶段学生的内容体系和服务网络,形成了一批富有示范性的校外教育活动场馆,逐步打造了一批富有影响的校外活动品牌和一支素质较高、专兼结合的教师队伍,为深化课程改革,服务学生发展,引领健康成长提供了日益丰富的教育资源。

当前,上海校外教育的发展还面临不少困难和挑战:校内外教育合力育人的思想共识有待深化;校内外教育统筹规划、有效衔接、机制创新有待完善;校外教育活动场所布局不够均衡、内涵建设有待提升,校外教育师资队伍的专业化水平还不能完全满足青少年学生发展需求。

一、指导思想

坚持以邓小平理论、"三个代表"重要思想和科学发展观为指导,将社会主义核心价值体系有效融入校外教育全过程、全方位,深化民族精神教育和时代精神教育,提高学生的道德素质;践行生态文明,深入实施生命教育,培育学生健全人格;以体验教育为基本途径,深入推进素质教育,培养学生社会责任感、创新精神、实践能力。

——**坚持文化育人和实践育人**。积极培育和践行社会主义核心价值观,以"两纲"为主线,进一步挖掘校外教育的丰富资源,推进校外教育活动场所内涵建设,使校外教育充分彰显时代特色、上海特点的文化育人作用,努力营造润物无声的育人氛围。

——**坚持校外教育的公益性**。进一步改革体制机制，切实保障校外教育资源和文化设施使用的公益性功能，不断提升优质校外教育资源的普惠化和影响力水平，努力促进不同地区、不同领域校外教育资源的高位均衡发展。

——**坚持校内外教育有效衔接**。切实加强学生成长规律和校外教育工作规律的研究，不断激发校内外教育主体的积极性和主动性，促进校内外教育的密切合作和良性互动，充分发挥“社会教育大课堂”在合力育人中的重要作用。

——**坚持提升校外教育服务水平**。注重问题导向、需求导向和项目导向，找准校外实践体验与校内课程改革的契合点，把握校外教育优势资源与学生成长个性需求的最佳教育区，不断提升校外教育服务水平，切实增强校外教育的科学性、时代性和实效性。

二、工作目标

围绕“为了每一个学生的终身发展”理念，建立和完善与上海城市发展和教育现代化发展相适应的校外教育工作体系。加大校外教育工作力度，发挥校外教育与校内教育、家庭教育合力育人优势；增强校外教育工作广度，形成校内校外衔接、网上网下互动，对接社区、覆盖城乡的校外教育网络；推进校外教育工作深度，增强校外教育育人内涵，提升校外教育软实力；注重校外教育督导评估，增强校外教育的针对性和有效性。

（一）健全体制机制。健全和完善区县校外教育联席会议制度，优化校外教育工作机制，形成纵向衔接、横向贯通、科学运行、务实高效的有利于促进校外教育发展的工作网络与平台。

（二）提升教育内涵。逐步完善覆盖城乡公益性场所网络；推进校外教育信息化建设，搭建校外教育活动网络平台；提高校外教育质量，提升校内外教育一体化育人水平。

（三）优化资源配送。以优质校外教育场所资源为主体，逐步建立和完善校外教育配送服务资源库，以现代教育物流网为支撑，形成校外教育资源配送体系。

（四）加强督导评估。发挥多部门协作优势，开展对校外活动场所的定期督导评估，以评促建、以评促用、以评促管，促进校外教育科学持续发展。

三、主要任务及重点项目

（一）建设完善“社会教育大课堂”

整体规划以民族精神教育、时代精神教育和生命教育为重点的“社会教育大课堂”，着力提升校外活动场所的服务意识和能力。加强“学生实践和创新基地建设工程”等项目推进，满足全市各级各类学校学生开展校外实践活动的需求。充分体现文化引领作用，营造时时处处育人的教育环境。

围绕本任务，要重点实施以下项目：

1. 校外教育场所建设项目。大力推进学生实践与创新基地建设；科学布点，加大未成年人校外活动场所建设力度，在三年内形成一批市级示范性场所，为学生提供一批各具特色的社会实践基地和素质发展平台。主要包括：“‘东方绿舟’上海学生公共安全教育实训基地”建设项目、上海市少年儿童图书馆建设项目、上海书展(中国上海国际童书展项目)、上海市自然博物馆、上海市天文博物馆、学农教育基地建设项目、学校素质教育综合基地建设项目、职业体验基地建设项目、乡村学校少年宫和城市学校少年宫建设项目、青少年体育俱乐部项目和青少年户外体育活动营地建设项目等。

2. 资源配送项目。构建政府主导、社会参与、高效管理的校外教育资源配送服务体系。以“任务驱动”方式，开展文化院团、儿童戏剧进校园、高校体育艺术团队及科研院所服务学校、服务学生的项目试点，促进文化、宣传、教育、科技、卫生、体育等系统资源对农村、学校的配送服务。

（二）推进校内外教育有效衔接

试点推进“校内外教育实践共同体”机制建设，使学生在知行合一、做学一体的教育实践中激发潜能、培育个性，为终身发展奠定坚实的基础。

围绕本任务，要重点实施以下项目：

1. 加强联动。促进馆校、社校、家校、校际之间的联动，建立双向负责的需求分析、沟通联系、动态监控和活动反馈机制。重点加强场所与教育局、场所与学校之间对接机制建设。进一步完善和发挥场馆“教育部”、“教育专员”在馆校合作中的桥梁纽带作用。三年内试点建设50个“校内外教育实践共同体”典型和综合实践课程资源包。

2. 依托社区。充分发挥“社区创新屋”的平台作用，做强政府实事工程。通过与学校创新实践活动密切合作，使学生在“做中学”过程中激发兴趣，培养创新意识，促进理论与实践的有效结合。拓展心理健康指导中心服务功能，注重人文关怀和心理疏导。加强体教结合，开展阳光体育活动，培养学生良好的生活方式和健康习惯。

3. 整合课程。整合校外教育实践资源，与课程改革紧密结合，增加德育、科技、文史、艺术、体育、法制、家政等方面课程的教育实践环节，充分利用校外教育活动场所开展现场教学。推进上海市科技人文项目的覆盖面，形成50个丰富多彩、富有特色的品牌项目和100个应用性课件。

4. 师资培训。通过育人为本的理念对接、共同研修的业务对接、分工合作的活动对接、双向互动的评价对接，着力提升校内外教师指导能力。三年内完成被列入“上海市未成年人社会实践版图”场所“教育专员”的全覆盖培训。

（三）打造高水平学生创新实践平台

充分发挥校外教育活动在培育学生创新素养、培养未来创新人才中的重要作用，初步形成创新人才的早期发现和培育机制。

围绕本任务，要重点实施以下项目：

1. 青少年科技活动品牌创建项目。进一步办好“青少年科技创新大赛”“争创明日科技之星”“国际青少年科技博览会”“未来工程师大赛”“科学种子选拔赛”等活动，吸引广大青少年积极参与，培育一批科技创新后备人才。

2. 青少年创新资源开放共享项目。推进校内外优质创新教育资源的开放，充分发挥“全国高校科学营上海科学营”和“上海青少年科学社及分社”等科普教育作用；试点推进高校、科研院所与中小学之间教育资源的开放共享；拓展大学实验室、博物馆和重点职校实训中心（实训室）功能。试点建设一批校际资源开放的示范单位。

（四）加强校外教育资源整合

进一步做好优质校外教育资源的品牌建设，扩大优质资源开发开放的范围和数量，提高优质资源利用效能。

围绕本任务，要重点实施以下项目：

1. 未成年人“社会实践版图”品牌建设项目。打造上海“版图”优势品牌，注重提升“版图”的主题内涵和功能，合理规划和完善“版图”的城乡布局，提升“版图”的育人功效。

2. 学生“社区实践指导站”建设项目。探索建立、完善以社区各类场所和服务性机构为主要依托、以志愿者服务为主要方式的学生社区实践指导站。统筹街道（社区）资源，为未成年人提供尝试职业体验的实践岗位。在2015年前建成50个学生“社区实践指导站”。

3. 学校资源开放项目。依托各类学校创新实验室、体育设施、图书馆、电脑房、音乐舞蹈室等资源，建设各具特色的开放性学生活动场所和项目，提供区域内学生就近开展课外活动，满足学生学习、健身和多元精神文化需求。创建一批学校资源开放的示范单位。

（五）提升队伍专业化发展水平

着力提升校外教育工作队伍专业化水平和育人能力，建设与上海国际化大都市建设和教育现代化发展相适应的优质校外教育队伍。鼓励中心城区骨干教师到郊区农村援助校外教育工作；鼓励学校教师利用课余和节假日时间到校外活动场所参与志愿者工作；选派农村校外教育教师到市区交流学习，提升校外教育教师队伍的整体素质。

围绕本任务，要重点实施以下项目：

1. 制订校外教育教师培训大纲。根据场所师资队伍培训需求，研究制订《上海市校外教育教师培训大纲（试行稿）》，整体规划培训课程，明确培训目标、培训内容、实施方式，启动对校外教育师资队伍的培训；编写青少年校外教育场所工作分类指导手册，对学校教师开展校外教育活动进行针对性辅导。

2. 建立专兼结合的高素质队伍。推进场馆“教育部”“教育专员”制度建设，逐步提高专兼职教育人员比例。逐步建立由教师、学生、家长志愿者，专业技术人员志愿者，文化体育指导员等组成的具有较高专业化水平的志愿者队伍。推出一批优秀专兼职志愿者先进团队。

3. 加强网络信息员队伍建设。以校外教育信息化工程建设为契机，建设一支适应学生发展需求、有效促进“社会大课堂”沟通的信息员队伍。

（六）构建校外教育网络平台

大力推进校外教育信息化建设，提高校外教育场所信息化建设水平和服务能力，促进校外教育数字化、信息化发展。

围绕本任务，要推进实施以下项目：

1. “博雅社会教育大课堂”网络平台项目。建设与上海基础教育发展相适应、与基础教育网络相衔接的“博雅社会教育大课堂”网络信息平台，有机统筹各类社会教育资源，为中小学组织学生开展课外实践活动开辟新途径，提供新服务。具体项目有校外教育综合信息发布平台、校外教育资源库建设、虚拟场馆建设项目、校外活动场馆评价管理项目等。

2. 学生社会实践“一卡通”信息平台服务项目。提供场馆、学校、学生、志愿者等活动记录和场馆资讯信息服务，试点建立青少年学生校外实践活动档案信息制度，为推进校外教育评价信息化创造条件。

四、保障措施

（一）完善校外教育体制机制

进一步落实区县校外教育联席会议制度，完善联席会议成员单位、行业（企业）、校外活动场所与教育系统的沟通协调机制，形成有利于促进校外教育发展的工作网络与平台。统筹城乡优质教育资源，优化场所运行机制，形成资源配送体系。加强校外师资队伍的专业化能力建设，提升校外专兼职教师的教育境界。逐步增加经费投入，提高校外活动场所的服务指导水平。深化平安创建工作，建立安全防护、秩序维护、治安整治及社会实践等方面的制度保障，确保良好的制度环境。探索建立公益性、社会性校外活动场所校外教育社会责任报告制度。

（二）加强理论和实践研究

将校外教育研究纳入市哲学社会科学发展研究规划和市教育发展研究规划，提升校外教育研究水平；充分发挥高等院校、科研院所和校外教育场所的研究优势，提高研究成果的实践应用能力，促进研究成果的转化推广。推出一批校外教育场所文化育人和实践育人的优秀项目和实践活动课程“文化包”，每两年评选一批校外教育理论和实践优秀成果。开展校外教育条例研究工作，形成“上海市校外教育条例”建议报告，为全社会共同支持和促进校外教育发展提供制度保障。

（三）发挥校外教育督导评估作用

积极探索多元化校外教育场所评价方式。发挥社会评价、成员单位评价、学校评价、学生评价和家长评价的积极作用，逐步形成具有校外教育属性和特点的评价体系。进一步完善各类社会实践场所的评价指标和操作方案，定期开展校外教育评估。每两年由各委办局共同评选一批成效显著、特色鲜明的场所和学校。

附：上海市校外教育三年行动计划（2013—2015年）工作重点和任务分解表

项　目	重点任务	责任单位
一、建设完善“社会教育大课堂”（12项）	（一）校外教育场所建设项目。1.“‘东方绿舟’上海学生公共安全教育实训基地”建设项目；2.上海市少年儿童图书馆建设项目；3.上海市自然博物馆；4.上海市天文博物馆；5.学农教育基地建设项目；6.学校素质教育综合基地建设项目；7.职业体验基地建设项目；8.乡村学校少年宫建设项目；9.城市学校少年宫建设项目；10.青少年体育俱乐部建设项目；11.青少年户外体育活动营地。	*市教委、市委宣传部、市文明办、市文广局、市科委、市文物局、市科协、体育局、市司法局、市农委、市总工会、市民防办、市发改委、市财政局、市公安局、市人社局、新闻出版局、国资委、规土局、团市委、市妇联、中福会少年宫
	（二）资源配送项目。12.开展文化院团、儿童戏剧进校园、高校体育艺术团队及科研院所资源对农村、学校的配送服务项目试点。	*市委宣传部、市文明办、市教委、市文广局、市科委、市文物局、市科协、体育局、中福会

（续上表）

项　　目	重 点 任 务	责任单位
二、推进校内外教育有效衔接（9项）	（一）各相关成员单位所属校外活动场所要具体落实未成年人教育工作部门（或称"教育部"）和专门人员负责未成年人校外教育工作，实现全覆盖。1.加强馆校合作，形成有效的联动机制，逐步提高专兼职教育人员比例。	*市委宣传部、市文明办、市教委、市文广局、市科委、市文物局、市科协、体育局、市司法局、市农委、市总工会、市民防办、市公安局、市人社局、团市委、市妇联、中福会
	（二）加强联动。2.三年内试点建设50个"校内外教育实践共同体"典型；3.一批形态多样的综合实践课程资源包。	*市教委、市委宣传部、市文明办、市文广局、市文物局、市科委、市科协、体育局、市妇联
	（三）依托社区。4.充分发挥"社区创新屋"的平台作用，做强政府实事工程；5.拓展心理健康指导中心服务功能，注重人文关怀和心理疏导；6.加强体教结合，开展阳光体育活动，加强青少年户外体育活动，培养学生良好的生活方式和健康习惯。	*市文明办、市科委、市教委、市文广局、市科协、体育局、市卫生计生委
	（四）整合课程。7.形成50个丰富多彩、富有特色的品牌项目；8.100个应用性课件。	*市教委、市委宣传部、市文明办、市文广局、市文物局、市科委、市科协、体育局、市司法局、市农委、市总工会、市民防办、市公安局、市人社局、团市委、市妇联、中福会
	（五）师资培训。9.三年内完成被列入"上海市未成年人社会实践版图"场所"教育专员"的全覆盖培训。	*市校外联办、市委宣传部、市文明办、市教委、市文广局、市文物局、市科委、市科协、体育局、市司法局、市农委、市总工会、市民防办、市公安局、市人社局、团市委、市妇联、中福会
三、打造高水平学生创新实践平台（5项）	（一）青少年科技活动品牌创建项目。1.进一步把"青少年科技创新大赛""争创明日科技之星""国际青少年科技博览会""未来工程师大赛""科学种子选拔赛"等活动办成重大品牌项目。	*市科协、市教委、市科委
	（二）青少年创新资源开放共享项目。2.充分发挥"全国高校科学营上海科学营"和"上海青少年科学社及分社"等科普教育作用；3.试点推进高校、科研院所与中小学之间教育资源的开放共享；4.拓展大学实验室、博物馆和重点职校实训中心（实训室）功能；5.试点建设一批校际资源开放的示范单位。	*市科委、市教委、市文广局、市文物局、市科协、市人社局
四、加强校外教育资源整合（6项）	（一）未成年人"社会实践版图"品牌建设项目。1.倾力打造上海"版图"优势品牌，注重提升"版图"的主题内涵和分层要求；2.合理规划和完善"版图"的城乡布局，提升"版图"的育人功效。	*市校外联办、市委宣传部、市文明办、市教委、市文广局、市科委、市文物局、市科协、体育局、市司法局、市农委、市总工会、市民防办、市发改委、市财政局、市公安局、市旅游局、市人社局、团市委、市妇联、中福会
	（二）学生"社区实践指导站"建设项目。3.统筹街道（社区）资源，为未成年人提供尝试职业体验的实践岗位；4.在2015年前建成50个学生"社区实践指导站"。	*市文明办、市教委、市校外联办、市文广局、市科委、市文物局、市科协、体育局、市司法局、市农委、市总工会、市民防办
	（三）学校资源开放项目。5.依托各类学校创新实验室、体育设施、图书馆、电脑房、音乐舞蹈室等资源，建设各具特色的开放性学生活动场所和项目，提供区域内学生就近开展课外活动；6.创建一批学校资源开放的示范单位。	*市教委、市委宣传部、市文明办、市文广局、市科委、市文物局、市科协、体育局、市司法局、市总工会、市民防办、市公安局、市旅游局、市人社局、新闻出版局、团市委、市妇联、中福会

（续上表）

项　　目	重　点　任　务	责任单位
五、提升队伍专业化发展水平（6项）	（一）制订校外教育教师培训大纲。1.研究制订《上海市校外教育教师培训大纲（试行稿）》，整体规划培训课程；2.启动对校外教育师资队伍的培训；3.编写青少年校外教育场所工作分类指导手册。	* 市校外联办、市人社局、市教委
	（二）建立专兼结合的高素质队伍。4.逐步建立由教师、学生、家长志愿者，专业技术人员志愿者，文化体育指导员等组成的具有较高专业化水平的志愿者队伍；5.推出一批优秀专兼职志愿者先进团队。	* 市文明办、市校外联办、市人社局、团市委、市文广局、市体育局、市教委
	（三）加强网络信息员队伍建设。6.建设一支适应学生发展需求、有效促进“社会大课堂”沟通的信息员队伍。	* 市委宣传部、市文广局、市教委、市校外联办、市综治办、市新闻出版局
六、构建校外教育网络平台（3项）	（一）“博雅社会教育大课堂”网络平台项目。1.校外教育综合信息发布平台、校外教育资源库建设、虚拟场馆建设项目、校外活动场馆评价管理项目等。	* 市校外联办、市委宣传部、市文明办、市教委、市文广局、市科委、市文物局、市科协、体育局、市司法局、市农委、市总工会、市民防办、市发改委、市财政局、市公安局、市旅游局、市人社局、新闻出版局、团市委、市妇联、中福会
	（二）学生社会实践“一卡通”信息平台服务项目。2.提供场馆、学校、学生、志愿者等活动记录和场馆资讯信息服务；3.试点建立青少年学生校外实践活动档案信息制度。	* 市教委、市委宣传部、市文明办、市文广局、市科委、市文物局、市科协、体育局、市司法局、市农委、市总工会、市民防办、市公安局、市旅游局、市人社局、新闻出版局、团市委、市妇联、中福会少年宫
七、建立健全保障体系（9项）	（一）完善校外教育体制机制。1.进一步完善联席会议成员单位、行业（企业）、校外活动场所与教育系统的沟通协调机制；2.加强场所自身师资队伍培训；3.增加未成年人校外活动指导的经费投入，深化平安创建工作，建立安全防护、秩序维护、治安整治及社会实践等方面的制度保障；4.探索建立公益性、社会性校外活动场所校外教育社会责任报告制度。	* 市校外联办、市委宣传部、市文明办、市教委、市校外联办、市文广局、市科委、市文物局、市科协、体育局、市农委、市总工会、市民防办、市公安局、市旅游局、市人社局、新闻出版局、团市委、市妇联、中福会
	（二）加强理论和实践研究。5.将校外教育研究纳入市哲学社会科学发展研究规划和市教育发展研究规划，提升校外教育研究水平；6.推出一批校外教育场所文化育人和实践育人的优秀项目和实践活动课程“文化包”，每两年评选一批校外教育理论和实践优秀成果；7.开展校外教育条例研究工作，形成“上海市校外教育条例”建议报告，为促进校外教育发展提供制度保障。	* 市校外联办、市委宣传部、市教委、市司法局
	（三）发挥校外教育督导评估作用。8.逐步形成具有校外教育属性和特点的评价体系。进一步完善各类社会实践场所的评价指标和操作方案，定期开展校外教育评估；9.每两年由各委办局共同评选一批成效显著、特色鲜明的场所和学校。	* 市校外联办、市教委、校外联各有关成员单位

2013 年上海市教育委员会工作要点

2013 年上海教育工作要全面贯彻落实党的十八大精神，深入实施国家和上海市中长期教育改革和发展规划纲要，突出“为了每一个学生的终身发展”的核心理念，继续深化教育领域重大改革，大力推进各级各类教育协调发展，全面提升人才培养和知识服务城市发展的能力和水平，为率先实现教育现代化而努力。

一、实施中长期规划纲要，深化教育综合改革试验区建设

1. 综合改革。系统总结 2012 年部市共建国家教育综合改革试验区 8 方面重点工作落实情况，2013 年着力在省级教育统筹综合改革、基础教育高位均衡发展、人才培养体系模式改革、高水平大学办学机制、民办教育规范特色发展、教育对外开放综合改革等 6 方面加大探索力度。落实市教育体制改革领导小组专题会议确定的各项任务，加强教育事业发展的统筹协调。继续推进 27 项国家教育体制改革试点项目，对已完成试点的项目进行结题，不断深化教育综合改革。

2. 落实“十二五”规划。推进落实上海市中长期教育改革和发展规划纲要、上海市“十二五”教育改革和发展规划以及基础教育、高等教育、职业教育、终身教育、民办教育、德育、师资队伍建设、教育信息化、教育国际化、学校基本建设等专项规划，细化明确节点目标，完成年度任务。

3. 管理体制改革。推进行业高校管理体制改革，整合优化高校专业布局结构。支持上海科技大学和上海纽约大学在办学管理体制、人才培养、教职员工聘用制度、财务拨款机制等方面开展探索，为建立现代大学制度提供经验。支持若干院校更名和转设工作。创新教育评价体系，引入社会评价机制。

二、推进学生德育工作，提高思想政治工作实效性

4. 十八大精神学习宣传。在广大师生中深入推进十八大精神的学习，指导各级各类学校提高学习宣传的针对性和有效性。积极推动社会主义核心价值体系融入教育教学全过程，加强德育与诸育的有机融合，落实立德树人的根本任务。

5. 整体规划大中小学德育课程。完善校内外贯通、网上网下互动的德育工作体系，促进大、中、小学的有效衔接，促进课堂专业学习、课外实践体验和网络空间三个课堂的资源整合。推进易班建设，制订《“易班——上海大学生网络互动社区”建设与发展三年行动计划(2014—2016 年)》。实施马克思主义理论研究和建设工程，组织“高校思想政治理论课教学活动月”活动，举行思政课教学比赛。推进中小学学科德育，修订各学科贯彻落实“两纲”的指导意见，开展区域、校际间学科德育研讨与交流。

6. 德育队伍建设。推动辅导员队伍建设，形成科学化模式、专业化培养、多样化发展的格局，组织“高校辅导员队伍建设月”系列活动，加强辅导员团队文化建设，切实提高队伍专业化水平。健全中小学班主任队伍培养机制，开展班主任培训特色课程体系建设，完成首批上海市班主任带头人工作室结业和新一轮工作室遴选工作。

7. 心理健康教育。构建大中小学衔接、医教结合、突出人文关怀和心理疏导、适合学生身心特点的心理健康教育工作体系。推进上海学生心理健康教育发展中心建设，构建心理健康教育课程体系，关注学生心理疏导，完善危机干预与转介机制，开展学校心理咨询师培训、继续教育、督导与认证工作。

8. 校外教育。进一步建设“学生创新和实践基地”，健全和完善中小学生社会实践基地及其活动的组织管理、评估考核等制度。实施校外教育能力提升计划，强化社会实践内涵建设，培养学生创新能力。充分发挥市区校外教育机构作用，形成规范的运作机制，为提升学生的科技、艺术、体育等方面的素养提供服务。

三、加强城乡一体化建设，促进基础教育高位均衡发展

9. 学前教育。全面推进学前教育三年行动计划(2011—2013 年)的实施。实施新增 30 所幼儿园的市政府实事项目建设。研究和创新民办三级幼儿园和学前儿童看护点的管理办法。积极应对入园高峰，妥善解决好当年新增的入园需求。加强学前教育内涵建设，启动全市保育人员专业培训，通过城郊结对、农村园长培训等方式提升郊区农村幼儿园质量。推进0—3岁婴幼儿早期教养的试点工作。进一步推进学前教育资源库建设。

10. 城乡教育一体化。指导督促各区县落实2013年中小学校建设项目。推进城区优质教育资源赴大型居住社区和郊区新城办学。开展第四轮郊区农村义务教育学校委托管理工作。实施市政府实事项目，为300所郊区初中学校更新配齐实验室设施设备。推进新优质学校建设项目，发挥示范辐射作用。深化家校合作项目。

11. 进城务工人员随迁子女教育。开展适合随迁子女实际的教育教学研究，实施随迁子女融入教育。进一步加强以招收随迁子女为主民办小学的规范管理，提升教育质量。依据《上海市居住证积分制管理办法》，会同有关部门研究制定随迁子女在本市参加中高考实施方案。

12. 普通高中多样化发展。实施普通高中学生创新素养培育实验项目，做好项目阶段总结工作，交流创新素养实验项目研究成果。推进特色高中建设，总结提炼项目学校特色课程建设经验，推动课程资源辐射共享。召开高中教育改革工作推进会，总结和部署高中教育改革深化工作，促进高中教育特色发展，形成多样化发展格局。

13. 基础教育课程改革与评价改革。召开本市基础教育课程改革委员会会议，宏观决策和统筹协调基础教育课程建设。全面完成中小学各学科课程标准修订工作。总结推广提升课程领导力实验学校的经验。设立市级基础教育教学成果奖，并开展首评。召开本市中小学实验教学工作会议，推进中小学实验教学工作。开展小学阶段校本课程征集展示活动。推进中小学生学业质量评价改革，加强市、区县基础教育质量监测（评价）中心建设，提升教育评价专业化水平。基本建成上海市基础教育质量数据库和上海市基础教育质量监测专网，着力加强基础教育质量评价机制建设。

14. 特殊教育和民族教育。以特殊教育医教结合已有工作机制为基础，着重发挥机制作用，提高运行质量。开展学前特殊教育课程研究，开发适合学龄前残疾儿童的课程方案。加强随班就读教育教学研究，提高随班就读学生个别化教育质量。完善特殊教育信息通报系统建设。落实教育部2013年内地民族班扩招任务，继续在德育、教学和管理三个工作平台上，努力创新工作机制和形式，提升办班学校教育教学水平，开展行之有效的民族团结教育。

四、加强职业教育基础能力建设，提升职业教育教学质量

15. 职业教育体系构建。继续开展中高职教育贯通培养模式试点，适度扩大试点专业数和招生规模。推动支持中高职院校实行学分制教育衔接培养模式试点。推进中职、高职、应用本科间的衔接，构建技能型人才培养立交桥。研究制定职业教育集团运行绩效评估指标体系，拓展职教集团的功能，发挥示范辐射作用。

16. 示范性职业院校建设。创建首批“上海市中等职业教育改革发展特色示范学校”，促进中职校改革创新、办出特色。加强国家中职示范校学校指导和管理，组织开展第一批立项学校建设验收。推进上海高职“飞跃计划（暨后示范性高职院校建设工程）”，实施上海市特色高职院校建设计划。

17. 职业教育教学改革。实施“双证融通”专业改革试点，制定试点专业教学实施方案和课程考核实施办法。开发第二批中职国际水平专业教学标准。深化“任务引领型课程”为主体的职教课程体系改革。制定精品特色专业评估指标体系，开展评估验收。调整和优化高职专业结构，实施高等职业教育质量工程，推进高技能人才培养模式。通过各类职业技能比赛，促进学生专业技能培养。

18. 专业建设。推动学校对接产业需求建立专业设置调整机制。实施专业负责人能力提升计划，打造具备专业水准和实践能力、在国内同行中具有影响力的重点专业带头人队伍。完善人才培养质量监控体系，启动上海高职高专专业评估。

五、创新人才培养模式，提升高等教育人才培养质量

19. 高等教育内涵建设工程。推进部市共建高校重点建设工作，做好“985工程”三期验收准备，开展新一轮“211工程”建设。继续推进上海地方本科院校“十二五”内涵建设（085工程），开展建设工作绩效评价。继续支持上海财经大学、华东理工大学等211高校开展985“优势学科创新平台”项目建设。深化校企合作，提高教育质量。

20. 研究生教育综合改革。实施上海市研究生教育创新计划，加强研究生学术交流和合作。实施创新探索项目，推进学位点引导布局与建设培育工作。推动高校建立以科学研究和实践创新为主导的导师负责制，完善研究生培养、资助、考核、评价和管理等机制。推进专业学位研究生教育综合改革试验，促进专业学位教育与职业任职资格有机衔接。构建专业学位研究生实践体系，开展专业学位教育特色品牌建设试点。

21. 本科教育教学质量。实施本科教学工程，建设本科重点专业，推进卓越人才培养基地和创新创业教育实验基地建设，实施高校重点教学改革项目。指导相关院校开展本科教学工作合格评估。建设上海高校课程共享中心。组建学科专业教学指导委员会。建设市级精品课程。通过引入社会评价，完善高等教育评价体系和教学质量发布制度，继续实施高校本科教学质量年度报告制度。创建高校毕业生就业质量社会评价指标体系，建立高校人才培养质量社会反馈机制，实施高校毕业生就业质量社会评价年度报告制度。

22. 一流学科建设。实施上海高等学校创新能力提升计划，探索跨学科融合模式、学术国际合作的途径、师资队伍建设要求，优化学科组织和管理模式，提升高校人才、学科、科研三位一体的创新能力。实施“085工程”在建重点学科绩效跟踪评价，完善国家、市、校三级重点学科建设体系。

23. 高校知识服务能力提升工程。依据国家和上海“2011计划”目标，加强在建知识服务平台过程管理，探索建立知识服务平台可持续运行的协同创新模式。引导和支持高校面向区域发展需求，组织培育国家2011协同创新中心。开展高校技术转移中心试点建设，推进高校无形资产规范管理。在上海高校重点实验室、工程中心、人文社会科学重点研究基地建设的基础上，设立竞争性的引导性创新项目，支持高水平攻关，形成绩效与投入联动机制。

六、整合汇聚教育资源，完善终身教育体系建设

24. 开放教育体系构建。加强上海开放大学内涵建设，促进教育教学与信息技术的深度融合，为市民提供灵活多样的学习方式，构建完善的终身学习支持服务体系。建设终身教育学分银行，完善学分认定、积累和转换制度，构建终身学习“立交桥”。

25. 社区教育和老年教育。推进街道社区学校和乡镇成人学校的标准化、规范化和信息化建设。创建一批社区教育示范街道(乡镇)。实施扶持70所老年学校开展标准化建设的市政府实事项目。继续开展上海老年大学分校和区级老年大学的建设，推进老年教育教材建设工作。

26. 学习型组织建设。积极引导和培育学习团队，推广优秀学习团队经验。开展创建学习型组织的达标评估，建设学习型组织体验基地。举办第九届上海市全民终身学习活动周及特色活动项目。结合“东方讲坛”、“上海书展”等活动广泛开展各类市民学习活动。

27. 教育培训管理。指导区县落实《上海市教育培训机构学杂费专用存款账户暂行规定》，研究制定管理细则，组织开展专项检查。颁布实施《上海市经营性民办培训机构登记暂行办法》和《上海市经营性民办培训机构管理暂行办法》。完善市整治和规范教育培训市场管理联席会议工作机制。

七、创新管理模式，促进民办教育可持续发展

28. 民办高校分类管理。继续探索制定营利性和非营利性民办学校分类管理配套政策，以分类管理为基本导向，加大非营利性民办高校支持力度。研究制定民办高校骨干教师聘用管理办法、招生规模管理办法和收费管理办法。

29. 特色创建。深入开展民办高校示范校创建活动，重点支持符合公益性等要求的民办高校创建高水平、有特色民办高校。支持1至2所民办高校试点探索建设小规模、高水平民办本科文理学院，试行博雅教育培养模式。深入推进民办中小学、幼儿园特色校和优质园创建活动。引导民办中小学开展教学课程改革、形成教学特色，提高民办幼儿园保教质量。

30. 民办教育管理与服务。完善民办学校财务、会计和资产管理制度，加强民办高校专项资金监管。修订实施《上海市民办教育发展政府扶持资金管理办法》，制订绩效评价办法。修订完善民办高校财务管理办法和会计核算办法。帮助民办高校建立健全外事管理制度。发挥上海民办教育协会作用，筹备成立上海民办教育发展基金会。

八、强化各类教师培训，提升师资队伍专业化水平

31. 中小学教师队伍。推进中小学教师资格制度改革，开展见习教师规范化培训。继续探索和实践中小学校长职级制改革，平稳开展校长职级评审和认定工作。探索建立特级校长柔性流动机制、奖励制度和到龄延聘制度。推进基础教育教师培养与培训,研究建立上海教师专业发展工程运行监督保障机制。推进中小学教师职称职务制度改革。加强教师教育“学分银行”建设,完善服务全市的教师教育资源联盟。

32. 职教师资队伍。建成中职师资培训中心,加强职教教师企业实践基地的建设与管理,确保教师企业实践效果。继续实施上海高职高专院校师资教学能力提升计划,开展专业骨干教师国内培训、境外进修及企业顶岗培训,打造具备专业水准、实践能力和国际视野的高职专业领头人队伍。

33. 高校师资队伍建设。实施上海高校骨干教师激励计划,推进高校教师质量提升工程,启动“东方教席”计划、师资博士后培养计划。提升高校青年教师培养专业化水平,研究建立高校新进青年教师入职培训制度。研究高校教师评价体系改革工作,探索任期考评、业绩考评等符合教师特点的评价与激励办法。加强对“东方学者”等人才计划的评估、绩效考核和跟踪。

34. 民办高校“强师工程”。委托上海师范大学等单位加强对民办高校专职教师和管理人员的培训和培养。加强民办高校教师国际化培训,选派骨干教师出国进修。组织第一届民办高校教师教学技能大赛,继续实施民办高校教师科研项目,采取措施提高民办学校教师待遇。

九、加大改革创新力度,提升教育国际化和信息化水平

35. 教育对外开放探索。继续探索与具有国际竞争力的高水平国际化大学合作办学。探索对外开放机制与模式,建设高水平国际教育服务园区。支持有条件学校开展境外办学。推进基础教育国际化工作,开展国际课程的比较研究,研究制定本市普通高中试点开设国际课程的指导性政策。提升职业教育国际合作水平。

36. 教育国际交流与合作。完成上海市中外合作办学监管、审批和数据库开发,制定上海市中外合作办学鼓励专业指南。继续实施上海市外国留学生政府奖学金。加强外国留学生预科培养,制定预科教育课程标准。设立示范性上海市外国留学生服务中心。研究制订《上海外籍人员子女学校审批和管理实施细则》。制定《上海市自费出国留学中介机构管理办法》。

37. 教育信息化。推进“宽带网络校校通、优质资源班班通、网络学习空间人人通”和教育资源公共服务平台、教育管理公共服务平台建设,实施上海教育城域网提升工程,全面提高教育信息化水平。推进上海教育信息化公共服务平台建设,总结教育信息化重点示范项目建设经验,加强对重点项目的绩效考核。继续开展教育信息技术应用研究项目。推进各级各类优质教育资源的建设与应用,完善各类信息管理和服务平台,构建优质教育资源共建共享机制,探索教育教学手段和模式的创新,促进信息技术与教育教学的深度融合。

十、坚持学生发展为本,为学生可持续发展奠定基础

38. 学生健康促进工程。实施第二批7个区县级学生体质健康监测中心和300所中小学校园直饮水工程的市政府实事项目建设。继续落实“中小学生每天一小时校园体育活动”工作,举办学生阳光体育大联赛和上海市中学生运动会。推进中小学生健康体检工作,加强中小学生营养干预。实施上海市青少年艺术教育彩虹行动计划,开展学校艺术教育工作评估。推进市青少年科学研究院区县分院建设,举办第六届“青少年科技创新峰会”。

39. 高校招生考试。研究制定应届高中毕业生参加地方本科院校春季招生考试方案,推进成人高校招生改革。继续探索和实践与高等教育普及化相匹配的高等学校招生考试制度,健全有利于素质教育的招生考试导向机制,完善普通高中学业水平考试制度,发挥其在高校招生制度改革中积极作用。加强高校招生考试报名库平台建设基地、插班生考试报名库平台建设基地、标准化考点等基地建设。加强考试研究,深化招生工作内涵发展。

40. 高校毕业生就业。采取措施确保高校毕业生就业率基本稳定,就业人数持续增加。启动实施学生职业(生涯)发展教育项目建设,着力推进上海市学生职业(生涯)发展教育研究所建设。加强就业信息化服务建设,继续着力推进上海高校毕业生就业工作创新基地建设。加强校企合作,推进创新创业教育,做好人才培养满意度评价。

41. 学生资助。加强高校资助队伍培训,设立宣传基地,及时发布高校资助信息。推进全市资助信息平台建设,规范资助工作流程。培育高校资助工作特色项目,提升全市高校资助工作整体水平。组织开展中职校学生资助工作培训,促进帮困助学工作制度化和规范化。进一步做好中小学、幼儿园家庭经济困难学生帮困助学工作,落实普通高中国家助学金制度,继续实施义务教育学生营养改善计划。

42. 校园安全和后勤保障。制定工作规范标准,加强高校校园安全管理体系建设。全面落实校园安全责任制,强化安全生产责任落实,积极推进安全隐患排查治理。贯彻落实《上海市中小学校学生伤害事故处理条例(修正案)》、《上海市中小学幼儿园安全防范管理基本要求》和《校车安全管理条例》,构建中小学安全保障体系。大力开展安全宣传培训与逃生演练,提升师生识险、避险、自救能力。推动上海高校完善学生伙食价格平抑基金制度,完善高校学生食堂运行长效机制,支持开展高校后勤服务市场准入与退出机制试点工作。

十一、坚持依法行政,提升教育管理规范化水平

43. 教育立法和政策研究。配合市人大和市政府法制办推进《上海市未成年人保护条例》、《上海市公共场所外文使用管理规定》、《上海市民办教育促进条例》和《上海市教育督导条例》等立法调研。推进学校章程建设,深入推进依法治校。做好规范性文件法律审核和备案。完善长三角教育联动发展协作机制,推动长三角教育联动发展项目落实。开展"市教委重大决策听证制度建设研究"等教育政策研究。

44. 教育督导。推进综合督政,迎接国家对本市义务教育基本均衡发展的督导认定工作,对实现义务教育基本均衡发展的区县实施表彰奖励。做好对区县政府依法履行教育责任的公示公报工作。推进以课程领导力为重点的教学视督导工作,做好义务教育阶段学校就近入学专项督导工作。

45. 教育政风行风建设。实施《上海市普通高校招生监察工作实施办法》,重点开展特殊类型招生监督检查。完善教育代办服务性收费制度。开展在职教师违规有偿办班补课收费问题专项治理,研究制定规范中小学校补课行为办法。重点加大高校科研经费监督管理力度,修订相关规定,开展专项检查。加强校办企业、物资采购和学术诚信等监管,严肃治理商业贿赂和学术造假行为。

46. 教育经费规范使用和监管。完善教育投入机制,积极推进教育拨款机制的创新,加大对教育经费支出结构的调整力度,加强以学校为单位的整体投入力度,逐步增加人员经费支出比例。进一步做好财政教育专项资金预算细化工作,完善财政教育专项资金预算编报信息化管理体系。深化教育经费使用监督以及专项资金评审和绩效评价,大力推进教育公共财政信息的公开、透明,对重大专项资金的管理办法、执行情况主动向社会公开,接受社会监督。

47. 教育审计。全面把握教育内审工作状况,提高教育审计整体水平。做好教育审计回访,落实整改建议。开展对部分"085"工程项目教育经费绩效跟踪审计,形成教育经费绩效审计的评价指标体系,推动上海教育内审工作的转型发展。

48. 信息公开和行政审批改革。完善政府信息公开制度机制建设,推进教育系统信息公开和政务服务。继续加强对各级学校、区县教育局和事业单位信息公开和网站建设的指导检查。推进高等学校财务信息公开工作。落实国务院第六批取消和调整行政审批项目要求,做好教育部下放审批项目的对接工作。完成行政审批标准化示范试点工作,推进行政审批标准化建设。

49. 语言文字工作。开展语言文字决策咨询研究。全面推进街镇语言文字规范化达标评估,继续开展公共场所用语用字监督监测,组织开展第三批语言文字规范化示范校创建工作。继续开展上海市"中华诵·经典诵读行动"试点工作。加强法规建设,提高公共场所外文译写使用规范化水平。完成上海话有声数据库建设工作。

2013年上海市教育工作年报

2013年是实施“十二五”规划承前启后的关键一年，上海教育工作在市委、市政府的领导下，全面贯彻党的十八大和十八届三中全会精神，深入实施国家和上海市中长期教育改革和发展规划纲要，深化教育领域综合改革，进一步增强教育改革的系统性、整体性、协同性，大力推进各级各类教育协调发展，全面提升教育质量。

一、2013年上海教育事业发展基本情况

2013年，全市共有中小学、幼儿园、特殊教育学校及专门学校3009所，其中：小学759所，比上年减少2所；幼儿园1446所，比上年增加45所；中学762所，比上年增加2所；特殊教育学校29所，专门学校13所。共有在校学生189.32万人，其中：小学79.25万人，比上年增加4.2%；幼儿园50.10万人，比上年增加4.3%；普通初中43.67万人，比上年增加0.9%；普通高中15.68万人，比上年减少0.6%；特殊教育学生0.47万人，比上年减少3.3%；专门学校学生0.15万人，比去年减少9.1%。学前教育毛入园率为104.9%，义务教育入学率保持在99.9%以上。

全市共有中等职业学校90所，其中：职业高中28所，中等专业学校55所，中等技工学校7所。共有在校生13.27万人，比上年减少7.9%。

2013年，全市初中毕业(结业)生9.41万人，比上年减少0.42%，高中阶段新生入学率达96.6%。高中阶段(含普通高中、中等职业学校)毕业生9.34万人，比上年减少2.10%。

全市共有普通高等学校68所。普通高校本专科在校学生50.48万人，比上年减少0.4%。其中：本科在校生36.27万人，比上年增加1.0%；高职高专在校生14.20万人，比上年减少3.8%。

全市共有研究生培养机构59家，共有研究生13.48万人，比上年增长6.1%。其中：博士生2.88万人，硕士生10.60万人。

全市2013年高考统考考生5.18万余人，692所高校在沪实际录取4.67万人(不含复旦大学、上海交通大学自主招生改革试验录取1331名)。完成对外公布招生计划的107.03%。本市院校录取3.67万余人，占总录取人数的78.6%，外省市院校录取0.99万余人，占总录取人数的21.2%。

全市2013年研究生招生4.62万人(含科研机构)，比上年增长4.5%，其中：博士生0.70万人，比上年增长5.0%；硕士生3.92万人，比上年增长4.4%；普通本专科招生14.09万人，比上年增加0.7%，其中：本科生9.35万人，比上年增加0.9%；专科生4.74万人，比上年增加0.4%；成人本专科招生5.44万人，比上年减少7.0%，其中：本科生3.82万人，比上年减少7.4%；专科生1.62万人，比上年减少6.1%。

全市共有成人中高等学历教育学校36所，其中：独立设置成人高校15所，成人中专21所。成人高等教育和中等专业教育在校学生32.69万人，其中：成人本专科在校生17.46万人，网络本专科在校生13.20万人，成人中专2.02万人。成人本专科招生5.44万人，比上年减少7.0%，毕业5.40万人；网络本专科招生5.03万人，比上年减少7.8%，毕业5.31万人；成人中专招生0.60万人，毕业0.76万人。

全市共有成人职业技术培训机构725所，结业生163.93万人次。民办非学历高等教育机构219家。

全市小学教职工总数5.81万人，其中专任教师4.98万人。中学教职工总数6.82万人，其中专任教师5.26万人。全市普通高校教职工总数7.34万人，其中专任教师4.03万人。市属高校教职工4.07万人，比上年增加0.6%，其中专任教师2.50万人，比上年增加0.04万人；中央部委属高校教职工3.27万人，比上年减少0.7%，其中专任教师1.53万人，比上年减少0.02万人。普通高校专任教师中，具正高级职称的教师0.71万人，占17.6%；具副高级职称的教师1.29万人，占32.1%；中级职称教师1.61万人，占40.0%。

全市共有校外教育机构21家，其中少年宫15家，少年科技站5家，少年之家1家，教职工总数1193人。

共有各类老年教育机构284个，接受教育的老年人总数64万余人。

全市共有独立设置中外合作办学机构19家，非独立设置中外合作办学机构13家，中外合作办学项目170个。全市共有外籍人员子女学校34所，在读外籍学生29666人。2013年本市各普通高校来华留学生53804人，比上年增加5.5%，其中学历生15910人，比上年增加5.5%。2013年全市在校港澳台及华侨学生总数9401人，其中高校1887人，区县7514人。

2013年，上海教育经费继续稳步增长。全市财政教育投入预计达764.04亿元，其中市级财政约占1/3，区县财政约占2/3；用于高等教育（含高职、终身教育）约占26%，用于基础教育（含中职、学前教育）约占67%，用于企业职工培训等约占7%。

二、教育领域综合改革持续深化，教育发展体制机制不断创新

（一）教育综合改革国家试验区建设持续推进

召开部市共建领导小组工作会议。教育部与市政府联合召开部市共建国家教育综合改革试验区领导小组2013年工作会议，签署了《上海市人民政府　教育部关于共建上海大学的协议》和《教育部　上海市人民政府共建教育国际合作与交流综合改革试验区协议》。

加强教育体制改革的组织领导。市教育体制改革领导小组2013年共召开11次会议，对“推进本市行业高校管理体制改革”等议题进行了专题审议和决策，有效推动了本市教育改革工作。

完成国家教育体制改革试点项目阶段性评估总结工作。按时完成27个试点项目阶段性评估总结工作，国家教改办印发《国家教育体制改革试点进展情况通报》，对本市部分教改试点推进过程中的先进举措和经验进行了介绍和通报。

（二）教育管理体制机制不断创新

稳步推进教育规划的编制工作。组织开展“高等教育布局结构及发展规划”“高校学科布局结构及发展规划”“现代职业教育体系及发展规划”等三个规划的研制工作，明确本市高等教育和职业教育的改革与发展方向。

实施行业高校管理体制改革。完成对上海电机学院、上海健康职业技术学院（上海市卫生学校）、上海城市管理职业技术学院、上海工艺美术职业学院、上海电子信息职业技术学院及上海电子工业学校、上海市工艺美术学校等行业高校及相关联中职校的隶属关系划转工作。市教委与划转学校原主管部门签订共建协议，继续加强学校与行业企业之间的紧密联系。

深化本市文教结合工作。在对本市文教结合已开展工作和取得成效进行系统梳理的基础上，充分听取各方意见，与相关部门共同研究制订本市文教结合的相关政策文件，健全文教结合工作领导体制和工作机制。

上海科技大学正式建校。9月30日，教育部批准同意上海科技大学去筹并正式建校招生，全日制在校生规模暂定为6000人。

筹建国际乒乓球联合会博物馆。积极推动将位于瑞士洛桑的国际乒联博物馆整体搬迁至上海，签署相关合作协议，明确博物馆管理体制和运行机制，启动博物馆临时馆文物搬迁和布展装修，加快博物馆永久馆建设选址和立项报批工作。

（三）教育基本建设项目扎实推进

推进市级教育基本建设项目。加快推进上海国际舞蹈中心、上海科技大学新校区、上海出版印刷高等专科学校及上海医疗器械高等专科学校新校区等一批本市教育系统重大建设项目。围绕上海体育学院国际乒乓球博物馆建设、上海电力学院临港校区选址及建设、上海戏剧学院浦江校区建设、上海大学延长路校区整体规划、松江大学园区规划调整、上海青少年活动营地东方绿舟房地产权证办理等项目，研究制定工作计划，明确时间节点、工作任务，分步推进有关事项。指导划转高校在理顺行业管理体制、机制，落实法人财产权基础上稳步推进建设规划项目。实施有关高校学生公寓建设主体变更（回购）工作。梳理松江大学园区学生公寓现状资料，研究制定学生公寓建设主体变更工作方案，会同有关高校研究确定产权分割方案，积极配合松江区政府推动相关房地权证办理工作。

大力推进基础教育校舍建设工作。开展《上海市区县基础教育“十二五”基本建设规划》中期评估及调整工作，有效推进项目实施，缩小城乡差距，实现基础教育优质均衡发展。加大基础教育市级审批项目统筹协调力度，加快推进区县基础教育设施建设项目，切实改善人口导入区基础教育设施薄弱的情况。落实校舍安全长效工作机制，实施《上海市中小学校舍更新、加固改造工程规划（2012—2014）》，进一步提升中小学校舍安全整体水平。推进委属学校基本建设工作，开展复旦附中、交大附中、上海中学基本建设规划项目调研。

三、德育工作加强统筹谋划，立德树人工作实效全面提高

（一）推动大中小学德育有效衔接

全面实施“整体规划大中小学德育课程”。正式出版6门高校思想政治理论课的教学指南，准确规范教育目标、内容和要求，重点推进德育教师队伍衔接、学习雷锋活动等案例试点，成立上海市课程德育研究发展中心和相关学科德育研究基地。

加强对课外活动的指导。研究并编写《上海高校日常思想政治教育工作指南》《上海市中小学开展课外活动教师行动指南》《上海市中小学开展课外活动指导手册》，以问题解决为导向，促进课内外教育的横向衔接。

搭建德育资源共享平台。设计开发了以教育工作者为主要用户，以开放、共享、交互为主要特点，集教学、教研、培训于一体的大中小学德育资源数字化平台，制定《上海市大中小学德育资源平台管理办法》，为平台正式上线运行奠定基础。

不断提升高校思政课教育教学水平。推进上海市高校思政课教改试点项目建设。创新开展高校思政课教育教学活动，举办上海高校思政课“超级大课堂”。实施马克思主义理论学科研究生人才培养“登峰计划”。开展“2013年度上海高校思想政治理论课教学活动月”系列活动。

（二）德育师资队伍建设持续加强

进一步提升高校辅导员职业能力和素养。推进上海高校辅导员工作室建设，举办第二届上海高校辅导员职业能力大赛，开展上海高校辅导员工作培育项目，验收、遴选上海高校辅导员队伍建设特色项目，组织第二届上海高校辅导员团队拓展活动，实施上海高校辅导员海外研修计划，评选2013年上海高校优秀辅导员博客（微博）。

持续强化中小学班主任育人能力。启动第二期中小学班主任带头人工作室建设，命名13个第二期上海市中小学班主任带头人工作室，遴选132位班主任工作室学员；举行第二期班主任带头人工作室开班仪式，明确新一轮工作室建设的功能定位、主要任务、主持人职责、培训课程和考核要求，进一步探索新时期骨干班主任培养的新模式。

提升中职校长和教师的德育工作能力。举行2013年度中职校长德育论坛。加强中职班主任队伍建设，研究制订《上海市中职班主任队伍培训工作实施意见》，促进中职班主任队伍培养的常态化、规范化。

（三）深入推进学校心理健康教育工作

组织上海学校心理咨询师验证和活动月特色项目评选，开通上海学生心理健康教育网站，努力营造良好校园氛围，促进大中小学心理健康教育的系统衔接和共同发展。继续开展学校心理健康教育服务机构达标建设，组织2012年高校心理健康教育达标中心建设的验收及新一批的申报立项工作，完成首批8个区县中小学心理健康教育中心达标评估，开展首批达标校评估工作，通过评估积极推动心理健康教育工作的专业化发展。

（四）创新德育工作形式

开展“中国梦”系列主题教育活动。开展“我们与梦想同行”“上海高校大学生年度人物评选”“魅力中职生”等主题教育活动，承办教育部2013年全国中学“时事课堂”展示活动。

培育打造“校外教育大课堂”。出台校外教育新三年行动计划，明确提出未来三年上海校外教育的发展思路与举措。遴选第二批共17个学生社区实践指导站，扩大中小学生职业体验活动至20所中职校实训中心的49个项目，进一步丰富校外活动资源。加强“博雅网”建设，搭建线上联动交互和线下实践体验的桥梁。

四、学校办学水平全面提升，基础教育高位均衡发展持续推进

（一）完善学前教育公共服务体系

推进落实学前教育三年行动计划。开展本市学前教育三年行动计划总结与展示工作，研究制订新一轮学前教育三年行动计划。做好国家教育体制改革试点项目《完善学前教育政府公共职能》实施情况的总结，推进全市学前教育主题宣传活动。

规范婴幼儿早期教养工作。开展《0—3岁婴幼儿养育与发展指南》的制订工作。推进0—3岁婴幼儿早期教养的试点工作，组织建设“育儿周周看”早教彩信推送系统。进一步推进学前教育资源库建设。开展全市幼儿园男教师沙龙活动，积极发挥幼儿园男教师作用，创设一批有利于男孩身心全面发展的游戏活动。

（二）推进城乡基础教育一体化建设

落实基础教育校园舍建设任务。圆满完成21所义务教育学校的建设任务，完成新增30所幼儿园和300所郊区初中配备和更新实验设施设备实事项目。

推进郊区农村义务教育学校委托管理工作。组织完成第三轮郊区农村义务教育学校委托管理绩效评估工作。启动第四轮郊区农村义务教育学校委托管理工作，共有50所郊区农村义务教育学校接受托管。

实施新优质学校建设项目。召开系列新优质学校项目展示会，制定《上海市新优质学校建设指导手册》，充分发挥新优质学校的标杆和引领作用，推进义务教育学校"轻负担、高质量、有特色"发展。

做好随迁子女教育工作。与市人力资源社会保障局等部门共同制定《关于来沪人员随迁子女就读本市各级各类学校的实施意见》，并经市政府办公厅转发。推进公办学校开展适合随迁子女实际的教育教学研究，实施随迁子女融入教育。做好以招收随迁子女为主民办小学规范管理工作，提高教学水平，促进内涵提升。

（三）推动高中教育特色多样发展

推进特色普通高中建设。制定《上海市推进特色普通高中建设实施方案》，以课程建设为抓手，探索特色办学，努力将学校建设成为特色领域的课程建设高地和教师研训基地，实现高中特色课程资源的辐射共享。

探索高中国际课程试点。印发《关于开展普通高中国际课程试点工作的通知》，通过普通高中探索引进和融合国外先进课程资源的方法，完善普通高中课程体系，增强高中课程的现代性、丰富性和多样性。完成本市普通高中开设国际课程情况登记工作，对普通高中国际课程试点申请立项开展审核。

完善普通高中学业水平考试制度。印发《上海市教育委员关于完善上海市普通高中学业水平考试制度的通知》，强化高中学业水平考试在高校自主招生中的应用，推进本市高校招生制度改革。

（四）基础教育课程改革深入推进

推进中小学学科育人工作。印发《关于深入推进本市中小学学科育人工作的实施意见》，对本市中小学各学科课程教学落实育人功能提出具体要求。成立8个基础教育教学研究基地，汇集全市课程专家、学科专家、优秀教研人员以及一线教师等力量，为相关学科的课程建设、教材建设、教学实施和评价等提供智力支持。

开展中小学金融教育试点工作。启动"金童工程"，在全市3个区近50多所中小学开展金融教育试点工作，积极探索中小学金融教育的有效经验。

建设各类课程资源。举办全市小学校本课程展示活动，通过实物展厅和网络展厅两种形式，分享各区县小学校本课程建设、实施、管理和评价经验。加强和改进中小学实验教学，培养学生的动手能力和探究能力。加强中小学创新实验室建设和改造，引导学生开展探究性实验研究。与有关部门合作，积极加强中小学质量教育、档案教育、环保教育等社会实践基地的建设。

推动教育评价观念转变。探索小学"零起点"教学和等第制评价的有效做法，重点推进小学一、二年级基于课程标准的教学与评价工作。完成2012年度上海市、区县、学校"绿色指标"评价报告和反馈，指导区县、学校正确解读和分析应用评价结果，改进教育教学。在部分区县试点"绿色指标"自主命题测试。完成2013年国家语文学习质量监测。基本建成上海市基础教育质量基础数据库系统，包括命题、抽样、数据分析、报告生成等模块。完成在线调查和网络阅卷系统试运行。

（五）提升特殊教育和民族教育办学水平

推进特殊教育各项工作。开展残疾儿童医教结合入学诊断、健康体检和综合评估。开展特殊教育信息通报系统运用现状与需求调研，完善系统功能。开展特殊教育资源库开发，开展2013年特殊教育优秀自制教学具(玩具)评选活动。研究制定新一轮特殊教育三年行动计划，明确今后三年工作的目标与任务。

提高民族班办学质量。完成教育部关于内地民族班的扩招计划，新增育才中学承办内地新疆高中班办班任务、新增复旦中学承担内地西藏高中散插班办班任务、新增珠峰中学承担内地西藏高中班办班任务。投入5600多万元专项资金，用于改善内地民族班硬件设施，进一步优化民族班办学条件。举办市级教研活动，促进内地民族班教学和思政工作水平不断提高。

（六）全面加强督政与督学工作

开展各类督政及督学工作。全面开展推进区域教育现代化暨义务教育优质均衡发展的综合督政工作，确保区县长和政府职能部门是教育现代化和义务教育均衡发展的第一责任人和责任主体的落实。开展2012年区县政府依法履行教育责任的公示公报工作，推进区县政府依法履行教育责任的到位，完善教育经费“三个增长”投入机制的有效运作。组织对各区县开展就近入学招生的专项督导，遏制过度择校的势头，并发挥办好家门口每一所学校的引领导向作用。

打造专业督导工作队伍。完成新一届特约教育督导员和人民教育督察员换届聘任工作。做好第六届市督学的聘任工作，进一步推动本市督学聘任工作的规范化管理。建立上海市教育督导划片联合体，促进教育督导工作经验分享。探索实施责任区督学A、B角挂牌督导的管理制度，推进责任区督学的专业引领作用。组织启动《上海督导条例》的立法研究工作。

五、现代职业教育体系建设稳步推进，服务经济社会发展能力持续提升

（一）深化职业教育改革

扩大中高职教育贯通培养模式试点工作。2013年新增生物制药技术、数控技术、数字媒体技术、市政工程技术等20个试点专业，试点范围首次扩大到民办高职院校，招生规模大幅提高。对本市第三批8所学校的6个中高职贯通试点专业开展跟踪评估，推动试点院校人才培养模式改革。研究制定关于中高职教育贯通培养试点阶段学生学籍管理的操作口径，规范中高职教育贯通培养试点阶段学生学籍管理，并对相关学校进行了培训。

推进基于学分制的中高职教育衔接试点。推动上海医药高专和上海交大医学院附属卫生学校、医药学校在药学专业，上海交通职业技术学院和上海市交通学校等6所学校在物流管理专业，开展基于学分制的中高职衔接培养。

加强高等职业教育与应用本科教育的衔接和沟通。设计职业教育专本贯通人才培养方案，打通技能型人才成长发展的渠道，以课程衔接和考试制度改革为突破，探索现代职业教育体系建设。

开展“双证融通”专业改革试点论证工作。组织对各试点学校编制的27门“双证融通”课程考核方案进行论证，强化对学生职业素养、基本功和综合能力的评价，进一步体现“双证融通”专业改革的理念，推动职业资格证书与学历证书的有效对接。

组织开展首批国家改革发展示范校检查验收工作。完成本市首批国家改革发展示范校检查验收工作，搭建本市中职国家改革发展示范校交流平台，进一步推进第二、三批国家改革发展示范校建设工作。

完成上海市中等职业教育改革发展特色示范校创建立项工作。鼓励和引导中职校走改革创新、特色发展之路，切实加强内涵建设，提高人才培养质量，发挥示范、引领和辐射作用。2013年共立项24所改革发展特色示范校。

（二）提升职业教育课程与教学质量

建立各类专业教学标准。研制完成新一批24个职业学校专业教学标准。完成第二、三批职业教育国际水平专业教学标准的开发，启动第一批开发的6个标准的试点实施工作。

开展中职学校精品课程和精品特色专业建设。完成本市第二批中等职业学校精品课程评审专家初评。各相关学校根据专家初评意见完成了对本校申报课程的进一步修改和完善。开展中职学校第一批精品特色专业认定评估工作，重点评估培养目标定位，以及在课程教材、师资队伍、实验实训条件和教学质量等方面的成效。

实施教学质量常态评估。对本市26所中等职业学校开展教学质量常态评估工作，全面评估学校的常态教学质量，确保人才培养质量。

推进公共实训资源优化工作。完成对本市12家开放实训中心的绩效评估工作及新建开放实训中心的立项评审。遴选优秀企业作为本市中职校教师企业实践基地，认定百联集团等10家企业为首批上海市中等职业教育教师企业实践基地。

分层次推进示范性高职院校建设。推进上海医药高等专科学校等4所完成验收的国家示范性高职院校向专业特色鲜明、校企深度融合、具备国际影响的高等职业院校发展。完成上海医疗器械高等专科学校国家骨干校建设项目的验收工作，启动上海出版印刷高等专科学校的国家级骨干校项目建设。启动10所特色高职院校建设。

深化高职内涵建设。举办第三届“上海高职高专院校重点专业建设教学比武”。启用上海高职高专085

专项资金管理平台，积极推动085项目建设。完成对“高等职业学校提升专业服务产业发展能力项目”的验收。开展上海高职高专重点专业建设中期评估。

继续实施高等职业教育质量工程。完成上海高职高专院校人才培养工作第二轮评估。实施上海高职院校师资教学能力提升计划，制定了上海164个高职重点建设专业负责人培训方案并开展培训。完成3个国家级专业教学资源库项目的建设。启动市级高职专业教学资源库建设，推进上海10所市级特色高职院校的50余个专业资源库建设。

(三) 着力培养职业学校学生的综合素养

加强中职校园文化建设。开展第十届全国中等职业学校“文明风采”竞赛活动上海市复赛，开展“感恩成长 励志成才”征文、“星光追梦”校长摄影、“我的职业梦 我的青春梦”学生歌唱和“我的校服，我做主”校服设计等本市中职校园文化活动特色项目竞赛活动，开展“走进上图”“走进艺术宫”等学生“走进经典”系列活动，开展上海市“星光计划”第五届中等职业学校职业技能大赛。

完善就业指导和服务工作。完善毕业生就业公告制度，组织开展中职校职业指导与就业服务特色工作项目的创建活动，形成一批职业指导与就业服务工作特色学校。2013年中职校就业率97.82%，对口就业率84%，其中直接进入各种所有制性质的企事业单位就业的占就业总数的59%，升入各类高一级学校学习的占就业总数的41%。

组织参加各类比赛。参加2013年全国职业院校信息化教学大赛，本市参赛的11个项目中，取得2个一等奖、4个二等奖和2个三等奖的好成绩。参加2013年全国职业院校学生职业技能大赛，本市共有29名选手摘得金牌，49名选手摘得银牌，46名选手摘得铜牌，获奖率为92.5%。

六、高等教育内涵建设深入推进，人才培养质量不断提高

(一) 持续推进高等教育内涵发展各类计划

深化上海地方本科院校“十二五”内涵建设。开展上海地方本科院校“十二五”内涵建设规划修改和2013年项目申报、审核工作。开展上海地方本科院校“十二五”内涵建设绩效评价指标体系研制工作，制定《上海地方本科院校“十二五”内涵建设中期绩效评价指标体系》。

开展十大工程专项资金支持项目中期绩效评价工作。开展“十大工程”专项资金支持项目(21所上海地方本科院校)中期绩效评价工作，形成21所高校的中期绩效评价结果，其中4所高校为A档，12所高校为B档，5所高校为C档，中期绩效评价结果作为下拨给21所高校2014年内涵建设经常性经费的重要依据。

完成中央财政支持地方高校发展专项资金申报工作。开展中央财政支持地方高校发展专项资金2013—2015年建设规划编制和建设项目申报工作，教育部同意支持23所上海地方高校的23个建设规划、6个建设方案、137个建设项目(含9个特色重点学科建设项目)。

推进上海“2011计划”。积极推进并形成上海市层面的协同架构，构建新的产学研合作机制。与市科委形成《关于深化本市科教协同创新工作方案》，与市经济信息化委形成《关于建立深化产学研合作和促进经济信息化发展全面合作机制的框架协议》、与张江高新技术产业开发区管理委员会形成《关于建立产学研战略合作机制的框架协议》，共建“上海高校张江协同创新研究院”。

实施一流学科建设计划。跟踪学科评估结果，动态增补一流学科(A类)，目前列入上海高校一流学科(A类)建设范围的共有34个学科，其中国家一级重点学科有17个。启动实施“上海高等学校创新能力提升计划竞争性引导项目”建设，12所高校27个项目列入建设计划。开展上海市教育委员会重点学科(第五期)建设总结验收工作，70个重点学科均通过终期验收。开展高校各类研究基地认定工作，支撑高校学科和平台建高峰的各类研究基地。

深化知识服务平台建设。启动实施第三批上海高校知识服务平台建设，确定复旦大学“上海市集成电路设计与制造协同创新中心”等8个平台为第三批上海高校知识服务平台。推进中国特色新型高校智库建设，确定华东师范大学“周边合作与发展协同创新中心”等18个智库为首批上海高校智库。开展上海高校技术转移中心(第一批)试点建设工作，确定上海大学等9所高校的技术转移中心列入上海高校技术转移中心(第一批)试点建设计划。

(二) 实施研究生教育综合改革

推进专业学位研究生教育综合改革试验。深入推进临床医学硕士专业学位教育与住院医师规范化培训结合改革试验，顺利完成首届研究生(住院医师)的毕业工作。2013年共录取488名临床医学硕士(住院医师)专业学位研究生，完成招生计划的97.6%。大力推进教育硕士研究生教育与中小学见习教师规范化培训结合改革试验、艺术硕士研究生教育与乐队演奏人才培养结合改革试验。

实施上海市研究生教育创新计划。开展学位点引导布局与建设培育、地方高校研究生培养机制改革试点、大文科研究生学术新人培育计划、学位点建设与人才培养模式探索、交叉学科研究生拔尖创新人才培养平台等项目建设，同时今年首次在上海市研究生教育创新计划中设立上海市研究生创新创业能力培养专项，与上海市大学生科技创业基金会合作，对100个项目的研究生开展为期6个月的创新创业能力培养和创业实践训练。

加强研究生培养质量保障体系建设。完成2012年上海市研究生优秀成果(学位论文)评选工作暨2013年全国优秀博士学位论文初选工作，58篇博士学位论文获得推荐参加2013年全国优博论文评选。开展上海高校研究生教育质量年度报告的指标研制工作，上海交通大学、上海大学等高校完成报告研制。

(三) 切实提高本科教育教学质量

组织开展课程建设。完成2010年示范性全英语课程验收工作，完成2013年示范性全英语课程评选工作，共立项41门。实施市教委重点课程建设，立项268门。评选市级精品课程97门。完成向教育部推荐精品视频公开课共6门、精品资源共享课108门。

实施专业建设与评估。制定上海本科专业管理实施细则，完成本科专业目录的整理工作，组织做好市属高校年度本科新设专业申报。推进本科专业综合改革试点，推进实施卓越工程教育、卓越医学教育、卓越法学教育和卓越新闻教育等人才培养计划。开展本科专业评估，对5所高校的8个机械类专业开展选优评估试点，对全市高校的新专业和列入预警名单的200多个专业组织专业达标评估。

完善上海高校学位授权体系。完成对24所高校39个本科专业申请增列学士学位授予专业的审核。做好上海开放大学申请增列为学士学位授予单位的相关工作。

推动各项教学改革。举办大学英语教师培训，推动大学英语改革。改革计算机等级考试组织方式，推动计算机基础课程不断创新。建设教师教学发展中心，组建松江大学园区教师发展联盟和上海医学教育教师发展联盟。建设上海高校课程资源共享中心，探索中国式“慕课”。

加强实践教学。开展上海高校创新创业教育实验基地建设中期进展情况检查。鼓励开展上海大学生学科竞赛，支持学科竞赛项目12项。做好地方高校专业类国家级实验教学示范中心的遴选推荐以及国家级虚拟实验中心的建设和推荐工作。做好对杨浦区中心医院和同仁医院分别申请列为大学附属医院的审批和指导工作。

强化质量管理。发布2013年专业预警名单，推动高校完善专业调整机制。继续做好高校教学质量年报工作，组建教学质量督导委员会，试点建立高校本科教学质量问责制。开展本科毕业生教学质量跟踪调查，建立毕业生就业和人才培养良性互动机制。

七、终身教育体系更加完善，学习型社会服务平台建设扎实推进

(一) 建立各类终身学习服务平台

推进开放大学建设，不断优化办学系统，首批29个分校完成更名，启动开放大学分校系统改革与发展项目。

完善终身教育学分银行建设。启动第二批学分银行高校网点建设，基本覆盖了全市继续教育高校。开展学分银行文化休闲教育课程认证工作和重点推进区试点工作项目。探索文化休闲教育成果认证标准和工作流程，初步形成学分银行文化休闲教育学习者激励机制。

加强上海学习网建设。进一步完善上海学习网个性化学习门户，探索建立多通道学习模式。开展课程管理机制的研究，基本完成“课程超市”的顶层设计。推进数字化优质资源的整合共享与社会开放，加强终身学习平台的服务推广。

开展“上海市民终身学习实践基地”建设项目。首批正式启动运作8个体验基地，延伸建设42个体验站点，推出95个体验项目，全年参与体验活动及受益人数达37560余人次。推进外来务工人员文化素养提升计划。

开展社区学校和成人学校的建设试点工作。在普陀、徐汇、长宁等8个中心城区的20个街镇社区学校，开展社区学校标准化建设试点；在闵行、嘉定等10个郊区县开展成人学校内涵建设试点工作。

（二）不断提升老年教育质量

推进老年学校标准化建设。完成市政府实事项目“扶持70所老年学校开展标准化建设”，共建设专用报名咨询处、老年人休闲活动室、多功能厅、老年教育图书室等场所241个，建筑面积增加21681平方米。完成882个居村委标准化学习点建设。

继续推进养教结合试点工作。全市参与养教结合工作的养老机构达到114个，参与教学的师资达到541人，参加课程学习活动的人数为6390人，参加远程老年教育总数达5144人，参与养教结合教育的老年人满意率达到96%。

加强老年教育资源整合。依托上海老年大学，加强全市老年教育资源建设的统筹整合力度，组建上海老年大学教育联盟。支持上海老年大学改建工程，推进上海老年大学黄浦分校建设，推进各分校的标准化建设。

健全老年教育的质量保障体系建设。老年教育“教研中心、学习团队指导中心、行业企业指导中心、信息中心”等四个中心正式揭牌。全市老年教育支持服务体系11个指导中心全部运作，并发挥指导、辐射作用。

八、实施民办教育分类管理，推动民办教育健康发展

（一）实施民办教育“强校工程”

开展民办中小学特色校、优质幼儿园创建工作。34所民办中小学特色学校、30个民办中小学特色项目和40所民办优质幼儿园为期三年的创建进入第二年，对学校开展中期检查，督促完善创建方案、推进创建工作、规范资金使用和管理。

推进非营利民办高校示范校创建工作。制定非营利民办高校示范校创建指标和指导意见，上海杉达学院、上海视觉艺术学院等5所民办高校作为首批非营利民办高校示范校创建校，在内涵建设方面得到了专项资金的资助。

扶持建设高水平的民办应用技术大学，上海杉达学院已被列为教育部应用技术大学试点学校。

（二）实施民办高校“强师工程”

加强对民办高校教师和行政管理人员的培训，全市共有920人次的民办高校教师和管理人员参加各类培训。举办第一届民办高校教师教学技能大赛，获奖教师在服务期内享受有关科研、课程、访学项目的资助。指导和支持民办高校开展科研，共有8个重大内涵建设项目、36个重点科研项目和98位青年教师获得民办教育政府专项资金的支持。提高民办高校教师待遇，规范基本养老保险缴费，年金缴费比例向骨干教师倾斜。

（三）加大对民办教育的支持力度

民办教育政府扶持专项资金投入力度不断加大。2013年市本级财政民办教育专项资金总额为3.025亿元，比2012年增长40%左右。专项资金主要用于民办高校示范校建设、民办高校内涵建设、民办中小学特色学校和优质幼儿园建设、民办学校师资队伍建设、民办教育信息化建设、教育综合改革试点项目等。其中5所非营利示范性民办高校创建校得到了约1.4亿元资金支持，体现了国家民办教育分类管理的方向。

筹备成立上海民办教育发展基金会。着手建立基金会各项内部管理制度，设计基金会成立之后支持民办教育改革和发展的各类项目，转变政府投入方式和管理方式，为民办教育提供长期、持续的支持。

（四）依法规范民办学校办学行为

开放民办学校办学许可证公众信息查询平台。已在民办教育信息管理网成功申领许可证的上海市各级各类民办学校的基本信息均通过平台开放，供公众查询。

编制民办高校年检指标体系。研究编制《上海市民办高等学校年度检查指标体系》（试行），并进行了首次试用，促进了检查工作的规范化、系统化。

加强民办高校督导工作。充实督导专员队伍，继续维护保障学校稳定安全，并开展对各民办高校教学科研、依法治校等方面的指导工作，充分发挥督导作用，促进各校内涵发展。

（五）进一步规范民办非学历教育

建立经营性民办培训机构准入审核和注册登记制度。会同相关部门共同制定《上海市经营性民办培训机构登记暂行办法》和《上海市经营性民办培训机构管理暂行办法》，明确准入要求、注册登记审核流程，建立审核数据库。

加强对民办教育培训机构的监管。组织开展对区县民办教育培训机构学杂费专用存款账户制度建设情况进行专项督查,探索完善教育培训市场监管机制。

九、深化人事制度改革,全面提高师资队伍整体水平

(一) 高校师资队伍建设力度不断加强

依托各类平台推进高层次人才队伍建设。组织高校开展两院院士候选人推荐和遴选工作,完成2012年度长江学者申报工作,完成2013年中央和上海“千人计划”申报工作,完成2013年“国家特支计划”百千万工程领军人才和“百千万人才工程”国家级人选推荐工作,完成2013年上海领军人才申报工作和第五批上海领军人才中期考核,完成2013年度上海高校特聘教授(东方学者)评审工作,确定73人入选2013年度“东方学者”岗位计划。做好上海高校高级专家延长退休年龄和提高退休费比例审批工作,其中高级专家暂缓离退休1人,高级专家延长退休年龄777人。

推进教师专业发展工程。完成2013年高校教师专业发展工程的评审、经费下拨工作,共有474位教师入选“上海高校中青年教师国外访学进修计划”,237位教师入选“上海高校青年骨干教师国内访问学者计划”,619位教师入选“上海高校教师产学研践习计划”。启动“上海高校实验室队伍建设计划”,首批21所高校入选2013年实验技术队伍建设计划范围,对302名实验技术人员资助2000万元。

加强青年教师队伍建设。启动首次高校新教师岗前培训工作,对市属本科高校新教师实施为期三个月的脱产岗前培训工作。实施“上海高校青年教师培养资助计划”,资助35周岁以下、进高校工作不满两年的青年教师948人,给予经费3.5—5万元/人,资助期两年。探索青年教师人才储备制度,启动实施上海高校师资博士后工作。

启动骨干教师教学激励计划试点工作。进一步明确教授、副教授、讲师、助教等不同岗位教师在本科教学中应承担的职责,严格教师教学行为规范,引导教师把主要精力投入教学工作,促进教学质量和人才培养质量全面提高。18所市属高校再次充实和完善了试点工作申报方案。

(二) 基础教育人事制度改革深入推进

开展教师资格制度改革试点工作。中小学幼儿园教师资格考试改革试点工作进展顺利,组织两批教师资格“国考”,共笔试21354人。中小学教师定期注册制度试点工作取得初步成效,确定普陀区为教师定期注册制度试点区,试点内容主要包括注册对象、注册程序、首次注册要求、首次注册与见习教师规范化培训衔接、组织保障等方面。见习教师规范化培训制度深入推进,建立了见习教师规范化培训与教育硕士专业学位的衔接制度,全年共有1215名见习教师报考了2014年教育硕士。

深化中小学校长职级制度改革。开展特级校长评审认定工作,共有59名校长被评为特级校长。推进中小学特级校长区域柔性流动,首次统一选派9名中心城区新晋特级校长进行区域柔性流动,引导城郊区县教育局签署特级校长区域柔性流动协议书。启动中小学校长分层分类培训方案研制工作。

做好教师职务评聘工作。完成中小学正高级教师任职资格评审工作,评出首批11位中小学正高级教师。做好中小学教师职务制度改革试点准备工作,制订本市深化中小学教师职务制度改革试点有关文件。

(三) 各类教师培训工作有序开展

落实国家级校长教师培训,推荐37名中小学校长、幼儿园园长参加全国校(园)长培训,推荐4086名中小学、幼儿园教师参加“国培计划”各类培训项目,推荐33名上海市“国培计划”专家库第三批人选。

加强教师教育资源联盟建设。完善中小学教师培训课程资源和管理平台,启动研训一体教材教法分析培训课程建设,新增71门培训课程,开展两轮共计177475人次的全市教师市级共享课程培训。开展教师网络研修社区建设试点工作。

推进高端人才培养项目。全面实施第三期“双名工程”,818名学员接受通识培训和基地学习。参与北京刘彭芝、李希贵校长培养基地工作,共计31名学员接受培训。开展50名优秀青年教师后续培养资助计划。

强化学校管理人员培训。举办义务教育学校初任校长研修班,31名中小学校长接受校长胜任岗位工作能力的培养。完成50名郊区县初中中青年校长培训。完成84名郊区县农村学校新近上任的总务主任、德育管理工作负责人的岗位技能培训。开展新任人事干部培训,对各高校、中小学校约400名新任人事干部进行业务指导。培训来自60余所中职学校的校长、班主任、德育教师、专业教师等1200余人次。开展高校新任保卫干部培训,保安队长、经理及保安员培训,技防操作人员培训等专题培训。组织开展全市教育系统专兼职审计人员继续教育培训,共计400多人参加培训。

开展郊区县教师培训。完成第四期1—5年教龄职初教师培训、第四期5—10年教龄优秀青年教师培训、第二期10年教龄以上成熟型教师培训,共计参训教师903人。完成三批共计253名郊区县幼儿园园长专业技能提升培训。

实施教师海外研修项目。组织20名基础教育管理人员赴芬兰研修、20名校长和20名教师赴美国加州开展"影子校长"、"影子教师"培训。实施《上海市普教系统教师国外访学进修计划(试行)》,9名教师赴海外攻读学位和开展访学。

做好师范生培养工作。安排2013届免费教育师范毕业生到中小学任教工作,指导各区县规范管理免费教育师范毕业生,完成师范生学费返还和非师范生从教奖励金人员审核工作,共审核人数8226人,返还学费与奖励经费共计1466.1725万元。

(四) 人事管理制度进一步规范

完成教职工基础信息采集工作。根据教育部关于做好全国教职工基础信息采集工作的要求,完成本市各级各类学校教职工基本信息入库。探索构建中小学校长、特级教师信息库,加强对高端教师人才队伍的动态管理。

稳步推进绩效工资制度工作。完成本系统其他事业单位2009—2012年数据审核工作。推进落实非义务教育学校绩效工资制度,调研义务教育学校绩效工资增长办法。

调整编制和专业技术职务结构比例。完成2012年度高校实际聘用、人员岗位调整等情况备案,提出上海高校教师和专业技术岗位结构比例调整方案,做好高等教育研究人员专业技术职务学术技术能力评议的申报工作。

(五) 评优评奖激励作用持续发挥

开展第三届"上海市教育功臣"评选表彰工作,10人获"上海市教育功臣"荣誉称号。开展2013年度"上海市教书育人楷模"推选活动,10名教师获2013年度"上海市教书育人楷模"荣誉称号,本市推荐的上海市辛灵中学谢小双老师获全国教书育人楷模荣誉称号。组织开展2013年度宝钢优秀教师奖评选推荐工作,10名高校教师获2013年度宝钢优秀教师奖。

十、教育对外开放深入推进,教育合作形式不断创新

(一) 中外合作办学取得新进展

协调推进上海纽约大学正式设立后的各项工作。指导和协助上海纽约大学办理民非法人单位登记工作,落实2013年财政拨款以及首届本科生招生方案报批和录取相关工作。

推进高校开展高水平中外合作办学。上海理工大学中德学院作为三个优秀老项目整合为一个新机构的范例,顺利通过教育部评估专家的评审。上海大学与温哥华电影学院签署合作备忘录,拟合作成立上海温哥华电影学院。

推动高中阶段中外合作办学。批准筹备设立上海七宝德怀特高级中学,该校由上海市七宝中学与美国纽约市德怀特学校合作举办,是本市第一所具有独立法人资格的中外合作高中。

启动并试运行中外合作办学管理信息平台。完成上海市中外合作办学管理信息平台建设第一阶段工作,启动并试运行信息平台,实现年度办学报告的网上提交及办学基本信息的社会公开。

探索设立中外合作经营性培训机构。落实《中国(上海)自由贸易试验区总体方案》关于"允许设立中外合作经营性培训机构"的要求,发布《中国(上海)自由贸易试验区中外合作经营性培训机构管理暂行办法》,促进经营性培训领域对外开放。

(二) 大力加强来沪留学生教育工作

完善外国留学生政府奖学金管理工作。全面启用上海市外国留学生政府奖学金网上申请平台,进一步规范与提升外国留学生奖学金的管理水平。新增上海第二工业大学、上海政法学院和上海纽约大学为市政府奖学金院校,本市已有市政府奖学金院校31所。试点开展外国留学生政府奖学金本科全额奖学金制度。

加强留学生教育的课程建设。组织申报教育部来华留学英语授课品牌课程,立项17门,占全国总数的

11%。全面启动本市外国留学生教育外语(英语)授课课程建设,共有77门课程被列入建设范围。开展"上海市高校国际课程师资国外研修项目",派出38名教师赴加拿大阿尔伯塔大学和澳大利亚昆士兰大学研修。

推进外国留学生服务体系建设。复旦大学、上海交通大学、同济大学和上海大学4所高校被教育部评为全国首批来华留学示范基地院校。开展外国留学生辅导员制度试点工作,在复旦大学、上海交通大学、华东理工大学、上海大学和上海中医大学5校开展试点。组织开展各类外国留学生文体活动,参加教育部"留动中国——在华留学生阳光体育文化之旅"大型活动,参加第十一届上海市"张江杯"中外友人乒乓球比赛,举办首届"寻找中国印象——上海市外国留学生中国元素创意设计大赛",举办第六届上海市外国留学生龙舟赛。定期召开本市外国留学生办公室主任工作例会及常务理事单位工作例会,做好外国留学生在沪各类案(事)件及突发事件的防范及处理工作。

加大对外宣传力度。继续举办"上海暑期学校",共有11所高校、15个项目、400余名外国留学生先后在上海接受了为期1个月的汉语和中国文化体验课程的学习生活,项目对象已遍及世界五大洲。在保加利亚、匈牙利成功举办"2013中国上海教育展"。完善"留学上海"网站建设,成为本市外国留学生工作新闻发表、信息交流、工作支撑的重要平台。

(三) 实施高校学生海外学习与实习项目

继续实施本市高校学生在校期间赴海外知名大学、跨国公司和国际组织学习、交流或实习,开展第四批上海市高校学生海外学习、实习项目申报与评审工作,共有550个项目4000余人获得资助。

(四) 开展多种形式的国际交流活动

成功举办2013年友城夏令营活动,共邀请美国芝加哥市、墨西哥哈里斯科州等13个上海国际友好城市的青少年与教师共计88人,本市高中生志愿者30人。举办"2013上海百名中小学生走进外国驻沪总领事馆"系列活动,组织本市各区县12所中小学的199名学生参观10个国家的驻上海总领事馆工作场所或官邸。稳步推进友好城市教育合作项目,与新西兰达尼丁市、芬兰埃斯波市、德国汉堡市等城市开展友好交流与访问活动。

(五) 积极推进汉语国际教育

新增5所孔子学院,分别是上海外国语大学承办的乌兹别克斯坦撒马尔罕孔子学院、同济大学承办的意大利佛罗伦萨大学孔子学院、华东师范大学承办的瑞士巴塞尔大学孔子学院上海大学承办的巴林大学孔子学院和上海中医药大学承办的美国佐治亚瑞金斯大学孔子学院。截至2013年底,本市共有9所高校、13所中小学在20个国家举办了孔子学院(课堂)86所,其中孔子学院41所、孔子课堂45所。

(六) 加强外籍人员子女学校管理工作

2013年上海各外籍人员子女学校在校生人数29666名(幼儿园4502人,小学11339人,初中7528人,高中6297人),12所学校的办学规模千人以上,其中上海美国学校、上海日本人学校、上海中学国际部3所学校在校生达3000多人。出台《上海市教育委员会关于进一步加强本事外籍人员子女学校管理工作的通知》,对外籍人员子女学校加强规范管理。做好本市外籍人员子女学校的校车管理工作,进一步规范校车许可期限、校车安全运行、校车标牌申领换发等相关事宜。批准开办"上海惠灵顿国际学校"和"上海德威英国国际学校闵行马桥教学点",2014年9月招生。复旦附中国际部和宋庆龄学校国际部的设立已进入专家评估阶段。

(七) 深入推进与港澳台地区教育交流与合作

2013年本市高校在校全日制港澳台地区及华侨学生1887人(台湾学生1204人、香港学生500人、澳门学生168人、华侨学生15人);中小幼港澳台地区和华侨学生7514人(台湾4008人、香港2365人、澳门162人、华侨979人)。在本市外籍人员子女学校就读的港澳台地区学生2860人(台湾地区1295人,香港特区1516人,澳门特区49人)。

扩大面向港澳台地区招收本专科生学校范围。教育部对上海海事大学、上海政法学院、上海杉达学院招收港澳台地区本科生予以备案,以上学校将通过"港澳台侨学生联合招生考试"招收港澳台学生。教育部对上海立达职业技术学院招收专科生予以备案,上述学校公布招生简章,并报市教委备案后自主招生。至2013年底,上海共有23所高校可以招收港澳台地区学生,其中市属高校15所。

推动海峡两岸及香港、澳门地区举办多种交流活动。在沪举行2013上海——台北中学生体育节、"情聚浦江·心系未来——2013上海高校百名台生看上海"活动、"根脉相连——香港教师内地交流计划"、第九期香港幼儿园园长培训项目、第五届海峡两岸民办(私立)高校校长论坛等交流活动。

(八) 持续深化区域教育合作

推进各项教育对口支援工作。继续做好面向西藏、新疆和青海果洛等地的内地中职班招生工作,本市6所中职校录取西藏、新疆和果洛应届初中毕业生386人。接收两批共计201名来自新疆的少数民族双语骨干教师来沪参加为期一年的培训。实施2013年“教育部——中国移动中小学校长培训项目”,53名来自湖北、陕西、重庆的校长来沪开展为期15天的“影子校长”研修。开展2013年度支援海南基础教育工作,两地7所结对学校互派校长、教师共计42人赴对方开展交流学习活动。做好上海高校教师赴新疆喀什师范学院开展示范授课工作,帮助喀什师范学院提高人才培养质量。

开展长三角区域教育合作。探索完善长三角教育联动发展协作机制,开展推进长三角教育现代化课题研究及区域教育合作机制的国际比较研究。继续推动长三角研究生教育创新计划合作,成功举办第三期长三角研究生教育管理干部研修班和两场长三角研究生学术论坛。推进长三角合作办学,开展长三角高校大学生游学、专业辅修和图书资源共享等。实施第三期长三角名校长联合培训,28名学员赴苏浙沪皖四地开展交流学习。

十一、招生工作机制不断完善,就业服务体系进一步健全

(一) 平稳完成全年各项招生录取工作

深化春季招生考试改革。2013年本市对春季考试招生办法进行了改革,在地方本科院校春季招生考试中,采用了“高中学业水平考试+附加题”的形式。

完善专科层次依法自主招生改革。积极探索高等职业教育招生录取新办法,加强技能测试,选用高中学业水平考试成绩,推广学校联合命题,充分放权实行自主招生。

改革普通高中学业水平考试制度。推动高校在自主招生过程中,把高中学业水平考试相关科目成绩和附加题成绩作为学校自主招生初试的依据。

不断健全招生考试工作机制。开展招生考试规范化基地建设,委托上海商学院、上海大学、上海音乐学院、上海戏剧学院、上海体育学院分别建设美术类、编导类、音乐类、表演类、体育类等艺体类专业招生考试基地,保证艺体类考试的公正与公平。规范高考报名审核程序,规范高校招生录取程序,严格做好录取公示工作,提高招考工作透明度。

(二) 加强学生就业服务与指导

2013年上海高校毕业生共有17.8万人,其中研究生3.9万人,本科生8.9万人,专科(高职)生5万人。截至8月底,本市高校毕业生就业率为95.8%,其中研究生就业率95.3%,本科生就业率95.4%,专科高职毕业生就业率97.0%,各项数据与2012年同期基本持平。试点开展大学生社区服务计划,为试点的普陀、虹口、闸北输送150名毕业生。配合实施2013年“村官计划”“三支一扶”“西部计划”等项目,共招募659人。贯彻征兵工作要求,组织动员4000名大学生报名并体检,1700余人入伍。大力推进创新创业教育,全市及高校举办各类创业活动、培训800余场,10万人次参加,600多名毕业生创业。

做好非上海生源毕业生落户工作。梳理和规范材料审核与评分要求,完善重点单位认定和公布机制,逐步规范落户申请材料提交的主体资质,试点由主管委办局、在沪央企、市属单位、区县负责初审。

采取多种措施帮助学生就业。为低保家庭毕业生发放求职补贴,对特殊困难群体毕业生开展心理、技能等多方面帮扶,为西藏籍毕业生专场提供本市国有企事业单位200个岗位。启动生涯工作室和校外实践基地建设,结合易班实现就业信息推送服务,推进高校毕业生就业工作创新基地建设。

十二、坚持以学生为本理念,努力为学生提供各类服务与保障

(一) 扎实做好高校学生资助工作

进一步规范各类奖学金评审程序,2012—2013学年,市属高校共有572名学生获得国家奖学金,1000名学生获得上海市奖学金,13863名学生获得国家励志奖学金。切实做好高校开学工作,大力保障高校学生,特别是家庭经济困难学生能按时报到注册,进校学习。调整本市实施的地方高校毕业生面向中西部地区和艰苦边远地区基层单位就业学费和国家助学贷款代偿政策,由学校垫付改为财政直接支付。继续鼓励本市高校毕业生赴本市郊区偏远农村地区任教,向9个区(县)偏远农村教师发放艰苦地区就业奖励金778.8万元。

（二）着力加强学校安全管理

加强学校技防系统建设。稳步推进中小学幼儿园技防设施监管平台建设，约三分之二中小学幼儿园技防设施监管平台建成使用。要求各高校以全面推进校园出入口管理系统建设、消防系统智能化管理建设、突发事件应急指挥系统建设为重点开展好2013年高校技防建设，并安排专项资金予以引导。

推动高校节能环保建设。完成上海市地方标准《上海合理用能指南》编制，已获市质监局评审通过，并送国家质监局备案；推进节能监管信息化建设；鼓励既有建筑节能改造，支持77个节能改造示范项目；新增3所餐厨垃圾减量化、资源化、无害化源头处置试点高校。

严格高校危化物品管理。加大对各级各类实验室危险化学品的管控力度，健全实验室危险化学品管理制度。本市65所高校中，有21所高校涉及危险化学品，16所高校涉及剧毒化学品，8所高校涉及病源微生物，10所高校涉及实验动植物，24所高校涉及气体钢瓶。

提高校车管理要求。实施小学生专用校车制度，自2013年9月1日起，本市小学生乘坐校车均为按照国家标准设计和制造的小学生专用校车，目前全市共有384辆小学生专用校车。

加强预防未成年人违法犯罪工作。开展2013年“春天的蒲公英——小法官网上行”活动，开展2013年中小学毒品预防教育八个一活动，举办主题为“青年教师的成长”的第十届工读教育论坛，举办以“老师，我要对你说”为主题的第十届拥抱明天系列活动，做好特殊人群未成年子女关爱工作，做好来沪流浪儿童的救助管理工作。

（三）继续做好高校学生伙食工作

设立上海高校食堂学生伙食价格平抑基金。“价格平抑基金”制度的建立，意味着上海高校食堂从临时性成本补贴向长效价格调控机制转变，从政府主导、学校被动参与向政府托底、市校两级联动、分级调控转变。

规范高校主副食品团体采购工作。建立上海高校伙食价格和学生食堂成本动态监测中心，及时发布有关价格指数信息和采购预警信息。深化上海“农校对接”工作，大力推动“上海高校学生食堂主副食品冷链物流基地”建设。

加强监督检查力度。加强高校食品安全监督检查力度，被检查高校覆盖面达到了100%，其中检查频次2次以上的高校覆盖面达到75%。开展高校学生生活用品质量安全专项检查，根据目前检查情况，高校学生生活用品质量安全问题总体可控。开展2012年学生食堂政府补贴落实情况专项督查。

十三、各类教育管理制度持续完善，教育管理工作日益规范

（一）健全教育财务管理制度

开展“教育经费管理年”活动。对75所随迁子女学校实施2012年度财务经费专项督查，开展中等职业学校公用经费及专项经费检查。制定市教委系统事业单位国资管理细则，推进市属高校企业国有资产保值增值考核工作，推进中等学校企业清产核资及规范化建设工作，完成第一批、第二批划转行业高校资产清查工作。制定研究生助学金、研究生学业奖学金管理办法，制定本市研究生收费办法。制定高中生均公用经费基本拨款标准，加强2013年教育转移支付资金使用管理。完成行政事业性收费项目清理工作，做好2013学年度教育收费公示工作。制定财政高等教育投入机制改革方案。

（二）深入细致做好审计工作

实施经济责任审计项目，完成对上海医疗器械高等专科学校等4所高校局级领导干部经济责任审计工作。完成对上海中学等6家教委直属单位处级领导干部经济责任审计工作。探索开展绩效审计，开展11所地方高校2010—2012年内涵建设专项资金中期绩效审计检查，完成上海教育新闻网二期建设项目财政支出情况绩效跟踪审计。开展教育费附加结存现状及应对措施审计督查工作，对17个区县教育费附加结存现状开展审计督查。选聘社会审计中介机构，加强对社会审计中介机构的监督和管理。做好高校和教委直属单位所属企业年报审计整改工作。

（三）规范教育收费行为

组织开展春季规范教育收费检查和暑期违规办班补课问题暗访工作，抓好检查中发现问题的督促整改。组织开展秋季规范教育收费联合检查，并对信访举报和检查中发现的问题，通过召开督察会议等举措督促整改，进一步加强制度建设，落实长效机制。

（四）加强招生监察工作

开展以整治违规招生行为为重点的专项治理，加强对艺术类、体育类招生和自主招生的监察工作，对区县和学校的招生监督机构加强工作指导。印发《上海市普通高校招生监察工作实施办法（试行）》，组织开展2013年高考考场巡查和招生录取现场监督工作，加强安全保密执法检查和考风考纪执法检查。

（五）推进教育信息化建设

推进校园信息化基础设施建设，改善信息化应用环境，完成第三批信息化建设单位的立项评审。成功举办"2013第十届上海教育博览会—信息化助推教育转型"。加快推进上海教育数据中心的建设。开展学生实习实践数据库研制工作，建立上海市专业学位研究生实践基地信息管理平台，并实现试运行。推动资助信息平台建设工作，目前已在国家奖学金、上海市奖学金和国家励志奖学金评审中正式运行。完成全市中小学学籍库的建设，全市138万名学生全部入库并报教育部。对全市中小学生发放电子学生证，完成部分社会场馆电子学生证的试点应用。

（六）加强政府信息公开工作

做好政府信息主动公开和依申请公开。在"上海教育"网新增主动公开文件类政府信息523条，较上年增加2.55%，全文电子化率达100%，政府信息公开专栏访问量188.14万人次。开设"2013年教育实事项目"专栏，主动公开由政府投资的教育实事项目信息98条；开设"全面落实教育改革和发展规划纲要"专栏，发布进展信息104条；深化相关"政策解读"信息发布，累计公布各类政策解读255条。规范处置政府信息依申请公开，规范受理公民、法人或其他组织提出的政府信息公开申请，受理答复信息公开申请27件。不断推进教育系统信息公开工作。推进高校信息公开工作，首次面向本市高校开展信息公开评议，组织本市高校编制和发布信息公开年度报告。推进区县教育局政府信息公开工作，开展区县教育局政府信息公开工作和网站建设的考核、评议。

（七）扎实做好信访工作

通过"网上咨询""主任信箱"等常设通道接受各类咨询14310次，其中网上咨询3485次、咨询电话接听9413次、当面咨询接待695批995人次，回复网上信访2057件；开展网上互动项目54项，参与者达11.2万人次。不断完善信访工作制度和机制建设，扎实推进信访矛盾的排查、化解和稳定工作，切实维护群众合法权益，各级部门转交办信访事项办结率达到100%。

（八）推进行政审批标准化建设

加大行政审批项目清理力度，在巩固第六批行政审批改革清理成果的基础上，取消了"普通高等院校本科新增专业设置"审批项目，市级教育行政审批项目减至19项。全面实施市级教育行政审批标准化建设，重点推进"教师资格认定""对学校组织优秀体育后备人才训练的许可"2个市级标准化示范试点项目，推进"民办高校决策机构成员变更备案和聘任校长核准""利用互联网实施远程学历教育的教育网校审批"2个项目的标准化建设。全面改造"上海教育"网站行政审批预审和受理系统，以及市教委内网业务审批系统，顺利通过市级验收。

（九）进一步完善直属单位管理体制

推进直属事业单位和直属企业单位管理体制改革。规范市教委直属单位出租出借、对外投资等管理工作，在前期开展事业单位出租出借及对外投资清理工作的基础上，向市财政局补充申报出租出借及对外投资文件。规范市教委直属事业单位房地产管理工作，建立事业单位房产登记信息系统，完成事业单位房产登记工作。开展市教委系统直属事业单位及中等（专业）学校维修工程及设备类专项经费评审工作。制定委属企业及委属事业单位举办企业监管方案。

十四、全面落实素质教育理念，促进学生全面发展

（一）促进学生健康成长

推进体育和健康教育教学改革。继续推进"高中体育专项化"教学改革，进一步完善本市初中毕业升学体育考试政策。开展本市高校市级体育和健康教育精品课程评选，共评选出本市高校市级体育和健康教育精品课程49门。

规范学校卫生工作。推进学校卫生保健机构建设，加快学校卫生保健人员队伍建设以及强化学校卫生管理体制。编制《上海市中小学学校卫生工作评估指标体系（试行）》，量化考评学校和区县教育行政部门的学校卫生管理工作。

深入推进体教结合。改革阳光体育运动赛事体系，完善学生体育竞赛体系，着力打造精品赛事。2013年，本市大学生共举行18项21小项常规性体育比赛。

深入推进医教结合。建立学校传染病防控、食品、饮用水监管的“联防联控、联处联报”机制，建立全市中小学校和托幼机构“因病缺勤缺课网络直报系统”。完成本市300所中小学校校园直饮水工程建设的市政府实事项目，改善学生校园饮水状况。继续深入推进“肥胖(超重)学生科学膳食指导计划”，开展肥胖青少年营养干预工作。不断完善“上海市中小学生住院互助基金”的管理和统筹工作，做好大学生补充商业医疗保险直接结算机制试点工作。

推进学生体质健康监测工作。完成建设7所区县级学生体质健康监测中心的市政府实事项目。建立“市、区、校”三级学生体质健康监测网络，明确各级监测中心的功能和任务。启动建设市学生健康信息化公共服务平台(一生一档工程)。

完善体育卫生工作机构设置。成立1个上海市体育教师国际发展中心、2个上海市体育师资培训基地，成立学校卫生保健人员培育中心。推进体育领军人才培养工作，开展2013年上海市普通高校体育教师教学技能“人人达标”活动暨第一届上海市普通高校体育教师教学技能比赛。

(二) 培养学生创新实践能力

推进青少年艺术教育各类行动计划。组织参加全国第四届中小学生艺术展演活动，组织参加2013夏季音乐节活动，举办首届市民文化节校园舞蹈大赛，举办“舞动青春　欢乐校园”——2013年上海市学生舞蹈节，举办“七彩嘉年华　青春音乐梦”——第二届上海大学生原创音乐大赛。举办“我的梦想·我的家”——2013上海市学生艺术设计展。上海学生交响乐团在悉尼第24届国际音乐节比赛中，荣获金奖第一名并获特别贡献奖；上海学生合唱团赴俄罗斯圣彼得堡参加第11届“歌唱的世界”国际合唱比赛，获得了1金2银的好成绩。

推进青少年科技创新后备人才培养实践平台建设。推进联建上海市青少年科学研究院工作，初步建立上海市青少年科学研究院专家及导师团队，建立上海市青少年科学研究院培养基地。举办上海市第十届青少年科技节暨第六届上海市青少年创新峰会、上海市青少年科学研究院年会。举办大学生科学商店发展论坛，新建上海应用技术学院、上海体育学院、上海师范大学等3家大学生科学商店和华东理工大学、上海大学两个高校实践工作站。

(三) 提高语言文字规范应用水平

依法管理社会语言文字应用。推进区县对所属街镇开展语言文字规范化达标评估。继续指导区县开展公共场所用语用字监督监测。组织完成对上海商学院和上海工程技术大学的语言文字工作评估。承制外文译写规范国家标准，加强“公共服务领域外文译写”网站建设，启动公示语英汉对照语料库建设。

科学保护上海语言资源。扎实推进上海话有声资源数据库建设，全面完成12个调查点的预调查和有声数据现场采录工作。遴选中心城区24所幼儿园试点开展上海话教育体验活动。在中小学教师培训市级共享课程中增设了“上海话能力”和“上海话教学”的培训科目。

扎实做好语言文字水平测试工作。将学生普通话测试工作纳入高校和中职校管理和相关课程，提高大学生和中职学生普通话免费测试的参测率和合格率。组织华东师范大学等11所高校和黄浦区等13个区县的8200余名教师开展了汉字应用水平的培训和测试工作。组织开展上海18所学校的800余名内地新疆班、内地西藏班学生的普通话培训和测试工作。继续推进面向在沪外籍人士的“实用汉语能力测试”项目的研发工作，开展初、中、高三个等级的试点测试。

加强语言文字工作的宣传和研究。制定《上海市语委贯彻落实〈国家语言文字中长期规划纲要〉的实施意见》，开展以《通用规范汉字表》为主要内容的语言文字规范标准的学习宣传和贯彻落实工作。依托市教科院成立国家语言文字政策研究中心。开展上海市“中华诵·经典诵读行动”等系列活动，传承中华优秀文化。

十五、依法行政观念不断强化，教育法制化进程有效推进

(一) 教育立法和教育法制建设工作有序开展

受教育部委托开展《终身教育法》立法研究工作；开展《上海市未成年人保护条例》立法修正工作，开展《上海市公共场所外文使用管理规定》《上海市民办教育促进条例》《上海市教育督导条例》等立法调研工作。

完成《〈上海市终身教育促进条例〉释义》的编写出版工作。

努力做好教育行政法制工作。颁布新的《上海市教育委员会行政规范性文件制定和备案规定》。开展行政许可的专项清理，共梳理出涉及市教委的市政府规章5件，市政府及市政府办公厅规范性文件23件，市教委规范性文件156件。筹建本市高校章程核准委员会，制定并印发上海市中小学校、幼儿园章程参考文本，指导各区县教育局全面推进中小学校、幼儿园“一校一章程”建设。积极推进教育法学会相关工作。做好《学校教职工代表大会规定》执法检查工作。

（二）积极协调处理各类法律纠纷

协调处理上海科教技术进出口公司破产清算案，协助委属企业历史遗留问题办公室清理解决委属企业遗留的相关法律问题。认真履行行政复议法定职责，接受市政府法制办等上级行政复议机关监督，处理4件行政复议案件。协调处理高校学生申诉案件5件，有效解决各类矛盾和争端。

（三）教育政策研究工作不断深化

开展现代大学制度建设研究。委托复旦大学等16家高校，对现代大学制度建设的若干重点问题进行深入研究，探索建立符合中国特色、上海实际及高等教育办学规律的现代大学制度。

开展“上海市教委重大决策听证制度建设”研究。研究重大教育决策事项范围、听证职责分工、参加听证人员、听证程序以及听证意见采纳方式等的基础上，力求构建一套完整的教育决策听证制度体系。

开展上海教育与中国（上海）自贸区建设的合作研究。研究中国（上海）自贸区建设对人才需求的导向，以及未来若干年上海教育与中国（上海）自贸区深入合作研究的方向与机制。

（四）普法工作向纵深发展

加强普法工作队伍建设。建立“教育部全国青少年普法网”联络员、通讯员队伍，人员覆盖市和区县两级教育行政部门、各区县普法特色学校。举办了两期中小学校长、骨干教师法制教育专题培训班。

开展形式多样的法宣活动。做好本市中小学生法制专题教育网络课程研究及相关教材的编制工作。举办上海市“新沪杯”法律知识竞赛，举办上海市中学生优秀法制网站设计征集活动，开展上海市第25届宪法宣传周活动。

各级各类教育

综　合　类

［**教育信息报送**］　2013 年，编发《市教委简报》27 期，《每周教育信息》33 期，《领导讲话》1 期，《教育工作》5 期，《教育工作情况专报》18 期，《上海教育安全稳定专报》114 期，《教育信息》30 期，《上海市教育体制改革简报》3 期。向教育部办公厅、上海市委、市政府办公厅报送各类信息约 200 期。全年信息工作成效明显，教育部统计年度积分在全国位列第一。市教委办公室受到市委、市政府办公厅信息工作表扬。

信息报送关注教育重点、热点、难点问题，围绕“两会”期间信息报送、推进贯彻落实“八项规定”勤俭节约办教育、人感染 H7N9 禽流感疫情防控、推进高校毕业生就业、推进教育国际化、纽约大学首届招生、基础教育高位均衡发展、青少年阳光体育运动、中小学德育、高等教育内涵建设、教师队伍建设、职业教育技能大赛和中职生就业、青少年保护工作以及教育系统各类突发事件和安全稳定工作、师生思想舆情动态等工作重点和信息热点。

6 月 20—21 日，举办信息工作培训班，对高校、区县教育局和直属单位从事信息编报人员进行有针对性的业务指导，提高信息工作人员政治素养和业务水平。

根据中央八项规定及教育部、上海市委、市政府对信息简报的要求。减少简报编发数量，尤其减少单篇类的简报数量，增加面上情况的综合反映类简报并严格控制篇幅。全年编发简报，同比减少 37%。在精简简报数量的同时，提高简报质量。全年，被教育部编发简报、要情 28 期，教育部门户网站“一线采风”编发 14 期，其中“多措并举保障中小学每天校园锻炼一小时”、“勤俭节约办教育　建设节约型校园”等 4 篇获部以上领导批示。被市委、市政府办公厅录用信息约 200 期，其中毕业生就业、实施义务教育学生营养改善计划等多篇信息专报国务院办公厅。

（沈蕴辉）

［**教育对口支援**］　上海教育系统全年投入 2.82 亿元支援西部及其他地区教育发展和开展教育交流合作。全年接受对口地区干部、教师 7404 人到沪进修、培训、挂职。完成第七批援藏干部、第八批援疆干部选派工作。完成第十二批赴滇支教任务。年内，新增内地新疆高中班办班学校 1 所，内地西藏高中班办班学校 2 所。至此，上海承办民族高中班、初中班的学校达 20 所，2013 年度招收学生 1600 余人。继续举办内地新疆、西藏、青海省果洛中职班，在校生超过 1450 人。21 所高校安排民族班招生计划 1046 人，25 所高校录取新疆喀什定向新生 221 人。开展与对口地区中职合作办学，招收学生 2126 人，在沪就读学生规模为 2634 人。组建专门工作小组承担对口支援青海省果洛藏族自治州教育事业发展专项规划的具体编制任务。与贵州省遵义市教育局签订教育对口帮扶协议，全面启动对口帮扶遵义工作。“共建共管”泽普五中取得积极成效，相关帮扶经验在喀什四县逐步推广。建立职业教育对口帮扶机制，明确与青海省果洛、西藏日喀则地区中等职业技术学校开展对口帮扶，与云南省楚雄彝族自治州签署《职业教育合作备忘录》。拓展教育合作交流领域。推进与都江堰教育长效合作。推动高校产学研合作，开展各类合作服务项目 471 项。与海南省 7 所对口学校继续开展基础教育领域教师交流合作。接受湖南、陕西、重庆等省市中小学校长到沪培训。加强“西藏藏语言文字网”建设，投入专项资金 35 万元用于网站的运行维护和技术支持，与西藏自治区语委（编译局）共同制定“藏语言文字网信息管理规定”和“藏语言文字网应急预案”，完善网站信息管理机制。

（何　斌）

［**办理市人大代表书面意见和政协委员提案**］　2013 年办理 231 件市人大代表书面意见和政协委员提案，较上年略有上升，其中书面意见 81 件、提案 150 件；主合办件 129 件，占总量近 56%，办理总量仍在全市承办单位中位居前列。129 件主合办件的办理结果为：“解决采纳”114 件，占88.4%；“正在解决”3 件，占 2.3%；“计划解决”2 件，占 1.6%；“留作参考”10 件，占 7.7%。

书面意见和提案主要内容涉及学生发展、教师队伍建设、教育改革、人才培养、教育经费使用与管理、教育培训市场规范等。此外，基础教育城乡均衡发展、学校社工队伍建设、老年教育发展、民办教育、随迁子女教育等问题比较受关注。市教委落实分级责任，委领导带队走访，主动通报，各处室落实处长负责制，加强过程管理，合力完成办理任务；完善办理方式，对建议相对集中的，通过召开归并办理座谈会集中办理，提升办理工作成效；加强主动沟通，采取多种形式，将与代表委员的沟通贯彻到办理工作全过程，确保办理质量；吸纳意见建议，与日常工作相结合，寻求解决办法，使办理工作落到实处。

（陆黎英）

［督查督办工作］ 市教委各处室加强沟通协调，确保各项督办事项有着落、有回音。①开展市政府实事和重点工作的督促落实。做好市教委列入市政府实事项目的立项申报。实施“全市新增30所幼儿园”“为300所郊区初中学校更新配齐实验室设施设备”“重点扶持70所老年学校开展标准化建设”“建设7所学生体质健康监测中心”“完成本市300所中小学校校园直饮水工程建设”等5项年度市政府实事项目的落实跟踪工作。5项实事均在年底前完成，并在市政府办公厅和市政府重大办组织的测评中位居前列。承担全市23项市政府重点工作中第11项“全面贯彻落实国家和本市中长期教育改革和发展规划纲要，促进各级各类教育全面、协调发展”，按照《2013年市政府重点工作节点目标安排表》，督促各相关处室按照节点有序推进各项工作，主动接受市政府督查室的检查，全年工作任务均在规定节点内如期完成。②建立健全市领导决策批示，落实督办机制。明确将市委、市政府主要领导和分管领导批示，市委常委会、市政府常务会议、市教育体制改革领导小组决议事项，市委、市政府专题会议决议事项，市领导赴基层调研确定事项等列入督办范围，由市教委主任总负责、市教委秘书长分管负责，并配备力量组成督办支撑团队，全程跟踪列督事项进程，建立市教委主任碰头会专题研究机制和市教委秘书长督办协调机制。通过限时催办和定期报告，加快落实进程，有效解决督办事项推进中的难点问题。市教委办公室每月底形成《重点列督事项进展情况的抄告》，呈送市领导并印发各处室，推进落实工作。至年底，共列督112项，完成68项，继续推进44项。③推进两委专项督办工作。年初印发《关于开展2013年教育重点工作专项督查的通知》，将贯彻落实中央“八项规定”，市委、市政府重点工作和教育体制改革领导小组研究确定等事项列入专项督查内容，分阶段开展专项督查，强化过程督查机制，确保重点工作有力推进并落到实处。④推进常规事项的督办。全年按时完成302件市领导批示件的落实办理工作。完成市教委主任办公会议议定的19件“三重一大”工作事项的督办工作。完成932件基层请示件的督办工作。

（陆黎英）

［行政审批标准化示范试点建设］ 2013年，以实施“教师资格认定”“对学校组织优秀体育后备人才训练的许可”“民办高等学校决策机构成员变更备案和聘任校长核准”“利用互联网实施远程学历的教育网校审批”4个行政审批项目的标准化建设为抓手，推进行政审批标准化示范试点建设。一是加强组织协调，制订工作方案。成立行政审批标准化领导小组，制订行政审批标准化试点工作实施方案，明确实施时间和实施主体，确定实施步骤和时间节点。二是加强服务支撑，促进工作开展。召开行政审批标准化示范试点动员会，举办行政审批业务手册和办事指南编制工作培训会，到相关单位学习标准化示范试点建设经验，依托市质监局标准化研究院的智力资源，为业务处室开展标准化建设提供指导支持。同时，按照标准化要求改造“上海教育”网站和内网系统相关板块。三是实施过程管理，保障各项工作如期完成。在业务手册和办事指南编制之前、编制过程中和初稿完成后分别召开编制情况交流会。针对“上海教育”网站和内网系统改造，召开工作交流会。组织人员对承担“教师资格认定”具体审批业务的市教育人才交流服务中心进行实地调研。督促业务处室推进手册和指南编制工作。初稿完成后，委托市质监局标准化研究院研究中心进行审阅和修订，并将手册和指南分送相关人员征求意见。四是试行标准流程，确保取得实效。相关审批项目实现流程再造，缩短办理周期。4个试点项目严格按照“目录管理”“业务手册”“办事指南”“网上审批”“电子监察”“数据共享”六位一体的标准化建设要求，全面完成各项工作。12月底，市教委承担的标准化示范试点项目全部通过验收。

（林炊利）

［政府信息公开］ 新增主动公开政府信息551条，全文电子化率100%。政府信息公开专栏访问量209.13万人次。全年共受理政府信息公开申请

33件，均已答复完毕。

在"上海教育"网站设"2013年教育实事项目"专栏，主动公开信息104条，在"全面落实教育改革和发展规划纲要"专栏主动发布非公文类政府信息95条。向社会主动公开部门预算决算信息、"三公经费"预算决算信息。做好14项市财政专项资金使用情况的信息公开工作。

针对高招、中招、义务教育招生入学等社会关注的热点问题，市教委在公布政策文件后，配套提供相关的政策解读255条，开设"中考热线"、"高考热线"、"成人高校招生"、"专升本学校招生"等10个专题栏目，提供系统完整的信息服务。

市教委所属19项行政审批事项，已有16项实现网上办理，其余3项待市审改办确认后实现网上办理。向公众提供20所民办高校、301所民办中小学、607所民办幼儿园（早教机构）和1227所民办非学历教育培训机构信息。开通上海市中外合作办学（含内地与港澳台地区合作）机构和项目查询系统，提供32个合作办学机构和170个合作办学项目信息。

市教委通过"中国上海"门户网站、上海人民广播电台"政风行风热线"开展在线访谈，解读相关政策，解答群众关心的问题。全年新增"教育坊"专栏11期，由市教委相关处室负责人撰文，就重点工作的推进和社会关注的问题与公众进行网上沟通。市教委通过网上公示、问卷调查、教育大家谈等网上交流互动形式开展交流互动46项，浏览和参与者11.9万人次。受理、回复公众的网上咨询3892件，在网上公开回复群众来信213件。

由市教卫工作党委主办的"上海教育"微博经过一年多的运营拥有粉丝13万余人，发布微博6200余条，发布政务类信息660余条，收到网友评论3.2万余条，处理网友各类提问1120条。

继续深化区县教育局政府信息公开工作，推进高校信息公开工作规范有序进行。

（顾晴娜）

［实施教育系统市重大建设工程项目］ 上海科技大学浦东新校区一期建设项目、上海戏剧学院附属舞蹈学校上海国际舞蹈中心项目、上海体育学院中国乒乓球学院项目以及高校内涵建设项目等被列入2013年市重大建设工程，项目总建筑面积约91万平方米，合计总投资约58.44亿元。

上海科技大学浦东新校区一期建设项目于2013年经市建设交通委批准初步设计方案。批复的项目占地面积约60万平方米，总建筑面积为588642.3平方米，主要建设内容包括教学楼、实验楼、图书馆、体育场馆、师生活动中心、食堂、学生宿舍、行政办公、国际交流中心及相关配套设施等。项目总投资估算为35亿元，由市级建设财力资金全额支持。项目于2013年1月正式开工建设，累计完成投资4.5亿元。预计一期项目将于2015年9月底前竣工并投入使用。

上海戏剧学院附属舞蹈学校上海国际舞蹈中心项目于2012年经市建设交通委批准初步设计方案。批复的项目占地约38666平方米，总建筑面积为83521平方米，主要建设内容包括各类教学训练用房、剧场以及相应的配套用房。项目总投资估算为10.7亿元，由市级建设财力资金全额支持。该项目已于2012年9月正式开工建设，累计完成投资2.2亿元。预计将于2015年年底前竣工并投入使用。

上海体育学院中国乒乓球学院项目于2012年经市建设交通委批准初步设计方案，选址位于上海体育学院杨浦校区内。批复的总建筑面积为38673平方米，总投资估算为1.9亿元。该项目已于2012年10月正式开工建设，累计完成投资0.8亿元。预计将于2015年5月前竣工并投入使用。

2013年，上海师范大学、上海理工大学、上海工程技术大学、华东政法大学、上海对外经贸大学、上海海事大学、上海第二工业大学以及上海中医药大学等8所高校的8个内涵建设单体项目得到有效推进。上海师范大学、上海理工大学的单体项目均于2013年年内开工建设，其余6个单体项目也都进入立项审批程序。

（顾满锋、邱仲杰）

［解决高校布局结构调整历史遗留问题］ 市教委按照2011年4月26日召开的市教育体制改革领导小组第一次专题会议精神，会同相关委办协调推进解决高校基本建设与布局结构调整中有关历史遗留问题。

已解决的布局结构调整历史遗留问题有：启动高校整体租赁公租房租金补贴工作，解决高校青年教师过渡性住房困难；研究制定政府性资金与高校自筹分担高校学生公寓建设资金投资方案，进一步改善高校基本办学条件；上海出版印刷高等专科学校和上海医疗器械高等专科学校浦东新校区建设工作顺利开工建设；行业高校划转工作按计划完成阶段性目标；上海理工大学办学空间得到改善，基本建设项目如期启动。

已基本完成的布局结构调整历史遗留问题有：①高校学科内涵设施建设工程项目。“十一五”期间遗留的8所高校的9个“高校学科内涵设施建设工程”项目中，除上海戏剧学院莲花路校区戏曲人才实训楼因该校浦江新校区建设而暂缓实施外，上海师范大学、上海理工大学、上海工程技术大学、华东政法大学、上海对外经贸大学、上海海事大学、上海第二工业大学以及上海中医药大学8所高校共计8个单体项目均被列入2013年市重大建设工程，并得到了有效推进。②上海音乐学院校区划拨及项目建设。原上海中医药大学零陵路校区划转上海音乐学院的工作目前正在推进过程中。两校已分别向市教委上报了校区划转申请，并得到了市教委的同意划转批复，正办理相关房地产权证过户手续。此外，零陵路校区的整体改造和新建项目工作有序推进。其中改造项目已于2013年完成，新建学生宿舍工程及新建教学区和音乐创作与制作实践基地项目2个新建项目正在审批程序中。③松江大学园区学生公寓、东方绿舟房地产权证办理工作。松江大学园区高校已于2013年签订学生公寓建设主体变更协议，并已履约支付。规划红线内的学生公寓房地产权证在松江区政府及有关单位支持下已完成。同时，规划红线外学生公寓工作建议方案已经市政府批复同意。此外，松江7所高校教学区土地划拨已完成，其中两所高校已办理相应房地产权证，其余5所高校正在办理。青浦东方绿舟青少年活动营地已办理房地产权证。④上海中医药大学张江学生公寓、上海电力学院学海路学生公寓、复旦大学新闻学院北区学生公寓回购工作。上海中医药大学、上海电力学院以及复旦大学分别与原学生公寓建设单位签署了回购补偿协议，并已履约支付。⑤华东政法大学新老校区功能定位成型并得到建设发展。根据华东政法大学建设发展规划，“十二五”期间，华东政法大学将在松江大学园区实施新校区拓展办学，原长宁老校区保留用于服务地方、培养高端法律人才。

（顾满锋、邱仲杰）

［开展市级、区级教育“十二五”基本建设规划中期评估］ 市教委会同市发展改革委、市财政局等单位，根据市级、区级教育建设项目实际建设进展情况，结合上海基础教育和高等教育改革发展实际需求，开展《上海市区县基础教育“十二五”基本建设规划》（以下简称《区级教育规划》）和《上海市市级教育“十二五”基本建设规划》（以下简称《市级教育规划》）中期评估及调整工作，进一步提高规划的科学性、有效性和可操作性。

《区级教育规划》调整方案经2013年市教育体制改革领导小组第五次专题会议研究并原则同意。项目总数由1042个调整至807个，规划用地面积由1597.56万平方米调整为1087.84万平方米，项目总建筑面积由1142.61万平方米调整至826.45万平方米。规划项目由大型居住社区教育配套、新城教育建设、普通商品房配套、教育资源薄弱地区补建以及其他规划项目组成。

《市级教育规划》调整方案经2013年市教育体制改革领导小组第六次专题会议研究并原则同意。项目总数由110个调整至111个，总建筑面积由463万平方米调整至556.4万平方米，总投资估算由238亿元调整至290.3亿元。

（张玲燕、邱仲杰）

［国家教育综合改革试验区建设］ 4月18日，教育部和上海市政府在北京召开部市共建国家教育综合改革试验区领导小组2013年工作会议，总结试验区2012年工作开展情况，并结合上海教育改革和发展实际，谋划试验区2013年工作要点。教育部部长、党组书记袁贵仁和上海市委副书记、市长杨雄出席会议并讲话。上海市副市长翁铁慧代表上海市人民政府，分别与教育部副部长鲁昕、郝平签署《上海市人民政府　教育部关于共建上海大学的协议》和《教育部　上海市人民政府共建教育国际合作与交流综合改革试验区协议》。会后，教育部办公厅和上海市人民政府办公厅联合印发共建协议和试验区2013年工作要点。

经部市协商，试验区主要工作包括以下方面：一是增强服务国家战略和经济社会发展能力，上海市继续支持在沪部属高校改革和发展，积极参与并引导在沪部属高校建设和发展，继续加大对全国的教育服务和辐射力度。二是推进省级政府教育统筹综合改革，教育部支持上海市探索统筹高等教育事业发展规模，申报成为开展博士、硕士学术学位和专业学位授权学科动态调整的试点省市。三是推动基础教育优质均衡发展，完善以绿色指标评价为基础的区域和学校教育质量保障机制，进一步深化上海基础教育课程改革。四是深化人才培养模式改革，深化博士生培养机制改革，加快建立现代职业教育体系，继续完善终身教育体系，推进体育艺术教育教学改革。五是大力推进高水平特色大学建设，支持上海科技大学正式建校招生，支持上海纽约大学建设和发展，部市共建上海大学，探索建立现代大学制度，试点院校设置改革。六是推进教育国际合作与交流综合改革，部市共建“教育国际合作与交流综合改革试验区”，积极探索扩大教育对外开放的新机制与新模式，推进教育对外开放管理体制改革，探索构建教育对外开放专业服务体系与市场运行机制。

（龚　晋）

[上海科技大学建校招生]　上海科技大学是经教育部批准，由上海市人民政府与中国科学院共同举办、共同建设的一所普通高等学校，上海市负责管理。经过两年筹建，9 月 30 日，教育部批准同意上海科技大学去筹并正式建校。上海科技大学以理工科和管理学科为主，全日制在校生规模暂定为 6000 人，研究生和本科生比例约为 2∶1。学校当前共设四个学院：物质科学与技术学院、信息科学与技术学院、生命科学与技术学院和创业与管理学院，并设有上海免疫化学和 iHuman 两个研究所。学校将坚持以人为本、改革创新、科教结合、开放合作、服务社会、追求卓越的办学理念，融合课程学习、科学研究、创业实践，培养学术型人才和创业型人才，按照 1∶10—1∶12 的师生比，建立一支约 1000 人规模的专任教师队伍。专任教师由两部分构成，一类是从海内外招聘，全职在本校从事教学、科研工作的教授、副教授和助理教授；另一类是从中科院上海分院系统的研究院所聘请的承担教学及研究生指导等工作的教授。

学校依托中科院上海分院首批招收的 300 名硕士研究生顺利入学。学校拟先期建设 3 个本科专业，2014 年预计首批招收 200 名本科生，依托中科院上海分院继续招收 500 名硕士研究生。

（龚　晋）

[推进行业高校管理体制改革]　推进行业高校管理体制改革领导小组成立，由副市长翁铁慧担任组长，市政府副秘书长宗明、市教委主任苏明任副组长，21 个部门、单位分管领导为成员，统筹协调推进行业高校划转等事宜。

6 月，市政府办公厅转发市教委等四部门关于推进上海市行业高校管理体制改革的实施意见，明确了改革的主要任务、时间表和路线图。市教卫工作党委、市教委会同市发展改革委、财政局、市编办等各部门加强协同配合，创新市教委与行业企业共建共管行业高校新机制，截至 2013 年底，完成对上海电机学院、上海健康职业技术学院、上海城市管理职业技术学院、上海工艺美术职业学院、上海电子信息职业技术学院及上海市卫生学校、上海电子工业学校、上海市工艺美术学校等 3 所相关联中职学校的划转和共建工作。市教委会同各有关部门抓紧推进上海商学院、上海政法学院、上海农林职业技术学院、上海交通职业技术学院、上海建峰职业技术学院等行业高校及上海市司法学校、上海市农业学校、上海市交通学校、上海市建筑工程学校等 4 所相关联中职学校的划转和共建工作。

（龚　晋）

[深化中小学教师职称制度改革]　经人力资源和社会保障部、教育部同意，上海市于 3 月在徐汇区、浦东新区、普陀区正式启动中小学教师职称制度深化改革试点。改革主要有四方面的内容：①建立统一的中小学教师职称系列，统一职称等级和名称，并设置中小学正高级教师职称。②完善评价标准。强调中小学教师专业技术水平评价标准，要适应实施素质教育和课程改革的新要求，充分体现中小学教师的职业特点，充分考虑教书育人工作的专业性、实践性、长期性，坚持育人为本、德育为先，注重师德修养，注重教育教学工作业绩，注重教育教学方法与艺术，注重教育教学一线实践经历，引导教师立德树人，敬业爱岗，积极进取。③创新评价机制。建立以同行专家评审为基础的业内评价机制，健全同行专家评审制度，通过讲课说课、面试答辩、专家评议等多种形式，进行科学有效评价。④实现与事业单位岗位聘用制度的有效衔接。按照深化事业单位人事制度以及中小学人事制度改革的要求，进一步健全和完善中小学教师聘用制度和岗位管理制度，充分发挥学校在用人上的主体作用，实现中小学教师职务聘任和岗位聘用的统一。

市教委与市人力资源和社会保障局联合印发《上海市深化中小学教师职称制度改革试点人员过渡办法》的通知和关于开展上海市中小学正高级教师职务评聘试点的通知，同时市教委还制定《上海市中小学教师职务评审条件(试行)》以及 21 个学科的正高级教师专业标准。试点工作于 11 月完成，评审通过 11 名教师具有中小学正高级教师任职资格。

（李　捷）

[实施高校特聘教授岗位计划]　市教委继续深入推进高校特聘教授(东方学者)岗位计划的实施。各高校共申报“东方学者”235 人，其中，特聘教授申请者 146 人，讲座教授申请者 89 人；9 所部属院校

(含第二军医大学)申报111人,24所市属院校申报124人。共申报“东方学者”跟踪计划28人,其中,部属高校申报16人(含1个团队),市属高校申报12人。经形式审查、专家评审、网上公示、市教卫工作党委和市教委审核等程序,共有73人入选2013年“东方学者”岗位计划,其中特聘教授48人,讲座教授16人,跟踪计划9人;部属高校31人,市属高校42人。

3月23日,上海市东方学者联谊会成立大会召开。会议审议通过了《上海市东方学者联谊会章程》,表决通过了第一届联谊会会长、副会长、秘书长等理事会成员。2009年度东方学者、上海戏剧学院电影电视学院院长、著名导演胡雪桦被推举为首任会长。

(朱晨光)

[高校青年教师队伍建设] 实施高校青年教师培养资助计划,东华大学等55所高校的948名青年教师入选本计划,给予每人3.5—5万元经费开展教学和科研启动工作,资助期两年。

实施上海高校教师国内访问学者计划,华东理工大学等48所高校的237名教师入选本计划,资助经费共计1148万元。

实施上海高校教师国外访学进修计划,上海交通大学医学院等41所高校的474名教师入选本计划,资助经费共计5254.5万元。

实施上海高校教师产学研践习计划,华东理工大学等44所高校的619名教师和上海理工大学等35所高校的39个产学研基地获得资助,资助经费共计3475万元。

启动上海高校实验队伍建设计划。首批共有21所高校入选2013年实验技术队伍建设计划范围,302名实验技术人员获得资助,资助经费共计1967万元。

启动高校新教师岗前培训工作。首次在全市层面对市属本科高校新教师实施为期三个多月的脱产岗前培训工作,361人获得培训结业证书。整个培训按照“一套方案,两校实施”的方式,由华东师范大学、上海师范大学具体承担。培训内容主要基于新教师的职岗任务与胜任要求,分为“宏观视野:高等教育与高校教师”、“技能精练:教育教学与科研能力”、“素质养成:心智修炼与教师发展”三大模块。

(朱晨光)

[中小学特级校长柔性流动] 2013年,市教委推进中小学(幼儿园)特级校长柔性流动工作,发挥优秀校长的示范辐射和引领作用,在自愿报名的基础上,首次选派黄浦、长宁、静安等中心城区的9名新晋特级校长,赴崇明、金山、奉贤等8个郊区的9所薄弱学校、农村学校或新建学校工作。流动的校长将应用自己的智慧与经验、学校的力量与资源,在办学思想、课程建设、课堂教学、师资队伍建设、学校管理、文化培育等方面,为郊区学校提升办学水平,通过带教、结对等方式为郊区学校培养校长,或负责托管、结对郊区农村薄弱学校,改变薄弱学校面貌。

为稳步推进特级校长流动工作,市教委印发了《关于推进中小学特级校长流动的实施意见》,明确特级校长流动的范围对象、流动年限、工作任务、考核管理、工作要求等内容,规定流动时间一般为两年,每周至少有4个工作日全身心致力于流入校的工作;参与流动交流的特级校长的人事关系原则上保留在派出学校,享受派出区同职级校长的工资福利待遇及市里规定的支教人员待遇。与此同时,特级校长流出和流入地的双方区县教育局根据学校和区域实际,签订协议书,明确特级校长流动工作的目标、项目任务和各方职责,加强过程管理与目标考核,提高流动工作实效性。

(沈　燕)

[评选表彰上海市教育功臣] 继2003年、2008年上海市评选表彰两届共19名“上海市教育功臣”后,2013年组织开展第三届“上海市教育功臣”评选表彰工作。

经各高校、区县教育局、有关委局控股(集团)公司两轮推荐、“上海市教育功臣”评选工作专家委员会评审、网上公示、“上海市教育功臣”评选工作领导小组审定,市政府批准,卞松泉、汤钊猷、刘宪权、邬宪伟、杨櫆、何积丰、张志敏、张洁华、范立础、封莉蓉(按姓氏笔画排序)等10位同志被评为“上海市教育功臣”。

2013年教师节期间,市政府印发《关于表彰第三届“上海市教育功臣”的决定》,授予10位同志“上海市教育功臣”荣誉称号,颁发荣誉证书和金质奖章,并号召全市广大教师和教育工作者向“上海市教育功臣”学习。上海各主要媒体对10名教育功臣的先进事迹进行了广泛宣传,并在人民广场地铁通道开辟“我和名师有个约会”宣传专栏,集中展示“上海市教育功臣”的精神风貌。

9月7日,市委书记韩正,市委副书记、市长杨雄,市委副书记李希,副市长翁铁慧等会见10名“上海市教育功臣”，与他们亲切交谈，共同探讨创新创造、素质教育等话题。

（沈　燕）

[中小学校长(教师)赴芬兰研修]　9月，市教委继上年选派20名教育管理工作者赴芬兰研修后，又选派20名学员赴芬兰学习。学员选自各区县教师进修院校、各中小学校和校外教育机构。研修时间21天。地点分别在芬兰于韦斯屈莱大学、赫尔辛基大学和于韦斯屈莱市、赫尔辛基市中小学校。研修课程为芬兰教育体系概述和教育领导学详论两大模块。研修采用互动式课堂授课、反思型专题讨论、小组活动、学校考察和自主学习等方式，并配备一位熟悉芬兰教育的导师进行全程指导。

参训人员从理论与实践两方面考察了芬兰教育体系。通过于韦斯屈莱大学和赫尔辛基大学的集中学习，了解芬兰教育体系及其对教育专业人才的培训方式、培训教育专业人才的继续教育系统、提供专业发展指导的持续性教育评估体系、教育领导学及其在学校发展中的运用模式，掌握学校如何发展成学习型组织的方法策略、教育人力资源管理方面的相关技能和专门知识等。通过深入芬兰学校实地参观、“影子”校长实践，亲临现场体验芬兰教育学术研究与学校实践的关系，获得对芬兰学校管理、日常运作、课堂及学生关系等的综合认知。在整个研修过程中，参训人员始终保持着高度参与的主动态度，审视、重估各自作为教学型领导者的角色，制定个人及团队协同发展计划，同时研究如何将芬兰之学应用于上海实践。

（杨　洁）

[深入推进见习教师规范化培训]　6月5日，市教委召开上海市中小学(幼儿园)见习教师规范化培训工作推进会。会议立体展示见习教师规范化培训制度全面推行以来的初步成效，并就进一步加强见习教师规范化培训工作提出了五项要求：一是强化规范意识。坚持规范培训场所、培训内容、培训时间。二是科学有效解决工学矛盾。科学合理制定教师招聘计划数，集聚区域优质资源和政府购买服务等方式解决见习教师因培训而造成的岗位空缺。三是健全培训机制。完善区县课程实施方案，健全与专业学位衔接的培养模式，优化培训方法，加强培训考核。四是进一步加强指导教师队伍建设。优化指导教师队伍，明确指导教师工作要求，加强指导教师管理。五是进一步加强组织与经费保障。市教委、区县教育行政部门、培训基地学校和聘任学校各司其职，加强管理，并足额保障规范化培训工作经费。

会议要求各区县积极落实《教育部关于深化中小学教师培训模式改革　全面提升培训质量的指导意见》，在培训针对性、培训内容、培训方式、培训自主性、网络学习环境、培训者队伍建设、培训公共服务平台、培训管理等方面不断改进，着力解决突出问题，结合区域实际创新实践，全面提升培训质量。

（杨　洁）

[教育经费投入与支出]　根据全国教育经费统计，2013年上海市地方国家财政性教育经费投入764.04亿元。全市普通小学生均预算内教育事业费支出19518.03元(其中生均预算内公用经费6417.43元)，比上年增长5.25%；普通初中生均预算内教育事业费支出25445.47元(其中生均预算内公用经费8333.24元)，比上年增长7.04%；普通高中生均预算内教育事业费支出30593.83元(其中生均预算内公用经费9154.50元)，比上年增长12.18%；地方高等学校生均预算内教育事业费支出30186.34元(其中生均预算内公用经费23857.38元)，比上年增长0.23%。

上海市从教育费附加中安排15000万元用于对内地西藏班、新疆班办学补助；安排35000万元用于改善以招收进城务工人员随迁子女为主的民办学校办学条件；安排10621万元用于实施学前教育园舍建设和改造项目，推进实施“新增30所幼儿园”的市政府实事项目；安排10000万元用于高中创新素养实验室建设；安排50840万元用于中等职业教育实训基地和品牌学校建设；安排17728万元用于中等职业教育助学金、奖学金。

安排《上海市中长期教育改革和发展规划纲要》提出的“十大工程”项目资金30亿元，包括高水平大学和一流学科专业建设工程、教育国际化重点建设工程、教师专业发展工程、学生健康促进工程等。

（俞文达）

[调整中职学校拨款定额标准]　经市政府批准，自2013年起适当提高上海市公办中等职业学校生均公用经费拨款定额标准。本次中等职业学校拨款定额标准调整，主要考虑教育质量提高、现代化实训设备设施运行，以及物价变动等因素，并坚持科学合理原则、确保重点原则及严控“三公”经费原则。

调整标准如下：商贸与旅游、财经、社会公共事务类专业，拨款定额标准为2250元；土木水利工程、交通运输、信息技术类专业，拨款定额标准为2400元；文化艺术与体育b类专业，拨款定额标准为2550元；农林、资源与环境、能源类，拨款定额标准为3000元；加工制造类专业，拨款定额标准为3150元；医药卫生类专业，拨款定额标准为3300元；文化艺术与体育a类专业，拨款定额标准为6700元。

（俞文达）

［普通高校招生考试专项改革］ ①普通高校秋季招生考试。2013年参加全市秋季统一高考人数为5.3万人（含复旦大学、交通大学两校自主招生选拔试验预录取的1331人），其中文科考生约2.5万人，理科考生约2.8万人。参加艺体类专业统考考生约7400人。共有692所普通高校在沪招生（含2所香港地区高校和18所军事、武警部队高校），其中上海院校66所，外省市高校626所。招生计划总数约4.4万人（不含未编制分省招生计划的艺术类高校招生计划数）。按批次分，提前批（含专科提前批）招生计划约2700人，第一批本科计划约1.1万人，第二批本科计划约1.8万人，高职（专科）批计划约7700人，另有艺术类本专科计划约4200人，体育类本科计划约200人。按科类分，文科约1.7万人，理科2.6万人。普通高校秋季招生共录取4.7万人。按批次分，提前批（含专科提前批）录取约2600人，第一批本科录取约1.2万人，第二批本科约1.9万人，高职（专科）批计划约7700人，艺体类录取约5300人。按科类分，其中，文科录取约2.2万人，理科录取约2.5万人。②招收“三校生”的普通高校共30所，计划招生5191人（不含上海应用技术学院20个听力残障单独招生计划）。本科专业招生计划505人，其中非艺术类专业计划445人（文科353人、理科92人），艺术类专业计划60人（文科56人、理科4人）。高职（专科）专业招生计划4686人，其中非艺术类计划3835人（文科2412人、理科1423人），艺术类专业计划招生851人（文科776人，理科75人）。报考人数6723人，录取新生5158人。本科专业录取526人，其中非艺术类专业录取465人（文科377人、理科88人），艺术类专业录取61人。高职（专科）专业录取4632人，其中非艺术类专业录取3530人（文科2389人，理科1141人），艺术类专业录取1102人（文科1058人，理科44人）。③普通高校实行春季招生的有5所，计划招生260人，均为本科计划。报名的考生有924人，本科报考资格线为261分，达到报考资格线的考生有523人。实际报到录取了324人，完成招生计划124.6%。④专科层次依法自主招生有33所院校参加，招生总计划约1万人，其中高中学业考成绩齐全考生计划约3000人。报名参加专科自主招生考试考生约1.8万人，实际录取考生10850人。⑤上海坚持有梯度地为进城务工人员随迁子女提供相应的公共教育服务。持有效期内《上海市居住证》且积分达到标准分值的进城务工人员，其子女可以按照有关规定参加高考；持有效期内《上海市居住证》的进城务工人员，其子女通过中职自主招生并完成中职完整学习经历后，可在上海参加专科层次依法自主招生考试。年内，录取367名随迁子女考生。

（俞治论）

［高校毕业生就业］ 2013年，上海高校毕业生17.8万人，其中研究生3.9万人，本科生8.9万人，专科（高职）生5万人。截至8月底，全市高校毕业生就业率为95.8%，其中研究生就业率95.3%，本科生就业率95.4%，专科高职毕业生就业率97.0%。各项数据与上年同期基本持平。

2013年，高校毕业生就业工作的主要举措是：各级领导高度重视，形成合力狠抓政策落实；拓宽渠道完善政策，引导毕业生到基层就业创业；采取重要举措，做好非上海生源毕业生进沪就业工作；落实相关政策，切实帮扶特殊群体就业；提高职业生涯发展教育水平和就业服务质量；坚持开展就业质量社会评价，反馈教育教学服务内涵建设；引导舆论宣传，传递就业工作“正能量”。

（魏圣君）

［高校、中职校学生学籍学历管理］ ①高校学生学籍学历管理：截至11月30日，上海高校在校研究生13.4万人，普通本专科50.3万人，成人高校在校生35.8万人，网络教育在校生约12.9万人，总体在校生约为112.4万人。研究生、普通本专科新生学籍电子注册完成19.2万人，其中研究生报到入学4.4万人，报到率为98.18%；普通本专科报到入学13.9万人，报到率为94.27%。成人高校新生学籍电子注册8.9万人，其中报到入学为8.7万，报到率为98.38%。毕业生学历证书电子注册（包括证书打印和发放）28.3万人。其中研究生3.3万人，普通本专科13.6万人，成人本专科7.7万人，网络教育3.5万人，留学生0.2万人。全年度研究生休学106人，复学30人，学籍注销2342人，上海市学生事务中心

确认转专业1719人次；普通本专科休学1753人，复学1099人，学籍注销2376人，上海市学生事务中心确认转专业21471人次，转入学籍110人、转出学籍130人；成人本专科休学25人，复学93人，学籍注销387人，上海市学生事务中心审核转专业479人次，转入学籍64人、转出学籍61人；网络教育学籍注销1308人，上海市学生事务中心审核转专业448人次。②中职校学生学籍管理：截至12月5日，有在校生的普通全日制中等职业学校84所（中专50所、职校27所、技校7所）、成人中专7所、初职7所。2013年本市中职校共有在校生159576人，其中普通全日制中职校在校生为133259人，成人中专在校生25443人，其他类型在校生为874人。2013级共注册新生学籍46654人，录取新生为49995人，报到率为93.32%，其中普通中等职业教育的学生共注册39162人，成人中等职业教育的学生注册7192人，其他性质的学生注册300人。2013届毕业证书共印制发放48450人，其中普通全日制中职校毕业生39842人，成人中专毕业生8293人（含春季），初职证书315人；发放结业证书603人，其中普通全日制中职校中结业生555人，成人中专结业44人，初职4人。全市中职校发生学籍变动20785人次，包括转学305人、休学490人、复学196人、退学7543人、注销6372人、转专业4313人、留级1560人，撤销学籍6人。

2013年，市教委加强学生学籍学历管理，对部分高校未按照要求上报教育部的1991年至2000年学历证书信息进行补登记，核查并补登记35所高校86836条学历证书信息；为提升工作水平，编辑了2013年版的《上海高等教育学生学籍学历管理工作文件汇编》；历时3个月，起草中高职贯通学生学籍管理操作办法，完善中职学籍管理制度建设。

（周红星）

［高校帮困助学］ 截至10月31日，上海66所普通高校家庭经济困难学生数86354人，占在校学生人数的17.27%。家庭经济特别困难学生（特困生）49461人，占在校学生人数的9.89%。上海高校学生资助经费总支出为8.01亿元。其中，中央财政支出1.59亿元；上海市地方财政支出2.11亿元；高校事业收入中提取的资助经费支出2.40亿元；社会团体、企事业单位、个人捐助支出0.50亿元；金融机构发放国家助学贷款1.18亿元；其他资金来源支出0.23亿元。上海高校共资助学生136.87万人次。其中：奖学金奖励16.31万人次，奖励金额1.58亿元；助学金资助18.04万人次，资助金额2.34亿元；国家助学贷款发放1.99万人，发放金额1.18亿元；国家助学贷款贴息4.57万人，发放金额0.21亿元；国家助学贷款风险补偿金4.57万人，发放金额0.15亿元；服义务兵役学费补偿贷款代偿0.16万人，代偿金额0.11亿元；基层就业学费与贷款代偿0.01万人，代偿金额0.02亿元；特殊困难补助7.74万人次，资助金额0.18亿元；伙食补贴58.44万人次，资助金额1.15亿元；勤工助学10.89万人次，资助金额0.57亿元；学费减免0.28万人次，资助金额0.08亿元；校内无息借款0.05万人次，资助金额0.06亿元；师范生学免费与补助0.54万人次，资助金额0.23亿元；其他项目资助13.28万人次，资助金额0.15亿元。

（周红星）

［继续试行招收插班生、专升本新生］ 根据普通高校申报，经市教委审核批准，复旦大学、上海交通大学、同济大学、华东师范大学、华东理工大学、上海大学、上海理工大学、上海工程技术大学、上海海事大学、上海海洋大学等12所本科院校进行招收插班生工作的试点，招收插班生总计划数为435人，报名人数3546人，与计划数之比为8.2∶1，略低于上年。实际录取391人。

根据普通高校申报，经市教委审核批准，上海理工大学、上海海事大学、上海电力学院、上海应用技术学院、上海海洋大学、上海中医药大学、上海师范大学、上海对外贸易学院、华东政法大学、上海工程技术大学、上海立信会计学院、上海电机学院、上海金融学院、上海政法学院、上海第二工业大学、上海商学院、上海杉达学院、上海建桥学院等18所本科院校参加“专升本”招生试点，招生总计划数为3289人，报名总数为6367人。实际招收3263人。

（周红星）

［成人高校招生］ 2013年，在上海招生的成人高校共73所，其中上海市成人高校63所，外省市成人高校10所。录取人数53415人，完成招生计划的102.6%。

普通高职（专科）毕业生服义务兵役退役和下基层服务期满免试接受成人本科教育招生工作继续在沪推进，共录取考生185名（退役义务兵183人，下基层2人），比上年增加5人。

（俞治论）

［**推进曙光计划**］ 由上海市教育发展基金会与上海市教育委员会共同设立的人才资助项目——曙光计划已实施18年。2013年，经选拔，58人入选曙光计划。

附：

2013年度新增曙光学者名单

姓　名	单位及部门	职　称	性别
陈国颂	复旦大学高分子系	副教授	女
邓勇辉	复旦大学化学系	教　授	男
何　睿	复旦大学免疫学系	教　授	女
史颖弘	复旦大学中山医院肝外科	副主任医师	男
田卫东	复旦大学生命学院	教　授	男
王　昕	复旦大学信息学院	教　授	男
杜　宇	复旦大学法学院	教　授	男
敬乂嘉	复旦大学国际关系与公共事务学院	教　授	男
寇宗来	复旦大学经济学院	教　授	男
路伟东	复旦大学历史地理研究所	副教授	男
徐英瑾	复旦大学哲学学院	副教授	男
高春雷	上海交通大学物理系	研究员	男
熊红凯	上海交通大学电信学院	教　授	男
周永丰	上海交通大学化工学院	教　授	男
万　勇	上海交通大学凯原法学院	副教授	男
王良燕	上海交通大学营销系	副教授	女
陈　鹏	上海交通大学	副教授	男
李　斐	上海交通大学医学院儿童医学中心	副主任医师	女
龙喜带	上海交通大学医学院仁济医院肝脏外科	副研究员	男
郑俊克	上海交通大学医学院病理生理学系	研究员	男
徐金富	同济大学肺科医院	副主任医师，副教授	男
薛志刚	同济大学附属同济医院	教　授	男
张小宁	同济大学教育部道路与交通工程重点实验室	教　授	男
段永瑞	同济大学经管学院	教　授	女
赖玉平	华东师范大学上海市调控生物学重点实验室	研究员	女
范　劲	华东师范大学中文系	教　授	男

（续上表）

姓　名	单位及部门	职　称	性别
李家成	华东师范大学教育科学学院	教　授	男
吴冠军	华东师范大学政治学系	教　授	男
吴睿睿	华东师范大学音乐学系	副教授	女
龚学庆	华东理工大学化学与分子工程学院	教　授	男
江　浩	华东理工大学材料科学与工程学院	教　授	男
李洪林	华东理工大学药学院	教　授	男
张　帆	上海外国语大学德语系	教　授	女
沈　波	东华大学信息学院	教　授	男
陈　杰	上海财经大学公共经济与管理学院	教　授	男
张锦华	上海财经大学财经研究所	副研究员	男
李文林	第二军医大学细胞生物学教研室	副教授	男
杨立利	第二军医大学长征医院脊柱外科	副教授	男
李　谦	上海大学材料学院	教授/博导	男
周　全	上海大学力学所	研究员	男
解学梅	上海大学管理学院	副教授	女
陈　瑜	上海中医药大学附属岳阳医院中西医结合临床研究所	教　授	女
季莉莉	上海中医药大学中药研究所	研究员	女
卞振锋	上海师范大学生命与环境科学学院	教　授	男
郑　伟	上海师范大学人文与传播学院	教　授	男
崔立峰	上海理工大学环境与建筑学院	教　授	男
郭汉明	上海理工大学光电信息与计算机工程学院	教　授	男
胡志华	上海海事大学科学研究院	教　授	男
唐　炎	上海体育学院体育教育训练学院	教　授	男
高奇琦	华东政法大学科学研究院	副教授	男
许强华	上海海洋大学海洋学院	教　授	女
刘永生	上海电力学院数理学院	教　授	男
谢佩洪	上海对外经贸大学工商管理学院	副教授	男

（续上表）

姓　名	单位及部门	职　称	性别
徐培全	上海工程技术大学材料学院	教　授	男
王金敏	上海第二工业大学城市建设与环境工程学院	教　授	男
肖　君	上海开放大学信息与网络管理中心	副研究员	男
岑慧枝	上海科技大学生命科学与技术学院	副研究员	女
李　骏	上海社会科学院社会学研究所	副研究员	男

（陈　悦）

［高校技术转移中心试点建设］　试行构建高校技术转移中心是《上海高校知识服务能力提升工程》的主要内容之一。高校技术转移中心作为学校产学研工作的管理部门，既是高校组织和集聚科技成果创新资源，开展知识服务社会、科技成果转化、创新创业人才培养的工作部门，又是面向企业和社会需求，推进技术转移和实施产业化运作的专业化机构。2013年，市教委启动上海高校技术转移中心试点建设工作，认定包括上海大学在内的9所市属院校的技术转移中心列入首批试点建设计划。试点工作的重点是：落实一个部门、明确相应的职能、制定一套政策、建立相应的管理制度，并通过建立有效的知识产权无形资产管理、培育技术转移和经纪人队伍、试行股权激励运行等相应的政策和措施，进一步规范和完善高校的技术转移工作体系，加快技术转移的速度、提升技术转移的效率，推动高校服务经济社会发展，促使高校知识服务能力得到进一步提升。

（蒋　皓）

［教育信息化建设］　上海教育信息化建设开展一系列建设工作。①在教育信息化“十二五”规划和“上海教育信息化公共服务平台建设工程”建设基础上形成近三年的教育信息化工作计划。以应用为导向促进教育信息化向“主战场、大规模、常态化”发展，以多方投入和参与的模式搭建共建共享的开放式平台，重点推进五大任务：教育数据资源中心建设，高等教育、基础教育、中等职业教育、终身教育的网络学习空间人人通建设。②上海教育数据资源中心建设初步完成数据资源中心的调研，完成全市中小学学籍管理系统和学前教育网园园通平台与教育部的数据对接。完成上海教育城域网主干网的建设，在全国教育城域网中率先达到主干带宽100 G。完成跨校认证平台的升级，初步实现平台的远程自动化监控，31家单位加入联盟，其中20家实现无线通应用。强化易班建设，对接教育资源进入教育教学主战场，开展中职易班试点工作。通过学分银行为学习者建立个人学习档案，开展学历教育学分转换。③教育部第一批教育信息化试点单位进展顺利，试点单位的应用成果在全国首届中小学信息技术教学展演中获得充分肯定。④开展“上海教育信息化公共服务平台建设工程”6个重点项目的中期检查和2013年实施方案的论证。⑤开展教育信息技术应用研究项目，提升教育教学一线的教师信息化能力，促进信息技术与教育教学的融合。⑥根据教育部要求，完成对基础教育、职业教育、高等教育信息化和教育管理信息化发展状况的调研。完成义务教育阶段学校“宽带网络校校通”现状调研。

（李　乐）

［建设高校知识服务平台］　①根据《上海高校知识服务能力提升工程实施方案》文件精神，上海市教委在7月份对第二批上海高校知识服务平台筹建工作进行了验收。验收内容包括：平台场地落实情况，理事会和专职行政管理队伍组建及运行情况，战略研究知识服务团队、网站、数据库（信息库）建设情况，人事评聘、研究生培养等相关政策和机制的制定及落实情况，国家、地方、行业、企业以及国际社会的认可度，标志性成果及其转化、应用和服务效益等。复旦大学张江研究院、上海交通大学未来媒体网络协同创新中心、同济大学节能环保汽车与智能交通系统产学研合作开发中心、东华大学上海市高性能纤维及复合材料产学研开发中心、上海大学上海新材料及应用产学研合作中心、上海工程技术大学轨道交通运营安全检测与评估服务中心、上海电机学院大型铸锻件制造技术产学研合作中心及上海商学院上海商贸服务业知识服务中心8个平台通过验收；华东师范大学可信物联网产学研联合研发中心、华东理工大学生物制造产业技术研究院、华东政法大学华东政法大学社会管理综合治理研究院、上海立信会计学院经济运行风险预警与管理研究中心及上海第二工业大学电子废弃物资源化产学研合作开发中心5个平台继续进行筹建。另有4个平台由学校自主建设。②完成第三批知识服务平台评审立项工作。协同市经信委、科委等委办局共同商定2013年建设指南，在学校申报、专家评审的基础

上，确定复旦大学上海市集成电路设计与制造协同创新中心、同济大学电子商务交易与信息服务高新技术产学研开发中心、同济大学智能城镇化协同创新中心、同济大学磁浮与轨道交通运行控制系统产学研合作开发中心、上海工程技术大学高强激光智能加工装备关键技术产学研开发中心、东华大学海派时尚设计及价值创造知识服务中心、上海音乐学院上海音乐艺术发展中心、上海体育学院体育产业发展研究中心等8个平台为第三批上海高校知识服务平台。

（仓　平）

［高校智库建设］　市教委在高级战略研究中心类知识服务平台下启动实施上海高校智库建设。①市教委与复旦大学发展研究院等机构共同拟定上海高校智库建设引导性指南。3月，启动第一批上海高校智库立项建设，经过专家的两轮严格评审，共设立华东师范大学“周边合作与发展协同创新中心”等13个上海高校智库。各智库年度投入经费200万元，建设周期五年，实行2＋3的节点考核。对于一些高校学科和人才积累相对较弱，但是国家确有重大战略需求的领域加强战略布局，根据需要设立一批培育智库，共设立上海外国语大学“中东研究院”等5个上海高校智库，每个培育智库年度投入经费50万元，第一年结束后进行筹建验收。②市教委依托复旦大学成立“上海高校智库研究和管理中心”。深化对大学智库自身的研究，着力解决上海高校智库体系建设过程中理论指导及创新实践所面临的问题，研究如何建立上海高校智库组织与运行的规范形态，如何建立智库建设考核指标体系；加强服务和管理，提供交流合作、资源共享的平台，加强上海高校智库与国内外的交流。③颁布《加强上海高校新型智库建设的指导意见》，就智库的建设任务、建设目标、建设举措和建设保障提出具体要求。为了进一步加强对上海高校智库建设的领导，成立上海高校智库领导小组，副市长翁铁慧担任组长，市教委、市政府发展研究中心、市社科院、国际关系研究院、复旦大学等政府部门或研究机构的领导担任组员，定期共同商议和决策上海高校智库建设方面的重大问题。④11月15日，市教委在复旦大学举行上海高校新型智库建设工作推进会，教育部副部长李卫红、上海市副市长翁铁慧出席会议并讲话。上海市教委与上海社科院、上海市政府发展研究中心、新华社上海分社、上海市互联网信息办公室、中国（上海）自由贸易试验区管理委员会签署共同推进上海高校新型智库建设的合作协议。会上，为“中国大学智库论坛秘书处”授牌，论坛秘书处设在复旦大学。

（仓　平）

［重点学科（第五期）建设终期验收］　7月，市教委对上海市教育委员会重点学科（第五期）建设进行终期验收。评估验收工作围绕市教委第五期重点学科建设的要求及考核内容，对照各学科的建设规划，对学科建设规划既定任务及目标的完成情况、学科建设成效及发展潜力、学科建设管理及运行机制的创新与完善和学校对学科建设的支持情况、学科带头人的引领及组织协调作用等内容进行。根据评估验收意见，70个重点学科均通过终期验收。

重点学科建设期间共承担各级各类科研项目4037项，获研究经费12.6亿元。其中“937项目”24项，“863项目”15项，国家自然科学基金项目425项，国家哲学社会科学基金项目79项，产学研合作和企事业委托项目1599项，国际合作项目33项。共发表学术论文6336篇，其中被“SCI”等六大检索系统收录4532篇；出版专著235部；编写教材114部；提交有关部门决策咨询研究报告131份。共申请专利1531项，获专利授权975项，其中申请发明专利979项，获授权597项。研究成果获省部级二等奖以上科研奖励106项。共主办召开国际国内学术会议484次，其中国际会议147次；共有485人次在重要国际学术会议上做特邀报告。共有8个学科获得了10个省部级以上重点研究基地。建设期间新增“973”首席科学家2名；“国家杰出青年科学基金”获得者8名；“长江学者”1名；教育部新世纪人才基金获得者8名。共新增博士后流动站4个，一级学科博士点8个，二级学科博士点14个，硕士点49个。研究生在读期间发表论文中1篇获全国百篇博士论文提名。

（刘唯聪）

［高校一流学科建设］　①根据全国第三轮一级学科评估结果对一流学科进行动态调整。根据上海高校一流学科建设计划加强动态监测、强化绩效激励的原则，依据全国第三轮一级学科评估结果，在学校根据本校学科布局需求提出申请的基础上，对10个评估排名第一或进入前5%（即第一档次）的学科以及5个评估结果进入第一档次但尚不在一流学科建设范围内的国家一级重点学科增补列入A类学科建设范围。至2013年底，列入上海高校一流学科（A类）建设范围的共有34个学科（其中国家一级重点学科有17个），列入上海高校一流学科（B类）建

设范围的共有132个学科，共计166个学科。②对在建的一流学科实行全过程动态监测。根据一流学科建设对人才队伍建设、推进国际化进程、机制创新等新要求，建立一流学科建设绩效的动态监测机制，以强化一流学科的动态跟踪管理，完善上海高校一流学科建设运行和管理机制。委托第三方评价机构，在学术成果方面制定了观测监控指标，通过各一流学科与标杆学校的相对比较和学科自身的绝对动态发展，以学科发表论文的情况对学科进行动态监测、分析，对各一流学科建设绩效进行实时监测，至年底完成了154个学科的年度动态监测。③实施竞争性引导项目建设。启动实施“上海高等学校创新能力提升计划竞争性引导项目”建设，对通过建设取得显著进展的上海高校一流学科和上海高校知识服务平台，按照“国家急需、世界一流”的要求，围绕学科和平台建设的总体目标，聚焦学科和平台建设中的瓶颈问题，通过深层次协同创新体制机制改革和创新，组织开展面向科学前沿或国家、上海和行业产业的重点发展规划，开展重大科学研究、协同攻关和咨询研究等，形成学科新的增长点，增强学科持续创新能力。最终有12所高校27项项目列入建设计划。

（刘唯聪）

［**推进文教结合工作**］ ①加强顶层设计和整体谋划，深化文教结合体制机制改革。文教结合成员单位按照“创新思路、打破围墙、资源共享、合作共赢”的原则，协同研究深化文教结合改革工作，形成上海市推进文教结合工作总体方案。市政府常务会议、市委常委会先后审议并同意了该方案。市委宣传部、市教卫工作党委、市教委、市财政局、市文广影视管理局、市新闻出版局于12月6日联合印发《上海市文教结合三年行动计划（2013—2015年）》，从加大高水平和紧缺文化人才培养引进力度、提升学生文化艺术综合素质、依托教育资源积极开展文物保护和推动教育出版事业建设与发展等4个方面推出22条具体工作措施。建立以“三年行动计划”为抓手、以年度项目任务促落实的项目确认机制、资金核定机制与管理监督机制。市财政、教育部门两次会同市文化部门，就文化部门所提47个拟使用财政教育经费的项目进行审核，决定将其中29个项目列入文教结合“三年行动计划”，并安排相应财政教育经费及部分文化部门的配套经费。同时，市教委结合本部门文教结合工作情况，制定了未来三年上海文教结合工作使用财政教育经费安排表，每年初步安排1.5亿元左右财政教育经费开展文教结合工作。②丰富校园文化活动，深入实施青少年艺术教育彩虹行动计划。推动上海戏剧学院与上海28所重点中学深化艺术教育一体化工作。指导上海戏剧学院成立高中戏剧艺术拓展实验基地教研组，选派在校研究生担任志愿者分赴多所高级中学讲授戏剧教育拓展选修课程，开设戏剧表演、播音主持、编剧三个方向的专业培训课，还举办高中生戏剧夏令营。建立《大中小学艺术德育一体化的理论与实践的研究》课题组，探讨艺术学科育人的特点、作用、机制和功能。落实《上海校园文化传承创新发展行动计划》。开展校园文化优秀项目评选。打造上海大学生艺术实践基地育人联盟、上海高校博物馆育人联盟，开展联盟机制研究，完善联盟机制建设。继续推进中小学“校园文化环境示范校”、“艺术教育名师工作室”及“民族文化传承学校”工作。与文物部门共建国家指南针计划专项青少年实践基地，打造中国传统文化遗产传承教育平台，一年接待学生3万余人。组建上海市大学生艺术团，首批分团队共计43个。加强学生艺术团联盟建设，学生艺术团队出访交流成绩斐然，上海学生交响乐团、上海学生合唱团暑期参加国际比赛纷纷摘金夺银。成功举办第二届上海大学生原创音乐大赛，尝试“海选”和“快闪”，移动录音棚进校园，为大学生搭建音乐交流平台，并选拔出优秀音乐创作人才及原创歌曲。举办上海市学生艺术设计展，通过展评，遴选优秀设计作品和人才，进行推介、表彰和奖励。与上海国际艺术节中心合作推进“国际艺术节校园行”“高校师生走进经典”剧院观摩活动。组团参加全国第四届中小学生艺术展演活动，获奖总数位居全国前列。举办“青春放歌”学生新年音乐会，受到市委、市政府领导高度评价。组织参加夏季音乐节活动，尝试“海选”，培养学生自主意识，参与职业体验。组织中外学生音乐夏令营，实现学校艺术活动与社会文化活动的对接与交流。组织2013上海市学生舞蹈节，先后开展校园集体舞、舞台表演舞比赛及舞蹈论坛，涌现出一批反映时代特征、学生特点、校园特色的新作。参加首届上海市民文化节全部赛事，取得优异成绩。③提升高校文化创新能力，推进哲学社会科学繁荣发展。依托“上音——大剧院艺术中心实践基地”、上海青年京昆剧团、麒派艺术研习班3个艺术实践基地，引导上海音乐学院、上海戏剧学院优秀学生开展实践锻炼。举办各类文化艺术高级研修班，推动缓解艺术单位各类紧缺人才不足的矛盾。推进高校引进国内外优秀文化教育资源。与文化部启动共建合作，

依托上海大学筹备成立中国艺术研究院上海分院，推动中国艺术研究院上海分院参与国际文化大都市建设。

（蒋萍芳）

［**校园足球联盟建设**］ 上海市校园足球联盟（以下简称“联盟”）会员学校从上年的239所增加到258所，其中小学123所、初中83所、高中37所、大学15所。联盟注册学生人数从上年的4424人增加到6511人。女生注册人数显著增加达999人，同比增长83.98%。

联盟与市足协沟通，将各阶段学生足球赛事统一纳入联盟比赛体系，建立“四横”（指小学、初中、高中、大学四级联赛）、“四纵”（指暑期“新民晚报杯”足球赛、秋季“上海市校园足球联盟联赛”、春季“上海市校园足球联盟杯赛”和暑期代表“联盟”参加全国性或国际性重要赛事）立体化赛事体系。同时，根据小学阶段学生生理和年龄特征，将小学细分为U9和U11两个组别，使小学阶段的赛事更加趋于合理。年内，各区县的261支学校代表队和6000余名学生运动员参加联盟比赛，比赛总场数达679场，完赛率达99%。

联盟加强培训工作，举办全国校园足球布点学校指导员培训班、“联盟杯”赛督导和中级裁判员培训班、2013年联盟培训班、联盟五人制足球教练员和教师培训班。选派骨干11人赴广州参加由教育部主办的英格兰校园足球FA国际教练教学初级课程培训班，选派两名骨干教师赴成都参加全国青少年校园足球指导员讲师培训班。同时依托同济大学国际交流优势，邀请法国梅斯俱乐部培训部主任及俄罗斯五人制足球协会主席、国家队总教练为联盟学校教练员举办讲座。

年内，上海市校园足球联盟官方网站正式开通，网站设有联盟动态、联盟赛事、精英风采、足球风云、会员中心、政策法规、关于联盟等七大板块。加强面向社会媒体的宣传工作，31家知名媒体对联盟活动进行了110次深入报道。

联盟加强国际交流与合作，举办上海市校园足球联盟国际邀请赛；邀请巴西足球协会主席和巴西科林蒂安足球俱乐部官员访问联盟，邀请大卫·贝克汉姆以及卡卡、朴智星、菲戈、耶罗等多位世界著名的足坛球星访问联盟，并与联盟会员学校进行互动；邀请美国IMG国际管理集团足球学院负责人、意大利托马西-普雷蒂公司总裁等访问联盟。

（柏　丹）

［**高中体育专项化教育改革**］ 为建立科学完善的学校体育教育教学体系，结合上海市深化二期课改的实践，市教委在全市各区县的17所高中开展以学生兴趣和技能水平为依据，打破传统年级、班级概念的“选项、小班化、分层次”的体育教学改革工作，即高中体育专项化教育改革。1—7月开展试运行，共涉及17所试点学校的190个行政班级，7507名学生。参与专项化教学的教师147人，在编127人，外聘20人。设置20个专项，100个项次，其中设项比较集中的依次为篮球、乒乓球、健美操、羽毛球、足球、排球、网球、武术8个项目。编设310个专项教学班，每班学生20—30人。有7所学校、4个专项、9个项次实施分层教学，以篮球分层教学的学校居多。市教委调查显示，有超过八成的学生喜欢或比较喜欢专项体育课，有近九成的体育教师和校长赞同专项化教学改革方向。

市教委从组织管理、经费投入、人力保障、科学研究等各方面加强组织和指导，为扩大试点积累经验。专门成立高中体育专项化教学改革试点工作小组，下设管理、教学、科研、装备和师训5个团队，明确各自职责任务，按计划开展工作；组建专家组，赴校调研指导；组织专项化教学现场展示活动，定期开展师资培训；下拨专项补贴为试点学校改造或添置有关体育设施和设备，为每个试点学校建造一个150平方米左右的“体能教室”，用于对学生的专项体能教学；联合上海体育学院、华东师范大学和上海师范大学，起草《高中专项化体育课程标准》（试行）和《高中体育专项化教学改革指导意见》（试行），用于指导教学改革实践；研制《上海市学生体育等级标准制度》，构建面向全体学生的体育素养评价体系；设立9个项目中心组，负责制定本专项高中各年级教学大纲和评价标准，开展各校同专项教师的教研活动；依托华东师范大学设立上海体育教师国际发展中心，依托上海师范大学、上海体育学院设立上海体育教师培训基地，3所大学发挥各自的专业特色和优势，为全市大中小学体育教师的培训和培养提供平台，为体育教学改革的深入推进提供人力保障；引进澳大利亚MBP网球教学与师资培训体系，开展国际课程比较研究和实践。

（柏　丹）

［**学生体质健康监测中心**］ 在已建设完成10所区（县）学生体质健康监测中心的基础上，2013年市教委在黄浦、静安、虹口、闸北、普陀、青浦、松江7个区各建设1所学生体质健康监测中心并全部按期

通过验收投入运行，初步形成市区(县)学生体质健康监测网络。新建的7所监测中心的场地、设施建设配置标准较上年有所提高。各中心按照市教委的建设要求和项目标准，设置专用的形态测试室、综合测试室、数据处理室等测试场地和辅助场地；配备规格统一的学生体质健康测试器材，配备专职的负责人和体育、卫生、数据处理等专业工作人员。

在区县学生体质健康监测中心建设完成的基础上，市教委启动上海市学生体质健康监测中心的现代化建设工作。构建市、区县、学校三级学生体质健康监测工作网络，建立常态化的监测制度，定期公告学生体质健康状况；将学生日常监测和体检数据汇集成“一生一档”，形成“评价—研究—指导”的学生体质健康监测服务模式。

(柏　丹)

[“走近边防线”国防教育活动]　5—8月，上海20万名青少年学生参与了“走近边防线”国防教育系列活动。“走近边防线”国防教育系列活动的目标群体，是全市16岁至18岁的青少年，以高中阶段学校一、二年级在校学生为主。按照计划，活动分为三个阶段进行。5月9日，精选的60道国防知识题在《新民晚报》、新民网公布。全市青少年学生20万人参与竞答。在17个区(县)选拔产生100支代表队，入选学生300人。从7月6日起，入选学生进驻“东方绿舟”国防教育训练营地集训，通过为期两天的国防知识竞赛、模拟射击、个人素质和团队合作精神项目比试等“准军营”活动，选拔出50名优秀营员。7月11日、12日，首批营员在上海警备区教导大队接受为期两天的集中培训。八一建军节，首批50名“走近边防线”国防教育训练营营员赴嵊泗前哨花鸟岛海防驻军营地实地体验，与海防官兵同吃、同住、同学习、同站岗、同演练。

(黄　峰)

[中小学校园直饮水工程]　2013年，全市完成直饮水工程建设的学校为349所(公办学校338所，民办学校11所)，超额完成本市300所中小学校校园直饮水工程建设的市政府实事项目。其中，小学161所，一贯制学校33所，初中73所，高中43所，完中23所，中职校4所、辅读学校4所、工读学校3所、其他5所。全市共计安装直饮水设备2146台，可惠及约25万名师生。

项目由市教委牵头，市卫生计生委、市质监局和市水务局等多部门共同参与；市教育装备中心负责制定工程建设和维护要求，组织协调、推进、监督各区县工程建设进度，组织验收工作；各区县教育局负责辖区内项目学校(含区域内的、行业系统的中等职业学校)校园直饮水工程建设工作。为规范实施校园直饮水工程的建设和维护，市教委联合市卫生计生委、市质监局和市水务局研究制定《上海市中小学校校园直饮水工程建设和维护基本要求》。各区县教育局组建由局长或分管局长任组长的项目领导小组，以体卫艺科处、装备部门工作人员组成的项目工作小组，明确工作职责，推进工程建设。校园直饮水工程实施学校在设备安装完成后，由区县教育局组织区卫监和质监等方面的专家自查验收。在此基础上，市教委于12月底采取听取汇报、查阅资料、现场踏勘、校长座谈等相结合的方式，对各区县校园直饮水项目开展抽检验收。从验收情况来看，2013年校园直饮水工程建设总体进展顺利，各学校的直饮水工程建设基本符合规定。

(时　多)

[推进学校卫生保健工作]　市教委与市人力资源和社会保障局、市卫生计生委、市食药监局联合制定下发《关于进一步加强本市学校卫生保健工作的意见》，进一步明确学校卫生工作总体目标，学校卫生保健机构的属性和功能定位、基本工作任务，提出“4＋3＋2＋1”(“4”是组建四大管理中心：市区两级学生体质健康监测中心、市学校卫生保健人员培育中心、市学校内设医疗机构质量控制中心、区域青少年学生健康服务中心；“3”是实现三大政策突破：设立高校“卫生教育”本科专业、学校卫生保健人员职称专科评审和学校卫生和健康教育学科；“2”是编制二项核心内容：“健康教育网络课程”和“学校卫生工作评价指标体系”；“1”是创建一个协会：“上海市学校卫生保健协会”)学校卫生工作管理和运行模式，系统推进学校卫生工作。

以“医教结合”为平台，联合各方资源，形成功能衔接、优势互补、依责履职的学校卫生长效管理机制。与市食药监局和市卫生计生委建立学校传染病防控、食品、饮用水监管的“联防联控、联处联报”机制；继续做好全市中小学校和托幼机构因病缺勤缺课网络直报工作。与市卫生计生委和市食药监局，开展学校卫生联合督查。编制《上海市中小学学校卫生工作评估指标体系(试行)》，从组织管理、经费投入、设施器材配置、师资队伍、健康教育和学生健康素质水平等方面，量化考评学校和区县教育行政部门的学校卫生管理工作，以逐步形成学校自评、区县考评和市级抽评的常态化管理模式。与市卫生计生委贯彻落实中小学生免费体检，并将学生体检人群扩大到中等职业学校学生。建立中小学校和托幼机构户外活动空气质量预警联动机制。通过“上海教育督查短信平台”，将环保部门发布的空气污染预警信息，发送给各中小学校和托幼机构的校(园)长，及时调整学生户外活动。在17个区县推广“肥胖(超重)学生科学膳食指导计划”，选择初中和小学各1所开展肥胖青少年营养干预工作。与市红十字会和市卫生计生委完善“上海市中小学生住院互助基金”的管理和统筹工作。与保监会上海监管局、市卫生计生委、市人力资源和社会保障局、市医保办联合下发《关于做好大学生补充商业医疗保险工作的通知》，提高大学生医疗保障水平。与市卫生计生委下发《关于开展本市大学生补充商业医疗保险直接结算机制试点工作的通知》，试点开展高校定点医院大学生补充商业医疗保险直接结算工作。与市红十字会建立学校现场初级急救培训的长效工作机制。开展“健康生活、幸福成长”主题系列活动。建立“市、区、校”三级学生体质健康监测网络。启动建设市学生健康信息化公共服务平台。

(时　多)

[举办第十届青少年科技节]　5月19日，上海市第十届青少年科技节——上海市第六届青少年创新峰会暨2013年上海市青少年科学研究院年会在国内首个以新能源为主题的科普文化地标——2062上海新能源主题公园开幕。本届青少年科技节以“创新·探索·成才——科技创新引领幸福生活”为主题，以基层活动为重点，在市、区县、学校三个层面分别开展“科技节主题活动”、“科技创新实践活动”、“走进科普场馆——青少年科学探究活动”，以及“特色专项科技竞赛”四大系列活动。活动覆盖全市大中小学、中等职业学校，有条件的高校开放实验室。近千名在各类创新活动中获得优异成绩的青少年学生和上海市青少年科学研究院的青少年代表汇聚在一起，共同倡导创新精神、交流创新体验、探讨创新方式、展示创新成果、树立创新典范。

科技节期间，组织第11届“明日科技之星”、第28届“青少年创新大赛”等赛事获奖者参与成果展示和主、分论坛等活动。褚君浩、戴复东院士为科技创新论坛上展示成果的学生作现场指导。5月19—25日，在2062上海新能源主题公园举办的上海市青少年科技创新实践成果展集中展示了17个区县25项青少年的创新成果，这些创新成果的题材来自生活实际，紧贴社会发展，映射时代气息，结合青少年学生的学习生活，涉及工程技术、信息科技、环境保护、生态建设诸多领域。科技节上首发的《上海市第六届青少年创新峰会暨2013年上海市青少年科学研究院年会优秀创新成果集》反映了上海青少年最新科技创新成果和科技创新水平。

(从海鹰)

[建立学生伙食价格平抑基金制度]　年初，市教委联合市财政局印发《上海高校学生食堂伙食价格平抑基金管理办法(试行)》。由此上海高校食堂运行价格调控发生两个转变：一是从临时性成本补贴向长效价格调控机制转变；二是从政府主导、学校被动参与向政府托底、市校两级联动、分级调控转变。上海市多数高校已出台学生食堂伙食价格平抑基金实施细则并报送市教委备案，为下一步价格调控打下良好基础。

(南少华)

[高校食品安全督察员受聘上岗]　为完善上海高校食品安全督查工作制度，确保有关工作有序开展，市教委依据相关法律、法规和上海有关食品安全监管工作要求，制定《上海高校食品安全督查员管理办法(试行)》，规范有关督查工作。首批来自食药监局、行业协会和高校的7名食品安全督察员已正式接受聘书履行责任，他们根据市教委工作需要，参与高校食品安全工作有关的课题研究、调研、宣传、专题培训以及对高校食品安全责任制落实情况进行的明查和暗访工作。

(南少华)

[高校绿化管理和建设导则发布]　市教委、市绿化和市容管理局共同制定《上海高校校园绿化建设和管理导则(试行)》(以下简称《导则》)。《导则》分为总则、术语、规划、设计、施工、养护、监督管理和经费8个方面，充分体现“以人为本，因地制宜，布局合理，贯通人文，经济实用，安全舒适，低碳环保，环境育人”的校园绿化理念。为确保有关导则的实效性和操作性，市教委委托上海市学校后勤协会举办专题培训。

(南少华)

[推进高校节能监管体系建设]　继续深入推进高校节能监管体系建设工作。一是规范、有序推进节能能力建设项目，完成《上海市学校能源审计导

则》《上海高等学校校园节能监管系统建设和管理导则》两项技术标准的编制，并印发执行。进一步完善学校能耗统计和数据监测工作，按照时间节点向高校通报能耗数据和节能进展情况，切实提高学校节能工作的科学性和实效性。二是按照“对接全市监测平台，兼顾教育系统需求”的原则，投入2000万元专项资金支持上海外国语大学、上海工程技术大学、上海中医药大学等7所高校开展节能监管体系示范项目建设。同时，市教委加快对现有高校数据的整合处理进程，委托上海高校后勤服务中心会同同济大学负责教育系统节能监管平台建设，有关实施方案通过专家评审。在上述工作基础上，完成了高校大型公建分项计量招标前期准备工作。

（南少华）

［规范高校学生清真伙食工作］ 为全面加强对学生清真饮食工作的规范管理，市教委会同市民宗委共同制定《上海市学校清真餐饮管理办法（试行）》，对学校设置清真食堂的条件、从业人员管理、公益性政策以及清真标识和环境布置均做出了明确规定。同时，将国家和上海市有关民族政策和清真饮食管理纳入全市高校后勤处长年度培训内容，会同市民宗委和有关行业协会共同开展了2013年度清真饮食管理专题培训，提升高校后勤处长对民族习俗和清真餐饮相关政策把握能力。充分发挥上海高校后勤配货管理中心主渠道作用，通过源头采购补贴的方式，引导高校学生清真食堂主副食品原料采购纳入“农校对接”平台，从源头调控采购成本以及控制食品质量、安全。

（南少华）

［高校学生食堂冷链物流基地项目启动］ 4月28日，市高校后勤服务股份有限公司举行成立15周年暨上海高校学生食堂冷链物流基地项目启动仪式。上海高校学生食堂冷链物流基地项目经上海市教委立项、上海市发改委批准，选址上海宝山城市工业园区，规划分两期建设，用地面积近1.3万平方米，基地规划总面积24926平方米。建设内容包括冷库、综合配送楼、配套用房、机房、变电房和门卫室等。上海高校学生食堂冷链物流基地项目根据“政府补贴、服务教育、企业化运作、公益性保障”的原则，承载食品安全、保障供应、稳定价格等工作职能。它的主要功能定位是：①构建完善的“农校对接”操作平台，进一步提高集约化水平，降低采购成本，保障供应；②形成农产品冷链加工中心，变原材料为半成品，减少学校食堂的用工；③帮助高校学生食堂储备更多的食用农产品，满足高校学生食堂配货需求；④形成可追溯食品安全信息管理系统，提高食品安全管理水平。

8月14日，上海高校学生食堂农产品冷链物流基地（一期）被国家发展改革委列为物流业调整和振兴项目，并获得第二批中央预算投资支持。

（南少华）

［高校学生公寓服务标准化示范试点项目启动］ 10月30日，高校学生公寓服务标准化试点项目在上海电力学院（南汇）学生生活园区启动。先后编写《高等学校学生公寓管理服务规范》和《学校物业管理服务规范》等两部上海市地方标准。服务标准化试点建设为期两年，力求为上海乃至全国高校学生公寓物业管理提供行业经验借鉴，发挥试点示范引领作用。

（南少华）

［开展校园安全大检查］ 市教委联合市消防局、市质监局、市食监局、市防雷中心等行业主管单位，成立以行业专家为主的“校园安全督查员”队伍，于元旦春节、安全生产月和“119消防活动日”等重要时间节点，在高校开展校园安全隐患排查和督查整治行动。整治行动重点围绕消防安全、危险化学品安全、校园道路交通安全、特种设备及重要设施安全、食品卫生安全、重要部位安全技术防范、校园周边环境整治等进行。

校园安全隐患排查整治分三个阶段：第一阶段（1—4月）围绕元旦春节和寒假期间校园安全各项监督检查和隐患整治工作；第二阶段（5—9月）围绕汛期和国庆做好防汛防台和安全设施设备维护工作；第三阶段（10—12月）针对冬季雨、雾、冰、雪天气多发的特点，深入推进校园安全隐患“回头看”，防范遏制重特大事故的发生。

（陈宇红）

［加强高校技防建设］ 2013年，市教委下发《关于开展高校技防建设状况检查及申报2013年技防改造资助资金的通知》，要求各高校以全面推进校园出入口管理系统建设、消防系统智能化管理建设、突发事件应急指挥系统建设为重点开展2013年高校技防建设，并安排1200万元专项资金予以引导。5月，在华东师范大学召开技防工作现场推进会，聘请10名上海高校技防发展咨询专家。8月组织专

家对各高校的申报情况进行评审。上海各高校2013年投入技防建设资金约7000万元，技防系统在预防和打击校园违法犯罪行为、提升校园安全防控水平等方面发挥了重要作用。此外，市教委还要求各高校制定技防建设“新三年规划”，全面实现高校技防系统数字化、智能化、高清化目标，不断提高维护校园公共安全的能力，不断健全“大联动”机制，进一步提升安全保卫工作效能，切实提高校园安全管理现代化水平。

（尹　捷）

[加强高校周边综合治理]　2013年，市教委会同市综治办、公安、工商、城管、交通港口、食药监、文化执法等部门开展加强高校周边综合治理平安实事项目，进一步解决高校周边非法客运车辆、无证无照经营、“黑网吧”等突出问题。

5月，市教委召开“加强高校周边综合治理”实事项目推进大会。6月，市教委等十部门共同印发《关于印发2013年上海市平安建设实事项目——“加强高校周边综合治理”实施方案的通知》。各单位通过联勤联动执法、疏堵结合、加强教育、加强督导、完善制度等措施积极优化高校周边环境治理。

（尹　捷）

[推进学校章程建设]　贯彻落实教育部《高等学校章程制定暂行办法》和《全面推进依法治校实施纲要》，继续推进学校章程建设。一是启动市属高校章程核准工作。年内，上海中医药大学、华东政法大学、上海师范大学等多所市属高校向市教委报送章程草案。市教委按照《高等学校章程制定暂行办法》要求，建立上海市属高校章程核准委员会，研究制定《上海市属高校章程核准暂行办法》，下发各高校，正式启动上海市属高校章程核准工作，计划到2015年之前完成市属高校章程核准工作。二是全面推进中小学校、幼儿园章程建设。市教委对全市中小学校、幼儿园章程建设情况进行调研，发现多数中小学校、幼儿园尚未制定章程，或者章程制定得较为简单。为加强对区县教育行政部门及中小学校、幼儿园章程建设工作的指导，在广泛调研的基础上，研究制定上海市中小学校、幼儿园章程参考文本，为中小学校、幼儿园制定或修订章程提供参考和借鉴，并要求全市中小学校、幼儿园在2015年之前完成章程制定或修订工作。

（沈　洋）

[行政诉讼、复议工作]　市教委履行行政复议监督职责，依法处理教育行政复议案件，维护当事人合法权益；依法接受上级行政机关和人民法院监督，配合上级行政机关和人民法院完成有关行政复议和行政应诉案件审理工作，依法确保行政诉讼、复议工作的顺利开展。2013年，市教委参加行政应诉案件2件，均为申请人对市教委政府信息公开申请答复不服提起的诉讼案件。经过法院开庭审理，一审和二审法院均对市教委的政府信息公开答复予以认可。2013年，市教委作为行政复议机关处理以区县教育行政部门为被申请人的行政复议案件3件，作为行政复议被申请人参加市政府行政复议案件1件。案件主要分为两类：一是申请人对教育行政部门政府信息公开答复不服提出行政复议；二是教师、学生对学校或教育行政部门的相关处理不服提出行政复议。

（沈　洋）

[推进长三角教育联动发展]　市教委与江苏、浙江、安徽三省教育厅加强协作，采取多种方式推进长三角教育协作发展进程。4月17日，以“深化教育改革，提升教育水平，办人民满意教育”为主题的第五届长三角教育协作会议在浙江杭州召开，150余人参加会议。会上，四省市教育行政部门主要负责人先后发表主旨演讲，并签署6份教育合作协议。23所高校和4个地方教育局签署10份合作协议。作为年度长三角教育协作活动的开幕式，本次会议向1200余所长三角网络结对学校开通实况网络直播，并公布2013年度开展的27项教育合作项目计划。

上海市教委投入600万元，推进20个合作项目，其中，8个重点项目，12个一般项目。各个项目都分别成立项目合作工作小组，制定年度合作计划，明确合作的内容和时间节点，提出具体的合作方法和模式，形成资金使用方法和绩效评价办法。

（蒋侯玲）

[行政规范性文件建章立制和建设]　2013年，市教委严格按照《上海市行政规范性文件制定和备案规定》各项新要求，结合工作中存在的突出问题，制定《上海市教育委员会行政规范性文件制定和备案实施办法》（以下简称《办法》），并对涉及市教委的行政规范性文件进行全面清理。《办法》主要有以下方面的内容：一是建立规范性文件立项制度，要求各处室定期提出拟制定规范性文件立项计划，由政策

法规处汇总后提交委主任办公会议审定。二是完善规范性文件制定程序，要求起草处室在起草规范性文件时应听取相关机关和组织、委内相关处室、管理相对人和专家等各方面意见。三是明确规范性文件施行日期和有效期制度，避免规范性文件中只发不废、实际失效文件长期存在等情形的发生。四是建立规范性文件评估制度，要求起草处室应当在文件有效期届满前6个月对规范性文件进行评估，并及时进行修订或重新发布。五是强化规范性文件备案审查工作制度及相关措施，设立“规范性文件发文单”制度，防止遗漏规范性文件，做到及时报备。六是确保规范性文件及时公开，要求规范性文件由办公室按照有关规定向有关单位发布，并在发布之日起5个工作日内通过“上海教育”政府网站向社会公布。

截至2013年底，市教委共梳理出涉及市教委现行有效的市政府规章5件，市政府及市政府办公厅规范性文件23件。市教委规范性文件156件，其中，拟继续有效的126件(其中13件拟予以修改)，拟宣布失效的22件，拟决定废止的8件。同时，2013年新制定市教委规范性文件4件，全部依法完成备案工作。

(陆海佳)

[修正《上海市未成年人保护条例》] 市教委根据立法计划，对《上海市未成年人保护条例》(以下简称《条例》)进行修正。市教委通过调研，形成《条例》修正研究报告和《修正案(草案)》初稿。在广泛征求相关部门、专家意见的基础上，数易其稿，形成《修正案(草案)》送审稿。5月，正式报送市政府法制办。其后，积极配合市政府法制办、市人大做好修正案草案的政府审核和人大审议工作。12月27日，上海市第十四届人民代表大会常务委员会第十次会议正式通过《关于修改〈上海市未成年人保护条例〉的决定》。

本次《条例》修正主要涉及三方面内容：①对《条例》中与上位法不一致、与相关法律不协调的部分内容，通过修正予以衔接。如明确了各部门对于流浪乞讨、离家出走的未成年人的救助保护职责。②对一些社会关注度高、上位法尚无明确规定的问题，通过地方立法予以明确。如携带未满十二周岁未成年人乘车的，不得安排其乘坐在副驾驶座位。③将近年来未成年人保护工作积累的经验和做法，通过地方立法予以固定。如将校车安全管理方面行之有效的经验做法在修正中予以制度化和长效化。

(蒋侯玲)

[开展教育费附加资金绩效检查] 结合“教育经费管理年”活动，市教委对17个区县教育费附加资金开展绩效检查，重点关注2012年及以前年度的资金存量情况。检查结果表明，教育费附加资金拓宽了上海教育经费的来源，为上海基础教育事业均衡、有序发展发挥了积极作用。检查也发现一些影响教育费附加资金绩效的现象。针对检查结果，市教委审计、财务部门协商分析影响资金绩效的体制、机制方面原因，提出相应的管理建议：①提请上级有关部门进一步完善教育费附加的有关规定，并根据教育发展实际需求，赋予地方一定的统筹使用权，优化使用内涵，以减少因配套政策滞后造成转移支付中存在的结构性沉淀。②建议协商市区两级财政部门及时下达转移支付预计数，以便下级财政或使用单位列入本级预算；建议资金下达时，财政会同教育行政管理部门提出指导性意见，确保下拨经费金额清晰、项目清楚、目标明确，将资金聚焦用于基础教育重点工作。③建议教育行政管理部门进一步规范财政资金转移支付的管理，用款单位根据有关要求，精准编报财务决算分析，及时反映预算执行情况。

(王英华)

[地方高校内涵建设专项资金绩效审计] 市教委组织力量对上海海洋大学、华东政法大学等11所地方高校内涵建设(分类指导分类管理改革)专项经费开展中期绩效审计检查，涉及重点学科专业建设、领军人才引进与培养、国际化平台建设和公共服务平台建设等项目。本次绩效审计通过与项目立项时的规划目标、项目申请批复的预算、有关法律法规和政策制度等对标，以绩效监督为导向，对教育资源配置的合理性、专项经费管理的规范性等方面进行检查，重点关注财政教育资金沉淀、仪器设备等教育资产使用效率低下、内部控制制度不完善等方面，并分析问题本质，揭示不符合高等教育规律，制约高校内涵发展的体制性障碍、机制性扭曲、制度性缺陷和重大管理漏洞，有针对性地提出改进建议，及时防范财务运行风险，促进政府改进资源配置方式，促进高校在体制机制上寻求突破。

(周　琳)

[深化推进整体规划大中小学德育课程] 市教委深化推进教育体制改革试点项目“整体规划大中小学德育课程”，正式出版6门高校思想政治理论课的教学指南，规范教育目标、内容和要求，研究并编写《上海高校日常思想政治教育工作指南》《上海市

中小学开展课外活动教师行动指南》《上海市中小学开展课外活动指导手册》；重点推进德育教师队伍衔接、学习雷锋活动等案例试点；成立上海市课程德育研究中心和8个相关课程德育研究基地，将研究和实践成果转化为德育工作的长效工作机制。在此基础上，上海市获得教育部哲学社会科学研究重大课题攻关项目“大中小学德育课程一体化”，联合广东、江苏、云南、山西等省市，以及多所高校、有关区县和教学科研单位协同开展试点研究。

（陈　皞）

[推出高校思政超级大课堂]　市教卫工作党委、市教委首次推出上海高校思想政治理论课“超级大课堂”。“超级大课堂”是教育教学的理念创新和实践探索。它以《思想道德修养与法律基础》课为试点，突破“你教我学”的传统教学模式，聚焦学生关注的现实问题，设置课堂好声音、问题面对面、评选超级队和思政锐观察四个环节，由各高校组成相关学科教师方队进行充分准备并回答问题，邀请全国知名专家进行点评和总结，打破教室的有限空间，创造性地运用多媒体、多学科交叉、理论联系实践等方法，激发学生热情和教师潜能，成为上海高校思想政治理论课教师实战培养平台。

（陈　皞）

[启动马克思主义理论学科研究生人才培养计划]　上海市马克思主义理论学科研究生人才培养“登峰计划”首次实施，通过评选马克思主义理论学科优秀学位论文，推动马克思主义理论学科建设，提升学科研究生人才培养质量，培养具有一定影响力、高水平的马克思主义理论学科优秀人才。经各学位授予单位推荐和专家评议及评选指导委员会审核，4篇博士学位论文和6篇硕士学位论文入选，其中1篇博士学位论文和1篇硕士学位论文同时推荐入选当年度上海市研究生优秀成果(学位论文)。

（陈　皞）

[建设高校辅导员工作室]　2013年首批命名的两个“上海高校辅导员工作室”分别从全市高校招收学员，组建梯队式工作团队，以问题研究为导向，通过“传帮带”的方式，开展工作研究和实践，探索高校辅导员队伍培养的新模式；同年，第二批“工作室”立项通过，围绕校园文化、党团建设、心理健康、网络德育、实践育人、生涯辅导等工作领域，结合工作特色和资源优势，积极组织辅导员工作研讨和交流活动，孵化工作团队，开展联合攻关，逐步建成展示辅导员风采的窗口、创新育人理念和方法的平台、孵化辅导员名师的摇篮。

（陈　皞）

[加强城乡班主任队伍建设]　为进一步加强班主任队伍建设，促进城乡班主任队伍的均衡发展，启动第二期13个市中小学班主任带头人工作室建设，研究制定建设方案，明确功能定位、主要任务、主持人职责、培训课程和考核要求。

组织参加由江苏省承办的“拨动学生心弦的艺术”——第二届长三角地区中小学班主任基本功大赛。将参赛选手选拔与市班主任基本功大赛相结合，确定获市班主任基本功大赛一、二等奖的15人，代表上海市参加此次大赛，并精心设计培训课程，从班主任工作理论、演讲技能、主题班会设计等多角度对参赛选手进行专题培训，邀请德育专家对参赛选手进行分学段指导。最终，上海选手获得一等奖总数位居四省市之首。

针对郊区县中小学班主任队伍建设实际情况和特定需求，制定郊区县小学、初中优秀班主任研修计划，依托普陀区教育学院、嘉定区教师进修学院以及若干所基地学校，开展以理论研修为基础，跟岗带班实践为重点的班主任培训工作，为市郊区县中小学优秀班主任专业成长搭建平台。第一批研修班自9月正式开班，为期半年，9个郊区县77位中小学优秀班主任参加培训。

（杨长亮）

[组织开展中小学职业体验活动]　依托中等职业学校的专业师资和开放实训中心的优质资源，开展中小学职业体验活动。全市评选出20个中职校的49个项目，覆盖14个区县、13个中等职业教育专业大类。

充分运用多种媒体，加强项目宣传推介。将项目介绍汇编成册，推出内容新颖、形式活泼的“职业小达人”活动手册，详细介绍职业体验项目的基本情况、适合学龄段、预约方式等内容。充分利用信息技术和网络平台的优势，在博雅网上推出职业体验活动网络专栏，开通了网上预约报名、点评交流等功能，扩大活动的影响力，促进线上线下互动。在暑期工作会议上进行专题工作布置，将职业体验活动作为送给广大中小学生的暑期礼物。

加强对项目的管理与指导。通过暑期走访、检查测评、专家指导等，全面了解各项目的组织管理、师资安排、取得成效、亮点特色及存在问题等情况，不断完善项目的实施，提高活动的组织质量和水平。全年职业体验活动面向全市中小学生开放200多场次，参与活动的学生达5000多人次。

（杨长亮）

［大中小学生心理健康调研］ 市教委探索学生心理健康调研数据挖掘，系统开展大中小学生心理健康调研，实施大样本抽样的调查涉及全市123所小学、20所农民工子弟学校、89所初中、51所高中、28所中职校、18所高校共57115名大中小学生。系统研究各学段学生的心理健康发展状况，进行主客观因素分析，并梳理主要问题进行深度访谈，为学校心理健康教育工作提供决策咨询。调研兼顾学生心理健康发展状况和心理问题的检测，为编制相关测量工具提供基础性数据支持。

（陈　皞）

［区县政府依法履行教育责任公示、公报］ 5月，上海启动2012年度区县政府教育工作年度自评，并于9月完成统计分析。2013年底《关于公示2012年各区县政府依法履行教育责任执行情况的通知》在"上海教育"和"上海教育督导"网站向社会公示。

2013年初，市政府教育督导室会同市教委相关处室，对《区县政府教育工作年度自评公报项目表》作了较大调整。明确今后公示公报教育经费数据以市教委、市财政局、市统计局联合发布的《上海市区县教育经费执行情况监测公告》作为唯一数据来源，教师队伍数据以市教委人事处"学校实际聘任教师职务人数"为统计口径，"教育发展水平""班额标准执行情况""中小学（幼儿园）房屋土地资源监测情况"以及新增的"学校产证办理情况"等其他指标归口管理，分别请市教委发展规划处、基教处、基建中心等统一填报口径。

经对各区县政府依法履行教育责任执行情况数据分析显示，第一，区县政府坚持教育优先发展的战略，确保教育经费"三个增长"落实到位。2012年上海17个区县均达到"教育财政拨款增幅高于财政经常性收入增幅"的规定。第二，区县政府高度重视强师兴教，高屋建瓴地谋划教师队伍专业发展。2012年教师学历达标率达到100%的区县个数分别为：幼儿园阶段16个、小学阶段15个、初中阶段13个、高中阶段11个。第三，区县政府进一步加强教育公建配套设施规划建设，并保障教育房屋土地资源不流失。2012年各区县上报教育公建配套项目计划建设数为77个，截至9月，规划落实率首次达到100%。第四，区县政府加快建设幼儿园和中小学校，尽力控制班额不超标。全市17个区县平均班额达标率各学段分别为：幼儿园42.9%，小学67.01%，初中79.06%，高中88.97%。若幼儿园、高中以不超过40人/班为标准，小学、初中以不超过50人/班为标准统计，则2012年上海各学段班额未超标情况为：幼儿园96.04%，小学94.52%，初中98.48%，高中88.97%。第五，区县政府加快学校产证办理步伐，不断规范教育工程建设管理程序。区县自评显示，2012年17个区县教学点总数为3586处，其中两证齐全的占50.1%，具有单证的占17.5%，无证的占32.3%，各区县国有土地无证学校的产证补办工作得到持续推进。

（顾　薇）

［招生入学工作专项督导］ 市政府教育督导室会同市教育督导事务中心组织各区县80余名专职督学组成17个督导组，采用跨区县交叉督导的方式，于5月11—19日对174所初中、小学招生入学工作进行专项督导抽查。

其间，各督导组到各区县深入了解义务阶段学校招生工作，听取所抽查学校招生工作汇报，访谈学校招生工作负责人及工作人员308人，实地查看民办学校招生面谈现场，随机抽取报考民办学校的学生家长1140人进行问卷调查，查阅学校招生工作相关资料等。

督查结果表明，上海义务教育阶段学校招生入学工作日趋规范。各区县教育局通过完善招生工作机制、提高招生工作透明度、妥善做好随迁子女入学工作等措施，统筹协调，科学规划，合理配置区内教育资源，指导与督促义务教育阶段学校招生工作规范有序开展。所抽查学校认真贯彻市和区县招生入学工作相关文件要求，公开招生信息，建立工作机制，规范工作流程。公办学校严格按照"免试就近入学"原则做好招生工作，民办学校精心设计面谈程序和内容，注重考察学生综合素养。大部分学校组织有序，创新方式，体现素质教育要求。

督导组对存在的问题提出整改要求，建议市和区县教育行政部门广泛宣传区域内学校的办学特色与成功经验，帮助家长树立"适合孩子的学校才是最好的"观念。推进义务教育均衡发展，进一步加强学校内涵建设，扶持创建更多"新优质学校"，满足学生和家长多样化的教育需求。同时，建议市教育行政部门进一步完善民办学校招生工作的相关政策，确定合理的民办学校招生时间段，避免招生时间无限提前。

（陈建青）

［推进区域教育现代化暨义务教育均衡发展综合督政］ 根据《上海市中长期教育改革与发展规划纲要》到2020年实现教育现代化的目标，以及教育部与市政府关于推进义务教育均衡发展合作备忘录的精神，2013年上半年完成对长宁、杨浦、黄浦、浦东新区推进区域教育现代化综合督政，下半年完成对崇明、松江、闵行、虹口、闸北、普陀、金山7个区县的督政回访。至此，上海已经完成对13个区的区域教育现代化综合督政以及全部17个区县义务教育均衡发展专项督政。

通过综合督政，市督政组的总体评价为，各区县政府依法履职，坚持教育优先发展战略，明确区域教育发展的科学定位和顶层设计，举全区之力，努力构建现代国民教育体系和终身教育体系；区人大、政协高度关注区域教育发展，加大公平保障和民主监督力度，推进相关政策措施有效落实；区政府相关职能部门积极履行教育公共服务职能，在促进融合中不断凝聚发展力量，形成了职责明确、齐抓共管的区域教育现代化发展合力；区县教育局聚焦“办人民满意的教育，办学生喜欢的学校”的发展目标，深入推进教育教学改革，引领区域教育转型发展，努力为市民提供优质的教育公共服务；广大校长和教师努力提升教育境界和专业发展水平，关注学生的全面发展，为每位学生提供适合的教育，在提升教育教学质量和学校优质发展方面提供了成功案例。主要经验表现在：一是加大财政投入，确保教育经费持续增长；二是扎实推进内涵建设，教育优质均衡发展凸显优势；三是重视人才队伍建设，教育发展核心能力有效提升；四是探索评价改革，积极推进学业质量绿色指标。

年内，督政组对2011年、2012年接受区域教育现代化综合督政暨义务教育均衡发展专项督政的7个区县进行了督导回访，主要是检查有关问题整改措施落实情况。从督政回访情况看，主要表现为：①区委、区政府始终把教育事业置于优先发展的战略地位，积极开展整改工作，区长作为第一责任人的职责落实到位。区发改委、财政局、人保局、房管局、规划局等责任部门，在推进教育现代化和义务教育均衡发展方面，切实发挥了积极作用，主体责任到位。有关区县政府对市政府督政报告中涉及的各项问题，逐条予以认真的梳理和对照，对一些制约区域教育发展的瓶颈问题有积极的应对与破解之策，整改措施完整、到位，落实情况良好。②解决教育资源配置问题。随着外来人口的迅速增加，教育资源紧缺成为比较严重的问题，各区县政府在这方面下了很大功夫。③加大学校产权证办理力度，有效实施校舍产权的分类管理。各区政府加快启动解决学校产权证历史遗留问题的办理，推进学校产权证的落实，逐步建立健全校舍产权办理工作机制，进一步明确相关委办局的工作责任和问责制度。④进一步深化教育内涵发展。闵行区紧紧围绕“让闵行每一个孩子健康快乐成长”这一核心目标，深入实施素质教育。崇明县花大力气凝聚教师的精、气、神，以提升教师的专业素养和教育境界，促进教育的内涵发展。松江区提高新教师准入门槛，并根据教师专业发展的需求，实施青年教师、骨干教师、成熟型教师和优秀教育管理人才等分层分类培养策略，促进学校内涵发展。

（仇智君）

［市特约教育督导员、人民教育督察员和督学换届］ 市人民政府教育督导室从年初起开展上海市第六届督学、第五届人民教育督察员、第六届市特约教育督导员的换届推荐工作。市督学名单由市教委和区县教育局分层面推荐。市特约教育督导员名单由市委统战部推荐，市人民教育督察员名单由市人大和有关部门推荐，市督学和“两员”均由市督学聘任审查委员会审查确定，并由市督学聘任审查委员会报市教委审批聘任。共产生上海市第六届督学183名（含特约教育督导员22名）和市人民教育督察员12名。

11月20日，第六届上海市督学聘任会召开，上海市副市长、上海市教育督导委员会主任翁铁慧出席并讲话。

（毛爱群）

［启动中小学校责任督学挂牌督导］ 下发关于贯彻《中小学校责任督学挂牌督导办法》的实施意见，就组织管理与保障、责任督学资格、履职与培训、责任督学的督导方式和组织领导与分类指导等方面提出了具体要求。至年底，上海17个区县已选派405位责任督学，在1660所中小学校和部分幼儿园挂牌，全面启动责任督学挂牌督导工作。上海公布市中小学责任督学守则为：“依法履职、规范督导，公平诚信、恪尽职守，公正客观、常态真诚，公开透明、勤廉自律”。市政府教育督导机构为各区县中小学

统一设计制作便于更新的插卡式公示标牌，向每位责任督学发放《责任督学挂牌督导工作手册》。手册中包含督导基本信息登记表、工作计划表、督导意见书、紧急要件处置单、培训登记表、考核自评表等内容，还附录了有关法规和文件。

（毛爱群）

［学校及周边环境建设］ ①继续开展“2012—2013年度上海市安全文明校园”申报评选工作。全市1352所大中小学、中等职业学校通过验收检查。②开展护校安园行动。1—10月，各级公安机关出动警力约125万人次、辅警约49万人次开展校园巡逻守护。全市2176所小学、幼儿园招募平安志愿者54263人。在周边环境复杂的小学和幼儿园门口加强执勤，维护治安秩序。③会同市司法局、中国保监会上海监管局共同制定《关于规范人民调解组织参与涉校纠纷调解的若干意见》，建立人民调解组织与教育行政部门的衔接机制，对人民调解组织参与涉校纠纷的范围、程序等作出规范。④开展安全隐患排查和治理。对浦东新区、金山区、松江区442所中小学进行安全风险勘查，并逐校提出书面整改意见。联合交警、治安、消防等部门对全市17个区县74所学校的341辆校车进行抽查。发现和整改校车安全隐患110处。⑤加强校园周边环境秩序管理。1至10月，增设、调整交通安全设施60余处，修复、更换交通标志90余块，在全市96所学校、少年宫门口试点推广防滑系数较高的双组份人行横道线，在学校周边路段设置移动式“P”牌临时道路停放点50余处、临时停车泊位1300多个。检查图书报刊经营场所4736家次，立案处罚62起，收缴非法图书报刊35000余册；检查全市网吧15055家次，立案处罚159起，查处接纳未成年人的网吧29家；检查歌舞娱乐场所6743家次，立案处罚318起；检查互联网出版网站76家次，关闭违规网站1家，罚款115000元。检查校园周边经营户5675户，查处各类无照经营671户，取缔无照网吧325户。

（姜文娟）

［小法官网上行活动］ 市教委、市高级人民法院、团市委、市校外联办、市中小学幼儿教师奖励基金会和上海电视台继续共同举办“春天的蒲公英——小法官网上行”上海市少年模拟法庭进校园进社区展评活动。针对中小学生和社区青少年，开展法律故事征集、法律小品和模拟法庭拍摄。本次活动网络参与人数近34万人，共征集法律故事近400篇，其中教育系统320篇。中小学生通过网络投票评出优秀法律故事38篇，其中教育系统28篇。经评审，21篇优秀法律故事被拍摄成法律小品和模拟法庭视频进入优秀视频评选活动。市北职高、蒙山中学、闵行二中和黄浦团区委拍摄的4部优秀视频进入决赛。最终，闵行二中的《十七岁的烙印》夺得现场决赛一等奖。

（张大飞）

［加强专门学校建设］ 全市13所专门学校（原称为“工读学校”）有教师417名，其中50岁以下的占83%，本科以上学历的占95.7%，具中高级职称的占67.1%。1名教师获全国教书育人楷模称号、市五一劳动奖章和市园丁奖，3名教师获上海市金爱心教师奖，7名教师获区园丁奖。2013年毕业初三学生474人，升学率93.5%。毕业中职学生235名，升学及就业率80%；普通高中班毕业60人，全部升入高等学校就读。在校学生1786人，校外预控生6012人。

年内，主要开展三方面工作：一是继续加强师资队伍建设。聚焦“未成年学生不良行为的发现与教育调适”，完成教师第四轮全员培训最后一批130余人的培训工作。依托“高妙根名师教育基地”，加大骨干教师培养力度。以浦东新区育华（集团）学校为依托，启动“青年教师见习基地”建设。举办主题为“青年教师的成长”的第十届工读教育论坛，从学校培养和青年教师自我发展两方面促进教师梯队建设。二是着力提高教育教学水平。学科中心组定期组织各校学科教师开展“差异教学”、“课程校本化实施”等主题教研活动。各校根据自身优势，选择课题，对教育调适工作进行总结、评估和探究。三是促进学生综合发展。举办主题为“老师，我要对你说”的第十届“拥抱明天”系列活动。组织专门学校150余名学生开展表演活动，为学生提供展示自己、提升信心的平台，同时也引导学生感受老师的辛劳和爱心，促进教育转化工作的开展。

（张大飞）

［加强中小学幼儿园校车管理］ 截至12月，上海363所中小学幼儿园（其中幼儿园223所，小学45所，九年一贯制学校30所，中学36所，外籍人员子女学校29所）使用校车2253辆。所有车辆均取得使用许可并申领校车标牌。全市校车驾驶员3121人均取得校车驾驶资格。

教育、公安、交通运输管理等部门继续加强校车安全管理并联合发布规定。规定要求校车许可期限一般不能超过三年，校车必须每半年进行一次安全技术检验，非专用校车必须配备校车标志灯和停车指示牌。自9月1日起，上海市小学生乘坐的校车必须是按照专用校车国家标准设计和制造的小学生专用校车。市教委、市公安局交警总队、市消防局全年对17个区县74所学校的341辆校车进行抽查，整治校车安全隐患110起。

（卢　惠）

［**中小学生安全情况**］　2013年全市发生中小学生各类安全事故2378起，比上年减少90起，伤亡学生2381人，比上年减少90人。在各类安全事故中，轻微伤和轻伤的中小学生占97.5%。校方责任事故占事故总数的1.8%。非正常死亡学生60人，比上年增加4人，其中在学校非正常死亡10人，比上年增加1人；在社会和家庭中非正常死亡50人，比上年增加3人。未发生集体食物中毒、火灾等公共安全事故和自然灾害事故。

（卢　惠）

［**中小学生公共安全教育**］　8月，印发中小学公共安全教育指导意见，明确中小学公共安全教育必修和选修年级、课时安排、教材资源、网络资源、实践基地等内容，明确各区县教育行政部门、各中小学校落实公共安全教育的保障和推进机制等要求。会同市消防局、市气象局、市公安局交警总队、市红十字会等部门整合交通安全、消防安全、治安防范、禁毒教育、防灾自护等内容，汇编《上海市中小学生公共安全行为指南》（试验本）四册，自9月1日起在全市中小学使用。

持续开展中小学生安全知识和技能展示活动，开展“幸福生活·安全文化”创意作品大赛。引导中小学校在组织安全教育教学活动中注重实践体验、关注学生安全意识和行为习惯的养成。

（卢　惠）

［**规范教育收费**］　①会同市财政局、市物价局等部门制定《上海市教育委员会等七部门关于2013年上海市规范教育收费工作的意见》《关于调整本市中小学、幼儿园部分代办服务性收费项目的通知》《关于进一步做好本市幼儿园代办服务性收费管理工作有关事项的通知》《关于进一步做好本市义务教育阶段学校代办服务性收费管理工作有关事宜的通知》《关于进一步做好本市高中代办服务性收费管理工作有关事项的通知》《关于加强本市研究生教育收费管理的通知》。②按照市政府“行政收费最少”的要求，在历年清理教育行政事业性收费项目和标准的基础上，取消剑桥少儿英语考试费、成人中专报名费、考试费等收费项目。同时，调整中小学校、幼儿园代办服务性收费项目，取消少儿住院医疗互助基金、学生平安保险费和中小学生订阅报刊费等收费项目。③9—10月，市规范教育收费联席会议七成员单位成立6个检查组，对全市15所高校、36所高中、70所义务教育阶段学校、70所幼儿园及7所部、市直属中学教育收费情况进行联合检查，市政风行风监督员代表参加检查。在检查中发现违规收费58.23万元。④市规范教育收费联席会议办公室受理信访举报65件，受理电话咨询近千次，查处各级各类学校违规收费问题27个，涉及违规金额357.89万元，对5名责任人员进行了处理。

（王丙琦）

［**开展教育收费达标区县评估**］　按照国家七部委关于开展争创教育收费先进市县的评估标准和评估办法，市教委组织开展规范教育收费达标单位的评估工作。经过评估，嘉定、奉贤、闸北、虹口、普陀区教育局和上海市实验学校、上海交通大学附属中学等7个单位被评为“2012年度上海市规范教育收费优秀达标单位”；松江、黄浦、金山、青浦、静安、宝山、徐汇、长宁、崇明、浦东新区、杨浦、闵行等区县的12个教育局及相关单位被评为“2012年度上海市规范教育收费达标单位”。按照“拨改奖”的办法，从城市教育费附加中列出3000万元，作为对优秀达标单位和达标单位的奖励。

（王丙琦）

［**推进高校阳光招生**］　市教卫工作党委、市教委制定《上海市普通高等学校招生监察工作实施办法（试行）》，规定了招生监察部门的职责权限、监察事项和责任追究等事项。同时，对体育类、艺术类特殊类型招生进行规范。督促各高校按规定建立健全招生领导小组和监察小组，对学校各项招生工作负责。确定17所高校为招生廉政风险预警机制建设试点单位。各高校结合实际，对招生环节开展梳理和风险排查，并予以制度规范。招生监察部门建立与市教育考试院沟通协商机制，对招生中的重要事项、重大问题以及特殊情况等共同研究、共同商定。重点工作是：一抓高校招生章程的核准和监督。市教委专门成立高校招生章程核准小组，从招生规则要求和家长的视角审读高校招生章程，各高校招生

监察部门全程参与招生章程的制订。二抓体育类、艺术类等特殊类型招生监察。对体育类招生，抽查审核部分考生资格材料，开展体育专项测试工作的监督，对考生信息公开、测试现场秩序、评委公正计分等关键环节进行现场督查。对艺术类招生，重点开展美术考试的监督工作，对命题教师、评委教师的资格进行审核，对阅卷结果实施监督，对有问题的试卷组织专家进行复评和相应处置。三抓录取结果的公平公正。在招生录取期间，加强对投档、退档情况的监督，实施网上录取同步监督，严查高分退档、低分录取情况。督促市教育考试院和招生高校及时公布、公示招生录取信息。

（王丙琦）

［测评教育系统政风行风］ 经市纠风办组织测评，2013 年上海市教育部门政风测评群众综合满意度为 84.08 分，高于全市 31 个部门政风测评群众综合满意度平均分 82.16 分，在 7 个科教文卫管理类部门中名列第 4 位；学校行业行风测评群众综合满意度为 86.04 分，高于全市 17 个行业行风测评群众综合满意度平均分 85.56 分，在 9 个 II 类行业中名列第 2 位。

（王丙琦）

［市教育决策咨询委员会召开专题咨询会议］ 12 月 21 日，由市教卫工作党委和市教委主办、市教科院承办的“2013 年度上海市教育决策咨询委员会专题咨询会议”在市教科院召开。会议的主题为“贯彻十八届三中全会精神，加快推进上海教育现代化”。上海市教育决策咨询委员会部分委员、市教卫工作党委和市教委领导、两委机关各处室负责人、市教科院院所领导及部分科研人员 80 余人出席会议。市教育决咨委委员、市教科院副院长张珏介绍参加教育部国家教育现代化指标体系研究制定工作的有关情况。中国科学院院士杨福家等 8 位专家围绕会议主题发表意见和建议。会议围绕如何进一步推动上海教育现代化、深化教育领域综合改革以及更好地发挥教育决咨委作用等问题进行深入的讨论并达成共识。

（郑秀敏）

基础教育

［**2013年概况**］ 上海市普通中学(不含中等职业学校)762所,其中民办中学103所;小学759所,其中民办小学178所;幼儿园1446所。全市校外教育机构中,少年宫15所,少年科技站5所,少年之家1所。

基础教育以创新促突破,引领改革不断深入。一是深入推进教育体制机制改革,“推进医教结合,提高特殊教育水平”项目率先通过成果鉴定,以绿色指标为标志的义务教育学业质量评价改革被国家评为示范项目,在全国范围内推广。二是不断创新完善管理制度,出台关于加强中小学生校服管理意见,率先在全国规范高中试点开设国际课程,公布《关于来沪人员随迁子女就读本市各级各类学校的实施意见》,推出上海市普通高中学业水平考试制度完善方案。三是深入研究突破瓶颈难点问题,深入推进市委重点课题“合理控制人口规模、优化人口结构”“探索本市郊区差别化管理体制机制”教育领域分课题研究,开展语文教材现状研究。

基础教育以高位促进均衡,推进城乡基础教育一体化发展。一是大力建设普惠性学前教育服务体系,完成新增30所幼儿园市政府实事项目,加强学前儿童看护点管理,研究制订新一轮学前教育三年行动计划,组织建设“育儿周周看”早教彩信推送系统。二是推进义务教育优质均衡发展,指导和促进各区县扎实推进基础教育基本建设项目,完成市政府重点工作——21所义务教育阶段学校建设工作,深入推进郊区农村义务教育学校委托管理工作,指导区县健全区域优质教育资源共享辐射机制。三是推动高中教育特色多样发展,制定《上海市推进特色普通高中建设实施方案》,完成教育部关于内地民族班扩招计划。四是推进特殊教育“医教结合”发展,研究制定新一轮特殊教育三年行动计划,明确新三年行动计划的目标与任务,开展残疾儿童医教结合入学诊断、健康体检和综合评估。

基础教育以内涵促转型,促进学校健康快乐成长。一是深入推进课程改革,印发《关于深入推进本市中小学学科育人工作的实施意见》,深入推进8个学科“立德树人”要求的落实,举办全市小学校本课程展示活动,召开提升中小学课程领导力研究项目结题会和总结会。二是不断改善教与学的方式,召开全市中小学实验教学工作会议,开展中小学作业设计与实施现状的调研数据分析和研究,加强专题教育统整研究。三是切实推动教育评价观念转变,完成2012年度上海市、区县、学校“绿色指标”评价报告和反馈,在部分区试点“绿色指标”自主命题测试,基本建成上海市基础教育质量基础数据库系统。四是深入推进“新优质学校”建设项目,召开系列新优质学校项目学校展示会,完成《上海市新优质学校建设指导手册》撰写工作,推进区县深入开展“新优质学校”创建工作。五是大力推进信息化建设,成功举办“2013第十届上海教育博览会—信息化助推教育转型”,完成全市中小学学籍库的建设,对全市中小学生发放电子学生证。

(焦小峰)

［**郊区农村义务教育学校委托管理**］ 完成第三轮郊区农村义务教育学校委托管理绩效评估,45所郊区农村义务教育学校接受托管。第三方评估机构评估显示,“优秀”学校23个,占总数的51%;“合格”学校22个,占总数的49%。推进实施第四轮郊区农村义务教育学校委托管理工作,50所郊区农村义务教育学校接受托管,其中18所初中,17所小学,13所九年一贯制学校,2所市体育运动学校;奉贤、嘉定各为9所,松江6所,浦东、宝山、金山、崇明各5所,闵行3所,青浦2所;33所中心城区品牌学校、10个支援机构参与托管工作。在第四轮郊区农村义务教育学校推进过程中,各郊区县落实管理主体责任,健全区域托管工作组织保障体系和运行机制;各中心城区树立“全市一盘棋”思想,做好支援机构服务保障工作;各支援机构在总结借鉴富有成效的托管工作管理体制、运行机制和托管策略基础上,扎实推进受援学校内涵发展。

(焦小峰)

［**调整和完善随迁子女招生制度**］ 会同市发展改革委、市人力资源社会保障局、市公安局,与上海市居住证管理制度、上海市来沪从业人员灵活就业登记制度衔接,完善权责对等、梯度赋权的随迁子女

公共教育服务制度，研究制订并由市政府颁布《关于来沪人员随迁子女就读本市各级各类学校的实施意见》（沪府办发〔2013〕73号），明确随迁子女随读上海各级各类学校条件，突出与现行政策的有效衔接，凡是按照来沪人员管理制度新设条件，均设置过渡期，以实现政策平稳过渡。

（焦小峰）

［推出“育儿周周看”］ 为帮助0—3岁婴幼儿家长科学教养，市教委尝试探索公益免费早教指导方式，推出“育儿周周看”手机彩信定制服务，为0—3岁婴幼儿家长提供科学、专业、便捷的早期教养指导，宣传正确育儿方法。“育儿周周看”包括本周宝宝特点、育儿宝典（含养护方法与游戏玩法）、育儿问答（对家长普遍关注的问题进行解答）以及当月宝宝养育要点等栏目。每月发布一期符合上海地区特点的育儿温馨提示。家长能登录相关网站发表看法，并与各类育儿专家交流互动。“育儿周周看”在黄浦、闸北、奉贤、金山率先开放服务，有近4万户家庭与专家一起开始科学育儿之旅。

（瞿佳杰）

［承办世界学前教育组织第65届会议］ 7月9—13日，由世界学前教育组织（OMEP）中国委员会、中国学前教育研究会和华东师范大学共同承办的OMEP第65届工作会议和国际学术研讨会召开。上海市副市长翁铁慧对研讨会在上海举行表示祝贺，并简单介绍上海学前教育公共服务体系，欢迎与会专家学者为上海学前教育整体水平的提高建言献策。世界学前教育组织主席，教育部副部长刘利民，华东师范大学党委书记童世骏，联合国儿童基金会驻华代表等出席大会并致辞。1200余名来自57个国家与地区的学前教育负责人、学前教育知名专家学者共聚一堂，就学前教育机会与质量这一核心话题，探讨世界学前教育发展相关重大问题。会上，上海市妇女联合会执委、上海市儿童基金会理事和中国学前教育研究会理事孔美琪当选新一届世界主席，这是自世界幼儿教育联会于1948年成立以来首位亚太区委员被推选为世界主席，也是担任主席职衔的首位中国人。

（瞿佳杰）

［医教结合特殊教育通过成果鉴定］ 1月16日，召开“推进医教结合，提高特殊教育水平”国家教育体制改革试点项目成果鉴定会。市政府及国家教育体制改革领导小组办公室相关领导，市教委、市卫生局、市残联等部门负责人，以及各区县教育局、卫生局、市教委部分直属单位、高校相关负责人和专家等约100人出席会议。评审专家组由教育部基础教育二司特殊教育处、北京市教委、江苏省教科院和来自教育、卫生领域的9名专家学者组成。会上，市教委巡视员尹后庆作“推进医教结合，提高特殊教育水平”项目研究总结报告，市卫生局副局长王磐石作“全力创新开展医教结合工作　促进残疾儿童身心全面发展”专题报告。评审专家组对上海特殊教育医教结合项目研究取得成效给予充分肯定，评定等级为“优秀”。

（陈东珍）

［召开中美特殊教育医教结合研讨会］ 9月11—12日，上海市教育委员会、中华医学会儿科分会、美国儿科学会（AAP）在沪联合召开“关注特殊儿童——中美医教结合研讨会”，来自中美两国的约150名特殊教育界、医学界专家学者出席会议。中华医学会儿科分会主席申昆玲上海市教育委员会主任苏明出席开幕式并致辞。会上，上海交通大学医学院儿科学教授、AAP荣誉会员沈晓明，美国儿科学会侯任主席James PERRIN教授、市教委巡视员尹后庆分别作题为“在中国提出医教结合理念的背景与思考”、“美国医教结合的实践”和“上海特殊教育医教结合的探索与实践”的报告，与会代表就特殊教育医教结合的支持与保障、发挥儿科团队在特殊儿童教育中的作用、教育机构（特教、普教）中慢病儿童的医教结合服务、社区和家庭中特殊儿童的医教结合服务等专题开展交流讨论。

（陈东珍）

［特殊教育优秀自制教玩具评选］ 7月，市教委基教处和教育技术装备中心联合开展首次“上海市特殊教育优秀自制教学（玩）具评选活动”。共收到17个区县、41所特教学校与学前特教机构上报的参评作品245件。评审专家组评选出优秀自制教学（玩）具作品94件，其中一等奖16件，二等奖30件，三等奖48件，9个区县教育部门获“组织奖”。

（刘中正）

［上海参加2012年PISA测试结果发布］ 12月3日，世界经济合作与发展组织（OECD）向全球发布2012年国际学生评估项目（简称PISA2012）报告，PISA2012中国上海项目组也同步发布上海测

试结果：来自上海155所学校6374名学生取得优异成绩，以数学613分、阅读570分和科学580分的成绩均位列参加PISA2012测试65个国家（地区）榜首。上海学生数学成绩分布整体高于其他国家（地区），86.8％的学生达到或超过OECD平均成绩（494分）；高端（第95百分位数）学生成绩765分，低端（第5百分位数）学生成绩435分，分别比OECD高端和低端平均成绩高120分和91分；55.4％上海学生掌握概括、推理、建模等高层次数学思维方法（OECD平均为12.6％），只有3.8％学生尚未掌握适应未来生活和工作所必需的基本数学能力（OECD平均为23.0％）。根据数学素养分量表分析，在解决数学问题3个过程中，上海学生把现实问题表达为数学问题等数学表述能力、用数学方法解题等数学运用能力、对结果解释和评价等数学阐释能力都是最好的，但上海学生后两种能力比数学表述能力稍显薄弱。上海男生和女生在数学总量表上不存在显著差异，但男生在数学表述、数学阐释两个过程分量表上显著高于女生，并在变化和关系、数量两个数学内容领域分量表上表现出显著优势。上海学生学习坚持性、数学学习兴趣显著高于OECD平均水平，学习数学外部动机与OECD平均水平相当。上海初中学生数学成绩差异主要是学生个人能力和家庭背景差异造成（71％），学校因素造成差异占29％；高中阶段个人因素占42％，学校因素占58％；初高中合计，个人因素占53％，学校因素占47％（OECD平均值分别是63％和37％）。这表明上海初中均衡程度好于OECD中学阶段总体情况，已经实现高位均衡，而上海高中则呈现多样化发展特点。上海在数学、阅读和科学3个领域均达到高水平学生比例为19.6％（位居第一，OECD平均为4.4％），比2009年高5个百分点；3个领域均为低水平学生比例为1.6％（比例最低，OECD平均为11.6％）。

（金莉莉）

［推进中小学学科育人工作］ 编制出版《知真求通立德——中学历史学科育人价值研究》《学“地”明理　树人地协调观——中学地理学科育人价值研究》《学变化之理　修格致之道——中学化学学科育人价值研究》《知音识曲向善尚美——中小学音乐学科育人价值研究》等中小学23门学科育人价值研究文丛，引导广大教师将学科教学回归育人本原。颁发《关于深入推进本市中小学学科育人工作的实施意见》，对中小学各学科课程教学落实育人功能提出具体要求。深入推进语文、政治、历史、艺术、地理、体育、美术和音乐等8个学科“立德树人”要求落实。依托相关高校专业优势，分别成立8个基础教育教学研究基地，汇集全市课程专家、学科专家、优秀教研人员以及一线教师等力量，为8个学科课程建设、教材建设、教学实施和评价等提供智力支持。成立“上海市课程德育研究发展中心”（设在市教委教研室），协同基地共同开展课程德育及课程与教学的研究和实践。

（金莉莉）

［举办小学校本课程展示活动］ 11月下旬，市教委基础教育处、市电化教育馆和市教委教研室联合举办上海市小学校本课程展示活动，展示分为现场展示和网络展示两部分进行。其中，网络展厅于11月25日起开通，长期有效，已有417个课程科目参展，并在持续不断地增加中。现场展示于11月25—29日在上海市民族民俗民间文化博览馆举行，来自全市17个区县636所小学约1500门校本课程参展，金山等区在现场通过本区小学校本课程网站等技术手段延伸现场展厅空间。现场展示期间，举办以“学期准备期”、“快乐活动日”和“创新实验室”为主题的3场专题论坛，来自区县教研员、学校校长和一线教师的25场微报告分享区县和学校校本课程建设、管理、实施和评价等方面相关经验；部分区县组织小学中高年级学生在展示现场进行课程互动活动，取得较好反响。

（金莉莉）

［发布“绿色指标”测评结果］ 2012年，全市组织第二轮上海市中小学生学业质量绿色指标（简称“绿色指标”）有569所小学、428所初中（九年一贯制学校按小学、初中分别计数），91687名学生参加测试和问卷，10734名教师、1647名校长（含部分分管教学副校长）参加问卷。2013年6月发布评价结果。从成绩看，99％学生达到四年级语文、数学课程标准基本要求，94％、96％、94％、91％学生达到九年级语文、数学、英语、科学课程标准基本要求。学习自信心较强的四、九年级学生占比分别为70％和41％，内部学习动机较强的四、九年级学生占比分别为69％和49％，对学校认同度较高的四、九年级学生占比分别为82％和76％，四年级学生平均每天睡眠时间在9小时以上学生占比42％，九年级学生平均每天睡眠时间在8小时以上学生占比16.4％，平均每天做校内教师布置作业时间在1小时以内四年级学生占比41％，平均每天完成校内教师布置作业时间在2小时以内九年级学生占比37.5％。对师生

关系评价较好四、九年级学生占比71%和44%，对教师教学方式评价较高四、九年级学生占比59%和45%。对校长课程领导力评价较高小学、初中教师占比72%和52%。与2011年相比，小学有所提高指数有师生关系指数、作业时间指数，有所下降有高层次思维能力指数、校外补课指数、家庭社会背景对学业成绩影响指数。初中有所提高有师生关系指数、教学方式指数，有所下降是家庭社会背景对学业成绩影响指数。从相关因素与学业成绩的关联性来看，学生学习自信心、内部学习动机、对学校认同度、师生关系、教师教学方式等因素与学业成绩均有显著正相关关系，学生学习压力、校内补课时间与四年级学生学业成绩呈现反向关系。

(刘中正)

[推进中小学教育质量综合评价改革] 基本建成上海市义务教育阶段中小学生学业质量数据库管理系统，包括抽样系统、试题管理系统、报告生成系统、网络阅卷系统、信息维护系统等。以初中《科学》学业水平测试为试点，开展网络阅卷试点研究工作，探索学业质量绿色指标评价命题阅卷技术改造。加快命题技术研发，在部分区县开展“绿色指标”自主命题试测。推动9个试点区开展“绿色指标”引领下评价改革探索、17个区县建立基于数据驱动的教育质量保障体系，指导学校开展“绿色指标”校本化研究与实践。11月14日，“国家基础教育质量评价改革实验基地”在市教委教研室揭牌成立。12月3日，《教育部办公厅关于做好中小学教育质量综合评价改革实验工作的通知》明确上海市成为“国家中小学教育质量综合评价改革实验区”。2014年1月19日，“改革义务教育教学质量综合评价办法”项目成果鉴定会举行，专家组认为：该项目研究完成预定研究目标，在全国同类研究中居于领先水平，评价等级为“优”。

(刘中正)

[开展普通高中国际课程试点] 5月10日，上海市教育委员会颁布《关于开展普通高中国际课程试点工作的通知》，在五个方面实现制度创新：一是制定政策兼顾三大价值定位。二是建立国外课程准入审核机制。三是规定入学条件、教学要求和毕业标准。四是明确公办高中与民办高中不同定位。五是加强试点工作规划与领导。市教委组建“上海市普通高中试点开设国际课程项目推进小组”负责试点项目的规划制定、立项评审、指导推进、监督检查等总体推进工作；各区县教育局结合区域实际，按照试点工作评审和管理要求，做好区域内国际课程试点工作的合理布局。

(金　松)

[举行中小学民族教育先进表彰会] 1月6日，第二届上海市中小学民族教育先进表彰会暨首届内地中学民族班学生才艺展演活动举行。市教委、市民宗委、市中小幼教师奖励基金会有关负责人，各有关区县教育局分管局长，中小学民族班(校)负责人等100余人参加会议。奉贤中学、上海市行政管理学校、回民中学作交流发言。会上，13个先进集体和37名先进个人获表彰。表彰会后举行首届内地中学民族班学生才艺展演，来自全市民族班校26个民族的200多名学生展示了一台具有民族风情的精彩演出，这是丰富活动载体，以学生喜爱形式开展民族团结教育的一次全新尝试。

(金　松)

[推行中小学电子学籍卡] 全市共计1300多所学校，138万中小学学生基本信息全部入库并上报教育部。基本完成中小学信息系统建设，启用学生学籍异动管理平台、电子学生证管理平台，实现学生学籍信息的实时动态管理。为全市中小学生免费发放电子学生证共计130多万张，同时完成电子学生证补换证流程开发。电子学生证将作为上海市在籍学生唯一身份认证标识，市教委将在此基础上开发电子学生证校内外应用，包括学生学籍电子注册，学生体质健康、参加社会实践活动记录等。在部分社会场馆开展凭电子学生证进馆应用试点，并在闵行区开展区域电子学生证及校内一卡应用试点。

(朱厚静)

[郊区初中更新配齐实验室设施设备] 市教委圆满完成“为300所郊区初中学校更新配齐实验室设施设备”，切实提升郊区初中实验教学水平。出台《上海市教育委员会关于做好全市300所郊区初中实验室设施设备的更新和配齐工作的通知》，明确配备要求，着重强调要为学校创设“探究区”，配备相应供学生自主探究的实验仪器，鼓励区县结合实际对学校理、化、生专用教室设施、设备进行更新和添置。委托市教育技术装备中心向社会公开征集多家企业200余件样品，邀请多领域专家对样品教学适用性、产品质量、使用安全性等指标进行审定，共涉及物理、科学、艺术、地理、劳动技术、3D打印等11类

195 个探究仪器通过审定。全年市、区县两级政府共投入 1.3 亿元，其中市级投入专项 5000 万元，区县配套投入 8000 余万元，完成 341 所初中实验室设施设备更新和配齐工作，惠及学生 34.55 万人。

（龚　柳）

[召开中小学实验教学工作会议]　10 月 30 日，中小学实验教学工作会议召开，来自市区县教育行政部门、教师进修院校、实验室建设部门、教研员和校长代表等近 400 人参加。短片《创新实验室里的时代脉动》拉开会议序幕，展现近年来上海以实验教学为抓手促进学生创新素养培育的特色与亮点。普陀区教育局、徐汇区教育局和市教委教育技术装备中心作交流发言。会议提出做好实验教学工作五项任务：一是理顺实验装备与教学仪器配备流程，建立通畅配备机制；二是建设一支适应实验现代化的实验员队伍；三是利用信息化管理手段促进学校装备和仪器设备管理现代化和实验教学管理自动化；四是提升各学科教师实验教学基本素养，创建支持学生动手和创新实践的课程与实验室；五是研究学生动手能力和实验素养的评价办法。

（龚　柳）

[杜占元调研基础教育信息化]　7 月 23 日，教育部副部长杜占元、科技司司长王延觉一行调研上海基础教育信息化应用推进工作，实地参观上海市市西中学基于信息技术的创新实验室建设，听取上海市市西中学、上海外国语大学附属大境中学、闵行区平南小学、上海第六师范第二附属小学、嘉定区实验小学和普陀区曹杨实验小学数字化教与学方面的探索与实践。市教委巡视员尹后庆、副主任袁雯陪同调研。杜占元肯定上海基础教育信息化工作成效，希望上海在教育信息化方面走在全国前面，创造经验，发挥引领作用。

（龚　柳）

[规范中小学生校服管理]　3 月 1 日，上海市政府办公厅转发市教委等六部门的《关于加强本市中小学生校服管理若干意见的通知》，进一步明确市、区县各职能部门监管职责，对校服采购程序、监督措施提出规范要求。为落实市政府有关要求，市教委发布《关于落实本市中小学校服管理若干意见有关事项的通知》，细化教育部门内部工作要求。同时，市教委联合市工商局制定和发布《上海市校服采购合同示范文本（2013 版）》，指导各中小学校做好校服订购、封样、验收、送检、理赔等工作；联合市质监局印发《本市中小学生校服抽查及送检流程》通知，明确校服产品监督抽查工作流程，以及校服质量验收与送检要求；联合市财政、市物价部门根据市场变化情况，调整校服价格，每套不超过 300 元。6 月 27 日、9 月 24 日、12 月 24 日先后组织召开 3 次全市中小学校服管理工作会议；10 月，市教委组织督导人员进行专项督查，提高校服管理工作执行力；通过信息月报等形式动态掌握区县校服管理数据，及时发现和解决监管过程中出现的新情况新问题。截至 12 月底，2013 年秋季全市使用校服学校有 1181 所，约占全市中小学校 74%。使用校服学校均听取学校家长委员会意见、建立校服穿着制度，与校服生产企业签订校服采购格式合同并向区县教育部门备案，订购校服涉及 116 家服装生产企业，校服采购价格均在管理部门公布学校代办校服价格区间，使用校服学校在发放给学生前都已将校服抽样进行“二次送检”。

（龚　柳）

职 业 教 育

［**2013年概况**］ 全市78所中职校录取新生5万人，占高中阶段学校录取新生总数的49%，其中，录取上海市生源2.5万人，占全市报考人数32%，录取在沪随迁子女初中应届毕业生1万人，录取外省市初中毕业生0.8万人，录取成人中专生0.7万人。完成教育部下达的4.8万人招生计划。其中，65所学校录取在沪随迁子女1万人，42个中高职教育贯通专业录取3144人，22所中职校录取对口支援地区学生2344人。

86所中职校共有毕业生39719人，就业人数38852人，待业人数867人，就业率97.82%，专业对口率82.17%，与2012年基本持平。其中，普通中等专业学校毕业生25370人，占毕业生总人数63.87%，就业率98.14%；职业学校毕业生11008人，占毕业生总人数27.715%，就业率97.41%；技工学校毕业生3341人，占毕业生总人数8.41%，就业率96.71%。22694人（占就业人数58.41%）毕业生选择直接就业，同比下降2个百分点；16158（占就业人数41.59%）毕业生选择升学，同比上升4个百分点。

全市14.7万人次中职学生享受免费政策，享受金额3.9亿元，其中免学费3.1亿元；助学金0.8亿元。此外，全市对非毕业年级学生每生每年给予1000元助学金，全年共有6.4万人次享受0.3亿元国家助学金。新陆职业学校新加入招收果洛内地中职班范围，共有2566人次西藏、新疆、青海果洛内地中职班学生被纳入中职帮困助学体系，享受在沪培养经费约2076.288万元资助。

（黄　蕾）

［**开发国际水平专业教学标准**］ 新组织开发39个国际水平专业教学标准，全面完成教育部开发50个左右国际水平专业教学标准任务。已完成两批共52个项目的国际水平专业教学标准开发，通过组织培训、专家论证、研讨例会等形式严格把关。在引入借鉴发达国家和地区职业能力标准基础上，制定本土化和国际化有机结合的国际水平专业教学标准。每个专业教学标准包括四部分内容：职业能力标准，人才培养指导方案，专业设置条件，开发团队。国际水平在课程理念、职业能力标准、课程模式、教学模式、开发技术、开发团队等方面都得到不同程度体现。第二批39个项目成果汇编成《职业教育国际水平专业教学标准开发的研究与实践》，并按专业大类分为8册。根据学校自愿申报和专家评议，确定国际商务等6个专业进行国际水平专业教学标准试点实施。研究制定《上海市职业教育国际水平专业教学标准试点实施工作方案》，提出试点实施总体指导思想、主要任务、试点实施办法和保障措施等。试点学校根据总体方案，分别制定各校具体的专业试点实施方案，并启动试点工作。

（宋　磊）

［**“双证融通”专业改革试点**］ 为推动职业教育学历证书和职业资格证书的“双证融通”，全市在中职数控技术应用、电气运行与控制等6个专业5种职业资格证书开展“双证融通”专业改革试点。试点工作由上海市一流行业企业专家、职业技能鉴定专家与教科研专家等进行指导。上海市工业技术学校、上海市贸易学校等10所中职校成为首批试点学校。试点学校编制10个改革试点实施方案、10个专业教学实施方案、确定60门双证融通课程标准，其中43门课程考核方案通过与市职业技能鉴定中心共同组织的专家论证。首批10门双证融通课程完成考核工作，平均合格率达91.5%，参加考核学生实操动作规范，基本功扎实。下半年启动“双证融通”专业改革滚动试点，扩大试点规模。在试点过程中，技能鉴定专家、行业企业专家参与学校课程制定、学业评价等工作。建立学校评价与技能鉴定考核相融通的机制，将技能考核考点以及职业行为规范等要素融合到日常教学中，有效推动职业教育与资格证书体系和学生就业的紧密联系。加强对学生学习过程评价，以及对学生基本功、综合能力运用和职业素养等方面考核，双证融通课程考核由学校教师、行业企业专家和职业鉴定人员共同完成。

（宋　磊）

［**开展教师企业实践培训**］ 开展中职教师企业实践培训工作，进一步加强“双师型”教师队伍培养。10家企业被认定为上海市首批中等职业教育教师企业实践基地。35所学校81名中职教师参加15个教师企业实践培训项目，培训时间2个月。学员经过岗前培训、顶岗工作、实践总结三个阶段学习，全部考核合格。12月下旬，组织召开来自职教集团、区县职教科长、企业实践基地与合作单位、中职学校校长、专业教师和媒体的近200人参与教师企业实践工作论坛，全面总结中职教师企业实践培训工作。

企业实践基地与合作单位分工协作，将培训着力点放在企业岗位实践活动上。采用“师带徒”模式实施岗位带教，严格遴选带教师傅，明确培训任务。教师在岗位实践过程中，深入生产和服务一线，亲身体验工作流程、生产和服务规范，在操作过程中学习和提升专业技能。教师的企业实践培训突破学校到学校的传统培训模式，由企业业务骨干、技术主管担任“教师”，带领学员进入真实工作场景，采用企业化培训模式，有效提高教师培训效果。企业实践培训逐步成为教师成长、搭建校企合作的崭新平台。

（宋　磊）

［**参加全国职业院校技能大赛**］ 6月9—28日，全国职业院校技能大赛在山东、江苏、浙江、广东、广西、河北和天津等7个省市14个城市举行。上海中职代表队由33所中职校134名中职生组成，参加42个比赛项目角逐，共有29名选手获得一等奖，49名选手获得二等奖，46名选手获得三等奖；获奖率为92.5%。与2012年相比，在减少10个参赛项目前提下，一等奖数基本持平。在29名选手获得一等奖中，有6名选手获得一等奖中第一名。

（张福顺）

高 等 教 育

［**2013年概况**］ 全市高等教育在校生达94.62万人。共有普通高等学校68所。普通高校教职工7.34万人(其中市属高校4.07万人),专任教师4.03万人(其中市属高校2.50万人)。全市在读研究生13.48万人,同比增长6.1%。普通高校本专科在校生50.48万人,同比减少0.4%。招收本专科学生14.09万人,招收研究生4.62万人。各普通高校有留学生5.38万人。上海高校毕业生17.8万人。截至8月30日,上海高校毕业生总体就业率为95.8%,其中:研究生就业率95.3%、本科生就业率95.4%、专科高职生就业率97%。

教育部与市政府联合召开部市共建国家教育综合改革试验区领导小组2013年工作会议,签署《上海市人民政府　教育部关于共建上海大学的协议》和《教育部　上海市人民政府共建教育国际合作与交流综合改革试验区协议》。完成国家教育体制改革试点项目阶段性评估总结工作。组织开展“高等教育布局结构及发展规划”“高校学科布局结构及发展规划”“现代职业教育体系及发展规划”等三个规划的研制工作。

完成对上海电机学院、上海健康职业技术学院(上海市卫生学校)、上海城市管理职业技术学院、上海工艺美术职业学院、上海电子信息职业技术学院、上海电子工业学校、上海市工艺美术学校等6所行业高校及相关联中职校隶属关系划转工作。上海科技大学正式建校。筹建国际乒乓球博物馆。加快推进上海国际舞蹈中心、上海科技大学新校区、上海出版印刷高等专科学校及上海医疗器械高等专科学校新校区等一批教育系统重大建设项目。

配合国家完成新一轮“985工程”阶段性检查工作。积极筹措资金支持上海财经大学、华东理工大学等211高校开展“985优势学科创新平台”项目建设。开展上海地方本科院校“十二五”内涵建设绩效评价指标体系研制工作,制定《上海地方本科院校“十二五”内涵建设中期绩效评价指标体系》。开展“十大工程”专项资金支持项目(21所上海地方本科院校)中期绩效评价工作,形成21所高校中期绩效评价结果。开展中央财政支持地方高校发展专项资金2013—2015年建设规划编制和建设项目申报,教育部同意支持23所上海地方高校23个建设规划、6个建设方案、137个建设项目(含9个特色重点学科建设项目)。

全面推进上海“2011计划”,与市科委形成《关于深化本市科教协同创新工作方案》,与市经信委形成《关于建立深化产学研合作和促进经济信息化发展全面合作机制的框架协议》、与张江高新技术产业开发区管理委员会形成《关于建立产学研战略合作机制的框架协议》,共建“上海高校张江协同创新研究院”。34个学科列入上海高校一流学科(A类)建设范围。12所高校27个项目列入“上海高等学校创新能力提升计划竞争性引导项目”建设计划。70个重点学科通过上海市教育委员会重点学科(第五期)终期验收。

确定复旦大学“上海市集成电路设计与制造协同创新中心”等8个平台为第三批上海高校知识服务平台、华东师范大学“周边合作与发展协同创新中心”等18个智库为首批上海高校智库、上海大学等9所高校技术转移中心列入上海高校技术转移中心(第一批)试点建设计划。推进上海医药高等专科学校等4所完成验收的国家示范性高职院校向专业特色鲜明、校企深度融合、具备国际影响的高等职业院校发展。完成上海医疗器械高等专科学校国家骨干校建设项目验收工作,启动上海出版印刷高等专科学校的国家级骨干校项目建设。启动10所特色高职院校建设。

顺利完成首届临床医学硕士(住院医师)专业学位研究生毕业工作。共录取488名临床医学硕士(住院医师)专业学位研究生。大力推进教育硕士研究生教育与中小学见习教师规范化培训结合改革试验、艺术硕士研究生教育与乐队演奏人才培养结合改革试验。开展学位点引导布局与建设培育、地方高校研究生培养机制改革试点、大文科研究生学术新人培育计划、学位点建设与人才培养模式探索、交叉学科研究生拔尖创新人才培养平台等项目建设。设立上海市研究生创新创业能力培养专项,对100个项目研究生开展为期6个月创新创业能力培养和创业实践训练。完成2012年上海市研究生优秀成果(学位论文)评选工作暨2013年全国优秀博士学位论文初选工作,58篇博士学位论文获得推荐参加2013年全国优博论文评选。

完成2010年示范性全英语课程验收工作,2013年立项41门示范性全英语课程。立项268门市教委重点课程。评选市级精品课程97门。完成向教育部推荐精品视频公开课6门、精品资源共享课108门。组织做好市属高校年度本科新设专业申报。推进本科专业综合改革试点,推进实施卓越工程教育、卓越医学教育、卓越法学教育和卓越新闻教育等人才培养计划。对5所高校8个机械类专业开展选优评估试点,对全市高校新专业和列入预警名单200多个专业组织专业达标评估。完成对24所高校39个本科专业申请增列学士学位授予专业审核。做好上海开放大学申请增列为学士学位授予单位相关工作。建设教师教学发展中心,组建松江大学园区教师发展联盟和上海医学教育教师发展联盟。建设上海高校课程资源共享中心,探索中国式"慕课"。开展上海高校创新创业教育实验基地建设中期进展情况检查。支持上海大学生学科竞赛项目12项。做好地方高校专业类国家级实验教学示范中心遴选推荐以及国家级虚拟实验中心建设和推荐工作。发布2013年专业预警名单。继续做好高校教学质量年报工作,组建教学质量督导委员会,试点建立高校本科教学质量问责制。开展本科毕业生教学质量跟踪调查,建立毕业生就业和人才培养良性互动机制。

举办第三届"上海高职高专院校重点专业建设教学比武"。启用上海高职高专085专项资金管理平台。完成对"高等职业学校提升专业服务产业发展能力项目"验收。开展上海高职高专重点专业建设中期评估。完成上海高职高专院校人才培养工作第二轮评估。实施上海高职院校师资教学能力提升计划,制定上海164个高职重点建设专业负责人培训方案并开展培训。完成3个国家级专业教学资源库项目建设。推进上海10所市级特色高职院校50余个专业资源库建设。

完成2012年度长江学者、2013年中央和上海"千人计划"、2013年上海领军人才申报工作,完成2013年"国家特支计划"百千万工程领军人才和"百千万人才工程"国家级人选推荐、第五批上海领军人才中期考核、2013年度上海高校特聘教授(东方学者)评审工作,确定73人入选2013年度"东方学者"岗位计划。共有474位教师入选"上海高校中青年教师国外访学进修计划",237位教师入选"上海高校青年骨干教师国内访问学者计划",619位教师入选"上海高校教师产学研践习计划"。启动"上海高校实验室队伍建设计划",首批21所高校302名实验技术人员入选2013年实验技术队伍建设计划范围。

(朱俏道)

[实施地方本科院校内涵建设] 上海地方本科院校内涵建设以"强化规划、强化统筹、强化考核"方法为指导,提高地方高校校级统筹能力和自主发展能力。①规划修改和项目评审。市教委下拨2013年第一批、第二批内涵建设专项资金,开展上海地方本科院校"十二五"内涵建设规划修改完善和项目申报工作。市财政专项资金评审中心分别于5月和11月,组织专家对项目资金预算进行初审和会审。市教委将专家评审意见反馈高校,相关高校修改资金预算和建设内容。②预算动态调整。3月,市教委下发《关于上海市高等教育内涵建设专项资金预算动态调整相关事项的通知》,对专项资金预算动态调整内容和审批程序作相应规定。12月,召开审核会对17所高校提出320个三级项目预算动态调整申请开展审核。根据资金下拨年限、调整程度以及建设内容更改情况,分"学校备案"、"审核备案"和"审批同意"三个层次予以备案。③中期绩效评价。3月,成立由市教委、市财政局、市教育评估院、部分高校领导和相关部门负责同志组成的专家组,开展中期绩效评价指标体系研制工作。5月,制定《上海地方本科院校"十二五"内涵建设中期绩效评价指标体系》。7月,开展上海地方本科院校"十二五"内涵建设中期绩效评价工作,分实地评价和会议会评,最终形成对每个高校《专家综合评价表》。④中期绩效审计。5月,市教委下发《关于开展上海地方本科院校"十二五"内涵建设(分类指导、分类管理改革)专项资金中期绩效审计检查的通知》,对11所地方本科院校2010至2012年内涵建设专项资金使用管理和绩效情况,进行中期绩效审计。9月反馈学校,学校根据审计结果开展整改。⑤召开"085工程"例会。召开5次例会专题研讨"085工程"推进工作,包括探讨内涵建设资金动态调整、中期绩效评价、内涵建设经常性经费使用和管理等事宜。⑥信息平台建设。在继续开展项目网上申报、网上审核、成果展示、资金预算和使用统计基础上,新增网上备案功能,包括计划表报备、三级项目和四级项目的动态调整申请、审核和备案。⑦试行地方高校内涵建设经

常性经费。12月，市教委印发《2014年地方高校内涵建设经常性经费使用指导意见》，自2014年起，将试行地方高校内涵建设经常性经费，主要用于教学改革、学科专业建设、教师发展、国际化交流、学生资助和高校后勤保障等方面。

（朱俏道）

［开展十大工程项目中期绩效评价］ 根据“加强统筹、分步实施，突出重点、聚焦质量、分类指导、强调特色”原则，市教委会同市财政局、市发改委、市审计局联合开展“十大工程”专项资金支持项目（21所上海地方本科院校）中期绩效评价工作。6月底，召开专题工作布置会，下发《上海市教育委员会关于开展“十大工程”专项资金支持项目（21所上海地方本科院校）中期绩效评价工作的通知》。7月，委托市教育评估院，组织由教育管理专家和行政管理专家组成专家组，开展实地评价。专家们审阅学校《自评报告》、听取学校汇报、与学校领导、中层干部、一线教师进行互动与实地考察等，完成《专家评分表》。6—8月，市教委根据不同项目组成不同专家组进行集中会评。根据实地评价和专家会评结果，形成21所高校中期绩效评价结果，其中4所高校为A档，12所高校为B档，5所高校为C档，评价结果与下拨经费直接挂钩。结合中期绩效评价结果和专家反馈的意见和建议，形成《十大工程专项资金支持项目（21所上海地方本科高校）中期绩效评价报告》及四大工程的分报告，报告包括评价过程、评价结果、取得成效、存在问题和改进措施等。9月，召开工作推进会反馈中期绩效评价结果。

（朱俏道）

［各类课程建设］ ①上海高校示范性全英语课程建设。经各高校申报与自评、专家评审等程序，研究确定41门课程为2013年上海高校示范性全英语课程建设项目，授予2010年立项项目中的28门课程“上海高校示范性全英语课程”称号。②市教委重点课程建设。经过专家评审，确定268门市教委2013年重点课程建设项目，并开展对2011年度市教委重点课程的验收工作。③精品课程评选和推荐。授予97门课程为2013年“上海高校市级精品课程”称号，并对课程后续建设和微课程建设提出要求。向教育部推荐申报9门精品视频公开课、108门精品资源共享课。④建设上海高校课程资源共享中心，探索中国式MOOC。

（孔莹莹）

［举办大学英语教师培训］ 为推进高校深化大学英语教学改革，推动大学英语师资队伍建设和培养，市教委于6月和11月分别在华东师范大学和上海对外经贸大学举办了两期大学英语骨干教师培训。培训的主要课程由美国哥伦比亚大学的专家执教。全市参与改革试点的26所本科高校111名教师接受培训，其中包括学校大学英语教学改革负责人、大学外语部主任、教研室主任以及直接参与大学英语教学改革并授课的骨干教师。培训内容设计以“基于标准和学习效果”教学模式为主旨，包括以学习目标和结果为导向的大学英语教学概述、大学英语阅读、听说、写作教学及示范课、“以学生为中心”的大学英语教学模式、大学英语词汇数据研究总结、大学英语教学评估以及大学英语项目设计、大学英语教材的选用和开发、大学英语阅读示范课和教改案例分享等，帮助学校和教师深入转变教学理念和方法，更快适应教学改革需要。

（孔莹莹）

［全面开展本科专业评估］ 继2012年首轮专业选优评估试点后，2013年全面开展专业评估工作。在评估模式上，将本科专业评估分为“达标评估”和“选优评估”两类，以体现分类指导和以评促建的原则。完成对4所高校8个机械类专业选优评估工作，其中上海大学“机械工程”专业、上海工程技术大学“车辆工程”专业、上海海事大学“机械设计制造及其自动化”专业和上海应用技术学院“机械设计制造及其自动化”专业等4个专业通过评估，授予“优秀专业”称号。同时，启动对高校本科专业达标评估；对本科预警专业和有首届毕业生的新专业，委托市教育评估院统一组织实施。

（孔莹莹）

［持续实施卓越计划］ 市教委积极探索创新人才培养模式，加强应用型人才培养研究，组织和引导高校以卓越计划为依托，加强专业建设。①继续推进卓越工程师教育培养计划。共有12所高校97个本科专业入选卓越工程师教育培养计划。②继续开展卓越法律人才培养基地建设。共有6所高校入选上海高校卓越法律人才培养基地、9所高校入选上海高校涉外卓越法律人才培养基地。其中5所高校入选教育部“应用型、复合型法律职业人才教育培养基地”、3所高校入选教育部“涉外法律人才教育培养基地”、1所高校入选教育部“西部基层法律人才

教育培养基地”。制定《上海市高等学校与法律实务部门人员互聘“双千计划”工作五年(2013—2017年)实施方案》,首批10名法律实务部门专家和10名高校法学专业骨干教师名单已报教育部。③推进卓越医学教育计划实施。成立以4所医学院校教师发展中心为依托的上海市卓越医学教育教师发展中心联盟。④实施卓越新闻人才培养计划。组建上海高校新闻传播类专业教学指导委员会。共有6名骨干教师选派到新闻单位挂职锻炼,有8名新闻单位从业人员到高校兼职或挂职授课。

(孔莹莹)

[实施大学生创新活动计划] 全年,“上海大学生创新活动计划”参与学校扩展到25所(上海外国语大学新加入),投入经费3100万元,支持创新创业项目3100余项。年内,全市17所市属高校667个项目入选“国家级大学生创新创业训练计划”,校、市、国家三级大学生创新创业训练计划体系已初步形成,越来越多学生参与到创新创业活动并从中受益。

(赵丽霞)

[成立教师教学发展中心] 全年,利用中央财政奖补资金立项支持21个市属高校成立教师教学发展中心,并支持松江大学园区教师教学发展联盟和卓越医学教育等教师教学发展中心联盟等建设。教师教学发展中心的主要任务包括教师培训、教学研究、教学测评、教学咨询和教学资源等。

(赵丽霞)

[开展大学生学科竞赛] 举办第三届上海大学生创新活动论坛、第七届上海市大学生化学实验竞赛、第五届上海市大学生计算机应用能力大赛、第三届上海市大学生先进成图技术大赛、第三届上海市大学生工程训练综合能力竞赛、第二届上海市大学生机械工程创新大赛,以及2013年上海市大学生企业经营模拟沙盘大赛、上海市大学生工业自动化挑战赛、上海市大学生网络商务创新应用大赛和上海高校医学生临床技能竞赛,积极支持全国数学建模大赛、电子设计大赛、广告艺术大赛等上海赛区工作。通过竞赛,切实加强大学生实践能力、创新精神和团队意识,提高创新人才培养质量,体现比赛与教学的相互促进、学校人才培养与社会经济发展、行业企业需求紧密结合的竞赛要求,扩大市级学科竞赛活动资助范围,支持和鼓励学科竞赛引入行业协会、企业共同参与赛事组织和赛题设计,提高竞赛前沿性、创新性和应用性。

(赵丽霞)

[中央财政支持地方高校发展] 市财政局、市教委联合开展中央财政支持地方高校发展专项资金2013—2015年(以下简称“新一轮中央财政”)建设规划编制和建设项目申报工作。5月,市财政局、市教委召开新一轮中央财政规划编制和项目申报工作专题会。上海23所高校申报23个建设规划、6个特色学科建设方案和329个建设项目。6月,市财政局、市教委委托市教育评估院组织专家组集中会审,同意23个建设规划、6个特色学科建设方案和268个建设项目通过市级审核。7月,市委副书记李希、副市长翁铁慧召开上海市教育体制改革领导小组会议,听取新一轮中央财政申报结果及其建设的相关事宜。8月,国家下发文件对新一轮中央财政规划修改、2013年项目申报提出要求,并对上海报送材料给出评审意见。上海市根据国家反馈评审意见,进一步优化上海地方高校分类管理建设方案。组织专家组对新上报规划和项目进行两次审核,同意23个建设规划、6个特色重点学科建设方案、137个项目立项(其中2013年107个项目)。9月,市财政局将两次审核结果和完善后的上海地方高校分类管理建设方案报送国家。11月,财政部下发文件,上海23所地方高校获1.698亿元中央财政支持,上海市地方财政配套支持1.698亿元。

(朱俏道)

[高校合作办学与资源共享] ①上海西南片高校联合办学。参与西南片高校联合办学本科高校共19所。全年开设辅修专业高校12所。截至12月,注册在读总人数9265人,其中跨校修读人数达3046人,授予辅修专业学士学位3019人,颁发辅修专业证书658人。东北片高校在西南片辅修专业注册在读152人,其中36人获西南片高校辅修专业学士学位。辅修专业教学督导组开展听课检查、毕业论文抽查。东华大学、上海戏剧学院、上海商学院三个教学点开设21门暑期课程,共有1500人修读。上海交通大学暑假期间对西南片高校学生开放。上海交通大学、华东师范大学、华东理工大学3所高校研究生院相互开放研究生课程并推广到西南片其他高校。举办“社会发展的哲学反思”、“机械百年——智能制造,智造中国”等论坛。②上海东北片高校联合办学。参与东北片高校联合办学本科高校共12

所(上海第二工业大学为2013年新加入成员单位)。开设15个跨校辅修专业,开设辅修课程138门,在读学生3503人。全年招收辅修专业新生1833人,其中包括西南片、松江片学生50人。6所高校开设跨校选修课程16门,跨校选修593人次。建立东北片跨校辅修优秀学员奖学金制度,3所高校参与,9个辅修专业41名学生获此殊荣。推进上海高校课程中心建设,建有27门共享课程,其中复旦大学《哲学导论》及同济大学《珠宝鉴赏》分别是2013年春季和秋季人气最高的共享课程,选课人数均近千人,教学点覆盖上海市主要大学园区。③松江大学园区联合办学。召开12次教学协作组会议。开设39个辅修专业,注册辅修人数为6682余名,授予辅修专业学士学位1280人;开设跨校选修课程69门次,修读学生5134人次。继续推进长三角交换生项目,两次开展交换生接收派出工作,共接收学生37名,派出学生16名。完成园区申报《松江大学园区参与江浙沪两省一市教育联动,联合培养创新人才模式的改革与实践》、《互补互利,合作创新——松江大学园区学科交叉、资源共享的实践与探索》等高校本科重点教学改革项目验收工作;联合申报2013年高等教育上海市级教学成果奖《打造资源共享升级版,树立教育公平新典范——松江大学园区合作共享创新十二年》并获二等奖;继续建设"松江大学园区高校教学协作网",实现园区内教学资源共享信息化;成立园区教师教学发展中心联盟,11、12月在华东政法大学、上海外国语大学分别举办法学和英语教师培训活动。

(赵丽霞、朱俏道)

[开展科学道德与学风建设宣讲活动] 6月6日,组织相关高校分管领导、职能部门负责人参加全国科学道德与学风建设宣讲教育工作视频会议。7月4日,召开上海市科学道德和学风建设宣讲教育工作会议,部署宣讲教育工作。9月12日,在复旦大学召开2013年上海市科学道德与学风建设宣讲教育大会,陈凯先、金东寒、金亚秋等3位院士为3000多名在校研究生和青年教师代表作大会报告。10月16日,由中国科协和中共上海市委共同举办"弘扬科学道德、践行'三个倡导',奋力实现中国梦"报告会,全市科技系统党政负责干部、科技工作者代表、基层干部代表,以及来自复旦大学等5所高校的研究生近千人参加。上海交通大学"钱学森图书馆"馆长钱永刚,中国载人航天工程总设计师周建平,中国工程院院士、中华预防医学会会长王陇德分别作主题报告,从不同角度讲述科技工作者弘扬科学道德,践行社会主义核心价值体系,为实现中华民族伟大复兴"中国梦"而不懈奋斗的辉煌事迹。10月29日、11月15日分别在上海财经大学、上海外国语大学召开东北片高校宣讲,分别有600多名和400多名研究生参加。11月15日,在上海外国语大学召开2013年上海市科学道德与学风建设宣讲教育活动总结会。各高校代表交流各自学校工作经验、初步成果以及存在问题和解决建议,为上海市各高校科学道德与学风建设宣讲教育工作提供宝贵经验。11月27日,召开上海市科学道德与学风建设宣讲教育工作研讨会,在征求《上海市在读研究生学术行为规范读本》修改完善意见基础上,探讨建立宣讲教育工作长效机制,提出宣讲教育新思路。

(赵 坚)

[专业学位研究生教育综合改革试验] ①临床医学硕士专业学位教育与住院医师规范化培训结合改革试验。3月,在上海交通大学医学院召开临床医学硕士专业学位研究生教育与住院医师规范化培训结合工作领导小组会议,指导相关高校顺利完成本项目首届研究生(住院医师)的毕业和学位授予工作。2013年本项目共招收488名研究生(完成率97.6%),其中推荐免试生149名(完成率74.5%),全国统考生339名(完成率113.0%)。推动临床医学博士专业学位教育与专科医师规范化培训结合试验,完成试验方案研制,向教育部和国务院学位办有关部门进行汇报,争取教育部给予该项目博士研究生招生名额支持。②全日制专业学位研究生教育综合改革试验。1月,召开上海市专业学位研究生实践基地建设工作启动大会,首批178个实践基地300多名高校和企业负责人参会。继续投入经费新建设33个基地。完成上海市专业学位研究生实践基地信息管理平台方案设计和第一期程序开发,信息管理平台上线运行,将专业学位研究生实习实践信息纳入数据库。③推进教育硕士研究生教育与中小学见习教师规范化培训结合改革试验,2014年华东师范大学和上海师范大学分别计划招收200名研究生。探索艺术硕士研究生培养模式改革,推进上海音乐学院、上海交响乐团、纽约爱乐乐团联合培养高层次演奏人才工作。④完成国务院学位办委托的《专业学位授权点省级审核办法及程序》课题研制,相关课题研究成果被吸纳作为国务院学位委员会第30次会议相关审议文件之中获得通过。市教委作为全国两家省级教育主管部门之一,受邀在11月全国专业学位研究生培养模式改革座谈会上作交流发言,相关

经验总结发表在《学位与研究生教育》杂志上。5月顺利完成国家教育体制改革试验项目——专业学位研究生教育综合改革试验的阶段总结检查。研制上海市金融硕士等20种专业学位论文基本要求及评价指标体系,将在上海市研究生学位论文"双盲"评议工作中使用。

(赵　坚)

[开展上海研究生教育创新计划] 继续实施研究生教育创新计划。设立项目包括:研究生暑期学校和学术论坛、地方高校研究生培养机制改革、学位点建设与人才培养模式探索、地方高校大文科培育计划、公共服务平台、学位点引导布局与建设培育、交叉学科研究生拔尖创新人才培养平台和研究生创新创业教育培养。其中,研究生创新创业教育培养为首次设立,旨在高校大力培育科技创新创业的文化土壤,促进高校创新成果与技术转化,提高研究生创新创业能力。经专家评审、财政评审和教委审批,新批准924个项目,另外对2012年、2013年批准的部分项目,继续给予经费支持。

(杨　雪)

[学位管理与研究生课程进修班] ① 2013年学位管理。市学位办开展2012—2013学年度全市学位授予信息年报工作。通过建立信息报送总负责人制度,细化业务培训,加强沟通协调,加大数据审核力度,保证学位授予信息完整、准确和及时。2012年9月1日至2013年8月31日期间,上海市高校和科研院所(不含学位工作由其上级部门管理单位,如中科院上海分院、上海材料研究院等)共授予博士学位4515人,硕士学位39786人,学士学位103881人。按照学位类型分别统计如下:

2012—2013学年上海学位授予情况统计表

单位:人

学位类型	博士	硕士	学士
学历教育	4180	20156	88372
专业学位	251	18577	144
同等学力申请	84	1053	—
成人本科	—	—	13923
来华留学生	—	—	1442
总　计	4515	39786	103881

② 2013年研究生课程进修班情况。继续开展研究生培养单位举办各类研究生课程进修班登记备案工作。经过专家评审,登记备案15所院校118个研究生课程进修班,其中在沪举办117个,异地举办1个。如下表所示:

2013年研究生课程班登记备案情况表

按办班地点	办班数量(个)	按学校分布	办班数量(个)
上　海	117	上海财经大学	19
江　西	1	上海大学	19
		同济大学	19
		华东师范大学	17
		上海外国语大学	11
		复旦大学	6
		华东政法大学	5
		上海社科院	5
		上海交通大学	4
		华东理工大学	3
		上海对外贸易学院	3
		东华大学	2
		上海师范大学	2
		上海中医药大学	2
		上海戏剧学院	1
外地合计	1		
总　计	118	合　计	118

(赵　坚)

[评选优秀博士学位和硕士学位论文] 29家研究生培养单位(其中包括19所高校和其余10家研究生培养单位)报送博士学位论文343篇,33家研究生培养单位(其中包括22所高校和其余11家研究生培养单位)报送硕士学位论文373篇。从学科分布上看,参评博士学位论文分布在56个一级学科,硕士学位论文分布在73个一级学科,均覆盖了军事学外的11个学科门类。采用通讯评议方式,聘请42个上海高校及科研院所和35个外省市高校的两千余名专家进行评议,然后对专家评议结果进行统计和排序,产生上海市研究生优秀成果(学位论文)建议名单。经上海市教育委员会、上海市学位委员会审核,154篇博士学位论文和162篇硕士学位论文为2013年上海市研究生优秀成果(学位论文)。

(赵　坚)

[新增学士学位授予专业] 新增学士学位授予专业的审核工作分两个阶段进行。5月,聘请15位

相关学科专业专家和本科教育管理专家，分文科组(13个专业)、理工组(14个专业)和经管组(12个专业)进行评审。5月和6月，市学位办组织相关学科专业专家和本科教育管理专家对上海师范大学天华学院交通运输专业、上海外国语大学贤达经济人文学院旅游管理专业和上海师范大学动画专业进行实地检查。经审核，同意复旦大学等24所高校39个本科专业列为学士学位授予专业。

(赵　坚)

［**高职院校发展能力项目验收**］　市教委、市财政局委托市教育评估院成立验收专家组对“高等职业学校提升专业服务产业发展能力项目”验收。市教委组织全市18所项目院校26个建设专业专业负责人和平台数据填报人员开展平台数据填报培训；在验收平台数据基础上，专家组于11月5—15日开展全口径、全覆盖的实地现场检查验收。验收包括听取汇报、专家互动、实地参观、查阅资料等环节。上海市各建设专业经过两年建设，专业服务产业发展能力获明显提升，尤其在推进校企对接、探索系统培养、强化实践育人、转变培养方式、建设教学团队和服务行业发展等方面取得显著成效。建设项目全面完成，专家组一致同意26个建设专业通过上海市级验收，并遴选推荐上海医药高等专科学校涉外护理专业等10个专业建设典型案例上报教育部。上海市省级项目验收结论顺利通过教育部、财政部验收。

(徐国良)

［**高职院校“085工程”中期检查**］　11月，对上海市17所高职院校99个重点建设专业项目开展中期检查(其中后示范建设院校4所，骨干院校2所，市级示范校7所，一般院校4所)，所查专业占上海市全部“085工程”建设专业的60.4%。专家组到校听取“085工程”中期检查报告，进行现场实地考察，审核项目建设成效和经费使用情况。经过三年建设，上海市高职高专院校重点专业建设“085工程”已取得阶段性成果：①人才培养模式改革不断创新。优化专业结构，重点专业建设适应社会经济发展需求，人才培养模式与课程建设的内涵发展日趋深入和完善。②师资结构水平明显提升。完善教师引进与培养机制，双师型教师比例和来自行业一线的兼职教师承担专业教学比例明显提升。③实训基地建设卓有成效。与国内外知名企业合作共建实训中心，实习实训条件明显改善，为培养高素质技能型人才提供强有力保障。④社会服务能力显著增强。专业为企业技术服务能力明显提升，带动校内其他专业建设与发展，对口支援中西部职业院校，辐射能力显著增强。

(徐国良)

民办教育

［加强政府扶持专项资金管理］ 2013年市本级财政民办教育专项资金总额约为3亿元，同比增长40％左右。专项资金在投入上坚持体现公共财政的公共性和公益性原则，坚持分类管理和分类扶持相结合。投向民办高校的专项资金主要用于学科专业建设、师资队伍建设、国际化建设、信息化建设和安全技防建设，主要根据民办高校依法规范办学和落实法人财产权情况等，核定专项资金的项目和额度。与往年相比，2013年度专项资金评审更严格、管理更规范、支持范围更广泛、项目公共性更强。市教委委托市教育评估院、市财政专项资金评审中心开展联合评审，经过两上两下程序最终划拨资金。上海杉达学院等19所民办高校、64所民办中小学、39所民办幼儿园及上海师范大学、上海民办教育协会等6家为民办教育提供公共服务项目的单位获得资助经费。为加强政府专项资金和学费收入管理，市教委要求各民办高校设立学费专户和政府扶持资金专户，统一收费软件，建立民办高校财务监管平台和民办高校学费收入信息管理系统。教育行政管理部门可通过平台系统及时掌握民办学校资金流向和使用情况，依法履行监督管理的职责。

（季秋瑜）

［创建中小学特色校与优质幼儿园］ 34所民办中小学特色学校、30个民办中小学特色项目和40所民办优质幼儿园进入为期三年创建工作的第二年。市教委委托教育部中学校长培训中心对创建校、创建园的校长和园长开展集中培训和跟进指导，组织校长、园长到私立教育发达的国家和地区学习交流，邀请上海和各地学者、校长、管理人员组成专家团队，对学校创建方案深入分析，结合学校发展需求指导完善创建计划，引导民办中小学、幼儿园开展教学课程改革，形成教学特色。在继续推进创建工作、凝练学校特色、提升办学质量的同时，市教委组织相关专家对学校阶段性工作进行中期评估。3月，市教委组织开展民办中小学特色校（项目）、优质园创建中期展示活动。在组织专家对有关学校、幼儿园进校指导基础上，秉持“凝练特色、提升质量、以评促建、推动发展”原则，通过视频展示、实地考察、特色展板等形式集中展示学校特色创建的成果，检验工作成效，发现问题现场反馈，督促学校完善创建方案，为特色优质发展奠定基础。 （季秋瑜）

［开展首届教师教学技能大赛］ 为更好地推动民办高校“强师工程”教师培训项目开展，市教委委托上海师范大学启动第一届民办高校教师教学技能大奖赛。该大奖赛为民办学校教师搭建了展示自身风采、比拼专业与教学水平的平台。93位民办高校教师参赛，经过层层选拔，36位教师入围复赛，分为青年教师组和骨干教师组进行最终角逐。4月下旬至5月下旬，市教委组织近30位专家到各民办高校现场为36位教师一一评分，最终决出优秀选手，并评选出8所高校荣获优秀组织奖。9月6日，举行“强师工程”项目汇报展示暨教学技能大奖赛颁奖会。获奖教师将在服务期内享受市教委对其科研、课程、访学等项目资助，获奖学校将适当增加下一年度师资队伍建设专项资金额度。

（季秋瑜）

［制定民办高校年检指标体系］ 上海市于2007年建立民办高校年度检查制度，历经五年探索尝试，基本形成规范的检查制度和工作模式。为落实国家推进行政管理标准化要求，2013年初，通过课题研讨、专家咨询、征询民办高校办学管理人员意见，梳理民办教育相关法律法规，总结历年民办学校年检经验，研究编制《上海市民办高等学校年度检查指标体系（试行）》。年检指标体系按照“有理有据、符合实际、重点突出”的原则编制，包括指标、所需信息及其采集方法、指标达标情况评判方法、年度检查结论评判方法等。年检指标体系设置两级指标：一级指标7项，涵盖学校基本情况、党团学生工作与治校情况、基本办学条件、法人治理结构、资产与财务管理、师资队伍建设、教育教学与科研。3月至7月，民办高校年检指标体系在民办高校2012年度检查中首次试用，形成“学校填报信息——各方专家通讯评审——专家组实地检查——政府部门根据检查

报告拟定检查结论——政府部门督促整改”的工作模式，从而促进检查工作规范化、系统化，更好地发挥年度检查对民办高校管理参考作用，指导各民办高校规范办学、依法治校。民办高校年检指标体系实用性强，有效弥补由于缺乏系统检查评判指标而造成检查范围不够全面的不足，更易找出对学校发展暂未造成明显影响的个别隐性问题，敦促尽快整改，引导民办学校坚持教育公益性、依法规范办学，促进上海民办教育健康发展。

（季秋瑜）

终身教育

［**2013年概况**］ 全市推荐38个街镇为“全国学习型社区示范街镇”候选街镇，14个实验区推荐产生“全国社区教育实验项目”45个。8个中心城区的20个街镇社区学校开展社区学校标准化建设试点，9个郊区开展成人学校内涵建设试点。正式启动运作8个市民终身学习体验基地，延伸建设42个体验站点，推出95个体验项目，全年参与体验活动及受益人数达37560余人次。

全市参加社区学校学习人数347万人次，参加老年学校学习64万人次，参加远程老年教育42万人。在全市114个养老机构中开展养教结合试点工作，参与教学师资达541人，参加各类学习活动人数达1.1万人。出版首批58本“上海市老年教育推荐教材”，免费向街镇老年学校发放3000套配套教具。

全面推进市政府实事项目。下发文件《关于做好2013年市政府实事项目“扶持70所老年学校开展标准化建设”的实施意见》。完成上海市老年教育标识、标准色系，以及专用功能教室的设计方案。

管理审核经营性培训机构。6月20日制定印发《上海市经营性民办培训机构登记暂行办法》和《上海市经营性民办培训机构管理暂行办法》，7月20日起对全市经营性民办培训机构实施准入审核和登记管理。截至12月31日，申请举办经营性民办培训机构（公司）的，通过工商核名申请153家；其中通过准入审核和注册登记12家。

启动中职——大专“立交桥”试点项目。颁布《上海开放大学关于全面提高开放教育质量的实施方案》。形成《开放大学信息化建设规划（2014—2015年）》框架设计。首批29个原上海电视大学分校完成更名，启动开放大学30所分校系统改革与发展项目。启动第二批学分银行高校网点建设，基本覆盖全市继续教育高校。形成学历教育学分认定、积累和转换机制，开展高校网点学分转换规定制定、学历教育不同高校（机构）之间、职业培训等非学历证书与学历教育之间的学分转换。以面向各级各类学习者数字化学习的需求调研为基础，开展上海学习网平台功能的拓展与优化，提升终身学习资源使用效能。

（田　田）

［**完成学习型组织创建达标评估**］ 根据《上海市学习型社会建设与终身教育促进三年行动计划》，市学习促进办在全市开展2012—2013年度上海市学习型组织创建达标工作。创建达标工作由市学习促进办发文，以上海市学习型组织创建评估标准为依据，申报单位自查、集中汇报和上级抽查相结合，经市学习促进办会同市市级机关工委和各区县学习委，分别对申报创建学习型机关、学习型社区各类组织进行考核，市纪委、监察局机关党委等55家单位被评为2012—2013年度学习型机关创建达标单位，浦东新区金杨新村街道等28个单位被评为2012—2013年度学习型社区创建达标单位。

（帅良余）

［**全国学习型社区示范街镇评比**］ 根据中国成人教育协会社区教育专业委员会下发《关于评选全国创建学习型社区示范街镇的通知》精神，上海市组织开展全国创建学习型社区示范街镇申报工作。经层层申报，组织专家评审和公开公示等规范流程，从符合推荐条件申报单位中遴选产生39个符合标准的街镇推荐参评。根据中成协下发的《关于公布创建学习型社区示范街镇及社区教育示范街镇的通知》。全国共评出130个“全国创建学习型社区示范街镇”、35个“全国社区教育示范街镇”。上海申报的17个区县均榜上有名，其中33个街镇荣获“全国创建学习型社区示范街镇”称号，占全国总数25.38%，名列各参评省（市）之首；有3个街镇荣获社区教育示范街镇，占总数8%。

（姚　岚）

［**全国社区教育示范区推荐评估**］ 根据《教育部职成教司关于推荐第三批全国社区教育示范区的通知》文件要求，上海市在获评“全国社区教育实验区”两年以上的4个区县中，推荐闵行、宝山、青浦等区参加“全国社区教育示范区”评比。为确保参评区县符合创建条件，市教委组织召开全市“第三批全国社区教育示范区”评审会，各申报区教育局现场陈述申报主题：宝山区以“打造乐学宝山，建设幸福家园”为主

题，介绍以陶行知教育思想引领社区教育发展经验；闵行区以“智慧点亮社区，教育造福百姓”为主旨，介绍在推进社区教育优质均衡发展过程中采取的举措；青浦区以“统筹规划，紧扣主线，重点突破”为主体介绍扎实推进社区教育工作的具体做法。经评审团现场评分、网上公示等程序，最终向教育部推荐以上三区为第三批全国社区教育示范区。2014 年 1 月 8 日教育部下发《关于确定第三批全国社区教育示范区的通知》，确定宝山区、闵行区两区为“全国社区教育示范区”。

（姚　岚）

［完成老年学校能力提升工程］　开展“扶持 70 所老年学校开展标准化建设”项目，并被纳入年度市政府实事项目。市教委下发《关于做好 2013 年市政府实事项目“扶持 70 所老年学校开展标准化建设”的通知》，专门设计上海老年教育 LOGO、标准色系，制订老年学校功能教室配置要求方案，制作《“扶持 70 所老年学校开展标准化建设”工作指导光盘（2013 年版）》。抓住项目进程重要时间节点，组织召开工作启动会、建设培训会、中期推进会和终期迎检工作部署会等，确保该项工程稳步推进，落实到位。截至 12 月底，全市共新建、改扩建专用功能教室 555 个，新增功能教室数超过 4 倍；共完成专用报名咨询处、老年人休闲活动室、多功能厅、老年教育图书室等场所 241 个；老年学校专用功能教室建筑面积 146794 平方米，新增 21681 平方米，办学能力和教育功能得到显著提升。

（姚　岚）

［开展第三轮市社区教育实验工作］　为推动社区教育的实践创新，在全市开展 2013—2014 年度社区教育实验工作。社区教育实验分两种形式：一是社区教育实验街道（乡镇），二是社区教育实验项目。通过开展社区教育管理体制、运行机制和教育培训模式的探索实践，在创新社会管理、促进社区教育发展方面积累工作经验。经各街镇自行申报，148 家明确实验主题和实验路径的街镇进行了社区教育实验街镇备案。社区教育实验项目则根据实验主题重要性、引领性和创新性，确定委托实验项目 5 个，重点项目 25 个，一般项目 181 个。

（姚　岚）

［建设市民终身学习体验基地］　为整合社会优质公共文化和教育资源，创新市民学习方式，丰富市民学习内容，整合高校、系统、社会组织，以及区县教育局（社区学院）等资源，依托现有场地、设施设备和优质公共教育服务资源，在全市建立首批 8 个“上海市民终身学习实践（体验）基地”，6 月 9 日正式挂牌运作。这 8 个体验基地分别是“红色文化”“科普教育”“陶艺创作”“智慧生活”“文化艺术”“服务文化”“创意手工”“海派文化”。8 个体验基地下设 42 个体验站点，设置 96 个体验项目。据统计，全年全市共组织各类体验活动 1508 次，参与体验市民达 37560 人。市民终身学习体验基地针对不同年龄层次、不同学习需求的市民设计富有独创性实践体验教育项目，如市民科普 DIY 学习体验苑、陶艺小品创作体验室、旗袍盘扣现场制作体验区等，通过互动、有趣的学习形式，使市民感受到学习乐趣和意义。部分体验基地强强联动、协同推进、多样化资源整合，建设了一批体验站点，如科普教育体验基地下设上海科技馆等 10 个体验站点，文化艺术体验基地联合中华艺术宫等 6 个场馆和两个中心建成 10 个体验站点，为市民搭建起多元整合的终身学习体验平台。

（姚　岚）

［建设老年教育支持服务体系］　委托相关市级老年教育机构建设 11 个面向全市老年教育的业务支持中心，构建起促进老年教育发展的完整工作体系。11 个中心分别是“老年学校素质教育指导中心”“老年教育理论研究中心”“师资培训中心”“老年远程学习指导中心”“老年艺术教育指导中心”“学习成果展示中心”“教材研发中心”“学习团队指导中心”“行业老年教育指导中心”“信息中心”“教学研究指导中心”等。通过老年教育支持服务体系全方位运作，规划中提出的“个十百千万工程”得到全面落实：截至年底，全市出版发行 58 本“上海市老年教育推荐教材”；建设完成 1128 个标准化学习点；扶植培育老年学习团队 3116 个，参加人数逾 10 万人次；推出 160 门网上老年教育课程、30 门电视课程，建成 4957 个收视点，注册学员达到 353114 人，其中 60 岁以上 303617 人；培训老年教育师资 1473 人；组织老年教育成果展示汇演 241 场，超过 24 万人次参与展示；举办老年学员手工艺品、书法、绘画、摄影等作品展览活动 6 次，展出老年学员的优秀作品 1146 件，2 万人次参观学习。

（姚　岚）

语言文字工作

[制订公共场所外文使用管理规定] 制订《上海市公共场所外文使用管理规定》。市政府法制办将其列入2013年度“市政府规章”类立法项目。市语委、市教委牵头组建由市政府法制办、华东政法大学等部门、单位共同参与的“上海市公共场所外文使用管理”立法调研起草课题组。课题组于2013年初起草形成规章初稿，并分别征求语言文字专家、市语委成员单位和基层工作者意见。6月8日，召开市语委全体会议审议并原则通过。7月，市教委主任办公会议审议通过后正式报送草案。7月24日至8月8日，市政府法制办书面征求40个相关部门意见，包括市委宣传部、市人大、市政协、市高等法院、市检察院等，以及26个市政府组成部门和6个区县政府；8月1日—20日市政府法制办通过“中国上海”等门户网站公开征求社会意见，根据征集意见作进一步修订。会签定稿后，将形成送审稿报市政府常务会议审议。

（张日培）

[研究提高国民语言应用能力] “提高国民语言应用能力研究”是国家语委“十二五”科研重点项目。市语委原副主任、市教委原主任薛明扬教授担任项目负责人，市语委、市教委副主任袁雯任课题组副组长，语管处全体成员和华东师范大学、上海师范大学、上海外国语大学、华东政法大学等高校的有关专家共同组成联合课题组。2012年下半年至2013年，课题组在“基础理论”“提高目标”“现状把握”以及“对策建议”4个方面推进研究，并分“学前及基础教育阶段语言教育研究”“大学生母语素质与提高研究”“不同领域、职业和人群语言文字应用中的‘标准性’和‘规范性’问题及对策研究”3个子课题开展调研。通过调研，一是明确核心概念“国民语言应用能力”内涵与外延。主要创新点是“培养、发展国民多种语言能力”，首次提出应将个体掌握语种数量多寡、“语种能力”纳入当代国民语言应用能力考察、评价的重要方面和可以量化的具体指标。二是提出“国民语言应用能力指导标准”初步构想。国民个体可据此设计自我语言学习规划，有关部门或机构可据此制订对各种类型人才语言能力发展规划和语言文字专业人才的培养与储备规划。三是全面调查分析上海市民语言应用能力现状。开展涉及三大方面的19个项目调查，了解国民语言应用能力现状，寻找与《国民语言应用能力指导标准》的差距，找出存在问题。四是提出8个方面对策建议。

（张日培）

[开展汉字文化传播应用书写大赛] 根据市教卫工作党委、市教委《上海校园文化建设传承创新发展行动计划(2012—2015)》要求，市语委、市教委组织开展以“传承中华文化，展现汉字魅力，描绘中国梦想”为主题的上海市“学生汉字文化传播和应用书写大赛”。大赛由学生汉字知识网络竞赛与学生贺卡汉字应用书写大赛组成，分别由上海《咬文嚼字》杂志社、上海师范大学承办。学生汉字知识网络竞答活动主要以汉字构成的礼貌用语为竞答范围，从7月至11月，每月月初在“易班网”——上海市“学生汉字知识网络竞答活动”板块中公布20道竞答题，学生登录答题。共有252376名学生参加网络竞答，其中中小学生(包括中职校学生)239635名，大学生12741名。经大赛组委会评选、评选结果网站公示，共选出最佳组织奖4名、优秀组织奖26名。学生贺卡汉字应用书写大赛要求学生模拟在教师节、重阳节或春节前，手工设计制作贺卡，规范汉字书写贺词。共收到作品210件，其中大学生作品51件，中小学生作品159件。大赛组委会组织专家评选，共评出大学组、高中(中职校)组、初中组和小学组个人奖项110名、优秀组织奖24名。为保证大赛知晓率和参与面，市语委办组织开展“书法名家与一线教师毛笔字教学同课异构”教研活动，邀请书法名家以“魅力汉字”为主题作5节专题讲座。指导、督促各高等学校、各区县教育行政部门将活动与校园文化建设、教育教学、语言文字规范化示范校创建等有机融入，通过语文教育、各类讲座、社团活动等，提高大赛吸引力和学生参与热情。委托“易班网”以“传承文化、描绘梦想”为主题，建立大赛专题网页，介绍大赛要求、提供

贺卡制作示例等组织发动。为提高并扩大大赛参与度和影响力，大赛组委会组织专家从学生贺卡汉字应用书写大赛获奖作品中挑选出40件作品公布在易班网和《东方教育时报》公众微信平台上，并组织动员全市学生网络投票评选“最佳人气奖”。委托上海《咬文嚼字》杂志社组织汇编赛题，出版《挑战你的“礼智”——礼貌用语百问百答》。

（姜冠成）

国际交流和港澳台交流

[中外合作办学] 全市共有中外合作办学机构和项目202个，其中机构32个，项目170个。32个机构中，独立机构19个（其中本科1个，中职2个，学前教育5个，非学历教育11个），非独立机构13个（其中学历教育9个、非学历教育4个）。170个项目中，学历教育148个（其中研究生29个，本科59个，专科40个，中职20个），非学历教育22个。

3月和9月受理期间收到24个项目和2家机构中外合作办学申请，其中本科及以上12个项目，专科及以下12个项目和2家机构。根据专家组审核意见，经市教委中外合作办学领导小组讨论，同意将11个本科及以上项目报教育部审批，将7个专科及以下项目和1家幼儿园、1所高中报教育部备案，其余6个项目不予批准。

3月份上报教育部本科及以上层次项目中，3个项目获得批准，分别为上海交通大学与法国斯特拉斯堡大学合作举办医学教育专业博士教育项目、同济大学与意大利博洛尼亚大学合作举办自动化专业本科教育项目和上海国家会计学院与香港中文大学合作举办高级财会人员专业硕士学位项目；2个专科及以下层次项目获得核准备案，分别为中华职业学校与澳大利亚西南悉尼技术与继续教育学院合作举办航空服务专业中等职业教育项目、上海艾蒙时尚设计专修学院与巴黎时尚营销管理学院合作举办时尚营销课程高等非学历教育项目；1家幼儿园仍在审核之中。9月份上报项目和机构教育部在评审之中。

经教育部批准，上海纽约大学于2012年10月15日正式成立。为确保学校开学后正常运转，市教委协调有关部门协助学校推进各项工作，包括民非法人单位登记工作、落实2013年财政拨款及首届本科生招生方案报批和录取相关工作。全年学校共招收本科生295名，其中中国大陆学生150名，全球范围内招收国际学生145名。

大力推进高校开展高水平中外合作办学。作为对接上海“环东华创意产业”发展规划一项重要工作，东华大学与英国爱丁堡大学合作，于9月正式向教育部递交“东华大学上海国际时尚创意学院”设立申请。上海理工大学中德学院作为三个优质项目整合为一个新机构范例，通过教育部评估专家评审。两个申办机构待教育部批准。一些重点项目在洽商中。上海大学与温哥华电影学院于6月27日签署合作备忘录，拟合作成立上海温哥华电影学院。双方正就协议相关环节磋商，待协议签署后将启动报批程序。

作为上海基础教育面对全球化时代培养国际化人才的时代回应，上海七宝德怀特高级中学于6月获批筹备设立。该校由上海市七宝中学与美国纽约市德怀特学校合作举办，将是上海市第一所具有独立法人资格的中外合作高中。该校将借助实体网络（德怀特的纽约、伦敦、加拿大、首尔校区）和虚拟网络（德怀特的课程图谱、全球项目、IB在线课程等），为学生提供国际化课程学习、文化交流和项目实践平台。该校通过评估专家评审，同意正式设立并向教育部申请备案。计划于2014年9月建成开学。

4月至11月，教育部组织开展本科及以上层次中外合作办学机构和项目到期评估，全市各高校70个项目参加评估。根据工作流程，教育部于8月7—13日对参评项目网上公示，接受社会监督和评议，社会反响较好。随着中外合作办学数量增长，过程管理要求上升，上海市完成中外合作办学管理信息平台建设第一阶段工作，启动并试运行信息平台，对中外合作办学机构、项目负责人开展全员培训，已实现年度办学报告网上提交及办学基本信息社会公开。

（周勤健）

[中国（上海）自由贸易试验区中外合作培训机构管理办法制定] 为落实《中国（上海）自由贸易区总体方案》中关于“允许设立中外合作经营性培训机构”的要求，市教委会同市工商局、市人力资源社会保障局及市商务委制订《中国（上海）自由贸易试验区中外合作经营性培训机构管理暂行办法》。作为教育培训服务业进一步扩大开放试点举措，国家允许在中国（上海）自由贸易试验区内设立中外合作经营性培训机构。根据《中外合作办学条例》确定的一些原则，并征求教育部意见后，对于外资在自贸区内

开展教育培训，在地域、开放领域及经营方式三方面对外资提出准入要求，即在地域上仅允许在自贸区内注册并经营；在开放领域上仅允许开展在军事、警察、政治、宗教领域以及学历教育、幼儿园以外的教育培训；在经营方式上外资进入必须采取中外合作的经营方式开展经营。同时，根据上海市实际情况，按照“负面清单以外内外资管理一致”的处理原则，外资在准入方面除满足地域、开放领域和经营方式三方面要求后，与民办经营性培训机构享受一致的市场待遇。市政府于11月13日正式转发市教委等四部门制订的相关文件。根据自贸区受理申请工作统一要求，四部门还制订《中国(上海)自由贸易试验区中外合作经营性培训机构申请指南》。

(周勤健)

[加强外国留学生教育管理] 年内共有来自186个国家和地区的53804名外国留学生在37所高校(科研机构)就读，同比增加3305人，同比增长5.5%。其中硕士生与博士生分别为4232人和1019人，同比增长7.4%和12.3%。学习期限超过6个月长期生38411名，占总数71%；学习期限在6个月以下短期生15393名，占总数29%。①新增上海纽约大学、上海政法学院、上海锦江理诺士酒店管理专修学院、上海工商外国语学校为接收外国留学生培养院校。新增上海第二工业大学、上海政法学院和上海纽约大学为市政府奖学金院校。新增上海海洋大学为中国政府奖学金委托培养院校。②推进本科预科教育，首届招收54名学员，共有39人结业，通过率72%，其中27人继续在上海高校就读。调整2013级预科新生招生方式，全部由28所市政府奖学金院校推荐，实际录取预科新生70名。③开展留学生教育的全英语示范性课程建设与教师海外研修。组织申报教育部来华留学英语授课品牌课程，对18所高校60门课程进行评审和筛选，评选出20门上报教育部，最终通过立项17门，占全国总数11%。全面启动留学生教育外语(英语)授课课程建设，23所高校124门课程参与申报，经专家组评审，77门课程被列入建设范围。继续执行“上海市高校国际课程师资国外研修项目”，加强留学生授课教师专业外语、教学法培训。年内派出38名教师赴加拿大阿尔伯塔大学和澳大利亚昆士兰大学研修。同时开展跟踪评价。④推进外国留学生服务体系建设。教育部首批启动来华留学示范基地建设，上海有复旦、交大、同济和上大4所高校入围。为发挥示范基地示范引领作用，市教委与4校确定2年建设目标并给予配套经费支持。在复旦、交大、华理工、上大和中医大5校开展留学生辅导员制度试点，为留学生管理与服务工作进行诸多有益尝试。开展“来华留学国际课程师资培养及评价体系研究”和“提升城市接受留学生吸引力实证研究”等课题研究。⑤加大对外宣传及生源地建设。上海暑期学校项目顺利开展，11所高校、15个项目、400余名外国留学生先后在上海接受为期1月的汉语和中国文化体验课程学习生活，项目对象遍及世界五大洲。2013年中国上海教育展在保加利亚、匈牙利成功举办，同时，还举办上海与布达佩斯高等教育交流会，扩大上海教育在东欧地区影响与交流。完善“留学上海”网站建设，全面启用上海市外国留学生政府奖学金网上申请平台，规范与提升留学生奖学金的管理水平，已成为外国留学生工作新闻发表、信息交流、工作支撑的重要平台。

(葛静怡)

[加强国际汉语推广] 截至2013年底，上海市共有9所高校13所中小学在20个国家举办孔子学院(课堂)86所，其中孔子学院41所、孔子课堂45所。年内新增5所孔子学院，分别是上海外国语大学承办的乌兹别克斯坦撒马尔罕孔子学院、同济大学承办的意大利佛罗伦萨大学孔子学院、华东师范大学承办的瑞士巴塞尔大学孔子学院、上海大学承办的巴林大学孔子学院和上海中医药大学承办的美国佐治亚瑞金斯大学孔子学院。

(葛静怡)

[外籍人员子女学校] 上海各外籍人员子女学校在校生人数29666名(幼儿园4502人，小学11339人，初中7528人、高中6297人)，比上年有所增长。其中，港澳台地区学生2860人(台湾地区1295人，香港特区1516人，澳门特区49人)。12所学校办学规模千人以上，其中上海美国学校、上海日本人学校、上海中学国际部等三所学校在校生达3000多人。成立课题组对上海市外籍人员子女学校发展现状开展调研，深入研究学校未来发展定位、指导思想、发展形式、规划布局、规范管理等，完成《上海市外籍人员子女学校审批和管理办法》(草案)，报市人大列入2014年规章制定计划。出台《上海市教育委员会关于进一步加强本市外籍人员子女学校管理工作的通知》。继续委托上海中汇审计师事务所和上海沪港审计师事务所分别对外籍人员子女学校进行财务审计，全面了解各学校资金运作、财

务管理、资产管理等情况，完成并形成审计报告和整改建议。结合外籍人士家庭在上海各区县分布情况及外籍人员子女学校总体发展规划，批准开办“上海惠灵顿国际学校”和“上海德威英国国际学校闵行马桥教学点”，定于2014年9月招生。复旦附中国际部和宋庆龄学校国际部的设立进入专家评估阶段。

（卫　懿）

［教育系统港澳台工作］ 高校全日制港澳台地区学生和华侨学生1887人（台湾地区1204人、香港特区500人、澳门特区168人、华侨15人）。中小学幼港澳台地区学生和华侨学生7514人（台湾地区4008人、香港特区2365人、澳门特区162人、华侨979人）；外籍人员子女学校港澳台地区就读学生2860人（台湾地区1295人、香港特区1516人、澳门特区49人）；上海台商子女学校学生1154人。2013年全市市属高校赴台湾地区团组222批次958人次（学术会议81批次177人次、学术访问72批次279人次、学生交流69批次502人次）。市教委及直属单位组（参）团18批次201人次。本市可招收港澳台地区学生和华侨学生的高校新增四所。教育部对上海海事大学、上海政法学院、上海杉达学院招收港澳台地区本科生和华侨本科生，对上海立达职业技术学院招收港澳台地区专科生和华侨专科生予以备案。教育部向上海各高校直接下达港澳台地区学生和华侨学生奖学金名额共506个，各高校组织评审后向教育部上报获奖学生名单。

（陈莉莉）

［教育国际交流与合作］ 共接待国外（地区）来访团组37批次422人次，其中教育部团组6批次41人次，包括泰国、伊朗、马耳他、牙买加、荷兰等国的教育部长代表团。

努力搭建教育合作与交流平台。①成功举办2013年友好城市青少年夏令营活动。邀请美国芝加哥市、墨西哥哈里斯科州等13个上海国际友好城市师生参加，促进青少年间的相互了解和交流。②与市外办联合举办“2013上海百名中小学生走进外国驻沪总领事馆”系列活动，组织区县12所中小学近200名学生访问10个国家驻上海总领事馆工作场所或官邸，各国总领事出面欢迎接待介绍所在国基本情况，拓宽中小学生国际视野。③继续组织“影子校长”和“影子教师”项目赴美国加州学习培训，通过近8周在美国中小学“跟班培训”，借鉴和学习美方教育理念。④举办第六届上海—新加坡基础教育圆桌会议。共同探讨两地在推进教育国际化进程中学校实现教育优质。

推进友好城市教育合作项目。①新西兰达尼丁市市长戴夫·卡尔率新团一行访沪，两市签署新一轮合作交流备忘录，光明中学等5所中学与达尼丁市奥塔哥男中等5对中学签署校际合作交流协议。②市教委代表团访问了芬兰埃斯波市，市教委副巡视员杨国顺代表市教委与该市教育主管部门副主任共同参加了签署两地11所中学结好签字仪式并参访学校。③上海学生团对德国汉堡进行为期22天访问交流并接待了德国汉堡学生团的回访。

（陈莉莉）

区 县 教 育

黄 浦 区

［**2013年概况**］ 区属教育系统有事业单位121个。其中中学32所、小学30所、幼儿园31所、特殊教育学校3所、职业教育学校4所、专门学校1所、教育学院1所，业余大学1所，公办早教机构2所，其他教育机构16个。另有民办九年一贯制学校1所、民办初级中学3所，民办中等职业学校1所。教职工7969人，离退休人员19486人，学生66165人。区财政投入29.06亿元。

黄浦教育工作以“一流城区、一流教育，办学生喜欢的学校”为目标，围绕提高教育质量，深化教育改革，满足人民群众对优质教育的需求等任务，加强教育教学工作，开展有效的教育教学研究，努力推进教育质量保障体系建设，切实提高教育质量，营造有利于师生身心发展的良好环境。

一、开展教育教学研究，努力提高教育质量。①试点建设“城市学校少年宫”和“学生社会实践指导站”，探索学生创新实践和课外活动新模式。②深入开展德育科研，深化“中小学德育特色链探索”、“品行养成教育”等7个区德育项目的实践和探索。③推进绿色指标的实施，建设教育质量保障体系。以绿色指标为导向和评价标准，推动教育评价模式的改革，组织全区中小学、幼儿园教学评比，聚焦课堂，提高课堂教学的质量和效率，建立现代化的教育质量管理体系，成立学业检测中心，科学管理教育教学的全过程，保障教育教学的过程质量与结果质量；利用教育质量保障体系建立的过程，全面提高校长、教师的质量意识和质量管理能力。④促进义务教育均衡发展，普通高中多样化发展，培养学生创新素养，推进办学生喜欢的学校。关注小初衔接，切实推进教育协作块和教育小区建设。开展区级(小学阶段)校本课程征集活动，实现校际课程共享，丰富课程内容。总结区域内普通高中学生创新素养培育实验项目成果，推进现代化创新实验室建设，培育学生的创新素养；加强初中与高中的衔接，探索以高中学校统领、整体发展的教学协作链机制。创建“新优质学校”，总结提炼经验并逐步宣传推广。通过改变教学方法、形式、手段等来满足学生合理的需求，让学生快乐学习健康成长。⑤推进教育信息化、国际化。实施区教育城域网基础设施提升工程，建设教育数据中心。组建推进教育国际化工作的管理机构，确定教育国际化的发展目标，积极引进并实施国际课程，满足学生各种需求。⑥构建区域职业教育终身教育体系。根据黄浦区学习促进委员会的要求和指导，制定《黄浦区推进终身教育体系三年行动计划(2013—2015年)》。创建首批“上海市中等职业教育改革发展特色示范校”，促进职业学校改革创新，办出特色。组建新的黄浦职教集团，搭建校企合作、资源共享、创新发展、多方共赢的平台，形成职业教育与企业在人力资源、信息等方面的互动连接。完成区业余大学的“撤二建一”工作，科学布局招生和专业设置，确保管理有序、平稳过渡。进一步推进社区学院、街道社区学校、居民区教学点的三级网络建设。继续开展全区终身学习活动周展示活动。⑦完善学前教育公共服务体系。构建区域性保教质量保障机制，制定评价幼儿成长发展的核心指标和观察点，通过自评和区域动态监测，不断增强幼儿园的保教质量意识，提升办园水平。

二、全面加强队伍建设，提升干部教师专业化水平。①平稳推进新一轮校长职级制评审工作，完成校级干部绩效工资方案的实施工作。制定《关于加强教育系统优秀教师专业发展管理实施意见》，制定和实施优秀教师境外访学管理办法和培训计划、优秀人才学术假期制度、教师完成高一层次学历进修奖励管理办法和境外访学进修管理办法。②稳妥实施非义务教育阶段绩效工资，推进事业单位岗位设置调整工作。

三、推进教育基本建设项目，优化教育资源布局。①启动并实施教育学院、实验小学建设项目，做好18号地块动迁和工程的前期准备工作。稳步实施校安工程。完成启秀中学、中华职校等校安工程项目。②提升学校安全水平。扩大保安队伍规范化管理范围，做好除小学、幼儿园以外的单位包案招标工作。组织教育系统法人代表的安全培训工作。进一步加强校园安全队伍培训，提高防范意识和能力。

四、强化教育规范管理，提高依法行政水平。①全面梳理行政审批事项，编制办事指南和业务手册，主动公开业务流程，探索和试行行政审批事项网上办理。②加强教育经费规范管理。强化预算管理，优化支出结构，明确法人自主管理教育经费使用的权利和责任，提高预算的执行效率。完善财务管理制度，确保教育经费合理合规、安全高效使用。配合相关部门做好专项资金的绩效评价和审计工作。做好会计中心扩大工作，建立统一核算模式。③顺利完成教育现代化督政。全面梳理区域推进教育现代化工作，顺利通过市教委对全区教育现代化的综合督政，总结经验进行推广，找出差距加以改进。④深化教育政风行风建设。推进规范教育收费工作，严格执行国家教育收费政策，规范学校代办服务性收费行为，积极参与区惩防体系试点。推进招生“阳光工程”，加强录取过程监督，坚决查处和纠正违反规定的行为。加强监督检查，增强履职尽责意识。

五、推行“阳光招生”。制定并实施年度辖区幼儿园、小学、初中和高中升学招生方案。平稳完成中考和高考的组织和录取工作，全区共4182名考生参加中考、3423名考生参加秋季高考。完成初三毕业生体育考试工作。

六、加强对外交流和对口支援工作。选派一位区教育局分管副局长赴青海省果洛藏族自治州玛多县挂职担任副县长，负责黄浦区、玛多县两地的交流沟通和项目合作。接受云南省孟连县教育系统干部和骨干教师20人次来沪培训。完成第三轮对上海郊区农村义务教育学校的“委托管理”工作。

（严　奕）

［扎实推进“蜻蜓心天地”工作］　“蜻蜓心天地”——区未成年人心理健康辅导中心、区未成年人家庭教育指导中心分别于4月、5月增设黄浦学校和格致中学分中心。两个分中心分处外滩街道和老西门街道，辐射附近街道社区，功能定位分别侧重高中阶段学生和义务教育阶段学生。至此，全区未成年人心理健康辅导中心、区未成年人家庭教育指导中心总面积增加到1200平方米以上，功能教室增加到20多间，全区未成年人心理健康辅导中心、区未成年人家庭教育指导中心建设形成“横向到边，纵向到底”的新布局。

（郭　抒）

［获学生机器人世锦赛总决赛冠军］　4月17—28日，2013年VEX机器人世界锦标赛总决赛在美国洛杉矶阿纳海姆会展中心举行，来自美国、波多黎哥、新西兰、新加坡、巴林、墨西哥等国家组队参赛，黄浦区青少年科技活动中心代表队获得冠军。此次比赛黄浦区派出6支队伍参加，参赛学生分别来自永昌学校、卢湾第一中心小学、大同初级中学、向明初级中学、卢湾高级中学和兴业中学。参赛队伍分别获得分区冠军会师决赛最终获得冠军。这是科技活动中心代表队自2010年、2011年两次获得世界冠军后，第三次登上最高领奖台。

（万晓彬）

［举行课本剧展演活动］　6月29日，黄浦区课本剧展演启动仪式举行。首轮展演活动在6月28日至7月2日举行，每天演出两场。黄浦区部分学校师生、区学校艺术教育总辅导员及街道社区人员出席观摩。7月2日赴崇明县演出。围绕“校园文化建设”，区教育局与上海戏剧学院签订《环人民广场演艺集聚区·校园文化建设战略合作框架协议》，以课本剧开发为载体开展长期合作，为校园戏剧领域的师资培训和学生戏剧团体的专业指导奠定坚实基础。

（郑　瑾）

［落实学业质量绿色指标］　10月23日，“圆中国梦，办人民满意的教育”上海区县教育改革系列巡访黄浦站活动举行。黄浦区以“绿色指标”作为区域基础教育课程改革契机，制定《推进落实〈上海市中小学生学业质量绿色指标（试行）〉实施意见》，将“落实绿色指标行动”分解到每一所中小学校，落实到课堂教学中，促进教育内涵发展，全力办好学生喜欢的学校。活动中，大同初级中学开展“悦读乐写”教学，提升学生思维品质；卢湾中学打造“无边界微型校本课程”，使学生获得多元的视角、宽广的视野；上海市实验小学以“学案”助学，引导和帮助学生建立学习方案；上师大卢实小学创设“丽园有约”互通平台，完善和谐圆融的师生关系。

（俞　聂）

［举办创新模型大赛］　11月16日，第十届上海市青少年“未来之星·黄浦杯”创新模型大赛举行。上海市闸北、长宁、黄浦、虹口、静安、浦东新区、闵行7个区，以及江苏省太仓市等近30所中小学和幼儿园的百余名青少年和儿童参赛。大赛设儿童、小学、中学3个组别，共同角逐儿童益智模型、普通型太阳能电动车船模、提高型太阳能电动车船模、太阳能遥控水陆两栖模型、水上智能模型对抗等8个比赛项目。大赛倡导节能减排精神，现场参赛模型

采用生活中的废旧材料制成，旨在帮助青少年进一步了解、学习低碳环保理念及科技知识，并在建模过程中实践探索，创新发明。

（周文燕）

［开展“快乐活动日”系列活动］ 11月9日，为期两月的“阳光下成长”——2013年黄浦区学生“快乐活动日”系列活动，在黄浦区青少年艺术活动中心举行年度最后一次展演。该系列活动通过组织各学校学生于每周周六上午在活动中心小广场进行文艺类节目表演，展示部分竞赛类游戏等活动，丰富学生艺术表演经验，增加学生生活经历，促进学生健康快乐成长。每次活动安排4—6所学校的学生参加。

（郑　瑾）

［中学化学数字化创新实验展演］ 11月21日，上海市中学化学数字化创新实验展演活动举行。来自全市各中学的17件实验作品参加展演，100多名教师观摩。此次展演是上海市中学化学实验学研究中心组织的一次全市中学化学数字化创新实验交流活动，大境中学的“用色度计测定溶液中Fe元素的浓度”和“‘温度对气体溶解度的影响’实验的思考与探究”参加展演。“用色度计测定溶液中Fe元素的浓度”是对于生活中常见的铝铁合金利用数字化技术进行铁的含量测定，是对中学化学的拓展研究；“‘温度对气体溶解度的影响’实验的思考与探究”是对现行高三化学教材中的课堂实验存在问题的数字化实验探究。

（姜家祥）

［展示儿童歌舞剧音乐教育成果］ 12月20日，教育部体育卫生与艺术教育司、中共黄浦区委宣传部、黄浦区教育局领导到黄浦区青少年艺术活动中心观摩“2013年黄浦区儿童歌舞剧音乐教育试点学校学生培训汇报交流展演”。展演集中展示了黄浦区儿童歌舞剧音乐教育试点学校学生培训工作的优秀成果。来自区内8所试点小学的学生们在舞台上演唱了世界知名音乐剧《猫》、《狮子王》和《悲惨世界》中的经典曲目，展现了儿童歌舞剧音乐教育广阔的发展前景。

（郑　瑾）

［学前教育开展结对带教］ 3月26日，召开“促均衡、创优质、谋发展”黄浦区学前教育结对带教工作会议暨签约仪式，50余所幼托机构负责人参加。回民幼儿园等17家公办幼儿园结对贝贝托儿所等18家民办幼儿园，蓬莱路幼儿园等6家示范性幼儿园结对海粟幼儿园等13家二级幼儿园。会议启动了“青年园长助推项目”带教工作，特聘请特级园长钱秋萍等6位资深园长带教城市花园幼儿园吴超伦等11位青年园长，旨在加强园长梯队建设，发挥成熟型园长示范、引领作用，全面提升区域内学前教育整体质量。

（张佩华）

［在全国教育康复技能大赛获奖］ 11月17—18日，全国首届教育康复技能大赛决赛在哈尔滨召开。来自全国各省、自治区和直辖市的492名一线特殊教育学校教师、康复教师参赛。上海市黄浦区第四聋校秦宁箴老师的个别化康复训练课《打电话—儿歌朗读训练》获得了一等奖，朱慧老师的语文集体课《打电话》获得了三等奖。本次比赛展现了学校实施“医教结合”的成果，拓宽了教师专业视野，加强了校际之间的教育康复经验交流，对学校进一步推动“医教结合”的实践研究，提高学生康复效果将起到积极的作用。

（金育萍）

［开展医教结合现场咨询］ 6月1日，区教育局、区卫生局携手市级医学专家和学前教育工作者，举行“聚爱聚力关爱儿童、守护健康——学前教育‘欢庆六一’医教结合健康咨询活动”。全区300余户幼儿家庭参加活动。活动设有健康咨询、亲子运动、幼儿园营养餐点展示等。区学前教育“医教结合”确立了“六个一”计划，即“一周一服务、一月一例会、一季度一讲座、一学期一展示、一学年一咨询”。

（张佩华）

［评选优秀保育工作者］ 9月26日，举办“情系幼儿　关爱健康——黄浦区学前教育优秀保育工作者暨‘黄焕南苗苗基金’育苗奖颁奖交流会”。71名一线保育工作者或保育工作管理者获“黄浦区学前教育优秀保育工作者暨‘黄焕南苗苗基金育苗奖’”荣誉称号，21家幼儿园获“黄浦区幼儿园营养午餐、自制点心评选‘专业优胜奖’和‘宝宝喜欢奖’”，获奖代表星光幼儿园、思南路幼儿园、中华托儿所以及爱童幼儿园在会上交流发言。

（张佩华）

［深化幼儿园课程建设］ 11月21日，“课程建设促质量，特色发展强内涵”黄浦区民办优质幼儿园创建交流展示活动举行。展示活动对民办幼儿园

(所)发展提供新的认识与思考，带动区内民办幼儿园(所)质量提高。各民办托幼中心主任、幼儿园(所)长、保教主任、骨干教师共同观摩各年龄段幼儿区域游戏活动和大班集体教学活动；并通过主题研讨、专题发言和互动交流，展示托儿所以保育管理为特色、引领课程建设的过程。

12月11日，举行“课程建设促质量，特色发展强内涵”黄浦区幼儿园课程建设汇报交流活动，全区50所各级各类托幼园所园(所)长、骨干教师以及科研负责老师到场观摩，通过特色课程展示、课程管理思考、互动交流等环节展示瞿溪路幼儿园特色课程，呈现幼儿园课程评价管理不断修整、完善的过程。

(张佩华)

[创办优质幼儿园] 11月29日，区教育局、区教育基金会举办了“强内涵　扬特色　争办家门口的优质园——黄浦区幼儿园争创优质园论坛”，旨在激励引导二级幼儿园在梳理现状的基础上，增强自信、明确目标，向争创优质幼儿园的这一目标努力。全区幼儿园园长参加论坛。爱童幼儿园等13所二级幼儿园园长就各自幼儿园争创规划进行了交流，通过梳理分析幼儿园现有情况，进一步明确幼儿园下阶段争创进程与具体措施。

(张佩华)

[推介终身教育品牌课程] 6月6日，召开终身教育品牌推介会，区内57所中小学、10个街道和30所民办非学历教育培训机构共170余人参加。课程推介活动汇聚黄浦区终身教育课程精华，围绕中小学生和社区居民容易接受的学习内容，如艺术、外语、社会生活等百余种课程进行推介。终身教育课程推介活动，是国民教育体系与终身教育体系融通发展的有效途径，它把区内丰富的社会文化资源转为学校教育课程资源，丰富了学生和市民的学习生活。

(熊莉娜)

[海派文化体验基地正式开放] 11月1日，上海市民终身学习实践基地——海派文化体验基地结束试运行工作，正式向市民开放。海派文化体验基地由位于黄浦区内的外滩老码头、三山会馆、上海文庙、天宝龙凤金银珠宝有限公司旗舰店、红房子西菜馆淮海店等体验点组成，是立足于传承经典、打造精品的黄浦精神，服务于市民终身学习的综合性体验基地。海派文化体验基地面向全体市民开放，开设“老城厢文化”、“中华老字号文化”和“现代艺术文化”三大体验项目，共10项特色体验内容，包括文化展览、市民讲堂、现场体验、艺术展演等，为市民提供丰富的精神文化大餐。

(熊莉娜)

[上海开放大学女子学院黄浦区学习中心揭牌] 11月1日，上海开放大学女子学院黄浦区学习中心揭牌仪式举行。该中心由黄浦区精神文明建设委员会办公室、黄浦区教育局、黄浦区妇女联合会、上海开放大学黄浦分校联合主办，以上海开放大学黄浦分校为依托，以“学习、实践、发展”为宗旨，以职业技能、专业提升、婚姻家庭和女性修养为重点，以学历教育、劳动技能培训、素质提升指导为形式，积极开展适合女性特点的学历教育和非学历培训，为黄浦区各界层妇女提供多样化的、便捷的教育服务，满足黄浦妇女日益增长的学习需求，为黄浦区实现女性终身学习、提升女性综合素质、培育各类女性人才创造条件。

(陆东海)

[开展首期民办非学历院校校长培训] 11月21日，市教委、市民办教育协会、市教育评估协会和黄浦区教育局开展为期4天的民办非学历院校校长培训。市、区领导及全区40余家民办非学历院校的院校长及有关负责人参加了学习。开展本次培训旨在进一步规范民非学校办学，提高行业自律水平，促进民办非学历院校有序健康发展。

(熊莉娜)

[启动高中卓越教师培养工程] 3月31日，区“高中卓越教师培养工程”高级研修班开班典礼举行。该研修班是区教育局与华东师范大学的合作项目，为期一年半，培训内容由专题讲座与工作坊、主题访谈与课堂研讨、视野拓展跨学科讲座、英语水平提升学习、教育考察交流及学员论文撰写辅导等6大板块组成。

(黄金丽)

[市教育督政组开展综合督政] 4月23日，国家督学、市教委巡视员尹后庆，市人大教科文卫委副主任、专项督政组长瞿钧，国家督学、市教委副巡视员、市教委督导办主任杨国顺率领市教育督政组一行51人，到黄浦区进行为期三天的推进区域教育现代化暨义务教育均衡发展综合督政。专家们实地走访各级各类学校30所，通过查看校园环境和设施设备，听取校长工作汇报，召开座谈会，进入课堂听课

以及查阅资料等方式，全面督查黄浦区推进区域教育现代化暨义务教育均衡化的情况。

（徐辰超）

［**参展第十届上海教育博览会**］ 4月12—14日，第十届上海教育博览会信息化展举行。黄浦区参展，从创新教学模式、探索教育评价、改变教育管理三个方面，展示了学前教育和中小学教育信息化运用的实例与典范；通过校园安全管理平台、IP宽带交互平台、教育决策支持系统展示信息化在教育管理中的应用；通过开放课堂、学生学业管理等平台展现信息化对教育科研的助推作用。云课堂、IMMEX思维评价系统和教学临床诊断实验室3个项目同时参加了市级展示。

（徐辰超）

［**与杭州市下城区合作签约**］ 4月28日，黄浦区教育局与杭州市下城区教育局举行教育合作协议签约仪式。协议商定，双方在区委、区政府的指导下，进一步加强教育方面的合作交流，促进两区教育优势互补、资源共享、互动交流、携手共进。重点推进"干部跟岗学习、开放教研活动、友好学校结对、教育科研交流"等4个项目。

（徐辰超）

［**黄浦教育门户网站改版**］ 改版后的黄浦教育网进一步整合网站资源，科学划分信息公开子栏目，方便公众查询信息，优化页面，加快网页浏览速度，提高政策知晓度，做好公文类与非公文类政府信息的公开。新版黄浦教育网于2月正式上线。6月，在教育部举办的第二届全国教育门户网站评选活动中，黄浦教育网获"全国地市级教育门户优秀网站"称号，黄浦区教育局王伟鸣、俞聂及区教育信息中心陆敏分别被评为教育门户网站建设先进工作者。

（徐辰超）

［**加强特色课程教材的审核工作**］ 9月23日，"黄浦区中小学特色课程教材"审核工作会议召开。为进一步完善共享课程的教材资源，成立由区教育局局长领衔的包括区教育学院院长、特级校长、特级教师、市级课程专家等组成的"黄浦区中小学特色课程教材系列（试用本）审核小组"，研究并制订《黄浦区中小学特色课程系列教材质量标准量表》，对特色课程教材从必要性、科学性、教育性、适切性、可操作性等方面进行审核，提出完善意见和建议，经审改后推出黄浦区首批特色课程教材系列（试用本）。加强特色课程教材的审核，旨在引领学校建优质的课程，"建学生喜欢的课程"，助推区域特色课程教材的建设与发展。

（韩立芬）

［**"黄浦杯"长三角征文10周年**］ 9月27日，"黄浦杯"长三角征文10周年纪念大会暨黄浦论坛举行。来自长三角29个城市的300多名代表出席会议。"黄浦杯"长三角征文活动是一项面向长三角地区中小幼教师及教育科研人员的大型教育征文活动，由上海市教科院普教所、上海教育科研杂志社、上海市黄浦区教育局和长三角20多个地级市的教科院联合举办，每年举办一届。

（李金钊）

［**主办京津沪渝教育论坛**］ 由黄浦区举办的京津沪渝四市区第七届教育论坛暨第十八届教育研讨

京津沪渝四市区第七届教育论坛举行

会于10月16—17日举行。来自北京东城区、天津河北区、重庆渝中区、上海黄浦区的4市区教育代表团以“改变育人模式，提升创新素养”为主题，通过区教育局长(教委主任)论坛、校长论坛、校园长研讨会和考察学校等形式，深入研讨如何创新改变教学模式、培养学生创新意识、积极打造创新课堂等课题。黄浦区领导出席并致欢迎词。本届论坛主题直面当前教育存在的突出问题，探讨实践教育梦的路径与方式，对教育改革和发展具有重要的理论价值和意义。

(严　奕)

[举办青年教师论坛]　11月28日，“黄浦之光——2013黄浦区青年教师论坛”举行。论坛主题为“我与学生共成长”。区内各校青年教师共递交论文310篇。经评审，评选出优秀论文59篇，其中一等奖6篇，二等奖13篇，三等奖20篇，优秀论文奖20篇。19个单位荣获优秀组织奖。选取39篇获奖论文汇编成册。论坛上，来自格致中学、比乐中学、金陵中学、卢湾一中心等6位教师代表与大家分享他们与学生共同成长的故事和感悟，就各自的教育体验、困惑、思考与探索展开交流。

(范杲逻)

[成立区学生体质健康监测中心]　黄浦区学生体质健康监测中心于12月12日成立。“中心”负责与全区中小学生体质健康相关的测试、监测、分析研究、指导培训、数据管理工作的服务与科研，接受上海市学生体质健康监测中心的业务指导。

(徐　枫)

[成立“英语名师工作室”]　区教育局聘请上海外国语大学教授、博士生导师梅德明建立“英语名师工作室”，这是贯彻落实黄浦区政府和上海外国语大学新一轮战略合作精神，充分利用上外高端师资资源，培养造就基础教育优质英语师资队伍的新举措。梅德明曾任上海外国语大学英语学院院长，现任上海外国语大学海外合作学院院长、中国外语战略研究中心学术委员会主任、国家基础教育课程教材专家工作委员会委员，长期从事基础英语教育的改革研究与实践。英语名师工作室首期为时2年，学员由区内大境中学、大境初级中学和黄浦外国语小学3所学校16名英语教师构成。

(罗永祥)

[学校食堂食品安全溯源系统投入使用]　10月16日，举行黄浦区学校食堂使用食品安全溯源系统培训暨食品安全快速检测仪移交仪式。参加仪式的有学校食堂管理员、学校食堂承办公司负责人、教育后勤中心检查人员，以及区教育局、市食药监黄浦分局负责人。市食药监黄浦分局赠送学校一批快速检测仪器，将用于学校食堂员工手部细菌检测、蔬菜农药残留检测、肉类瘦肉精检测、消毒液浓度检测、高温油重复使用检测、盒饭中心温度检测等，有利于进一步降低学校集体餐饮风险、关口前移，全区将统筹布点、全覆盖监控。

(徐　枫)

[开展教师教学评选活动]　“2013学年黄浦区教师教学评选”活动自6月启动，经过学校初赛后，共有267名中小学数学、音乐、美术和信息科技学科的教师进入复赛。经复赛，133位教师进入决赛，并在组织课堂教学听课及答辩后，于11月23日参加区教育学院组织的本体知识和技能的专业测试。经学科专家评审和评选组委会的最终审定，评出一等奖27名，二等奖53名，三等奖52名，说课奖55名。

(平智炜)

附：区教育局驻地及负责人

(2013年1—12月)

地址：延安东路300号西15楼
邮编：200001
电话：33134800—21509

区委分管常委：李　崟
区政府分管副区长：程霄玉

区教育局党工委书记：唐海宝
副书记：王伟鸣(兼)、王秀娟、刘寿华

区教育局局长：王伟鸣
副局长：曹跟林、杨　燕、江伟鸣、颜文生、徐辰超

徐汇区

［2013 年概况］ 全区共有各类学校 184 所，其中业余大学（社区学院）1 所、中学 37 所（高级中学 6 所、完全中学 9 所、初级中学 19 所、一贯制学校 3 所）、小学 44 所、职校 2 所、中专 9 所、幼托园 89 所、特殊教育学校 1 所、专门学校 1 所。在校学生 11.1 万余人。3—6 岁适龄儿童入园率 100%，九年义务教育入学率 100%，高中阶段教育入学率 98%。教职工 1.17 万余人，其中专任教师 8494 人（中学 3275 人、小学 2327 人、幼儿园 1586 人、中专 1093 人、其他教育机构 213 人）。高级职称教师 1102 人（其中特级教师 36 人），占教师总数的 12.97%；中级职称教师 4389 人，占教师总数的 51.67%。专任教师学历达标率 100%。共有社会力量办学院校 89 所，1 所社区学院、19 所老年大学、13 所社区学校、306 个居委教学点，专职教师 86 人，兼职教师 1802 人，班级总数 4277 个，学员总数 10.9 万余人，学习团队总数 405 个，大型学习活动 265 个，社区教育志愿者 4852 人。

教育经费继续稳步增长，教育经费决算总收入 22.75 亿元。全区基础教育各阶段生均公用经费显著增长，职校达 7119.08 元，同比增长 4.56%；高中达 11452.45 元，同比增长 4.01%；初中达 10443.51 元，同比增长 4.92%；小学达 7116.08 元，同比增长 6.25%；幼儿园达 7069.97 元，同比增长 2.85%；特殊教育达 17944.7 元，同比增长 4.93%。继续做好学生帮困工作，向区内 240 名品学兼优、家境困难的学生发放“美罗奖学金”“蒂伊奖学金”“云华助学金”“康乐奖学金”和“神明奖学金”，共计 19.4 万元。区教育局荣获“全国第四届中小学生艺术展演活动”优秀组织奖、全国终身教育科研成果评选组织奖。

一、深化教育体制改革。推动“十二五”规划各项目标和任务的顺利完成。开展义务教育阶段“新优质学校”建设，完成首批创建学校中期评审，评出第二批 11 所创建学校。继续以创新实验室建设和课程建设为抓手，推动高中特色化建设，上海市第四中学的纳米实验室、华东理工大学附属中学的化学创新实验室、中国中学 C7 创新实验室等建设完成并投入使用。继续探索学生评价制度改革，进一步推进“绿色指标”学校数据分析和校本化实施途径研究，推进实施小学低年级“基于课程标准的教学与评价”，开发学生综合评价系统。

二、深化学校校际联动。优化街镇义务教育资源布局。颁布《关于进一步深化市实验性示范性高中“初高中一体化管理”机制改革的补充意见》，完善初高中一体化管理的运行机制。启动新一轮学校委托管理，委托建襄小学管理华泾地区华泾小学，委托位育初级中学重组管理位育实验学校，委托民办盛大花园小学管理龙华小学，委托民办世外小学管理康健外国语实验小学，委托民办世外中学管理康健外国语实验中学。

三、推进基础教育内涵发展。完成学前教育新三年规划总结。深化幼儿园转制工作，研究出台 7 所体制改革幼儿园人员经费管理机制，组织幼儿园开展特色项目申报。加大保教队伍专业化建设力度，着手设计新一轮园长联盟方案，推进“徐汇杯”教玩具制作大赛和“果果”杯青年教师专业能力评比，提升幼儿教师专业能力。组建保健教师中心组，加强幼儿园保健质量管理。完成 14 所公办幼儿园的飞行督导，对面临复验的一级园加强技术支持，完成新一轮区级示范园、准一级园的评审，开展面向全区幼儿园的家长满意度测评。规范民办幼儿园年检工作，建立年检结果网上公示制度。启动小学“牵手计划”，出台《徐汇区小学课程建设三年行动计划》，构建组团式学校课程建设机制，提升校长课程领导力，全面推进学校课程建设。深化小学心理健康教育的内涵建设，开展对 55 名小学专、兼职心理教师的业务培训。推进高中特色多样发展。继续在南模中学等 6 所学校中开展第四期 SDP 课程教学。总结西南位育中学和田林地区三所公办初中的第一轮联动发展工作经验，启动第二轮联动发展项目。有序推进特殊教育。举行教育、卫生、残联三方签约仪式，成立新一届徐汇区特殊教育医教结合专家委员会。落实特教医教结合工作，重点部署特教教师实务培训工作。充实随班就读学生专职师资队伍，为 12 所中学配备特教专职教师。

四、推进职业学校转型发展。以“专业建设和素养工程”为重点，启动上海市信息管理学校与上海电机学院的中高职贯通培养试点，组织申报上海市信息管理学校与上海民航职业技术学院的中高职贯通培养项目。做好徐汇区职业高级中学新增专业备案，组织区属中职校参与市教委“精品特色专业”建设。以“三区联动”为突破口，召开职业教育联席会议暨职业教育集团第六次理事会会议，新增4家成员单位。深入开展行业专业合作委员会工作，组织7所职业学校41名教师下企业，特聘32名兼职教师，举办14场次专题讲座。继续规范民非院校办学行为，针对违规办学行为发放行政告知书13份，整改通知书16份。开展对有办学风险院校进行财务专项督查，确保学杂费专用账户监管工作有效进行。

五、推进学习型城区建设。搭建研究交流平台，推进“一街一品”社区教育特色发展。组织申报全国社区教育实验项目，5个实验项目获批立项。开展2013—2014年上海市社区教育示范街镇创建工作。组织开展徐汇区第八届学习节。深化社区教育课程建设，完成社区教育系列教材第三辑（共12本）编撰出版，《家庭一平米菜园种植、体验、分享》等三门课程入选上海首批社区教育课程升级改造资源。完成徐汇终身学习网第三次改版，全年开展22项网上活动，累计178518人次参与。加强社区教师队伍建设，与上师大合作开办“社区教育课程开发管理”专题研修班，组织开展兼职教师教研活动基地的研讨讲座和集体备课活动。大力发展老年教育。完成上海市政府实事项目，在凌云、漕河泾、田林和长桥街道4所老年学校实施老年教育能力提升项目，有效增强软硬件水平。加强上海老年大学徐汇分校内涵建设，共开设课程77门，组织班级238个，共有6200人次参与学习。启动市老年教育信息中心工作，完成新一轮老年教育工作室的申报审核。

六、坚持立德树人。结合创建全国文明城区，大力推进未成年人思想道德建设工作。启动“我们与梦想同行”主题教育活动。举行“同铸复兴路　共圆中国梦”红色经典小故事讲演比赛，推进社会实践基地课程化建设的研究与实践，出版《走入社会大课堂》丛书。统筹区域内外社会实践资源，在50所中小学建成“做一个有道德的人”联系点，在37所中小学建成“城市学校少年宫”。加强中小学生行为规范教育，表彰新一轮上海市行为规范示范校，启动新一轮徐汇区行为规范示范校创建工作。通过法律知识竞赛、法制网页制作等活动，增强学生法制意识。学科德育工作3个项目获评上海市重点学科德育项目。

七、完善教育人事管理。完成2013年新教师招聘，共招录新教师286人。完成上海市特级校长评选推荐工作和正高级教师评选推荐试点工作，新评两位上海市特级校长、3位正高级教师。做好中小学教师职务过渡改革试点工作和上海市校长职级改革试点工作。完成非义务教育事业单位绩效工资改革。完成1272门校本培训课程的申报与审批，完成547门中小幼校本培训课程的学分认定，开展对12所中小学、幼儿园“十二五”校（园）本培训中期调研。以学前教育教师培训为突破口，构建分类分层、研训一体的区本培训模式，完成178门各类研训一体课程的认定。组织推进市级共享课程申报，充分利用“学分银行”平台，探索“团购”推进市级培训。完善见习教师规范化培训基地方案设计，完成中小学教师教育技术能力中级培训工作并做好成果总结。依托师干训管理平台，制定实施分类学年考核及奖励办法，完成中青年骨干教师、学科带头人第二学年考评工作。开展第三期教师高研班的个性化培养。继续组织香港教育学院管理硕士班的学习进修，继续开展骨干教师赴国外访学等国际交流合作项目。

八、提升教育现代化水平。以现有骨干网络为基础，建设万兆教育城域网，推进无线覆盖一期建设。完成“数字化课程环境建设和学习方式变革试验”项目和“区学生绿色指标综合评价系统”项目需求调研。在8所中小学试点进行“翻转课堂”、“空中课堂”等项目试点工作。整合学生综合素质评价平台、学生学籍管理平台和学生身心健康监测平台信息。加强“中英教育交流培训中心”建设，通过课程建设、教师培训等任务引导32所项目学校开展中英校际交流与合作。继续以联合国教科文组织亚太地区教育创新为发展服务（APEID）联系中心为平台，提升与“大亚太”地区交流内涵。拓宽国际交流渠道，与休斯顿太空中心签署教育合作备忘录。继续做好与云南、青海、海南、重庆、新疆、黑龙江、四川等省、自治区的教育交流，采取支教、跟岗挂职培训、专业发展研讨等多种形式支持当地教育发展。继续推进支援郊区工作，深化与金山、崇明、闵行等区县的教育交流与合作，做好相关委托管理和赴大型居住区对口办学工作，推进中国中学委托管理松隐中学、华东理工大学附属中学委托管理金山区干巷中学、上海交通大学附属小学委托管理金山区朱行小学、上海小学委托管理金山区漕泾小学。

（孙　慧）

［应对幼儿入园高峰］ 着力解决幼儿入园高峰矛盾。一是做好学额预测。联合区计生委、卫生局，根据全区接受预防接种儿童数量，做好户籍适龄儿童以及流动人口统计，盘点现有教育资源容量，梳理资源缺口情况。二是盘整有限教育资源。通过新建公建配套项目、改建校舍和退租还教等举措，在长桥、康健、华泾、漕河泾街道共新增4个园所，招收8个班级约224名幼儿。三是挖掘资源潜力。扩大幼儿园班级规模，新学期全区扩招25个班级，招收700名幼儿，确保户籍适龄儿童100%入园，缓解部分流动人口儿童的入园问题。

（应雅芳）

［推进学前教育联盟建设］ 本着以内涵发展为核心，以提升幼儿园园长专业引领力为重点，通过“园长发展联盟”和“教师专业联盟”建设助推区域内幼儿园整体办园水平提高。第一轮“园长及教师专业发展联盟”方案，采用联盟主持人和学员双向选择的办法，为盟主与盟员之间积极互动，保证联盟工作成效提供隐性心理支持。“园长发展联盟”由傅坚敏、高一敏、郑艺、陈佩枫、阎岩、黄蓉、卫晓萍7位园长组成，“教师专业联盟”由陈佩枫、袁晶晶、金晓燕3位特聘联盟主持人组成，来自区内42所公办幼儿园长和20多位教师分别成为园长联盟和教师联盟的盟员。通过“两个联盟”建设，区内42所公办幼儿园课程实施方案框架初步形成。

（应雅芳）

［启动小学“牵手计划”］ 6月13日，徐汇区小学“牵手计划”启动会议召开。“牵手计划”以“牵手并进，发展共赢”愿景为纽带，通过共研、共享、共创、共进，形成发展联盟，最终达成“薄弱有改进、常规有突破”的联动实效。10月12日，徐汇区小学“牵手计划”校长导师指导团和教学指导团正式成立。校长导师与带教校长签订带教协议，提升职初期正职校长管理水平。教学指导团专家明确职责，旨在提升学校教研组建设的实效性。专家定期深入跟踪学校，围绕各自研究重点，通过专题讲座、“坐堂问诊”等形式，引领、指导教研组开展主题式校本研训；通过上示范课、听评课等形式，引领、指导教师进行课堂教学实践研究；指导学校进行期中、期末命题研究，完成质量分析，制定改进措施。

（梁　斌）

［启动小学课程建设三年行动计划］ 10月，组织全区校长进行第一次课程培训讲座，使各校明晰有关课程改革重要概念。11月，区域层面以参加上海市小学校本课程展示为契机，梳理各校校本课程建设情况并筹建区域拓展型课程共享平台。12月，区域层面成立课程建设“种子校”团队。同时组织各校参加全国第二届“真爱梦想杯”校本课程大赛。全区各校均已完成课程背景调研报告。为配合小学校长培训工作开展，徐汇教育党建e时代徐汇教育发布栏目开辟“心在，智慧在”校长网上论坛，为小学校长创设一个共同交流所学、所感、所获的平台。

（梁　斌）

［两所小学建校百年］ 11月7日，以我国明代杰出科学家徐光启名字命名的光启小学举行建校140周年庆典活动。徐光启塑像同时揭幕。学校坚持以开放胸怀、科学态度、创新理念和实干精神办学。

光启小学140周年校庆典礼

特别是近20年来，持之以恒地开展头脑奥林匹克活动，形成学校显著的科技特色。在培养“会运动、善思考、能合作、有道德”的一代新人方面，也积累了许多经验。

9月29日，上海小学举行建校110周年庆祝活动。作为区域内大型公办学校，秉承“黜华崇实，祛惑存真”优良传统，教育、教学工作受到社会各界的认可和赞誉。学校将110年校史编撰成册，在庆祝活动现场举行首发仪式。

（孙　慧）

［科技艺术教育屡获好成绩］　年内，在美国2013DI创新思维全球总决赛中，徐汇区青少年活动中心光启创新基地参赛队获即时挑战冠军、高中挑战A世界亚军及达芬奇特别奖；华育中学参赛队获初中挑战A世界冠军；南洋中学参赛队获得高中挑战E世界亚军，取得中国代表团参赛以来最好成绩。在上海市百万青少年明日科技之星评选活动中，徐汇区学生获科技之星5名，科技之星提名奖2名，希望之星10名，名列全市第一，徐汇区青少年活动中心获优秀成果一等奖，徐汇区教育局获优秀组织奖。徐汇区师生代表上海参加全国青少年科技创新大赛，获学生项目一等奖1项，二等奖4项；教师项目一等奖2项，二等奖3项。南洋中学70高龄科技教师奚天敬分别获全国青少年科技创新大赛教师科教作品一等奖、科教制作专项奖、全国十佳科技辅导员3项大奖，区青少年活动中心获全国十佳优秀科技实践活动奖。在国家教育部主办的全国第四届中小学生艺术展演活动中，南洋模范中学交响乐《被出卖的新嫁娘》、爱菊小学民乐《山鹰之舞》分获器乐专场中学组和小学组一等奖。

（吕　蔚）

［举办区第八届学习节］　10月20日，以“带你体验多彩学习生活”为主题徐汇区第八届学习节拉开帷幕。为期1个多月的学习节中，全区共推出244项活动，融合文化、演出、讲堂、教育、展览、养生、品赏等一系列丰富多元的学习元素，汇聚全区13个街镇、职教集团、企事业单位、社会公益组织等资源，为市民朋友奉上一场精彩纷呈的学习盛宴。据统计，参加区学习节的市民共有11.2万余人次。

（周晓敏）

［开展教育交流与合作］　12月31日，徐汇区教育局与金山区教育局签订教育帮扶协议，内容包括：互派校长和教师进行挂职或跟岗学习；积极推动两区间对等学校（园）合作共建工作；加强双方在教育教学、课程建设、学业监测、学生评价等方面交流研讨。两区教育对口交流始于上世纪80年代，近年来多次组织“教师队伍建设”、“课程改革”等专题研讨活动，并推动徐汇中学等一批优质教育资源赴金山区委托管理当地学校，促进两区教育共同发展。3—5月，金山区2批21位幼儿园后备干部在徐汇区跟岗学习。徐汇区对金山区学校委托管理也陆续开展，徐汇区中国中学委托管理金山区松隐中学，徐汇区华东理工大学附中委托管理金山区干巷中学。

（刘　鹏）

［优化学校资源布局调整］　完成市教委承担的国家教育体制改革试点项目子项目《均衡配置义务教育资源》，进一步优化街镇教育均衡布局，扩大优质教育资源总量，出台整体布局方案，梳理各级各类教育资源的基本现状，针对局部资源配置不足、资源落差明显等现状，加快完善资源布局。新增科技逸夫、盛华、康沁3所幼儿园，新增康健外国语实验小学；完成中国中学初中部、师三实验学校整体搬迁；完成紫竹园中学初高中分离，在其初中部新建康健外国语实验中学，高中部整体搬迁至长桥地区。

（俞海燕）

［形成“五大联动”发展模式］　一是民办与公办联动模式。采用民办托管公办学校、政府支持民办学校发展的改革新举措，实现体制不变、运行机制创新的联动发展模式。包括街镇政府统筹下发展模式、民办董事会统筹下发展模式、公办学校理事长领导下发展模式等。二是区域集团化联动模式。区内两所示范性幼儿园开展集团化模式改革探索，形成各具特色的区域集团化联动模式。包括科技幼儿园实施先南迁后拓展的科幼模式和紫薇幼儿园实施先扩容再辐射的紫薇模式。三是初高中一体化联动模式。按照“一个法定代表人、两个法人单位”的新型学校管理模式，创造高中带动初中、初高中一体化的联动发展模式。包括运行机制一体化创新试点的市二模式，办学校区一体化创新探索的南洋模式，以及领导体制一体化创新改革的南模模式。四是品牌联盟化发展模

式。发挥教育品牌效应,放大品牌学校在区域优质教育资源中办学影响力,如以位育中学为代表的多元课程高中模式,以西南位育中学为代表的民办体制完中模式,以位育初级中学为代表的全面发展初中模式,以位育实验学校为代表的异校同构九年一贯制模式。五是多模式合作发展模式。针对不同学校在办学体制、历史沿革、办学特色方面优势,建立校际间多模式合作、互利互惠的联动发展机制,实现联动各方多赢和优质资源增量。梅一小学恢复成启新小学,梅二小学更名为华理附小,梅三小学更名为上海实验学校附属小学,构成凌云社区品牌提升模式,南站地区组建上师大附属第三实验学校,委托建襄小学管理华泾小学,成功诠释发展新区品牌输入模式。

(孙　慧)

[召开精神文明建设推进大会]　5月,区教育系统召开精神文明建设推进大会。会议对2011—2012年精神文明建设工作进行全面总结,并对新一轮创建工作进行部署。全系统共有市级文明单位31家,其中新创5家;市教卫系统文明单位7家,其中新创6家;区级文明单位91家,其中新创8家;局级文明单位5家。本届新创文明单位的数量为历年最多,各级文明单位数量都有明显增加,取得很好成果。

(孙　慧)

附:区教育局驻地及负责人

(2013年1—12月)

地址:漕溪北路336号
邮编:200030
电话:64879460

区委分管常委、宣传部部长:吕晓慧
区政府分管副区长:王　珏(9月离任)、朱成钢(9月到任)

区教育局党工委书记:王懋功
副书记:庄小凤、罗　晔

区教育局局长:庄小凤
副局长:杜　俭(9月离任)、沈建华、李文萱(9月到任)、沈　韬(9月离任)、王　彤、徐　俭(9月到任)

静 安 区

［**2013年概况**］ 全区共有教育机构50个，其中中学17所，小学12所，幼儿园12所，业余大学、教育学院、逸夫职校、青少年活动中心各1所，其他教育单位5个。在校学生28802人，其中中学生12264人，小学生9469人，幼儿园幼儿5630人，职校生812人，业大学生627人。在职教职员工3758人，其中专任教师3235人。区学科带头人119人，在职上海市特级教师15人，离退休教职员工7232人。

一、稳步推进国家重点课题研究。国家研究课题"走向个性化：发达城区教育内涵提升的实证研究"深入开展。多次召开研讨会，采用集中讨论和分组学习的方式，就课题重点、推进方式、管理方式等进行研讨，对课题的细节和重点环节进行了安排。明确学校、业务、管理部门各自的职责与分工，完善总课题的顶层设计及子项目的研究方案。引导各学校结合自身实际，确立重点课题的子课题，探索形成具有学校特色、促进个性化教育实施的实践经验。

二、促进教育内涵发展。进一步加强中小学校校本课程的建设。制定推进全区校本课程建设的新一轮实施意见，利用各种校外资源开发具有个性特色的拓展型和探究型课程，打造静安品牌课程。组织参加上海市首届小学校本课程展，一师附小的"小小科技坊"科学实验室被列入市教委中小学创新活动平台案例；实施学校素质教育实践推进类项目研究，以项目研究带动学校整体发展。全面启动新一轮学校四年发展规划的制定工作。结合区教育"十二五"发展规划和国家级课题研究情况，聘请教育专家，深入学校开展专业性指导，帮助学校制定更具有针对性的高质量规划，明确学校发展目标与方向。

三、推进实施素质教育。强化仪式教育，增强德育实效。根据各学段学生的年龄特点和认知规律，分层开展"我们与梦想同行"中小学生主题教育活动。以"静安父子阅读联盟"为契机，为全区家长提供普及性家庭教育指导及培训。完善区、校两级心理服务体系，建立健全中小学生心理危机干预与转嫁机制。区中小学生心理健康教育发展中心被评为上海首批8家中小学心理健康教育达标中心之一；进一步推动学校德育实践与研究工作创新发展，致力学科德育的实效性研究。加强体育专项化课程入校园活动，推进体教结合工作。进一步拓展免费送课程进校园的覆盖面，"三课两操两活动"达标和基本达标的学校占93.1%，基本形成"区域有特点、学校有特色、学生有特长"的格局，学生体质稳步增强；推进科教结合工作。举办区学生科技节主题活动，通过专题短片《攀登》展现和回顾五年来静安青少年科技教育的成果。参加上海市青少年科技创新大赛活动和第十一届"明日科技之星"评选活动，获得一等奖14个、二等奖53个、三等奖99个，优秀组织奖2个。1名学生获"明日科技之星提名奖"称号，3名学生获科技希望之星称号。创建艺术特色项目，推进文教结合工作。创建区优秀艺术团队5个，区优秀艺术特色项目4个，区特色项目4个。一师附小获全国百所中华优秀传统文化传承学校的称号；爱国学校女子行进打击乐队获"中华杯"中国第七届非职业优秀（行进）管乐团队展演特色团队银奖，同时获得中国行进管乐发展奖。

四、优化教育教学环境。不断优化数字化教育平台，推进"苹果创新教室"和"未来智慧教室"的开发及应用，探索运用信息技术满足学生个性化学习和创新素养的实践经验；进一步完善教育信息化基础设施建设，健全教育信息化公共服务平台，进一步丰富平台内容，推进区域优质教育资源共享；完成文明单位创建，系统内新增市级文明单位两个，委级文明单位两个。推进校园安全工作，以创建"上海市安全文明校园"、"温馨教室"为抓手，落实学校安全责任，实地检查技防、物防等安全设施设备，健全和完善安全管理制度和长效工作机制；推进重点建设项目管理，配合区建交委、区发改委等部门完成市西中学改扩建项目竣工验收。通过购买、租借、校舍修缮等方式扩大办学空间，调整区域教育结构布局，优化教育资源配置。

五、促进各类学校优质均衡发展。加强医教结合，提高学前教育阶段保教质量；试点市教委"基于课程标准的教学与评价"项目研究，通过有效实施"学习准备期"、"快乐活动日"等工作，减轻小学生学业负担和心理负担。进一步加强初中新优质学校建设,发挥学校在均衡发展和教育转型中的示范辐射作用,举行市级层面的公开展示活动;促进高中特色化、多样化发展。以市西中学高中创新实验室建设为龙头,结合各高中办学特色,整体推进区域高中创新实验室多样化发展。依法保障特殊教育,尝试建立教育机构与医疗机构的康复合作机制,试点建设顾问医生驻校机制;着力完善区域终身教育服务体系,组织开展"静安学习节"、"世界读书日主题活动"等活动,总结特色项目,推荐学习资源,展示学习成果。推动"白领学堂"、"静安书友汇"、"社区教育内涵建设"等项目的持续发展。以国学与文化精品讲座为重点,推出系列高品质讲座,吸引数千人次参与。开设高品质专题沙龙活动,提升在职人士文化内涵。以社区教育评估为抓手,开展社区老年学习型团队建设评估工作,增强团队规范化、标准化意识。

六、提升教师队伍职业道德素养和专业能力。加强师德师风建设,提高教书育人能力;推进骨干教师梯队培养和选拔。加强区学科带头人的管理和履职考核,增选区学科带头人 27 人。启动第二期区教育拔尖人才培养,选出 15 个区教育拔尖人才培养对象,制订专业发展路径。组织第二期见习期教师规范化培训,114 名见习期教师在 6 所培训基地学校接受规范化培训。探索教师培训工作个性化路径、方法。设立静安教育师资队伍建设专项工作经费,加大师资队伍培养力度。在总结义务教育学校实施绩效工资基础上,组织落实其他教育事业单位制定方案实施绩效工资制度,及时妥善解决各类新问题;促进各校师资队伍均衡发展。建立校级干部、骨干教师和中学高级教师跨校申报等机制,系统内跨校交流 36 人,其中校级领导 12 人,中学高级教师 8 人,进一步优化各校人力资源配置。

七、推进行风政风建设。严格执行中央"八项规定",完善《关于规范召开学校党政负责干部会议的要求》等制度,改进工作作风,精简会议活动等。推进"三重一大"集体决策制度的完善和落实,提高制度的执行力。加强教育经费使用指导。加强学校财务知识培训,提高相关人员综合素质和业务能力。

年内,区教育局荣获"上海市第九届全民终身学习活动周最佳组织奖及最佳活动奖"、"上海市治安防范先进集体"等荣誉称号。一师附小获全国素质教育先进示范校荣誉称号。逸夫职校学生获全国职校技能大赛银奖。

(沈　俭)

[举办青少年科技创新大赛]　1 月 26 日,区青少年科技创新大赛举行,近 500 名师生的 357 项创新项目参加展评,申报项目数刷新历史纪录。大赛分为"区青少年科技创新成果展评"、"区明日科技之星评选"、"区科技创意之星评选"三大板块。其中"创造发明与科学论文"参赛项目数量达到 150 项。所有中小学校都有创新项目展示交流,申报数量超过历届。项目涉及工程学、植物学、微生物学、环境科学、社会科学等 13 个领域,充分体现静安学子科技创新的实力。新建成的静安区"少年科学院"和"创意梦工厂"承担各校 60 多项课题的研究和孵化。

(沈　俭)

[推进区域心理健康服务]　3 月 4 日,启动心理健康教育教师"临床见习"活动。全区选派 2 批 9 位教师参加"临床见习"活动。4 月 13 日,区心理健康中心举行"以更好的心态　面对更高的挑战"为主题的大型心理咨询活动。设立 11 个个别咨询点,邀请多位知名心理学专家及 20 余名经验丰富的专业心理咨询师,为家长和学生进行现场一对一咨询。10 月 11 日,区学校心理教师成长工作坊活动启动,来自区内 11 所学校 12 位心理老师受邀加入工作坊。

(沈　俭)

[举办学习设计培训]　3 月 20 日,举行"个性化教育背景下的学习设计研究"学习设计培训活动,来自全市各区县及浙江省海宁市的 84 所愉快教育基地学校的领导、老师 230 余人参加培训。培训活动由上海市愉快教育研究所组织,会上作关于"推进学习设计,提升学习效能"实践研究项目的调研报告,通报各基地学校前期研究的基本状况。长宁、闵行、金山等区的学校校长介绍在学习设计研究中的实践经验,以及在个性化教育上所作的探索。获得第二届学习设计案例撰写一等奖的 4 位教师介绍了课堂教学中设置学习任务单帮助学生学习的实践经验。

(沈　俭)

[一师附小机器人项目两度获奖]　3 月 21—24 日,2013RoboCup 青少年机器人世界杯中国赛在北京举行。来自全国各地近 300 支队伍,围绕机器人搜救比赛、机器人舞蹈比赛、超级联队舞蹈比赛、机器人足球比赛、机器人创新比赛等 5 大类、30 个比赛项目展开激烈角逐。一师附小学生经过拼搏,获 2013RoboCup 青少年机器人世界杯中国赛区冠军。

9 月，一师附小“乐高机器人”在澳大利亚获得“世界机器人锦标赛”澳大利亚公开赛一等奖。

(沈 俭)

[召开网络道德法制教育研讨会] 3 月 27 日，区教育局召开学校网络道德与法制教育专题研讨会，围绕转型社会背景下中小学生网络道德教育与法律关系的处理问题展开研讨。6 所基层学校的德育教导分析学生网络冲浪现状与存在问题，介绍学校开展网络道德教育和法制教育有关做法。受邀参会的律师从法律和道德的角度谈学生网络冲浪，在道德层面要做到的“六不”，在法律层面要关注的民事责任、行政责任及刑事责任。

(沈 俭)

[举行班主任基本功大赛] 5 月 27 日，区中小学班主任基本功大赛决赛举行。经过初赛、复赛，全区中小学共有 28 位班主任参加决赛。决赛分为笔试和面试两部分，笔试内容为班主任工作“应知应会”，主要考察班主任掌握、运用相关政策和德育原理进行中小学生思想道德教育的能力。面试为当场抽题回答，内容涉及班主任在班级日常管理过程中碰到的难点问题，主要考察班主任的教育理念、管理方式和学生观等。大赛采用“赛训一体、以赛促建”方式，旨在进一步搭建班主任成长的平台，推动班主任专业化发展进程。

(沈 俭)

[新加坡教育部长访问育才中学] 5 月 30 日，新加坡教育部部长、高等教育司长、校区司长等一行 11 人参观访问育才中学。育才中学校长代表学校热情接待新加坡客人，就学校课程建设、学校德育、师资培育等问题与来宾展开深入交流。新加坡客人十分关注学校课程建设，对学校在中国既有课程框架中力争以丰富的课程满足学生多方面的发展需求、开展课程改革的情况表示认同和赞许。双方还就新加坡与上海基础教育的异同、学生高考压力与自身能力发展等方面的问题进行认真探讨和交流。新加坡客人还参观了学校校史馆、图书馆、云教室及艺术教学区等设施。

(沈 俭)

[与美国一中学签约合作] 6 月 7 日，市西中学与美国佛得谷中学合作交流备忘录签订仪式举行。静安区教育局局长，美国佛得谷中学校长，美国佛得谷中学中国代表，市西中学领导参加签订仪式。静安区教育局表示，上海教育面临教育转型新时期，对市西中学 ib-dp 项目与美国佛得谷中学的合作表示支持和高度期待，希望这一项目能为区域内基础教育国际化提供宝贵经验。

(沈 俭)

[幼儿园见习期教师成果展示交流] 6 月 17 日，“2012 学年静安区幼儿园见习教师规范化培训项目”学员教学实践展示汇报活动举行。区教育局、区教育学院、全区新教师培训基地学校领导，聘用学校校长等有关人士以及 18 位见习教师参加展示汇报活动。实践表明，规范化培训制度让见习教师能真正融入到培训学校学习、工作中，切实体验、感悟培训学校的优秀校园文化、教研氛围和游戏教育教学特色，增强了见习教师的职业认同感和使命感，进一步规范了见习教师的教育教学行为。

(沈 俭)

[开展足球课程进校园活动] 6 月 18 日，区小学“校园足球课程”项目工作会议召开。区教育局、市教委体卫艺科处、市教委教研室、耐克体育公益部相关人员及各小学校长、体育教研组长和足球执教老师等 50 多人参加会议。会议以专题短片形式回顾一年多来各小学足球课开展情况，曼联、耐克足球体育课项目中国区总教练和技术顾问对校园足球项目进行介绍和展望。

(沈 俭)

[举办残疾人电脑操作培训班] 7 月至 9 月，区业余大学免费为 49 位残疾学员开设《电脑操作基本技能》培训课程，这是区业余大学首次为残疾人开设的教育培训项目。该培训由上海开放大学残疾人教育学院与上海市残疾人劳动服务中心联合举办。学校完善了无障碍设施，配备教学志愿者与手语志愿者。经过学习，所有残疾学员考试合格。

(沈 俭)

[举行首届内地新疆班学生开学典礼] 9 月 3 日，育才中学举行该校首届内地新疆高中班开学典礼，校团委、学生会代表致欢迎辞。首届内地新疆高中班学生共 82 人，分属维、汉、哈、回、东乡、蒙古等 6 个民族，地域遍及新疆南北各地。

(沈 俭)

[举行课程改革与发展论坛] 10月18—19日，举行主题为“深水区：基础教育课程改革必经之地”的第三届基础教育课程改革与发展论坛。论坛由人民教育出版社和中国教育学会主办。人民教育出版社报刊社、中国教育学会教育学分会与育才中学联合承办。来自全国各地的知名教育专家、中小学校长、教研员、教师，教育科研院所研究员，高等师范院校的师生，上海市实验性示范性高中和静安区高中学校的领导、教师，以及教育新闻媒体的代表等近600人参加论坛。育才中学校长以“学校课程：让每一个学生焕发生命的光彩”为题作大会主题发言。育才中学向参与论坛的全体代表展示16节公开课。与会代表围绕“如何重新定位考试和评价改革”、“如何重新认识课堂教学与深化课堂教学改革”、“学校课程的校本化、个性化设计与开发”、“课程理论对课程改革实践的价值到底何在”等四方面课程改革深水区问题展开交流和讨论。

（沈 俭）

[获全国小学数学教学交流一等奖] 10月21—23日，由中国教育学会小学数学教学专业委员会举办的“第十一届全国深化小学数学教学改革观摩交流会”在湖北省武汉举行。静安区第一中心小学数学教师章雅玲代表上海市参加交流活动。交流活动吸引来自全国各省市的数学学科专家、教师代表前来参加。各省市各推出一节课参加交流，共计32节课。章雅玲执教的《垂直与平行》一课，凭借充满数学内涵的教学设计，精彩巧妙的教具演示获一等奖。这也是22年以来上海取得的最好参赛成绩。

（沈 俭）

[合作探索中高职贯通之路] 10月29日下午，逸夫职校与上海思博职业技术学院“服装设计专业中高职贯通班”人才培养计划专家论证会召开。逸夫职校与思博学院经过反复磋商，就合作开展服装设计专业中高职贯通试点工作达成共识。论证会上，专家组审阅《服装设计专业中高职贯通班试点方案》等材料，在听取汇报和评议基础上，认为该方案对探索构建职业教育“立交桥”，发挥职业教育集团化人才培养的规模化、集约化和品牌化效应，探索基于学分互认的中高职课程衔接等更加灵活的职业教育人才培养模式，具有积极作用。

（沈 俭）

[被评为市优秀教师] 10月，静安区业余大学教师茅庆平、蒋彭被评为2013年度上海市百名成人教育优秀教师。此奖项专门表彰在成人教育领域授课10年以上、教学成果突出、师德高尚的专兼任教师。茅庆平、蒋彭从事成人教育工作以来，坚持教书育人，教学改革事迹突出，获此荣誉。

（沈 俭）

[后“茶馆式”教学研究所揭牌] 11月17日，由市教委命名的上海市后“茶馆式”教学研究所揭牌。以《后“茶馆式”教学的发展研究》为题的上海市教育科研重点课题同时开题。市教委、静安区领导和张人利名校长基地学员，以及中小学校长出席研究所成立会。2010年，后“茶馆式”教学获教育部首届全国基础教育课程改革教学成果一等奖。市教委在静安区教育学院附属学校成立上海市后“茶馆式”教学研究所，旨在进一步深化改革，让具有影响力的

后“茶馆式”教学研究所揭牌

改革成果在更大范围内辐射。研究所将以教育科研为引领，做好后“茶馆式”教学的推进和研究。

（沈　俭）

［**书法教学汇报展示**］　11月21日，区教育局“赵珊珊书法工作室”教学汇报展示活动举行。市教委体卫艺科处、语管处，市书法家协会及区教育局的领导、专家应邀出席。参加和观摩展示活动的还有市校外书法教研组教师、学校校长、区艺术总辅导员。“赵珊珊书法工作室”近百名师生汇报、展示了近年来书法教学成果，充分展现“赵珊珊书法工作室”推进个性化书法课程开发，将现代信息技术与传统民族文化相结合的新探索和新思考。近年来，“赵珊珊书法工作室”探索多媒体书法教学课件的研发与运用，开发具有个性化色彩书法课程以及配套制作181个多媒体书法教学课件。

（沈　俭）

［**民立中学110周年校庆**］　11月23日，市民立中学举行110周年校庆活动。区委、区人大、区政府、区政协领导以及浙江省象山县殷夫中学等友好学校嘉宾共庆民立百十华诞。学校以建校110周年为新的起点，坚持为民而立、立德树人，在深化教育改革、促进学生个性化发展道路上不断探索，谱写新的篇章。

（沈　俭）

［**举办区“2013未来工程师大赛”**］　区“2013未来工程师大赛”于12月6日举行。活动设“机器人竞技场”、“桥梁结构秀”和“亲子桥梁赛”等三大竞赛项目及“凌霄飞车”一个展示项目。全区共有19所中小学近150名师生进入决赛。未来工程师大赛是区域科技重点活动之一，从9月份启动以来，经历赛前动员、专题辅导、学校预赛、区决赛四个阶段。本次比赛继续将STEM（即科学、技术、工程、数学）融入到桥梁比赛中，学生们通过数学计算，自己绘制桥梁草图，并自行设计，创新实践。

（沈　俭）

附：区教育局驻地及负责人

（2013年1—12月）

地址：南阳路215号
邮编：200040
电话：62790802

区委分管常委：杭春芳
区政府分管副区长：夏以群

区教育党工委书记：孙明丽
　　　　　副书记：陈宇卿、朱娴华

区教育局局长：陈宇卿
　　　副局长：戈一萍、徐　刚、周晓春

长宁区

［**2013年概况**］ 区教育系统有机构104所，其中中学26所(包括高级中学4所、完全中学6所、初级中学14所、九年一贯制学校2所)，小学23所，职校1所，幼儿园36所，特殊教育学校3所，专门学校1所，社区学院1所。另有托儿所19所，社会力量办学院校95所。全区在校学生55978人，其中中学生19116人、小学生20157人、幼儿园(包括托儿所)幼儿12870人、职校生1255人、业大学生1764人。全区教育部门办学在职教职工6079人，其中中学教职工2429人，小学教职工1678人，幼儿园教职工970人，职校教职工190人，特殊教育教职工229人，其他教育机构教职工583人。离退休教职工7260人。

区教育局坚持"为了每个学生更好地学习与成长"的核心理念，积极落实《长宁区教育改革发展"十二五"规划》，完善"东优、中强、西高"教育布局，推进教育转型发展，努力办好人民满意的长宁教育。

一、分学段深化课程和教学改革。学前阶段实施《长宁区学前教育三年行动计划(2011—2013年)》，完成幼儿园三年发展规划综合性督导评估。形成"主题——运动"项目课程评价指标和资源库。完成一级园复验和申报，虹桥幼儿园被评为市一级幼儿园。小学阶段结合校本课程，深化小学"快乐拓展日"课程建设。推进"基于课程标准的教学与评价"工作。4月，由教育部牵头新华社等多家中央媒体组成"我的中国梦"区县教育改革巡访团赴长宁区实验小学和天一小学采访长宁教育综合改革及减负增效工作。11月，承办以"智慧与分享"为主题上海市小学校本课程展示活动。初中阶段推进市"新优质学校"项目。5月，开元学校、天山初中和绿苑小学向全市展示市新优质学校发展阶段成果。为形成一批"家门口的优质学校"，启动区"新优质学校推进项目"，古北路小学、长宁中学等8校成为首批试点学校。高中阶段"促进高中教育优质特色多样发展试验"参与部市合作项目得到教育部和市教委的肯定。持续推进义务教育阶段学生综合素质评价改革。完成2012年"学生生活幸福指数"、"学生身心健康指数"和"学生学业成就发展指数"测评调研，以一校一报告形式反馈，指导学校和教师改善教育、教学及管理行为。有效开展与上师大教育合作项目。上师大教育专家进入北新泾第二小学开展教学研究。仙霞高中、长宁中学和上师大美术学院共同举办学生画展。推进教育国际化和信息化建设。做好"网络课堂"建设项目，完成初中语文、数学、英语、理化学科共320节精品课程拍摄和制作。通过加强初、高中网络课堂应用，推动区域内优质教育资源共享。注重国际交流，出国组团25批，出访教师74人、学生147人。选派9名科学教师赴美国哥伦比亚大学教师学院培训，18名英语教师赴澳大利亚昆士兰大学学习。完善全职外教派遣工作，加强对所有小学和部分初中外教工作考核。各类教育有序开展。成立区特殊教育工作领导小组，特殊学校生均公用经费提高至3800元。学前教育及义务教育阶段接受进城务工人员随迁子女12863人，占学生总数26.85％。

二、加强德育工作，促进未成年人身心健康成长。深化学校文化建设。围绕"中国梦　教育梦"主题，开展"我们与梦想同行——活力长宁校园文化季"活动、"中国梦　教育梦"师生征文演讲比赛、首届教职工艺术节、以"心中的梦想"为主题"微感言　微镜头　微演讲"系列活动、"雅言传承文明　经典浸润人生"中华经典诵读活动、"快乐科技我能行"学生科技节和"艺术梦舞台"等七大项目，营造校园文化氛围。举办"长宁校园文化展示活动"，以艺术表演形式展现学校文化建设成果。坚持立德树人，弘扬社会主义核心价值观。分学段开展"我的中国梦"主题教育系列活动，小学重"感知"、初中重"体验"、高中重"践行"。丰富活动形式激发学生对"中国梦"向往，增强思想和情感的认同。启动新一轮文明单位创建工作。延安中学等20家单位获市级文明单位称号，3家获市教卫系统文明单位称号，79家获区级文明单位称号，区业余大学和姚连生中学两位教师事迹获2012年度区精神文明十佳好事和提名。完善志愿服务等文明创建机制。成立教育系统志愿者服务中心，共有7个志愿者工作品牌项目。开展志愿活动参与人数达6600人。进一步完善学校、家庭、社会"三位一体"合力育人机制。建成适存小学、幸福小学、开元学校等10所城市学校少年宫，以"爱心晚托班"、"阳光星期六"和"快乐活动日"形式面向社会开放。区未成年人心理健康辅导中心通过市教育评估院达标评估，开展第一批17所中小学心理健康教育达标校评估工作。推动德育工作队伍专业化发展，建设市中小学班主任带头人工作室，成立马烈工作室和郑皓亮工作室。形成娄山中学《初中教师课堂育德情境创设能力提升的行动研究》等重点研究项目，编撰教案《基础型学科中的民防教育(物理篇)》。

加强中小学传染病防范力度，做好H7N9禽流感防控工作，因病缺勤网络直报覆盖率达100%，区域内中小学各类传染病总体处于散发可控状态。与区卫生局等部门推进"防近视、防肥胖和防龋齿"工作，完成中小学生健康体检39961名，覆盖率达98%以上。全面实施学生"阳光体育"活动，保障学生每天在校锻炼一小时。科技和艺术教育获佳绩。2月，市三女中吹奏乐团和延安中学民乐团在全国第四届中小学生艺术展演活动中获全国器乐类一等奖，区教育局获全国优秀组织奖；3月，承办第28届市青少年科技创新大赛，获49项一等奖；11月，协办2013—2014 DI上海青少年创新思维竞赛，长宁实验小学获"艺术家作"项目一等奖；区教育局在市学生舞蹈节比赛中获优秀组织奖。

上海青少年创新思维竞赛举行

三、发展社区教育和职业教育。规范管理民非教育培训机构。引进3所民非教育培训机构，"长宁益赛进修学校"等6所学校终止办学，区域内民非教育培训机构达95所。完成"学杂费专用存款账户"和"最低余额专用账户"开户申请，初步建立民非教育培训机构"学杂费第三方管理"制度，全部民非院校执行学杂费专用账户制度。建设"乐学网"信息平台，覆盖信息公开、行政审批、办学评价、统计分析等，为落实全行业管理搭建平台。推动社区学院转型发展，由成人学历教育为主向为终身教育服务转变。送教进社区，与社会经济、文化事业发展相结合，提供不同层次培训项目。从"六便利"到"e学社"、从"网上学校"到社区体验中心、从"白领学堂"到"残疾人教育服务"、从"校企合作"到女子学苑、从"教师下社区"到学校所有课程向社会免费开放，社区学院打造长宁区继续教育、终身学习大平台。推动区域数字化学习工作，启动"区街一体化数字化学习平台"建设项目，开展"社区数字化学习推进"专题培训。在"2013年度全国社区教育工作研讨会"上，社区学院"学在数字长宁的一天"短片获全国社区教育成果展示一等奖，区学习型城区建设成果被编入国家社区教育发展报告。探索职业教育改革。4月，现代职业技术学校正式获教育部批准立项建设国家中等职业教育改革发展示范学校。建设"酒店服务与管理"、"国际商务"、"计算机动漫与游戏制作"和"汽车运用与维修"重点项目，"现代服务业综合职业素质养成建设"特色项目，深化专业内涵。在全国职业院校技能大赛中，现代职校获1枚银牌、1枚铜牌。在市第五届"星光计划"中等职业学校技能大赛中获17枚金牌、16枚银牌、52枚铜牌，奖牌总数85枚，位列全市第一。

四、加强人才队伍建设，深化师德师风建设。开展区教书育人先进个人和"身边的感动"师德先进集体评选活动，市三女中语文教研组等10家集体被评为区"身边的感动"师德先进集体，市三女初马琳等10位老师为区教书育人先进个人。现代职校贾青获全国职工职业道德建设先进(师德标兵)、延安实验初中祝玮获市教书育人楷模提名奖。招聘教师

193人，其中硕士以上学历42人。作为全市两个试点区之一，探索校长职级制改革。以“角色适应、经验积累、专业成熟和职业楷模”4个阶段，明晰学校干部职业生涯发展序列。有特级校长8名、高级校长47名、中级校长38名、初级校长47名。开展调研课题《加强教育系统干部梯队建设》、出台《区教育系统关于中青年干部挂职副校长（副书记）、助理的管理办法》，完善学校干部培养、选拔、使用和管理机制。8名校长分别赴香港特区、新加坡攻读教育学硕士，1名赴美国参加影子校长项目培训，1名参加长三角名校长培训。完成2012年度181名见习教师规范化培训工作，举办123名见习教师规范化培训。继续推进第三轮“优青项目”、“学科带头人项目负责制”和第三期“市普教系统名校长、名师后备人选培养”等一系列工作。组织开展“教师在课堂教学中的形成性评价能力”为主题的教师专业素质调研。做好对口支援与合作交流工作。签署《长宁区与金山区教育帮扶协议》，参加市教委第四轮委托管理工作，西延安中学等5所学校与嘉定区、闵行区和金山区学校结对。签署《长宁区教育局与三亚市教育局基础教育合作框架协议》，完成海南省89名校长、教师带教工作，选派10名校长、教师赴海南支教。

五、优化教育资源布局，完善基础设施建设。建青实验学校幼儿部加层完工、兆丰幼儿园和古一幼儿园增设分部、调整新华幼儿园分部，挖掘潜力盘整资源，稳妥应对入园高峰。复旦中学西部校区改扩建项目6月开工建设。姚连生中学总体改造项目12月开工建设。新光中学总体改造完成更名为延安实验初中。娄山中学和新古北中学实现一体化办学。新建延安中学体育馆和理化楼项目、新建仙霞高中体育馆进入全面施工建设阶段。30所学校通过公开招标，安装直饮水设备，两万余名师生受惠。完成区政府年度重点目标，教育系统全面实行国库单一账户改革，区财政教育投入管理和使用工作得到国务院教育督导委员会督导组肯定。区教育经费投入总计20.92亿元，生均事业经费38385.87元，生均公用经费15799.95元，教师人均年收入125160.36元，依法实现“三个增长”。免除义务教育阶段书簿费991.73万元，投入346.36万元用于中小幼城镇低保家庭学生、残疾学生及义务教育阶段本市户籍的农村家庭学生的帮困助学，落实中等职校国家助学金政策350万元。

（长　教）

［成立涉校纠纷人民调解工作室］ 3月13日，区涉校纠纷人民调解工作室成立，主要调处在校内和学校组织的教育教学活动中发生的人身损害赔偿纠纷，在校内发生的教职人员间、学生间、教职人员和学生间民事纠纷，在学校发生的可由调解组织调解轻伤害案件和刑事自诉和解案件，以及学校与周边居民因规划、历史遗留等而产生的纠纷。

（长　教）

［专项督政区义务教育均衡发展］ 3月19—20日，市教委、市政府教育督导室对长宁区开展义务教育优质均衡发展专项督政。市政府参事、国家督学瞿钧，市综合督政组全体成员及区领导参加督政。长宁区作推进义务教育优质均衡发展自评报告，从6个方面介绍区域推进义务教育优质均衡发展过程及成效。市综合督政组成员就教育经费投入、教育资源配置、教师队伍建设等专题开展督察，实地走访天一小学、法三小学、东展小学、华政附中、开元学校、泸定中学等6所义务教育阶段学校，督导组对区委、区政府高度重视义务教育发展给予肯定。

（长　教）

［在市青少年科技创新大赛获奖］ 3月23日，由市科协、市教委、区政府等16家单位主办的，主题为“创新、体验、成长”的第28届市青少年科技创新大赛举行。17个区县的30多万名师生参加大赛。市科协党组书记、副主席曹振全，上海科技馆馆长王小明，复旦大学党委副书记陈立民，市绿化和市容管理局副书记崔丽萍，区委、区府领导出席开幕式。长宁区在青少年科技创新成果板块中获一等奖49个，获奖数量位居全市第一；在科学幻想画板块中获一等奖19个；在优秀科技实践活动板块中获一等奖1个。区少科站和延安中学获优秀组织奖，区教育局、区少科站和延安中学获特别贡献奖。

（长　教）

［开展安全教育日主题活动］ 3月25日，区教育局、区民防办、区反恐办、区消防支队等单位联合下发《关于开展第十八个全国中小学生安全教育日主题活动的通知》。当日，中小学围绕活动主题“普及安全知识，确保生命安全”，利用校内电视、网络、宣传栏、海报板报、广播等途径和方式对学生开展道路交通、消防、食品卫生、防溺水、防踩踏、防校园伤害的主题活动。全区4.5万名中小学生参与应急疏散演练活动。安全教育日主题活动使学生提高安全防范意识，掌握自救自护知识。

（长　教）

［与海南省三亚市签订合作交流协议］ 3月29日，《海南省三亚市教育局、上海市长宁区教育局基础教育合作交流框架协议》在三亚市签订。长宁区副区长，三亚市委副书记、市长出席签约仪式，三亚市教育局和长宁区教育局现场签约。根据协议，区教育局每年选派中小学校长、骨干教师到三亚市中小学校挂职援教，每年派出专家团队到三亚市与三亚市督学共同进行教育教学质量调研；三亚市教育局每年选派中小学校长、骨干教师到长宁区中小学校挂职学习，每年派教育系统的行政、事业单位管理人员到长宁区教育局学习。

（长　教）

［教育部巡访团采访减负增效工作］ 4月11日，由教育部牵头，新华社等多家中央媒体组成"我的中国梦"区县教育改革巡访团到长宁区采访教育综合改革及减负增效工作。《人民日报》、新华社、《光明日报》、中央电视台、《中国青年报》、《中国教育报》、中国教育电视台等10家中央媒体，以及《解放日报》、《文汇报》、上海电视台等19家市级媒体参加此次采访活动。采访活动在长宁区实验小学和天一小学举行。媒体记者观看小学作业效能监测展示及学生作业作品，听取教育改革和小学作业效能监测情况介绍，参观天一小学"未来学习中心"，并随堂旁听语文、数学、英语课。巡访团认可长宁教育综合改革的做法和成效。该活动展示长宁教育以减负增效为切入口，以课程教学改革、作业效能监测为抓手，推进长宁教育综合改革。

（长　教）

［召开教学工作研讨活动总结会］ 4月12日，"长宁区第十一届教学工作研讨活动"总结表彰会召开，通过网络向全区中小学幼儿园直播。研讨活动按照"区域推进、项目引领、生涯发展、健康成长"总体思路，围绕"精品课程、活力课堂、精致教研、科学评价"主题开展。通过研讨活动，学前教育形成"主题—运动"原创课程43例、小学以"快乐拓展日"为主题编辑《独特的魅力——长宁区小学快乐拓展日15%拓展题汇编》（第二辑）、初中依托"阅读领航计划"，形成上海市第三女子初级中学"课本剧"、延安初级中学"旅行中的文化"、虹桥中学"笔记系列"等一批特色课程；高中搭建"主题轴"综合校本课程体系，举行区级以上展示活动5次。在"长教杯"、"希望杯"教学评优活动中，评选出一等奖110名、二等奖163名、三等奖263名。2013年4名教师在市文科教学评优活动中获一等奖、8名获二等奖、3名获三等奖；英语学科教师在市教师展评活动中获一等奖3名；体育学科教师获全国教学比赛一等奖。

（长　教）

［举行亲子嘉年华活动］ 5月26日，"分享快乐，放飞梦想"——2013年"庆六一"亲子嘉年华活动举行。该活动由市妇联、市儿童基金会主办，区妇联、区教育局承办。来自幸福小学、开元小学、长宁路小学的200位外来务工者家庭的学生和家长一起观看环保儿童剧《狮子王》，区少年宫面向社区开放。

（长　教）

［波兰童声合唱团到访］ 5月27日，到访的波兰奥利瓦童声合唱团在区少年宫为区内少年儿童献上一台合唱节目。区领导、波兰驻上海副总领事出席交流活动。合唱团演唱了体现合唱技巧的无伴奏和声歌曲、幽默儿童歌曲。适存小学和娄山中学合唱团同台献艺。

（长　教）

［全国家庭教育指导服务体系试点］ 6月，长宁区被确定为全国家庭教育指导服务体系试点区，是全市唯一试点区。区教育局会同区妇联研讨工作推进方案：成立试点工作领导小组；加大家庭教育公共服务供给，培育特色品牌；结合试点工作开展家庭教育课题研究，促进研究成果转化；结合社会管理创新试点工作，加强家庭教育工作者队伍建设；培育社会组织，拓展志愿者和社工队伍。

（长　教）

［国家开放大学领导到区调研］ 7月8日，国家开放大学党委副书记、教育部社区教育研究培训中心主任在市学指中心副主任、市开放大学副校长等的陪同下，到社区学院调研长宁区社区教育"i—服饰"实验室建设情况。"社区教育i—实验室"项目是由教育部社区教育研究培训中心首创、以计算机技术为支撑、在互联网上搭建、植根家庭的创意活动平台。

（长　教）

［主办上海、台北两地小学生科普夏令营］ 7月22—27日，由市青少年科普促进会、台北中华学生学习成就测验协会主办，区少科站、长宁区实验小学承办的2013年上海、台北两地小学生科普夏令营举行。两地学生在为期6天的夏令营中上了由上海、台北两地科

技老师主持的科普课程，实地参观上海科技馆、上海航海博物馆等科普场所，探访洋山深水港和夜游浦江，让两地学生感受上海国际大都市的快速发展。

（长　教）

［**牙买加教育部长参观盲童学校**］　10月17日，牙买加教育部长一行4人在中国教育部国际合作与交流司国际组织处负责人陪同下访问市盲童学校。代表团参观校史陈列室，在学校推拿中心体验学生推拿，与一年级同学、多重残疾班学生互动。学生代表向来宾赠送亲手制作的手工作品，并表演民乐、舞蹈等节目，学生的作品和表演得到来宾称赞。

（长　教）

［**“学在数字长宁网”开通5周年**］　11月7日，“学在数字长宁网”开通5周年活动暨“区街一体化”数字学习平台上线仪式举行。该项目依托区级平台给街镇建立数字化学习子平台，统一配套提供资源和统计数据共享以及管理和技术支持服务；以二级域名形式扩建子平台同区级平台实现信息和资源同步更新，具备独立学习平台功能，是对区域数字化学习推进工作中人力物力的高效利用。

（长　教）

［**成立终身教育长宁研究所**］　11月15日，由教育部国家教育发展研究中心、上海终身教育研究院主办的首届“终身教育上海论坛”举行，区教育党工委书记与研究院执行副院长签约，成立上海终身教育研究院长宁研究所。长宁研究所由研究院与区业余大学（社区学院）合作建立，旨在推进区终身教育和学习型城区建设工作。

（长　教）

［**上海青少年创新思维竞赛举行**］　11月16—17日，由团市委、市教委、市科委指导，青年报社、市科技艺术教育中心、上海科普教育促进中心主办，区少科站、延安实验初级中学协办“2013—2014 DI上海青少年创新思维竞赛”举行。DI（目的地想象）大赛要求参赛团队用创意完成团队挑战和即时挑战，以快乐又富有意义的方式培养参与者创造能力、问题解决能力和团队合作精神。市政府、团市委、上海科普教育发展基金会、区委、区政府、市教委、市人民对外友好协会等部门和单位的领导分别出席大赛开幕式和闭幕式。长宁区实验小学获挑战C“艺术家作”项目第一名，天一小学获挑战A“深物洞掘”项目第三名。

（长　教）

［**举办校园文化展示活动**］　11月29日，“长宁校园文化展示活动”举行。展示活动通过艺术表演形式，表现校园文化项目的活动推进及成果。长宁区实验小学的《星月夜》，展现孩子们创新思维和科技实践能力；表演《足球小子》的学生来自全国各地、不同阶层家庭；延安中学学生民乐团、姚连生中学评弹的演出，呈现了学校传统文化教育成果；市三女中女子行进打击乐体现体育学科与艺术教学的结合；区教工合唱团《好大一棵树》唱出了“教师呵护学生梦想”的心声。

（长　教）

［**举行“法律进学校”活动**］　12月5日，区“法律进学校”暨华东政法大学附属中学“明德尚法”节活动举行。该活动是区开展第二十五届宪法宣传周系列活动之一，华东政法大学附属中学代表区青少年法制教育基地学校，展示多种形式特色法制教育：开辟“生活与法”、“模拟立法”等“民主课堂”，开设“今日说法”讲座，《班规制定》和“模校管理”等活动将理论教育延伸具体实践。活动还为在区中小学生法律知识竞赛和青少年法制教育网页制作比赛中获奖的学校颁奖。

（长　教）

［**区心理健康教育达标评估**］　12月4—5日，由华东师范大学心理学教授、区精神卫生中心医生、校外心理咨询机构心理师组成的4个评估小组在区内17所中小学开展中小学心理健康达标校评估。评估小组认为：17所学校的心理健康教育工作，领导重视、制度完备，软硬件设施配套完善，“人人都是心理工作者”理念清晰；学校心理健康教育工作达标。

（长　教）

［**承办“中华杯”职业理想演讲比赛**］　首届市“中华杯”职业技能竞赛《我的中国梦——职业理想》演讲比赛决赛由长宁区承办。来自全市的参赛选手以中国梦为背景，结合自身职业发展，以职业理想为主题进行演讲。中华职教社学生朱琳的演讲《对话》获一等奖。

（长　教）

［**国务院教育督导组到区督导调研**］　12月13日，国务院教育督导组一行到长宁区，对区教育经费投入使用管理工作开展督导调研。督导组在天山二

中听取学校行政与资产管理平台开发及应用情况，察看校容及专用教室、校园直饮水等设施，仔细了解学生午餐招投标及实际供餐情况等。区领导作长宁区 2012 年教育经费投入使用管理情况工作汇报。督导组认为：长宁区高度重视教育改革和发展，区财政教育投入大幅增长，教育投入水平位于全国前列；学校财务管理制度精细、具体并落实到位；在依法保障教育高水平投入的基础上，注重重点教育项目投入，努力建设素质教育综合改革试验区、教育国际化与信息化先行区、学习型城区示范区。

（长　教）

［启动《学校五年发展规划》评审］　年内，区政府教育督导室启动对《学校五年发展规划》评审工作，首批被评审学校有市三女中、愚一向红分校、长宁初职校、少科站、少年宫、新元学校、劳技中心、虹桥幼儿园、区教育学院 9 所学校和单位。评审组从“现状分析客观性”、“目标定位适切性”、“重点项目合理性”、“发展举措可行性”、“成功标志可测性”及“完成时间阶段性”这些方面对《学校发展规划》进行评审，着力帮助学校制定出适合校情、别具特色、促进可持续发展的规划。

（长　教）

［成立教育系统志愿服务中心］　年内，区教育系统志愿服务中心成立。以“一站多室”模式即一个志愿服务中心、多个志愿者工作室并行方式对志愿者工作进行统一管理、资源整合、协调发展。首批成立了“素质拓展工作室”、“外语服务工作室”及“爱心小屋工作室”。

（长　教）

附：区教育局驻地及负责人

（2013 年 1—12 月）

地址：长宁路 599 号
邮编：200050
电话：22050000

区委分管常委：章卫民
区政府分管副区长：陈志奇

区教育党工委书记：陈设立
　　　　副书记：姚　期、张　岚

区教育局局长：姚　期
　　　副局长：吴玉雷、夏惠贤（6 月离任）、张健华、邵春安（9 月到任）

普陀区

［**2013 年概况**］ 全区有中学 45 所，在校学生 2.87 万人；小学 25 所，在校学生 3.05 万人；幼儿园 77 所，在园儿童 2.73 万人；职校 1 所，在校学生 0.15 万人；特殊教育学校 2 所，专门学校 1 所，社区学校 9 所，社区学院 1 所，业余大学 1 所，职工中专 1 所，教育学院 1 所。此外，有教育中心 12 个，民办教育培训机构 32 个。

普陀教育深入实施教育规划纲要，聚焦内涵，全面提升教育质量，各级各类教育协调发展，教育现代化进程加快推进，全区教育事业取得较快发展。

一、聚焦立德树人。启动“普陀魂”、“普陀韵”、“普陀情”系列课程的开发，安亭社会实践基地开始启用，修订《普陀大学堂——学生社会实践指导手册》。总结表彰第三届区班主任育德能力大赛优秀教师，评选出“区十佳班主任”，汇编优秀主题教育课、优秀教育案例等，辐射经验。建成区学生心理健康教育中心并试运行。开展学校专兼职心理健康教师上岗培训，确保 100％持证上岗。

二、聚焦课程教学改革。指导全区中小学校修订完善课程计划。举办以“校长课程领导力”为主题的中青年校长论坛。选择 25 所学校的 29 门校本课程参加首届上海市小学校本课程展示活动。获得 2012 年市中学校本课程展示“综合优秀奖”。持续深入推进有效教学的研究与实践，举办以“有效教学视野中练习系统开发”为主题的“全国第八届有效教学理论与实践研讨会”。在武宁路小学等 3 所学校试点“零起点”教学，突出学生综合素质评价，弱化学业分值影响。

三、聚焦推进“新优质学校”建设。形成《普陀区关于全面推进“新优质学校”建设的实施意见》，区域整体推进“新优质学校”项目。继续开展“区素质教育先进校”争创活动，引导学校探索实施素质教育的有效途径和方法，一批普通学校办学品质得到提升。召开可持续发展教育推进会，评选优秀案例和项目，参加第六届可持续发展教育国际论坛，4 所学校被授予首批“中国可持续发展教育国家实验学校”，4 所学校荣获“中国可持续发展教育创新奖”。全区可持续发展教育项目学校已达到 58 所。

四、聚焦学生创新素养培养。引进《元智科学课程》、《哈佛辩论证书课程》，区域共享创新课程达到 13 门。在学生“跨校走班”基础上，增加教师“送教进校”，受益学生增加到 9500 余人，覆盖基础教育全部学段。13 所学校通过区创新实验室项目评估。加强和改进学校实验教学，出台区域性指导意见，协办全市中小学实验教学工作会。开发完成“教育技术装备管理运行平台”，在一些学校进行试点。

五、聚焦教育信息化和国际化。以教育部信息化试点项目“数字化网络环境下学习方式变革实验”为抓手，推进教育信息化，实施“教育云”“电子书包”“J 课堂微视频”等项目。21 所学校参与第二轮中国、英国校际连线课程共建项目“社区点亮生活”。5 名校长、1 名教师赴海外培训。两所高中分别和新西兰学校结对，1 所中学和芬兰中学结对，1 所高中和奥地利学校结对，3 所学校和英国学校结对。

六、深化体教、医教结合。组织小学体育校本课程向全市展示，展示全区落实“每天一小时校园体育活动”和推进体育校本课程建设成效。开展 13 项区级阳光体育联赛、冬季长跑和跳踢活动，组队参加市中运会 13 个项目比赛。编印《游泳》、《校园足球》区本教材。建立校园足球联盟，形成 17 所校园足球布点校。区初中男子足球队获全国校园足球联盟杯总决赛亚军。完成区学生体质健康监测中心建设。8 所学校试点“学校体育场地夜间开放”，满足社区居民健身需求。与同济医院合作，累计完成 237 名卫生保健教师培训，安排到社区卫生服务中心岗位见习，基本实现全区卫生保健教师培训全覆盖。“区幼儿健康与安全管理平台”运行，43 所幼儿园聘用驻园医生。开发特教康复游戏，在区早教中心建立“复旦大学附属儿科医院医教结合合作基地”，与市儿童医院合作开展小学生“注意缺陷多动障碍”研究及应用示范，提升特殊儿童保障水平。

七、推进科教、文教结合。举办区青少年科技节、科普夏令营活动等。运用科技专家资源，开展“小院士”培训，进行科技创新课题研究。积极推进“水科技”创新素养项目。争取科委、科协资源，支持学校、学生开展科技创新活动。总体设计文教结合项目，形成项目结合对接点。区文化馆、图书馆等资源纳入“普陀大学堂”，丰富学生实践内容。

八、干部教师专业化水平持续提升。继续开展优秀师德项目争创，深化师德师风建设。完成“十二五”第一轮干部全员培训，满足干部成长需求。稳步推进8所学校的干部培养“工作坊”。建立区特级校长、书记带教基地，遴选13名新任校长(书记)参与带教培训。5人被评为市特级校长，1人入选区第二批领军人才、4人入选第一批拔尖人才、5人入选区第一批青年英才。建立997人的区第三轮教师专业发展团队。鼓励教师进行高一层次学历学位教育。与华东师范大学学前与特殊教育学院合作培训特教教师，首批安排139名教师参加培训。通过2—3年的培训，确保每所义务教育学校和幼儿园都有1名有特教资质的教师。1名教师被评为市“教书育人楷模”，3人作为市首批正高级教师推荐人选上报。教师资格定期注册试点、教师职称制度改革试点工作顺利推进。全面实施绩效工资制度，基本完成除学校外的事业单位绩效工资实施工作。

九、协调推进各级各类教育发展。提升保教质量，全区市一级及以上幼儿园比例提升到65%。区域推进健康教育，建立25个基地园，出版《好生活源于好习惯》、《播种健康——健康教育课程的领导》、《播种健康——健康教育课程的实施》等专著。对全区幼儿实施一年8次的公益性早教服务，覆盖率达98.1%，全年共服务61150人次，其中特教公益服务4160人次。成立“区幼儿园男教师沙龙”，开展区第一届幼儿园男教师教学评优，提升全区20名幼儿园男教师专业水平。13名保育人员被评为市托幼机构优秀保育工作者。提前完成全区0—3岁早教指导教师100%持双证上岗的目标。新招幼儿8365人，其中非上海户籍2514名，占30%。招收一年级新生7782人，其中外来人口2772人，占35.6%。发展职业教育，曹杨职校烹饪开放实训中心通过评估，汽车实训中心一期建设完成，成立四个职业技能鉴定中心；完成两项市级精品课程；建立“区退伍军人技能培训基地”；获市星光计划大赛3个团体奖、全国技能大赛“两金一银”。促进区域职业教育联合，在区职业教育联盟框架下成立校企合作指导中心、人才工程支持中心、教学与实训协调中心；开展区中职校“十佳教师”评选。继续推进社区教育标准化建设，3所社区学校、9个居村委学习点通过标准化评估。完成长寿街道老年学校等4个“街镇老年学校能力提升”的市政府实事项目。实施养教结合试点，将老年教育紧密融入养老服务体系。建立市老年学习团队指导中心，打造一批全市有特色的学习团队。成立7个社区“达人工作室”，以项目推进方式培育社区教育品牌。下拨市区民办教育专项资金1037.688万元，民办义务教育阶段生均公用经费补贴1073.64万元。对20所民办幼儿园进行全面评估，加强政府监管，规范办学。

十、教育资源布局进一步优化。华东师大四附中改扩建项目基本完工，曹杨二中园区、同济二附中高中部项目开工建设。与上海理工大学合作共建“上海理工大学附属学校”，高起点办好建民村旧城改造区域公建配套学校。改建1所高中的部分校舍为幼儿园，新增学额240个。对5所校舍进行更新加固，完成10所学校大修和254个零修项目。攻坚推进“退租还教”，累计退租50142平方米，清退租户640家，完成计划外退租11303平方米。

十一、完善教育督导。建立区教育督导委员会。修订完成《普陀区人民政府及其有关部门实施教育法规职责的规定与要求》。对区发改委等7家单位进行综合调研，对桃浦镇进行综合督政。修订《普陀区中小学“学校发展性督导评价”指标体系》，强化对学校发展规划科学性、适切性与可检测性的督导。对同济二附中等16所学校进行督导，对曹杨附校等11所学校进行督导回访。积极推广《学校自主性评估机制的实践研究》成果，促进学校自主发展。完成区第二届督学聘任。加大督学培训力度，提升教育督导专业水平。

十二、提升依法行政、依法办学能力。完成区教育局行政执法权梳理，加强行政执法培训。共梳理16项行政审批事项并实现网上公开，编写行政审批指南。发布学校文化建设指南，汇编《全面建设学校文化精心铸造学校灵魂》专辑。制定学校章程建设实施意见，28家试点校先行先试。规范教育收费，加大对教辅材料散滥、有偿补课和公办教师在校外培训机构上课等问题的专项治理。区教育局获2012年度上海市规范教育收费优秀达标单位。

十三、校园安全保障能力不断提升。投入1100万元新建、改造、维护校园监控设施，完善技防网络；投入1752万元优化保安队伍，确保校园平安。开设安全手机短信平台，及时向学校发布安全管理信息。全区使用校车的小学、幼儿园全部更换符合国家标准的专用校车。

（顾文华、包玉全）

[“幼儿园十佳保健教师”颁奖] 1月15日，举行“幼儿园十佳保健教师颁奖典礼”。经过“保健资

料评比”、“业务知识测试”、“现场演讲答辩”三个阶段评选，产生“2012年普陀区幼儿园十佳保健教师”。颁奖典礼上以专题片和现场演讲形式展示“十佳保健教师”悉心工作，为幼儿健康成长保驾护航的风采。

（徐　嵘、顾文华）

［《漫游农耕园》出版］　1月18日，区本教材《漫游农耕园》首发仪式举行。该教材由普陀区中小学社会实践服务中心编著，历时3年，四易书稿。整套教材分“小学版”、“初中版”、“高中版”3册。每册教材中各篇章均设有“知识宫”、“博览馆”、“创意园”和“实验田”栏目，让学生阅读学习与动手实践相结合，普及农耕常识，提升综合素养。该教材在2012年上海市和全国校外教育成果评比中都获一等奖。

（顾文华、徐　嵘）

［区教育督导委员会成立］　2月27日，区教育督导委员会成立。成立教育督导委员会是普陀区贯彻落实国家《教育督导条例》，完善教育督导制度，提高教育督导专业性、针对性和权威性的重大举措。区教育督导委员会负责全区教育督导工作规划与统筹，协调相关部门教育职责，规范各级各类学校办学行为，决定教育督导重要事项。成立大会上宣读了区政府办公室关于成立区教育督导委员会的决定；兼任区教育督导委员会主任的副区长就推进区域教育督导可持续发展提出要求；为15位区教育督察员及第二届兼职督学颁发聘书。

（顾文华、徐　嵘）

［引进国际精品创新课程］　2012学年第二学期伊始，《元智科学课程》和《哈佛辩论证书课程》两门国际精品创新课程相继落户普陀区。由台湾元智大学提供的《元智科学课程》，从2月25日起在真如文英中心小学、真如三小、金洲小学、真光小学、树德小学等5所小学开课。3月8日，由狄邦教育管理机构联合哈佛大学辩论委员会（Harvard Debate Council）与全美演讲与辩论联盟（NFL）等共同研发的《哈佛辩论证书课程》在真如中学开课，来自全区13所高中40名高一年级学生参加课程学习。引进的两门国际精品创新课程，成为普陀区域共享课程新元素。

（顾文华、徐　嵘）

［举办“头脑奥林匹克创新大赛”］　3月2—3日，普陀区教育局与中国上海头脑奥林匹克协会、市科技艺术教育中心联合举办第34届世界头脑奥林匹克中国区决赛暨第26届中国上海头脑奥林匹克创新大赛。头脑奥林匹克创新大赛是一项开发青少年创造力的国际性活动。该届大赛设有“宠物计划”“电子邮件”“翻滚的结构”“古怪与正常”和“海洋探秘”等项目。上海、北京、山东等13个省市以及新加坡、韩国的大中小学、幼儿园共413支队伍参加比赛。普陀区晋元高级中学获“宠物计划”和“翻滚的结构”高中组冠军、新普陀小学获“电子邮件”小学组冠军、宜川新村幼儿园获“海洋探秘”幼儿组一等奖。市政府、市教卫工作党委、市教委、区委、区政府、中国上海头脑奥林匹克协会会长等部门和单位领导出席大赛闭幕式，并为获奖者颁奖，为71所“头脑奥林匹克特色学校”授牌。

（顾文华、徐　嵘）

［建立质量教育社会实践基地］　3月15日，区教育局在上海电机系统节能工程技术研究中心举行学生质量教育社会实践基地成立仪式。该基地免费向全区中小学生开放。上海电机系统节能工程技术研究中心有限公司将利用研究中心内资源，向中小学生宣传质量法律知识、质量管理内容和质量控制方法，在中小学生中普及质量教育知识。上海音乐学院附属安师实验中学学生成为基地首批活动体验者。

（徐　嵘、顾文华）

［“全国气象科普校园行”活动举行］　3月27日，“全国气象科普校园行”活动暨恒德小学第七届气象节举行。中国气象学会，上海市气象局、市气象学会和普陀区教育局、区环保局有关领导，以及普陀区科技环保老师，社区、家长代表与会。恒德小学展示新建成的“七彩天地”——“七彩星”气象站、物候菜园、亲亲果园、生态氧吧、智慧小径、阳光驿站等，并向与会者展现有特色的学校气象环保课程和活动。学校自主研发的第五代气象桌游——“碳锁者”游戏棋首次亮相校园。与会领导为恒德小学“全国气象科普教育基地——示范校园气象站”、“中国中小学气候变化教育行动项目学校”揭牌。中国气象学会、上海市气象学会向恒德小学赠送气象科普光盘、挂图等资料。气象节期间，学校开展个性化天气预报、“我云我秀”摄影作品展、物候菜园小探究、气象环保网络知识竞赛等活动。

（徐　嵘、顾文华）

[中小学资源教师班开班] 3月27日，上海市特殊教育专业岗位培训班暨普陀区中小学资源教师班举行开班典礼。该培训班由普陀区教育局与华东师范大学学前教育与特殊教育学院培训部联合主办，共有来自全区中小学71名教师参加。普陀区将通过2—3年的培训，保障每一所义务教育学校和幼儿园都有1名有特教资质的随班就读教师。开办典礼上，市教委基教处负责人作《上海市特殊教育的现状与趋势》专题报告。

(徐　嵘、顾文华)

[举行可持续发展教育推进会] 4月12日，区2013年可持续发展教育推进会举行。联合国教科文组织中国可持续发展教育项目全国工作委员会执行主任、副主任和区教育局领导以及全区可持续发展教育项目学校校长、核心组成员、争创校代表200余人与会。区可持续发展教育项目工作小组对《普陀区2013年推进可持续发展教育工作方案》进行解读；联合国教科文组织中国可持续发展教育项目全国工作委员会执行主任作题为《可持续发展教育：教学与学习创新之路》专题报告，并对联合国2012年ESD报告《塑造明天的教育》要点进行解读。区教育局局长被聘为“中国可持续发展教育项目”教育管理专家。

(徐　嵘、顾文华)

[召开区教师队伍建设大会] 4月23日，召开区教师队伍建设大会。大会表彰区第十一届优秀教育科研成果100项、先进单位24个和先进个人、优秀个人50位，表彰第二届“普陀杯”教师专业能力评优活动获奖教师817人、获奖集体45个。大会启动区第三轮教师专业发展团队建设工作。经各单位教师个人申报、多方推荐、专家评审、网上公示等程序，评选出13位“特级教师工作室”领衔人、55位学科带头人和116位高级指导教师，组成“区教师专业发展指导团队”；评选出551名教育教学能手和262名教坛新秀，组成“区教师专业发展实践团队”。区领导出席大会并讲话，肯定区教师队伍建设成效，要求完善教师队伍发展政策体系，形成育才、引才、聚才、用才制度环境。

(顾文华、徐　嵘)

[中俄学生举行艺术交流活动] 5月5日，举行“我和‘春天’有个约会——中俄青少年学生艺术文化交流活动”。活动在区青少年中心民乐团民乐合奏《瑶族舞曲》中拉开序幕；俄罗斯莫斯科“春天”少女合唱团演唱多首外国名曲，并用中文唱响《茉莉花》；区青少年中心合唱团、梅陇中学合唱团表演《天赐神粮》、《读书郎》、《毕业生》等中外名曲；沙田学校武术队表演中华传统武术。活动后，沙田学校学生教俄罗斯学生剪纸和制作中国结并作为礼物赠予。作为“上海之春”国际音乐节的“节中节”项目，首届上海之春国际合唱艺术周于5月2—7日举办。普陀区学生合唱团与俄罗斯“春天”少女合唱团同台演唱，是国际合唱艺术周活动之一，活动促进了中俄学生艺术交流和友好往来。

(顾文华、徐　嵘)

[建立“区职业教育联盟”] 5月15日，“普陀区职业教育联盟”成立大会举行。分管教育的副区长和市教委职成教处负责人为“普陀区职业教育联盟”揭牌并讲话；区教育局领导介绍区职教联盟筹备情况以及联盟工作计划；宣读《普陀区职业教育联盟章程》及联盟首届理事会名单；区人社局、曹杨职业技术学校和上海天地软件创业园有限公司作为理事单位代表作交流发言。“普陀区职业教育联盟”是一个开放性组织，由区政府主导，相关职业院校、职业培训机构、职教科研机构、企(事)业单位以及职能部门按照平等原则自愿组成，具有互利性的合作平台。在区职业教育联盟框架下建立职业教学与实训协调中心、校企合作指导中心和职教人才工程支持中心。

(顾文华、徐　嵘)

[召开教育信息化工作推进会] 5月15日，区中小学教育信息化工作推进会召开。会议介绍全区教育信息化工作推进情况，并针对当前教育信息化存在问题，提出推进教育信息化工作重点；会议公布区首批参与教育部信息化试点项目“网络环境下的学习方式变革试验”试点学校名单，并举行授牌仪式；会议提出“围绕一个核心，把握两个关键，突出三个重点”总体推进要求。

(徐　嵘、顾文华)

[举行少先队鼓乐队比赛] 5月24日，区少工委在曹杨实验小学体育馆举行少先队鼓乐队(小学组)比赛。21支参赛队继承传统演奏风格，创新表现形式，将信息技术、学校文化特色有机融入，使鼓号表演更具观赏性、时代性与艺术性。9月27日，在铜川学校举行少先队鼓乐队(初中组)比赛。27支参赛队用跳动的音符、寓意深远的阵形展示普陀

少年奋发向上、朝气蓬勃的精神风貌。最后评选出13支“金色鼓号队”、13支“银色鼓号队”和12支“红色鼓号队”，在少先队建队64周年纪念活动上表彰。普陀区少先队鼓号队比赛每3年举行1次，旨在推进少先队基础建设，提高少先队礼仪教育水平，引领青少年学生对高雅艺术的追求。

（顾文华、徐　嵘）

［获第十届“沪港杯”高中生英语辩论赛冠军］ 7月5—10日，第十届“沪港杯”高中生英语辩论赛在香港举行。普陀区教育学院英语加强办公室、区教研室携手曹杨二中、晋元高级中学、宜川中学、曹杨中学、甘泉外国语中学和长征中学等校辩论团队参加比赛，曹杨二中获得冠军。

（徐　嵘、顾文华）

［评估区民办幼儿园办学质量］ 10月8日—11月15日，区教育局委托第三方上海市申北教育评估事务所，对区域内20所民办幼儿园进行办学质量综合评估。区教育局制定《普陀区民办幼儿园办学质量综合评估工作方案》和《普陀区民办幼儿园办园质量综合评估指标》，对来自全市不同区县的专家进行专门培训，并对民办幼儿园园长进行评估工作布置及操作培训。评估结果3家优秀，16家良好，1家合格。

（徐　嵘、顾文华）

［打击乐《天候》获“群星奖”］ 10月16日，真如中学京韵打击乐团参加文化部、山东省政府联合举办第十届中国艺术节音乐门类作品决赛。《天候》作为全国唯一入选的中学生音乐作品，荣获艺术节音乐类“群星奖”。“群星奖”是文化部为繁荣群众文艺创作、促进社会文化事业繁荣与发展而设立的全国社会文化艺术政府奖，是全国群众文化最高奖。《天候》运用锣鼓、陶笛、牛角号等9种民间传统乐器，体现无调性先锋派创作手法，表现天地、宇宙、生灵对话，是肢体语言与音乐的完美结合。

（顾文华、徐　嵘）

［区退伍军人培训基地揭牌］ 11月11日，区退伍军人培训基地揭牌仪式暨军地两用人才培训成果展示活动举行。军地两用人才技能培训计划是普陀区双拥办与曹杨职业技能培训中心共同开展的一项拥军举措。9月至11月，首批25名中式烹饪学习班学员，分别来自消防、空军雷达站、通讯站等单位，在曹杨职校完成全部培训课程，并参加市技能鉴定中心等级证书考试，获得中式烹调师五级证书。

（徐　嵘、顾文华）

［初中学生勇救落水女生］ 11月12日，区北海中学初三学生赴东方绿舟开展秋季社会实践。期间，初三(6)班男学生沈啸宇、张弘、卞海涛勇救青浦区颜安中学一落水女生。上海电视台等多家媒体报道这3位学生见义勇为事迹，赢得社会赞誉。11月18日上午，北海中学举行“美哉我北海少年——与见义勇为好少年面对面”主题集会，宣读区教育局《关于授予北海中学沈啸宇、张弘、卞海涛“见义勇为好少年”称号的决定》，并为3名学生颁发“见义勇为好少年”奖牌。

（顾文华、徐　嵘）

［首届幼儿园男教师风采展示］ 11月19日，区举行首届幼儿园男教师风采展示活动。来自早教中心等10所幼儿园的16位男老师，分别组织实施体育、音乐、语言、常识等幼儿园集体教学活动，展示男教师在设计、组织活动时独特魅力，并就“男教师从业幼儿教育”、“基于儿童发展师幼互动”等问题进行研讨，展现新课程实施中男教师们的课程意识及育人理念。

（顾文华、徐　嵘）

［举办全国第八届教学理论实践研讨会］ 11月27日，区教育局与华东师范大学课程与教学研究所、市教委教研室联合举办以“有效教学视野中练习系统开发”为主题的“全国第八届有效教学理论与实践研讨会”。来自江苏、浙江、山东等13个省市中小学、上海市课改基地学校、普陀区中小学校长及骨干教师近500人参加研讨活动。研讨会按学段设高中、初中、小学3个分论坛，曹杨二中、真如中学、北海中学、新黄浦实验学校和武宁路小学等学校代表围绕研讨主题作交流发言。研讨会设主论坛，对分论坛进行综述，汇总各学段的思考与观点；区教育局作《区域开展有效教学的实践与思考之八——有效教学视野中练习的系统开发》发言；市教委教研室介绍《提升中小学作业设计与实施品质》项目的调研背景与方案设计；华东师范大学教授作《让“练习”变得更自由、更快乐、更有趣》主题报告。

（顾文华、徐　嵘）

［建成学生体质健康监测中心］ 12月6日，“普陀区学生体质健康监测中心”接受由市教委体卫

艺科处和市学生体质健康监测中心相关领导率领的市级专家组实地验收。专家组人员逐一视察接待大厅、宣教礼堂、候测室、男女测试室、综合测试室、室外跑道等场所，并对单杠、立定跳远、坐位体前屈等测试仪器进行现场实测，对监测流程、测试细节等进行询问。专家组认为，“普陀区学生体质健康监测中心”作为上海市政府实事项目之一，如期完工，符合建设标准，验收合格。

（顾文华、徐　嵘）

［国家财政教育投入使用管理督导］　12月13日，国家教育督导委员会财政教育投入使用管理工作专项督导组来区进行专项督导检查。区领导向国家督导组作题为《关于普陀区财政教育经费投入与管理情况的报告》。督导组肯定普陀区对教育投入努力程度和对整个财政经费使用的特色做法。督导组对晋元高级中学实地走访，听取学校专题汇报。区教育局负责人从区情和区教育对象实况出发，向督导组重点汇报围绕“东西南北中”均衡发展要求实施“圈链点”战略，推进素质教育，促进学生发展和教师队伍建设方面资金投入和使用情况及取得的成效。督导组一行还走进晋元高级中学3个创新实验室观摩教学，与师生对话交流。

（徐　嵘、顾文华）

［举办校(园)长课程领导力论坛］　从5月起，普陀区举办中青年校(园)长课程领导力论坛。论坛分“论文评审、观课评课、集中答辩、实地考察、现场展示”5个阶段展开。共有103位50岁以下的校(园)长参与论坛活动。通过材料审核、专家评审、投票评选等程序，至年末，产生区中青年校(园)长课程领导力论坛“十佳校(园)长”。

（徐　嵘、顾文华）

附：区教育局驻地及负责人

（2013年1—12月）

地址：大渡河路1668号2号楼15—16楼
邮编：200333
电话：52564588(总机)

区委分管领导：程向民(2013年8月离任)、谢坚钢(2013年8月到任)
区政府分管副区长：景　莹

区教育党工委书记：范以纲
　　　　副书记：李学红、丁向荣

区教育局局长：李学红
　　副局长：郑建国、赵　平、周　飞、胡　俊

闸　北　区

［**2013年概况**］　全区共有各级各类学校、其他教育机构及教育事业单位140所。公办中小学、幼托园所97所(含特教)，民办中小学、幼托园所23所，其他教育机构和教育事业单位20所。其中高中6所，完中9所，九年一贯制学校4所，初中17所，小学33所，幼托园所53所(其中，集体办4所，部队办2所)，特殊教育学校4所，中等职业学校2所，全日制高职1所，教师进修学院1所，其他教育事业单位10个。

全区共有学生68319人，其中高中生7594人，初中生17236人，小学生22738人，幼儿园幼儿15296人，特殊教育学生559人，职业教育学生4896人(中职校学生863人，全日制高职校学生4033人)。在职教职工6970人(其中教师5791人)，退休教职工8904人，离休教职工79人。在职教师中，特级教师14人，具高级教师职称的占教师总数的15.97%，具一级教师职称的占教师总数的58.98%；本科及以上学历教师占教师总数的86.62%。

一、积极推进党建工作。设立“闸北教育特级讲坛”，举办7场报告会。区教育局领导班子当选闸北区创先争优“好班子”。青少年活动中心被评为上海市教育系统廉政文化示范校。区教育局被评为2012年度上海市规范教育收费优秀达标单位。

二、深入推进素质教育。启动“美丽苏河湾　梦想家计划”活动，在全区5万名中小学生中开展“做一件小事，让闸北汇聚梦想，共筑可爱的家”活动。小学阶段开展新一轮小学区域共享“快乐300分课程”配送，完成《小学“快乐300分活动”丛书》编写。设计构建共享课程资源网站。中学阶段完成六、七年级第二批20门共享课程配送工作。举办“彭浦地区教育发展50年”主题活动，启动彭浦教育生态实验区方案。推进国家教育体制改革试点项目“改革义务教育教学质量综合评价方法”的子项目“义务教育(初中)教学质量纵向发展性评价”的研究与实施工作。开展基于课程标准的教学与等第制评价研究项目，推出《学习点点点》低年级版。召开“闸北区2013年教育督导工作会议暨迎接上海市推进区域教育现代化综合督政总结会议”。接受市政府教育督导室推进区域教育现代化暨义务教育均衡发展督导回访。

三、加强队伍建设。举行闸北教育2012—2013年最有影响力事件揭晓暨庆祝第二十九届教师节大会活动。开展第二十三期“新苗奖”和第四届“金穗奖”评选工作，选出54位“新苗奖”获得者，26位“金穗奖”获得者。举办有23名青年骨干教师参加的“闸北区教育系统教育管理研修班”。成立第三期骨干教师高级研修班。启动见习期教师的规范化培训工作。开展新一轮小学校长任期制工作。

四、协调发展各类教育。成立职业教育集团。完成闸北职业教育集团化调研报告。超额完成计算机网络技术专业“3+2”模式中高职贯通专业的招生工作。实施第五批社区教育辅导员选聘工作。进一步完善“数字化市民学习港”建设。举办“全民终身学习活动周”开幕式暨“老年学习模式论坛”。

(万翰杰)

［**召开教育督导工作会议**］　3月22日，召开“2013年教育督导工作会议暨迎接上海市推进区域教育现代化综合督政总结会议”。会议总结回顾2012年闸北区迎接上海市推进区域教育现代化综合督政工作，对“落实《上海市对闸北区推进教育现代化综合督政报告》有关意见的整改报告”进行研讨，对2013年教育督导工作目标和任务进行部署。区各委办局、各街道(镇)和相关单位分管领导参加会议，兼任区人民政府教育督导室主任的区领导到会并讲话。

(万翰杰)

［**展示教育科研成果**］　5月15日，“圆中国梦，办好人民满意的教育”区县教育改革系列巡访团采访闸北教育新课堂模式的探索经验与成果，20多家新闻媒体参与采访活动。闸北八中、田家炳中学、和田路小学和风华中学的教师代表根据各自学校的教育品牌特色执教一节公开课，展示闸北教育以科研引领教学的工作特色。座谈会上，区教育局局长作题为《坚持教育科研，促进课堂转型》的报告。闸北八中、风华中学、和田路小学的校长分别介绍各校的教育科研成果。

(万翰杰)

［翁铁慧视察和田路小学］ 5月17日，副市长翁铁慧视察和田路小学。闸北区委、区政府和市教委领导等陪同视察。领导们参观了闸北区小学生创造学院、科技创新实践室和数字化体验活动中心。

（万翰杰）

副市长翁铁慧到和田路小学视察

［在DI创新思维全球总决赛获奖］ 5月25日，和田路小学6名学生代表中国赛区参加在美国田纳西州举行的2012—2013年DI创新思维全球总决赛。经过两天角逐，获得DI创新大赛小学组结构类题型一等奖的优异成绩。该校坚持创造教育33年，学校的"创造学习"资源向全区小学开放，取得良好的办学成效。

（万翰杰）

［启动"梦想·家"行动］ 5月31日，由区教育局和上海棋院联合举办的"精彩棋世界，梦圆苏河湾"闸北区中小学生"梦想·家"行动启动。国家棋牌运动管理中心主任、中国棋院院长刘思明，市体育局局长李毓毅，区委副书记、代区长安路生，市教委副主任李骏修，市体育局副局长郭蓓，副区长鲍英菁等参加启动仪式。中小学生"梦想·家"行动是按照团中央、全国少工委以"中国梦"教育激励少年儿童的要求，推出的一项培养闸北活力少年行动，旨在通过形式多样的活动引导全区少年儿童了解闸北、热爱闸北，增强区域认同感和自信心。

（万翰杰）

［五名校长被评为特级校长］ 5月，市北中学陈军、区教师进修学院王曙、大宁国际小学徐晓唯、和田路小学张军瑾、青云中学金文清等5位校长被评为特级校长。

（万翰杰）

［举行内地西藏班学生毕业典礼］ 6月9日，上海市新中高级中学举行2013届内地西藏高中班学生毕业典礼。市民宗委，区委、区政府、区政协领导，市教委基教处负责人、彭浦镇领导出席典礼。典礼以"感恩与梦想"为主题，抒发西藏班学生渴望实现"中国梦"的远大理想。新中高级中学作为上海市基础教育援藏单位，从2004年起开办内地西藏班。招收来自西藏的学生。经过近10年的探索和实践，学校内地西藏班工作取得可喜成绩。

（万翰杰）

［闸北职业教育集团成立］ 7月3日，闸北职业教育集团成立大会在上海行健职业学院召开。区政府、市教委领导，市教委职教处负责人及区职业教育联席会议各成员单位，首批加入集团的职业院校、培训机构、行业协会和企事业单位的领导和代表出席。闸北职业教育集团是由各成员单位自愿、协议组成的开放性的非独立法人组织，按照"政府牵头，市场导向，龙头带动，校企联姻"理念组建，通过集聚全区、全市乃至全国企业、行业、职业教育办学机构、培训机构、研究机构及就业服务组织等资源，实现职教集团连锁化、规模化发展，形成合作办学、合作育人、合作就业、合作发展的长效工作机制，为区域经济社会发展提供更多专业技能型人才。

（万翰杰）

［第65届OMEP国际学术研讨会代表参观幼

儿园］ 7月12日，芷江中路幼儿园作为世界学前教育组织（OMEP）第65届国际学术研讨会观摩幼儿园，迎来40余名来自国内及瑞典、澳大利亚等国家和我国香港、澳门地区的参观者。参观者中有国内外学前教育专家、学者，以及部分学前教育教师。与会专家和教师参观幼儿园小、中、大班的幼儿自主探索活动，了解幼儿园课程以及幼儿自主探索活动，与芷江中路幼儿园的教师进行交流互动，并对园所尊重幼儿、自主探索的做法和经验给予高度评价。

（万翰杰）

［李希慰问内地西藏班教师］ 9月3日，中共上海市委副书记李希到共康中学看望并慰问内地西藏班教师。同行的有市委副秘书长彭沉雷，市教卫工作党委副书记、市教委副主任高德毅，市教委巡视员尹后庆等。李希一行参观学校新建图书楼，并与全国优秀教师、上海市十佳班主任吴晓云，上海市优秀园丁奖获得者张娅楠等教师代表座谈。李希指出，共康中学是一所特殊学校，培养藏族学生是一项光荣的政治任务。学校设施先进，处处洋溢着浓厚的民族团结氛围。相信学校一定能把学生们培养好、照顾好、教育好。

（万翰杰）

［举办“2013上海早教节”］ 10月26日，“2013上海早教节”举行。由华东师范大学学前教育与特殊教育学院、闸北区早期教育指导研究中心、上海教育报刊总社《上海托幼》杂志社共同主办的科学育儿指导活动正成为上海教育活动品牌之一。早教节整合优质早教资源，打造“亲自然”的户外主题育儿指导活动，创设包括育儿指导区、专家咨询区、早教测评区和早教讲座区四大板块，通过现场示范为参会家长提供科学的育儿经验。

（万翰杰）

［组建西藏学生长笛乐队］ 11月5日，上海市新中高级中学举行西藏学生长笛乐队成立暨上海民族乐器一厂捐赠长笛仪式。中共闸北区委常委、统战部部长石宝珍出席活动。区民宗办和区教育局领导共同为西藏学生长笛乐队揭牌。为保障西藏学生长笛乐队的专业化培养和发展，学校为西藏学生长笛乐队聘请专业指导老师并现场颁发聘书。组建西藏学生长笛乐队，旨在丰富西藏学生课余生活，激发学生音乐潜能，培养学生艺术才华，促进西藏学生健康成长和综合素质的全面发展。

（万翰杰）

［举行信息技术与教学融合技能竞赛］ 11月15—19日，由全国民族中学教育协会、上海市中小学幼儿教师奖励基金会和上海市电化教育馆主办的第九届全国民族中学“民教杯”信息技术与教学融合技能竞赛活动举行。活动设有信息技术作品比赛、电子白板整合教学培训与说课竞赛、专家主题讲座、评选“民教之星”等项目，共收到全国22个省市自治区45所民族学校提交的参赛作品共596件。“电子白板整合教学说课竞赛”为文科和综合学科专题竞赛，共有18个省市自治区33所民族学校的110位教师报名参加语文、英语、政治、历史、地理和综合（音、体、美等）学科的说课竞赛。来自国家民委、全国民族中学教育协会、上海市教委、市民宗委、市中小学幼儿教师奖励基金会、市电化教育馆、市教育学会、市教委教研室、闸北区教育局、区教育基金会、区教师进修学院等单位的领导和专家、全国各地各民族中学的领导和来宾参加开幕式。

（万翰杰）

［“沐着阳光向前”50年主题活动举行］ 12月25日，“沐着阳光向前”彭浦地区教育发展50年主题活动举行。主题活动回顾彭浦教育50年取得的成绩，提出彭浦教育生态实验区的改革思路。计划吸引、汇聚、统筹配置优质资源，凝聚各方力量与智慧，形成“无边界”的彭浦教育生态：坚持以立德树人为导向，加强学生培育；打造一支高水准的校长队伍，推进办学多样化；培养大批优秀教师，实现优质师资资源区域共享；开发、开放学校课程，实现社区优质课程资源共享；开放社区场馆、人文教育资源，实现社区和学校教育资源共享；成立社区与学校联席会议，为逐步实现实验社区教育管、办、评分离提供保障。

（万翰杰）

附：区教育局驻地及负责人

（2013年1—12月）

地址：和田路195号
邮编：200070
电话：56630990

区委分管常委、统战部部长：石宝珍
区政府分管副区长：鲍英菁

区教育局党工委书记：顾筱璞
副书记：洪 波

区教育局局长：周 隽
副局长：刘新宇、李国庆、王万亮、孙 忠

虹　口　区

［**2013年概况**］　全区共有学校138所，在校学生62881人，教职工6020人。区内3—6岁适龄儿童入园率为100％；义务教育阶段入学率和毕结业率均为100％；沪籍学生高中阶段入学率达到93％，其中普通高中入学率为69.5％，中等职业教育入学率为23.5％。虹口教育围绕市、区中长期教育改革和发展规划纲要以及区教育事业发展“十二五”规划，形成“绿色生态化、特色多样化、教育国际化”三大抓手齐头并进、同步发展的崭新工作格局，区域教育品质不断提升。

一、整合优质教育资源，加强区校战略合作。推动区政府与华东师范大学签订战略合作框架协议，探索初中、高中、大学师范类贯通式培养方式，带动中学教育发展和课程建设；共同筹建教师专业发展中心，全面提高教师培训水平。深化与上海外国语大学的战略合作，区政府和上海外国语大学签约合作共建上外附中东校，区教育局与市教委基教处、上外附中签订三方共建上外附中东校的协议，加快实现上外附中东校与上外附中同质化教学、一体化管理的目标。推进继光高级中学、曲阳二中、三中心小学校安加固工程，完成6000平方米安全加固任务。加快复兴高级中学、北虹高级中学、澄衷高级中学改扩建项目建设。全面完成4所幼儿园独立式火灾探测报警器试点安装工作。完成南湖总校应急避难场所和学生体质监测中心硬件建设。

二、构建和谐师生关系，创建绿色生态学校。与民进虹口区委、市教委基教处共同主办主题为“尊重学生应有的权利”的第二届“白玉兰教学论坛”，发布学生权利现状调查报告。向“圆中国梦，办好人民满意的教育”区县教育改革系列巡访团展示区学校践行绿色生态教育理念与构建和谐师生关系过程中案例和实践感悟。开展“绿色生态学校”创建活动，研究制订“绿色生态学校”基本标准规范和评审指标，开展“创建绿色生态学校、规范办学行为”专项督查，提高学校课程改革管理水平。

三、深化教育评价改革，扩大绩效评估试点。实施绿色指标评价体系研究，以绿色质量指标作为评价导向，开展《“学生学习动力指数”区域监测体系建构与校本化实施策略探索》项目研究，完成“学习自信心”、“学习动机”、“学习压力”和“学生对学校的认同度”等多个量表的研制以及全区范围普测和数据分析工作。以办学绩效评估为切入口，建立虹口区中小学（幼儿园）工作评价体系和运行机制，完成对区内义务教育阶段小学、初中办学绩效的评估工作，并将办学绩效评估工作进一步拓展到非义务教育阶段学校，注重将评估结果与校（园）长学年度考核结合，促进区域基础教育质量整体提升。

四、抓住教育督政契机，推动相关工作落实。根据市教育督政组对全区推进区域教育现代化工作和义务教育均衡发展情况的督政反馈，区教育局会同各相关部门联合制订《虹口区关于推进教育现代化综合督政的整改报告》以及《虹口区关于义务教育均衡发展督政报告的整改报告》，提出有针对性的整改措施和有效对策，进一步推进虹口义务教育的高位优质均衡发展。配合虹口区委2013年重点调研课题《虹口区义务教育综合改革的探索与实践——初中学段教育现代化发展的行动研究》，区教育局承担重点课题子课题《虹口区初中学段建设“绿色生态教育”教改试点的研究》调研，梳理区域初中义务教育均衡发展取得的成绩和存在的问题，阐述促进初中教育发展的改革理念和实施路径，以“改革项目化、项目责任化、责任具体化”的实施策略，促进虹口初中教育实现更大的发展和突破。根据区政府关于做好“十二五”规划中期评估工作要求，完成《虹口区教育事业发展“十二五”规划》中期自评报告，从8个方面总结“十二五”以来虹口教育主要工作开展情况和取得的成效，客观分析存在问题，提出相应对策建议，并对“十二五”后半程虹口教育工作做深层次思考。

五、锤炼专家型教育团队，凝聚转型发展动力。制定《关于虹教系统建立中小学（幼儿园）校（园）长、书记培训实践基地的实施意见（试行）》，启动校长实训基地培训项目，促进干部培养培训一体化建设。制定《虹口区中小学（幼儿园）校本培训实施意见》，进一步完善中小学（幼儿园）校本培训的内在规范和实施机制，全面推进区域特色校本培训体系建设。

总结梳理区内6家市级见习基地2012学年见习教师规范化培训工作实施情况，做好迎接上海市见习规范化培训市级专家组检查和指导的准备工作。积极推动中小学骨干教师在区域校际之间的柔性流动，逐步解决中小学专任教师队伍学段、区域、学科结构不合理等结构性失衡问题，全年参与流动人员达70余人次。聘请6位学科带头人担任兼职教研员，聘请36位学科带头人与教育教学相对薄弱学校的相应学科教研组结对，在聘任期内到结对学校轮岗支援。继续举办“骨干校(园)长论坛”，通过论坛展示校(园)长办学理念和治教风采。加速教育领军人才队伍建设，举行虹口区教育人才建设工作会议暨第二期名师培养基地、名师工作室签约仪式。制定实施《虹口区教育系统人才招聘录用工作的实施意见》及《虹口区教育系统关于引进高层次、高学历人才工作的补充意见》，健全区教育系统事业单位公开招聘、公正考核、择优录取招聘录用方式，让优秀高层次人才和优秀青年人才充实到虹口教师队伍。

(江　涛)

[左焕琛考察专项青少年基地] 1月17日，上海科普教育发展基金会理事长左焕琛一行来到虹口区青少年活动中心北部校区的“国家指南针计划专项青少年基地”，实地考察“基地”的课程设置和运作情况。左焕琛听取“基地”建设情况汇报，逐一考察已经建成的2个展示馆和5个体验馆，对“基地”进展给予充分肯定，对专项活动课程表现出浓厚兴趣，希望上海科技馆能够引进“基地”相关课程，丰富科技馆的动手实践内容。

(江　涛)

[举行百老百场宣讲活动首讲] 3月19日，“雷锋精神代代相传——2013年百老百场宣讲活动首讲暨百老爱国主义教育基地揭牌仪式”举行。活动由上海百老德育讲师团、虹口区文明办、区教育局主办；中国增爱基金会和澄衷高级中学分别为支持单位和承办单位。市文明办、市关工委和市教委担任活动指导单位。市文明办、市教卫工作党委负责人为百老爱国主义教育基地揭牌。全国劳模杨怀远、全国劳模徐虎等4位百老团成员代表进行主题演讲，澄衷高级中学学生会向全区学生发出学雷锋倡议，百老团代表进入课堂与师生互动，参加“学雷锋、心向党、讲品德、见行动”主题班会。

(江　涛)

[第二届白玉兰教学论坛举行] 4月10日，第二届“白玉兰教学论坛”举行。论坛由民进上海市委、上海市教育学会、虹口区委统战部指导，民进虹口区委、市教委基教处、市教委教研室、区教育局党工委、区教育局5家联合主办。论坛以“尊重学生应有的权利”为主题，围绕探索教育本原价值和关注学生应有的权利展开讨论，吸引来自上海各区县和外省市的300多名教育界人士参与交流研讨。

(江　涛)

[与浙江省德清县教育局签约] 4月28日，区教育局与浙江省德清县教育局战略合作协议签约仪式举行。双方约定，将在队伍培养、学校结对、学生互动、科研共享、信息互联五方面开展合作，加强互动和交流。

(江　涛)

[创建绿色生态学校] 5月7日，由新华社、中新社、《解放日报》、《文汇报》等多家中央和上海媒体组成的“圆中国梦，办好人民满意的教育”区县教育改革系列巡访团来到虹口区，采访了解虹口教育在实践绿色生态教育理念方面取得的成果。媒体记者观摩钟山初级中学、北虹初级中学、长青学校、广灵路小学、曲阳四小和幸福四平小学等6所学校的现场展示，校长和师生代表分别和与会者分享学校在落实绿色生态教育理念过程中的思考实践和生动案例，并与现场媒体记者交流互动。各媒体记者通过现场随堂听课，与部分校长、教师、学生互动交流等形式，进一步了解虹口区各校在践行绿色生态教育理念中的情况。

(江　涛)

[与华东师范大学签订战略合作协议] 5月16日，虹口区人民政府与华东师范大学战略合作框架协议签约仪式举行。华东师范大学校长陈群、虹口区委书记孙建平、市教委巡视员尹后庆等出席。战略合作框架协议涉及五方面合作项目：一是打造华东师范大学第一附属中学教育园区；二是推动虹口区名校长、名教师培养工程，全面提升在职教师的教育教学素养和能力；三是共建虹口区学科高地；四是推进虹口区学习型社会建设与终身教育发展；五是多层面助推虹口“新崛起”。双方将按照“优势互补、资源共享、深度合作、共赢发展”的原则，发挥各自优势，创新合作机制，拓展合作领域，建立互利共赢、长期稳定合作，共同探索“区域—高校”合作发展新机制。

(江　涛)

［区第十届青少年科技节开幕］ 5月21日，第十届虹口区青少年科技节开幕仪式举行。市科委，市科协，区委、区人大、区政府，及区科协领导出席。区青少年科技节围绕上海市青少年科技节主题，制定内容丰实和形式新颖的活动计划，系列活动持续一年。

（江 涛）

［学科高地建设研讨会举行］ 6月30日，虹口区学科高地建设研讨会举行。来自市教委相关部门、市教育科学研究院、华东师范大学、区县教育专家组成的学科高地建设顾问团全体成员参加研讨会。与会专家、代表就如何建设好学科高地出谋划策。虹口区首批建设的学科高地涉及高中化学、英语学科、小学语文3门学科，每个学科高地都邀请大学和基础教育领域一批专家及区骨干教师作为核心组成员，并确定一批基地学校。高地建设主要任务将围绕课题研究、课程教学、师资培训、品牌活动四个层面展开。

（江 涛）

［台北市长再访复兴高级中学］ 7月3日，台北市长郝龙斌在上海市副市长翁铁慧、市政府副秘书长宗明、虹口区委书记孙建平等陪同下，第二次来到复兴高级中学，观看“上海—台北中学生女排交流比赛”。郝龙斌现场致辞，并为两队加油。郝龙斌和翁铁慧分别在排球上签字留念，并共同主持开球仪式。

（江 涛）

［上海音乐谷弦乐夏令营开营］ 7月22日，由区政府为指导单位，上海音乐学院和虹口区教育局联合主办的“2013年上海音乐谷弦乐夏令营”开营。区长吴清、副区长李国华、上海音乐学院副院长华天礽、全国大提琴协会主席司徒志文、上海音乐家协会副主席丁芷诺等参加开营仪式。一周的夏令营期间将举行类型多样的课程，孩子们通过独奏、重奏、合奏等形式呈现夏令营成果，并在闭幕式上进行汇报表演。

（江 涛）

［韩正看望一线优秀教师］ 9月8日，中共中央政治局委员、上海市委书记韩正一行来到虹口区第四中心小学看望一线教师。韩正等与全国优秀教师、全国中小学优秀德育课教师王莉韵，全国优秀教师、曾赴四川都江堰支教的许斌老师等握手，致以亲切问候，并就素质教育话题与教师们开展讨论。副市长翁铁慧，市教卫工作党委书记陈克宏，市教委主任苏明，区委书记吴清，区长曹立强参加看望慰问。

（江 涛）

［学业质量监测中心成立］ 9月26日，虹口区中小学学业质量监测中心成立。区中小学学业质量监测中心承担5方面工作职能：一是拟订学业质量监测的标准，构建相应的指标体系；二是研究开发学业质量监测的测查工具；三是受区教育局委托具体实施中小学学业质量监测工作；四是为各学校反馈监测结果，指导学校利用监测结果改进和完善教育、教学，发挥监测的导向作用；五是协助教育部、上海市在虹口区组织的基础教育质量监测工作，针对监测中发现的教育问题，开展专题调研。

（江 涛）

［见习教师规范化培训开学］ 10月14日，区见习教师规范化培训开学典礼举行。全区共招录大学毕业生151人，充实各学段学校教育教学工作，成为教师队伍中重要新生力量。由市教委统一组织实施的见习教师规范化培训工作，充分考虑新教师任职初期成长不均衡性，在全市范围内设置若干区级以上教师发展学校，为新教师提供优质资源、优秀带教教师和优良学校环境，帮助新教师快速成长。每个新教师都能有相同机会向专家、优秀教育工作者学习，改变过去新教师培训仅由录用学校教师带教的局限性。

（江 涛）

［合作共建上海外国语大学附属外国语学校东校］ 10月23日，虹口区人民政府与上海外国语大学合作共建上海外国语大学附属外国语学校东校签约仪式举行。上海外国语大学、虹口区委、区政府、市教委的领导参加签约仪式。共建协议明确签约双方的权利和义务，并就双方落实共建协议相关责任进行约定。

（江 涛）

［召开职业启蒙规划教育推进会］ 11月22日，由上海市学生德育发展中心和虹口区教育局联合主办的“启迪心灵 引航未来——上海市中小学职业启蒙与职业规划教育推进会暨小学生读本新书发布会”举行。活动旨在探索中小学校学生职业（生

涯)发展教育的有效模式和途径,交流分享两年来上海市中小学生职业启蒙与职业规划教育的成果,推进新一轮建设航程。复兴高级中学、澄衷初级中学、广灵路小学教师代表就职业启蒙与职业规划教育如何在专题教育课或学科教学中实施进行有益探索和展示。会上举行《未来在你手中——小学生职业启蒙与职业规划教育读本》新书发布暨赠书仪式。

(江　涛)

[禁毒微小品与演讲竞赛举行] 12月4日,全国法制宣传日,由虹口区教育局、区青保办、区语委办联合举办的"钟山杯"2013年禁毒微小品·演讲竞赛(高中组)的第一场活动举行,来自全区多所学校的1700名师生参加活动。活动旨在进一步落实市教委、市禁毒委员会办公室、市青少年保护委员会办公室《关于开展2013年"中小学生毒品预防教育工作"活动的通知》,深化虹口区中小学毒品预防教育工作。

(江　涛)

[获全国教育改革创新优秀奖] 12月14日,第三届全国教育改革创新典型案例推选活动颁奖典礼暨中国教育创新论坛举行。教育部副部长李卫红,中国教育学会原会长顾明远,全国政协副秘书长、民进中央副主席朱永新,中国高等教育学会会长瞿振元,教育部人事司司长、政法司司长、基础教育一司司长、基础教育课程中心主任等参加颁奖典礼。虹口区教育局在数字化信息环境建设与学生学习方式变革方面进行的实践探索(简称"电子书包")获第三届全国教育改革创新优秀奖。

(江　涛)

[市高中体育专项化教学改革研讨会举行] 12月19日,市高中体育专项化教学改革研讨会举行。教育部体卫艺司、市体育局、市教委、区政府领导参会。来自全国各省市分管体育工作的教育厅副厅长、体卫艺科处处长等80多人前来观摩和研讨。会上,上海体育教学所进行的改革获充分认可和积极评价。专项化教学改革是体育改革的内在要求。党的十八届三中全会提出"身心健康,体魄强健"的体育改革要求。"义务教育阶段体育多样化、高中体育专项化、大学公共体育专业化"的三段设计符合体育教育规律,是学校体育改革的方向。

(江　涛)

[区责任督学挂牌督导工作启动] 12月26日,虹口区中小学责任督学挂牌仪式举行。挂牌仪式上,向虹口区每一位责任督学授牌,还向北郊高级中学颁发"上海市中小学责任督学挂牌督导公示牌",正式启动全区责任督学挂牌督导工作。

(江　涛)

[举办上海市学生舞蹈节] 由市教委主办,市科技艺术教育中心和虹口区教育局承办的"舞动青春　欢乐校园"——2013年上海市学生舞蹈节于4月启动至12月降下帷幕。舞蹈节共设校园集体舞、表演舞、校园舞蹈论坛三大项目。10月份,表演舞专场比赛举行。各区县报送表演舞节目90个,其中80%以上是近两年来新创作或新改编的作品。近2500名中小学生参加舞蹈节目展示,学生们用青春舞步勾画出他们对祖国、对家乡、对校园生活真挚的情感,也涌现出一批积极反映时代特征、学生特点、校园特色的新品佳作。12月29日闭幕式上,举行市学生舞蹈节优秀节目展演。

(江　涛)

[区全民网上读书活动启动] 7月8日,"书香虹口"虹口区全民网上读书节活动启动仪式举行。举办虹口区全民网上读书节活动,旨在积极倡导"全民阅读、终身学习"的理念,呼应"阅读网上书,放飞中国梦——2013年上海市社区网上读书活动"以及"我与中国梦——2013年暑期中小学生读书征文奖励活动"。虹口区全民网上读书节依托"书香虹口"市民阅读服务平台,汇集优质数字图书资源,通过经典推荐、主题阅读、交互分享等系列活动,向虹口社区居民传递书籍和思想的正能量,贯彻"以德树人"的社区教育理念,倡导爱读书、读好书、善读书的阅读理念。

(江　涛)

[区学习型社会建设服务指导中心成立] 11月27日,区学习型社会建设服务指导中心正式成立。上海市学习型社会建设服务指导中心办公室、区地区办、区委宣传部、区教育局等部门负责人,各街道分管社区教育、社区学校负责人,社区学校专职副校长等参加成立会议。会议印发《虹口区社区教育专职管理人员队伍建设指导意见(试行稿)》和《虹口区社区教育兼职教师队伍建设指导意见(试行稿)》,进一步规范和加强社区教育队伍建设,为社区教育发展奠定扎实基础。

(江　涛)

［**虹口职业教育集团成立**］ 12月24日，“上海虹口职业教育集团”成立大会暨第一届理事会举行。经市教委批准成立“上海虹口职业教育集团”，是贯彻落实《国家中长期教育改革与发展规划纲要》、上海市人民政府《关于大力发展职业教育的决定》和上海市教育委员会《关于本市推进组建区域职业教育集团工作的指导意见》的具体举措，也是虹口职业教育主动服务经济社会发展的有益探索。职业教育集团由区政府引导，区教育局牵头，联合企业、中高职院校、培训机构、行业协会等单位，配合虹口区“航运虹口”等新型产业发展战略，围绕如何促进虹口职业教育更好服务于区域经济和社会发展这一主题，探索新时期职业教育发展规律，创新虹口职业教育发展模式，为职业教育的深化改革和区域经济的快速发展作出贡献。

（江　涛）

附：区教育局驻地及负责人

（2013年1—12月）

地址：天宝路1058号
邮编：200092
电话：65756666

区委分管常委：刘　可
区政府分管副区长：李国华

区教育局党工委书记：潘惠琴
副书记：王　新

区教育局局长：常生龙
副局长：杨　利、周海明、孙　磊（3月到任）

杨 浦 区

［**2013 年概况**］ 全区共有各级各类学校 182 所，其中高(完)中 17 所(民办 2 所)，初中 34 所(民办 8 所)，小学 44 所(民办 2 所)，幼儿园 83 所(民办 22 所)，特殊教育学校 3 所，中等职业教育学校 1 所。教师进修学院、少年宫、少科站等其他教育单位 13 个。各类学生总数 85111 人，其中高中生 11195 人(民办学校学生 431 人)，初中生 21257 人(民办学校学生 5426 人)，小学生 27885 人(民办学校学生 3615 人)，幼儿园幼儿 22805 人(民办幼儿园幼儿 1546 人)，职业学校学生 1546 人，特殊教育学生 423 人。进城务工人员随迁子女在校学生(义务教育阶段)8729 人。

全区教育单位教职工(不含民办)7756 人，其中高中 1682 人，初中 2091 人，小学 2213 人，幼儿园 1051 人，特殊教育学校 107 人，教师进修学院 110 人，少年宫 38 人，少科站 42 人，其他教育单位 422 人。共有专任教师 7310 人，其中具高级职称的教师 617 人，占教师总数 8.44%，具中级职称的教师 3618 人，占教师总数 49.49%，学历达标率 100%。

全年财政教育拨款(含区财政拨款、市转移支付和国家专项)193922 万元，同比增长 9.93%；教育附加费 42400 万元；教职工年收入 10.74 万元，同比增长 0.03%。

一、全面推进第二轮创新试验区建设。召开推进大会，完善“以创新转型为理念”的框架设计，总结前三年工作经验，发布新三年行动计划；完善“以项目引领为导向”的工作机制，确立“我的创智天地”课程建设、创智课堂建设、培养学生创新素养的教师能力建设、学生创新素养评价研究等 4 个重大项目；完善“以深度联动高校为特征”的试验区建设，与复旦大学图书馆、同济大学中小学合作办学工作委员会、上海市教委教研室签署合作协议，在资源共享、合作办学和“创智课堂”建设上达成共识；完善“以内涵提升为内核”的创新试验，进一步完善区校资源整合、共建共享的联动机制，学校课程校本化建设与区域课程管理及创新素养培养的核心课程建设相结合。在课程建设上，组建课程联盟，推进区域课程校本化，聚焦思维品质培养，促进基础型课程校本化；促进创新实验室课程建设，建成一批能适应高中学校开展教学和科学实践双重功能的、与现代化技术接轨的创新实验室，有 7 个创新实验室项目进入“上海市中小学创新实验室建设评审”复评，13 所高中学校共 17 个创新实验室项目申报了新一轮上海市创新实验室，全区 82%的高中(14 所)拥有创新实验室。在课堂改进上，对“创智课堂”内涵与主要特点进行理论与实践研究，组织专家调研，召开“让课堂充满思维活力”为主题的教学观摩与微论坛，理清“创智课堂”内涵要素，整理归纳出创智课堂“以学为本”等 8 大核心词，组织动员 16 所初高中学校参与创智课堂研究，发动教研员深度介入创智课堂研究。在学生评价上，完成“中小学生学业水平中创新素养发展性评价的指标体系”的研制。

二、推动基础教育整体协调发展。在学前教育方面，开展“学前教育三年行动计划总结”网上巡展活动；实施新建新江湾城延吉幼儿园分部、市东幼儿园分部等举措，有效缓解学前入园高峰；完成杨浦区教师进修学院附属幼儿园等 5 所幼儿园争创市一级园工作，举行“幼小衔接”课题成果展示活动。在义务教育方面，推进小学教育集团新一轮发展，4 个教育集团扩容，各增加 1 所学校，并制定集团发展的新三年规划；推进初中教研联合体建设，制定年度检查验收工作方案，指导和协调更多学校结成新的联合体；推进小班化教育，成立 13 个小班化教育名师工作室，主办第九届长三角地区小班化教育研讨会。推进进城务工人员子女融入教育，启动新一轮进城务工人员随迁子女教育发展行动计划；完成《牛牛带领巾》亲子读本第二册编写出版，召开家庭教育指导专题年会，在全国第六届进城务工人员随迁子女教育研讨会上介绍杨浦“融入教育”经验；完成第三轮农村义务教育委托管理工作。在高中教育方面，深化高中创新驱动特色发展，组织市高中特色领导小组组长等对部分有望成为市级特色高中的学校进行咨询指导以及研讨；在原有的物理、化学、生物、数学 4 个学科高地基础上，新增语文与英语 2 个学科高地，发挥学科高地作用；坚持做好各类考试命题、组织、分析、反馈等工作。在职业教育方面，杨浦职业学校成功争创为上海市中等职业教育改革发展特色示范学校，杨浦职校汽车专业学生代表中国参加在德国莱比锡举行的第 42 届世界技能大赛——车身修理项目比赛中获第 6 名，汽车、烹饪专业的学生分别代表上海参加全国职业技能大赛，其中汽车修复获得1枚银牌、中餐烹饪获得2枚银牌和1枚铜牌。

三、扎实推进素质教育。总结表彰一批行为规范示范校，启动新一轮行为规范示范校创建，全区有市中小学行为规范示范校24所、区中小学行为规范标兵校5所、区中小学行为规范示范校35所。推进“新三进”(走进大学、走进社区、走进场馆)学生社会实践活动，与高校联手组织中小学生开展创意设计短片拍摄巡展活动，组织中小学生参观区域爱国主义教育基地，参观国歌展示馆内毛泽东“向雷锋同志学习”题词50周年纪念展。保持教育质量高位稳定，召开小学、初中、高中课程与教学改革工作会议。召开杨浦区学生健康促进工程推进会，启动新一轮“健康校园”三年行动，成立复旦·杨浦心理发展指导中心，顺利通过市教委对区未成年人心理健康辅导中心的达标评估。深化小学“性别教育”推广工作与“人人运动，学会游泳”活动；开展区中小学阳光体育大联赛活动，做好区《国家学生体质健康标准》测试数据汇总、统计、监测工作，全年及格率为93.3%，同比提高近3个百分点。促进科技、艺术教育，组织30多支艺术团队参加全国第四届中小学生艺术展演、上海市学生舞蹈节等市级艺术比赛交流活动，获团体一等奖达20余项，在第二十八届上海市青少年科技创新大赛中获科技创新成果一等奖47项、科技实践项目一等奖1项，在第十三届中国青少年机器人竞赛上海赛区选拔赛中获得一等奖5项，在第26届中国上海头脑奥林匹克创新大赛中取得一、二、三等奖共29项。

四、进一步加强师资队伍建设。加强教师职业理想引导，开展以于漪老师为榜样的师德师风建设，组建杨浦区青年教师“师德宣讲团”，举行94场宣讲活动。加强教育高端人才引领，成立特级校长、特级教师联谊会，启动新一轮11个区“名教师”工作室，与华东师范大学合作开设5个系列骨干教师学科培训班，选送7位优秀校长、教师分赴美国、德国、芬兰参加培训。加强新教师队伍建设，严把进口关，新增进编人员能力考，积极开展见习教师规范化培训工作，对20所区教师专业发展学校进行年检。加强人事制度改革，启动其他事业单位绩效工资改革工作。加强教育援建工程，充分发挥支教工作室的作用，继续做好新疆、云南、贵州等地对口支援工作，推进新疆泽普五中的共建共管工作，接待贵州遵义10名职校教师及50名青年校长跟岗培训。

五、促进教育国际化和信息化进程。在教育国际化方面，举办首期国际中小学名校长讲坛，引进哈佛辩论课程，进一步与国际先进教育理念、课程、师资队伍建设接轨。在教育信息化方面，参加“上海教育博览会——教育信息化展”，六一小学的“信息技术与儿童哲学课程教学深度融合”获得优秀展示范例奖，杨浦教育网站荣获“第二届全国教育门户网站地市级优秀网站”荣誉称号。

六、进一步强化平安校园建设。召开全区安全工作大会，做好校园安全督查工作，学校将排查出隐患登记造册、及时整改，加强区教育局技防中心建设，加快区教育局学校监控报警系统与公安联网工作，注重师生安全教育的全面落实，学校安全责任人、安全管理员、食堂从业人员、危化品管理员、特种设备操作员等人员持证率100%，同时，注重校车安全管理，开展“2012—2013年度上海市安全文明校园”申报和评审工作。推进重大基建项目落实，完成市东教育小区、区少年宫建设项目，促进惠民中学迁建、政蓝路幼儿园建设项目，启动市、区政府实事项目，完成48所义务教育阶段学校校园直饮水建设工程。

(言究释)

[第十届上海民进教育论坛举办] 1月4日，由中国民主促进会上海市委员会主办，杨浦区教育

举办第十届上海民进教育论坛

局、民进杨浦区委、上海市教育科学研究院民办教育研究所共同承办第十届上海民进教育论坛在复旦大学新闻学院培训中心举行。全国人大常委会副委员长、民进中央主席严隽琪，上海市副市长沈晓明等出席论坛并讲话。论坛以“基础教育与高等教育联动发展——为了学生创新素养的培育”为主题，聚焦基础教育与高等教育联动发展中的热点与重点问题开展广泛而深度的研讨。

（言究释）

［举办海峡两岸小学教育论坛］ 1月9日，区人民政府台湾事务办公室、区教育局与上海市海峡两岸教育交流促进会、台湾财团法人开平青年发展基金会合作举办“上海市第三届海峡两岸小学教育论坛”。论坛以“公平、均衡、卓越”为主题，围绕进一步推动海峡两岸小学教育合作和推进小学教育现代化发展等话题展开研讨。台湾访问团还参访复旦科技园小学、控江二村小学和民办阳浦小学。

（橘 办）

［在全国第四届中小学生艺术展演活动中获奖］ 2月20—26日，在厦门举行的全国第四届中小学生艺术展演活动中，杨浦高级中学民乐合奏《达勃河随想曲》获器乐专场一等奖，另有3幅学生书画作品获优秀艺术作品展一等奖。

（邵念宫）

［澳大利亚昆士兰州教育代表团到访］ 4月5—9日，澳大利亚昆士兰州教育代表团一行15人到访。代表团先后走访杨浦高级中学、同济大学第一附属中学、国和中学和凤城新村小学等学校，通过交流进一步加深了解。双方在教师培训、学生交流学习等方面初步达成合作意向。

（言究释）

［推进区域教育现代化综合督政］ 4月9—11日，上海市推进教育现代化督政组对杨浦区推进区域教育现代化暨义务教育均衡发展情况进行综合督政。市教育综合督政组专题访谈分管区长、区人大、区政协和各相关委办局、街(镇)领导及部门负责人，召开24场校园长、教师及教育行政部门的座谈会，分11组对28所中小学、幼儿园、特殊教育学校、职业学校、社区学校、少科站等进行实地考察。督政专家组对杨浦区推进教育现代化和义务教育均衡化给予肯定，同时提出整改意见。

（言究释）

［在I-SWEEEP竞赛中获奖］ 5月8—12日，第六届“国际可持续发展项目奥林匹克竞赛(I-SWEEEP)”在美国德克萨斯州休斯敦市举行。区内的上海交通大学附中学生汪雨星《智能张弦梁结构——一种轻型高刚度结构及其控制框架》项目在比赛中获银奖，上海理工大学附中学生丁子真《数字模拟外部空气污染在弄堂内的扩散情况》项目获铜奖。

（邵柯瞻）

［在市中等职业学校技能大赛上获奖］ 5月18日，杨浦职业学校在市“星光计划”第五届中等职业学校职业技能大赛中，中式面点项目和车身修复项目获团体第一名，西式点心项目获团体第三名，学校获“优秀组织奖”和“赛区组织贡献奖”，另有34名学生获个人奖项。

（橘 办）

［通过示范性教师进修学院评审］ 5月29—30日，杨浦区教师进修学院进行创建上海市示范性教师进修院校评估。评审组专家通过听课观摩、查阅资料、个别访谈、教师座谈、问卷测试等展开全方位评估。专家组结论是各项指标达标，在组织领导、基础条件、常规管理、工作实绩、特色创新等方面较为突出，通过评审。

（言究释）

［举行读书系列活动启动仪式］ 5月30日，“绿色悦读，书香伴我成长”2013年上海市中小学生读书系列活动启动仪式暨主题论坛举行。活动由上海市教委、市新闻出版局、市青保委、团市委主办，杨浦区教育局、少年儿童出版社、新华传媒有限公司、上海文艺出版社、教育报刊总社等单位承办。活动现场由上海东方广播电台“子夜书社”主持人主持，教师、家长、学生、出版专家代表围绕活动主题展开交流。出版社向国和中学师生赠送图书。

（橘 办）

［见习教师规范化培训推进会召开］ 6月5日，上海市中小幼见习教师规范化培训工作推进会召开。通过领衔汇报、微论坛、数字故事、对话研讨和交流发言等形式展现全市开展见习教师规范化培训工作的亮点和成效，并以发布微调查报告和点评形式，回顾总结上海实施见习教师规范化培训工作成效。教育部、市教卫工作党委、市人大教科文卫委领导出席会议。

（任 是）

［翁铁慧视察校园安全］ 6月27日，副市长翁铁慧到杨浦区视察校园安全工作，重点视察杨浦职业技术学校、博申幼稚园、上理工大学附属小学和区教育局技防监控中心。翁铁慧对杨浦校园安全工作表示肯定，要求相关部门借鉴杨浦教育做法，整合资源，切实做好校园安全工作。

（言究释）

［韩正走访辛灵中学］ 9月3日，中共中央政治局委员、市委书记韩正走访辛灵中学，祝贺慰问校长谢小双获"全国教书育人楷模"称号。韩正参观杨浦区青少年教育指导中心，观摩学校"创新实践手工坊"系列课程，察看学生宿舍。赞扬"辛灵教师团队是献大爱的团队，履行着神圣的教书育人工作职责，为和谐社会的构建做出了功不可没的贡献。"希望广大教师在教书育人岗位上再接再厉，传承大爱精神，将爱传递给更多需要帮助的孩子和家庭。

（言究释）

［获"市第三届教书育人楷模"称号］ 9月4日，上海外国语大学附属双语学校教师樊阳获"上海市第三届教书育人楷模"称号。樊阳从教20多年，坚持利用周末在家开设公益人文讲座，给中学生讲解文学名著、中西文化史，促使学生阅读名著、关注生活，给学生精神的滋养。带领学生在节假日参观名胜古迹、纪念地，参与各种公益活动，名曰"文化行走"。樊阳周末讲座已进行近千场次，带领学生"文化行走"近千公里。

（言究释）

［被评选为市教育功臣］ 9月8日，打虎山路第一小学校长卞松泉被评选为第三届"上海市教育功臣"。卞松泉任校长28年，20世纪90年代以来合并周围7所学校，组建教育集团，利用打虎山路第一小学办学经验引领集团发展，缩小校际之间、师生之间差距。承办浦东新区曹路打一小学，把该校办成一所让老百姓满意的知名学校。卞松泉是上海市教育学会小学教育管理专业委员会主任、上海名校长培养基地主持人。

（言究释）

［举行建校周年庆典］ 9月28日，惠民中学举行建校50周年庆祝活动，"上海市学生曲艺教育基地"同时揭牌。10月26日，控江中学举行60周年校庆。11月3日，上海财经大学附属中学举行建校80周年庆典。11月8日，上海理工大学附属小学举行60周年校庆。12月26日，上海理工大学附属初级中学举行建校50周年校庆活动。

（言究释）

［接受公安部校园安全检查］ 11月14日，国家公安部校园安全检查工作组一行，到翔殷幼稚园进行校园安全检查。检查组实地查看幼儿园保安人员的岗前培训和持证上岗，校园重点部位视频监控情况，翻阅校园内部安全管理资料及突发安全事件应急预案和幼儿的安全演练的记录。翔殷幼稚园安全防范工作得到检查组认可。

（橘　办）

［共建戏剧教育基地］ 11月7日，上海市话剧艺术中心戏剧教育基地签约揭牌仪式举行。上海市话剧艺术中心、杨浦区艺术教育委员会负责人参加仪式。上海市话剧艺术中心与新大桥中学签署共建戏剧教育基地协议书，新大桥中学成为上海市话剧艺术中心在杨浦区中小学建立的第一个戏剧教育基地。

（言究释）

［获市广播体操决赛集体一等奖］ 11月23日，上海市民体育大联赛第九套广播体操决赛在上海国际体操中心举行。上海理工大学附属中学、打虎山路第一小学在决赛中，分别获中学组和小学组集体一等奖。

（橘　办）

［在市青少年科技创意设计终评展示中获奖］ 11月30日，由上海科普教育发展基金会、上海市科技艺术教育中心、杨浦区教育局等多家单位发起并组织实施的"赛复创智杯"上海市青少年科技创意设计终评展示暨颁奖典礼举行。杨浦学生有2个项目获"特等奖"，8个项目获"一等奖"。

（邵柯瞻）

［举办"2013年杨浦教育国际论坛"］ 12月5日，区教育局与上海市基础教育国际课程比较研究所共同主办"2013年杨浦教育国际论坛"。各国驻沪领事馆、国际学校代表，区域国际课程合作方代表以及中小学校长250余人参加论坛。论坛采用TED演讲模式，邀请知名教育专家就"世界教育版图中国际课程引进的思考与实践"为主题进行演讲。论坛分为"全球视野"、"杨浦实践"和"经验分享"3个板块进行。

（傅务柯）

［《儿童扎染》获多项奖项］ 中原路小学"儿童

扎染”自2006年启动,历时7年,成为该校特色课程,也被命名为区级“创新拓展日”共建共享课程。该校《我身边的民俗——儿童扎染》参加首届上海市中小学校园影视作品评选活动,并获专题活动类一等奖,学生扎染作品获艺术作品展一等奖。该作品还代表上海市参加全国影视大赛获得铜奖。

(橘　办)

[“中国乒乓球学院基地学校”揭牌]　12月24日,“中国乒乓球学院基地学校”揭牌仪式举行。中国乒乓球协会、中国乒乓球学院、上海体育学院和区教育局负责人等出席仪式。建立“中国乒乓球学院基地学校”旨在依托高校,推进合作共建,大力发展乒乓球特色项目,以“乒乓文化”统领校园文化建设。在校园文化建设中,提升教师专业水平,促进学生全面发展,走师生共同发展之路,办百姓身边喜欢的特色初中。

(言究释)

附:区教育局驻地及负责人

(2013年1—12月)

地址:长岭路91号
邮编:200093
电话:65017733

区委分管副书记:朱勤皓
区政府分管副区长:吴乾渝

区教育局党委书记:顾登姝
副书记:王　芳

区教育局局长:邵志勇
副局长:张文华(12月离任)、陈爱平、方　颖(3月离任)、吴　巍、冯　芸(3月到任)、朱伟峰(12月到任)

浦东新区

［2013年概况］ 基础教育规模稳步扩大。全区有各级各类基础教育阶段学校610所，其中中学154所，小学167所，幼儿园278所，特殊教育学校3所，专门学校1所，职业中学7所。按办学体制分，公办学校444所，民办学校166所。有青少年活动中心和实习学校两所，校外教育单位、教育学院各1所以及教育署、招生办等15所其他教育单位。上海开放大学分校3所，社区学院1所，上海老年大学分校1所，街镇社区(成人)学校37所，居(村)委居民学习点1159个，有各类学习型团队1427个。民办非学历教育机构126所。

幼儿园新入学人数3.48万人，小学新入学人数4.82万人，初中新入学人数3.11万人，高中新入学人数1.20万人。参加初中毕业升学体育考试考生1.93万人，参加中考考生2.01万人，参加高考考生1.07万人。

基础教育阶段学校占地面积1002.2万平方米，建筑面积599.01万平方米。全区有区实验性示范性高中18所，市实验性示范性高中11所，市示范幼儿园7所。基础教育阶段学生总数46.52万人，其中中学生14.24万人，小学生19.57万人，幼儿园幼儿10.87万人，特殊教育学校学生753人，专门学校学生358人，职业中学学生1.72万人。全区教职工3.79万人，专任教师3.15万人。

全区共有境外学生1.37万人。有外籍人员子女学校12所，就读学生9564人；有直接境外招收外籍学生资格学校18所，就读的境外学生2591人。全区共有中外合作办学机构或项目8个。有9所普通高中学校引进优秀国外高中课程，有聘请外国专家单位资格认可证书的学校17所，在新区执教的外籍教师共有1450名。

一、继续加大教育经费投入。教育建设项目资金投入9.85亿元，涉及项目37项(“校安工程”捆绑计算为1项)。建设项目资金中基建财力投入7.59亿元、教育专项经费投入1.2亿元、其他建设配套费用投入1.06亿元。教育经费支出81.97亿元，包括区级支出81.18亿元，镇级支出0.789亿元。按照教育法定增幅口径，达到高于新区地方性财政收入增幅的要求。全年，预算内教育经费拨款65.6亿元(含镇业教，不含市转移支付、医保、中央专项)，同比增长10.36%，高于财政经常性收入增长0.48个百分点。

孙桥中心小学改扩建、浦兴地块配套初中新建、南汇一中改扩建、实验东校改扩建、冰厂田幼儿园改扩建等5个项目开工建设；上师大附中迁建、上南中学新建、北蔡鹏海幼儿园新建、由由幼儿园新建、桃林幼儿园新建、冰厂田幼儿园改扩建、北蔡中心小学新建、航空服务学校改扩建等8个项目竣工。

二、继续保持各类教育公用经费拨款标准定额。市实验性示范性高中生均公用经费定额标准为3300元，区实验性示范性及一般高中生均公用经费定额标准为3000元，职校生均公用经费定额标准为3000元，初中生均公用经费定额标准为3200元，小学生均公用经费定额标准为3000元，专门学校生均公用经费定额标准为8000元，特殊教育生均公用经费定额标准为8000元，市示范性幼儿园生均公用经费定额标准为2500元，一、二级幼儿园生均公用经费定额标准为2200元。

三、深化“双名工程”培养领军人才。共有在职特级校(园)长9名，在职特级教师28名，名校长、名师培训基地(工作室)43个，其中校长基地8个，名师基地25个。有2人担任上海市名校长培训基地主持人。20名校长和113名教师继续参加上海市“双名工程”后备培养。

四、教师队伍建设取得新成效。对全区2278名新区名师基地(工作室)主持人、学科带头人、骨干教师开展年度考核，考核优良率均在90%以上。新增16所区级教师专业发展学校，现全区有17所市级教师专业发展学校，35所区级教师专业发展学校，各类学校、各个学段、各教育署都有教师专业发展学校。选派23名校(园)长、教师赴境外开展4—12周的短期培训。全年送教学生数124名，送教上门教师及志愿者70余名。

五、继续推进教育对口支援与合作交流工作。新选派19名干部、教师赴西藏、新疆、海南开展支教工作。共有44名干部、教师赴西藏、新疆、海南、云南等地开展对口支教工作。分批接受新疆莎车县20名骨干教师、云南省西双版纳州10名校长和骨干教师、海南省6名校长和教师来浦东培训3个月，接受安徽省12名教师和贵州省20名教师来浦东开展短期培训。组织14名新区教育专家赴新疆莎车县讲学。全区现有757名回族、满族、维吾尔族等11个民族的学生。

六、进一步加强见习教师规范化培训。参加规范化培训的见习教师共有1159名，其中公办学校教师1116名，民办学校教师43名；涉及见习教师聘任学校347所，规范化培训基地学校77所，基地学校带教导师626人。组织开展规范化培训基地学校新一轮评选工作，全区有103所学校作为见习教师规范化培训的基地学校，按学段、学科、地域将学员安排到合适的基地进行培训。

七、进一步加快实事项目建设。新开办学校21所(高中4所、初中4所、九年一贯制学校2所、小学4所、幼儿园7所)，为106所郊区初级中学更新、配齐实验室设备，完成20所中小学校直饮水工程项目，支持21所老年学校开展标准化建设，对50所学校进行心理辅导室标准化配置工作。

八、进一步规范民办教育。完成25所普通民办中小学、40所以招收进城务工人员子女为主的民办小学、87所幼儿园、38个教育民非中介机构的年度检查，制订了经营性民办培训机构登记初审工作制度，9所民办学校获得市级特色学校创建校或特色项目创建校称号。

九、进一步加强安全工作。出台《关于进一步落实安全工作职责及部门分工的实施意见》《浦东新区校车安全管理办法》，制订《新区教育局关于加强和规范校服采购管理的意见》《新区校服采购管理工作要求》，修订《学校安全防范管理手册》，对新区学校安全工作作了明确部署。加强校园周边环境整治、消防安全检查、暑期安全教育等专项工作；指导学校规范意外伤害事故处理工作程序，切实维护未成年人合法权益。

十、进一步加强职业技能培训。参与职业技能培训获得资格证和上岗证共计28101人，涉及烹饪、电工、安全生产、会计、绿化等20多个岗位。5年来累计培训13万人，使10.26万人取得各类职业资格证书。全区10个燎原计划通过由上海市成协郊区专业委员会组织的燎原计划项目评估。

(忻　渠)

[开展综合督政]　3月26—28日，市教委、市政府教育督导室对浦东新区“推进区域教育现代化暨义务教育优质均衡发展工作”开展综合督政。督政组认为，浦东新区有效实现了推进区域教育现代化和义务教育优质均衡发展的阶段性目标，成效显著，为本市推进教育综合改革实验的先行先试发挥了开创性、引领性的作用，基本实现了义务教育优质均衡发展的目标。

(忻　渠)

[教师职称制度改革试点]　5月起，开展中小学教师职称制度改革试点工作。全区中小学教师新老职称过渡2.40万人，其中正高级教师2人、高级教师2581人、一级教师1.29万人、二级教师8509人、三级教师31人。

(忻　渠)

[聘任新一轮校(园)长]　5月起，公办学校校(园)长岗位开展新一轮聘任，共聘任校(园)长398名(含6所委托管理期满的学校)。任期从2013年8月1日至2018年7月31日。

(忻　渠)

[缓解适龄儿童入园入学难]　一是加快配套。加快公建配套的7所幼儿园、4所小学的建设。二是园舍改建。对部分园舍进行修缮，扩增规模；改建专用活动室，扩招班级。三是收回园舍。对生源少、办学质量差的民办幼儿园，终止办学，将园舍用于开办公办幼儿园。四是统筹安排。向周边学校疏散，将部分儿童平移安排至与之相邻的幼儿园和小学。五是扩大班额。在部分入园、入学矛盾突出的幼儿园和小学适当增加班额数。六是盘活存量。借用成人学校或有空余资源的学校办学，招收外来随迁子女上学。

(忻　渠)

[第十一届明日科技之星评选]　1月19日，举行第十一届明日科技之星评选活动。活动由新区教育局、新区科学技术协会主办，新区青少年活动中心承办。16所中学的50名学生获得浦东新区“明日科技之星”和“科技希望之星”称号。

(忻　渠)

[举办第九届学生艺术节]　3—12月，开展以“青春旋律　快乐舞动”为主题的首届上海市民文化节暨浦东新区第九届学生艺术节活动。共有舞蹈教

育系列活动、艺术作品评选活动、学生艺术单项选拔赛、“童心向党，童声欢唱”——浦东新区未成年人歌咏活动、中小学课堂器乐展演活动、民族文化培训和展示活动、高雅艺术进校园活动、优秀儿童剧展演等八大项活动。经过区级选拔，市级评选，共荣获金奖33个、银奖77个、铜奖78个，优秀演奏奖3个。新区教育局荣获优秀组织一等奖。

（忻　渠）

［学生阳光体育大联赛举办］　4—12月，由新区教育局主办，新区青少年活动中心、新区中小学体育协会共同协办的2013年浦东新区学生阳光体育大联赛举行。大联赛共安排24大项45次比赛，全区共有300多所中小学校1179支运动队的93708人(次)参加各项比赛，评出团体一等奖279个、二等奖262个、三等奖222个。全区组建143支运动队，2418名运动员参加上海市学生阳光体育大联赛18个项目比赛，取得团体一等奖72个、二等奖56个、三等奖72个。

（忻　渠）

［开展系列主题教育实践活动］　4—12月，在全区中小学、职校学生中开展“中国梦·我们与梦想同行”系列主题教育实践活动，引导广大学生为实现国家富强、民族复兴、人民幸福、社会和谐的伟大“中国梦”而发奋学习、不懈奋斗。围绕主题从“追寻幸福　记录梦想”、“书画美丽　传递梦想”、“争创精彩　放飞梦想”三大板块开展“我的未来我的梦”——中学生书信大赛活动；“感受幸福·放飞梦想”——小学生“我的幸福小故事”征集、演讲比赛；“我们与梦想同行”浦东新区中小学生电影海报绘制大赛等9项活动，参与学生40多万人次，取得良好教育效果。

（忻　渠）

浦东新区第七次少代会举行

［优秀童谣征集、评选和传唱］　5—6月，新区文明办和新区教育局联合开展第二届优秀童谣征集评选和传唱活动。通过多渠道、多形式的创作、征集、评选、传唱活动，引导广大未成年人践行“公正、包容、责任、诚信”的主流价值取向，陶冶情操，健康快乐成长。活动收到良好的社会反响和效果。活动共收到参赛稿件1014篇，视频作品72篇；评出一等奖34篇，二等奖111篇，三等奖161篇，入围奖148篇(不含视频作品)。

（忻　渠）

［2013年新区青少年科技节举行］　5月20日，举行2013新区青少年科技节开幕式暨科技嘉年华活动。10所“2012年浦东新区十佳科技教育特色学校”、5名第六届“浦东小院士”、4名第11届上海市明日科技之星获奖学生及4名优秀指导教师受到表彰。2013新区青少年科技节共开展6项主题活动和6项区级竞赛活动。

（忻　渠）

［中华经典朗诵比赛举办］　6—9月，新区语言文字工作委员会联合新区文明办、新区教育局在全区范围举办“‘中国梦·我们与梦想同行’中华经典朗诵比赛”。3000多人参与所在单位、机关选拔赛。经视频评比，共有556个集体和个人节目进入决赛。最终决出小学、初中、高中、幼儿、教师及街镇和委办局等个人及集体共计13个组别的一等奖28个、二等奖53个、三等奖69个。

（忻　渠）

［首次民防教师培训］　6—9月，启动并实施中小学民防教师培训活动。8月26—28日举行民防教师培训，共有85名初中民防教师和84名小学民防教师参加培训。经培训，共有79名初中教师和

76名小学教师获得由上海市民防办和上海市教育委员会颁发的民防教师培训合格证书。

（忻　渠）

［完成智障学生康复训练工作］ 组织完成270个随班就读智障学生的康复训练工作，人均120课时；组织完成4所特殊学校中55名自闭症学生的康复训练与指导工作。普通学校新增资源教室20间。12月27日，协助市第三听障中心成功举办“自强不息，超越自我”才艺展示活动，获得业内人士和家长的普遍赞誉。

（忻　渠）

［示范职校建设］ 上海东辉职校积极进行国家中等职业教育改革发展示范校建设，通过首批建设项目验收评估。上海振华职校、上海航空服务学校成为上海市中等职业教育改革发展特色示范学校立项建设单位。

（忻　渠）

［职校人才基地建设］ 上海振华职校、上海临港科技学校、上海群星职校设立“电子商务”专业、“数控技术应用”专业、“动漫游戏”专业等3个高技能人才培养工作站，对新区中职校相关专业的140余名学生开展高技能人才培训，通过理论学习、专业实训、岗位实习、证书考核等环节，有近90%学员获得由上海市人力资源与社会保障局或行业协会颁发的高级职业资格证书。

（忻　渠）

［中职精品课程通过评审］ 开展中等职业学校教学质量评估、精品课程评估等工作。18个上海市中等职业学校精品课程建设立项项目中，已有两个项目（航空服务学校航空服务专业的“民航旅客运输”和振华职校电子商务专业的“电子商务综合实训”课程）通过第一批评审。

（忻　渠）

［试点中高职贯通］ 上海航空服务学校（与上海民航职业技术学院）成为上海市职业教育中高职教育贯通培养模式试点学校。上海临港科技学校（与上海电机学院）、上海振华职校（与上海思博职业技术学院）进行第二批中高职贯通试点申报工作并获得立项。

（忻　渠）

［获市职业技能大赛多个奖项］ 4月，新区中职校组队参加上海市“星光计划”第五届中等职业学校职业技能大赛，共有494名同学参加40项比赛，分别占全市参赛人数的10.66%和比赛项目的58.82%。获一等奖20个，二等奖55个，三等奖88个，获奖总数为163个，占全市获奖总数的10.4%。部分学校的获奖学生代表上海市参加2013年全国职业院校学生职业技能大赛，为上海市中等职业学校参赛队取得3个一等奖、2个二等奖、4个三等奖，并在全国职业院校学生技能作品展洽会上获得两个一等奖。

（忻　渠）

［举办中职学生创业设计大赛］ 6—11月，浦东职教集团组织举办浦东新区第三届中职学生创业设计大赛，培养和提高学生创业意识和创业能力。上海振华职校、上海船厂技工学校等9所学校上报40件参赛作品，经评审遴选出16个优秀项目入围决赛，并评选出优秀组织奖2名，一等奖2名，二等奖3名，三等奖4名及若干优胜奖。

（忻　渠）

［推进老年学校标准化建设］ 根据市教委《关于做好2013年市政府实事项目“扶持70所老年学校开展标准化建设”的通知》，新区共有21家老年学校被列入市政府实事项目。10月底，实事项目顺利完成，获市教委领导和专家好评。通过实施实事项目，21所老年学校专用教室达到133个，建筑面积增加到42950平方米，学习团队增加到446个。

（忻　渠）

［举行新区全民终身学习活动周］ 10月25日，新区第九届全民终身学习活动周开幕。终身学习活动周以“全民学习、放飞梦想”为主题，开展丰富多彩、形式多样的学习活动近4500场次，共参与约78万人次。此外，新区参加上海市终身学习活动周举办6项赛事，获得2项一等奖、5项二等奖和5项三等奖。

（忻　渠）

［职业技能培训］ 新区全年参与职业技能培训获得资格证和上岗证共计28101人，涉及烹饪、电工、安全生产、会计、绿化等20多个岗位。5年

来,新区累计培训 13 万人,并使 102597 人取得各类职业资格证书。全区 10 个燎原计划通过由上海市成协郊区专业委员会组织的燎原计划项目评估。

(忻　渠)

[**社区教育建设**] 新区洋泾街道社区学校、陆家嘴街道社区学校被评为上海市标准化社区学校,南汇新城镇成人文化技术学校被评为上海市优秀内涵建设成人学校。组织各街镇申报市老年人学习团队,321 个学习团队被认定为上海市老年人学习团队,其中 7 个被评为上海市优秀老年人学习团队,有 9 个学习团队被评为市优秀社区学习团队。

(忻　渠)

附:浦东新区教育局驻地及负责人

(2013 年 1—12 月)

地址:浦东大道 141 号 5 号楼
邮编:200120
电话:58876321

新区区委联系常委、宣传部部长:邓　捷
新区政府分管副区长:谢毓敏

新区教育党工委书记:王晓科
副书记:潘　燕

新区教育局局长:王晓科
副局长:潘　燕、周奇伟、郁时炼、王　浩、程红兵(10 月离任)、高国忠、唐月光(3 月到任)

闵 行 区

［**2013 年概况**］ 全区共有各级各类学校(教育机构)315 所,教师 14507 人,学生 205245 人,其中公办中小学 98 所(含特殊教育学校 3 所),民办中小学 31 所(含以招收进城务工人员随迁子女为主的民办小学 16 所),公办幼儿园 65 所,集体办幼托事业管理站 1 所,民办幼儿园 94 所,全日制中等职业学校 3 所,成教中心 2 所,社区学校 13 所,直属单位 8 家。

有社会力量举办的非学历教育机构 101 所,外籍人员子女学校 11 所(含幼儿园 2 所),台商子女学校 1 所。区内有 2 所市实验性示范性高中,2 所市示范性幼儿园。新开办公、民办幼儿园 8 所(园所 11 所)。

5 月,闵行区被上海市电教馆授牌为上海市基础教育学生信息管理应用试点区;9 月,闵行区被市教委确定为上海市电子学生证应用试点单位。

1 月,区青少年活动中心被中国少年科学院评为"中国少年科学院科普教育示范基地"。4 月,七宝中学柴本胜获"全国五一劳动奖章";9 月,七宝明强小学郭芳获 2013 年"上海市教书育人楷模",启智学校陆佩芬获 2011—2012 年度上海市职工职业道德建设十佳标兵个人;10 月,区教育局被中央统战部宣传办和《中国统一战线》杂志社联合评为"中国统一战线宣传先进单位"。12 月,区教育局《智慧传递——焕发区域教育改革新活力》获第三届全国教育改革创新典型案例优秀奖。

闵行教育深入贯彻国家和上海中长期教育改革和发展规划纲要以及闵行区教育"十二五"教育改革和发展规划,落实"让闵行每个孩子健康快乐地成长"的核心目标,以教育评价改革为主导,大力推进区域教育优质化、信息化、国际化发展,提升区域教育品质。

一、优化资源配置,增加教育供给。出台《闵行区基础教育设施规划》,在对未来一段时间人口分布和流动的基础上,测算区域教育真实需求,指导后续规划建设工作。新开办上海师范大学闵行校区等 6 所学校,全区幼儿园共接纳 25431 名新生,一年级共接纳 15781 名新生,分别同比增加 11%和 9%。确立新建、改扩建项目 17 个,涉及资金 2.97 亿元,投入市拨专款 803 万元,解决以招收进城务工人员随迁子女为主的民办小学最突出、最紧迫、存在安全隐患的校舍条件问题,满足人民群众受教育需求。内培外引,增加优质教育资源。在莘庄工业园区引入位育初中和高安路小学委托管理新建中小学。继续推进教育集团、一校多区等优质资源辐射效应,马桥镇和七宝镇签订举办文来小学和马桥启音幼儿园协议,完成两轮(7 对)校际结对交流项目,进一步扩展范围,加大对薄弱地区学校的扶持。继续通过整体引进、合作办学、委托管理等方式引入优质资源,加快推进上外闵行外国语中学、市二中学梅陇校区和中福会幼儿园等建设,启动第四轮市级委托管理规划。

二、推进教育转型。①项目引领各类教育转型发展,有效提升公共服务质量。学前教育全面实施三年行动计划,推进非上海户籍幼儿积分制入园项目,开发"幼儿成长档案信息系统"等平台,公平普惠的学前入园制度正在形成。义务教育阶段大力推进"新优质学校"和"家门口的好学校"创建工作。不断深化课程教学改革,提高教学效能。高中阶段以"示范性高中"创建和评审为契机,大力推动多样办学、特色发展。职业教育继续加强职业教育联盟(集团)平台建设,完善管理和运行机制,探索形成中高职教育贯通机制。社区教育不断完善设点布局,推进数字化平台和学分银行体系建设,效果明显。全面推进中小学课堂教学改进。制订实施《闵行区中小学课堂教学改进三年行动计划》,促进课堂教学的研究性变革。深入推进"电子书包"项目,在 40 所学校试点基础上扩大范围,完善数字化环境下教学模式。发掘张充仁纪念馆等 10 个校外活动基地功能,开发区本社会实践体验类课程。围绕课程建设和"以学定教"主题,开展现场研讨和课题研究,开展以学生为主体的课程成效展示活动。②"智慧传递"激发教育内在活力。搭建"智慧传递"平台,高质量完成虹鹿幼儿园、群益职校、实验小学、七宝外国语小学、金汇实验学校、汽轮小学、纪王学校等区级"智慧传递"现场展示研讨活动,及时提炼总结各校改革经验和成功做法,实现教育智慧的增值与共享,激发教育活力,被上海市教委作为教育改革典型经验上报到教育部。③以信息化推动教育现代化。制订《闵行区教育信息化三年行动计划》并有序推进。从身心健康、学业进步、个性技能、成长体验四个维度为区内小学、初中学生建立电子成长档案，明确教师专业发展档案内容框架，从师德修养、专业引领、教学绩效三大维度进行相关数据采集与分析试点工作。电子书包实验校扩大到45所，成为全国最大的电子书包实践区。引入社会资源，深入推进数字化教学资源库和平台建设；覆盖三类课程的校际研讨课实现常态。基础数据库初步形成，实现学生学籍系统数据、学业质量分析系统数据、2012学年学生成长数据的入库工作，学生成长信息在中国电信IPTV与东方有线数字电视平台上线。④加快区域基础教育国际化进程。落实《上海市教育国际化工程“十二五”行动计划》，推进《多元·共生·融合——区域推进基础教育国际化的路径与策略研究》，完善区域基础教育国际化规划。完成上海七宝德怀特高级中学签约，加快校舍建设，同步洽谈引入一流的国际教育项目。推进《健康与幸福》等国际课程本土化和《上海乡土音乐文化》等优质本土课程国际化，扩大国际理解教育实验校和外教进课堂实验校范围。建立与区内国际学校之间的长效互动机制，加强与国内外教育机构之间的交流与合作。

三、构建评价体系，推进素质教育。大力倡导素质教育，借助教育信息平台，探索搭建学生管理、学校管理、政府管理三级管理评价框架，初步形成学生发展评价、教师专业发展评价、学校发展评价、社会感知度评价四大评估指标系统。结合社会认同度指标综合评估，探索采用学生发展数据关键绩效指标(KPI)的考核模式，开展学校办学绩效评估。

（闵　雯）

［区教育教学研究所更名］ 7月，“闵行区教育教学研究所”更名为“闵行区教育测评与研究中心”，原区教育教学研究所的部分科研职能划入闵行区教育学院。新机构主要功能：负责区域教育管理和服务效能的测量评估工作。具体承担学生发展、教师发展、学校教学质量、办学水平以及社会对教育认同度等的测评及重大项目的评估工作；负责区域教育发展的政策研究与区域重大项目的研究和管理工作；承担区域学生体质健康监测、研究和报告发布工作。

（许　凌）

［建成中小学生电子成长档案］ 3月，学生电子成长档案建设在全区中小学全面推开。6月，学生电子成长档案基本建成。学生电子成长档案包括“一卡四库”。“一卡”是上海市教委统一制作的学生电子学籍卡，“四库”是学生身心健康、学业水平、个性技能、成长体验四大维度数据库。通过“一卡四库”，实现学生校园成长过程的电子全记录。通过学生个性成长的数据积累，提供各类教育公共服务，深入挖掘数据后面的数据，分析学生总体发展状态，为对学生进行个性化干预指导提供数据支持。

（孙慧玲）

［开展电子学生证试点］ 承担上海市电子学生证应用试点区工作，在全市率先实现电子学生证在所有中小学校全覆盖，推进基于电子学生证的图书借阅、学生体质测试、校园安全管理、校外实践基地、校内特殊场馆、拓展型课程管理等试点工作。通过电子学生证，理清学校管理各个环节，支撑学生各类活动的信息采集和汇聚，将散落在校内、外的学生日常成长数据串连起来，通过有效的记录、整合和管理，实现学生数据信息采集电子化、数据样本标准化、信息应用广泛化。采集的学生成长数据通过区管理平台提供给区教育数据中心，为区域教育决策提供数据支持。

（康永平）

［评选第二届十佳师德标兵］ 10月，第二届“十佳师德标兵”评选结果揭晓，启智学校的计英、闵行中学的华佳齐、闵行五中的吴晨、七宝中学的李波、实验小学的林燕琴、鹤庆幼儿园的施春美、明强小学的赵翔、汽轮小学的黄萍、佳佳幼儿园的蒋慧莺、平南小学的翟燕10位教师获“十佳师德标兵”荣誉。20名教师获“十佳师德标兵”提名奖。

（许　凌）

［教育经费总投入增长］ 全区经常性财政收入为1758008万元，同比增长14.06%。全年教育经费财政拨款298526.6万元，同比增长14.44%。教育经费财政拨款增长比例高于财政性经常收入增长比例。年生均教育事业费：高中36311.23元/生，同比增长4.89%；初中26276.46元/生，同比增长4.55%；小学17532.52元/生，同比增长0.49%；幼儿园19942.79元/生，同比增长11.49%；特殊教育82337.13元/生，同比增长12.08%；职校12049.53元/生，同比增长14.78%；中专8722.29元/生，同比减少4.93%。年生均公用经费：高中8308.69元/生，同比减少14.82%；初中8621.41元/生，同比减少5.48%；小学5682.08元/生，同比减少6.23%；幼儿园8838.69元/生，同比增长18.79%，特殊教育26572.35元/生，同比增长13.06%；职校5624.25

元/生，同比增加20.37%；中专3782.74元/生，同比减少7.3%。全年教职工年人均总收入114223.1元，同比增加12687.46元，增长12.5%。合计全年教育总投入479005.15万元，同比增长19.93%。

（徐莉萍）

［获头脑奥林匹克中国区决赛一等奖］ 3月2—3日，第34届世界头脑奥林匹克中国区决赛暨第26届中国上海头脑奥林匹克创新大赛举行。闵行四幼、闵行一幼、莘庄幼儿园获得幼儿组一等奖，同时被授予“头脑奥林匹克特色学校”称号。

（陈　妍）

［获学前教育特级园长职级］ 5月，市教委批准59名同志具备特级校长职级资格。虹鹿幼儿园园长杨静霞为2012年度上海市特级园长，任职资格从2011年12月起计算。杨静霞是闵行学前教育的第一位特级园长，实现闵行“特级园长”零的突破。

（陈　妍）

［学前教育国家教育体制改革试点］ 5月25日，市教委开展国家教育体制改革试点项目终期评审。闵行区试点项目《强化政府公共服务职能，提升学前教育公共服务质量》得到市级专家组高度肯定。专家组认为，闵行区承担学前教育国家教育体制改革试点项目具有一定的创新性和代表性，为解决当前学前教育发展面临的主要问题和矛盾积累一定经验，形成一系列创新机制和特色做法。

（陈　妍）

［评选第一届优秀幼儿教师］ 10月至12月，区教育局和区中小幼教师奖励基金会联合举办闵行区第一届优秀幼儿教师评选。评选出10位“十佳幼儿教师”和50位“优秀幼儿教师”。

（陈　妍）

［创建首轮新优质学校］ 2月，闵行区首轮“新优质学校”创建项目启动，9所初中学校参与创建。该项目关注义务教育阶段一般生源的普通公办学校，从学校实际出发，抓住教育均衡化发展的有利时机，执着于教育改革、坚持办学自信，从学生的实际情况和发展需要出发，开展实践探索，不断提升办学水平。创建周期为3年。

（彭美华）

［开展“我们与梦想同行”主题教育］ 围绕引导学生理解“中国梦”的内涵，激发学生热爱生活、热爱家乡、热爱祖国、建设家乡、建设祖国的情怀，在全区中小学、职业学校中开展“我们与梦想同行”主题教育活动。活动贯穿全年，分“开启梦想”、“追逐梦想”、“分享梦想”三个阶段，针对不同年龄层次学生特点，开展“十大‘美丽少年梦’”、“莘中杯”活动LOGO设计大赛、主题绘画创作作品征集大赛、“写给未来的信”青少年“微信”大赛、“博雅课堂”、经典吟诵大赛、中小学生合唱节、“我们与梦想同行”中小学生社会实践系列活动、“梦想与责任”主题班（队）会评比、“莘城杯”现场书法大赛、“七中杯”影像作品大赛等11项活动。活动征集到1300多个“美丽少年梦”、2000余篇“写给未来的信”、159幅LOGO设计作品、200余幅主题创意画、83件影视作品。56所中小学参加经典吟诵大赛，3000余名高中生参加“绿色军营我的梦”走近边防线主题教育活动；青少年暑期走进航天城、海洋馆、企业、高校探索科学奥秘9万余人次。

（陈　岑）

［第二届优秀德育工作者评选］ 5—6月，区教育局、区中小幼教师奖励基金会在全区中小学、中职校及直管单位中开展闵行区第二届优秀德育工作者评选，21位老师评定为闵行区第二届优秀德育工作者。

（陈　岑）

［道德实践风尚人物评选］ 9月，区文明办、区教育局联合开展2012—2013年度闵行区中小学生“道德实践风尚人物”评选。20位同学获闵行区“道德实践风尚美德少年”称号，122位同学获闵行区“道德实践风尚好少年”称号。七宝中学盖宇同学获上海市中小学生“道德实践风尚人物奖”十佳称号，7位同学获上海市中小学生“道德实践风尚人物奖”百优称号。

（陈　岑）

［向社会体育组织购买服务］ 区教育局以“购买体育课”方式，促进体育专项化改革，为青少年体育教育打开新思路。全面普及三年级游泳普教课程，全区13575名小学三年级学生受益；区教育局与“乐在四季青少儿培训中心”合作，在22所学校开展“围棋进课堂”项目，普及学生11580人；与巅峰网球俱乐部合作，布点13所学校展开网球课程教学。区域探索向成熟的社会体育组织购买服务，把专业的教练、器材和服务送进课堂，把“老三样”体育课堂教学换成有益又有趣的专项技能，提高体育课堂教学质量，让游泳课、围棋课和网球课成为孩子们期待的快乐时光。

（王　琼）

［推进校园足球联盟建设］ 校园足球联盟成立

一年来，重点推进足球教学、足球训练管理、竞赛体系建设、教练员和裁判员培训等方面建设；在运动员招生和培养方面实现小学、初中、高中的有效衔接。区域共有23所联盟学校，注册运动员714名，足球运动人口有15271人，全年开展足球联赛共计353场，通过广泛开展校园足球活动，普及足球文化，落实“阳光体育、快乐足球”。闵行三中获上海市校园足球联盟联赛高中女子组冠军，闵行三中和康城实验学校分获上海市联盟杯赛高中女子组和初中男子组冠军。

（王　琼）

［举办学生民族乐团音乐会］　10月29日，闵行区学生民族乐团在城市剧院首次举办“国乐少年，金球华韵”专场音乐会，演出民族管弦乐合奏、民乐重奏，体现一定艺术演奏水准。区学生民族乐团是青少年活动中心打造的一支艺术团队，80多位学员来自全区中小学，先后在市各项比赛中摘金夺银。

（嵇彩虹）

［开展艺术教育特色学校评选］　3—8月，组织教育评估专家对27所申报学校进行新一轮艺术教育特色学校评选。交大实验小学等24所中小学校，以及连续获得3届区艺术教育特色学校称号本次免检的文来中学等8所学校成为2011—2013年“闵行区艺术教育特色学校”。新一轮闵行区艺术教育特色学校的评审工作为区域艺术教育的特色化、均衡化发展注入活力，推动闵行区学校艺术教育整体水平提升。

（嵇彩虹）

［青少年科技创新获奖］　在第22届全国青少年科技创新大赛中，闵行区学生获一等奖2项，二等奖6项，三等奖2项，专项奖1项，优秀组织奖1项；在第11届上海市百万青少年“明日科技之星”评选活动中，4名学生获“上海市明日科技之星”提名奖，17名学生获“上海市科技希望之星”称号。

（嵇彩虹）

［开展中芬职业教育合作］　11月21日，第一届中芬（上海）职业教育合作论坛暨上海—芬兰职业教育领域合作签约仪式在同济大学举行。芬兰教育科技部部长，上海市教育委员会职业教育处、闵行区教育局的领导出席会议。中芬两国政府部门、研究机构、职业院校及企业界代表逾60人参加论坛。论坛上，闵行区教育局负责人代表闵行区教育局与芬兰于韦斯屈莱大学教育联盟、哈格应用大学、于韦斯屈莱大学教育联合会、埃斯波地区奥尼亚教育联合机构签署促进中芬职业教育领域合作备忘录。试点项目将着重在职教内容与教学方式的改进、职业教师培训、重塑职业学校管理模式等领域加强合作，追求双赢。签约开启中芬合作新局面，使各方巩固加强已有合作成果，为促成中芬合作试点项目尽快落地奠定基础。

（隋　明、吴蓉蓉）

［全国职业院校技能大赛获奖］　1—4月，闵行区组织学生参加上海市“星光计划”第五届中等职业学校职业技能大赛，在18项目中获得金牌7枚、银牌7枚、铜牌30枚。6月，群益职校参加全国职业院校技能大赛获服装专业金牌。此次参赛是群益职校第三次作为上海服装专业的项目领队学校参赛，连续第七年蝉联服装专业金牌全国第一。7月，西南工程学校代表上海中职校参加全国职业院校学生技能作品展洽会。

（隋　明、吴蓉蓉）

［“终身学习云平台”启动］　10月19日，由上海市学习型社会建设与终身教育促进委员会办公室、

闵行区“终身学习云平台”正式启动

上海市成人教育协会、上海市闵行区学习型社会建设与终身教育促进委员会主办，闵行区学习型社会建设与终身教育促进委员会办公室、闵行区教育局承办，闵行区社区学院和闵行区成人教育协会协办的上海市第九届全民终身学习活动周开幕式暨全民终身学习成果展示活动举行。开幕式上启动闵行区市民“终身教育云平台”，标志着闵行终身教育朝着现代化、信息化、智能化方向发展。平台通过建立“学分银行”和“个人学习账户”，为每个市民的终身发展提供更为丰富的学习资源。

（隋　明、李丽娟）

[获全国首届教育康复技能大赛多个奖项] 11月，启音学校3位教师参加全国首届教育康复技能大赛，从来自28个省、市、自治区185家学校或康复机构的419名参赛康复教师中脱颖而出，分获全国特等奖、一等奖和二等奖，占据全国14强中3强位置。启音学校教师参赛作品充分体现以特殊儿童身心发展需要为原则，以“医教结合”理念为指导，以康复与教育方法有机整合为手段，以通过改善特殊儿童功能障碍来提高学习和生活能力为目的，展现近年来开展“教育与康复”有效融合实践探究成果，具有创新性、有效性和实用性。

（岳小力）

[教育科研课题立项、结题] 7月，立项上海市教育科学研究重点项目1项，规划项目7项。11月，立项区级课题458项，其中，重点项目30项，规划项目60项，一般项目368项。11月，立项上海市青年教师教育教学研究课题5项，区青年教师教学研究课题25项。10月，闵行区第5届教学小课题立项1509项。

6—9月，对闵行区第4届教学小课题进行结题鉴定，1300项成果鉴定为“合格”。在“合格”成果中，评出一等奖57项、二等奖141项、三等奖286项。11—12月，对区级教育科学研究课题结题鉴定，633项课题鉴定通过，其中，54项课题鉴定为“优秀”，153项课题鉴定为“良好”，426项课题鉴定为“合格”。

（傅　军）

[心理健康教育发展中心授牌] 4月17日，区学生心理健康教育发展中心、分中心授牌仪式举行。区心理健康教育将以此为开端，加大心理健康教育研究深度，逐步建立区中心统筹规划管理，分中心进行教育实践研究的区校联动模式，形成以点带面辐射全区的心理健康教育网络，全面关心学生心理健康成长，帮助学生获得支撑一生的良好心理品质。

（贾永春）

[《健康与幸福》国际课程本土化] 2012年5月，引进美国中小学生必修课程《健康与幸福》，至2013年，《健康与幸福》拓展课实施学校已达25所，参与教师220人，覆盖学生3980名，家长、社区、医疗等机构参与学校课程教学。2013年11月，经评估，闵行区《健康与幸福》课程的实施对学生在健康知识的掌握、健康行为和态度变化方面有着积极的影响，学生、教师、校长和家长对于课程的实施都非常满意。

（傅　军）

附：区教育局驻地及负责人

（2013年1—12月）

地址：七莘路400号
邮编：201100
电话：64881398

区委分管常委、宣传部长：赵丹妮（9月离任）、沈　军（12月到任）
区政府分管副区长：杨德妹

区教育局党委书记：朱雪平
副书记：姚计华

区教育局局长：王　浩
副局长：朱　越、李光华、何美龙

嘉　定　区

［**2013 年概况**］　全区共有小学 39 所；中学 37 所，其中高级中学 8 所，完全中学 1 所，初级中学 16 所，一贯制学校 12 所；特殊学校 1 所，专门学校 1 所，青少年业余体校 1 所，幼儿园（所）71 所。全区 3—6 岁幼儿入园率为 99.8％；小学入学率、巩固率、毕业率均为 100％；初中入学率为 100％；高中阶段录取率为 99.52％；春秋两季普通高校总计录取 1651 人，秋季高考录取率为 94.28％；全区成人教育年培训总量为 115 万人次。公办中小学共吸纳进城务工人员随迁子女 26005 名，14 所民办农民工子女小学共吸纳学生 12823 人，进城务工人员随迁子女 100％接受免费义务教育。

一、推进教师队伍建设。实施教师队伍建设三年行动计划，新增 3 名上海市特级校长，1 名教师被评为上海师范大学特聘教授，2 名教师获得“国培计划”专家荣誉，2 名教师被评为“全国百佳语文教师”，2 名教师被评为“全国优秀语文教师”。选拔优秀校长、教师参加名师名校长培养工程和市优青项目培养工程，12 名教师参加“国培计划”培训，举办“祝郁校长办学特色研讨专场”等双名工程展示活动。推进教育人才梯队建设，全年培训教师 86784 人次。全面开展教师分层化培训，启动第二批“新雁计划”，完成 15 所见习教师规范化培训基地检查评估，300 名校园长、优秀教师参加卡内基培训。实施 56 个人才柔性流动项目，166 名在职教师实现合理流动。对 321 名优秀教师发放教育系统优秀人才奖金 310 万元，为 186 名优秀教师落实各类人才资金资助补贴和住房配售政策。

表彰区第六届“十佳师德标兵”

二、推进德育工作内涵发展。开展“学科德育”实践研究，举办全市首家市骨干教师德育实训基地展示活动和“注入价值的品质德育”论坛，出版区本教材《嘉定乡土历史》。全面开展未成年人思想道德建设迎检工作。深化“做一个有道德的人”主题活动，建设学校“道德讲堂”，开展“我们与梦想同行”教育活动。建立区青少年学生校外教育工作联席会议制度，实施和开发《区中小幼学生生活指导课程》。完善区未成年人心理健康辅导（家庭教育指导）中心功能建设，心理个案咨询专线和“心灵嘉园”网站正式运行。实施市郊区县初中优秀班主任研修班课程，区中小学德育管理者研修课程，区骨干班主任、新上岗班主任研修课程。建立区德育基础工作考评制度，评选行为规范示范校、示范家长学校、心理健康教育达标校。

三、调整资源布局，推动教育均衡发展。明确到“十二五”末，完成 70 个教育项目的基本建设任务。全面实施街镇新增教育资源三年行动计划，新开办 7 所学校，实施 7 个校安工程项目，加固和修复校舍建筑面积约 4.6 万平方米，完成 20 所学校体育配套灯光工程、21 所学校场地分隔工程、25 所学校直饮水工程建设工作和市政府实事项目初中实验室设施设备更新和配齐工作。组织区内3所幼儿园参加“第65届世界学前教育联合大会”展示。组织对10所民办三级幼儿园年检。实施“新优质学校”区域推进项目，出台《区域推进“新优质学校”项目实施意见》，建立区域推进新优质学校培训基地，推出8所区级新优质学校，组建4个涵盖26个学校的义务教育组团式发展联盟。完成第三轮基础教育委托管理项目评审总结工作，启动第四轮基础教育委托管理项目，3所学校被评为上海市先进单位。上外嘉定外国语学校正式开学，同济大学附属上海存志学校（嘉定）完成签约。嘉定二中被评为上海市特色发展项目学校。建立随迁子女小学教学质量监测系统。

四、确立品质教育目标。出台嘉定区教育发展新三年行动计划，以“传承教化之风，镕铸品质教育”为工作理念，加快课程和课堂教学改革，组织开展“品质教育下的课堂转型”实验项目研究。推广“明礼童谣”区本课程。成立区中小学学业质量监测中心，加强学业绿色指标研究，实施“绿色在嘉定”计划，开展基于课程标准的教学与评价工作，合作举办上海市“基于课程标准的教学与评价”展示交流活动。以“慧雅书童”阅读计划为引领，切实提高学生学业质量。实施组团式联动教研项目，开展30个特色教研项目试验，构建区域教研三级网络，区域教研品质有效提升。启动实施义务教育阶段委托管理和“新优质学校”区域推进项目。实施“城域网大网改造”项目，启动“教育云”运用平台建设，试点“数字化网络环境下教与学方式变革”实验，4个项目获得市教育信息技术应用研究项目立项，4个课题成为全国教育信息技术研究“十二五”规划课题。推进学校文化建设三年行动计划和青少年民族文化培训工程，举办优秀校歌评选展演，被教育部命名为“全国农村学校艺术教育实验县（区）”。开展校园体育活动“一校一品”和体育创新团队建设，深化区学生体质监测中心功能，全区学生体质健康抽测成绩位列全市第六。启动实施新一轮青少年科技创新三年行动计划，科技教育品牌优势进一步积聚，全年获市级以上各类科技比赛一等奖442个，南翔中学获得第八届韩国头脑奥林匹克锦标赛《电子邮件》赛项初中组冠军，真新小学获得2013—2014DI创新思维亚太区北京国际邀请赛一等奖，并入围全球总决赛。

五、提高终身教育成效。实施区职工素质培训工程，提升区域劳动力水平。大众工业学校成功创建首批国家中等职业教育改革发展示范校，安亭镇成人学校被评为全国职工教育培训示范点，安亭镇、嘉定工业区、南翔镇被评为首批全国创建学习型社区示范街镇。举办区第九届全面终身学习季活动，全区参与各类学习活动突破25万人次。全面完成成人学校能力建设三年行动计划和数字化学习社区建设三年行动计划和市政府实事项目“街镇老年学校能力提升工程”，5所街镇成人学校硬件设施得到进一步改善。《城镇化进程中老年教育服务体系建设实践研究》被列为市教科研重点课题。嘉定区被评为首批全国老年远程教育实验区。

六、坚持依法行政依法治教。推进行风建设达标学校创建，区教育局再次被评为上海市规范教育收费优秀达标单位。落实中央八项规定，加强学校收费管理。做好教育部对上海义务教育均衡发展验收迎检工作，完成年度政府履行教育责任情况公示公报自评，建立委办局依法履行教育公共服务职能评估制度，完善街镇考核指标体系。启动挂牌督导制度试点工作。

（梁晓峰）

［建立心理健康辅导中心］ 1月6日，举行未成年人心理健康辅导中心暨嘉定区未成年人家庭教育指导中心启动仪式。“心灵嘉园”咨询专题网站同步开通，并颁布《嘉定区未成年人心理健康辅导中心暨嘉定区未成年人家庭教育指导中心建设五年规划》。该中心是面向未成年人为主的心理咨询与家庭教育咨询机构，承担指导全区中小学开展心理健康教育工作功能，旨在为未成年人健康快乐成长提供保障。

（王　琦）

［教育新闻中心成立］ 3月1日，嘉定区教育新闻中心举行揭牌仪式。中心将在“加强教育对内对外宣传、做好舆情分析与应对、推进教育信息公开”等方面探索创新，逐步建立与嘉定教育改革发展相适应的新闻宣传工作格局。

（李　敏）

［启动科技创新工程新三年计划］ 3月12日，举行区青少年科技创新工程新三年行动计划工作会议。会议要求，推进青少年科技创新工程新三年行动计划，要深刻认识科技在教育中的引领作用，要切实增强青少年科技教育工作的吸引力，要大力加强对科技教育的领导。

（许海蓉）

［召开教育工作推进大会］ 3月29日，召开教育工作推进大会。会议要求，进一步增强做好教育工作的责任感和紧迫感；着力提升品质，全面推动教育事业科学发展；加强党的领导，有效形成推动教育事业新一轮发展的强大合力。会议下发《嘉定区教育发展三年行动计划(2013—2015年)》及《关于鼓励街镇增加和完善基础教育资源建设加大区级财政投入的若干意见》、《关于进一步推进嘉定区终身教育工作的若干意见》等配套文件。

(高校亚)

［举办中小学骨干校长研修班］ 4月2日，启动嘉定区中小学骨干校长高级研修班项目。该项目由区教育局委托华东师范大学实施，旨在切实贯彻区委、区政府"社会发展市郊领先"目标，加快推进落实嘉定教育"十二五"规划，打造嘉定基础教育的高端人才队伍。研修班为期两年，由三个具有深厚理论素养、长期指导校长专业发展经验的华东师范大学教授及两个上海市普教系统"双名工程"主持人、市特级校长组成导师团队，对15个中小学校长进行带教指导。

(唐　燕)

［地震科普馆揭牌］ 5月10日，举行"防御地震灾害　关注生命安全"防震紧急疏散演练暨地震科普馆揭牌仪式。嘉定区地震科普馆是徐行中学(上海市首批防震减灾科普特色教育示范学校)整合旧教学楼的科普专用教室资源重新筹建而成。该馆向全区学生和社会公众免费开放，旨在通过参观、互动等不同形式，让学生了解地震相关理论知识，用科技手段体验灾害，用知识保护生命，有效提高防灾自救互救能力。

(许海蓉)

［举办校园长卡内基培训］ 5月，举办中小学校长和幼儿园园长卡内基培训。区教育局邀请华文卡内基创始人担任主讲。培训旨在创新校园长培训观念和方式，进一步强化校园长的激励与沟通能力，提升校园长人格魅力和影响力。培训通过对自信、态度控制、沟通、激励、领导力五个方面的培训和角色演练，使校园长们对如何与家长、学生及老师进行有效沟通，怎样积极调整自己的心态，有效把握领导力有了全新的认识。

(唐　燕)

［"品质教育下的课堂转型"展示研讨］ 6月17日，举行"品质教育下的课堂转型"展示研讨活动。展示活动研讨如何用丰富的诠释让更多教育工作者理解"品质教育"内涵，如何努力设想各种办法，不断提升教育的品质。作为教师，要明确自身的教育任务与责任，关注学生的学习，让学校成为学生精神生活的乐园。近年来，全区把加强课堂转型作为提高课堂教学有效性的突破口，努力打造嘉定人民满意的品质教育。活动中，与会领导为嘉定"品质教育"标志揭牌。区教育局围绕"品质教育下的课堂转型"作专题发言。

(管文洁)

［开展校长书记大讲堂活动］ 6月25日，区教育系统召开庆祝中国共产党成立92周年暨"校长书记大讲堂"主题讲演活动。"校长书记大讲堂"是区教育局党委为贯彻落实十八大精神，进一步提高区教育系统校(园)长、书记的综合素质，努力打造人民满意的品质教育而开展的一项主题教育活动。"校长精神大讨论"是主题教育活动系列之一。4月25日，"校长书记大讲堂"专栏在嘉定教育网上线，标志该活动全面启动。从4月25日到5月25日，网上大讨论主题帖超750篇，总帖超3000篇，注册用户超1570个。

(王亚莉)

［"花季护航计划"全覆盖推广启动］ 6月28日，举行"花季护航计划"全覆盖推广启动仪式暨纪念7·11世界人口日活动。"花季护航计划"是嘉定区推出的校园性与生殖健康教育项目，以学校为切入点，将通过4年时间覆盖全区所有初中、高中(职校)、高校学生。该项目将根据学生身心特点，通过发放系列宣传资料、设置性与生殖健康固定课程、开设青少年生殖健康和心理健康咨询服务点、组建讲师团等方式，开展社会性别意识的教育及符合他们年龄特点的性与生殖健康教育，帮助学生了解怀孕的原理、人流的危害，掌握避孕节育方法，学会自我保护的途径。

(王　琦)

［举行特级校长柔性流动签约］ 9月2日，普陀区、嘉定区举行特级校长柔性流动签约仪式，嘉定区封浜高中与普陀区同济二附中进行流动签约，期望通过特级校长柔性流动项目，进一步探索教育资源的均衡发展的机制与模式，促进办学成效的提升。

特级校长柔性流动工作是市教委人事工作中的一项创新项目,目的是为促进基础教育高位均衡发展,通过从中心城区选派一批特级校长进行区域柔性流动,到郊区农村学校推动学校发展。

(管文洁)

[上海外国语大学嘉定外国语学校开学] 9月5日,上海外国语大学嘉定外国语学校举行开学仪式。上海外国语大学嘉定外国语学校坐落于安亭国际汽车城,是一所由嘉定区政府和上外合作、共同创办的九年一贯制公办学校。学校80%的教师有学校大教研组长以上的工作经历,上海外国语大学派出专家管理团队,负责外语课程特色打造。学校现有学生234名。

(管文洁)

[引进优质教育资源] 9月11日,区政府举行上海国际汽车城(集团)有限公司、同济大学、上海平土实业(集团)有限公司三方共建"同济大学附属上海存志学校(嘉定)"签约仪式。根据协议,三方将共同合作在安亭新镇兴办高水准的民办小学、初中九年一贯制学校。汽车城(集团)公司负责学校的建设,同济大学负责学校品质的管理和同济大学附属学校的品牌输出,引进平土实业集团旗下优质品牌存志学校,负责今后学校具体教学管理工作。学校拟在2015年9月开学,填补汽车城区域优质学校资源空缺的现状,为汽车城及同济大学的各类高层次人才创造一个优良的工作、居住环境。

(管文洁)

[学校文化建设展示] 10月22日,举行学校文化建设推进会暨优秀校歌展示活动。区教育系统自2012年启动"学校文化建设三年行动计划"以来,区内各所学校分别结合区域特色和自身特点,各展所能,开展了富有特色的学校文化建设活动。其中,传唱校歌成为凝聚学校精神、展示学校风采的一个有效抓手。

(李　敏)

[承办市实施燎原计划项目推进会] 10月29日,上海市实施燎原计划项目推进会召开。会议要求,燎原计划项目工作要和都市型农业建设发展及提高新型农民素质紧密结合,成人教育工作要和职业教育有机结合,成人学校要突破自身工作,主动适应时代发展的趋势和要求。会议对上海"嘉定杯"燎原优秀项目评选作总结并宣布评选结果,马陆成校《马陆葡萄病虫害绿色防控技术的研究与运用》、江桥成校《寒兰的鉴赏与养护》获得金奖,外冈成校《腊梅栽培技术推广》、南翔成校《罗汉菜的推广》获银奖,嘉定区另有4个项目获铜奖。区教育局作《以实施燎原项目为抓手,培养新型农民》交流发言。

(张剑锋)

[教育经费总投入增长9.71%] 全区经常性财政收入为1603286万元,同比增长14.61%。全年教育经费一般预算财政拨款192926.58万元(不含中央专项),同比增加32278.52万元,增长20.09%。教育经费财政拨款增长比例高于财政经常收入增长比例。年生均教育事业费高中32794元/生·年,同比增长0.45%;初中23282元/生·年,同比增长5.80%;小学17521元/生·年,同比增长12.76%;幼儿园20621元/生·年,同比增长13.42%。特殊教育生均事业费112290元/生·年,同比增长23.50%。年生均公用经费高中11624元/生·年,同比减少16.42%;初中6452元/生·年,同比增长0.34%;小学5381元/生·年,同比增长17.36%;幼儿园6073元/生·年,同比增长13.71%;特殊教育27983元/生·年,同比增长37.04%。全区教职工年人均总收入112167元,同比增加13714元,增长13.93%。全年合计教育经费(全口径)总投入254758.54万元,同比增长9.71%。

(刘　琴)

附:区教育局驻地及负责人

(2013年1—12月)

地址:嘉行公路601号
邮编:201808
电话:39902000

区委分管副书记:周金林
区政府分管副区长:李　原

区教育局党委书记:王晓燕
副书记:金立新

区教育局局长:姚　伟
副局长:张德海、俞勇彪、朱　芳、赵国兴

宝　山　区

［**2013年概况**］　宝山教育扎实推进教育现代化建设，新开办14所学校，有效缓解入学入园矛盾；教育教学质量稳步提高，人民群众满意度不断提升；成功创建“全国社区教育示范区”、“全国社区教育数字化先行区”、“全国老年远程教育实验区”；张洁华、黄天蓉两位教师分别荣获“上海市教育功臣”、“上海市教书育人楷模”称号；在国际赛事和全国赛事中荣获近百项奖项。

一、坚持项目引领，深化城乡基础教育一体化发展。一是提高教育费附加转移支付资金用于农村教育，加大对农村教育经费支持力度。二是启动“区新优质学校”创建和第四批市义务教育学校委托管理工作，加大教学协作联盟、高校合作共建和新建学校联盟等建设力度，促进城乡优质教育资源共享。三是编制《宝山区学前教育保教质量评价与监测指导手册》，推进幼儿园绘本馆、音体室配套建设，提升幼儿保教质量。

二、坚持内涵发展，提升教育服务经济社会能力。一是组建区职业教育集团，构建政府、学校、企业三方合作机制。二是开展数控专业中高职贯通培养试点，打通技能型人才深造发展渠道，提升技能人才培养质量。在市“星光计划”技能大赛中，学生获奖奖项与人次再创新高。三是打造“乐学”宝山品牌，成功创建“全国社区教育示范区”，完成了居（村）委学习点、老年学校标准化和老年教育演示中心3个实事项目建设；2个社区教育实验项目被评为市示范项目，2个社区教育实验项目被评为市优秀项目。

三、坚持攻坚克难，稳妥做好招生考试工作。一是积极应对本市招生政策变化和区域入学高峰双重压力，规范政策执行，优化区镇合作、多部门协同的招生协调和矛盾处理机制，平稳解决入学高峰矛盾。二是完成标准化考场建设，周密细致地做好社会高度关注的各项考试工作，中考、高考平稳有序。三是考试质量持续提升，中考合格率继续保持全市前列；高考本科率稳中有升，一本率同比增长6.64％。

四、坚持以人为本，积极打造教育人才队伍。一是推进“万名教师提质工程”，提高了教师录用门槛，开展了教师形象大讨论和“宝山教育标识”征集、首批区“学陶师陶”楷模与标兵评选表彰等活动，继续加强见习教师规范化培训。二是优化教育人才发展政策和服务支持环境，加快推进“1515”人才计划、“双名工程”等人才培养项目，完成了新一届区骨干教师评选，成立了12个名师工作室、13个学科研究团队和31个学科指导团队，资助出版10本名师专著，2名校长评为市特级校长，27名教师成为市优秀青年教师培养对象。三是健全干部“每月一讲”、分层分类培训、任职交流、挂职锻炼、干训基地建设等工作机制，有效提升干部的综合能力。

五、坚持机制创新，保障学生健康快乐成长。一是以“美丽宝山伴我成长”主题教育活动为抓手，进一步完善“1＋2＋N”校外活动体系，健全中小学生“四立”社会实践活动机制。二是以“减负增效”为目标，深化课程改革，通过“作业优质化设计”、“集体教研设计”、校本课程征集、“绿色指标”教学案例评比等一系列措施，探索课堂教学转型。三是以“学生健康促进工程”为重点，落实中小学生“每天校园锻炼一小时”，深化中小学生课外文体工程。四是以“特色联盟，学段贯通，资源共享，人才共育”为工作机制，加强中小学科技教育联合体、体育项目联盟、艺术共同体建设，为培养创新人才搭建多元平台。

六、坚持统筹兼顾，有序推进教育资源布局建设。一是加强教育资源规划，完成基础教育“十二五”基本建设规划调整，启动《教育设施专项规划2012—2020》编制，推进区教育资源地理信息系统建设。二是加快学校建设，完成11个历年结转项目，新开办1所九年一贯制学校和3所幼儿园。三是改善学校办学条件，完成了16所学校大修和29个教育设备设施项目的政府采购招标和配置。

七、坚持凝心聚力，扎实提升教育党建科学化水平。一是积极开展“三培养、三联系、三示范”活动，推进青年党员教师培养工程，深化“党员先锋岗”创建和党员志愿者活动，启动新一轮党员集中培训，加强了党的队伍建设。二是创新基层党建督导方式，发现和培育党建工作特点、亮点和品牌；

大力推进党内民主建设，以“公推直选”形式开展直属单位党组织集中换届选举工作，加强了基层党组织建设。三是以党建研究分会为平台，以项目领办制方式整合各级党组织资源，开展理论研究，将党建研究成果转化为工作项目与载体，提升了党建科学化水平。

（倪永培）

［教学协作联盟召开年会］ 12月23日，由宝山区教育局、民进宝山区委、市教委教研室共同主办的2013年上海市教委教研室教学协作联盟年会暨“师说新天地”教育论坛在上海教育电视台演播厅举行。年会主题“师说新天地”从教师视角探讨学生需求与规律。市教委教研室教学协作联盟于2008年由上海市教委教研室、宝山区教育局、民进宝山区委共同发起组织，宝山区的15所中小学参加联盟，到2013年联盟共有宝山等10个区的149所学校参与。上海市教师学研究会、民进上海市委、上海市中小学幼儿教师奖励基金会的领导参加了本次年会。

（倪永培）

［钱伟长铜像揭幕］ 10月27日，上海大学附属中学举行首任名誉校长钱伟长铜像揭幕仪式暨建校10周年庆典活动。市教委领导、上海大学校长、中共宝山区委书记，及钱伟长之子钱元凯出席揭幕仪式。

（倪永培）

［被评为教育系统优秀网站］ 在市教卫工作党委、市教委主办的“2012—2013年度上海市教育系统优秀网站评选”活动中，宝山区宝虹小学、宝山区早教中心网站被评为教育系统优秀网站。全市有115家中小幼、高校专业网站参评，共评出上海市教育系统优秀网站10个。

（倪永培）

［被评选为市教育功臣］ 在9月8日举行的“教育点亮梦想——2013年上海市庆祝教师节主题活动”上，宝山区培智学校校长张洁华被评选为第三届“上海市教育功臣”。张洁华从1994年起从事特教工作，1998年7月起担任宝山区培智学校校长。

（倪永培）

［上海、台北中学生击剑交流比赛举行］ 7月15日，上海、台北中学生体育节击剑项目交流比赛举行。双方运动员进行3个剑种的团体和个人交流比赛。上海市副市长翁铁慧、台北市市长郝龙斌出席体育节开幕式。

（倪永培）

［启动“新优质学校”创建］ 6月17日，宝山区“新优质学校”创建工作启动大会举行。“新优质学校推进”项目是市教委于2011年推出的一个教育实践项目。它以义务教育阶段公办中小学为对象，在尊重差异的基础上，通过总结发展路径，提炼有效经验，分类典型示范等手段，引领不同类型学校特色优质发展。上海市“新优质学校推进”项目组对项目的发起、内涵、追求等“新优质学校”创建工作的有关内容和要求进行解读。

（倪永培）

［民办特色学校创建启动］ 6月8日，上海市民办特色学校创建活动举行。教育部校长培训中心、市教委，区教育局领导和专家出席。会上，专家与领导一起为“空模联合体”、“无土栽培联合体”揭牌，民办和衷中学以形式多样的活动向来宾展示学校特色创建取得的成绩。

（倪永培）

［成立区学校心理健康教育发展中心］ 5月29日，“宝山区学校心理健康教育发展中心”举行揭牌仪式，“中心”设在宝山区教师进修学院。五个分中心设在行知中学、罗店中学、上大附中、泗塘中学和大场镇小学。“中心”主要任务：一是将心理健康教育渗透到整个教育过程中；二是为师生营造一个良好的教学相长的环境；三是开展学生心理问题的干预和指导。

（倪永培）

［演练师生应急疏散］ 5月12日，宝山区“警示—2013”应急疏散演练暨“小手牵大手，民防进万家”启动仪式举行。全区126所中小学8万余名师生参加防空袭疏散演练。此次活动由宝山区民防办、区民政局、区教育局及团区委共同组织。

（倪永培）

［召开区第八届特奥运动会］ 4月16日，宝山区第八届特奥运动会召开。来自全区32所学校42名特奥运动员参加运动会，运动会设持球接力、短跑、绕障碍足球射门等9个项目。

（倪永培）

［翁铁慧到区专题调研］ 4月11日，副市长翁铁慧一行到宝山区专题调研教育工作。翁铁慧视察民办顾教小学，随后进行调研座谈。翁铁慧对宝山教育优质均衡发展给予充分肯定，对做好外来务工人员随迁子女就学工作提出要求。区领导陪同调研。

（倪永培）

［召开区教育工作会议］ 4月9日，宝山区教育工作会议召开。区委、区政府领导出席会议并讲话。会议全面总结回顾近几年宝山教育取得的成绩，对存在问题作客观分析，并从教育体制、政府责任、教育内涵建设等方面对下阶段加快推进教育现代化建设的任务作了部署。会上，各街、镇、有关委办局与区政府签署了《推进教育现代化建设责任书》，下发《关于进一步加快宝山教育现代化建设的实施意见》等5个文件。

（倪永培）

［医教结合项目总结］ 3月12日，国家教育体制改革试点项目——“推进医教结合，提高特殊教育水平”项目总结交流会举行。市教委、市卫生局、市残联等有关领导和专家出席交流会。会上试点区县分别就推进医教结合工作情况及下阶段工作设想作了交流。宝山区作《机制上创新，措施上突破》工作汇报，市教委基教处负责人对《推进医教结合提高特殊教育水平——国家教育体制改革试点项目研究》工作作了解析。

（倪永培）

［获美国中学生数学建模竞赛一等奖］ 上大附中学生侯雨奇、孙志平、袁施薇和李同宇在参加第十五届美国中学生数学建模竞赛（H1MCM）中获一等奖。美国中学生数学建模竞赛是由美国数学与应用数学协会主办的，每年举办一次竞赛，本次竞赛共有来自五大洲的518支代表队参加。

（倪永培）

［区中高职贯通项目获批立项］ 2月26日，宝山区中高职贯通项目获市教委批准立项。由宝山区职业技术学校与上海工程技术大学高等职业技术学院共同合作开展数控专业中高职教育5年一贯制培养。前三年课程在宝山职业技术学校完成，后两年课程在上海工程技术大学高职学院完成。

（倪永培）

［长江路小学建校100周年］ 2月17日，宝山区长江路小学举行主题为“奏响办学求优、育人成才的‘长江之歌’百年校庆”庆典活动。该校创办于1913年，原名殷行北区小学。

（倪永培）

［“行知育才旧院”被评为校园新景观］ 1月，上海市行知实验中学“行知育才旧院”被评为上海市普教系统十大校园新景观之一。此项活动由上海市教卫工作党委文明办发起，全市共有20所学校20个景观经过初评入围。“行知育才旧院”前身是陶行知1939年在重庆创办的育才学校，1947年搬到现址。

（倪永培）

［被授予“全国教科文卫体先进工会”称号］ 11月，中国教育工会上海市宝山区委员会被中国教科文卫体工会全国委员会授予“全国教科文卫体先进工会组织”。全市共有两个基层教育工会组织获此荣誉。

（倪永培）

［获“全国环境教育示范校”称号］ 1月5日，全国环境教育发展论坛在北京举行。会上，吴淞中学被推选为“全国环境教育示范校”。此评比活动是由教育部全国环境教育示范学校推选委员会和《环境教育》杂志社共同发起的。

（倪永培）

［启动“一校一章程”建设］ 根据教育部《全面推进依法治校实施纲要》的要求，区教育局下发《关于健全和完善学校章程的指导意见》，启动一校一章程建设。根据安排，公办中小学2013年完成章程建设，2014年民办学校完成章程建设，2015年上半年幼儿园完成章程建设。

（倪永培）

［被评为市平安示范单位］ 区内吴淞中学、上大附中、月浦实验、宝钢新世纪、宝钢三中、民办和衷初中、和衷小学、大华小学、罗南中心校和宝山职校被上海市综治委授予“上海市平安示范单位”称号。

（倪永培）

【获全国中学生桥牌锦标赛一等奖】 8月5—

10日，由中国中学生体育协会、中国桥牌协会主办的2013年全国中学生桥牌锦标赛在北京举行，求真中学荣获初中组团体一等奖。

（倪永培）

［区职业教育集团成立］ 5月8日，宝山区职业教育集团成立大会及揭牌仪式举行。大会通过《宝山区职业教育集团章程》、《宝山区职业教育集团（2013—2017）发展规划》和首批理事单位，集团由生产企业、行业协会、中高职业学校等47个单位组成。

（倪永培）

附：区教育局驻地及负责人

（2013年1—12月）

地址：宝杨路158号
邮编：201999
电话：66592767

区委分管副书记：袁　鹰
区政府分管副区长：陶夏芳

区教育局党委书记：张晓静（12月离任）、王　岚（12月到任）

区教育局局长：张晓静
副局长：张步华、钱学锋、陆荣林、刘　政、蒋碧艳

金 山 区

［**2013年概况**］ 全区共有各类学校(单位)124所,其中中学30所(民办4所),小学31所(民工转制校10所),幼儿园34所(民办10所),特殊教育1所,中等职业3所(其他部门办1所),托儿所1所(民办1所),成人教育13所(包括进修学院、区成校及11所社区学校),其他单位11所。年初新增中学1所、幼儿园2所,撤销1所幼儿园。共有在校学生74873人,其中:中学生23728人,小学生28654人,幼儿园幼儿15463人,特殊教育学生155人,中等职业学生6723人,托儿所幼儿150人;在编教职工7826人,其中专任教师6041人。

学前保教质量不断提高。提升城乡幼儿园办园水平,通过"学区、园际联盟,组团发展,公民办结对、对口支援"等形式,实现对各级各类幼儿园监管、服务的全覆盖。制定《金山区幼儿园保教管理工作操作手册》,指导、规范幼儿园保教工作。廊下幼儿园、兴塔幼儿园成功创建为市一级幼儿园。

义务教育发展基本均衡。开展第三轮委托管理工作总结评估,启动第四轮委托管理工作,积极用好市区优质教育资源。初中"组团发展"、"校际联盟"合作以项目为载体得到深化,实现互补共赢、共同发展。有序推进"区域新优质学校"创建工作,举行新优质学校创建规划论证会,完成素质教育实验校复评。落实市政府实事项目,更新配齐初中实验室设施设备。推进海棠小学等特色图书馆建设。

高级中学多样发展取得进展。各高级中学立足学校传统与优势,形成特色发展方案,邀请市级专家把脉,促进学校特色发展。高中教育国际化取得突破,上海枫叶国际学校建成并面向全国招生,实行双语双学历教育,学生毕业可获中加两国高中文凭;交大南洋中学开设三年制全日制美国高中课程班,金山中学引进德国卡尔斯鲁厄物理课程。

职业教育质量不断提高。全国农村职成教示范区通过市级评审,上报教育部。探索建立新型中高职衔接办学模式,形成中高职一体化办学试点方案,着力推进中高职一体化项目建设。举办中职生创业教育现场会、创业实践观摩活动,开展中职生创业教育实践活动。食品科技学校首个中外合作农产品加工检测专业获教育部批准并招生。成立金山区职业教育集团。

终身教育成果日益显现。举办第六届全民学习节,树立区级学习型团队典型112个。举行金山区、浙江省嘉善、江苏省吴江跨区域终身教育合作项目签约仪式,形成跨区域终身教育合作联盟。完成市政府实事项目——张堰、廊下老年学校标准化建设。推进民俗文化进课堂工程,8门民俗文化课程列入市级精品课程。

学生综合素养不断提升。深入推进学生健康促进工程,加强体教结合、医教结合,组建排球、足球等四个联盟,成立田径等10个业余训练项目。落实中小学生营养午餐计划,完成"校园直饮水改造"实事项目。举办区第九届青少年科技节活动,举行"科技新农村探访"主题实践、公益主题科普讲座等活动。1名学生获第五届"上海市青少年科技创新市长奖"提名奖,1名学生获"中国少年科学院小院士"称号;获第二届国际青少年机器人奥林匹克竞赛金银牌,全国职业技能大赛"化工仪表自动化"项目团体第一名、"化工生产技术"项目团体一等奖,全国中学生沙排锦标赛女子组第一名,全国少儿毽球比赛第三名1个、第四名3个,在上海市马术、飞碟、足球、曲棍球、射箭等项目比赛中均取得较好成绩。

干部队伍培养创新机制。继续推进"领军校长"研修班,举办五场"领军校长"办学思想研讨会。选送24名幼儿园后备干部赴徐汇区挂职锻炼。两位校长被评为特级校长,一名校长被聘为上师大特聘教授。

学校管理工作更加规范。继续推进督学责任区制度,形成每月"四个一"督查机制。制定《随迁子女学校规范管理的若干规定》,加大随迁子女学校管理力度。加强学前儿童看护点监管,取缔所有非法看护点。制定基建、资产、审计等管理办法,完善学校安全监管机制,实施信访"月统计、月分析、月公布"制度,促进学校依法办学。

督导工作机制逐步完善。定期召开区督导委员会会议,做好国家义务教育均衡发展督导迎检准备工作。开展教师专业发展学校评估、义务教育阶段学校招生专项督导、幼儿园组团发展评估等。

学校安全水平不断提高。完成《校园安全防范责任协议书》、《交通安全管理责任制签约书》等签约，明确工作责任。开展“全国中小学生安全教育日、防灾减灾日、交通宣传日”等主题活动，完善应急预案。加大学校及周边专项检查，净化学校周边治安环境。

政风行风水平逐步提升。开展规范教育收费专项培训，通过自查与抽查相结合的工作机制，规范教育收费行为。做好政务公开、校务公开，完善行政审批网上办理功能，建立“一站式”网上行政审批平台。区教育局获上海市区县教育局政府信息公开和网站建设优秀单位，金山教育网站获全国地市级教育优秀网站称号。

（刘丽英）

[金悦幼儿园新园舍启用] 2月19日，金悦幼儿园新园舍启用。新园舍坐落新城区卫零北路713号，占地面积8960平方米，建筑面积5950平方米，设15个教学班。新园舍突出美术教育元素，配有美术创意室、科探室、建构室、生活馆、室内运动馆等专用活动室。

（刘丽英）

[举行主题教育活动] 2月22日，“构筑雷锋家园　成就幸福人生”主题教育活动举行。各省以雷锋命名或以学雷锋为特色的学校组成的“全国雷锋学校大联盟”举行雷锋塑像揭幕仪式，宣读“高举雷锋旗帜　推动学雷锋活动常态化——《金山宣言》”，向全国中小学发出推动学雷锋活动常态化倡议。雷锋生前战友乔安山、知名教育专家王芳、雷锋团副政委王军、雷锋班第二十三任班长薛步瑞、雷锋纪念馆讲解员乔婷娇、辽宁省抚顺雷锋小学校长张平组成的雷锋精神报告团在金山中学举行主题报告会。

（刘丽英）

“构筑雷锋家园　成就幸福人生”主题教育活动举行

[金卫小学绿地校区开建] 3月19日，金卫小学绿地校区开工建设，项目位于金山卫镇金卫新家园三号地块内，东至金卫新家园，南至学府幼儿园，西至西静路，北至龙航路，建设用地面积21200平方米，总建设面积11415平方米。项目建设内容为教学楼、室内体育活动室、门卫室、连廊及室外配套工程等。

（刘丽英）

[职业教育合作共建签约] 4月7日，区教育局与上海中侨职业技术学院举行“职业教育合作共建协议”签约仪式。根据协议，双方将建立教育资源共享机制、产学研合作机制、区域中高职一体化办学保障机制，开展中高职贯通合作办学，在部分专业建立“3＋2”合作班等，探索更加灵活的中高职教育衔接模式，推进现代职教体系构建。

（刘丽英）

[全国政协民宗委专题组到区调研] 4月22日，由全国政协常委、全国政协民族和宗教委员会主任朱维群任组长的全国政协民族和宗教委员会“职业教育发展情况”专题组到上海石化工业学校调研。听取学校近年来改革发展情况和上海石化股份公司的基本情况，分别与校企和师生举行座谈会，就学校经费投入、毕业生去向、招生情况等问题进行详细了解九三学社上海市委、上海市政协民族和宗教委员会领导陪同调研。区委、区政府、区政协等领导出席调研会。

（刘丽英）

[第九届青少年科技节开幕] 4月28日，第九届青少年科技节开幕。开幕式上，向获得2012年度“上海市头脑奥林匹克活动特色学校”的海棠小学和朱行小学、获得“上海市学前科普教育示范基地”称号

的漕泾幼儿园和松隐幼儿园等颁发奖牌。科技节以“科技创新　快乐成长”为主题，历时8个月，举行近30项活动。

（刘丽英）

[获青少年科技创新市长奖提名]　5月15日，第五届“上海市青少年科技创新市长奖”颁奖仪式举行，市长杨雄、副市长沈晓明为获奖者颁奖，金山中学孙一平同学获提名奖。此次评选共有来自中小学、高校和企事业单位的342名青少年参加，经过初审、复审、媒体公示、终审答辩，最终评选出市长奖10名、提名奖10名。

（刘丽英）

[“金嘉吴”区域终身教育联盟成立]　5月17日，上海市金山区、浙江省嘉善、江苏省吴江区域终身教育合作联盟签约成立。“金嘉吴”区域终身教育合作联盟建立和完善终身教育均衡发展的政策保障机制：成立理事会，签署合作交流框架协议，定期召开理事会，总结和部署工作，以区域终身教育网络体系为基础，全方位、深层次开展互动活动，加快三地经济社会事业发展的步伐。

（怀雪军）

[举行零起点教学研讨会]　5月22日，金山区基于小学生学习基础素养综合评估的“零起点教学”研讨会举行。区领导从“坚守”、“专业”、“实践”三个角度对“零起点教学”提出要求；市教委基教处负责人对研讨会给予充分肯定，认为金山“零起点教学”改革找到小学教育基点，使教学有了意义。上海思来氏信息咨询有限公司、区教师进修学院小学研训室、学前研训室有关专家作主旨演讲。

（张朝晖）

[素质教育论坛现场展示]　5月22日，金山区素质教育论坛现场展示会举行，论坛主题为：学校的重要使命——文化传承与发展。活动分为观摩互动和论坛展示两部分。观摩活动中，嘉宾欣赏金山区16所学校“一校一品”艺术项目，体验制作麦秆画、海棠扇等民俗技艺过程；论坛则展示体现素质教育的丰硕成果。区委、区政府、同济大学、市教委基教处相关领导与嘉宾出席活动。

（刘丽英）

[教育改革巡访活动举行]　6月4日，“让每一所家门口的学校都优质”——“圆中国梦，办好人民满意教育”上海区县教育改革巡访活动（金山站）举行。区内9所中小学校学生，展示各校特色教育成果；区教育局领导作《坚持项目引领　聚焦评价改革　努力让金山区每一所家门口的学校都优质》主题发言；西林中学、兴塔小学、朱泾小学和石化五小从不同角度介绍了开展“新优质学校”创建的实践探索与经验感悟。

（赵雁鸿）

[成立区职业教育集团]　7月12日，金山区职业教育集团成立。集团有成员单位63家，其中，政府职能部门12家、行业协会1家、学校及培训机构12家、企业单位38家。集团平台为区域经济发展提供高水平人力资源供给，调整区域人力资源结构性短缺，强化教育与产业的对接。市教委、区政府及区各相关职能部门领导，区域内加入集团的各大中型企业、协会、院校的领导以及部分区域外应邀加入集团的单位领导等参加成立大会。

（怀雪军）

[与台湾新北市青少年开展文化交流]　7月14—15日，台湾新北市副市长侯友宜，新北市先啬宫青少年民乐团荣誉团长李乾龙，新北市三重区区长杨义德携新北市先啬宫青少年民乐团一行百余人来金山区开展文化交流活动。其间，沪台两地青少年联袂上演“恋上民乐　两岸情深”。新北市先啬宫青少年民乐团一行参观枫泾古镇、城市沙滩等景点，领略金山风土人情，体验金山传统文化。两地青少年民乐交流演出前，区委书记杨建荣与侯友宜互赠纪念品。区委、区政府领导在致辞中希望两地青少年通过民乐交流，进一步弘扬两岸同根同源的中华民族传统文化，增进了解，加深友谊，为金山区与新北市两地全方位、多领域交流合作打下良好基础。

（丁卫平）

[翁铁慧调研金山区教育工作]　7月17日，副市长翁铁慧调研金山区教育工作。翁铁慧认为金山区在教育均衡发展和素质教育方面取得较好成绩，学校发展各具特色，特别是在“零起点教学”和“等第制评价”试点工作中，取得成果与经验。她提出两点希望：一是希望基础教育实现高位均衡发展，要抓住“零起点教学”和“等第制评价”试点的改革机遇，按照课程标准进行教学，科学施教，回归教育本源；二是希望在高等职业教育方面先行先试，加大中高职

贯通力度，探索中高职一体化教育的新途径，实现高等职业教育的跨越式发展。市政府副秘书长宗明、市教委主任苏明、市教委巡视员尹后庆等参与调研。

（刘丽英）

［开展“金山教育精神”大讨论］ 自8月20日起，全区教育系统教职工广泛开展“金山教育精神”大讨论活动，以践行“崇文通理，成就人生”的教育核心理念，凝聚广大教职员工智慧，挖掘教育的价值和理想；通过广大教职工撰写“金山教育精神”议案、议案交流会、优秀议案评选活动，在第29个教师节座谈会上提出“情系金山，崇德笃教，大气睿智，追求卓越”的教育精神。

（陈少国）

［上海枫叶国际学校开学］ 9月2日，上海枫叶国际学校开学。开学典礼上区委书记杨建荣致辞，并与枫叶国际学校创始人、枫叶教育集团董事长兼首席执行官，加拿大驻上海总领事馆总领事等共同按亮象征上海枫叶国际学校新起点的水晶球。学校开设中加两国课程，中英双语教学，中加两国学分互认，学生注册中加两国学籍，毕业可获中加两国文凭。

（刘丽英）

［举行第29个教师节座谈会］ 9月9日，举行“传承行知教育思想，弘扬金山教育精神”，庆祝第29个教师节座谈会。会上表彰2012年度金山教育系统加快推进“三个金山”建设建功立业主题教育活动10个先进集体、45名先进个人和10个“学习行知精神，弘扬高尚师德”主题教育活动优秀组织单位。

（刘丽英）

［举行小学高端教师研修班］ 11月24日，区教育局与上海师范大学教育学院合作举行“让教师成为教育知识的发现者与建构者”小学教师高端研修班。研修班分语文、数学、英语、唱游四门学科，根据区小学教师专业素质调研结果，结合个人意愿和学校推荐意见，每门学科选拔10人参加，区教研员参与相应学科的学习和管理。

（陈　艳）

［举办“两岸四地”教育领导者论坛］ 12月21—22日，区教育局、华东师范大学公共管理学院、上海市领导科学学会联合举办“两岸四地”第二届教育领导者论坛，论坛主题为“新型城镇化背景下义务教育均衡发展”。与会学者围绕城镇化背景下义务教育均衡发展的“政府职能转变与落实”、“实现公平的路径探索与标准确定”、“质量保障与特色发展”、“促进学校改进策略与实效”等议题展开研讨。全国教育规划办、华东师范大学、市教委、上海市领导科学学会、金山区委区政府的领导，香港、台湾、澳门地区与大陆“两岸四地”的教育管理专家、学者等出席论坛。

（胡锦中）

［签订教育帮扶协议］ 12月12日、31日，分别举行与长宁区、徐汇区的教育帮扶签约仪式。帮扶内容主要涉及干部培养、教师培训、学校共建、学业检测、教学评价、学术交流等，帮扶将充分发挥长宁区、徐汇区优质教育资源的辐射作用，提升金山区城乡教育一体化水平。

（胡锦中）

［成立区学科发展中心］ 12月30日，金山区学科发展中心成立。中心暂先设语文、英语、数学三个分中心，各设顾问、主任和执行主任。中心整合区学科教研员、“明天的导师”工程和各科中心组的专业力量，打通学段分割，统筹学科发展，承担区域课堂教学研究、作业效能研究和考试命题研究等工作，整体助推区域学科课程建设、教师专业发展和学科品牌创建。

（胡锦中）

［创建市一级幼儿园］ 廊下幼儿园、兴塔幼儿园成功创建上海市一级幼儿园。现全区有市示范幼儿园1所、市一级幼儿园11所，优质园已达50%，提前完成金山区教育改革和发展“十二五”规划提出的优质幼儿园发展目标。

（张丽萍）

附：区教育局驻地及负责人

（2013年1—12月）

地址：金山区金一东路2号
邮编：200540
电话：57944317

区委分管副书记：祝学军
区政府分管副区长：贾　炜

区教育局党委书记：邱辉忠
副书记：顾宏伟、韩亚弟

区教育局局长：顾宏伟
副局长：郑　瑛、盛明秀、施新章、黄　萍

松 江 区

［**2013 年概况**］ 全区共有各级各类教育机构 254 所，其中基础教育阶段学校 176 所，包括公办中小学 45 所（高级中学 4 所、完全中学 2 所、初中 7 所、九年一贯制学校 18 所、小学 14 所），民办学校 23 所（中学 4 所、小学 19 所），托幼园所 107 所（其中民办 60 所），特殊学校 1 所；职成类学校 70 所，包括电视大学 1 所，教师进修学院 1 所，中职校 5 所，街镇成校 13 所，民办非学历办学单位 50 所；其他公办教育机构 8 所。全区公办学校教职工有 7721 人（其中专任教师 6204 人），民办中小学、幼儿园教职工有 3930 人。全区共有在校学生 14.35 万人，其中公办中小学学生 6.91 万人（含义务教育阶段外省市户籍学生 3.01 万人），民办中小学学生 2.91 万人（含义务教育阶段外省市户籍学生 2.52 万人），学前幼儿 3.98 万人，中职学生 0.54 万人。

加大教育投入，优化教育资源。全年教育经费总投入 308705.61 万元，同比增长 8.38%，其中区级财政教育经费拨款 193325.30 万元，同比增长 7.55%；城市教育费附加 88900 万元，同比增长 32.69%。完善教育经费区级统筹管理，85 家公办单位和 19 家民办随迁子女小学纳入财务集中核算。新设立 6 所学校（幼儿园）。加快设施设备配置，完成区心理咨询中心、体质健康监测中心、泗泾老年学校和新桥老年学校标准化建设，全面更新初级中学实验室设施设备，逐步实施中小学直饮水工程。完善教育信息化建设，完成考试电子巡考系统、学校视频监控改造工程、食堂食品质量视频系统，有效提升区域教育管理信息化水平。

加强队伍建设，提升师资水平。共招聘教师 524 人，其中在职引进教师 60 人、面向社会招聘幼儿园教师 30 人、应届毕业生 434 人。应届毕业生中，研究生占 56%，学生党员占 58%，师范类毕业生占 73%。开展第五届“十佳师德标兵”、“十佳班主任”、“十佳青年教师”评选表彰活动。推进新一轮“强师兴教”三年行动计划（2012—2014 年），完善四级骨干教师建设体系。分层实施见习教师规范化培训、1—5 年教龄教师培养工程和骨干教师培养工程，助推青年教师成长，打造骨干教师队伍。围绕校本研修课程建设，开展专题培训，评选优质课程，探索校本研修模式，推动教师专业发展。加大骨干教师辐射力度，组织新疆骨干教师来松江区跟岗培训，选派专家讲师团“送培进疆”，做好赴新疆、云南、西藏支教工作。1 名校长入选上海市特级校长，2 名骨干教师入选上海市基础教育特聘教授，11 名骨干教师入选国家培训计划。推进名校长、名师培养工程，参与市级学科（德育）基地培训和市“优青项目”培养。推选骨干校长参与长三角骨干校长研修班和北京刘彭之、李希贵培养基地的培训。组织 27 名中小学校长向市级知名特级校长跟岗学习。开展校（园）长暑期专题培训，制定“卓越校长”五年行动计划，举办“走向教育家办学”系列论坛。

学前教育“雁阵”发展。深化“结对共建，合作发展”内涵建设，进一步彰显“雁阵式”管理品牌成效。总结学前教育三年行动计划实施情况，调整“十二五”事业发展规划目标。面向全市开展幼儿园特色教育展示活动。优化早教联动机制，继续探索托幼一体化办园模式。注重民办幼儿园园长队伍建设，全面理顺民办学前教育管理机制。

义务教育均衡发展。推进国家课程校本化实施，加强特色校本课程开发力度，开发区本课程 6 门。加强学生自主学习平台和重点学科建设。推进“新优质学校”建设。实施第四轮农村学校委托管理。启动第二轮义务教育阶段学校发展共同体建设。全面实施教师柔性流动。以“百课讲堂”为载体加强教研组建设，提升校本研修的针对性和实效性。积极推进毕业班教学工作，举办学科教学论坛。创新家校合作机制，建立区级家委会联席会议制度，提升教育合力。科学实施绿色质量监控，促进学生全面健康成长。

高中教育创新发展。加强对高中学校分类指导，全力推动高中分层、多样发展，促进高中教育特色化。发挥优质高中示范作用，提升高中办学整体实力。推进高中创新实验室建设，强化研究性学习和实验实践研究，激发高中学生创新意识与实践能力。积极探索高中与高校合作办学机制，拓宽高中学生学习渠道。

职成教育开放发展。应届毕业生就业及升学率达99%;在国家级、市级职业技能比赛中获43块奖牌,90名学生获中高级职业技能证书。上海市城市科技学校通过首批国家中职改革发展示范校创建验收。发挥开放大学、社区学院、老年大学办学统筹指导功能,终身教育体系基本形成。"星期五市民课堂"、"云间学林社"、"休闲文化普及点"等项目在全市影响不断扩大。全民终身学习活动、老年艺术教育展示活动、老年教育"千千万"工程、社区教育实验街镇创建工作等有序开展。

进城务工人员随迁子女教育融合发展。推动教育融合,深化政策扶持,保障进城务工人员随迁子女受教育权益。满足5.53万名符合条件的义务教育阶段随迁子女免费入学。调整充实校长队伍,严格人事制度管理,严控民办教师准入,提高随迁子女小学师资水平。继续推进公办中小学与随迁子女小学结对共建,组织开展"聚焦课堂,有效教学"为主题的市级展示活动,推进随迁子女小学实施素质教育。

校外教育多元发展。加强校外教育阵地建设,初步形成以"二心一地"(青少年活动中心、劳技中心、青少年素质教育实践基地)为主体和"七宫二站一版图"(七家学校少年宫、两家社区实践指导站、一张未成年人社会实践基地版图)为补充的校外教育阵地。聚焦课程建设,逐步形成校外教育特色品牌。青少年活动中心"快乐星期二"送教下乡近20次,成立区学生交响乐团。劳技中心积极为学生搭建劳技教育平台,举办丰富的劳技课外活动。青少年素质教育实践基地组织8万人次学生实践活动。6万多名中小学生参与"持版图走松江"社会实践活动。举办以"校外教育,为学生插上成长的翅膀"为主题的校外教育成果展示活动。

以人为本优化教育环境。深入学习、宣传和贯彻落实党的十八大会议精神,积极探索党建工作长效机制。严格执行中央"八项规定",推动政风行风建设。推进教育系统"六五"普法工作,认真接待人民来信来访,加大政府信息公开力度,进一步提升依法行政、依法治教、依法治校工作水平。依法履行教育督导职能,推进教育事业科学发展。实行中小学校责任督学挂牌督导,规范学校办学行为。继续实施"阳光招生",不断促进教育公平。大力开展安全检查整治工作,确保师生、校园及周边环境的安全稳定。

松江区教育系统关心下一代工作委员会获全国"五好基层关工委先进集体"称号。松江区人民政府教育督导室获"上海市教育督导先进集体"称号。松江区教育工会获"上海市模范职工之家"称号。松江教育信息网在第二届全国教育门户网站评选活动中获"地市级五十佳"称号。

(马　强)

[幼儿园特色教育展示]　4月10日,以"夯实基础,彰显特色,品质亮园"为主题的"松江区市一级及以上幼儿园特色教育展示月"活动启动。区8所市一级及以上幼儿园的管理者以"我们的'获'与'惑'——松江区幼儿园特色教育的实践与思考"主题论坛形式进行首场展示。市教委相关领导、幼教专家、各区县同行、媒体代表等参加首场展示。在随后两周内,松江区荣乐幼儿园等8所市一级及以上幼儿园分别展示科技启蒙教育、家园社区共育、欢乐教育、快乐教育、艺术教育、美术教育、创新启蒙教育、阳光品质教育等办园特色。活动是松江区贯彻落实《上海市学前教育三年行动计划(2011—2013年)》、教育部《3—6岁儿童学习与发展指南》的重要举措,也是松江区学前教育转型升级的新起步。松江区将分别为市二级幼儿园、民办幼儿园等搭建内涵展示平台,努力实现市一级以上幼儿园"特色亮园"、市二级幼儿园"基础立园"、市三级幼儿园"规范兴园"的分层发展目标。

(温敬婵)

[第五期青年教师素质训练营举办]　7月8日,松江区第五期青年教师素质训练营开营仪式举行。训练营营员47名,从全区教育系统优秀青年教师中选拔产生,均为1983年1月1日以后出生,具有全日制本科及以上学历。计划通过历时1年半的培训,坚定青年教师对教育事业的忠诚信念,增进青年教师教育理论素养,锻炼青年教师锐意进取精神和相互合作能力。

(朱　永)

[第二轮学校发展共同体建设启动]　9月30日,区第二轮义务教育阶段学校发展共同体建设启动大会召开。会议总结第一轮义务教育阶段学校发展共同体建设成果、工作经验,部署第二轮义务教育阶段学校发展共同体建设。共同体建设遴选上海师范大学附属外国语小学、松江区泗泾小学、松江区中山小学、松江区第七中学、松江区第四中学、松江区佘山学校、松江区李塔汇学校、上海市三新学校等8所学校为牵头单位,依据同类学校和地域相对较近

原则组建8个共同体。共同体建设以科学发展观为指导，深化教育改革，实施素质教育，创新工作思路。坚持以教育教学为中心，坚持以师生发展为根本，坚持以提高教育效能为方向。通过加强义务教育阶段学校发展共同体建设，促进学校内涵发展，整体推进松江区义务教育均衡优质发展。11月26日，区教育局印发《松江区第二轮义务教育阶段学校发展共同体建设实施意见》，对第二轮共同体建设的指导思想、牵头单位、工作原则、工作任务、保障措施以及工作步骤等予以明确。

（张春弟）

[第四轮委托管理签约] 11月5日，松江区、黄浦区第四轮委托管理签约仪式举行。松江区佘山学校、松江区第四中学、松江区车墩学校、松江区九亭小学、松江区泗泾小学、松江区九亭第三小学分别与上海市市八初级中学、上海市卢湾中学、上海名师培训中心、黄浦区卢湾三中心小学、黄浦区梅溪小学、黄浦区曹光彪小学签约委托管理。通过第四轮委托管理，松江教育将紧紧依托黄浦教育高位引领，实现自身开放发展。

（张春弟）

[区学生交响乐团成立] 11月9日，松江区学生交响乐团成立。从2003年起，松江区着手开始西洋乐普及教育工作。十年间，坚持“培养学生、培训师资、建立乐团”工作目标，贯彻“以基层学校为基地，以弦乐教学为突破，以少儿乐团为抓手”工作思路，投资上千万元用于师资配备、乐器配置、学员培养、乐团编制，先后成立学生弦乐团、学生管乐队，直至成功组建学生交响乐团。学生交响乐团成为松江教育2013年的新亮点。

（黄　炜）

[举办校外教育展示] 11月18日，由市教卫工作党委、市教委主办，松江区教育局承办的“校外教育，为学生插上成长的翅膀”——“圆中国梦，办好人民满意教育”上海区县教育改革巡访活动（松江站）举行，沪上近20家媒体参加巡访活动，现场观摩顾绣等社团表演。近年来，松江区校外教育形成以“二心一地”为主体，“七宫二站一版图”为补充的校外教育网络，逐步完善校外教育课程体系，校外教育特色和品牌逐步确立，满足学生多元化学习需求，促进学生健康快乐成长。

（姚文渊）

[推进高中创新实验室建设] 积极推进松江一中的机器人制作创新实验室和现代生物学实验室、松江二中的创新素养培育MATHS实验苑、上海师范大学附属外国语中学的基于多媒体语音识别系统的外国语言学习和文化探索实验室、华东师范大学松江实验高级中学的媒体素养教育创新实验室、松江区教师进修学院附属立达中学的智能机器人创新实验室、松江区第四中学的原创美术实验室、松江九峰实验学校的明日数字创新实验室和生命科学创新实验室、上海外国语大学西外外国语学校的人文艺术综合实验室等10个专题创新实验室建设。其中松江二中的创新素养培育MATHS实验苑、华东师范大学松江实验高级中学的媒体素养教育创新实验室、上海外国语大学西外外国语学校的人文艺术综合实验室等3个项目被列为市级重点跟踪项目。高中创新实验室建设的稳步推进，对学校多样化发展、学生个别化教育起到积极推动作用。

（余　斌）

[加强家长委员会建设] 区内各中小学家长委员会对畅通家校联系渠道，积极协调学校教育与家庭教育的关系，构建和谐教育环境、建设现代学校制度、改革教育督导评价机制方面做了大量有益尝试。为完善各中小学家长委员会体系建设，推进家委会科学运行，不断强化组织管理、加强沟通交流、创新工作模式。加强家长委员会建设对学校教育管理和学校的发展起到巨大的推动作用，为实现学校、家庭和社会的有机结合发挥着重要的桥梁纽带作用。

（姚文渊）

[推进教师柔性流动] 教师柔性流动是义务教育阶段学校发展共同体建设一项重要举措，基于利益趋同、资源共享、责任共担原则，在保留原有编制、待遇、岗位基础上，共同体成员单位通过互派教师顶岗支教等合作交流形式，开展区域内学校间师资交流。年内共有176位教师参与柔性流动，其中学校中层干部32名，骨干教师144名，教师柔性流动的长效机制正在建立。第二轮共同体建设要求各成员单位每年互派中层干部1至2名、骨干教师3至4名进行柔性流动，倡导共同体牵头单位和规模较大学校增加参与柔性流动中层干部和骨干教师数量。各共同体成员单位间还可通过师徒结对、跟岗培训、开设讲座等形式拓宽教师交流渠道，聚合区域优质

教育资源，进一步实现“理念共享、资源共享、成果共享”。

（张春弟）

[制定卓越校长五年行动计划] 根据松江教育“十二五”干部队伍建设的整体要求与现实需要，围绕区域教育“均衡、优质、公平、开放”总体发展战略，区教育局制定《松江区“卓越校长”队伍建设五年行动计划（2014—2018）》。旨在通过深入实施校长岗位竞聘优化项目等七大具体工作项目，积极探索适应现代化教育体制干部培养、使用、管理新机制，加大培养名校长工作力度，优化校长队伍建设制度环境。以提高政治素养为引领，以强化管理能力和课程引导力为核心，努力培养和建设一支规模合理、结构优化、素质优良，具有教育家精神和理念，适应松江教育改革和发展的校长队伍。

（朱　永）

[“走向教育家办学”系列论坛举办] “走向教育家办学”系列论坛是区教育局规范干部选拔任用，加强干部监督管理，优化干部教育培训等方面工作具体举措之一，年内举办5场，主题围绕特级校长候选人推选、赴国外培训人员汇报、中小学跟岗培训总结等内容展开。未来5年，区教育局将举办20场左右“走向教育家办学”论坛，力争校级干部参与率达到100％，初步形成“松江区教育系统‘走向教育家办学’系列论坛”品牌。论坛将围绕松江教育改革热点问题，坚持论题充分酝酿与研究制度，进一步提升论坛品质，放大论坛影响力，并在现场论坛基础上，汇编出版《“走向教育办学”——松江教育论坛系列丛书》。

（朱　永）

[创建国家中职改革发展示范校] 从2011年7月至2013年6月历时两年，上海市城市科技学校顺利完成国家中等职业教育改革发展示范学校创建工作。创建工作采用课题研究式推进，共梳理253项建设任务，97个建设项目，60个课题。实际投入资金2117.11万元，其中中央财政专项经费900万元，地方财政专项配套经费900万元，引进行业企业资金79.82万元，其他投入专项资金237.29万元。示范校创建期间，学校为区域经济发展输送近3000名高素质技能人才，建筑、机电实训中心开展校内学生实训教学5万多课时，对社会开放实训、培训46652人次，承办市、区等各类比赛项目10多个，接待各地访问团体150多批次，对区域经济社会发展贡献度显著提升，对其他地区和学校示范、带动和辐射作用成效显著。

（金明忠）

[推动老年远程教育实验区建设] 根据区域面积广，农村老年人多、居住相对分散特点，区教育局把老年远程教育学习收视点建设作为老年教育重点工作进行推动。老年教育部门从宣传引导、创新模式和加强指导着手，提高远程学习知晓率、参与率和实效性。经过几年努力，老年远程教育工作取得显著进展，收视点数量从2008年64个增加到2013年274个，占全部居村委97.5％，参加远程学习人数为19021人，占全区60岁以上老年人总数13.4％。

（金明忠）

附：区教育局驻地及负责人

（2013年1—12月）

地址：松江区中山中路38号
邮编：201600
电话：57820485

区政府分管副区长：苏　平

区教育局党委书记：俞富章（10月离任）、徐界生（10月到任）
副书记：陈小华、陆娟娟（10月到任）

区教育局局长：徐界生（10月离任）、陈小华（10月到任）
副局长：钱秋萍、杨桂龙、顾逸程、冯　雷

青浦区

［**2013年概况**］ 全区共有中小学、幼儿园和特殊教育学校153所，其中：中学23所（含九年一贯制、少体校）、小学45所（含民办农民工子女小学）、幼儿园83所（含早教中心、民办二级、三级幼儿园）、特殊教育学校2所；共有学生109015人。义务教育阶段学龄少儿入学率达100%。共有教育部门办中等职业技术学校2所，学生5498人。有成人中等文化技术学校11所，社会力量非学历办学41所，全年各类培训人数约62万人次。全年教育经费继续稳步增长。全区教育经费财政拨款总数13.576亿元，城市教育费附加6.53亿元。青浦区获评"全国数字化学习先行区"、"全国农村学校艺术教育实验县"，区教师进修学院被教育部评为示范性县级教师培训机构。青浦高级中学荣获2013—2014亚太区DI青少年创新思维北京国际邀请赛决赛一等奖、庆华小学荣获二等奖。学生在第28届上海市青少年科技创新大赛中获49项各类奖项，在上海市学生舞蹈节中获8个奖项，在上海市中学生运动会中获多个项目冠、亚军。

一、实施"学位满足工程"，探索建立与人口管理"积分制"相适应的进城务工人员随迁子女招生办法。做好《青浦区政府性社会事业设施建设三年行动计划（2013.7—2016.6）》教育建设项目的规划编制。大型居住社区华新基地配套嵩华小学、嵩华幼儿园移交接管，帕缇欧香幼儿园、清河湾幼儿园新学年启用。推进复旦附中青浦分校项目。完成21所中小学校校园直饮水实事项目。出台青浦区随迁子女招生办法，以各街镇为主体，制定具体实施细则，开发义务教育阶段非沪籍生源信息平台软件，实现报名、认证、审定和分配等环节的统一，有效化解或缓解部分区域的入学矛盾。

二、实施"安全放心工程"，加强校园安全管理，开展安全、法制等教育活动，规范校车运营管理，落实校园人防、技防设施建设。会同区综治办、公安分局联合组织"大排查、大走访、大清患"专项排查整治行动。组织开展消防、防震减灾、交通安全、法制宣传、禁毒宣传等专题教育活动。编制校车使用计划，签订租赁合同、安全责任协议书，开展校车安全运行专项检查和用于接送学生上下学非法客运车专项治理。对视频安防监控系统校校通网络资源硬件设备实施改造，覆盖全区167所中小幼学校（含民办小学、民办三级幼儿园）教育安全管理平台。

三、实施"质量满意工程"，加强师德教育，提升教师专业能力，推进学科建设，深入推进"新课堂实验"，构建区域质量保障体系。继续以区骨干教师、青年教师培养为重点，以特级教师工作室、学科研修基地为平台，以教师专业发展为导向，不断提升教师教育教学能力。制定《青浦区教育局关于加强学科建设的实施意见》，明确抓好学科体系、学科人才、学科氛围三项建设任务，分别开展学科建设项目申报及评审立项、阶段性研究成果的总结和评估。出台《青浦区中小学乡土教育课程——古韵水乡　美丽青浦开发与实施指南》。制定校本课程开发计划，建立"青浦区校本课程资源网"，完成上海市小学段校本课程展示活动。围绕"绿色指标"，成立区基础教育质量监测中心，继续改进中小学教学综合调研与单科调研工作，加强学业质量绿色指标体系检测结果的区域和校本分析。

四、实施"健康促进工程"，加强家庭教育指导，加强学校食堂管理，重视学生体质健康，强化"体教结合"、"医教结合"工作，重视科技艺术教育。坚持"立德树人"，深入推进"两纲"教育实施。进一步完善食堂管理、准入机制、培训考核、财务核算、监督反馈等制度。落实"三课两操两活动"要求，确保"每天校园锻炼一小时"，完成学生体质健康监测中心建设。提高学校体育场地向社会开放水平，完成5所学校体育场地隔离工程。建立"医教结合"工作网络，开展"一校一医"对接工作专项调研。完善科技艺术类课程内容设置与计划执行，搭建交流展示平台，完善科技艺术教育保障与推进机制，评选命名区艺术教育特色学校和学生艺术社团。

五、实施"创新发展工程"，完善学校发展性评价机制，加强教育社会合作机制建设。加强学校（单位）日常管理，在重视教职工评价基础上，结合组织评价、同行互评和社会评价对干部进行考核，强化考核结果的综合分析和运用。建立健全区、镇、村(居)齐抓共管的工作机制,统筹安排、综合协调,加强学生校外生活工作指导。

六、各类教育协调发展。学前教育规范办学行为,承担 OMEP(世界学前教育组织)第 65 届国际学术研讨会议的现场参观接待任务。小学教育举办各类研讨和现场展示活动,进一步改善管理行为、办学行为、教育教学行为,强化城乡教育共同体建设,改进优化学校的拓展型课程和探究型课程的建设和实施。中学教育加强"课程、课标、教学、作业、评价"五个体系实践研究。开展学科质量、考试质量分析,加强命题研究。职业教育成立上海工商信息学校国家改革发展示范校建设指导委员会,对 23 门市、校级精品课程建设进行中期评估,探索"五业"(企业、职业、专业、就业、产业)联动机制。成人教育深化社区教育实验基地、学习点和网络平台建设,继续开展"走遍青浦"教育活动,完成 4 家老年教育机构能力提升计划,开展"全国社区教育示范区"和"全国农村职业教育与成人教育示范县"创建。特殊教育完善随班就读制度建设,加强与外区交流合作。民办教育严格办学审批及许可证管理,规范学校管理,继续推进公办、民办学校(幼儿园)结对帮扶工作,做好民非机构办学评估、专项督查和学杂费专用账户开户工作。

朱家角中学举行 18 岁成人仪式

七、规范教育经费使用。落实"教育经费管理年"活动要求,建立厉行节约长效机制,加大对学生培养、教学和教师队伍建设的经费投入力度。落实各项财经规章制度,科学调整教育经费预算、编制 2014 年教育经费预算,完善中小学和纳民学校财务管理制度建设,加强审计监管,落实审计整改。

八、扎实推进督政整改。联合区府办、发改委、人保局、财政局、规土局、房管局等部门制定整改报告。对接各牵头单位和参与单位,在优化专项经费使用、促进教育资源保护与增量开发等方面,落实各项整改措施,提高全区教育现代化和义务教育优质均衡发展水平。

九、推进政风行风建设。加强"五型"机关建设,不断提高政风行风建设水平。加强党风廉政建设,制定《青浦区教育系统关于改进工作作风、密切联系群众的实施意见》,加强教育系统作风建设。

(姚为民)

[开展校园安全联合检查] 1 月 8—9 日,区教育局会同区综治办、公安分局联合组织开展"大排查、大走访、大清患"专项排查整治行动,抽查 16 所学校、幼儿园。抽查发现各单位重视校园安全工作、有实质性的防范措施、管理台账扎实;但也存在个别学校护校、值班人员到岗时间短,个别学校技防设施老化等问题。专项行动旨在提升学校安全防范意识和能力,确保期末、寒假学校安全稳定。

(刘文星)

[市督政组反馈综合督政情况] 1 月 17 日,上海市推进区域教育现代化综合督政组对 2012 年 12 月 4—6 日青浦区推进教育现代化情况开展综合督政情况反馈。督政组肯定青浦区在推进区域教育现代化过程中的工作经验和工作亮点。为远郊农村地区的教育改革和发展树立典范,全区基本实现义务教育优质均衡发展,有效实现推进区域教育现代化阶段性的发展目标。同时提出四点意见和建议。一是强化政府主体责任,提供更加优质的教育公共服务;二是推进"青浦实验",扩大实验成果对基层学校

实践的指导；三是加强师资队伍建设，加快培养一批有发展后劲和潜质、在全市有知名度和影响力的学科带头人；四是加强教育思想引领，推动青浦教育品质再上台阶。

（姚为民）

［举行“青藤奖”颁奖典礼］ 1月24日，区教育系统“青藤奖”颁奖典礼暨2012年市级以上教学成果获奖教师表彰大会举行。会上表彰区教育系统首届“青藤奖”获奖教师，表彰2012年上海市中小学中青年教师教学评选活动获奖代表，及2012年度在市级以上单项评比活动中获奖教师代表。“青藤奖”是为优秀中老年骨干教师的发展搭建展示业绩和风格的平台，激励中老年教师发挥引领作用。

（姚为民）

［研讨学前儿童看护点管理］ 3月8日，青浦区委政法委、综治办会同公安青浦分局、区教育局就学前儿童看护点管理工作开展专题研讨，提出进一步规范管理工作的相关建议，并达成初步共识。明确在学前儿童看护点管理上，要上下联动、强化监管。教育部门将坚持主动作为，主动深入一线，主动发现问题，主动协调解决；优化业务管理，制订学前儿童看护点建设与管理细则，完善准入与退出机制；加强业务指导，规范学前儿童看护点办学行为，协助街镇完成看护点布局规划。

（刘文星）

［组建家庭教育指导讲师团］ 3月12日，区教育局召开专题会议，要求讲师团成员务必立足现状，聚焦家庭教育中典型问题与主要困惑，提出建设性对策。会议就家庭教育指导内容的适切性作深入探讨，并就具体操作流程作详细安排。讲师团主要由区内部分德育教导、班主任以及在家庭教育方面有丰富经验的学生家长构成，旨在进一步整合学校及社会力量，促进家庭与学校合作，推动教育质量提高。

（刘文星）

［青少年科学院青浦学员培训启动］ 4月13日，市青少年科学研究院青浦分院学员培训启动仪式举行，来自青浦高级中学、朱家角中学、实验中学等培训基地学校学生和老师参加启动仪式。青少年科学研究院青浦分院是由区中小学科技活动积极分子自愿参加、自助管理的青少年科技活动社团，主要由科技导师团、青浦区青少年活动中心（具体管理）、培训基地学校、学生科技社团等单位组成，对全区具有一定科技特长的学生进行高一层次培训，定期提供讲座、咨询、培训、指导，与相关学生社团进行交流和研讨，参加市、全国有关的科技竞赛活动。

（刘文星）

［成立基础教育质量监测中心］ 5月8日，区基础教育质量监测中心成立暨揭牌仪式举行。中心的工作目标与任务是围绕贯彻绿色指标，建立科学合理的质量保障体系，进行区域性专题分析；做好各学段学业质量过程性监控，关注过程性分析反馈与改进工作等。

（姚为民）

［朱家角小学百年办学实践研讨］ 5月9日，“追寻教育本源　提升教育品质”朱家角小学百年办学实践研讨会举行，这也是上海市双名工程基地“教育梦·成长季”系列专场之一。市教委、市新优质学校项目推进组、上海教育报刊总社、相关区县教育局领导，区教育局职能科室、进修学院负责人、小学校长以及辽宁省部分知名小学校长参加活动。上海市新闻媒体对活动全程进行记录。活动分为“追寻，教育本源”、“传承，学校精神”、“创新，办学实践”三个部分。

（姚为民）

［新增4所“绿色学校”］ 5月14日，由区教育局、区文明办、区环保局联合进行青浦区“绿色学校”评审答辩交流活动。参加评审的学校展示反映学校环境教育特色和亮点的过程性资料，从学校管理、活动过程、校园环境、教育成果等方面交流汇报学校环境教育工作。此次评选在原17所“绿色学校”基础上，评选出逸夫小学、重固小学、徐泾小学、蒸淀小学为新一批区“绿色学校”，并在6月5日“世界环境日”主题活动时授牌表彰。

（刘文星）

［被列为全国社区教育实验项目］ 实验项目是推进社区教育内涵建设的重要举措。区学习办在各成员单位和各街镇组织开展新一轮社区教育实验项目申报工作，以实验项目为抓手，深入推进社区教育实验。青浦区社区学院《“社区教育实验基地”管理与运作的实验》、夏阳成人学校《发挥社区民间社团教育功能的实验》和练塘成人学校《茭白叶编结课程开发与推广的实验》三个实验项目，通过教育部评

审，被列为2013—2014年全国社区教育实验项目。

（姚为民）

［获未成年人暑期工作奖］ 为深入推进“两纲”实施，区文明办、区教育局等部门引导各街镇、部门及学校围绕“快乐社区·七彩假日”为主题，组织未成年人在暑期中参与各类实践体验活动。经评审，青浦区假期办被授予“2013年上海市未成年人暑期工作优秀组织奖”（共7个），区图书馆《“清阅朴读”阅读推广系列活动》及蒸淀小学《“好习惯棋”创新实践活动》两个项目被评为“2013年上海市未成年人优秀活动项目”。

（刘文星）

［举办教育改革巡访活动］ 11月5日，由市教卫工作党委、市教委主办，青浦区教育局党委、青浦区教育局承办的“圆中国梦，办好人民满意教育”上海市区县教育改革巡访（青浦站）活动举行。活动主题为“新课堂实验，为学而教的课堂建设”。区实验中学通过课堂展示直观地呈现“以学定教，少教多学，鼓励挑战性学习”的青浦区新课堂实验精神内涵。在媒体记者采访会上，青浦区整体介绍教育以“绿色指标”为导向，以“新课堂实验”为抓手，从变革课堂入手，加强学科建设，有效回应课改，促进基础教育转型发展的工作推进与实践经验。记者现场还就“青浦实验”、课堂教学改革等话题，与青浦师生进行专题采访与互动交流。

（姚为民）

［参加“全国农村学校艺术教育实验县”评审］ 为推进农村学校艺术教育在新历史起点上科学发展，让农村学生享受公平优质的艺术教育，实现区域内惠及全体、丰富优质的学校艺术教育。区教育局8月对全区中小学艺术教育问卷调查后，正式申报“全国农村学校艺术教育实验县”，参加教育部关于“全国农村学校艺术教育实验县”评审。11月初，被命名为“全国农村学校艺术教育实验县”。在三年实验期里，青浦区教育局按照区域性、典型性和可行性原则，通过艺术教育综合改革实践，探索学校艺术教育均衡发展规律和途径，为推进全国农村学校艺术教育提供可资借鉴经验。

（刘文星）

［学科建设重点项目启动］ 12月3日，由上海名师培训中心和青浦区珠溪中学联合举办的“珠溪中学学科建设重点项目启动仪式”举行。主题为“加强学科建设，促进教师成长”，邀请上海市教育评估院、市教委教研室、上海静安区教育学院等单位负责人参加。上海名师培训中心主任专家作题为《新机制，新局面》的发言，强调委托管理工作和学科建设重点项目行动研究的重要性。

（姚为民）

［获市社区教育特色课程一等奖］ 青浦区加强对社区教育课程特点、教学方法研究，提升课程品质和开发能力；进一步优化联合开发机制，加强课程与资源系统性建设，逐步建构起较为完整的、能满足市民各类学习需求的课程体系；为市民提供更开放、灵活、便捷的学习机会，拓展社区教育课程受益面。在2012—2013年度上海市社区教育特色课程评比活动中，青浦区社区学院《走遍青浦》荣获一等奖；夏阳街道社区学校《市民无线电科普常识》、白鹤镇社区学校《学唱申曲》分获三等奖。

（姚为民）

［建设科技拓展培育基地］ 青浦高级中学、朱家角中学成为第三批上海市“明日科技之星——科技拓展培育基地”。该两所学校也是青少年科学院（青浦分院）培训基地。青浦高级中学与上海市农业科学院结对签约，将在农科院指导下，进行“自制桃叶汁对菜青虫的药效及原理分析”项目研究。朱家角中学与华东师范大学成功结对，将在华东师范大学指导下，进行“朱家角外来水生动物对本地水生动物的调查和研究”项目研究。

（刘文星）

［财政教育投入与使用管理专项督导］ 12月14日，由国家督学、福建省教育厅副厅长、督导组副组长刘平带队的国务院教育督导委员会督导组在市教委领导陪同下，对青浦区开展财政教育投入与使用管理专项督导。区府领导及区府办、区发改委、区财政局、区审计局、区教育局相关领导参加活动。区领导向督导组作专题汇报。督导组充分肯定青浦区委、区政府对教育的重视与关心，对青浦教育整体工作水平以及在关注农村教育、关注随迁子女接受教育、不断提升师资队伍水平、完善经费使用与管理制度、强化教育督导等相关工作成效表示赞赏。

（姚为民）

［第三届“崧泽论坛”举行］ 12月20日，以“社

区教育教师专业化建设”为主题的第三届上海成人教育“崧泽论坛”举行。市教委领导，市教委相关处室、市学习型社会建设服务指导中心、市成教协会等负责人，郊区专业委员会理事、专家，郊区九区县职成教科科长，青浦区教育局、社区学院、成教协会、教育学会、各成校有关领导，浙江杭州、嘉善，江苏吴江等地社区教育相关领导等100多人出席论坛。市教委领导指出，要认真学习领会党的十八届三中全会精神，进一步从数量和质量上加强市社区教育教师队伍建设，夯实社区教育发展基础；进一步完善激励机制，着力破解制约社区教育教师专业发展的深层次问题；进一步深化教育综合改革，提升社区教育教师队伍专业化建设水平。青浦区、嘉定区、松江区三个区的教育局分别作《社区教育教师队伍现状分析及思考》、《社区教育教师的专业发展与途径》和《转型发展中学校岗位设置及队伍建设》论坛交流；围绕“准入制度”、“工作规范”、“岗位设置”和“职称评定”等热点，各区县相关院校作交流发言。在互动环节中，围绕“社区教育教师专业化建设”主题，杭州、嘉善、吴江等省市社区教育有关领导，上海市教委人事处等作现场交流。“崧泽论坛”已连续成功举办三届，成为长三角、乃至全国具有一定知名度和影响力的成人教育品牌论坛。

（姚为民）

[添置设备为中高职贯通助力] 为推进青浦区“五业”（行业、企业、职业、就业、专业）联动发展策略，实现职业教育与产业转型发展，上海工商信息学校与上海民航职业技术学院合作，计划于2014学年起进行五年一贯制中高职贯通的招生。工商信息学校购买装有“双发涡轮螺桨发动机”与“活塞式螺旋桨发动机”教学实训用飞机，以便实施教学实训的相关模块及参加职业技能大赛“飞机发动机的维修项目”的训练。两架教学实训用飞机，为学生开展飞机原理、飞机结构与系统原理、航空材料等专业理论教学，提供基本技能实训场所；也为上海工商信息学校更好地与上海民航职业技术学院实施中高职贯通办学模式打下基础。

（姚为民）

附：青浦区教育局驻地及负责人

（2013年1—12月）

地址：青浦区公园东路1155号
邮编：201700
电话：69713664

区委联系领导、常委：韦　明
区政府分管副区长：蔡　忠（9月离任）、蒋仁辉（9月到任）

区教育局党委书记：陆文一（11月离任）、朱建忠（11月到任）
副书记：印国荣、朱良俊

区教育局局长：印国荣
副局长：王海青、姚金生、庄惠元、江雪元

奉 贤 区

［**2013年概况**］ 全区共有各级各类教育机构220个(不含9所高校)。其中,基础教育类学校157个,中等职业教育学校两所,教育部门办职业培训机构10所,社会力量办职业培训机构38个,民办非学历高等学校7所,其他教育机构6个。基础教育学校中,普通高中6所、十二年一贯制学校1所、初中12所、九年一贯制学校21所、小学36所(含民办随迁子女小学16所)、幼儿园80所(含民办幼儿园和民办三级幼儿园36所)、特殊教育学校1所。全区共有学生297210人、专任教师7555人。其中,基础教育类学生107919人、专任教师6727人。全区义务教育阶段随迁子女44308人,占义务教育学生总数的59.95%,其中公办学校接纳率74.35%。全区共4438名考生参加中考,2242名考生参加高考。

奉贤教育围绕"办人民群众满意教育,打造南上海品质教育区"目标,深入推进规划项目和实事项目建设、教育内涵建设、优质均衡发展、依法行政工作,各项工作有序开展。区教育局作为全市区县教育局唯一代表在上海市教卫党委系统精神文明建设大会上作《加强师德师风内涵建设　提升精神文明建设水平》交流发言,在陶行知研究会第六次全国民工子女教育研讨会上作《实现教育公平梦的区域责任与使命》交流发言,在上海区县教育工作会议上作《以随迁子女积分入学为支点　撬动社会公共管理创新》的交流发言。市教卫工作党委、市教委组织"圆中国梦,办好人民满意的教育"区县教育改革系列巡访深度采访奉贤学前教育发展。

一、教育资源配置不断优化。一是推进规划修编。围绕"杭州湾、南上海、滨海新城"功能定位,启动区域教育事业发展规划修编工作,明确"教育优先、适度超前、优质均衡、开放融合"工作原则,制定学校建设布局及项目实施的责任主体和时间表、路线图。二是推进学校建设。建成福山外国语小学、恒贤小学、青溪中学、海星幼儿园、肇文学校等5所学校,格致中学奉贤校区进入装修阶段。金池塘幼儿园迁建项目开工。树园幼儿园成功创建上海市一级幼儿园。三是推进上海市、奉贤区实事项目。完成16所随迁子女民办小学塑胶运动场建设和灯光改造工程,塑胶运动场总面积共计9774.3平方米,共安装灯具2672套。完成为看护点配置教玩具增配和为新审批看护点配置视频监控仪和"110"报警按钮装置。完成31所初中实验室配备更新和18所中小学直饮水工程。完成列入上海市政府实事项目——"扶持70所老年学校能力提升"的奉贤区老年大学(区老年学院)和南桥镇等6个镇老年学校标准化建设任务。在金蔷薇幼儿园设立学前特教点,在肇文学校、洪庙小学、柘林学校建立新的资源教室,加强特殊教育。

二、城乡一体化实现新发展。一是坚持科研引领。完成《依托紧密型办学资源联盟推进区域义务教育优质均衡发展的实践研究》等5个国家教育体制改革试点项目子项目工作,推进成果转化。《统筹城乡教育一体化发展进程中的区域教育体制机制创新研究》课题成功申报为上海市教育科学研究重点课题,以课题为引领创新区域教育体制机制,促进区域教育城乡一体化发展。评选区第十届教育科学研究成果奖、教育科研工作先进集体、教育科研工作先进个人和区学校教育科研示范校、优秀校、合格校。二是推动联盟发展。组织开展首轮义务教育紧密型办学资源联盟的考核评估。整合学前教育、义务教育、高中教育联盟建设,启动区域基础教育紧密型办学资源联盟建设,形成区域基础教育"大联盟"工作格局。探索教育联合体建设,推动绿叶幼儿园、南桥小学分别与小森林幼儿园、恒贤小学实行一体化管理。三是深化合作交流。推进与杨浦、静安等城区的结对交流。完成第三轮11所学校委托管理工作,据终期绩效评估显示,奉贤区委托管理合格率为100%,其中,头桥中学、肖塘小学、奉城二小、胡桥学校、教院附中、汇贤中学等6所学校被评为优秀。第四轮委托管理有9所学校参加。

三、立德树人工作取得新进展。一是加强学生德育教育。关注学生德育和心理健康教育,深入开展"道德讲堂"、"文明餐桌"等主题教育活动,提高德育针对性和有效性。二是深化校园文化建设。编辑出版《奉贤区中小幼"中华经典诵读"读本》和《奉贤区中小学"环境教育"读本》;完成18家市级文明单位和77家区级文明单位的评审；全面完成创建新一轮市文明城区未成年人思想道德建设测评，获94.5分好成绩。三是不断深化课程教学改革。以实施中小学生学业质量绿色指标为主线，开展义务教育学校素质教育“合格校、优秀校、示范校”评选和“快乐星期五优秀校”评审。四是推进体卫艺科和语言文字工作。把体育课程建设、阳光体育一小时、学生的体质健康情况，参与区域比赛人次，及获奖情况纳入学校体育工作考核；完成市中小学生“国家学生体质健康标准”抽样检测工作，5所学校参加测试达标率达88%；完成全区3433名初三学生体育测试。开展中小幼学校人感染H7N9禽流感防控工作，完成奉贤区中小学生健康体检工作。举办学生书画大赛、学生舞蹈节、校园集体舞推广展演活动、学生艺术单项比赛等。举办第十届青少年科技节，开展青少年知识产权宣传月系列活动、青少年商标创意设计竞赛活动、青少年航天模型竞赛等。召开上海话有声数据库建设研讨会并启动发音人招募、录音工作；完成2011—2013年度区语言文字规范化示范校创建工作；开展区中小幼“传承中华经典，展现汉字魅力”汉字文化传承系列活动和“中华诵·经典诵读”系列活动等；组织568名中职学生参加普通话水平培训与测试；组织全区教育系统550余名教师参加汉字应用水平培训与测试等。

四、推进区域学习型社会建设。一是加强职成教育。完成“国家级农村职业教育与成人教育示范区”创建现场评估。面向新疆班学生新开设燃气专业实训中心。推进宾馆实训中心建设和中职学生创业孵化基地建设。开展“了解就业市场　树立职业理想　确立生涯规划”系列就业指导活动。整合高校、企业等资源，组建奉贤职业教育集团。江海成校、奉城成校在全市开展镇成校“内涵建设优质化”建设评估中名列前茅。二是推进学习型社会建设。持续推进社区教育“331”工程，成功创建全国社区教育实验区。上海开放大学奉贤分校揭牌，上海开放大学女子学院奉贤区学习中心成立。开展全民终身学习活动周活动。

五、教师队伍建设有新举措。一是严把教师招录关，先后招聘新教师331名，对新教师进行6天集中培训。二是提升师德素养。不断深化师德建设“三五”工作机制，全面推行师德档案制度，促进师德考核过程化、常态化。组建尤丽娜劳模工作室、张育青劳模工作室等首批奉贤区劳模创新工作室，带动团队发展。召开师德师风暨政风行风建设大会，组织开展第十一个师德建设月活动，深入开展“教育与梦想同行”青年教师博文大赛等主题教育，表彰区师德建设十佳先进集体和师德建设十佳先进集体提名奖获得单位。三是促进专业发展。持续推进“135”职初教师培养工程、“128”骨干教师培养工程、“123”名优教师培养工程等教育人才高地建设“三大工程”，健全立体化多渠道培训网络。持续推进“首席学科教师”培养工程，启动幼儿园、小学、初中“学科首席教师、名校长后备人选”培养工作。举办“立德树人育身心健康人才　正本清源办人民满意教育”的区教育系统党政负责干部暑期研修班，委托华东师大校长培训中心开办“中学校长课程领导力提升专题研修班”，委托英国NLC思维学院开办教育系统校(园)长思维训练营培训活动，组织20名中小学分管教学校长赴香港培训，选送中青年校(园)长、优秀骨干教师到静安区名校挂职，组建9个“特级校长(名校长)工作室”、9个“特级教师(名教师)工作室”，举办中小学教导主任、总务主任研修班等。2名校长被评为上海市特级校长，2名教师成为华东师大和上师大特聘教授。完善义务教育阶段绩效工资制度，推进非义务教育阶段绩效工资改革，激发教师工作积极性。165名教职工进行区内流动。

六、教育管理科学化水平不断提升。一是加强作风建设。贯彻落实中央“八项规定”、“六项禁令”，严格控制庆典、论坛、节会等活动。加强对初三体育考试、特长生考试、学校推优等工作监管，规范中小幼学校阳光招生。健全师资招聘、职称评定等工作监管制度。二是规范经费使用。对2012年教育项目经费的三分之二项目进行绩效评价，对2013年教育预算经费中非工程类500万元以上的项目作绩效评价。推进会计集中核算制度，加强学校管理者、财务人员专业培训。出台《奉贤区民办幼儿园财务管理实施意见》。加大对基层学校特别是民办学校财政补贴、学前教育收费、学生伙食费的监管力度。接受市规范教育收费联合检查组对奉贤规范收费的专项检查。三是规范行政性审批。出台《关于奉贤区教育局深化行政审批制度改革工作情况的报告》，在“区行政许可服务与监管平台”上进行两次数据录入，鼓励行政相对人使用网上平台，推进审批事项网上运行，实现网上受理、反馈、流程跟踪和电子监察的系统功能。简化规范审批程序，为6所民办幼儿园、16所民办非学历培训机构进行变更，完成1所民办三级幼儿园、1所民办非学历培训机构的审批，依法对1所在审批中违规办学的民办非学历机构停止审批责令整改。

（侯元丽）

[率先推行外来务工人员随迁子女积分入学] 根据市委市政府“合理控制人口规模　优化人口结构”总体部署，区政府牵头，区教育局联合区人口办等委办局以及各镇（开发区）深入调研，在全市率先制定义务教育阶段外来务工人员随迁子女积分入学管理办法（转学参照执行）。通过设条件、严审核、排序位，共受理入学申请7349人，符合入学条件5666人（分类安置在公办学校3550人，在外来务工人员随迁子女小学2116人），同比减少2567人。有关经验在上海市区县教育工作会议上作交流。

（侯元丽）

[实施基础教育办学资源联盟建设] 8月，区教育局下发《关于深入推进基础教育紧密型办学资源联盟工作的实施意见》，启动实施第二轮紧密型办学资源联盟建设，为期两年。本着“优势互补、学段对应、兼顾历史、全面覆盖、便于操作”的原则，推行“A＋X＋Y”模式（即A学校带X学校，X学校带Y学校），分小学、初中、九年一贯制、学前、高中共五个组别共28个联盟体。参与学校由首轮义务教育阶段学校拓展至基础教育阶段学校，联盟内容由首轮联盟“四动”工作拓展至涵盖教育教学、党建、精神文明建设等工作，促进城乡学校共建、共赢、联动发展。组建教育联合体，推动南桥城区的绿叶幼儿园、南桥小学分别与新城地区新开办的小森林幼儿园、恒贤小学实行一体化管理，促进学校资源有序流动，推动学校高起点办学。

（侯元丽）

[奉贤中学教育集团成立] 10月23日，奉贤中学教育集团挂牌成立。集团采取“1＋9”的形式，由奉贤中学和实验中学、育秀学校、华亭学校、教院附中、阳光外国语学校、古华中学、弘文学校、汇贤学校、奉浦学校等10所学校组成。集团致力于推动初高中学校间教育资源的整合、互补、优化和合理利用，畅通资源衔接通道，发挥优质教育资源辐射与推进作用，形成区域教育特色。

（侯元丽）

[第四轮委托管理启动] 8月28日，上海市第四轮郊区义务教育学校委托管理启动仪式举行。全区共有9所学校参与上海市第四轮委托管理，受援学校与中心城区支援学校分别为：平安学校——上海市静安教育学会；邬桥学校——上海市静安教育学会；钱桥学校——上海市静安教育学会；阳光外国语学校——成功教育咨询中心；青溪中学—成功教育咨询中心；古华中学——晋元中学；奉城第一小学——智行教育管理咨询中心；洪庙中学——新时代教育评估中心；金汇学校——上海名师培训中心。

（侯元丽）

[《奉贤教育文化丛书》出版] 《奉贤教育文化丛书》系列之《特别行动——上海市奉贤区村民学校工作室的实践探索》、《姹紫嫣红——上海市奉贤区学前教育发展实践探索》、《中国大课堂——上海市奉贤区宅基课堂的实践探索》分别于5月、9月、11月由华东师范大学出版社出版。《特别行动》全面总结奉贤区村民学校建设实践，探索新时期加强农民教育、推进农村学习型社会建设的策略。《姹紫嫣红》以奉贤区16所上海市一级园和爱贝早教中心为主体，挖掘总结优质园的办园经验和办园特色，全面反映奉贤区学前教育发展的实践历程。《中国大课堂》全面反映奉贤区在村民学校基础上，重心下移，建设宅基课堂，推进学习型社会建设的实践探索。

（侯元丽）

[中小学校责任督学挂牌督导] 颁发《奉贤区中小学校责任督学挂牌督导实施办法》（试行）。以紧密型办学资源联盟体为主体，全区设置12个责任区，按1名责任督学负责5所左右学校的配备标准组建责任督学队伍，每个责任区中小学校各配备二名责任督学，共同承担一所学校的挂牌督导任务。责任督学由11名专职督学和13名兼职督学组成。

（侯元丽）

[素质教育示范校评审] 5月，启动义务教育学校实施素质教育合格校、优秀校、示范校评审工作。评审内容整合中小学德育星级达标、教学质量综合评价、校本课程综合评估、教师专业发展评价和素质教育规划与保障等五方面。经专家组评审，同意区教师进修学院附属实验小学、解放路小学、实验小学、南桥小学、古华小学、实验中学、育秀实验学校、阳光外国语学校、弘文学校、华亭学校等10所学校立项创建区素质教育示范校。

（侯元丽）

[举办第十八届教学节] 第十八届教学节自9月开幕，历时5个月。教学节以“优化教育资源共享机制　提升校本课程建设水平”为主题，开展系列主题活动：举行6场中小幼校（园）长、分管领导论坛活

动；开展系列校本课程实践研讨和特色教师系列评选活动，评选出12位中小幼校本课程特色教师；召开小学、初中、高中三个学段的课程教学工作会议；开展区义务教育学校实施素质教育“合格校、优秀校、示范校”评审专题辅导规范评选要求；充分利用市教委特级教师联谊会特级教师（校长）送教下乡活动加强对教师指导；启动实施“奉贤区初中毕业班提升工程”，委托市教育功臣、闸北八中校长刘京海指导实施；对《2012年上海市中小学生学业质量绿色指标分析报告》进行系列学习研讨活动，分析研究对策；各中小学、幼儿园开展联盟体校本课程共享推进现场展示活动，通过学生表演、课堂教学展示、总结汇报、家长心得共享，展示校本特色课程风采。

（侯元丽）

校本课程展上，学生在剪纸

［青少年科学研究院奉贤分院通过验收］ 11月，上海市青少年科学研究院奉贤分院通过验收。该院由区教育局、区科委、区科协联合探索青少年科技创新后备人才选拔、培养的有效机制和运作模式而设立。聘请来自高校、科研院所、科普教育基地及相关职能部门的专家组成导师队伍，命名具有一定科技创新设计和创新项目指导的科技辅导员作指导团。吸收区少科院小研究员35人，在实验室或实验基地进行研究。有15个小课题已初步成形，30多个小课题正在推进之中。

（侯元丽）

［在各类科技比赛中获奖］ 在全球DI创新思维比赛中，奉贤中学DI队代表中国高中生参加，获第八名，这是中国队参赛以来第一次在科技类比赛中获得全球前十的好成绩，全球共15个国家的1300支队伍、13000多名学生参加。在上海市青少年“科技启明星”评比活动暨少年科学院小院士评比活动中，江海一小学生范曾俊获第十一届上海少年科学院“小院士”称号，指导老师施金坤获伯乐奖。在第28届上海市青少年科技创新大赛中，金贝幼儿园“纸玩科技”获优秀创新实践活动一等奖，成为唯一一所获一等奖幼儿园，打破历届大赛幼儿园无一等奖局面。在上海市电视台新闻综合频道《超级家长会》暑期特别节目“少年爱迪生——大型青少年科技创新节目”中，江海一小学生芦依晨《汽车防盗油箱》荣获“年度最佳创意奖”。

（侯元丽）

［在国际钢琴比赛中获冠军］ 4月，实验小学学生陈子希在意大利伊莫拉夏季国际钢琴音乐节钢琴比赛上海分赛中，获得从幼儿组到青年组六个组别唯一的特等奖，并于5月代表上海赛区参加全国总决赛。7月，赴意大利参加意大利伊莫拉夏季国际音乐节钢琴总决赛，夺得儿童A组第一名。在7月的第四届亚洲KAWAI杯钢琴比赛中，获儿童组（专业和业余综合）第一名。

（侯元丽）

［特殊学生获多个奖项］ 在“手拉手、心连心”国际儿童绘画比赛中，惠敏学校特殊学生获1个一等奖，7个金奖、4个银奖，部分作品被刊登在画册上。在上海市第八届残运会上，惠敏学校特殊学生获足球第一名、韵律操一等奖、自编操二等奖的好成绩。

（侯元丽）

［扩大早教指导覆盖面］ 实行一年6次早教指

导服务，全年“早教流动车”下乡指导服务共32次，受教家庭有1500多户，受教人数达2000多人次。面向全区0—3岁婴幼儿家庭，定期编印并免费发放《小脚丫——奉贤早教》专报（季度刊），对家长进行书面形式的指导与服务。共印刷发放四刊56000份。开展“育儿周周看”和“家庭用婴幼儿生长发育保健卡”试点工作。完成上海市下达的1万户“育儿周周看”注册指标，对200户常住0—3岁婴幼儿试点家庭“如何使用保健卡”进行培训指导。通过每周一次“张惠老师谈家教”广播专栏和“奉贤早教”网，搭建学习平台。开展“母婴健康社区行”、“争当好家长、培养好孩子”主题实践等活动，提供开放性指导服务。全年早教受指导率达96.2%。

（侯元丽）

［**推行师德档案制度**］ 5月10日，区教育局下发《关于在奉贤区教育系统推行教师师德档案制度的实施意见》，建档对象包括全区教育系统在职教职工，民办学校参照执行。各单位以学期或年度为单位，按照“签订承诺——考核测评（自评，互评，学生、家长测评，领导评议）——考评领导小组综合评定——反馈归档”程序实施。考评等次分为优秀、良好、合格、不合格，优秀等次不超过20%。各类优秀和表彰对象应从师德考评优秀人员中产生。师德考评结果与个人年度绩效考核挂钩。

（侯元丽）

［**奉贤职业教育集团成立**］ 7月5日，奉贤职业教育集团揭牌仪式暨建设推进会举行。会议通过集团章程与理事单位名单，第一届理事单位有40家单位。集团是在区人民政府领导下、在市教育委员会指导下，由区教育局牵头，以奉贤中等专业学校为核心基地，政府部门、职业院校（培训机构）、行业企业共同参与的区域性职业教育合作共同体。集团的主要功能是协调职业教育资源，推进技能证书培训，搭建校企合作平台，建立就业信息网络，探究人才培养模式，组织职教实践研究。

（侯元丽）

［**开展全民终身学习活动周活动**］ 5—12月，开展“薪火相传、放飞梦想——2013年奉贤区全民终身学习活动周”活动，内容包括社区居民摄影赛、市民诗歌创造赛、教育志愿者巡回宣讲等129项。12月5日，举行区第九届全民终身学习周专题展示活动暨青村镇社区教育十年巡礼活动，并表彰奉贤区第八届老年教育艺术节获奖人员、区“贤文化”课程教材评比获奖人员、区宅基课堂案例评比获奖人员。

（侯元丽）

［**合作实施“彩虹计划”和“扬帆计划”**］ 6月26日，区教育局和香港新世界百货投资（中国）集团有限公司签约仪式举行。双方合作实施“彩虹计划”和“扬帆计划”，培养学生综合素质，为学生提供良好环境。“彩虹计划”在奉贤区招募7—12岁的外来务工人员随迁子女学生100人，组建“彩虹乐团”包括合唱团、民乐团、弦乐团等；“扬帆计划”资助贫困家庭学生参加学业和课外综合素质培训，开设手工制作、绘画、英语、书法、科技探究等课程，152名学生参加。新世界百货投资（中国）集团有限公司将每年捐助140万元。

（侯元丽）

附：区教育局驻地及负责人

（2013年1—12月）

地址：南桥镇古华路758号
邮编：201499
电话：37597001

区委分管领导：蒋震波
区政府分管副区长：钱雨晴

区教育局党委书记：陆　琴
副书记：陆建国、张　杰

区教育局局长：陆建国
副局长：陆　琴、褚继平、朱玉平、唐　瑛

崇明县

［2013年概况］ 全县共有中小学、幼儿园、职校和特殊教育学校106所。其中高中5所，完中2所(含民办1所)，九年制学校3所，初中27所(含民办1所)，小学29所(含民办2所)，幼儿园37所(含民办2所)，职校1所，特殊教育学校2所。在校中学生18854人，小学生19161人，在园幼儿10948人，职校生6061人，特殊教育学生452人。共有教职工7661人，其中专任教师5523人。教师中，中级以上职称共有3068人，其中中学高级544人，中学一级1118人，小学高级1202人，职校中级128人。高中、初中、小学、幼儿园专任教师学历达标率分别为99.85%、99.75%、100%、100%。

一、加强干部队伍建设。推选县级“五好”基层党组织10个，评选局级“五好”基层党组织20个；开展党建论坛，组织基层党支部书记参与“微型党课”课件评比和“基层组织生活”案例评选；开展基层党组织“晋位升级”工作；重新核定幼儿园及初中学校中层干部职位设置，提任校级正副职干部20名。

二、继续推进教师培训工作。推进人事分配制度改革，全面实施非义务教育阶段绩效工作；实施第三轮“名师工作室”，工作室由原来16个增加到20个；开展第五轮骨干教师评选；继续开展见习教师规范化培训，上半年培训新教师188人，下半年176名新教师参加见习培训，遴选指导教师和县级培训基地，形成具有崇明特色的见习教师规范化培训工作机制。

三、加强德育教育。完善“两纲”教育课外活动体系；开展以“公正、包容、责任、诚信”价值取向为重点的主题教育活动；组织实施第一届中小学心理健康教育活动月；开展“留守儿童”、“外来务工子女”心理健康状况调查和对策研究，组织县家庭教育指导故事分享会、实施“留守儿童”家庭教育指导策略和方法的研究等工作；开展第二届“温馨教室”建设优秀教师团队评选；做好年度特殊家庭学生排摸和跟踪帮教工作。

四、继续实施新一轮“学前教育三年行动计划”。提高优质资源辐射作用，推进9所幼儿园与静安、黄浦区优质园结对联动工作，健全覆盖全县的带教工作机制；推进优质幼儿园创建，完成2所一级园复验、28所二级园办学等级复验评估和9所幼儿园创建指导工作；指导各级各类园所开发和利用课程资源；重视农民工同住子女学前教育，非沪籍适龄儿童在公办园占比达37%；为民办三级幼儿园统一配备专职保安、统一安装技防设施，增配设施设备等，通过优质园与民办三级园结对带教，引导民办三级园高质量办园；加强学前儿童看护点管理，为看护点配置玩教具和技防设施，加大无证办园点督查、整治力度；继续开展合格早教指导站和优秀指导站的评比工作，完成240名教师的育婴师上岗证培训工作；0—3岁常住适龄儿童早教指导率达98%，学前三年入园率达99.7%。

五、促进义务教育优质均衡发展。建立崇明县学业质量监测中心，计划用三年时间基本建立崇明县学业质量评价体系的基本框架、技术基础、监测工具，并初步建立崇明县学生学业质量数据库，建立“绿色指标”评价体系；继续探索“集团式办学”模式，推广“集团式办学”经验，新增实验小学、西门小学、新海学校3个教育集团，使集团式办学学校达到8个；5所市区优质学校和机构参与第四轮委托管理项目；全面启动黄浦、静安两区与崇明教育合作项目，两区优质学校分别与崇明30所中小幼、职校结对，出台《崇明县与黄浦、静安两区结对学校绩效评估标准》，对结对学校开展绩效评估。

六、提升基础教育品质。开展新一轮“主动·有效”课堂达标与提升工程，出台《实施“主动·有效”课堂的指导纲要》，选择部分中小幼学校作为志愿实践学校；开展“教育月”系列活动，包括各学段的课堂教学研究与展示、校(园)长论坛、专题报告等；与静安区、黄浦区合作开展“教导主任工作坊”、“教研组长培训”、“教研员带教培训”项目；组织县级小学校本课程征集评选，选送优秀课程参加上海市小学校本课程展示和征集评选活动；继续开展“十佳教学之星”评选，恢复“新蕾奖”评选；以《崇明县中小学教学常规管理50条》为依据，完善县、校两级教学常规管理专项督查制度，编印《教学常规管理经验集》。

七、抓好重点学段、重点学科建设。推进“今天行动计划”与“快乐活动日”,开展《快乐活动日设计单评比》;推进高中多样化特色化发展,开展“创新实验室建设”申报工作;加强外语教育,探索多种语言教育,引进11名外籍教师进入11所中小学任教;深入开展生态教育,推进12所乡土课程实践基地学校以及乡土课程学校联盟(陈家镇地区)建设,印发《崇明县中小学(幼儿园)乡土课程指导纲要(试行稿)》。

八、扎实推进职业教育和成人教育。继续推进上海工程技术职业学校示范校创建工作。加快推进长兴校区建设,发挥职教集团作用,派遣40多名教师到企业培训,加快提高“双师型”教师比例。重点推进中高职贯通工作,在园林专业与上海农林职业技术学校实行中高职贯通培养模式的基础上,机电专业、数控专业、高星级饭店运营与管理专业三个专业分别与市区高校合作申报中高职贯通培养项目。3所老年学校参与市政府实事项目“扶植70所老年学校开展标准化建设”工作,建设完成投入使用。

九、加快校舍设施建设。一是推进县府实事项目。堡镇青少年活动中心项目室外工程完工。3所学校校舍更新改造工程项目开工。新增2所幼儿园,其中裕安社区配四地块幼儿园交付使用,长丰幼儿园开工建设。20所中小学校直饮水工程建设项目完成施工。扶持瀛通老年大学开展标准化建设项目,完成施工。二是抓好县府重点工程。上海工程技术管理学校长兴校区项目完成初方案设计评审。新建江帆小学项目开工建设。新建平安小学项目四层教学楼主体结构封顶、食堂一层结构完成。三是启动新一轮校舍加固和更新工程。4个抗震加固项目进入施工阶段,一个重建与加固混合项目进入施工招标阶段。

十、加强依法治教力度。进一步落实党风廉政建设责任制,与基层单位签订党风廉政建设责任书,完善述职述廉长效机制,组织廉政建设正反典型专题教育,落实谈心谈话制度;加强机关效能建设,厉行节约、反对浪费,组织“抓作风、提效能、传递正能量”机关作风建设演讲比赛,开展读书心得交流活动;巩固教育收费工作创建成果,会同县规范教育收费联席会议成员单位对学校检查;开展廉洁文化进校园创建活动,发挥学生团体在廉洁教育中作用,评选廉洁文化示范学校11所、廉洁文化优秀学校10所;切实依法做好信访工作。

(梅湘瀛)

[签署教育合作协议] 3月13日,与黄浦区教育局举行教育合作协议签约仪式。黄浦区安排2000万专项财政教育资金,依托优质教育资源,开展“学前教育优质品牌项目、校际合作结对项目、师资队伍建设、国际课程项目”等4大项目合作。3月28日,与静安区教育局举行教育合作协议签约仪式。静安区安排2000万专项财政教育资金,依托优质教育资源,开展“交流合作机制、校际合作结对、质量保障体系、生态教育实践体验中心”等4大项目合作。通过与两区深层次、多方位合作交流和资源共享,共同推进崇明教育内涵发展。

(梅湘瀛)

[培育、建设老年人学习团队] 4月起,实施《老年人学习团队培育与建设三年行动计划》。根据计划,崇明县老年人学习团队培育与建设将实现“从2013年到2015年每年建设与培育不少于120个市级老年人学习团队,三年间不少于360个市级老年人学习团队,连同2011年和2012年全县已培育与建设的140个市级老年人学习团队,总共达到或者超过500个”的工作目标。主要内容有“制定团队建设标准”、“加强团队负责人队伍建设”、“培育重点典型引路”、“搭建交流平台,展示经验成果”、“提供教材服务,丰富学习内容”、“发挥村(居)老年教学点作用,夯实工作基础”等。

(梅湘瀛)

[在DI全球总决赛中获奖] 5月22日,DI全球总决赛在美国田纳西州州立大学开幕。田纳西州州长、诺克斯维尔市市长、DI总部主要负责人和3万多名参赛队员和教练参加开幕式,来自世界各国以及美国各州约1240多支队伍参加比赛。崇明县横沙中学代表中国赛区参加“终极目标挑战A(In the zong)”项目初中组的全球总决赛,以298.71总分名列同项目67支参赛队第四名,并被大赛组委会授予“杰出成就奖”奖杯。

(梅湘瀛)

[签署东滩学校委托管理协议] 6月4日,上海市实验学校附属东滩学校委托管理协议签约。市教委、上海师范大学、崇明县共同签订三方联合委托上海市实验学校管理上海市实验学校附属东滩学校的框架协议。上海市实验学校、崇明县教育局负责人签订委托管理实施协议。上海市实验

学校附属东滩学校由崇明县筹资新建，地址在陈家镇国际实验生态社区，为义务教育九年一贯寄宿制公办学校，每个年级 4 轨，共计 36 班，校舍预留 6 轨。

（梅湘瀛）

[上海开放大学女子学院崇明学习中心揭牌] 6 月 20 日，上海开放大学女子学院崇明学习中心在上海开放大学崇明分校成立。该中心重点开展女性职后教育，县妇联、县教育局、上海开放大学崇明分校等机构依托开放式教育平台，针对崇明女性学习需求，提供专业提升、职业技能、婚姻家庭、女性修养等四大板块学习课程，推动崇明女性终身教育，实施智慧女性成才行动。

（梅湘瀛）

[“陶艺教育”被评为优秀校园文化建设项目] 经过市评审小组对 90 个申报项目的评审，遴选出上海外国语大学等 6 所高校、上海中学等 4 所普教系统学校共 10 个项目为 2012 年上海教育系统校园文化建设优秀项目。育林中学“陶艺教育”被评为 2012 年度全市普教系统 4 个优秀校园文化建设项目之一。

（梅湘瀛）

[举行首届青少年科技嘉年华活动] 7 月 5 日，举行首届青少年“科技嘉年华”活动，700 多人次参加科技擂台活动 10 个项目比赛，收到中小学科技活动展板 30 多块。另有生态科技活动，收到 100 多件芦苇作品及贴画，活动中向外来务工人员子女赠送科普书籍。

（梅湘瀛）

[上海开放大学崇明分校揭牌] 8 月 14 日，上海开放大学崇明分校揭牌。该校前身为上海电视大学崇明分校，1983 年创办至今，为地方经济社会发展输送 1 万余名大专以上学历应用型建设人才，为 10 余万人次开展非学历培训。更名后，学校定位与功能将发生较大变化。除继续实施高等学历继续教育，开展本、专科教育，逐步发展研究生教育，以及培养崇明地区各类紧缺人才外，将重点开展指导和服务市民终身学习和学习型组织建设，开展社区教育、职业教育、老年教育等各类教育活动，为崇明学习型社会建设服务。

（梅湘瀛）

[举行假日学校媒体开放日活动] 8 月 21 日，举行由市教卫工作党委、市教委主办的“圆中国梦，办好人民满意的教育”崇明专场媒体开放日活动，活动以“假日学校：为青春导航，让梦想绽放”为主题。教育局介绍五年来崇明假日学校推进情况，中兴镇、港西镇、陈家镇作交流发言。市教卫工作党委宣传处及媒体记者到中兴镇“向日葵亲子俱乐部”观摩广福居委组织“我们一家亲”彩陶制作亲子活动，到中兴镇泰生示范农场观摩中兴镇北兴村假日学校组织亲子大棚采摘和种植活动。《中国教育报》、《解放日报》、《文汇报》、《劳动报》、东方网、中国广播网等 40 多家主流媒体作崇明县假日学校报道。

（梅湘瀛）

举行假日学校媒体开放日活动

[庆祝第二十九届教师节] 9 月 6 日，庆祝第 29 届教师节表彰大会举行。会议对 2012 年度崇明县优秀教师进行表彰。共有 464 人获行政记功奖，114 人获行政记大功奖，221 人获“从事教育工作三

十年”荣誉证书。表彰会后，举行崇明县教育系统第二届十大师德标兵颁奖典礼。

（梅湘瀛）

［首届中小学乡土课程评审］ 9月29日，举行首届中小学（幼儿园）乡土课程评审活动。评审组根据每门参赛乡土课程所提交的科目设计纲要、教材或讲义、实施的自评报告等材料，分别依据课程的乡土性、科学性、实用性、教育价值等指标进行分组审议，评出一等奖9项、二等奖14项、三等奖16项。该活动从6月份组织发动，共收到27所学校提交的64门乡土课程。

（梅湘瀛）

［在国际机械奥运会获多个奖项］ “2013中国鞍山国际机械奥运会”于10月11—13日在辽宁鞍山市举行，来自马来西亚、泰国等国和我国香港、澳门地区，以及全国各地的200支代表队参赛。崇明县由城桥中学、横沙中学和堡镇小学等9所学校组成40名中小学生代表队参加其中30多个项目竞赛，获16个冠军、10个亚军和4个季军。

（梅湘瀛）

［成立崇明陶行知研究会］ 10月17日，崇明陶行知研究会成立。中国陶行知研究会会长、上海市陶行知研究协会会长、崇明县人民政府领导为崇明陶行知研究会揭牌并分别致辞。大会审议崇明陶行知研究会章程，表决通过崇明陶研会第一届理事会理事名单并选举第一任会长。崇明陶行知研究会吸收崇明县所有中小幼单位成为会员。

（梅湘瀛）

［长三角“行知伴我成长”论坛举办］ 10月17日，长三角“行知伴我成长”论坛开幕。论坛由上海市陶行知研究协会、江苏省陶行知研究会、浙江省陶行知研究会主办，崇明县教育局承办。18日，与会代表观摩崇明中学、陈家镇幼儿园、裕安小学等3所中小幼学校教学活动，在裕安小学举行论坛闭幕式。

（梅湘瀛）

［组建第三轮名师工作室］ 10月23日，召开崇明县教育系统第二轮名师工作室总结暨第三轮名师工作室启动大会。教育系统第三轮名师工作室共有20个。本轮工作室主持人全部是特级校长和特级教师。工作室涵盖学校管理、党建研究、学科建设等多个门类，涉及中小学、幼儿园、职业学校、成人教育等多个领域。

（梅湘瀛）

［县学生文化艺术节闭幕］ 11月21日，举行县学生文化艺术节闭幕式暨“爱国情·中国梦”——中华经典诵读首场展演，市教委、市语言文字水平测试中心领导参加活动。200多名师生以语言文字为载体，演绎以“爱国情，中国梦”为主题的经典爱国诗篇。艺术节为期6个月，举办舞蹈、器乐、书画、艺术综合、经典诵读等比赛，全县70多所中小学4000多学生参加活动。

（梅湘瀛）

［县第九届全民终身学习活动周举行］ 11月22日，由崇明县学习型社会建设与终身教育促进委员会办公室主办，县社区学院和新海镇人民政府承办的“全民学习，共圆美丽生态梦”崇明县第九届全民终身学习活动周举行开幕式。市成教协会、市教委终身教育处、市学习型社会建设服务指导中心等领导出席开幕式。活动周期间，各乡镇社区学校围绕“全民学习，共圆美丽生态岛”主题，开展演讲、征文、手工艺作品展示、讲座、知识竞赛等活动。

（梅湘瀛）

［获亚洲青年板球锦标赛季军］ 12月8—16日，亚洲青年板球锦标赛在泰国首都曼谷举行，亚洲地区8支强队参加比赛，城桥中学板球队经国家小球中心批准，代表中国参赛并获得锦标赛季军。

（梅湘瀛）

［翁铁慧到崇明调研］ 12月11—12日，副市长翁铁慧、市政府副秘书长宗明率市教委等部门负责人到崇明县调研教育等相关工作。翁铁慧实地察看前哨学校、实验幼儿园等，在召开专题调研会听取全县教育情况汇报后指出，崇明要全面实现基础教育高位均衡发展目标，按照课程标准进行教学，回归教育本源；要重视师资培养与人才队伍建设，努力打造一支有职业精神、职业理想的校长队伍和教师队伍，促进教育内涵发展。市级相关部门要根据崇明实际，继续加大对口支援力度，研究制定配套政策，帮助解决教师发展空间狭窄等问题。崇明县要积极回应百姓关切，加快教育工作建设

步伐,有针对性地制定落实发展规划,为崇明百姓提供优质教育资源。

(梅湘瀛)

[举行老年教育媒体开放日活动] 12月12日,由市教委终身教育处主办、市教委宣传处牵头、崇明县教育局承办的"推进具有农村特色的老年教育"媒体开放日活动举行。县教育局作"发展农村老年教育,打造生态学习乐园"主题报告。集中采访结束后,媒体记者到港沿镇老年学校参观烹饪、计算机、书画、音乐、舞蹈等专用教室,并作现场采访。上海电视台、教育电视台、东方卫视、《解放日报》、《文汇报》、东方网等20多家主流媒体作相关报道。

(梅湘瀛)

附:县教育局驻地及负责人

(2013年1—12月)

地址:城桥镇新崇北路308号
邮编:202150
电话:59621724

县委分管常委:郝炳权
县政府分管副县长:王　菁

县教育局党委书记:姚李超
　　　　副书记:黄　强

县教育局局长:黄　强
　　　副局长:陆惠星、黄　慧(12月10日离任)、黄乃华

高 等 学 校

复旦大学

［**2013年概况**］ 学校有直属院（系）30个（不含继续教育学院和网络教育学院），附属医院12所，设有本科专业69个，一级学科博士学位授权点35个，一级学科硕士学位授权点43个，博士专业学位授权点2个，硕士专业学位授权点24个。博士后科研流动站35个，一级学科国家重点学科11个，二级学科国家重点学科19个。在校普通本、专科生12933人，硕士研究生10762人，博士研究生5264人，留学生3216人（其中攻读学位的留学生2092人）。招收普通本、专科新生3408人；招收研究生5225人，其中硕士研究生3845人，博士研究生1380人。有专任教师2490人、专职科研人员418人。有中国科学院、中国工程院院士37人，教育部"长江学者奖励计划"特聘教授68人、讲座教授36人，"国家重点基础研究发展计划（含重大科学研究计划）"项目首席科学家29人。

一、发展规划与学科建设。继续推进"985工程"阶段性工作。调整"985工程"规划实施工作委员会，继续推进"985工程"（2010—2013年）医科建设，完成"985工程"（2010—2013年）阶段性验收总结工作，开展校内"985工程"（2010—2013年）阶段性建设项目验收。完成上海市学科重点建设规划（2013—2020年）工作任务。起草完成"上海医学院中长期发展规划纲要（2013—2020年）"。初步完成复旦大学章程起草工作，形成《复旦大学章程》初稿。推进校园规划和服务上海行动计划的制订工作。完成《复旦大学服务上海行动计划》初稿，形成"江湾创新走廊"战略规划方案初稿，将"江湾创新走廊"作为人大提案提交上海市十四届人大立项；推进与浦东新区、宝山区、徐汇区的合作共建，与浦东新区签订战略合作协议。探索复旦大学项目库与管理信息公共服务平台建设工作，根据重点建设项目管理的实际情况和学校的整体安排，调整"重点建设管理信息系统"建设工作，建设"复旦大学项目库"，编制"院系建设学术类项目指南"，为学校推进两级管理体制改革做准备。组织完成上海高校一流学科（A类）增补工作，截至12月，学校共入选上海高校一流学科（A类）10个，上海高校一流学科（B类）17个。

二、推进教育、教学改革。①全年招收本科生3253人，其中高考统招录取1640人（含艺术、体育特长生等），上海自主选拔录取625人，浙江、江苏自主选拔录取286人，保送生478人（含外语类），武警国防生（新闻学专业）38人，贫困定向生59人，新疆、西藏民族生48人（含内地班和预科升本科），以及港澳台生79人（含联考生、澳门保送生、香港免试生、台湾免试生）等。②全年开设本科课程共6012门次，其中通识教育核心课程六大模块开课319门次，视频课程30门次。面向上海市高校开设共享课程3门。有19门课程被选为国家级精品资源共享课程；8门课程获批2013年度上海高校市级精品课程；12门课程立项为上海市教委重点课程项目；7门课程入选教育部来华留学品牌课程，2门课程列入上海市高校市级体育和健康教育精品课程名单；3门课程作为上海市高校共享课程推出；推出1门通识教育核心课程示范性课程。此外，复旦暑期国际课程开设13门，共有130人来自22个国家的留学生报名。鼓励本科生选修研究生院FIST课程，共计40人选课。③完善本科生创新教育平台。继续实施莙政、望道项目，组织各院系实施曦源项目，全年合计资助各类研究课题333项，资助学生446人（不包括上海医学院的曦源项目）。截至年底，当年参与FDUROP的学生在国内外学术期刊发表论文19篇，其中第一作者文章11篇。④开展"登辉计划"，全年共资助实验类项目17项，资助创业类项目5项。⑤全年共招收学历教育研究生5663人，其中：硕士研究生4155人（含港澳台生54人，外籍生315人，少数民族骨干生18人）；博士研究生1508人（含港澳台生10人，外籍生56人，少数民族骨干生20人）。2013年度招收非学历教育硕士研究生2029人。实际录取硕士生3786（其中学术型1771人、专业型2015人，录取研究生中含住院医师项目108人）；实际录取博士生1442人，比上年度增加120人。启动资产评估硕士专业学位招生工作，截至年底，共有24个硕士专业学位开展招生。全年共授予硕士学位4978人，其中专业学位2890人；授予博士学位1165人，其中专业学位154人。完成标准化考点建设工作。开设各类研究生课程2600多门，30项重点课程建设项目立项。有17部教材入选第1至7批教育部研究生教学用书，21项研究生教育课程获得省部级研究生课程与教学改革优秀教学成果奖。打破传统研究生课程模式，推出研究生课程FIST（复旦大学集中式夏季授课）项目，延聘名师，集中授课。2013年暑期首批44门、第二批近20门课相继开课。

三、科学研究和科技成果转化。①理、医科科研经费122455万元。获立各类科研项目1800项，其中国家重大科学研究计划青年专题项目1项；"973计划"和重大科学研究计划课题7项；"863计划"项目1项，课题10项；国家科技支撑计划课题1项；国家科技重大专项课题6项。获批国家自然科学基金599项，其中国家自然科学基金面上项目332项，青年科学基金184项，国家杰出青年科学基金项目3项，优秀青年科学基金项目15项，重点项目15项，重大国际（地区）合作研究项目3项，海外及港澳学者合作研究基金4项（其中两年期资助项目3项，延续资助项目1项），重大研究计划培育项目3项、重点项目3项、集成项目1项。获得教育部博士点基金博导类项目39项，新教师类项目33项，优先发展领域课题3项，总资助经费为720万元；教育部"新世纪优秀人才支持计划"13项（全校共20项），教育部创新团队4项；教育部留学回国人员科研启动基金19项（全校23项），获批资助经费57万元；功能纳米材料系统工程创新引智基地获批立项建设。获得上海市科学技术委员会基础研究计划重点项目17项，自然科学基金面上项目27项，青年项目5项；浦江人才计划20项；"青年科技启明星"计划8项；"优秀学术带头人计划"11项；产学研类项目29项，资助经费2273万元。2013年度获上海市科委总资助经费10099万元。新增1个教育部重点实验室，3个上海市重点实验室，1个国家林业局定位观测研究站，1个上海市工程技术研究中心和1个教育部工程研究中心。2012年，学校发表SCI论文3007篇，论文数位列全国高校第六，其中812篇文章为"表现不俗"类，位列全国高校第五。根据中国科学技术信息研究所历年发布的中国科技论文统计结果，学校2007—2011年发表的SCI论文中有4785篇论文在2012年被引用，共被引用18270次，位列全国高校第5。申请国内专利632项，授权专利348项，其中发明专利307项。全校累计有效专利（维持中）1400项。已完成计算机软件著作权登记39项。②文科科研全年研究与发展经费1.452亿元，获得省部级以上立项课题193项，其中国家社科基金项目42项；教育部人文社会科学规划项目74项；上海市哲学社会科学规划项目40项。出版著作309部，发表论文2527篇，其中在国外学术刊物发表论文63篇，提交研究报告72篇。有1项成果入选国家社会科学基金成果文库。获得省部级以上科研成果奖励29项，其中获第六届高等学校科学研究优秀成果奖（人文社会科学）17项，获得第九届上海市决策咨询研究成果奖10项，获奖总数位列上海市第一，获得2012、2013年度全国商务发展研究成果奖2项。有1个团队入选教育部创新团队发展计划，7人入选教育部新世纪优秀人才支持计划，13人入选上海市浦江人才项目。培育校内新的协同创新中心，成立上海自贸区综合研究院。为推动智库建设，5个智库立项为上海高校智库建设项目，占上海市建设项目的一半。受上海市教委委托，建设上海市高校智库管理研究中心。经教育部批准，"中国高校智库论坛组委会"落户复旦大学。③与地方和企业合作的科研项目经费到款1.97亿元（不含附属医院），比上年增长8%，签订产学研合同464个，签订合同额大于50万的项目65个，同比增长10%；专利转让/许可14项。对接国内外大型骨干企业，重点推进中航工业集团及下属企业、中国电子信息产业化集团、福建省电子信息集团、中国银联、三一重工、徐工集团等企业对接交流工作。其中包括与中航工业商发签约成立"航空发动机数值仿真技术联合创新中心"，与宝钢、华为、上海医药、中国石油、上海烟草、罗氏、巴斯夫、飞利浦、陶氏化学等签署项目合作协议，深化与金川集团合作，"电池级六氟磷酸锂的制备工艺研究"项目根据市场情况进行中试和扩试，与三一重工签署工程机械涂料项目合作协议。加强与政府沟通，建立产学研合作平台。与宁波市政府共建复旦大学宁波研究院，与浦东新区和张江集团筹建复旦大学张江研究院，并与江苏海门、江苏徐州和山东滨州签署全面合作协议，推进分布式光伏发电技术在南通的产业化、物联网技术在滨州的应用，以及环境生态设计技术在蚌埠的应用。

四、师资队伍建设。推进实施各项人才计划。学校新增国家"千人计划"（含创新长期、创新短期、溯及既往、外专项目、青年项目）20人，教育部"长江学者奖励计划"特聘与讲座教授7人，百千万人才工程国家级人选4人，上海领军人才11人（校本部5人，附属医院6人），上海"千人计划"14人，上海东方学者12人。全年引进各类高层次人才83人，其中直接从海外引进56人，约占引进人才总数的

67.5%，全时引进76人，约占总数的92%，新增非华裔外籍全时引进人才4人。共招聘新进教职员工336人，其中教学科研人员126人，管理人员93人，思政人员23人，其他人员94人。实施《复旦大学关于加强教学科研岗位招聘工作的实施意见》，放权院系自主进行学术评议、薪酬确定、工作考核等，创新新进教师分类管理体系，设置青年研究员岗位系列，建立Tenure-track教师选聘机制，提升队伍活力，完善与校内人才接轨的引进人才薪酬体系，加大投入和支持力度。首次实施非教学科研岗位学校统一公开招聘，探索建立管理、科研和实验技术队伍建设机制，统筹各支队伍发展。制定《复旦大学文科资深教授遴选暂行办法》，实施文科资深教授遴选工作。扩大新江湾城尚景园整体租赁规模，采取学校补贴的方式，缓解青年教职员工住房难问题。

五、附属医院工作。共有医院职工18107人，核定床位9646张。有国家重点学科30个，国家临床重点专科56个，上海市临床医学中心10个，上海市医学重点学科13个，上海市医学重点专科11个，上海市临床医疗质量控制中心20个。有中国科学院院士3人（沈自尹、王正敏、葛均波），中国工程院院士4人（汤钊猷、陈灏珠、顾玉东、周良辅）。全年门急诊服务量19157347人次，期内出院人数441927人次，住院手术服务量251337人次。推进住院医师规范化培养工作，共招收住院医师535人。

六、深化国际化办学。全年到访各类境外代表团共380批次2835人次，其中含境外大学校长30人，副校长35人，政要32人。派出交流学生2364人，接收各类外国留学生6782人。获教育部审批主办或承办的国际及地区学术会议65个，到访长期专家103人，各类短期专家120人，新增"名誉教授"、"顾问教授"和"兼职教授"等荣誉称号的专家17人。执行"学科创新引智计划"4个，教育部海外名师项目2个，上海市智力引进项目24个，复旦大学海外优秀学者授课项目34个。2013年度申报由国家外国专家局组织的外专千人计划1个，高端外国专家项目7个。外国专家1人获得中国政府友谊奖，外国专家3人获得上海市白玉兰奖。与18所境外大学或机构新签校际协议，与英国的埃克塞特大学、日本的上智大学等境外大学和机构开展合作和交流。

七、校友、校董和筹资工作。校友工作以"一网（校友网）、一刊（《复旦人》）、一库（校友数据管理系统）"为主体，充分利用社交网络，打造复旦校友社区，以世界校友联谊会为纽带，为学校服务国家战略搭建校友平台，在甘肃兰州举行复旦大学第十三届世界校友联谊会。复旦大学财务处捐赠收入6584.15万元（包括来自上海复旦大学教育发展基金会捐赠的4654.73万元和复旦大学教育发展基金会（海外）捐赠的70.42万元），上海复旦大学教育发展基金会接受社会捐赠收入5700.01万元，复旦大学教育发展基金会（海外）接受社会捐赠收入约1216.42万元。复旦大学财务处的捐赠支出5586.05万元（其中包括上海基金会3381.05万元和海外基金会362.78万元的支出），上海复旦大学教育发展基金会项目支出4812.42万元，复旦大学教育发展基金会（海外）项目支出约977.00万元。捐赠支出主要用于奖学金、奖教金及各类奖励等。

八、后勤保障工作。①加强多媒体设施与信息化教学平台的维护和更新。复旦学院多媒体教室管理室承担邯郸校区和枫林校区260余间公共多媒体教室的日常运行和维护更新任务，保障学校各类教学活动正常开展。计算机教学实验室管辖用于计算机基础教学课程的机房三间共324座、用于大学公共英语教学的语音实验室六间共287座、用于一般教学的多媒体教室两间以及用于学生课余上机实习的开放机房数间。全年有10门通识教育核心课程计400余课时在多校区远程视频交互系统内进行授课，为学校登录Coursera平台的首门课程《大数据与信息传播》提供技术保障和技术咨询，确保课程顺利登陆和开课。②全年校园基础设施建设在建项目总建筑面积133418平方米，计划总投资121418万元（含江湾校区室外二期），全年完成基本建设投资18237万元。新开工的项目有4个：江湾校区化学楼、环境科学楼、物理科研楼、枫林校区一号科研楼，总建筑面积13.34万平方米，总投资约8.55亿元。③加强学校食堂管理，做好饭菜质量监控工作，确保食品安全卫生和营养工作。在学生园区开展便民服务，开通体育资源网上预订等，为师生解除后顾之忧。

（甄炜旎）

［学生多次获奖］ ①9月，在全国大学生数学建模竞赛上，获全国二等奖3项，上海赛区一等奖3项，二等奖4项，三等奖11项。10月，在第五届全国大学生数学竞赛初赛中，有学生21人获得上海赛区一等奖，23人获得二等奖，33人获三等奖。2013年全国大学生电子设计竞赛（"瑞萨杯"），信息科学与工程学院4个参赛队获得全国二等奖。第37届ACM国际大学生程序设计竞赛全球总决赛，获得第27名。第30届全国部分地区大学生物理竞赛

中，获得上海市特等奖4人，一等奖9人。第30届全国部分地区大学生物理竞赛，获得优胜奖4人。在2013年Green Tech东元科技竞赛中，环境科学与工程系参赛队获得国际赛季军。第四届中国大学生服务外包创新创业大赛，获得一等奖4人。2013年第四届全国高等医学院校大学生临床技能竞赛（华东赛区），获得三等奖4人。2013年第一届学生实践创新论坛，基础医学院吴海培获得全国组“最佳创新奖”。2013年第三届全国医药院校药学/中药学大学生实验技能竞赛，获得特等奖1人，二等奖1人。2013年首届大学生基础医学创新论坛，获得最佳设计奖3人，优秀表达奖2人。②9月8日，在沈阳举行的第十二届全运会女子1500米决赛中，代表上海队比赛的复旦大学中长跑运动员赵婧以4分12秒32的成绩获得金牌；9月9日，在女子800米决赛中，赵婧以2分02秒36的成绩获得金牌。③3篇博士学位论文入选2013年全国优秀博士学位论文。

（甄炜旎）

［举行基层行、西部行、国家重点单位行活动］ 学生职业发展教育服务中心在2013年主题教育“中国之梦、理想之光”系列活动中推出“复旦学子西部行”、“复旦学子基层行”、“复旦学子重点单位行”活动。共计20个“基层行、西部行、国家重点单位行”的项目获得学校支持，各院系利用寒暑假组织学生到基层、西部、国家重点单位参观、考察、实践，包括与这些领域工作的校友进行访谈、座谈等多种形式，使学生了解国家发展的需要与个人成长之间的关系，使学生将自己的专业学习和未来人生发展与祖国的建设需要相结合，与学校服务国家的引导相结合。

（甄炜旎）

［获国家重大科学研究计划青年专题项目］ 物理学系教授吴施伟主持的国家重大科学研究计划青年专题项目“能谷—自旋耦合量子态的光电作用机理和操控研究”，总资助经费500万元，其领衔的科研团队由复旦大学、中国科学院上海技术物理研究所组成。

（王　浩）

［新建上海市重点实验室］ 新建3个上海市重点实验室，分别为：上海市数据科学重点实验室（筹），主任为朱扬勇，依托计算机科学技术学院建设；上海市出生缺陷重点实验室（筹），主任为黄国英，依托附属儿科医院建设；上海市老年医学临床重点实验室（筹），主任为保志军，依托附属华东医院建设。

（许　丽）

［新建省部级工程研究中心］ 新增1个教育部工程研究中心和1个上海市工程技术研究中心。分别为：心血管介入治疗技术与器械教育部工程研究中心，主任为葛均波，依托附属中山医院建设；上海市工业菌株工程技术研究中心，主任为吕红，依托生命科学学院建设。

（赵瑞华）

［获国家杰出青年科学基金项目资助］ 数学科学学院严军，信息科学与工程学院余建军，公共卫生学院屈卫东3人获得国家杰出青年科学基金项目资助。

（孙　劼）

［获创新团队计划资助］ 物理学系龚新高牵头的“复杂物质体系的计算研究：新方法发展及应用”，微电子学院张卫牵头的“高速低功耗新型电子器件基础研究”，经济学院张军牵头的“中国经济的转型、发展与长期增长”，附属中山医院葛均波牵头的“缺血性心血管疾病的发生机理及防治”4个团队获教育部“长江学者和创新团队发展计划”创新团队计划资助。

（王　维）

［多篇论文在国际学术刊物发表］ 1月，《神经学年报》（Annals of Neurology）在线发表赵冰樵研究团队论文Recombinant ADAMTS13 Reduces Tissue Plasminogen Actibatoriduced Hemorrhage after Stroke in Mice。《细胞》（Cell）发表Alastair Murchie和陈东戎课题组研究成果《新型氨基糖苷类抗生素核糖开关的发现》。3月，《抗氧化与还原信号》（Antioxidants & Redox Signaling）在线发表朱依纯科研团队研究成果VEGFR2 Functions As an H2S Targeting Receptor Protein Kinase with Ist Novel Cys1045-Cys1024 Disculfide Bond Serving As a Specific Molecular Switch for Hydrogen Sulfide Actions in Vascular Endothelial Cells。4月，复旦大学教授袁正宏和中国疾控中心研究员舒跃龙为共同通讯作者的论文《一种源自禽的新甲

型流感病毒对人的感染》在国际顶尖医学期刊《新英格兰医学杂志》发表。8月,《科学》(Science)刊登张卫领衔课题组研究成果,该成果提出并实现一种新型的微电子基础器件:半浮栅晶体管(SFGT, Semi-Floating-Gate Transistor),填补中国集成电路核心技术空白。10月,《自然神经科学》(Nature Neuroscience)在线刊登杨振纲研究团队成果 Subcortical origins of human and monkey neocortical interneurons。12月,《细胞》(Cell)刊登徐彦辉团队研究成果 Crystal Structure of TET2-DNA Complex Insight into TET-Mediated 5mC Oxidation。《应用化学》(Angew. Chem. Int. Ed.)在线刊登彭慧胜团队研究成果,该成果首次成功制备出可拉伸的线状超级电容器,从而有效结合高分子材料的弹性及碳纳米管的优异电学和机械性能。

(甄炜旎)

[现场直播高校共享课程] 3月5日,哲学学院教授王德峰的《哲学导论》正式通过上海高校共享课程平台向全市1000多大学生授课。复旦学院现代教育技术中心和校园信息化办公室联合对授课进行网络现场直播。

(庄 芳)

[成立"复旦—欧洲中国研究中心"] 4月10日,"复旦—欧洲中国研究中心"成立仪式在学校举行。校长杨玉良、丹麦驻华大使和哥本哈根大学校长出席仪式并致辞。复旦大学与丹麦哥本哈根大学合作建立"复旦—欧洲中国研究中心",是复旦大学在欧洲合作建立的第一个、海外建立的第二个中国研究中心。中心将为中国了解欧洲文化,欧洲了解中国特色提供更多样化的视角。哥本哈根当地时间4月16日,复旦—欧洲中国研究中心揭幕仪式在丹麦哥本哈根大学举行,北欧部长理事会秘书长、丹麦高等教育研创部长、中国驻丹麦大使、哥本哈根大学校长出席了当天活动。复旦—欧洲中国研究中心办公室设于北欧亚洲研究院,首任主任由哥本哈根大学委派担任,复旦大学教授担任执行副主任。

(赵宴群)

[美国前国务卿基辛格到访] 7月2日,由前国务委员唐家璇等陪同,美国前国务卿亨利·基辛格访问复旦大学。校长杨玉良代表复旦大学接待基辛格一行,副校长林尚立等陪同会见。宾主双方在简短会谈后,基辛格和复旦师生进行座谈。活动由复旦美国研究中心主任主持。

(赵沛然、朱一飞)

[举行第十三届世界校友联谊会] 9月7日,西部发展高峰论坛暨第十三届世界校友联谊会在兰州开幕。该活动由复旦大学主办,复旦大学校友会、上海医科大学校友会和复旦大学甘肃校友会联合承办。来自世界各地的近400位复旦大学校友参与活动。甘肃省委、省政府领导出席论坛开幕式并致辞。校党委书记朱之文、校长杨玉良分别在世联会和论坛开幕式上致辞。论坛开幕式上,中科院院士、上海中医药大学校长、复旦校友陈凯先,甘肃省委宣传部副部长、省社会科学院院长范鹏,政治经济学家、复旦大学经济学院教授石磊分别就西部传统医药资源与现代化发展、甘肃省经济文化社会发展蓝图、西部经济腾飞与中国经济升级等主题作主旨演讲。在其后的西部金融与资本分论坛、医学分论坛、文化分论坛上,复旦校友与甘肃有关方面的专家学者、业界精英,围绕"西部开发的协调、均衡与增长"、"西部中医药学发展的机遇与挑战"、"现代技术与博物馆的'现代化'"进行深入探讨。

(程 翀)

[入选国家哲学社会科学成果文库] 9月18日,2013年度《国家哲学社会科学成果文库》入选名单公布。复旦大学历史系教授章清研究成果《清季民国时期的"思想界"研究》入选。

(甄炜旎)

[科研楼奠基、动工] 9月23日,上海医学院科研楼奠基仪式在枫林校区举行,标志着枫林校区改扩建工程全面开工。江湾校区科研楼群动工仪式同日在江湾校区举行,以江湾校区化学楼项目桩基工程正式启动为标志,江湾校区物理科研楼、环境科学楼等首批项目也陆续动工。

(甄炜旎)

[特聘教授获中国政府友谊奖] 9月29日,2013年度中国政府"友谊奖"颁奖大会在北京人民大会堂举行。复旦大学计算系统生物学中心特聘教授 David Waxman 获此殊荣。

(甄炜旎)

学校计算系统生物学中心特聘教授获中国政府友谊奖

[外国专家获白玉兰奖] 9月30日，举行2013年上海市"白玉兰荣誉奖"授奖仪式。复旦大学3名外国专家获奖，其中附属中山医院教授 Scott Laurence Friedman 获得白玉兰荣誉奖，计算机学院教授 Rudolf Hans Fleischer 和中山医院教授 Laurentiu Mircea Popescu 分别获得白玉兰纪念奖。

（甄炜旎）

[举行管理学奖励基金会颁奖典礼] 颁奖典礼于10月21日在清华大学大礼堂举行。由复旦管理学基金会主办，清华大学、复旦大学承办。基金会名誉会长李岚清出席并为2013年"复旦管理学终身成就奖"获得者清华大学教授傅家骥等颁奖。复旦管理学奖励基金会理事长徐匡迪在典礼上讲话并与基金会副理事长成思危一起为"复旦管理学杰出贡献奖"获得者清华大学经管学院教授陈国权、中山大学管理学院教授李新春，华为技术有限公司总裁、华为集团创始人任正非颁奖。基金会副理事长、秘书长龙永图主持颁奖典礼。基金会执行副理事长秦绍德在典礼上报告基金会2013年的工作情况。国家自然科学基金委管理科学部主任吴启迪应邀出席颁奖典礼，并作题为"信息技术助力中国改革创新"的主旨演讲。清华大学党委书记胡和平出席颁奖典礼并代表清华大学致辞。原外经贸部副部长、基金会原副理事长刘山在，基金会副理事长、复旦大学党委书记朱之文，基金会副理事长、复旦大学校长杨玉良，基金会理事及理事单位代表、获奖者所在单位的领导、国内管理学界部分学者代表和清华大学师生代表等出席颁奖典礼。

（郑智巍）

[当选中国科学院院士] 12月19日，学校物理学系教授孙鑫和数学科学学院教授陈恕行当选中国科学院数学物理学部院士，生命科学学院教授金力当选中国科学院生命科学和医学学部院士。

（甄炜旎）

附：学校负责人及地址

（2013年1—12月）

校党委书记：朱之文
副　书　记：陈立民、袁正宏、刘承功、尹冬梅

校　　　长：杨玉良
副　校　长：陈晓漫（常务）、蔡达峰、桂永浩、许　征、金　力、冯晓源、陆　昉、林尚立

邯郸校区地址：邯郸路220号
邮　编：200433
电　话：65642222

枫林校区地址：医学院路138号
邮　编：200032
电　话：54237900

张江校区地址：张衡路825号
邮　编：201203
电　话：51355003

江湾校区地址：淞沪路2005号
邮　编：200438
电　话：51630011

上海交通大学

［**2013年概况**］ 学校贯彻党的十八大和十八届三中全会精神，推进以质量为核心的内涵式发展，全校上下齐心协力、把握机遇、开拓进取、深化改革，高质量地完成全年目标任务，学校各项工作取得进展。

一、人才培养工作。①深化创新人才培养模式改革。推进国家教育体制改革试点项目，新增8个“卓越工程师计划”试点专业，启动拔尖创新医学和五年制临床医学两个医学人才培养模式改革试点，“基础学科拔尖学生培养试验计划”新增化学专业并首次招生。工业工程、机械工程及自动化、生物技术、临床医学(长学制)4个专业入选国家重点专业。制定钱学森特班培养方案并首次招生。推进落实学位与研究生教育八项改革措施，获批教育部博士生招生计划弹性管理改革试点。推出在线“南洋学堂”；作为中国内地第一所高校加盟全球最大在线课程联盟(Coursera)并成为其全球百家合作伙伴，首批4门网络公开课程(MOOCs)上线；牵头成立“在线开放课程”共享平台全国联盟。②提升人才培养质量。本科招生，理科招生分数线在所有省市继续保持全国高校前四名，12省市名列理科前三位；文科总体排名位列全国第四，17个省市名列前三位；医学招生在19个省市名列前十位。研究生生源质量进一步提高，来自“985”高校和国家重点学科的博士生达到68%，硕士生达到61%。完成国家级精品视频课建设8门，新增国家级视频公开课4门、上海市精品课程9门。获得全国百篇优秀博士学位论文3篇，提名奖9篇；34篇博士学位论文、26篇硕士学位论文入选上海市研究生优秀成果，位居上海首位。新增“国家级大学生创新创业训练计划”115项。赴国家重要行业及关键领域就业比例55.1%，博士生学术就业比例36.2%，本科毕业生继续深造比例58.9%。蝉联全国“挑战杯”竞赛冠军并获永久挑战杯，获全国大学生节能减排社会实践与科技竞赛特等奖、美国数学建模竞赛特等奖、第37届ACM国际大学生程序设计总决赛金牌等。

二、师资队伍建设。高层次人才引进与培养和青年教师队伍建设工作取得成绩。何志明入选中组部顶尖千人计划；新增全职院士2人，双聘院士2人；千人计划入选14人(含外专千人2人)；新增“国家高层次人才特殊支持计划”教学名师1人；青年千人计划入选17人；新增长江学者10人，其中特聘教授7人；新增讲席教授16人、特聘教授43人、特别研究员65人。出台《上海交通大学关于加强青年教师队伍建设的实施意见》，继续实施“新进青年教师启动计划”，推进实施“青年骨干教师出国研修计划”和优秀博士毕业生“海外博士后计划”。

三、科技创新能力大幅提高。学校在国家自然科学基金申请上再创佳绩，总经费数连续三年居全国高校第一，总项目数、面上项目数、青年基金连续四年居全国高校第一；“973”计划和重大科学研究计划取得历史最好成绩，以学校教授为首席科学家的团队共获8项资助。转化医学国家重大科技基础设施获准立项。机械系统与振动、金属基复合材料、海洋工程三个国家重点实验室通过评估，其中机械系统与振动国家重点实验室获评“优秀”；精神疾病和高温材料两个上海市重点实验室立项建设。入选科技部“国家创新人才培养示范基地”首批高校和全国十所“高校大型仪器设备(设施)开放共享”试点高校。推进“2011计划”，已重点培育6个协同创新中心。4项成果获2013年国家科学技术奖，其中，自然科学二等奖2项，科技二等奖1项，国际科技合作奖1项。1项成果入选《科学》杂志“2013年世界十大科技突破”。国内科技论文和被引数继续双双保持全国高校第一；SCI论文4147篇，继续保持全国高校第二；四大名刊论文4篇，居全国高校第三；“表现不俗”论文1041篇，继续保持全国高校第三。文科科研获国家哲社重大项目4项、重点项目8项，教育部重大项目1项。获教育部人文社科奖8项。海洋权益与战略研究院、高校学科发展与评价研究中心、高校知识服务平台建设获上海高校智库立项支持。

四、学科建设和创新平台建设迈上新台阶。在第三轮学科评估中，船舶与海洋工程、机械工程和临床医学3个学科全国排名第一，9个学科排名前三，15个学科排名前五，29个学科排名前十，6个学科进入全国前5%，16个学科进入全国前10%，39个学科进入全国前1/3。3个学科入选上海高校一流学科(A类)建设计划。新一轮学科建设行动计划正式启动。完成对物理系和基础医学院学科发展国际评估。医学院顺利通过上海市教委"十大工程"中期绩效考评,获专家组高度评价。

五、国际化办学取得进展。推进与美国约翰·霍普金斯大学、南加州大学在公共卫生和文化创意产业领域的合作;与比利时鲁汶大学、澳大利亚新南威尔士大学等分别设立联合发展基金,开展科研合作;深化与法国巴黎第五大学在生命科学和医学等领域的合作。新增与法国斯特拉斯堡大学"八年制医学教育(医学博士学位)"中外合作办学项目。法国总统奥朗德访问学校,发表演讲并为上海交大—巴黎高科卓越工程师学院揭牌;英国首相卡梅伦访问学校,并与师生互动交流。推进学生海外游学计划,本科生海外游学比例为32.92%,研究生国家公派留学152人,海外访学1295人次。12人获高端外国专家项目资助,新增两个高等学校学科创新引智基地。国际科研项目资助取得重大突破,"抗结核及艾滋病毒组合药物优化研究临床试验"项目获美国盖茨基金会立项资助。"全球交大"国际交流品牌计划成功在英国、澳大利亚举行。

六、增强管理与服务能力。①管理能力进一步提升。完成《上海交通大学章程》的修订工作,并提交教育部核准。推进办学质量工程建设,完成学校、院系质量分析报告,初步形成学校质量动态观测体系。形成校部机关管理职能调整与改革方案,逐步落实推进。形成院系综合预算试点方案,7个院系开始试点。研究制定院系公用房产分配原则与面积核定管理办法。开展校内科研经费自查,顺利通过教育部科研经费管理检查。建成高性能计算中心和云计算应用服务平台。推进校区综合管理,启动校园专项规划制定。完成全年水电纯支出目标5512万元,并争取到节能专项支持525万元。②服务社会全面推进。瞄准核心能源装备的关键技术突破,成立燃气轮机研究院;对接海洋强国战略,充分发挥在海洋科学与技术、人文社科等领域的多学科交叉优势,成立海洋研究院。新增浦东校区,推进与浦东新区、张江集团的实质性合作。与云南省签订全面战略合作协议,推进与广西、贵州等的全面合作,与云南大理、河南郑州等地合作共建地方研究院。医学院获全国援外医疗工作先进集体。组织捐赠援建雅安灾区教育事业,附属医院完成雅安地震灾区的救治工作。

七、文化建设取得新成效。举行117周年校庆大会及系列活动。李政道数字资源中心开通。学生原创话剧《钱学森》首批入选中国科协"科学大师名校宣传工程"项目,并成功在京公演。校本部、医学院及附属医院均获上海市文明单位称号。夺得"全国高校校园文化建设优秀成果特等奖"三连冠。完成学校中文主页改版并上线。承担教育部高校网络文化建设专项试点工作。举办中国学术出版"走出去"高端论坛,推出《论中国信息技术产业发展》和《中国能源问题研究》泰文版、《远东国际军事法庭庭审记录》等一批学术著作,出版口述史系列丛书《思源·起航》。提前完成新上院、文治堂等历史建筑修缮。

八、以人为本,为师生办实事。推进实事工程建设。增设教职工体检项目,开展教职工体质监测。出资100余万元购置电子胃镜及胃镜清洗中心等医疗仪器设备。做好帮困慰问、医保续保、疗休养等工作。建成学生事务一门式服务大厅,提供奖助学金、勤工助学、助学贷款等服务;新增奖助学金捐赠650万元。基本完成徐汇和闵行校区无线网络室内覆盖。新增高清摄像头近百个。

(章玲苓)

[刘延东等到校视察调研] 4月3日,上海市副市长翁铁慧一行到校就学科建设和师资队伍建设等进行调研。4月11日,共青团中央书记处第一书记秦宜智一行到校参观钱学森图书馆,并与上海高校共青团干部代表座谈。4月24日,全国政协常委周文重到校作"当前国际形势与中国和平发展"的报告。5月9日,教育部党组副书记、副部长杜玉波,上海市副市长翁铁慧出席在校召开的全国高校辅导员工作现场会。5月17日,上海市副市长赵雯一行到医学院附属上海儿童医学中心调研。5月19日,第九届、第十届全国人大常委会副委员长许嘉璐到校作"中国传统文化在当今社会的意义"的报告。6月1日,上海市委副书记、市长杨雄,全国人大常委会副委员长、农工党中央主席陈竺先后前往医学院附属上海儿童医学中心视察。6月8日,中共中央政治局委员、国务院副总理、国务院深化医药卫生体制改革小组组长刘延东,国务院副秘书长江小涓一行视察医学院附属仁济医院南院。6月14日,九三学社中央副主席、上海市副市长赵雯一行到校就"人才强社"队伍建设等问题展开调研。7月24日,上海市人大常委会主任、党组书记殷一璀,市人大常委会副主任、党组副书记钟燕群,市人大常委会副主任、党组成员薛潮等到医学院附属上海儿童医学中心慰问医护人员。8月26日,市教卫工作党委书记陈克宏一行到校调研。10月14日,中共中央政治局原常委、国务院原副总理李岚清和中共中央政治

局委员、上海市委书记韩正参加在校举办的“高雅音乐进校园”之满天星交响乐团上海交通大学音乐沙龙，并视察上海交大海洋工程国家重点实验室、新图书馆，与交大师生代表交流。10月14日，全国政协常委唐英年到校参观访问。10月23日，上海市农委主任孙雷等实地考察上海交大水稻分子育种基地。11月5日，教育部副部长鲁昕等视察上海交大洱海研究基地。11月22日，教育部副部长杜占元等参加上海交大党的群众路线教育实践活动校领导班子民主生活会。12月10日，上海市委副书记李希等到校调研。12月11日，市人大常委会副主任钟燕群等到医学院附属仁济医院南院开展“医疗卫生服务均衡发展情况”专项视察。

（章玲苓）

［法国总统奥朗德到访］ 4月26日，法国总统弗朗索瓦·奥朗德到校发表演讲《法国和中国面临的全球化挑战》，同时为上海交大—巴黎高科卓越工程师学院揭牌，并与现场学生交流互动。外交部副部长宋涛，上海市常务副市长屠光绍，校党委书记马德秀，数百名交大和兄弟高校学生，百余名中外记者出席活动。校长张杰主持演讲会。奥朗德总统为交大题词。

（章玲苓）

［英国首相卡梅伦到访］ 12月3日，英国首相卡梅伦到学校访问，并与师生互动交流。卡梅伦对中国的发展速度高度赞赏，并与交大学生分享了自己首相生活中的“挑战”。

（章玲苓）

［当选中国工程院院士］ 12月19日，中国工程院公布2013年院士增选结果，学校材料科学与工程学院教授丁文江当选中国工程院化工、冶金与材料工程学部院士。

（章玲苓）

［入选世界十大科技突破］ 12月，美国《科学》杂志2013年第342卷评出2013年世界十大科技突破。其中一项科技突破列出上年4个有关肠道菌-人类健康的研究工作，首先报道的是有关三聚氰胺致肾毒性的机制性研究。这一结果刊登于《科学》杂志的子刊《科学—转化医学》。上海交通大学附属第六人民医院转化医学中心为第一单位，郑晓皎和赵爱华为共同第一作者，贾伟和赵爱华为共同通讯作者。

（章玲苓）

［入选中国科学十大进展］ 3月，上海交通大学医学院附属瑞金医院陈竺、陈赛娟研究组和上海交通大学基础医学院陈国强研究组的研究成果“揭示两种天然产物靶向特异蛋白治疗白血病的机制”以及物理系刘江来研究组参与的“大亚湾中微子实验发现新的中微子振荡模式”共同入选2012年度“中国科学十大进展”。

（章玲苓）

［蝉联全国大学生课外学术科技作品竞赛冠军］ 10月17日，第十三届“挑战杯”全国大学生课外学术科技作品竞赛决赛在苏州圆满落幕。上海交通大学以总分480分和清华大学并列第一，蝉联象征最高

上海交大蝉联全国“挑战杯”竞赛冠军

荣誉的“挑战杯”，再次打破该赛事历史最高总分和最多特等奖两项纪录，并因累计 3 次问鼎“挑战杯”而获得可永久保存的“挑战杯”一座。学校 6 件终审决赛作品分别获特等奖 4 项，二等奖 2 项。

（章玲苓）

［**海洋研究院成立**］ 7 月 25 日，上海交通大学海洋研究院成立。成立仪式上，海洋研究院院长、国家千人计划专家周朦教授介绍了研究院发展规划。海洋研究院将以服务于国家海洋资源开发、海洋生态环境保护、海洋安全、海洋防灾减灾等需求为目标，重点发展深远海科学与技术，包括海洋自然科学、海洋技术、人文与社会科学等学科，实现深远海科学与技术的交叉融合、海洋分支学科之间的交叉以及海洋科学技术与人文社会学科的交叉融合发展，服务于国家海洋可持续发展战略。教学体系建设从研究生培养起步，建立相应的博、硕士点。

（章玲苓）

［**燃气轮机研究院成立**］ 7 月 27 日，上海交通大学燃气轮机研究院成立仪式举行。燃气轮机研究院名誉院长由原交大校长翁史烈担任、院长由机械与动力工程学院常务副院长奚立峰担任。燃气轮机研究院将在新时期瞄准国家燃气轮机重大科技专项的关键技术，凝聚上海交大在燃气轮机性能与结构、机械系统与振动、高温合金材料、特种加工技术等方面的优势，加强与东方电气集团、哈电集团、上海电气集团的协同创新，在燃气轮机应用基础研究、关键技术攻关、实验设施研制、高端人才培养等方面实现新的突破，为建立具有中国自主知识产权的燃气轮机设计及研发体系作出贡献。

（章玲苓）

［**物理系更名为物理与天文系**］ 6 月 1 日，学校物理系更名为“物理与天文系”的仪式暨 2013 年度学术大会在校举行。这表明上海交大对接国家战略部署、瞄准国际科技前沿进行学科布局，物理学科进入新的历史发展阶段。季向东担任系主任。物理与天文系的建设目标是到 2020 年进入世界一流物理与天文系行列。

（章玲苓）

［**举行机械工程教育百年纪念活动**］ 3 月 31 日，中国工程科技论坛“高端制造装备”暨交通大学机械工程教育百年纪念在北京举行。全国人大副委员长、上海交通大学机械与动力工程学院原院长严隽琪，中国工程院院长、中国机械工程学会理事长周济，两弹一星元勋、中国工程院院士王希季，中国工程院院士、华中科技大学校长李培根，中国工程院院士、教育部科技委主任钟掘，上海交大党委书记马德秀，西安交大党委书记王建华以及全国 85 所大学的副校长、机械学院或动力学院院长，相关高校和研究所的知名学者，有关科技管理部门领导、合作企业领导、在京校友等 700 余人出席开幕式。与会嘉宾共同回顾了交通大学机械工程教育的百年办学历程，探讨未来中国高端制造装备的发展，开启交通大学机械工程教育新的百年征程。

4 月 6 日，机械与动力工程学院百年庆典在闵行校区举行。学校新老领导、国内外的嘉宾、校友和师生 3700 余人出席大会。同日，还分别举行了院士报告会、校友报告会、行业专题报告会。

（章玲苓）

［**船舶与海洋工程系成立 70 周年**］ 10 月 25 日，海洋强国战略论坛暨上海交大船舶与海洋工程系成立 70 周年大会在校举行，学校造船系创始人之一杨槱院士，3 艘中国十大名船总设计师许学彦院士，第一核潜艇总设计师黄旭华院士，首艘航母总设计师朱英富院士等相关领域及业内院士、专家、学者、校友、企业界人士、兄弟高校代表和交大新老领导、师生与会。大会开幕式上，中国船舶工业行业协会会长、校友张广钦，1958 届毕业生、“蛟龙”号总设计师、校友徐芑南分别作特邀报告。会上还举行了《思源 · 起航》的新书首发仪式，书中收录了 29 位船舶与海洋领域知名校友的口述实录。与会人员共同观看了视频《海之骄子》。同时，举办了“教授讲坛”、“知名专家论坛”、“院长论坛”、“行业专家论坛”、“新书首发座谈”，并邀请嘉宾和校友们参观了船建学院相关实验室和闵行校区校园。

（章玲苓）

［**获全国教育改革创新杰出校长奖**］ 12 月 14 日，第三届全国教育改革创新典型案例推选活动颁奖暨中国教育创新论坛在北京举行，教育部副部长李卫红出席会议并讲话。上海交通大学校长张杰获全国教育改革创新杰出校长奖并作《制度激励—大学变革的选择》论坛报告。张杰获全国教育改革创新杰出校长奖的颁奖词是“探索建设一个能够全方位、系统地激励和培育师生创新能力的‘制度激励’

现代大学管理体系”。

（章玲苓）

[当选全国高校辅导员年度人物] 4月，学校人文学院思政教师汪雨申当选“2012全国高校辅导员年度人物”。5月4日，中共中央总书记、国家主席、中央军委主席习近平来到中国航天科技集团公司中国空间技术研究院，和各界优秀青年代表座谈并发表重要讲话。汪雨申作为全国优秀青年代表参加了座谈，并受到习近平总书记的亲切接见。

（章玲苓）

附：学校负责人及地址

（2013年1—12月）

校党委书记：马德秀
副　书　记：苏　明（7月离任）、孙大麟、潘国礼（7月离任）、朱　健（3月到任）、张安胜（7月到任）、胡　近（7月到任）
校　　　长：张　杰
副　校　长：林忠钦、蔡　威、徐　飞（11月离任）、吴　旦、黄　震、陈国强、梅　宏（3月到任）、张安胜（3月到任）、徐学敏（7月到任）

闵行校区地址：东川路800号
邮编：200240
总机：54740000

徐汇校区地址：华山路1954号
邮编：200030

卢湾校区地址：重庆南路227号
邮编：200025

法华校区地址：法华镇路535号
邮编：200052

七宝校区地址：七莘路2678号
邮编：201101

上海交通大学医学院

［**2013 年概况**］ 学院有教职医护员工 22892 人。具有高级职称的在职人员 2467 人，其中中国科学院院士 1 人，中国工程院院士 9 人，中组部“千人计划”12 人，中组部青年“千人计划”6 人，上海市“千人计划”17 人，“长江学者”特聘教授 14 人，“长江学者”讲座教授 6 人，国家“973”项目首席科学家 17 人次，国家杰出青年基金获得者 22 人，人社部新世纪百千万人才工程国家级人选 26 人，卫生部有突出贡献中青年专家 13 人，上海市领军人才 50 人，上海市东方学者特聘教授 29 人、讲座教授 8 人、团队 1 个。学院专任教师 626 人，专任教师中具有高级职称的 270 人，具有博士学位的 370 人。1 人入选中央“千人计划”，2 人入选“百千万人才工程特支计划”，3 人入选“百千万人才工程”国家级人选，1 人入选青年“千人计划”；7 人入选上海市“千人计划”；1 人入选“长江学者”特聘教授，1 人入选“长江学者”讲座教授；9 人入选“东方学者”。全年招收博士后 47 人，出站 26 人。

学院录取本科生 601 人(含港澳台学生 20 人)。录取研究生 1389 人。其中博士生 438 人(含港澳台学生 2 人)，硕士生 951 人(含港澳台学生 25 人，留学生 10 人，住院医师专业学位硕士 207 人)。继续教育学院招生 2027 人，其中五年制本科 390 人，三年制专升本 1637 人。网络教育学院录取新生 3152 人。

学院有长学制、本科毕业生 525 人，其中长学制学生 88 人(七年制学生 36 人，2005 年招收的首届八年制学生 52 人)、本科生 437 人。截至 12 月，长学制学生就业率 100%，本科就业率 97.71%，总体就业率为 98.10%。研究生毕业 881 人，其中博士研究生 306 人，硕士研究生 575 人。授予博士学位 327 人、硕士学位 718 人。继续教育 2013 年共有本科、专升本和专科 3 个层次及临床医学、口腔、检验和护理等 9 个专业毕业生 1587 人，其中有学生 87 人获学士学位。网络教育学院毕业学生 3070 人，其中本科生 1293 人，专科生 1777 人，获学士学位 6 人。

医学院系统各附属医院全年完成门急诊 2647.36万人次，出院病人 67.61 万人次，住院手术 44.13 万人次，分别较上年增长 10.6%、10.8%和 11.9%。医学院将上海市同仁医院(长宁区中心医院与长宁区同仁医院合并而成)纳入医学院附属医院体系，使医学院附属医院达到 14 所。全面参与上海市公立医院改革重点项目“5＋3＋1”建设工作。附属瑞金医院北院、仁济医院南院和第六人民医院东院三所医院开放床位数均超过 300 张，并在全市率先实施医药分开试点改革。医学院系统共有 74 个国家重点临床专科建设项目(不含中医)，占上海市同类项目总数的 54%。学院 30 个专病诊治中心被列入国家临床重点专科建设项目。年内，医学院抽调临床一线医护人员参与 H7N9 禽流感疫情、四川雅安地震等疫情防治与救灾赈灾工作，获“全国援外医疗工作先进集体”称号。

强化住院医师规范化培训。医学院各附属医院共招录住院医师 853 人。组织 554 名住院医师参加阶段性临床技能综合考核，合格率 99%。启动专科医师规范化培训试点，指导各附属医院完成招录工作，11 所培训医院 86 个专科基地共招录专科医师 397 人，占全市招录总人数的 52%。

探索公立医院参加现代医疗服务业的机制与模式，参与上海国际医学中心的筹建。组织瑞金医院、仁济医院、新华医院、第一人民医院、第九人民医院、上海儿童医学中心、胸科医院等 7 所附属医院的优势专科与上海国际医学中心签约。在与苏州九龙医院深入合作的同时，学院与苏州工业园区管委会签署战略合作框架协议，成立苏州九龙医院理事会，进一步丰富区域合作内涵。

学院获各级各类科研项目(课题)1589 项，合同总经费 60295 万元。其中国家级科研项目(课题) 518 项，经费 3.91 亿元，包括科技部 973、863 计划、支撑计划、重大专项等各类项目 21 项，经费 1.25 亿元；国家自然科学基金 497 项，经费 2.66 亿元，项目数和经费数继续居全国医科院校首位。获各级科技成果奖 69 项(第一单位 62 项)，其中高等学校科学研究优秀成果奖 9 项，中华医学科学技术奖 7 项，上海市科学技术奖 13 项(第一单位 10 项)，华夏医学科技奖 7 项，中国中西医结合科学技术一等奖 1 项，上海医学科技奖 25 项,上海中西医结合科学技术奖 2 项,上海中医药科技奖 2 项,上海康复医学科技奖 1 项,中国医院协会医院科技创新 1 项,上海市决策咨询研究成果奖 1 项。医学院在 SCIE 被收录的论文共 1980 篇。全年申请专利 167 项,其中中国发明专利 118 项,PCT(专利合作条约)发明专利 1 项,中国实用新型专利 48 项。授权专利 110 项,其中中国发明专利 62 项,PCT 发明专利 3 项,中国实用新型专利 45 项。

年内,医学基因组学国家重点实验室获专项经费 1319 万元;癌基因及相关基因国家重点实验室获运行费 800 万元、实验设备更新费 631 万元。卫生部儿童血液肿瘤重点实验室,通过国家卫生和计划生育委员会的立项评审。上海市辅助生殖与优生重点实验室、上海市重性精神疾病实验室,通过市科委立项建设;上海市小儿消化与营养重点实验室、上海市肿瘤微环境与炎症重点实验室,通过市科委筹建验收。15 个上海市重点实验室通过上海市科委组织的评估,其中上海市内分泌肿瘤重点实验室、上海市糖尿病重点实验室,获评优秀类实验室。新建上海交通大学医学院胰腺疾病研究所、上海交通大学医学院胆道疾病研究所、上海交通大学医学院儿科转化医学研究所。

学院及附属医院主办或承办国际会议 29 场,参会外宾 1654 人。新签或续签协议与备忘录 35 项。接待来自全球 39 个国家和地区的代表团,到访外宾 490 批次、1576 人次。因公短期出访 1941 人次。赴海外进修或培训 364 人次。授予 31 人海外人士学术荣誉称号。扩大国际化办学,拓展实质性国际交流与合作。主办中法医学教育研讨会。启动临床医学五年制英文班暑期游学项目,实现国际合作教育与学分互认。与加拿大渥太华大学医学院签署合作协议,确立共同建立"上海交通大学—渥太华大学联合医学院"的意向。与西澳大利亚大学共建中澳全科医生项目。加强与瑞典卡罗林斯卡大学教学互访。与美国内布拉斯加大学医学中心联合培养护理学高级人才。与法国斯特拉斯堡护理学院实现护理专业人才双向交流,首次吸收里昂护理学院学生来医学院附属医院实习。

(葛鹏程)

[附属同仁医院成立] 12 月 8 日,上海市长宁区中心医院与上海市同仁医院合并成立上海市同仁医院,同时成为上海交通大学医学院附属同仁医院。上海市卫生和计划生育委员会,长宁区,上海交通大学、医学院及市教育委员会领导共同为新医院揭牌。新的同仁医院在原长宁区中心医院和原长宁区同仁医院地址上成立东、西两院,服务范围辐射整个长宁区以及周边区县。

(张晓波)

[病理中心暨病理学系成立] 12 月 8 日,上海交通大学医学院病理中心暨病理学系成立。新成立的病理中心由上海交通大学基础医学院与市第一人民医院合作共建,围绕临床病理诊断与教学、病理诊断技术发展、以解决临床问题为导向的病理学基础研究以及病理学系等 4 个方面进行重点建设。

(张晓波)

附:学校负责人及地址

(2013 年 1—12 月)

院党委书记:孙大麟
副书记:唐国瑶、夏小和

院　长:陈国强
副院长:黄　钢、陈红专、章　雄、郭　莲

地址:重庆南路 227 号
邮编:200025
电话:63846590

同济大学

［**2013年概况**］ 学校现有本科招生专业45个，一级学科博士学位授权点31个，博士后流动站25个；一级学科硕士学位授权点56个；专业硕士学位授权点15个，工程硕士授权点26个，专业博士学位授权点3个；拥有3个国家一级重点学科，21个国家二级重点学科(其中14个融合在3个一级学科国家重点学科中)，3个国家培育重点学科，17个上海市重点学科。拥有3个国家重点实验室、1个国家工程实验室、5个国家工程(技术)研究中心以及26个省部级重点实验室和工程(技术)研究中心。建成及在建国内首个"汽车整车风洞"、世界规模最大的"多功能振动实验中心"、国内第一个"城市轨道交通综合试验平台"、"海底观测研究实验基地"等科研平台。

学校全日制在校学生36813人，其中本科生18581人，硕士、博士研究生18041人。另有在职攻读专业学位硕士研究生9669人，各类留学生4047人，成人和网络高等教育学生12441人。

学校现有教职工6287人，其中专任教师2786人，专任教师中正高职人员855人，副高职人员997人。教师中有中国科学院院士7人，中国工程院院士7人；第三世界科学院院士2人，美国工程院外籍院士1人，瑞典皇家工程科学院外籍院士1人，法国建筑科学院院士1人；入选中组部"千人计划"23人，教育部"长江学者"特聘教授18人、讲座教授3人，国家杰出青年科学基金获得者27人，国家百千万人才工程入选者19人；5人被评为国家级教学名师。有国家自然科学基金创新群体2个，教育部创新团队6个，国家级教学团队6个。

学校占地面积257万余平方米；校舍建筑总面积179万余平方米，另有正在施工校舍建筑面积14.79万平方米；图书426.7万册；固定资产总值678078万元，其中教学、科研仪器设备资产值209146万元。学校还拥有7家附属医院和3所附属中学以及1家出版社。

一、完成各项重点工作。①教育部本科教学工作审核评估试点工作顺利进行。4月，教育部审核评估专家对学校本科教学实地检查。学校编制完成《同济大学教育教学质保体系发展规划暨三年行动计划(2013—2015年)》，建设理念先进、运行有效、同济特色鲜明的教育教学质量保证体系。②开展党的群众路线教育实践活动。7月，党的群众路线教育实践活动启动，全校39个基层党组织的各级党员领导干部，广纳兼听，征集到师生员工574条意见建议，梳理出59条整改事项，涵盖战略谋划、服务师生、干部管理、节约型校园、监督问责制度和领导班子自身建设等六大方面，每一条整改事项都明确责任人、责任单位和整改时限，确保教育实践活动取得实效。③持续推进以章程编制为核心的现代大学制度建设。《同济大学章程》编制完成并提交教育部核准，同时形成了一套相对完整的制度体系，基本形成现代大学治理架构。建立完善《党委常委会议事规则》、《校长办公会议议事规则》、《关于贯彻落实"三重一大"决策制度的实施办法》等议事规则，制定完善《学术委员会章程》并组建新一届委员会，明确决策制度与程序，凸显学术主导权。健全《校务委员会章程》、《董事会章程》，组建新一届校务委员会，修订《教职工代表大会实施办法》，推进依法治校。根据机构运行情况与学校发展需要，坚持"废、改、立"并举，全面梳理机构。梳理完善与校级制度相衔接的部门、院系规章共1082项，形成目标明确、条理清晰、可操作性强的机制与制度体系。

二、推进各项事业发展。①人才培养。建立以专业兴趣、学科特长、创新潜质和身心健康为导向的自主招生选拔标准。本科招生4340人，共录取博士生901名，硕士生4276名。新增"信息安全"、"测绘工程"、"历史建筑保护工程"3个专业进入"卓越工程师"计划。31名新生进入"基础学科拔尖学生培养试验基地"，有190名新生进入8个"人才培养模式创新实验区"，拔尖班二年级本科生以第一作者发表影响因子6以上的SCI论文。制定《同济大学教学改革研究与建设指南》，立项40个教改项目，资助经费近1500万元，其中4个获上海市重点教改项目资助。制定涵盖本科和研究生的《同济大学学科专业设置与调整管理办法》。3门课程列入国家"精品视频公开课"名单，14门课程入选国家"精品资源共享课"项目，15门课程立项为市教委本科重点课程，7门课程立项为高校市级精品课程。2门课程在上海市课程共享中心受到好评，有教授获全国微课大赛二等奖。与上海城建集团共建"国家大学生校外实践教育基地”和“国家工程实践教育中心”;与中国海诚工程科技股份有限公司合作成立“国家工程实践教育中心”;在新加坡成立首个大学生海外实习基地。全面推进和落实《实验室建设创新实践条件建设》第二轮计划。与23个国家的高校签订95个合作协议,包含204个项目,覆盖17个学院。共资助建设401门课程,覆盖29个学院,其中面向本科生的课程占70%,基本构建多层次的英语课程体系。实现全校研究生跨专业/学院选修,828门跨选课程涵盖所有学院。获评2012年度上海市优秀硕士论文9篇,优秀博士论文19篇,3篇论文获全国优博论文提名。修订《同济大学研究生手册》、《中外联合培养双学位研究生工作手册》等;修订《同济大学研究生培养评估指标体系(试行)》。首次对外发布2012年度研究生教育质量报告,接受社会监督。大学生创新创业训练计划上报国家立项115项,上报上海市立项150项。“同济创业谷”开工建设,创业基金达2300多万元,资助设立90多家大学生创业企业。同济创业基金在上海市大学生科技创业基金会综合排名第二,获年度优秀“天使基金”表彰。5件学生作品在第13届“挑战杯”竞赛中获奖,同济学生张达丰获“中国好作业”金奖,医学院学生祁小龙获第八届中国青少年科技创新奖,学校师生获“上海市青少年科技创新市长奖”,志远车队刷新Honda中国节能竞技大赛纪录。“研究生自助缴费打印服务系统”上线使用,“研究生信息推送服务系统”进入测试阶段。借助“易班”、“微同济”等网络平台推进网络思政教育。向新生发放《同济大学校园安全手册》和《同济大学实验室安全手册》,将安全教育作为新生入学教育的重要内容,在上海高校中首次全面建立和实施实验室安全教育网上培训及考试系统。率先设立“大学生职业发展教育”项目,建立“招生—培养—就业”联动体系,建立专业设置与调整的预评预警制度。2013届毕业生总就业率超过96%。举行首个“体育日”、承办第13届全国大学生游泳锦标赛。全年,运动队获世界性比赛1金1铜,全国性比赛9金9银16铜,学校足球队进入全国大学生足球联赛前三强。同济大学获选全国群众体育先进单位。②人才队伍建设。编制《同济大学各类人才计划申报指南》,修订青年英才计划实施细则。青年千人入选11人;柔性引进环境学科院士1名,新增长江学者特聘教授2人,讲座教授2人;4人获杰出青年基金项目资助,4人获得优秀青年基金项目资助,12人入选教育部新世纪人才计划,4人入选上海市优秀学术带头人,2人入选上海市曙光计划,3人入选上海市启明星计划,13人入选浦江人才计划。制定《同济大学教师招聘管理办法》;实施“助理教授”制;管理、教辅校聘岗位新增人员实施统一公开招聘与竞聘制度,优化人才派遣工作机制。定期开展“教师午餐沙龙”、“学科开放日”;开展“中芬教学法培训”项目,召开首届教学法国际研讨会;实施首批管理骨干赴台湾高校培训计划。修订《同济大学年度考核工作暂行办法》,完善专业技术职务评聘体系,制定并实施以二级单位为主体的年度岗位津贴增量以及绩效奖励津贴的发放办法。高等研究院聘用各类科研人员179名,2013年获国家级、市级人才计划10余项,获国家级、省部级课题项目40余项,其中973课题1项。③学科建设。成立学科专业建设领导小组及办公室,研究决策学校学科专业的布局、规划、建设、发展、评估、调整等重大事项。分别完成“985工程(2010—2013年)”建设情况、改革方案实施情况和标志性成果三个方面的总结,参与39所高校的互评。推进专项经费的管理和使用,并接受财政部的“985工程”三期建设专项审计。制定《同济大学“985工程”三期建设绩效管理试行办法》。在教育部第三轮学科评估中,1个学科全国排名第一,7个排名前三,13个排名前十,23个进入前30%。学科国际竞争力进一步增强,工程学、材料、化学、物理等7个学科领域进入ESI(基本科学指标数据库)全球前百分之一。在各类国际学科或专业评估中,土木、环境、机械等多个学科在不同的排行榜中进入世界前50名、前100名或前200名,一批学科已跨入世界先进行列。④科学研究与社会服务。成立科学技术研究院,明确“抓大放小、固量提质、注重产出”的科技工作思路。首批以同济大学牵头的5个协同创新中心培育建设工作取得进展,包括智能型新能源汽车、海底过程研究、高密度区域智能城镇化、城市重大基础设施防灾减灾和干细胞研究成功获得国际大洋发现计划(IODP)第349航次。周怀阳教授作为“蛟龙”号载人深潜器首个科学试验性应用航次的科学负责人。国家磁浮交通工程技术研究中心牵头、联合国内十几家单位共同实施的“十二五”国家科技支撑计划项目“高速磁浮交通工程化集成系统研究”课题获正式批复,项目经费超过2亿元。在实行新的限项政策条件下,获批国家自然科学基金项目420余项,居全国第11位,经费达2.6亿元。全年进校科研经费超12亿元,同比增长10%。通过武器装备科研生产系统军工二级保密资质换证审查。新增2位973计划(含重大科学研究计划)首席科学家。项海帆院士获国际风工程协会Davenport奖,这是我国学者首次获此奖项;范立础院士被评选为第三届“上海市教育功臣”;赵劲教授获德国洪堡基金会“年轻杰出学者奖”；李风亭教授获联合国颁发的“南南合作特殊贡献奖”。学校获批3个上海高校知识服务平台。5个重点实验室通过评估，其中土木工程防灾国家重点实验室、现代工程测量国家测绘局重点实验室、上海市信号转导与疾病研究重点实验室均获得优秀。2名教授的学术成果在国际顶尖学术期刊《自然》上发表。《同济大学学报(自然科学版)》获2012年中国理工科大学自然科学学报学术综合影响力第1名。2013年，作为项目主持者获得国家奖3项，教育部科技进步奖一等奖2项，上海市科技进步奖一等奖7项。成立太仓研究院、东莞研究院。与杨浦、嘉定、普陀分别合作建设“上海国际设计一场”、“科技园嘉定基地”和“科技园沪西园区”，“环同济知识经济圈”建设。截至10月，学校产业实现收入约46亿元，净利润2.5亿元，同比增长82%。资产规模、产值以及利润总额，列全国高校前5位。落实滇西定点扶贫、对口支援井冈山大学、新疆大学、九江学院、宜宾学院的各项工作，与大理学院建立对口帮扶关系。调整文科办公室机构，编制《同济大学人文社会科学及跨学科研究项目服务手册》。文科科研获批国家和省部级项目48项，其中获国家社科基金18项，获教育部人文社科项目6项，获上海市哲学社会科学项目14项。⑤对外合作与交流。形成约100个重要合作伙伴，30个核心合作伙伴的国际合作格局。中德工程学院办学质量在德国联邦教研部的总体评估中获得肯定；中法学院SIMBA项目新增法国顶级商学院加盟；中意学院成功推进成立“同济大学-佛罗伦萨海外校区”和意大利佛罗伦萨孔子学院；中芬中心第三届“同济大学创新快车”开赴俄罗斯和芬兰。与国际一流大学共建立双学位项目91个，其中博士生层次1个，硕士生层次78个，本科层次12个。共举行国际合作夏令营25个。学生海(境)外访学3000多人次。推进“国际交流奖助金”计划，为260多名品学兼优的贫困学生提供资助190万元。土木工程学院获批国家“111引智基地”；1名“外专千人”到岗；获批国家外专局的“高端短期专家”项目17个，继续为全国高校之首；“模块化引智计划”引进586名模块化教授；“中德先进制造技术中心”成立。成功举办“德国周”、“世界意大利语周”、“同济大学国际师生足球邀请赛”、“国际设计工厂周”等一系列活动。与联合国环境规划署共同举办2013国际学生环境与可持续发展大会。入选教育部首批“来华留学示范基地”高校，4门英语课程入选教育部“2013来华留学英语授课品牌课程”。全年招录留学生2184名，全年在校留学生5000多人。⑥文化传承与创新。推进“同济文化之旅”、“同济文化研究会”等的建设工作。“立体阅读”项目获教育部全国高校校园文化建设优秀成果一等奖。举办以“学之师表，国之英豪”为主题的纪念李国豪诞辰100周年系列活动。“档案网上服务利用系统”上线运行，在国内高校中尚属首例。同济出版社出版的《一点儿北京》获评“中国最美的书”。出版《上海铁道大学志》。向社会正式发布2012年度《同济大学社会责任报告》并获评A级。参与全国节约型公共机构示范单位创建工作，推出“同济大学绿色校园建设展览”。发布《中国城市可持续发展绿皮书》，对中国35个大中城市和长三角16个城市可持续发展进行评估。⑦学校管理。设立校信息化建设领导小组，《同济大学信息化建设管理办法》(试行)颁布实施。开展各校区公用房配置调整工作，调整面积达1万多平方米。“同济大学教学事务中心”挂牌成立，实现本、研教学事务一门式办理。《同济大学促进大型科学仪器设备共享办法》修订实行，获科技部、教育部“大型科学仪器设备共享”试点。完善109个学院、地方和行业校友分会布局，制定《同济大学校友工作指南》(试行)，启动“校友服务系统2.0”信息系统建设。新增协议捐赠资金9000多万元，到款6700余万元，用于学校各项建设和奖助约4400万元。设立“国豪新生奖励金”，启动“卓越奖”评审。学校共设社会捐赠奖教/学金94项，1786名师生共获奖励金700多万元。出台《同济大学奖励金管理办法》。

(虞　兰)

[两项成果在《自然》杂志发表]　2月，海洋与地球科学学院教授周怀阳作为第一作者，与美国伍兹霍尔海洋研究所教授迪克共同撰写的论文《支撑马里安隆起亏损地幔的薄洋壳证据》，作为主题论文发表于《自然》(Nature)杂志。这是学校教授作为第一作者在《自然》杂志发表的第一篇论文，也是中国海洋地质学界发表的首篇《自然》杂志第一作者论文。8月，《自然》杂志刊出医学院、附属同济医院转化医学中心教授薛志刚为第一作者和共同通讯作者的研究论文《Genetic Programs in Human and Mouse Early Embryos Revealed by Single-Cell RNA-Sequencing》。薛志刚等利用单细胞RNA测序(RNA-seq)技术，在国际上首次对人及其他哺乳动物胚胎着床前发育的转录调控网络进行系统分析，充分阐明胚胎早期发育过程中的相关重要科学问题。

(虞　兰)

[获德国“年轻杰出学者奖”]　3月，外国语学院德语系教授赵劲获德国洪堡基金会颁发的“年轻

杰出学者奖”,由此成为国内文科领域该奖项唯一的获奖者,也是亚洲唯一的女性获奖者。

(虞 兰)

[纪念李国豪诞辰100周年] 4月13日是杰出的科学家、教育家、社会活动家、著名桥梁与土木工程大师、两院院士、同济大学名誉校长李国豪诞辰100周年纪念日。4月至6月,学校开展了以“学之师表 国之英豪”为主题的纪念李国豪诞辰100周年系列活动,表达对这位前辈的敬仰和缅怀。

(虞 兰)

纪念李国豪诞辰100周年

[同济创业谷开工] 5月2日,同济创业谷开工仪式举行。“同济创业谷”利用彰武路校区旧厂房等设施,为进驻的大学生创新创业项目提供办公场所,打造“讲述创业故事、分享创业经验、畅谈创业感悟、汇集创业力量”的大学生创业实践平台,打通“从大学校区到科技园区的最后一公里工程”。

(虞 兰)

[中欧城镇化协同创新中心成立] 11月15日,由同济大学“高密度区域智能城镇化协同创新中心”联合瑞典皇家工程科学院、德国工程院、荷兰工程院、德国柏林工业大学、瑞典查尔姆斯大学、奥地利维也纳理工大学、米兰理工大学、罗马大学等多所欧洲工程院和著名高校及上海、浙江、江苏、广东、安徽、辽宁等一批协同城市,共同举行“2013中欧城镇化协同创新研讨会”,会上,致力于推动中欧城镇化学术伙伴协同研究、攻克智能城市可持续发展关键问题的“中欧城镇化协同创新中心”成立。

(虞 兰)

[获批国家产业技术创新联盟] 11月,科技部发布“2013年度国家产业技术创新战略试点联盟名单”,由同济大学牵头建立的“燃料电池汽车产业技术创新战略联盟”以及“污泥处理处置产业技术创新战略联盟”获批“国家产业技术创新战略联盟”。

(虞 兰)

[上海国际汽车城同济科技园项目启动] 12月16日,上海国际汽车城同济科技园启动。“同济大学国家大学科技园(嘉定园区)”和“张江嘉定园汽车城同济科技园”揭牌。上海国际汽车城同济科技园,是汽车城环同济知识经济圈的首期启动项目,将成为环同济知识经济产业带的中心。

(虞 兰)

附:学校负责人及地址

(2013年1—12月)

校党委书记:周祖翼
副书记:马锦明、姜富明、李 昕(12月离任)、方守恩

校 长:裴 钢
副校长:陈以一、郑惠强(12月离任)、江 波、伍 江、董 琦(12月离任)、蒋昌俊、吴志强、葛均波(12月到任)

四平路校区地址:四平路1239号
邮编:200092
电话:65982200

嘉定校区地址:曹安公路4800号
邮编:201804
电话:69589255

沪西校区地址:真南路500号
邮编:200331
电话:51030050

沪北校区地址:共和新路1238号
邮编:200072
电话:66052500

华东理工大学

[**2013 年概况**] 学校围绕"十二五"改革与发展规划，以育人为本位，加强教书育人、科研育人、管理育人、服务育人和环境育人。在人才培养、高水平师资队伍、科技创新能力、国际化水平、体制机制改革、大学文化建设、改善办学条件等方面实现新突破。

一、人才培养。2013 年申报上海市教学成果奖 30 项，获得特等奖 1 项、一等奖 10 项、二等奖 6 项，新立项上海市重点教改项目 4 项。本科系统共有 8 个实验实践基地项目获得国家修购基金资助，资助金额 3562 万元，学校同时投资 6000 余万元，全部经费用于奉贤校区本科实验室的建设，并于 2013 年秋季学期用于教学。大学生创新创业活动立项 USRP 课题 464 项，参与学生 1134 人。立项大学生创新创业训练计划 299 项，其中国家级项目 80 项、上海市项目 120 项、校级项目 99 项。学生获上海市第三届大学生创新活动论坛优秀展示奖 2 项，优秀报告奖 1 项，最佳报告奖 1 项。在国内外各类学术竞赛中，学生获奖 242 项，其中国际奖项 21 项，全国奖项 70 项。2013 年计划招收 3850 名本科生，扩大在中西部地区和贫困地区的招生数。加强上海市高中校长直推优秀生工作，并针对全国优质生源实行学院招生宣传对口负责制。

化学工程与工艺专业接受美国工程技术鉴定委员会 ABET 认证专家组的现场考查，得到专家组的高度评价，成为中国加入华盛顿协议之后首个通过 ABET 国际工程教育认证的专业，学校成为首个具有 ABET 国际认证成功经验的中国大学。

自动化专业接受中国工程教育协会组织的工程教育专业认证，得到现场评估专业组的充分肯定和好评。国家视频公开课程《生物医用材料》正式上线，新增国家精品共享课程 10 门，新增来华留学英语授课品牌课程 1 门，上海市精品课程 4 门，上海市全英语课程 2 门，上海市重点课程 8 门。

实施研究生教育质量年工程。全面修订 13 个博士学位一级学科、25 个硕士学位以及部分二级学科的培养方案。注重工程实践或社会实践能力的培养，建设一支由企业工程技术人才兼职的工程导师队伍，形成了一批市、校两级工程硕士培养基地。实施研究生学位论文全盲审，制订《硕士学位匿名评审规定》及《学术型硕士研究生申请学位学术成果要求的暂行规定》，改革现有研究生的学制和学习年限。

二、师资队伍建设。召开 2013 年人才工作会议，颁布《关于加快推进人才强校战略实施工作的决定》、《关于进一步加强青年教师队伍建设的意见》、《"重点领域杰出人才培养与引进计划"实施办法》、《"重点领域创新团队培育与发展计划"实施办法》和《"教学名师培育计划"实施办法》等文件。年内引进、调入专任教师 65 人，其中中组部"千人计划"1 人、"青年千人计划"1 人，校特聘教授 2 人，教授 4 人、副教授 7 人，具有博士学位的教师 64 人，具有海外留学经历的教师 32 人。龙亿涛、James Lam 分别被聘为教育部"长江学者"奖励计划特聘教授和讲座教授，学校郭旭红教授被聘为"长江学者"特聘教授；朱为宏、轩福贞获国家杰出青年基金资助；李春忠入选国家百千万人才工程；李洪林获中国青年科技奖(科协)；周祥山入选中组部"万人计划"第一批科技创新领军人才，白志山和张显程入选"万人计划"第一批青年拔尖人才；周祥山、李忠入选科技部 2013 年科技创新领军人才；肖泽宇入选中组部"青年千人计划"；白志山等教师 5 人获国家自然科学基金优秀青年科学基金资助；江浩等教师 6 人入选教育部新世纪优秀人才。

三、科技创新及基地建设。年内，承担各类科研课题 1300 余项，科研项目经费到款(立卡经费)总额达 50839 万元，纵向经费 31243 万元，横向经费 19595 万元，人文科学经费 2089 万元。2013 年度新签订科研项目合同 1379 项，合同金额 57835 万元。其中纵向 742 项，合同金额 33373 万元；横向 637 项，合同金额 24462 万元；人文社会科学新立项 191 项，合同金额 2175 万元。

2012 年度 SCIE 论文收录 1232 篇，全国高校排列第 26 名；EI 收录论文 798 篇，全国高校排列第 39 名。国际论文累计被引用篇数为 1995，被引用次数 7556，全国排名第 19 位。国际论文篇均被引次数为

3.79 次，排全国高校第 3 位。“表现不俗论文”479 篇，占 SCI 论文总数的 39.26%，在全国高校中排名第 17 位。共申请专利 360 件，授权专利 424 件。获得各类科技奖项 24 项，其中国家级 2 项，上海市 13 项，其他省部级 8 项，人物奖 1 项。荣获 1 项第九届上海市决策咨询研究成果奖。

组织申报教育部及上海市人文社科研究基地，上海市《社会工作与社会管理研究中心》高校智库获准立项建设（培育）。生物采油教育部工程研究中心、生物材料与工程创新引智基地获准立项建设。结构可控先进功能材料及其制备教育部重点实验室评估取得优秀成绩，上海化学生物学（芳香杂环）重点实验室及上海市新药设计重点实验室在上海市科委组织的评估中取得了良好的成绩。特种功能高分子材料及相关技术教育部重点实验室（B 类）通过了教育部验收。上海煤气化工程技术研究中心通过市科委验收。

四、国际交流与合作。推进学校与世界知名高校的交流互访和实质性合作。与法国 19 所化学工程师大学校联盟合作在学校举办中法教育与科技研讨会，与美国里海大学在学校联合举办 2013 地球村-中国项目，承办中德国际工程教育双边研讨会、国际工程科技高级人才培养的实践与战略论坛。接待国外来访团组 337 批，共计 724 人次（不包括学校资助的国际会议），与 6 个国家/地区的高校或科研单位签署校际协议 15 份。加强师生出国交流，营造国际化校园。出国交流的教师达 470 人次，其中派出中青年教师到国外知名大学培训达 52 人次。赴国外（境外）学习交流的学生 470 人（本科生 378 人，研究生 92 人），本科生参加国外（境外）各类学习项目的人数占当年录取新生的比例为 10.0%。扩大了邀请外国专家、学者来校英语讲授专业课程（至少 16 学时）的规模。积极开拓新项目，资助贫困生出国访学，锻炼学生的跨文化交流能力。各类外国留学生 1255 人在校学习，来自近 90 个国家。留学生教育的规模扩大，层次提升。

五、服务社会能力。推进工研院建设，新签千万元以上横向项目 3 个，奉贤、常州、苏州、南通等实体化研究院开始筹建。与奉贤区政府共建“上海生物制造产业技术研究院”签约，分别与常州高新区、苏州高新区签署“共建华东理工大学常州工业技术研究院合作协议”和“建设华东理工大学苏州工业技术研究院合作协议”，开展深圳研究院重新组建等工作。

（杜龙兵）

［杜玉波到校视察］ 2 月 26 日，教育部副部长、党组副书记杜玉波，高教司司长张大良等一行在上海市副市长翁铁慧、市教委副主任李瑞阳等陪同下到校视察新学期开学工作。校党委书记杨贤金、校长钱旭红等陪同视察。杜玉波一行视察了国家盐湖资源技术研究中心、化工学院“985”大型仪器测试平台、煤气化及能源化工教育部重点实验室、学生食堂、学生宿舍楼和教学楼等地。

（杜龙兵）

［ABET 国际工程教育专业认证］ 11 月 17—20 日，美国工程与技术鉴定委员会认证专家小组对学校化学工程与工艺专业的建设和运行情况进行现场考查和评估。认证专家小组详细考查了专业教育的基础设施、图书资源、实验条件、资金投入等支撑条件及入学就业、学生指导、课程建设、师资队伍、质量监控和持续改进的情况，并与化学工程与工艺专业的师生进行交流。20 日，工程认证委员会执行委员会前任主席、评估专家小组组长 Beasley 宣读专家小组意见，给予高度评价。

（杜龙兵）

［在世界大学生运动会获奖］ 7 月 17 日，第 27 届世界大学生运动会在俄罗斯喀山体育场闭幕，学校乒乓球女队获得 1 金 2 银 3 铜。本次中国代表团获得 26 金、29 银和 22 铜，位列金牌榜第二名。中国乒乓球代表团夺得 3 金 3 银 3 铜。

（杜龙兵）

［青少年高校科学营开营］ 7 月 13 日，2013 年青少年高校科学营“寄梦科学、逐梦华理”华东理工大学分营开营仪式举行。学校作为 2013 年青少年高校科学营上海地区分营承办高校之一，已连续承办两届。与上年相比，学校分营规模更大，营员人数更多，248 名营员分别来自四川、宁夏、新疆生产建设兵团、上海、山东、安徽、广西、西藏、贵州、河南、福建、新疆、重庆、云南、江西、浙江及香港特区等 17 个省市、地区的重点高中。

（杜龙兵）

［实行学生荣誉制度］ 8 月 21 日，学校决定自校长钱旭红在 2013 级新生开学典礼上发表“荣誉在召唤”的主题演讲开始，在国内高校中率先实行学生荣誉制度。该制度旨在通过对学生的知识、能力、素质等方面的认可，彰显崇尚荣誉、追求卓

越的价值和观念。

（杜龙兵）

［当选发展中国家科学院院士］ 第24届发展中国家科学院大会于当地时间10月1日在阿根廷首都布宜诺斯艾利斯开幕。本次大会在全球范围新选举出院士52人，其中包括12位中国科学家。中国科学院院士、学校田禾教授当选。

（杜龙兵）

［获国际工博会多个奖项］ 11月5—9日，第15届中国国际工业博览会在上海举行。学校11个项目参展，其中米普科教授的IPN型高功能化丁苯胶乳项目获银奖，魏东芝教授的制备手性非天然氨基酸的酶制剂的开发与应用项目获铜奖，侯峰博士团队的大型炼化装置炼制高硫原油腐蚀与防护技术开发与应用项目获中国高校展区优秀展品二等奖，易建军教授的基于RFID的智能物流系统及其应用项目获中国高校展区优秀展品三等奖；大学生创业项目——上海微步环保科技有限公司的净鞋器荣获大学生创业展示平台优秀展品奖。学校再度荣获优秀组织奖。

（杜龙兵）

［国家盐湖技术研究中心通过验收］ 4月下旬，接科技部办公厅通知，学校国家盐湖资源综合利用工程技术研究中心，经科技部组织专家现场验收评估和验收委员会综合评议，已完成可行性论证报告和计划任务书要求的各项组建任务，实现预期组建目标，具备了较强的科技成果产业化能力及辐射扩散能力，达到验收标准，同意通过验收并予以正式命名。

（杜龙兵）

［中国工程科技论坛召开］ 5月11日，由中国工程院主办，中国工程院化工、冶金与材料工程学部和华东理工大学承办的“中国工程科技论坛（第160场）—过程工程科技发展战略”在学校举行。中国工程院副院长干勇院士，中国科学院副院长李静海院士，以及中国工程院、中国科学院多个学部的25位院士，33位长江学者和国家杰出青年基金获得者参加论坛。围绕论坛主题，举行33场学术报告。

（杜龙兵）

［加强定点扶贫工作］ 7月3日“云南寻甸工业经济专题干部培训班”开班典礼在校举行。云南省昆明市寻甸县各部门领导干部52人到校培训。自国务院扶贫办等八部委下达定点扶贫工作的通知后，学校成立对口云南省寻甸县的扶贫工作领导小组。3月，由校党委书记杨贤金、副校长钱锋带队前往寻甸县考察，了解寻甸县的基本县情、经济社会发展情况与目前存在的问题和困难，双方就学校拟订的《定点扶贫实施方案》进行研究。作为学校定点帮扶云南寻甸的一项重要工作，学校精心组织此次为期7天的专题培训班，以优秀的师资力量为学员们提供最前沿的科技与管理理论。

（杜龙兵）

［首届全国MBA龙舟邀请赛举行］ 5月26日，由校商学院、China MBA Foundation、上海MBA联谊会联合主办的首届全国MBA龙舟邀请赛在奉贤校区举行。来自全国15所高校近1100名MBA学员参加比赛。

（杜龙兵）

附：学校负责人及地址

（2013年1—12月）

校党委书记：杨贤金

副书记：林志华、马玉录、沈　炜

校　长：钱旭红

副校长：陈英南、于建国、马玉录、涂善东、杨存忠、钱　锋

地址：梅陇路130号

邮编：200237

电话：64252500

东华大学

［2013年概况］ 学校现有学生28273人，其中本科生14890人，研究生5404人，继续教育学生3417人，留学生4562人。招收本科生3743人；招收硕士生1944人，全日制专业学位生819人，占录取人数的42.9%。截至8月25日，就业落实率为93.86%，其中本科生为91.76%，硕士生为98.03%，博士生为100%。获“上海市促进就业先进集体”称号。

一、学科建设。围绕国家发展战略和上海产业布局，构建以“纺织”为一体，“材料”和“设计”为两翼的发展新格局。深化协同创新机制体制改革，继续培育“纺织产业关键技术协同创新中心”和“民用航空复合材料协同创新中心”。推进“环东华时尚创意产业集聚区”建设，上海国际时尚创意学院进入最后审批阶段，出版两季海派时尚流行趋势，建设海派时尚网络平台。建设上海高校一流学科。生物医学工程等11个学科入选新一轮校级重点学科。在全国高校第三轮学科评估中，纺织科学与工程继续保持全国第一名，设计学首次参评列全国第六名，材料科学与工程列全国第十八名，参评6个具有博士一级授权学科均排名前列。

二、队伍建设。①俞建勇当选中国工程院院士。丁永生入选国家百千万人才工程。丁彬获国家优秀青年基金。陈南梁、张清华入选上海领军人才。胥波入选国家第十批“千人计划”青年人才。何春菊、蔡正国、王荣武、郑斐峰、洪枫、刘亚男入选2012年度教育部“新世纪优秀人才支持计划”。②青年教师入选上海市教委“教师专业发展工程”各类计划30人、“上海高校青年教师培养资助计划”29人、国家留学基金委等各类公派访学一年全额资助46人、“上海高校实验技术队伍建设计划”11人。③专任教师队伍中，具有博士学位的比例达54.3%，外校来源教师占71.3%，海外经历一年以上占28.2%。

三、人才培养。①本科教学实施“应用型人才培养综合改革”。“复合材料与工程”、“自动化”、“服装设计与工程”入选“卓越工程师培养计划”。现本科实施专业达10个，研究生层次实施领域6个。“质量工程”持续推进，郭建生、丁辛主持的“纺织的科技奥秘-纺织专业导论”获评国家精品视频公开课，郁崇文主持的“纺纱学”获评国家精品资源共享课。“现代纺织教育实验教学中心”通过“国家级实验教学示范中心”验收。“材料科学与工程实验教学中心”获批建设“国家级实验教学示范中心”。入选上海市精品课程5门，上海市重点课程8门。入选“国家大学生创新创业训练项目”80项，“上海市大学生创新创业训练项目”150项。获“中国纺织工业联合会纺织教育教学成果奖”20项。②研究生培养。纺织、材料学院试点开展硕博贯通的“长学制”培养模式。完善交叉学科导师组制度。推进以课程建设、基地建设和实践为主体的应用型人才培养综合改革。专业学位研究生教育获批7个上海市专业学位研究生实习实践基地。③易班资源建设。“基于易班的教学资源整合”项目立项，“基于易班的手机客户端应用”立项上海高校网络文化特色创建项目。东华大学易班获评2012—2013年度上海教育系统优秀网站、第六届全国高校百佳网站并获最佳学研促进奖。④帮困助学。全年发放学生奖助学金等各类资助7313余万元，实现家庭经济困难学生全覆盖。新增社会奖助学金15项。⑤体育工作。入选中国大学生体育协会攀岩分会的主席单位，举办第11届全国大学生攀岩锦标赛。⑥继续教育。新增培训基地3个，新建网上学习平台，推进课程资源建设与共享，《省道造型》、《人物巧换衣》分获2013年全国首届微课程大赛二等奖和优秀奖。

四、教育科学研究。①科研规模。进校财务科研经费近2.17亿元，纵向经费1.10亿元，横向经费1.07亿元。承接“863”计划课题、国家科技支撑计划课题等7项。获国家自然基金资助项目57项，首次获得优秀青年科学基金资助1项。上海市重点基础研究项目7项，上海市自然科学基金资助21项。②科研成果。王朝生为第一完成人的“超大容量高效柔性差别化聚酯长丝成套工程技术开发”获国家科技进步二等奖，学校连续11年获国家科技进步奖。获省部级科技奖29项，其中一等奖5项。获桑麻科技奖3项。③人文社科建设“海派时尚设计及价值创造知识服务中心”作为第三批“上海高校知识服务平台"之一立项建设。纵向项目62项，经费增长36.6%。获国家社科基金立项资助2项、教育部人文社会科学研究项目资助8项、上海哲学社会科学基金项目3项。④科研基地建设。"纤维材料改性国家重点实验室"通过科技部评估。"现代服装设计与技术教育部重点实验室"和"高性能纤维及制品教育部重点实验室(B类)"通过教育部验收，"上海市轻质结构复合材料重点实验室"获得立项建设。⑤论文、专利成果。发表SCIE论文804篇，EI论文564篇，SSCI论文10篇。申请专利1359项，授权专利940项，其中发明专利371项，占总数的39.4%。⑥JG科研及体系。通过军工保密专项检查、武器装备质量体系第四次监督审核、武器装备科研生产许可认证现场审查。⑦产学研工作。科技园新增14家企业，其中5家为大学生创业企业，园区全年税收增长10%。

五、交流合作。①与英国爱丁堡大学、美国加州大学河滨分校、欧文分校等高校签署11份合作协议。与日本文化学园、德国劳特林根应用技术大学、加拿大卡尔顿大学的合作项目通过教育部评估。派出交流生408人，研究生海外访学人数增加10%。接待来访487人，因公出访755人次，其中学生377人次。②举办学术等会议380余次，承办第8届国际薄膜物理与应用会议、第12届亚洲纺织会议暨2013中国纺织学术年会、全国高分子学术论文报告会和2013上海国际服装文化节国际时尚论坛等学术会议。③留学生培养工作。来自140多个国家约4562名留学生在校学习，其中学历留学生948人，比上年增长27%。④通过东华大学基金会接受来自50余家企业和个人的各类捐赠1192.47万元，年度公益活动支出954.79万元，主要用于奖学助学，扶持就业和学科建设。

六、学校管理改革。①推进章程建设。《东华大学章程》为教育部首批核准的大学章程。深化校院两级管理改革，以校院两级管理改革试点为基础，在全校范围内全面实施，下发《东华大学深化校院两级管理改革实施办法(试行)》等管理文件，完善学院党政联席会、教授委员会、教职工代表大会等决策形式，与各学院签订学院目标责任书，实施绩效评价和目标考核。②推进人事管理和分配制度改革。完成新一轮岗位设置和聘任。根据"坚持目标导向性、注意整体平衡、逐步推进改革"原则，改革人事收入分配制度，提高全校教职工收入。制定《关于进一步加强师资队伍建设的若干意见》、《东华大学励志计划实施办法(试行)》和《东华大学特聘研究员岗位设置及聘任管理办法》。加快非教师人才派遣用工的转编，改进新进人员录用方式。③制定《东华大学关于进一步加强科研管理工作的意见》，规范全校的科研行为。推进财务审计，接受了高校科研经费管理、校长任中经济责任审计以及基建、企业、直属高校购房补贴资金预算及执行情况、捐赠配比执行情况等专项检查，落实整改措施。④学风建设。制定《东华大学切实加强和改进学风建设实施细则》，强化学术组织作用。

七、改善办学条件。完成松江校区教学楼等建筑的整修和两个校区供电扩容及宿舍电气改造。更新延安路校区第一、二学生宿舍家具1348套。改造松江校区第一食堂，改善操作间及用餐环境。确保食品安全卫生，发放各级各项补贴334余万元。改造"松江校区网络中心机房"和"数据中心硬件平台"，推进图书智能化管理，完成"智能射频识别技术"、"数据中心虚拟整合服务平台"、"密集书库"等项目建设。推进数字档案馆建设和档案信息服务。

(高兰兰)

[翁铁慧主持召开专题工作会] 6月9日，副市长翁铁慧主持在学校召开的"环东华时尚创意产业集聚区建设"专题工作会并作重要讲话。上海市经济和信息化委员会、市教委、市规划和国土资源管理局、市文创办、长宁区政府、上海服装集团、上海世贸商城等有关委办局及学校领导参加会议。与会单位就"环东华时尚创意产业集聚区建设"进展进行汇报。会后，翁铁慧一行对学校整体建设发展进行专题调研。

(高兰兰)

[《东华大学章程》核准] 学校作为全国12所大学章程建设的试点高校之一，自2012年下半年以来，按照上级要求，遵循民主、公开的原则，规范有序推进章程修订。2012年底，学校报教育部申请核准，是全国首批申请章程核准的2所高校之一。2013年11月初，教育部正式批复核准《东华大学章程》，成为全国首批章程被核准的6所高校之一。

(高兰兰)

[当选中国工程院院士] 12月19日，2013年中国工程院院士增选结果揭晓，东华大学副校长俞建勇教授当选。俞建勇长期致力于纺织新材料领域的教学与科研，是东华大学国家重点学科——纺织科学与工程学科带头人，先后获国家技术发明二等奖2项、国家科技进步二等奖2项、省部级科技成果

奖13项。发表SCI论文132篇,EI论文41篇。授权发明专利74项。是"中国纺织工程科技中长期发展战略研究"、"纺织行业'十二五'科技及2020中期发展研究"、"纺织行业'十二五'科技进步纲要"等国家纺织科技发展战略和规划的研究者和制定者。曾获中国纺织工程学会首届中国纺织学术大奖。

(高兰兰)

[与杨浦区签订战略合作框架协议] 10月29日,学校与杨浦区人民政府签订战略合作框架协议。双方表示,学校将进一步提高服务社会的能力,杨浦区将依托学校在纺织、服装及创意设计领域的优势资源,提升现代纺织业、时尚产业的发展水平。签约仪式后,学校刘晓刚教授及专家团队发布最新科研成果——2014/2015秋冬海派时尚流行趋势。

(高兰兰)

[高校知识服务中心立项筹建] 10月28日,在上海市教委公布的第三批"上海高校知识服务平台"立项名单中,学校"海派时尚设计及价值创造知识服务中心"成为新立项的8个知识服务平台之一。共设"时尚产业发展战略研发平台"、"海派时尚流行趋势研发平台"、"海派时尚产品设计研发平台"、"海派时尚品牌与营销研发平台"4个分平台。中心致力于建立基于"时尚人文与科学技术、时尚创意与海派文化、时尚设计与市场商务、时尚精神与城市生态"相融合的协同创新系统,构建海派时尚知识数据开发、知识成果转化功能平台,形成与国际时尚都市人才培养、学术交流、技术引进、成果转化、市场共享的合作机制。

(高兰兰)

[亚洲纺织会议召开] 10月24—26日,第十二届亚洲纺织会议暨2013中国纺织学术年会在学校召开,中国科协、中国纺织工业联合会领导,亚洲纺织学会联盟主席,中国纺织工业联合会、中国纺织工程学会、学校领导以及中国工程院院士郁铭芳、周翔、孙晋良、周国泰、姚穆等出席。来自美国、英国、澳大利亚、日本等23个国家和地区的1100余名专家学者参会。会议以"纺织新展望"为主题,颁发了"亚洲纺织学会联盟(FAPTA)杰出贡献奖"、"2012全国优秀科技工作者"、"2013中国纺织学术大奖"、"2013中国纺织学术带头人"、"2013中国纺织技术带头人"、"第14届陈维稷优秀论文奖"等奖项。学校朱美芳教授获"2012全国优秀科技工作者"称号,胡祖明、孙以泽获"2013中国纺织学术带头人"称号。本次大会除主会场外,设置了包括纤维与低维材料、纺织加工技术、生态染整与绿色化学等9个英语分会场。

(高兰兰)

[召开国际薄膜物理与应用会议] 9月21日—23日,由国家自然科学基金委员会、上海市科学技术委员会、中国物理学会和上海市物理学会主办,东华大学承办的第八届国际薄膜物理与应用会议(TFPA 2013)召开。来自国内外150多位薄膜物理领域的知名专家学者围绕薄膜物理、薄膜材料、制膜技术、薄膜应用等内容展开研讨。

(高兰兰)

[召开全国高分子学术论文报告会] 10月12日—16日,由中国化学会高分子学科委员会主办,学校承办的全国高分子学术论文报告会在上海世博中心举行。参会的有高分子领域专家学者、产业界代表及青年学生,其中包括12位院士和80多位国家杰出青年基金获得者。会议以"高分子,让生活更美好"为主题,大会设有211个分会邀请报告、425个口头报告和1354个墙报,参会单位达382个。依据国际发展趋势和近期研究重点,共设"高分子理论"、"计算与模拟"、"先进纤维"、"功能高

全国高分子学术论文报告会在上海世博中心举行

分子”等17个分会主题，首次单独设“医用高分子”分会和高分子材料产学研对接展区，并特设年会科普展——“纤维编织美好生活”。

（高兰兰）

［举办国际时尚论坛］ 4月17日，2013上海国际服装文化节国际时尚论坛暨环东华时尚周在上海世贸商城开幕。第11届全国政协副主席厉无畏，及中国纺织工业联合会、上海市经济与信息化委员会、东华大学等部门和单位的领导出席。本次活动通过论坛、展览、大赛等形式，服务于上海“设计之都”建设，首次发布“海派时尚”流行趋势，引领本土时尚文化发展。论坛分主论坛、特色论坛与平行论坛三个板块。自1994年以来，学校已连续19年举办上海国际服装文化节国际论坛，连续12次举办时尚周系列活动。

（高兰兰）

［举办全国大学生攀岩锦标赛］ 7月26—29日，由中国大学生体育协会攀岩分会主办、学校承办的第11届全国大学生攀岩锦标赛在松江校区举行。来自全国48所高校的404位在校生参赛，参赛人数创下历届国内攀岩赛事之最。学校派出30人的攀岩队参赛，获得甲组4个单项金牌，2项团体冠军。学校成为中国大学生体育协会攀岩分会主席单位。

（高兰兰）

附：学校负责人及地址

（2013年1—12月）

校党委书记：朱　民
　　副书记：殷　耀、刘淑慧、罗仪华

校　长：徐明稚
副校长：宋立群、俞建勇、陈招应、刘春红、邱　高

松江校区地址：人民北路2999号
邮编：201620

延安路校区地址：延安西路1882号
邮编：200051
电话：67792000

华东师范大学

[**2013年概况**] 学校设置20个全日制学院，7个研究院（所、实验室），1个管理型学院，含58个系，78个本科专业，其中中文、历史、数学、地理、心理和物理6个专业是国家文理科基础科学人才培养和科学研究基地。学校现有博士学位授权一级学科26个，硕士学位授权一级学科38个，可授予17种硕士专业学位，以及教育博士专业学位，23个博士后科研流动站。拥有教育学、地理学2个一级学科国家重点学科（涵盖教育学原理、自然地理学等13个二级学科），5个二级学科国家重点学科、5个国家重点培育学科、12个上海市重点学科和17个上海市一流学科（A类4个，B类13个）。学校理科拥有2个国家重点实验室，1个国家工程技术研究中心，1个国家野外科学观测研究站，7个教育部重点实验室和工程中心，9个上海市重点实验室和工程中心，1个教育部高等学校软科学研究基地和1个上海市软科学研究基地，1个上海高校知识服务平台；学校文科拥有6个教育部人文社会科学重点研究基地，7个上海市社会科学创新研究基地和上海市发展研究中心工作室，2个上海市高校智库。学校主办和承办20余种学报期刊，图书馆藏书435余万册，并拥有20所附属中小学及2所幼儿园。学校现有教职工4044人，其中专任教师2123人，教授及其他高级职称教师1504人，其中中国科学院和中国工程院院士13人，国家“千人计划”入选者18人，教育部“长江学者奖励计划”特聘教授及讲座教授22人，国家“百千万人才计划”入选者9人，国家“杰出青年科学基金”获得者19人，“紫江学者计划”入选者100人。在校全日制本科生14191人，研究生12454人，外国留学生4896人。毕业学生6603人，总体就业率为95.12%。全年学校总收入为289503万元，其中国家及地方财政拨款205372万元。学校现有闵行校区和中山北路校区，校园占地总面积约207公顷。

推进现代大学制度建设。通过修订完善《华东师范大学章程》（试行），确立和完善学校基本制度。学校举行第七届学术委员会换届选举。进一步完善了学校及院（系）学术委员会组织架构，增加了教授对学校学术事务管理工作的参与度，151人参与到校学术委员会和各专门委员会中，占全校教授总数的26%。通过成立学校发展咨询委员会和华东师范大学校友会，健全社会支持和监督学校发展的长效机制。

深化本科教学改革。深化本科人才培养改革“试验田”——孟宪承书院的改革，推进“大类招生、分层培养、多种学习途径”的人才培养模式创新，继续拓宽课程资源，本科生开课总量6016门次。完成8门原国家精品课程的转型升级工作，4门课程被教育部列入第二批国家级精品资源共享课立项项目名单，3门课程进入国家精品课程公开课建设名单，6门课程入选上海市级精品课程，2门课程入选上海高校示范性全英语课程建设项目。何积丰院士获“上海市教育功臣”称号。实施“拔尖创新人才培养计划”，促进学生个性培养和多元发展。优化免费师范生培养体系，打造教师教育精品课程，13门教师教育课程入选国家级教师教育精品资源共享课程建设项目，入选课程门数在该建设项目中居全国第一。组织“师范生教学技能训练周”、选聘23位基础教育名师担任特聘教授、继续做好“卓越教师培养计划”，进一步发挥教师教育特色。落实各类学术研究计划项目，立项国家创新创业训练计划项目122个、上海市创新活动计划项目150个、大夏科研基金项目535个，资助学生3094人。获得第十三届“挑战杯”全国大学生课外学术科技作品竞赛一、二、三等奖各两项和“累进创新奖”金奖。《上海大学生科学商店的探索和实施》成果荣获2013年上海科普教育创新奖科普贡献奖二等奖。

提升研究生培养质量。全年共举办13个夏令营活动，吸引475人参加，其中学校推荐免试入学研究生41人。在5个单位试点博士申请考核制入学。提高博士研究生培养质量，全面实施博士研究生论文预答辩工作。获“全国优秀博士学位论文”1篇，提名奖2篇；获“上海市研究生优秀成果（博、硕士学位论文）”各12篇，10人入选全国优秀博士学位论文培育资助项目。深化专业学位综合改革试点，教育硕士、工商管理硕士和汉语国际教育硕士3个专业学位授权点在教育部验收中全部获得“优秀”。学生跨国交流活动进一步丰富。国家公派研究生录取110人，选派交换生115名赴外校学习，来校学习的各类交换生、短期生4000余人次。23位学生参加与科罗拉多州立大学“2+2”联合培养双学士学位项目，新启动与美国密苏里哥伦比亚大学“2+2”联合培养项目。选派学生赴英国曼彻斯特大学、德国洪堡大学等40多所大学进行交流学习。启动了与马里兰大学和亚利桑那大学的博士双学位项目。

加强学科建设。先后成立数据科学与工程研究院、城市发展研究院。发挥协同创新优势，对接国家重大需求，做好“2011计划”项目的培育工作，作为牵头单位先后成立可信信息物理融合系统协同创新中心、周边合作与发展协同创新中心、网络空间文明建设协同创新中心(筹)、国家教育决策研究协同创新中心(筹)等，争取国家正式立项。学科综合实力进一步提升，学校在教育部公布的第三轮一级学科评估结果中，按照进入前5%、10%和30%的学科数量排名均为全国第18位。根据上海市公布的高校一流学科建设计划，学校拥有4个A类上海市一流学科，13个B类上海市一流学科。在认真研究分析第三轮一级学科评估结果以及完成“985工程”建设的检查总结和验收工作中，总结经验，进一步完善学科管理与资源分配的新模式和新机制。

推进科研体制机制创新。科研经费增长，重大科研任务承接能力有所提高。获国家自然科学基金131项，新增“973”课题3项，承担了7项863项目，2项航天合作项目，主持2项市科委重大项目；获市科委、教委重点项目12项，上海市自然基金项目15项。获国家社科基金各类项目50项，社科基金重大项目5项，首次获得国家社科基金决策咨询点1项；获教育部社科项目31项，上海市社科项目29项，国家社科基金年度项目批准数连续两年排名上海第一。科研基地建设取得新突破。与中国电子科技集团公司联合申请的“国家可信嵌入式软件工程技术研究中心”获科技部批准建设，这是学校首个国家级工程中心。上海市核心数学与实践重点实验室正式获批筹建。上海数字化教育装备工程技术研究中心通过上海市科委组织的专家评估，获得优秀。科研成果及学术影响力进一步增强。申请专利224项，专利授权138项。在高水平期刊发表论文数量显著增加，多篇论文在《自然》(Nature)及其系列期刊发表。何积丰院士获2013年度何梁何利基金“科学与技术进步奖”。包起帆领衔标准获“中国标准创新贡献一等奖”。获得教育部全国高校第六届人文社会科学优秀成果奖21项，其中一等奖1项，获奖总数位居全国第八，上海第一。2部作品入选国家社科基金成果文库。5学科入选上海高校创新能力提升计划竞争性引导项目，其中文科3项，理科2项。

强化师资队伍建设。加强高层次人才队伍建设，1人入选“千人计划”，2人入选“青年千人计划”，1人入选“长江学者特聘教授”，1人入选“长江讲座教授”，3人获得国家自然科学基金委优秀青年基金资助，2人入选中组部“青年拔尖人才”计划。“统计应用与理论研究”入选国家外专局创新引智基地建设(“111计划”)，12人入选教育部新世纪人才计划。31人次入选上海市优秀学科带头人、浦江、启明星、启明星跟踪、曙光等人才计划。召开青年教师队伍建设工作会议，制订《华东师范大学促进青年教师发展的若干意见》，推出加强青年教师队伍建设的系统举措。探索完善人才人事管理制度。健全青年教师培训进修制度，成立高级研修学院，推出多种培训项目，加强青年教师培训工作。

深入推进国际化办学。与美国纽约大学合作建立的上海纽约大学正式招生开学，建立协同工作机制，合作共建四个联合研究中心。中法联合培养博士生项目和JORISS平台建设持续发展。支持闵行区紫竹国际教育园区建设，启动与华大基因、丹麦哥本哈根大学合作办学项目的谈判工作。在虹桥临空港与洛桑酒店管理学院联合开展酒店管理硕士合作办学项目筹备工作有序进展。进一步加深与美国康奈尔大学、威尔逊国际学者中心，法国里昂商学院，比利时鲁汶大学的合作，开拓并落实与南美和非洲高校的合作。出席第七届全球大学校长专题研讨会，作为中方15所高校代表之一赴芝加哥参加中美高水平大学校长圆桌会议落实中美人文交流机制。依托学校自身优质资源，加强孔子学院综合文化交流平台建设，新增一所孔子学院，与国外教育机构合作建立的孔子学院达到8所。接待泰王国公主玛哈扎克里·诗琳通，并聘其为荣誉教授。

加大服务社会力度。做好对口支援高校工作，承担国培项目、新疆汉语骨干教师培训、西部中小学校长培训等，支援西部基础教育发展。深化与上海闵行、普陀、宝山等区县的教育合作关系，辐射带动区域基础教育事业的持续发展。通过与山东、浙江、江苏等多地的合作，拓展教师教育创新成果实践推广范围。加强与各类社会公益基金的交流与合作，与飞翔公益基金、真爱梦想、华信基金等公益基金项目深入开展合作，促进社会公益项目及校内公益活动开展。

(汪　海、夏　冰)

[杜玉波等到校视察调研] 2月25日，教育部副部长杜玉波一行到校视察开学情况并调研招生工作，还实地调研上海纽约大学办学进展情况；3月28日，上海市副市长翁铁慧一行到校调研师范教育和学科建设工作。6月9日，外交部副部长程国平到校调研周边合作与发展协同创新中心建设工作，并作专题报告。7月5日，九三学社中央副主席、上海市副市长、九三学社市委主委赵雯一行到华东师范大学调研，听取九三学社华东师大委员会近年的工作汇报。

（汪　海）

[国家可信嵌入式软件工程技术研究中心成立] 5月8日，在“2013中国国际嵌入式大会”开幕式上，由华东师范大学与中国电子科技集团公司第三十二研究所联合组建的“国家可信嵌入式软件工程技术研究中心”落户上海。中国科学院院士、华东师大终身教授何积丰担任中心首席科学家。该中心的成立将助推中国重大装备制造业的转型升级。

（汪　海）

[共建主持人工作室] 5月14日，华东师范大学与上海广播电视台“主持人工作室”签约、揭牌仪式在上海电视台举行。按照协议，双方共同探索业界与学界合作教学、科研新“双赢”模式，首批共建曹可凡、陈蓉、印海蓉、骆新4个工作室。

（汪　海）

[与虹口区签订教育合作协议] 5月16日，华东师范大学与虹口区人民政府签订教育战略合作框架协议。双方签订了《上海市虹口区人民政府与华东师范大学教育战略合作框架协议》和《上海市虹口区人民政府与华东师范大学关于合作共建华东师范大学第一附属中学、华东师范大学第一附属初级中学的协议》。

（汪　海）

[免费师范生教育实践基地授牌] 5月28、29日，学校分别在新疆乌鲁木齐、甘肃兰州举行免费师范生教育实践基地签约授牌仪式。学校与乌鲁木齐市教育局及其所属乌鲁木齐一中、八中等7所中学签订《华东师范大学教育实践基地协议书》，并为新签约的基地学校授牌；与西北师大附中、兰州外国语高级中学签订《华东师范大学教育实践基地协议书》，并为新签约的基地学校授牌。

（汪　海）

[授予丹麦数学家名誉博士学位] 6月24日，学校授予著名丹麦数学家乌夫·哈格诺夫（Uffe Haagerup）教授名誉博士学位。这是首位获得华东师大名誉博士学位的全球知名学者。学校为其颁发名誉学位证书，宣读国务院学位委员会同意授予名誉博士学位的决定。

（汪　海）

[成立学校发展咨询委员会] 7月6日，华东师范大学发展咨询委员会成立大会暨华东师范大学—紫竹高新技术产业开发区合作签约仪式在校举行。上海市人大常委会原主任刘云耕，致公党上海市委员会主席、上海市政协副主席张恩迪，上海市委副秘书长李逸平等17名委员代表和全体校领导出席。学校为委员颁发聘书。首届发展咨询委员会共聘请26名委员，刘云耕担任发展咨询委员会主任。会上举行了华东师范大学—紫竹高新技术产业开发区合作签约仪式。

（汪　海）

[教育战略协同创新中心成立] 7月9日，教育战略协同创新中心成立暨首届教育战略研究学术研讨会在学校召开。华东师范大学、中国教育科学研究院、北京师范大学、浙江大学4家协同单位在会上签署《共建教育战略协同创新中心协议》。

（汪　海）

[召开世界学前教育组织国际学术研讨会] 7月11—13日，由世界学前教育组织（OMEP）中国委员会、中国学前教育研究会和华东师范大学共同承办的世界学前教育组织第65届国际学术研讨会在上海召开。OMEP主席，教育部副部长刘利民，上海市副市长翁铁慧，校党委书记童世骏，联合国儿童基金会驻华代表等出席开幕式并致辞。1200余名来自57个国家与地区的学前教育负责人、学前教育知名专家学者与会。

（汪　海）

[华师教育云研究院成立] 7月29日，华东师范大学、华中师范大学、华师京城集团签署战略合作框架协议，共同成立华师教育云研究院。华师教育云研究院是国内首家由知名高等院校及领先教育云解决方案提供商联合成立的、对教育云进行系统化研究及推广的专门机构。

（汪　海）

［**纪念特级教师制度实施35周年**］ 9月9日，纪念特级教师制度实施35周年座谈会在校举行，活动由华东师范大学发起，市教卫工作党委、市教委和华东师大联合主办。座谈会就教师专业发展与卓越教师培养等进行探讨。上海20位特级教师代表与会。

（汪 海）

［**华东师范大学校友会成立**］ 9月20日，华东师范大学校友会成立大会在校举行。大会审议通过《华东师范大学校友会章程(草案)》，并选举产生华东师范大学校友会会长、副会长、秘书长、常务理事。两位百岁老人施平校友、徐中玉校友在校党委书记童世骏、校长陈群的陪伴下，为“华东师范大学校友会”揭牌。会上，宣读了《民政部关于同意成立华东师范大学校友会的批复》。海内外300多名校友与会。

（汪 海）

［**巴塞尔大学孔子学院揭牌**］ 9月21日，由华东师范大学和瑞士巴塞尔大学合作创办的瑞士巴塞尔大学孔子学院揭牌仪式在瑞士巴塞尔举行。巴塞尔大学孔子学院是华东师大参与建立的第8所孔子学院，也是继日内瓦大学孔子学院之后在瑞士建立的第二个孔子学院，填补了瑞士德语区孔子学院的空白，成为瑞士推广汉语教学和开展中瑞人文交流的又一座桥梁。

（汪 海）

［**数据科学与工程研究院揭牌成立**］ 9月26日，华东师范大学数据科学与工程研究院成立暨揭牌仪式在校举行。研究院以有效推进“学科交叉”战略的具体落实和产学研用协同创新为目的，以利用大数据理论和技术成果提升学科发展高度、使学科发展更好对接国家重大需求为使命。仪式上，华东师大与中国电信上海分公司等签署合作协议。

（汪 海）

［**国际河口海岸学大会召开**］ 10月13—17日，学校参与承办的第53届国际河口海岸学大会在沪召开。大会围绕“快速变化下的河口海岸响应与管理”主题，就当今世界河口海岸面临的挑战及其可持续发展进行深入探讨。会议期间，华东师范大学教授、中国工程院院士陈吉余被授予“终身成就奖”。来自46个国家和地区的450余名代表参加会议。

（汪 海）

［**城市发展研究院成立**］ 10月19日，华东师范大学城市发展研究院成立大会暨中国(上海)自由贸易试验区与城市发展论坛在校举行。校党委书记童世骏致辞。研究院理事长、上海市原副市长胡延照与校长陈群共同为城市发展研究院揭牌。陈群向研究院首任院长胡延照颁发聘书。

（汪 海）

［**徐中玉百岁华诞**］ 11月7日，上海市人大常委会主任殷一璀到校看望著名文艺理论家、学校中文系名誉主任徐中玉，祝贺他百岁华诞。11月8日，徐中玉百岁华诞庆祝会暨“中玉教育基金”成立，《徐中玉文集》首发仪式在校举行。会上，徐中玉捐出百万助学款。学校接受捐赠并颁发捐赠证书。

（汪 海）

附：学校负责人及地址

（2013年1—12月）

校党委书记：童世骏
常务副书记：曹文泽(6月到任)
副 书 记：林在勇、任友群、杨昌利

校 长：陈 群
副校长：林在勇(兼)、任友群(兼)、范 军、陆 靖(7月离任)、朱自强、郭为禄、孙真荣、梅 兵(7月到任)

中山北路校区地址：中山北路3663号
邮编：200062
电话：62232214

闵行校区地址：东川路500号
邮编：200241
电话：54344805

上海外国语大学

［**2013年概况**］　学校现有教学院(系)20个,直属教学部3个。设有本科专业38个,包括语言类专业25个和非语言类专业13个。一级学科硕士学位授权点7个(下设二级学科硕士学位授权点36个)。专业硕士学位授权点3个。一级学科博士学位授权点2个(下设二级学科博士学位授权点14个)。博士后科研流动站2个。全校在职教职工1332人,其中专任教师724人,具有正高职称114人、具有副高职称235人。具有博士学位的教师346人,具有硕士学位的教师327人。全校各类学生总数15722人,其中本科生5986人、硕士研究生2597人、博士研究生399人、留学生1600人(学历生814人)、成人教育学生4550人、网络教育学生590人。当年招收本科生1545人、各类研究生973人,其中硕士研究生867人、博士研究生106人。当年毕业本科生1482人,就业率约为97%。毕业研究生800人,其中硕士生714人,博士生86人,就业率约93%。当年招收留学生(长期)2923人,来自五大洲96个国家。

一、学校规划与现代大学制度建设。①《上海外国语大学章程》经教育部核准公布并正式实施。章程文本继承学校办学传统,彰显办学特色,体现学校办学自主和发展战略目标。②推进上海高校一流学科建设工作。外国语言文学学科在全国第三次学科评估中得分并列第二,被列入上海高校一流学科(A类)建设范围。完成6个学科《上海高校学科重点建设规划(2013—2020年)》申报。完成全国第三轮一级学科评估结果及分析报告,夯实学科基础,促进外国语言文学和复合型学科协同发展。③完成"211工程"三期总结交流及成果汇总、"2011计划"申报、学科点"十二五"规划汇编、学校发展定位规划编写等。④完善学科建设管理办法,制定《上海外国语大学"十二五"学科建设管理办法》,拟定《上海外国语大学"十二五"学科建设管理办法实施细则》,完成学科建设年度经费下拨和相关学科信息统计工作。⑤组织召开校学术委员会,审核《上海外国语大学第六届学科骨干申报选拔条例》、《上海外国语大学第六届学科骨干考核条例》等。

二、教育教学改革。①深化教学改革,提高教学质量。对非外语专业的双学位/双专业进行调整,确保学校高水平英语特色。高级翻译人才、国际公务员、多语种国际新闻人才、卓越法律人才培养等特色办学平台继续得到加强。通识教育课程完成开发整合和基本布局,共建成10大模块通识教育课程,全学年实际开设170门通识课程,选修人数达到6646人次。"建立校级基本状态数据库,完善教学自我评估"等5个项目顺利完成验收。"基于校友调查的外语院校学生就业力培养研究"等3个项目获2013年上海市高校本科重点教学改革项目立项。启动首批校级教学改革项目。②完善专业建设,形成培养特色。10个国家级特色专业建设点和3个优秀教学团队通过检查。开设"网络与新媒体"新专业。对新专业商务英语和三个预警专业开展评估,进一步研究专业的社会需求和人才培养模式,提高专业建设质量。③加强课程建设,提升教学水平。课程建设实现共享,形成2门国家级精品视频,3门课程入选市级精品课程,3门课程进入第二批市示范性全英语教学课程,2门课程入选市高校示范性全英语教学课程建设项目。"课程中心"教学互动平台得到进一步应用推广。④推进实践教学,拓展综合素质。已建成实验室11个,在建实验室4个,其中1个为国家级实验室。截至年底,学校已和71个校外企事业单位建立长期合作关系。大学生创新创业训练计划取得显著成绩,共有80个项目获得国家级立项,67个项目获得上海市级立项。

三、科研规划与管理。①推进高层次科研平台建设。成功申报"上海高等学校创新能力提升计划竞争性引导项目","中东研究智库"获准成为上海市教委设立的首批18个"上海高校智库"之一。举办区域和国别研究基地建设推进会,制定相关管理办法,加强基地建设。"全球多语种信息文本监测与分析辅助平台"、科研战略合作协议等一批以学校优势为基础的合作科研项目开始运行。②提升科研项目层次数量。年内,共获国家级社科基金项目立项10项,国家社科基金后期资助项目1项,中华学术外译项目1项,资助经费192万元,立项数和经费总额均创历史新高。同时,获教育部“新世纪优秀人才支持计划”项目2项、教育部重点研究基地重大项目4项、留学回国人员基金项目2项,资助经费246.5万元。获上海市各类社科项目22项,资助经费297万元。获横向科研项目22项,资助经费202.563万元,为历年之最。设立校级重大科研项目9项,资助经费117万元。设立研究生科研基金项目43项,资助经费12.9万元。③保持科研成果数量稳定增长。设立上海市中华学术精品外译项目2项,3项成果获第六届高等学校科学研究优秀成果奖(人文社会科学)。年内,全校共计发表学术论文690篇,其中CSSCI论文260篇,北大核心期刊论文23篇,其他国内期刊论文183篇,EI期刊论文3篇,SCI期刊论文1篇,SSCI期刊论文5篇,其他海外期刊论文68篇。出版专著43部,编著4部,教材38部,译著37部,出版各类工具书16本,学术论文集7本,提交咨询报告5份。④加强科研管理的制度化和规范化。修订学校优秀科研成果奖励办法(草案)、重大科研项目管理办法、一般科研项目管理办法、区域和国别研究基地管理办法和“外国文化政策”研究基地管理办法。⑤加大科研宣传力度和成果奖励。资助各院系和研究机构举办重大学术会议12场,资助经费85.915万元。资助学术讲座28场,资助经费7.08万元。资助学者参加国际国内学术会议20场次,资助经费7.36万元。加大科研工作和科研成果的网上宣传力度,及时发布科研信息。对2012年度的科研工作量、优秀科研成果进行奖励,奖励经费235.62万元。

四、师资队伍建设。①加大人才引进力度。引进6名高层次人才,成功获批东方学者1人,领军人才1人,浦江人才1人,人才发展资金资助1人。修订《上海外国语大学引进高层次紧缺人才的实施意见》,制定并试行《上海外国语大学师资博士后管理办法》,实施行政教辅实习生制度。②加强人事管理工作。根据教育部和上海市教委要求,采集上报全校1360名教职工的基础信息。建立人事管理数字化系统,为打通科研、教务、人事数据奠定基础。启动政治学博士后招聘,实现2个博士后科研流动站共同运行。③完善师资队伍建设。首届青年教师教学科研培育团队建设取得成效,启动第二届团队建设,共计206名青年教师、36名团队指导老师参与。开展“新进青年教工岗前培训”和“第二届非英语专业教学科研骨干教师英语能力培训班”。推动教师产学研践习计划。举办上外海归青年博士论坛13场。④深化职称评聘改革。认定初级职务23人,评聘及认定中级职务35人,评聘校聘高级专业技术岗位13人。修订完善《2013年教师高级专业技术职务评聘工作方案》,引入答辩评审制度,完善学科点、学科组及校内外同行专家三级评审制度,确保评审选拔的公平公正公开。⑤做好劳资福利工作。制定《上海外国语大学援派挂职干部生活待遇实施细则》,使援派挂职干部的管理工作更加系统化和规范化。⑥做好出国派遣工作。申报留基委项目成果丰硕,共获国家和地方资助430余万元。重视选派和过程管理,加强成果总结和跟踪。修订《上海外国语大学因公出国(境)管理条例》,为教职工提供“一站式”服务,保证各类出国(境)团组顺利成行。

五、国际化办学与合作交流。①推进国际化课程体系建设。已开设18门全英语专业课程,满足校际交换留学生需求。②开展国际交流。共接待国外来访人员177批次,780人次,包括多个国家的官员、学者以及合作高校代表团。成功访问多国知名大学和孔子学院。③搭建国际合作平台。新签校际合作交流协议43项,续签14项,国际交流合作伙伴学校和机构总数达到55个国家和地区的283所。韩国社会与文化硕士研究生教育项目获得教育部批准,实现学校在研究生教育层面上中外合作办学工作的突破。与美国、新西兰、葡萄牙、韩国等国的一流大学联合培养项目取得实质性进展。④加强外国专家管理和服务。全年聘请长期外专89人,短期外专93人,比往年有较大增加。外专层次不断提升,博士和教授背景的比例增高。外专项目共获得国家资助369万元。⑤推进学生海外交流学习。2013年应届毕业本科生在学期间有出国经历者369人,占毕业总人数24.6%,比2012届有较明显增长。国家公派出国留学项目覆盖面进一步提高。设立学生海外交流基金,成立基金管理工作小组,制订《基金管理条例》,共确定基金资助项目37项,资助149名学生开展海外交流。遴选公布4个世界一流大学的暑期课程项目,共录取34名学生。⑥港澳台事务。获批教育部重点项目“香港与内地高等学校师生交流计划”,共接待来访师生2批36人。接待台湾文藻外语大学、香港城市大学等多个访问团,组织各类学生交流和评奖活动。申报海峡两岸学术研讨会,与文藻外语大学签署合作协议等。

六、学生事务管理。①招生录取改革稳步推进,自主招生工作突出考查学生学科特长基础。本科生录取连续3年达到教育部要求,即部属高校属地化招生比例不超过招生总数30%。②学生事务管理规范有序。大学生德育工作稳中求新，教育平台和网络渠道继续完善，民族学生教育管理、心理健康教育、资助管理服务、生涯辅导与就业服务等各项工作不断推进，全过程、全领域育人体系不断完善。毕业生质量继续保持优势，学校获评“全国50所年度就业典型经验高校”。③加强辅导员队伍发展。建设辅导员网络工作平台，为当前和今后辅导员队伍培训和管理等提供准确、详实的数据，实现队伍管理信息化和科学化。依托易班平台，建设“辅导员协会”网上工作交流平台，全面记录辅导员工作、培训等相关情况。

七、校园文化建设。①艺术教育有新意。校艺教中心承办第26届文化艺术节并推出“拾艺沙龙”项目，邀请艺术家走进校园，向学生普及艺术知识。校合唱团在上海音乐厅举办第二场专场音乐会，西乐团在毕业季推出草地音乐会，并应国家汉办邀约赴摩洛哥、葡萄牙、西班牙三国孔子学院演出8天共6场次。校艺术团获得上海市首批市级艺术团称号，以西乐团为主的学生承担了各类音乐会志愿服务工作，充分展示了多语种沟通能力和艺术素养。②学术创新有突破。第五届“校长读书奖”带动学生热爱读书、热爱思考。梁文道、陈刚、陈丹燕等做客思索讲坛，与上外师生共享学术盛宴。在第十三届“挑战杯”全国大学生课外学术科技作品竞赛中获得全国铜奖1项(上海市金奖1项)、上海市银奖2项、铜奖4项，同时获得上海市青少年科普创新优秀组织奖和优秀项目奖。③志愿者工作。建设公共场所外文译写规范纠错志愿者队伍，定期组织监测和纠错活动。承接2013年ATP上海网球大师赛和国际企业家市长咨询会两项重大国际赛会的志愿者工作。继续做好12345市民热线日语和韩语志愿者服务。招募1名毕业生赴新疆参加大学生志愿服务西部计划。组建第十六届研究生支教团。配合松江区管委会开展同创共建文明站点活动，动员学生在松江大学城站开展为期一个月的志愿者便民服务活动。

八、管理和保障工作。①提高管理部门服务意识。办公自动化系统投入运营，有效提升了工作效率。信息公开工作增强了学校信息的公开度和透明度，在市教委评议中获第一。②完善办学条件。松江学生公寓回购顺利完成，学校教学办公条件进一步提升。优化学校财务管理，经费管理更加严谨，预算管理不断推进。继续健全安全校园管理，完善突发事件预案，处置突发事件能力得到提高，再次获评“上海市安全文明单位”。图书信息服务继续实施便民化，图书馆全年接待读者148万余人次，共采购纸本图书32169册，比上年度增加4000册左右，购置数据库29个。③基础建设稳定发展。松江校区学生公寓项目按进度顺利进行，并做到项目管理风正廉洁，松江校区国际教育中心项目获得教育部立项。④基金会、校友会工作有序开展。年内，校基金会新增到账资金337万元，至11月底账面资金达1269万元，“上外校友爱心助学基金”正式建立并获得校友踊跃捐款。

(潘　旻)

[东亚日语暨日本文化国际研讨会召开]　3月16日，由上海外国语大学日本文化经济学院主办的第十四届东亚日语暨日本文化国际研讨会在学校召开。本次研讨会共有来自中日韩三国10余所高校的日语和日本学研究者、研究生70余人参加。与会的专家、学者以及部分博士研究生对日语、日语教学、日本文学、日本文化等领域的最新研究成果进行了深入探讨。东亚日语暨日本文化国际研讨会在中日韩三国日本学研究界具有一定的影响力，对促进东亚各国日本学研究者之间的合作与交流具有重要的意义。

(潘　旻)

[获上海大学生年度人物称号]　3月，“2012上海大学生年度人物”评选结果揭晓，上海外国语大学传媒学院2010级广播电视专业学生张晨玥获“2012上海大学生年度人物”称号。“上海大学生年度人物”评选活动由市委宣传部、市教卫党委、市教委、团市委指导，市教育报刊总社主办，市教育发展基金会支持。该评选旨在寻找上海大学生身边的榜样，展现上海青年大学生的时代风采。活动始于2012年，学校连续两届均有学生获奖。

(潘　旻)

[日本大阪产业大学孔子学院举行五周年庆典]　3月24日，上海外国语大学成立的第二所孔子学院日本大阪产业大学孔子学院举行纪念成立五周年庆祝典礼。学院于2007年开始正式运营，其间共开设各类汉语课程近400次，学生人数近3000人次，举办演出、演讲会、本土教师培训等活动近50次，参加者逾4000人，在日本关西地区具有较高的知名度。

(潘　旻)

日本大阪产业大学孔子学院举行五周年庆典

[举行语言教育政策国际学术研讨会] 3月28—30日，由上海外国语大学中国外语战略研究中心主办的以“语言教育政策：国际比较与本土实践”为主题的2013年语言教育政策国际学术研讨会在校举行。来自中国、美国、加拿大、法国、西班牙、比利时、卢森堡、澳大利亚、新加坡、韩国等10余个国家与地区的近百位专家学者出席了研讨会。中国外语战略研究中心作为国家语委首家科研基地，始终致力于面向国家战略的宏观语言学研究，取得了较为丰硕的学术成果，本次研讨会有助于推动语言教育政策的学科建设，进一步提升上外在该领域的国际影响力。

（潘　旻）

[联合国合作备忘录签约高校年会召开] 4月22日，第三届联合国合作备忘录签约高校年会在学校举行。本届年会由联合国总部大会及会议管理部和上外主办，上外高级翻译学院承办，来自联合国总部及各分支机构、欧洲委员会、欧洲议会的官员和专业译员以及全球21所联合国签约高校代表出席。与会代表围绕“远程学习”和“评价标准”等主题，就高端专业翻译人才的培养、强化提高口笔译工作语言的措施和手段、如何突显和落实与联合国大会事务部密切合作的方案和实践，及加强签约高校间的平行合作与交流等议题，展开深入研讨。

（潘　旻）

[新增“网络与新媒体”专业] 4月，上海外国语大学获准新增“网络与新媒体”专业。专业归属文学学科门类，新闻传播学专业类，属特设专业。专业致力于培养能够熟练掌握网络新媒体、新媒体信息传播的基本理论与实践运用，熟练运用网络与新媒体技术进行网络新闻的采写编、有效处理网络信息文本和音像内容，并熟练掌握英语、具有宽广的国际知识和敬业精神的复合型信息国际传播人才。

（潘　旻）

[蝉联市文明单位称号] 5月，上海外国语大学获得“2011—2012年度（第十六届）上海市文明单位”称号，这是上外第八次蝉联此项荣誉称号。同时，学校报送的“融汇东西文明　构架中外桥梁——上海外国语大学‘语之魅’外语文化节”被评为“2012年度上海市教育系统校园文化建设优秀项目奖”。“语之魅”外语文化节是上外弘扬“格高志远、学贯中外”大学精神，塑造“多元、开放、包容、创新”特色大学文化，紧密结合专业特色和课堂教学创设的校园文化活动。

（潘　旻）

[学位论文获评市研究生优秀成果] 根据《上海市教育委员会　上海市学位委员会关于公布2012年上海市研究生优秀成果（学位论文）的通知》，学校有8篇学位论文获评2012年上海市研究生优秀成果。

（潘　旻）

[三方合作共建专业语言服务基地] 10月31日，主题为“语言服务与文化贸易”的2013中国国际语言服务业大会在学校举行。上海外国语大学、中国翻译家协会和虹口区人民政府三方就建设上海文化贸易语言服务基地等签订了合作协议。本次会议旨在探讨语言服务作为一项基础性服务，更好地推

动中国对外贸易、特别是文化贸易的发展。

（潘 旻）

［构架“微”校园］ 12 月 12 日，上海外国语大学微信公众平台服务号“西索儿”通过腾讯微信官方认证，成为全国首家获得微信高级接口授权的高校，为研发移动化的校园服务新应用开拓了技术空间。近年来，上海外国语大学结合当下互联网的终端移动化趋势，革新高校媒体布局与运作理念，充分利用网络新媒体，积极创设校园文化新载体。在 2010 年开通并运行官方微博后，于 9 月适时推出微信公众平台，包括服务号“西索儿”和订阅号“西索”，并协同各院系、各职能部门打造立体化的新媒体群，构建指尖上的“微”校园，传播新知、传递正能量。

（潘 旻）

附：学校负责人及地址

（2013 年 1—12 月）

校党委书记：吴友富
副 书 记：李月松、王 静

校 长：曹德明
副校长：冯庆华、张 峰、杨 力、周 承

虹口校区地址：大连西路 550 号
邮编：200083
电话：35372000

松江校区地址：文翔路 1550 号
邮编：201620
电话：67701068

上海财经大学

［**2013 年概况**］ 学校设有教学单位 18 个，本科专业 38 个，一级学科博士点 6 个，一级学科硕士点 12 个，专业学位硕士点 10 个、博士后科研流动站 6 个和本科专业 38 个。学校拥有会计学、经济思想史、财政学、金融学等 4 个国家重点学科(含培育学科)，10 个省部级重点学科，6 个上海市一流学科。有国家经济学基础人才培养基地 1 个、国家大学生文化素质教育基地 1 个、会计与财务研究院教育部人文社会科学重点研究基地 1 个、国际商务汉语教学与资源开发基地(上海)1 个，有数理经济学教育部重点实验室 1 个。学校各类在校生 21302 人(全日制 13638 人)，博士研究生 1029 人，学术型硕士 1264 人，专业学位型硕士 4119 人，本科生 7876 人，留学生 1027 人。有专任教师 1030 名，其中教授、副教授 573 人。有国家“千人计划”8 人、“长江学者”9 人、“万人计划”教学名师领军人才 1 人、国家级教学名师 2 人、教育部创新团队 1 个、上海“千人计划”7 人、国家杰出青年基金获得者 1 人、“新世纪百千万人才工程”国家级人选 4 人、教育部新世纪优秀人才 39 人。

一、人才培养。①本科生在 27 个省市的理科最低录取分数超过当地“一本”控制线 70 分以上，其中在 19 个省市高出当地控制线 100 分以上，在上海的“一本”投档线文科列第三、理科列第四。②毕业生就业率仍维持较高水平，全校毕业生签约率为91.6%、就业率为 96%。③深入实施国家教育体制改革试点项目“财经类创新人才培养模式改革”。召开本科教学改革研讨会，研讨 2014 级本科培养方案，形成本科教学改革路线图表，推出拓宽招生口径、压缩总学分、增加选课自由、强化通识教育、加强实践育人，构筑多元成长路径等改革新举措。推进研究生分类培养模式改革试点，完善硕博连读制度。获全国优秀博士学位论文 1 篇，上海市优秀博士论文 3 篇、优秀硕士论文 2 篇。全方位推进专业学位研究生教育改革，与多家知名企事业单位建立联合培养基地，合作培养应用型专业学位研究生。公共管理硕士(MPA)在国务院学位办教学评估中评为 A 等，获全国 MPA 优秀学位论文 1 篇、提名 1 篇，并正式启动 MPA 国际认证工作。持续发布本科教育质量报告并首次发布研究生教育质量报告。实施本科教学质量与教学改革工程，新增教育部卓越法律人才教育培养基地，新增国家级精品课程 3 门、上海市级精品课程 4 门，开设新生研讨课 14 门。参与国际商学三大论证，通过中国高质量 MBA 项目认证，完成 EQUIS 和 AACSB 国际认证资格审查。④加强德育教育、创新实践教育。丰富通识课程资源，倾力打造“科学・人文”大讲堂，先后邀请多名知名院士、专家来校开讲，提升学生的思想品德、科学精神和人文素养。学校鼓励和支持学生参与科研创新和创业实践活动，培养学生的创新精神和实践能力。获教育部大学生创新创业训练计划项目 80 个。以“农村劳动力城乡转移状况调查”为主题，组织开展千村调查六期项目，“千村调查”项目建设经验入选教育部部长袁贵仁主编的《教育改革典型案例》。学生参与各类竞赛成绩优异，“上财创行”团队作为中国站总冠军成功跻身 2013 年创行世界杯八强；在德勤税务精英挑战赛个案分析比赛中获全国冠军，成为夺冠次数最多的高校；获“花旗杯”金融创新应用大赛全国总冠军；获 2013 全英商务实践大赛全国总冠军；获全国“挑战杯”课外学术科技作品竞赛三等奖暨“交叉创新奖”三等奖 1 个、“累进创新奖”银奖 1 个，上海市一等奖 1 个、二等奖 1 个、三等奖 3 个；获 2013 年度上海市明星社团 2 个，优秀社团 2 个，优秀社团指导老师 2 名，以及上海高校学生社团工作先进单位等。

二、学科建设。研究制定《学科发展规划(2013—2020 年)》，在学科方向、人才引进与培养、高层次成果产出、扩大学术影响等方面着重加强培育建设。统计学增补列入上海市一流学科 A 类范围，法学、公共管理学入围上海市“学位点引导布局与建设培育项目”。在教育部学位与研究生教育发展中心最新公布的一级学科排名中 4 个学科跻身全国前 10 名。QS2013 年世界大学学科排行榜显示，学校进入“会计与金融专业”全球前 150 名。荷兰蒂尔堡大学(Tilburg)"全球经济学研究机构排名"最新结果显示,上海财经大学在国际经济学顶尖期刊论文发表位居中国(含港澳台)第1、亚洲第6,世界第61。根据美国亚利桑那州立大学对金融学顶尖期刊发文全球及中国排名的最新结果显示,上海财经大学在全球排名第104位,在大陆高校排名第1位。在中国教育科学研究院发布的教育部直属高校绩效排名中,学校在大文科类高校中产出得分排序第1,投入得分排序第6,位差为5,属于"绩效偏高类"高校。

三、科学研究。①培育建设2011协同创新中心,建立健全协同创新中心建设管理体制和组织架构,设立"2011计划"工作领导小组,成立"2011计划办公室"。抓住上海自贸区建设的重大契机,牵头组建培育中国(上海)自由贸易试验区协同创新中心,并将其作为新一轮"2011计划"首选申报项目。进一步加强"经济学与中国转型发展协同创新中心"和"会计改革与发展协同创新中心"的培育建设工作。先后修订或新制定6项科研管理规章制度。②学校承接国家和省部级科研项目179项,承接企业委托及其他课题165项。学校全年科研经费5164.88万元,完成科研项目166项,发表论文958篇,其中SSCI论文69篇,SCI论文58篇,EI论文14篇,CSSCI论文192篇;有4项成果获第六届教育部人文社会科学优秀成果奖,18项成果获上海市第十一届哲学社会科学优秀成果奖、上海市第九届邓小平理论研究和宣传优秀成果奖,9项成果获第九届上海市政府决策咨询奖。③对接共建机制,推动科研成果转化。组织实施《上海财经大学服务财税行动计划》和《上海财经大学服务上海行动计划》。上海国际金融中心研究院入选上海高校知识服务平台,公共政策与治理研究院入选上海市教委重点建设的十大高校智库,中国产业经济发展研究院入选上海市教委培育智库建设。《预算法》修订系列研究成果、"第二轮分税制财政体制改革框架性思路"专家建议等多篇决策咨询研究成果获国家和上海市领导批示。

四、师资队伍建设。召开学校师资队伍建设工作会议,继续探索开放环境下师资队伍建设模式,研究制订《上海财经大学关于进一步加强师资队伍建设的实施意见(2013—2017)》及一系列配套政策,实施讲席教授和副教授制度、学术骨干支持计划、创新团队支持计划,全面启动"1351人才工程"。依托海外高层次人才创新创业基地建设,坚持引进与培养并重,继续做好海内外优秀博士和高层次人才引进工作。2013年新增中央"千人计划"2人、"长江学者"1人、"东方学者"3人、上海"千人计划"4人、新世纪优秀人才支持计划9人;统计与管理学院黄坚教授团队入选教育部"创新团队支持计划"。成立教师教学发展中心,开设新进教师"研习营",建立青年教师职业导师制,组织教师参加教育部、上海市各类骨干教师培训班,举办面向校内外的各类暑期师资培训班,启动实施管理人员海外培训项目。

五、交流与合作。①全面推进Global SUFE国际化战略。设立信息管理与工程学院与亚利桑那州立大学(ASU)计划"3+1+1"中外合作项目,实现学校中外合作办学模式的新突破。先后与10个国家或地区的22所学校签订了31份协议,其中17所学校为新签院校。成立海外学习中心,设立海外学术活动专项经费,本科生22%左右具有海外学习经历。②留学生规模保持稳定,各类结构继续改善,高层次公费生人数稳步增长,留学生生源国超过90个。推进和完善留学生二级管理体制改革,启动国家商务汉语教学与资源开发基地(上海)三期建设。③积极探索与社会各界合作共赢发展模式,召开第一届校董会二次会议。以校董会为纽带,深化拓展校地校企合作,先后与虹口区人民政府、上海及周边多家金融机构、企业签署战略合作协议,推进实质性项目合作。完成学校教育发展基金会换届工作,学校接受各类捐赠2300多万元,经济科学出版社向学校捐赠4000种、价值30万元的图书。加强校友会组织建设,新增地方校友会4个,地区联络处3个,积极推进校友总会注册工作。

六、校园文化建设。①学校连续20年、10次被评为上海市文明单位。开展申报2013—2014年度校级文明单位、文明岗和文明窗口的中期检查评比,评出6个校级文明创建特色培育项目。启动2012—2013年度学校精神文明十佳好人好事评选工作。②继续做好高雅艺术进校园工作,引进京剧、话剧、交响音乐会、歌舞、芭蕾、越剧等10场演出,组织部分师生在音乐厅、逸夫舞台和大剧院观看交响音乐会、京剧、越剧、歌剧、芭蕾舞等演出。③校学生合唱团被上海市艺术教育委员会评为上海市大学生艺术团合唱艺术实践基地,继学生民乐团之后成为学校第二支市级重点艺术团队。校学生民乐团获第三届海内外江南丝竹邀请赛银奖，以及上海市“山阳杯”民乐展演金奖。尝试开设艺术公开课程。④召开第六届教职工代表大会暨第七届工会会员代表大会，顺利完成教代会和校工会换届工作。

（蒋　萍、吴怀莉）

［成立会计改革与发展协同创新中心］ 3月2日，会计改革与发展协同创新中心在学校成立。中心依托学校会计学国家重点学科以及教育部重点研究基地——会计与财务研究院，在协同财政部人教司、会计司、中国注册会计师协会、中国人民大学、香港中文大学等多方优势资源基础上，满足会计改革与发展的重大需求和解决重大科学问题。

（蒋　萍、吴怀莉）

［与虹口区签署合作协议］ 6月7日，上海财经大学与虹口区人民政府签署战略合作框架协议。根据协议，虹口区人民政府和学校将在资源共享、人才交流和大学科技园建设等方面开展战略合作。

（蒋　萍、吴怀莉）

学校与虹口区人民政府签署战略合作框架协议签约

［杜占元到校考察］ 6月28日，教育部副部长杜占元一行到校，先后考察了学生中心、统计与管理学院和会计学院，并就学校进一步加强人才培养和学科建设等方面提出了指导意见。

（蒋　萍、吴怀莉）

［启动实施服务师生实事项目］ 8月，学校印发《关于着力推进落实上海财经大学2013年服务师生实事项目的通知》，正式启动实施服务师生16项实事项目。截至年底，已完成或基本完成6项，其余10项需长期建设的实事项目也已完成阶段性目标任务。

（蒋　萍、吴怀莉）

［成立公共政策与治理研究院］ 9月22日，公共政策与治理研究院举行揭牌仪式。作为上海市教委重点建设的十大高校智库之一，该智库以中国各类重大社会经济政治问题为研究导向，致力于破解发展难题，服务政府决策和社会需求。

（蒋　萍、吴怀莉）

［成立上海财经大学自由贸易区研究院、上海发展研究院］ 10月12日，上海财经大学自由贸易区研究院、上海发展研究院揭牌，研究院努力建设成为中国（上海）自由贸易试验区和上海转型发展的思想库、人才库和信息库。

（蒋　萍、吴怀莉）

［组建自贸区协同创新中心］ 10月26日，学校协同有关政府主管部门和高校，牵头组建中国（上海）自由贸易试验区协同创新中心。中心成立以后，参与自贸试验区各项改革制度的设计，一系列决策咨询建议受到有关领导和部门的高度肯定，并在自贸区的国际比较研究、人才培养模式创新等方面也取得了重要阶段性成果。

（蒋　萍、吴怀莉）

［筹备百年校庆］ 11月9日，面向百年校庆，以“同心共筑上财梦”为主题，以“78、79级毕业校友返校活动”为特色，举办“畅谈母校情，共话上财梦”96周年校庆系列活动。成立百年校庆筹备工作领导小

组和办公室，制定完成《上海财经大学百年校庆活动总体方案框架》，百年校庆筹备工作全面启动。

（蒋　萍、吴怀莉）

［**召开第六届教职工代表大会**］　11月22—23日，第六届教职工代表大会暨第七届工会会员代表大会召开。会议讨论通过《上海财经大学章程》（征求意见稿），审议通过《上海财经大学2013—2017年绩效津贴调整方案》（讨论稿），选举产生第六届教职工代表大会执行委员会、第七届工会委员会和经费审查委员会。

（蒋　萍、吴怀莉）

附：学校负责人及地址

（2013年1—12月）

校党委书记：丛树海
副　书　记：刘永章、陈　宏

校　长：樊丽明
副校长：孙　铮、王洪卫（12月离任）、周仲飞、刘兰娟、方　华、黄　颖、蒋传海（12月到任）

地址：国定路777号
邮编：200433
电话：65114028

上海海关学院

［**2013年概况**］ 学院设有海关管理系、经济与工商管理系、法律系、外语系、基础部(思想政治理论部)等五个教学系(部);设置海关管理、行政管理、物流管理、审计学、国际商务、税务、法学、英语8个本科专业,涵盖管理学、经济学、法学、文学等4个学科门类。其中法学、税务专业分别是教育部第二、三批高等学校特色专业建设点。作为"服务国家特殊需求人才培养项目"试点单位,招收录取30名税务硕士专业学位研究生,完成首届研究生招生工作。全日制在校生1830人,其中本科生1800人,硕士研究生30人;现有教职工265人,专任教师140人,其中教授12人,副教授45人,具有高级职务教师占专任教师比例40.7%,具有硕士研究生以上学位教师占专任教师比例82.9%。

一、师资队伍建设。选派8名青年教师赴国内外有关高校进行访学进修,其中5人获得市教委专项资助,2人由学院全额资助;共有3名青年教师获市教委青年教师培养资助;学院资助2名青年教师在职攻读博士学位,为3名进校不满一年青年教师配备导师,为7名引进教授、副教授、青年博士等引进人才设立科研专项基金。充分利用各类教育培训资源,采取有效培训形式,切实提高中青年教师专业素质。先后选派74人次参加总署、教育部、市教委等部门举办的各类业务培训班。为35岁以下青年教师举办教学技能专题培训班。选派4名青年教师赴海关总署国际司、稽查司、关税司、泛洋航运等单位进行产学研实践。组织14位新录用人员参加为期两个月入关初任培训。

二、教学工作。优化专业师资队伍结构、完善人才培养方案和课程设置,创新人才培养模式,审计学、国际商务、行政管理等三个本科专业获得本科学士学位授予权,《物流管理》被评为市级精品课程;新建海关通关模拟实验室,建立专业实验室主任制度、加强实验室基础建设;建立健全本科教学质量保障体系,推进专业主干课程题库建设,开展课程综合评价改革试点,逐步形成院、系二级教学质量保障机制;深入推进本科教学工作合格评估工作,坚持"以评促建、以评促改、以评促管理、评建结合、重在建设"评估方针,认真查找教学工作薄弱环节,进一步明确学院类型、办学层次、人才培养目标、服务面向及发展目标的定位,扎实推进迎评工作。分别与外高桥保税区海关、德勤会计师事务所、瑞华会计师事务所合作建立研究生实践基地。邀请来自复旦大学、上海财经大学、上海大学等高校7名校外专家、教授参与研究生《中国特色社会主义理论与实践研究》、《中国经济问题》、《中国税制专题》课程的授课。

三、科研工作。获准校外各级各类科研项目立项共56项,其中,国家级项目3项,省部级项目10项,市厅局级项目7项,横向项目2项,院级项目、工作室与工作小组、廉政项目等自筹经费新立课题18项,接受海关总署及其各司局、各海关和市教委等部门委托研究课题16项;共获得课题经费420.4万元,其中:国家级课题经费68万元,省部级课题经费65.5万元,市厅局级课题经费32.2万元,横向课题经费1.3万元,院级课题、工作室与工作小组、廉政课题等自筹经费课题投入20.5万元,接受海关总署及其各司局、各海关和市教委等部门委托研究课题经费232.9万元。学院给予教师科研项目配套经费32.76万元,给予教师各级各类成果奖励经费31.61万元。发表论文141篇,其中核心期刊论文(CSSCI、北大版和理论版核心)33篇,国外学术期刊论文7篇,一般期刊论文101篇。学术论文被转载1篇,三大检索收录6篇,《成果要报》被采纳成果1篇,发表在《上海海关学院学报》论文24篇。学院成果获省部级成果奖1项,一级专业学会奖1项。参与出版、编写著作20部。《上海海关学院学报》出版正刊6期、增刊1期。

四、社会培训工作。按照"瞄准目标,稳步推进,重点突破"的推进思路,适度控制培训外延发展,更加关注内涵建设,从培训项目开发、课程建设、方法改进等方面入手,提升培训质量。共举办国内外各级各类培训班105期、培训各类人员5460人次。其中海关计划内培训26期、1676人次,系统内委托培训45期、2571人次,面向社会培训16期、937人次,涉外培训18期,312人次。学院通过深化培训项目制管理、加强培训开发设计、加强质量监控、创新培训方式方法,提升培训效果。承办中央党校中央机关分校TOT班,使学院培训工作在党校系统内树立品牌。成功为Fedex在广州、北京两地一线员工举办培训。

五、国际交流与合作。启动荷兰海关专家国际课程试点项目,承办世界海关组织第61届跟班作业项目、俄罗斯海关官员汉语培训班、蒙古国海关“海关统计”培训班、越老柬缅海关官员“非侵入式查验技术”和“经认证的经营者”培训班，接待国际学员300余人。

六、学生工作。突出“德育为先”重点，以诚信、守纪、生命教育和熔铸“国魂·关魂·校魂”三魂于一体为主题和主线，以易班建设为抓手，扎实开展学生思想政治教育。共有16名学生获国家奖学金，4位学生获上海市奖学金，52名学生获国家励志奖学金；55名学生获企业奖助学金，200余人次在国家级、上海级学科竞赛、技能竞赛、文娱比赛中获各类奖项。组织学生参与社会实践及志愿服务65项，累计160余次，参与志愿者2250人次。在上海市大学生暑期社会实践表彰工作中，2个项目获得优秀项目奖；2名学生获“2013年上海市大学生暑期社会实践先进个人”称号；1名老师获“2013年上海市大学生暑期社会实践优秀指导教师”称号。在第五届“知行杯”上海市大学生社会实践大赛中1个项目获“优秀项目奖”。

（贾亮亭）

［聘任名誉院长］ 4月18日，海关总署原署长牟新生受聘为上海海关学院名誉院长。海关总署副署长、政治部主任王松鹤向牟新生颁发《上海海关学院名誉院长任命书》。

（贾亮亭）

［开设首期国际课程］ 6月，荷兰海关署办公室法律和国际事务政策顾问为海关管理系2010级英语特色班本科生进行英文授课，主讲贸易便利化措施、欧盟AEO制度、海关风险管理等专业知识。

（贾亮亭）

［海关总署领导出席开学典礼］ 9月10日，海关总署党组成员、副署长、政治部主任胡伟出席2013年开学典礼暨教师节庆祝大会。胡伟肯定学院办学理念和建校60年来取得的成绩，并对学院发展提出四点希望和要求：一是要突出海关特色；二是要提高办学质量；三是要强化培训工作；四是要加大保障投入。胡伟还出席学院校史陈列馆开馆仪式，为校史陈列馆揭牌。

（贾亮亭）

［在海峡两岸竞赛中获奖］ 12月4—8日，由上海海关学院国际商务专业5名学生组成的竞赛团队，应邀参加中国国际贸易促进委员会商业行业分会和中国国际商会商业行业分会举办的“海峡两岸国际经贸与商务专题竞赛总决赛”，在两岸28支参赛组中获得大陆地区最高奖项——二等奖。

（贾亮亭）

［与宁波海关签署合作备忘录］ 12月25日，学院与浙江宁波海关签署《合作备忘录》。双方将围绕产学研践习、专业教师和海关专家开展“结对”互助、合作开展培训项目等开展深层次合作。

（贾亮亭）

学院与浙江宁波海关合作签约

附：学院负责人及地址

（2013年1—12月）

院党委书记：郑建民
副　书　记：肖建国
院　　长：肖建国
副院长：丁海蒙、石良平、陈　晖

地址：浦东新区华夏西路5677号
邮编：201204
电话：28992899

上海民航职业技术学院

［**2013 年概况**］ 学院是经教育部备案、上海市人民政府批准、隶属于中国民用航空局的、独立设置的公办全日制普通高等院校，于 2012 年 5 月正式成立，面向全国 31 个省、市、自治区招生，包括民航商务、航空物流、航空乘务、民航空中安全保卫、航空机电设备维修、航空电子设备维修、民航安全技术管理、飞机制造技术 8 专业。学院以高等职业技术教育为主体，以服务民航事业为己任，以行业岗位培训和成人学历教育为支撑，立足上海，面向华东，辐射全国，致力于培养具有大专（高职）学历层次、较强实践能力，服务于民航和社会发展所需的一线高素质高技能型人才。有在校生 3889 人，其中民航中专学生 1054 人，五年贯通制学生 239 人，交职学院学生 824 人，民航学院学生 1772 人。有教职工 277 人，其中在编人员 253 人，专任教师 155 人，具有高级职称的 29 人，具有中级职称的 76 人，具有研究生学历的 56 人。学院占地面积约 13 万平方米，建筑面积 12.5 万平方米，拥有价值近 6000 万元的各类教学仪器设备，有 14 个专业实训室，馆藏图书及电子图书达 20 余万册。拥有上海民航职业技能鉴定所资源，是上海地区唯一同时取得民航局 CCAR—147 和 CCAR—66 部执照考点资质的学院。

一、教育教学改革。学院完成航空旅游服务、民航电子商务、民航特种车辆维修和飞机结构维修 4 个专业的申报工作。新增 3 个中高职贯通人才培养试点，与中华职业学校空中乘务专业、上海工商信息学校航空机电设备维修专业、上海市信息管理学校民航商务专业合作开展中高职贯通教育培养模式试点。尝试英语课程分层教学和思政教程的大班化教学。推进“精品课程建设工程”，确定 14 门课程为该工程一期项目，《客舱服务》等 3 门课程入选市级精品课程建设项目。强化实践教学环节，修订课程标准，开设实训课程，组织编写《空港货运系统实训操作手册》。购置一架退役波音 737-300 飞机，建设完成 A330 飞机水上撤离训练设备、A320 舱门训练器、空保体能训练设备。学院通过抓好职业技能鉴定和培训工作进一步夯实和拓展学生的专业技能，共完成 1248 人次的钳工、维修电工（初、中级）、计算机操作员（初级）职业资格技能鉴定工作。高职、中专空乘和空保专业学生参加上海市红十字会的现场急救知识培训与考核，考证合格率为 100%，考核合格的学员获得上海市红十字会颁发的《现场初级急救合格证》。依托 CCAR-147 机务维修培训机构和 CCAR-66 部执照考点平台，开展机务各类在职人员培训和执照考试考务工作。在首届“2013 年全国高职院校飞机发动机拆装技能大赛”中荣获团体二等奖 1 个，三等奖 1 个。在“2013 年全国高等院校空乘专业推介展示会”中，学院选派 18 名选手参赛，1 人荣获最佳才艺奖，3 人荣获最佳形象奖；1 人荣获五级乘务员资质。在上海市“星光计划”第五届中等职业学校职业技能大赛中，学院荣获个人全能一等奖 2 名，二等奖 1 名，三等奖 4 名，学院荣获赛区组织贡献奖。此外，学院承办了“2013 年全国民航机场候机楼服务岗位职业技能大赛”决赛，荣获大赛组委会特别授予的“最佳组织奖”。

二、科研与教材建设。9 项校级科研课题获得学院立项并资助，推荐 10 项教科研成果参加 2013 年民航教学成果奖评选，荣获二等奖 1 个，三等奖 2 个。组织完成“2014 年民航科技创新引导资金项目”的申报，14 个项目共向民航局申请资金 1878 万元。初步建立了学院学报的相关编审制度、启动了征稿事宜，为学报的首刊创造条件。《客舱服务心理学》、《民航旅客运输》、《空中乘务应用文写作》、《乘务沟通艺术》4 本教材参加由人民交通出版社组织的高职空乘专业规划教材的编写工作。组织推荐了《民航国际旅客运输》、《民航服务礼仪》等 12 本教材参加民航局 2013—2015 年统编教材规划工作。

三、师资队伍建设。通过公开招聘，共引进各类人才 20 人，其中硕士研究生 13 人，大学本科学历 7 人。建立起专业及学科带头人制度，根据岗位设置实施方案，选聘 24 人为专业和学科带头人、骨干教师。2 位教师被教育部全国民航职业教育教学工作指导委员会分别聘为民航商务专业教学指导委员会、空中乘务（空中保卫）专业教学指导委员会委员。加强师资培训，提高师资队伍整体素质，针对新进人员，3个月内安排了6次培训，帮助青年教师尽快适应岗位，胜任工作。

四、合作办学与对外交流。学院深化校企合作，通过共建人才培养基地、实施“订单式”人才培养。继与上海普惠飞机发动机维修有限公司成功合作后，又与上海波音航空改装维修有限公司签订校企合作协议。6月，首届普惠订单班28名学生被普惠公司正式录用。9月，2011级航空机电、航空电子、飞机制造专业的62名学生分别成为2014届普惠订单班（27人）和波音订单班（35人）学员。

学院选派5名机电专业教师赴台湾中华科技大学进行飞机维修师资交流与培训。10月，台湾中华科技大学董事长一行率代表团来院考察，共同探讨两校进一步开展交流和合作的相关事宜，促进学院专业建设，拓展师资培训渠道。

五、学生教育管理。学院以“育德树魂”为核心，提高综合素质为基础，坚持育人为本、德育为先，探索由中专向高职转型的学生管理模式。通过多种形式的主题教育和形势教育活动，树立学生的理想信念和社会主义价值观；通过加强专职辅导员班主任队伍建设，强化学生管理，注重学生行为规范养成；通过开设德育、图形创意、摄影基础和影视欣赏等多种通用能力课程，将德育渗透到学生的思想；通过重视学生心理健康教育，畅通师生心理联系渠道，关注学生身心成长；通过以校园文化为载体，创设适合学生综合素质和个性特长发展的最佳环境，实施“航燕”艺术社团品牌化战略工程；通过结合民航岗位寓教于乐的活动，不断提升综合素质，提高服务意识和职业素养。把好学生“进出口”关，在做好“阳光招生”的同时，扎实推进就业工作。

六、管理改革与服务。人事改革全面深化，通过组织科级干部竞聘，37名科级干部于5月顺利上岗履职。广泛动员，严格程序，规范操作，有序开展全员聘用工作，历时2个月，完成了全院教职工的首次聘用工作，颁布实施《上海民航职业技术学院教职工院内津贴实施细则》。学院拟订并实施的各类规章制度共计61个，为构建有章可循、按章办事、规范高效的管理体制，提高行政管理效能奠定基础。基本建设有序推进，学院教学综合楼（含图书馆、大会议厅）、机务工程训练中心、乘务实训中心、行政办公及学生活动中心大楼等新的建筑相继落成，使学院的教学条件及环境得以较大改善。数字校园信息平台基础建设和一卡通基础建设项目的完成，加快了学院信息化建设的步伐，为学院发展提供了硬件支持。

（熊晟钰）

[“订单式”培养机务人才] 3月7日，学院和上海波音航空改装维修工程有限公司举行签约仪式，双方签署校企合作协议，将通过组建“上海波音班”实施“订单式”专业课程教学与培训，共育合格机务人才，共建校企互信共赢合作平台。3月30日，经过选拔，来自学院2011级航空机电、航空电子和飞机制造专业的35名优秀学生，组成“上海波音班”。双方将根据共同制定的教学计划，实施“订单式”专业课程教学与培训。

（熊晟钰）

波音737-300飞机交接仪式

[举行航空地面服务项目赛事] 3月30日，上海市“星光计划”第五届中等职业学校职业技能大赛航空地面服务项目赛事在学院航空服务开放实训中心举行。来自民航上海中等专业学校、上海市信息

管理学校、中华职业学校、上海市航空服务学校和上海市商贸旅游学校的24名学生参加了当天的比赛。该项赛事两年一度，作为本次大赛航空地面服务比赛的承办单位，学院在场地及设施保障，赛场秩序及后勤保障等方面做了充分的准备，保障比赛的顺利完成。5月6日，“星光计划”第五届中等职业学校职业技能大赛获奖情况揭晓，学院共有13位学生获奖，其中一等奖2个，二等奖2个，三等奖9个。

（熊晟钰）

［新专业通过评审］ 6月22日，民航局人事科教司在学院组织专家通过了4个新专业（民航特种车辆维修、飞机结构修理、航空旅游服务、民航电子商务）的评审。

（熊晟钰）

［在飞机发动机拆装技能大赛上获奖］ 6月28日，学院学生在全国职业院校技能大赛高职组飞机发动机拆装检测与维护比赛中获奖。在与来自全国10个省市的17支队伍的50余名航空专业高职院校技能高手的竞技中，学院组成的上海二队荣获二等奖，上海一队荣获三等奖。

（熊晟钰）

［承办民航候机楼服务岗位职业技能大赛］ 9月23—24日，“2013全国年民航机场候机楼服务岗位职业技能大赛”决赛举行。本届大赛以“中国梦·劳动美·提升机场服务·建设民航强国”为主题，由中国民航工会机场工作委员会主办，民航华东地区管理局工会、上海机场集团公司工会协办，学院承办。全国19个机场57名选手参加比赛。学校荣获大赛组委会授予的“最佳组织奖”。

（熊晟钰）

附：学院负责人及地址

（2013年1—12月）

院党委书记：孙　莹
副　书　记：孙　群

院　长：于　再
副院长：章恒龙　杨　征　孙　暄

地址：龙华西路1号
邮编：200232
电话：34693221

上海理工大学

［**2013年概况**］ 学校有18个学院、1个教学部，30个研究所，12个研究中心，4个研究院。设有53个本科专业，5个一级学科博士点，32个二级学科(含自设)博士点，22个一级学科硕士点，90个二级学科硕士点，6个专业学位种类，17个领域具有工程硕士学位授予权及工商管理、公共管理、工程管理、国际商务、翻译专业学位授予权。在校生23421人，其中全日制本科生17710人，硕士5324人，博士387人。2013年在校国际生1000余人。专任教师1505人，其中中国工程院院士6人(含双聘)、“千人计划”、“长江学者”、国家杰青等各类国家级专家40余人。

一、提高人才培养质量。①召开精品本科教学研讨会，制定实施《关于强化教学常规管理、全面提高教学质量的实施意见》，2个专业获批2013上海市级本科专业综合改革试点项目，1个专业入选本年度地方高校第一批(国家级)本科专业综合改革试点项目，2个专业通过上海市教委本科专业选优评估(试点)并被授予“优秀专业”称号；新增4门上海市级精品课程、8门上海市级重点课程、2门上海高校全英语示范课程；推出在线学习课程。②优化多学科实验室建设，建设大学生创新梦工场，开通运行创新创业管理与服务网上平台；扩大“卓越工程培养计划”规模，新增3个本科专业入选教育部“卓越工程师教育培养计划”。学生首次在具有国际影响力的美国大学生数学建模竞赛中荣获一等奖，尚理OM创意联盟在第34届头脑奥林匹克中国区决赛中荣获世界冠军。③首次发布上海理工大学学位与研究生教育质量年度报告(2012年度)，加强与一校八院(所)的战略合作，承担上海市专业学位研究生实践基地信息管理平台的建设工作，完善专业学位研究生课程体系建设，在2013年全国优秀博士学位论文评选中，1篇全国百篇优秀博士学位论文提名。④推进ASIIN、AACSB和ABET专业国际认证，“光电信息工程”专业成功接受ASIIN专家组实地考查。推进中外合作办学，新申报的中德国际学院顺利通过教育部专家评估组实地评估，首个海外办学项目医疗器械2+2项目在蒙古科技大学顺利开班，已与23个国家和地区的101所高等院校签署了各类合作协议和备忘录。成立澳洲文化交流中心、北欧文化交流中心，法国文化交流中心获批立项。

二、实施人才强校战略。①召开学科与师资队伍建设工作推进大会，发布《上海理工大学师资队伍建设分析报告》、《2013—2015年教师引进录用分解指标》等系列文件。全年共引进录用教师144人，合计净增113人，实施“沪江人才计划”，引进12名沪江领军人才。按岗位需求和学校发展目标推进“教师专业发展工程”，204人次获得各类资助或岗位培养。成功组建第二批23个教授团队，完成对首批教授团队的中期建设评估。②成立协同创新研究院，加强协同体制机制改革，联合组建“上海高端能源装备协同创新中心”，组织申报国家和上海市协同创新中心；建立一校八院(所)定期交流机制，军工路1076号研发基地落成并投入使用，机械工业共性技术上海研究院工作稳步开展。与上海建工集团股份有限公司等共同发起成立“上海重大工程建设安全监控技术与设备产业技术创新战略联盟”，协同创新合作进一步拓宽。深化“085”项目内涵建设，有效完善内涵建设管理机制，启动新一轮“085”项目建设，全年完成“085”项目立项52项。完成《中央财政支持地方高校发展专项资金(2013～2015年)项目建设规划》。

三、提升学科科研竞争力。①召开2013年科学技术与协同创新大会，对近三年来在学校科技工作中做出突出贡献的5个先进集体和17位先进个人进行表彰，对下一阶段科技工作做了部署。②获批上海市学位点引导布局与建设培育项目1个、交叉学科研究生拔尖创新人才培养平台项目1个，完成2013年二级学科自设博士点共享共建和新增硕士专业学位授权点申报工作。5个市教委重点学科(第五期)、6个一流学科通过专家验收。新增上海市重点实验室1个，合作获批上海市社会科学创新研究基地1个，获批“国家级专业技术人员继续教育基地”1个。③全年共获省部级以上科技奖项16项(含合作单位5项)，“低温冰箱系列化产品关键技术及产业化”项目(第二合作单位)获国家科技进步奖二等奖。全年共发表学术论文2445篇,高被引(ESI)论文篇数有新突破,光工程学科团队论文在高水平期刊发表。申请和授权发明专利显著增加,获授权专利552项,首次获得美国授权发明专利1项。④国家自然科学基金项目全年立项46项。科技部项目数量继续增加,立项12项,同比增长50%;上海市自然科学基金立项27项,同比增长170%。全年科研经费4.36亿元,同比增长8.1%,其中纵向科研到款经费1.13亿元,国家与地方级项目到款经费之比为1∶17。⑤组织参加第十五届中国国际工业博览会,获高校展区优秀展品二等奖、三等奖各1项;成立上海理工大学技术转移中心,新建技术转移工作站3家,企业院士工作站1家,学校技术转移中心以第七名的成绩获评国家级优秀。

四、完善内部管理机制。①出台《上海理工大学校园活动场地使用与管理办法》,开展机关服务群众满意度测评制度,学校管理服务水平和师生满意度进一步提高。②军工路1100号校区改建如期完成并投入使用。推进先进制造科技创新基地项目(先进制造技术大楼项目、分析测试中心项目)、南校区六期学生公寓建设项目、南校区一期工程建设项目、拆建第三教学楼及1100号校区规划项目等重大基建项目,建设规模近19万平方米。③加强数字图书馆建设,加大文献资源引进力度,提高在线文献传递服务的质量,最大化地优化纸质馆藏资源,满足师生教学科研需求;推进完善智慧校园,优化OA系统办公流程,开通校园官方微信服务平台,启用新版邮件系统,创新向一线教师提供面向教学的云桌面服务,为提高教学质量提供技术支撑。④召开上海理工大学大学系统建设十周年研讨会,推动医疗机械高等专科学校和出版高等专科学校浦东新校区建设。举办“上理之星”创设五周年总结表彰大会,完善与附属学校的共建机制和办学资源共享机制,推进附属学校建设。

(尚　娅)

[“千人计划”专家创新创业发展沙龙举行] 3月15日,由上海市人才服务中心、上海理工大学和上海杨浦海外高层次人才创新创业基地主办的国家“千人计划”专家创新创业发展沙龙在上海理工大学举行。国家“千人计划”服务窗口、上海市人才服务中心有关负责人,上海理工大学校领导,上海市人才服务中心、杨浦海外高层次人才创新创业服务中心、学校相关职能部门学院负责人以及40余名国家“千人计划”专家出席会议。

(尚　娅)

[在美国大学生数学建模竞赛中获奖] 学校选派的11支参赛队在2013年美国大学生数学建模竞赛中,经过连续96小时的顽强拼搏获佳绩。其中,由学院刘锡平指导的参赛队和管理学院郭强指导的参赛队均荣获一等奖。另获得3个二等奖、6个成功参赛奖。

(尚　娅)

[获大学生自强之星称号] 5月3日,由团中央、全国学联主办,中国青年报社和中国高校传媒联盟承办,新东方科技教育集团协办的2012年度寻访“中国大学生自强之星”活动评选结果揭晓,学校外语学院英语语言文学研究生赵红程获2012年度“中国大学生自强之星”称号。赵红程幼时患病,一直在轮椅上生活,凭着坚毅自强的精神,在学业工作各方面有优秀表现。

(尚　娅)

[举行“上理之星”年度颁奖大会] 5月16日,“上理之星”五周年总结暨2012年度颁奖大会举行。学校和杨浦区政府、杨浦区教育局的领导,以及来自上理工附属中小学校师生代表约700人参加大会。上理工附属中小学的86名学生获“上理之星”荣誉称号。为了激励中小学教师的专业成长,鼓励更多的教育创新,在学校基金会的积极筹措下,“上理之星金教棒奖——罗曼创新基金”正式成立,基金由上海罗曼照明装饰(集团)有限公司捐资30万元设立,主要奖励上理工附属中小学在创新人才培养和学生创新实践活动中有突出贡献的优秀教师。

(尚　娅)

[韩正接见头脑奥林匹克世界参赛团队] 7月3日,中共中央政治局委员、上海市委书记韩正,市委常委、市委秘书长尹弘,副市长翁铁慧接见包括尚理OM创意联盟代表队在内的参加第34届头脑奥林匹克世界决赛的团队代表,市教委主任苏明,市教卫工作党委副书记、市教委副主任、学校党委书记高德毅参加接见。尚理OM创意联盟的杨暘、李睿深、周冬、张铎耀、程茜、冯恋秋子、魏梦然组成的团队在第34届世界头脑奥林匹克决赛中摘得《电子邮件》题目大学组世界冠军,上理工附小参赛队获得

《古怪与正常》题目小学组亚军。

（尚　娅）

[入选“劳模创新工作室”] 院士庄松林申报的“光学工程劳模集体创新工作室”入选首批市教育系统“劳模创新工作室”。“光学工程劳模集体创新工作室”开展光学工程领域的基础科学问题和应用技术的研究创新、国家战略科研问题和技术创新研究、光电行业的光学工程技术创新服务。近三年，该工作室承担“973”、“863”、支撑计划、重大科学仪器设备开发专项等国家科技部课题 10 余项，实验室研究经费超过 8000 万元；在波谱技术与影像光学、THZ 技术、微纳光学工程、超分辨成像等领域达到国际一流水平；实验室荣获省部级奖项 6 项，包括机械工业联合科技进步奖一等奖、机械工业联合科技进步奖二等奖、教育部技术发明二等奖、上海市技术发明三等奖等；团队青年教师迅速成长，形成一支结构合理科研能力强富有战斗力的创新工作室团队。

（尚　娅）

[康复器械技术与产业发展研讨会举行] 9 月 25 日，由上海理工大学与上海市生物医药科技产业促进中心、上海电生理与康复技术创新战略联盟共同主办的首届“上海康复器械技术与产业发展研讨会”举行。市科委、经信委、生物医药科技促进中心、上海康复器具协会、物联网协会、残联等部门的领导及市知名康复工程与康复医学专家、康复器械企业负责人、学校师生等 200 多人出席会议。

（尚　娅）

[首个海外办学项目在蒙古国开班] 9 月 25 日，首个海外办学项目——医疗器械“2＋2”项目在蒙古科技大学开班。该本科联合培养项目为“2＋2”办学模式，学习时间四年，其中前两年在蒙古科技大学学习，后两年在上海理工大学学习。在学校规定年限内，修完教育教学计划规定的内容，并符合规定条件的毕业生，两校各自授予“生物医学工程”工学士学位。

（尚　娅）

[举行大学系统建设十周年研讨会] 10 月 22 日，学校召开了上海理工大学大学系统建设十周年研讨会。上海市教卫工作党委、市教委、有关委办局领导，上海理工大学大学系统的现任及部分历任校领导，相关兄弟院校领导出席大会。会议回顾大学系统建设十周年历程，总结系统办学的上理特色，研讨大学系统建设的发展方向。

（尚　娅）

举行上海理工大学大学系统建设十周年研讨会

[获中国制冷学会贡献奖] 11 月 5 日至 8 日，两年一届的中国制冷学会学术大会在武汉举行，全国制冷、低温、空调领域的大学、科研院所、企业等代表 1000 余人与会。大会授予学校华泽钊教授中国制冷学会贡献奖，以表彰他在该领域的杰出贡献。中国制冷学会第六专业委员会(小型制冷机与低温生物医学)、上海制冷学会、中科院理化所周远院士、清华大学江亿院士和天津大学马一太教授等组织和个人提名华泽钊教授申报该奖项。

（尚　娅）

附:学校负责人及地址

(2013 年 1—12 月)

校党委书记:高德毅(11 月离任)、沈　炜(11 月到任)
副　书　记:白苏娣(12 月离任)、张仁杰、李　江、刘道平、王凌宇(12 月到任)

校　长:胡寿根
副校长:白苏娣(常务)(12 月离任)、陈敬良(8 月离任)、王凌宇(12 月到任)、郑　刚、陈　斌、田蔚风、刘　平

军工路 516 号校区地址:军工路 516 号
邮编:200093
电话:55277040

军工路 334 号校区地址:军工路 334 号
邮编:200090

军工路 1100 号校区地址:军工路 1100 号
邮编:200093

复兴路校区地址:复兴中路 1195 号
邮编:200031
电话:64725420

营口路校区地址:营口路 101 号
邮编:200093
电话:65485551

水丰路校区地址:水丰路 100 号
邮编:200093
电话:65673587

上海大学

［2013年概况］ 学校现设有26个学院和2个校管系；设有71个本科专业、42个硕士学位一级学科授权点、20个博士学位一级学科授权点、17个博士后科研流动站；拥有4个国家重点学科、11个上海市一流学科，6个学科进入ESI国际学科排名全球前百分之一；拥有2个科技部与上海市共建的省部共建国家重点实验室培育基地，1个国家体育总局体育社会科学重点研究基地，2个省部共建教育部重点实验室，1个教育部工程研究中心，6个上海市重点实验室(其中两个省部共建国家重点实验室培育基地)，1个上海工程技术研究中心，3个国家级实验教学示范中心，4个教育部特色专业建设点，1个上海市高校E-研究院，1个上海市人民政府决策咨询研究基地，1个上海市社会科学创新研究基地，1个上海高校智库建设项目，2个上海高校人文艺术创新工作室。拥有2个上海高等教育内涵建设“085工程”项目，2个上海高校知识服务平台，2个上海市专业技术服务平台。现有专任教师2810人，其中教授540人、副教授890人，博士生导师400人，具有博士学位的教师1590人。现有中国科学院院士、中国工程院院士11人，外籍院士2人；入选中组部“千人计划”6人，入选上海市“千人计划”15人；教育部“长江学者”6人，上海市“东方学者”47人；获得国家自然科学基金委员会“杰出青年基金”9人；享受政府特殊津贴专家56人。现有研究生11030人，全日制本科生24160人，高职生2130人。另外，还有成人教育学生13580人。在校就读的外国留学生3600人，其中学历生570人。占地面积近200万平方米，校舍建筑面积110万余平方米，图书馆建筑面积5.39万平方米，馆藏纸本文献累积达382万册，订购中外文报刊近3150种，数字资源总量逾65.8TB。

学校按照建设高水平大学的战略部署，深化改革，全面推进开放合作，各项事业取得新的发展和进步，特别是在优化发展环境、提高办学质量、创新管理模式等方面取得重要进展。4月，教育部和上海市人民政府签约共建上海大学。9月，市委、市政府作出延长校区功能调整决策，学校启动延长校区规划、调整和建设工作，成立延长校区建设指挥部，形成延长校区事业规划。

一、人才培养工作。完善创新人才培养体系，推进学生德育、管理与服务工作。常态化教育质量保障体系逐步完善，发布首份国内高校学位与研究生教育质量报告，发布年度本科教育教学质量报告。完成大类招生后的本科生分流工作，前三志愿满足率达到81%。加强就业工作，就业率达98.20%。全日制专业学位研究生教育综合改革初见成效，全面推行双导师制培养模式，建立专业学位课程要求、学位论文标准及奖学金评价体系。加强交叉学科研究生培养平台建设，“都市社会管理”等4个项目入选上海市研究生教育创新计划实施项目；成立研究生院，探索研究生校院二级管理模式，推进研究生教育管理体制机制改革。学生参加各类竞赛获好成绩，共获得国际级一等奖3项、二等奖11项、三等奖17项，国家级一等奖25项、二等奖23项、三等奖23项，省市级一等奖25项、二等奖33项、三等奖28项；首次获得“挑战杯”全国大学生课外学术科技作品竞赛特等奖，再次获颁“优胜杯”。学校成人教育稳步发展，招生规模首次位居全市第一。

二、学科建设和科学研究。学科建设项目稳步推进，完成“十大工程”专项资金支持项目中期绩效评估验收工作；对28个正在建设的市本级学科建设项目进行中期验收；启动了学科规划论证工作。积极谋划推动重大重点项目和基地建设，“2011计划”持续推进，牵头中山大学、中国社会科学院社会学研究所、中国社会科学院城市发展与环境研究所、华东师范大学等单位联合成立特大城市社会治理协同创新中心。在科研立项方面，新获国家自然科学基金重点项目3项、重大国际合作研究项目1项，牵头申报的“光热调制材料的设计、可控制备与服役行为”成功进入科技部863项目库。新获国家社科基金重大招标项目、教育部哲学社会科学研究重大课题攻关项目各1项，国家社科基金重点项目2项。新增国家自然基金项目141项，经费8028万元。获教育部人文社科项目22项，获国家社科基金项目18项，3项成果获第六届教育部高等学校科学研究优秀成果奖，2 项成果获教育部自然科学二等奖。获上海市科学技术奖一等奖 1 项、二等奖 4 项、三等奖 5 项。军工科研项目方面，联合申报军工"973"项目 1 项并获准立项。学校作为第一作者单位被 SCIE 收录论文 823 篇，居全国高校第 38 位；EI 收录论文 741 篇，居全国高校第 42 位；CPCI-S 收录论文 406 篇，居全国高校第 25 位。申请专利 856 项，授权专利 438 项，同比增加 12%和 0.23%。

三、师资队伍建设。推进高层次人才培养工作，1 人获聘长江学者特聘教授，1 人获国家杰出青年科学基金，吴明红领衔团队获 2013 年度教育部"创新团队发展计划"支持，1 人入选国家"千人计划"，1 人入选中央"青年千人计划"，1 人入选"万人计划"首批青年拔尖人才支持计划；10 人入选 2013—2017 年教育部高等学校教学指导委员会副主任委员或委员；新增上海"千人计划"6 人、"东方学者"9 人。加强对青年教师的培养和扶持力度，3 人获教育部新世纪人才支持计划资助；6 人获得浦江人才计划资助，1 人入选上海市青年科技启明星计划；38 人入选上海高校中青年教师国外访学进修计划，13 人入选上海高校青年骨干教师国内访问学者计划，138 人入选上海高校教师产学研践习计划，88 人入选上海高校青年教师培养资助计划。

四、国际交流与合作。举办国际会议 22 次。接待国(境)外代表团 115 批，共 657 人次；组团出访美国罗格斯大学、澳大利亚悉尼科技大学、德国不来梅大学和日本早稻田大学等知名高校，拓展与国外知名大学的交流与合作。推进人才队伍国际化，共派出 110 位教师出国访学，获得 1 个国家高端外国专家项目、3 个上海市海外名师项目；长期外籍语言教师和专业外籍专家共 62 名，短期来访及科研合作外国专家共 153 名，2 名外国专家被授予"白玉兰纪念奖"。与澳大利亚悉尼科技大学在"智慧城市"方面、与墨尔本大学在"数字农业"方面的科研合作不断推进，取得明显成效；"上海大学-ESSILOR 联合研发中心"建设不断深化。推进人才培养国际化，举办首届"国际化小学期"，聘请美国耶鲁大学、加州大学、英国曼彻斯特大学等世界名校 80 多位教授来学校授课，使师生受益匪浅。组织各类学生交流项目，出国人数 1060 人次，同比增长 38%。在校留学生 3600 余人，其中学历生 570 余人，成为首批来华留学示范基地高校。孔子学院工作取得重要进展，被国家汉办授予"孔子学院先进合作院校"。

五、产学研与国内合作。推进国家三大科研机构的合作，开展与中国科学院长三角地区研究所联合招收研究生工作，首次在物理、化学等 16 个一级学科联合招收 290 名硕士研究生；与中国艺术研究院合作取得进展，拟定了中国艺术研究院上海分院建设方案，并获得文化部与上海市人民政府支持；学校与中国社科院就全面合作进行沟通，初步达成由中国社会科学院与上海市人民政府在上海大学共建"上海研究院"的合作意向。新建"上海大学兴化特种不锈钢技术发展研究院"，与中国兵器银光集团、上海印钞有限公司、上海高智科技发展有限公司、航天科技集团公司第四研究院等企业签订战略合作协议。横向项目累积签订技术合同 555 项，同比增长 9.25%；技术合同经费总计 1.83 亿元，同比增长 19.7%。累计签订技术转让合同 16 项，合同经费 542.6 万元。

六、管理改革创新工作。完善校长办公会议决策程序，召开 16 次校长办公会议，讨论了 66 个议题，其中 62 个议题作出 112 项决议。启动全系统管理试点工作，科技处、人事处、文科处、宣传部、设备处、研究生部成为首批实施全系统管理的单位。加快依法治校步伐，推进学校章程制定工作，采取自上而下与自下而上相结合，在充分调查研究和公开征求意见的基础上，完善"党委领导、校长负责、教授治学、民主管理"的内部治理结构。强化纪检监察工作网络，抓好廉洁自律规定的贯彻执行，推进办信查案，开展廉政文化建设，持续深化重点领域监管和专项治理。瞄准改革创新，面向教学科研一线，构建大宣传格局，推动新闻宣传新突破。推进机构院系调整，成立音乐学院，撤销高等技术学院，停止巴士汽车学院招生，学校将逐渐停办专科教育。

七、办学支撑体系建设。校园基本建设取得新进展，校本部东区三期工程已经得到上海市发展和改革委员会正式批复，并被列入 2014 年上海市重大工程项目，工程总投资约 7.7 亿元。校本部"乐乎新楼"扩建工程已竣工并交付使用，东区青年教师宿舍一期工程结构验收完毕进入装修阶段。加大智慧校园建设力度，网络互连互用得到进一步提升；进一步加强图书馆、档案馆、博物馆等公共服务平台建设。继续推进后勤服务的公益性与社会化的融合，提高服务质量，并在预算制条件下提高运营效率。积极推进节能工作，完成燃油锅炉节能改造，月均综合节能 130 吨标准煤。进一步完善校友工作组织体系和工作机制，推进教育发展基金会筹建工作。推进实施"实事工程"，全年总计发放住房补贴金额为 2514.71 万元，发放学生奖助学金 6241.7 万元。

（郭　秀、王　刚）

[获国家级科学技术奖励]　1月18日，上海大学首席专家的2项科技成果荣获2012年度国家科学技术进步二等奖，实现新上海大学自1994年组建以来在国家级科学技术奖励上零的突破。获奖项目分别为孙晋良院士为第一完成人，上海大学为第一完成单位的“碳/碳复合材料工艺技术装备及应用”；周邦新院士为第一完成人，上海大学为第二完成单位的“堆用锆合金关键基础研究”。另有上海大学教师参与的三项成果获奖。孙晋良院士、周邦新院士作为获奖代表受邀出席国家科学技术奖励大会；获奖项目科研团队骨干人员及学校科技处负责人作为列席代表参加奖励大会。

（许　斌）

[举办国际公共艺术奖颁奖仪式]　4月12日，由《公共艺术》（中国）和《公共艺术评论》（美国）联合主办，学校美术学院承办的国际公共艺术奖颁奖仪式暨公共艺术论坛开幕。上海市教育委员会和学校领导出席并致辞。来自瑞士、美国、德国、荷兰、委内瑞拉及中国的六项公共艺术项目获首届国际公共艺术奖，其中委内瑞拉建筑师的《提乌纳的堡垒文化公园》问鼎首届国际公共艺术大奖。获奖艺术家分别介绍了获奖案例的创作及内涵。

（许　斌）

[教育部、上海市签约共建上海大学]　4月18日，教育部、上海市人民政府共建上海大学协议签字仪式在北京举行，教育部部长、党组书记袁贵仁，副部长鲁昕、郝平，上海市市长杨雄，副市长翁铁慧等出席签约仪式。翁铁慧代表上海市人民政府与鲁昕签署《关于共建上海大学的协议》。根据协议，教育部对上海大学的改革发展给予多方面的指导和支持，上海市人民政府将进一步加强对上海大学的领导以及政策、经费支持，为上海大学推进改革发展创造良好条件。

（许　斌）

教育部、上海市签约共建上海大学

[成立上海大学音乐学院]　6月2日，上海大学音乐学院成立仪式举行。学校为音乐学院院长叶志明教授、名誉院长曹鹏先生颁发聘书。第十届全国政协副主席、中国工程院原院长徐匡迪，教育部原副部长吴启迪为音乐学院揭牌。上海大学党委书记于信汇，上海音乐学院院长许舒亚，中共第十八届中央委员、中央社会主义学院党组书记、第一副院长叶小文先后致辞，徐匡迪院士讲话。随后，上海大学艺术团举办了“庆祝上海大学音乐学院成立以及新上海大学组建十九周年”音乐会。

（许　斌）

[与温哥华电影学院签约合作]　6月27日，上海大学与加拿大温哥华电影学院在上海就合作共建上海温哥华电影学院达成合作意向，并签署《上海大学与温哥华电影学院教育合作项目备忘录》，上海市副市长翁铁慧，市政府副秘书长宗明，市教委主任苏明、副主任李瑞阳，市文化广播影视管理局局长胡劲军，上海大学党委书记于信汇、校长罗宏杰，温哥华电影学院院长等出席。9月16日，上海大学与温哥华电影学院在加拿大正式签署了《上海大学与温哥华电影学院合作举办“上海温哥华电影学院”协议书》，上海大学校长罗宏杰、温哥华电影学院院长分别代表上海大学、温哥华电影学院在协议上签字。上海市教卫工作党委、市文化广播影视管理局代表等出席签约仪式。

（许　斌）

[韩正到校调研] 10月8日，中共中央政治局委员、上海市委书记韩正到校调研。韩正视察了上海大学莱欧美术创作有限公司和高温合金叶片研究中心，听取负责人关于学校改革发展的情况汇报。韩正指出，上海市属高校发展要坚持稳定规模、优化结构、提升质量、内涵发展，要从上海创新驱动、转型发展的高度，推进学科和布局调整；上海大学要抓住学科和布局调整的机遇，按照教育发展和人才培养规律，走出一条校区、园区、社区和厂区“四区”联动发展的创新之路。上海市委常委、市委秘书长尹弘，副市长翁铁慧，市委副秘书长、市委研究室主任张道根，市委副秘书长王为人，市政府副秘书长宗明，以及苏明、寿子琪、胡劲军等市委办局相关负责同志汇报时在座。上海大学领导班子成员参加汇报会。

(许　斌)

[李岚清到校作主题讲座] 10月15日，中共中央政治局原常委、国务院原副总理李岚清在上海市副市长翁铁慧、文化部原副部长赵维绥等陪同下，到上海大学为师生作了一场题为《走进经典音乐》的讲座。讲座中，李岚清与著名男中音歌唱家、上海音乐学院副院长廖昌永合唱名曲《叫我如何不想她》，上海大学师生也配合讲座进行演出。到场听讲座的有市教卫工作党委书记陈克宏、市委宣传部副部长陈东与千余上海大学师生。

(许　斌)

附：学校负责人及地址

(2013年1—12月)

校党委书记：于信汇
副　书　记：李友梅、忻　平、鲁雄刚

校　长：罗宏杰
副校长：李友梅、叶志明、汪　敏、吴　松(10月离任)
　　　　唐　豪、吴明红(10月到任)

学校地址：宝山区上大路99号
邮政编码：200444
电　　话：96928188

上海工程技术大学

［**2013年概况**］ 学校有22个院、部，10个校级科研机构，1个教育部和上海市实验教学示范中心，1个国家大学科技园。有4个一级学科硕士点，16个二级学科硕士点，86个本、专科专业(含专业方向)，全日制本专科生近18000名，硕士研究生1129名。学校坚持与行业“协同育人、协同办学、协同创新”，深化产学合作教育、卓越工程教育、拔尖创新人才培养模式改革，打造“三协同”的办学与人才培养模式，深入推进内涵建设，促进现代化特色大学建设。

“十二五”内涵建设。启动《上海工程技术大学章程》起草工作。按照学校“十二五”规划要求和建设现代化特色大学的战略部署，高质量编制《2013—2020年重点学科建设规划》《校园建设中长期规划(2013—2030)》以及《面向智慧校园的信息化六年行动计划》。组织调研“十二五”规划主要发展指标的完成情况，对“十二五”规划做出后期调整。推进“上海市地方高校内涵建设”项目建设，完成对《现代交通运输工程与管理学科专业建设规划》修订，新编制《现代创意设计及其工程技术创新与人才培养平台规划》获市教委立项。

科学研究。全年获省部级及以上项目总经费增长15.9%。获国家自然科学基金11项，863子项目1项。获国家社科基金项目6项，同比增长50%，达到历史最好水平。获7项教育部人文社科项目，首次获得教育部人文社科(马克思主义中国化时代化大众化)专项。获1项科技部政策引导类计划专项项目，实现零的突破。获上海市科技进步二等奖1项，三等奖1项。学校技术转移中心被列入市教委2011计划试点建设项目，获批“上海张江国家自主创新示范区专项发展资金重大项目”——“智慧电视产业集群培育”。

知识服务、协同创新。“轨道交通运营安全检测与评估服务中心”进入正式建设阶段，中心完成“上海轨道交通16号线试运营基本条件认定项目”评估任务；“高强激光智能加工装备关键技术产学研开发中心”获市教委批准，进入筹建阶段，使学校成为获批建设知识服务平台最多的上海地方高校之一；获批两个省部级研究基地：上海市战略性新兴产业竞争力研究中心获得上海市软科学研究基地项目，上海服装创意设计与数字化技术公共研发服务平台成为学校首次获得上海市公共研发服务平台。创意产品设计工程技术研究中心获得上海市科委立项。

学生竞赛。本科生在学科竞赛中获奖200余项，其中获全国一等奖3项、全国二等奖8项、全国三等奖4项；上海市特等奖2项、一等奖20项、二等奖45项、三等奖113项。在“力诺瑞特”杯第六届全国大学生节能减排社会实践与科技竞赛总决赛中，获得全国一等奖1项，二等奖1项，三等奖3项。在2013年全国大学生英语竞赛中获得全国特等奖2名，一等奖13名、二等奖34名、三等奖68名，学校获优秀组织奖。在2013年全国职业技能大赛中，高职学院代表队参赛四个项目全部获奖。《数控机床装配、调试与维修》项目获团体一等奖，《机器人技术应用》和《注塑模具CAD与主要零件加工》分获团体二等奖。《工业产品设计与快速成型》项目获三等奖。在教育部主办第五届全国大学生广告艺术大赛广播类作品比赛中，8个学生创意团队获得8个奖项，其中全国一等奖1项，全国二等奖1项，全国三等奖1项，全国优秀奖5项。在2013中国大学生卡丁车挑战赛中，学校汽车工程学院RISE(锐狮)车队杨晨顺和周峰两名学生获得冠军。在第十三届“挑战杯”全国大学生课外学术科技作品竞赛中，参赛团队获全国二等奖1队，获上海赛区二等奖3队，三等奖3队。在全国大学生数学建模竞赛中获一等奖1项、二等奖4项，学校被授予“优秀组织奖”。研究生在“第十届华为杯全国研究生数学建模竞赛”中获全国一等奖1队，二等奖10队，三等奖19队，成功参赛奖27队。3篇硕士学位论文入选2012年上海市研究生优秀成果(学位论文)。在全市169篇获奖硕士学位论文中，公共管理一级学科仍仅有学校1篇论文获奖，材料科学与工程一级学科7篇获奖硕士论文中学校占2篇。

人才培养。启动实施《骨干教师教学团队激励计划》，组建教学团队123个。出台《面向任务科研团队激励计划(试行)》,成立33个面向任务的科研团队和联盟。继续推进完全学分制改革与卓越工程教育改革,"机械设计制造及其自动化"专业和"高分子材料与工程"专业获批教育部"卓越计划"试点专业,有7个专业8个方向列入"卓越计划"试点专业。新搭建辅修专业17个,建设一批"创新性、设计性、综合性"实验平台,为大学生自主和探究式学习创造条件,并为全面实施学分制积累经验。

国际交流与合作。与6所海外高校新签订8项海外合作交流协议,开展5项"3+2"本硕学位项目,6项"1+1+0.5"硕士双学位项目。组织36名教师赴海外参加教学能力培训、工程教育专业认证学习培训以及英语教学培训,452名学生赴海外开展学习。

研究生教育。通过上海市研究生教育综合改革渠道,在2012年招生450人基础上,进一步扩大研究生教育规模,完成近700人招生规模。鼓励支持创新研究生培养机制,大力推进以导师负责制、资助制为核心的研究生培养机制改革,新增遴选和聘任61名校外专家学者,担任研究生指导教师或参与指导工作,加强双师型导师队伍建设。拓展16个研究生产学研联合培养基地。

职业教育。推进"双元制"培养试点,合理开发高等职业教育与继续教育资源。支持新一轮"机电一体化技术"和"电气自动化技术"两个专业"中高职贯通培养模式"试点。支持与宝钢股份有限公司开展"机电一体化技术"等专业与技能人才"双元制"培养试点工作。新增具有学校特色的非学历教育项目和国际教育培训项目27项,满足市场需求。

师资队伍。推进新进教师个人发展职业规划制定与考核。出台青年教师首聘考核、优化年度目标考核、新增竞争能力考核等三项考核举措,深入挖掘教师潜能,激发师资队伍活力。新增上海"千人计划"人才2名,"东方学者"2名,培养上海市领军人才1名,海外名师2名,上海市引进国外技术、管理人才的引智项目2项。

校园文化。成功开展"价值取向大讨论",凝练"勤业惟诚,厚学致用"八个字作为学校价值取向。成功开展博学论坛、博雅讲堂、高雅艺术进校园活动,促进学生全面发展。成功举办建校35周年校友返校暨校园开放日活动。开展"文明课堂"系列活动,改善学校学风环境。"知行大课堂"将社会主义核心价值体系融入人才培养全过程,提升学生社会责任感、创新精神和实践能力。以"易班"等形式为载体,举办各类特色、品牌活动30余项,加强大学生思想政治教育。通过大型展示、实训体验、企业校友分会揭牌仪式等系列活动扩大学校影响,繁荣校园文化。

内部管理改革。对全校规章制度进行梳理,共统计梳理出现行制度426条,其中拟废除制度90条,拟修改制度209条,拟建立制度63条。制定《上海工程技术大学关于学院岗位业绩津贴经费切块核拨办法》。制定17个院(部、中心)"人事工作"目标考核指标和"师资队伍竞争能力"考核指标,完成目标责任考核指标(8个模块)和竞争能力考核指标(10个模块)汇编,形成新考核指标体系。

(冯　洁、宋　娟)

[大学生科技创业基金工作受表彰]　1月10日,在上海市大学生科技创业基金会2012年度工作会议上,上海工程技术大学分基金会由于在年度天使基金资助工作中表现突出,获"综合指数第一名",受到大会表彰。

(宋　娟)

[签订多项产学研框架协议]　3月8日,与上海科学院签订产学研战略框架协议,决定联合培养研究生。3月13日,与立邦涂料中国集团签订产学研战略框架协议,增强校企双方科技创新和实践型人才培养。5月11日,与浙江省海宁市人民政府签订产学研合作框架协议,在经济、科技合作、教育与人才培养等领域开展全面合作。5月20日,与上海交运集团股份有限公司签订产学研战略联盟合作协议,共同推进高校和企业务实高效、充满活力的产学研协同创新新机制。12月26日,上海航空有限公司与上海工程技术大学签订新一轮产学研合作协议,展开新时期更加深入的产学研战略联盟合作。

(宋　娟)

[全程策划国际包装印刷博览会]　4月11日,第二届中国(昆山)国际包装印刷博览会在国家级经济技术开发区昆山国际会展中心开幕。此次展会,由落户艺术设计学院的中国包装创意基地全程策划,对学校协同全国各兄弟院校、企业、科研机构和社会各界进一步加强交流,开展深层次合作,共同发展中国包装印刷业、会展业的创意事业具有积极而深远的意义。

(宋　娟)

[入选国家级高校学生科技创业实习基地] 3月，国家教育部、科学技术部联合发文，认定上海工程技术大学科技园为“高校学生科技创业实习基地”。此次共批准认定全国22家单位为高校学生科技创业实习基地，上海工程技术大学科技园是上海唯一的入选单位。

（宋 娟）

[成为党史教育基地] 4月12日，中共四大纪念馆与上海工程技术大学高等职业技术学院、上海市高级技工学校的党史教育基地揭牌暨党性教育共建协议签约仪式举行，自此，学校成为中共四大纪念馆的首个党史教育基地。

（宋 娟）

[4项市政府决策咨询研究课题获准立项] 4月25日，上海市政府发展研究中心发布2013年度上海市政府决策咨询研究重点课题评审结果，全市共有17所高校、科研院所的28项课题获准立项，上海工程技术大学有4项课题获准立项。立项总数与上海社会科学院并列全市高校、科研院所第一名。

（宋 娟）

[在第八届经编设计总决赛获奖] 5月11日，第八届中国·国际经编设计大赛总决赛举行。学校服装学院学生雷娟作品《海边假日》获“泓阳杯”经编家纺设计大赛金奖，中法埃菲时装设计师学院学生吕晨溪作品《100m De Tissu》获“禾硕杯”休闲服装设计大赛铜奖。服装学院获第八届中国·国际经编设计大赛优秀组织奖，项目成果获中国针织工业协会科研项目实施成果一等奖。

（宋 娟）

[举行国际工业设计创意论坛] 5月25日，国际工业设计创业论坛暨时尚箱包研发中心揭牌仪式举行。来自联合国教科文组织全国委员会、上海工业设计协会、同济大学、上海交通大学、美国劳伦斯理工大学、华东师范大学、华东理工大学、上海顶新箱包有限公司、南京国青投资管理公司等单位的国内外著名专家学者就工业设计所面临的课题及未来发展方向发表精彩演讲和深入对话。

（宋 娟）

[翁铁慧到校调研] 7月9日，副市长翁铁慧一行来学校调研指导。市政府副秘书长宗明，市教卫工作党委副书记、市教委主任苏明，市教委副主任陆靖及市教委相关处室负责人陪同调研。翁铁慧对学校整体改革与发展思路给予充分肯定，认可学校“双师型”教师队伍建设，希望学校抓住市政府积极推进骨干教师教学激励计划，调动教师教书育人积极性，继续坚持办学特色和育人模式。

（宋 娟）

[被认定市创业孵化示范基地] 7月，经专家评审、市人社局认定批准，上海工程技术大学国家大学科技园被上海市人力资源和社会保障局认定为首批“上海市创业孵化示范基地”。在学校和长宁区政府大力支持下，学校的国家大学科技园成为大学生创新创业、落实创业带动就业的重要载体。

（宋 娟）

[获热处理学会特别贡献奖] 8月21—23日，中国机械工程学会热处理分会成立50周年纪念大会在北京举行。上海工程技术大学材料工程学院激光工业技术研究所教授张光钧应邀参加大会，并被授予“全国热处理学会特别贡献奖”，以表彰其30多年来为热处理特别是高能束表面处理所作出的突出贡献。

（宋 娟）

[参展国际工业博览会并获奖] 11月5—9日，学校共有12个项目参展第十五届中国国际工业博览会，并取得历年来最好成绩。《低速冲击试验仪》获高校展区优秀项目二等奖，《基于运动感知分析的主动式智慧养老系统》获高校展区优秀项目三等奖，《环保型分类垃圾箱》、《卧式注塑机全自动上下料系统》获大学生创业奖，学校获工博会优秀组织奖。参展期间分别和日本爱特森株式会社、山东莱州市电子仪器有限公司等就6个项目签约。

（宋 娟）

[新药创制处国际领先地位] 学校化学化工学院新药创制团队近期在构建氨基硼酸及非天然氨基酸的有机合成方法学等领域研究中取得突破性进展，研究成果分别发表在J.Org. Chem.，2013，78，3405-3409（影响因子4.5）和Org.Biomol. Chem.，2013，11，6350-6356（影响因子3.58）Tetrahedron Lett. 2013，54，2124-2127（影响因子2.68）等国际知名高水平学术期刊上。团队与美国华盛顿大学药学研究中心等国外高水平研究机构开展新药创制研

究领域合作,为团队在新药创制等领域取得更大成绩,攀登新的学术高峰奠定基础。

（宋　娟）

［飞行训练模拟器通过鉴定］　12 月 22 日,经过中国民航总局飞标司模拟器鉴定专家组鉴定,学校引进的 Cessna 172R 飞行训练模拟器符合中国民用航空规章 CCAR-60 部的 5 级标准,可正式投入运营。这标志着该模拟器不仅能为学校飞行技术专业学生提供模拟飞行训练,同时还可为国内航空公司飞行员提供中国民航总局认可的模拟飞行训练。

（宋　娟）

［成功研发高速人脸视频分析仪］　学校刘翔教授团队研发出一种新的人脸识别技术,并成功研制高速人脸视频分析仪。该分析仪成功地突破人脸大小、距离远近、光线干扰、整容障碍、视频时间短等难题。研发团队已开始该技术产业化推广,在公安、海关等领域使用后,反馈良好。

（宋　娟）

附:学校负责人及地址

（2013 年 1—12 月）

校党委书记:滕建勇
副　书　记:田信灿、褚劲风(5 月 31 日离任)裴晓倩(7 月 11 日到任)

校　长:丁晓东
副校长:孙培雷、陈力华(7 月 25 日离任)、程维明、史健勇、鲁嘉华(7 月 25 日到任)

松江校区地址:龙腾路 333 号
邮编:201620

仙霞路校区地址:仙霞路 350 号
邮编:200336

新村路校区地址:新村路 435 号
邮编:200065

逸仙路校区地址:逸仙路 88 号
邮编:200437

上海中医药大学

［**2013 年概况**］ 学校在校全日制学生 7373 人，其中本科生 3749 人，博士生 476 人，硕士生 1600 人，专科生 631 人，留学生 917 人。毕业学生 1726 人，就业率达 96.39％，专业对口率达 95％以上。校部教职工 1290 人，其中专任教师 701 人；全校具有中级专业技术职务 572 人，副高级以上专业技术职务 370 人。年内，教师科研人员出国讲学、进修、参加国际学术会议等 282 人次，占总因公出访人次的 75％。学生访学游学 105 人。2013 年，新一聘期干部聘任选拔任用处级干部 71 人、中层业务管理岗位干部 9 人，完成校本部科级、科以下管理岗位干部的聘任工作。完成 2 位校级领导的试用期考核和 1 位校级领导的提任工作。

一、人才建设。入选新增新世纪国家百千万人才工程国家级 1 人，入选人社部有突出贡献中青年专家 1 人，入选教育部“新世纪优秀人才支持计划”2 人。入选上海市“优秀学科带头人”1 人、上海高校特聘教授（东方学者）3 人、上海市“曙光计划”1 人、上海市“科技启明星计划”2 人。

二、科学研究。学校新增各级各类科学研究项目 423 项，新增项目合同经费 1.38 亿元。其中包括国家“863”计划课题 1 项，国家重大传染病专项 1 项，国家自然科学基金项目 99 项，上海市“科技创新行动计划”、上海市自然科学基金等市级项目 88 项，国家社科基金项目 1 项，上海市政府决策咨询课题 4 项，上海市哲学社会科学研究项目 1 项，上海市教育科学研究项目 2 项，上海市教委“阳光计划”项目 2 项。学校探索协同创新科研组织管理模式，成立了 8 个协同创新课题组、15 个自主创新课题组。学校获得各级各类科技奖项 54 项。包括国家科技进步二等奖 1 项，上海市科技进步奖 7 项，教育部高校科学研究优秀成果奖 2 项，中国青年科技奖 1 项，中华医学科技奖 2 项，中华中医药学会科技奖 6 项，中国中西医结合学会科技奖 5 项（已公示），上海医学科技奖 4 项，上海中医药科技奖 9 项，上海中西医结合科技奖 12 项，上海药学科技奖 2 项，上海明治乳业生命科学奖 3 项。学校承担的 21 项“上海市中医药事业发展三年行动计划”项目取得丰硕成果。共发表论文 2075 篇，其中 SCI 收录论文 316 篇，CSSCI 收录论文 14 篇，二者合计 330 篇，同比增长 14.6％；编写各类专著、教材 157 部，共申请专利 103 项，授权专利 67 项。王峥涛教授领衔的“中药质量控制综合评价技术创新及其应用”研究成果获得“第十五届中国国际工业博览会”唯一的创新金奖，学校成为历届工博会唯一获此奖项的高校。成立技术转移中心，成为上海市教委首批 9 家技术转移试点单位之一。与凯宝药业、复星医药、仁和集团等建立以新产品研发与转让为核心的产学研联盟，获得产学研合作经费 2800 万元。学校牵头的“上海中医健康服务协同创新中心”成为市级协同创新中心。

三、学科建设。1 月公布的教育部学位中心第三轮一级学科评估结果中，学校取得了中药学第一、中医学第二、中西医结合第三的成绩，位列全国中医药高校第二、上海地方高校第一。7 月，市教委组织十大工程中期绩效评价，学校取得 A 档成绩。中药学、中医内科学、中医外科学、中医骨伤科学、中医学、中西医结合等 6 个学科入选中央财政支持地方高校第二轮（2013—2015）建设计划，中医学、中药学获市教委“上海高等学校创新能力提升计划竞争性引导项目”立项资助，5 个市教委重点学科全部通过终期验收。中医药文化研究与传播中心通过上海高校人文社科基地中期检查，古籍保护工作获“上海市高等教育内涵建设‘085’工程服务创新奖”。健康辨识与评估实验室获上海市重点实验室立项，中药复方和中医临床两个上海市重点实验室完成阶段评估。成立中西医结合关节炎研究所和中医工程研究所。

四、教育教学。中医学、中药学两个实验教学示范中心通过验收，成为国家级示范中心。新增各类国家精品课程 5 门（其中，国家精品视频公开课 1 门，国家精品资源共享课程 4 门），上海市各类精品课程 6 门（其中，上海市精品课程 4 门，上海市体育和健康教育精品课程 2 门），上海高校各类示范性课程建设项目 6 项（其中，上海高校全英语课程建设项目 1 项，上海高校外国留学生英语授课示范性课程建设项目 5 项），上海市本科重点教学改革和重点课程建设项目12项(其中,上海市本科重点教学改革项目4项,上海市教委重点课程建设项目8项)。开设“海上名医传承高级研修班”,新增2个自主设置学位点(科学学位),申报增列4个硕士专业学位授权点,连续三年教育部博士论文质量抽查获参评专家全票通过。国际交流方面,国家汉办正式批准学校与美国佐治亚瑞金斯大学合作举办孔子学院。举办国际针灸培训班等各类短期班60个,开设中医学(针灸)全英语教学班。

五、后勤工作。学校已和张江集团签订协议,回购坐落在张江科教生活园区的28幢学生公寓及其他附属建筑物等。

六、附属医院工作。学校附属的龙华医院“国家中医临床研究基地”和曙光医院“研究型中医医院”的重点病种建设在国家中医药管理局阶段性评估中成绩名列前茅,完成了市教委组织的对第七人民医院的非直属附属医院的预评审,与长宁区政府共商推进光华中西医结合医院建设成为校非直属附属医院,与嘉定区政府推进合作共建嘉定国际中医药城区的项目规划。

(刘红菊)

[“洪汉英工作室”成立] 1月15日,举行“洪汉英工作室”揭牌仪式。市教卫工作党委、市教委和学校领导出席揭牌仪式。洪汉英是少数民族学生辅导员、十八大代表,是市首批成立工作室的辅导员之一。

(刘红菊)

[与香港高校师生开展交流] 4月2日,教育部港澳台事务办公室公布2013年香港与内地高校师生交流计划项目名单,其中“香港大学中医药学院与上海中医药大学交换生项目”获得批复,这是学校首次入选教育部资助的香港与内地高校师生交流项目。该计划是教育部继2012年香港大学“千人计划”后进一步推动两地教育交流的一项举措。通过设立专项资金,鼓励内地高校与香港高校加强合作,以年度项目申报和资助的形式,支持香港高校的学生和教师到内地学习、实习,开展社会实践、考察、服务和科研等活动。

(刘红菊)

[获上海市科技进步奖] 4月19日,2012年度上海市科学技术奖励大会在上海展览中心友谊会堂举行。市领导为获奖集体和个人颁奖。学校有7个科技项目获2012年度上海市科技进步奖,其中,岳阳中西医结合医院吴焕淦教授领衔完成的“艾灸温养脾胃治疗肠腑病症的技术与临床应用”获得一等奖,曙光医院胡义扬教授领衔完成的“以肠道为主要靶位的健脾活血方防治酒精性肝损伤的理论和应用”获二等奖。基础医学院严振国教授、龙华医院陈湘君教授、袁灿兴教授、岳阳中西医结合医院周永明教授、曙光医院高月求教授等领衔完成的5项成果分获三等奖。

(刘红菊)

[与虹口区共建中西医结合医院] 5月9日,虹口区人民政府与学校举行创建上海市中医药大学附属上海市中西医结合医院签约仪式。上海市中西医结合医院于1994年成为学校的教学医院。学校将与医院深化合作,按照非直属附属医院的标准,帮助医院迎接专家组的复评审以及上海市教委的正式评估。双方将加强合作,优势互补,错位发展,推动上海中西医结合医院成为大学的非直属附属医院,完善虹口区中西医结合医疗服务网络体系。

(刘红菊)

[承办海上名医传承高级研修班] 6月16日,“海上名医传承高级研修班”开班。首届30名学员,学时2—3年。研修班秉承“传承国医、发扬国粹”的宗旨,采取“集中授课、名师指导、游学拜师、参观考察、自学自悟”等多种方法,为学员提供“专业学习与人文社科学习相结合、深度学习与拓展学习相结合、跟师学习与交识学习相结合、理论学习与实践应用相结合、集中学习与自学自悟相结合”的平台,以期在中医师承教育的基础上,以全新的模式全方位打造一批上海中医药领军人才。

(刘红菊)

[开展产学研战略合作] 10月15日,学校与上海复星医药(集团)股份有限公司举行产学研战略合作协议签约仪式,双方决定在新药开发、平台建设、技术升级、人才培养等相关领域开展攻关合作。

(刘红菊)

[举办驻沪领馆人员中医药体验日活动] 10月30日,上海市人民政府外事办公室、上海市人民对外友好协会与上海市卫生和计划生育委员会、上

海市中医药发展办公室联合举办“百草春秋——驻沪领馆人员中医药体验日活动”。来自17家驻沪领馆的30多位官员及家属，参观考察上海中医药博物馆和曙光医院，亲身体验中医药文化的独特魅力和神奇功效。

（刘红菊）

举办驻沪领馆人员中医药体验日活动

［**翁铁慧到校调研**］ 11月25日，副市长翁铁慧到校就学科建设工作进行专题调研。市政府副秘书长宗明，市教委主任苏明，市卫生计生委主任徐建光，市教委副主任陆靖、袁雯，市卫生计生委副主任郑锦等陪同调研。学校党委书记张智强介绍了学科建设情况和对上海中医药事业发展的引领作用，以及在构筑学科建设新高地、培养中医药创新人才、提高服务社会能力等方面的构想和举措等。三家附属医院（龙华医院、曙光医院、岳阳医院）的负责人分别介绍了各自的中医医疗特色和当前的重点工作。翁铁慧对学校的学科建设、人才培养等方面工作给予了充分的肯定。

（刘红菊）

附：学校负责人及地址

（2013年1—12月）

校党委书记：谢建群（7月离任）、张智强（7月到任）
副　书　记：何星海、王　群（5月离任）、朱惠蓉（7月到任）

校　长：陈凯先
副校长：刘　平、余小明、施建蓉、胡鸿毅、张　瑾

地址：浦东新区蔡伦路1200号
邮编：201203
电话：51322001

上海师范大学

［**2013年概况**］ 学校现有全日制本、专科学生22302人，研究生5065人，夜大学学生12404人。本科专业85个。一级学科博士点6个、二级学科博士点42个、博士后流动站7个，有一级学科硕士点29个、二级学科硕士点154个、自设硕士点2个，还有10个专业学位硕士点。

学校有教职员工2845人，其中专任教师1696人。专任教师中具有正高级专业技术职务者259人、具有副高级专业技术职务者567人；具有博士、硕士学位的教师1346人，占专任教师的79.36%，其中具有博士学位的教师685人。

干部队伍。依托“简政缩编、轮岗交流、提能增效、精致管理”的思路，学校通过坚持干部轮岗交流、坚持干部准入条件、坚持严格干部选聘程序和坚持干部集中教育的“四个坚持”，提升干部队伍整体素质，完成机关干部竞聘和二级单位行政班子换届调整。学校有关干部队伍建设的简报被教育部网站转载。学校制定《2014—2016年上海师范大学年轻干部培养工作行动计划》，对后备干部人选考察访谈，形成后备干部队伍库，奠定强化年轻干部培养和梯队建设的基础。学校落实校院两级党风廉政建设责任分工，继续通过运用“项目法”推进惩治和预防腐败体系的构建和党风廉政建设责任制的落实；深入推进党务公开工作；做好领导干部经济责任审计工作。制定《关于加强新形势下学校党外代表人士队伍建设的意见》。

精神文明。完成《上海师范大学2012社会责任报告》。组织召开2013年度校精神文明暨宣传思想工作会议，提出新一轮创建思路；首次实施精神文明特色项目评选制度。加强“科技馆志愿服务”管理，获2013年度优秀组织奖；参与城市文明建设，做好“大学生市民巡访团”组织工作。承办由教育部、中国教育报、市教卫工作党委和市教委主办的“感动你我的瞬间——寻找身边的‘张丽莉’走进上海”师德建设论坛；开展师德师风师生大调查，组织参加上海市高校教师师德建设征文比赛，5名教师获奖。开展以“引校园文化品牌、建校园文化团体、享校园文化大餐”为宗旨的“精彩双休日”活动，获教育部高校校园文化建设成果二等奖。“爱心学校”创办20周年系列活动获评上海市“青年影响社会”年度十大公益项目。学校在全市高校（市属）行风测评“群众满意度”抽样调查中蝉联第一。

学生培养。学校6项参赛作品入围第十三届“挑战杯”全国大学生课外学术科技作品竞赛，获二等奖2项，累进创新奖金奖1项，交叉创新二等奖1项，获全国高校优秀组织奖。在第十九届上海高校学生创造发明“科技创业杯”比赛中，学生作品获发明创新创业奖1项，发明创新二等奖2项。在首届全国师范院校师范生教学技能大赛、第三届全国高等师范院校大学生化学实验邀请赛、全国第五届“人教社杯”大学生与研究生物理教学技能展评等比赛中分别获得一等奖。“爱心学校”志愿服务活动被文化部评为2013年“文化志愿者基层服务年”示范项目。学校易班学生工作站获“2012—2013年度上海教育系统优秀网站”。学生获第三届上海大学生创新活动论坛优秀项目5项；狠抓研究生培养和论文质量，新设国家奖学金、大文科学术新人培育和优秀学位论文培育项目等共293项，奖励各类高水平学术成果或论文494项，获上海市优秀学位论文21篇和全国百篇优博论文评审2篇。与第二批13家上海市中小学班主任工作室共建签约。学校深化“覆盖全体、基于专业、分层分类”的就业指导工作，启动“五个一”就业援助计划，保持就业率、签约率稳定。被中华青年联合会、联合国劳工组织联合授予“大学生KAB创业教育基地”。学校获“2012—2013年度全国毕业生就业典型经验高校”荣誉称号。学校外语系校友崔天凯被任命为中华人民共和国驻美利坚合众国特命全权大使。

教学改革。加强专业内涵建设，推进专业调整归并。按照市教委提出的“选优”和“达标”分类标准，全面启动本科各个专业的校内评估，迎接教育部本科教学质量评估工作。课程建设与教学改革成果明显，“教师专业发展（四年制本科）”“小学语文课程标准与教材研究”“家庭与社区教育”“教育研究方法（四年制本科）”“中学语文教学设计”“中学科学教学设计”等6门课程入选教师教育国家级精品资源共享课立项建设名单，在全国师范类高校中名列第六；获教育部“本科教学工程”地方高校第一批本科综合改革试点专业1个，国家教师队伍建设示范项目3个,国家级大学生校外实践教育基地建设项目1个,国家级大学生创新计划43项。开展第十一届教学质量月活动;完成《上海师范大学2012年度本科教学质量年度报告》。

师资队伍。出台《关于推进高端人才队伍建设"151工程"的若干意见》等文件。以创新"人才、学科、科研"三位一体的建设模式,围绕学位点建设和"085"工程内涵建设平台和国家、省部级重点学科建设的需求,对接国家和上海市各类人才计划,实施高端人才引培计划。全年引进教授12人(含二级教授1人),教育部新世纪人才2人,东方学者2人。实施中青年教师培养计划以及骨干教师教学激励计划。组织申报各类人才计划,新获批东方学者3人,上海千人计划1人,浦江人才5人。全年博士后进站29人。组织开展辅导员建设月系列活动。19位中小学基础教育专家受聘上海师大基础教育特聘教授。

科研工作。学校获批国家自然科学基金项目32项,国家社科基金项目23项(其中重大招标项目4项),教育部哲学社会科学重大课题攻关项目2项,教育部发展报告项目1项,上海市哲社重大项目1项,成为获得各级各类重大项目最多的一年。获第九届上海市决策咨询研究成果奖2项,上海市科学技术奖3项,上海市自然科学二等奖1项。学校教师书稿连续第二年入选国家哲学社会科学成果文库。成立"全国大中小学课程德育研究协同创新中心"和"资源化学"教育部重点实验室。"上海市德育课程教育教学研究基地"被列为上海高校"立德树人"人文社会科学重点研究基地。学报(哲社版)排名2014—2015 CSSCI全国高校学报第13位、全国师大学报第3位。与中国科学院紫金山天文台联合建立"南极天文台国家重大科技基础设施科学研究和人才培养基地"。完成两个内涵建设平台的申报工作。

交流合作。承办教育部"中非高校20+20合作计划"博茨瓦纳大学师生来华培训项目。完成上海市外国留学生预科学院首届54名学员的教学和管理以及70名2013级新生招收工作。完成音乐学院与俄罗斯格拉祖诺夫音乐学院"3+2"合作项目的申报并将现有合作办学项目纳入上海市中外合作办学项目/机构网络化管理平台。与松江区人民政府签署合作框架协议。全年公派出国教师240个团组,532人次,出访教师人数较2012年增长19%;派出参加各类长短期海外学习和实习项目的本科生、研究生714人,比2012年增长30%;接待来自24个国家和地区的100多个访问团组530人次。在校留学生2231人,国别和地区超过70个。与海外高校签署各类校级合作交流协议34份。举办或承办国际及海峡两岸学术会议9场。制定《上海师范大学外事工作管理条例》。举办学校第五届国际艺术节系列大型活动。

资源配置。以云服务器和云存储架构的校园云平台开始为教学和行政管理提供服务。引进与教师教育相关学科以及本校重点建设学科的高质量数据库10个。更新或配备相关学院、所、中心、实验室各类教学、科研及实验设备。完成公用房管理信息系统建设,调研、编制新一轮教学行政办公用房调配方案;推进房屋基础信息数字化工作。完成节能监管体系建设一期工程。

社会服务。发布《2012年中国公共文化服务发展报告》《保护世界第一个日军慰安所遗址报告》《上海民工子女教育蓝皮书》等。上海师大植物种质资源开发中心与崇明水稻基地合作挂牌。教育部"区域和国别研究(培养)基地"上海师大非洲研究中心推出的《非洲经济评论》面世。承担上海市属高校130多名新教师的入职培训工作。上海师范大学体育学院被市教委命名为上海市体育师资培训基地(初中、小学)。开设爱心学校152所,参与爱心学校、场馆志愿者服务以及各类社会赛事、文化活动学生15000余人,获市委宣传部、市文明办、市教卫工作党委、市教委、团市委、市学联等单位联合颁发的2013年上海市大学生暑期社会实践活动最佳组织奖。夜大学全年招收新生4037人。基金会捐赠256万余元,获颁中国社会组织评估4A证书。获市"2012年度征兵工作先进单位"称号。

(师　大)

[全国大中小学课程德育研究协同创新中心揭牌] 11月14日,"大中小学德育课程一体化建设研究"座谈会在上海师范大学举行。会上,全国大中小学课程德育研究协同创新中心、上海市课程德育研究发展中心分别揭牌。教育部副部长李卫红,教育部原副部长周远清,上海市副市长翁铁慧,教育部社科司、基教二司领导,上海市教委主任苏明,市教卫工作党委副书记、市教委副主任高德毅,市教委巡视员尹后庆等出席。翁铁慧作为教育部哲学社会科学研究重大课题攻关项目"大中小德育课程一体化建设研究"课题首席专家,作课题研究的目标取向、总体框架和基本内容汇报。上海师大代表全国大中小学课程德育研究协同创新中心与云南、山西、江苏、广东等省市教育部门及上海金山、徐汇等区政府交换合作协议。

(师　大)

[教育部调研免费师范生工作] 4月13日,教育部教师工作司司长等一行8人到上海师范大学调

研免费师范生工作。教师工作司司长指出:学校的免费师范生的培养是一项系统的工程,在免费师范生的培养和教育的入口关抓住"适教"和"乐教"的核心点,有利于选出适合从事教师职业的学生进入教师教育专业学习,在全国范围具有示范性。

(师　大)

[翁铁慧到校调研]　7月8日,副市长翁铁慧到上海师范大学调研,就上海师大发展情况进行座谈交流并给予指导。市政府副秘书长宗明、市教委主任苏明、市教委副主任李瑞阳,上海师大校领导等出席。翁铁慧在调研座谈会上指出,上海师大一是要完善机制、协同创新;二是要分类指导、凸显特色;三是要科学规划,注重实效。她表示,市政府和市教委将全力支持上海师大的发展,也希望学校面向未来,坚定不移地改革创新,为建设高水平综合型大学而努力。翁铁慧一行还参观视察了教育部人文社科重点研究基地上海师大都市文化研究中心以及上海市重点实验室稀土发光材料光谱室。

(师　大)

[举办高师院校历史教学技能竞赛]　4月26—28日,在教育部教师工作司的支持下,经全国教师教育学会批准,全国历史教师教育专业委员会与上海师大合作举办首届全国高师院校历史教师教育本科生教学技能竞赛。来自华东师大、东北师大、华中师大、陕西师大、西南大学等34所高师院校的102名学生参赛。

(师　大)

[获"毕业生就业典型经验高校"称号]　6月26日,上海师范大学获教育部授予的"2012—2013年度全国毕业生就业典型经验高校"称号。学校大学生就业工作贯彻落实"一把手"工程,始终秉承适应现代都市生活需求,促进学生终身职业发展的理念,在全员参与、全程指导、全面服务的氛围中,奠定了扎实的基础。学校毕业生总体就业率多年保持95%以上。

(师　大)

[城市发展研究院成立]　7月10日,上海师范大学召开城市发展研究院成立大会。学校聘请中国科学院院士程国栋为研究院院长。程国栋、上海师大党委书记陆建非和校长张民选共同为城市发展研究院揭牌。

(师　大)

[全球城市决策咨询研究基地成立]　9月10日,市人民政府发展研究中心主任周振华、副主任朱金海,市教委副主任袁雯,与校领导等共同为上海市人民政府发展研究中心—上海师范大学"全球城市"决策咨询研究基地揭牌。研究基地以科研项目为基础,以科研成果为支持,着力打造一支城市研究、教师教育等领域的决策咨询创新团队,围绕热点、难点问题,出思想、谋战略、提对策,为上海乃至世界城市的发展提供知识、智力和技术支持。

(师　大)

[崇明水稻研发、育种合作基地揭牌]　10月10日,学校植物种质资源开发中心在崇明水稻基地举办合作揭牌仪式。上海市农委、上海市农业技术推广服务中心、上海市种子管理总站、崇明县农委、港

学校选育水稻新品种

沿镇政府领导和专家以及上海市各郊县种子行业的负责人出席。中心分别与港沿镇齐茂粮食合作社、光明种业集团达成合作协议并成立水稻研发基地和水稻育种合作基地，依托崇明水稻种植优势，将中心的水稻研发成果进行推广。

（师　大）

附：学校负责人及地址

（2013 年 1—12 月）

校党委书记：陆建非
副　书　记：黄　刚（5 月离任）、王莲华、茅鼎文（5 月离任）
杨卫武（3 月到任）、秦莉萍（5 月到任）、葛卫华（6 月到任）

校　长：张民选
副校长：王莲华（兼）、丛玉豪、高建华、柯勤飞、康　年（4 月到任）、刘晓敏（7 月到任）

徐汇校区地址：桂林路 100 号
邮编：200234
电话：64322881

奉贤校区地址：海思路 100 号
邮编：201418
电话：57122472

上海对外经贸大学

［**2013 年概况**］ 继续深入贯彻国家、上海中长期教育改革和发展规划纲要精神，推进上海市高校内涵建设“085 工程”，落实“十二五”事业发展规划，更名上海对外经贸大学（原名：上海对外贸易学院），确立深化改革“五大工程”，使各项工作取得长足进步。

师资队伍建设取得重大突破。围绕更名大学后学校师资队伍建设的新要求，学校坚持以“补充数量、提高质量、调整结构”为总方针，全面推进师资队伍建设。截至年底，学校专任教师共有 681 人，其中教授 113 人，占专任教师总数 16.59％；副教授 301 人，占专任教师总数 44.20％。专任教师中具有博士学位教师达到 312 人，占专任教师总数 45.81％。学校继续推进高端人才选拔，1 人入选上海“千人计划”；2 人入选上海“海外名师”项目；1 人入选东方学者讲座教授；现有博士生导师 9 人。

学科、科研建设保持良好发展势头。启动“国际经贸学科群”、“商科创新人才培养学位点”、“全球通用商科人才培养本科专业”、“教师教学发展中心”和“校园基础设施和信息化平台”五个二级项目建设。召开上海对外经贸大学第一届研究生教育工作会议，着力推进“085 商科创新人才培养学位点”建设，包括国际贸易学、金融学、国际法学 3 个重点学位点建设，MBA、翻译硕士 2 个专业学位点建设，WTO 高端人才培养，以及研究生创新平台建设 4 个方面。获得各级纵向科研项目 63 项，其中，国家级项目 15 项。获得各类横向科研项目 47 项。

社会服务进一步深化。与上海财经大学、对外经济贸易大学、华东政法大学共建上海自贸区协同创新中心；与上海自贸区管委会合作共建研究中心，“中国（上海）自由贸易试验区建设”冠名为上海市社会科学创新研究基地；“高端开放与国际规则”决策咨询研究基地正式挂牌。沈玉良教授主持的《后金融危机时期跨国公司对华战略调整与上海应对举措研究》获第九届上海市决策咨询研究成果奖三等奖。完成上海市普通高校重点人文社科研究基地的平台建设工作；“上海贸易中心”基地（工作室）建设，在三年评审中获得优秀并进入第二轮建设周期。学校世贸教席工作在世贸组织教席第一期建设中得到世贸组织秘书处高度认可，并进入世贸组织教席第二期建设。应世贸组织邀请，出席世贸组织第 9 届部长级会议；主办上海市学位委员会研究生教育创新计划项目暨世界贸易组织教席计划项目“第六届中国 WTO 方向研究生暑期学校”；学校世贸组织教席主持人张磊申请的“国际经贸治理与中国改革开放联合研究中心”获得年度第一批“上海高校智库”立项。

专业和课程建设成效显著。学校“全球通用商科人才培养”全英语实验班增加到 2 个年级、3 个专业、5 个班级、260 人的建设规模。共有 54 个项目获得国家大学生创新创业项目立项。国际经济与贸易获批教育部地方高校第一批本科专业综合改革试点项目。国际经济与贸易专业和工商管理专业获批上海市优秀专业称号。国际政治专业和审计学专业通过 2013 年学士学位授权审核，增列为学士学位授予专业。《国际贸易实务》和《财务管理》两门课程入选第三批国家级精品资源共享课建设项目，并转型升级为国家级精品资源共享课程。学校与上海兰生（集团）有限公司共建“经济学实践教育基地”获批为地方所属高校国家级大学生校外实践教育基地建设项目。《中国对外贸易》、《国际企业管理》和《财务管理案例分析》三门课程被授予“上海高校市级精品课程”称号。《国际营销学》和《商务统计》两门课程被立项为上海高校示范性全英语教学课程建设项目。《国际公法》和《供应链管理》两门课程被授予“上海高校示范性全英语课程”称号。《全球通用商科人才实验班实践与探索》等 4 个项目获上海高校本科重点教学改革项目立项资助。教师编写 4 个原创性案例入选“全国百篇优秀案例”，其中 3 个获“全国百篇优秀案例奖”。外语部教师戴家琪在第四届“外教社杯”全国高校外语教学大赛中获得冠军。

学生工作有新突破。打造学生教育和实践的新型平台，与上海自贸区管委会、上海市教育委员会学生事务中心合作共建经贸人才培养基地，签订《经贸人才培养合作协议书》。通过“诚信教育周”、“我与教授面对面”、“情系母校、承载梦想、扬帆远航”毕业生系列教育等主题教育活动，锻炼学生综合素质，激发学生感恩情怀。选送 2 名辅导员参加“教育部高校辅导员高级研修班”培训、32 名辅导员参加上海市高校辅导员各类专题培训；14 名思政教育教师参加境外进修和培训;2名辅导员赴上海市普陀区团区委和上海自贸区管委会挂职锻炼。接收3名“教育部高校辅导员高级研修班”学员来校实习。进一步推动上海市高校辅导员培训基地建设,完成2013年度“国际化视野下辅导员核心素养提升”培训;完成2012年“校思想政治教育教师科研团队培育计划春蕾计划”项目结题和2014年项目申报工作。全年,学校辅导员队伍有1项课题获教育部人文社会科学研究专项立项、1篇论文获上海高校网络文化建设与校园管理创新论坛一等奖、2人获上海市青年五四奖章,1人获上海市大学生暑期社会实践活动优秀指导教师称号,1人获上海市优秀青年志愿者称号。学生在各类竞赛及社会活动中继续获得佳绩。如会展专业学生获得全球大学生会议策划演讲比赛冠军;对外汉语专业学生获得全国大学生英语竞赛C类特等奖。学校女子冰壶队代表学校出征第26届世界大学生冬季运动会。

招生就业工作势头良好。共招收2442名本科生,598名研究生。在沪文理科二本投档分数线分别为:文科458分,理科419分,均高于上海一本分数线。应届毕业生就业继续保持良好势头,截至年底,本科生就业率98.83%,研究生就业率92.19%。

对外交流与办学国际化进展良好。引进2位市教委海外名师;与88所国外高校或机构缔结协议,其中新签约的有美国纽约州立大学石溪分校、法国雷恩商学院、韩国仁川大学等7所院校。共有41个海外学习、实习项目列入上海市教育委员会资助项目;学校举办或承办了全球贸易分析(GTAP)第16届年会、“经济一体化与中日经济合作”国际研讨会、首届中东欧孔子学院大会、第13届SUIBE-KAS WTO年度论坛、金砖五国商学院联合会双年会国际高等商科教育论坛等7次重要国际会议。学校留学生规模持续稳定发展,继续列入上海高校中留学生人数超千人的第一梯队院校;中国政府奖学金生工作进入良性发展阶段;成功举行第三届上海市暑期学校—大洋洲项目;继续当选上海市外国留学生教育研究会评选出的2013年度先进集体单位。在学生国际交流方面,新增合作院校3家。共有114名学生参加赴海外交流。学校ACCA教育项目通过ACCA英国总部认证,成为ACCA白金级教育机构,跻身ACCA英国总部认可最高质量教学合作伙伴之一。

(陈　成)

[开展办好人民满意教育大讨论]　3月15日,为进一步贯彻党的十八大精神,按照《国家中长期教育改革和发展规划纲要》要求,学校开展“努力办好人民满意的教育”大讨论,集全校智慧,共谋发展。各二级党组织结合学校更名大学的工作实际,按照建设现代大学的办学理念,对学校顶层设计、校园文化建设、教职工积极性发挥和学校核心竞争力提升等论题进行讨论,达成更深层次共识。

(王胤卿)

[获批市优秀专业称号]　在《上海市教育委员会关于公布2012年上海普通高校本科专业选优评估试点结果的通知》中,学校“国际经济与贸易”和“工商管理”两个专业通过评估,于4月7日被授予“优秀专业”称号。

(王胤卿)

[更名为上海对外经贸大学]　4月18日,教育部发布《关于同意上海对外贸易学院更名为上海对外经贸大学的函》(教发函2013[55]号),对学校办学定位、办学规模、人才培养目标等方面提出相关要

庆祝学校更名

求。该函发布,标志上海对外贸易学院成功更名为上海对外经贸大学,上海对外贸易学院建制同时撤销。

(王胤卿)

[翁铁慧到校调研] 6月6日,副市长翁铁慧一行到学校调研,听取学校关于更名大学后改革发展思路汇报,并参观同声传译实验室、国际商务实验中心、智能决策实验室和商务全球视频中心等实验室。翁铁慧代表市政府祝贺学校更名成功,并阐述了上海市高等教育发展、改革的思路和趋势,希望学校以更名为契机,认清形势,准确定位,凸显特色,加强对外经贸应用型人才的培养和应用性研究,从而服务上海"四个中心"建设。

(王胤卿)

[举办全球贸易分析16届年会] 6月12—14日,第16届全球贸易分析年会(GTAP)召开。主题为"迅速变化环境下全球贸易的新挑战",旨在促进专家、学者就有关全球经济问题定量分析方面的交流与合作。来自中国、美国、日本、德国、法国、澳大利亚等国以及世界银行等国际机构的学者代表300多人出席会议。开幕式上,世界银行发展展望集团总裁作关于"中国在全球经济中的地位"主旨演讲。会议期间,共举行50余场专题报告与讨论会。

(王胤卿)

[赵雯到校调研] 7月4日,副市长赵雯一行到学校古北校区就知识产权工作开展调研座谈,并参观上海高校国际商务实习中心、WTO事务咨询中心。赵雯围绕"上海建设亚洲太平洋地区知识产权中心"主题作讲话,介绍"上海建设亚洲太平洋地区知识产权中心",希望学校发挥科学研究、人才培养、服务社会和文化传承创新的功能,整合各种资源,提供专业服务,培养复合型人才,在知识产权的创造、管理、保护、运用及人才培养等方面发挥积极作用。

(王胤卿)

[启用校园一卡通] 8月22日,全新的学校"校园一卡通"系统启用,"校园一卡通"有就餐、图书借阅、体育锻炼签到、门禁、会议签到、考试证件、乘班车、就医、自助打印复印等功能,实现"一卡在手,走遍校园"。"校园一卡通"新增支付宝自助充值功能。

(王胤卿)

[启动学校更名后五大工程] 9月7日,学校明确需要着力推进的"五大工程",以应对更名后学校改革发展所面临的新形势和新任务。"五大工程"分别是,开展党的群众路线教育实践活动,完成学校顶层设计和总体方案,构建现代大学制度,落实市委巡视组整改意见,对接中国(上海)自由贸易区建设。

(王胤卿)

[举办孔子学院跨学科研讨会] 10月4—6日,学校与北京外国语大学在斯洛文尼亚首都卢布尔雅那举办第一届"中国——中东欧国家孔子学院跨文化对话、教育与商务"跨学科学术研讨大会。大会由卢布尔雅那大学孔子学院、克罗地亚萨格勒布孔子学院、奥地利维也纳孔子学院、匈牙利布达佩斯孔子学院、匈牙利赛格德孔子学院以及波兰奥波莱孔子学院等多家单位参与协办,来自18个国家70多位专家学者在会上交流论文,涉及职业机构与市场、孔子学院网络与汉语教学、国际经济与商务、营销与旅游业、经济发展与社会福利、行政管理与法律、可持续发展等11个学术主题。孔子学院总部总干事、国家汉办主任给大会发贺信,斯洛文尼亚政府教育部门首脑、卢布尔雅那大学校长、中国驻斯洛文尼亚大使受邀出席大会开幕式。

(王胤卿)

[参与上海自贸区建设和服务] 10月26日,学校与上海财经大学、对外经济贸易大学、华东政法大学共建上海自贸区协同创新中心;11月20日,成立"公共政策与社会发展研究中心",参与上海自贸区建设的研究与服务;12月6日,学校与上海自贸区管委会、上海市教育委员会学生事务中心合作共建经贸人才培养基地,签订《经贸人才培养合作协议书》;学校"中国(上海)自由贸易试验区建设"冠名为上海市社会科学创新研究基地。

(王胤卿)

["国际经贸治理与改革开放联合研究中心"立项] 11月1日,世界贸易组织教席主持人、学校WTO研究教育学院院长张磊申请的"国际经贸治理与改革开放联合研究中心"获得2013年度第一批上海高校智库立项。该智库将从全球多边贸易体系的发展趋势和应对、主要国家贸易政策审议、与贸易有关的知识产权等6个领域开展具有中国视角的研究。

(王胤卿)

[在全国高校外语教学赛中获冠军] 11月10—12日,由教育部高等学校外国语言文学类专业教学指导委员会、教育部高等学校大学外语教学指导委员会、教育部职业院校外语类专业教学指导委员会和上海外语教育出版社联合主办的第四届"外教社杯"全国高校外语教学大赛全国总决赛举行。学校外语部教师戴家琪获第四届"外教社杯"全国高校外语教学大赛全国总决赛视听说课组的冠军。

(王胤卿)

[举办上海自贸区人才需求圆桌会议] 12月6日,学校与中国(上海)自由贸易试验区管委会、上海市教育委员会学生事务中心合作举办"中国(上海)自由贸易试验区与人才需求"圆桌会议。三方签订《经贸人才培养合作协议书》,内容涉及定期公布《中国(上海)自由贸易试验区人才需求白皮书》、举办辐射上海各高校的自贸区专场招聘会、召开自贸区相关主题的圆桌会议、协同开展自贸区相关专项课题研究等。

(王胤卿)

附:学校负责人及地址

(2013年1—12月)

校党委书记:武克敏(7月离任);张小松(7月到任)
副　书　记:夏斯云、陈　洁

校　长:孙海鸣
副校长:陈　洁(兼)、叶兴国、俞光虹、徐小薇

松江校区地址:文翔路1900号
邮编:201620
电话:67703000

古北校区地址:古北路620号
邮编:200336
电话:52067202

上海应用技术学院

［**2013年概况**］ 学校下设17个二级学院、2个教学部，本科专业数增加到48个，拥有化学工程与技术等4个一级学科硕士学位授权点及化学工程专业硕士学位授权领域。共有全日制学生18017人，其中本科生15499人，硕士研究生923人，留学生144人。招收普通本专科新生4017人，硕士研究生448人。学校教职工1726名，其中专任教师1136名。具有高级专业技术职务教师469名，占教师总数41.29%，其中教授112名。具有硕士以上学位教师占教师总数80.37%，其中博士学位416名，占教师总数33.89%。博士研究生导师21名，硕士研究生导师313名，上海"千人计划"3名，"东方学者"8名。

一、教育教学工作。申报并获批材料科学与工程、机械设计及自动化、软件工程3个"卓越计划"试点专业和1个研究生层次学科领域（化学工程领域）。都市轻化工业实验教学示范中心成功获批国家级实验教学示范中心。组织申报国家级虚拟仿真实验教学中心——化学化工虚拟仿真实验教学中心。实习基地总数达到258个。校企联合指导毕业设计比例继续增加。

共评选出校级教学成果奖31项，其中14项推荐申报市级教学成果奖。获国家级精品资源共享课1门、上海市级精品课程2门，上海市重点课程6门，市教委重点教学改革项目2项，上海市全英语教学示范课程1项。

推进学生创新精神和实践能力培养，全校共有8340人次参加各级各类竞赛。共组织全国大学生"西门子杯"工业自动化挑战赛总决赛等各类学科技能竞赛65项，其中国际竞赛3项，市级及以上竞赛46项，校级竞赛16项。获市级及以上奖项共394项，其中国际级奖项4项，国家级奖项311项，市级奖项79项（195人）。学校获全国学科技能竞赛优秀组织奖5项，获市级学科技能竞赛优秀组织奖1项。学校运动队参加全国、上海市高校阳光体育联赛以及区域性运动会等各类体育比赛共计23项，获各类奖项73项。学校成立上海首支大学生装备式橄榄球队。

先后与美国、加拿大、德国、俄罗斯、法国等国家和地区的18所高校建立联系，新签订合作协议12份，使国外交流合作院校达到75所。美国、加拿大、英国等16个国家和地区约56批国外高校人员来访。与加拿大皇家大学共同主办"2013中加领导力与区域发展论坛"。共聘请外籍教师34人，其中长期外籍教师20名，短期外籍教师14名。获批上海市"海外名师"项目2项。选派147名学生赴海外院校学习、实习和培训。接受外国留学生总数达144人。

与上海信息技术学校和上海石化工业学校合作开展"应用化工技术"中高职贯通培养试点工作，截至9月，两所中职校已录取试点班学生150名。

二、学科建设。继续推进"085工程"项目建设。接受市教委"十大工程中期绩效评估"并获得好评，启动年度"085工程"项目库建设，获批建设资金2665万元。完成2010—2012年中央财政建设项目总结验收工作，启动2013—2015年中央财政建设项目三年规划编制，获批经费3732万元。

三、科技工作。全年学校科研经费达到1.7亿元。新增横向科研项目452项，获批"联盟计划"项目34项，获得"联盟计划"项目数连续三年位居全市第一，学校获得上海市产学研合作优秀项目奖、优秀组织管理奖。获批纵向科研项目150项（其中国家自然科学基金24项）。

获省部级以上科研奖励7项。9项产品参展第十五届中国国际工业博览会，其中展品《JB8000型传送带式食品放射性检测仪》被评为高校展区优秀展品一等奖，学校获优秀组织奖。新增与地方政府全面合作框架协议2项、校企产学研合作协议10项。

四、人才引进与师资队伍建设。学校继续坚持"人才强校"战略，加强和完善师资队伍建设和人才工作机制。共引进教师83人，其中博士65人、具有正高职称11人；具有企业背景教师41人，约占全年引进教师数50%；主持国家级项目的有28人。成功申报1名上海"千人计划"及1名上海高校特聘教授（"东方学者"）。1人获上海教书育人楷模提名奖、1人获宝钢奖优秀教师奖称号、2人获奉贤区“滨海贤人”优秀人才称号。

五、学生工作。举办校长奖、优良学风班、学习标兵等评选活动；开展“我的中国梦·我的大学梦”和“喜迎国庆、共话梦想”等主题教育活动；开展“忠诠-尔纯”思想政治教育奖评选活动；开展星级文明楼创建活动；开设“英才计划”培训班；启动大学生“科学商店”建设；成立学生自主管理委员会；增开上海应用技术学院青年微信平台；推进易班工作平台建设，学校易班工作站被评为年度上海市“十佳”。本科生就业率98.27%，研究生就业率100%。全年各级各类奖学金获奖总人数15823人次，奖励总金额达1045万元。共设立助学金项目11项，助学金总额达1050万元，资助8228人次。推进学校——学院——班级三级联动的心理健康教育工作网络建设。

辅导员队伍建设。完善辅导员培训体系，搭建辅导员工作交流平台，举办辅导员沙龙、专家讲座交流会及第三届辅导员论坛。设立学生工作特色项目、大学生思想政治教育专项课题、科研奖励等。改革和完善辅导员考核方案。开展2013辅导员年度人物评选。

六、校园基本建设。积极推进结构实验室、体育场(馆)等在建工程，继续推进奉贤校区特教楼、综合实验楼、35千伏输变电站等新建项目前期工作及三期学生公寓建设开工准备工作；完成“滴水海湾”全部土建工程；完成徐汇校区34号楼、图文信息楼等改造整修工程及有线电视、无线网络覆盖工程；继续完善数字校园基础平台建设。

七、文明校园建设。教师节之际，表彰96位教龄满30周年的教师和取得突出成绩的教职工。举办首届“浪漫金秋、沐浴幸福”校园集体婚礼仪式，联合星火经济开发区等4家单位举办“相约金秋、牵手未来”青年联谊活动。创建平安文明校园，学校被评为2011—2012年度上海市文明单位，实现“七连冠”。学校退休教师祝尔纯夫妇荣获“2013上海教育年度十大新闻人物”称号。

(田怀香)

[举办大学园区第六届年会] 3月28日，上海奉贤海湾大学园区联席会议第六届年会举行。奉贤海湾大学园区各高校及奉贤区政府相关部门负责人参加会议。市教委、奉贤区领导出席会议并讲话。根据联席会议章程，大会通过第六届秘书处秘书长和副秘书长人选名单。会后，举行第六届秘书处第一次会议，就加快推进海湾大学园区周边交通出行、区校图书资源共享、校园周边环境整治、产学研合作等进行讨论并达成共识。

(徐一彦)

[与安徽宁国市合作签约] 4月16日，学院和安徽省宁国市人民政府战略合作协议签约暨宁国市驻上海人才工作站揭牌仪式举行。宁国市驻上海人才工作站落户学院，学校发挥教育资源优势，开放有特色的学科专业实验室，支持宁国市科技人才队伍建设；宁国市为学院教育教学实践基地建设、产学研合作、吸纳毕业生就业等方面提供支持。

(徐一彦)

[香料香精工程技术研究中心揭牌] 4月18日，由市科委批准的上海香料香精工程技术研究中心成立暨揭牌仪式举行。市科委基地处、上海化工研究院、百润香精香料股份有限公司及学院相关负责人出席，并共同为中心揭牌。研究中心作为国内系统从事香料香精专业技术教育和科学研究的产学研基地，集聚国内外一流人才和香料香精行业高知名度专家，形成高效的充满活力的人才团队。中心着力建设我国香料香精及加香产品技术开发的产业平台，成为人才培养高地、技术研发中心和技术成果转化基地，实现较好的经济与社会效益。

(徐一彦)

[获市科技进步一等奖] 4月19日，上海市科学技术奖励大会在上海展览中心召开。学院教授肖作兵主持《高品质香精制备与品质控制关键技术及应用》科技成果获2012年度上海市科技进步一等奖。这是学院合校以来首次获得上海市科技进步一等奖。

(徐一彦)

[举办中加领导力与区域发展论坛] 6月9日，由上海应用技术学院与加拿大皇家大学共同主办、上海市奉贤区和加拿大维多利亚市共同协办的2013中加领导力与区域发展论坛举行。上海应用技术学院、奉贤区领导，加拿大皇家大学副校长、加拿大维多利亚市市长出席论坛开幕式。华东师范大学、华东理工大学、上海对外经贸大学等高校学科负责人及奉贤区相关企业董事长等80余人参与论坛讨论。论坛由“创新与变革”、“可持续发展”、“伙伴与合作”、“个人发展”等专题组成，包括主题报告和

分组讨论。论坛突破纯学术论坛界限，由两校一市一区四方合作举办，牵手加拿大不列颠哥伦比亚省维多利亚市，辐射奉贤区中小企业。

（徐一彦）

［新建本科院校文化建设研讨会召开］ 6月22—23日，由全国新建本科院校党建研究会、上海应用技术学院主办的全国新建本科院校大学文化建设研讨会举行。来自全国各地27所新建本科院校的党委书记、副书记及专门从事大学文化建设工作研究专家共计70余人参加研讨会。

（徐一彦）

［举办大学生工业自动化挑战总决赛］ 8月18—22日，由教育部高等学校自动化专业教学指导分委员会、西门子（中国）有限公司和中国系统仿真学会联合主办，上海应用技术学院承办的2013全国大学生"西门子杯"工业自动化挑战赛总决赛举行。总决赛吸引来自国内60所高校104支队伍参赛，参赛选手与指导老师400人。学校"源奋队"等获得大赛设计开发型特等奖。

（徐一彦）

［获自动化系统应用赛特等奖］ 12月14日，由教育部教育管理信息中心主办，教育部自动化类教学指导委员会、美国罗克韦尔自动化协办，上海市自动化学会和上海交通大学承办的2013"A-B杯"全国大学生自动化系统应用大赛闭幕。学院参赛队的宝钢煤调湿控制项目获大赛唯一的特等奖。

（徐一彦）

［阳光体育冬季长跑运动启动］ 12月13日，阳光体育冬季长跑运动启动仪式暨京沪校际装备式橄榄球友谊赛举行。教育部学生体育协会联合秘书处副秘书长、中国大学生体育协会专职副主席，秦辉资本管理有限公司首席执行官、美橄联中国有限公司（AFU）执行董事、市教委体艺卫科处及上海应用技术学院校领导出席活动。学院大学生装备式橄榄球队与北京第二外国语大学代表队进行友谊比赛。

（徐一彦）

［获产学研合作优秀组织管理奖］ 12月18日，"上海产学研合作优秀项目奖"表彰大会举行。会议由上海科技成果转化促进会、上海市教育发展基金会和上海市促进科技成果转化基金会联合举办。学院副校长陈东辉受邀作为高校代表在大会发言。学院获"优秀组织管理奖"和"中小微企业优秀项目三等奖"各1项。

（徐一彦）

附：学院负责人及地址

（2013年1—12月）

院党委书记：祁学银（7月离任）、吴　松（7月到任）
副　书　记：康　年（4月离任）、宋敏娟

院　长：卢冠忠
副院长：康　年（4月离任）、刘宇陆、陈东辉、叶银忠、
　　　　张锁怀（7月到任）、张艳萍（7月到任）

地址：海泉路100号
邮编：201418
电话：60873530

上海海事大学

［2013年概况］ 1. 内涵建设。学校两个“085工程”项目获批，共获内涵建设资金6580万元。5月，学校将原有海洋工程学科整合，成立涉海高校中第一个以海洋工程为主的综合性海洋科学与工程学院。学院成立以来获得“973”课题1项，国家自然基金3项，国家海洋局公益性重大专题1项，上海市科技进步二等奖2项，上海市精品课程1门。7月，通过市教委、市财政局、市发改委、市审计局等对学校“085工程”进行的中期绩效评估。5—8月，制定完善学校《中央财政支持地方高校发展专项资金2013—2015年项目建设规划》，获批资金7296万元。

2. 人才培养。新增国家级本科专业综合改革试点专业1个（交通运输）、教育部“卓越工程师教育培养计划”专业4个（轮机工程、能源与动力工程、机械设计制造及其自动化、计算机科学与技术）。机械设计制造及自动化专业通过市教委、市教育评估院组织的选优评估工作，获评“优秀”。新增1门国家级精品视频公开课（《集装箱化：海上货物运输的革命》）。新增市精品课程3门，市高校示范性全英语教学课程1门，市教委重点建设课程8门，市高校市级体育和健康教育精品课程1门。建设10门校级全程视频课程，立项校级重点课程20门，精品课程8门，校级全英语教学课程4门，通识教育选修示范课程29门。立项2013—2015校级三年规划教材49本。评出优秀教材8本。公开出版校级规划教材8本。

年内，学校53个项目入选国家级大学生创新创业训练计划。160个上海大学生创新活动计划项目立项，获得市教委资助经费160万元。学校多个创新项目分别入选“第六届全国大学生创新创业年会”、“第三届上海大学生创新活动论坛”和“首届滴水湖大学生创新活动论坛”等。投入经费40万元开展学生学科竞赛，在国家级、全国性和上海市级学科竞赛中共有315人次获奖。在“2013年高教社杯全国大学生数学建模竞赛”中获一等奖。推进研究生培养机制改革。获得市研究生优秀成果（硕士学位论文）5项；博士优秀学位论文培育9人；大文科研究生学术新人培育47人；研究生学术新人（工学）培育89人；研究生创新项目资助73项，其中博士29项；2名博士研究生获2013年度“上海发展研究奖学金”项目资助；获得5项上海市研究生教育创新计划项目。校游泳队在全国游泳冠军赛、第十二届全国运动会、第六届东亚运动会、全国青年跳水锦标赛等比赛中共获得冠军12项；武术队在上海市大学生武术锦标赛等项目上获得冠军19项；龙舟队在第四届世界大学生龙舟锦标赛等项目上获得冠军7项。舞龙队、网球队、棋牌队等也在全国和市级比赛中取得好成绩。

安排航海类专业学生分批次进行航行实习，累计上船学生783人，经费投入280万元。完成4个学院7个陆上专业14批次学生航行实习，累计实习957人，历时112天，投入经费149万元。航海实验教学中心获评“国家级实验教学示范中心”，航海虚拟仿真实验教学中心获评“国家级虚拟仿真实验教学中心”。累计开出实验课程328门，开出率为100%。其中含综合性、设计性实验项目的实验课程201门，占实验课程总数63%。累计开出实验项目1592项，其中综合性、设计性实验项目689项，占实验项目总数的43%。高职各校区加强校企合作，着力打造品牌专业。继续教育、船员培训的规模稳定，质量与效益良好。培训各类高级船员5000余人次，国家海事系统公务员培训、交通系统干部及全国港航企业高级管理人员600余人。夜大学在校生约3000人。高端航运和海事培训取得进展，成功举办LNG船舶操作和管理高级研修班。

3. 学科建设和科研工作。轮机工程、物流工程与管理、港航电力传动与控制工程等3个市教委重点学科（五期）通过终期验收。新增上海市人民政府发展研究中心决策咨询研究基地1个；市社会科学创新研究基地、上海发展战略研究所汪传旭工作室三年建设评估获评“优秀”；上海高校知识服务平台——上海国际航运研究中心正式挂牌；上海市海洋局深海装备材料与防护工程技术研究中心正式成立；上海高校人文社会科学重点研究基地——海商法研究中心通过市教委终期验收。

年内，学校科技总经费3亿元，获得国家级项目

32项，其中首次获得国家社科基金重点项目1项，省部级项目76项，100万元以上的工科类项目20项和50万元以上的非工科类项目3项。获得各类科技奖励40项，其中省部级科学技术及人文社科奖9项；首次获得上海市决策咨询研究成果奖一等奖1项。发表SCI论文97篇，63篇论文发表的期刊被ESI数据库收录，发表SSCI检索论文3篇。申请专利196项，其中发明专利119项，授权专利119项，其中发明专利29项。学校首次开展“上海海事大学学术创新团队”申报工作，安博文团队等7个团队列入上海海事大学学术创新团队建设计划。

学校杂志总社和各期刊的影响力继续提高。《上海海事大学学报》在《中国科技期刊引证报告(核心版)》中列上海高校自然科学学报(不含医学版)第5名。《水运管理》和《集装箱化》获评华东地区优秀期刊。《计算机辅助工程》网站获评“中国高校科技期刊优秀网站”。杂志总社蝉联“上海市新闻出版行业文明单位”称号。上海浦江教育出版社出版新书65种；获华东地区大学出版社优秀教材一等奖2项、二等奖3项；新获批上海市文化发展基金专著1项。申报获批国家和上海市“十二五”重点图书出版计划各一套(系列)。

4. 师资队伍建设。首次参与院士申报，并通过上海市第一轮推选；新增上海千人计划入选2名，入选东方学者1名。完成首次面向全球的院长招聘工作。加大特聘教授引进力度，引进特聘教授1人。启动多名特聘教授的引进工作。引进教师36人，其中具有博士学位和副高级以上专业技术职务的30人。选拔校第十一批学科带头人10人、骨干教师38人；完成第八至第十批学科带头人、骨干教师的培养和考核；选拔教师“三大计划”获上海市教委批准，其中教师出国访学41人、教师国内访问学者22人、教师产学研进修35人，合计经费710万元。完成学校实验队伍建设规划，启动学校实验队伍培养工作。实施教师教学激励计划，新入选教学激励教师50人。启动以学院为单位的教学激励试点工作。1人获上海市人才发展基金资助和宝钢优秀教师奖。

5. 招生就业和学生管理工作。年内共招生6367人，实际报到6102人。其中，博士研究生48人，硕士研究生1385人，本科生4213人，高职生321人，专升本学生231人，插班生79人。招生质量持续提高，第一批本科录取省市(外省市)增加到23个，在上海市的第一批本科录取专业为23个(含大类招生专业)。2013届毕业生6154人，其中硕士毕业生1112人，就业率98.11%；本科毕业生4246人，就业率96.16%；高职毕业生796人，就业率97.61%。学校入选教育部“2012—2013学年就业典型经验高校50强”，同时获得“上海市高校毕业生三支一扶计划先进集体”称号；学生处就业指导中心获得“上海市促进就业先进集体”称号。

辅导员队伍建设成果：信息工程学院辅导员李吉彬获2012年上海高校辅导员年度人物称号，并入围2012年全国高校辅导员年度人物。获第九届上海高校辅导员论坛征文三等奖1项；获上海市教委立项2013年上海高校辅导员工作培育项目1项。积极关注大学生身心健康。开展心理咨询532人次，处理危机干预12例。资助育人工作：资助总额3522万余元，其中政府资助2327万余元、社会资助296万元、学校资助898万余元。6506人次获得各类奖学金，总额1055.1万元；4050人次获得各类助学金，总额1065.8万元；月均有1284人次参加校内外勤工助学，勤工助学金额310.9万元；为86人减免学费，共计12万元；为48人办理入伍代偿，合计48.65万元；有493人获得应急帮困等补助，共计25万元；1531人获得国家助学贷款，贷款总额941.1万元。4422名新生军训工作顺利完成。选送71名学生入伍，其中男兵67人，女兵4人。学校被上海市政府评为2012年度征兵工作先进单位。

6. 国际交流与合作。与比利时安特卫普大学、英国南安普顿大学、瑞典林奈大学、马耳他大学等8所高校签订校际交流与合作协议，与学校建立校际交流关系的海外高校增至70所。新增马耳他大学海洋管理双硕士项目、挪威商学院交换生项目等8个海外学习实习项目，其中包括首个面向贫困大学生并由学校全额资助的新加坡海外实习项目。在校生海外学习实习项目数达40个，涉及19个国家。推进与国际航运组织与机构的交流与合作。波罗的海国际航运公会上海中心落户学校东明路校区。完成国际海事院校联合会(IAMU)执委会委员相关职责，承办IAMU学术项目评审会。与丹麦诺登航运公司合作举办上海海事大学—诺登研讨会。与英国百利马工程公司、英国剑桥运输学院等合作举办“LNG船舶操作与管理”研修班。深化与挪威船级社等境外航运组织或机构的交流与合作关系。年内，91批506人次的境外宾客到校访问。84人次的境外专家学者到校讲学，讲授专业课30门次，开设专业讲座56场。年内358名学生参加不同类别的海外学习或实习项目。与加纳中西非地区海事大学合作举办的物流管理海外本科教育项目进展顺利。

5月，第三期学生在加纳开班；第一期36名同学完成在沪一年的学习；第二期33名学生到沪开始第三学年的学习。利用各种机会增强学校的国际影响力。校领导先后出席波罗的海国际航运公会上海中心揭幕仪式暨国际航运高峰论坛并演讲、出席并主持国际海事教师联合会（IMLA）第二十一次大会、出席国际海事大学联合会（IAMU）2013年年会，及第十二届亚洲海事与渔业大学论坛。

7. 教育保障工作。实现2013年预算收入，教育事业拨款同比增长20%。全校固定资产总值182554万元，其中教学、科研仪器设备类固定资产约51248万元。年内新增固定资产6667万元，其中仪器设备类固定资产6563万元。组织完成2013—2015年中央财政支持地方高校发展专项资金建设项目规划的申报工作，申报8项建设项目，涉及省级重点学科、教学实验平台以及科研平台和专业能力实践基地建设三大类。完成2013年度交通运输部专项“船舶节能减排实验教学平台设备购置项目”的申报工作。启动建设2013年度中央财政支持地方高校发展专项集装箱供应链运行管理与控制技术研究平台、港航物流装备安全工程实验平台等5个项目；“085工程”实验室建设项目冷藏物流测控与协同创新平台、港航物流装备绿色运行技术创新平台等4个项目。交通运输实验中心交通运输实验与实习基地、航运管理与决策平台及研发、商船学院高水平船舶电子电气工程创新实验平台、船舶制冷实验室等14个项目已完成验收结题工作并投入使用。轮机工程实验中心船舶操纵模拟器和ERM轮机模拟器实验室等2个项目已基本完成。

基础设施建设和维修改造工程有序推进。船舶与海洋工程水池实验室、上海港湾学校校舍安全工程陆续竣工交付使用。全年完成防水工程总投入约100万元。通过2013年挪威船级社（DNV）ISO9001证书年度审核和“挪威船级社海事培训机构认证”证书换证审核。

（侯春燕、朱玉飞）

［举办智能制造与物流系统国际会议］ 2月28日，由学校主办的“第九届智能制造与物流系统国际会议”开幕，中国、美国、日本、韩国、泰国、马来西亚、芬兰等国的物流与制造领域的知名学者参加会议。会议进行了26场研讨会，内容涵盖港口物流、供应链、物流决策、智能物流、模糊系统等领域。

（苏　娅）

［获新加坡国际海事奖金奖］ 4月11日，新加坡交通部长吕德耀在新加坡宣布，上海海事大学、上海振华重工集团、新加坡国立大学获新加坡国际海事奖新一代集装箱码头设计挑战赛金奖，共享100万美元奖金。“新一代集装箱码头设计挑战赛”由新加坡国家海事与港口管理局及新加坡海事研究中心联合举办，面向全球发布，旨在为未来10年新一代集装箱码头建设征集优秀设计方案。参赛队伍需要在长2.5公里、宽1公里的土地上规划设计一个高效、可持续发展的先进集装箱码头，使该码头能够实现年吞吐量2000万TEU（其中80%为国际中转），船舶准点靠泊率达到90%以上。大赛有来自全球25个国家和地区的56支队伍参赛。

（苏　娅）

［共建船舶电力推进及自动控制实验室］ 4月24日，通用电气中国有限公司与学校共建的全国首家船舶电力推进及自动控制实验室揭牌。市人大常委会、中国海运（集团）总公司、市教委领导，及相关部门负责人出席合作备忘录签字仪式暨船舶电力推进及自动控制实验室揭牌仪式。实验室拥有世界先进的高转矩密度大功率中压电机、脉宽调制变频器以及模拟设备能为船舶与海洋工程、电气工程等学科提供实践教学和科研基地并为相关企业提供培训平台。

（苏　娅）

［举行物流设计大赛颁奖典礼］ 4月28日，“安吉杯”第四届全国大学生物流设计大赛颁奖典礼在学校举行。安徽大学、北京工商大学长征队、北京物资大学彼岸队、上海海事大学智捷团队、南开大学一队、长安大学恒通队等12支参赛队获一等奖。学校获特别组织奖。“安吉杯”第四届全国大学生物流设计大赛由教育部高等学校物流类专业教学指导委员会、中国物流与采购联合会主办，上海海事大学承办。本届大赛有28个省、市、自治区的223所高校的399支团队参加，2012年9月启动，约4000多名专业教师、38000多名学生参赛。

（苏　娅）

［与市建交委签订战略合作协议］ 6月1日，上海市城乡建设和交通委员会与上海海事大学战略合作协议签约仪式暨合作工作组第一次工作会议在临港校区举行。双方将通过政产学研多维一体的合

作模式，搭建沟通合作平台，推进上海国际航运中心建设。

（苏 娅）

［**获世界大学生龙舟锦标赛冠军**］ 6 月 12—13 日，第四届世界大学生龙舟锦标赛在山西太原举行。比赛吸引了哈佛大学等知名高校在内的 42 所大学的 62 支大学生队伍参赛。学校龙舟队在男子小龙舟直道 200 米和 2000 米环绕赛中取得冠军。

（苏 娅）

［**翁铁慧到校调研**］ 7 月 24 日，上海市副市长翁铁慧一行到学校临港校区调研工作。上海市政府、市教委有关人员，及学校领导、相关学院、部门负责人等参加调研和座谈。

（苏 娅）

［**成立中国（上海）自贸区供应链研究院**］ 10 月 31 日，学校成立中国（上海）自贸区供应链研究院。该研究院将与自贸区供应链相关的航运、物流、金融、法律等领域开展研究咨询、政产学研合作、境外合作、高端教育培训、情报发布等工作，推进自贸区重大问题的深入研究，满足政府、企业和社会对自贸区决策咨询的迫切需求。

（苏 娅）

［**参展国际工业博览会获好成绩**］ 11 月 5—9 日，第 15 届中国国际工业博览会在上海举行。学校研发的“ARV 混合型水下机器人”“低谐波高效永磁同步电动机”“主动错流式膜分离设备”“高效保温材料——真空绝热板”“全球船舶动态管理与船岸北斗报文通信系统”“超精密全自动反冲洗海水过滤器”“球形碳化钨粉系列耐磨涂层材料”等 7 项科技成果亮相本届工博会。“ARV 混合型水下机器人”项目获得高校展区优秀展品一等奖。

（苏 娅）

［**国际海事教师联合会上海中心成立**］ 12 月 3 日，国际海事教师联合会上海中心正式挂牌。同日，由国际海事教师联合会上海中心和学校合作举办的“亚洲航海教师英语应用研修班”开班，来自中国、韩国、日本、越南、缅甸等国家的近 30 名海事院校教师参加培训。国际海事教师联合会是联合国国际海事组织的正式咨询机构，长期致力于海事教育和培训研究。学校副校长金永兴于 2011 年 9 月首次担任该组织主席。在 10 月召开的第 21 次国际海事教师联合会大会上，再次当选为该组织主席。

（苏 娅）

［**上海高级国际航运学院揭牌**］ 12 月 6 日，上海高级国际航运学院揭牌仪式暨上海海事大学 2013 年航运金融 EMBA 开学典礼在学校举行。学校领导，学院各部门负责人及来自全国航运、物流领域企事业单位的 40 多位高层管理人员出席仪式。作为国内唯一的航运金融类 EMBA 教育基地，该学院以培养航运高端服务人才为目标，重点将开展航运金融、国际航运管理专业的硕士、博士学位教育和以国际认证与专业课程学习为标志的短期培训。

（苏 娅）

上海高级国际航运学院揭牌

[在电子设计竞赛中获好成绩] 12月23日，2013年全国大学生电子设计竞赛颁奖典礼举行。学校获得全国二等奖(上海赛区一等奖)1组、上海赛区二等奖4组、三等奖7组,优秀指导教师三人。学校同时还获得优秀组织奖。全国大学生电子设计竞赛是教育部倡导的重要大学生学科竞赛。

（苏　娅）

附:学校负责人及地址

(2013年1—12月)

校党委书记:於世成
副　书　记:孔凡邨、门妍萍
校　长:黄有方
副校长:金永兴、肖宝家、孔凡邨(兼)、杨万枫、王海威

民生路校区地址:浦东大道1550号
邮编:200135
电话:58855200

临港校区地址:海港大道1550号
邮编:201306
电话:38282000

东明路校区地址:东明路1336号
邮编:200126
电话:68702503

上海纽约大学

[2013年概况] 由华东师范大学和纽约大学合作举办的上海纽约大学是教育部正式批准的中国第一所具有独立法人资格和学位授予权的中美合作国际化大学，也是纽约大学全球教育体系的组成部分。作为国家教育体制改革试点项目，上海纽约大学旨在积极探索高等教育的国际合作，探索全球化时代的大学教育，探索国际化创新人才的培养模式，并致力于建设一所世界级的、多元文化交融、文理工学科兼有的研究型大学。学校于2012年10月15日正式成立，已被列入了第五轮中美人文交流高层磋商联合成果清单；首批学生于2013年8月入学。

经教育部批准，上海纽约大学设有12个专业。商业与金融、经济学、综合人文、数学、物理学、化学、生物学、神经科学、计算机科学、计算机工程、电子信息工程和互动媒体技术。除了开展本科教育外，上海纽约大学还将设立专业硕士学位项目，并依托华东师范大学和纽约大学培养博士。

一、招生方法

上海纽约大学首届本科生共计295名，来自30多个国家，其中中国学生150个。

学校积极推进招生选拔方式的改革，综合考虑高中学业成绩与表现、校园日活动的评价、高考成绩等因素，全面考察、自主招生，选拔适合上海纽约大学培养目标和培养模式的优秀学生。2013年，在上海、江苏、浙江、安徽、江西、山东、北京、河南、四川、陕西等10个省市试点招生。

校园日活动是招生选拔的重要环节。通过模拟课堂、面谈、团队活动、写作、问答互动等活动，考察学生的求知欲、亲和力、学习能力、适应能力、交流能力、心理素质、团队精神、行为道德、领导能力、英语实用能力等综合素质。

二、师资组成

上海纽约大学的教师由三部分组成，一是和纽约大学共同聘用的教授；二是纽约大学按其标准在全球为上海纽约大学招聘的教授；三是国内外聘用的兼职教授或客座教授。第一学期，纽约大学来授课的老师中有7位美国国家科学院院士或者艺术与科学院的院士，包括诺贝尔经济奖提名者，以及一批数学、物理、化学学会的会士，也有很多讲席教授(Chair Professor)。在上海纽约大学长期任职的华裔学者都进入了国家“千人计划”，涉及数学、物理学、化学、生物学、经济学等学科领域，也有美国艺术与科学院院士。设在上海纽约大学的华东师大与纽约大学联合研究中心为这些教授提供了科研和研究生培养的平台。

三、培养模式

上海纽约大学旨在培养具有全球视野、符合时代特征的国际化创新人才，特别关注学生的科学视野拓展，努力激发学生的好奇心，强调基于兴趣的主动学习，重视实践精神、人文素养、跨学科能力、批判性思维能力以及跨文化沟通、交流、合作能力的培养。

学校在本科阶段实施文理通识教育模式。通识教育核心课程包括五个板块(社会与文化基础、科学基础、写作、数学、语言)；强调四个关键词(全球视野、多元文化、学科融合、中国元素)。学生在第一、二年以核心课程学习为主，也有一部分专业课程；三、四年以学习专业课程为主。学生进校时不需要明确专业，在学习过程中考虑专业选择，在二年级结束前必须选定专业。可以选一个专业，也可以选两个专业，或者选一个主修专业和一个辅修专业，完全取决于学生的兴趣和意愿。学生有选择专业的自由，也有选课的自由。每个学生都有学业导师，他们会指导学生如何考虑专业发展，如何根据专业意向来选修课程，也会帮学生规划自己的学业生涯。

上海纽约大学实行小班化教学、互动式学习、全英语授课。本科四年期间，学生至少有一个学期，最多可以三个学期，选择在纽约大学全球教育体系遍布六大洲的15个校园或者教学点选课学习，把课堂学习、文化体验、社会观察、研究实践融为一体。学生毕业时可以获得中(上海纽约大学)、美(纽约大学)两张学士学位证书。

与传统的大学教育模式相比，上海纽约大学培养模式的不同之处在于：①主动学习模式，教学以学生为中心；②全英语教学；③通识教育的核心课程；

④推迟选择专业;⑤跨学科基础,重视学生跨学科思考和解决问题的能力;⑥在纽约大学全球教育体系中的流动。

四、学生生活

学校引进纽约大学的宿舍管理模式,建立类似“书院”的7个不同文化区域——“上海城市建筑”“城市文化和艺术”“运动人生”“流行文化”“摄影:全球化的视角”“音乐:跳跃的八度”和“我是志愿者”。以区域为单位,开展各类活动。入住哪个区域的宿舍,同样由新生自主选择。学生在递交住宿申请的时候,同时递交自己对文化区域的偏好。

学生事务部为学生提供生活、课外活动、职业规划等全方位的服务。以培养多元文化背景下的国际化人才为目标,学校参照纽约大学的标准,结合上海实际情况,设立了一支专业化的管理团队,为学生提供全球化、多元化、个性化的服务,努力丰富学生在跨文化环境中的生活体验,促进与专业教学的有机结合,提高学生的综合素质和能力。

五、科学研究

在上海纽约大学的平台上设立了华东师范大学和纽约大学联合研究中心,涵盖了脑与认知科学、数学、计算化学、社会发展四个学科领域。各研究中心已在开展学科领域的前沿课题研究,并为跨学科交流和合作奠定了基础。

(吕颜婉倩)

[获法国骑士勋章] 7月24日,法国驻沪领馆总领事受法国总统委托向俞立中颁发“法国荣誉军团骑士”勋章,表彰上海纽约大学校长俞立中在中法学术交流、科技人才培养等方面所作出的杰出贡献。法国荣誉军团骑士勋章(Légion d'honneur,英文译作 Legion of Honour)1802年设立,是法国政府颁授的最高荣誉骑士勋章(Chivalric order),是法国政府颁发的最高荣誉。

(吕颜婉倩)

[获2013年上海市“白玉兰”纪念奖] 9月17日,2013年上海市“白玉兰纪念奖”授奖仪式举行。上海纽约大学常务副校长暨美方校长杰夫·雷蒙获奖。2013年共有53位外籍友人获上海市“白玉兰”纪念奖。他们分别来自亚洲、欧洲、美洲等17个国家,其中有企业家、专家教授,也有积极推动上海对外经济、科技和文化等领域交流的各界代表人士。

(吕颜婉倩)

[举办首届新生入学仪式] 8月12日,上海纽约大学新生入学仪式在华东师范大学思群堂进行。首届被上海纽约大学录取的中国学生有150名,分别来自北京、上海、浙江、江苏等10个省市;被录取的国际学生有145名,主要来自美国、巴基斯坦、印度、波兰、俄罗斯、德国等30多个国家。除此之外,中国学生的198名家长及国际学生的80名家长亲自陪伴他们的子女来到上海,参加上海纽约大学的新生入学欢迎仪式等活动。

(吕颜婉倩)

上海纽约大学首届新生注册

[首位驻校杰出全球领袖为首届新生演讲] 9月12日,英国前首相戈登·布朗为上海纽约大学首届新生演讲,并讨论了全球化时代的挑战与合作。布朗是纽约大学首位驻校杰出全球领袖(Distinguished Global Leader in-Residence)，已在纽约大学作过多次关于全球公民社会等主题的演讲。

（王政吉）

［首届学生会成立］ 10月30日，上海纽约大学第一届学生会主席团诞生。主席团设主席一名；副主席三名，分别为中国副主席、美国副主席及国际副主席；秘书长一名；财务长一名。主席团设有学生活动部、学生社团部、学生生活部三个部门。华裔学生宋逸舟(Kenny Song)当选学生会主席，申沁可当选中国副主席，José Antonio Cabrera Sánchez 当选国际副主席。

（吕颜婉倩）

［获上海创客设计马拉松大赛冠军］ 9月上旬，上海纽约大学美籍华裔新生宋逸舟（Kenny Song）与同学迈克尔·拉克曼（Michael Lukiman）合作设计出一个帮助人们提高睡眠质量的手机App，夺得上海创客设计马拉松大赛第一名。这款名为"Sleep Perfect"（完美睡眠）的手机 App，能帮助人们提高睡眠质量。用户在临睡前，可在 App 上输入疲劳程度、晚饭和夜宵时间等信息。在睡眠过程中，App 会记录各种声响和用户翻动的次数。睡醒后按下按钮，它就能根据这些数据分析用户的睡眠质量，并提出相关建议。

（吕颜婉倩）

［举办多场学术项目讲座］ 10月到11月期间，上海纽约大学共举办了17场学术项目讲座。学术项目的类型包括演讲、专题讨论会、线下项目和对话。其中6场是由著名经济学家王建业带来的关于中国经济改革的系列讲座，有4场是关于计算机企业家的前沿设计及如何与技术一起发展；1场是与来自斯坦福和密歇根大学的教授们进行的新法案专题讨论会。讲座嘉宾包括纽约大学斯特恩商学院的经济学家、纽约大学 Tisch 艺术学院联合创始人、康奈尔大学历史学家以及著名知识分子等。

（吕颜婉倩）

附：学校负责人及地址

（2013年1—12月）

校　　长：俞立中
常务副校长：杰夫·雷蒙
副 校 长：刘虹霞（10月到任）

浦东校区地址：世纪大道1555号
邮编：200122
电话：021-20595500

上海电力学院

［**2013年概况**］ 学校有12个二级学院，以及社会科学部、体育部两个直属学部。设有热能与动力工程、电气工程及其自动化、电子信息工程、计算机科学与技术、工商管理、信息与计算科学、英语等本科专业以及电气自动化技术高职专业。在动力工程及工程热物理、电气工程、化学工程与技术等学科独立招收和培养硕士研究生。学校招收全日制本科学生2733人，招生专业数28个，录取少数民族预科班38人，专升本28人。研究生招生培养专业由8个扩展到12个，共招收硕士研究生398人。成人学历教育入学新生1574人。截至9月1日，本科就业率为95.81%，高职就业率100%，研究生就业率100%。

人才培养。学生全年共获得学科竞赛类奖项百余项。获全国大学生数学建模竞赛一等奖1项、第六届全国大学生网络商务创新应用大赛总冠军，获奖等级为历年最高。

学校获批国家级实验教学示范中心1个、教育部卓越计划试点专业2个、新专业2个、上海市精品课程2门、全英语示范课程1门、市级体育精品课程1门、上海市重点教改项目4项。组织申报上海市教学成果奖15项；申报国家级现代电力系统虚拟仿真实验中心，组织本科培养方案修订大调研，实施人才培养质量提升计划（包括四个工程——学科专业特色提升工程、核心课程质量提升工程、学生实践创新能力提升工程、校内教学名师选拔培养工程）。

学校成立"职业发展教研室"，《大学生职业发展与就业指导》作为公共课正式纳入教学计划，成为全校通识教育必修课；开展职业发展教育网络教学，建设本科二、三年级的职业生涯规划辅助课程。完成对2012届毕业生质量跟踪测评，形成《上海电力学院社会需求与培养质量年度报告(2013)》。

申报的四个硕士专业学位点（电气工程、动力工程、工程管理、控制工程）通过市教委初评，报教育部审批；通过目录外二级学科——"智能电网信息与通信工程"的审核；"面向上海特大型城市电力系统安全的高级应用型人才培养与学位点建设"，获得上海市"学位点引导布局与建设培育"立项建设。

学校不断深化研究生教育的各项改革，努力提高学位点的整体实力和水平。新聘研究生导师112人（校内78人，校外34人），组织开展"绿色电力新能源技术与应用"研究生暑期学校、"智能电网"研究生学术论坛等创新计划项目，加强研究生学风建设与学术道德教育。

学校开展"微言大义话责任"大学生学习践行党的十八大精神主题教育活动、"我的中国梦"主题教育活动、"光盘行动"系列活动等，易班工作持续推进，校易班学生工作站获上海市"十佳易班工作站"。

全年共发放各类学生资助款项1700余万元，有2000多名学生受到资助；为163名新生办理"绿色通道"手续直接入校，缓交金额达100余万元。

艺术教育中心（原大学生素质拓展学校）开办各类艺术人文讲座，参与多项校外演出活动。共开设第二课堂选修课121门次，总学时1815课时，内容涉及人文、艺术、手工、计算机等，共有3157人次的学生选修第二课堂课程。广大学生积极参加各类校外科技竞赛活动并取得良好成绩，获得包括一等奖在内的省市级以上奖项28项，参与比赛人数700余人，参赛作品300余件，参与的指导老师60余人。

学校在上海市阳光体育大联赛、浦东运动会等各类比赛中均取得优秀成绩，校手球队获"两岸四地大学生手球赛"冠军，击剑队在全国大学生击剑锦标赛中获得五金三银四铜，创历史最好战绩。

科研和学科建设。"085工程"在重点学科、师资队伍、国际化平台、公共服务平台等方面有序推进，制定并实施《"085工程"专项资金预算动态调整管理办法》、《上海电力学院专利管理实施细则》、"汇智工程"等。

智能电网产学研合作开发中心先后与大唐集团研究院、南方电网传媒有限公司、美国赛福地(Cipher Ground)等企业和单位签订产学研合作协议；战略研究、风力发电技术、分布式供能与微网三个团队与电力企业在新能源、智能电网领域开展广泛的科研合作。"智能微电网示范与研发平台"建设工程正在招投标中，该平台集科研与教学一体，集成风力发电子系统、光伏发电子系统、储能子系统、微型燃气轮机子系统等多个关键技术。

学校着力完善科研管理、考核、激励机制，构建“产学研用”结合的技术转移体系，通过开展科技活动月、举办“能源、环境与可持续发展国际学术会议”、“大数据与智能电网学术论坛”等营造良好的学术氛围，鼓励高水平科研成果的产出。组织教师深入科研院所和企业探讨产学研合作的新模式和增长点，积极推动学校科技成果的转化。学校成为首批开展高校技术转移中心试点建设的高校之一，获批为国家级技术转移示范中心，与上海电力公司、电科院等多家单位签订产学研合作协议和专利共享权合同。

学校科研总经费 1.28 亿元，同比增长 10.3%。教师获得国家级项目 18 项，省部级项目 25 项，其中国家自然科学基金 12 项、国家社会科学基金青年项目 3 项(首次获得国家社科基金艺术学专项 1 项)。获得国家自然科学基金 2 项，国家 863 计划子课题 1 项。教职工公开发表科研论文近 1000 篇，其中被 SCI、SCIE、EI、CSSCI、CPCI-S 检索 294 篇；申请发明专利 127 项、正式授权 35 项、专利转让许可实施等 55 项，申请实用新型 20 项、正式授权 19 项；软件著作正式授权 9 项。

学校承担的四项上海市教委重点学科(电力系统安全与节能、现代电力企业管理、智能电网技术与工程、电力清洁生产与绿色能源利用)建设完成，通过验收。电气工程学科纳入上海高校一流学科建设计划检测范围。上海绿色能源并网工程技术研究中心、国家新能源技术交流与培训中心、国家级工程训练中心申报成功；获得省部级科技成果奖 5 项，其中上海市科技进步一等奖 1 项，浙江省科学技术奖一等奖 1 项，中国机械工业科学技术奖一等奖 1 项；学校参与获得国家科学技术进步二等奖。

师资建设。学校引进具有博士学位教师 46 人，师资队伍中博士比例达到 41%，超过市教委“十二五”规划中博士比例 40%的目标。“领军人才”引进和人才计划申报工作取得重大突破，首次获得国家“青年千人计划”，有 3 名海外博士入选“东方学者”，学校“东方学者”人数达到 12 人。

学校参加市教委教师专业发展工程计划出国访学、国内访学、“产学研践习”的教师 205 人，获得资助资金近 2000 万元；“光明计划”“百人计划”“双师计划”和“培英计划”等四大人才计划稳步推进，“汇智工程”初见成效；聘任“特聘教授”4 人，刚性引进“光明学者”2 人、柔性引进 3 人；选拔首批 2 名“电力学院之星”分赴美国哈佛大学、加州大学伯克利分校进修培养；选拔“培英学者”15 人，学校“培英学者”91 人。学校坚持资助教师到企业一线进行“产学研践习”，启动“双师培养计划”，选送 30 名青年教师到湖州基地培养，50 多名中青年教师分别深入企业和科研院所实习实践。

学校推进教师教学发展中心的工作计划，即建成教师教学电子档案系统(一个基础平台)；开发“多维度多层次”智能化教学评价系统(一个依据平台)；开展一个面上和六个专项(青年教师、专业负责人、核心课程负责人、实践骨干教师、创新创业骨干教师、校内教学名师)教学能力提高工作。

国际交流与合作。学校新聘“海外名师”9 名、续聘 8 人，组团出访英国、德国、美国、加拿大、澳大利亚、新西兰等国家，接待美国兰德大学、俄罗斯莫斯科动力学院、巴西伊塔茹巴联邦大学、马来西亚国能大学等高校来访，共签署 11 份校际合作协议。学校举办首届“ADEPT 国际电力高校联盟成立暨首届研讨会”，签署 8 校间的国际交流与合作备忘录。学校获得欧盟、国家自然科学基金委、上海市科委资助的中外国际合作项目。

学校获得上海市教委“学生海外学习、实习”项目 1 项，派出 135 名学生赴国外学习，含 125 名本科生和 10 名研究生，其中 8 名研究生赴德国勃兰登堡科技大学学习。

学校有来自津巴布韦、蒙古、越南、老挝、韩国以及美国等国的长短期留学生 126 人，同比增长 20%，其中长期留学生 88 人，含语言生 29 人，本科生 48 人，研究生 11 人。学校接待澳大利亚、马来西亚、美国等国的短期交流及进修学生共计 38 名。

实验室、图书馆及数字化校园建设。学校加强实验室规范化管理，部分实现开放网上虚拟实验平台和网上预约开放实验室；相继建成微电网实验室、电力设备可靠性测试平台、风能并网与监控实验室；完成先进制造训练、分布式能源系统实验室、近代物理实验室、动力实验室等实验设备的招标和建设工作。

图书馆纸质期刊订阅 1401 份，纸质文献增长 4.5 万余册，馆藏纸质文献历年累计 110 万册；新购买中国知网总库、科技论文统计与分析(万方)数据库、俄罗斯在线数据库，数据库资源购买经费 405.1 万元。图书馆借阅量显著提高，读者借还图书 19.2 万册，比 2012 年同期增加 12.7%，图书馆阅览环境改善，进馆人次明显增多。

学校进行校园网主页的改版，增加校园网主页英文版，校园视频台在已有的四档栏目基础上，新推出《对话“085”》栏目。在信息化建设方面，学校新增200兆互联网带宽，升级校园网认证系统，全面开通浦东校区无线网络，完成多媒体教室云管理平台建设，数据中心建设也正在后期进行中。

校友、产业、科技园和成教工作。学校通过举办“毕业季”和“校友游园会”两大活动，打造校友工作的特色品牌；学校新成立贵州省校友分会和湖南省校友分会。依托校友资源，签订校企合作协议2项，设立企业奖教金1项，企业奖助学金3项。学校教育发展基金会召开第一届理事会第四次会议，通过参股上海电力科技园股份有限公司的投资决议。甸园宾馆正式挂牌为四星级酒店。“电厂烟气污染物减排吸附/光催化系统与装置”项目入围2013年中国国际工业博览会创新奖并获得高校展区优秀展品一等奖。学校获得教育部颁发的“优秀组织奖”。国家大学科技园获批为“上海市科协系统职称申报受理点”“上海市中小企业服务机构”成为上海市杨浦区就业促进会第一届理事单位成员。电力科技园投资成立全资子公司——上海电科园技术转移有限公司，实现园区技术转移服务功能的实体化、市场化运作；电力科技园完成上海市科委研发公共服务平台建设项目《新能源技术接入电网测试公共服务平台》的验收，新申报的《新能源技术接入电网测试公共服务平台服务能力提升》项目顺利获批。成人继续教育全年开办各类培训班数84个，培训4600多人次。新设立贵州省、山东省肥城市和福建电力职业技术学院函授站，新增玖龙纸业电厂、国华宁海电厂、舟山嵊泗供电公司等送教上门教学点。一级建造师继续教育培训近千人，并获得“全国机电工程专业一级建造师继续教育优秀培训单位”称号。学校积极申办网络教育学院，目前已申报教育部待批。

民生工程。学校完成年度十件实事项目，涵盖改善师生员工和离退休人员工作、学习、生活等多方面的民生问题。学校积极推进和实施后勤服务的质量工程和安全工程，落实学校食堂的各项公益性政策和经营性政策补贴；“后勤保障服务接报中心平台”全年365天24小时无休，处理各类后勤保障事务2000余项，回复率100%；基本建成校级能源管理和监控系统平台，杨浦北校区路灯、C楼等公共区域照明、杨浦南校区综合楼部分空调等的智能化控制和管理的试点。

学校新增杨浦校区监控系统、长阳路大门车辆管理系统，完成财务室报警系统与监控系统联动、原有模拟系统更换升级、技防实战平台安卓客户端等技防建设、全市试点高校技防系统的“大联网”等项目；完善各类应急预案。

（曹婷婷）

［建成电力信息管理研究平台］ 4月，学校承担的中央财政支助地方高校专项——“电力信息管理研究平台”完成各项建设工作。该平台由数据资料中心、电力市场公共研究子平台、发电企业信息管理研究子平台、供电企业信息管理研究子平台组成，与相关单位签订战略合作框架协议。

（曹婷婷）

［开展技术转移中心试点建设］ 5月，学校获批开展上海高校技术转移中心试点建设，决定成立专门管理机构，设置专职工作人员并给予专项经费支持，作为首批技术转移中心建设试点高校之一，进一步为地方、为行业服务。

（曹婷婷）

［国际电力高校联盟成立］ 5月31日—6月2日，国际电力高校联盟成立暨首届研讨会召开。英国斯特拉斯克莱德大学、德国布兰登堡科技大学、澳大利亚科廷大学、俄罗斯动力学院、越南电力大学、马来西亚国能大学、巴西联邦大学应邀参会。国际电力高校联盟简称E8及ADEPT，是由上海电力学院倡导并得到国外7个国家7所与电力相关的大学的积极响应，首批有8个国家8所电力高校参加。

（曹婷婷）

［与企业共建研究生工作站］ 6月9日，上海电力学院与贵州电网公司签订共建研究生工作站的协议。学生在贵州电网和高校导师的共同指导下，承担大量的科技研发工作，增强实践能力。电网公司进一步借助高校在知识创新和高端人才培养方面的优势，解决科研人员少、科研力量不足等问题。

（曹婷婷）

［承办上海大学生微电影节］ 6月，学校承办的第二届上海大学生微电影节开幕。此次电影节以“我的中国梦”为主题，由市教卫工作党委、市教委主办，鼓励大学生以微电影方式表达国家的梦、民族的梦、青春的梦，呈现大学生寻梦、追梦、筑梦的足迹。

（曹婷婷）

［市科委领导到校调研］ 上海市科委主任寿子琪、副主任陈杰一行到校调研科技创新工作，听取“上

海绿色能源并网工程技术研究中心”筹备情况等，并考察校电气工程学院实验室、国家大学科技园。

（曹婷婷）

［获批新能源电力系统实验教学示范中心］ 9月，学校第一个国家级实验教学示范中心“新能源电力系统实验教学示范中心”获批。这个示范中心以学校市级电工电子实验教学示范中心为基础，将对接国家能源战略和智能电网建设，建设成多层次、强特色、重应用的“新能源电力系统实验教学示范中心”。

（曹婷婷）

［获中国光伏电站个人贡献大奖］ 10月22日，2013中国光伏电站年度奖颁奖盛典在北京举行，学校赵春江研究员获“中国光伏电站个人贡献大奖”。

（曹婷婷）

附：学院负责人及地址

（2013年1—12月）

院党委书记：周光耀（7月离任） 成旦红（7月到任）
副 书 记：石奇光 李国荣 顾春华（7月到任）

院 长：李和兴
副院长：石奇光（兼） 万 峰 姚秀平 张 浩

杨浦校区地址：长阳路2588号
邮编：200090
电话：35304231

浦东校区地址：学海路28号
邮编：201300
电话：68029912

上海海洋大学

［**2013年概况**］ 学校有14个二级院系,3个一级学科博士学位授权点,10个一级学科硕士学位授权点,42个二级学科硕士学位授权点,2个研究生专业学位授权点,2个博士后科研流动站,47个本科专业及方向,10个高职专业。有1个国家重点学科,9个省部级重点学科,5个国家特色专业,3门国家精品课程,1个国家教学团队。年内招收普通本科生3054人;招收研究生864人,其中硕士828人,博士36人。有普通本专科生12000余人,研究生2000余人。学校拥有双聘院士2名、国家"千人计划"2名、"长江学者"特聘教授1名、国家"杰出青年"1名,拥有以国家科技进步奖获得者、国务院学位委员会学科评议组成员、国家百千万人才工程人选者、国家级有突出贡献中青年专家、上海市优秀学科带头人、上海领军人才、上海"千人计划"、上海高校东方学者特聘教授、上海市教学名师以及中青年教授为骨干的师资队伍。

推进教学改革。年内,学校召开第九次教学工作会议,坚持内涵发展,扎实推进本科教学工作。加强专业的质量评价。以专业评估为抓手,强化专业内涵建设,专业课程建设取得新成绩:水产养殖学入选国家"本科教学工程"地方高校第一批本科专业综合改革试点专业,完成学校作为上海市唯一地方高校承担的教育部专业学位研究生教育综合改革试点项目结题验收;获批水生动物医学新专业;生物科学本科专业获上海市教委"优秀专业"称号。两门课程获2013年度"上海高校市级精品课程"称号;两门课程获上海高校市级体育和健康教育精品课程。继续推进招生改革。一是优化招生结构,提高生源质量。年内继续拓展一本招生专业和省份,学校一本招生专业及方向扩展至23个,占学校专业总数的52.27%,其中海洋、水产、食品三大主干学科专业全覆盖,新增一本招生专业3个;生源质量进一步提高,超额完成招生计划。二是继续推行按学科类别招生,促进培养方案的改革。按类别招生专业扩大到21个专业及方向,占招生专业的47.73%。切实落实就业工作"一把手"工程,圆满完成毕业生就业工作。

加强德育教育。加强思想政治理论课教学建设和改革,进一步依托"易班"为平台开展思想政治理论课教学工作,以教学方法和教学手段改革为重点,探索网络思政教育新途径,深化教学方法改革,取得初步成效。年内,社科部教师获上海市十八大精神优秀宣讲员,承办"上海高校网络文化建设与校园管理创新"论坛。思政课教师承担的4项课题获2013年度教育部人文社科项目立项资助。辅导员队伍建设不断加强。年内,学校相继获上海市高校毕业生"三支一扶"计划先进集体、上海高校辅导员团队拓展活动二等奖、上海高校辅导员职业能力大赛三等奖。1人入围2013上海高校辅导员年度人物;辅导员获批2013年教育部人文社科一般项目(思想政治教育专项)1项、上海市教育科学研究重点项目1项、上海学校德育研究项目2项。学生培养平台健康发展。学校"易班"从53家第一类候选网站中脱颖而出当选首届上海市教育系统优秀网站。学校心理健康工作取得丰硕成果。《大学生心理健康修养》被评为市级精品课程,大学生心理健康研究教育中心被评为上海市高校心理健康教育工作先进集体,获上海高校心理健康教育活动月特色项目奖。科技创新成绩突出。获第十三届"挑战杯"上海大学生课外学术科技作品竞赛上海市一等奖1项、二等奖2项、三等奖5项;获第十三届"挑战杯"全国大学生课外学术科技作品竞赛"累进创新奖"金奖1项、全国二等奖2项、交叉学科奖三等奖1项;获得陈嘉庚青少年发明奖(上海)二等奖1项、三等奖2项、鼓励奖3项。社会实践成果显著。获得第五届"知行杯"上海市大学生社会实践大赛特等奖1项、2013年上海市暑期社会实践"最佳项目奖"1项、第五届"知行杯"上海市大学生社会实践大赛二等奖1项、上海市暑期社会实践"优秀项目奖"8项,4人获得上海市暑期社会实践"先进个人"称号,2名教师获上海市暑期社会实践"优秀指导教师"称号,是历年来获奖最多和荣誉最高的一年。

推进学科建设。十大工程专项中期绩效评价取得优异成绩。"十二五"以来,学校共获十大工程专项资金拨款4.34亿元,涉及七大工程20个项目。7

月份，由市教委组织的评估组对学校的十大工程专项资金支持项目进行了中期绩效评价，评价等级为A。学科学位点建设取得新进展。计算机应用技术学科获得计算机科学与技术、软件工程两个一级学科硕士学位授予权，海洋装备工程获得机械工程一级学科硕士学位授予权。科研成果保持佳绩。全年立项各级各类科研项目202项，到账科研总经费1.378亿元，比去年增加12.92%。学校获得国家科技支撑项目2项、教育部人文社会科学项目5项，获得国家、上海市自然科学基金项目30项；获得上海海洋科技进步特等奖1项、全国农牧渔业丰收奖一等奖1项、上海市决策咨询研究成果二等奖2项。年内共发表SCI/EI论文340篇，比上年增加25%。《水产学报》22篇论文入选“领跑者5000——中国精品科技期刊顶尖论文”。

深化人事制度改革。年内，学校新进教职工77名。专任教师中，具有博士学位的49名，占新进专任教师总数的86%；其中，具有一年以上海外经历的教师16名，占新进专任教师总数的28%。高水平人才队伍建设有新进展，新增国家“千人计划”1人、“长江学者”特聘教授1人，1人入选“百千万人才工程”国家级人选，2人入选上海领军人才培养计划，1人当选第十一届亚洲水产学会理事会理事长。学校入围上海市教委“教师发展工程”——三大进修培养计划共计95人、资助金额651.5万元。

拓展平台建设。上海高校知识服务平台上海海洋大学水产动物遗传育种中心建设有序开展，建成环境工程实验室—污水处理实验室、海洋类野外实训基地，推进与浙江嵊泗合作进行枸杞岛生态观测站建设，总投资2.5亿元的远洋渔业资源调查船项目获国家发改委立项批复。总结台湾的养蟹模式，加大支持力度，年内投放100万只蟹苗、养殖面积达到45万平方米，养殖规模扩大了3倍；成功举办学校第七届蟹文化节暨“王宝和杯”全国河蟹大赛，得到社会高度认可。依托学校技术优势，积极服务国家南海战略，在国家南海开发渔业先行的战略中，抢占了重要先机。共建与合作进一步拓展。学校与国家海洋信息中心签署了共建海洋经济研究中心的合作协议；与上海市食品药品监督管理局签订战略合作框架协议。推进产学研合作，与上海王宝和大酒店、山东微山湖县合作共建大闸蟹养殖基地，共同创建微山湖大闸蟹养殖模式；与上海临港管委会和临港高新园区签署战略合作协议，为科技园临港分园及部分产业落户临港打下基础。

加强国际交流。学校与日本、韩国、美国等23个国家的73个学校或科研机构签署了合作协议。学生游学和留学规模继续扩大。学校利用暑期开展海外社会实践、实习共计19个项目，派送522名本科生和研究生赴海外大学、知名企业进行暑期学习和实习等游学活动，无论在项目数量还是类型上均比2012年暑期项目有重大突破。年内，学校派往境外院校作为交换留学生的本科生和研究生共25人，输送境外院校留学学生161人，其中126人得到第三批上海市“高校海外学习、实习项目”共计126万元的资助。

（刘　丰）

[获“载人深潜英雄”称号]　5月17日，中共中央总书记、国家主席、中央军委主席习近平在北京人民大会堂会见载人深潜先进单位和先进工作者代表。同日，人力资源社会保障部、国家海洋局举行中国载人深潜表彰大会，学校崔维成教授等7名“蛟龙”号载人潜水器潜航员荣获“载人深潜英雄”称号。

（刘　丰）

[远洋渔业资源调查船项目立项]　6月，国家发改委正式发文批准学校远洋渔业资源调查船项目立项建设。调查船建成后主要承担远洋渔业资源调查研究以及大洋环境观测、遥感数据接收等任务。远洋渔业资源调查船的立项，是学校办学历程中的新的里程碑。

（刘　丰）

[设置水生动物医学专业]　学校水生动物医学本科专业获教育部批准设置，成为国内首家水生动物疾病防控领域的本科专业。增设水生动物医学专业是适应国家加大水生动物疫病防控体系建设，推行执业资格证书制度，培养水生动物医学专业人才的重要举措。

（刘　丰）

[获高校人文社科研究优秀成果奖]　4月7日，作为国内社科类最高成果奖，教育部第六届高等学校科学研究优秀成果奖(人文社会科学)获奖名单公布，学校外国语学院黄碧蓉教授的语言学类著作《人体词语语义研究》获三等奖。实现学校社会科学研究成果在国家级奖项中零的突破。

（刘　丰）

[获上海市技术发明奖]　4月19日，2012年度上海市科学技术奖励大会召开，学校食品学院谢晶

教授领衔的《猪肉产品质量安全供给关键技术与设备创新》项目获上海市技术发明奖一等奖。学校作为参加单位完成的《涉海工程生物资源影响及修复技术》(第五完成单位)获上海市科技进步一等奖。

(刘　丰)

[获杰出学术期刊称号]　9月27日,2013年度"百种中国杰出学术期刊"获奖名单公布。由中国水产学会主办,上海海洋大学承办的《水产学报》入选百强。《水产学报》综合评价总分为85.3,在被统计的11种"水产学"核心期刊中排名第一。同时,进入1930种中国科技核心期刊的前100名,居第45位。

(刘　丰)

[入选百千万人才工程]　学校水产与生命学院成永旭教授入选2013年"百千万人才工程"国家级人选。该计划重点选拔培养瞄准世界科技前沿,引领和支撑国家重大科技、关键领域实现跨越式发展的高层次中青年领军人才。

(刘　丰)

[获"苗栗县荣誉县民"称号]　2月27日,经台湾地区苗栗县府县务会议审议通过,上海海洋大学王春博士因长期驻守台湾地区苗栗县,勤恳尽力辅导该县大闸蟹养殖有成,获荣誉县民称号,获颁《苗栗县荣誉县民证》。

(刘　丰)

王春博士获台湾地区《苗栗县荣誉县民证》

附:学校负责人及地址

(2013年1—12月)

校党委书记:虞丽娟(4月离任)、吴嘉敏(5月到任)
副　书　记:吴嘉敏(5月离任)、黄晞建(5月离任)、汪歙萍(5月到任)、何　雅(6月到任)

校　长:潘迎捷(12月离任)、程裕东(12月到任)
副校长:黄晞建(兼)(7月离任)、黄硕琳、封金章、程裕东(12月离任)

临港新城校区地址:沪城环路999号
邮编:201306

军工路校区地址:军工路318号
邮编:200090

民星路校区地址:民星路435号
邮编:200433
电话:021-61900296

华东政法大学

［**2013年概况**］ 学校现有长宁、松江两个校区，占地面积85万平方米；各类在校生21000余人，教职工近1400人。学校设有18个学院(部)，拥有法学一级学科博士学位、硕士学位授予权及应用经济学、政治学、马克思主义理论、公共管理一级学科硕士学位授予权；建有12个博士点、32个硕士点、2个专业学位硕士点、24个本科专业；设有法学博士后流动站。

一、提高人才培养质量，提升国际化办学水平。①继续开展卓越法律人才培养工作。做好085工程本科人才培养项目建设、评估与申报工作。3门课程获批上海高校市级精品课程，7门课程获批市教委本科重点课程建设立项，1门课程被列为上海高校示范性全英语教学课程建设立项，4个项目获得上海高校本科重点教学改革项目立项。②开设研究生高端法律服务人才培养创新实验班。连续7年承办上海市研究生学术论坛、5次承办上海法学研究生暑期学校。完成与新加坡国立大学联合培养国际商法硕士项目、与美国威斯康星大学联合培养高级法律硕士项目评估。组建全英文辩论社团，推行全英文议会制辩论赛制。加强优秀学位论文培育力度，全面提高研究生培养质量，其中4篇研究生学位论文入选上海市研究生优秀成果(学位论文)。③开拓培训新市场，共举办各类法律培训辅导80期(班)，培训学员5250人次。继续做好国家司法考试考务与阅卷工作。④建立二级学院外事分管负责人制和外事联络员制度。开拓与中南美洲院校的合作，新增9所合作院校。接待境外来访151人次。公派14名中青年教师出国访问进修，80人次教师及行政管理人员参加境外各类学术会议及交流活动。派出本科交流生211名、研究生54名。制定《学生海外学习、实习项目管理办法》等，296名学生获市教委“高校学生海外实习、海外学习资助项目”资助。继续做好暑期赴境外学习项目及短期留学生班工作。多方位推动“引智”工作，进一步规范外籍专家管理工作。

二、加强人才队伍建设，提高学科建设、科学研究和服务社会的水平。新进教职工53人，其中高层次人才8人，10名人事派遣人员转聘为事业编制。1人获得上海市“教育功臣”荣誉称号，3人入选2013年浦江人才计划资助，2人入选上海高校青年骨干教师国内访问学者计划，38人入选上海高校青年教师培养资助计划，43人及4个集体获得校级奖教金。14人到国外访学进修，5人到其他高校开展国内访学。2人参加国家留学基金委的访学项目。新增中国金融期货交易所股份有限公司博士后科研工作站，联合招收企业博士后3名。制定《重点建设学科规划(2013—2020)》，明确学科建设总目标是：建设1个国家级重点学科、2个教育部人文社科重点研究基地、4个上海市重点学科、6个市教委重点学科、一批校级重点学科。编制《优势特色学科建设计划》、《创新能力提升计划实施意见》，对接“高等学校创新能力提升计划”(“2011计划”)。240项各类课题获得立项，同比增长11%。国家社科基金项目27项，其中1项为国家社科基金重大项目，法学类课题立项数位列全国高校第一。教育部人文社科课题15项，教育部新世纪优秀人才计划项目1项，中国法学会项目7项，司法部项目12项，上海市哲学社科规划课题10项，上海市教育科研项目1项，上海市教委科研创新项目26项。注重营造校园学术氛围，推进社科论坛、社科文库、社科通讯三个平台的建设，举办“中华学人”讲座、前沿论坛、韬奋论坛等近80场；加强学术交流，220多人次参加全国性学术会议和年会。做好韬奋学者的年度考核与申报工作。《法学》获评第一届“上海市学报名刊”称号，并被评为“RCCSE中国权威学术期刊(A＋)”，入选中国法学权威学术期刊行列；《学报》入选中国人文社会科学核心期刊要览(2013版)法学专业核心期刊，并获评“上海市最佳学报”称号。大力推动高校知识服务平台规范化建设，主动结合国家和上海建设中国(上海)自由贸易试验区的重大战略需求，成立华东政法大学中国自由贸易区法律研究院。完成上海地方高校十大工程专项资金支持项目中期绩效评价工作。

三、推动精神文明建设，确保校园和谐稳定。学校连续14年、第七次蝉联上海市文明单位。1个项目获评2012年上海教育系统校园文化建设优秀项目。完成辅导员岗位聘任工作，强化辅导员选聘与工作量设置的科学性及合理性。首次承办教育部全国高校辅导员培训任务。以易班发展中心与学生网络工作中心为依托，加强网络思想政治教育的基础建设和特色建设。继续深入推进班级民主管理，深化学生事务规范建设与内涵发展。完善“奖、助、贷、勤、补、减”多元资助体系，创新困难学生权益保护模式。加强心理健康教育和咨询工作。做好新生军训、入学教育、国防教育、征兵及退伍士兵安置工作。新增法学(涉外卓越法律人才培养实验班)、德语(涉外法商)专业招生，共招收全日制本科生3100名，台湾免试招生实现零的突破。研究生招生结构进一步优化，新增社会管理、公共安全管理、文化产业管理和法制教育与传播研究4个专业，共招收各类研究生1549名。

四、提高管理水平，优化育人环境。进一步完善财务报销制度，按时完成财务预决算工作，并加强经费管理。完成各类审计项目332项，取得直接经济效益327.56万元。参与招标、合同审签工作，使审计关口前移。做好长宁校区电力改造项目。加强H7N9禽流感疫情防控工作。制定《华东政法大学公用房管理暂行办法》。与东方明珠教育投资有限公司签订五期学生公寓回购项目。以健全管理制度、完善运作机制为抓手，完善校园突发事件处置预案，确保校园安全稳定，做好平安单位及安全文明校园工作。启用学生校园网和新办公自动化系统。采购中外文图书74610册，外文电子书24625册，新增数据库32个，开设教师休闲阅览室，承办第三届中美法律信息与图书馆论坛。做好档案立卷归档工作。已筹建各类校友组织30余个，筹集教育发展基金2000多万元。指导附中“明德尚法”课程建设和实验室项目，成功举办“今日说法”讲坛和“做一日大学生”活动。

(蒋智炜)

[与商务部条法司签约共建] 1月，学校和国家商务部条约法律司签署《商务部条约法律司与华东政法大学框架合作协议》，推动双方在国际商务法律领域的交流合作，促进国际商务法律实务和理论研究的紧密结合，加快建设涉外卓越法律人才培养基地。

(蒋智炜)

[赵雯到校调研知识产权工作] 4月11日，上海市副市长赵雯到校就知识产权工作开展专题调研。市政府相关部门负责人，松江区领导陪同调研。校领导及知识产权学院党政负责人、知识产权学科带头人、教师代表参加视察调研会。

(蒋智炜)

[公民社会建设与法治发展论坛举行] 4月20日，首届“公民社会建设与法治发展论坛”在学校举行。该“论坛”由华东政法大学公民社会与法治发展比较研究中心、南京大学人权法研究中心、山东大学人权法研究中心、西南政法大学人权教育与研究中心、中南大学医疗卫生法研究中心联合发起，每年举办一届。

(蒋智炜)

[原创公益歌曲专辑出版发行] 6月，学校原创公益歌曲专辑《乐动华政》出版发行。专辑共收录《奉献是我的主张》等10首歌曲。学校尝试用音乐的方式倡导公益，传递爱的正能量。

(蒋智炜)

举行“拥抱华政”主题活动

[翁铁慧到校调研] 7月9日，上海市副市长翁铁慧到华东政法大学松江校区，就学科建设和人才培养等进行调研。市政府副秘书长宗明，市教卫工作党委副书记、市教委主任苏明，市教委副主任陆靖等陪同调研。学校党政领导参加调研和座谈。

（蒋智炜）

[中国自由贸易区法律研究院揭牌] 10月12日，华东政法大学中国自由贸易区法律研究院揭牌仪式暨自贸区法律论坛举行。来自国务院法制办财政金融法制司、商务部条法司、上海市发改委等政府部门、法院、检察院、高等院校、企事业单位的专家受聘担任研究院专家咨询委员会委员。

（蒋智炜）

[举行"拥抱华政"主题活动] 11月20日，为纪念建设松江校区10周年暨建校61周年，学校举行"拥抱华政"主题活动。经公证处公证后，学校申请了千人传递"爱的拥抱"、千人齐跳欢庆舞两项吉尼斯世界纪录。

（蒋智炜）

附：学校负责人及地址

（2013年1—12月）

校党委书记：杜志淳
副　书　记：应培礼

校　长：何勤华
副校长：顾功耘、刘晓红、林燕萍

长宁校区校址：万航渡路1575号
邮编：200042
电话：62071666

松江校区校址：龙源路555号
邮编：201620
电话：67790256

上海体育学院

［2013 年概况］ 学校现有 6 个二级学院，另有中国乒乓球学院和附属竞技体育学校。设本科专业 18 个、一级学科博士点 1 个、二级学科博士点 6 个、硕士点 12 个、博士后流动站 1 个。有专任教师 397 人，其中正高级职称 73 人，副高级职称 165 人。在校全日制本科生 4052 人、硕士研究生 761 人、博士研究生 227 人，成人本专科生 1115 人。有来自 69 个国家的留学生 1020 人，其中长期生 384 人。

师资队伍。修订《教师和其他专业技术职务聘任办法》，开展专业技术职务系列转评资格认定与聘任工作，在数量及评审条件上向一线教师倾斜。成立教师教学发展中心，加强对教师专业发展的组织领导和支持保障。选派 17 名教师赴国外进修考察，23 名教师获上海市高校教师专业发展工程项目。2 人入选上海高校东方学者特聘教授，1 人入围教育部“长江学者”候选人答辩，1 人获国务院“政府特殊津贴”，1 人获上海宝钢优秀教师奖。

学科建设。“体育学”一级学科在教育部学位中心全国学科排名中位列第二，其中“科学研究水平”排名第一，成为上海两所进入第一档次前 5%的地方高校之一。启动上海市一流学科“体育学”与“心理学”建设，“体育学”由一流学科 B 类升级为 A 类。接受市教委专家组对十大工程专项资金支持项目的中期绩效评价，在 21 所市属高校中名列第 6。

科学研究。获省部级以上科研项目 51 项，项目经费 1514 万元。其中国家自然基金、国家社科基金各 6 项，上海市浦江人才计划 6 项。获教育部人文社会科学奖 1 项，国家体育总局 2012 年伦敦奥运科技攻关服务一等奖 2 项、二等奖 2 项，上海市科技进步三等奖 1 项。以第一作者或通讯作者录用发表 SCI、SSCI、EI 论文数 25 篇，中文社会科学索引(CSSCI)、中国科学引文数据库(CSCD)收录学校论文近 110 篇。通过上海市科委研发基地建设专项“上海市人类运动能力开发与保障重点实验室”验收并正式挂牌。获批上海市高校知识服务平台“体育产业发展研究院”。

人才培养。修订教学质量标准体系，建立学校、二级学院两级教学督导组织，健全教学质量监控机制。全面实施教学成果奖、教学名师、精品课程、教学团队和教材建设等教学质量工程五大品牌建设。新增 1 门国家级精品课程。申报上海市研究生教育创新计划大文科培育计划项目和上海市专业学位研究生校外实践基地建设项目。举办上海市“体育休闲学科发展前沿”研究生暑期学校和“体育教育与青少年健身科学发展前沿”研究生论坛。获上海市大学生科技作品竞赛各奖项 7 项和“优胜杯”，在全国“挑战杯”比赛中获三等奖 2 项，科学商店项目获市科委立项。

体育竞赛。获世锦赛、世界杯金牌 4 枚、银牌 1 枚、铜牌 1 枚，亚锦赛金牌 1 枚，东亚运动会金牌 3 枚、银牌 1 枚、铜牌 1 枚，全运会金牌 11 枚、银牌 8 枚、铜牌 10 枚，全国锦标赛、冠军赛金牌 16 枚、银牌 11 枚、铜牌 21 枚，全国体育院校、大学生锦标赛比赛金牌 17 枚、银牌 14 枚、铜牌 12 枚，上海市锦标赛、大学生比赛金牌 31 枚、银牌 32 枚、铜牌 28 枚。通过“国家高水平体育后备人才基地”实地评估，国家中长跑青少年队落户学校。承办中俄青少年运动会国际式摔跤比赛和武术散打比赛，举办全国体育院校足球锦标赛等赛事。

对外交流与合作。派出校级出访团组 5 批次，与境外 12 所大学或机构签订合作交流协议书。接待境外来访团组 31 批次、168 人次。与澳大利亚堪培拉大学及英国伯明翰大学初步达成合作办学意向。新开辟捷克帕拉茨基大学交换生项目。成功申请海外游学项目 7 项，向海外派送师生 132 名。举办暑期国际乒乓球夏令营，学员来自 11 个国家。

（黄　勇）

［获国家科学技术进步二等奖］ 1 月 18 日，在 2012 年国家科学技术奖励大会上，由学校作为牵头单位的科研项目“竞技体育对抗性项目致胜关键技术系统研究与应用”成果获国家科学技术进步二等奖。

（黄　勇）

［当选国际乒联副主席］ 5 月 15 日，国际乒联

在巴黎召开代表大会，上海体院中国乒乓球学院院长施之皓高票当选为国际乒联副主席。

（黄 勇）

[共建中长跑国家青少年队] 5月19日，学校与国家体育总局田径运动管理中心共建中长跑国家青少年队签约仪式举行。学校附属竞技体育学校校长孙再仁被聘为中长跑国家青少年队领队，李国强教授被聘为主教练。

（黄 勇）

[上海体育国家大学科技园揭牌] 7月17日，上海体育国家大学科技园揭牌仪式在学校举行，这是全国唯一的体育类国家级大学科技园。科技园现有企业146家，体育产业集群效应日渐形成，成为体育科技企业自主创新研发基地、体育科技成果转化孵化基地、体育特色产业集聚基地、体育创新创业人才培育基地。

（黄 勇）

[取得全运会多项奖牌] 9月12日，第十二届全运会在辽宁落下帷幕。学校运动员分别代表上海、北京、浙江、山东、解放军等队参赛，在田径、拳击、武术、摔跤、柔道、现代五项、排球、体操、乒乓球、跳水、水球、篮球、自行车、击剑、举重、手球等大项比赛上，共获11枚金牌、8枚银牌、10枚铜牌。

（黄 勇）

[举办体育新闻传播分会年会] 9月27—28日，中国体育科学学会体育新闻传播分会第九届学术会议暨中国传播学会体育传播专业委员会第六届学术会议在学校举行。来自全国8所体育院校的100余位专家学者齐聚一堂，研讨全媒体时代体育新闻传播教育与实践。

（黄 勇）

[李希到校调研] 10月23日，中共上海市委副书记李希到校调研。他参观学校中国武术博物馆、乒乓球训练馆和运动健身科学馆等展示办学成果的特色平台，听取学校关于内涵建设和特色办学的情况汇报，希望学校再接再厉，在服务全民健身等领域作出新的更大的贡献，把学校办得越来越好。市委办公厅、市委研究室和市教卫工作党委领导参加调研。

（黄 勇）

[举行国际运动与健康高层论坛] 11月8日，第六届上海国际运动与健康高层论坛在学校举行。本次论坛围绕“太极拳与健康老龄化”、“运动心理学与运动机能发展”和“运动、健康与疾病”三个专题，邀请英国埃克塞特大学副校长，美国运动医学学会前主席、南卡罗莱纳大学运动科学系主任等7位国际知名运动科学专家出席，进行学术交流。

（黄 勇）

[举行体育与学生体质发展论坛] 12月19日，学校举行学校体育与学生体质发展论坛。教育部体卫艺司领导出席并讲话，全国各省市教育主管部门领导参加。论坛围绕“学校体育与学生体质发展”这一主题，邀请国内外专家传递学校体育和学生体质研究的前沿成果。

（黄 勇）

附：学院负责人及地址

（2013年1—12月）

院党委书记：戴 健
副 书 记：陈晓峰、詹 萌、王玉林

院 长：章建成（10月离任）、陈佩杰（10月到任）
副院长：陈佩杰（10月离任）、平 杰、赵光圣、施之皓（10月到任）

地址：长海路399号
邮编：200438
电话：51253000

上海戏剧学院

［**2013年概况**］ 学院招收本科新生489人，硕士生68人，博士生19人，留学生91人，成人教育248人。全日制在校本科生人数为1872人，硕士生220人，博士生81人，留学生81人，成人教育852人。2013届毕业生本科人数为438人，硕士生62人，博士生12人，成人教育138人，留学生61人。全校教职工共518人，其中专任教师279人，外聘教师220人。

一、围绕"以项目带动教学，以科研深化教学，以展演促进教学"的三位一体教育理念来确保教学的中心地位，努力实现从"传授模式"向"学习模式"的转变，从"教师、教学、知识"老三中心向"学生、学习、能力"新三中心的良性转变。以校级本科专业达标预评估工作为契机，深化"三三制教学改革"，加大专业的融合力度，启动奠基性课程计划。以承办"青年艺术创想周"为初步尝试，探索教学实践新模式，推进大学生创新活动计划项目。

二、学科建设。通过对现有专业学科的梳理，完善规划新的学科布局，进一步明确学科发展目标，搭建符合社会需求和满足学校发展需要的学科建设平台。年内，学校获得市级及以上的科研项目立项15项，其中，国家社会科学基金艺术学项目1项，文化部项目2项，上海市哲学社会科学规划办项目2项，教育部项目1项，上海市教委科研创新项目8项（重点项目2项，一般项目6项），阳光计划项目1项；完成了戏剧与影视学（A类）和设计学（B类）两个一流学科的竞争性引导项目的申报工作；成功申报上海市"立德树人"综合艺术教育教学基地；表演艺术创新工作室、舞台美术创新工作室、舞蹈艺术创新工作室和广播电视学重点学科均顺利通过市教委的结项评审。制定和颁布《上海戏剧学院科研激励暂行办法》，开展院级"中青年科研项目"的申报工作，共有53个科研项目获得资助，资助金额20余万元。

三、师资建设。坚持师资建设与学科专业建设需要对接原则，实施人才引进计划。年内，学校完成外专局项目结项8项，完成2013年上海市领军人才、宝钢优秀教师奖申报工作以及3名博士后进站、退站工作。加强师资队伍建设，优化师资结构。完成5人"上海高校教师国外访学"项目、2人"上海高校骨干教师国内访学"项目、2人"上海高校产学研践习计划"申报工作并全部入选，完成8人"上海高校教师培养资助计划"的申报工作，完成7人实验技术队伍个人计划、2个实验技术队伍建设基地项目的申报、遴选工作。

四、演出工作。学校有70多台各类剧目上演。参与中国上海国际艺术节并联手扶持青年艺术家计划暨青年创想周活动。举办第七届国际小剧场戏剧节，与来自美国、英国、墨西哥、韩国和意大利共7个剧组完成合作7个剧目14场演出。完成文化部主办的第四届中国图书馆日开（闭）幕式演出。探索新的艺术呈现方式，与浦江镇联手打造国内第一部园林景观剧《梦回召稼楼》。继续推进艺术作品的市场化运作，与上海文化广场合作上演音乐剧《摩登米莉》，取得良好的经济效益和社会效益。

五、学生工作。推进学生党团建设和学生党员先进性教育，提升学生党员的思想政治素养。坚持"服务学生发展"理念，通过开展心理健康教育和实践活动、完善学生奖助学金管理机制等为学生提供和谐温馨的育人环境，提升了和谐校园建设的内涵，通过"何念校友工作室"建设和"上戏啄壳计划"等不断搭建学生创新平台，将服务学生发展理念融入创新意识和创新能力培养全过程；通过"青春好声音"校园歌手大赛、上戏第八届辩论赛、2013"花开的日子"毕业晚会、源点杯原创小品大赛、光盘行动、志愿服务等活动，丰富学生校园文化生活，培育学生集体荣誉心和社会责任感。

六、国际交流。学校聘请100多位外国专家到校授课、举行讲座和工作坊。加强与世界一流院校与组织的合作，签订校际交流协议，拓宽海外学习项目的派出渠道，推动各二级院系开展国际交流工作。20名学生以交换生身份赴英国东十五大学、台北艺术大学、新西兰联合技术理工学院等交流学习，12名学生参加台湾艺术大学、英国利兹大学等的短期暑期课程，18名学生参加丹麦儿童戏剧节、德国鲁尔戏剧节、欧丁剧院戏剧周等大型国际艺术活动。

七、推进区域产学研合作协同创新。学校启动浦江新校区建设和华山创意园区项目建设；受上海芭蕾舞团、上海歌舞团和长宁区文化局的共同委托，完成上海国际舞蹈中心项目申报工作，并进入施工阶段。加强同东上海国际影视集团、上海国际时尚中心、新疆艺术剧院等的合作，拓展教学演出实践基地。推进与内蒙古自治区和云南省的人才培养和教学实践基地建设。

（李　莉）

［签订华山创意园合作协议］　1月9日，上海戏剧学院与静安区政府举行“华山创意园”合作框架协议签字仪式。上海戏剧学院和静安区领导出席签字仪式。

（李　莉）

［举办第二届“冬季学院”］　1月10—20日上海戏剧学院联手布朗大学、杜克大学、纽约大学和耶鲁大学举办主题为“邂逅·上海”的第二届冬季学院，录取海内外著名高校近百名学生。1月10日举行开班仪式，上海戏剧学院、纽约大学蒂诗艺术学院、杜克大学的领导和海外大学代表出席。1月20日举行结业仪式为学员们颁发证书。

（李　莉）

［举办国际舞台美术组织年会］　3月25日OISTAT国际舞台美术组织年会在上海戏剧学院开幕，此次年会由OISTAT、中国舞台美术学会、上海戏剧学院共同举办。学院领导和中国舞美学会会长，国际舞台美术组织演艺设计委员会主席、历史与理论研究委员会主席在开幕式上致辞。3月25—28日来自16个国家及地区的专家围绕演艺碰撞—跨文化/本土文化语境中的舞台艺术开展学术发言和工作坊活动。

（李　莉）

［国际导演大师班开班］　5月13日，2013年国际导演大师班（德国）开班仪式举行。文化部艺术司综合处领导、德国领事馆代表、德国歌德学院总部原秘书长、柏林世界文化艺术总监、上海戏剧学院领导出席开班仪式并发言。继美国、俄罗斯、英国、法国国际导演大师班后，此次大师班邀请众多活跃在当代国际戏剧舞台上的杰出导演前来授课，德国歌德学院总部原秘书长、柏林世界文化艺术总监汉斯·格奥尔格·克诺普博士到校开设关于德国戏剧与欧洲戏剧发展现状的讲座，并与上戏教授卢昂共同主持中德戏剧导演高峰论坛。

（李　莉）

［“诗元工作室”揭牌］　6月16日，学院与上海市创意产业协会联合主办的“周诗元现象与创意人才培养”研讨会暨“诗元工作室”挂牌仪式举行。第十一届全国政协副主席、市创意产业协会会长厉无畏，第十届市政协副主席、市创意产业协会执行会长王荣华及学院领导出席仪式。随后举行了“中国文艺复兴论坛”。厉无畏发表“发展文化贸易　推进文化强国建设”的专题演讲，来自艺术界、教育界、设计界以及企业、金融等领域的人士展开圆桌讨论。

（李　莉）

［举办上海国际小剧场戏剧展演］　10月11—18日，学校举办“第七届上海国际小剧场戏剧展演”，邀请德国、韩国、墨西哥、意大利、美国、英国等国家的相关剧团共7台剧目参加演出。展演期间进行工作坊、戏剧研讨会、图片展览、演讲等多项学术活动。

（李　莉）

［青年戏曲音乐艺术家研修班开班］　10月18日—11月1日“全国青年戏曲音乐家研修班”在学院开班。研修班由中国戏剧家协会、上海戏剧学院主办，上海戏剧学院戏曲学院、中国戏剧家协会研究室、上海市戏剧家协会承办。此次研修班为期15天，学员64人，涵盖近40个剧种。

（李　莉）

［“创想周”开幕］　10月19—26日，学院联合上海国际艺术节组委会推出“扶持青年艺术家计划暨青

“创想周”演出原创时装造型秀《着色》

年艺术创想周”。其间共举办演出200多场,微电影60多部,工作坊30多场、讲座以及艺术展览20余项。

(李　莉)

[西藏导演综合培训班开班] 11月3日,首届西藏自治区导演综合培训班在学院开班。此次培训班由文化部主办,文化部艺术司、西藏自治区文化厅和上海戏剧学院共同承办。西藏自治区文化厅选拔的25名藏族文艺骨干在上海戏剧学院进行为期一个月的导演专业进修。此次培训旨在培养西藏自治区舞台艺术人才,繁荣西藏自治区艺术创作,加强少数民族戏剧舞台艺术文化的交流合作。作为此次培训班的主要负责承办机构,学校邀请国内外导表演艺术家、知名学者和专家前来授课。教学课程涵盖现代戏剧导演艺术工作所涉及的各个方面,培训结束后颁发结业证书。

(李　莉)

[市领导到校调研] 12月23日,上海市人大常委会主任殷一璀、副市长翁铁慧来校调研浦江新校区建设工作,随同调研的有市教卫工作党委书记陈克宏。市领导一行听取关于新校区总体建设规划和建筑设计方案的汇报并作重要指示。

(李　莉)

附:学校负责人及地址

(2013年1—12月)

院党委书记:楼　巍
副　书　记:胡　敏

院　长:韩　生
副院长:黄昌勇、宫宝荣、张伟令、郭　宇

院本部地址:华山路630号
邮　编:200040
电　话:62481866

莲花路校区:莲花路211号
邮　编:201102
电　话:64800099

漕宝路校区:桂林路201号
邮　编:200235
电　话:62757585

上海音乐学院

［**2013 年概况**］ 学院设有 15 个教学单位及上海音乐学院附中（含附小）。全日制在校本科生 1592 人，研究生 647 人，附中、附小学生共 572 人。全校教职工 528 人，其中专任教师 295 人。

一、学科建设。“085”内涵建设项目 21 个三级子项目先后启动并顺利推进。年内，学院通过上海市教委关于 21 所上海地方本科院校——“十大工程专项资金支持项目中期绩效评估”并获得“A 级”的评价。成功申报“2013 年度上海高校创新能力提升计划竞争性引导项目—新音乐原创与推广国际协同计划”、“上海高校知识服务平台—上海音乐艺术发展中心”，被认定为“上海市高等学校人文社会科学重点研究基地—音乐教育教学研究基地”。在学位点建设方面，设立博士学位二级学科点音乐教育方向。

二、教育教学。举办艺术学研究生暑期学校、艺术学研究生学术论坛、研究生艺术节、“作曲—表演—理论—应用”互动音乐会、音乐分析学科博士学者论坛等活动，展示研究生教学成果，丰富研究生教育的培养载体和模式。艺术硕士研究生教育水平与管理能力通过全国艺术硕士专业学位教学质量试评估。6 篇博硕论文获评 2012 年上海市研究生优秀成果。本科教学完成校级教学成果奖评审、2012 年本科教学质量年度报告、标准化考场建设。参与上海市教委高校课程中心建设，提供两门共享课程并鼓励学生参与校外选课。获得上海市级精品课程 2 门，上海市重点课程 6 门，教育部“本科教学工程”大学生校外实践教育基地建设项目 1 个，上海市 2013 年度本科教学改革项目 2 个。72 人次在国际国内各大比赛中获得 66 项奖项，17 人次在国际比赛中获得 18 项奖项。周小燕教授获得第二届中华艺文奖“终身成就奖”。俞丽拿教授获得由市教卫党委、市教委授予的 2013 年“上海市教书育人楷模”荣誉称号。学院附中、附小贯彻“大、中、小一条龙”的办学特色，组织开展校内校外艺术实践音乐会 169 场，各类学术活动 66 场，学生国际国内获奖共 63 人次。

三、学生工作。推进易班工作，利用网络平台，开发大学生思政教育的新方式，新方法。召开秋季和春季毕业生推介会，搭建毕业生和用人单位的交流平台，千方百计拓宽毕业生就业渠道，学院 2013 届毕业生就业率达 93.67%。切实做好各类奖助学金的评审、发放工作，落实国家助学贷款、应征入伍学生学费补偿贷款代偿等工作，国家奖学金 16 人、上海市奖学金 4 人，国家励志奖学金 39 人，国家助学金 82 人，人民奖学金 448 人，宝钢奖学金 1 人，在校生助学贷款人数为 34 人。

四、师资队伍建设。杨燕迪教授入选国家百千万人才工程，女高音歌唱家黄英、小提琴演奏家宁峰入选上海市千人计划；法国尼斯国立音乐创作中心主任弗朗索瓦・帕里斯及美国纽约爱乐乐团双簧管首席王亮受邀担任学院本年度海外名师项目特聘教授；新聘德国籍笙教授吴巍任外籍专家；聘请意大利籍指挥法比奥为指挥系讲座教授。通过各类项目共派出 11 名教师赴海外研修。2 名教师入选浦江人才计划，1 名教师入选国家留学基金委艺术类人才培养特别项目，6 名教师入选上海市高校青年教师培养资助项目，6 名教师入选上海高校中青年教师国外访学进修计划。通过公开招聘录用专业教师、其他专业技术人员及管理人员共计 21 人；2013 年度共聘任教授 2 人，副教授 13 人，讲师 10 人，其他专业技术中级职务 6 人。4 名青年教师参加由上海市教委组织的新教师岗位培训并顺利结业。

五、科学研究。全年获得国家级省部级项目 64 项。其中，教育部人文社会科学研究青年项目 1 项，上海市教委科研创新项目 10 项，上海市非物质遗产保护项目 2 项，上海市教委、上海市教育发展基金会晨光计划项目 3 项，曙光计划项目 1 项，学院音研所项目 17 项，其他项目 10 项。4 项教育部课题及 4 项上海市教委项目顺利结项。科研成果包括出版著作 63 项，发表论文、译文 204 项；新创音乐作品 66 项，音像制品 26 项，参加国际国内各种学术交流活动 168 人次。3 位教师荣获第六届“高等学校科学研究优秀成果奖（人文社会科学）”。

六、艺术实践。全年共完成艺术实践计划 143 场。其中，院内艺术实践 60 场，徐汇区、长宁区等校外艺术实践基地 42 场，上海之春国际音乐节 19 场，上海国际艺术节1场，上海音乐学院——上海大剧院艺术中心实践基地项目17场，学院新年音乐会1场，重大演出3场。年内，成功举办国际传统音乐学会第42届世界大会、“新上海”第六届当代音乐周、第六届全国民族声乐论坛、第四届国际电子音乐周、全国高等音乐艺术院校民族室内乐作品比赛等重要学术活动。

七、国际交流。全年共接待来自56个国家和我国香港、台湾地区的近700余位外国音乐家、师生代表团、音乐院校长、机构负责人以及使领馆专员，举办4场对外交流音乐会；有19批共70名师生赴10个国家及我国香港、澳门地区进行各类文化交流、访问及演出。与美国曼哈顿音乐学院等6所院校签订或续签校际交流协议。通过各级各类项目共派出27位学生赴海外学习和实习。招收国家政府奖学金新生14人，目前留学生规模为80人次。

（王中余）

［原创音乐剧《楼兰》首演］ 4月26—30日，大型原创音乐剧《楼兰》在上海文化广场成功上演。该剧由学院院长许舒亚亲自策划并担任艺术总监，中国2010上海世界博览会主题歌创作者、音乐戏剧系副主任赵光教授担纲制作人兼作曲和音乐总监，青年教师马良担任导演。该剧以楼兰谜一般的美丽传说为背景，讲述西域国度楼兰公主阿奇斯凄美的爱情故事。该剧所有演员均为学院音乐剧系就读的本科学生。

（王中余）

音乐剧《楼兰》首演

［举办国际传统音乐学会世界大会］ 7月11—17日，学院成功举办国际传统音乐学会第42届世界大会。来自56个国家和地区的66位传统音乐学家、表演艺术家、民间艺人参加了本次盛会。此次大会包括6个圆桌会议，35个专题小组，6场音乐民族志电影，3个工作坊和4场演出。

（王中余）

［第六届当代音乐周举办］ 10月11—16日，学院举办第六届当代音乐周。音乐周期间举办了12场音乐会，5场讲座，其中包括中国的罗忠镕和秦文琛、德国作曲家约克·威德曼这三位驻节作曲家的讲座和专场音乐会及来自美术界评论家陈丹青的讲座“我画画的时候为什么听音乐”和民谣音乐代表人物周云蓬专场音乐会。10月11日，上海爱乐与叶聪携手演绎三位驻节作曲家的重要交响作品，揭开音乐周的序幕。10月16日，上海歌剧院交响乐团与张国勇以四位上音作曲家陈牧声、陆培、叶国辉、温德青根据昆曲创作的新作《交响牡丹亭——天地人和》拉上音乐周的帷幕。

（王中余）

［举办首届青年教师教学大赛］ 10月21—31日，学院组织实施首届青年教师教学大赛。大赛分三组进行：专业骨干课、专业基础课、公共基础课。初赛以10—15分钟多媒体说课形式展现教师的课程设计理念及思路；决赛采取深入课堂听课的形式考察教师的教学目标、教学设计、教学内容、教学方法、教学素养、教学效果等多方面教学要素，全面衡量授课教师的教学水平。48名教师参赛，19名教师进入决赛。大赛总结会暨颁奖仪式于11月6日举行。

（王中余）

[举办第八届研究生艺术节] 11月6—13日，第八届上海音乐学院研究生艺术节举办。本届研究生艺术节主题为“奏响青春旋律，成就音乐梦想”，主要活动包括名家讲堂、专家讲座、硕博论坛、品读《乐思·乐风 杨立青音乐文集》读书会，以及西藏采风原创作品音乐会暨第八届上海音乐学院“奏鸣·研究生艺术节”闭幕式音乐会。

（王中余）

[举办贺绿汀、桑桐诞辰纪念活动] 2013年是人民音乐家、上海音乐学院老院长贺绿汀诞辰110周年，桑桐院长诞辰90周年，学院举办系列纪念活动。11月16日，贺绿汀纪念塑像落成仪式于上海福寿园人文纪念公园举行，市教卫工作党委书记陈克宏、市文学艺术界联合会党组副书记王依群等为贺绿汀纪念塑像揭幕并致辞。11月27日和12月19日，学院分别举行贺绿汀诞辰110周年纪念座谈会和专场音乐会。11月27日，学院举办桑桐教授诞辰系列活动，包括桑桐教授音乐作品集、音乐文集首发式，座谈会及纪念音乐会。

（王中余）

[第一届国际大提琴艺术节举办] 12月3—7日，上海音乐学院第一届国际大提琴艺术节成功举行。杰出华裔大提琴家王健、英国皇家音乐学院教授大卫·斯特林奇、曼哈顿音乐学院院长大卫·戈泊尔、西贝柳斯音乐学院大提琴教授马尔科·尤勒宁和意大利大提琴家罗伯特·拉涅利五位艺术家执教大师班。艺术节期间举办了三场音乐会及以“大提琴艺术的现状与发展”为主题的讲座与研讨会。

（王中余）

[签署对外交流合作备忘录] 12月9日，学院与美国伯克利音乐学院签署两校交流合作备忘录。两校将以此为契机开展信息共享、师生互访以及共同举办交流演出等合作与学术交流事宜。

（王中余）

[庆贺马革顺、黄晓同华诞] 12月16日，由上海音乐学院、九三学社上海市委员会、上海市文学艺术界联合会主办的“期颐之乐——马革顺百岁华诞庆贺活动”在上海大剧院举行。上海市副市长赵雯，上海市文联、上海市音协领导出席活动。马革顺的六位学生依次登台，指挥上海歌剧院乐队与合唱队演唱中外合唱经典曲目。在音乐会结束前，马革顺以排练的方式指挥了亨德尔的《For unto us a child is born from Messiah》和埃尔加的《雪花》。12月17日，学院举办马革顺教授百岁华诞座谈会暨《马革顺艺术人生·庆贺马革顺百岁华诞》系列丛书首发式。

9月15日，由上海音乐学院指挥系、上海交响乐团共同主办的“耄耋桃李——黄晓同八十华诞师生音乐会”在上海东方艺术中心举行。黄晓同的八位学生依次登场，每人执棒一曲。在音乐会结束前，黄晓同走上舞台指挥里姆斯基-科萨科夫《天方夜谭》的第三乐章。

（王中余）

[举办新年音乐会] 12月28日，学院2014年新年音乐会在上海大剧院上演。上海音乐学院交响乐团和上海音乐学院合唱团参演，学院多名享有国际声誉的歌唱家登场亮相。音乐会汇集一系列经典歌剧唱段，如《女人善变》、《塞维利亚老城墙旁边》、《今夜无人入睡》、《我是上帝谦逊的使女》以及国内耳熟能详的声乐作品，如《长江之歌》、《嘎达梅林》、《我爱你中国》等。上音合唱团还献唱歌剧《唐·帕斯夸来》选段“捉弄”与合唱曲目《蓝色多瑙河》。

（王中余）

附：学院负责人及地址

（2013年1—12月）

院党委书记：桑秀藩（12月离任）、林在勇（12月到任）
副　书　记：蔡桂其

院　　　长：许舒亚
常务副院长：徐孟东
副　院　长：杨燕迪、华天礽（12月离任）、张显平、廖昌永、唐立免（12月到任）

汾阳路校区地址：汾阳路20号
邮编：200031
电话：64312000

零陵路校区地址：零陵路530号
邮编：200032
电话：64312000

上海杉达学院

［**2013 年概况**］ 学校贯彻落实国家和上海中长期教育改革和发展规划纲要，以新建本科院校教学工作合格评估为契机，坚持改革探索和内涵建设，提升本科教学水平，提高人才培养质量。全年本科招生 3143 人，专科招生 304 人，专升本招生 109 人。首次加入上海春招试点行列，招生 163 人。应届本科毕业生 2341 人，2280 人准予毕业，2259 人授予学士学位。

年初召开第一次党代会。学校获市政府授予的“2011—2012 年度上海市文明单位”荣誉称号。校思政课建设项目《民办高校思想政治理论课建设的改革与实践》获第二届全国民办高校党建与思想政治工作优秀成果一等奖；课程《手绘效果图表现技法》被市教委列为“上海市级精品课程”；7 门课程跻身市教委年度本科重点课程立项名单。

教学改革。对照教育部 2012 版本科专业目录，继续修订学校本科人才培养方案，落实应用型人才培养理念。将“生涯发展教育和职业规划”、“创业创新和就业指导”作为通识教育必修课，通过课程体系支撑，使生涯教育与创新创业职业指导贯穿大学四年全过程，加强大学生职业生涯规划能力训练。继续强化实验实训课程体系设计和课程教学实施。各专业普遍增加实践教学学分和实验实训学时，使实践教学学分和学时比例显著提高，有利于学生实践能力培养。增加专业方向选修课。根据近年来学生就业的社会实际需求，重点调整和增加专业方向选修课，要求各专业所提供选修课课程总量不少于学生应选学分 1.5 倍。配合“1＋3”战略调整，对相关课程尤其是公共基础课程进行全盘规划，更有利于教学改革持续推进。

师资队伍建设。新进教职工 73 人，其中引进具有副教授以上职称教师 9 人；学校派遣赴国外攻读博士学位 6 人、硕士学位 9 人；共有国内在职攻读博士学位 14 人。获宝钢教师奖 1 人；获长三角思政课教学比赛二等奖 1 人；获上海高校辅导员年度人物 1 人。参加“强师工程”各类培训 21 人；获首届民办高校教师教学技能大赛青年教师组第二名 1 人、骨干教师组优胜奖 2 人；管理学院 3 名教师分获上海民办高校酒店管理教师双语教学技能大比赛各种奖项 6 项；完成市教委教师专业发展工程项目赴海外访学计划 3 人、另有 3 人获批新项目；完成市教委海外课程研修项目 1 人；完成产学研践习计划 1 人、获批 5 人；参加上海优秀青年骨干教师培训 13 人；参加其他各类培训 50 人次。

科研工作。共申报课题 105 项，批准立项 61 项，获得科研经费 256 万元；首次获得上海市民办教育重大内涵建设、重点建设科研项目及市教委科研创新自然科学类重点项目。学校教职工公开发表论文 107 篇，共有 50 余人次参加各类校外科研学术活动。为培养青年教师的科研意识和能力，校内举办三场专题科技讲座。制定《规范科研行为若干规定》、《科研工作绩效考核试行办法》，并修订《科研经费管理办法》，完善科研管理制度。

对外合作交流。共派 26 人次出访境外 6 次，分别出访美国、加拿大、芬兰、荷兰等国家和我国香港、台湾地区；接待分别来自 9 个国家和我国台湾地区的来访团组 56 个，共计 208 人次；新签和续签对外合作协议达 20 项；有外籍教师 49 人。有 18 人次教师参加各类进修、培训、学术交流项目，有 148 人次学生赴境外参加各类学习、交流、培训、实习项目；有长期来华留学生 12 人；接待日本惠泉女学园大学、美国兰德大学和英国东伦敦大学学生团队 3 个，共 26 人；获“上海市高校大学生海外学习实习项目奖学金”98 万元。学校与解放日报教育传媒有限公司(EB)合作招聘和管理外教，加强对聘任外教的培训、管理和考核。

学生工作。努力营造自主学习氛围，建设自主学习平台；图书馆改造充分体现自主学习的设计理念，借还书籍实行自动化服务，设立“讨论室”，为学生自主学习提供良好条件。学校通过举办“希德讲坛”系列报告(共 12 讲)、学生社团建设、“易班”学生工作平台建设、第二课堂建设、主题班会等活动推进学生教育方式模式改革，培养学生自主管理能力和自我教育能力。蝉联上海市易班“十佳工作站”称号。

校园建设。经多方协调和努力实现校内总建筑容积率由 0.8 提高到 0.93。为迎接基础部第一届新生入学，学校投入 4500 万元在嘉善校区基础教学部新建、调整6个实验室以及学生生活服务设施等。校本部历时4个半月在多部门协调努力下完成图书馆及外围改建扩建和学生活动中心室外体育设施扩建；完成国际医技学院1号楼和2号楼的2层改建、护理基础实验室建设、1号楼和2号楼顶部扩建张拉膜建设、计算机公共机房和信息科学工作室改建。

（蔡静玲）

［成为两个联盟的成员］ 学校参加教育部应用科技大学改革试点战略研究，并成为由全国35所地方本科院校发起成立"中国应用技术大学（学院）联盟"首批成员。其后又作为发起单位参加全国"非营利性民办高校联盟"。

（蔡静玲）

［与上海对外贸易学院联合培养硕士］ 4月22日，学校与上海对外贸易学院联合培养硕士研究生签约仪式举行。两校将在国际贸易、金融、翻译领域开展联合培养硕士学位研究生试点工作。

（蔡静玲）

与上海对外贸易学院联合培养硕士研究生

［举办专业研讨会］ 9月22日，信息科学工作室与河南财经政法大学等联合主办第7届科学与工程网络计算国际会议。10月17—18日，国际医学技术学院与复旦大学附属华东医院等单位联合主办"老龄健康服务性学习"国际研讨会和"国际呼吸康复"专题公开讲座。

（蔡静玲）

［成立上海现代服务外包学院］ 10月，为响应上海自贸区建设战略需要，引进上海现代服务业发展研究基金会合作创建"现代服务外包学院"，为国际商务、计算机、旅游管理等若干学科专业发展提供新的交叉复合平台。

（蔡静玲）

［接受本科教学工作合格评估］ 11月25—28日，经过实地考察评估，教育部专家组成员一致认为，学校作为一所新型本科民办院校，坚持公益性、非营利办学思想，办学条件不断完善，实验设备条件得到相应充实，人才培养质量得到基本保证，呈现出良好发展态势，办学成果值得充分肯定，学校达到合格评估标准。

（蔡静玲）

附：学院负责人及地址

（2013年1—12月）

董事长：李宣海

名誉院长：古胜祥、曹光彪、杨　栖、倪维斗

院党委书记：李　进
副　书　记：王馥明、陈　玮

院　长：李　进
副院长：张增泰、王馥明、薛兴国、贾巧萍

地址：金海路2727号
邮编：201209
电话：50210894

上海立信会计学院

［**2013年概况**］ 学院凝练特色，传承立信文化，深化内涵建设，推动各项工作圆满完成。毕业生2718人，其中本科生2141人，专科生577人，截至8月25日，整体签约率78.66%，就业率96.76%。共招收秋季本科生2595名；招收预科生45名；招收专升本学生155名；招收高职（专科）学生471名。

学科和专业建设。以团队和国际化建设为着力点，积极探索学科建设新体制、新机制。全面启动“工商管理”一流学科建设。会计学、国际贸易和金融学3个市教委重点学科通过终期验收。构建“085工程”项目库，进一步提高“085工程”项目建设质量。商务英语专业获批上海新增本科专业设置备案。

教学管理。制定《上海立信会计学院关于加强本科教学建设与改革的实施意见》，完善学籍管理制度，建立学生学业预警机制，实行对学生学业动态监控，建立学校与家庭沟通机制，对学习成绩出现异常情况学生，及时给予相应警示，全面推进教学质量提升。完善教学管理制度，增强服务意识，提高教学管理科学化、精细化水平。

课程体系。共建设立项市级精品课程1门，校级精品课程5门，重点课程10门，全英语课程12门，双语课程15门。在2013级国际化方向班实施通用英语和专业英语相结合的教学方式，启动《大学英语》课程教学改革试点。在2013级新生中实施《计算机应用基础》、《计算机程序设计》、《高等数学——微积分》三门课程的分层教学，实现因材施教，提高教学效果。

人才培养。完成2013级本科人才培养方案审定及编制，进一步凸显人才培养国际视野和应用型特色。新增审计学（信息系统审计）、税收学（国际税收）、商务英语等培养方案。学院2项成果获高等教育上海市级教学成果奖。修订完善研究生培养方案，增设与职业要求相适应的创新学分认定项目，建立“双导师”制，进一步优化学院研究生培养机制。稳步开展联合培养研究生工作，共有9个专业17位联合培养研究生获硕士学位。

科研工作。学院纵向课题立项66项，其中国家社会科学基金项目3项，国家自然科学基金项目5项，教育部人文社会科学研究课题4项，上海市人民政府决策咨询课题2项，市教委创新项目重点课题5项，市教委创新项目一般课题9项，上海市体育社会科学决策咨询研究项目1项。横向课题立项30项。发表科研论文221篇，其中A级5篇，B级21篇，C级（CSSCI期刊）50篇，D级（核心期刊）55篇，E级90篇；核心期刊级及以上累计发表学术论文131篇。出版专著和教材38本，其中学术专著17部。

师资队伍建设。开展新一轮专业技术岗位设置工作，进一步优化师资队伍结构，高级岗位设置比例调增4个百分点，高级岗位职数净增近50人。共录用教师52人，完成56名教师岗前培训工作，近40位教师入选教师专业发展工程计划。柔性引进9位海外高层次人才，师资队伍中具有国际化背景教师比例达25%，同比提高4个百分点。具有实际工作经历双师型教师所占比例达50%，应用型师资队伍特色更加鲜明。

学生工作。丰富大学生思想政治教育形式，构建育人为先、德育为本的育人氛围。加强学生管理制度建设和评奖评优制度建设，积极发挥评奖评优的导向、辐射、激励作用，推动学生成长成才、全面发展。出台《上海立信会计学院关于加强辅导员队伍建设的若干意见》，进一步加强辅导员队伍整体规划，建立健全辅导员队伍评聘体系。实施辅导员素质提升计划和团队文化建设计划，完善辅导员队伍培训体系，着力提升辅导员队伍素质。学院易班工作站荣获“上海市十佳学生工作站”称号、大学生就业指导中心荣获“2011—2012年度上海市青年文明号”称号。

实验实践教学。立信会计师事务所管理学实践教育基地获批地方所属高校大学生校外实践教育基地建设项目。沪港国际咨询集团实践基地进入市级专业学位研究生实践基地建设序列。立信会计师事务所、浦东新区审计局、松江区审计局三个市级研究生实践基地建设继续稳步推进。“海集方金融工程实验中心”项目建设方案进一步完善。学院自主研发《企业并购与合并报表系列实验软件》获国家软件著作权证书。

国际交流与合作。与 20 所国(境)外院校进行合作洽谈,与其中 8 个院校签署合作协议。共接待来自美国、加拿大、日本交流访学人员 62 人。派遣 95 人赴国(境)外合作院校进行长期交流。组织 150 名学生以学习、访学、夏令营等多种形式出国(境)进行短期交流。组织 20 余位教职员工参加青年骨干教师香港大学、香港中文大学进修;为 10 位教师提供短期海外学习机会。学院与英国皇家特许管理会计师公会(CIMA)签署合作协议,标志着与英国皇家特许管理会计师公会进入实质性合作阶段。

文化传承。2013 年是立信创始人潘序伦诞辰 120 周年,也是立信会计教育事业创立 85 周年,学院开展多种纪念活动。编辑出版《中国现代会计之父——潘序伦》纪念画册,组织创作音乐话剧《潘序伦》,举办纪念潘序伦诞辰 120 周年座谈会,就潘序伦教育事业、思想风范、历史贡献等进行研讨。中国会计博物馆建成并开馆。新校史馆建成开馆。在学院举办首届“潘序伦杯”全国大学生会计知识大赛中,学院代表队荣获一等奖。承办第十五届中国上海国际艺术节校园行活动。

管理工作。①财务工作。开展“教育经费管理年”活动,推进教育经费科学化、精细化管理。②文献资源建设工作。完成采购、编目、加工、验收和入库中文图书 57019 余册,外文 35 册;购中文电子书 2710 册,外文电子书 95 册;续订数据库 19 个,新增 3 个,科学引文索引数据库(SCI)等 11 个数据库开通试用。③信息化工作。建成覆盖松江、徐汇两个校区高速无线网络,网络出口总带宽达到 1100 MB。④学生资助工作。实现国家助学贷款 419 人,发放各类奖助学金 595.57 万元,共计 9796 名学生受益。⑤资产管理和后勤保障工作。完成 10 个院部、三个研究机构等办公室搬迁和资产配置工作。建立“学生社区事务服务中心”,集中解决学生在宿舍管理方面各种问题,进一步规范服务,方便学生。⑥出版工作。出版各级各类重点图书 19 种,新增 3 个国家“十二五”重点规划图书项目和 1 个国家出版基金项目。《诚信之路》作为新闻出版总署首批社会主义核心价值体系建设“双百工程”重点出版物和国家出版基金资助项目结项。

(王海兵)

[市财政培训立信基地揭牌] 1 月 12 日,学院和市财政局联合主办的上海市财政系统教育培训立信基地揭牌仪式举行。上海市财政系统教育培训立信基地是市财政局联合高校建立的第一个培训基地,旨在发挥学校优势资源,加强教育培训,提升财政干部教育培训的统筹性、针对性和实效性,推动财政工作创新发展。

(田　原)

[潘序伦纪念画册首发] 4 月 13 日,学院举行《中国现代会计之父——潘序伦》纪念画册首发仪式。市教委、中国造船工程学会领导等出席首发仪式。

(田　原)

[翁铁慧到校调研] 7 月 9 日,上海市副市长翁铁慧一行到学院就学科建设、人才队伍建设等工作进行调研。市政府副秘书长宗明,市教委主任苏明、副主任陆靖等陪同调研。

(田　原)

纪念潘序伦诞辰 120 周年座谈会

[中国会计博物馆开馆] 11 月 23 日,中国会计博物馆开馆仪式举行。中国会计博物馆是全球第一家会计专业博物馆,旨在利用博物馆强大的文化传承和宣传教育功能。博物馆包括中国

展厅、国际展厅、会计名人堂、临时展厅、视听室、展具储藏室、藏品库等展览和储藏场所，总建筑面积4500平方米，展陈面积2800平方米。博物馆由实体博物馆、网上博物馆、数字博物馆共同构成，总体上呈现“人、物、史”一体化的功能形态。

（田　原）

［新校史馆开馆］ 11月23日，新校史馆开馆仪式举行。新建校史馆占地面积300余平方米，共分“会计泰斗立信丰碑”、“岁月如歌信扬天下”、“继往开来谱写新篇”三大部分。

（田　原）

［潘序伦教育发展基金会成立］ 12月7日，以中国现代会计之父、上海立信会计学院创始人潘序伦命名的潘序伦教育发展基金会举行成立仪式。潘序伦亲属代表，学院老领导、老同志代表，来自北京、无锡、重庆等各地立信会计学校代表，校友代表，立信会计出版社、立信会计师事务所代表等出席成立仪式。

（田　原）

附：学院负责人及地址

（2013年1—12月）

院党委书记：董金平（7月离任）、李世平（7月到任）
副　书　记：楼军江（兼纪委书记）、朱坚强

院　长：唐海燕
副院长：朱坚强（兼）、邵瑞庆、李延臣、许　玫（12月到任）

松江校区地址：文翔路2800号
邮编：201620
电话：67705200（总机）

徐汇校区地址：中山西路2230号
邮编：200235
电话：64390390（总机）

上海电机学院

［2013年概况］ 学校以邓小平理论、“三个代表”重要思想和科学发展观为指导，深入贯彻党的十八大精神，围绕“育人”中心任务，重点突出本科教学工作评估整改、临港校区二期建设、60周年校庆和党的群众路线教育实践活动等工作，继续深入推进内涵建设，不断提高教育教学水平和人才培养质量，推动学校向高水平技术本科院校稳步迈进。全年完成招生3461名，其中研究生77名，本科生2681名，专科生703名；2013届毕业生3168名，就业率97.32%，签约率87.18%，就业率连续21年保持在95%以上。各类全日制在校学生数12416人，其中本科生9463人。

教学质量进一步提高。围绕教育部本科工作合格评估专家组提出的意见和建议，通过一年整改，全校上下对学校办学定位和人才培养目标的认识更加清晰，教学中心地位更加巩固，教学改革有新进展，教学质量进一步提高。积极开展专业综合改革，课程建设卓有成效。“机械设计制造及其自动化”“材料成型及控制工程”2个专业获批为教育部“卓越计划”试点项目；启动本科专业达标评估，“电气工程及其自动化”等12个专业撰写专业质量报告；新增“新能源科学与工程”“产品设计（艺术学）”2个本科专业，形成工、经、文、管、艺术相结合的专业建设格局；完成13个专业人才培养方案修订工作。获得上海市教学成果奖高教奖一等奖2项、二等奖2项；职教类一等奖2项。进一步加强教学管理与质量监控，成立教学质量管理办公室，出台《上海电机学院全面提高本科教育质量的实施意见》，制定《健全学校教学质量保障体系和运行机制工作方案》，完善人才培养质量标准及质量评价制度，实现由质量考评向质量保障的转变，教学质量保障体系初步形成。

学科科研实力逐步增强。“电力电子与电力传动”学科和“机械制造及其自动化”学科通过市教委第五期重点学科建设验收。“上海市知识服务平台”建设项目“大型铸锻件产学研合作中心”建设取得优异成绩，顺利列入上海高校工程研究中心建设计划。“上海装备制造产业发展研究中心”智库正式启动。探索研究生中外合作、校企联合培养新机制，建立研究生实践基地和海外实习基地。推进研究生海外访学，首批研究生成功赴瑞典哈姆斯塔德大学进行为期三个月海外访学。

实践育人成效显现。搭建大学生实践教育基地、大学生科技文化节、科学商店等创新活动平台，共获批上海市级大学生创新项目100项，进入国家大学生创新训练计划项目37项，共计获得经费130万元；累计获得第十三届“挑战杯”等国家级竞赛奖46项、省市级竞赛奖62项；荣获上海科技节先进集体、上海市大学生暑期社会实践活动优秀组织奖、上海高校学生社团工作先进单位；建成临港科技创业苗圃（电机园），积极培育学生创业项目。

师资队伍持续优化。出台《上海电机学院东海学者聘任与管理办法》，初步形成以“东海学者”“临港学者”和“洋山学者”三个层面特聘教授组成的校内高端人才聘任体系。共拥有硕士研究生导师77人，其中企业导师39人。推进教师专业发展国内访学、国外访学、产学研践习等“三大工程”建设。

国际化进程不断加快。先后与美国等8所大学签署互认合作项目，与9所国（境）外学校开展教学交流合作。聘请8名海外名师，招收海外留学生，外国留学生在校总人数达到289人（其中学历生112人）。选派213名学生赴境外9所合作大学学习。

社会服务能力不断扩大。开展校企、校地、校校合作，与十多家企业、社区等签订合作办学协议，学校正式挂牌成为厦门大学教育研究院研究生实习基地。进一步完善学历教育和非学历教育体系，成教规模保持增长态势。举办国家级专业技术人员高级研修班，获批上海市第一批专业技术人员继续教育基地。依托上海电气李斌技师学院，持续开展上海电气“3＋3＋3”技术工人培训等上海电气培训项目，承办上海电气“李斌杯”技能大赛，李斌技师学院被上海市人力资源和社会保障局授予“第七届上海市技能人才培育突出贡献奖”。

（陈　萦）

［举办制造产业发展峰会］ 8月8日，由学校上海高校知识服务平台——大型铸锻件制造技术产学研合作中心组织的“第一届大锻件制造产业发展峰会”成

功举行，会议围绕中国大锻件制造产业的焦点问题、市场前景、发展战略等深入交换意见，并达成多项共识。

（陈　萦）

［划归市教委管理］　8月22日，根据上海市人民政府《关于同意将上海电机学院等7所学校划转市教委管理的批复》（沪府［2013］81号文），学校的隶属关系由上海电气（集团）总公司划转至市教委，由市教委负责管理。

（陈　萦）

［主办“大学生态与人才培养国际论坛”］　10月5日，学院主办“大学生态与人才培养国际论坛”，来自10个国家和地区的60余所高校的校长和专家，共同探讨大学生态与人才培养的关系、教育生态学视角中的大学发展以及中国教育生态中的人才培养等问题，呼吁社会营造良好的大学生态环境，为提高大学人才培养质量而努力。

（陈　萦）

［举行60周年校庆系列活动］　10月6日，学院举行60周年校庆活动，中共中央政治局原常委、国务院原副总理李岚清为校庆题词；市委副书记李希发来贺信。市人大原主任、67届校友刘云耕，四川省人大原副主任、四川大学原校长、55届校友卢铁城，市政协原副主席、63届校友宋仪侨等参加庆典。来自教育部、市教委、上海电气（集团）总公司海内外110多所高校、150多家行业协会及合作企业的嘉宾、8000多名海内外校友及师生代表参加庆典大会。

（陈　萦）

学院举行60周年校庆系列活动

［临港校区二期工程动工］　10月6日，举行临港校区二期工程开工典礼。建设内容主要包括行政大楼、二级学院大楼、第二学生食堂、高层学生公寓、部分多层学生公寓、体育馆、田径运动场等及市政配套景观绿化工程等，建筑面积11万平方米，总投资匡算69524万元。

（陈　萦）

［获上海产学研合作优秀项目奖］　12月18日，在“2013年上海产学研合作优秀项目奖”颁奖大会上，学校与上海重型机器厂有限公司、上海交通大学联合攻关“核电核岛主设备大锻件关键技术研究及产品研制”产学研合作项目获大会唯一的“大企业优秀项目奖”。

（陈　萦）

［翁铁慧到校调研］　12月19日，副市长翁铁慧一行到校调研并指导工作。翁铁慧要求学校立足未来布局谋篇，坚持走应用型的发展之路，在特色办学上争创一流。

（陈　萦）

附：学院负责人及校址

（2013年1—12月）

院党委书记：郝建平（12月离任）、曹锡康（12月到任）
副书记：宦秀芳

院　长：夏建国
副院长：黄兴华、徐余法、焦　斌、杨若凡

临港新城校区地址：橄榄路1350号
邮编：201306
电话：38223822

闵行校区地址：江川路690号
邮编：200240
电话：64300980

上海金融学院

[**2013年概况**] 录取新生2540人，其中本科2082名，专科338名，“专升本”120名。继续与上海财经大学开展研究生联合培养，招收卓越金融硕士27名。毕业生2000余人，就业率达97.58%。截至12月底，全校教职工总数717人，其中专任教师458人。

学科专业建设。组织开展“085工程”项目申报与项目建设。完成内涵建设“十大工程”总计16个项目中期绩效检查和2013—2020年学科重点建设规划。列入市教委一流学科B类培育计划“应用经济学”和市教委第五期重点学科“金融学”接受检查评估。启动第二轮(2013—2015)校级重点学科建设计划及培育学科建设计划，推进5个校级重点学科和4个培育学科的建设。制定《本科专业评估工作五年规划》及《实施方案》。完成本科新专业申报和法学专业学士学位授权评审工作。完成校内预警专业达标评估和优势专业选优评估。

教学工作。开展人才培养方案修订工作，加强博雅教育，突出应用型和国际化特色，减少学时学分。继续推进CO-OP合作教育模式，合作领域进一步拓宽，与台湾统一超商集团合作开办“统一超商管培生实验班”，与“国际公认反洗钱师”协会合作开办“合规与反洗钱实验班”。大类招生改革试点工作顺利启动。创新创业教育持续推进，获国家级大学生创新创业训练计划项目18项、上海市大学生创新活动计划项目71项。教学质量工程建设成效显著，获选教育部“2013年度来华留学英语授课品牌课程”1门，上海市级精品课程2门，上海市“体育和健康教育”精品课程1门，市教委重点课程7门。确立校级重点课程23门，增加新开课程15门，编撰特色教材19部。确立校级教育教学改革课题20项。获得上海市高等教育学会课题立项5项。成人教育专业增至18个，在校生人数达3104人。

科研工作。探索协同创新改革，与杨浦区合作建立上海科技金融研究院，与国购、海关、中国银行等单位合作建立国购(自贸区金融)研究院。出台《二级院系科研机构管理实施细则》、《科研项目奖励补充意见》，修订完善《科研成果奖励办法》。获得全国社科规划项目4项、国家自然基金项目3项、教育部项目1项、商务部委托项目1项、上海市社科规划项目3项、上海市自然基金项目1项、上海市政府决策咨询项目5项、上海市软科学项目1项、上海市教育规划项目1项，承担横向科研项目32项，成功申报“贺瑛工作室”，获中国高教学会第八次优秀高等教育科研成果奖2项。

国际交流合作。与17所境外高校签署项目合作协议。成功举办“2013全球金融案例大赛”。与非洲一流高校内罗毕大学开办“中非国际金融2+2合作项目”。全年交流交换和游学项目学生数164人，同比增加42.6%。出国读研学生数192人。在校留学生数594人，分别来自36个国家和地区。新建2个留学生实习基地。

学生工作。学生事务中心正式运行，探索“金院新天地”服务模式，开通“金院零距离”微信公众平台，打造“一站式服务”，优化学生管理和服务工作。继续推进职业素养教育探索，启动“金院100”等核心项目。加强网络思政教育，获上海市“易班”建设十佳网络班级称号。开展思政德育研究，获教育部人文社会科学研究专项课题1项，获市教卫工作党委系统思研会课题立项3项，获市教委德育实践课题3项。加强思政队伍建设，实施“骨干辅导员成长计划”，获得上海市高校辅导员团队拓展活动一等奖和最佳风尚奖。

师资队伍建设。引进各类人员65名，全校教职工达717人。开展评奖评优和人才项目推荐工作，8名教师获高校教师国外访学计划，3名教师获高校教师国内访学计划，11名教师获高校教师产学研践习计划，15名教师入选上海高校青年教师培养资助计划。学校教师教学发展中心正式挂牌。

管理体制改革。开展两级管理体制改革、绩效工资改革、青年教师队伍建设等重大问题调研工作。进一步梳理教务处、质量监管处等机构职能，调整资产经营公司管理等职责归属，完善学生生活园区管理体制。继续加大下放与学校赋予二级学院相应事权相匹配的财权。

校园建设和服务保障。完成对民雪路学生公寓

14个门栋整修工作。开展新苑三号学生公寓建设项目招投标、设计、可行性研究报告编制等各项准备工作。启用学校新域名，完成校园无线网覆盖一期工程。图书馆中外文图书新增2.7万册，馆藏图书总量达91.79万册，电子图书达3.3万种，订购数据库16个。继续完善档案馆舍功能和硬件条件，档案信息化工作起步。完善教工活动中心设施配置。

精神文明和文化建设。加强文明单位常态化建设，获“2011—2012年度（第十六届）上海市文明单位”称号。成功举办“翰墨香·中国梦——上海教育系统师生书法联展”等多项主题教育实践活动。《金惠百村——金融文化进社区》获教育部第七届（2013年）高校校园文化建设优秀成果三等奖。《金融知识进乡镇》获上海市“三下乡”优秀项目奖。

党建工作。深入学习贯彻十八大会议精神，扎实开展群众路线教育实践活动。推进基层党支部公推直选制度，完成62个基层党支部的换届选举工作，开展基层党组织负责人培训。校党委与曹路镇党委签署区域党建合作协议，13个基层党组织与曹路镇区域党支部开展二级签约。新发展党员380名，全校党员总数1791名。加强党建研究，资助8个基层党组织开展基层党建特色项目创建活动。

（高希杰）

［产学研践习基地课题签约］ 3月6日，上海高校教师产学研践习基地课题签约仪式暨运行机制研讨会举行。会议发布上海现代服务业产业研究成果，并就基地运行机制与年度新课题展开讨论，基地将秉承例会制、双导师制、项目制、招标制、带教制等“五制”运行机制，紧密结合上海国际金融中心建设的热点、重点、难点问题，以互动、联动和流动为抓手，开展课题研究、社会活动和人才培养等领域合作，大力推动科研成果向实际应用转化。市教委副主任袁雯、工商银行上海市分行行长沈立强等领导嘉宾出席会议。

（高希杰）

［新增金融数学本科专业］ 学校申请设置的“金融数学”专业被列入《2012年度经教育部备案的普通高等学校本科专业名单》，成为上海市唯一入选的高校。金融数学专业是20世纪80年代中期在西方发达国家金融领域中涌现出的尖端学科，它将复杂的数学技术、计算机技术、信息技术及系统工程等全面导入金融领域，使金融乃至整个经济领域出现更广阔的外延与内涵。

（高希杰）

［校友会首次理事会召开］ 5月25日，学校召开校友会第一次理事大会，会议审议并通过《上海金融学院校友会章程》。中国人民银行上海分行原行长、上海金融学院校友会名誉会长龚浩成等嘉宾出席会议。

（高希杰）

［承办金融数学学术研讨会］ 6月1—2日，与北京大学联合承办第六届全国金融数学与金融工程学科建设与学术研讨会举行。会议主要就金融数学和金融工程学术研究最新进展，以及金融数学和金融工程学科建设等问题作深入研讨交流，来自全国130多个高校、科研单位和金融企业360余名专家、学者和金融企业高管参会。

（高希杰）

［获第十九届全国大学生击剑赛多枚奖牌］ 11月8日，第十九届全国大学生击剑锦标赛闭幕，期间共有来自14个省、市、自治区的28支高校代表队（包括港澳地区5所高校）551名运动员、领队和教练员参赛。学校获得20枚奖牌，其中金牌8枚，银牌5枚，铜牌7枚。

（高希杰）

［成立国购（自贸区金融）研究院］ 11月25日，上海金融学院国购（自贸区金融）研究院成立。研究院将围绕国家宏观经济发展和中国（上海）自由贸易试验区建设，推进上海“创新驱动、转型发展”的实施，服务长三角地区社会经济发展，组织应用研究、决策咨询和教育培训，为加快政府职能转变、探索管理模式创新、扩大开放和深化改革探索新思路和新途径。

（高希杰）

［承办市高校校长杯乒乓球赛］ 11月30日，上海市高校“校长杯”乒乓球赛举行。大赛由市教委主办，中国银行上海市分行与市大学生体育协会协办，上海金融学院与市大学生体育协会承办，共有24所高校160余名运动员和教练员参赛。上海体育学院获“校长杯”乒乓球比赛冠军。

（高希杰）

[翁铁慧到校调研指导] 12月24日，副市长翁铁慧来校就学校人才培养、校园规划、创新能力提升等工作进行调研指导。翁铁慧充分肯定学校关于应用型人才培养的课程体系改革和学校建设上海科技金融研究院、自贸区金融研究院的构想，要求学校把课程改革落到实处，真正实现应用型金融人才培养与国际接轨，抓紧开展自贸区金融研究，在服务政府决策和服务行业发展方面加快拿出成果。

（高希杰）

附：学院负责人及地址

（2013年1—12月）

院党委书记：郑沈芳
副　书　记：鲁海波

院　长：王洪卫
副院长：吴大器、贺　瑛、陈小冰

地址：上川路995号
邮编：201209
电话：50218899（总机）

上海政法学院

［**2013 年概况**］ 学校深入开展党的群众路线教育实践活动，按照建设有特色、高水平文科大学的目标要求，围绕“转型发展年”工作重点，继续推进内涵建设，在教学工作、学术科研、队伍建设、学生工作、国际化办学、后勤保障、党建工作等方面取得进步。

全校共有法学、管理学、经济学、文学、教育学等5个学科门类，31个本科专业及方向和7个高职专业。有教职工600余人，专任教师450余人。其中具有高级职称的教师占教师总数的43%。具有博士、硕士学位的超过教师总数的87%。全日制在校硕士研究生、本科和高职学生规模10000多名。

一、部市合作项目建设实现重大突破。按照市政府和外交部领导要求，做好“中国—上海合作组织国际司法交流合作培训基地”项目启动工作，已由市发改委向国家发改委报送培训基地项目建议书。该基地是建国以来上海首个地方高校直接服务国家整体外交战略的案例。已招收主要来自上海合作组织成员国的19名留学生。大力加强留学生工作和国际交流合作，先后获批成为外国留学生招收培养单位、中国政府奖学金来华留学接收单位、港澳台学生招生培养单位。启动首届留学生招生培养工作，有来自哈萨克斯坦、加纳、厄瓜多尔等9个国家17名优秀学生被录取为首届外国留学生。海外学习实习规模继续扩大，11个学生海外学习实习项目获批，选送120名优秀学生赴海外学习、实习，资助金额193万元。

二、教育教学工作再上新台阶。率先在全市高校开展本科专业自主评估，评出优秀专业7个，合格专业8个。增设知识产权、应用心理学、审计学等3个本科专业，申报禁毒学、广播电视学、经济与金融和计算机科学与技术4个本科新专业。启动卓越法律人才培养试点班、涉外卓越法律人才培养试点班招生培养工作。实施通识教育改革，全面修订2013级本科专业人才培养方案。加大课程建设力度，3门课程获市级精品课程，7门课程获市教委重点课程，2门课程获市级示范性全英语教学课程，“校级本科课程质量认证制度的研究与实践”项目获上海高校本科重点教改项目立项。法学教育实践基地获批国家级“本科教学工程”大学生校外实践教育基地。法学专业在安徽、江西、贵州、云南等省市首次被批准列入一本批次招生，实现一本招生“零的突破”。建立大学生创新创业园区，共立项创新创业项目70个，其中国家级20项，市级50项。首次使用大学生论文抄袭检测系统，论文质量较往年有较大提高。应届本科毕业生大学英语四级通过率达98.6%、六级通过率54%。截至8月28日，本科毕业生就业率97.39%，高职毕业生就业率97.80%。完成100名研究生招生计划。

三、学科科研工作取得新突破。共获得国家社科基金项目10项，其中一般项目6项，在全市30多所本科院校中位居前十，在二本院校中位居第一。共组织申报各级各类科研项目、奖项等24个类别407项。获各类省部级课题14项，其他各类课题81项。对99项各类项目进行中期检查或结项验收。有在建重点学科32个，投入建设经费约1135万元。顺利通过上海市一流学科2013年建设计划答辩及2013年审计。3个市教委重点学科经过五年建设取得成果，顺利通过结项验收。

四、“十二五”内涵建设全面推进。建立内涵建设“2＋4＋1”校院两级管理体制，编制《上海政法学院“十二五”内涵建设项目管理手册》，加强项目绩效管理。实行四级项目库制度和网上申报制度，完成总第五期和第六期项目库网上申报、评审工作。四个平台立项53个四级项目，资金1780万元，成为少数几个建设并顺利使用四级项目库完成内涵建设项目申报高校之一。7—8月，学校在市教委“十大工程”专项资金支持项目中期绩效评价中获得专家良好评价，并获得市教委增加央财经费额度388万元。

五、师资队伍建设进一步加强。实施人才引进计划，引进东方学者1名。鼓励教师参加在职攻读博士学位和进修访学，选派9名教师攻读博士或博士后，13名骨干教师入选上海市教师专业发展工程（国内访学、国外访学、产学研践习），组织29人到美国短期访学交流。开展160人次各种职业培训，其中，90名教师参加英语培训，30名教师参加多媒体课件制作培训。开展事业单位绩效工资改革清算工作，建立起以岗位管理为基础，以岗位任务考核为手段的分配激励机制。

六、育人工作取得明显成效。选送7名辅导员参加市高校辅导员专题培训班，充分发挥辅导员协会作用，提升辅导员工作能力。共开展各类主题思想政治教育活动35场次。实施寒假社会实践项目96个，校级重点暑期社会实践项目41个，院级重点项目66个，分赴全国16个省市开展实践活动。新增青年志愿服务基地20个，签订9个校外社会实践基地。举办首届校园文化艺术节，开展各类活动21项。继续推行“成长关爱计划”，共辅导200名学习困难学生。推进慈善工作，发放各类奖助学金800.8万元，奖助4123人次。安排430名学生参加勤工助学活动，发放金额91.16万元。为222名家庭经济困难学生发放“爱心大礼包”。帮助134名家庭经济困难的学生办理国家助学贷款，为75名特困学生购买大学生“学程无忧”保险。

七、和谐校园建设扎实推进。完成扩建工程四期项目第一标段建设任务，建筑面积18577平方米，完成新校区约30000平方米户外绿化工程。扩建工程(四期)项目第二标段建设，包括室内体育馆、上政大剧院和综合训练馆，建筑面积共13616平方米，已完成主体结构封顶。完成所有学生公寓电控系统改造，安装2000台空调，进一步规范食堂经营秩序。继续丰富馆藏图书，购置中文图书2.5万种，共5.5万余(套)册。切实推进学校信息化建设，成立信息化建设办公室，制订《上海政法学院信息化建设三年行动计划》和《2013—2015年上海政法学院数字化校园建设方案》，10月启动实施OA系统。加强校园公共安全防范平台、学校外来人口管理平台、校园重点部位安全防范平台三大平台建设，利用人防、物防和技防构筑全方位立体化安全防控网，构建平安校园。加强招投标管理，完善财务制度，严格审计监督，保障资金使用安全和使用效益。

八、党建工作科学化水平不断提高。共设置在职教工党支部65个，其中机关教工党支部22个，二级学院教工党支部43个，学生党支部75个，基本实现“支部建在教研室”和“支部建在职能部门”的目标。全年党建工作创新项目共申报38项，其中教工党组织申报17项，学生党组织申报21项。经过答辩评审，教工党建工作创新项目立项9项，学生党建工作创新项目立项10项。获得市教卫工作党委系统党建研究课题3项、优秀成果奖2项，获市司法局优秀党建成果一等奖1项，二、三等奖各2项。学校荣获第十六届“上海市文明单位”称号，实现“六连冠”。

(荣道福、方乐莺)

[外交部领导到校调研] 10月27—28日，外交部副部长程国平来校调研考察，听取学校关于培训基地建设的工作汇报，认为上海政法学院师资力量雄厚，硬件设施齐全，软件建设独具优势，学科建设有针对性，具备承担基地建设任务的条件。

(荣道福、方乐莺)

[匈牙利客人到校访问] 3月18日，匈牙利国家议会副议长率匈牙利塞格德大学法学院副院长、孔子学院院长等一行6人到校访问交流。匈牙利客人赞成并支持两校在科学研究、人才培养、师生交流、合作办学等方面继续深入合作，希望双方未来在各方面能更好、更全面地拓展合作。

(方乐莺)

[翁铁慧到校调研] 4月22日，副市长翁铁慧到校调研。市政府副秘书长宗明、市教委主任苏明、市教委副主任李瑞阳及市政府办公厅、市教委有关人员出席调研。校党政领导参加调研和座谈。

(方乐莺)

[庆祝第二十九届教师节] 9月17日，学院举行第二十九届教师节庆祝大会暨“第十六届上海市文明单位”揭牌仪式。市司法局领导、学校党政领导班子，以及各二级学院和学校中层干部、教师代表、学生代表等共400余人参加大会。

(方乐莺)

[举行首届留学生班开学典礼] 9月24日，举行首届留学生班开学典礼。共招收来自哈萨克斯坦、加纳、厄瓜多尔等9个国家的17名外籍学生。

(方乐莺)

[女子板球队全国锦标赛夺冠] 10月2日，全国板球锦标赛举行，赛事由国家体育总局小球运动管理中心、中国板球协会主办，清华大学承办，是板球比赛年度最高水平赛事。学校女子板球队夺得全国总冠军，男子板球队获季军。

(方乐莺)

举行首届留学生班开学典礼

[获第十三届挑战杯二等奖] 10月13—17日，在第十三届“挑战杯”全国大学生课外学术科技作品竞赛决赛中，刑事司法学院武玉红教授指导、学生潘自强等完成的作品《关于社区矫正禁止令运作、效果的实证研究——基于上海各区县的调查分析》获全国决赛二等奖。

（方乐莺）

[论文转载综合指数排名入围高校百强] 在中国人民大学人文社会科学学术成果评价研究中心与中国人民大学书报资料中心联合发布的“2012年度《复印报刊资料》转载学术论文指数排名”中，在高等院校总排名之中，上海政法学院学术论文转载量以及综合指数排名均入围全国高校百强。其中，综合指数排名第69，转载量排名第93。

（方乐莺）

附：学院负责人及地址

（2013年1—12月）

院党委书记：杨俊一
副　书　记：谢根华（5月离任）、霍　光（9月兼任）

院　长：金国华
副院长：谢根华（6月离任）、闫　立、曹文建、关保英、胡继灵（10月到任）

地址：外青松公路7989号
邮编：201701
电话：39225000（总机）

上海第二工业大学

［**2013年概况**］ 通过办学实践在体制机制建设、人才培养质量、学科专业水平、知识服务能力等方面取得新进展。学校获"2011—2012年度(第十六届)上海市文明单位"、"上海市征兵工作先进单位"、"2013年造血干细胞捐献工作特别支持奖",成为首批中国应用技术大学联盟成员。

普通本专科在校生12055人(其中本科生8997人、专科生3058人),硕士研究生61人,留学生46人(其中学历生32人),成人本科生2186人、专科生1920人;普通本科毕业生2178人,专科毕业生1025人,本专科毕业生一次就业率91.52%。共有教职工1025人,其中专任教师641人。具有正高职称的51人,具有副高职称的282人。具有博士学位173人,研究生学历或硕士学位445人。

一、坚持定位、科学管理。开展系列调研活动,听取校内外人事意见和建议,全面了解和分析学校的发展历史和现状,进一步明确"职业导向的高等教育"定位;提出符合社会经济发展需求、符合二工大办学定位的个性化培养目标,即培养更多以"职业技能＋职业信用＋职业特色"为主要特征的应用型人才;确立以学生、老师为中心,部门服务学院,学院服务学生和老师的管理模式。

确立学校发展以学科建设为中心理念,努力形成工科见长,经管文理艺多学科协调发展的建设格局。开展规章制度、工作流程和组织机构三项梳理工作。全年共梳理规章制度394项,共梳理工作流程80余项。成立"上海第二工业大学预算管理委员会"、"上海第二工业大学教学质量管理办公室"等机构。

二、学科建设、科学研究、知识服务工作。"软件工程"等4个学科为校级(第四期)重点学科建设,"计算机应用技术"等16个学科为校级重点(培育)学科建设。三个市教委(第五期)重点学科和一个上海市一流(培育)学科顺利通过验收;全年共获得12项国家自然科学基金项目。首次被认定为专利试点单位;在工业自动化、机电工程、信息技术、环境工程和新材料等方面取得了一批重要成果。科研成果项目获工博会高校展区二等奖1项,三等奖1项。学校三个知识服务团队三年试点建设项目通过验收;学校石墨烯生产技术,成功向企业实施技术转移,并实现产业化。其中"石墨烯规模化生产及其高导热应用产品开发"荣获2013年中国产学研合作创新成果奖。

三、课程建设、教师团队、教学奖评选和学生获奖。7月,通过市教委对学校十大工程项目检查和验收;积极参加教育部应用技术大学战略研究活动第三组各项活动,探索应用技术大学办学模式;深化"卓越工程师班"、CDIO工程教育试点、FH等教改和人才培养模式创新项目,持续扩大学生覆盖面;"影视编辑与合成"1门本科课程、"接触镜验配技术"、"国际金融管理"等2门高职课程获上海市精品课程称号。

数控技术(数控与切削机械师)专业教学团队、会展策划与管理(中澳合作)专业教学团队、应用电子技术专业教学团队、金融保险专业团队获上海高校市级教学团队;招生与学籍管理、学校体育、语言文字规范化工作、成人教育等工作取得新进展;完成各项实验室建设工作,24个优质项目申报国家级计划项目。学生全年在各级各类科技和学科竞赛中共获得国家及省部级奖项140个,组织承办上海高职院校机械类专业第三届数控技能竞赛决赛。

四、研究生教育工作。单独设立研究生部,配置专门人员。拟定《上海第二工业大学全日制专业学位研究生学籍管理条例(试行)》等多个管理文件,研究生教育制度建设得到进一步加强;共录取新生30名,分赴各地进行专业实践;新增9位校内研究生导师、11位企业导师;承办多次专题学术讲座。

五、岗位聘任和师资队伍建设。实施完成新一轮聘任,启动岗位定级工作,调整部分机构设置与岗位设置,梳理各类人员情况。全年共引进与录用新教师57人,其中博士20人,硕士26人;落实各项推进教师专业水平与能力提升的措施,全年15人获市教委资助赴国外访学,4人获市教委资助国内访学,16人获市教委资助产学研践习计划,12人获市教委实验技术队伍建设计划资助,四大师资培训项目资助经费超过300万元；高层次人才为17人次，增加7人次，较上次统计增幅达70%。

六、对外交流与合作。开展多层次、宽领域教育交流与合作，与约40家海外高校和机构建立良好合作关系，与海外高校、企业等新缔结协议9个。校企合作日趋稳定，全年校院两级新缔结校企合作协议共305项；知名校友李斌受聘担任技师学院院长，技师学院培训项目和覆盖学生稳步增长。“上海市高校学生海外学习实习项目”得到进一步拓展，合计开展实施学生海外学习、实习项目18项，赴国（境）外参加学习、实习、参加会议和竞赛等各项活动学生共计176人；完成全年上海市教委“海外名师项目”的实施工作和2014年度“海外名师项目”申报工作；稳步扩大留学生规模，实现招生52人，生源国增至13个，留学生教育和管理工作逐步走向正规。

七、学生工作新机制。以“中国梦”为主题，践行社会主义核心价值体系，全力推进“三全”育人工作，提升思政工作影响力；按照人才培养与学风建设基本规律，强化学风工作与校园文化建设、制度建设、教学科研、创新实践、班风建设相结合，完善建立学风建设工作体系；完成学工系统二期建设，为做好新形势下学生工作提供技术保障；开展“辅导员职业发展助推计划”，不断提高辅导员工作能力和专业化水准；以“三全育人、三区联动、三优循环”为工作理念，全面打造适应未来岗位需求毕业生综合竞争力，形成全校关注、全员参与、全方位服务的良好局面，建立就业保障机制和激励措施，实现学校毕业生的充分就业和良性就业；积极推进心理健康教育10项制度建设，完善5级危机干预机制；坚持资助、育人相结合，积极探索“资助1个学生，规划1个人生；解困1个家庭，成就1个梦想”的职业发展模式，公平、公正、公开地做好各项奖学金评定和困难资助工作。

八、财务、资产管理保障。成立“上海第二工业大学预算管理委员会”，加强对学校预算工作管理，保证各项预算执行进度与效度。协助市审计局、市教委审计部门完成对三位校领导和相关专项审计工作。工程训练中心项目可行性研究报告通过专家评审；静安校区改造方案正式确定，已进入施工招投标；完成政府专项资金采购计划项目，项目启动率100%，资金使用率97.8%；新增纸本文献资源6万3千余册，上架整理图书近36万册，完成多项信息化建设项目。重视食堂卫生安全，全年组织3次食堂卫生抽查，2次后勤服务质量和效果抽样调查，平均满意率85%。

九、和谐校园建设。增加检查项目和体检经费，全年900名教职工参加健康体检，938名师生献血，人文与国际交流学院学生吴伟东捐献造血干细胞；完成征兵工作任务，向部队输送79位大学生士兵。

（宋偲蕾）

［翁铁慧到校调研］ 12月24日，副市长翁铁慧到校调研指导工作。翁铁慧参观学校机电工程学院数字化工程制造中心、应用艺术设计学院作品陈列室，听取校领导关于学校办学定位、发展思路和建设举措等方面工作汇报，并主持召开由学校、金融学院、杉达学院三所高校主要负责人参加的调研座谈会，就三所高校未来发展提出要求。

（宋偲蕾）

［中德会展发展中心揭牌］ 11月13日，学校中德会展发展中心揭牌仪式举行。由德国黑森州经济、交通及地区发展部部长率领的代表团一行17人，德国驻上海总领事馆副总领事，以及上海市会展行业协会、上海海外联谊会领导等出席揭牌仪式。

（宋偲蕾）

［在中国国际工业博览会获奖］ 11月5—9日，在第十五届中国国际工业博览会上，学校围绕“制造：数字和绿色”参展主题展出8个作品。由城市建设与环境工程学院教授周明远研制项目“热压干化固液分离技术与装备”和于伟博士研制项目“高性能石墨烯应用产品”分别获中国国际工业博览会中国高校展区优秀展品二等奖、三等奖，学校科研处获中国国际工业博览会高校展区优秀组织奖，校科研处曹佩清荣获中国国际工业博览会高校展区先进个人奖。

（宋偲蕾）

［举行首届研究生代表大会］ 11月6日，学校第一届研究生代表大会暨研究生会成立大会举行，会议选举产生7位研究生会主席团成员，表决通过学校《研究生会章程》，宣布学校首届研究生会正式成立。

（宋偲蕾）

［造血干细胞志愿服务活动十周年］ 10月16日，二工大造血干细胞志愿服务活动10周年庆系列活动启动。截至12月底，已有3637名师生加入中国造血干细胞捐献者资料库，10例成功配型并捐

献。5月2日，学生吴伟东成为学校第10例造血干细胞捐献者，也是上海大学生第63例、全市第271例造血干细胞捐献者。系列活动包括造血干细胞捐献的宣传和医学常识讲解，开设"生命相'髓'"志愿者论坛等。

(宋偲蕾)

[主办第四届国际微纳技术会议] 10月8—12日，第四届国际微纳技术会议在上海国际会议中心召开。此次国际学术盛会由学校主办，日本东北大学和清华大学协办。共有来自10多个国家和地区的200余名专家学者参加，其中海外代表近80名。

(宋偲蕾)

[举行电子废弃物资源化学术论坛] 9月29日，由上海市学位委员会主办，学校的研究生部、城市建设与环境工程学院、上海电子废弃物资源化产学研合作开发中心联合承办的2013年上海市研究生学术论坛举行。论坛以"电子废弃物资源化"为主题，开展学术讲座和学术研讨，交流科研成果。

(宋偲蕾)

[获特聘教授(东方学者)称号] 9月6日，学校城市建设与环境工程学院王金敏博士获得2013年度上海高校特聘教授(东方学者)称号。王金敏在电致变色材料与器件、纳米材料合成与性能研究领域取得重要成果，还获2013年"上海市浦江人才计划"资助。

(宋偲蕾)

[举行企业信用管委会成立大会] 8月8日，上海企业信用管理专业委员会成立大会暨首届信用管理高峰论坛举行。成立大会暨高峰论坛由学校和上海信用服务行业协会、宝山钢铁股份有限公司、第一财经日报主办。

(宋偲蕾)

[新增两项本科重点教改项目] 6月28日，市教委下发《上海市教育委员会关于公布2013年上海高校本科重点教学改革项目立项名单的通知》(沪教委高〔2013〕41号)。学校谢华清教授主持的"基于学生参与科研导入毕设课题的改革与实践"，及滕琴副教授主持的"基于工程教育培养模式的数理课程教学研究与实践"两个项目获立项。

(宋偲蕾)

[承担《电子工业污染物排放标准》编制工作] 6月25日，国家环境保护标准《电子工业污染物排放标准》(合并)在学校的上海电子废弃物资源化产学研合作开发中心召开开题报告讨论会。根据国家环保部《关于开展2013年度国家环境保护标准项目实施工作的通知》(环办函〔2013〕154号)安排，该标准由中国电子工程设计院、上海第二工业大学、上海市环境科学研究院、深圳市环境保护监测中心站、信息产业电子第十一设计研究院科技工程股份有限公司、中国印制电路行业协会、中国半导体行业协会(上海)共同承担编制工作。

(宋偲蕾)

[在世界大学生龙舟锦标赛获冠军] 6月12日，学校龙舟队获得第四届世界大学生龙舟锦标赛男子组500米直道竞速冠军；6月13日，获得男子组2000米环绕赛亚军。该赛事是由国际大学生龙舟联合会、中国大学生体育协会主办，中国大学生体育协会赛艇与龙舟分会、山西太原市体育总会承办。

(宋偲蕾)

[获首批本科专业综合改革试点] 6月3日，教育部下发《关于公布"本科教学工程"地方高校第一批本科专业综合改革试点的通知》(教高司函〔2013〕56号)，批准550个专业点为本科专业综合改革试点。学校机械电子工程专业位列其中。

(宋偲蕾)

[李斌受聘任技师学院院长] 5月21日，举行聘任李斌为学校技师学院院长颁证仪式。全国著名劳模、全国优秀共产党员李斌受聘任学校技师学院院长，是学校践行"职业导向的高等教育"的表现。

(宋偲蕾)

[石墨烯低成本项目通过鉴定] 3月16日，"石墨烯低成本规模化生产关键技术及产品"项目成果鉴定会召开。鉴定委员会认为，该项目研发的石墨烯规模化生产技术和产品处于国际先进水平，同意"石墨烯低成本规模化生产关键技术及产品"项目通过鉴定。该项目是学校与江苏悦达墨特瑞新材料科技有限公司合作完成。双方共建石墨烯规模化生

产线是由我国自主研发，并首次建成可实现石墨烯吨级供应的生产线。

（宋偲蕾）

［就业创新基地训练工厂启动］ 1月16日，学校“上海市高校就业创新基地——就业训练工厂”启动仪式举行。校领导、德国巴伐利亚州经济教育集团中国上海分公司总经理、上海临港人才有限公司领导等出席仪式并为“就业训练工厂实训室”揭牌。

（宋偲蕾）

附：学校负责人及地址

（2013年1—12月）

校党委书记：阮显忠（12月离任）、宋宝儒（12月到任）
副　书　记：胡　晟、李世平（7月离任）

校　长：胡寿根（1月离任）、俞　涛（2月到任）
副校长：莫惠林、王　刚、瞿志豪、邹龙飞

地址：金海路2360号
邮编：201209
电话：50215021（总机）

上 海 商 学 院

［**2013 年概况**］ 全校教职工 450 人，学生 10414 人，其中：本科生 7066 人，专科生 3348 人。按照部署，学校平稳有序完成两校分离办学和隶属关系调整工作，围绕迎接教育部本科教学工作合格评估，梳理本科教学工作成果，并以党的群众路线教育实践活动为契机，深化教学改革，推进专项工程建设，接受市政府上海地方高校十大工程支持项目中期绩效评价，进一步丰富人才引进和培育举措，加强学生自主管理平台建设，提高教辅和后勤保障质量，各项工作取得较好成绩。

人才培养。学生自主管理逐步探索并形成“辅导员—班导师—社会导师”三位一体育人新机制，担任学长的学生数突破千人，2011 级和 2012 级学生覆盖率达到 100%；志愿者服务手机移动终端 APP 推出，开展“志愿服务进社区”活动，累计开展 8 大类 684 个项目，共 8280 余人参与，获得 5 个市级奖项；主题社会实践活动立项 154 个，覆盖 25 个省市，参与师生 1200 余人，获得 13 个市级荣誉称号；学生社团数量增至 91 个，学生覆盖率近 97%，4500 多名社员参与 600 余项社团活动，参加 30 多项校外比赛。学生奖励资助方面，增设校长奖学金（共奖励学生 5 名，奖励金额 3.5 万元）和闵能奖学金（共奖励学生 29 名，奖励金额 8.7 万元）。学生科创竞赛方面，获得省市级及以上竞赛项目奖项 126 项，同比增长18.87%。其中，选送 8 个项目参加第十三届“挑战杯”上海市大学生课外学术作品竞赛，2 项获上海市三等奖。在全国大学生数学建模竞赛中，2 支队伍获得全国二等奖（上海市一等奖）、3 支队伍获得上海市三等奖，学校获得上海市优秀组织奖。进一步加大对获奖学生和指导教师的奖励，奖励获奖学生 16.26 万元，奖励指导教师 4.24 万元，同比增长 15%。严格依法依规开展招生录取工作，在上海市本科招生中，最低投档分数线在全市 20 多所地方本科院校（含部分一本批次招生院校）里，文科排名第 9 位，理科排名第 8 位。在外省市本科招生中，高出外省市一本线人数约占外省市录取总人数三分之一。首次在上海市应届三校生高考中试点本科专业招生计划，5 个专业共招收 40 名优秀应届三校毕业生。截至 8 月 25 日，本专科毕业生总体就业率97.70%，总体签约率 90.43%，实现就业率和签约率历史同期新高。

教学改革。顺利通过市语委、市教委对学校语言文字工作达标评估。本科教学改革再结硕果：酒店管理专业获“本科教学工程”地方高校第一批本科专业综合改革试点；星木酒店管理咨询（上海）有限公司管理学实践教育基地获教育部地方所属高校“本科教学工程”大学生校外实践教育基地建设项目；“现代流通实验教学中心”获“十二五”地方和军队所属高等学校国家级实验教学示范中心；获上海市重点教改项目 1 项，获市级重点课程 6 门、市级精品课程 1 门、上海市示范性全英语教学课程 1 门。高职教育、成人教育及非学历教育工作有序开展。连锁经营管理教学团队获得上海市高职高专教学设计比武活动三等奖，获市级精品课程 1 门，市级教学团队两个，市级教学名师 1 人。学校获上海市西南片联合办学贡献奖。

师资队伍建设。共引进在编教师 35 人，其中，引进教授 2 人，副教授 5 人，海归博士 1 人，海外名师 2 人，德籍教授 1 人，实聘教授、副教授 11 人，聘请客座教授 23 人；探索建立教师岗前培训机制，组织 10 位新进教师参加市教委首次统一岗前培训；出台《“教师专业发展工程”实施意见》及操作流程；成功申报国外访学 3 人，国际课程师资国外研修 1 人，国内访学 4 人，产学研 7 人；12 位中青年教师成功入选“上海高校青年教师培养计划”，6 位教师参加上海市高等教育学会第五届青年学者论坛，5 位实验实训教师获得市教委高校实验技术队伍建设项目经费资助；继续推进青年干部挂职锻炼工作，安排 16 名青年干部校内外挂职。

专项工程建设。内涵建设方面，修订、完善学校“十二五”内涵建设规划。接受上海地方高校十大工程支持项目中期绩效评价，并获得上级领导和专家肯定。知识服务平台方面，依托上海商业发展研究院，深入推进上海商贸服务业知识服务平台建设，平台集聚辐射效应初步显现，在第二批“上海高校知识服务平台”筹建验收检查中，知识服务平台顺利通过筹建验收，进入正式建设阶段。

学科建设和科研工作。学科建设方面，与复旦大学等高校签订联合培养研究生相关协议，并在全校范围内遴选在职硕士生导师。开展市教委“商务传播学”第五期重点学科以及“工商管理”一流学科B类(培育)项目终期验收工作。委托市教育科学研究院高等教育研究所，开展学科建设规划及发展战略咨询研究。科学研究方面，获批教育部人文社科项目、教育部留学回国人员科研启动基金项目、上海市自然科学基金项目等市级以上纵向项目23项(含上海市高校青年教师培养资助计划12项)。继续开设“上商大讲堂”系列讲座。在SCI、EI、ISTP等国际检索刊物上发表学术论文89篇。围绕自贸区建设、商业发展现状与趋势等主题开展20余次研讨和学术交流活动。

对外交流。推进国际化合作，拓展留学生教育。加强与美国米勒斯维尔大学等院校的国际交流合作，推动与法国通路商学院联盟、台湾大叶大学和美国西弗吉尼亚大学等院校签署战略合作协议，丰富海外交流渠道。留学生学历生人数进一步增多，师生出访人数突破百人，海外名师实现零的突破。

(刘晋波)

[校教育发展基金会揭牌暨捐赠仪式举行] 1月15日，学校教育发展基金会揭牌暨捐赠仪式举行。闽能集团有限公司、上海华师京城高新科技有限公司分别向学校教育发展基金会捐赠100万元和50万元。基金会将根据办学需求设立专项基金，用于学校发展、教学科研、奖励优秀师生、资助贫困学生等，以推动学校教育事业的发展。

(于振杰)

[与江西财经大学战略合作签约] 4月24日，学校与江西财经大学战略合作签约仪式在江西财经大学举行。双方将本着密切协同、优势互补的理念，推进学科建设、师资培养、研究生培养及课题研究等工作，推动学术交流和科研资源共享，促进产学研合作机制联动发展。

(于振杰)

[召开两校分离办学工作会议] 6月21日，上海市经济党校、上海商学院两校分离办学工作会议召开，会议回顾两校共同走过的办学历程，充分肯定两校为系统干部培训工作做出的重要贡献，并对做好两校分离工作提出要求。

(于振杰)

[接受市语委语言文字工作评估] 11月22日，受上海市语委委托，上海市教育评估院组织7名专家对学校语言文字工作进行合格评估，对学校语言文字工作的管理体制、工作机制、运行情况以及校园语言文字应用状况进行全面检查。

(于振杰)

[首位“海外名师”受聘] 10月17日，学校“海外名师”聘任仪式举行，英国牛津大学阿兰·哈德森(Alan Hudson)教授正式被聘任学校“海外名师”。“海外名师”的聘任对增强学校教学、科研水平，开展高层次国际化交流与合作有着极大促进作用。

(于振杰)

附：学院负责人及地址

(2013年1—12月)

院党委书记：李明福(12月到任)

院　长：朱国宏
副院长：冯伟国、楼文高

徐汇校区地址：中山西路2271号
邮编：200235
电话：64870020(总机)

奉浦校区地址：奉浦大道123号
邮编：201400
电话：67102976(值班)

上海建桥学院

[2013年概况] 学校秋季招收新生3447人，其中本科生2703人，专科生744人，另录取专升本学生221人，全日制在校生规模已达13029人。应届毕业生就业率99.6%，签约率95.3%。全校教职工696人，专任教师430人，其中高级职称占39%，研究生学位占63%。

本科建设。开展“以学生为中心”教育思想大讨论活动，启用“素质拓展学分成绩管理系统”，共有8826人次取得20367学分。通过“立、改、废”梳理教学管理文件，发放教学整改通知单10份，立项教改项目25个，验收教改项目18个，入选上海市重点教改项目1个。9月底，接受教育部组织的本科教学合格评估。

学生工作。易班工作被市教卫工作党委评为优秀。发放各类奖励资助1281.38万元，609名贫困生申请助学贷款共365.4万元，以绿色通道、学费减免、勤工助学等方式资助贫困生逾200万元。发展学生党员474人。开展社区“五进”活动，设立党工站17个、党工组81个，有418名党员参与社区自管。学生社团103个，参加学生近4500人。组织机关学风建设服务队，全员育人落到实处，有107位机关干部与92个班级结对。成立上海建桥学院大学生交响乐团和民族乐团、上海建桥学院校园电视台。

科研工作。申报立项纵向项目46个、横向项目2个，到账经费205万元。首次在教育部人文社科规划项目领域获得立项，首次获国家自然科学基金项目申报资格。教师共发表论文239篇。

队伍建设。引进教师77人，派遣国内访问学者7人，国外访问学者3人，其他国外师资培训5人，产学研践习8人。学校连续第9年增资，年教职工工资平均提高12%。

国际交流。承办第五届海峡两岸民办(私立)高校校长论坛，并赴台湾地区参加第六届论坛。留学生工作有所突破，丹麦奥胡斯商学院24名学生来校与学校商学院22名学生共同组班学习一学期。数10名学生赴美国及我国台湾地区等地进修。12月，组织中层干部赴德考察德国高等职业教育。

(康　桥)

[建桥学院艺术馆建成] 2月26日，上海建桥学院艺术馆揭牌。这是上海首家高校艺术馆，收藏林曦明、单眉月、周志高等名家200余幅作品，还有少量学校师生精品。

(康　桥)

[启动临港新校区建设] 2月28日，学院整体迁建临港地区框架性协议正式签订。5月19日，学校与港城集团签署土地交接协议。10月，临港新校区“三通一平”基本完成。11月，新校区图书馆工程正式开工建设。

(康　桥)

[举办海峡两岸民办校长论坛] 4月18—19日，第五届海峡两岸民办(私立)高校校长论坛举行，海峡两岸60余所民办(私立)高校和教育研究机构共100余人出席活动。

(康　桥)

[获教育部规划基金项目立项] 5月21日，学校朱瑞庭教授申报的《我国零售业“走出去”的战略层面及支撑体系研究》获交叉学科/综合研究学科规划基金项目立项。这是学校首次获得规划基金项目立项。

(康　桥)

[“建桥希望·上海圆梦”夏令营举办] 7月22—27日，江西萍乡龙台希望学校18名学生与2名带队老师来沪，参加“建桥希望·上海圆梦”夏令营活动。学校安排丰富、精彩的文化交流活动，实现18名孩子第一次“看上海”梦想。自2004年起，学校每年暑假邀请建桥资助建设的希望学校学生来沪，已成为学校“兴教办学、奉献社会”的特色活动。

(康　桥)

举办学校第一届智力运动会

[举办学校第一届智力运动会] 12月7日，学校第一届智力运动会举行，设中国象棋、围棋、国际象棋、五子棋、国际跳棋和桥牌共6大项比赛。学校举办智力运动会不仅培养学生兴趣爱好，更有利于提高智商和情商。

（康　桥）

[获教育部校园文化建设三等奖] 12月11日，教育部公布第七届高校校园文化建设优秀成果评选获奖名单，学校“雷锋精神塑造校园文化品格——上海建桥学院雷锋主题德育项目”获三等奖。

（康　桥）

附：学院负责人及地址

（2013年1—12月）

董事长：周星增

院　长：江建明（10月离任）
副院长：张家钰（常务）、蒋威宜（兼）、郑祥展、朱瑞庭

院党委书记：蒋威宜
副　书　记：夏　雨

地址：康桥路1500号
邮编：201315
电话：58137788

上海视觉艺术学院

［**2013年概况**］ 学校有设计学院、新媒体艺术学院、时尚设计学院、美术学院、表演艺术学院、文化创意产业管理学院、基础教育学院7个专业学院和院务部、教务部、科研部、产业发展部4个管理部门，有实训管理中心、图文信息中心、国际艺术交流中心3个业务中心，共有教职工318人(不含兼职教师)，在校学生3874人。学校坚持“教育家治校、教授治学、学校自主、学生自理”的“四治(自)”办学理念和“艺术与技术相融合”的办学定位，以及“人无我有、人有我新、人新我特、人特我精”的十六字办学方针，在教育改革、教学管理、学科建设、师资队伍、人才培养、校企合作、基本建设、社会集资等各方面进行探索实践和改革创新，取得一些新的成绩。

转设为独立设置民办普通本科高等学校。4月，国家教育部发文，同意学校从独立学院转设为独立设置的民办普通本科高等学校，学校名称变更为“上海视觉艺术学院”。

学校艺术与设计实验教学中心被列为“上海市级实验教学示范中心建设单位”。5月20日，上海市教育委员会发文同意将学校艺术与设计实验教学中心(实训中心)列为“上海市级实验教学示范中心建设单位”。学校艺术与设计实验教学中心总面积约24000平方米，拥有雕塑、陶瓷、玻璃、版画、雕塑、金属、综合材料、演艺、数码艺术等32个工作室、多功能教室。各工作室内配备了现代化专业设施。艺术与设计实验教学中心面向全校师生及社会开放。学校成立由分管教学副校长担任组长，各学院党总支书记和资深教授担任成员的教学督导组，与常规的教学管理工作相结合开展工作，推动教育教学整体水平的提升。

开展教学改革新探索。9月，学校与北京德稻教育集团合作，开设分别由国际大师艾斯林格和罗宾京领衔的“战略产品设计”和“动漫设计”实验班，招收近60名学生。实验班是学校开展国际合作办学的新形式，是专业建设上跨越式发展的新举措以及本科生培养的新途径。为适应网络文学的快速发展，12月25日，学校与盛大网络文学合作开办国内首个网络文学本科专业。

科研项目取得新进步。学校获得市教委《数字内容产业的创新与推广》知识服务平台项目和市教委重大内涵建设《艺术设计原创力教学实践平台》项目，另外还获得上海文化发展基金会的立项项目3项，结题项目2项，市教委立项项目6项，重点科研项目3项。8月，在由市教委主办的“第一届民办高校教师教学技能大赛”评选中，学校新媒体艺术学院播音主持专业教师获青年教师组一等奖，文化创意产业管理学院高尔夫与运动时尚设计专业教师获青年教师组三等奖，设计学院演出空间设计专业教师获骨干教师组优胜奖，学校获得优秀组织奖。

校企合作继续推进。4月，学校与中国动漫集团达成合作意向，筹建中国动漫大厦，合作建立中国水墨动画基地。5月和12月，学校表演艺术学院分别与上海话剧中心和上海现代人剧社签订共建实习基地协议。10月，时尚设计学院与上海培罗蒙西服总公司签订校企合作协议。学校与金典集团合作共建“音乐剧实习基地”，与北京德稻教育集团合作共建“音乐剧中心”，与绿地集团合作共建“人才培训中心”，与智美集团合作共建文产学院体育产业专业等工作，基本达成合作意向。

体育竞赛获奖。10月27日，在2013年上海市大学生田径锦标赛中，新媒体艺术学院的学生在男子200米决赛中夺得金牌。11月8日，在松江大学园区第五届运动会田径比赛中，新媒体艺术学院学生在男子200米决赛中夺得金牌。5月25日，在第三届“东亚杯”大学生游泳比赛中，学校游泳队学生获得全部4枚金牌中的3枚金牌，另夺得2枚银牌，获团体总分第一；11月30日，在上海市大学生游泳锦标赛中，学校游泳队男子团队、女子团体总分和男女团体总分均获得第六名，并获得单项比赛的金牌1枚、银牌2枚、铜牌3枚。

人才培养取得新成果。4月，学校新媒体艺术学院动画专业的水墨动画片《池塘》在中国学院奖第五届动漫艺术大赛中获优秀奖。5月26日，表演学院时尚表演与推广专业2011级学生杨运丹在全国

学校德稻实验班举行开班典礼

大学生服装模特大赛决赛中获得冠军。5月27日，在第六届上海大学生电视节上，学校新媒体艺术学院动画片《活着》获动画片紫丁香奖，《两个人的黄鱼车》获剧情片紫丁香奖。8月29日，学校新媒体艺术学院播音与主持艺术专业2010级学生在由华东六省一市电视艺术家协会主办，山东省电视艺术家协会承办的“第八届华东及全国部分省市电视主持新人赛”中获得一等奖。9月26日，文化产业管理学院学生的两部微电影在“上海旅游节·2013第二届乐谷频道上海微电影节”中夺得大奖，其中《偷·情》获得最佳故事片奖，《标签》获得评委会特别奖。12月10日，在第五届海峡两岸电视主持新人大赛中，新媒体艺术学院学生获得一等奖。12月12日，在第二届东方之星“香港永发杯”创意设计大赛上，设计学院包装与传播设计专业的“西凤酒包装设计”作品获得金奖。此外，2013届文物修复专业、包装传播与设计专业、产品设计专业和玻璃与陶瓷艺术设计专业等毕业生作品展受到好评，不少学生通过毕业展与用人单位达成就业或见习意向。

生源质量提高。学校校考各专业报考人数近17000余人，实现报考人数连续三年20%以上的增长。新生报到率为98.8%。

（黄　华）

[韩正等参观学生作品展] 6月7日，中共中央政治局委员、上海市委书记韩正参观学校2013届包装传播与设计、产品设计、玻璃与陶瓷设计和文物修复等4个专业的毕业生作品展。5月14日，副市长翁铁慧一行到上海市油画雕塑院美术馆参观“言说与对话——上海视觉艺术学院美术学院2013届毕业作品展”，听取学院毕业生就业工作的汇报。

（黄　华）

[吴志明到学校考察] 9月4日，市政协主席吴志明，以及副主席方惠萍，秘书长贝晓曦等市政协领导到校考察，先后考察了实训中心、德稻大师楼和图文信息中心。

（黄　华）

[陈克宏到学校调研] 9月12日，市教卫工作党委书记陈克宏，上海远程教育集团主任、上海开放大学校长蒋红，市教卫工作党委秘书长谢一龙等赴学校调研，听取了学校办学理念、办学方针、办学定位及师资队伍结构，学科专业设置，课程改革，办学特色，实验班开办等办学情况的汇报，并就学校今后的发展提出意见和建议。

（黄　华）

[学校风雨操场投入使用] 5月，学校风雨操场开工建设。风雨操场位于学校西北角，西靠室外篮球场，东临高尔夫训练场，建设用地面积约2600平方米，建筑面积1767平方米，建筑层数为地上一层，建筑高度为11.7米。项目建筑结构类型为框架结构，屋面采用钢结构网架，外墙为玻璃幕墙，部分区域采用砌块填充。学校风雨操场9月底建成并投入使用。

（黄　华）

[召开思想政治工作交流会] 5月16日，学校召开思想政治工作交流会，出席会议的有校党委委员、党总支委员、党支部委员，各中心、部门领导、团

委、思想政治理论课老师、全体辅导员近50人。会议回顾总结近年来学校思想政治工作的成绩和经验,探讨如何进一步加强教职工和大学生思想政治工作。

(黄 华)

[与上海图书馆签订文物修复培训协议] 9月26日,“上海视觉艺术学院与上海图书馆合作暨文物修复培训协议签字仪式”举行。上海图书馆与学校将进一步加强交流合作。上海图书馆已有十万册古籍书本交予学校美术学院书画专业进行修复。

(黄 华)

[与艺术与设计教育集团签约] 5月21日,学院与劳瑞特国际大学联盟意大利艺术与设计教育集团签约仪式举行。劳瑞特国际大学联盟成立于1998年,有65所被世界认可的大学与网络大学,学校覆盖全球29个国家和地区。此次签约的劳瑞特国际大学联盟意大利艺术与设计教育集团旗下,有意大利米兰新美术学院与多莫斯设计学院。

(黄 华)

[举行艺术与设计教育高峰论坛] 9月7—8日,第八届国际专家咨询会艺术与设计教育高峰论坛举行。校领导及来自法国巴黎高等美术学校、英国邓迪大学邓肯约旦斯通艺术与设计学院、日本武藏野美术大学、美国迪吉彭理工学院、台北艺术大学、香港城市大学创意媒体学院等艺术高校的专家、学者,德稻大师等参加论坛。论坛上,各位专家围绕“当今艺术院校办学理念与管理模式”、“教学内容、方法、路径的创新”、“当代的艺术、设计与教育”等议题进行交流发言。

(黄 华)

附:学院负责人及地址

(2013年1—12月)

院长:龚学平

院党委书记、常务副院长:邵敏华

副院长:陈汗青、张 同、高桂花(6月离任)

地址:文翔路2200号
邮编:201620
电话:6782500

上海外国语大学贤达经济人文学院

［**2013 年概况**］ 秋季招收本科生 1865 人，上海生源 803 人，外地生源 1062 人。在校生总数 6218 人，应届毕业生 1103 人，其中出国续读研究生 202 人，占 18.31%；国内续读研究生 22 人，占 2%。新聘教职员工 126 人，全校教职工总数达 474 人。其中包括专任教师 320 人、行政人员 74 人、教辅人员 42 人、工勤人员 38 人，另聘有校外兼职教师 73 人。专任教师中具有硕士以上学位教师 224 人，占总数 70%；具有副高职称以上教师 93 人。

党群工作。开展群众路线教育实践活动。组建党委职能部门，制定岗位职责；组织基层支部换届改选，选举产生二级学院党总支与直属支部；制定《改进工作作风、密切联系群众八项措施》，构建加强党建三级机制，明确培养发展党员职责。共有党员 188 人，其中发展党员 91 名。11 月，举办第一期党校，104 名积极分子参加培训。组织开展“微言心语”征集、学生评选“我心目中的好老师”、推选“十佳好人好事”推选、教职工春季旅游等项活动；建立健全工会组织和教代会制度，办理落实教代会书面意见 9 份。11 月，在上海市教育系统妇女工作委员会、教育工会女教职工委员会组织开展“女教师的幸福”征文活动中，外语学院蔡懿焱获二等奖，商学院史其慧、国教学院徐亮获优秀奖。参与修订、制定《上外贤达学院十二五规划纲要》、《上外贤达学院心理健康教育三年行动计划》；编制《SIT(即 Students Innovation Training)“百团千人”三年行动计划》，开展“SIT”试点项目 17 个；编制《易班建设三年行动计划》，开发第三课堂；举办文化艺术节，丰富校园文化生活。做好学生帮困、评优工作和征兵与兵役登记工作。

国际交流。拓展海外名校合作渠道，加快教育国际化进程。①建设 5 个双学士专业项目：美国西俄勒冈大学 3＋1 商科专业、英国诺桑比亚大学 3＋1 新闻学与数字媒体专业、英国卡迪夫城市大学 3＋1(或 2＋2)商科、英国密德萨斯大学 3＋1 商科与旅游专业、西班牙巴塞罗那自治大学 2＋2 旅游管理专业等项目。②建设 4 个本硕连读项目：法国雷恩高等商学院 3＋1.5 商科专业、美国查塔姆大学 3＋2 商科专业、美国查塔姆-卡耐基·梅隆大学 3＋1＋2 商科专业、英国纽卡斯尔大学 4＋0 商科专业等项目。③建立 3 个境外教师培训基地：美国西俄勒冈大学教师培训基地、美国密苏里大学堪恩斯分校教师培训基地和英国诺桑比亚大学博士生培养基地。④聘请外籍教师和专家 73 人。

师资建设。学校重视提高师资队伍整体素质，鼓励教师自荐申报市“教师专业发展工程”等教学科研项目，经上级机关评审和认定，3 人入选“上海高校教师国外访学进修计划”、12 人入选“上海高校教师国内访问学者计划”、11 人入选“高青项目”、10 人入选“上海市民办高校骨干教师科研资助项目”。举办“第二届青年教师教学基本技能比赛”，16 位青年教师参加授课竞赛角逐。66 人参加中层领导力与管理技能培训、25 人参加教育质量评估与质量保障体系建设专项培训、30 人参加行政人员办公技能培训(公文写作)、19 人参加教师资格能力测试专题培训。对 78 名新教职工进行岗前培训。在两年一次创先争优评选活动中，19 人获得优秀教师或优秀教育工作者的荣誉称号。外语学院朝鲜语专业负责人申昌顺教授赴韩参加创制韩文 567 年庆典活动并获韩国语学会颁发成果奖。教育学院音乐学专业青年教师刘屹昕获“第四届全国高校音乐教育专业钢琴教师演奏比赛”独奏 B 组二等奖。

学科建设。①完善教学、科研管理制度。完成《教学突发事件应急预案(试行)》《实践教学实施方案》《教师教学业务档案管理办法》《教学事故等级界定及处理有关规定》《学术讲座(报告)的管理办法》《青年教师导师制暂行办法(试行)》《交流生境内外学习课程认定及学分转换管理办法(试行)》《客座教授聘任暂行办法(试行)》《教师教学业务档案管理办法》《校内教学评估支撑材料指南》《政府专项扶持资金项目管理条例(试行)》等教学、科研管理制度的研制修订工作。②撰写教学质量报告。研究《教育部本科教学合格评估指标体系》和《上海市教学质量年度工作报告、教学质量以及教学状态数据》指标要求，制定工作规范标准，撰写《上外贤达学院 2012—2013 学年本科教学质量报告》。③推进课程改革。组织制定专业规划实施方案研讨，修改拟定新版本课程教学大纲和实验教学大纲，明确分类体系和管理办法，完善专业组织架构，调整优化专业结构，共开设全英语课程 11 门，双语课程 29 门。开设全校性任意选修课 91 门，学生选课达 7757 人次。④拓展校外见习基地。二级学院整合资源，积极拓展校外见习基地 22 个。⑤课程建设立项。精品课程 1 门、主干课程 17 门、一般课程 20 门。建设重点科研项目 18 个，一般科研项目 37 个。承接市高等教育学会课题 4 个、市民办教育协会课题 11 个、市高校青年教师培养资助计划课题 11 个。⑥新增设会展经济与管理本科专业通过教育部审批和备案并开始招生。本科专业增至 21 个。

学生工作。修订完善《学生干部管理条例》、《学生干部素质测评加分考评细则》和《学生干部考核办法》。组织校级团学干部培训 475 人次。开展奖、贷、勤、补、免等学生资助工作，发放奖学金 242.01 万元，获奖 1659 人次。10 人获国家奖学金、14 人获上海市奖学金、180 人获国家励志奖学金，总金额达 109.2 万元。143 名贫困学生减免学费 31.25 万元。组织两校区学生干部座谈，开展党的群众路线教育实践活动的宣传教育。学习党的十八届三中全会公报、举办“红色传承，说出你心中的中国梦”班级主题团日活动等。开展各类校园文化活动，举办“中国梦·青春志”英语演讲比赛、万圣节舞会、校园“十大写手”、节约宣传周、“聚贤杯”篮球赛、羽毛球赛、2013 迎新晚会等校园文化活动。153 人次参加 WDSF 国际体育舞蹈大赛、2013 夏至音乐节语言翻译岗、徐家汇游客中心、上海图书馆、瑞金医院等志愿者服务，2009 级法语专业学生陈雨薇当选“2012 年度上海市优秀青年志愿者”，625 名师生参与献血活动，涌现一大批教学有方、学业有成的先进典型。跆拳道社团在“上海跆拳道馆冬季交流赛”中获团体冠军。由新传系教师施州指导的 2010 级广告专业学生何淑娴、张怡纯共同创作招贴设计作品荣获“2013 中国国际创意设计大赛”招贴设计金奖，学生佟笑寒、胡佳玮、黄洁凡、孙丹妮设计作品《福·禄·寿·喜》获“上海大学生学习贯彻党的十八大精神文宣作品设计大赛”二等奖，新传系学生影视广告作品获“中国大学生广告艺术节学院奖”，2010 级广告专业学生瞿聪慧、吴天宇共同创作的平面广告作品，入围“第 22 届时报金犊奖”（大陆地区）。法学社获得上海市“社彩缤纷·梦想青春”社团标识大赛二等奖。“青春共筑梦，爱在云之南”暑期社会实践活动同时获得 2013 年上海市大学生暑期社会实践活动优秀项目奖和第五届“知行杯”上海市大学生社会实践大赛三等奖，学校获优秀组织奖，杨小燕获“优秀指导教师”奖，刘健、全美玲获“先进个人”荣誉称号。

（周国琴）

[修订学校章程] 6 月，依据教育部《全面推进依法治校实施纲要》要求，由校领导牵头，各部门参与修订《上外贤达学院章程》。其中，有关完善学校治理结构，包括健全议事规则与决策程序，依法落实校长、校党委职权，加强教职工代表大会、学生代表大会，管理人员选拔任用办法，加强教育教学研究，提高教学质量，发挥教师在学校发展中重要作用等方面内容，从学校实际出发，借鉴中外名校先进办学理念与有效做法，体现依法治校、以德治校精神。

（周国琴）

[整合资源成立两学院] 4 月 28 日、5 月 14 日，学校整合优质资源，分别成立商学院、文化产业与管理学院，拓展多种路径推进教育国际化。上海

学校商学院揭牌

电视台、新民晚报、新闻晚报、青年报、搜狐网等媒体分别对此进行报道。

（周国琴）

[**成立教师教学发展中心**] 9月6日，学校成立教师教学发展中心。其宗旨为，合理规划教师队伍的培训与发展方向，提升教师的教学能力与综合素质。教师发展中心拟将海外培训、市级培训、校级培训和科研导向等4个方面作为重点研究课题。

（周国琴）

附：学院负责人及地址

（2013年1—12月）

董 事 长：鲍贤嗣
副董事长：冯庆华

院　长：张定铨
副院长：张祖忻、陆朴鸣、朱伟萍

院党委书记：吕才明
副 书 记：郑　虹

虹口校区地址：东体育会路390号
邮编：200083
电话：51278000（总机）

崇明校区地址：东滩大道999号
邮编：202162
电话：39665000（总机）

上海师范大学天华学院

[2013年概况] 全年招生计划1800人,补偿性计划89人,总计划1889人,实际报到注册1780人,报到率94.23%。在校生总数7340人,设212个行政班,开540门课程,计1035门次。毕业生总数1555人,就业率94.98%,签约率86.88%,其中45人考研成功。

共有374名专职教师。其中直接引进优秀专职骨干教师280名,占教师总数的75%。从公办高校聘用学科带头人和教授40名,占教师总数的10%。兼职教师93人。具高级职称的教师113人,占教师总数的30.2%以上,具研究生以上高学历的教师269人,占教师总数的72%。

获政府专项扶持资金1540.4万元,所涉项目一是内涵建设1115.4万元,二是教师发展中心建设项目243万元,三是青年教师培养资助计划92万元,四是科研经费70万元,五是安全技防提升项目20万元。内涵建设部分主要有艺术类专业学生创新创业实践教学基地(一期)(185万元)、康复治疗学实验教学中心(一期)(300万元)、汽车电子综合技能实训室(50万元)、教育信息化及配套装备建设项目(330.4万元)、国际化交流与培训项目(250万元)。

新立科研项目107项,获项目经费385.3万元。年末全校结题验收项目40个,全部通过验收。科研项目总数191项(含新立107项),经费总数达720.1万元。据统计,2012—2013年度,教师在各类刊物发表论文122篇(其中SCI、EI 23篇,核心期刊27篇),编写教材著作5本,外观设计专利2项。《天华教育研究》出刊四期。

学校资产处遵循"公正与监督先行,规范与效率并重,质量与节约并举"的指导思想,利用日华楼二楼大厅空间打造D-CENTER中心,购置50把古琴、古凳,改装多媒体结构,建设古琴教室一间;对5间小教室、7间阶梯教室的投影机和23间多媒体教室电脑主机更新换代,新增4间多媒体教室,形成多媒体教室96间的规模;完成一期信息化软件建设。

全年完成各类师资培训项目136人次,经费170万元。23位教师获得青年教师资助资格,金额92万元;14人入选国内访问学者,2人入选国外访问学者,15人进入"产学研践习"计划,总金额165万元。青年教师参与民办高校"强师工程"培训,其中3人参加海外研修,6人在教学技能大赛中获奖。

师生在各级各类比赛中获得优异成绩。在个人奖项中,1人在"上海市民办高校教师教学技能大赛"中获特等奖,1人获骨干教师组二等奖,4人获骨干教师组优胜奖,1人获青年教师组优胜奖;4位老师获"第四届外教社杯全国高校英语教学大赛电子教案大赛"全国一等奖;1位教师获第二十五届"韩素音青年翻译奖"竞赛全国英译汉一等奖。2位教师获上海市教育系统妇女工作委员会、教育工会女教职工委员会组织"女教师的幸福"征文活动二等奖,3位教师分获三等奖。学校妇工委荣获征文及品读活动优秀组织奖。在团体奖项中,学校在全国信息技术应用水平大赛、第三届全国大学生外贸从业能力比赛以及上海市学生阳光体育大联赛女子功夫扇项目(本科组)等比赛中,均获得团体一等奖好成绩。

校党委加强对党的十八大精神及习近平总书记系列讲话精神学习,组织开展党的群众路线教育实践活动;年初召开党代会完成换届工作,调整设立8个党总支、37个党支部,推动服务型基层党组织建设,召开"服务型党组织建设创新"研讨会;举办3期高级党校,全年发展新党员256人。

(代维祝)

[开展对外交流活动] 年内,有10名教师赴美国学习。16名校级领导和各二级学院教学和学生管理人员赴美国接受教学管理和学生管理培训。9月,1位教师作为美国太平洋大学访问学者受邀赴美,进行为期10个月的交流访问。辅导员赴美攻读教育硕士培训项目启动,报名参加美国太平洋大学教育硕士项目的辅导员有4名。第二批10名青年教师赴美国太平洋大学进行博士课程学习。

(代维祝)

［加强学生工作］ 学校共有辅导员63人，副辅导员32人，学生处和保卫处合并为学保处。加强各项制度建设，狠抓制度落实。学保处实行目标管理，负责学生工作总体计划、指导、协调和检查；二级学院负责学生工作具体实施，负责辅导员日常管理。对大一至大三学生实施德育学分制，德育学分制督查工作深入校园、教室及学生宿舍。德育学分项目获第二届全国民办高校党建优秀成果特等奖。

（代维祝）

附：学院负责人及地址

（2013年1—12月）

院党委书记：韩晓玉
副　书　记：曹云林、许　岳

院　长：叶才福
副院长：龚春雷、史　文、朱国权、王友根

地址：胜辛北路1661号
邮编：201815
电话：39966266

上海医疗器械高等专科学校

［2013年概况］ 学校顺利通过国家示范骨干高职院校项目验收，浦东新校区全面进入施工阶段。在巩固国家示范骨干院校建设成果基础上，进一步探索创新人才培养模式改革，着力强化内涵建设，拓展高职教育立交桥，推进后示范建设。全年招收全日制专科新生1685人，超额完成招生计划35人，其中自主招生333人，在校生4403名。成人教育招生212人，在校生716人。

示范建设成果。1月，学校作为首家接受骨干高职院校建设项目验收单位，接受市教委和市财政局组织的专家组进行省（市）级验收。10月23日，通过教育部、财政部专家组验收，结论良好。11月4日，学校顺利通过“国家示范性高等职业院校建设计划”骨干高职院校建设项目验收。制定《学校内涵建设管理办法》等文件，建立专项项目从规划立项、细化执行、建设调整、中期检查到项目验收的有效管理机制。对多个专业方向进行调整，新申报专业2个。实施重点专业（群）建设。普惠项目“医疗器械制造与维护专业”和“食品药品监督管理（医疗器械监管）专业”通过省级验收及两部验收。上海市高职高专院校重点专业建设“085”工程通过中期检查。“医学影像设备管理与维护专业”获第三届“上海高职高专院校重点专业建设教学比武”三等奖。

教育教学改革与人才培养。实施以教学内容、教学方法和教学手段为重点的深层次教学改革，制定各专业人才培养方案，开展“3+2创新班”、“中高职贯通”等分层递进式培养模式改革。《数字化医疗仪器》被评为国家级精品资源共享课程；中日合作临床工程技术教学团队和医疗器械物流管理专业教学团队获“上海市级教学团队”称号；《医疗器械营销实务》、《模拟电子技术应用》2门课程被评为“上海市级精品课程”；莫国民获市级教学名师称号。

实践教学。筹措各方资金，累计投入资金3100万元改造、新建17间实验实训室，新增实验实训工位数210个，新增教学仪器设备近2900万元，新增加实验实训项目45个，新增加实验实训指导书7本，建立完善17个校内实践教学基地，改善实践教学条件。出台支持参加学生技能竞赛指导性文件，重点扶持11个竞赛项目，其中2个竞赛项目取得国家奖项的历史最好成绩。

科研工作。签约校外科研项目39项，引入经费295.45万元；其中横向课题25项，签约经费159.65万元；纵向课题14项，签约经费135.80万元。教师在国内外刊物发表论文75篇，其中A类论文6篇，B类论文34篇，论文质量有大幅度提高；出版教材17本；实用新型专利授权7件，发明专利3件，计算机软件著作权5件。

师资队伍建设。新聘20名教师及管理人员，其中博士7人、硕士11人。参加国内外进修和培训140人，参加学历学位进修20人，参加企业顶岗实习19人。优化师资队伍结构，加大专业带头人和中青年骨干教师培养力度。完善人事制度政策，平稳开展岗位职务职级晋升工作。加强教师专业发展工程，组织教师申报产学研践习项目、践习基地及国内外访问学者项目，打造具有实践能力和国际视野的双师型高职骨干教师。全年教师产学研践习10人，国内访问学者2人，国外访问学者2人，其中践习基地1个。

合作办学与对外交流。校际合作项目层次提升并有新突破。与中国医药大学健康照护学院、英国Bath Spa大学、澳洲RMIT、新西兰Unitec理工学院、美国Cloverpark学院等海外院校签署7份合作协议。教师赴德国、美国、英国、新西兰等国家和我国台湾地区进行各类职业教育培训21批共31人次。有12批学生142人次赴德国、日本、澳大利亚、加拿大等国家和我国台湾地区进行境外实习学习，获得各类证书434份，学分240个，资助金额170余万元。接待海外来访17批107人次，接受蒙古科技大学3名教师20名学生来校游学。

校企合作。“走出去、请进来”，实践校企、校监、校医、校研、校校等多种合作模式。与上海西门子医疗器械有限公司等13家合作伙伴签订校企（医、监、研）合作协议，接待来访合作单位22家，走访合作单位8家，获企业捐赠555万元医疗设备，学校“苏州培训基地”顺利挂牌。对口支援5个省市6所高职院校，23人次骨干教师来校参观学习和接受培训。

其中,接受重庆医药高等专科学校、山西药科职业学院两校3个专业98名大三学生来校就读,105名学生毕业。

职业技能培训。发挥国家医疗器械人才培养基地作用,以医疗器械类人才培养、技术服务、技能鉴定为抓手,开展行业监管和技术培训服务。为新疆、辽宁、云南等省市食品药品监督管理局举办国家医疗器械监管培训3期共计103人,举办各类医疗器械企业技术培训、职业技能培训共计1096人次。

学生工作。构建全覆盖多渠道的全员心理健康教育网络。开展心理健康活动月、心理班会大赛、团训大赛、微博互动等活动;学生朋辈心理委员覆盖全校新生班级。开展专家讲座、疑难个案咨询、心理督导会及个案专题研讨会,针对专兼职教师、辅导员和学生,进行不同层次心理健康养成教育系列培训及指导。建立高职高专心理教师互助飞信群和心理社团干部QQ群。"心灵社"获"上海高校优秀社团"称号,学校获"2013年度上海市高校心理健康教育先进集体"称号。加强网络教育,实现思想教育网络化,"易班"在线人数达5481名,2011级医电创新班被评为上海市易班年度"十佳网络班级"。学生资助全覆盖,累计6559人次学生得到奖助,发放金额1035.06万元。高度重视困难生心理帮困工作,不断加强困难生心理资助,实现困难生"双脱贫"资助目的。

拓宽就业渠道。根据"校企医监研"五方联动人才培养模式和就业工作创新基地建设要求,在21家合作建设单位挂牌签约,联合行业专家和企业高管,开展职业生涯规划教育;成立"大学生创业孵化中心",鼓励和培养学生创新、创业能力,拓宽就业渠道,提高就业质量;建立就业指导中心与院系对口工作联系制度;实现就业工作信息化管理,开发就业服务信息网和就业数据管理平台,企业用户注册量达600多家。就业率99%,获市"促进就业先进单位"称号。学生参加各类全国及上海市赛事获得全国一等奖9项,二等奖8项,三等奖4项;在上海赛区比赛中获得上海市特等奖2项,一等奖8项,二等奖19项,三等奖23项。学校男女板球队分获全国板球锦标赛冠军、季军。

(龚瑞怡)

[参加台湾地区学术论文研讨会] 3月19—22日,医学影像设备管理与维护专业学生李文奎、郑华恩应邀赴台湾地区参加由台湾元培科技大学、新竹市政府教育处、新竹市环境保护局联合主办的"2013国际学生学术论文发表会",分别做题为《基于AVR单片机控制系统,研究对医用X射线机准直器的开发》和《核磁共振分析技术在低磁场应用的原理及应用》的学术论文交流。

(龚瑞怡)

[在全国职教系统中国梦教育座谈会交流] 4月2日,教育部在京召开全国职教系统中国梦主题教育座谈会,学校党委书记江才妹代表上海市参加座谈并作题为"中国梦激励医疗器械高职育人梦"的交流发言,着重从突出立德树人、确保育人梦成效;突出内涵建设,提升育人梦质量;突出产学研优势、实现育人梦愿景等三方面阐述学校开展推进中国梦主题教育活动的思路与举措。教育部副部长鲁昕出席会议并讲话,对学校人才培养质量和特色给予充分肯定。

(龚瑞怡)

[成立西门子—医专联合创新中心] 4月16日,由学校与上海西门子医疗器械有限公司合作共建的"西门子—医专联合创新中心"成立。西门子公司为中心提供价值355万元全新CT机和数字X线机。公司将面向学校教师开展专业技术培训。校企双方加强科研合作,共同开发教学实训项目和教材。中心也将成为西门子公司开展客户培训和扩大企业品牌效应的窗口。

(龚瑞怡)

[举办新疆食药监系统培训班] 7月8—26日,学校举办第25期全国医疗器械监督管理技术研修班(内地新疆班)。近50名来自新疆维吾尔自治区食品药品监管系统的学员参加培训,培训理论与实践相结合,并赴企业、医院等单位实地参观考察。新疆维吾尔自治区食品药品监督管理局领导出席开班及结业仪式。

(龚瑞怡)

[获市语言文字测试先进集体称号] 9月17日,上海市语言文字水平测试中心举行"上海市语言文字水平测试工作先进集体和先进个人"表彰活动,学校获"上海市语言文字水平测试工作先进集体"称号。

(龚瑞怡)

[教师专业发展工程培训项目启动] 9月25日,教师专业发展工程培训项目启动。在总结近年

来教师专业发展培训项目开展、成果考核、项目预验收和申报入围情况的基础上，将教师个人发展纳入学校整体发展规划中，以提升教师专业发展能力、国际竞争能力、服务社会能力和创新创造能力，统筹协调，共同推进教师个人专业发展与学校整体战略目标。

（龚瑞怡）

[入选国家级精品资源共享课] 学校乐建威教授主持的《数字化医疗仪器》国家级精品课程经市教委组织专家评审推荐，教育部批准，入选国家级精品资源共享课课程立项名单。10 月 12 日起，该课程在教育部“爱课程”网上展示，供全社会共享使用并接受评价。

（龚瑞怡）

[蒙古国国会议员到访] 11 月 4 日，蒙古国国会(大呼拉尔)议员萨仁格日乐女士一行到访，专程拍摄有关学校办学条件和成果的专题纪录片，以帮助蒙古国和中国大学进行合作，推进两国文化教育事业快速发展。随同来访的还有蒙古科技大学教授、蒙古国家电视台主任等。

（龚瑞怡）

[获心理健康教育工作先进集体] 11 月 22—24 日，全国高职院校心理健康教育学术年会暨表彰大会在成都召开。学校被评为“全国高职院校心理健康教育工作先进集体”，1 篇论文荣获“优秀论文一等奖”。

（龚瑞怡）

[校际合作签约] 12 月 5 日，学校与苏州高博软件技术职业学院校际合作签约暨苏州医疗器械人才培养基地揭牌仪式举行。两校签署合作协议。学校和苏州高新区、科技城领导共同为“上海理工大学医疗器械与食品学院、上海医疗器械高等专科学校苏州培训基地”揭牌。

（龚瑞怡）

学校苏州医疗器械人才培训基地揭牌

附：学校负责人及校址

（2013 年 1—12 月）

校党委书记：江才妹
副　书　记：江孝渔

校　长：郑　刚
副校长：丁岳伟、傅志中

校址：营口路 101 号
邮编：200093
电话：65483431

上海出版印刷高等专科学校

［**2013 年概况**］ 学校招收全日制专科新生 1703 人，毕业生数 1406 人，截至 9 月，就业率 98.72％，签约率 90.76％。

一、教学工作。学校获得国家级精品资源共享课 2 门，同比增长 100％；获评上海市教学名师 4 人，同比增长 25％；获评上海市教学团队 7 个，同比增长 57.1％；获评上海市精品课程 10 门，同比增长 10％。印刷与数字印刷技术专业教学资源库项目建设进展顺利，第二批（2013 年度）校级资源库建设申报，评审 38 门，立项 16 门。校园 BB 平台投入使用，实现校内教学资源共享。上海市“085 工程”建设进入收尾阶段，其中数字出版、影视动画、数字印刷、印刷设备及工艺、出版与发行等 5 个专业取得阶段性成果。结合学校转型发展，成立文化管理系和影视艺术系。

二、科研工作。学校获得市教委等部门认定的重点科研项目 18 项，全校教师共申报项目 107 人次，立项 73 项（含校内课题），立项率为 68.2％，同比增长 23.3％。学校承接的国家重大科技工程项目“光全息水印技术应用研究”，顺利通过“概要设计阶段”验收工作，并完成“详细设计说明书”、“单元测试报告”与“单元测试用例”等文档撰写。全校教师共发表各类学术性论文 159 篇，A 类 23 篇，核心及以上 77 篇，同比分别增长 109％、10％。出版教材和著作（含参编）36 部，同比增长 20％。

三、师资队伍建设。人才引进工作有成效，录用 21 人，其中具有高级职称或博士学历的占 38.1％，同比提高 9 个百分点。启动首届后备干部校内挂职项目，5 名教师到职能部门挂职锻炼；2 名青年教师分别到国家新闻出版总局、上海市新闻出版局挂职；启动后备干部推荐工作，74 人进入第一轮推荐名单，并推荐 2 名中层干部参加上海市哲社骨干研修班学习。继续鼓励优秀中青年教师出国进修、到行业企业顶岗实践，提高“双师型”教师数量和比例，提升教师业务水平与国际交流能力。

四、学生工作。完善“奖学金＋学习跟踪＋职业指导”的组合资助模式。学校新增 60 家合作行业单位，签订以“香港永发”、“卡洛”、“小森”、“百成”等命名的社会奖学金项目，“贫困大学生海外奖励机制项目化研究”被评为上海高校资助工作示范性特色实践项目，顺利通过中期检查。通过上海市高校辅导员基地平台、校企合作交流以及辅导员双周学习等活动，实施和推进辅导员职业化、专业化建设，做好在校大学生的思想政治辅导工作。利用“‘三三制’创新创业教育模式”项目平台，学校与上海慈善教育培训中心、上海杨浦区延吉街道等校外组织联合开展活动，举办 2 场大型招聘会，邀请近 400 家企事业单位，为两届近 3000 余名毕业生提供 6000 余个就业岗位。

五、交流与合作工作。学校成立校企合作理事会，先后与雅思达、上海爱知文化传播有限公司等企业签署校企合作协议，建立校外实习实践基地，确立“校企合作指导委员会、理事分会、工作委员会”三级运行组织架构。在上海市新闻出版局的指导和多家企事业单位的合作下，学校成立上海出版传媒研究院。办理因公出访团组 18 个 56 人次，派出学生海外实习交流团组 7 个 66 人次。学校先后与芬兰奥卢大学、法国国家艺术学院、新西兰华威商学院、美国奥特本大学、英国诺丁汉特伦特大学等 9 所院校签订合作协议，申请上海市学生海外学习 134 万元支助，完成《上海出版印刷高等专科学校外事文件汇编》编制工作。

六、庆祝建校 60 周年。学校以建校 60 周年为契机，先后与甘肃省广播电影电视总台、江苏凤凰印务有限公司、上海泛彩图像设备有限公司、爱邦（南京）包装印刷有限公司、上海东方网印企业管理有限公司、中国大恒（集团）有限公司等签署战略合作框架协议，为进一步实现校企合作优势互补、资源共享、双赢共进提供广阔平台，双方以校企协议为起点，在科研合作、技术开发、人才培训、学术交流、实验实训等领域加强交流，扩大合作。

七、文化和制度建设。修订“教代会实施细则”，推进学校民主管理，成立配套的“优秀青年女教师成才资助金”，着手建设“教工小家”和“妇女小家”。制订相应监督机制，加强教育经费绩效管理，严格落实经费管理的相关规章制度。着手图书馆数字阅读转型，建立适应数字化需求的读者服务模式，突出学校现代传媒专业特色，将“印刷传媒”、“高等职业教育”两大要素的文化内涵转化为“文化符号”融入校园文化建设中。全年进馆参观人数为10943人，参加全国高校博物馆联盟巡展和上海高校博物馆联展。学校对安全生产工作高度重视，组织多次专项安全隐患检查。切实履行职责，防范各类安全隐患，预防和遏制各类安全事故的发生。完成拱极路校园网无线覆盖和拱极路老旧线路改造工程，强化信息化设施建设，构建了信息化应用服务的良好环境。

（高红明）

［俄罗斯莫斯科印刷大学校长到访］ 4月24—26日，俄罗斯莫斯科印刷大学校长一行应邀来访。学校领导会见来访客人，双方就学生短期互换、教师教学交流、科研合作等事宜进行交流，并签订合作框架协议，计划成立两校交流合作理事会。

（高红明）

［获第42届世界技能大赛铜牌］ 夏季，中国派出26名选手参加在德国莱比锡举行的第42届世界技能大赛，学校学生王东东参加的印刷媒体技术项目通过与来自美国、法国、德国、日本、瑞士、加拿大、丹麦、奥地利等国选手角逐获得铜牌，创造了我国印刷行业高技能人才首次参赛即位列第三的历史。

（高红明）

［举行建校60周年庆典］ 10月19日，学校举行建校60周年庆典。国家新闻出版广电总局、上海市教委、上海市出版印刷协会等相关负责人，中国印刷及设备器材工业协会、中国印刷技术协会、中国新闻出版研究院、中国印刷技术研究所、中国新闻出版传媒集团、行业企业代表，美国、德国、俄罗斯、法国、加拿大、意大利、韩国、芬兰等国的知名行业专家和合作院校代表，兄弟院校代表，数百名学校历届毕业并在出版印刷类行业担任技术骨干和领军人才的校友代表、离退休老同志、在校师生代表等500余位嘉宾参加大会。许多兄弟院校、行业协会、行业企业、各地校友会发来贺信贺电。作为建国后第一所出版印刷类高等学校、国家新闻出版广电总局与上海市人民政府共建的特色学校，60年来培养了5万多名高层次技术骨干和行业高级管理人才，被国家新闻出版广电总局确定为“国家印刷出版人才培养基地”，连续三次被国家授予“技能人才培育突出贡献奖”，是国家示范性骨干高职院校建设单位。

（高红明）

［举行现代传媒技术与教育国际研讨会］ 10月19日，由国家新闻出版广电总局主办，上海出版印刷高等专科学校、上海交通大学媒体与设计学院、上海理工大学出版印刷与艺术设计学院、中国新闻出版研究院、中国印刷科学技术研究所共同承办的“现代传媒技术与教育国际研讨会（AMTE2013）”召开。国家新闻出版广电总局，市教卫工作党委、市教委，上海理工大学，上海新闻出版局的领导出席会议。学术研讨会围绕现代传媒技术与教育为主题而展开。出席研讨会的还有来自美国、法国以及上海交通大学、上海理工大学的现代传媒技术和教育领域的专家、学者。

（高红明）

［对外合作签约］ 10月23日，法国艺术文化管理学院（EAC）院长、法国国家宝石学院院长，上海协进教育投资有限公司首席执行官、协进教育集团副总经理等一行5人来学校访问。双方签订战略合作协议。

（高红明）

［获国家职业分类大典印刷设备职业制修订贡献奖］ 11月21日，中国印刷及设备器材工业协会召开国家职业标准编制规程培训暨职业大典修订工作总结表彰会，会议就国家职业标准编制规程进行详解和培训，就《国家职业大典》印刷设备职业修订工作进行总结和表彰。学校获得《中华人民共和国职业分类大典》印刷设备职业制修订贡献奖，马静君老师荣获《中华人民共和国职业分类大典》印刷设备职业制修订先进个人。

（高红明）

附：学校负责人及地址

（2013年1—12月）

校党委书记：李　江
副　书　记：顾　凯

校　长：陈敬良（8月离任）、陈　斌（8月到任）
副校长：滕跃民、曾　忠、黎　卫

地址：水丰路100号
邮编：200093
电话：65673587

上海旅游高等专科学校

［**2013 年概况**］ 学校在校专科生 3357 名，本科生 1487 名，研究生 225 名（硕士研究生 201 名，博士研究生 24 名），学历教育夜大学生 363 人，非学历培训 1672 人次；接受各类留学生 22 名，其中在读学历生 6 名（全日制专科学历生 1 名，本科学历生 3 名，硕士研究生 1 名，本科进修生 1 名），在读非学历境外学生（交换生）7 人，来自日本西南女学院大学短期留学生 9 名。

推动落实 085 及后示范建设各项工程。完成教育部、财政部重点专业验收工作和 085 项目中期检查；完成新一轮 085、后示范建设项目方案调整编制，完成中央财政支持地方发展专项资金三年规划方案的编制并获得立项 1696 万元；完成中央财政支持的职业教育实训基地申报工作并获得立项；完成酒店管理本科专业学位申报；完成酒店管理本科专业和旅游管理本科专业评估。推进教学质量工程。完成本专科各专业培养方案修订；开展专业教研室主任教学业务规范培训；开展休闲服务与管理（专科）新专业备案工作；落实和强化本专科新一轮人才培养方案编制和执行；完成休闲实训中心、电子商务创新实践基地、食品营养与卫生安全实验室等新实验实训室验收工作。开展年度学校教学资助项目立项、评选和验收。开展市教委重点课程中期检查与验收等工作。开展市级教学团队、精品课程、教学名师、教学改革项目以及全英语示范课程等申报与推荐，1 位教师获市级教学名师；1 位教师获市级精品课程；1 个教学团队荣获市级教学团队，1 位教师负责《国家公园规划与管理》获市级全英语示范课程。开展本科教学质量月活动，1 位教师获精彩课堂优秀奖，1 位教师获精彩课堂提名奖，旅游管理专业团队获得优秀专业团队。探索实践教学新模式，启动“实践教学活动周”系列活动。

深入开展和推进生产性实训的教学改革，全面走访实习基地，开展本科大学生创新活动项目申报与推荐，6 个项目获得立项。组织学生参加全国职业院校技能大赛（国赛和行赛）获得一等奖 2 项、二等奖 1 项、三等奖 5 项。

推动项目申报，形成良好学术氛围。校级科学研究项目下拨 145 万元经费资助 57 个项目，包括团队专项 5 项，重点项目 2 项，一般项目 39 项，党建专题项目 1 项。获市教委科研创新项目理工类重点项目资助 1 项，获市政府决策咨询研究旅游专项课题资助 2 项。获国家基金资助 4 项，获国家哲社项目资助 2 项。获 2013 中国旅游研究院旅游科学年会一等奖 1 项，获国家旅游局优秀学术成果优秀奖 1 项，获中国自然资源学会优秀成果奖 1 项。教师全年发表论文 80 余篇、著作 16 部，在研项目 63 项，含基础研究类项目 48 项，行业服务项目 15 项，核定经费 310 万元。在国际著名学术刊物《旅游研究纪事》（Annuals of Tourism）发表论文 1 篇。成立上海城市发展研究院，拟定城市生态方向、城市经济地理和地理信息系统方向的发展规划。一流学科培育学科（工商管理）建设取得初步成果。完成地理学科和工商管理学科的上海市重点学科规划申报任务。

加强科研平台建设与国内外学术交流。学校中欧城市比较研究中心与荷兰鹿特丹大学共同开展城市能源的中欧比较课题研究，在阿姆斯特丹举行“上海—欧洲大都市比较研究项目工作会议”。中日人文地理观光研究所与以日本奈良县立大学校长伊滕忠通为代表的日本高校地理学代表团交流合作，举办“中日城市旅游经济国际研讨会”。协助教育部旅游管理教指委成功举办会展专业教学标准专家论证会，协助举办旅游管理专业硕士 MTA 项目申报专家咨询会，协助举办全国旅游英语实用词汇研讨会等会议。参加中国旅游研究院“旅游科学年会”和“外设基地年会”，协助举办中国自然资源学会年会（海口）和旅游资源研究专业委员会年会（兰州）。邀请国内外知名学者为研究生作 20 场高质量学术报告。举办东方讲坛·上海旅游讲坛讲座 6 期。国家旅游局“研究生优奖计划”2013 年度 5 个资助项目结项。获“旅游科学年会”论文一等奖 1 项。获市质监局“2012 年度上海市标准化推进专项资金”5 万元资助和市质监局“2012 年度上海市标准化工作先进个人”称号。

加强师资队伍建设。学校修订完善《新进教职工培训方案》、《带教制度及协议》，新拟定《“教师职业发展支持计划"实施办法》、《专业技术聘任办法》、《关于加强优秀青年教师培养的若干意见》、《新录用博士科研启动基金管理办法》等。共录用新教工 15 人,包括教授 1 人,讲师 3 人,应届博士生 3 人,应届硕士生 4 人,人才派遣人员(管理岗)3 人,实验技术人员 1 人;新增兼职教师 18 人,兼职教授 12 人。推进"硕博化"、"双师化"工程,参加各类校外培训 127 人次。组织青年教职工校外素质拓展培训 31 人。推动教师国外访学项目,其中教师发展工程国外访学项目 4 人,国家留学基金项目——选派教师赴美国佛罗里达国际大学访学项目 1 人,国家旅游局挂职人员选派赴苏黎世旅游办事处工作项目 1 人。共 47 人次赴境外访问考察,参加国际会议、讲学和进修。完成 2012 年度锦江教育奖评审工作,锦江科研奖 4 名、教学奖 8 名,管理奖 8 名,共 20 名。

立德树人,开创学生工作新局面。完善《上海旅游高等专科学校学生奖学金评审条例》、《上海旅游高等专科学校品行素质评定条例》等管理办法。截至年底,共发展学生党员 32 名。开展体育文化节、学术文化节、多元文化节、创业文化节、风尚音乐节、迎新文化节等各类活动 100 场。开展寒暑假社会实践活动,学生获委办局对接实践项目优秀奖 2 项,上海市"知行杯"大赛优秀奖 1 项,市级优秀实践项目 2 项,先进个人 3 名。学生项目"上海居民对垃圾分类认知度及响应度的调查与研究"在第十三届"挑战杯"上海市大学生课外学术科技作品竞赛中获三等奖;大学生理论与实践社获"上海市优秀学习型组织";校团委获上海市民文化节暨"乐享阅读　启智生活"奉贤区第三届阅读节优秀组织奖。开展志愿和公益活动 50 场。引入创业教育网络教学内容,完成《大学生就业指导与创新创意教育》课程教材编写、调整校创业基地运行模式。开展第四届职业生涯规划节系列活动,组织行业专家讲座 20 场。实行毕业班辅导员每月走访学生实习单位或就业单位制度,走访企业达 200 次。依托麦可思调研公司完成 2012 届毕业生半年就业情况调研项目,完成 2013 年上海旅游高等专科学校、上海师范大学旅游学院就业白皮书。编制完成 2013 届实习就业单位汇编与 2014 届毕业生求职意向汇编册。完成 2013 年在校大学生创业意向调研报告。10 名学生入伍,其中,本科学生 2 名,专科学生 8 名。

加强对外合作交流。共接待 17 个国家和地区 42 个境外团组,与美国夏威夷大学茂宜分校、英国普利茅斯大学、墨西哥瓜达拉哈拉自治大学、塞舌尔旅游学院等 12 家境外高校和企业签订合作协议,建立多层次国际合作关系。学生境外交流呈多元化特征。全年度境外项目 30 个,选派 100 名学生赴海外游学和实习。18 名学生赴美国、西班牙、芬兰、韩国、日本等国家参加交换生项目;68 名学生赴美国圣地亚哥、夏威夷、国家公园、阿联酋迪拜,以及我国香港特区的旅游企业和组织实习;完善专升本、专升硕、本硕连读、双硕的联合培养项目体系,7 名同学赴爱尔兰、美国、韩国留学;拓展新项目满足学生需求,与爱尔兰沃特福德理工学院签订"3+1+1"专升硕项目,首批 5 名专科学生赴国外深造;完成日本温泉酒店实习项目谈判;启动韩国汉阳大学夏令营项目,6 名学生参加。开设全英文"中国文化和旅游专业课程项目",解决短期留学生和对等交换生需要。新增"酒店课程和实习项目"。接待来自法国、芬兰、日本、博茨瓦纳大学的师生代表团 80 人交流学习,参与酒店管理课堂学习和中餐烹饪实践活动。强化外籍教师管理与服务。自聘或委托聘请来自日本、韩国、美国、西班牙等国的,教师 15 人,主要从事公共外语教学;先后邀请澳大利亚格里菲斯大学、荷兰鹿特丹大学、英国普利茅斯大学、美国塞勒姆州立大学、日本爱知大学等友好学校专家学者来校举办学术讲座。

承担国家旅游局和市劳动局各类行业培训任务,实现经济效益和社会效益"双赢"。共举办 34 个培训班次,培训人员 1672 人次。举办旅行社总经理班 7 期。举办第 47 期及第 48 期全国旅游饭店总经理岗位职务培训班和第 34 期全国旅游饭店部门经理岗位职务培训班。会同各地旅游等政府部门、协会联盟、公司集团合作举办多期行业专题培训班。与上海高星级酒店人力资源沙龙组织合作举办上海高星级酒店人力资源总监研讨会。与江苏昆山市委组织部联合举办昆山地区管理干部及各景区管理人员岗位培训项目。举办第四、五期中国酒店职业经理人高级研修班。举办全国教育部师资培训。举办职教集团教研室主任论坛。举办饭店管理专业证书班。举办饭店管理专业证书班。新疆喀什地区旅游饭店中高层管理人员培训班于 6 月在喀什开班。受国家旅游局委托举办青海、甘肃藏区旅游经济发展研讨班。作为海口旅游职业学校示范学校酒店服务与管理专业师资培训合作基地,为深化两校专业师资培训与交流取得良好开局。

启动制定智慧校园方案,实施相关子项目建设:校园导航系统、统一通讯系统、综合校情分析系统、教学虚拟社区、教学实训场所调度系统等。完成高尔夫练习场果岭建设工程。完成休闲实训中心房车营地、休闲餐厅、钓鱼台等建设工程。完成校园申报国家3A景区初步申报工作，已通过奉贤区旅游局初步评审。完成旅游图文信息特色资源库二期建设。完成年度1至4期的《旅游情报研究》编撰工作。参与《上海市志·图书馆事业卷(1978—2010)》(高校部分)编撰。承办上海市高等学校图书馆女馆长、女书记第四次联谊会。与市旅游局就“上海旅游图书馆”建设启动全面合作。完成学校网站主页改版，建立和开通官方微博与微信推送平台。举办以“美丽文明　移动　智慧”为主题的第五届“浦江论坛”，成立旅游学院校友会。

(刘利艾)

[会展教育发展十年论坛举行] 1月12—13日，由教育部工商管理教学指导委员会旅游与会展学科组和学校联合主办的“中国会展教育发展十年论坛暨首届全国会展专业负责人、系主任及学科带头人会议”举行。来自全国开设会展专业的兄弟院校、会展企业、行业协会等100名代表参加。论坛以“传承与创新”为主题，结合“需要什么样的会展教育、怎样做会展教育、需要怎样的会展研究、会展本科专业课程体系设计与核心课程建设”等议题，进行对话与讨论。会议总结了中国会展教育十年来的发展历程和所取得的成绩。

(刘利艾)

[举办“实践教学活动周”] 5月20—24日，开展以形式多样专业实践教学活动为载体的“实践教学活动周”系列活动。各专业推出各具特色的实践教学展示活动。国际导游系推出多元文化节、导游技能大赛、日语演讲比赛、日语演剧大赛、旅游线路设计大赛(英语、西班牙语)、韩文歌曲卡拉OK赛等；会展管理系由学生“搭台唱戏”，开展2013第四届上海星座博览会；饭店管理系、烹饪与餐饮管理系共同包揽开幕式酒会和闭幕式晚宴；饭店管理系举办啤酒烧烤节、葡萄酒文化节、茶文化节、酒店管理opera技能大赛；烹饪与餐饮管理系举办中餐(雕刻、热菜、点心、冷盘)、西餐(主菜、甜品)技术比武和服务(鸡尾酒)技能比武；旅游学系在高尔夫实训基地开展高尔夫实训大赛等。举办“实践教学活动周”是一种探索性尝试，旨在引导促使教师创新实践教学思路和模式，鼓励学生大胆创新，自行创意策划活动主题方案、自行创设解决问题情境。

(刘利艾)

举办“实践教学活动周”

[获市级文明单位称号] 5月20日，上海市委、市政府召开2013年全市精神文明建设工作会议，学校获“2011—2012年度(第16届)上海市文明单位”称号，实现市级文明单位“三连冠”。

(刘利艾)

[获全国职业院校技能赛奖项] 6月，学校学生代表上海市参加2013年全国职业院校技能大赛，分别在高职组“东方美食”杯中餐主题宴会设计赛项中获得一等奖1个和三等奖1个，在“书香”杯西餐宴会服务赛项中获得一等奖1个和二等奖1个，为上海市和学校赢得荣誉。全国职业院校技能大赛由教育部主办、教育部职业教育与成人教育司承办，是专业覆盖面最广、参赛选手最多、社会影响最大、联合主办部门最全的国家级职业院校技能赛事。

(刘利艾)

[承办青海甘肃藏区旅游研讨班] 11月29日，由国家旅游局主办，学校承办的“青海、甘肃藏区旅游经济发展研讨班”结业典礼举行。国家旅游局人事司、人事司人才开发处及上海市旅游局培训处的领导，学校以及来自青海、甘肃省地（市、州）和旅游重点县（区）的行政领导和旅游局局长等50名学员出席。藏区旅游业发展潜力巨大，按照国务院要求，国家旅游局有计划地开展旅游人才培训。

（刘利艾）

[推进高职旅游类专业目录修订] 11月29日，由全国旅游职业教育教学指导委员会主办、学校承办的全国高职旅游类专业目录修订工作推进会召开。全国旅游职业教育教学指导委员会、国家旅游局人事司，全国旅游职业教育教学指导委员会，及来自中国旅游院校“五星联盟”、部分旅游高职院校的院校长和旅游企业总经理等出席。会议研讨《旅游管理类专业的二级目录调整方案》，确定拟上报教育部旅游管理类专业8个二级目录；明确工作任务、完成时间及拟报专业目录修订的8所牵头院校。学校负责“会展策划与管理”专业目录修订。

（刘利艾）

[《旅游科学》学术影响力提升] 学校《旅游科学》入选南京大学《中国社会科学引文索引》(CSSCI)来源期刊、“全国高校百强社科期刊”、清华大学“中国国际影响力优秀学术期刊”排名第54位、中国人民大学“复印报刊资料重要转载来源期刊”。

（刘利艾）

附：学校负责人及地址

（2013年1—12月）

校党委书记：张国凤（4月离任）、杨卫武（4月到任）
副　书　记：杨卫武（3月离任）、杨荫稚

校　长：杨卫武（3月离任）、康　年（4月到任）
副校长：高　峻、朱承强、张建业、贾铁飞

地址：海思路500号
邮编：201418
电话：57126268

上海公安高等专科学校

［2013年概况］ 上海公安教育训练工作坚持服务实战、问题管理、内涵发展，开展各类民警教育训练活动。年内，举办各类培训班245期，培训学员1.15万余人次，学员测评平均满意率达97.9%，三项数据均创历史新高。其中，举办处级领导干部培训班9期、培训462人，各警种专业岗位警衔晋升培训班123期、培训4674人，各警种专业岗位"轮训轮值"培训班38期、培训1882人，其他各警种专业岗位培训班47期、培训3313人。受公安部委托，为境外警方举办高级外警培训班8期、培训134人，举办全国公安机关和公安院校业务骨干和师资培训班20期、培训1120人。各分(县)局训练基地举办交通、巡逻、社区、治安4个警种专业岗位培训474期、培训9488人。毕业第二专、本科学员772人。组织开展各类考试305场、5.4万余人次。

调整专业布局。学校进一步优化专业布局，改革、整合原有的社区警务、治安管理和巡逻警务三个专业结构布局，构建实行新的治安管理(派出所)专业人才培养方案，重构课程体系。同时，深入推进部门教学特色工作、"三个一"课程建设等重点教学任务，修订教学质量评价、教学改革咨询等教学管理制度，加强专业与课程建设。组织学员海外学习、实习，精选39名第二专、本科学员赴新加坡内政团队学院和澳大利亚昆士兰警察学院参加为期4周的培训。

创新德育工作和警务化管理。深入推进德育融入专业教学，促进德育与专业教学的融合。推行实施警种特色德育工作，通过"警魂论坛"、"德育讲坛"、"共享成长"等平台，进一步加强学员警察意识和警察职业道德的培养，德育工作成效被教育部宣传推广。同时，进一步加大学员警务化管理力度和日常养成教育，积极推行学员自我管理机制，提升管理水平。

提升在职民警培训效能。学校组织教官教师深度参与"重点专业能力提升"等各项市局教育训练系列活动，围绕公安中心任务，建立战时培训机制，指导开发"微课程"220门，并深入一线广泛开展"边战边训"、"送教上门"活动。建立领导干部"廉政教育现场教学点"和"社会管理创新"教育基地，编写《公安基层领导干部工作案例集》。

取得多项教学成果。《安检搜爆初级岗位》网络课程获全国职业院校信息化教学大赛比赛三等奖(上海高职院校中唯一获奖)。"社区警务"教学团队被评为市级教学团队(市级教学团队已达7个)，1门课程被评为市级精品课程(省、部级以上精品课程已达23门)，《社区安全防范》等6门课程被评为"国家级精品资源共享课"立项资格，总数居全国公安院校和上海高职院校之首。在上海市高职、高专院校重点专业建设教学设计比武竞赛中，学校获一等奖(第一名)。

推进公民警校办学体系建设。进一步加大服务社会力度，推进公民警校"三级办学体系"建设，在市局出入境管理局成立公民警校，并指导各区县公民警校建立82个基层办学点，开发建设"名师教官工作室"和"微课程、微电影"等。各级公民警校共举办273期培训班及主题活动，培训学员1.6万余人。

增强师资队伍建设成效。组织156次师资专题培训，选派5名教官、教师参加市局对口援疆送教工作，组织25名教官、教师参加英孚英语培训，选拔7批11人次教官、教师前往美国、新加坡等国家和我国香港、台湾地区参加培训。1个教研室获全国"巾帼文明岗"和市"人文关怀心理疏导示范点"称号，2名教官被评为"全国公安教学名师"，1名教官被评为"市级教学名师"，2个青年集体获市"五四青年奖章(集体)"和"共青团号"称号，7名教官、教师入选市"中青年教师国外访学进修计划"项目，18名青年教官、教师入选市"高校青年教师培养资助计划"，7名教官、教师获"市局优秀教官、教师"称号。

强化警营文化建设。着力发展特色鲜明的警营文化，构建三级文化工作体系，组建摄影、太极、书画等11个教工俱乐部，创建自主运作、定期活动工作机制，依托社会资源全面启动警营文化整体设计工作，推进警营"大文化"建设。上海公专被市局授予市"第一届市民运动会优秀组织奖"，并在首届"全国公安院校培训基地师生文艺大赛暨汇演"中获得佳绩。

(丁晓丹)

［承办培训和"东西合作"项目］ 公安部政治部在学校设立全国公安职业教育教学指导委员会秘书

处。受公安部委托，共承办2期全国公安院校公安专业骨干师资培训班，培训来自全国36所公安院校299名骨干师资。承办全国GB政委、全国公安机关大数据技术、全国公安GB宗教领域安全保卫工作等专题培训班，外警培训拓展到15个国家和地区。为山西、新疆生产建设兵团等公安机关举办各类业培训班11期(含送教上门5期)，培训业务骨干720人。

（丁晓丹）

［完成各类处警备勤任务］ 组织“轮训轮值”和第二专、本科学员2.76万余人次圆满完成上海人代会、政协会议召开期间和春节、国庆期间各类处警备勤任务270天次，为打造“平安上海”发挥积极作用。组织2300余人次第二专、本科学员赴全市17个分县局，参加“打防严保”实训实习。

（丁晓丹）

［举办国际警察教育学术研讨会］ 10月，学校以“警察职业能力培养”为主题，举办“上海国际警察教育学术研讨会”。来自海内外13所警察院校、警察培训机构90名专家、学者应邀出席会议。此次研讨会是上海第二次举办的国际性警察教育主题学术研讨会。

（丁晓丹）

上海出入境管理研究中心和上海市出入境管理局公民警校成立

［联合成立上海出入境管理研究中心］ 与市公安局出入境管理局联合成立上海出入境管理研究中心。组织师生投入科研活动，“警务技战术教学训练三维电子沙盘推演系统研究”、“公安机关战训合一指挥调度系统研究”等15项科研项目分别被市教卫工作党委、市教委、市科委、市公安局立项。被市科委立项的“特警作战训练智库”科研项目是学校历年来获校外经费资助最大的单项科研项目。

（丁晓丹）

［创新信息化教学模式］ 实施刑事案件侦查实训、模拟审讯、警察职业心理能力评价等信息化系统建设项目，开发“执法规范化培训”、“上海公安微课程”等专栏，拓展“e班”培训模式，培训学员297人，增强“e学”、“e练”、“e问”功能，开通4个市局条线和17个分县局远程教育培训专栏，数字资源总量达34.7T，“信息化教学设计”项目荣获“全国职业院校信息化教学大赛”二等奖。

（丁晓丹）

附:学校负责人及地址

（2013年1—12月）

校党委书记:郑万新
副　书　记:于海生

校　长:白少康
副校长:郑万新(常务)、于海生、许　敏、郜根祖、黄益平、刘　民、范立华

地址:崇景路100号
邮编:200137
电话:28957114

上海医药高等专科学校

［**2013年概况**］ 学校招收新生1876人，其中24个外省市生源占新生总数48.88%，西部地区生源占总数22.01%。新疆民族预科转入11人，中高职贯通班转入162人。全日制在校生数5042人，夜大学在校生数708人。获得各类市级及以上奖学金近170人。4名男生和2名女生夏季征兵入伍。毕业生总计1571人，就业率达97.45%。共有教职工377人，其中专任教师147人。具有高级专业技术职务教师15人，中级专业技术职务教师60人；具有硕士以上学位教师57人。

顶层设计，规范管理。学校先后完成教育部提升专业服务产业发展能力项目验收；教育部高等职业教育实训基地建设验收；全面实施上海高职院校综合试点改革项目重点专业建设项目（“085工程”、飞跃计划一期）校企合作、专业内涵建设、国际交流合作、配套硬件设施、其他特色项目五大类19个建设子项目，接受市教委、市财政局对建设项目中期现场评审。与上海国际医学园区建立战略合作框架；与上海交通大学医学院附属新华医院崇明分院合作培养临床医学专业人才，推动开展“崇明班”临床医学（乡村医生方向）专业单独招生培养机制。与多家中外合资医疗机构合作建立涉外护理职业生涯发展教育基地；与嘉定区基层医疗单位合作，建立6个乡村医生职业生涯发展教育基地。形成《党务工作管理制度汇编》《行政管理制度汇编》《教学科研管理制度汇编》《学生管理制度汇编》《后勤保障服务管理制度汇编》五个部分，共计29.8万字，通过学校官网信息公开专栏，向全社会公开。通过上海市高校档案工作实地评审，被评为“优秀”，成为上海市首获优秀等级的高职院校。通过“上海市高校安全文明校园”创建工作评审。

人才强校，团队制胜。学校颁布《优秀青年教师培育计划实施方案》，完善人才队伍建设机制，推出“需求导向、统筹规划，团队协作”实施办法及激励举措，10位一线优秀青年教师成为首批培养对象；发布《关于下发〈推进专任教师行业实践与行业见习工作实施意见〉的通知》，79.6%专任教师深入行业接受实践培训，提升校内专业专任教师行业影响力。开展以项目课程教学案例设计为主旨的教师教学能力分项竞赛。6月成立学生职业素养培育辅导员工作室。1名辅导员获“全国职业院校优秀辅导员”称号。在“2013年度上海高校辅导员队伍建设月”第二届上海高校辅导员团队拓展活动中获得团体二等奖和最佳风尚奖。

质量工程，凸显成效。共有5门课程获第三批国家级精品资源共享课立项，2门课程获上海市级精品课程；1名教师获上海市级名师；药学专业教学团队和医学基础教学团队获市级教学团队。教学科研工作共计完成市级科研课题立项17项，其中市教委科研创新项目3项；发表正式期刊论文63篇，其中2篇发表在SCI收录的杂志；在各级学术会议上获奖论文6篇。口腔医学技术系“口腔虚拟实训教学系统”获上海高等教育学会信息管理专业委员会2013年度学会优秀应用案例奖。参与由上海现代护理职业教育集团承办的2013护理双语教学能力比赛。

发扬优势，交流服务。学校通过美国伊利诺伊州护士注册局第三方认证，成为全国唯一护理专业应届毕业生无须参加预考和语言测试即可直接报考“美国注册护士执照考试”的高职院校。涉外护理专业与世界最大医学出版社“爱思唯尔集团”合作建设护理专业教学资源库，建成可运行90个贴近真实临床案例的国际护理案例教学中心。共有来自芬兰、荷兰、挪威、丹麦等国家94名留学生来校交流学习、实习；接待来自美国、加拿大、澳大利亚、芬兰、比利时等国家代表团共计236人来访；12名教师和98名学生赴国外交流学习。依托国际化优势，参加上海市第1批13个专业中《国际水平职业教育护理专业教学标准》和《国际水平职业教育口腔工艺专业教学标准》开发工作。运用区县卫生人才培训中心管理网络，为覆盖全市九个区县111个乡镇（社区）1098个村卫生室的第一线1472名乡村医生开展操作技能提高培训。

（张毅婷）

［**首套示范性高职医学丛书出版**］ 2月，首套国家示范性高职院校医学相关类专业教与学丛书由

上海科学技术出版社出版，全套丛书共有《护理专业教与学指南》《医学检验技术专业教与学指南》《口腔医学技术专业教与学指南》《眼视光技术专业教学指南》《药学专业教与学指南》《医学影像技术专业教与学指南》《临床医学专业教与学指南》七个分册，总字数 200 万，校长巫向前担任丛书总主编，13 位部系主任分别担任各专业分册主编或副主编，将学校近年来专业发展、课程改革和内涵建设的阶段性成效，凝练汇集成医学相关类专业标准的教与学指南丛书。

（张毅婷）

[被评为毕业生就业典型高校] 3 月 27 日，教育部专家组进驻学校全面了解教育教学改革及推进就业指导工作真实情况，调研由就业工作汇报会、专业系部及就业指导工作现场实地调研、师生访谈与座谈、问卷调查、就业信息工作资料核查等组成。6 月 26 日，学校参加全国毕业生就业典型经验高校座谈会，并作交流发言“紧贴国家卫生事业发展、培养高素质应用型卫生技术人才”。

（张毅婷）

[定向培养临床医学专业人才] 受市教委、市卫生计生委等 10 个委办局委托，学校于秋季定向免费培养首批临床医学（院前急救）专业方向 69 名学生。采取校企合作培养方案，由学校和上海市急救中心、市三家医院急诊科室联合提供“双师型教学团队”，2 年学校教育，1 年临床培养，按照全球通用的中毒、创伤、复苏、危重 4 个模块，完成知识与技能专门化培养。

（张毅婷）

[签订涉外护理专业订单培养合作协议] 10 月 18 日，与上海和睦家医院签订涉外护理专业订单培养合作协议，建立职业生涯发展教育基地，从护理（中美合作）专业中选拔成立和睦家班，由该院提供国际护理理念、和睦家文化、相关护理政策、职业素养和专业技能等补充教学，临床见习机会及奖学金，该院人力资源工作人员加入学校涉外护理专业就业指导委员会。

（张毅婷）

[举行学校易班文化节] 10 月 30 日，“一路有你，魅力易班”——2013 年度上海医药高等专科学校易班文化节开幕，启动学校自主开发的易班拓展系统——“问卷通”“投票通”项目。文化节历时 2 个月，涵盖开幕式、易班 LOGO 设计大赛、第一届视频短片制作大赛、梦想班级、人气红人、明星分站评选、易彩之星学生干部评选、专家讲座、易班建设工作总结会暨易班文化节颁奖大会等 9 项，全力打造“CEW”品牌易班（C-classical 经典、E-exquisite 精品、W-wonderful 精彩），获三项市“十佳”称号。

（张毅婷）

[获亚洲学生瓷粉技术竞赛亚军] 口腔医学技术（中日合作）专业 G110402 班沈婷婷经过层层筛选，以中国大陆区冠军成绩前往香港参加亚洲级总决赛，获 2013 亚洲学生瓷粉技术竞赛亚军。大赛是口腔工艺领域首个亚洲规模赛事，参赛选手来自亚太 10 个国家和地区，现场进行技能操作后，国际行业专家组成的评委会即刻评分定奖。

（张毅婷）

附：学校负责人及地址

（2013 年 1—12 月）

校党委书记：贾万樑（5 月离任）、唐国瑶（5 月到任）
副　书　记：巫向前（5 月离任）、唐红梅（6 月到任）、朱文娟、郑忆文

校　长：巫向前（5 月离任）、唐红梅（6 月到任）
副校长：唐红梅（6 月离任）、朱文娟、沈岳奋、施晓谋、汤　磊（12 月到任）

地址：浦东新区周祝公路 279 号
邮编：201318
电话：33759000（总机）

上海行健职业学院

［2013年概况］ 明确办学定位，按照学院发展三个重要目标推进各项工作。一是围绕区域发展战略，推进特色高职院校建设；二是围绕区域民生事业，提升学院服务区域能力；三是围绕区域文明创建，共建闸北文明和谐城区。按照“立足闸北、服务闸北”思路，学院更新教育教学观念，全面深化专业建设，加强课程与教学改革，推进社区教育工作和学习型城区建设，开展各项职业技能培训，办学思路清晰，内部管理规范，办学水平提升，取得显著成绩。共招收高职新生1358人，其中三校生298人，高职在校生总人数4033人。招收成人专科生373人，成人在校专科生总人数597人。学院成为10所上海市特色高职建设院校之一；技能培训中心、学院技能鉴定所双双被上海市人力资源和社会保障局评定为A级机构；成功获批为教育部信息化试点学校，顺利通过一期项目验收。

内涵建设项目稳步推进。在特色校建设过程中，以就业为导向，对接区域经济发展，调整优化专业结构，加强特色专业建设，推进重点专业建设，形成传统专业发展稳定、特色专业优势明显、重点专业实力突出及三者协调发展的专业体系。按照085重点专业建设路线图，继续推进重点专业群四个维度项目建设。完成电子商务和应用英语第一期专业教学资源库，学前教育和广告设计专业第二期建设；完成并出版首期5本校企合作共同开发教材；成功举办第一届新晋青年教师教学说课汇报会；经过三年考核评价改革，25门课程考核模式过程性改革成果汇编定稿，准备正式出版；两门课程获上海市精品课程，共有上海市级精品课程9门，在上海特色高职院校名列前茅；纵瑞昆教授获批为上海市教学名师。

校企合作制度不断创新。闸北职教集团已获批，校企合作有新平台。学院成立校企合作领导小组，设立校企合作办公室，重点推进校企合作工作。先后和上海卡通尼儿童乐园有限公司、鼎捷软件股份有限公司签订合作协议，和福胜新天地国际实业股份有限公司建立良好互动，和吉的堡教育集团建立合作关系，开展订单式人才培养和实训基地建设。学院和福胜新天地共同建设的实训基地成功获批“上海市教委大学生实训基地项目”。和市北高新集团签约共同建设校企合作基地，为学生提供实习、实训、见习、就业、创业诸多机会，为企业和学生引入有关专项资金支持。

实训室建设成效明显。根据特色高职院校建设要求，重新整合所有专业实训基地的整体布局和规划。完成商务外语系国际贸易综合实训室，学前教育系幼儿保健实训室、学前教育美术实训室、保育员实训室和护理实训室等建设已投入使用。完成“大型机房建设”“普通话测试中心”“课程资源制作中心”和“专业计算机实训室”等4项“085”工程内涵建设项目。

学生培养工作全面开展。推进和加强辅导员队伍专业化、职业化建设，开展校内辅导员岗前培训；修订辅导员管理条例等；以专业建设为引领，调整辅导员带班情况；完善辅导员带教程序与考核制度；开展学生工作研究课题申报；积极参加上海市高校辅导员建设月相关活动，在高校辅导员团队拓展大赛中荣获团体总分第一名和最佳团队奖；组织开展辅导员技能大赛，主题班会评比和案例分析大赛。成功申报上海市易班特色项目，开展一系列易班线上线下活动。

深化大学生就业和创业工作。通过举办就业指导讲座、校园实习就业招聘会等形式，为学生提供更多就业机会。成功申报市教委“大学生校外学生职业发展实践基地”。

服务区域民生多点开花。职业教育调整专业结构，将专业设置对准市场、行业和岗位，为闸北发展提供充足人力资源储备。学前教育系利用专业优势承担区教育系统幼儿园教师专业培训，服务区域教育事业，提升学院办学知名度。继续教育努力拓展空间，使教育教学资源成为闸北区职前职后培训重要支撑。3月16日，闸北区政协举行“三区联动、三门互通”大型招聘会，成为学院探索高校资源辐射区域民生的有益尝试。

作为上海市开放大学闸北分院，下设女子学院、残疾人学院；学院开放大学、成人教育学院、奥鹏网络本科教育可提供各种形式学历和非学历教育;学院还被市教委确定为外来务工人员随迁子女就读中等职业学校的报名点。

作为社区教育研究中心和指导中心,学院发挥社区教育网络龙头作用,积极服务区域社会经济文化发展,在构建区域性终身教育服务体系,推动闸北学习型城区建设方面开展扎实有效工作。通过探索闸北数字化市民学习港建设,学院拓展社区教育服务功能;通过推进闸北老年学习苑建设,学院强化区域老年教育服务功能;通过开展社区教育理论研究和指导街镇社区学校建设,学院极大提升社区学校发展水平,探索出"学院—社区"联动发展的新模式。

(王　欢)

[获教学设计比武决赛二等奖]　1月22日,学院学前教育专业代表085重点建设专业参加市教委组织重点专业建设教学设计比武决赛。经过初赛复赛选拔,6所高职院校参加决赛,涵盖国家级示范院校、骨干院校、行业高校和民办院校等。参赛内容分三部分,顶层设计题目为《基于国际视野的幼儿教师人才培养方案顶层设计》。专业建设方案设计题目为《凸显特色,引领示范,培养国际视野的优秀幼儿教师》。专业课程建设说课题目为《幼儿卫生保健》。学院以出色表现获二等奖。比赛对促进学院专业建设、师资队伍建设起到引领示范作用,引发其他重点专业加强专业建设思考和改革活动,助推学院085工程专业建设项目向纵深发展。

(王　欢)

[获实用英语口语上海赛区二等奖]　4月20日,第九届全国实用英语口语大赛上海地区复赛举行。大赛分英语专业组和非英语组两个组别。来自28所高职院校选手齐聚复赛。学院两名参赛选手分获英语专业组二等奖及非英语专业组三等奖。

(王　欢)

[在全国职业院校技能赛中获奖]　6月19日,2013年全国职业技能大赛高职组"一汽—大众杯"汽车维修与检测赛项和汽车营销赛项在长春汽车工业高等专科学校举行。学院参赛选手分别荣获"汽车自动变速器拆装与检测"团体单项三等奖、"汽车电气系统检修"团体综合三等奖以及"汽车综合故障诊断"团体单项三等奖。

(王　欢)

[获市优秀合唱团称号]　10月8日,学院合唱团45位学生参加首届上海市民文化节"欢乐上海,同声唱响"市民合唱大赛决赛,表演曲目《摇滚哈利路亚》,因表现优异被评为"上海市100支优秀合唱团"中的一个。

(王　欢)

[获市高校辅导员团队拓展活动一等奖]　11月24日,由中共上海市教育卫生工作委员会、上海市教育委员会主办的第二届上海高校辅导员团队拓展活动举行。学院获得拓展团体总分第一名和团体一等奖,荣获"最佳团队奖"称号。

(王　欢)

[获全国数字化创新设计赛三等奖]　11月,在第六届全国数字化大赛创新设计大赛总决赛中,由学院应用艺术系教师带领参赛队代表上海赛区参赛,并获全国三等奖,学院获全国最佳组织奖。

(王　欢)

[养老护理员鉴定考场监控系统通过验收]　12月6日,上海职业技能鉴定中心专家组来院对养老护理员(医疗照护)鉴定考场监控系统进行验收。专家组听取鉴定所负责人对考场监控系统介绍,并查看监控安装文件、核对相关数据和实地查看监控效果。经鉴定,学院养老护理员(医疗照护)鉴定考场监控系统通过验收。

(王　欢)

附:学院负责人及地址

(2013年1—12月)

院党委书记:黄　群
副　书　记:马毅鑫

院　长:黄　群
副院长:蔡　红、方　明

地址:原平路55号
邮编:200072
电话:56075555

上海城市管理职业技术学院

[2013年概况] 学院招生1305人，其中自主招生394人，招收外省市学生730人，在校高职生总数3631人。1179名应届毕业生就业率95.3%，签约率69.8%。成人学历教育全年新招学生1148人，共有各类成人学历教育在校生3091人，成人培训教育学员总数达17506人次。

根据市委组织部、市编办和市教委要求，学院由市建设交通委划转市教委管理，同时与原建设交通党校、市园林学校、园林技校分离，分离划转工作准备充分，预案到位，使资产、人员划转顺利进行。学院按照市教委相关组织原则和要求，完成新一届校党政领导班子组建工作，确保学院日常管理和教育教学工作有序开展。

学院以提高学生职业能力为目标，继续深化以顶岗实习为突破口的实践性教学改革。依托行业内骨干企业，建立78家校外实践教学基地，制订顶岗实习工作程序，强化实习规范，提高顶岗实习质量。学院建筑与房地产管理、物业与智能化管理、建筑技术、工程机械运用与维护等四个市级公共实训基地安排实训学生共83195人次。运用上海建设技师学院平台，继续完善政府购买培训、学校实施教育、企业提供实践的校企合作人才培养新模式，共同培养相关专业学生。共有246名10级高职学生参加技师学院组织的校企合作实习实训，其中182名高职学生通过职业技术鉴定，分别取得绿化工(高级)、智能楼宇管理师(高级)、室内装饰设计师(高级)、调酒师(高级)、会务接待服务员、电梯安装维修工等职业资格证书，通过率达73.9%，同比增长100%。各类技能竞赛获佳绩：5名学生荣获第四届“广联达杯”全国高等院校工程项目管理沙盘模拟大赛全国总决赛一等奖；3名学生荣获第六届全国高职院校“广联达杯”土建算量团体二等奖、安装算量二等奖；1名学生获上海市高职高专首届“苏一光杯”工程测量职业技能竞赛个人一等奖；4名学生获上海市高职高专首届“苏一光杯”工程测量职业技能竞赛团队二等奖；2名学生获全国职业院校技能大赛高职组“亚龙杯”楼宇自动化系统安装与调试团体三等奖。学院2011级1233名学生参加上海市计算机等级一级考试，合格1084人，合格率87.92%(同期全市一级合格率为68.97%)；优秀389人，优秀率31.55%(2012年为22.51%)，全校平均分数76.04(2012年为73.90)。合格率在全市30所高职高专中名列第一。

获全国高校工程项目管理沙盘模拟总决赛一等奖

学院师资和教学科研水平不断提高。出版著作和教材18部，公开发表论文99篇，其中核心刊物 29 篇。《环境艺术设计》《建设工程项目管理》两门课程被评为年度上海市精品课程，精品课程总数达 12 门。《市政工程技术》教学团队荣获上海市级教学团队，学院市级教学团队总数达到 6 个。开展多层次、全方位师资队伍建设，与华东师范大学职业教育与成人教育研究所联合举办骨干教师能力提升班，扩大教师视野，加大师资培训力度。在上海高校学报年会期刊评选中，《上海城市管理》获“上海市优秀学报”，编辑被评为“上海市学报优秀编辑”。

不断提升学生成长服务水平。开展大学生心理健康教育活动。大力培育学生文化社团，举办第十三届校园科技文化艺术节、第一季城院社团巡礼暨精品社团评选以及各类团学活动 20 余项，加强与街道社区的社会联系，发挥学生志愿者团体作用，进一步加强科学精神和人文精神相融合的校园文化建设。

国际合作交流不断深化。招收中外合作专业新生 66 名，其中建筑工程项目管理（中加合作）专业 31 名，城市园林（中美合作）专业 35 名。建筑工程项目管理和城市园林两个中外合作专业有 21 名学生出国深造，实现中外合作办学专本科、境内外学业的贯通之路。

成人教育服务社会功能逐步拓展。学院有专科起点本科（业余、函授、网络）、高中起点本科（网络）、专科（业余、电视、网络）、中专自学考等多种成人学历教育类型，形成 36 个专业、14 个教学点、3091 名学生成人学历教育规模，网络教育新生数达 887 人。学院继续开展建造师、造价工程师、监理工程师、注册安全工程师等执业资格考前培训，其中一级和二级建造师继续教育规模达 5402 人。完成市合作交流办关于青海果洛地区培训城建项目管理人员 2 期培训任务。为新疆农七师下属有关单位举办城镇建设规划专题培训。

（沈萌耀、李　静）

［举办城镇建设规划培训班］ 受新疆生产建设兵团七师建设局的委托，学校成人教育学院举办新疆生产建设兵团七师城镇建设规划专题培训班。培训班由新疆生产建设兵团七师建设局局长带队，参加培训学习的 30 余名学员为来自新疆农七师各团，城镇规划设计、施工等部门团、营级干部。

（沈萌耀、李　静）

［学生海外学习项目见成效］ 国际交流学院“海外学习项目”计划开展后，首批学生学成归来。“海外学习项目”依托中加和中美合作的教学平台，精心挑选数名专业知识扎实、语言能力较强、各方面素质条件优秀的学生赴加拿大和美国的合作院校进行短期学习。从应届毕业生就业情况看，其海外学习经历引起上海建工集团等世界五百强优秀大型企业关注，成为面试重要加分因素，凸显大型企业对人才与国际接轨的重视，有助于提升学生综合竞争力。

（沈萌耀、李　静）

附：学院负责人及地址

（2013 年 1—12 月）

院党委书记：杨培春
副　书　记：陈锡宝、何　光

院　长：陈锡宝
副院长：钱啸寅、李　进

军工路校区地址：军工路 2360 号
邮编：200438
电话：31118788

河南北路校区地址：河南北路 301 号
邮编：200085
电话：63250475

上海交通职业技术学院

［**2013年概况**］ 学院在校生总数4038人，其中外省市生源占46%；有专任教师275人。设有10个专业系部、22个专业，其中《汽车运用技术》与《集装箱运输管理》专业为国家级教改示范专业，《报关与国际货运》专业为上海市特色专业。学院是"上海市高校学生物流管理类职业技能鉴定所"和"国家技能型紧缺人才汽车运用与维修专业培养基地"，设有校内外实训基地110余个。

一、深化人才培养模式改革。继续落实"085工程"路线图《汽车运用技术》《汽车技术服务与营销》《物流管理》重点专业提升计划，制定市级重点专业建设实施方案并进入实质性建设阶段。《报关与国际货运》专业接受并通过市教委"中央财政支持高等职业学校提升专业服务产业发展能力支持项目"和"085"工程项目建设中期检查。《汽车运用技术》《汽车技术服务与营销》《汽车技术服务与营销(保险和公估)》等专业增设专门化班。精品课程《仓储与配送》完成初步建设。完成《信息技术基础》《办公自动化》及《计算机应用基础》课程标准修订。

实施校企合作订单培养模式，与上海普惠飞机发动机维修有限公司、上海波音航空改装维修工程有限公司合作组建11级"普惠订单班"和"上海波音班"。《汽车运用技术》专业与景格科技公司签订合作协议，为开设"新能源汽车技术"课程教学作准备。成立"物流管理专业交运日红专家工作室""轨道交通企业专家工作室"，开展专业建设、课程教学等方面指导。企业进校开设《企业文化与企业实践》课程(40课时)。与上海市汽车运输技术科学研究所合作，开发"汽车尾气辅助过滤器"。学院出资为所有实习学生购买"实习责任保险"。

加强国际交流合作。继续开展与荷兰STC学院学生游学、教师交流访学项目，17名师生赴荷兰学习进修。开展与英国汽车工业学会IMI、英国捷豹路虎、英国诺丁汉中央学院国际化合作办学项目，4名教师赴英国培训，取得英国IMI汽车职业资格认证考评师资格。组织教师赴德国观摩第42届世界技能大赛，受邀访问戴姆勒奔驰斯图加特总部。与英孚英语教学机构合作，组织60名师生参加英语在线学习。

二、深化师资培养机制改革。调研制定"2013—2015年教师职业能力提升发展规划"。继续引进研究生以上学历或副教授以上高级职称人才；组织教职员工参加学历进修、岗位培训等各级各类培训。1名教师申报国内访问学者。完成上海市高校青年教师资助计划申报工作。完成教授、副教授各1名论文申报评议。分别组建汽车运用技术、汽车技术服务与营销、新能源汽车实训中心、汽车创新实验实训中心、汽车运用与维修等5个攻坚团队。

组织完成2012年上海市教育科学研究项目《现代职业教育体系构建赋予集团化办学内涵建设创新研究》分课题"职业教育内涵建设研究"等论文、高教学会2012年三项课题《基于中高职贯通的现代职业教育体系构建的探索与实践》《基于SWOT分析的高职高专特色专业建设规划及实践研究》《职教集团绩效评价的实践性研究与探索》结题工作，以及全国交通职业教育科研计划项目(编号：2013Z05)高职交通运输管理类专业目录优化与调整结题资料汇编。申报教育部"十二五"规划重点课题"个性化学习开发与提高效率研究"子课题获立项。组织申报立项市级以上课题10余项。各类立项在研课题70余项。

优化教学督导机制。特聘5位校外专职督导员，实施动态听课，随机听16名教师、20门课程，从教师备课讲课等7个方面给予客观公正点评。开展公开课展示活动、网上评教，发放"学生问卷调查表"2000余份。

三、深化德育工作机制改革。聘请3位全国劳模担任校外辅导员，发挥榜样示范作用。组织2012级学生参加"时政大赛"。带领学生到法院、上海市禁毒管理所参观。9月份全面开展"德育五分钟"活动。思政教师入驻市高校"易班"平台。学院"易班"开展每周一主题、每月大型主题活动，共注册人数4008人，注册率99.27%。

加强各类培训。举办德育工作年会，推荐优秀辅导员参加市教委组织的相关培训。选派一名思政课教师参加上海市高校第三届思政课教学法评比。

承担市级德育课题《高职院校学生素质德育之道德素质的研究》。组织第20、21期业余党校入党积极分子培训班，160名学生参加。组织第八期学生干部培训班。组织心理社团、班级心理卫生员队伍培训，开展心理健康教育研讨活动。组织12级学生参加普通话水平测试。开展艾滋病相关预防知识宣传、红十字急救队伍培训。夏季征兵29名学生(男27名，女2名)光荣入伍。

加强主题教育活动。坚持每月一主题，开展学雷锋志愿服务、读书节、"中国梦"班班有歌声校园艺术节等活动。在"读好书争做示范、学专业凸显特色"第七届校园读书节系列活动中，组织开展有奖阅读、数字及移动阅读体验、专家讲座等12项活动。组织社团活动，第二课堂兴趣小组、心理协会、敬老志愿者协会、红十字协会等青年志愿者积极开展活动。

四、深化招生就业机制改革。参加第十届教育博览会，推出交通物流、汽车类专业联合招生广告，以及75项"菜单式"服务项目。建立招生宣传承包制和招生奖励制度。组织学生开展招生主题实践活动，做好"校园开放日"接待。做好外省市招生宣传工作，"在线教师咨询"窗口详细解答咨询。计划招生1550人，录取1423人，实际报到1276人；其中3月份依法自主招生计划400人，录取399人，报到399人；5月份"三校生"招生计划180人，录取153人，报到153人；6月份高中生计划100人，录取141人，报到135人；外省市计划870人，录取730人，报到589人。学院总报到率82.32%。

加大就业推荐力度。应届毕业生1567人，涉及20个专业。先后组织上海永达集团招聘会(提供岗位250个)、"丰田日"活动等。5月份，交通物流职教集团举办第六届大型人才招聘会，71家物流企业提供岗位1035个，集团所属21所职业院校2000余名2014届毕业生参加应聘。应届毕业生就业率90.75%。做好每月2次(8月底结束)应届毕业生就业情况上报，完成2014届毕业生生源信息及联系方式采集预报。重视就业新闻宣传工作，重视毕业生跟踪调查，通过麦可思数据有限公司对2012年毕业生进行跟踪调查，调查专业16个、学生1367人、专业课程160门、专业教师80人，形成调查报告。

加大继续教育服务力度。共培训3.3万余人次。为企业提供员工技术培训共计1120人，会计继续教育2998人。"双证书"方面，组织18个班约700名学生参加上海市高校计算机等级(一级)考试。组织11、12两个年级会计班学生223人参加全国珠算技术等级考核鉴定，其中215人获普通五级等级证书，合格率96.4%。拓展培训鉴定资质方面，获得物流师(仓储配送)职业三级竞赛鉴定资质，承办上海市高职高专物流类(仓储配送)三级技能竞赛暨高职全国大赛选拔赛；3月举办首次"全国物流师职业资格认证物流员智能化考试"；6月承办由中国外贸经合企业协会组织的"全国国际商务单证员"统一考试，54名学生报名，50人获证，获证率92.6%。

五、提升基础保障能力。完成基础建设工程项目30余项。建成4963平方米新综合楼，9月份新食堂对师生开放，12月6日室内体育馆开馆并举行首场篮球友谊赛。完成综合教学监控系统建设。完成纸质图书、期刊采购预订，其中超星电子图书8万册(约800GB)。加快实训中心建设，完成汽车创新实验实训中心一期(智能教室)建设并投入试用，启动新能源汽车实训中心、现代物流实训中心、城市轨道交通控制实训室等8个实训中心建设。完成数字化校园一卡通一期及二期建设，校园无线网络全覆盖。

推进信息化建设进程。5月接受市教委"信息公开"网站检查评分，10月向市教委报送信息公开年报。9月完成高基报表填报、2013级新生学籍电子注册。11月完成《高等职业院校人才培养工作状态数据采集平台》年度上报。做好央财支持专业《报关与国际货运》在全国职业教育专业建设与职业发展管理平台的数据填报及实时更新。开展学院网站改版工作，开发完善南汇校院管理，适时正式对外发布。

做好清产核资工作，为划转市教委奠定基础。完成"十二五"基本建设规划及校区现状统计工作。10月完成全国事业单位个人信息采集上报工作。完成教育收费自查工作及相关报告。建立和完善校园安全工作资料121本。加强外包食堂监管，加强H7N9禽流感防控工作，全年未发生公共食品卫生安全责任事件。组织师生无偿献血，年度献血指标518人，实际完成520人。

六、学院及相关部门和师生获主要荣誉。学院获2012—2013年度上海市"安全文明校园"、上海市平安示范单位；上海市高校信息公开评议优秀学校。安全保卫处被评为上海市治安保卫先进集体。物流管理专业参加华东物流教学联盟成立大会，成为常务副理事长单位。获上海市青年女性职业飞翔计划优秀组织奖、第三届上海市大学生国际人道问题辩论赛优秀组织奖、上海市高校红十字会现场初级急救比赛优秀组织奖、上海市语言文字水平测试工作先进集体。

汽车运用技术专业参加年度上海市第三届高职高专重点专业建设教学设计比武，获上海市团体二等奖。汽车技术服务与营销专业团队获批上海市教学团队。参加上海市高职高专院校物流管理专业技能竞赛暨全国大赛选拔赛“现代物流储存与配送作业优化设计和实施”项目竞赛获第二名，4 名参赛学生获上海市人社局颁发的物流师（仓储配送）三级证书，并获 6 月天津全国大赛三等奖。参加第四届全国高职高专英语写作大赛上海赛区比赛，1 名学生获二等奖。参加华东物流联盟物流职业技能友谊竞赛获三等奖。参加“21 世纪报杯”上海市第二届高职高专英语读报大赛，1 人获一等奖，2 人获三等奖。6 名中高职贯通学生参加上海市汽车技术服务与营销职业技能竞赛均进入决赛。数学建模实验班组织五个队参加全国竞赛，其中两个队获上海市二等奖。

《上海职教集团化办学的实践及相关问题思考》获上海市职业教育协会第八届优秀论文一等奖。市高教学会课题《职教集团绩效评价的实践性研究与探索》获上海市高等教育学会三等奖。鲍贤俊《高职“订单式”校企合作高技能人才培养的实践探索》获中国交通教育研究会职教分会第十五届教育科研优秀论文一等奖，朱建柳《高职院校专业规范与特色建设实践与探索》获二等奖，吴国伟《坚持教产结合与校企合作是推进集团化办学的重中之重》获三等奖。课题《探索学生综合素质评价模式，建构突出综合能力培养的人才培养体系》，在“2011 年至 2013 年度交通职业教育科学优秀成果”评选中获二等奖。

（陈一鸣、王晓红）

[推进特色高等职业院校建设] 1 月完成“特色院”建设方案第二轮修改，3 月完成建设项目路线图和论证分析报告编审。4 月举行“特色院”建设项目责任签约，正式启动推进“特色院”建设，并开通专题网站。全年召开 5 次月度例会，各相关专业系部、教学部门已完成所有一级项目、大部分二级和三级项目任务书编制；完成“特色院”教师教育发展工作量、专项经费使用管理细则、项目建设外包管理暂行办法、建设若干经费标准使用实施指导意见等相关实施性文件的制定，以及项目报销、固定资产采购、师资培训、项目外包管理等流程图制作。

（陈一鸣、王晓红）

[与企业签署产学研合作协议] 经上级主管单位同意，租赁原上海大学巴士学院（位于浦东新区南汇新场镇下盐路 2888 号，占地约 11 万平方米，房屋建筑面积 4.1 万平方米）成熟校园作为学院南汇校院，于 2014 年 8 月 1 日正式启用。5 月，南汇校院建设方案（草案）完成；6 月 20 日，学院与上海巴士公交（集团）有限公司签署产学研合作暨教育场所租赁协议。届时，一、二年级学生将全部进入南汇校院学习。

（陈一鸣、王晓红）

[成立英国 IMI 培训中心] 10 月 23 日，学院与英国诺丁汉中央学院签订合作办学协议，成立华东地区首个英国 IMI 培训中心，经遴选，首批 86 名汽车专业学生成为该项目班学员。下一步，学院将与诺丁汉中央学院在专业跨领域教程、英国诺丁汉中央学院汽车夏令营、教师培训、师生交换访问等方面开展合作。

（陈一鸣、王晓红）

[加强帮困助学力度] 全年有 3 名学生获国家奖学金，共计 2.4 万元；4 人获上海市奖学金，共计 3.2 万元；145 人获国家励志奖学金，共计 72.5 万元；三项累计奖励金额 78.1 万元。有 258 人次获得国家助学贷款，共计 153.6 万元。有 634 人获国家助学金，累计金额 190.2 万元。为家庭经济困难学生下达临时专项补助，累计补助 574 人，共计 15.4 万元。有 530 人次获得勤工助学岗位，共计 24.07 万元。全年奖助学总计 2148 人次，461.37 万元，助学总费用同比增长 11.32%。

（陈一鸣、王晓红）

[探索中高职教育贯通新模式] 依托上海交通物流职教集团，成功申报“点对点”（一所高职对一所中职）《汽车运用技术》《汽车技术服务与营销》专业、“点对面”（一所高职对若干所中职）《物流管理》专业学分互认课程衔接中高职衔接培养模式试点方案，取得试点招生资质。中高职教育贯通专业数达到 5 个。完善中高职教育贯通培养教学管理机制，对《汽车技术服务与营销》专业课程标准进行汇编评审，调整完善培养方案、课程衔接、管理衔接等教学实施方案。2013—2014 学年首届中高职贯通《汽车技术服务与营销》《航空机电设备维修》2 个专业 4 个班共 142 名学生转入高职学习。“中高职贯通航空机电设备维修”专业课

程改革各子项目立项论证工作启动，完成基础类课程4个子项目立项和论证。

（陈一鸣、王晓红）

［**参加中国节能车竞赛获好成绩**］ 10月25—27日，学院组队参加在广东举行的第七届本田中国节能车竞技大赛（车队名称“骆驼”，编号“20120136”）。全国共有70个高校约150支车队参赛。学校自行研发节油车，第四次参赛，获第九名（前八名均为本科院校），为全国高职高专第一名。《中国青年报》专题采访报道学院“骆驼”车队。

（陈一鸣、王晓红）

附：学院负责人及地址

（2013年1—12月）

院党委副书记（主持工作）：俞景平
副　书　记：鲍贤俊

院　长：鲍贤俊
副院长：张佳敏、张伟国、张　勤、武　勇

地　址：呼兰路883号
邮　编：200431
电　话：56993234

上海海事职业技术学院

［**2013年概况**］ 学院有航海技术系、机电工程系、航运管理系、外语系、基础部等5个二级教学系部，招生专业9个，全日制高职在校生3929人。全年招生1128人，毕业生就业率95.13%。教职工267人，青年教师中研究生学历(学位)占48.1%，专任教师中具有中高级专业技术职务比例达70.9%，具有船长、轮机长等各类双师资质教师占55.4%。

学院以特色院校和085工程重点专业建设为抓手，重点抓好育人、科研和师资队伍建设，不断深化航海类专业课程和教学改革，持续创新人才培养模式，推进校企合作，进一步提高学生道德行为规范和身心健康均衡发展，促进学院人才培养能力和水平再上新台阶。

推进特色院校和重点专业建设。组织4个专业完成特色院校建设方案修改，指导3个专业制订重点专业建设规划，接受市财政局、市教委对2012年085工程建设项目审计和中期检查；在实训中心、师资队伍、人才培养模式、社会技术服务等方面开展53个项目建设，"国际航运业务管理专业"教学团队获批上海市级教学团队，轮机工程技术专业获第三届"上海高职高专院校重点专业建设教学比武"三等奖；完成央财支持"专业建设与职业发展管理平台"数据填报、总结报告和典型案例，其中航海技术专业服务产业发展能力案例入选市教委选送教育部十大典型案例。

加快创新人才培养模式探索。"船舶电子电气专业"和"轮机工程技术专业"成功申报上海市中高职贯通培养模式试点专业，于2014年9月招生；完成人才培养工作状态数据采集和质量年报网上填报，撰写学院上海市高等职业教育人才培养质量年度报告以及高技能人才培养基地评估报告等；持续推进航海基础英语和轮机基础英语教学团队建设，多次举办"航海英语教学改革"专题讨论会，《航海英语入门》驾驶、轮机两本教材完成改版并交付使用，《船舶操纵》申报国家级精品资源共享课程；以STCW国际公约正式实施为契机，依据新公约、新标准、新规则要求，修订完善2012级、2013级航海类专业人才培养方案，重点突出课程教学改革、海员职业素质教育和学生半军事化管理。

引导支持教师进行教学课改，充分调动学生学习积极性和主动性，在"思想道德修养和法理基础"课程中，通过"爱国主义从爱校做起，从小事做起"等活动开展，将中国梦和爱国主义教育有机结合；计算机课程教学设计考虑"工学"之间配合，实现"工"配合"学"深化，"学"服务"工"需求等，缩短学校人才培养与企业工作实际之间距离，使学生进入企业较快熟悉办公环境，对办公自动化应用得心应手。

加强师资队伍建设。共引进高级船长1人，轮机长1人，外聘高级船长1人，轮机长2人，安排122人次参加岗位培训、上船实践、继续教育和学历进修等，占职工总数28%以上。其中，4位航海专业骨干教师赴武汉理工大学、大连海事大学、上海海事大学进行系统性LNG船舶操作及管理培训，9位航海教师在上海海事大学参加11规则实操师资培训；1位教师赴德国进行职教教学方法学习交流。为保证专业教师船员适任证书有效，安排3位航海教师上船实习，组织30余人次基本安全补差和知识更新培训，切实提高师资队伍"双师"型职业技能和岗位竞争力。

学院创造条件支持教师参加上海市"优青项目""晨光计划""教学成果奖"等课题立项与成果应用，7位教师获得市教委国内访学、产学研践习资助项目；鼓励教师参与科研项目申报评优以及教育培训、技术服务论文撰写等，1项船员培训课题获中国交通研究会职教分会一等奖，1位教师获外文学会主办"第三届上海市高职高专教师课件大赛"二等奖，25篇论文公开出版发表。

加大校企合作力度，拓展企业培训项目。学院推进为企业员工开设培训项目建设，增强履职实效，提高社会服务能力，从制度体系和工作机制上加强与中海集团上海地区各家单位沟通协调，有针对性地开发培训项目，设置培训序列，为船员提供多样化职业培训阶梯。学院已形成涵盖海船船员法定培训、船员素质提升培训、安全专项培训、陆岸员工业务培训和管理培训以及入司教育等六大模块全覆盖的培训格局。新开发项目有新进航海类毕业生入司培训、LNG液化天然气船货物操作合格证培训、2006海事劳工公约履约培训、集运船舶三长培训等13项，累计培训办班822期，培训22816人次，起到学校与企业双方相互借鉴、相互支持、互利共赢的作用。

完善教学设施设备建设。学院加强教学设施设备的建设与整合，新建和改建航海模拟器、电气控制、物流仓储等一批实训实验室；补充更新航海技术、轮机工程、国际航运等校内五大实训中心设施设备，新增2家校外实训基地和船舶结构模型实验室；杨林消防实训基地动迁搬迁工作顺利完成，新图书馆四楼和五楼建成船岸培训会务中心；启动数字信息公共平台建设，推进校园一卡通建设，重点对56间多媒体教室设备更新升级，对各办公室网络线路进行整理标注，校园信息系统更加便捷、高效，运行更加稳定；加大消防、技防设施设备建设，新增学生宿舍烟雾报警和门禁系统、视频监控系统等安全设施，增强安全防范和应对处置能力，确保校园形势持续稳定。

营造和谐校园环境。举行庆祝第29个教师节表彰大会，成功举办第六届体育节暨田径运动会；组织开展帮困慰问送温暖活动，全年补助困难职工53人次，慰问31人次；做好信息公开和信访接待工作，制定完成2012—2013年度高校信息公开年度报告。按照“五个二”模式，推进航海类学生半军事化管理，开设各类学术和专业知识讲座23场，组织“法制宣传周活动”2次，邀请高校派出所、浦东新区检察院法官对1130名学生进行普法教育，逐步提升学生思想素质、人生安全和职业道德方面的认识；开展第六届“大学生心理健康宣传月”活动，帮助学生树立正确的心理健康观念，提高心理素质；举办首届社团文化周活动，丰富校园文化生活；展帮困助学活动，176人获得国家励志奖学金，1100人享受到国家助学金，10名学生得到上海市慈善基金助学帮困。

加强社团建设，广泛组织学生技能和文体兴趣活动，全面提高学生综合素质，学生代表队获得上海市阳光体育大联赛高职冬季长跑男子组团体一等奖、上海市高职院校物流技能大赛一等奖和上海市高职高专首届大学生创意创业展示大赛优胜奖。学院再次被授予上海市“文明单位”“平安单位”“安全文明校园”和“征兵先进单位”的荣誉称号。

（李惠君）

[获上海市级教学团队称号] 经市教委评审，学院“国际航运管理”教学团队获2013年上海市级教学团队称号。该教学团队政治思想好、业务水平高、结构合理，团队建设目标明确，人才培养成绩显著。多次承担教育部、交通运输部高级研修班、中国海运集团科研项目以及国家级规划教材编写任务。

（李惠君）

[承办航海专业指导委员会首次会议] 5月8日，学院承办新一届航海类专业指导委员会首次工作会议，交通运输行业职业教育教学指导委员会等专家到会并讲话，来自全国航海职业院校、航运企业、出版单位和海事主管机关等38家单位65人参加会议。会议就航海类专业指导委员会工作细则、“十二五”航海职教教材建设方案等课题展开深入研讨，取得丰硕成果。

（李惠君）

[举办首期液化气船货物操作培训] 11月19日，学院举办中国海运集团LNG船舶船员首期液化气船货物操作基本和高级培训合格证培训班，标志着上海LNG船员培训正式启动。学院本着服务航运、服务社会的理念，跟踪、了解中海LNG船舶运输需求，和上海海事局密切合作，按照STCW公约马尼拉修正案的要求，共同开发上海辖区LNG船舶船员合格证培训。

（李惠君）

[获市红十字会颁发多项荣誉] 学院红十字会“蓝天下的挚爱——支教助残”（阳光之家）志愿项目获2013年上海市高校红十字会“携手人道”志愿服务优秀项目；3位同学获“上海市高校红十字会携手人道志愿服务优秀志愿者”称号。学院志愿者活动开始于2003年，至今已有十个年头，志愿者们“情系智障人士，爱洒阳光之家”的温暖之举一如既往，学院将与陆家嘴街道签订又一个5年期帮残助学结对协议。

（李惠君）

附：学院负责人及地址

（2013年1—12月）

院党委书记：孙欣欣
副　书　记：李根新

院　长：孙　琦
副院长：姚张平（常务）、张卫亮

地址：上海市浦东新区源深路158号
邮编：200120
电话：58312901

上海电子信息职业技术学院

［**2013年概况**］ 学院设有8个教学系、部和3个二级学院，共设27个专业，其中国家级重点专业4个，上海市重点专业6个。招收全日制新生2669名，共有全日制在校生7100余人，毕业生就业率达98%以上。

一、全面落实骨干校建设任务，推进体制机制改革。围绕“国家示范性高等职业院校建设计划”骨干高职院校建设工作，全面落实项目建设任务，坚持高标准，严要求，强化项目检查推进，各个建设项目按照时间节点，任务对标，推进四大建设项目、11个一级项目的任务落实。积极承担职业教育国家教育体制改革试点项目“地方政府促进高职发展综合改革试点工作”建设任务，推进政府将“十二五”上海行业类高职院校基建规划纳入市级财力支持范畴并制定行业类高职院校生均公用经费补贴等制度，该项目获得“优秀”等级。8月23日，学院正式划转至上海市教育委员会管理，市教委与学院原主管单位上海仪电控股(集团)公司签署合作共建协议，明确共建目标、共建内容和共建机制，以创新产教融合新模式，为学院体制机制改革奠定坚实基础。

二、完善校企合作长效机制，强化重点专业建设。学院理事会成立，推进“产教融合、校企合作”重要机制构建，促进各专业系、二级学院与仪电所属企业开展双师双向交流、员工培训、技能鉴定、新技术培训等合作项目。推进基于优势互补的共享机制，完善校企合作长效运行机制。继续以重点专业建设为抓手，引领带动专业群和其他专业的发展，推进教学模式改革，完善“工作过程周期”项目教学等多种“教学做”一体的教学模式，将“工学结合”真正体现于课程体系、课程内容和授课过程。新增3门市级精品课程，在市教委举办第三届“上海市高职高专院校重点专业建设教学设计比武”大赛中获一等奖第一名。

三、优化师资队伍架构，加强实训基地建设。推进完善师资队伍培养与管理机制，制定和修订13个管理制度和流程。继续推进教师企业实习计划、国内外访问学者计划、教师科研提升培训、教育教学能力培训等九大举措实施以及“双师双向交流”机制的运行，落实教师进修培训共计245人次，引进紧缺学科教师28名。2名教师获批市级教学名师，1支教学团队获市级教学团队称号，同时，教师科研水平显著提高，获批市科研创新项目1项、上海高校青年教师培养资助计划8项、市高教学会课题、市职业教育协会课题、各类教指委课题11项，教师共发表核心期刊论文30余篇。学院以校企联动促进深度融合，构建“共建共管、互利共享”的实践基地建设理念，推动“校中厂”“厂中校”“学生工作室”“创新工作室”等多种模式实习实训基地建设，新增智能电子工业中心、传感器综合应用实训室等18个实习实训场所。

四、拓展国际教育视野，培养学生现代竞争能力。推进与德国汉斯·赛德尔基金会、兰茨胡特应用技术大学的合作，在课程建设、教师培训、学生互访、学分互认等方面进行深层合作探讨。接待来自德国、芬兰、英国、加拿大等国家共计13个团组100人到学院参观访问、交流学习，接收6名德国兰茨胡特应用技术大学学生到学院完成为期半学期实习任务，邀请8位外籍专家到学院讲学培训、指导专业建设和教学管理；组织16批次170人次教师及管理人员赴新加坡、英国、德国、芬兰、加拿大等国学习与访问。中外合作办学专业达到专业总数14.8%。通过海外学习(实习)项目与骨干校子项目——国际交流与合作，79名学生参加国外学习与交流。

五、推进“六个一工程”，强化综合素质培养。以“立德树人，职业养成”为主题，以“六个一”工程为重要载体，开展第四届学生职业技能大赛组织工作，调整完善《学生综合素质评价细则》，完成大学生创新孵化基地基建工程的建设等工作，全方位、多渠道加强学生综合素质提高。在全国职业院校技能大赛中，获得1个一等奖、2个二等奖、3个三等奖，在全国数学建模竞赛中获得一等奖。开展学生社会实践活动，组织130余名学生参加暑期社会实践活动，3名学生参加西部志愿者活动，到云南、重庆等地服务基层。

六、加强社会服务能力建设，实施品牌带动战略。共计完成高新技术培训、技能鉴定、技术服务等各级各类培训鉴定15272人次，共签订68项横向项目，学院被授予奉贤区科普示范基地。借鉴德国职业教育的先进办学理念和办学模式，学院为西部省份及其他地区在建设以实践和需求为导向的职业教育改革中提供示范引领。在教育部和市教委的协调支持下，促进楚雄州现代职业教育体系的建设发挥帮扶带动作用。与贵州电子信息职业技术学院、贵州航天职业技术学院、安顺职业技术学院、云南机电职业技术学院等四所院校签订对口帮扶协议书，开展对口师资培训，培训人数共计612人次。11月，学院参加了教育部定点联系滇西边境山区扶贫经验交流会。

（李　旺）

［签署职业教育合作备忘录］ 1月14日，上海电子信息职业教育集团与云南省楚雄彝族自治州人民政府举办职业教育合作推进会，签署《职业教育合作备忘录》。双方将深入开展职业教育合作，发挥和利用上海电子信息职业教育集团的优势，促进云南省楚雄彝族自治州职业教育发展。

（李　旺）

［举办自动化工程实践创新大赛］ 5月18—19日，由中国职教学会教学工作委员会自动化技术类专业教学研究会主办的第二届全国职业院校“自动化工程实践创新项目”大赛暨工程实践创新项目研讨会举行，来自全国各地11所高职院校14支代表队参赛。上海电子信息职业技术学院、苏州市职业大学、杭州职业技术学院、武汉软件工程职业学院等四个代表队获一等奖。

（李　旺）

举办全国职业院校自动化工程实践创新项目大赛

［举办中德职教首届毕业典礼］ 6月3日，学院举行上海电子信息职业技术学院中德学院中德职业教育合作项目首届技术员班毕业典礼，中德学院中德职业教育合作项目技术员班首批学生通过三年学习，拿到为德国政府认可的学历和从业资格证书并全部就业。学员大多数被上海大众汽车有限公司、上海飞机制造有限公司等企业录用。

（李　旺）

［签订中德职教合作协议］ 11月30日，学院与德国汉斯·赛德尔基金会、德国工商大会上海代表处签订职教合作协议。三方将在长三角地区起带动和引领作用，进一步加强中德职业教育、师资培训等方面密切合作。

（李　旺）

［获重点专业教学设计比武一等奖］ 12月26日，学院机电一体化技术专业在上海市教育委员会主办、上海市职业教育协会承办的2013年上海市高职高专院校重点专业建设教学设计比武决赛中获得一等奖。

（李　旺）

附：学院负责人及地址

（2013年1—12月）

院党委书记：杨秀英
副　书　记：顾剑锋

院　长：杨秀英
副院长：顾剑锋、徐松鹤、严晓华、吴依本、张　涛（5月到任）

学院本部（奉贤校区）地址：奉贤区瓦洪公路3098号
邮编：201411
总机：57131333、57132333

徐汇校区地址：中山南二路620号
邮编：200032
电话：64172394（总机）

上海科学技术职业学院

［**2013年概况**］　学院现有通信与电子信息系、机电工程系、经营管理系、商务流通系、人文与社会科学系和基础教学部6个系(部)，开设安全防范技术、应用电子技术、通信技术、机电一体化技术(数控机床维修)、数控技术、应用英语、社会工作、电子商务、人力资源管理等23个专业。全日制高职在校生4236人，当年招生1715人，面向20个省份招生；2013届毕业生1449人，就业率达到98.9%。

5月顺利通过教育部人才培养工作评估。随即启动整改落实工作。全体教工分层次分类别学习吸收专家意见，统一思想，明确整改目标和努力方向，着力推进整改工作。学院高职教育理念学习研究的氛围日益浓厚，教师申报各类横向和纵向课题的积极性有所提高；高教研究室功能得以拓展，先后多次组织全校性课题研讨、学术沙龙，受到教师热切关注和参与；教学标志性成果再次取得历史性突破；着力加大人才引进力度，师资队伍结构大幅优化。

强化内涵，提升质量，教学改革不断深入。《网络支付与结算》和《老年社会工作》成为“上海市精品课程”，汽车技术服务与营销专业教学团队获“市级教学团队”，至此学院已有10门市级精品课程、2支市级教学团队和2名教学名师。启动评选新一届“院级精品课程、教学团队、教学名师”，通过培育、建设教学标志性成果，促进教师能力提升，打造多层次教学梯队，提升整体办学质量。《创业管理》成功申报成为国家高职“十二五规划”立项教材；启动《大学生创业基础》课程慕课化(公共网络开放课程)；承办“上海市高职高专首届大学生创意创业展示大赛暨全国邀请赛”，在决赛中获二等奖。创业管理专业李肖鸣老师获中国青年创业国际计划(YBC)颁发“公益之星”奖杯。9月在“全国大学生电子设计竞赛”中，学生获全国本科组、高职高专组二等奖各1项，上海赛区本科组一等奖1项、二等奖2项，同时夺得上海赛区高职高专组最高奖项——“TI杯”；在“首届华东地区高职高专英语读报大赛”中，人文系1名学生获英语专业组第一名。在“第四届全国高职高专英语写作大赛上海赛区复赛”中，获非英语专业组一等奖。

认真贯彻落实教育部关于对口支援西部教育的决定，7月在市政府和市教委的统一部署下，由学院代表上海市高职院校与遵义职业技术学院正式启动对口支援项目。根据协议，学院每年面向遵义职院成绩优异高职生提供奖学金，面向家庭困难中职生提供助学金。帮扶新建“电子商务”专业和重点支持建设“机电一体化技术”“汽车技术服务与营销”两个特色专业；培训专业教师；建设专业精品课程等。援建项目启动以来，在师资培训、专业讲学、课程建设指导等方面取得实质性进展。

学生工作围绕“中国梦与青年价值取向”为主线展开。以“主题引领、教师先行、认识先导、活动体验、氛围营造”构建成思政教育立体化模式，以“倡导

与英格索兰安防技术(中国)有限公司签约合作

主题词、辅导员学习沙龙、萌思校园讲座、主题学生活动、校园文化宣传”为活动载体，通过开展“与道德牵手、与责任同行”“易班青年会”等系列活动，深化素质教育的育人成效，引导学生思考对家庭、社会和国家的应有责任和担当。以丰富多样的活动形式，立体化推进学生思政工作。以专业化、职业化为目标，多渠道、分层次地开展辅导员队伍建设，通过组织新任辅导员参加市教委专业培训、校内学习班和“辅导员沙龙”等形式，不断提高辅导员的政治理论水平和业务水平；邀请高校思政专家和心理教育专家举办报告和讲座，开展针对性培训，提高辅导员的科研能力。学院致力于心理素质教育队伍专业化建设，以专业化要求打造心理教师团队，以研究成果指导心理教育实践，以特定主题组织校园健心月活动。在上海市心理咨询案例和心理剧大赛中，学院取得佳绩。

加强培训资质建设，根据社会及高职学生的实际需求，新增企业人力资源管理师（中级）和育婴师（高级）培训资质。完成等级工培训 289 人次，农民工培训 2417 人次，职工思想道德培训和班组长等其他培训 51478 人次，培训项目包括维修电工、加工中心、仓库保管工、安全防范、计算机操作员等。完成职业技能鉴定 11577 人次，为社会再就业工程和社会稳定作出贡献。承办“嘉定区第八届职业技能大赛”的“汽车维修工（中、高级）”“家政服务员（中级）”“计算机操作员（中级）”等 4 个比赛项目，确保大赛圆满成功。作为上海开放大学女子学院嘉定区学习中心培训基地，努力为嘉定区妇联提供各类培训服务。

（曹　哲）

［重点专业建设成为全国典型案例］ 11 月接受“高等职业院校提升专业服务产业发展能力”项目验收和上海市“085”工程重点专业建设中期检查。教育部专家组认为：学院在项目建设过程中，开展一系列卓有成效的改革和创新实践，特别是在深化校企合作、创新人才培养模式、对接产业动态发展等方面成效显著。安全防范技术专业人才培养“政、校、行、企、研”多元合作新模式，被专家推荐至教育部作为典型案例。

（曹　哲）

［探索课程分级学分替换实施］ 为更好地适应高等教育大众化背景下职业院校学生多样化学习需求，使学生都能得到适合自身特点的教育和发展，学院进行课程分级和学分替换改革。在课程分级学分替换基础上，规定学生在获得该门课程基础学分后，可通过选修其他课程或参加社会实践、专业社团、职业技能竞赛、职业技能考试等活动取得成绩替换为课程学分。改革将更好地发挥学生自身优势，培养学生专长，促进学生个性化发展。

（曹　哲）

［启动“智慧校园”信息化建设］ “智慧校园”信息化建设启动并取得实质性进展。以建设“开放、统一信息化环境，实现规范高效管理，为师生提供高效、便捷、丰富信息服务”为目标，成立信息化校园建设规划组和实施组，有序推进阶段性建设。规划组历经 3 个月，对全院各系各部门信息化需求深入调研，并赴南京、温州等高职院校学习，走访上海多所高校，形成全面、缜密调研报告，进行规划论证，完善方案。

（曹　哲）

附：学院负责人及地址

（2013 年 1—12 月）

董事长：朱建新

院党委书记：庄顺根
副　书　记：周财宝

院　长：庄顺根
副院长：董大奎（常务）、王云飞、俞　伟

地址：嘉定区金沙路 280 号
邮编：201800
电话：69990010

上海农林职业技术学院

［2013年概况］ 全院有园艺园林系、动物科学技术系、农业经济管理系、农业信息工程系、基础部、思政部四系二部。拥有南汇、海湾、五库三个大型校外教学实训基地及环境治理模拟实训室、农产品检测实训室、上农动物实训医院、生物技术综合实训室等54个校内教学实训基地。在校学生3126人，专任教师144人，其中具有高级职称教师37人，占25.7%。学院总面积267441平方米、建筑面积120170.01平方米。

一、深化教育教学改革。学院撤并外语系，将公共英语归并到基础部，商务英语和旅游英语归并到农业经济管理系；商务旅游管理系和信息与计算机系分别更名为农业经济管理系和农业信息工程系，四个专业教学系更加聚焦农业特色。完成水产养殖技术、作物生产技术、农业信息技术应用三个新专业的备案工作。完成食品工艺与检测专业（中高职教育贯通）试点申报工作。招生专业同比减少3个非农专业，全年涉农专业数及涉农专业学生数均达60%以上。确立园林技术专业、园艺技术专业、动物科学与技术专业、生物技术及应用专业、农业经济管理专业和农业信息技术专业为重点学科。新建实验动物实训中心；改造动物诊疗实训室；扩建上农宠物医院。

二、师资队伍建设。引进新教师9名，聘用人员中教师8名、行政管理人员1名。研究制定未来3—5年《师资人才培养和人才引进工作计划》。学院获第七届上海市技能人才培育突出贡献奖1人，市级教学名师奖1人，市级教学团队1个，市级精品课程2门，市级中职优秀校本教材1本。共有市级教学团队4个，市级教学名师4名，市级精品课程10门。启动“国际访问学者计划”，全年国内外师资培训和进修110人次，教师新获各类证书34张。

三、加强学生工作。举办各类农业企业进校宣讲、学农爱农主题讲座、各类知识竞赛和演讲计20余场，先后组织700余名学生开展“传承农耕文化，彰显为农情怀”主题实践活动；先后选送19名辅导员参加校内外、教育部及各省市组织的培训学习32次。5名辅导员申请上海市优青课题获批，3名辅导员申请校内课题获批；成功举办校园招聘会，近240家企事业单位来校招聘，提供岗位2000余个，学院1000多名毕业生参加招聘会。资助贫困学生13455人次；资助金额325.91万元。应届毕业生1288人，截至12月9日就业率为99.15%，签约率94.10%。学院获上海市“三支一扶”先进集体。

四、校园文化建设。举办以“青春中国梦，源远农耕情”为主题的第二十六届“上农之春”文化节活动，参与人次1500余人，观摩人次8000余人。举办体育大联赛、辩论赛、培训班和各项传统文体活动。与青浦区王港村进行新一轮为期四年“结对共建签约”并进行帮扶送温暖活动。与上海市动物疫控中心签订“文明共建协议”。校歌《尚农之歌》创作历时半年诞生。探索走廊文化，学生画作18幅布展在综合教学楼。举行“学习贯彻十八大　共建美丽新上农”征文比赛，共收到41篇文章。校外媒体发布信息60条。

五、科研工作。主持市科技兴农项目1项，参与市科技兴农项目5项，主持松江区科委攻关及软课题3项，获市教委、学会课题2项。获全国农业职业教育教学成果一等奖1项，二等奖3项，三等奖4项。学院获得“上海市农业科技促进年活动先进集体”和“上海科技节先进集体”荣誉称号。

组织完成1项“晨光计划”和7项全国农业职业教育“十二五”科研课题结题。协助完成1项教育部高等学校物流类专业教学指导委员会课题结题。组织开展28项院级教科研课题结题工作，结题率64.3%。8项课题在全国农业职业教育教学成果中获奖，其中一等奖1项，二等奖3项，三等奖4项。1篇论文在上海市职业教育协会优秀论文评选中获二等奖。

六、为农服务工作。编制完成《社会服务项目农民培训操作意见》《社会服务项目技术部服务团队操作意见》。园艺园林系、动物科学技术系、农业经济管理系和农业信息工程系分别与绿秾果蔬专业合作社等6家合作单位签署科技服务协议，建立一对一和面对面的科技服务。学院与农广校合作举办“科技、文化、环保”主题宣传活动，包括农业专家技术咨询服务、文化宣传演出和环保宣传等，与新浜镇签署“农业科技示范点服务框架协议”。利用特色建设社会服务项目与基层部门合作，为金山、奉贤等区的农业人员开展信息和园林工技术培训。

新组建农业信息工程科技服务团队和农业经济管理科技服务队，在结合特色院校技术服务与社会服务项目建设内容推进相关技术服务工作。“农科飞信”服务平台运作与服务拓展，《农林职院科技信息报》服务范围为新浜镇、叶榭镇家庭农场401户家庭农场。《农林职院科技信息报》共发布农业科技信息42期，10000余条。内容涵盖高产品种麦种处理技术、农药应用等农事。

加强农民培训，实施“送教上门”。全年共举办非涉农企业员工培训项目、上海市生猪养殖场场长进修班(第一学期)、松江区农村中青年干部农业专业知识培训班、学院特色高职院校建设社会服务项目等7期12个班，接纳社会培训5406人，完成技能鉴定7692人，150名中小学生参加基地“上海市中小学生社会实践职业小达人活动”。

七、优化资源配置，提高运行效率。学院固定资产总值同比增长1.01%。其中，教学、科研仪器设备资产值2837.89万元，新增固定资产871台件，金额为1014.4259万元。共完成招标采购任务39项，实际中标金额3741万元；完成政府集中采购设备97项，全年累计采购金额4024万元。完成中文图书采购8947册。

八、规章制度建设。完成《上海农林职业技术学院章程》初稿和《上海农林职业技术学院高等职业教育人才培养质量年度报告(2014)》。按照要求修订《学院规章制度汇编》。

九、推进国际交流与合作。全年选派出访法国、韩国、丹麦、美国等国家7批40人次，其中教师14人，26名学生参加海外高等学校中、短期学习。共接待友好学校来访8次，其中法国圣·日耳曼农业学校3名教师，韩国济州高等学校4名教师、9名学生来学院交流访问，接待荷兰、西班牙等国家交流访问团5个，来访人数达47人。与丹麦农业经济学院签订合作教育协议，增加海外合作伙伴1个。

(董艳双)

[全面启动特色校建设] 全面开展78个子项目特色校建设。制定“上海农林职业技术学院特色校建设项目管理办法”“上海农林职业技术学院特色校建设项目资金使用管理办法”和“上海农林职业技术学院特色高职院校建设考核办法”三个纲领性文件，制定34个具体的可操作文本文件。

(董艳双)

[课程建设与改革新进展] 重点推进特色专业课程建设项目。全面梳理特色校中6个专业(群)课程项目，分层实施。完成6门市级精品课程建设《任务书》制定；完成7门院级精品课程结题工作，通过4门课程在校本教材、教研论文、课程拓展资源建设等方面取得一定成果。成功申报市级精品课程2门；完成中专市级精品课程《艺术插花》申报结题。

(董艳双)

[校内实训基地建设新突破] 学院启动南汇基地基础设施改造；完成海湾基地生产性场地规划与改造，为师生赴基地工作提供必要生活保障。五库基地实训大楼建设在进行之中，其配套工作电力改造、两路进水工程、外周绿化施工和厨房建设等分别完成或正在实施。成功申报央财政支持的实训基地建设项目和上海市未成年校外基地建设项目。

(董艳双)

[实验实训室建设取得成效] 松江校区11个建设项目中5个项目已完成(园林手工绘图室、园林绿化施工机具材料展示室、“校中厂”动物实训医院、

参展上海农博会

生物技术综合实训室、农村三资管理综合实训室），3个已启动（动物疾病临床诊疗综合实训室、农产品检测中心、实验动物实训中心）、3个已招标（农产品交易和流通综合实训室、农业物联网应用实训室、农产品电子商务网站开发实训室）；五库基地9个建设项目中6个已招标（工厂化种苗生产基地、村镇园林绿化工程实训场、植物造型实训场已启动，蔬菜机械化生产实训场、动物驯养与动物饲养示范基地、农业物联网应用实训室建设）；校外3个建设项目已启动（瓜果、果树和食用菌校外实训基地、"厂中校"动物实训医院、新建农村新型经济组织管理综合实训场）。

（董艳双）

［开展产学研合作］ 5月、6月、12月，先后与国家上海新药安全评价研究中心、光明米业（集团）有限公司、上海捷睿软件有限公司签订合作办学协议。共组建7个校企合作班级，新增"安评中心班"、"光明米业班"、"捷睿软件班"等3个特色班。92名学生参加产学研合作教育。

（董艳双）

［在各项技能大赛获奖］ 组织学生参加全国和上海市4大类23小项职业技能竞赛，共有70人次获奖：获全国职业院校技能大赛（高职组）农业技能大赛《农产品质量安全检测》项目（包括3个小项目）1个一等奖，2个二等奖，3个三等奖；获全国职业院校林业职业技能大赛2个二等奖，1个三等奖；获上海市"星光计划"第五届中等职业学校职业技能大赛《花艺制作》《城市绿化》和《应用文写作》3个项目2个二等奖，4个三等奖，1个团体一等奖。

（董艳双）

［举办GEF农村环保国际论坛］ 12月7日，主题为"农村环保——需要我们的行动"全球环境基金（即GEF）农村环保国际论坛举行。论坛由上海市农业广播电视学校主办，上海农林职业技术学院和上海市农村能源行业协会协办，由世界银行和全球环境基金（GEF）支持。邀请中国农业大学、上海交通大学、华东师范大学、上海市农科院、上海市环境科学研究院以及协办单位的9位专家学者作主旨演讲。来自北京、华东地区及上海政府、学校、企事业单位、GEF项目相关单位150多名领导专家参加论坛。

（董艳双）

附：学院负责人及地址

（2013年1—12月）

院党委书记：吴乃山
副　书　记：魏　华、俞锦禄

院　长：魏　华
副院长：俞锦禄、仲肇森、谢锦平

地址：松江区中山二路658号
邮编：201699
电话：57822666

上海工艺美术职业学院

［**2013年概况**］ 学院利用085工程深化专业内涵建设，按教学改革要求制定2013版教学计划并加以落实，结合“飞跃计划”做大做好优势专业。“12085”工程通过验收评审，“13085”项目申报书得到市教委批准。聘请外校专家组成督导团队听课评课，制定《教师教学质量考评方案》，促进教学质量提高。

学院就国家教育体制改革试点项目向市教委做中期报告。WPP学院顺利完成《高职提升专业服务产业发展能力项目》验收；其学生在国际D&AD广告大赛中获学生组第四名，是迄今中国学生在该比赛中取得的最好成绩；全国大学生广告艺术大赛中学生作品获一、二、三等奖，WPP学院获“全国优秀院校奖”。水晶石学院开发出全新课程体系与教学管理模式，完成多媒体设计与制作专业人才培养方案的编写，创建数码工艺美术专业，实现毕业生就业率98%、专业对口率85%，起薪点达到全院最高。全国美育大赛中水晶石学院获全国艺术美育先进单位，作品获学生组特等奖。

学院获得由教育部、发改委等六部委组成的职业教育工作部际联席会议颁发的全国职业教育先进单位称号。工业设计教学资源库主体构架和内容已基本完成。受教育部委托完成高职高专工艺美术类专业中五门标准制定。《FLASH游戏设计与制作》《视频特效与节目包装》被评为上海市精品课程，《瓷刻工艺创新型产品开发的实践研究》获市科研创新重点项目，承担“中国虚拟教育博物馆”升格为教育部项目。专业教师申报专利项目21项，出版专业教材10本，获教育部立项“十二五”国家级规划教材9本。

学生获国际、全国和省级以上各级各类竞赛奖项达200余人次，视觉学院学生获全国信息技术应用水平大赛一等奖、全国商科院校技能大赛一等奖等，数码学院学生作品获Autodesk国际创意大赛金奖、全国信息技术应用水平大赛一等奖，环艺学院学生获上海大学生创意设计大赛、全国大学生空间与环境艺术设计大赛一等奖，时尚学院学生作品获全国工业设计大赛二等奖、海派玉雕神工奖金奖等。

学院主办首届工信部全国高校数字艺术大赛获得成功。举办“越界”数码·工艺美术论坛。举办“璞石成玉”工艺美术作品展。工艺美术研究中心“3+1”模式工艺传承大师班第一批学生毕业，举办教学成果汇报展和研讨会。工作室大师与学生屡创佳绩，作品获海派玉雕大展“神功奖”银奖、铜奖，入选上海绒绣、顾绣经典作品荟展，入围2013年首饰设计新锐大赛。黄草编新技艺和海派瓷刻工艺项目获得上海市传统工艺美术技能技艺项目品种的认可。

发掘校企合作空间，与百年老字号结对，建设“龙凤旗袍传统服饰传承与保护研究所”，引进非遗传人授课；为百联集团、上海历史博物馆等单位制作项目；完成中华艺术宫网站、秦时明月动画片等专业教学同社会实践相结合项目；与现代建筑设计公司、全筑建筑装饰公司、好美家等企业开展深度项目教学合作；成立文化创意产业中心，与上海市创意产业协会、北京市圣雅思公司签署战略合作协议，在产品开发、人才培养等多方面展开合作。

为师生开展丰富的讲座和活动，邀请石建敏、林华、拉斯洛·帕拉克维茨、胡昌民、蒋惠霆等专家来校，举办“反视与反思”为主题的系列摄影展、《中国山水精神》《高迪的艺术》《古玉今谈》等讲座。以“情在美院”为主题举办教职工摄影艺术展、文化艺术节和社团活动。

加强学风和班风建设，把辅导员考核与班级学风及学习成绩挂钩。共有1881名学生获得市级、校级各类奖学金和先进称号等荣誉，首饰、水晶石团队分获国盛集团青年文明号称号，工业设计团队荣获市青年五四奖章集体。对贫困学生给予关心帮助，办理绿色通道179人，颁发励志奖学金155人，国家助学金、临时补贴807人。调整招考模式，根据要求增加上海市秋考计划数，报到新生1429名，报到率为87.24%，新生总体素质有明显提高。

学院毕业生总数1330人，截至12月就业1316人，初次就业率98.9%，签约率72.8%，专业对口率88.6%，远高于全国本科毕业生69%、高职高专毕业生59%的专业对口率。初次就业起薪接近本科平均水平，毕业生自主创业人数77人，占毕业生总数比例5.8%。获得上海高校毕业生就业工作创新基地立项。

职业教育团队完成两本教材编写，11名教师取得教育部认可的全国大学生创业指导师资格证书，加强“工艺美院学生自主创业预孵化基地”建设，对励志创业学生以及“双困”毕业生开展创业政策咨询指导。承办上海市全国高职高专大学生创意创业展示大赛暨全国邀请赛，两支团队分获大赛一、二等奖。受教育部教育管理信息中心委托，举办大学生创业嘉年华(上海站)活动。学院创业中心正式挂牌。

加强人才引进力度，录用人员36名，另有32人进编，所聘人员中高职称、高学历人才比例有所提高。多渠道加强教职队伍能力提升，拨付经费并组织教师参加各类培训、考试130余人次，10名教师完成学位进修，31名教师参评更高职称，近20名专业教师获得市教委践习资助。数码学院36名教帅通过各类国际专业认证，9名通过国际最高级专业资质认证，1名成为市教委名师培训对象。

全面梳理教学空间，新建宿舍楼竣工，高职教学楼装修工程、实训中心连廊教室、书库和阶梯教室已改建完成，“现代艺术设计实训楼”项目被发改委纳入“十二五”发展规划。后勤管理全面实现“社会化”外包，后勤处加强监督管理，制定完善服务和管理的工作规程、服务标准及责任制度，后勤管理水平有明显提升。

推进与境外合作项目。5月，工业设计专业团队与台湾华梵大学签订师生互换交流合作协议书。8月，展示专业师生参加中德交流学习合作项目，赴德国柏林西门子新媒体设计学院实训。10月，景泰蓝专业教师赴日本金泽美术工艺大学交流学习。与英国技术职业教育与培训协会合作向英国输出课程，制定8套《海外输出课程教学方案》。

启动新版校园网外网门户。强化与各大新闻媒体合作，《新民晚报》、《新闻晨报》、《东方早报》和《星尚频道》等多家平面、电视及网络媒体报道学生作品获奖、专业带头人事迹、专业论坛和毕业作品展等活动。

学院成功申办为上海市高职校高技能人才培养基地院校，为上海文化创意产业、上海工艺美术行业等下辖企业人员职业技能提升提供服务。继续教育学院完成7000人次以上培训。8月份，学院顺利完成划归市教委领导相关工作。

(石　群)

[成为首个国际专业认证授权中心]　经过2年建设，上海工艺美院数码学院成为Unity3D在中国的首个国际专业资质认证授权中心。Unity3D是由Unity Technologies公司开发的一个专业交互媒体引擎，可借助该技术实现三维视频游戏、建筑可视化、会展互动媒体等类型互动内容的多平台综合型开发技术。学院将Unity3D技术引入专业教学，是上海地区唯一紧跟产业步伐发展教授Unity3D技术的高校。8月，两位老师考出最高级Unity3D国际专业资质，9月，学院申请授权中心获得成功。

(石　群)

[全国政协民宗委专题调研组到校调研]　4月23日，全国政协民族和宗教委员会专题调研组组长、全国政协常委、政协民族和宗教委员会主任、中央统战部原常务副部长朱维群率政协民族和宗教委员会专题调研组一行10人来校调研办学改革发展情况。调研组考察苗银工作室、中国黄金创意产业中心、数码学院三维工作室和时尚与工艺学院玉雕、瓷刻、草编、绒绣、漆艺等工作室，对教师专业技能、学生学习热情及制作的作品充分肯定，希望学校致力于培养审美与实用能力相结合的人才，使学生既能够根据市场的要求动手制作，同时也具有较高的工艺美术水平。

(石　群)

[WPP学院两学生获奖]　5月19日，英国D&AD评委会给上海工艺美院WPP学院学生祁晶晶、陈琪发来贺信，祝贺《TED BAKER/ASK TED》获2013年D&AD Student Awards提名奖(相当于已获得铜奖)。这也是迄今中国大学生在该项大赛中获得的最高奖。大赛有27个比赛类别，学生奖有9题，全球共有200个参赛作品获提名。D&AD(Design and Art Direction)奖，一般以“黄铅笔”简称被人们熟知，是授予全球设计者和广告策划者最具权威的奖项。此次比赛，学院共提交13个参赛作品，《TED BAKER/ASK TED》参加广告类角逐。据D&AD官网消息，学院学生得奖作品继英国2组、西班牙1组之后排名第四，五至八位分别来自葡萄牙、美国、英国和俄罗斯。

(石　群)

[获全国大学生广告艺术赛两个一等奖]　9月，由教育部高教司指导，教育部高等学校新闻学学科教学指导委员会、中国高等教育学会广告教育专业委员会主办，中国传媒大学、全国大学生广告艺术大赛组委会承办的第五届全国大学生广告艺术大赛决赛落下帷幕，学院两件作品获大赛一等奖。全体评委在入

选全国总决赛一万多件作品中评出 1946 件获奖作品，其中一等奖 35 件。上海地区参加全国总决赛参赛作品中，3 所院校 4 件作品获一等奖，其中上海工艺美院 2011 级学生郭鹏航、苏智超、陈元琳的作品《穿墙篇》获平面类一等奖，于振涛、沈天炜的作品《雷柏 ratv 数字整合》获动画类一等奖，指导老师均为韩为；学生作品《晋善晋美》获平面类二等奖。

（石　群）

[在海派玉雕艺术展获奖]　9 月 19—22 日，中国海派玉雕艺术大展暨第六届中国玉石雕神工奖举行。大展汇集全国各地大师精英 500 余位，参评作品 800 余件，参展作品 3000 余件，主题为“玉风”的上海工艺美院玉雕专业作品首次选送 20 多件玉雕作品参展，分别表达传统风、生活风和学院风的独特风格，以独特造型、精致工艺给人留下深刻印象。19 件参赛作品获得 1 项金奖、3 项银奖、5 项铜奖、10 项优秀奖。

（石　群）

[参加绒绣・顾绣经典作品展]　“针尖上的艺术”——上海绒绣・顾绣经典作品展于 10 月 11—28 日举办。学院工艺美术研究中心绒绣大师工作室许凤英大师作品《黄山》受邀参展，传承研修班学生王莉 2 幅作品《花园少女》和《桂林山水》也参加展出，作品以形象逼真，色彩浓郁，层次清晰，立体感强的海派艺术风格赢得观者称赞，更以其多变的针法，丰富的劈线和拼色表现上海绒绣的艺术语言。展览是上海两大绣种自《非物质文化遗产法》实施以来最全面的一次成果展示，共展出绒绣作品 32 幅、顾绣作品 26 幅。

（石　群）

[举办全国高校数字艺术大赛]　10 月 18 日，首届工信部全国高校数字艺术大赛颁奖典礼召开，大赛由上海工艺美术职业学院和 NACG 数字艺术人才培养工程办公室联合承办。大赛得到联合国训练研究所、国家工信部、全球创业周中国站组委会、上海市大学生科技创业基金会、上海多媒体终端行业协会等单位支持，是首个主要由专科院校承办的部级全国性大赛。大赛启动一年来，共收到 249 所本专科高校 8 个比赛类别的师生作品 2 万多件，经业界著名专家评委团评审，以 8% 比例从中筛选出一、二、三等奖项名单。上海工艺美院获得多个专业最高级奖项；学院和 NACG 数字艺术人才培养办公室富有创意地完成大赛工作，被大赛组委会授予“大赛卓越组织奖”。

（石　群）

[李希到校调研指导]　11 月 21 日，市委副书记李希到上海工艺美院调研、指导工作。李希一行参观学院优秀作品展，考察中国黄金创意产业中心、鞋品工作室、大师工作室及民间特艺工作室。他充分肯定学院通过灵活机制多渠道引进特色人才、通过“3＋1”大师班培养非物质文化遗产传人等改革与探索举措。并表示，检验一所学校办学成功与否，最终看毕业生能否得到社会认可。希望老师们因材施教、循循善诱，引导学生发现生命中热爱的事物，激发学习热情，从而做到最好。建议学院多走校企合作路子，与中国乃至世界知名品牌建立联系，打通学生进入知名企业渠道。

（石　群）

市委副书记李希到校视察

［**成立龙凤服饰保护研究中心**］ 12月5日，“龙凤服饰保护研究中心”揭牌成立。“龙凤”品牌创始于1936年，是上海唯一一家始终保持传统特色工艺的手工缝制企业。2011年，“龙凤旗袍制作技艺”被列入中国非物质文化遗产保护名录。由学院发起与上海龙凤中式服装有限公司共同成立的“龙凤服饰保护研究中心”，将依托学院优势，与品牌共同开展保护、传承、创造等系列活动。这对促进“龙凤旗袍制作技艺”的传承和发展，提升本土品牌的生存和发展，让学生在课堂上接触特色文化和传统手工技艺方面具有积极意义。

（石　群）

附：学院负责人及地址

（2013年1—12月）

院党委书记：姜　鸣（11月离任）、许　涛（11月到任）
副　书　记：张天启

院　长：姜　鸣
副院长：张天启、杨　勃、王　敏

地址：嘉定区嘉行公路851号
邮编：201808
电话：69977807　69977814

上海建峰职业技术学院

［2013 年概况］ 全面学习贯彻党的十八大和十八届三中全会精神，深入开展党的群众路线教育实践活动，进一步完善上海市特色高职院校建设实施方案，进一步健全特色院校创建领导机构和工作机构，有步骤地推进实施各项建设工作。

着重加强重点专业建设，完善建筑工程技术、建筑经济管理、建筑工程管理、供热通风与空调工程技术、建筑装饰工程技术五个重点专业的建设路线图，推进课程改革、师资培养、实训基地建设。在原有三个中高职贯通专业人才培养基础上，继续扩大中高职贯通教育试点专业数，“建筑装饰工程技术”“供热通风与空调工程技术”专业申报通过。

面向全国 24 个省市录取 1443 人，报到 1322 人，报到率 91.6%。进一步加强学生职业生涯规划指导，推进职业生涯规划课程，深化校企合作，开拓校外实习基地。与上海世家装饰有限公司签约校企合作，学校每年为企业提供订单人才培养服务，企业为学院提供学生实习基地。与上海电力医院签约，上海电力医院成为医检与护理系校外实践教学基地。学院申报医护专业人才“上海建工医院职业生涯校外实践基地”，通过市教委专家评审，获批筹建立项。毕业生 1150 名，首次就业率 97.83%。

遵循“人才强校”，通过“岗位实践”“优青项目”“访问学者计划”“教学比武”等平台，加速骨干教师培养力度。全年选派 10 名专业教师参加上海市和上海建工集团各类专业能力提升培训班，安排 1 名骨干教师至上海精神卫生防控中心践习，1 名专业教师至专业建筑装饰设计公司践习，3 名教师赴海外进修。12 名教师分别入选“上海高校青年骨干教师国内访问学者计划”“上海高校教师产学研践习计划”“上海高校青年教师培养资助计划”。1 名教师获全国高职高专体育教师教学技能大赛中年组一等奖。

学科和科研建设进一步加强。“室内设计”课程入选“2013 年度上海高等学校市级精品课程”。“地下隧道掘进机仿真系统”“建筑安装实训”两个科研项目获 2012 年度建工集团科技成果奖三等奖。“央财项目”通过验收，“上海中心”校企合作项目被作为上海市典型案例报送教育部。

进一步提升学生职业技能培养实效，广泛开展学生技能竞赛。学院代表队获全国大学生数模竞赛上海赛区专科组一等奖、三等奖，全国专科组一等奖；2 名学生分获第四届全国高职高专英语写作大赛上海赛区选拔赛专业组一等奖和公共英语组三等奖；1 名学生获上海市英语读报大赛公共英语组二等奖；土木工程系学生参加上海市高职高专首届“苏一光杯”工程测量职业技能大赛获团体一等奖和二等奖，4 名学生分别获得个人特等奖、一等奖、二等奖和三等奖；2 名学生分获全国高职高专教育建筑设计类专业优秀毕业设计大赛二等奖和三等奖；1 名学生获《中国梦职业梦——寻访走过我职业理想足迹的那些人》主题演讲比赛三等奖；1 名学生获上海市大学生创意创业大赛第三名；在上海高职高专“摩意杯”公益海报大赛中，1 名学生获金奖、1 名学生获铜奖、2 名学生获优秀奖；3 名学生获全国大学生广告艺术大赛优秀奖。学院长跑队取得上海市阳光体育大联赛冬季长跑比赛男子团体第二名，女子第三名，总分一等奖的好成绩。

大力开展办学基础设施建设，新建建筑材料实验室，进行安装综合实训中心二期建设。实施校园美化工程，学院新大门、灯光球场、校园道路整修等工程均在建设中。投入 150 余万元进一步推进校园信息化建设，更新计算机房计算机 110 台，教师办公用计算机 40 余台；完成学院一卡通改建和升级；完成易班网络平台创建工作；增加学院网络出口带宽。

制定辅导员工作考核细则，强化辅导员队伍建设；开展“易班”互动；落实社团指导老师竞聘制度；实施学生干部挂牌上岗制度。开展各类爱国主义教育活动、“我的中国梦”主题教育实践活动、“免费午餐，因爱而生”公益活动，篮球联赛、辩论赛、社团巡礼、校园社团游园会、迎新晚会等，组织参加纪念建工集团成立六十周年文艺晚会、“用心创造生命奇迹”大型公益活动。27 名同学(其中女兵 3 名)应征入伍，400 名学生参加无偿献血活动。学院荣获“2012 年度上海市征兵工作先进单位”和“2012 年度上海市高校无偿献血推进奖”。

继续教育依托学院教学资源和政策支持，拓展培训业务，树立培训品牌，开展建造师、建筑业从业人员、三类人员培训和继续教育，并推进本科段自考助学项目，全年培训量超过7500人次。进一步加大院办企业申宝公司、劳务公司资质重新就位的工作力度，提高院办企业参与市场竞争综合实力和社会形象。申宝公司新签订合同21332.35万元，完成产值约5亿元，完成管理费收入506.4万元。

（金宁黎）

“我的中国梦”主题教育系列活动

［**开展中国梦主题教育活动**］ 围绕“立德树人”根本任务，从4月始深入开展“我的中国梦”主题教育活动，旨在引导广大师生为实现国家富强、民族复兴、人民幸福的伟大“中国梦”而奋发学习、不懈奋斗。学院把“我的中国梦”主题活动与学院育人、学生思政工作紧密结合，通过校园征文大赛、主题宣讲、“@建峰”微博寄语活动、“我的中国梦”主题校园文化建设、“实现中国梦、青春在行动”主题党团日活动、“中国梦，我的梦”主题班会、“发现身边的美”主题摄影及微电影创作大赛等九个专题活动，充分将课堂主渠道和学生社团、网络新媒体等学生喜闻乐见的形式和平台相结合，提高师生的主动参与度与活动实效。

（金宁黎）

［**完成电子阅览室和数字图书馆建设**］ 学院初步完成数字图书馆建设，电子阅览室采用方正阿帕比中华数字书苑，数字图书馆选用万方数据平台中国学术期刊数据库，与学院内网进行衔接，方便教师和学生查阅电子期刊及文献。

（金宁黎）

［**建峰护理院揭牌**］ 4月28日，由学院和上海建工医院合作举办的上海建峰护理院揭牌开院。该院地处老龄人口较多的虹口区，设在建工医院内，核定床位230张，纳入医保定点单位，将为长期卧病患者、生活不能自理的老年人以及其他需要长期护理服务的患者提供医疗护理、康复促进、临终关怀等服务。

（金宁黎）

附：学院负责人及地址

（2013年1—12月）

院党委书记：徐　辉
副　书　记：杨光辉

校　长：徐　辉
副校长：崔　进、窦争妍、徐德明

地址：宝山区漠河路1168号
邮编：201999
电话：56601258

上海工会管理职业学院

[2013年概况] 扎实推进"上海市高职特色院校"和"全国工会教育培训示范院校"建设,以专业和课程建设为重点,创新人才培养模式,全面提高教学质量。全年录取新生1818名,应届毕业生总体就业率100%、签约率94.5%。

专业结构进一步优化。新增健康管理(职业健康方向)专业,停招交通运营、商务英语、文秘、医药营销、包装技术与设计等5个专业。开展工会学专业调研,突出专业人才培养特色。

人才培养模式改革扎实推进。开办第三期社会化工会工作者专修班。试点中高职贯通,食品营养与检测专业与上海科技管理学校共同开展申报。构建高职本科"立交桥",社会工作专业、劳动与社会保障专业与上海应用技术学院初步达成对接意向。行业专家、专业教师、公司员工三方通力合作,完善"现代学徒制"人才培养模式。与招商局物流集团、统超物流、星巴克等企业共建"定向班"、深化"2+1"订单式人才培养模式。

课程改革深入开展。加大专业核心课程和技能操作类课程的教学改革力度,以能力为导向、真实业务为引领,从课程设计到教学方法都有实质调整,《陶瓷器鉴定》《配送中心运作管理》被评为上海市级精品课程。

实训条件持续改善。以学生实践操作技能培养为目的,坚持"建"与"改"结合原则,增强生产性实训功能。新建国际贸易模拟、条码与RFID应用实训室,完成劳动防护、化学性作业环境检测实训室一期建设。文博艺术品公司参加第十七届上海艺术博览会,拓展视野扩大声誉。

校企合作交流成效显著。实施"青翼储备社工"实习培养计划;"食品检测实务""检验室管理"等课程延伸至企业;完成市档案馆档案抢救修复项目、承担海南省博物馆"十二五"国家出水文物保护重点工程、开设"聚德精英班";承办第一届招商局物流集团华东区青年骨干培训班,承担集团上海有限公司内训体系开发项目,与上海欣海报关有限公司、上海盛世船务有限公司等建立校企合作关系。对外交流合作取得进展,6名学生赴台湾嘉南药理科技大学交流学习。

学生综合素质全面提升。参加全国商科院校职业技能大赛、全国大学生创业经营大赛、全国高校数字艺术大赛、上海大学生艺术设计展等技能竞赛等获得多个奖项。深入推进劳模育人基地建设,组织实施新生劳模导师进课堂活动,启动第二册劳模育人教材编写,建立首批劳模育人实践基地5个。

制定"攻坚计划",推进工会示范校、高职特色校建设,形成"两翼齐飞"发展战略。通过全国总工会干部教育培训示范校评估验收与综合评审,被授予"全国工会干部教育培训示范校"称号。共举办各类培训班85期,培训5418人。学院获全国工会系统先进就业培训机构称号。

(卢　锟)

[洪浩到院调研] 4月9日,市人大常委会副主任、市总工会主席洪浩一行赴学院调研。在视察劳模展览厅、艺术品保护技术实训中心、社区事务公共实训基地、干部培训中心等教育教学设施后,听取学院推进职业教育教学改革、加强工会干部培训情况汇报。洪浩希望学院努力办成全国一流的工会干部培训基地、一流的工会理论研究基地、一流的国内国际工会学术交流基地,走出具有自身特色的教育发展之路。

(卢　锟)

[举行劳模班成立30周年纪念会] 10月29日,举行劳模班30周年纪念大会暨劳模学习培训五年计划启动仪式。在市委、市政府和市总工会领导关怀和社会各界支持下,劳模班为上海经济腾飞培养大批人才。学院将根据新时期要求,推动服务劳模工作迈上新台阶。会上,市总工会与市教委共同启动"上海劳模学习培训五年计划"。

(卢　锟)

[全国工会学研究会年会召开] 12月13—14日,举行全国工会学研究会、中国工人历史与现状研究会2013年年会暨第29次全国工会理论教学研讨会。会议由中国劳动关系学院主办,上海工会管理

纪念劳模班成立30周年

职业学院承办，上海市总工会给予大力支持。年会共收到近百篇论文，17位作者在专题论坛上发言。与会学者围绕“劳动创造价值的理论自信与工会特色道路建设”的主题，就劳动创造价值与工人阶级主体地位、集体协商的实效机制建设、收入分配改革与劳动收入的主体地位以及激发基层工会活力与工会代表性建设等问题进行深入研讨。来自中华全国总工会、全国各省市工会干部院校等单位的工会理论研究学者共110余人参加会议。

（卢　锟）

[成立“劳模育人实践基地”]　10月25日，举行“劳模育人实践基地”揭(授)牌仪式。首批基地包括华亭宾馆、上海医药集团上海医药分销控股有限公司、上海地铁第一运营有限公司、上海铁路局上海站以及闸北区社会保障事业管理中心。“劳模育人实践基地”是“建设一支劳模导师团、开发一套教材、建设一个劳模精神育人课程体系、建设一个劳模风采展示馆、建设一个劳模精神教育研究会、建设一批劳模育人实践基地”即“六个一”劳模育人方案中最重要的一个环节。

（卢　锟）

[完成南宋沉船出水瓷器修复]　应海南省博物馆邀请，由学院陶瓷修复专家和专业学生组成的陶瓷修复项目组，承担“十二五”国家出水文物保护重点工程——“华光礁1号”南宋沉船出水瓷器修复工作，一个月内完成350余件南宋沉船出水古瓷器修复，得到海南省博物馆领导和国家文物局文物保护专家高度评价。

（卢　锟）

[成立首家企业社工服务站]　3月19日，全市首家企业社工服务站——学院星惠社工师事务所新华联服务站，在星火开发区上海新华联制药有限公司成立。该站将对公司员工开展文化生活、心理疏导、健康成长等特色服务。学院党委、星联公司党委、新华联党总支等领导分别为“新华联员工之家”“星惠新华联服务站”和“工会学院企业社工示范基地”揭牌。

（卢　锟）

[举办第三期社会化工会专修班]　7月10日，举办第三期社会化工会专修班开班典礼，并与闵行区总工会、徐汇区总工会签署校企合作协议。专修班自2011年以来已连续开办两期，培养近50名学员，成功输送若干名优秀毕业生到各区县工会组织工作。第三期招生专业由社工专业扩大到公共管理系所有专业，服务区域由闵行区扩展到闵行、徐汇、奉贤和综保区四大区域。

（卢　锟）

[联合开办“招商物流班”]　11月20日，举行物流管理专业“招商物流班”开班仪式。从2013级开始，物流管理专业与招商物流集团联合开办“招商物流班”，将实施专业课程与企业内训课程共同开发，课程体系与企业内训体系贯通，骨干教师、兼职教师与企业内训师共同培养，企业员工培训与技术服务项目等，实现合作发展。

（卢　锟）

[劳模德育导师为新生上第一课]　9月25日，杨怀远、熊熊等34位学院特聘“劳模德育导师”走进

学校,为2013级新生上大学人生第一课。劳模德育导师与莘莘学子畅谈理想、分享人生经历,用质朴语言、非凡事迹和动人感悟赢得新生敬仰,更为新生职业之路夯实坚定美好的第一步。

(卢　锟)

[与奉贤区总工会签约深化合作] 3月13日,学院与奉贤区总工会签约深化合作。根据协议,双方建立每年两次沟通协商机制,在工会干部和职工教育培训、工会工作者人才培养、工会理论研究、服务基层项目等方面展开具体合作,共同提高工会干部队伍水平,深化职工素质工程建设,培养高素质社会工作应用性人才,构建和谐劳动关系,丰富中国特色社会主义工会理论体系。

(卢　锟)

[获市学生阳光体育运动先进学校称号] 学院始终把提高学生综合素质、培养学生良好品质及健康心理作为出发点。实施"优化参赛项目、人员统筹安排、器械落实到位、项目推陈出新"综合管理措施,在全国性大赛及校企合作上取得较好成绩。在上海市学生阳光体育运动先进学校评选中,学校被评为"上海市学生阳光体育运动先进学校"称号。

(卢　锟)

[深入开展工会理论研究] 围绕市总工会"两个覆盖"难点,与奉贤区总工会、市社科院合作开展《企业经营者政治安排与构建和谐劳动关系相关问题研究》,论文获2012年市总工会优秀论文二等奖;依托"上海合一企业劳动关系研究中心",针对"外资企业职代会制度建设策略"、"外资企业劳动竞赛工作"、"外资企业工会工作动力""利用外资企业文化构建和谐劳动关系""外资企业劳动争议与工会作为"及"外资企业工会主席履职"等6方面进行专题研究,完成市总工会"开发区工会运行模式研究"课题。合作开展课题研究,吸纳基层工运专家参与研究,增进研究的针对性和时效性。学报《工会理论研究》聚焦"党的十八大与工会工作""收入分配""劳动竞赛与职工经济技术创新""劳动合同法修正案与劳务派遣工权益维护"等话题,进行选题策划,刊发"将工会建设成枢纽型社会组织"等关注工会理论前沿问题的文章。

(卢　锟)

附:学院负责人及地址

(2013年1—12月)

院党委书记:宋钟蓓
副　书　记:陈必华(6月离任)、吴　萌(6月到任)

院　长:傅小龙(6月离任)
副院长:陈必华(6月离任)、张　炜、郭洪涛(1月到任)

地址:奉贤区南亭公路2080号
邮编:201415

上海体育职业学院

［**2013年概况**］ 学院全日制高职生430人，其中运动员高职生130人，成人教育在校生270余人。由于市政府对体育类院校重新布局，学院普通高职招生101名(招生名额100名)，录取率超100%，执行自主招生，取消秋季招生计划。专升本招生数104人。应届毕业生就业率90.57%。

高职教育改革培养模式。学院通过校校联合、校企联合、校协联合、校所共建共管的四结合办学机制，在培养人才及教育服务上初见成效。学院与领先体育和爱丽体育公司就游泳重点专业建设合作洽谈，达成2014年订单式培养意向。作为学院首次试行模式，学院将根据招生计划制定教学计划，力求企业核心课程、企业文化和企业教师进学校，力求双赢，为高职教育培养方式改革打好基础。

有序推进实习实训工作。按照年度计划，2012届实习实训于2013年4月30日完成，学生在企业实训阶段共106人；校企合作单位4家，包括爱丽体育咨询有限公司、上海市保安服务总公司、康威健身管理咨询有限公司和上海易星体育发展有限公司；校内带教教师4人，企业班主任4人，企业带教教师8人。2013届实习实训于2013年5月进行。基本形成较完善实训年度工作体系，包括开展校企合作单位校园宣讲会、确定校企合作单位实习实训学生及带教教师名单，分发实习材料、岗前培训及就业指导、实习动员、正式实习、实习总结等。2013年开始严控实习进程，下发《学生实习手册》、《指导教师工作手册》，对学生实习以及教师带教工作监控。企业对学生实习鉴定，学生进行实习总结。

坚持思政教育与竞技体育相结合。以拉拉队和赛事志愿者服务形式参与竞技体育服务工作。全年高职生参与击剑、排球、手球、乒乓球、羽毛球、曲棍球等全运会预、决赛及联赛赛事拉拉队工作共计50多场，参与学生1700多人次。参与排球联赛、现代五项、马术比赛等赛事组织志愿者服务工作300余人次。

师资队伍建设。上半年(全运会前)一线教练员培训。开设体能训练中纠错、新板块训练理论运用、谈人生价值与心态调整等三个主题讲座，得到教练员好评。承办8天脱产的2013冬训教练员培训，全年培训总人数约171人，17场次约2500人次。为区县教练员提供培训约100学时，培训人次3000人次。在方式上，倡导体验式、互动式培训。组织教师参加各种学习23人次，参加市委干部培训中心组织专家讲座5人次；按照要求进行说课活动，进一步提升教师备课水平；鼓励教师自我提高，1人硕士毕业，1人在职硕士学习，1人获市教委资助东方访问学者资格。

重点专业建设初见成效。11月接受教育部中央财政及上海市专家评审，通过教育部中央财政阶段性验收。体能重点专业建设引领作用日趋明显。在全国15所体育高职院校中，专业课程体系和核心课程建设处于领先地位，体能类教材被国家体育总局指定为编写单位，并成为全国15家体职院中唯一一所与境外合作办学的体职院。4月，成功举办全国范围体能教学研讨会，全国近10家体育院校(含体科所)参加，给予较高评价。10月，与香港体育学院合作成功举办沪港体能高峰论坛。学院首次组织高职体能专业部分学生赴香港体育学院进行研修。学院和体科所共建体能实训研究中心，每日超量接待需要康复训练和体能训练运动队，服务学院运动队以及体育局系统内其他运动队。截至8月，为近15支运动队提供体能及康复训练，服务总时间近1920小时，服务达13000多人次。

成为上海市高校共享课程院校。共有两个班级37名学生参与《哲学导论》《中国功夫与经络》学习。改革授课形式。市共享课程中心根据学院实际，对学生学习形式进行改革，集中上课结合面授学习。根据教师特点及教授课程，配备带教教师，有效管理班级，提高学习质量。《哲学导论》集中学习16周，面授课程出勤率达87%。通过培训带教教师，教师业务能力有所提高。成功申请共享课程面授教学点，开创学院共享课程工作新起点。共享中心管委会连续两次对《中国功夫与经络》授课情况进行报道。为面授课程提供保障。要求教师参与面授课程，做好考勤工作和学期总结，根据课程进程布置作业，加强与共享中心联系反馈，做好考试成绩查询管理。通过协商派遣专车接送学生，并给予学生晚饭津贴。

教材建设成果显著。学院出版《体育管理学》和《运动竞赛组织与实践》高职教材；参与特色教材建设计划《青少年身体训练》《功能解剖学概论》《运动损伤防护与康复》《体适能(初级)教练员》陆续出版并投入使用；撰写和编译《NSCA 测量与评价手册》《美国体能协会私人教练概论》和《体适能锻炼方法与评定》;《体适能锻炼方法与评价》和《体能康复训练方法》被国家体育总局确认为教育部"十二五"规划教材。在完成《上海体育职业学院六十年发展史》基础上，编撰《2012 年上海体育职业学院年报》，恢复出版《体能训练》杂志，由双月刊改成单月刊。

科研工作。4 月，学院承担 3 个国家体育总局课题通过验收；11 月，首批立项部分院级重点专业建设课题验收全部顺利结题；部分教师参加上海市体育局文化教师优秀论文评比获得一等奖 1 名，二等奖 1 名，三等奖 1 名；部分教师论文被全国专题论文大会和层次较高的国际学术论文大会录取。

完成部分办公楼和训练场馆无线上网覆盖工作，和中国电信合作在学院教学大楼新增网络专线，在学院机房增设防雷装置并完成交换机更新调试。提升网络软件服务。完善网络 IP 地址段细分，以有效监控网络实名账户被盗用情况；完成 OA 办公系统二次开发工作；为优化服务器资源空间，开发并完成网络数据存储虚拟化工作。引进图书查阅系统。通过 IE 浏览器可直接登录学院图书馆管理系统，有效提高日常管理，为读者提供便捷图书查询、借阅信息导航服务，实现资源共享。采购新书 6246 册、电子图书采购 25050 册；新书上架 7000 余册，整理书库图书 10000 余册；完成综合类杂志 251 种、体育专业类杂志 79 种、报刊 26 种征订。12 月，经上海市绿化和市容管理局鉴定，学院获批 2012—2013 年度"上海市绿化合格单位"。

第十二届全运会取得佳绩。428 名运动员(203 男、225 女)参加决赛阶段比赛，共计 13 个大项(17 个分项)、134 个小项比赛，取得 24 枚金牌、80.5 枚奖牌、总分 1540.5 分好成绩(包括奥运会带入 4 枚金牌、15.5 枚奖牌、总分 255 分以及花样游泳代表辽宁所取得的成绩)。除去奥运会带入成绩因素，学院在全运会实际取得成绩相比第十一届全运会，金牌、奖牌及总分分别提高 25%、27.45%及9.59%，对上海市代表团贡献率分别为 51.1%(金牌)、59.8%(奖牌)、59.2%(总分)，为上海市代表团取得全运排名第四的优异成绩并实现三超目标成绩做出贡献。其中，游泳、排球等传统优势项目金牌贡献较为突出。室内排球获得全部 14 枚金牌中 5 枚，项目金牌占有率达 35.71%；自行车队获得 2 枚金牌、8 枚奖牌、总分 140 分优异成绩，超越上届 1 金、1 奖、62 分成绩实现历史性突破。游泳获得 6 枚金牌、20 枚奖牌，项目金牌占有率位列全国第二。其中女子 4×100 米自由泳项目，陈欣怡、庞佳颖、张思诗和唐奕以 3 分 36 秒 55 佳绩获得决赛冠军，豪取全运七连冠；15 岁游泳小将陈欣怡，首次参加全运会获得 4 金 1 银优异成绩；学院新组建女子水球队，一举夺得全运会季军。学院运动员在世界三大赛上共获得 5 枚金牌、4 枚银牌、4 枚铜牌，自行车运动员钟天使在世界杯墨西哥站刷新女子争先赛世界纪录。

(王春鸟)

[第十二届全运会学院金牌榜]

项　目	小　　项	运　　动　　员	奖牌	成绩
现代五项	男子个人	曹忠荣	金牌	5984
击　剑	女子佩剑团体	陈晓冬、袁婷婷、高雪、王岩	金牌	
自行车	女子团体竞速赛	徐玉蕾、钟天使	金牌	
自行车	女子场地全能赛	黄丽	金牌	
田　径	女子 1500 米	赵婧	金牌	4∶12.32
田　径	男子 110 米栏	谢文骏	金牌	13.36
田　径	女子 800 米	赵婧	金牌	2∶02.36
拳　击	男子 64 公斤级	李泉龙	金牌	
游　泳	女子 4×100 米自由泳接力	陈欣怡、庞佳颖、张思诗、唐奕	金牌	3∶36.55
游　泳	女子 100 米蝶泳	陆滢	金牌	57.04

（续上表）

项目	小项	运动员	奖牌	成绩
游泳	女子4×200米自由泳接力	朱倩蔚、张思诗、唐奕、庞佳颖	金牌	7∶50.50
游泳	女子100米自由泳	陈欣怡	金牌	53.84
游泳	女子4×100米混合泳接力	周妍欣、孙晔、陆滢、陈欣怡	金牌	3∶58.43
游泳	女子50米自由泳	陈欣怡	金牌	24.61
花样游泳	双人	黄雪辰、吴怡文 （代表辽宁）	金牌	95.801
排球	男子排球	杨剑彬、任琦、戴卿尧、王之腾、陈龙海、沈琼、何炯、黄彬、李春晖、方颖超、崔晓栋、詹国俊	金牌	第二名
排球	女排青年	张哲嘉、李佳彬、刘昕辰、徐桢森、支家澄、陈居毅、廖健宇、林玮琦、葛文豪、王凯、王袁杰、蒋鸿镔	金牌	第二名
排球	女子排球	李莘芸、陈伊娜、顾欣蔚、陈斯洁、卞雨倩、奚希、马蕴雯、朱慧菁、马晓颖、张磊、张轶婵、杨婕	金牌	第三名

备注：统计包括花样游泳代表辽宁取得的成绩，以及奥运会带入和两次计分成绩。此外，根据全运会规程规定，三大球项目冠军记为获得3枚金牌、亚军记为2枚金牌、季军记为1枚金牌。

（王春鸟）

［获男乒世界杯单打冠军］ 10月27日，国际乒联男子世界杯在比利时落幕，学院运动员许昕成功夺取冠军。在与萨姆索诺夫决赛中，许昕在前两局战成1平后充分发挥正手威力连赢三局，以4比1击败萨姆索诺夫夺取冠军，这是许昕首次在世界大赛中拿到单打冠军，实现个人职业生涯重要突破。

（王春鸟）

［游泳队赴英国交流训练］ 10月31日至11月19日，受英国斯托克梅罗游泳俱乐部邀请，学院游泳队一行16人赴英国进行游泳项目交流训练并参加英国俱乐部公开赛。英国斯托克俱乐部选派最优秀教练员及运动员与学院游泳队进行并组训练。学院教练员、运动员训练中展现了健康向上的体育形象，比赛中以顽强作风优异成绩赢得英国公众的尊重和赞赏。斯托克市市长及夫人在市政厅接见学院游泳队代表团，并对运动员取得优异成绩表示祝贺。

（王春鸟）

附：学院负责人及地址

（2013年1—12月）

院党委书记：苏清明
副　书　记：沈富麟（兼）、魏　燕

院　长：沈富麟
副院长：苏清明（兼）、王益民、朱学雷、虞　伟、孙海平、海　线（11月到任）、邵国民（11月到任）、邱培康（11月到任）

地址：上海市徐汇区百色路1333号
邮编：200237
电话：64770058

上海健康职业技术学院

[2013年概况] 8月22日，上海市人民政府同意将上海健康职业技术学院隶属关系划转至市教委，由市教委负责管理。学院根据要求顺利完成资产转移工作。年内，按照市教委统一工作部署，平稳有序地开展绩效工资实施方案的工作。

全年招录新生1429人，计划完成率99.93%，录取报到率91.60%。高职在校生3149人，成人教育在校生2926人。首届高职毕业生299人，就业率98.66%。毕业生就业质量理想，专业对口率较高。

秉承“立德健行、仁术康民”校训，围绕“突破、提升、发展”总体思路，内涵建设开足马力，办学水平有力提升。12月“超声检查技术”“急救护理”和“中国传统康复技术”等三门课程被评为上海高等学校市级精品课程（高职高专）。同中医药大学合作开展护理专业专本联合定向培养试点工作获市教委批准。中高职贯通“护理”“生物技术及应用”“药学”专业，高职“中药”专业等四个新专业申报获批。建立院、系两级督导体系，聘任院内49位、院外行业专家68位为两级教学督导组成员，参与日常教学督导。组建院级教学督导组。各系部成立教学督导小组，确定教学督导秘书。制定各类督导相关制度。创建学生信息员网络，组织学生进行网上评教。新立市级课题6项：包括卫生局课题1项、市教委青年教师资助计划5项；校级课题8项。进行2008—2012年度优秀论文、优秀教材评选，参评论文174篇，教材70本，最终评出优秀教材4本、优秀论文10篇，论著荣誉奖1名。

学生管理工作从9月起试行部系二级管理，为部系配备4名专职副书记。全院学生二级管理运行模式平稳有序，取得初步成效。完善制度，做好“奖、贷、勤、助、补”工作。高职生有1人获国家奖学金0.8万元，2人获上海市奖学金1.6万元，590人次获国家助学金86.94万元，68人获国家励志奖学金34万元。

确立专项建设“项目落地、具体到人、部门协同推进”机制，按照“可控、可测、可见”总体要求，全面推进各项建设。“085”工程项目建设围绕校内实训基地建设、师资队伍建设、人才培养模式与课程体系改革、社会服务等进行建设，共计209个子项目，市财政三期共投资2410万元，截至10月底，一期、二期共计125个子项完成率达93%，经费使用率94.22%；三期84个子项目建设任务已落实到各项目负责人，落实率100%。11月顺利通过由市教委组织的专家组开展的中期现场检查与验收工作。12月，学院康复治疗技术与助产两专业通过教育部、财政部最终验收。康复治疗技术专业建设成果作为上海市推荐典型案例之一，参加由全国高职高专校长联席会议组织的全国建设经验交流会进行现场交流展示。

11月组织开展首轮前两批专业（学科）人才梯队培养对象考核与第三批滚动选拔培养工作。为体现客观公正，考核实施无记名打分及回避制度，保证公正性与公平性。颁布并实施《教师实践进修管理办法（试行）》《双师型（双师素质）教师认定与管理办法（试行）》《外聘兼职教师管理办法（试行）》《人员招聘录用管理办法（试行）》《岗位设置管理首聘后专业技术职务（岗位）聘任工作若干规定（试行）》五项制度。陈荣凤获第七届高等学校教学名师奖（高职高专部分）。药学专业教学设计比武首次进入复赛并获三等奖。护理及药学两个教学团队申报获得市级教学团队。9月，近90余人响应并参加青年教师专业素质提升培训班。共计400余人次参加各类培训，培训费用近110万元。截至年底，108名专任教师参加教师临床（生产）实践进修。吴嫣等5名青年教师入选“上海高校青年教师培养资助计划”。

完成无线校园、电子教室、全校范围电脑更新、帮助各部门建设、升级管理信息系统等20个子项目，年底前全部项目启动。

（刘宏正、石月红）

[入选高校教师培养计划项目] 5月，根据《上海高校中青年教师国外访学进修计划》《上海高校青年骨干教师国内访问学者计划》和《关于实施上海高校教师产学研践习计划的意见》（简称“产学研践习计划”），经教师个人积极申报、学校推荐、专家评审和市教委审核等程序，罗永刚、杨芸、杨洁敏、赵芳四

位教师，成功入选“产学研践习计划”，资助标准为50000元/人。

（石月红）

［开设后勤技术专业］ 6月，学院开设机电设备维修与管理（医院设施工程技术与管理方向）专业，这是全国首次开设该专业，填补了医院后勤技术人才紧缺空白。该专业与上海复旦医院后勤服务有限公司合作，实行“校企合作、订单培养”，与复旦大学附属中山医院、儿科医院等10余家三级医院后勤保障部门建立实训、实习基地关系。

（石月红）

［在全国多媒体课件大赛获好成绩］ 10月，由教育部教育管理信息中心主办的第十三届全国多媒体课件大赛评审结果揭晓。医学基础部刘丽的《脑与脑血管》获二等奖，医学基础部李晓芳的《血栓形成》、图文信息中心的王毅《办公自动化》获三等奖，护理系徐淑芹、王蕾和文理教学部张颖、梁莹获优秀奖。

（石月红）

［武术拳操获一等奖］ 11月16日，上海市学生阳光体育大联赛（高校组）“武术拳操”比赛举行。比赛分男子武术拳操和女子功夫扇两项。学院首次参加男子武术拳操竞赛，获大联赛（高校组）男子武术拳操“一等奖”。

（石月红）

［获学生阳光体育大联赛一等奖］ 11月30日，上海市学生阳光体育大联赛“跳绳踢毽子比赛”（高校组）举行。学院选出68名运动员参赛，摘得大赛团体一等奖。

（石月红）

［在高职高专体育教师大赛获奖］ 12月18—22日，全国首届高职高专院校体育教师教学技能大赛在杭州举行。学院体育教研室赵翀老师成功入围并备战全国决赛，经过主项、副项、教案编写和微课程评比，获大赛二等奖。

（石月红）

附：学院负责人及地址

（2013年1—12月）

院党委书记：曹蓉蓉
副　书　记：王向军（12月到任）、贺　勇（12月离任）

院　长：张　钢（5月离任）
副院长：季伟苹（8月离任）、徐一新、詹昌明

徐汇校区地址：上海市梅陇路21号
邮编：200237
电话：64773528

崇明校区地址：上海长江公路258号
邮编：202178
电话：59666661

上海东海职业技术学院

［2013年概况］ 学院位于闵行区上海紫竹高新技术产业开发区北侧，占地12.7万平方米，有12个教学实训中心和75个实训室，图书馆有纸质藏书37.6万册，电子图书9.621万册。设4个二级学院，4个教学系，2个教学部及继续教育学院，共32个专业。教职工404人，有专任教师146人，具有副高以上高级职称教师42人，其中有“双师素质”教师占教师比例数42.47%。截至年底，在校学生4684人，一次就业率97.48%。

规范化管理。学校借鉴ISO9000质量标准管理理念，探索构建与校企合作相适应的教学质量管理与保障体系，依托校园网构建管理体系的信息化运行平台，对教学实现过程实施有效控制，确保教育教学过程的规范性和有序性。一是基于校企合作，建立以学校为核心、政府职能机构和社会力量参与的“三方联动”“教学管理”和“质量评价监控”两线并行的教学质量监控和评价体系。二是强化教学督导机制，成立专兼职相结合的教学督导队伍。对课堂教学、作业布置批阅、顶岗实习等环节进行检查和监控，确保教学实现过程的规范有序。实施多元化教学质量评价，多层次全方位地对教学过程和教学质量进行监控。三是依托校园网，建立教学质量开放性测量和评价体系，学校自我测量和评价工作常态化，进行面向服务对象的满意度调查。完善教学质量信息反馈与分析改进系统，发挥教学质量综合评价系统的预警机制和功能，对教学过程进行实时调控和动态管理。

特色院校建设。五个重点建设专业已显现出创建特色，特色校、示范校建设阶段性责任基本完成。一是师资队伍“强师工程”建设。实施“1+1”计划，即专业带头人由1个校内教师和1个行业专家组成。年内，30%专业达到要求，12位教师进入企业挂职锻炼，3名教师赴美国、英国和澳大利亚进修，4名教师进入市知名高校进修。二是课程建设“双百工程”是学校“十二五”规划中一个重要教学建设项目，10月25日举行第一批“双百工程”校级精品课程及优质课程验收。第一批30门课程建设，参加验收课程25门，参加课程建设教师达218人次，其中行（企）业人员30人。经专家评审，10门课程被确定为“校级精品课程”，13门课程被确定为“优质课程”。

学生工作。围绕党的中心工作，充分发挥共青团、学生会的作用，提升学生综合素质，加强大学生思想教育，丰富大学生生活。年内发展党员64人，其中学生60人，在校生党员比例基本达到要求。重视新媒体建设，截至12月上旬，“易班”注册师生人数近9000人，在校学生注册率为100%，保持一定用户活跃度，月均浏览量为15万余人次。良好成绩得到各级主管部门好评，市教卫工作党委评定为“优秀”。

（喻家琪）

［庆祝建校20周年］ 5月17日，召开建校20周年庆祝大会。市教卫工作党委、市教委，闵行区教

建校20周年庆祝演出

育局,闵行区吴泾镇人民政府的领导,各有关兄弟院校领导、社会各界知名人士、知名企业家代表、来自各地校友代表及学校师生代表400余人参加大会。出席庆祝大会,还有上海市原副市长刘振元。来宾向学校建校20周年表示祝贺,希望学校牢固树立"人才至上"理念,不断提高核心竞争力和人才培养质量,百尺竿头再上一层楼。校庆期间,中国民办教育协会、上海交通大学、河南科技大学、日本京都情报大学等20余家单位和院校发来贺信贺电。

(岳宝华)

[翁铁慧到校调研] 3月28日,副市长翁铁慧一行到校调研,指导工作。翁铁慧实地参观东海医院等实训中心,认真听取实训情况介绍后,从五方面对学校工作给予肯定。一是学校产权明晰,法人治理结构完善;二是学校根据社会和产业结构需求专业优化;三是学校人才培养模式正确、定位正确;四是管理科学规范,符合教育规律;五是学校师资队伍建设有特色。她提出三方面要求:第一,学校产权和资产管理规范问题至关重要,政府将严格按照分类管理原则对民办高校进行投入,将对非营利性、不要求回报的民办高校和公办学校一视同仁,大力支持民办高校。第二,学校定位要正确,必须和企业、行业对接,进一步明晰培养方式。第三,要注重教师队伍建设,培养"双师型"教师成为教学主要力量,要鼓励教师在学术研究上进一步发展。

(岳宝华)

[人民科学家钱学森高校巡回展到校展出] 5月29日,"人民科学家钱学森"2013上海高校巡回展在学校拉开帷幕,全校200余名师生代表等出席。展览共展出400多件图片、实物及一些珍贵的文献史料,全面展现钱学森同志对中国航天事业和现代科学技术的卓越贡献。

(岳宝华)

[新疆喀什地区特岗教师培训班结业] 6月21日,新疆喀什地区特岗教师培训班结业典礼举行,闵行区政府、市合作交流办对口支援一处、闵行区合作交流办、闵行区教育局负责人和学校党政领导出席。区领导祝贺学员们经过努力,以优异成绩圆满结业,勉励学员们为提升教育水平、促进边疆发展、维护民族团结、国家繁荣稳定做出贡献。培训班代表喀什地区莎车县人社局向学校赠送具有新疆民族风情乐器。

(喻家琪)

[校第一届汉字听写决赛结束] 12月18日,学校第一届"知韵杯"汉字听写大赛决赛举行,经过复赛晋级决赛的有6支队伍。这次汉字听写大赛,让学生们进一步了解汉字、掌握汉字,进而热爱汉字,推进了校园文化建设,弘扬了民族优秀传统文化。

(徐　晨)

[赴日本短期实习项目验收合格] 6月1日至8月10日,学校商贸学院组织14位学生去日本别府市沟部学院参加为期70天实习。12月11日,教务处组织专家对该项目进行验收。与会专家听取项目策划、项目实施、经费使用等情况,审核商贸学院提供的《东海学院学生赴日短期实习项目总结》后认为,商贸学院能够合理、规范地管理和使用项目经费,为学校国际化办学创建一个有益模式。

(商　贸)

[在全国会计信息化技能赛中获奖] 11月23日,在第七届"用友杯"全国大学生会计信息化技能大赛上海赛区总决赛中,学校参赛选手会计115班学生马佳丽、会计122班学生汪秋萍获上海赛区二等奖和三等奖。马佳丽以上海高职高专组第三名成绩代表上海参加12月5日在北京举办的全国精英赛,在入围全国总决赛的100名选手中位列高职高专组第11名,荣获全国优秀奖。

(经　管)

[获全国大学生网络商务创新赛一等奖] 学校商贸学院学生竞赛团队"花young队"赴京参加"第六届全国大学生网络商务创新应用大赛"全国总决赛,经过激烈角逐获主题赛一等奖,指导教师李福刚获大赛"优秀指导教师奖"。

(商　贸)

[上海电机厂实习基地挂牌] 10月31日,"上海东海职业技术学院——上海电机厂实习基地"在上海电机厂职业培训中心挂牌成立,校党政领导和上海电机厂有关领导出席挂牌仪式。上海电机厂对学校在双师队伍建设和人才培养模式改革方面给予大力支持,每年接纳学校机电学院20多名学生顶岗实习,接纳专业教师践习。

(机　电)

[再获"上海市文明单位"称号] 5月20日,上海市精神文明建设工作会议召开。会上,对2011—

2012年度上海市文明单位进行表彰，上海东海职业技术学院榜上有名。这已是学校连续4年2届蝉联上海市文明单位。

（岳宝华）

附：学院负责人及地址

（2013年1—12月）

董事长：曹助我

院　长：项家祥
副院长：赵佩琪、程龙根

院党委书记：赵佩琪
副　书　记：项家祥、王　玉

地址：虹梅南路6001号
邮编：200241
电话：64505555

上海新侨职业技术学院

[2013年概况] 学院共有在校生4031名;毕业生1569名,就业率99.12%。教职工307人,其中,专任教师136人,具高级职称的6人、具中级职称的47人;专任教师中,具有硕士研究生学历学位以上的77人、占75.5%,双师型教师26人、占25.5%。

学院有嘉定、青浦两个校区,占地总面积21.87万平方米。其中,建筑面积12.09万平方米、教学科研及辅助用房5.78万平方米、绿化面积达4.4978万平方米、2013年新增绿化面积7418平方米。建成文体中心楼和综合培训楼并投入使用,建筑面积10491平方米;新建教职工宿舍楼一栋,建筑面积785平方米,可容纳45名教职工入住。图书馆有纸质藏书33.7万册,生均年进2.48册;电子图书33万册。12月30日为庆祝学院创建20周年,举行《峥嵘创业之路 灿烂创新之梦》座谈会。

12月召开第一届二次教代会,审查通过调整薪金制度实施方案,于2013年9月起执行。为教职工缴纳年金87万元;为113位教职工缴纳教师专项医疗补充保险29380元;为122位教职工缴纳住院补助金12200元。

教师学生参加职业技能比赛获得一批奖项:上海"第一届民办高校教师教学技能大赛",游红霞获骨干教师组"三等奖",赵学芳获"优胜奖";在全国汽车营销技能设计大赛上,学院获团体二等奖,张璐嘉、赵宇衡获个人二等奖;全国技工教育与职业培训教学研究成果数控基础知识课件大赛,赵学芳获三等奖;上海市维修电工高级一类竞赛,李海贵获二等奖;外经贸会计协会年度论文评比,瞿志明获一等奖;全国"科教杯"和"科技博览"中,倪水兵获一、二等奖。上海市高职汽车营销大赛首次在学校举行,汽车系学生获团体三等奖;第四届全国软件专业人才设计与创业大赛上,计算机系学生获个人一、三等奖;第四届高职高专英语写作大赛上,外语系学生获个人一、三等奖;IOS应用项目开发竞赛,计算机系学生获个人一、二、三等奖;上海职教集团计算机网络技术大赛上,计算机系学生获一等奖;"21世纪报杯"华东区第二届高职高专英语读报大赛上,外语系学生获一、三等奖;第一届上海"天华杯"高校日语演讲比赛上,外语系学生获三等奖;"用友新道杯"上海高职院校会计专业信息化职业技能竞赛上,管理系学生获三等奖;"网中网杯"全国大学生财务决策大赛上,管理系学生获三等奖;全国会展专业技能竞赛上,管理系学生获二、三等奖;上海大学生创业比赛上,外语系学生获团体三等奖。

(接剑桥)

[开展对外交流与合作] 学院派出领导、骨干教师及行政管理人共47人次分赴英国、德国、日本、加拿大、马来西亚等国家和我国台湾地区高职院校参加培训、考察、学习。与英国博尔顿大学和华威学院、马来西亚思特雅大学(UCSI)、日本创志教育集团和活水女子大学、加拿大拉萨尔学院以及台湾花莲观光学院等7所海(境)外高校或教育机构签订合作协议。向市教委申报并获批与英国博尔顿大学机电一体化技术专业、与台湾观光学院旅游管理(餐饮方向)专业的合作(专科教育层次)。同时向市教委申请1个海外名师项目,获经费23万元,用于聘请海外名师。

(接剑桥)

[加快智慧校园建设] 与济光职业技术学院合作开展教育部信息化试点项目《信息化环境下校企协同教学模式探索》建设工作,推动产教融合人才培养新途径建设;探索信息化环境下民办高职院校新型管理模式。8月份引进CRP(校园资源计划)系统进行本土化开发。CRP已渗透到学院教育教学和管理、服务师生工作中。在市教委《上海市民办高等教育信息化建设三年行动计划(2013—2015年)》指导下,学院信息化基础设施完成万兆骨干提升,完成视频基础平台(含视频会议、录播)建设。

(接剑桥)

[建设节能环保的绿色校园] 为响应高校节能减排、保护环境要求,向市教委申报《高校节能环保示范项目》,获准70万元政府专项经费支持;向市教

委申报学院变电所和开关站建设项目，获准800万元政府专项经费支持；对使用近13年燃油锅炉进行节能减排锅炉改造；暑假期间对原电信普通虚拟电话网络改造成数字程控交换电话网络，并通过VPN技术实现两校区程控交换机互联。

（接剑桥）

[中高职贯通教育立项、招生] 年内，与上海行政管理学校文秘专业、上海机械工业学校珠宝首饰工艺及鉴定专业的中高职贯通试点项目通过立项，并已招收首届学生。与大众工业学校合作汽车电子技术专业通过立项。

（接剑桥）

[拓展校企合作] 学校机电工程系与上海大众汽车公司合作，申报部市合作教改实验区项目《大众—新侨机电一体化专业高技能人才双元制培养的探索与实践》；计算机系与大唐集团上海公司合作，参与国家教育部下达信息化项目“信息化环境下校企协同教学模式研究”已有突破，初步形成“面向岗位的校企协同教学模式”框架，正向纵深发展将进一步运用于汽车营销专业和机电一体化专业。

（接剑桥）

[提升科研能力与教学成果] 学校汽车工程系与上汽、中科力帆等企业合作开设新能源汽车方向，得到财政部和市教委400万元财政支持，建设新能源汽车技术实训中心。获《珠宝首饰工艺及鉴定专业建设—085》《机电一体化技术专业建设—085》《计算机应用技术专业建设—085》《专业综合技能实训建设》《新能源汽车》等5个项目立项，政府投入资金200万元，学院相应配套建设资金。全年共获得市民办高校重点建设科研项目3个、民办高校青年教师科研项目4个、市高校青年教师培养资助计划18个、市民办教育协会科研项目2个、市高教学会科研项目1个，28个科研项目获得资助经费141.1万元。修订《上海新侨职业技术学院论文（教材）奖励办法（试行）》，为教职工科研提供制度保障与激励机制。教职工在各类学报期刊上共发表论文39篇，其中，核心期刊论文3篇、EI检索2篇；计算机系赵霞老师领衔的《基于JAVA的web应用开发》和汽车工程系郭文军、陆耀良老师领衔的《汽车市场营销与实务》两门课程被评为上海市精品课程。

（接剑桥）

附：学院负责人及地址

（2013年1—12月）

院党委书记：杨奇庆
副　书　记：周　箴、朱莉莉

院　长：周　箴
副院长：陈廷雨、朱莉莉、吴建蓉

嘉定校区地址：外冈镇冈峰路68号
邮编：201806
电话：60675958

青浦校区地址：华新镇新凤北路565号
邮编：201708
电话：60258299

上海震旦职业学院

［2013 年概况］ 学院有教职工 257 人，专任教师 127 人，具有副高以上职称 39 人，具有研究生以上学历 53 人，在专任教师中“双师”型教师 59 人。毕业生 1094 人，签约率 95.97%，就业率 98.35%。招生专业 17 个，招生录取 1435 人，实际报到 1235 人。

进一步确立“以综合素养为基础、以职业能力为本位”的教学计划，将专业教学与国家职业标准相结合，完善学历证书和职业资格证书“双证”并重的人才培养模式，推进课程体系和工学结合教学模式深度发展。推行公共英语课程改革，分步骤做好学生入学水平测试与分班工作，按新教学模式，重新制定教学大纲，规范教案、教学进度，完善课程评价体系，落实课堂管理模式，提高公共英语教学质量。以人才培养工作评估为契机，开展第六届教学质量月活动，全面进行专业剖析与教师说课，推进教学工作规范化常态化，取得良好效果。

加强专业内涵建设。机电工程学院苏家健教授被评为上海市教学名师，其《传感器与检测技术》被评为市级精品课程，《可编程序控制器应用实训（三菱机型）》被列为“十二五”职业教育国家规划教材。中央财政 400 万元支持的物联网应用技术实训中心竣工。经济管理学院王妙教授《客户关系管理》被评为市级精品课程。新闻传媒学院坚持“项目导向、比赛驱动、技能考证、校企合作”办学特色，广告设计与制作专业“上海大西洋贝尔黄页广告有限公司职业生涯校外实践基地”获市教委评审通过，获资助 5 万元。东方电影艺术学院与上海电影译制厂等建立校企合作关系。学院坚持教育公益性、非营利性，围绕社会需要，加大专业建设。营养与卫生、数控技术、新闻与传播、电脑艺术设计、国际商务五个重点专业获得市政府扶持资金达 320 万元。

人才培养评估专家考察学校物联网实训中心

加强中青年骨干教师和干部培养。经自荐、推荐、公示和领导批准，提任 10 名教师、管理人员担任部门负责人。21 名教师、管理干部参加民办高校“强师工程”研修班，5 名教师获国内访学资助，2 名青年教师参加市科教党校培训。2 名教师在“第一届民办学校教师教学技能大赛”中获优胜奖。1 名教师参加新加坡南洋理工学院教学管理研修班，2 位教师参加市高职高专院校（085）重点专业赴台湾技职院校课程进修。张莹等 3 名教师获上海高校青年教师培养资助计划课题，连娟等 6 名教师获产学研项目。

创“震旦文化”品牌。学院积极开展各项活动，彰显“人人参与，班班联动”宗旨。“文明班级建设月”主题教育活动涵盖“中国梦、我们的梦”黑板报评选活动、“我们的班级、我们的家”洁净教室评比活动、“职业素养——从守时、守纪做起”优秀班会评比活动和“新时代、新班级、新社区”易班优秀班级及优秀辅导员评比活动等四项。心理健康宣传教育举办“分享每缕阳光,拥抱青春梦想”第三届心理健康教育宣传月活动和“飞跃无限、照耀未来”的心理素质户外培训活动。积极参加各类体育比赛活动,在“佳硕达光学杯”上海市大学生羽毛球锦标赛(高职组)中,学生赵佳莹获女子单打冠军,赵佳莹、江燕玲获女子双打冠军,学生潘佳杰获男子单打第三名。在上海市第一届大学生跆拳道锦标赛(高职组)学生宫永获男子54KG第一名,洪汉君获男子68KG第一名,陈青获第二名,孟庆峰获74KG第二名,学院获体育道德风尚奖。在上海市学生阳光体育大联赛(高校组)中,学院获跳绳、踢毽二等奖。

加强学生思想政治教育,增强网络服务意识。开展“易班平台”建设,全校易班注册率从60%上升至100%,多项活动被上海市易班发展中心转载至首页。在民办高校易班建设工作评审会中,获得“良好”并获财政支持10万元。2012级数控1班荣获年度上海市易班“十佳网络班级”称号。

学院评出国家奖学金2人,上海市奖学金3人,国家励志奖学金121人,国家助学金461人,学院奖学金380人。同时,33名同学申请国家助学贷款。开设中、高级党校各2期,培养学员411名,其中教师6名。发展预备党员70名,其中教工6名。预备党员转正28名,其中教师8名。加强团员青年思想政治教育,开展自我教育工作,表彰82名优秀学生干部、89名优秀团员、4个优秀团支部。147名志愿者向悦苗寄养院志愿服务12次,其中9人获得市肢残人协会颁发的“智力助残”优秀志愿者证书。

校园网络基础设施建设进一步规范化,实现无线网络校园全覆盖,被评为上海高教学会校园网络专委会优秀奖。信息公开网站在市教委评比中,获高职高专组第三名。完成兵役登记及征兵工作,学院武装部被评为市征兵工作先进单位,金周伟被评为先进个人。学院信访工作,3月被市教委评为教委系统信访工作优秀单位,信访办结率为100%。

(郑兴兰)

[校企合作项目获多项成果] 通过宝山区人社局2010级校企合作开展情况检查,被评为宝山区校企合作鼓励先进单位,获奖金一万元。获宝山区人力资源和社会保障局校企合作财政补贴9万元,合作企业获实训补贴6.69万元。全年新增校企合作项目(技师学院)6个:公共营养师(高级/三级)、数控铣工(高级/三级)、汽车维修工(高级/三级)、网页设计制作员(高级/三级)、营销师(汽车)(高级/三级)及社会工作者(高级/三级)。

(郑兴兰)

[通过人才培养工作评估] 12月3—6日,以冯伟国教授为组长、董大奎教授为副组长的评估专家组一行7人等,对学院人才培养工作进行现场考察评估。专家组听取院长杜飞龙自评报告汇报,考察校内外实训基地,与校领导、中层干部、教师等进行深度访谈,剖析数控技术和国际商务两个专业,听取思想与法律修养、国际贸易与实务、C语言、程序设计等四门课程的说课,多渠道搜集信息,查阅相关资料。6日,市教委宣布学院通过人才培养工作评估。

(郑兴兰)

附:学院负责人及地址

(2013年1—12月)

董事长:张惠莉

院党委书记:郭伯农
副　书　记:杜飞龙、夏　臻

院　长:杜飞龙
副院长:来碧云(7月离任)、许中杰(7月离任)

地址:宝山区罗店镇市一路88号
邮编:201908
电话:021-66866920

上海民远职业技术学院

［**2013年概况**］　学校设有国际航运物流管理学院、现代服务管理学院和应用技术系、外语系、艺术系，设置有国际航运物流和现代服务、应用技术类专业22个；按计划11个专业招录524名新生，上海新生录取报到率98.78%，外省市新生录取报到率80.24%，分别同比提高0.78和10.24个百分点。毕业生828人，一次就业率98.31%，同比提升2.1个百分点。在校专任教师91人、校外兼课教师26人，专任教师中具有副教授以上职称的占25.27%，双师素质教师占52.74%。

学校践行"以评促建，以评促改，以评促管，评建结合，重在建设"方针，调整评建领导小组及办公室组成人员，制订自评方案，查找差距，整改问题，人才培养质量得到提升。学校师生在上海市及全国各项职业技能大赛中获得各类奖项30个，其中冠军或一等奖5个，二等奖5个，三等奖6个，优秀组织奖3个。

加强专业建设、课程建设，深化教学改革。参照教育部2012年12月颁布的《高等职业学校专业教学标准(试行)》，修订2012、2013级专业教学计划，加入课程关系结构图，按专业培养目标和人才培养规格，设计各专业课程体系和核心课程。物流管理专业将物流仓储技能大赛国赛的赛项和内容转化为教学内容，充实到校内实训环节，以赛促教。国际航运物流学院《国际通关实务》课程被评为"2013年度上海市高等学校市级精品课程(高职高专)"。《英语精读》《数字集成电路应用》等课程评为校级重点课程。

加强校内外实训基地建设。与上海中远国际货运有限公司等14家大型航运物流企业签订实训基地合作共建协议。酒店管理专业与上海国际饭店、皇廷国际大酒店等大型酒店签订校企合作协议，实行"2＋1"人才培养模式。应用技术系与上海市工商联五金商会下属世达(上海)工具公司等11家知名企业签订校企合作意向书。校内实训基地"物流与仓储配送""CAD/CAM""PLC应用"等多个实训室建成并投入使用。

内培外引，提升教师专业能力和教学水平。学校坚持教职工每周一次政治理论或业务学习日制度，先后召开两次教学工作会议，学习交流教学工作经验和体会；组织教师全员说课，进行说课比赛、上公开课和同行点评等；组织专业教师下企业调研，及时了解企业行业对学校人才培养要求，加强对学生职业素养教育。同时，组织教师"走出去"学习锻炼，先后有6名教师到美国、英国及国内著名大学学习培训，有27名教师参加国内外34个项目的培训、进修和学习交流；7名教师主编或合著10本教材，13名青年教师获得市教委和市高等教育学会科研课题立项。

抓教风、促学风，规范教学管理和学生工作。教学管理上，一是加大听课力度，实行"三必听"制度，对新聘任教师、学生有意见教师、学生喜爱教师的课必听，总结经验与不足，反馈评价沟通交流。二是严格教学常规检查，规范教学要求，严肃教学计划执行，促进师风建设。三是注重教学过程管理，建立从信息收集、教学评价与反馈调控等三个环节质量监控体系；坚持开展"三段式"教学过程检查：开学抓运行计划制定和执行，期中抓过程质量检查，期末抓教学总结交流，及时反馈，及时整改，严格执行教学纪律。学生工作以党建和思想道德教育为引领，以学风建设为重点立德树人，以规范课堂纪律为突破口，加强辅导员队伍建设，继续实行在三年级学生中选聘辅导员助理，发挥学生骨干带头作用，强化学生纪律观念和良好习惯的养成教育。年内，因旷课受到处分学生，同比降低10%，不少班级出勤率达到并保持100%，良好学风氛围正逐步形成。

完善制度，进一步科学规范管理。学校修订行政、人事、财务、教学、科研、后勤、学生管理等方面8大类97个制度性文件及工作制度，完善57个岗位责任制，汇总编印《学校管理制度汇编》和《部门职责与岗位责任制汇编》，健全校长办公会议、教务例会、辅导员工作例会、后保工作例会等制度。

扎实推进安全文明校园创建。组织4期初级党校、中级党校培训，300余名学生参加。召开团代会，顺利进行团委、学生会领导班子换届。把安全文明校园创建与日常工作部署、落实、检查、考核同步进行。241 名学生参加无偿献血，24 名学生光荣应征入伍；累计 952 人次参与各类志愿服务活动。积极参加上海科技馆志愿者工作，连续第四年获得先进集体荣誉称号，7 名学生获得优秀志愿者称号。继续完善创建安全文明校园制度，在获得 2010—2011 年度上海市安全文明校园基础上，再次荣获“2012—2013 年度上海市安全文明校园”称号。

（张胜利）

［在全国大学生网络大赛中获奖］ 11 月 19 日，在北京师范大学举行的“邮储银行杯”第六届全国大学生网络商务创新应用大赛中，学校代表队荣获“主题赛单项一等奖”和“创新指导院校”两项大奖。大赛于 3 月启动，历时 9 个月，吸引全国 2200 所高校 16 万人参赛，直接参赛团队近 5000 支。学校由一名指导老师和四名学生组成代表队，以上海赛区冠军名义代表上海市参加总决赛。

（张胜利）

［当选中国报关协会职教委委员］ 8 月 15 日，国航物流学院副院长、青年教师蒋慧贤，在中国报关协会报关行业职业教育委员会成立大会上，当选为第一届中国报关协会职教委委员。

（张胜利）

［首届校会计知识竞赛举行］ 学校首届会计知识竞赛历时一个半月，经四场初赛后，于 6 月 21 日的决赛中产生一、二、三等奖。比赛结合教学内容和会计业务实践，兼顾知识性和趣味性，受到学生好评。

（张胜利）

［举办物流设计与实际操作水平交流赛］ 6 月 20 日，学校与浙江金华职业技术学院举办物流职业能力设计与实际操作水平交流赛，竞赛内容按照全国职业院校高职物流技能大赛进行设计，包含方案设计和实际操作比赛，旨在提高学校物流管理专业学生物流职业能力设计与实际操作水平，增进高职院校物流管理专业师生之间的交流。

（张胜利）

［签署校企合作协议］ 4 月 25 日，学院与上海民宇飞实业有限公司签署校企合作协议。协议商定，民远学院为民宇飞公司新技术研发基地；每年输送企业所需机电一体化、数控技术、应用电子等方面高技能人才并送教上门。民宇飞公司为民远学院校企合作基地，每年暑期为学院提供教师和学生勤工俭学工作岗位，安排有实践经验技术人员到学校任教。

（张胜利）

附：学院负责人及地址

（2013 年 1—12 月）

董 事 长：陈 彭
副董事长：陈立东

院党总支书记：黄菊良

院 长：陈 彭（11 月离任）、黄菊良（11 月到任）
副院长：陶 敏（常务）、陈立东、陆锡强

地址：浦东新区唐陆路 3892-3928 号
邮编：201210
电话：58960052

上海欧华职业技术学院

［**2013年概况**］ 学院设五系一部：卫生与健康系、艺术与设计系、应用技术系、外语与教育系、人文经济管理系和基础教育部，招生专业12个。教职工125人，其中教师、辅导员和教学辅助人员52人，行政管理及后勤人员73人。在校学生1013人；应届毕业学生595人，毕业生就业率95.6%，签约率60%。学院完成首次自主招生，共招录全日制学生288人，三校生77人和自主招生211人，自主招生录取报到率99.5%，三校生录取报到率97.4%。

一、明确学院办学宗旨。组织全体教职工开展学习大讨论，修订学院办学宗旨、教学理念、教育理念、培养模式和校风、教风、学风等内容。制定《2013级人才培养计划》。11月、12月先后举办"专业剖析评比报告会""说课交流评比大赛"和"专业建设交流会"。由各系、部通过选拔推荐的5名骨干教师，按四大模块进行"说课竞赛"，并对获得奖项教师进行表彰奖励。各系主任就各专业定位、教学改革、教学基本条件、人才培养质量、特色与创新、存在问题、整改措施、发展目标等进行剖析，提出规划目标。

二、规范实践教学环节。制订"关于规范实践性教学环节管理工作的有关规定"。有33个与企业签约的实训基地。人文经济管理系与统一集团、罗森公司和天泰集团分别签订校企合作办学协议书；卫生与健康系在继续履行与上海23家医院合作办学基础上，与上海永慈康复医院签订专业人才定点培养合作协议书；同时，与上海市第五人民医院建立合作办学关系，成功申报上海市市属高校学生职业(生涯)发展教育校外实践基地建设的项目。共组织2014届毕业生431名学生顶岗实习毕业实训，2014届毕业生实习到岗率已达到100%。

加强"双证书"培训与考证工作。组织2010级护理、康复专业211名毕业生参加全国护士执业资格证考试，其中考证合格206名，考证通过率97.6%；卫生与健康系组织完成公共营养师报名、注册、培训和考证工作，37名学生参加考试，考证通过率90%；2011级、2012级382名学生参加上海市计算机一级考试，考试合格率57.8%，考试优秀学生12.7%；2011级、2012级学生参加全国英语四级考试421人，参加全国英语六级考试47人。

三、规范行政办事规则。推行"院务公开"教育，实行公开、公正、公平、公道办事的民主氛围和工作作风。9个职能部门修订完善54项为师生员工服务的工作流程并公示，接受师生员工监督。发动各系、部、处室和全体教职工全面清理学院所有规章制度，通过"废、改、立"，计划全部汇编成册，推进学院依法治校、规范办学。

四、加强教师团队建设。以市教委"强师工程"为平台，组织5名教师分别参加"市科研能力研修班""市骨干教师科研能力高级研修班""市民办高校教学管理人员培训班""市民办高校人事管理干部培训班"等；组织辅导员参加学生管理及思想政治教育等相关专题培训，如辅导员专题培训、党建工作培训、E班培训、国家二级心理咨询师培训等；组织2名教师参加市民办教育协会举办"上海民办高校教师TESOL课程短期培训班"，2名教师顺利结业并获得"双师素质教师结业证明"。1位教师完成国内访学工作，4位教师完成产学研践习项目工作，5位教师到企业、医院参加项目践习，2位教师参与学前教育专业研讨会，2位教师参加"长三角地区民办高职院校公共英语教学改革论坛"，1位教师参加"市青年教师论坛"。8位教师被正式聘任中级职称，7位教师通过中级职称学术能力水平认定，改善师资队伍结构。

上报上海高校青年教师培养资助计划4个，其中被批准立项3个，获得10.5万元科研经费资助；上报上海民办教育协会课题1个被批准立项；上报上海高教学会课题2个，其中1个获得批准，资助资金0.2万元，全年学院共获批6个科研项目。教师参与市教委组织12个项目比赛，其中获得比赛优胜项目和优秀指导教师奖项3项，获得教学与专业大赛奖项5项。在市"第一届民办高校教师教学技能大赛"中，常冬辉老师获优胜奖，于丽艳老师获入围奖。

五、开展"三风"建设月活动。10月11日至11月10日，首次开展以"教风、学风、校风"为内容的"三风"建设月活动。召开表彰大会，对8个先进班级、3个先进部门、27名先进学生、7名先进教职工进行表彰。加强德育教育，坚持每学期开学进行“首日教育”。重视对新生进行全面系统“入学教育”，除进行军事训练外，组织新生学习《学生手册》并进行考试。开学第一天，检查学生在假期中学习任务和实践任务，重点进行思想政治教育、规章制度学习和消防安全等教育，为新学期学习生活奠定良好基础。

六、加强校园文化建设。开展“三风建设月”和“我的欧华梦”主题征文、“我心中最美教师”评选、组织“阳光体育趣味接力比赛”、“师生情、欧华梦”迎新晚会、市民办高校第9套广播体操比赛、奉贤区运动会等系列文体活动。在市民办高校第9套广播体操比赛中，学院荣获三等奖，在奉贤区运动会上荣获道德风尚奖。重视易班建设和学生社团活动，组织开展各项活动，丰富校园文化。

做好大学生党建工作，严格“坚持标准、保证质量、改善结构、慎重发展”，坚持“党章”学习小组和业余中级党校培训制度。业余中级党校举办第20期和第21期培训班，160名大学生入党积极分子参加培训。推荐16名中级党校优秀学员参加市民办高校党工委高级党校学习培训。全年发展大学生党员17名，转正预备党员12名。学生获市“优秀共青团员”1名；市“优秀毕业生”18名；校“优秀毕业生”30名；校“优秀学生干部”20名。

七、做好学生两级管理和评优助学工作。梳理学生管理工作规章制度，制订和完善学生工作流程14个。召开学生工作专题会议，研究讨论管理工作新思路，确定两级学生管理体制机制，制定考核标准，明确学生处、各系部、辅导员工作职责，理顺管理程序。

开展对困难学生认定和国家助学金评定，评出国家助学金150名，占学生总数14.7%，计发放助学金21.6万元。评出国家奖学金1名，上海市奖学金1名，国家励志奖学金37名，学院奖学金112名。全力做好新生生源地贷款和校园地贷款工作，完成272名新生商业保险办理，完成1015名医疗保险办理，安排18名困难学生参加勤工助学。

八、高度重视校园安全稳定，做好“四防”工作。加强对校园安全工作宣传教育，健全完善各类应急预案，深入开展法制法规、校纪校规和消防安全教育活动。加强对重要岗位工作人员安全思想教育和技术业务培训，加强完善学院总值班制度，加强完善“四级”通讯网络建设，实现通讯联络全覆盖，确保校园和谐安全稳定。

（沈乐华）

［签约共建爱国主义德育教育基地］ 3月5日，学院举行与上海百老德育讲师团共建“爱国主义德育教育基地”的签约和揭牌仪式，上海百老德育讲师团100多名老干部、老将军、老劳模、老教授、老专家、老艺术家，奉贤区海湾镇党委领导，各新闻媒体记者，学院党政领导及师生员工代表500多人参加仪式。上海百老德育讲师团戚泉木、闫成贵、马桂宁、李文祺、朱乐年、韩德彩等作学习雷锋精神主题演讲。

（沈乐华）

［开展期中教学检查］ 11月11—15日，对学院教学秩序、教案准备、教学情况、学生作业、毕业生实习等进行期中教学检查，其中对各系、部33位专职教师83份教案进行详细检查。教务处专门制定教案编写说明，规范教案编写。在检查中进行评教评学工作，组织学生为任课教师课堂教学评价打分，评价内容包括教学态度、教学内容、教学方法、作业辅导、教学效果等五方面；同时组织任课教师为各班级学生在课堂学习中十个方面情况进行评价打分。通过评教评学，加强和推进教风学风建设。

（沈乐华）

［调整教师课时量计算标准］ 学院经过反复调研，通过各系、部和全体教师酝酿讨论，为教师调整课时量计算标准，重新制订学院《教师新标准课时量的计酬方案》。对辅导员从9月份起按其带班学生数量来确定工作量计算考核办法。两项工作量计算标准调整，不同程度地提高教师和辅导员工资收入。学院听取教师意见，改教师超课时津贴由每学年结算为每学期结算。

（沈乐华）

附：学院负责人及地址

（2013年1—12月）

院　长：刘　彬（5月到任）
副院长：朱国强（9月离任）、马绍中（3月到任）、潘日芳（5月离任）、范　兴（3月离任）

院党总支书记：朱国强（9月离任）
副　书　记：刘　彬（9月到任）

地址：奉贤区五四公路3389号
邮编：201422
电话：021-60882591

上海思博职业技术学院

［**2013 年概况**］ 完成投资方和董事会成员变更工作。原投资方盛高置地控股有限公司变更为绿地香港控股有限公司。召开 2013 年第二次董事会会议，修改审定学校章程。

学校共有全日制高职在校生 5223 人，计划内成人教育大专生 471 人。教职工 285 人，共有专任教师 189 人，具有高级以上职称 57 人，占 30%，其中硕士以上学位 90 人（包括博士 7 人），外籍教师 3 人。共招收学生 1853 名；毕业生 1846 名，就业率 99.30%、签约率 96.05%，就业质量得到深层次提高。

学校立足“办一所有文化根基的高职院校”，根据产业结构调整优化和转型升级，适应高职学生全面发展和可持续发展的需要，结合民办院校体制机制灵活的特点，确立“校企双主体全面育人新机制”，创造性地实施文化育人、复合育人、实践育人和协同育人四位一体育人模式。

推进上海市特色（示范）院校建设，坚持调整和优化专业结构，获批新增“汽车服务营销”和“电子商务”两个专业，新设“建筑工程管理（项目信息化管理方向）”专业方向。学校致力于人才培养模式不断优化，提出“职业人文素质平台＋职业技术平台＋现代技能平台”的人才培养模式和“复合育人”培养要求，并在三个重点专业中率先推行。

加强实训基地建设，进一步开发实训基地人文内涵和专业内涵。学校与康业建筑装饰公司合作完成装饰工程技术实训中心建设并共同开发实训内容，通过逐层解剖节点构造，提供 156 个知识点（公共建筑室内天、地、墙、水、电、风）相关的施工工艺和规范做法训练，以及 34 种最新建筑装饰材料展示，遵循业内最精准的公共建筑高档装饰施工高新技术标准，严格按国家规范、行业及企业标准实施技能训练。护理实训基地完成整体搬迁工作，新护理实训大楼建筑面积 6000 平方米，由基础医学实验中心、基础护理实训中心、临床护理实训中心、急救技能实训中心、网络化护理示教中心、医院信息管理中心等 6 模块组成，新建立 HIS 系统、电子病历、信息化护士工作站、具有信息化特征的急救护理中心等，全部实行网络化管理操作。新建会计实训中心，完成现代物流实训中心扩建工程。

推进校园信息化建设，加强网络基础建设、校园环境基础建设以及数字化校园软件基础平台建设。对无线网络进行升级改造，完成学校数据中心架构，建设管理数据存储硬盘 7.2T，教学资源库保障存储空间 30T，搭建数据交换平台，形成一套完整的信息采集和交换体系，完善办公 OA 建设，形成行政管理体系。

加强内涵建设，推进机构设置与完善，优化中层管理干部队伍结构，成立信息管理中心、资产管理中心和校企合作管理中心等三个机构。

学校被评为“上海市文明单位”，国际商务专业获第二届上海市高职高专院校重点专业建设教学设计比武二等奖，新增上海市高等学校市级精品课程 2 门，上海市高等学校市级教学团队 1 个，《出口业务操作》《外贸跟单实务》等五本教材获“十二五”职业教育国家级规划教材选题立项。学生在全国性和省市级技能大赛中多次获奖，获第八届全国信息技术应用水平大赛 ITAT 平面设计大赛一等奖，第三届全国大学生计算机应用能力与信息素养大赛二等奖，上海市学生体育大联赛游泳比赛冠军、足球比赛冠军、上海市大学生年度人物提名奖等。

（陈　阳）

［**探索育人新途径**］ 根据人才培养方案和教学计划安排，每学期第二十周定为综合实践周，分为企业实践、社区实践和生活实践三大类内容，旨在通过学生假期服务性实习和社会实践，培养并提升综合素质。通过项目方案和实施计划设计、项目部署和动员、项目实施以及评价总结四个阶段实施，以及“进社团、进班会、进课堂”三进展示活动，取得较好成果，对学校重构实践教学体系，优化实践育人内容，完善实践育人评价制度，创新实践教学管理机制，构建多元化实践育人模式有重要的推动作用。

（陈　阳）

［**当选教育部职业教职委委员**］ 5 月 28 日，教

育部职业院校文化素质教育指导委员会第一次全体会议召开。学校校长皋玉蒂当选为教育部职业院校文化素质教育指导委员会委员。教育部职业院校文化素质教育指导委员会于2012年底正式成立。

（陈　阳）

［《学生成长手册》投入使用］ 基于以人为本和促进人的全面可持续发展理念，学校围绕人文素质教育“四一·六”活动要求，编制《学生成长手册》。《学生成长手册》以12个月为序列，分“实践活动”“自主体验活动”“传统文化学习活动”“校内各类教育活动”“阅读活动”等五个单元，形成富有特色的学生课外培养计划与活动方案。

（陈　阳）

［举行暑期全员师资培训］ 7月9—11日，学校举办以“办有文化根基的高职院校”为主题的全员师资培训，全体专任教师、辅导员及部分中层干部，共计150余人参加培训。培训期间全体教师听了《人文素质与职业教育》、《关于全国高职院校内在改革状况以及上海高职院校的转型发展现状》以及《一条主线三个平台　四大路径——上海思博职业技术学院优化育人模式的实践与探索》3个报告，分享7位教师教育教学改革案例。

（陈　阳）

［台湾地区师生到校参观交流］ 10月25日，台湾醒吾科大、大汉技术学院、崇右技术学院等七所技职院校师生一行29人莅临学校参观交流。校长皋玉蒂向客人介绍学校职业教育教学改革、专业特色培育、人才培养模式等方面举措，重点介绍学校“全面育人”模式的改革。客人参观了信息化护理实训基地、建筑工程实训基地和物流综合实训基地，对学校先进、务实、富有特色的教育教学理念和校内实训基地给予高度赞赏。

（陈　阳）

［庆祝建校十周年］ 11月8日，学院迎来建校十周年。市政协原主席冯国勤、吴幼英、王荣华、钱景林，市教卫工作党委、市教委，绿地集团，市教育评估院，全国高职院校校长联席会，教育部职业院校文化素质教育指导委员会的领导，及来自国内外院校的领导、专家，行业、企业领导，校友代表等出席庆典。来宾肯定思博学院在新时期对高职人才培养模式、培养目标的研究和探索，希望学院加强领导，扎实完成特色（示范）校建设的各项任务，进一步完善全面育人的人才培养模式，彰显特色，打造品牌。

（陈　阳）

［与台湾地区院校签署合作协议］ 学校在第五届和第六届海峡两岸民办（私立）高校校长论坛上先后与台湾南华大学、台北海洋技术学院、朝阳科技大学、龙华科技大学、和春技术学业、大叶大学、美和科技大学、大仁科技大学、圣约翰科技大学签署学术交流合作协议，以促进校际间文化、教育方面合作与交流，提高双方学术研究能力及双方友好结盟关系。

（陈　阳）

［承办市高职高专测量技能大赛］ 12月21日，由上海市高职高专土建类教学指导委员会主办，学校承办的“2013年上海市高职高专‘苏一光杯’工程测量职业技能大赛”举行。这是上海首届高职高专工程测量职业技能大赛。工程测量是高职高专建筑工程技术与管理通用职业技能之一。比赛促进了上海高职高专土建类专业教学质量的提高，带动了学生各项职业技能学习积极性，提升了综合素质和实践应用能力。

（陈　阳）

附：学院负责人及地址

（2013年1—12月）

院党委书记：张建中

院　长：皋玉蒂

副院长：张学龙、姚大伟、沈小平

地址：浦东新区惠南镇城南路1408号

邮编：201399

电话：68029005

上海立达职业技术学院

［**2013 年概况**］ 10 月 26 日，举办建校十周年校庆庆典活动。通过市教委年检，学校成为民办高校合格学校。学校对原有 2 院 5 系 1 部 1 室机构设置进行整合，优化教学资源，组建艺术设计与传媒学院、护理与健康学院、立达醒吾商贸与旅游学院、航运物流学院、机电与信息工程学院、基础与外语学院以及社会科学部等 6 院 1 部，进一步完善二级管理体制。同时，将 23 个专业整合成为卫生健康、艺术传媒、商贸旅游、制造信息、航运物流等 5 个与产业行业接轨的专业类群。23 个专业共 28 个专业方向（其中 6 个上海市高职高专“085 工程”重点建设专业，1 个与海外合作办学专业）面向全国招生，其中连锁经营管理（港澳台合作）专业为首次招生。全年招生人数达到历史最高水平，共录取 1974 人，报到 1766 人，报到率 89.5%，外地学生报到 815 人。截至 12 月，在册学生 4548 人。向社会输送毕业生 1460 人，就业率 98.8%，签约率 83.1%。

启动立人达人强师工程。派出国内访学 4 人、产学研践习 1 人，资助资金 23 万元。组织参加市教委强师工程培训 35 人，校内人员各类技能培训 34 人。组织专业主任培训、青年教师英语培训和管理人员行政管理培训。公布《关于教职工进修培训和学历提升费用资助的暂行办法》，支持教职员工学历提高和职称提升。14 名教师获聘中级专业技术职务。6 位教师入选上海高校青年培养计划资助项目。引进博士 5 人，硕士研究生 20 人，其中具有高级职称的 5 人、中级职称的 7 人。全校共有教师 254 人，其中专任教师 112 人，校内兼课教师 18 人，校外兼职教师 32 人，校外兼课教师 73 人。双师素质教师 62 人。45 岁以下青年教师具有研究生学历及硕士以上学位 50 人。

大力举荐和聘任青年骨干担任副院长、专业主任、院长助理、实训室主任、行政副处长或助理等职务。28 个专业（方向）中，青年骨干教师担任其中 13 个专业主任或助理，占 46%；担任教学和行政助理以上职务青年骨干 29 名，占中层干部总数 57%。

全年获政府扶持资金首次超过 1000 万元。护理和应用艺术设计“085”重点专业各 230 万元建设项目、航运物流学院“国际货运代理公司模拟运作平台”80 万元建设项目、机电一体化专业中央财政实训基地 440 万元建设项目、酒店管理专业“烘焙实训室”130 万元建设项目全面启动。学生海外实习、学习项目获教委资助金额达历史最高水平 92 万元。

学校“连锁经营管理”专业入围市教委 085 重点专业教学比武决赛，获二等奖。新增两个上海市教学团队；《国际海上货物运输实务》获上海市级精品课程。“酒店管理”和“连锁经营管理”两个专业获市教委批准夜大学办学资格。申报港澳台招生资格获教育部批准备案。组织申报上海社联、市科委实施上海市青年科技英才“扬帆计划”和“启明星计划”、市教委教育科学研究重大项目、市民办教育协会等各类科研课题共 63 项，其中 3 项获得重大（重点）项目资助，7 项获得一般项目资助。

对台交流合作办学特色成效初显。4 月，与台湾醒吾科技大学合作成立立达醒吾商贸与旅游学院；合作组建海峡两岸高职教育研究中心；与 7 所台湾私立大学签署合作协议，进一步拓宽合作交流渠道；选派 69 名学生分赴台湾醒吾科技大学、长庚科技大学和台北城市科技大学进行为期半年修学，选派 9 名教师赴台湾研修。10 月，成功举办海峡两岸职业教育高层论坛。

进一步提升服务社会功能，举办 2013 年成人教育培训班 19 个，培训经费达 139 万元，学生参加自考人数新增 209 名。

校园文化建设突出志愿者服务活动特色，学生志愿者在上海科技馆、上海“悦苗”残疾人寄养园、上海图书馆、上海禁毒馆、松江区叶榭敬老院、进城务工人员随迁子女学校叶榭分校、“蓝天下的至爱”等服务项目上累计服务时间超过 10000 小时。先后获得上海科技馆志愿者活动先进集体荣誉称号以及“我参与　我奉献　我快乐”禁毒志愿者风采展演“风采奖”、“悦苗”十周年答谢奖等，其中参加上海市科技馆志愿活动总人次在上海 60 多所高校中居于第二位。

加快易班建设，树立良好校园网络品牌形象。完善工作站规章制度，开展丰富多彩网上学生活动，吸引学生积极参与。全校注册总人数6126人,共有250班级及社团,月均网络点击量为56478,班级话题近4000条,新生注册率100%,认证率达95%。综合实力在全市123家易班校级平台中排第38名;在19所民办高校中排第8名。学校征兵工作连续三年获"上海市征兵工作先进单位"称号。

(郑贺春)

[建立中国社区健康联盟上海培训基地] 3月8日,学校与中国社区健康联盟共同建立的"中国社区健康联盟上海培训基地"暨"上海立达职业技术学院健康管理服务平台"举行揭牌和启动仪式。基地建立使学校服务社会功能得以提升,促进学校与产业紧密结合。健康管理服务平台,立足于儿童营养管理、健康管理和私家看护三个层面,将联合社会力量,根据儿童、亚健康和慢病人群以及老年人群的需要进行建设,在志愿者活动、免费咨询、个性化有偿服务等方面进行探索,进一步提升学校社会服务功能。

(郑贺春)

[立达醒吾商贸与旅游学院成立] 4月19日,立达醒吾商贸与旅游学院暨海峡两岸高职教育研究中心揭牌。立达醒吾商贸与旅游学院是与台湾醒吾科技大学合作办学的重要项目,学院实行双院长、双专业主任管理体制,借鉴醒吾科技大学技职办学成熟经验,特别是商贸、管理、餐饮等专业优势,提高立达相关专业办学水平和教学质量。"海峡两岸高职教育研究中心"是学校联合两岸优质职业院校、研究机构、社团及在沪台资企业合作建立的高职教育研究机构,将借助两岸职业教育界力量,开展两岸职业教育研究和双向交流,推动两岸职业教育合作办学等工作。

(郑贺春)

[与台湾地区私立大学签订合作协议] 4月19日,学校与大仁科技大学、台北海洋技术学院、昆山科技大学、经国管理暨健康学院、大华科技大学、美和科技大学和明道大学等7所台湾私立大学签订学术交流合作协议。学校将与7所大学在教师和学生的交流、科研合作、远程教学、科研数据的交换以及两校所在地产学合作项目等领域开展合作。

(郑贺春)

[获"新中国国礼艺术大师"称号] 学校艺术设计与传媒学院院长李斌被中华人民共和国外交部授予"新中国国礼艺术大师"称号。

(郑贺春)

[举办海峡两岸高职教育高层论坛] 10月26日,举办主题为"校企深度合作的模式、路径及机制"的海峡两岸职业教育高层论坛。上海及台湾地区多所高职院校负责人参加。与会人员介绍各自在校企合作、培养社会所需要的技能型人才方面经验和办学方法。两岸高职教学专家、校长相互沟通、相互了解,促进了两岸职业教育交流。

(郑贺春)

[获全国民办高校党建优秀成果奖] 学校党委报送重点课题论文《民办高校基层党建工作中活动载体创新的思考》,在教育部思政司举办的第二届全国民办高校党的建设和思想政治工作优秀成果评选中获优秀奖。

(郑贺春)

附:学院负责人及地址

(2013年1—12月)

院党委书记:何建中
副　书　记:郦鸣阳

院　长:郦鸣阳
副院长:朱南勤(常务)、何建中

地址:松江区车亭公路1788号
邮编:201609
电话:57805678

上海济光职业技术学院

［**2013 年概况**］ 学院设有建筑系、建工系、经管系、机电系、外语系、护理系、基础部、思政教学部等 8 个系部，招生专业 22 个。教职工 235 人，其中行政管理及后勤人员 95 人，教师、辅导员和教学辅助人员 140 人。全年招生录取 1958 人，录取报到率 89.53%，其中依法自主招生报到率 105.96%。学院与上海市南湖职业学校在汽车检测与维修技术专业开展中高职教育贯通培养模式试点，为拓宽招生渠道奠定基础；应届毕业生 1583 人，签约率 90.15%，就业率 99.37%。毕业生就业率连续三年提升。

作为建设特色高职院校和民办高校示范校开局之年，学院围绕“求共识、话改革、谋发展、担责任”工作思路，成立迎接市教委评估工作领导小组。新增、修订教学管理文件，建立教学质量保障体系，出具学期(年度)质量报告；认真做好高等职业院校人才培养工作状态数据平台采集工作、规范整理佐证材料，圆满完成评估工作。

喜庆建校 20 年。按照隆重、简朴原则筹备校庆工作；成立校友会，产生第一届校友理事会，制定《上海济光职业技术学院校友会章程》，汇编《校友名册》，庆祝学院创办者之一曹善华先生 90 华诞，制作 20 周年校庆纪念册、宣传片，济光老照片图片展、学院发展成果展示、高职教育改革与发展报告会等系列活动同步对外发布展示。

坚持依法办学规范管理。坚持公益性、非营利办学原则，成为教育部非营利性民办高校联盟第一批成员单位；坚持和完善法人治理结构：董事会决策，院长负责，党委发挥政治核心作用。及时向市教委、市社团局报送《关于 2012/2013 学年度教育收费自查工作报告》，接受上海市教育委员会民办高校系统年度检查，检查情况良好。建立合理的工资制度和增长机制。出台工资改革方案，经学院教职工代表大会审议表决通过和董事会批准，对在编在册的教职工实施增资。

着力提升教育教学质量。建筑设计技术、建筑工程技术、园林工程技术、金融管理与实务四个特色专业正探索实践理实一体教学形态改变，建筑设计技术专业和建筑工程技术专业完成理实一体教室改造，同时探索课程教学形态改革内涵建设。加强人才培养模式改革力度，进行课程改革和教材编写；建筑设计技术专业、建筑工程技术专业、园林工程技术专业组织力量编写建筑设计基础校本系列教材(10 本)及建筑工程技术专业新体系系列教材(12 本)、园林工程技术校企合作编写专业教材 2 本，6 本教材出版；特色专业建设带动其他专业共同发展，汽车类专业 4 本校企合作自编教材，分别是《汽车营销策划》《现代汽车技术与商务评价》《汽车金融服务》《汽车电子商务》，被列为国家“十二五”规划教材。围绕特色高职院校建设，坚持招标和立项制度；完成护理系二期实训室、经管系物流实训室项目中的仓储与配送物流实训室建设、经管系金融实训室、经管系二期软件配套、外语系语音室改造项目、机电系网络实训室等建设项目。在学习、借鉴国内外教学质量保证体系基础上，结合高职和学院特点，历时半年建立全国高职院校第一个教学质量保障体系。

在教与学两方面取得诸多成果：市级教学名师 1 名，市级教学团队 1 个，市级精品课程 1 门，建筑设计技术专业参加上海市高职高专院校重点专业建设教学设计比武中获亚军，参与市教委课题《体验式职业生涯课程发展教育的实践探索》项目研究。建工系学生在市级教学指导委员会组织测量大赛中获团体二等奖及三等奖各一项，个人二等奖及三等奖各一个。在上海市高职院校汽车专业教师教学能力竞赛中，学院机电系获团体三等奖，教师黄理经获个人二等奖。在上海市高职院校汽车类专业(汽车维修)职业技能竞赛中学院获团体三等奖，学生龚青、朱立获个人三等奖；经管系学生张宇星获第九届全国高职高专实用英语口语大赛上海赛区二等奖；工商企业管理专业学生“特色蛋挞”创业项目成功入围首届上海高职高专创新创业大赛暨全国邀请赛赢得“优胜奖”，高仁甫老师获优秀指导老师称号。

学院获 2011—2012 年度上海市文明单位称号。以“求实求新、人人成才”为办学育人理念，学院与柏万青工作室合作开展“伙伴成长手牵手”志愿者活动，经管系、建筑系、建工系、机电系开展各种志愿者活动和“一对一”帮困结对子等活动，将“伙伴成长牵手”活动引向深入；经管系“红色星期五”志愿服务队始终坚持每周两次服务宝山区张庙街道通河“阳光家园”残障人士；建工系“助老志愿者服务队”坚持收集废旧矿泉水和饮料瓶子，筹集经费约6000余元全部用于怡康敬老院敬老活动。各系与顾村公园、“天馨社区”、淞沪抗战纪念馆等单位结成志愿者共建单位。学生社团积极参与校内外各项活动，创业社10名学生参加全国高职院校大学生创新创业大赛获入围奖；跆拳道社参加上海市第一届大学生跆拳道锦标赛，获得包括不同级别的冠军在内的多项奖项。推进易班建设成为服务师生的平台，获上海市十佳易班工作站称号。

着力完善学生资助工作体系，坚持国家助学金全覆盖，坚持奖、助学金分离，坚持特殊困难学生个性化培养，并做到国家助学金全覆盖，接受2011、2012年度上海高校学生资助工作绩效评估；牵头申报《民办高职高专院校“资助育人”工作初探》特色项目，获10万元项目资助，并通过中期检查。

加强国际交流。与美国南犹他大学、荷兰撒克逊大学等签订合作协议。组织师生赴美国、新加坡、德国等国高等院校学习交流。

（胡　宾）

[庆祝建校20周年]　10月25日，学院建校二十周年庆典大会举行。民盟中央副主席、市人大常委会副主任郑惠强，上海市原副市长、上海济光职业技术学院董事长夏克强，市教卫工作党委、市教委领导出席大会。会上，向20年来在学院创业、发展中作出贡献的三位创办者曹善华、叶佐豪、姚开先和全体师生员工表示敬意和感谢。

（胡　宾）

“伙伴成长计划手牵手”总结推进会召开

[“伙伴成长”项目总结推进会召开]　11月6日，柏万青工作室“伙伴成长计划手牵手”总结推进会召开。市委宣传部副部长、文明办主任燕爽，市教卫工作党委文明办、市社会工作党委、杨行镇党委负责人，市人大代表、柏万青工作室负责人柏万青等出席会议。燕爽在讲话中充分肯定学院近年来志愿者工作成效，对柏万青工作室和济光学院将“伙伴成长”项目推进落实表示感谢。

（胡　宾）

附：学院负责人及地址

（2013年1—12月）

院党委书记：潘洪祺
副　书　记：陈成澍、姚健敏

院　长：陈成澍
副院长：潘洪祺、姚健敏、潘立本、谢陪俐

地址：宝山区水产西路2859号
邮编：201901
电话：66761065

上海工商外国语职业学院

［**2013年概况**］ 坚持内涵建设和特色发展，以“深入基层，转变作风，全员育人，加强建设，提高质量”为载体，扎实开展党的群众路线教育实践活动，进一步强化群众观念和民主办学意识，提升办学水平。学院首次被评为上海市文明单位。

学院设12个教学系部，全年招生2529人，其中自主招生682人，三校生招生109人，秋季招生1738人，新生总体报到率87.2%，共有全日制高职在校生6849人。应届毕业生1929人，就业率99.59%，就业签约率97.37%。

深化教学改革。语言类专业强调“打好基础、听说领先、考证考级、注重应用”，非语言类专业突出“能力本位、任务引领、校企合作、双证融通”；推进“外语平台＋职业模块”教学建设，探索复合型人才培养模式改革；基础外语、职场外语、专业外语课程体系初步确立，外语分层教学、模块课程“自选超市”稳步推行；艺术专业工作室教学模式建成实施，校企合作订单培养“卓宝班”“荣威班”先后挂牌，尔雅通识教育课程引进使用，“外语应用能力＋职业岗位技能”人才培养特色得到进一步强化。

提高人才培养工作水平。质量工程方面，《商务礼仪》获评上海市高校“精品课程”，数控技术专业教学团队获上海市高校优秀教学团队称号，外语实践教学中心获批中央财政支持实训基地建设项目；教学比武方面，教师获全国高职高专体育教学技能大赛组一等奖、上海市首届民办高校教师技能大赛骨干教师组一等奖、上海市高职高专英语教学大赛二等奖等多个奖项；职业竞技方面，学生获全国文秘职业技能大赛一等奖并代表国家赴比利时参加国际决赛，参加“高教社”杯全国职业院校技能大赛获高职组英语口语大赛专业组二等奖、非专业组三等奖，在“歌德杯”全国高职高专德语口语技能竞赛中获一等奖、二等奖，在首届全国数码艺术设计大赛中获二等奖、第三届全国大学生计算机应用能力与信息素养大赛团体二等奖等。

扩大对外交流与合作。成功承办三期国家商务部发展中国家财政官员援外培训项目及中美杰出青年培训项目(南方区)面试工作；举办长三角地区民办高职院校公共英语教学改革论坛；顺利完成与英国诺桑比亚大学合作的学院首批上海市高校学生海外学习(实习)资助项目，启动实施与澳大利亚北墨尔本高等职业技术学院、德国慕尼黑语言应用学院、日本梅花女子大学合作的第二批4个海外践习资助项目；先后接待美国、日本、澳大利亚、法国等国及我国台湾地区40余所高校来访，赴德国、新加坡、法国、韩国、马来西亚等国出访10批次。

提升校园文化内涵。5月9—29日，举办以“美丽中国，和谐校园”为主题的校园文化节系列活动；10月21日至11月21日策划实施首届校园科技节系列活动；组织开展高雅艺术进校园及富有学院特色的爱尔兰文化节、日本红白歌会、德国文化节、韩国文化节、西班牙拉美风情文化展等传统活动。建成傅雷生平陈列馆——“疾风迅雨蹇”，组织开展首届“傅雷杯”大学生翻译奖评选活动，举办傅雷诞辰105周年及其夫人朱梅馥诞辰100周年纪念座谈会；建成中韩文化交流史料馆，成立中韩文化交流中心，召开30多名中韩学者参加的高峰论坛。

实施信息化建设项目。3月，学院召开信息化建设工作委员会，审定校园信息化建设方案，确定招投标中标单位。4月，项目组团队进驻校园进行调研和程序开发。9月，迎新系统经调试完善正式投入使用，高效、快捷的新生报到管理形式方便师生、简化流程。11月，教学考勤系统上线试运行。根据规划，信息化一期项目投入经费共223万元，包括迎新系统、办公自动化、人事管理三大系统及服务中心、身份认证、数据中心三大平台，年底前全部完成基本建设。

(傅建辉、葛春晖)

［**设立“傅雷杯”大学生翻译奖**］ 经征得傅雷后人同意并授权，学院设立“傅雷杯”大学生翻译奖奖项。首届评选活动面向法语、英语、德语、日语、韩语五个语种在校大学生和青年教师展开。200余名师生参加评选，2名青年教师、9名大学生获得奖项。10月26日，在学院傅雷生平陈列馆落成揭牌暨纪念傅雷诞辰105周年及其夫人朱梅馥诞辰100周年

傅雷生平陈列馆开馆

座谈会上，由傅雷次子傅敏为获奖选手颁发奖杯和荣誉证书。学院将获奖作品结集，印制《傅雷杯大学生翻译奖获奖译文集》留存。

（傅建辉、葛春晖）

［举办公共英语教学改革论坛］ 11月2日，教育部职业院校外语类专业教学指导委员会首次区域性公共英语教学改革论坛举行，来自长三角30所民办高职院校60位公共英语课程教学专家、学者参加研讨活动。论坛就公共英语教学在高职人才培养中地位、教学改革根本目的、提高教学有效性路径及建立交流联络机制等四个方面达成共识。与会代表还就近年来民办高职院校公共英语课程教学改革所取得成绩和存在问题，进行广泛交流和深入探讨。

（傅建辉、葛春晖）

［中韩文化交流史料馆落成］ 11月16日，国内首个以中韩文化交流史为主题的展馆在学校落成开馆。韩国驻沪副总领事、市教委领导为史料馆揭牌。该馆由上海市民办教育政府扶持专项资金资助建设，收集有大型历史文献《燕行録全集》100卷及北京大学、中央民族大学、中国朝鲜族史学会等捐赠的一批实物和重要文献资料，以文字、图片、视频等形式全面展现中韩两国数千年政治、经贸和文化交往历史。中韩两国30多名专家学者就中韩文化交流史最新研究成果进行学术交流。

（傅建辉、葛春晖）

［获全国体育教学技能大赛第一名］ 12月18—22日，教育部体卫艺司组办的全国高职高专体育教师教学技能大赛举行。学院体育教师胡晶在体能与急救、主项与副项、教案设计、微课程视频四个类别比赛中，获三项第一、一项第四，以总分第一名成绩获大赛一等奖。

（傅建辉、葛春晖）

附：学院负责人及地址

（2013年1—12月）

董　事　长：钱　莹

院党委书记：王一鸣
副　书　记：黄　平、周春林（9月到任）

院　长：朱懿心
副院长：朱士昌、黄　平、潘家俊（9月到任）、陈　昊（7月离任）周春林（9月到任）

地址：浦东新区惠南镇观海路505号
邮编：201399
电话：68020621（院办）

上海邦德职业技术学院

［**2013年概况**］ 学院共有专业22个，招收全日制专科生940人，在校生2446人，教职工232人，其中专任教师78人，具有硕士学位的30人，具有中级职称的37人，具有副高及以上职称的20人。设有华谊兄弟艺术学院、经济与管理学院、国际交流与外国语学院、应用技术学院和继续教育学院5个二级学院。校园面积5.2万平方米，建筑面积5.7万平方米。完成资产过户划转工作。校园二期工程项目各项工作正在落实中。

学校以“知礼立德、聚才育人”为校训，坚持“质量立校、特色兴校、人才强校、依法治校”办学思路，确立“立足高职教育，聚焦现代服务业和区域社会经济的人才需求，与国内外品牌企业紧密合作、共同育人，培养面向生产、建设和管理第一线的高素质技术技能型人才”的办学目标；坚持以评促建、以评促改、评建结合，大力推进内涵建设。6月，经专家组评审，顺利通过市教委组织的新一轮高职高专人才培养工作评估。

学校聚焦现代服务业，进一步理清专业建设思路，新增专业3个（烹饪工艺与营养、物业管理、老年服务与管理）、新设专业方向2个（灯光舞美、模特表演与形象设计），调整专业1个（模具设计与制造专业）。

积极拓展思路，坚持教学与科研工作优势互补、相互促进。学校以教学质量月和期中教学检查为抓手，逐步形成教学管理制度化、规范化。加强科研工作，成立首届学术委员会，完成包括“骨干教师”“优青”“晨光”等共计25个科研项目结题评审。获批市教委青年教师科研项目4项，市民办高校重点科研项目（重大内涵建设）教师团队项目1项，上海物流职教集团科研项目1项，上海旅游职教集团项目1项；推进“以赛促学”，全校师生在校外各项大赛上获得奖项总计66项。学校建设校本教材6本，黄中鼎教授主编《现代物流管理》第三次出版，被列入国家级“十二五”规划教材。

启动“强师项目”，确立“引进、培养、科研”三项工作计划。学校建设名师工作室3个，引进高级职称教师6名，中级职称教师4名，博士生1名，硕士研究生12名；组织各类培训、进修、交流活动76人次（包括双师型培训、专业进修、学历提高、企业实践、行业研讨、教育部网络课程、专题及岗位培训）；大力提拔优秀青年教师进入中层管理、专业负责人岗位和后备梯队，中青年干部进入二级学院、处级领导岗位6人，担任专业主任或主任助理9人，推进管理干部队伍年轻化。

积极开展对外交流与合作。与澳大利亚塔斯马尼亚理工学院、法国高等行政管理学院、日本滋庆教育集团及台湾怡盛物业集团等海外著名教育机构和行业优质企业进行交流合作，并达成合作办学意向。6月26日，学院与澳大利亚塔斯马尼亚州塔斯马尼亚理工学院签署友好姐妹学校协议；8月应用日语专业10名学生，赴日本友好交流企划株式会社作短期实习。

学校得到政府主管部门的支持，获得空间照明实训中心（一期）、酒店管理专项建设项目、应用艺术设计专业建设、邦德转型期的强师项目等7个政府扶持项目资金共471.1万元；酒店管理专业获得“2013年中央财政支持的职业教育实训基地建设”项目资金150万元，学校自身投入350万元加以配套，全年投入专业建设经费达971.1万元，创建校以来历史之最。为加强对专项资金管理，学校进一步健全规章，完善制度，认真执行《上海邦德职业技术学院政府扶持专项资金管理使用制度》各项规定，在预算管理、支出管理、监督检查、绩效评估等方面，做到严格管理，规范使用。

加强学生管理工作。召开校“第五次团代会”和校“第五次学代会”，完成换届工作；成功举办第十一届校园文化艺术节、校园文明宣传活动月、心理健康活动月等主题活动；落实就业工作责任制，全校共有1154名毕业生，1134人成功就业，就业率98.27%，签约率80.33%，签约率同比增长5.77%，实现年初学生就业目标。

继续推进成人教育工作。成人大专“国际金融”专业获市教委批复，“国际金融”“物流管理”专业招生119人，成人在读生321名；组织全国计算机等级考试和上海计算机等级考试2400余人次。

加强校园基础设施建设，先后启动篮球场、食堂、学生宿舍C楼、安全技防、电力增容工程等五项改造工程，投入建设资金近709万元，随着各项工程竣工，办学条件、校园面貌得到进一步改善。学校认真开展秋冬季各类防火整治、消防安全活动。加强对食堂食品卫生重点监管与整改工作，切实防止各类安全隐患和事故发生，维护校园安全稳定。

（杨亚平、孙　泉）

［人物造型艺术名师工作室成立］ 为落实专业建设智力“引进”，学校特聘国家级专家、奥运会开闭幕式人物造型总设计师徐家华来校开设首个名师工作室，为拓建人物造型新专业方向建设进行专业教学指导与示范。12月20日，举行“徐家华教授人物造型艺术名师工作室”揭牌仪式暨第四次博雅讲坛专题讲座，徐家华作《形象的魅力——谈人物造型设计》专题演讲。

（杨亚平）

［开展教学成果奖和教学名师评选］ 贯彻教育部“教学质量工程”，认真总结人才培养评估工作经验，开展教学名师奖与教学成果奖评选工作，产生首届校级成果奖一、二、三等奖共7个，其中首次推荐上报上海市教学成果奖一、二等奖各2个，产生罗兵、黄艳秋2位校级教学名师。

（陈其毅）

［制订“十二五”后三年发展规划］ 3月8日，学校正式公布《上海邦德职业技术学院“十二五”后三年发展规划》，进一步明确办学指导思想与总体目标、8项主要目标、10项措施等内容。规划调整后在校生规模3200人，每年确保招生1000人，力争逐年有所提高；就业率确保每年不低于95%，力争达到98%以上。办学专业稳定在20个左右，力争新增市级精品课程3门、校级精品课程15门；设立教师队伍建设专项基金，用以奖励优秀教师和教学科研成果，支持教师提高学历、职称，提升教学科研能力，为学校发展与内涵建设提出明确目标与制度保障。

（杨亚平）

［通过高职高专人才培养工作评估］ 学校积极贯彻“以评促建、以评促改、以评促管、评建结合、重在建设”方针，把迎接“人才培养工作评估”工作作为年度重点工作，围绕评估指标体系建设标准，逐一进行落实，多次组织开展自查、自评、自改和自建。通过不断建设与整改，学校内涵建设得到加强，硬件建设有明显改善，办学水平与教学质量有较大提升。6月18—21日，市教委组织专家组进校，深入考察、听课访谈、查阅资料、剖析反馈，学校顺利通过新一轮高职高专人才培养工作评估。

（陈其毅）

［举办第六届学生心理健康活动月］ 4月8日起，学院举办为期一个月主题为“敞开你我心扉　共筑和谐心灵”的第六届心理健康活动月系列活动。系列活动的主要内容：心理活动月启动仪式、心理主题讲座、团体心理辅导、心理委员培训、放映心理电影、心理健康征文。

（徐　婧）

［新设烹饪工艺与营养专业］ 烹饪工艺与营养专业经市教委批准开始招生。专业紧紧围绕酒店烹饪行业发展对人才需求，充分利用集团松鹤楼餐饮公司、上海市旅游酒店职教集团的综合性优势，加强校企合作办学，为学生实习和就业提供充分条件。专业引进国内业界著名专家任教，并配备经验丰富的实践指导教师，依靠政府扶持专项资金与自身投入，改造建设烹饪实训中心，9月开始启用。

（杨亚平）

［参加各类竞赛获奖］ 组织学生和教师参加各类全国性和上海市教育、行业协会的各类大赛与竞赛活动，全年共有近260人次参赛，90余人次获奖。钢琴调律专业（乐器维护）学生朱仪涵与指导老师丁琳，参加“和谐中国·第七届全国青少年文化艺术展评”活动，获器乐类钢琴专业金奖，指导老师丁琳获伯乐奖。选派体育代表团参加2013上海市民办高校第九套广播操比赛荣获第一名，并代表全市民办高校参加上海市民体育大联赛“990”第九套广播体操比赛获优胜奖。

（杨亚平）

附：学院负责人及地址

（2013年1—12月）

院　长：葛　朗
副院长：倪祥保（3月离任）、任淑淳（8月离任）

地址：锦秋路299号
邮编：200444
电话：56680657

上海兴韦信息技术职业学院

[2013年概况] 学院有全日制在册学生715人，毕业学生623人，就业率95.2%。教职工115人，专任教师63人，其中研究生学历35人，占55.5%；正教授10人，副教授15人，具有副高级专业技术职务以上教师占39.6%。其中具有国际教育背景教师占60%以上，均来自于哈佛、剑桥、加州大学、西北大学、范德堡大学、波士顿大学的全博士师资团队。

学院坚持民办高校内涵建设"创新型、开放型和特色型"办学方向，积极探索国际精英教育(博雅教育)理念与本土文化精髓相结合的人才培养发展道路，按照未来社会发展趋势对人才要求，努力将学院建设成为中国第一所小规模、高水平、非营利、以"能力培养"为特色的创新型博雅学院。

学院确立以博雅教育为主修方向的教育课程体系。专业方向以学生"能力培养"为重点，结合建设创新型国家战略需求，为培养学生创新意识、创业精神、领导和管理等方面的能力而设计。为激发每一个学生学习欲望，培养批判性思维和创新能力，学院确立"小班化、研讨式、跨学科、重实习、国际化、住宿学院"模式。通过小班化、研讨式教学，保证师生在教学过程中开展各种问题研讨，使学生表达能力和思辨能力得到充分训练；跨学科教学("I/Q Seminar"和"Learning Communities")帮助学生养成跨学科思维方法，建立有效合作方法，养成积极思辨相互尊重习惯。专任教授担任"住校导师"，根据每个学生天赋和潜能，以"一对一研习"方式进行个别指导；同时邀请社会各界知名人士作为驻校大师(客座教授)，帮助学生拓展视野。

贯彻人才强校战略，着力打造一支能适应博雅教育理念的师资队伍，坚持"引进与培养"相结合师资队伍建设思路，在提高引进教师基本素质前提下，加快高层次人才引进。年初，学院建立以郭少棠教授任院长、杰瑞米·布朗教授(Jeremy Brown)任副院长兼首席学术官、杨福家院士任咨询顾问委员会主席的师资团队。

建立科学、严谨、高标准评估系统，通过解读各种数据和信息来对教学质量进行评估考核，在此基础上制定完善方案以确保教学水平不断提高。新设"学术委员会""课程审核委员会""教学质量评审委员会"等机构，以确保学院保持较高教学质量和学术水平。

学院于10月加入Tiimiakatemia团队创业教学联盟，成为加入该联盟的第一所亚洲学校。团队创业书院作为学院第二课堂，为培养学生创业能力开展各种活动。同时，为学院与Tiimiakatemia团队创业教学联盟成员进行国际校际交流与合作提供条件。

学院围绕内涵建设，开展对外交流与合作，开拓国际交流渠道，加强对外宣传，进一步健全各类外事制度和办事程序，修订《上海兴韦信息技术职业学院外国专家管理规定》《上海兴韦信息技术职业学院外国专家安全管理制度》《上海兴韦信息技术职业学院外事人员工作细则》《上海兴韦信息技术职业学院外教公寓管理制度》；制定《上海兴韦信息技术职业学院外国专家参加国内会议的管理办法》、上海兴韦信息技术职业学院外籍交流学者协议及相关表格、《便民手册》、上海兴韦信息技术职业学院外国专家证件办理流程等相关外事管理条例和规章制度，完善各类事务管理流程。

加强长期外籍教师管理，全年共聘请12位外籍教师参与教学，在完成所在学院教学和科研任务同时，组织外籍专家举办各类专题讲座。继续加强与芬兰Tiimiakatemia学校的学生交流项目。

重视校园安全工作，落实安全责任，健全监管体系，深化专项整治，强化依法监管，有效防范和坚决遏制重特大安全事故，确保校园安全稳定。完成图书馆、学生公寓、食堂、健身房的装修改造并投入使用，积极推进校园环境和教学条件的改造和提高。

(项　慧、刘若薇)

[举办第二届高中英语教师研修班] 4月19日，学院迎来第二届"上海兴韦学院高中英语教师博雅研修班"的学员。研修班由兴韦教育基金会全额赞助，兴韦学院主办。研修班以各省市行政区域为划分单位，以各区域当地英语教材为依托载体，以学

院博雅教育办学理念为主线，旨在提高该区域高中英语教师自身教学工作为目标。

（何怿昕）

［翁铁慧到校考察调研］ 5月30日，副市长翁铁慧到学院考察调研。翁铁慧深入教学楼、学生宿舍和食堂，认真调查学院教学科研、学生生活学习等，并听取学院负责人汇报办学定位、办学理念、教学模式、课程体系建设、专业设置及中长期发展规划等方面情况。翁铁慧对学院办学理念及办学决心表示认同。她指出，精品文理教育是高等教育不可或缺的一部分，如何实现文理教育精髓与中国文化完美融合是学院应重点考虑的问题，市政府将积极支持兴韦学院对这一创新型办学模式进行探索。她要求学院要明确办学定位和办学层次，高度重视招生方案设计。

（项　慧、刘若薇）

［教育部专家到校调研］ 12月5日，广东省教育厅原副厅长张泰岭、厦门大学教育研究院院长刘海峰教授会同教育部发展规划司高校设置处及市教委相关领导一行9人到学院调研。在参观学院并听取学院领导关于办学思路、人才培养、专业建设等方面介绍后，教育部领导及相关专家对学院人才培养、创新的办学模式给予了肯定，并表示高等教育面临诸多问题，学院此时转型很有意义。

（项　慧、刘若薇）

附：学院负责人及地址

（2013年1—12月）

董事长：陈公白

院党总支书记：杨　桦
副　书　记：陈晓群

院　长：曹德超
副院长：杨　桦

地址：浦东新区南汇科教园勤奋路1号
邮编：201399
电话：68020823

上海中侨职业技术学院

［**2013年概况**］ 学院招收全日制高职学生1511人，报到率同比增长20个百分点。共有全日制在册学生4314人(其中成人教育学生194人)，毕业学生1331人，就业率98.73%，签约率86.86%，分别同比增长0.12个百分点和9.21个百分点。

顺利通过人才培养工作评估。搭建“中高一体”框架体系，学校化工分院、食品分院分别在上海石化工业学校、上海食品科技学校挂牌，成功对接应用化工技术和食品加工技术专业的教学安排与学生管理。通过市教委组织“中高贯通专业申报”专家评议，与上海食品科技学校联合开设汽车运用技术专业。围绕浦东新区金融业与现代服务业，着眼金山区先进制造业，树立“取消招生不良专业、增加新兴专业、整合原有专业”调整思路，共拥有35个专业(含方向)。完善实施085工程建设项目，建立项目跟踪督查制度。重点推进30多门课程网站建设。广告设计与制作专业教学团队获“上海市高职院校教学团队”称号，实现零的突破；国际船舶代理实务和高等数学被评为上海市高职院校精品课程，学院市级精品课程增至5门。推进实训教学及技能考证工作，组织实施“企业与学校人力资源培训”对接工作；与上海市人力资源和社会保障局、浦东新区技师协会、相关行业协会合作，实现技能证书考证对接，总计1005人次考取23种各类中高级技能证书。毕业生获得符合专业面向的职业资格证书率62.12%。组织学生参加全国及市级职业技能大赛，53人次荣获包括全国职业院校快递技能大赛一等奖、全国三位数字化创新设计大赛数字表现设计特等奖、“高教社杯”全国大学生数学建模竞赛上海赛区三等奖等在内的23个奖项。加强对首批重大科研项目管理和实施，58个项目结题，16个科研课题申报成功，4人入选上海市高校青年骨干教师国内访问学者计划，3人入选上海高校教师产学研践习计划，在研项目43项。教师发表科研论文41篇，其中4篇被SCI、EI收录。定期出版《教育教学研究》。

坚持培养和引进相结合、学历提高与技能提升并重原则，重点建设由专业带头人、骨干教师和管理队伍中坚力量组成的核心队伍。招聘专业带头人7名，截至年底，有专任教师182人，其中具有硕士及以上学位的占66.67%，具有高级职称的占36%。选送上海高职高专院校师资教学能力提升计划5人，民办高校“强师工程”26人，国内培训162人，境外进修2人，企业顶岗培训7人。启动创业教育师资培养。举办40周岁以下专职青年教师教学专业技能“5+1星级”教学基本功和教改课改比赛、第二届辅导员职业技能竞赛、主题班会设计说课比赛、辅导员工作案例征集比赛等。建立“教辅互评”机制，明确绩效考核指标，强化教师辅导员综合素质培养与测评。

开展学生综合素质测评，从思想政治与道德修养、社会实践与社会工作、文化艺术与身心发展、就业指导与实践等四个方面，对学生表现综合评价记载。继续完善奖贷补助体系，奖助各项资金304.97万元，惠及学生6987人次。组织贫困学生座谈会、爱心送温暖、新生绿色通道、新生临时补助等活动，建立贫困学生个人成长档案，成立启光社。通过市教委2011、2012年资助工作绩效评估，“建立自主型学生励志社团”入选市教委资助工作示范性特色实践项目，获专项资金8万元。23名学生应征入伍。

推进校园文化建设，举办校训演讲比赛、“我的中国梦”为主题等共计10场次活动，成功承办上海市民办高校大学生广播操比赛，开展“三育人”先进事迹、内涵建设推进等专题宣传，组织年度全校师生运动会、迎新联欢晚会，成立慈善义工队，开展“快乐志愿，随手公益”等活动，组织参加国际滑联短道速滑世界杯上海站，上海科技馆、上海公安博物馆等志愿服务工作。加强易班、微信公众平台、微博官方账号等新媒体应用。暑期社会实践工作获得市教卫工作党委、团市委等六委办表彰，其中优秀项目奖1个，先进个人和优秀指导教师3人。梳理社团数量和规模，扶持重点社团，跆拳道社荣获上海市第一届大学生跆拳道锦标赛多项荣誉。

国际化办学路径逐步明晰。进一步巩固“日本交流生项目”“日本交换生项目”及“美国专业实习项目”。选派40名学生参加短期访学或实习。食品营养与检测、多媒体设计与制作等专业“2+2”双学历、实习实训环节等国际化合作已初具雏形。

拓展继续教育渠道，专科成人教育、本科自考助学、职业资格证书考试培训三大块共有 1300 余人，其中企业委托培训在校学生 143 人，毕业生 120 人。组织助理物流师、国际贸易单证员等短期考证项目；新增中国建筑第八工程局企业培训，学员达 450 余人。

后勤管理工作有序展开。健全资产管理制度，完成年度固定资产报备工作，落实食堂管理整顿措施。强化校园"人防、物防、技防"建设，完成技防升级项目。做好医疗保健、消防安全和食品卫生饮食安全监督管理，干预 8 起心理异常危机，调节 20 余起学生矛盾，处置 6 起校园治安案件，防范并杜绝学生重大事故和群体性事件发生。

为确保平稳有序完成搬迁工作，成立新校区搬迁工作小组，初步提出新校区一期建设系部教学用房和行政办公用房分配方案。多次赴兄弟院校调研，学习搬迁新校区工作经验，制定搬迁新校区工作初步方案。

（俞春英）

[召开内涵发展战略研讨会] 11 月 16 日，召开学院内涵战略研讨会议，就"进一步深化学院内涵建设，推动职业教育创新发展"进行研讨，为搬迁金山新校区后，更好更快融入并服务地区经济文化发展提前谋划。研讨会上，聘请 6 位专家为学院发展决策咨询委员会委员。

（俞春英）

[启动创业教育师资培养] 12 月 6 日，学院启动创业教育师资培养，特邀人力资源和社会保障部全国创业培训工作指导委员会专家授课，30 多位专业主任、骨干教师参加培训。

（俞春英）

[举行冬令补助爱心送温暖活动] 12 月 20 日，学院爱心基金会举行 2013—2014 学年"冬令补助——爱心送温暖"座谈会，为 15 名家庭经济困难学生每人发放爱心基金，冬被一条。"冬令补助——爱心送温暖"活动是学院爱心基金会 2005 年成立以来资助困难学生工作中一项传统帮困活动。会上，向 1 名外语系学生发放上海市红十字会助医款。

（俞春英）

[获上海市民体育大联赛特别贡献奖] 12 月 5 日，被市体育局、市级机关工作党委、市总工会、团市委、市妇联联合授予"上海市民体育大联赛特别贡献奖"。全市高校系统仅学院获此荣誉。除此，学院连续三年获得"上海市学生阳光体育大联赛优秀赛区奖"、"上海市学生阳光体育大联赛优秀组织奖"等荣誉。近年来，学院有 10 多个体育类学生社团和教工运动队，青年志愿者活跃于第十四届国际泳联世锦赛、上海市第一届市民运动会、国际滑联短道速滑世锦赛等大型体育活动。

（俞春英）

[461 名学生无偿献血] 12 月 5 日，学院组织学生参加无偿献血活动。据统计，此次无偿献血活动共有 800 余名同学报名参加，成功献血人数达 461 人，累计献血量达 92200 毫升。

（俞春英）

[学院慈善工作站及培训基地揭牌] 7 月 5 日，举行中侨学院慈善工作站、上海慈善教育培训中心中侨培训基地揭牌仪式，上海慈善基金会副理事长姚宗强和学院院长蒋志明共同揭牌。学院慈善工作站为全国第 26 个站点，其主要职责是提供志愿者服务、接受社会捐赠和慈善助学等。培训基地免费为社会上特困、残疾、重病康复者、下岗人员提供各种实用技能培训，提供慈善再就业培训、外来媳妇技能培训等。

（俞春英）

[中侨之夜·上海金山国际沙滩音乐烟花节举行] 作为学院建校二十周年校庆系列活动之一，学院赞助冠名"中侨之夜·2013 上海金山国际沙滩音乐烟花节"分别于 9 月 7 日和 9 月 14 日晚举行。来自中国、芬兰、巴西和美国的国际顶级烟花燃放公司举行四场专题音乐烟花表演，吸引 4 万余名观众，学院组织师生代表欣赏海水、音乐、烟花共同融合的美妙之夜。活动增强了全院师生凝聚力，提升了学院知名度。

（俞春英）

[承办大学生职业生涯规划赛决赛] 5 月 24 日，首届上海市民办高校大学生职业生涯规划大赛决赛举行。大赛以"放飞梦想·精彩起航"为主题，由六所学校的生涯教育项目组主办，中侨学院承办，思博、工商外、东海、济光、立达等学院协办，历时两个多月。决赛现场分为个人规划 PPT 展示和现场答辩两个环节，12 名选手职业生涯规划涉及客服、

货代、建筑等12个行业、岗位。经角逐，大赛评选出一等奖1名、二等奖2名、三等奖3名、优胜奖6名。学院工商管理系旅游管理专业学生林佳佳获一等奖，工商管理系物流管理专业学生徐婷获二等奖。

（俞春英）

[与金山区教育局签署共建协议] 4月7日，学院与金山区教育局签署职业教育合作共建协议：建立教育资源共享机制，开展中高职贯通合作办学，开设化工类、食品类等专业"3+2"合作班，在教育设施、师资等方面共享共建；建立产学研合作机制，与金山区开展定向培养与订单式培训，促进学院产学研一体化办学；建立区域中高职一体化办学保障机制。

（俞春英）

[通过高职院校人才培养工作评估] 学院成立人才培养工作评估与建设领导小组，下设评估与建设办公室。院领导高度重视，全员参与，自查整改，按时完成数据平台采集工作；召开三次迎评促建工作推进会；组织专业剖析和说课交流；邀请专家作专题报告。1月10日顺利通过市教委人才培养工作评估。

（俞春英）

附：学院负责人及地址

（2013年1—12月）

董 事 长：严健军

院党委书记：张玉峰

院 长：蒋志明

副院长：卓丽环（常务）、张玉峰（兼任）、何仁龙（7月离任）

地址：浦东川周路2788号
邮编：201319
电话：58132788

上海电影艺术职业学院

［**2013年概况**］ 学院以党的群众路线教育实践活动为依托，聚焦重点、深挖根源、扎实整改，健全党总支班子，加强组织建设。在“学习宣传贯彻党的十八大精神——上海大学生文宣作品设计大赛”中，5名学生分别获得一、二、三等奖和优秀奖，学院获得优秀组织奖。党总支《关于提高民办高校基层党支部活动有效性的研究》，获市教卫工作党委系统党建研究会党建研究课题优秀成果三等奖。

教学改革成效显现。编导专业转型发展探索已渐露成效，建立符合行业发展的高清级电影制作、电视剧制作两大人才培养体系，课程设置和教学模式采用与国际接轨方式，将微电影制作项目与课程教学有效融合。编导专业（电影方向）作品《选择相信》《捡玻璃的孩子》《寻》，在上海第二届大学生微电影节上分别获得大赛一等奖、最佳摄影奖、大赛三等奖，亚历山大·孟特罗老师获优秀指导老师奖，学院获优秀组织奖；作品《白日梦·蓝》入围上海首届微电影大赛。

落实“强师工程”。学院加大师资队伍培养力度，有13名教师、4名教学管理人员、2名系主任参加市教委组织的师资培训，在各项培训中被评为“优秀”。赴英国考察的有3名教师、2名管理人员；1名系主任赴英国开展海外访问学者项目；1名骨干教师获得市教委资助赴英国攻读硕士；1名教师被派往英国参加英皇钢琴考级培训。6名教职工通过讲师及其他中级专业技术职务任职评审。首次实行校内破格聘任4位副教授工作。

抓科研促提升。科研团队申报课题《基于云计算的全媒体人才培养模式研究》入选上海市民办高校重点科研项目，对学科专业建设与结构布局优化、学科带头人的培养与教学科研团队的建设起到积极推动作用。2名教师入选上海高校青年教师国内访问学者；9名教师入选上海高校青年教师培养资助计划；13名教师入选上海高校教师产学研践习计划；2名教师获上海市民办高校青年教师科研项目。

重视实训基地建设。经市教委085工程内涵建设项目申报和论证，学院得到中央财政支持实训基地项目资金300万元、市教委支持085工程建设资金200万元，用于广告设计与制作、编导、电脑艺术设计（游戏美术设计与制作）三个专业，从实训基地、师资队伍、人才培养模式改革、社会服务等方面软硬件全面进行建设。

招生就业“一把手工程”。共招收687名新生，新生报到率同比上升10%。充分发挥集教育、管理、指导和服务等功能于一体的毕业生就业指导和服务体系的作用，围绕提高毕业生“就业力”，把职业素质、专业技能、就业指导三个层面作为系统工程来抓，在扩大与专业实践有关教学安排和内容同时，拓展专业考证、职称考级的培训渠道。继续坚持让大三学生找到就业岗位、大二学生找到实习单位、大一学生找到方向和差距、让专业拓展与行业企业合作的理念。4月举办供需见面会，请上海、北京、山东等海内外120家用人单位参加招聘，提供就业岗位1200多个，每位毕业生有3个岗位可选择。11月底举行秋季招聘会，挑选业界有实力公司来学院给学生提供更多就业机会。毕业生就业率达98%。

强化职业教育双证融通。开展双证培训和继续教育工作，设立继续教育办公室，各专业积极探索艺术类职业教育双证融通模式，以“实际、实用、实践、实效”为原则，改革课程体系，精选课程内容，突出核心技能培养。加强与国外艺术类相关行业协会的联系与合作，使实践教学与国际标准接轨。人物形象设计专业的“双证”融通教育实现专业积极探索课程模块与职业资格要求能力模块的对接，学院已成为“上海市职业技能鉴定中心化妆师职业资格考点”。728名学生参加国家职业资格技能鉴定培训考核，获广告师高级证书162人，通过率97.6%；获网页制作员高级证书161人，通过率87.9%；获漫画师高级证书305人，通过率91.3%；获化妆师中级证书69人，通过率97.2%。有183名学生参加专升本在校学习。

通过易班传播正能量。以打造具有学院鲜明个性特色品牌为目标，配合教学上传一部分课件、课后作业、课堂反馈等供学习使用；先后组织“新学期新风尚”易班形象代言人海选、“易起跳舞吧”等活动，发挥专业特长和优势，让学生成为易班主人。学院主持与播音专业班级获上海市易班十佳网络班级。

承办、协办各类文化演出活动。学院师生随上海市委领导到南京政治学院上海校区慰问演出;承办由国家文化部主办的文华艺术院校奖——第十届“桃李杯”国际标准舞比赛;参与上海国际艺术节活动,举行“梦绘上电”为主题的“天天演”专场演出外,承担为期一个月南京路上“天天演”和国外艺术团进社区两项活动主持工作,获得“天天演”优秀组织奖;参加上海市政府在外滩举行的东方卫视2014年新年跨年倒计时晚会演出;参与“送文化进社区百场公益演出活动”。

志愿服务投身公益。组织师生开展志愿服务,利用3月5日学雷锋日和12月5日志愿者日,组织两次大规模全方位志愿服务活动。把志愿服务活动常态化,组织关爱智障小学生和自闭症儿童、“爱心手拉手”、为外来务工者送温暖、爱心义捐以及义务献血等大量经常性的志愿服务活动。参加第九届大学生红色经典故事演讲大赛,获得大学生组一等奖、优秀指导教师奖和优秀组织奖;参加上海大学生公益广告演出大赛,获得一等奖和优秀组织奖;承办市教委组织的民办高校“微志愿微分享”活动,获得“优秀组织奖”“最佳作品奖”“最具潜力男演员奖”“网络人气奖”“优秀指导教师奖”等五个奖项。学院第三党支部长期推进“关爱星星的孩子”志愿服务活动被评为市教卫党委系统优秀党组织生活案例,被市教卫工作党委推荐至教育部参评全国党组织创新案例。

加快信息化数据平台建设。下半年全面启动信息化数据平台建设,将教学管理、行政办公、招生管理、人事管理、学生管理、教学督导、党务管理和信息公开等融合在一个平台上,将为教学、科研和管理活动提供全面、安全、稳定的技术支撑和信息服务。

继续参与影视作品创作。投资拍摄电影《水草》,继续发挥影视作品创作对专业群产学融合牵引作用,选择高教学价值、高教学需求度的生产性项目引入教学,将产学合作项目需求与教学内容结合起来,保障学生参与真实生产性项目开展教学实践。投资拍摄的电视连续剧《家有公婆》,获2012年度上海市文艺创作优秀作品。表演专业师生创作话剧《路人》在上海可一当代艺术中心公演9天。

(董有福、杨怿瑢)

[承办舞蹈大赛国际标准舞项目比赛] 6月14—15日,学院承办的文华艺术院校奖——第十届“桃李杯”国际标准舞比赛经过两天角逐圆满落幕。这是学院第三次承办该项舞蹈赛事。比赛项目除常规项目还设立艺术表演舞比赛环节(包括双人舞、编队舞和创编舞比赛),全国共有34所舞蹈专业院校、千余名体育舞蹈专业选手获得参赛资格,入围作品逾百件。学院精心筹备和周密组织赛事,展现高效的组织协调能力,并夺得优异成绩,作品《世纪·梦》荣获艺术表演舞拉丁舞编队舞一等奖,作品《时间沙漏》荣获艺术表演舞标准舞双人舞一等奖。

(董有福、杨怿瑢)

[获职业院校技能大赛高职组多个奖项] 6月17—20日,由学院选派的舞蹈和音乐团队代表上海市职业院校赴南京参加全国职业院校技能大赛。经过第一轮和第二轮比赛,学院选手从来自全国31个省市的选手中脱颖而出,取得高职组中国舞表演一个一等奖、一个二等奖,高职组声乐表演三等奖的好成绩。

(董有福、杨怿瑢)

[获教学设计比武大赛一等奖] 1月22日,在第二届上海市高职高专院校重点专业教学设计比武大赛决赛中,学院选派的电脑艺术设计(游戏美术设计与制作)专业经过团队汇报、专家评审和观摩学校现场互动点评、专业和大众评委两次投票等环节的层层比拼,最终荣获一等奖殊荣。这届比武大赛历经半年多,共有33所学校参加比赛,11所学校入围复赛,其中6所进入决赛。

(董有福、杨怿瑢)

[获教师教学技能大赛大奖] 第一届上海市民办高校教师教学技能大赛历时近一年,学院认真动员、选拔和推荐,积极组织校级比赛,有4位教师入围复赛,3位教师进入决赛,最终1位教师获得骨干教师组一等奖,1位教师获得骨干教师组三等奖,1位教师获得青年教师组三等奖,学院获得优秀组织奖。

(董有福、杨怿瑢)

附:学院负责人及地址

(2013年1—12月)

院　　长:江　泊

院党总支书记:顾成明

南校区地址:张江高科技园区达尔文路188号
北校区地址:张江高科技园区松涛路、景明路口

邮编:201203
电话:50271101

上海开放大学

［**2013年概况**］ 学校全面贯彻落实党的十八大精神，围绕“深化转型，内涵发展”工作主题，在务实中求突破，在转型中促发展，扎实推进各项事业发展。年内，学校全系统招学历生37173名，有32327名本专科学生毕业，在校生规模达到101059名。在服务特殊群体学习需求方面，残疾人教育学院学历教育在校学生数达到1310人，老年教育学院在全市设立老年远程学习收视点5197个并注册学员426754人，女子学院实现全市17个区县全覆盖，普晟分校学历教育与非学历培训在全市13所监狱全面铺开。电视中专中等学历教育招生2761名；在校生5303名，办学规模继续在全市成人中专中处于领先地位。非学历教育板块稳中求进，全年培训40754人次，考试服务291243人次；实现初级工商管理（EBA）培训项目与学历教育相衔接，招生10010人，创历史新高。与杨浦区协作完成118名新疆未就业大学生在沪培养任务。

加强顶层设计。年初，学校校务委员会第二次会议审议通过《上海开放大学章程》，成立上海开放大学学术委员会、学位评定委员会（筹）、教学指导与质量保障委员会、教学资源建设综合协调领导小组。申请重新核定学校事业编制工作取得突破，首期新增编制80个，校园拓展方案获上级部门原则认可并正积极推进中。

开展人才培养模式改革。制定《上海开放大学教学教务整体战略转型的实施意见（2013—2014）》，明确转型任务。加快3个本科新专业建设工作，在此基础上继续开拓10个本科新专业，推动专科专业改造。深化基于网络的课程考试改革。推进课程资源建设，与“上海市中国工程院院士咨询与学术活动中心”、北风网合作，引进相关院士论坛和优质课程资源。启动电工电子实验室，完成6个网上虚拟实验室建设，与3所高校和社会实验实训基地签署协议，共享实验实训资源。举办学校和社区首届微课教学大赛，在首届全国高校微课教学大赛、全国教育技术理论与实践作品大赛等活动中获得一系列奖项。在系统建设方面，启动分校系统30项改革与发展项目，促进系统整体战略转型。不断优化系统办学布局，完成29所分校更名。

加快信息化建设。推进上海教育城域网主节点建设，实现与主干节点和二级节点的互联互通。建设开放教学数字化实验室，完善移动学习的学习支持服务。改善总分校整体校园网络环境，提升校园网出口带宽，建成学校三级架构城域网。服务学习型社会信息化资源建设，推进“上海学习网”与区县学习网互联互通，开展课程超市建设。促进上海基础教育信息化发展，基础教育学生信息管理系统实现全市中小学生学籍数据实时采集全覆盖，并顺利完成上海与教育部数据系统的对接，全市138万余名中小学生电子学生证成功发放。完成长三角优质教育资源网改版，推出电子教材及数字教育APP发布系统，并成功开发10套电子教材。

促进社区教育系统发展，服务学习型社会建设。通过市级推荐课程推广，专题课程联合教研室筹建，社区教育课程和资源的升级改造，“上海社区学习地图”网站改版及“i-实验”项目建设，搭建市民终身学习平台。组织开展“阅读网上书，放飞中国梦”读书活动、“乐学申城·精彩人生”家庭才艺大赛和为期三年的“建智慧城市、做智慧市民”社区教育培训项目等，把市民学习活动推向高潮。

上海开放大学LOGO遴选确定并正式对外发布，利用《上海电大报》300期更名契机，积极做好系统内外宣传工作。科研基地建设取得新进展，“上海开放远程教育工程技术研究中心”获市科委批准，信息安全与社会管理创新实验室与复旦大学联合成功申报“上海市社会科学创新研究基地”。学校拓宽人才工作思路，拓展招录渠道，面向社会公开招录人才18名。

（钱音肖、黄复生）

［**召开校务委员会第二次会议**］ 1月6日，学校校务委员会第二次会议召开。副市长、校务委员会主任沈晓明出席会议并讲话。会议调整部分委员人选，审议通过《上海开放大学章程（草案）》（修订稿），同意将上海电视大学分校（教学点）统一更名为上海开放大学分校（教学点）。会议还审议了事关学

校发展的若干重大事项。

（钱音肖、黄复生）

［29所分校正式更名］ 在市教委领导下，经过深入调研和充分论证，并经上海开放大学第二次校务委员会审议通过，1月，对原上海电视大学办学系统分校名称进行梳理和调整，“上海电视大学黄浦分校”等29所分校成为首批更名分校。市教委副主任袁雯、终身教育处负责人出席首批分校更名授牌仪式。这标志着上海开放大学各分校以教育目标、教育内容、教学方法、质量管理转型为方向的内涵建设的开始。

（钱音肖、黄复生）

［举办校首届国际学生夏令营］ 8月11日，上海开放大学2013年国际学生夏令营举行开营仪式。来自英国、荷兰、德国、西班牙、意大利等12个国家和地区的24名开放大学学生在上海进行为期两周的体验式中国文化与语言课程及参观访问活动。学校下属的国际交流学院为国际学生组织一系列中国语言和文化讲座、历史文化寻访、城市发展游览和文体艺术展示等主题活动。上海开放大学系统25名学生志愿者与国际学生共度夏令营生活。

（钱音肖、黄复生）

［与英国开放大学签署合作备忘录］ 5月8日，英国开放大学校长率团来访，代表团成员包括英国开放大学全球公司首席执行官、英国开放大学国际事务部中国事务项目经理、英国开放大学中国事务高级顾问等。代表团来访，意在了解上海电视大学更名为上海开放大学后的战略发展规划和中长期目标，与学校建立高层次合作关系。访谈过程中，双方就合作领域中的教育质量保障、课程资源共享、师资培训以及学生交流等议题深入探讨并达成共识，签署了战略合作意向备忘录，为加强上海开放大学在国际交流领域的内涵建设，满足多元化群体对优质教育的需求奠定基础。

（钱音肖、黄复生）

［探索人才培养模式改革］ 为培养应用型专门人才，学校公布《关于制定上海开放大学本科人才培养方案的指导意见（试行）》，并开展“上海开放大学课程体系框架及课程模块结构”课题研究，加强模块设计，增加教学计划和课程体系的弹性。制定《上海开放大学关于教学教务整体战略转型的实施意见（2013—2014）》，明确2013年有47项、2014年有30项主要的转型任务，完成学校转型的整体设计。以“宽口径、多方向”为原则，加快3个新本科专业建设，推动专科专业改造，对小专业关停并转和调整教学计划。推进基于网络的课程考试改革，完成新专业6门课程的形成性考试改革和两门课程的终考改革。

（钱音肖、黄复生）

［建设优质课程资源］ 研究制定《上海开放大学一流开放课程资源建设管理办法》，促进学校一流开放课程资源网上网下一体化设计。推进课程资源开放，已有112门课程向社会公开。与“上海市中国工程院院士咨询与学术活动中心”、北风网合作，引进46期相关院士论坛资源和6门优质课程资源。重视精品和新媒体课程资源建设，两门课程正参加国家级网络教育共享课程评选，两门课程被评为国家开放大学精品课程，本科新专业4门课程正在建设视频样板课，两门课程进行移动课程建设试点。

（钱音肖、黄复生）

［推进实验实训中心建设］ 以学院、系部为主，建立一批多种类型的实践教学基地。电工、电子实验室启用，其他8个实验室也将陆续投入使用；立项建设6个网上虚拟实验室；与3所高校和社会实验实训基地签署协议，共享实验实训资源。建成信息化平台“毕业论文指导交流系统”。启动首届学生创新实践项目，共有13个分校25个学生创新项目获立项资助。

（钱音肖、黄复生）

［首届残疾人学员毕业］ 上海开放大学残疾人教育学院承担着服务于残疾人接受高等教育的特殊使命。10月，残疾人教育学院首届专科学员毕业，毕业生代表向副市长时光辉致感谢信，感谢政府对残疾人学员接受高等教育给予的政策支持以及来自社会各界的爱护。副市长时光辉作批示对毕业生表示祝贺，并肯定上海开放大学和市残联的工作成效；希望动员全社会力量关心和支持残疾人事业，用真诚的心照亮残疾人前进道路，让他们的人生更加出彩。

（钱音肖、黄复生）

［强化教育、教学质量管理］ 为进一步加强学校教学质量监督和管理组织保障，上海开放大学成

立教学指导与质量保障委员会;结合“开放、远程”的办学特点,研究制定《上海开放大学关于全面提高开放教育质量的实施意见(试行)》《上海开放大学教学事故认定与处理暂行办法(试行)》,明确提出实施行动的指导思路、实施目标、基本原则、主要任务与保障措施,为市开放大学系统三年内提高教育质量进行了科学规划与统筹部署。同时,聘请专家开展阅卷、命题质量抽查等专项督导,评选年度“十佳”试卷。

(钱音肖、黄复生)

[持续推进学分银行建设] 学分银行高校网点建设取得突破,建成覆盖全市所有继续教育高校 68 个学分银行高校网点,形成 93 个网点间学分认定、积累和转换机制。初步形成学分银行与市开放大学系统衔接的工作机制,为学习者开户、存入学分、转换课程及颁发证书等工作相继开展。与市人保局加强合作,探索职业资格证书认定学历教育学分。截至 12 月,学分银行开户并建立个人学习档案人数 411489 人,开户学员存入成绩 918577 条。

(钱音肖、黄复生)

[促进基础教育信息化发展] 上海市基础教育学生信息管理服务中心挂靠学校电教馆,于 9 月正式挂牌成立。基础教育学生信息管理系统实现全市中小学生学籍数据实时采集的全覆盖,顺利完成上海与教育部数据系统对接,为全市 1384193 名中小学生发放电子学生证。改版长三角优质教育资源网,推出电子教材及数字教育 APP 发布系统,成功开发《科学与技术》《儿童哲学》等 10 本电子教材。制定上海市“中小学教师信息技术应用能力提升工程”(2014—2017 年)方案,承担全市 2100 名新教师教育技术应用能力培训任务。

(钱音肖、黄复生)

附:学校负责人及地址

(2013 年 1—12 月)

校党委书记:张德明(3 月离任)、杜慧芳(3 月到任)
副　书　记:李惠康、张道玲(7 月到任)

校　长:蒋　红
副校长:陈　信、徐　皓(2 月离任)、王连华、王　宏、顾晓敏(3 月到任)、王伯军(5 月到任)

地址:阜新路 25 号
邮编:200086
电话:25653967

教育科研与考试、评估机构

上海市教育科学研究院

［2013 年概况］ 立项并开展各类科研活动近200项。承接教育部、市教卫工作党委和市教委等党政领导机关委托研究项目150余项，其中由市教卫工作党委、市教委及相关部门交办的项目近100项。通过科研活动所形成的成果逾百万字。

申报并获准立项的科研规划项目14项，其中获准立项国家级项目2项、省部级科研项目2项。申报国家社会科学基金后期资助项目获准立项1项；申报全国教育规划课题2项获准立项，其中国家社会科学基金教育学青年课题、荣达基金民族教育研究课题各1项；申报上海教科规划项目7项获准立项，其中市级重点项目(亦属上海社会科学规划教育学专项课题)1项。完成10余项规划课题研究并提交结题；获准结题的课题10余项，其中2项国家社科基金项目免于鉴定获准结项。

全年，市教科院科研人员著、编、译(或参与)专业书籍20余种，其中《2013年上海教育年度发展报告：价值引领发展——率先转变教育发展模式》等已出版。编辑出版期刊4种，分别是《教育发展研究》《思想理论教育》《上海教育科研》《中国高等教育评估》。2014年3月25日，中国人民大学人文社会科学学术成果评价研究中心联合人大书报资料中心研制发布“2013年度‘复印报刊资料’转载学术论文指数排名”，在“教育学”学科期刊转载学术论文转载量(率)排名中，《教育发展研究》以38篇的转载篇数排名转载量第二，以10.89%的转载率排名转载率第十六(发文349篇)，综合指数排名第四。在“马克思主义理论”学科期刊转载学术论文指数转载量(率)排名中，《思想理论教育》以22篇的转载篇数排名转载量第五，以4.04%的转载率排名全文转载率第十六(发文545篇)，综合指数排名第七。

受教育部委托，承担“教育现代化”和“教育决策支持服务系统”项目研究。现已完成的这两个项目的总体研究方案，在中国教育现代化指标设计与监测等方面提出新思路、新手段和新机制。研究成果为教育部部长袁贵仁及相关领导所重视，教育部致函市教委，感谢市教科院及参与研究的科研人员。9月18日，副市长翁铁慧、市政府副秘书长宗明、市教委主任苏明等领导到市教科院听取项目组研究工作报告，予以关注、肯定、支持。

受市教委委托，“上海学生心理健康教育发展中心”实施学生心理健康状况调查，各级各类学生66384人接受在线问卷调查，并依托调查建立学生心理状况信息库。该中心对调查信息进行初步处理，形成一批研究成果。此项研究及成果产生一定影响，为教育行政部门和教育科研同行所关注。

上海教育决策咨询委员会秘书处完成市教卫工作党委、市教委暨市教科院年度重大项目《2013年上海教育年度发展报告：价值引领发展——率先转变教育发展模式》，启动“率先扩大上海教育开放”的项目研究，全年编撰《教育决策参考》68期。

受市教委委托，承担大学生德育发展评价研究。相关的科研团队研制大学生德育发展评价指标体系及相关量表，编制问卷和数据分析方案，在5所高校对500名2012级学生进行测试和数据处理，形成研究成果。市教委领导认为，该研究结果已可用于大学生德育发展评价的实践之中。

受教育部发展规划司委托，完成《2012年教育事业发展统计快讯》《2012全国教育事业发展简明统计分析》《国家十二五规划教育事业发展中期评估》《云南学前教育情况分析》《我国教育与人力资源发展水平分析》，中组部教育人才统计分析等统计分析资料的报告撰写与资料编印工作、UIS世界教育指标中国年度数据填报等工作。

受教育部财务司委托，承担全国年度教育经费统计汇总、数据处理分析，教育经费统计快报、监测公报撰写等工作；与财务司合作撰写完成《2012年中国教育经费发展报告》，完成《2002—2008年西藏和四省藏区教育经费投入》《十一五以来职业教育经费投入情况》等专题分析。

(朱　涛、印成君)

［举办2013学术活动月］ 11月至12月举办以“服务决策、服务民生”为主题的2013学术活动月。活动月以服务政府决策咨询研究为中心，努力对接市教卫工作党委、市教委和相关处室工作重点，

组织近40场学术活动。

（朱　涛）

［参与国家教育现代化监测评价指标体系研究］ 按照教育部领导批示精神，1月20日始，教育部专题研究工作组开展以上海教科院为主，中国教科院、清华大学国情研究中心、中国科学院中国现代化研究中心参与的《教育现代化监测评价指标体系》研究，意在设计一套中国特色、国际可比的教育现代化监测评价指标体系，形成相应推进机制，作为推动今后8年中国教育改革发展的战略抓手。智力所90%以上的科研人员先后长驻北京国家教育行政学院，对国内外相关理论研究和实践探索进行系统梳理总结；广泛听取有关方面专家意见，通过不同方式反复征求教育部有关司局、单位以及地方教育行政部门的意见；与国际组织沟通、联系，开展合作研究；认真听取部领导意见，全面开展相关指标数据测试研究，同步开展教育现代化系列研究。9月底，研究工作取得重大阶段性成果：完成指标体系与编制说明、研究报告（包括总报告和系列专题报告）、2012年全国和各省区教育现代化监测分析报告，以及系列支撑性专题材料（国内外教育现代化研究综述，国际与国内常用指标分析，指标数据表等）的编撰。

（付　炜）

［举办长三角城市群教育科研南昌论坛］ 12月6日，由长三角城市群科研合作共同体、《上海教育科研》杂志社、南昌市教育局主办的长三角城市群教育科研南昌论坛召开。来自长三角28个城市及南昌市地区600多名代表出席活动。论坛主题为“现代化城市化进程中的教师专业发展”。

（杨金芳）

［研究“上海市教育考试招生制度改革方案”］ 受市教委委托，承担“上海教育考试招生制度改革方案”研究。5月课题启动后，在市教委领导指导下，市教委学生处等部门积极参与，通过与高校和中学领导的多次座谈及各部门间的专题研讨，积极推进上海教育考试招生制度改革方案研究。遵循“为了每一个学生终身发展”的教育理念，根据学生成长发展的连续性，课题组整体设计不同教育阶段的考试招生制度，为学生多样化学习提供选择和成长途径。

（孙崇文）

［完成《2013中国高职教育人才培养质量报告》］ 受教育部委托，该报告在上一年度年报首次发布的基础上，提出高职质量观由学生发展、学校工作、政府责任、服务贡献等四方面组成，分别作为结果性指标、描述性指标、保障性指标和贡献性指标，被学界认为是高职质量观的理论创新；在方法创新方面，首次尝试向学生及其家庭提供高职质量“计分卡”的创新之举，让毕业生给高职院校的培养过程“打分”；通过纵向对比反映趋势，还推出各地区高职学生学杂费负担、生均财政教育经费投入水平等评价排序（排行榜），更客观地描述高职教育发展状况。教育部职成教司已决定将“计分卡”作为今后对各地和各校提交高职质量年报的必备要求。

（顾晓波）

［完成民办学校配套政策研究课题］ 该课题为教育部发展规划司2013年度专项委托课题。课题采取规范研究和实证调查相结合的办法，基于相关法律文献的系统梳理，在国际比较和问卷调研基础上，借鉴我国医院系统分类管理的做法及经验，就营利性与非营利性民办学校实行分类管理及其所应采取的配套政策，提出一系列具有创新性和可操作性的对策建议。该研究课题的部分内容受到教育部的重视与好评。

（金　兵）

［参与“国家教育决策支持服务系统”开发］ 随着国家教育现代化监测评价指标体系的研制，国家教育决策支持服务系统进入正式开发阶段。10月份，项目开发组成员根据要求，回溯性地补充提供建国以来50年的教育事业统计数据和2000年以来智力所曾经开展的48项重大项目的研究报告、思路框架和任务要求等，对系统历史数据仓库及监测、预测和决策应用模块构成强有力支撑。

（付　炜）

［召开教育均衡发展研讨会］ 11月2日，“综合基尼系数　教育均衡发展”研讨会召开。研讨会以十二五教育科学规划教育部重点课题《采用基尼系数评估发达地区义务教育均衡发展程度》的成果为基础，对义务教育均衡发展程度的测评问题进行探讨。与会专家领导对课题的科学性、前瞻性、实践性以及课题的价值给予高度评价。

（杨金芳）

[发布市高校毕业生就业质量社会评价报告] 受市教委委托，2013年完成并发布《上海高校毕业生就业质量社会评价报告(2012年)》。通过对2012年应届毕业生和用人单位的抽样问卷调查和座谈、访谈，对全市高校毕业生就业质量以及学校人才培养的满意度评价数据进行全面分析。研究、修订“高校毕业生就业质量社会评价指标体系”，并据此继续开展“2013年上海高校毕业生就业质量社会评价调查研究”，调查对象除2013年应届毕业生外，扩展到对往届毕业生的跟踪调查。

(晏开利)

[完成职业教育经费保障机制研究] 受国家发改委社发司委托，完成世界银行赠款项目“职业教育经费保障机制研究”。研究报告指出：近年来，职业教育事业迅速发展，以公共财政为主的职业教育经费保障机制正在形成，并发挥至关重要的支撑作用；但从总体上看，职业教育经费保障机制尚存在经费与规模、投入与成本、责任与义务“三大不匹配”问题；迫切需要提高职业教育在教育经费分配中的比重，构建起“政府主导和举办者投入责任并重”的经费保障机制。

(顾晓波)

[完成“中国特色民办教育分类管理基本制度安排”课题] 该课题为教育部发展规划司2013年度专项委托课题。课题探讨推行民办学校分类管理的必要性和可行性，对营利与非营利两类学校分类的基本标准、适用范围、基本管理制度进行顶层设计，同时对政府及相关职能部门在民办学校分类管理中的职责与职能定位、分类管理中行业组织(含教育基金会)功能定位、民办学校分类管理过渡的推进策略与风险控制进行制度架构。研究成果受到教育部好评。

(金　兵)

[研究普通高等教育结构优化调整现状、目标与政策路径] 根据教育部关于加强高等教育结构调整及优化工作的指示精神，教育部发展规划司委托，开展普通高等教育结构优化调整专题研究。研究本着贯彻落实国家规划纲要精神、促进高等教育适应并促进国家和区域经济发展的原则，以提升高等教育服务经济社会发展能力、促进政府职能转变、深化省级层面高等教育综合改革、强化省级政府高等教育统筹权为方向，以科学配置教育资源、促进高校提升教育质量、办出特色、促进高等教育事业健康发展为目标，在国家层面研究制定地方高校层次、学科、专业招生比例的规划目标，制定落实各项规划目标的政策推进路线图和时间表，研究制定推进普通高等学校主动推进结构调整的激励机制和政策措施。

(付　炜)

[召开市民终身学习状况论坛] 12月18日，上海市市民终身学习状况论坛召开。论坛上，“上海市市民终身学习现状的调研报告”对上海市民终身学习的概念、监测背景、样本分布、成人学习现状、市民终身学习素养现状等方面作了全面介绍，并提出相应的对策建议。市教委终身教育处负责人介绍上海市民终身学习检测项目的背景、监测的价值与意义，并简单介绍国际终身学习的发展现状。市教委领导在讲话中肯定调研市民终身学习现状的价值，对进一步开展监测提出指导性建议。

(杨金芳)

[完成“十大工程专项资金支持项目中期绩效评价报告”] 受市教委委托，完成“十大工程专项资金支持项目(21所上海地方本科高校)中期绩效评价报告”。通过审阅学校的自评报告、实地考察和会议评议，对上海21所地方本科高校十大工程专项资金投入与执行情况进行基本梳理，总结十大工程专项资金支持项目中期建设取得的主要绩效，深入分析十大工程建设中存在的主要问题，并对后续推进提出相关政策建议。

(王中奎)

[完成市中等职业教育基础能力建设(二期)中期评估] 受市发展改革委、市教委委托，该课题与上海市教育技术装备部合作完成。报告是在完成《上海市中等职业教育基础能力建设规划(二期)》编制工作的基础上，对规划执行和调整工作的跟进，为上海市职业教育基础能力建设提供更加深入全面的决策咨询服务。

(顾晓波)

[完成来沪务工人员随迁子女在沪享受教育公共服务调研报告] 该课题系市教委2013年度专项委托重点课题。课题根据市发展改革委“关于合理控制本市人口规模，优化人口结构调研工作方案”的工作要求，对上海市7个区的教育资源配置、人口变化等情况开展调研，采集2008年以来来沪务工人员随迁子女数据以及享受教育公共服务等方面资料，

分析来沪人员务工随迁子女的发展变化态势、主要影响因素以及就学政策方面存在的问题。在此基础上，课题组就如何有效面对人口总量规模对资源环境承载能力、城市运行、社会管理和公共服务等方面的挑战，以及怎样更加有序有效解决来沪务工人员随迁子女入学问题等，提出一系列建设性政策建议。

（金　兵）

［承担全国县域义务教育均衡认定技术支撑工作］ 国家教育督导办于2012年正式启动县域义务教育均衡认定工作。受国家教育督导办委托，作为整个认定工作的技术支撑团队参与相关工作。截至2013年底，累计完成对25个省份的433个区县2011、2012年到校数据八项指标的差异系数测算与核对工作；分省完成对433个区县申报的义务教育均衡相关资料的审核，对达标情况进行核对；先后到江苏、浙江、四川、湖北、黑龙江、河北、西藏、重庆、山东、河南、福建等10多个省份的293个区县现场检查和实地调研，并参与完成向调研省份反馈的报告撰写工作。项目组按照国家教育督导办的最新工作要求，结合2013年国家义务教育均衡认定工作的开展，撰写义务教育均衡监测评价报告。

（付　炜）

［召开上海2012年国际学生评估项目(PISA)结果研讨会］ 12月4日，上海2012年国际学生评估项目(PISA)结果研讨会召开。市教委、市教育考试院、市评估院PISA项目组成员，各区县教育局分管领导、中教科(基教科、义教科)PISA项目联系人、招办主任和信息中心负责人、教育学院代表，以及部分样本学校校长共230人参加会议。会议介绍PISA 2012的实施概况和主要结果。市教委领导在总结中认为，参加PISA的目的基本达到，有信心坚持上海基础教育的优良传统，同时清醒意识到所面临的问题。PISA课题组被上海市人民政府新闻办公室确定为“感知上海”教育公平与优质新闻采访推介点。

（杨金芳）

［完成市属本科高校骨干教师教学激励计划试点院校遴选方案］ 受市教委委托，在完成“上海市高校教师发展激励制度改革研究”的基础上，研究、完成《上海市属本科高校骨干教师教学激励计划试点院校遴选方案》，组织专家开展试点院校的评选工作。根据试点院校提交的试点方案，制订《上海市属本科高校骨干教师教学激励计划试点院校督察方案》，对试点院校的工作进展情况定期进行跟踪，及时提交反馈。

（周江林）

［完成上海普通高中生均公用经费基本定额标准研究］ 受市教委委托，本项目在完成各级各类学校(幼儿园、小学、初中和中职学校)生均公用经费基本定额标准研究的基础上完成。研究以全市公办普通高中2008—2012年的实际支出数为依据，参照本市义务教育阶段生均公用经费基本定额拨款制度，根据公办普通高中、区实验性示范性高中和市实验性示范性高中生均公用经费的实际支出情况，提出上海市普通高中生均公用经费基本标准及拨款定额标准。

（顾晓波）

［完成促进贵州民办教育发展的多元办学体制建设路径与政策研究］ 该课题为民办所承担的贵州省教育厅2011年教育改革发展研究十大招标课题之一。课题从分类管理、扶持政策、政府规制等三大方面，就如何实现贵州民办教育的多元发展问题提出一系列路径选择及政策设计。报告建议，在保障民办学校及教师、学生合法权益前提下，寻找稳妥的分类管理政策框架，推动教育资源优化配置；制定财政资助、专项资金、税收优惠等扶持政策，实现公民办教育共同发展；就财务监管、投融资规制、风险防范等建立高效的政府规制及灵活反馈机制。

（金　兵）

［“中国义务教育均衡发展督导评估实证研究”结题］ 该项目是2009年由美国福特基金会资助、国家教育督导办委托的专题研究项目。项目强调“问题出发”“自上而下”的参与式研究方式，一度对研究工作推进构成极大挑战。在课题组成员共同努力下，通过选取不同经济发展水平地区、不同财政水平区县作为项目县，深入基层第一线(校长、教师、学生和家长等)进行实地调研、问卷调查以及访谈座谈，了解基层义务教育发展的实际状况以及不同人群对义务教育均衡发展的深切感受和看法，获取第一线资料，对中国不同地区义务教育均衡发展的现状、特点及存在的问题进行深入分析和研究。课题组在对东中西部地区6个项目区县实地调研、数据分析和问卷分析的基础上，形成6个区县实地调研报告、问卷和数据分析报告、区县评价报告以及综合评价报告，于8月顺利提交结题。

（付　炜）

[完成新优质学校推进项目] “新优质学校推进项目”以参与式行动为载体，以普教所研究人员为主，市教委行政领导、教育学会、新闻媒体以及45所项目学校，都参与项目研究。通过倾听、观察与对话，积极挖掘本土先进经验，并与项目学校结成行动伙伴，通过指导、培训和研讨，提升项目学校的教育境界和行动智慧。基本完成学校经验总结和理论研究，形成专著《遇见未来的学校——“新优质学校”行动指导手册》。

（杨金芳）

[完成大学生德育发展评价研究] 受市教卫工作党委委托，完成“大学生德育发展评价研究”。对大学生德育发展评价现状与问题进行调研，研制“大学生德育发展评价指标体系”，形成对大学生德育发展评价的实施方案，并对同济大学等四所高校一年级本科生进行测试，对构建基于发展性评价的大学生德育发展评价方式提出针对性对策建议。

（刘　静）

[完成2013年上海部分高校自主招收三校生技能考试调查报告] 本项目是市教委2012年度高校招生考试研究课题“上海市高校分类招生之高职技能考试研究”的主要成果之一。受市教委委托，项目研究联合开展自主招生的全部33所高职院校，对各所院校自主招生考试中实际情况进行一次比较彻底的清查摸底，总结出自2005年在全国率先开展自主招生以来的一些特点和经验，提出存在的主要问题，以及有针对性的可行性对策建议，为今后进一步规范深化招生考试改革、完善技能考试制度奠定良好基础。

（顾晓波）

[完成政府对民办学校的公共财政投入及管理问题研究] 该课题系上海市教育科学规划重点项目。项目报告包括五方面内容：政府公共财政资助民办学校的必要性；政府公共财政资助民办学校的理论基础；国外政府资助私立教育的政策措施对我国的启示；国内相关省市经验及其借鉴；我国政府公共财政资助民办学校面临的困境及解决路途。其中，一些政策建议具有较强的针对性和实用型。在研期间，课题组发表数篇具有较高质量的学术论文。该课题获上海市教科规划办免鉴定结题。

（金　兵）

[推进中国职业教育发展战略及制度创新研究] 2011年通过招投标方式承接国家发改委、世界银行资助项目《中国职业教育发展战略及制度创新研究》总课题。课题组实质性推进该项目的研究，于2013年11—12月，对浙江省宁波市、上海市、河南省及开封市、山东省及潍坊市、湖南省及株洲市、广东省及中山市、贵州省及铜仁市、云南省及普洱市等8省14地的职业教育发展进行系列专题调研。调研组分别召开由发展改革、教育、人社部门职业教育相关处室负责人和有关中高职院校、企业、行业协会负责校企合作相关负责人参加的座谈会，并分别到有代表性的职业院校听取办学情况介绍，实地考察学校实训中心等设施设备，对中国职业教育发展的总体情况和部分地区的特点获取一手信息和资料，结合调研报告的撰写，深入挖掘和拓展相关研究主题。

（付　炜）

[召开基于整体设计的德育效果评估研讨会] 11月15日，“基于整体设计的德育效果评估”研讨会召开，市教科院、市教委教研室、上海师范大学、徐汇区向阳小学等单位负责人及区县德育室主任、项目试点校、课题组成员和科研人员参加研讨会。本课题是副市长翁铁慧领衔的教育部重大攻关项目《大中小学德育的课程一体化建设》的子课题之一。与会专家、领导充分肯定子课题组已取得的研究成果，对课题研究的定位、意义给予认同与肯定。

（杨金芳）

[承担高等教育专项资金中期预算管理研究] 受市教委委托开展的“高等教育专项资金中期预算管理研究”，对国内外高等教育及相关领域财政中期预算实践进行梳理及比较分析，结合上海市近年来在跨年度执行的重大高等教育专项资金项目取得的经验及实践，分析存在问题、改革难度，提出分阶段探索教育领域的中期预算改革目标。以高等教育专项资金项目为切入点，试点和完善中期预算管理，提出政府职能部门具体工作流程建议，起草“高等教育专项资金中期预算管理”研究报告、“上海市高等教育专项资金项目中期预算管理办法（专家建议稿）”等供相关部门决策参考。

（王歆妙）

[完成全国职业院校实训基地建设与绩效评价研究] 以中央财政支持的职业教育实训基地建设项目为切入点，深入分析全国职业院校实训基地建设的成效和问题，探索加强实训基地建设的质量监控，完善其运行管理和绩效评价机制。教育部、财政

部从2004年开始投入专项资金实施实训基地建设计划，十年间项目投资预算合计150亿元，其中中央财政投入78.6亿元、地方投入71亿元，共建设4556个项目，已形成覆盖全国的国家级、省市级、职业院校的实训基地网络群。该课题研究成果得到教育部财务司肯定，设计的部分政策管理文本已被采用。

（顾晓波）

［参加爱生学校监测与评估项目］ 作为联合国儿童基金会和中国教育部十二五项目的一部分，"爱生学校监测与评估项目"旨在对促进学生学业成就方面所产生的影响进行监测，寻找对学生学业成绩以及学校爱生组织文化氛围的影响因子，为完善爱生学校项目提出建设性建议。同时，还将通过对项目本身进行成本—效益评估，为完善项目设计提供可靠证据。联合国儿童基金会委托美国国立研究院（AIR）和上海教科院共同开展该项目，其中，AIR负责开发爱生学校项目监测与评估工具，以及工具的测试指南和最终报告的提供；上海教科院负责为工具开发的中国适切性和本土化提供专业意见。经过三轮交流研讨，项目及现场调查工具已基本开发完成，进行现场测试。

（付　炜）

［举办海峡两岸民办（私立）高校校长论坛］ 由上海市民办教育协会主办、上海教科院民办教育研究所协办的"第五届海峡两岸民办（私立）高校校长论坛"于4月18—19日举行。两岸参会代表围绕"推动教学卓越发展，促进两岸交流合作"主题，聚焦民办院校内涵建设和卓越发展，就如何积极推动实质性多层次合作办学进行深入交流探讨。全国人大教科文卫委副主任、中国民办教育协会会长王佐书，上海市政协副主席蔡威，教育部原副部长吴启迪，上海市教卫工作党委、市教委和市政府台办、上海民办教育协会领导，以及台湾地区教育行政部门前负责人出席开幕式并讲话。来自海峡两岸60余所民办（私立）高校、教育研究机构的100多位高层人士参加论坛。

（金　兵）

［完成新时期人力资源强国战略目标、实现途径及保障机制研究］ 项目联合北京师范大学、上海远程教育集团和上海公共行政与人力资源研究所等国内相关人力资源和教育领域方面的专家和学者进行研究，形成系列研究成果。课题总报告在第五和第六次人口普查资料的基础上，对中国人力资源和教育发展取得的成就和面临的重大问题进行系统深入的分析，同时通过国际比较，分析中国人力资源与教育发展的优势和劣势，为下一步确定中国人力资源与教育发展目标奠定基础；课题结合国内外环境以及中国经济发展战略、经济结构调整对人力资源的需求，分析今后若干年中国人力资源发展面临的新形势和新需求；课题组在现状和需求分析的基础上，提出本世纪中叶中国人力资源与教育发展的战略目标和分阶段目标；构造人力资源监测核心指标体系，为对国家和各地区人力资源发展水平进行监测评价提供工具；围绕教育发展和人力资源开发的目标，提出深化改革、推进制度创新的政策举措。

（付　炜）

［完成上海高校外国留学生外语授课课程建设论证］ 该项目是决策咨询研究与政策执行密切结合的项目。受市教委委托，承担项目总体政策方案设计工作和课程建设评审工作。本项目在全国和上海市均是首次开展。项目组主要承担上海高校外国留学生英语授课示范性课程建设的总体方案设计，包括研究方案、建设方案、评审工作方案等，并组织实施上海高校外国留学生英语授课示范性课程建设的评审工作。项目组组织实施上报教育部项目和市教委立项资助项目两次全市评审工作；直接参与上海高校外国留学生英语授课示范性课程建设相关文件的起草工作。在研究方案和评审工作的基础上，项目组起草相关政策文件的主要框架和草稿，最终形成"沪教委外〔2013〕23号"和"沪教委外〔2013〕56号"两份文件。项目研究成果的主体部分直接转化为上海市的教育政策。

（付　炜）

［完成市级家庭教育年度课题评审立项工作］ 共收到中小学、幼儿园等基层学校申报课题388项，涉及17个区县，其中学前教育313项，小学44项，中学27项，特教4项。普教所家庭教育研究中心组织市教委以及区县德育室等专家进行三轮评审，最终立项343项，其中22项被批准立项为本年度上海市家校互动重点立项课题，包括切入社会和研究热点的《基于专业视角的教师家教合作能力提升研究》、《家校协同教育促进学校转型发展的实践研究》、《利用学校官方微博探索小学家校互动新模式的实践研究》等，其余为一般课题。

（杨金芳）

［完成高中阶段教育普及现状与问题分析］ 该项目首次尝试利用教育事业统计的县级汇总数据和六普人口数据，在地级市层面，利用常住人口数据口径对高中阶段教育普及程度进行分析测算，为国家高中阶段教育普及攻坚工程提供咨询支撑。由于第一阶段工作卓有成效，12 月份教育部基教二司已追加部署第二轮研究论证工作。在该项工作基础上申报的西部民族地区普及攻坚战略研究已被教育部民族司列为专题研究项目。

（付　炜）

［王佐书到院视察］ 3 月 28 日，全国人大常委、全国人大教科文卫委副主任、民进中央副主席、中国民办教育协会会长王佐书到市教科院民办所视察指导工作，并参加中国民办教育研究院 2013 年度工作会议。中国民办教育研究院、上海教科院民办教育研究所负责人及部分科研人员参加会议。王佐书肯定民办所一年来所做的工作，对会刊《民办教育新观察》给予充分肯定，希望民办所加强理论学习，多出研究成果。

（金　兵）

［完成 2012 年全国中小学教育资源配置达标情况及达标所需经费测算］ 本项目受教育部基教一司委托，首次使用全国教育事业统计中义务教育部分到校的系统数据，对照国家普通中小学建设标准等文件中有关生均教学及辅助用房面积、生均体育运动场馆面积、寄宿生生均宿舍面积、班额、生均图书等相关标准设定，测算全国中小学教育资源配置达标情况，根据缺额量，测算达标所需经费。

（付　炜）

［芬兰教育部商务团到访］ 11 月 20 日，根据市教委安排，芬兰教育部商务团一行 3 人，访问市教科院民办所，调查了解上海民办基础教育开展国际教育的情况。宾主双方在友好坦诚的氛围中座谈交流。芬兰客人介绍芬兰私立教育咨询公司相关背景，希望加强与上海民办教育之间的合作。

（金　兵）

［完成上海市地方公办高校生均拨款综合定额标准建议方案］ 为进一步落实上海中长期教育改革和发展规划纲要提出的“调整支出结构，建立高等学校生均经常性经费综合定额拨款制度，逐步降低专项经费拨款比例”、“引导学校统筹安排经费，增强自主发展能力”等要求，在前几年连续开展高校生均拨款方式改革系列课题研究和政策方案拟定的基础上，再次受市教委和市财政局委托，与上海大学等单位联系，立足高校实际，参考和借鉴教育部部属高校和北京市属高校拨款政策，统筹高校各类经常性运行经费，合理确定生均拨款综合定额内涵，研究提出上海地方公办高校生均综合定额拨款标准。新定额标准方案研究成果得到教育行政部门和高校认可，已经由市财政局和市教委联合行文上报市政府，并应用于 2014 年高校的部门预算编制。

（付　炜）

［完成优化长三角教育资源配置战略研究］ 自 2009 年始先后形成长三角地区教育联动发展系列专题研究报告。2013 年，专题研究聚焦优化教育资源配置战略，立足服务国家、长三角地区教育决策和教育行政部门管理与工作的需要，从服务教育管理和决策的实际需要出发，紧扣长三角教育协作发展难点、国家教育体制改革重点、各省份教育资源优势特点与共性问题，围绕更有效的“优化长三角教育资源配置”，分类研究形成长三角四省市教育资源优势与特色，充分认识长三角教育资源配置水平、发展问题及各省协作发展需求，突出长三角教育资源配置的战略性、综合性以及超前谋划和宏观部署的观念，系统化地提出优化长三角教育资源配置战略目标、原则、思路及对策举措。课题研究提出的优化资源配置重点和部分对策举措已被四省市教育行政部门和长三角教育联动发展协调领导小组办公室采纳。

（付　炜）

附：院负责人及院址

（2013 年 1—12 月）

院党委书记：江彦桥
副　书　记：陈国良、陆　勤

院　长：陈国良
副院长：江彦桥（常务）、张　珏、马树超、胡　卫

地址：茶陵北路 21 号
邮编：200032
总机：64167677

上海市教育考试院

［**2013 年概况**］ 以服务考生、维护公平为宗旨，扎实推进“阳光工程”，切实践行群众路线，积极开拓创新，不断强化招考业务和精神文明建设，实现“考试安全顺利、招生公平公正、管理科学创新、作风团结奋进”目标，招生考试工作社会公信力和群众满意度进一步提高。

全年承办各类考试共 53 次，参加考试考生近 235 万人次(科次)，包括秋季集中录取、非集中录取、春季招生、应届“三校毕业生”高考，不包括英语口语、各项专业考试及普通高等学校联合招收华侨、港澳地区及台湾省学生上海考点考试等。其中，报考硕士研究生 120159 人，报考成人高校 63343 人，报名参加普通高中学业水平考试 751198 科次，参加初中毕业生统一学业文化考试 91125 人(含在沪进城务工人员随迁子女 10507 人)，高等教育自学考试、中英合作专业考试及学历与职业资格证书相结合考试共开考 418276 科次，报考各类社会考试 837298 人(科)次。

录取考生近 24 万人。普通高校录取新生 66396 人，完成招生计划 105.34%；录取硕士研究生 38864 人，同比增招 1744 人，增幅为 4.70%；成人高校录取新生 53415 人(另外录取普通高职专科毕业生服义务兵役退役和下基层服务期满免试接受成人本科教育考生 185 人)，完成招生计划 99.9%；高中阶段各类学校录取新生 76878 人。

严格公示制度，规范特殊类型招生，对高校上报教育部并在教育部“阳光高考”平台上公示的名单进行认真审核，严格按照教育部要求在“上海招考热线”和《东方教育时报・高招周刊》上公示，录取投档前又进行第二次公示，保证特殊类型招生工作公平、公正。

复旦大学、上海交通大学继续实行“深化高等学校自主选拔录取改革试验”；复旦大学、上海交通大学、同济大学、华东师范大学、华东理工大学、上海外国语大学、上海财经大学、东华大学 8 所部属高校和市属上海大学继续参加“高等学校自主选拔录取改革试点”；高职(专科)层次“依法自主招生改革试点”招生院校扩大为 33 所。

高中阶段学校招生进一步完善推荐和选拔相结合的中招录取制度，以学业考试成绩为基础、参照综合素质评价，兼顾推荐和选拔。

完成春、秋季高考，应届“三校生”高考，初中学业水平考试、高中学业水平考试及其他考试命题工作；进一步提高考试结果的信度和效度，为题库建设及多元评价等做好理论和实践准备。

上海标准化考场建设五大系统基本建设完成，各类考试所有考区保密室以及 7250 个考场纳入考务平台，实现“国家-市级-区县-考点-考场”的教育考试多级巡查功能、身份证识别功能和反作弊功能。全年，上海市高考、中考、高中学业水平考试、研究生考试和艺术类专业考试全部安排在标准化考点进行。

(阮　培)

［**普通高校招生**］ 全年报考普通高校生源数共 70748 人(含秋季高考、非集中录取、春季高考、“三校生”高考)，招生总计划 63032 人(不含艺术类不作分省计划的院校招生数)，共计录取考生 66396 人，完成招生计划 105.34%，其中本科录取 40127 人(占 60.44%)，高职(专科)录取 26269 人(占 39.56%)；文科录取 34348 人(占 51.73%)，理科录取 31664 人(占 47.69%)，不分文理录取 384 人(占 0.58%)。

普通高校实行春季招生的有上海师范大学、上海工程技术大学、上海商学院、上海杉达学院、上海师范大学天华学院，本科计划招生 260 人，实际报到录取 324 人，同比增加 34 人，完成招生计划 124.61%。参加春季招生考试报名考生 924 人，同比减少 263 人。

共有 692 所普通高校在沪进行秋季招生(含 2 所香港地区高校和 18 所军事、武警部队高校)，其中上海院校 66 所，外省市高校 626 所。除西藏、台湾地区、澳门特区外，全国其他省市均有院校在上海安排普通高校招生计划。

参加全市秋季统一高考人数为 50600 人(不含复旦、交大自主招生选拔试验预录取的 1331 人和内地新疆班、内地西藏班考生 754 人以及体育单招考生 42 人等)，其中文科考生 24174 人(占 47.77%)；理科考生 26426 人(占 52.23%)。秋季报考人数同比减少 1992 人。招生计划为 43627 人(不含未编制分省计划的艺术类高校招生计划数)。共录取新生46676人,完成招生计划106.99%。

集中录取阶段前录取新生:复旦大学和上海交通大学“深化自主选拔录取改革试验”录取1331人;33所院校专科层次实行依法自主招生改革试点录取10850人;保送生310人;运动训练、民族传统体育新生120人,体育单招生42人。

上海市招收应届“三校生”高等院校30所,计划招生5191人(不含上海应用技术学院20个听力残障单独招生计划),本科专业招生计划505人,其中非艺术类专业计划445人(文科353人、理科92人),艺术类专业计划60人(文科56人、理科4人);高职(专科)专业招生计划4686人,其中非艺术类计划3835人(文科2412人、理科1423人),艺术类专业计划招生851人(文科776人、理科75人)。报考人数6723人,共录取新生5158人;本科专业录取526人,其中非艺术类专业录取465人(文科377人、理科88人),艺术类专业录取61人。高职(专科)专业录取4632人,其中非艺术类专业录取3530人(文科2389人、理科1141人),艺术类专业录取1102人(文科1058人、理科44人)。

(黄　琦)

[普通高校招生有关数据统计]　一、报考普通高校生源数72425人(含秋季高考、非集中录取、春季高考、应届“三校生”高考)。

(一) 按招生类别分:1.参加春季统一高考考生人数为924人。2.参加秋季统一高考考生人数为50600人(不含复旦、上海交大两校“深化自主选拔录取改革试验”录取考生1331人,内地新疆班西藏班考生754人等)。3.其他类别20901人,其中,普通高校招收应届“三校生”生源6723人,复旦大学和上海交通大学“深化自主选拔录取改革试验”录取1331人,保送生310人,双学位28人,上海公安高等专科学校招收第二专科1023人,运动训练120人,33所院校专科层次的依法自主招生改革试点录取10850人,中高职贯通451人,上海应用技术学院、北京联合大学等录取聋哑生23人,体育单招42人。

(二) 按文、理科分:文科考生38074人(占52.57%),理科考生33427人(占46.15%),春季招生不分文理考生924人(占1.28%)。参加秋季统一高考考生中文科考生24174人,理科考生26426人。

(三) 按性别分:男生35037人(占48.38%),女生37388人(占51.62%)。

参加秋季统一高考的男生23949人(占47.33%),女生26651人(占52.67%)。

参加普通高校招收应届“三校生”考试被录取的考生中,男生1950人(占37.81%),女生3208人(占62.19%)。

(四) 按生源分:1.应届高中毕业生52713人(占72.78%),其中集中录取阶段录取47835人,复旦大学和上海交通大学“深化自主选拔录取改革试验”录取1331人,保送生310人,33所院校专科层次自主招收高中毕业生3237人。2.往届毕业的高中生和三校生(含在职人员)4586人(占6.33%)。3.应届“三校生”15126人(占20.89%),其中参加普通高校招收应届“三校生”考试被录取的考生人数6723人,参加秋季统一高考885人,33所院校专科层次依法自主招生录取7002人,中高职贯通451人,体育单招42人,聋哑生23人。

二、普通高校在沪招生计划数共63032人(不含艺术类不作分省计划的院校招生数)。

(一) 按招生类别分:1.除秋季集中录取阶段外,招生计划19405人。其中,保送生310人(按实际录取数);春季招生460人(本科260、专科200);三校生(中专、中职、中技)招生5191人(文科3597、理科1594、本科505、专科4686);双学位28人(按实际录取数);公安高专第二专科1023人(按实际录取数);运动训练120人(按实际录取数);复旦、上海交大两校自主选拔试验录取1400人;33所院校专科层次依法自主招生10357人;上海应用技术学院、北京联合大学等聋哑生23人(按实际录取数);体育单招42人(按实际录取数);中高职贯通451人(按实际录取数)。2.秋季集中录取阶段招生计划(公布)43627人,其中:艺术类计划4200人(不含全国统招),体育类计划239人,其余普通专业计划39188人。

(二) 按文、理科分:文科计划27992人,理科计划34580人,不分文理的春季入学招生计划460人。秋季集中录取阶段(含艺体类)文科计划17178人,理科计划26449人。招收应届“三校生”文科计划3597人,理科计划1594人。

(三) 按本、专科分:本科计划37100人(含招收应届“三校生”本科计划505人),高职(专科)计划25932人[含招收应届“三校生”高职(专科)计划4686人]。其中,秋季集中录取阶段(含艺体类)本科计划34414人,高职(专科)计划9213人。

(四) 按本市、外省市高校分:本市院校计划51724人,外省市院校计划11308人。其中:集中录取阶段(含艺体类)本市院校计划32445人,外省市院校计划11182人。

三、实际录取考生人数 66396 人。

(一) 按招生类别分：1. 除秋季集中录取阶段外，共录取 19720 人，占录取总数的 29.70%。其中，保送生 310 人(占 0.47%)(其中本市院校 211 人，外省市院校 99 人)；春季招生 384 人(占 0.58%)(其中本科专业 324 人，高职专业 60 人)；5 月份考试普通高校招收应届三校生 5158 人(占 7.77%)(其中本科专业 526 人，高职专业 4632 人)；双学位 28 人(占 0.04%)；公安高专第二专科 1023 人(占 1.54%)；运动训练 120 人(占 0.18%)；复旦、上海交大两校自主选拔试验录取 1331 人(占 2.00%)；33 所院校专科层次依法自主招生 10850 人(占 16.34%)；上海应用、北京联大等 3 校聋哑生 23 人(占 0.04%)；体育单招 42 人(占 0.06%)；中高职贯通 451 人(占 0.68%)。

2. 秋季集中录取阶段录取 46676 人，占录取总数的 70.30%。其中：普通类专业录取：41371 人(占集中录取数 88.63%，占全部录取数 62.31%)[其中本科 33083 人，高职(专科) 8288 人]；艺术类专业录取：5048 人(占集中录取数 10.81%，占全部录取数 7.60%)[其中本科 4085 人，高职(专科) 963 人]；体育类专业录取：257 人(占集中录取数 0.55%，占全部录取数 0.39%)[其中本科 257 人，高职(专科) 0 人]。

(二) 按文、理科分：文科录取 34348 人，占录取总数的 51.73%；理科录取 31664 人，占录取总数 47.69%；春季入学招生(不分文理)录取 384 人，占录取总数 0.58%。秋季集中录取阶段录取文科 21652 人，理科 25024 人。

(三) 按本、专科分：本科录取 40127 人，占录取总数 60.44%；高职(专科)录取 26269，占录取总数 39.56%。其中秋季集中录取阶段本科录取 37425 人，高职(专科)录取 9251 人。

(四) 按本市、外省市院校分：本市院校录取 56335 人，占录取总数 84.85%；外省市院校录取 10061 人，占录取总数 15.15%。其中秋季集中录取阶段本市院校录取 36741 人，外省市院校录取 9935 人。

(五) 按性别分：男生录取 31677 人，占录取总数 47.71%；女生录取 34719 人，占录取总数 52.29%。其中秋季集中录取阶段录取男生 21715 人，录取女生 24961 人。

四、完成计划情况。

实际录取数与计划数相比增招 3364 人，完成招生计划数 105.34%。集中录取阶段增招 3049 人，完成招生计划数 106.99%。

五、1995 年至 2013 年秋季集中录取阶段外省市院校在沪招生完成计划情况。

年份	招生计划(人)	实际录取(人)	减招人数(人)	完成比例
1995	2385	1907	478	79.96%
1996	2585	2075	510	80.27%
1997	3342	2993	349	89.56%
1998	3558	3360	198	94.44%
1999	4006	3786	220	94.51%
2000	5586	4528	1058	81.06%
2001	6934	5981	953	86.26%
2002	7443	6661	782	89.49%
2003	8177	7131	1046	87.21%
2004	8955	8046	909	89.85%
2005	9351	8095	1256	86.57%
2006	9689	8875	814	91.60%
2007	9954	9246	708	92.89%
2008	10938	9365	1573	85.62%
2009	11584	9337	2247	80.60%
2010	11974	10122	1852	84.53%
2011	12396	10128	2268	81.70%
2012	11935	10258	1677	85.95%
2013	11182	9935	1247	88.85%

六、秋季集中录取阶段外省市院校共录取 9935 人。其中：提前批 461 人，第一批本科录取 2140 人，第二批本科录取 5999 人，高职(专科)录取 428 人，艺术类专业录取 840 人，体育类专业录取 67 人。秋季集中录取阶段前，被外省市院校录取的保送生 99 人，运动训练 15 人，聋哑生 3 人，体育单招 9 人。

七、应届“三校生”情况。

(一) 报考数 15126 人，其中报名参加秋季高考 885 人、报名参加应届三校生高考 6723 人、报名参加 33 所院校专科层次依法自主招生录取 7002 人(按实际录取数)、体育单招 42 人(按实际录取数)、聋哑生 23 人(按实际录取数)，中高职贯通 451 人。

(二) 录取情况

1. 13203 人被普通高校录取，占“三校生”所有报考人数 87.29%。

2. 本科录取 856 人，占被录取“三校生”人数 6.48%；高职(专科)录取 12347 人，占被录取“三校生”人数 93.52%。

3. 被录取 13203 人中，参加普通高校招收应届“三校生”考试录取 5158 人[本科 526 人、高职(专科)4632 人]，33 所院校专科层次依法自主招生改革试点录取7002人[全部为高职(专科)],体育单招录取42人(全部为本科),聋哑生录取23人[本科21人、高职(专科)2人],集中录取阶段录取527人[本科267人、高职(专科)260人],中高职贯通录取451人[全部为高职(专科)]。

八、报考外省市院校,经济补贴优惠政策执行结果。

属于一次性经济补贴发放范围的外省市院校共有194所,录取考生2302人,占在沪招生外省市院校录取人数的23.17%,其中一、二、三批平行志愿首轮投档录取1713人,征求志愿投档录取589人,应发放一次性补贴共计200.75万元。实际报到考生1832人,实际发放一次性补贴160.3万元。

(兰海涛)

[研究生招生] 一、报名情况。1.硕士研究生报名情况。共有120159人报考本市各硕士研究生招生单位,同比增加12176人,增幅为11.28%。

按考生考试方式统计:参加全国统考92635人;推荐免试生8309人;参加单独考试601人;参加管理类联考14909人;参加法律硕士联考3680人;强军计划25人。

按考生选择研究方向统计:选择学术型研究方向考生78882人,占报考人数65.6%;选择应用型专业研究方向考生41277人,占报考人数的34.4%。

2.博士研究生报名情况。报考本市各博士研究生招生单位考生16853人,同比减少716人,降幅为4%。

按考生来源统计,应届硕士毕业生4240人占25.2%;硕博连读考生1522人,占9%;本科直接攻读博生875人,占5.2%;科研人员687人,占4.1%;高校教师4218人,占25%,行政办公人员697人,占4.1%;其他人员4614人,占27.4%。

二、招生规模和招生计划情况。硕士研究生招生下达总规模为38898人(含调整计划),同比增加1493人,增幅为4%。

博士研究生招生总规模为6037人(含调整计划),同比增加105人,增幅为2%。

三、考试情况。上海考区在复旦大学、上海交通大学、同济大学、上海财经大学、华东理工大学、华东师范大学、东华大学、上海理工大学、上海大学、上海师范大学、华东政法大学和上海第二工业大学12所高校设立14个考点、1610个考场,参加考试准考人数46446人,缺考人数7804人,缺考率为16.8%。在考试过程中,由考点发现并认定违规考生人数69人,其中违纪考生20人,作弊考生49人。

四、录取情况。

(一)硕士研究生录取情况。全市59个硕士招生单位上报录取硕士生38864人,同比增招1744人,增幅为4.70%,报名人数和录取人数之比约为3.1∶1。在录取硕士生中,按考试方式统计:统考生24431人,单考生185人,管理类联考考生5490人,法律硕士794人,推免生7951人,强军计划13人。

(二)博士研究生录取情况。全市22个博士生单位(不包含中科院所属招生单位)参加招生,实际录取考生6235人,同比增加220人,增幅为3.66%。在录取博士生中,按考试方式统计:普通招考录取4123人,占录取人数66.13%;硕博连读录取1263人,占20.26%;直接攻博录取849人,占13.61%。

(汤 军)

[成人高等院校招生] 在沪招生成人高校73所,其中本市成人高校63所,外省市成人高校10所。录取人数53415人,完成招生计划的99.9%。由于教育部下拨计划数大幅少于实际参加考试的人数,经市教委与教育部协调增拨部分计划。包括专科起点升本科(以下简称"专升本")、高中起点升专科(以下简称高起专)的成人高等学校招生计划都满额完成。

报考人数及招生情况如下:

招生类型	教育部下拨计划数(含增量)(人)	与2012年相比		报考人数(人)	与2012年相比		录取人数(人)	与2012年相比	
		计划数(人)	比例		人数(人)	比例		人数(人)	比例
专科起点升本科	32172	−3175	−8.98%	38643	−1748	−4.3%	32172	−2351	−6.8%
高中起点升本科	4577	−762	−14.3%	5675	−587	−9.4%	4542	−507	−10.0%
高中起点升专科	16701	−1258	−7%	19025	−234	−1.2%	16701	−790	−4.5%
合 计	53450	−5195	−8.86%	63343	−2569	−3.9%	53415	−3648	−6.4%

注:此表不含普通高职(专科)毕业生服义务兵役退役和下基层服务期满免试接受成人本科教育招生录取人数。

成人高校招生统一考试于10月26日、27日进行。全市共设19个考区,94个考点,2620个考场。应考62982人,免考3人,缺考5551人,实考57431人,缺考率8.81%。

普通高职(专科)毕业生服义务兵役退役和下基层服务期满免试接受成人本科教育招生工作继续在沪进行,共录取考生185名(退役义务兵183人,下基层2人),同比增加5人。

(汤　军)

[中等学校高中阶段招生] 全市共有91125人参加初中毕业统一学业考试(以下简称"中考",含10507名在沪进城务工人员随迁子女借用语文、数学、外语试卷参加本市部分中等职业学校的招生入学考试)。经各批次招生,被高中阶段各类学校录取人数为76878人(不含随迁子女),招生录取率达到96.66%,普职比为68∶32,达到预期目标。

2013年上海市高中阶段各类学校计划和录取情况表

学校类别	招生计划数(人)	实际录取数(人)	计划完成率
普通高中	53014	52164	98.40%
综合高中	944	783	82.95%
中　专	22523	17717	78.66%
职　校	7632	5314	69.63%
技　校	1540	900	58.44%
全市总计	85653	76878	89.76%

注:此表不含中职校的随迁子女、外招、成人中专、艺体单招和特殊类。

在"服务考生、服务学校和招办、服务社会"思想指导下,中等学校高中阶段招生工作主要特点如下:

(一)配合市教委制定完善考试招生政策,促进招考改革。调整中考体育免考、缓考政策及计分办法。免考生由3152人减少到2295人,下降27.19%。既保障因病或因残免考或缓考学生的利益,也保证积极锻炼、正常参加体育考试学生的利益。调整军人子女优待办法和操作程序。享受军人子女优待政策考生共82人,无一例举报。既保障应该享受优待政策军人子女的利益,又维护政策严肃性和公正性。进一步规范外籍学生招生录取工作。外籍学生若继续升学就读,参加中考,由区县依据考试成绩安排入学。中职校招生允许非国家级重点中职校招收自荐生;试行中职校按学校招生,进校后选择专业;在随迁子女招生中,尝试统一录取和调剂录取相结合的中职录取模式。给予招生学校更大自主权。出台上海市随迁子女中考报考办法。根据《上海市居住证管理办法》,经过与相关部门多次沟通协商,制定随迁子女中考报名办法,及早出台2014年中考报名文件。

(二)推进招考管理流程的标准化,提升招考管理水平。通过对高中阶段招生考试公共平台系统的开发和应用,提高考试招生工作的信息化水平。开发随迁子女报名系统,通过成绩查询和录取查询,为随迁子女考生提供便利。认真执行并落实教育行政部门的招生考试文件规定,做到有规必依,执规必严。制定、修订学业水平考试考务手册、信息管理系统操作手册、网上评卷手册和中等职业学校招生工作培训资料等相关文本,做到有规可依,有据可查。在利用传统"三书一报",即在《2013年初中毕业生升学指导》《2013年上海市中等职业学校提前批和中高职贯通教育模式招生报考指南》《2013年上海市全日制普通中等职业学校自主招收在沪务工人员随迁子女宣传手册》和《上海中学生报·中招周刊》进行考试政策宣传的基础上,加大网络答疑和现场咨询的宣传力度。与奉贤区教育局、招办及随迁子女报名点共同组织随迁子女招生咨询专场活动,在奉贤区肖塘中学为应届初三毕业进城务工人员随迁子女及家长进行现场宣讲咨询活动。认真执行阳光招生制度,中招公示项目19项,根据招生考试进度,市区招生部门及时公示相关内容。整个考试招生工作中,纪检部门未收到一例关于中招中考的举报,受到纪检领导的肯定。

(三)深入考试评价研究,为政策制定提供实证依据。进行"基于中考、高中学业考和高考考试结果的相关性研究"。与松江招办及松江二中合作,以中招中不同类别录取的考生为样本,对其中考、高中学业考和高考的结果进行相关性研究,探究中考不同类别考生的发展结果。进行"大规模学业考试的评卷模式研究"。设计评卷教师调查问卷,在中考和高中学业考的评卷过程中,进行问卷调查。通过对问卷的统计分析,形成《网上评卷模式改进调查问卷报告分析》及《问卷调查项目分析报告》。进行评卷教师评卷质量结果的统计与分析。对中考评卷教师评卷质量结果进行统计分析,分析包括对各区县、各学科的教师评卷质量进行分析,并形成质量分析报告,以期为评卷教师的评价、培训及评卷模式的改进提供依据和内容。进行"基于数据的上海中考和PISA

测试数学成绩影响因素比较研究”。期望通过对这两个测试成绩影响因素的探讨和比较分析,反思现行数学考试设计与改进。

(章 波)

[普通高中学业水平考试] 全年高中学业水平考试开考14门科目,其中高一开考地理和信息科技;高二开考历史、物理、化学和生命科学,物理、化学和生命科学含技能操作测试;高三开考语文、数学、外语、思想政治及外语口语测试。全市共260所高中(含综合高中)报名参加考试,报名人数共计164241人,其中高一考生54168人,高二考生53103人,高三考生56970人。报考总人次为751198人次。高一考试设考场2210个,高二考试设考场2158个,高三考试设考场2206个。全年组织大规模网上评卷三次,累计选聘评卷教师3765人,累计评卷15天。考试评卷工作,高三外语口语测试在1月进行,高三年级四门科目在3月底进行,高一、高二年级五门科目在6月底进行。

考试整体情况如下表所示:

2013年上海市普通高中学业水平考试各科目考试情况表

科目	地理	信息科技	历史	物理笔试	化学笔试	生命科学笔试	物理技能操作测试	化学技能操作测试	生命科学技能操作测试	语文	数学	外语	思想政治	外语口试
报考人数(人)	54196	54163	52809	52818	52810	52819	52819	52819	52820	54106	54106	54105	54106	56702
缺考人数(人)	836	808	789	842	773	838	799	802	798	800	820	817	800	986
实考人数(人)	53360	53355	52020	51976	52037	51981	52020	52017	52022	53306	53286	53288	53306	55716
满分	120	120	120	100	100	100	20	20	20	120	120	100	120	20
平均分	85.01	86.10	81.87	74.41	73.75	67.84	18.49	18.78	18.44	95.48	92.53	80.81	93.75	13.30

工作重点与特点:1. 完善高中学业水平考试信息管理系统。高中学业水平考试的信息管理系统经过三年的开发应用,已经完成基本框架和功能建设,在考试全程管理中发挥重要的信息管理、考试服务的作用。有关部门广泛听取区(县)招考机构和学校在使用过程中建议,新增系统在线成绩复核、技能操作测试登分等功能,大大提高成绩录入、复核管理效率,加强信息管理的规范性、高效性,通过技术保障考试数据的安全性、即时性和完整性。

2. 引入ISO9000质量管理理念,规范考务管理。为规范考务管理,确保考试工作平稳有序,市教育考试院联合市教育评估院以高中学业水平考试为试点项目,探索基于ISO9000的大规模学业水平考试考务管理流程及质量控制,将标准化的管理理念引入到考试考务管理中,建立管理标准化,提升管理水平。

3. 探索外语听说测试改革,推进机考考点建设。根据市教委关于高中学业水平考试规定要求,外语考试含听说测试,受限于目前考试系统和考点建设条件,外语口试与听力测试分开组织进行。为进一步推动该项考试发展,适应考试改革需要,同时确保考试安全,市教育考试院调研借鉴国内外语言类考试形式经验,从上海市外语口试考点布局特点出发,探索外语听说测试考点建设可行性,计划于2014年完成上海市外语听说测试的机考考点建设。

4. 挖掘数据信息,探索考试研究和应用。上海市普通高中学业水平考试制度历经三年试点,正逐步完善。市教育考试院积极配合市教委相关职能部门对高中学业水平考试改革、考试成绩应用等问题进行研究,深入进行考试数据挖掘和评价工作,推进全市高中学业水平考试完善方案出台,为教育行政部门提供制定政策的基础信息和参考。

(章 波)

[高等教育自学考试] 上海市高等教育自学考试在1月、4月、5月、7月、10月、11月举行六次考试,全年考试总人次数为184175,科次数为418276。

1月、7月高等教育自学考试。开考主考学校2

所，开考本专科专业共4个。其中，1月高教自考参加考试人数5104人，报考科次10167科次，共有3722人次获得单科合格证书；7月高教自考参加考试人数5131人，报考科次10772，共有6221人次获得单科合格证书；总计考试人数10235人，报考科次20939，共有9943人次获得单科合格证书。相对于2012年度的考试人数11662人，报考科次27038，报考科次总数持续减少。

4月、10月高等教育自学考试。开考主考学校为19所，开考本专科专业97个。其中，4月高教自考实际开考课程347门，参加考试67197人，理论考试科次150046，有50736人次获得单科合格证书，毕业人数4108人；10月高教自考开考课程357门，参加考试63106人，理论考试科次146998，共有45165人次获得单科合格证书，毕业申请工作尚在进行中。总计参加考试达130303人次，考试科次297044。

证书考试。全年共有4所主考院校，开设7个证书考试项目。(1)上海财经大学主考的“中英合作采购与供应管理资格证书考试”5月报考人数为5570人，共报考10454科次，11月报考人数为4476人，共报考9714科次。(2)上海财经大学主考“调查分析师资格证书考试”5月报考人数59人，共报考131科次，11月报考人数34人，共报考65科次。(3)上海工程技术大学主考的“中国物流职业经理资格证书考试”5月报考人数为910人，共报考1695科次，11月报考人数为801人，共报考1406科次。(4)上海工程技术大学主考的“劳动和社会保障资格证书考试”5月报考人数为836人，共报考2050科次，11月报考人数为675人，共报考1682科次。(5)上海工程技术大学主考的“中国销售管理专业水平证书考试”5月报考人数为822人，共报考1601科次，11月报考人数为1074人，共报考1867科次。(6)上海工程技术大学主考的“民航服务与管理证书考试”为实践操作类考试，不计入统计范畴。(7)华东政法大学和华东理工大学主考的“中英合作商务与金融专业管理段证书考试”5月报考人数为12747人，共报考30503科次，11月报考人数为15633人，共报考39125科次。

“中英合作商务与金融专业管理段证书考试”为本年度中人数增加最多的专业，全年考生人数达28380人，报考科次数达69628。该考试2011年11月首次开考后，报考人数持续增长，与2012年相比，2013年考生人数增长83.2%，报考科次数增长87.4%。

高等教育自学考试上海命题中心共组织8次命题，10次入闱集中工作，参加命、审题工作的命题教师人数约为784人次；命题课程门数共计716门次，其中新命题课程177门次，新命题套数为402套；组配试卷约399套；制作清样卷共计1841份。

中专自考、社会助学和考籍管理等。上半年中专自学考试共开考7个专业26个科目，共有3578人次报考，下半年中专自考的工作报名人数为2649人。2013年上海市中专自考毕业生人数全年为802人。

新申请开展本市高教自考社会助学的办学机构有13家，获批5家；年底未通过年审的助学机构2家。本市在册合格助学机构共计64家，参加自考助学的考生35326人。完成393人次的考生考籍档案转出，261人次共计1052科次的考生考籍档案转入工作。依法处理违纪违规考生424人。受理考生免考412科次。

(汪成辉)

[各类非学历证书考试] 承办各类非学历证书考试共有10项，共计837298人次，具体是：

1. 在职攻读硕士学位全国联考。设有15个硕士学位类别，报考人数为16590人。

2. 同等学力人员申请硕士学位全国统一考试。上海同等学力申请硕士学位外国语水平考试报考人数为7064人，学科综合水平考试报考人数为6678人。

3. 全国计算机等级考试。全年报考人数为44476人。

4. 上海市高等学校计算机等级考试。设有一级、二级、三级3个等级9个科目的考试。报考人数为96700人。

5. 全国中小学教师教育技术水平中级考试。报考人数为11611人次。

6. 全国大学英语四、六级考试。报考人数为600054人。

7. 全国英语等级考试。报考人数为27887人次。

8. 剑桥少儿英语考试。报考人数为4630人。

9. 剑桥英语五级证书考试。报考人数为253人。

10. 中小学教师资格考试综合笔试(考试方式含上机考试和纸笔考试)。报考人数为21355人。

(戴芳芳)

[市人大代表、政协委员视察高考评卷] 6月13日，市人大常委会副主任钟燕群率部分市人大教科文卫委员视察复旦大学评卷点，市政协副主席周汉民率市部分政协委员视察同济大学评卷点。代表和委员们通过实地查看，对评卷工作的规范组织、严密流程表示放心，向辛勤工作的评卷老师表示慰问；希望评卷教师本着对考生、对社会负责的精神，尽心尽职、耐心细致做好评卷工作，确保高考评卷的科学性、公正性。

（阮 培）

副市长翁铁慧视察高考评卷点

[考生家长代表参观复旦大学高考评卷点] 6月13日，在确保安全保密的前提下，浦东新区、徐汇、松江和奉贤等区的8名考生家长代表到复旦大学评卷点，现场观看评卷工作。复旦大学教务处和考试院高招办相关负责人介绍评卷教师的培训、评卷技术保障、后勤保障工作以及评卷流程等。考生家长实地探访后表示，评卷流程科学、规范，评卷过程公平、公正，他们非常满意、完全放心。活动通过本市广播、电视、报纸等多家媒体报道，收到良好社会反响。

（阮 培）

[考生代表参观高招录取现场] 7月13日，奉贤、浦东和闸北等3个区的6名高考考生代表参观了设在上海教育考试院的高招录取现场。考生依次参观计划投档系统组、录取检查组、联络组、体育组、体检组和招生监察办公室、综合组等，相关负责人向考生介绍每个工作组具体职责，并请各组工作人员进行详细解说，使考生更加深入地了解整个招生录取环节和工作流程。考生代表表示，零距离参观打破了招生录取的神秘感，整个录取现场规范有序，招生录取工作公平公正，他们感到很放心。

（阮 培）

[继续推进普通高校自主招生改革] 复旦大学、上海交通大学“深化自主选拔录取改革试验”实际在沪录取1331人，同比增加27人。参加本市专科层次“依法自主招生改革试点”招生院校2005年为3所，2006年为6所，2007年为11所，2008年为16所，2009年为21所，2010年为24所，2011年为26所，2012年为31所，2013年扩大到33所。招生计划10357人，同比增加575人；实际录取10850人，同比增加985人。

（阮 培）

[承办的主要考试项目数据统计] 据不完全统计，2013年上海市教育考试院承担各项考试共计53次，考生约235万人次（科次）（含秋季集中录取、非集中录取、春季招生、应届“三校毕业生”高考，不包括英语口语、各项专业考试及普通高等学校联合招收华侨、港澳地区及台湾省学生上海考点考试等），录取近24万人。

项 目 名 称	报考人数(人次、科次)	录取人数(人)
全国普通高校招生统一文化考试(秋季)	52685(人)	46676
上海市普通高校招生统一文化考试(春季)	924(人)	324

（续上表）

项　目　名　称	报考人数(人次、科次)	录取人数(人)
本市应届“三校”毕业生报考普通高校统一文化考试	6723(人)	5158
复旦、交大“深化高等学校自主选拔录取改革试验”预录取		1331
高职(专科)层次依法自主招生		10850
全国硕士学位研究生招生考试	120159(人)	38864
博士研究生招生		6235
成人高校招生全国统一考试	63343(人)	53415
普通高中学业水平考试	751198(科次)	
上海市初中毕业生统一学业文化考试	91125(人)	76878
中等教育自学考试	6227(科次)	
高等教育自学考试(4月、10月)	297044(科次)	
学历与职业资格证书相结合考试(物流、采购等8项)	121232(科次)	
上海市高等学校计算机等级考试	96700(人)	
在职攻读硕士学位全国联考	16590(人)	
同等学力人员申请硕士学位全国统一考试	13742(科次)	
全国大学英语四、六级考试(含小语种)	600054(人次)	
剑桥少儿英语考试	4630(人次)	
全国英语等级考试(PETS)	27887(人次)	
全国计算机等级考试(NCRE)	44476(人次)	
全国中小学教师教育技术水平中级考试	11611(人次)	
剑桥英语五级考试	253(人)	
中小学教师资格考试(笔试)	21355(人次)	
合　计	2347958	239731

注:上海市初中毕业生统一学业文化考试报考人数,含10507名进城务工人员随迁子女借考考生。

附:院负责人及院址

（2013年1—12月）

院　长:马宪国

副院长:刘玉祥、雷新勇

院党委书记:褚劲风

副　书　记:刘玉祥(常务)、姚梅乐

上海市教育评估院

[2013 年概况] 全院以人为本，强化管理，主动服务两委中心工作大局，实施“重实务、求质量、显能力，抓科研、上水平、树品牌”的办院方针，努力提高工作质量和服务水平，继续推进教育评估作为教育公共服务职能的全面履行。

全年共完成市教卫工作党委、市教委各处室委托的评估项目 80 余项，其中新增加和开发项目 12 个，已执行项目经费达 2600 万元，覆盖大、中、小、幼教育单位千余个，与两委 14 个机关处室的工作全面对接，评估工作做到规范有序，既以评估为手段、协助相关处室推进整体工作，也帮助教育行政部门从繁杂事务性工作中解脱出来，潜心于调查研究、分析决策、依法行政。同时，积极主动参与评估项目前期调研，尽早把握市教卫工作党委、市教委领导确定的改革重点和方向以及设立评估项目的立意。

充分发挥 APQN 秘书处所在单位的优势，借鉴国际教育评估同行的成功经验，同时积极探索国际组织合作运作的方式途径，积累经验。年初，院领导赴澳墨尔本大学出席澳大利亚工业、创新与高等教育部(DIIRSTE)主办的“教育质量保障”东亚峰会(EAS)。3 月份俄罗斯国家公共认证中心主任威恩教授来访，与市教育评估院共签双方合作协议。4 月到 9 月，先后有澳大利亚高等教育质量与标准署(TEQSA)代表团、阿曼苏丹国教育委员会代表团、日本和澳门高教代表团来访。6 月、11 月两位院领导先后参加俄罗斯国家认证中心的业务交流学习和“海峡两岸中小学教育评价学术研讨会”。在国内外交流中，两人赴境外培训学习。多人在教育部评估中心、中国教育学会评价年会和职教年会上发表论文，与江苏、浙江等地评估院同行互访交流，开拓视野，取长补短，加强合作，提升综合专业能力。

评估实务与科研并重。有 3 人成功获得“上海高校青年教师培养资助计划”研究项目资助。结合《教育评估文库》出版工作，大力推进基础教育和高等教育学校教育评估标准研究。8 个研究课题全部结题，已出版其中三本，2014 年将全部出齐。在各类期刊发表论文达 30 余篇，首次有论文获国际三大检索 EI 收录。

全院科研考核、队伍建设完成三步走。一是结合全院发展定位和人员实际情况，在事业单位岗位设置中把“专技岗位”细分为“评估实务岗”“评估实务与科研岗”“评估科研岗”等三种岗位类型，优化全院的人员配置。二是通过特聘专家、院内轮岗、设置专门岗位引入高校后备干部挂职等途径，部分解决了一直困扰的人手紧缺的矛盾。三是在设岗创新的基础上，跟进考核改革。出台《评估实务考核与奖励办法》《评估科研考核与奖励办法》，结合绩效工资改革方向，在认真调研，反复论证的基础上出台《2013 年上海教育评估院实务工作考核与奖励指导意见》，配套形成完整的考核奖励制度，实现对不同岗位类型的考核分类指导，明确绩效考核发展导向，对各个岗位提出工作质和量的要求，推动全院队伍建设。

在信息资源积累和网络技术利用上不断开拓创新，已建成投入使用的管理类信息平台 2 个，网上申报备案鉴定系统 4 个，网上材料评审、成果鉴定系统 4 个。在历年建设基础上，在市教委信息中心支持下，对全院六个所(室)信息化评估工作进行系统整合，完成 4 项新系统开发。积极推动与全球最大科技文献出版商荷兰爱思维尔(ELSEVIER)公司战略合作，筹建“学科发展与评价联合实验室”，该项目启动将会为高教评估基础数据库建立、开展教育国际比较提供极大便利，充分释放信息技术在评估实务与研究中的巨大能量。

(刘苹苹)

[上海市中外合作办学评估] 受市教委委托，重点开展中外合作办学设置评议和中外合作办学机构(项目)到期评估工作。根据《中外合作办学条例》要求，共受理全市范围内 17 所各类教育机构申报的中外合作办学项目 24 个、机构 3 所，办学层次涵盖博士、本科、高等专科、中等职业学校、普通高中等。根据需要，从全市范围内遴选 40 位专家参与评议，召开 3 次专家评议会议。

根据教育部《关于开展中外合作办学评估工作的通知》精神，启动上海市各高校中外合作办学到期评估工作。通过评估，使市教委对全市本科以上招生有效期已经或即将到期的中外合作办学机构和项目的基本信息与办学情况有一个全面了解，发现一些机构和项目存在的问题和不足，为今后中外合作办学管理工作奠定基础。为了和教育部中外合作办学到期评估工作相衔接和互补，下半年开展高职高专类中外合作办学到期试点评估工作。到期评估工作将成为教育行政部门进行中外合作办学管理的有力抓手，通过到期评估督促各办学单位提高教育质量，建立起动态的中外合作办学监管机制。

（汪建华）

［体育教育学科带头人跟踪培养］ 受市教委委托，市教育评估院对从全市7000多名中小学体育教育队伍中选拔出来的50名候选人进行全面评估和跟踪培养。3月组织召开赴海外研修总结会，评估20名赴美研修学员的学习能力、写作能力和演讲能力；4—7月份组织专项课题开题答辩，对50位学员科研能力等方面进行综合考察；7月组织学员进行暑期专题培训、团队拓展训练以及赴外地参加社会实践等系列活动。

（周益斌）

召开体育教育学科带头人海外研修总结汇报会

［专项资金支持项目中期绩效评价］ 受市教委委托，组织开展“十大工程”专项资金支持项目（21所上海地方本科院校）中期绩效评价工作。重点对地方本科院校“高水平大学和一流学科专业建设工程、高等学校知识服务平台建设工程、教师专业发展工程、教育国际化重点建设工程”等四大工程的绩效开展评价工作，涉及16类、近244个分项目。重点关注各校2010年、2011年和2012年十大工程专项资金支持项目截至2013年5月31日的建设成效，重点考察体制机制创新、能力提升、发展潜力的凸显和存在问题以及近30多亿元财政专项项目资金使用情况等。评价工作分校内评价和市级评价两个部分。校内评价为学校撰写自评报告。市级评价采取实地评价和专家组会评相结合，专家组通过学校陈述、实地考察和集中评议环节，完成21所高校评价工作。参与评审人员涉及各学科专家、市政协、市发改委、市财政局、市审计局和市教委等政府职能部门领导和工作人员、市教委直属事业单位工作人员及高校近700人次。评价工作引导各校强化主体意识和责任意识，提高校级统筹能力；进一步准确定位，在不同层次、类型办出特色，提升高校内涵建设水平；同时，考察院校资金使用过程的合规性和有效性，完善相关制度建立。

（陈佳妮）

［上海高校本科专业评估］ 依据《上海市教育委员会关于开展高校本科专业评估工作的通知》（沪教委高〔2012〕72号）和《上海市教育委员会关于做好上海高校本科专业达标评估的通知》（沪教委高〔2013〕31号）的精神，受市教委委托，组织开展上海高校本科专业评估工作。本科专业评估分为“达标评估”和“选优评估”两类。“达标评估”重点考查人才培养目标定位、质量标准的建立和专业建设的成效等。“选优评估”重点考查教学质量及其保障、专业特色、教学效果和国际化程度等。达标评估涉及33所高校、15类专业185个预警专业和21所高校、有第一届毕业生24个专业。以《上海高校本科专业评估指标体系》为评估标准，在学校专业自评基础上，采取专家通讯评议和专家组会议评议，辅以现场考察相结合方式。选优评估（试点）工作已开展二

批。第一批以“085工程”先行先试3所高校8个重点建设专业作为试点。第二批以4所市属高校8个机械类专业作为试点。通过学校自评、专业答辩、专家会评和现场考察等环节,完成7所高校16个专业选优评估(试点)。开展本科专业评估工作,对促进和强化专业长效机制建设和教学管理,完善质量保障体系,实现教学质量常态化监控,以及推进专业结构调整与优化,提高专业建设水平和人才培养质量,起到积极作用。

(胡　莹)

[义务教育学校委托管理绩效评估] 依据《上海市教育委员会关于实施第三轮农村义务教育学校委托管理工作的意见》(沪教委基〔2011〕64号)文件精神,对第三轮托管工作(2011学年至2013学年)进行绩效评估。主要分两个阶段:一是支援学校(机构)自评,旨在凸显各校托管工作个性特征;二是专家现场评估。6月3—28日,组织专家进入受援学校现场,通过听取支援机构汇报,查阅资料,学校管理人员、师生访谈和座谈,师生和家长调查问卷等评估环节,检验托管工作绩效。评估工作充分借鉴前两轮评估经验,在评估工具、专家遴选及评估环节等方面优化。经评估,专家一致认为:托管工作开展扎实,各方对托管工作满意度呈现持续上升态势,托管成效显著。首先,受援学校内涵建设取得进步,形成良性发展态势。其次,支援机构切实承担起受援学校办学责任,注重形成对托管工作价值认同,并能聚焦受援学校发展瓶颈,帮助受援学校形成可持续发展的机制与能力,托管工作得到各方认可。再次,市区两级教育行政部门进一步理清各自职能划分,完善托管工作制度设计。

(黄丹凤)

[农村职成教示范县(区)创建评估] 根据教育部要求,受市教委委托,8—10月,组织开展上海市第一批国家级农村职业教育和成人教育示范县(区)创建遴选推荐工作。组织专家认真学习领会教育部文件精神,召开工作会议,研讨项目实施方案,细化评估流程和时间节点。通过两次指标论证并征求各区县教育局职成教科相关领导和专家意见,最终在教育部指标总体框架下形成上海市指标体系。评估由相关委办局、职业教育、成人教育以及社区学校的相关领导和资深专家组成专家组,通过材料评审、实地评估和汇报答辩三个环节,对4个申报区创建工作进行评估,形成《2013上海市国家级农村职业教育和成人教育示范县(区)创建遴选推荐总结报告》。整个评审过程体现高标准、严要求、重规范的工作理念。召开两次专题论证会,研讨制定区县申报材料修改要求,统一申报书体例格式,明确数据统计口径。整个工作所反应的亮点和问题,为上海市农村职成教育发展提供经验。

(陈逸涵)

[中职教育特色示范校创建立项评审] 根据《上海市教育委员会关于印发〈上海市中等职业教育改革发展特色示范学校创建工作计划〉的通知》(沪教委职〔2013〕2号)要求,受市教委委托,上半年和下半年分两批组织开展上海市中等职业教育改革发展特色示范学校立项评审。前期组织召开全市申报工作培训会,制定申报实施方案和申报材料填写说明,明确相关申报要求。两次共评审63(校次)中职校。市教育评估院聘请市政府参事室、市发改委、市财政局、市人社局、市教委各职能处室以及优秀职校校长等方面专家,确保评审权威性和公正性。通过材料预审、汇报答辩和实地抽查等环节遴选出24所立项建设学校。评审结束后,针对立项学校材料方面存在问题,组织专家对所有项目学校《建设方案》和《项目书》进行“三上三下”论证,指导学校进一步细化修改完善相关内容。

(刘　磊)

[高校教师专业发展工程专项督查] 受市教委委托,开展上海21所地方本科院校“教师专业发展工程”实施情况的绩效评估和督查。评估内容是以“教师专业发展工程”中国外访学计划、国内访学计划和产学研践习计划(简称“三大计划”)为主,对2011年入选“三大计划”教师及其所属学校进行绩效评估,以及对2012年入选“三大计划”教师到位情况进行督查。具体督查:①学校执行与支持措施的落实情况。包括推进情况、学校日常管理及相关制度建设工作、学校资助经费使用管理情况以及学校执行开展“三大计划”中,结合学科建设、人才培养的特色创新做法、措施。②入选教师工作进展情况。对比预期目标和预期计划,说明已完成各类计划情况、取得成绩以及存在问题。最终,根据专家会评和实地评估打分情况,对21所上海地方本科院校进行排序,对各高校实施“教师专业发展工程”实际做法进行梳理,对实际成效进行绩效评价,完成《关于上海21所地方本科院校“教师专业发展工程”实施情况的评估报告》。

(程　婕)

[高校教师高级专业学术能力评议] 受在沪多所高校委托,组织开展上海高校教师高级专业技术职务学术能力评议工作。高校教师学术能力评议工作是高校教师晋升高级专业技术职务工作重要组成部分,是学校师资队伍建设重要抓手和风向标。共接受上海大学、上海理工大学、上海师范大学等6所市属高校全部委托,及上海财经大学、上海外国语大学等4所高校部分委托,承担此10校年度教师晋升高级专业技术职务学术能力评议工作。坚持"公开、公正、公平"原则,严格依据市教委关于高校教师专业技术职务聘任相关文件要求进行材料审核;经形式审核无误后,与委托学校正式签订委托协议。在学术能力评议阶段,坚持科学、公正地遴选专家开展评议工作,不断努力提升高校教师高级专业技术职务学术能力评议工作质量,对申报教师学术能力作出科学、公正评价,为学校甄选出晋升高级专业技术职务的候选教师。

(陈韬宏)

[开展民办高校2012年度检查] 市教委和市社团局于3月至7月,依法对全市各民办普通高等学校、独立学院、民办成人高校(含筹建院校,以下简称"民办高校")联合开展年度检查,具体组织工作委托市教育评估院实施。通过检查发现:民办高校党团组织建设、学生工作和安全稳定工作总体情况良好;法人财产权落实工作扎实推进,进展明显;政府扶持资金使用日趋规范,绩效逐步体现;师资队伍建设和教师的专业发展日趋重视。检查中也发现一些问题:部分民办高校存在教师未持有高校教师资格证、专任教师流失现象严重、师资队伍结构不合理、生师比未达标;部分民办高校存在校长与决策机构成员未按规定报审批机关核准或备案、未能提供相应的董事会会议记录及存档制度、在非许可的办学地点办学;部分民办高校办学基础薄弱,基本办学条件未能达标。

(王 欣)

[民办学校办学许可证换发] 受市教委委托,市教育评估院在市教委民办处指导下,通过"上海市民办教育信息管理系统",承担全市各级各类民办学校办理办学许可证申领、变更、到期换证和年度检查等复核工作。由市教育评估院组织专家对各类学校申报材料和区县初审意见进行分类复核,并提供专家意见供市教委作为是否予以颁发办学许可证的参考意见。截至12月31日,民办教育信息管理系统共计复核1771所学校提交的换发或申报办学许可证材料。其中民办非学历院校997所,民办幼儿园519所,民办中小学255所。通过复核并成功打印许可证学校为1364所,通过率占77.02%。其中,按学校类型分:民办幼儿园405所,占29.69%,民办中小学203所,占14.88%;民办非学历院校756所,占55.43%。按申领类型分为:新设置学校84所,占6.16%;到期换证1239所,91.51%;变更换证41所,占3%。全年民办学校办学许可证申领同比提升10.28%,大部分民办学校已完善许可证网上申领工作,但仍有部分民办学校主要是由于上传申领材料存在问题没有及时成功申领。

(王 欣)

附:院负责人及院址

(2013年1—12月)

院　长:王　奇

院党总支书记、常务副院长:陈效民

副　院　长:李耀刚、冯　晖

院址:陕西南路202号

邮编:200031

电话:54041332

教育电视、报刊与教育集团

上海教育电视台

[2013年概况] 上海教育电视台进一步“关注教育改革、聚焦教育内涵、宣传教育典型、增强教育服务、打造文化精品”，坚持正确的舆论导向和社会定位，在专业人才的培养、节目的创新、文化的建设和技术的更新等方面取得新的进步。上海教育电视台接受国家教育部、广电总局联合调研，调研组对上海教育电视台的工作给予充分肯定的同时，提出若干意见和建议。年中，台领导班子顺利换届，新领导班子加强顶层设计，形成新一轮发展的战略目标和节目建设的工作思路。

上海教育电视台有《教育新闻》《世纪讲坛》《招考就业周刊》《空中老年大学》等专业教育栏目，以及与上海市老干部局合作的沪上首档老年节目《常青树》。创建教育评论类节目《教育山海经》、创新型健康养生大型栏目《健康大不同》、十集社区教育系列专题片《市民大学堂》以及面向百姓，提倡公益性、服务性的《帮女郎》。先后推出季播性大型活动“市民辩论赛”，大型服务类节目“高考咨询大直播”，高清版大型人文系列纪录片《中国之最》年内完成百集巨制，《说戏》完成全部的120集，并列入国家文化建设战略工程。

在市精神文明办、市教卫工作党委、市教委指导下，与上海市卫计委、上海市推进学习型城市建设指导委员会办公室和上海市国防教育协会等合作推出《上海教育年度新闻人物评选活动》《纪念周恩来诞辰115周年主题活动》《市民辩论赛》《银蛇奖——上海市卫生系统青年人才颁奖典礼》、《“一校一品”民族文化展示》《大学生原创音乐大赛》、《沪台大学生暑期嘉年华》《大学生伟人经典文献诵读》以及《名医大家》《走近边防线》《市级机关十佳学习型党员》《全国职教案例优秀项目展播》《新沪杯青少年法律知识竞赛》等一系列公益性、科教性的大型活动和系列电视片，进一步整合教育卫生系统、社会媒体等各方资源，推动节目品质提升，丰富教育电视内涵，弘扬社会主义核心价值观，使终身教育理念进一步深入人心，为学习型城市建设贡献力量。

上海教育电视台涌现一批优秀节目和先进个人，在各类评奖中多次获奖，总计获28项。《温馨毕业季　华东师大校长俞立中邀请毕业生合影》获上海广播电视奖三等奖，《家长，开学啦》等节目和论文获得中国教育电视奖多个一等奖，9部作品获得上海远程教育集团首届微课大赛一等奖。改制成立上海绿荧文化传媒有限责任公司，探索教育电视台广告经营、节目制作的新模式。

（钱音肖、黄复生）

[《教育山海经》打造教育新评论] 重点打造全新教育新闻评论栏目《教育山海经》。追求“教育观察、教育思考和教育表达”，邀请著名教育专家，评点教育现象和事件，关注话题包括亲子教育、减负、择校、电子书包、校服、就业、大学排名、文理分科、高考改革、英语四六级和中外教育比较等，覆盖教育各领域。通过社会化视角，用百姓话语讨论教育问题，传递教育台专业、独特声音，在教育界形成一定舆论影响。通过“上海教育督导”短信群，每周定时向全市1300多名中小学校长推广，与两个影响力较大教育微信平台“第一教育”、“教育能见度”合作，在新媒体平台形成热点。

（钱音肖、黄复生）

[《健康大不同》创养生节目新形态] 《健康大不同》是上海教育电视台整合力量、集20年健康卫生节目的厚重积累，新推出的全新大型互动讨论式健康节目，涵盖访谈、竞赛、服务等多种形式。邀请数10位三级甲等医院中西医专家及台湾著名营养专家等大专家讲小问题，深入浅出，观众受益多。设计互动环节、邀请明星百姓等健康达人，360度解析健康话题。以“辨析健康知识误区、倡导科学生活方式”代替单纯“谈病说药”传统模式，以清新活跃的荧屏形象创养生节目新形态新内涵，受到观众好评。《健康大不同》集中体现“三高”和“三贴近”特色，即专家水平高、健康知识含量高、制作效率高，贴近百姓生活、贴近观众需求、贴近现代都市人。

（钱音肖、黄复生）

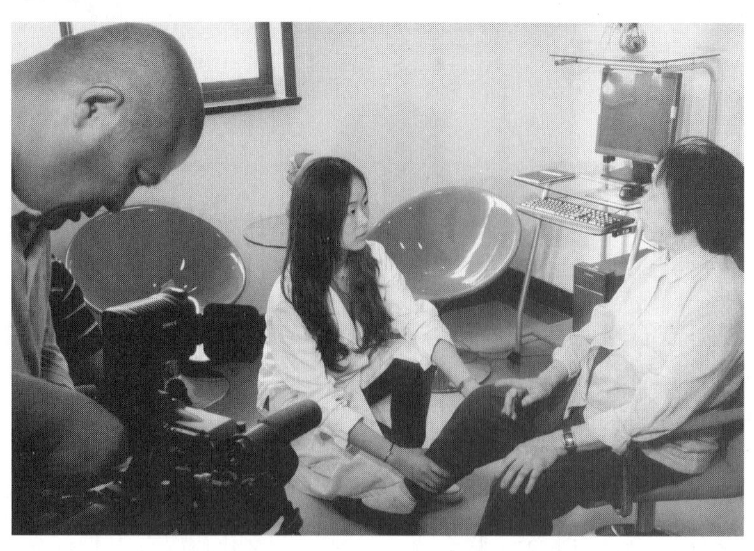

上海教育电视台《健康大不同》节目进社区

[《教育新闻》成为特色平台] 进一步加强重要教育改革发展主题的新闻宣传策划，创新报道方式，推出《教育视点》，分享记者在深度报道过程中对教育问题的感受、看法和观点，形成不同层面的教育电视特色言论平台，体现节目教育内涵和特色。对上海两会、全国两会、群众路线实践教育活动、学习贯彻十八届三中全会精神、沪台中学生体育交流以及第二次 PISA 成绩公布等进行重点报道。《教育新闻·周日特别节目》推出 10 集专题片《家门口的好学校》、3 集专题片《走近边防线》、10 集专题片《办好人民满意教育》等一系列周日专题，取得良好社会反响。

（钱音肖、黄复生）

[《名医大家》推出第二辑] 再度启动《名医大家》第二辑拍摄，在上海市卫生和计划生育委员会指导下，与上海信谊制药有限公司联合协作，历时一年精心制作，推出 17 集新作，于 6 月起在上海教育电视台晚间黄金时间播出。《名医大家》是国内首部医学人物系列纪录片，第一辑由上海教育电视台录制并成功播出引起各方热烈反响。第二辑使用高清设备、用纪实手法展现上海市精神卫生中心严和骎、复旦大学附属肿瘤医院沈镇宙、上海中医药大学施杞等 17 位名医大家风范，得到卫生系统和社会各界广泛好评。

（钱音肖、黄复生）

[完成国家文化精品工程项目《说戏》] 120 集大型电视讲演节目《说戏》，是上海教育电视台与高教电子音像出版社合作承担的国家文化精品工程项目。邀请国内戏剧研究名家、文化学者主讲，运用电视表现形式，介绍各传统戏曲艺术特色，中华民族优秀文化。经过五年艰苦努力，终于完成全部制作。《说戏》涵盖京剧、昆剧、越剧、沪剧、川剧、粤剧、豫剧、评剧、秦腔、歌仔戏和黄梅戏等 11 个具有代表性的中国戏剧，有较高民族文化价值。《说戏》之"歌仔春秋"系列，参加 2013 年"海峡两岸文化博览会"，反响热烈。《说戏》节目两次获得中国教育电视奖一等奖，先后入选国家"十一五"与"十二五"重点出版物，入选国家出版基金项目，并获得 100 万元国家基金资助。

（钱音肖、黄复生）

[《中国之最》全方位打造文化工程] 由上海教育电视台牵头，邀请科技、人文专家担纲顾问，全国教育电视台联合体统筹全国 30 余家制作单位，共同参与制作高清版大型人文系列纪录片《中国之最》，于年底完成 100 集制作。《中国之最》摘取华夏历史五千年文明进程中顶尖硕果，展开中华图志（自然地理）、天工开物（科技工程）、人间春秋（历史人文）、风流雅韵（文化艺术）几大篇章"中国之最"绚烂画卷。在晚间黄金时间连续播映数月，受到观众热烈好评。《中国之最》已由上海教育音像出版社出版，被列入国家新闻出版总署"十二五"电子音像制品重点骨干工程项目，同步推进电子读物和网络课程资源建设和海外发行，力图多层面、全方位地打造《中国之最》文化工程。

（钱音肖、黄复生）

[与开放大学共建精品课程资源] 上海教育电视台服务上海开放大学建设一流开放课程资源建设的目标，拍摄制作精品视频课程。完成拍

摄制作开放视频课程1663课时(41575分钟)。其中《机械工程导论》精品课程录制在理工类精品视频课程制作上又坚实迈进一步。《机械工程导论》由上海第二工业大学校长俞涛教授设计、邀请20位教授分别讲授,拍摄场景投入为教育台视频课程之最。该片以教师主讲直录形式为主,配合风格统一的精致教学PPT、发挥电视艺术特长,打造实验课特色,使《机械工程导论》成为精品课程。

(钱音肖、黄复生)

附:台负责人及台址

(2013年1—12月)

台党委书记:张道玲

台　长:张德明(6月离任)、蒋　红(6月到任)

副台长:张伯安、陆　生

地址:虹口区大连路1541号

邮编:200086

电话:65834001

上海教育报刊总社

［**2013 年概况**］ 坚持弘扬“忠诚教育、传播价值”的核心价值理念，按照市教卫工作党委、市教委对教育宣传工作的新要求，统筹社内各媒体，围绕不断增强教育宣传工作的公信力、影响力和引导力，不断提升媒体经营能力的两大目标，在聚焦上海乃至全国教育发展的重点、难点、热点问题、积极回应各方对教育宣传的需求与关切方面取得明显进展。

教育宣传能力进一步提升。以成立上海教育新闻宣传中心为契机，加强新闻宣传统筹。通过对重大主题事件及重大新闻事件的精心策划，跨媒体联合采访，形成工作机制。各媒体根据各自定位推出若干系列报道和重点报道。上海教育新闻网、上海教育新闻手机报专辟“教育实践活动进行时”专栏。《上海教育》“师者本色——社会主义核心价值观的教育践行者们”、《上海中学生报》“校园好故事”专刊、《少年日报》“美丽上海我的家”系列报道以及《上海教育》杂志、《东方教育时报》组织的专家解读文章，均各显定位特色。总社各媒体围绕市教卫工作党委、市教委中心工作和教育改革重点，通过挖掘“蔷薇小学”成功经验、报道“兴韦学院”改革举措、反映“瓦罐”事件进展、解读 PISA2012 测试报告、专访纽约时报专栏作家等新闻活动，加强典型报道，教育宣传能力进一步提升。

媒体建设成效进一步显现。教育新闻网三期建设加快推进，带动总社各媒体品种数字化转型的探索实践。总社数字化采编系统的功能和运行流程进一步完善，教育报刊数据库建设扎实推进。各媒体顺应趋势，推动转型，推出“第一教育”“东方教育时报”“康复・健康家庭”“少年日报”“少年报小记者”“上海托幼”“科学卖萌吧”7 个公共微信平台。在市教卫工作党委、市教委主办的 2012—2013 年度上海教育系统优秀网站评选中，上海教育新闻网及上海教卫党建网均当选为优秀网站，并被推荐参加第六届上海市优秀网站评选。《少年日报》和《上海中学生报》学生类报刊改版工作有序推进。

媒体经营水平进一步提高。面对互联网冲击、报业转型的压力，总社班子带头，全员动员，深入走访全市 17 个区县教育行政部门，开展优秀教育报刊进校园、优秀教育服务进校园的宣传活动；根据需求，共同策划制订报刊推荐目录，开展绿色健康的校园素质教育活动。总社一手抓报刊，一手抓服务，依托各媒体，成功创办“中国好作业”“2013 教师月活动”“首届上海学生艺术设计展”“一校一品民族文化展示活动”“社区健康行”“上海教育博览会教育信息展”和传统的“亲子嘉年华”“家庭教育系列活动”“古诗文阅读大赛”“鲁迅青少年文学奖”“上海教育新闻人物评选”“上海大学生年度人物评选”“世界头脑奥林匹克创新活动”等多个颇具影响力的教育服务活动，全年达 121 项。

总社对重点经营项实行分类指导，积极推进经济结构的优化和转型。在支持发行模式改革试点、推进全国市场推介发行、探索网络营销途径，鼓励做好系列项目与做强品牌广告，推动教育培训资源深度合作、开展青少年媒介素养教育进课程试点、发展教师培训，拓展教育文化服务项目、办好会展经济和打造对外文化交流服务新机制等方面分别实现突破和发展。经济目标管理责任制和经济工作管理制度进一步完善。在优化经济结构、实现经济工作与员工福利改善协调发展，加强统计与内审、推进发行数据管理工具实际使用等方面取得进展。上海教育报业大楼建设至年底已结构封顶，进入内部装修阶段。

（姚明强）

［**评选 2012 上海教育年度新闻人物**］ 1 月 25 日，由上海教育报刊总社、上海教育电视台和上海市中小学幼儿教师奖励基金会主办，《解放日报》、《文汇报》、《新民晚报》、上海广播电视台、东方网、《青年报》和《东方早报》为媒体支持单位的“2012 上海教育年度新闻人物”评选活动举行颁奖仪式。活动评选出“2012 上海教育年度新闻人物”10 名、提名奖 9 名，记者报道奖 11 名；有 11 家单位获优秀组织奖。

（黄　璐）

［**参评第二十二届“上海新闻奖”**］ 2 月，市委宣传部、市新闻工作者协会组织开展第二十二届上海新闻奖评选活动。《少年日报》系列报道《高个子

学生遭遇"身份尴尬"》(作者:张治、朱慧、顾力丹、周雪鸥、方园;编辑:朱慧)和漫画《推磨》(作者:毛小榆;编辑:顾力丹)分获三等奖。

(赵国荣)

[打造网络"教育名片"栏目] 2月,上海教育新闻网推出重点栏目"教育名片"。栏目以新兴媒体手段,集聚各校优质教育资源,凸显各校办学特色,让用户"找得到(学校信息)、看得见(学校特色)、用得着(学校资源)";并"倡导新标准、推介新学校、培养新名师";为公众了解优质学校资源提供一站式服务。栏目当年累计宣传展示20余所特色学校,覆盖黄浦、普陀、闵行、奉贤、金山、闸北、浦东七区,包含高中、职校、初中、小学不同办学层次。

(许一标)

[承办"科普校园行"科学家巡讲活动] 4月8日,由市教委体卫艺科处主办,九三学社市委科普讲坛、市科普作协协办,上海教育报刊总社少年报社承办的上海市中小学"科普校园行"科学家巡讲活动启动仪式举行。从4月8日到12月31日,杨雄里院士、褚君浩院士等近50名科学家组成宣讲团,走进上海市14个区县的中小学,为6万多名学生开设讲座117场。总社在《少年日报》《探秘》杂志和上海教育新闻网等媒体上开设专栏和专题网页,报道近20次。新华社、《解放日报》《文汇报》《新闻晚报》《中国科技报》、上海广播电台、上海教育电视台等媒体报道12次。

(谭杨红)

[举办教育博览会教育信息化展] 4月12—14日,由上海教育报刊总社和上海市电化教育馆主办的第十届上海教育博览会教育信息化展举行。展会主题是"信息化助推教育转型"。超过10万名观众入场参观。展会举办"教育信息化高峰论坛""十佳信息化案例"评选活动,出版《信息化助推教育转型》(精品案例汇编、高峰论坛文集)丛书。市教委基教处和科技处为展会提供专业指导。

(杜守龙)

[举办职业教育与培训专题展] 4月19—21日,由上海教育报刊总社主办的第十届上海教育博览会职业教育与培训专题展举行。展会主题为"满意的教育　满意的人生"。展会设立招考咨询、中职学校展示、高职学校展示、职业培训展示4个展区,举办多场中考咨询、中高职贯通讲座和学生才艺表演活动。50多所院校和机构参加展示。展会接待学生、家长2万多人次。

(杜守龙)

[举办第十届中学生时政知识大赛] 5月11日,由《当代学生》杂志社主办的第十届上海市中学生时政知识大赛团体决赛暨大赛颁奖仪式举行。文绮中学、曹杨二中、贸易学校分获初中组、高中组、中职组金奖,588名学生分获各组别个人等级奖。有15万余名中学生(中职生)参加初赛,2000余名学生参加市级决赛。

(张振华)

[举办第八届中国长三角校长高峰论坛] 5月11日,由苏浙皖沪四地教育报刊总社共同主办的"2013第八届中国长三角校长高峰论坛"举行。来自苏浙皖沪四地的百余名教育专家、中小学校长,以"校长专业智慧——破解学校管理之难"和"校长专业智慧——破解学生管理之难"为主题,分两场展开讨论。论坛还为"中国长三角最具影响力校长"颁奖。

(陈　骁)

[评选2012上海大学生年度人物] 5月15日,2012上海大学生年度人物表彰会举行。复旦大学赵政、上海交通大学鲁杨斯宇、华东师范大学全培、上海外国语大学张晨玥、东华大学"超"坚强爱心接力团队、上海海事大学李杰、上海体育学院范铜钢、上海中医药大学李嘉旗、上海对外贸易学院陈佳琛和上海工程技术大学LT小教师接力队荣获"2012上海大学生年度人物"称号。复旦大学唐晓峰、上海交通大学张旭豪、同济大学张楠、上海理工大学王婷、上海海洋大学郭帅5人获"2012上海大学生建功立业单项奖"。上海理工大学李凯超等10人获"2012上海大学生年度人物提名奖"。东华大学沈炯等5人获得"2012上海大学生建功立业提名奖"。活动由市委宣传部、市教卫工作党委、市教委、团市委共同指导,上海教育报刊总社主办。自2011年以来,已连续举办三届。

(石达平)

[组队参加世界头脑奥林匹克决赛] 5月22日,由全球825支参赛队参加的第三十四届世界头脑奥林匹克决赛在美国密歇根州立大学举行。上海头脑奥林匹克协会、市科技艺术教育中心、上海教育报刊总社组织的中国内地参赛队获得4金4银。其中,上海市曹光彪小学获《古典……艺术建筑:音乐

剧》赛项小学组冠军、上海市向明初级中学获《翻滚的结构》赛项初中组冠军、上海理工大学获《电子邮件》赛项大学组冠军，上海市新普陀小学获《电子邮件》赛项小学组亚军、上海市月浦实验学校获《宠物计划》赛项初中组亚军、上理工大学附小获《古怪与正常》赛项小学组亚军。

（姚惠祺）

［**成立少年报社小记者分站**］ 6月20日，少年报社小记者站金山分站首期小记者训练营学员结业典礼举行。16名小学员成为《少年日报》小记者，64名小学员成为《少年日报》学生通讯员。在金山区教育局、松江区教育局支持下，报社相继在两区建起小记者分站。

（朱 慧）

［**举办2013上海市少儿新闻大赛**］ 6月29日，由市文明办、团市委、市少工委联合少年报社等单位发起举办的“美丽上海我的家”2013上海市少儿新闻大赛活动举行颁奖典礼。自3月17日大赛启动以来，各区县小记者考察上海历史文化标记、现代化标志性景点、重大工程现场，采访建设者。逾8万件稿件送交初评，8280件参加复评，260件进入终评。大赛优秀作品收入《“美丽上海我的家”2013上海市少儿新闻大赛专刊》和专题邮票册。

（郭 莹）

［**韩正会见世界头脑奥林匹克决赛参赛队员**］ 7月3日，中共中央政治局委员、上海市委书记韩正会见上海市参加第三十四届世界头脑奥林匹克决赛并获得冠军的参赛队员。韩正说，竞赛中是否获奖并不重要，重要的是积极参与。头脑奥林匹克最重要的是培养孩子们的创新精神和团队精神。中国工程院院士、上海头脑奥林匹克协会会长翁史烈，执行主席陈伟新介绍第34届世界决赛情况以及上海开展头脑奥林匹克活动情况。市委秘书长尹弘、副市长翁铁慧、市教委主任苏明和市教卫工作党委副书记高德毅等参加会见。上海教育报刊总社是上海头脑奥林匹克协会组委会的托管单位。

（姚惠祺）

［**举办第五届鲁迅青少年文学奖**］ 7月13日，第五届鲁迅青少年文学奖颁奖典礼举行。绍兴鲁迅中学高二学生金泽慧获大奖，得文学创作奖金1万元。“鲁迅青少年文学奖”由鲁迅之子周海婴倡议发起，旨在“弘扬鲁迅精神，发掘和培养文学新人”。活动由市学习办指导，上海鲁迅文化发展中心、上海教育报刊总社《东方教育时报》、上海市海外交流协会、同济大学鲁迅研究中心等主办，共吸引海内外百余万青少年参加。

（石达平）

［**举办全球华人中小学生阅读报告大赛**］ 7月13日，第十四届沪、港、澳与新加坡、马来西亚五地中小学学生暨2013全球华人中学生阅读报告大赛上海赛区颁奖典礼举行。全国300余所学校30多万名中学生参加主题为“快乐的钥匙”大赛，华育中学华奕辰等近50人获上海赛区一等奖。之后在香港举行的全球总决赛中，华育中学华奕辰获初中组冠军，新市中学沈苹雯获初中组亚军，文来中学张晔璇获优异奖。在作品改编与表演比赛中，傅雷中学《石壕吏》获初中组金奖，复旦附中《阿Q》和《她在等什么》获高中组金奖。大赛由上海教育报刊总社少年报社、商务印书馆(香港)有限公司、《澳门日报》等联合主办。

（何洁玮）

［**举办“2013中国好作业”活动**］ 9月19日，由上海教育新闻网等发起并组织的“2013中国好作业”颁奖大会举行，评出金奖10名、银奖50名，铜奖350名。活动期间，市政协副主席周汉民，全国教书育人楷模于漪，同济大学校长裴刚，著名学者周国平、钱文忠，上海图书馆馆长吴建中等各界人士，以导师身份给学生出题64道。上海及各地青少年学生5739人参加网上报名，互动交流超过22万人次，共有3291份完整作业进入评审。作业成果涵盖人文类、创意类、实践类、科技类和调查类多个类别，展现出当代学生的自主性、探索性和创造性。活动受到新华社、中新社、《人民日报》《光明日报》《解放日报》《文汇报》《新民晚报》、上海电视台等媒体广泛关注，并获得市文明办、市教委“2013年上海市未成年人暑期工作优秀活动项目奖”。

（刘晓晶）

［**举办第九届亲子嘉年华**］ 11月8—10日，由上海教育报刊总社主办，市托幼协会、市教育学会幼教专业委员会协办，《上海托幼》杂志、健生实业股份有限公司、虹桥集艺文化发展有限公司、市幼儿游戏教育研究所共同承办的第九届亲子嘉年华举行。上海市第6届“快乐游戏、快乐成长”幼儿游戏评比活动同时举行。有49家优秀幼儿园推出获奖游戏互动体

验,上海教育电视台《山海经》节目开展现场访谈。

(周　妤)

[举办芝麻开门社区亲子阅读活动]　11 月 16 日,2013 上海芝麻开门社区亲子阅读俱乐部暨亲子故事会年终展演举行。活动历时一年,多名儿童文学作家、儿童教育专家在仙霞新村、周家桥等 13 个社区为近 3000 个家庭开展 15 场亲子阅读讲堂,并举办社区亲子故事会等阅读活动。活动是市学习办主推的社区文化建设项目,由少年报社承办。

(王轶美)

[承办中小学生我爱集邮系列活动]　11 月 26 日,由市教育系统邮协主办、上海教育报刊总社少年报社承办的第二届上海市中小学生"我爱集邮"系列活动颁奖会举行。全市 70 多所中小学 3 万多名学生参加"我与邮票的故事"征文活动、"我的美丽家乡"中美青少年书信交流活动、《小蝌蚪找妈妈》邮票首发式、豫园邮票首发式、青少年主题邮集巡展等活动,历时 8 个月。

(孙　宏)

[第十二届中学生古诗文阅读赛团体决赛举行]　11 月 30 日,第十二届中学生古诗文阅读大赛举行团体决赛,文来中学、七宝中学和上海商业会计学校分获初中组、高中组和中职组的团体金奖,731 名学生分获各组别等级奖。中学生古诗文阅读大赛由市教委教研室主办,《当代学生》杂志社承办。累计有 200 余万学生参赛,20 余万人进入复赛,2 万余人进入市级决赛。

(张振华)

[举办"魅力中职生"主题教育活动]　12 月 6 日,由《上海教育》杂志、《成才与就业》杂志和上海市中等职业学校德育研究会承办的大型主题教育活动"别样的精彩"——上海市"魅力中职生"评选活动举行颁奖典礼。活动期间,共举办 7 场现场辩论赛,产生"魅力中职生宣言",并通过寻访身边"魅力中职生",展现当代中职生自信乐观、善于学习、开拓创新、团结协作、勇于担当的精神。

(黄　璐)

[承办社区健康行系列主题活动]　3—12 月份,由市教委终身教育处指导,徐汇区学习办、康复杂志社承办的 2013 社区健康行系列主题活动在上海 13 个社区举行。活动包含医师义诊、健康讲座及舞蹈大赛等,市民参与近万人。

(王　璐)

社区健康行系列活动之一:为社区居民义诊

附:总社负责人及社址

(2013 年 1—12 月)

社长、社党委副书记:仲立新

社党委书记、副社长:张伯安

副书记:唐洪平

副社长、总编辑:金志明

副社长:施清平、徐　勇

社址:长宁路 491 弄 36 号

邮编:200050

电话:62525555

上海远程教育集团

[2013年概况] 集团共有员工428人。所属上海开放大学全年招学历生37173名，有32327名本专科学生毕业，授予2010名学生学士学位，注册生规模达101059名。非学历教育板块稳步增长，顺利实现EBA培训项目与学历教育衔接，争取到市总工会对EBA学员以及对接学历教育学员的全额资助，成功开拓“人文素养高端培训课程”“汉语水平考试(HSK)”“实用汉语能力测试(SHNC)”等新项目，全年非学历培训58.8万人次。上海学习型社会建设服务指导中心积极推动学习型社会建设。编制完成《2013—2014年度上海市社区教育示范街镇创建工作指南》，组织开展全市17个区县75个街镇的2012—2013年度学习型社区创建达标评估。通过市级推荐课程推广，专题课程联合教研室筹建，社区教育课程和资源升级改造，“上海社区学习地图”网站改版及“i-实验”项目建设，搭建市民学习平台。

所属上海教育电视台积极围绕集团“深化转型，内涵发展”主题，研究形成新一轮发展战略和建设思路，新推出教育新闻评论栏目《教育山海经》和健康教育类栏目《健康大不同》，树立教育新形象。《名医大家》第二辑、纪录片《中国之最》和《银龄课堂》受到观众好评。精品文化项目《说戏》完成120集节目录制，入选国家文化建设战略工程。通过整合系统资源、走进社区百姓，承接《教育新闻人物评选颁奖典礼》《纪念周恩来诞辰115周年》《市民辩论赛》等一系列政府以及社会的教育文化类大型活动。上海教育电视台广告部改制成立上海绿荧文化传媒有限公司。

在教育信息化服务领域，上海开放大学成为上海教育城域网8个主节点之一，并与5个二级汇聚点、41个三级接入点联通，组成上海开放大学城域网。年内完成开放教学数字化实验室方案总体设计，成功申报上海开放远程教育工程技术研究中心。启动“课程超市”设计研究，市级平台整合开发4000门市民学习课程。上海市基础教育学生信息管理服务中心挂靠电教馆，于9月正式挂牌成立。

上海市终身学分银行高校网点达到68个，覆盖全市成人高等教育机构，形成高校网点学分认定转换制度及学分银行与开放大学衔接的工作机制。制定涉及19个本专科专业学历教育530门课程学分认定标准、469个职业培训等非学历证书转换为学历教育课程学分的认定标准，开展学历教育不同高校之间、职业培训等非学历证书与学历教育之间学分转换，有29901人进行学分转换，并有3119条课程开设信息经认证进入学分银行文化休闲教育课程目录，累积市民文化休闲教育学习成绩169832条。学分银行全年开户并建立个人学习档案人数411489人，开户学员存入成绩918577条，存储成绩总数1400万余条。

(钱音肖、黄复生)

[推进上海教育城域网主节点建设] 上海教育宽带城域网是上海市教委信息化重点建设项目，上海开放大学成为上海教育宽带城域网重要组成部分。10月29日，顺利组织上海教育城域网主节点揭牌仪式，承担从网络铺设、设备上架、配置调试等基础设施建设工作，已完成光缆铺设、机柜安装、设备调试等基础设施建设工作，实现与复旦大学、上海交通大学、张江高科园区三个主干节点100G互联，实现与黄浦教育信息中心、杨浦教育信息中心、虹口教育信息中心、交大医学院等多个主节点10G互联，并为周边教育单位提供万兆或千兆接入。

(钱音肖、黄复生)

[完成远程呼叫中心建设] 通过对旧的呼叫中心系统改造项目，旨在从功能集成、信息统计、问题库使用、内部管理、日常工作使用及硬件方面大幅提升，满足各项服务需求。11月，新的呼叫中心顺利竣工，在性能方面得到很大提高，能满足现在各项目服务需求，为今后发展留下空间。系统建立完成用户信息库，实现自动统计和分析功能，提高统计效率与准确度。新系统集在线客服、短信、邮件、传真于一体，在提升用户满意度同时，有

上海远程教育集团与卓越管理中心签约合作

效提高工作效率。截至年底，学历教学平台总计接入对话量接近10000人次，为学习者提供便捷支持服务。

（钱音肖、黄复生）

［开放教学数字化实验室建设］ 组织多层次、多方位调研，完成开放教学数字化实验室项目方案总体设计及多轮专家论证。基于实验室运行配置方案设计，初步搭建出课堂数字化学习、录播、多屏互动、3D展示等智慧学习环境，开展微课、移动、Moocs、3D等互动学习样板内容设计。在技术研究上，完成实验室评估分析等共性关键方法研究，并积极开展国内外合作交流，先后与美国、德国领先的数字化学习实验室进行交流，达成初步合作意向。基于实验室建设，成功申报由市科委命名的上海开放远程教育工程技术研究中心。工程中心以"远程教育学习服务和数字实验技术"为研究中心，设置开放远程学习平台、开放教学数字化实验环境、开放学习资源一体化系统、电子书包支持服务系统等四个研究方向。

（钱音肖、黄复生）

［推进中小学专题教育项目］ 中小学专题教育项目由学生自主学习管理平台和网络课程两部分组成，项目已完成学生自主学习管理平台的功能架构及技术实现，并在8所学校进行试用，完成测试验收后，12月由市教委基础教育处主持平台发布。同时网络课程开发工作也在进行中，已有2门课程8个模块通过审核并上线试用，还有13门课程47个模块计划陆续上线。根据市教委基教处对专题教育整体规划，中小学专题教育项目将提供200门网络课程，支持170万中小学生网络专题学习，并与学生信息系统对接，实时记录学生的网络学习情况。

（钱音肖、黄复生）

［开展电子书包项目推广试点］ 完成《科学与技术》《儿童哲学》等10套电子书（教材）开发。"电子教材及数字教育APP发布系统"已上线。开展"国际合作数字化环境下科学课的教与学探索实验"项目总结报告12万字，编写214个国外引进资源的导读和应用指南。启动"国内一对一数字化课堂教学实践"项目，开发《牛津英语》二年级第一册共78个移动教学资源，在曹杨实验小学进行试用，并对近70所学校数字化教与学探索进行跟踪研究和技术支持与指导。

（钱音肖、黄复生）

［筹建开放教育课程资源"超市"］ 根据《国家中长期教育改革和发展规划纲要（2010—2020年）》和《上海市中长期教育改革和发展规划纲要（2010—2020年）》有关建立一个开放灵活的教育资源公共服务平台，实现优质教学资源在校际间乃至全球共享的要求，上海开放大学从革新办学方式、创新学习模式的角度出发，着手开展开放教育课程资源"超市"的设计研究。成立以专家组和工作组为核心的研究团队，通过对国内外教育信息化现状和发展趋势的认真分析，并结合商业超市的理念和机制以及开放教育资源实际情况，依托云技术支撑，基本完成"课程超市"的顶层设计。积极申报"上海课程超市建设"项目。

（钱音肖、黄复生）

[组织上海社区网上读书活动] 作为第十五届上海读书节系列活动示范项目，联合市学习促进办组织2013年上海社区网上读书活动，以“阅读网上书，放飞中国梦”为主题，联动区县网站，聚集优质资源，首次开通官方微博，借助新媒体、新技术，创新组织形式，加强活动宣传和辐射，旨在营造良好的终身学习氛围。活动从5月持续到9月，历时近五个月，得到全市各区县积极响应，市民踊跃参与。据统计，整个活动期间，市民网上读书学习共计45.9万人次，网上发表读书感想3.5万篇，网民对读书感言投票数达到13.2万票，社会影响力显著。

（钱音肖、黄复生）

附：集团负责人及地址

（2013年1—12月）

集团党委书记：张德明（3月离任）、杜慧芳（3月到任）
副　书　记：李惠康、张道玲（7月到任）

集团主任：蒋　红
副 主 任：陈　信、徐　皓（2月离任）、王连华、王　宏、顾晓敏（3月到任）、王伯军（5月到任）

地址：大连路1541号
邮编：200086
电话：65834279

教育人物

纪念人物

[**潘序伦(1893—1985,诞辰120周年)**] 男,江苏宜兴人。中国民主同盟盟员。教授、会计学家、教育家、会计实务专家和会计实业家,被誉为"中国现代会计之父"。1921年毕业于上海圣约翰大学。1923年获美国哈佛大学企业管理学硕士学位,1924年获美国哥伦比亚大学政治经济学博士学位。1924年回国,先后任上海商科大学教务主任兼会计系主任、上海国立暨南大学商学院院长。1927年,创办中国第一家现代意义上的会计师事务所。1928年,创办立信会计补习学校。1937年组建立信会计专科学校。1941年设立立信会计图书用品社。1949年,成立立信会计编译社任社长。1956年加入中国民主同盟,次年被选为上海市政协委员。1979年和1980年,分别被上海市会计学会和中国会计学会推选为学会顾问。1980年,发起倡议复办立信会计专科学校,同年10月,被推选为复校后的校务委员会委员、名誉校长。1981年,上海市会计师事务所成立,担任事务所董事长。1984年,上海市社会科学界联合会第三届委员会上被推举为顾问。1985年5月,出任上海审计学会名誉会长。其治学严谨,造诣深厚,独立或合作撰写论文90余篇,出版著作30部、译著17部。著作《立信会计丛书》堪称中国现代会计学扛鼎之作,对中国会计学术发展具有重大启蒙作用。

(田　原)

[**胡寄窗(1903—1994,诞辰110周年)**] 男,四川天全人。1922年考入燕京大学,1926年毕业于北平大学法学院。历任四川警监专门学校校长、成都《平报》社社长、上海京沪铁路局人事课课长等职。1936年赴英国留学,1938年获伦敦大学经济学院经济科学硕士学位。回国后先后任陕西省立商业专科学校教授、校长,四川大学、北京中国大学、朝阳大学、东北大学、辅仁大学、北京大学、北京师范大学专兼职教授及经济系主任。中华人民共和国成立后,任之江大学财经学院、浙江财经学院教授、院长。1952年9月调入上海财政经济学院计划经济系任教授。1958年并入上海社会科学院经济研究所任教授。1960年8月调入江西大学经济系任教授。1978年7月回上海财经学院经济系历任教授、博士生导师、中外经济思想史研究室主任,并任中国社会科学院特约研究员华东师范大学、苏州大学兼职教授。发起成立中国经济思想史学会,任会长、名誉会长。著有三卷本《中国经济思想史》《中国经济思想史简编》《中国古代经济思想的光辉成就》等,并主持国家哲学社会科学"八五"规划重点课题《新中国经济思想史》的研究。

(朱迎平、陈玉琴)

[**谭　垣(1903—1996,诞辰110周年)**] 男,广东中山人。中国著名建造师。1929年毕业于美国宾夕法尼亚大学,并获建筑学硕士学位。曾任上海范文照建筑事务所建筑师、中央大学教授、之江大学教授、中国联营顾问建筑师/工程师事务所建筑师、同济大学教授、上海规划局顾问、上海民用建筑设计院顾问。主要从事建筑学教学与科研,主要研究方向为纪念性建筑及建筑设计方法。1951年获"上海人民英雄纪念塔"设计竞赛一等奖;上世纪50年代"扬州苏北烈士馆及烈士塔"设计竞赛获一等奖;"经纬纺织机器厂工人住宅区"公开征求方案获一等奖;1983年"聂耳纪念园"方案竞赛获一等奖;1985年"陕西省英烈纪念馆"设计方案获优秀奖。专著有《纪念性建筑》一书。

(张建龙)

[**王惟中(1903—1996,诞辰110周年)**] 原名德均,字子美。男,安徽合肥人。1927年毕业于上海圣约翰大学,并留校任教。1934年赴欧洲留学,曾先后在奥地利维也纳商科大学及柏林大学就读,1936年获奥地利维也纳商科大学博士学位。1938年回国后历任贵阳邮政管理局、重庆邮政储蓄局专员、经理,并任中国大学、重庆大学、交通大学、金陵大学教授,兼南京邮政储汇局经济研究室主任。中华人民共和国成立后,历任南京大学、上海交通大学教授,兼上海人民银行储蓄部副经理,1952年调入上海财政经济学院任教授。1956年定级为二级教授。1958年调上海社会科学院经济研究所任教授。

曾任上海市第三、四、五届人大代表及中国《资本论》研究会理事等。作为上海最早讲授《资本论》的学者之一，著有《〈资本论〉提纲》，合著《资本论专题研究》《资本论专题研究及其运用》等。

（朱迎平、陈玉琴）

［贺绿汀（1903—1999，诞辰110周年）］ 男，湖南邵阳（今邵东县）人。中国近现代著名作曲家、音乐理论家、音乐教育家、音乐活动家。1926年加入中国共产党。1931年考入上海国立音乐专科学校。1949年起在上海音乐学院工作，长期担任上海音乐学院院长和名誉院长。1979年率领中国音乐代表团第一次参加国际音乐理事会。1983年当选国际音乐理事会终身荣誉会员，成为中国第一位获此殊荣的音乐家。

贺绿汀一生创作了大量的音乐作品，达260多首。钢琴作品《牧童短笛》创造性地将西方传统作曲技法与中国音乐元素有机结合起来，开中国钢琴音乐民族化创作之先河。为电影《马路天使》谱写的《四季歌》《天涯歌女》，成为国人耳熟能详的经典之作，对中国早期电影音乐发展起到了开拓性的作用。他创作的《森吉德玛》《游击队歌》《嘉陵江上》等作品，历经时间考验，成为家喻户晓、雅俗共赏的艺术精品。他一生撰写了280多篇（部）文章、专著和评作，涉及内容与形式、政治与艺术、生活与技巧、创作与批评、继承与借鉴、传统与创新、作家与作品、历史与美学、教学与科研等各个方面。

贺绿汀曾当选为中共八大代表、全国人大代表、全国政协委员、常委，中国文联副主席，长期担任中国音乐家协会副主席、上海音乐家协会主席等职。1998年被授予上海市文学艺术杰出贡献奖。

（王中余）

［陈嘉震（1913—2003，诞辰100周年）］ 男，福建人，著名航海教育家。1934年毕业于福州马尾海军学校，1935年至1938年留学英国皇家海军航海学院；曾任上海交通大学航管系教授，吴淞商船专科学校、上海航务学院校务委员会委员、航海科/系主任、教授，上海航务学院、大连海运学院教授、系主任、副教务长；1958年参加筹建上海海运学院，曾任上海海运学院航海系教授、系主任、副教务长、院长、顾问。编著有《航海天文》《航海学》《磁罗经》《引港术》《海图学》《海道测量学》《驾驶基础》《航海球面三角学》等航海教材及《航运史话》《中国航海史》等航海图书资料。首创的"天体高度方位表""天体高度方位图"结束了中国全部采用国外航海用表的历史。1963年，交通部调陈嘉震等中国著名航海科学技术专家参与制定了《航海科学技术十年发展规划》。曾担任国务院学位委员会交通运输学科评议组副组长、航海科学名词审定委员会顾问。1990年成为享受国务院政府特殊津贴的专家。在近40年教学生涯中，重视基础理论教学，治学严谨，培养了大批航运科技人才，为发展中国的航海高等教育和航海事业作出卓越贡献。

（海　事）

［李国豪（1913—2005，诞辰100周年）］ 男，广东梅县人。中国科学院院士，中国工程院院士。中国著名桥梁与结构工程专家。1929年9月考入同济大学。1936年8月至12月，参加南京卫生署卫生工程师培训班学习。1936年12月至1938年8月，任同济大学土木系助教。1938年10月获德国洪堡基金会奖学金，赴德国达姆斯塔特工业大学学习，先后获工学博士和特许任教博士学位。1946年5月回国后，任上海市工务局工程师、上海康益工程公司工程师、同济大学教授、土木系主任、校训导长、工学院院长。中华人民共和国成立后，历任同济大学教授、土木系主任、工学院院长、教务长、副校长。1953年5月加入中国民主同盟。1955年被选聘为首批中国科学院学部委员（院士）。1956年2月加入中国共产党。1977年10月起，任同济大学校长、名誉校长。1983年4月至1988年4月，任上海市政协主席、党组书记。1994年当选为中国工程院首批院士。历任国务院学位委员会委员兼土建水利学科评议组组长，《辞海》编委会副主编，《中国大百科全书》总编辑委员会委员，中国土木工程学会理事长、名誉理事长，中国力学学会副理事长，中国土木工程学会桥梁及结构工程分会理事长，中国工程学会联合会会长，上海市科协主席。

李国豪是中国土木工程和桥梁结构工程领域在国际上的主要代表性人物，是中国自主建设大跨度桥梁的首要功臣和学界先驱。获多项国家重大学术奖励，并先后获得陈嘉庚技术科学奖、何梁何利科技进步奖，被推选为世界十大著名结构工程专家，并获国际桥梁与结构工程协会功绩奖。先后获联邦德国政府授予的歌德奖章、大十字功勋勋章。1977年获上海市教育战线先进工作者称号，2003年获首届上海市教育功臣称号。

（胡定峰）

逝世人物

[**裴汝诚(1931—2013.1.23)**] 男,天津人。著名宋史暨古代文献研究专家,华东师范大学古籍研究所教授。1951年考入天津师范学院历史系(今河北大学历史系前身),1955年入东北师范大学历史系中古史研究班学习,1958年毕业后到上海师范学院历史系任教,1981年调入华东师范大学古籍所工作,1991年被评为教授。1986年,曾以访问学者身份在北京大学历史系研究和工作一年。曾担任北京大学《全宋诗》和教育部全国高等院校古籍整理研究工作委员会《中国文史名著今译丛书》编纂委员会委员,兼任河南大学历史系和河南省社会科学院古籍所教授。

1971年在《二十四史》整理工作中担任《宋史》标点组组长。在先后完成卷帙浩繁的《宋史》和《续资治通鉴长编》整理工作后,又主持并参加了《文献通考》的整理工作。2006年,中华书局启动"点校本二十四史及清史稿修订工程",再次应邀主持点校本《宋史》的修订工作。其学术成果还包括研究专著《续资治通鉴长编考略》《校勘述略》,个人论文集《半粟集》,点校古籍《王安石年谱三种》《贞观政要译注》等。其在宋史研究方面的成就,得到海内外学界的公认。

(桦　石)

[**章钜林(1919—2013.2.25)**] 男,浙江诸暨人。二级教授。1942年毕业于湖南兰田师范学院,先后任教于湖南兰田师范学院、上海市东亚体专、华东师范大学体育系。1951年参加筹建华东体育学院(上海体育学院前身),历任学院副教务长、科研室主任、球类室主任、体育系主任等,1978年8月至1984年4月任上海体育学院院长,1984年4月起任上海体育学院顾问。1987年被批准为中国第一批体育博士生导师。曾任中华全国体育总会委员,全国体育科学委员会理事,教育部体育学科评议委员会一、二、三届成员,中华全国体育总会上海分会副主席,上海市第六、七、八届人民代表大会代表,上海市体育文史委员会副主席。曾获国家体育运动委员会"新中国体育开拓者荣誉章""体育工作贡献章"。专长于体育理论教学和研究,参与主编的《体育基本理论》《体育词典》等在中国体育界有着深远影响。

(荑　源)

[**钱仁康(1914—2013.3.15)**] 男,江苏无锡人。中国音乐家、教育家。1941年于上海国立音乐专科学校理论作曲组本科毕业。历任中央大学、北平师范学院、苏州国立社教学院、苏南文教学院、江苏师范学院、华东师范大学音乐系教授。1956年起先后任上海音乐学院理论作曲系教授、音乐学系主任、音乐研究所所长、硕士及博士研究生导师。先后任中国文联全国委员(1979年)、中国音乐家协会常务理事(1979年)、《中国大百科全书》音乐学科编辑委员会委员及音乐体裁分支主编(1980年)、全国中等师范音乐教材审定委员(1994年)等。

长期从事音乐教育,担任过和声、作曲、对位、赋格、曲式、配器法、乐器法、中外音乐史、音乐文学等课程的教学。主要从事的研究领域有:音乐作品分析、欧洲音乐史、音乐欣赏、词曲考证、中外曲式的共同规律、世界各国国歌、外国歌曲的译词配曲。

曾获首届中国音乐金钟奖、文化部区永熙优秀音乐教育奖,以他为首的上海音乐学院"西方音乐史论教学研究"获2002年第四届高等教育国家级教学成果二等奖及上海市教学成果一等奖,《音乐作品分析教程》(与钱亦平合著)2003年获上海市优秀教材一等奖,《外国音乐欣赏》和《欧洲音乐简史》被评为2003年高等教育百门精品课程教材及2008年度普通高等教育精品教材。发表音乐论文320多篇和专著20余部。

(钱亦平)

[**陈瀛震(1924—2013.6.2)**] 女,浙江绍兴人。华东师范大学哲学系教授。1947年毕业于上海圣约翰大学理学院生物系,1948年起在圣约翰大学生物系任教。1952年全国高校院系调整,转入华东师范大学生物系任教,1972年转入华东师范大学自然辩证法暨自然科学史研究所工作,先后于1980年、

1988 年被评为副教授、教授。

在生物系教学岗位上，为大学本科生开设过《细胞学及实验》《胚胎学及实验》《进化与遗传》和《生物学教学方法》等近 10 门课程。在科技史和科技哲学的专业岗位上，为研究生和本科生开设《生物学史》《生物学哲学》《自然科学基础概论》、《自然发展史》等近 8 门生物学史和方法论课程，并指导硕士研究生。有专著《细胞》，与人合著《生命起源探索》、《自然发展史》和《近代自然科学史概论》等 10 余部著作，公开发表《细胞膜的本领》《生物进化问题上的两种宇宙观的斗争》和《科学发现断想》等近 20 篇论文。

（桦　石）

［闵希文(1918—2013.6.5)］　男，江苏常熟人。美术教育家、油画艺术家。1941 年毕业于杭州国立艺术专科学校，1942 年受聘母校担任助教，1948 年转入中华艺术研究会任教。1952 年担任上海人民美术出版社编审，1953 年 9 月至 1984 年 10 月，在上海戏剧学院舞台美术系任教。擅长油画，精通法语，任教之余，撰写、翻译了大量外国美术理论的著作与文章，如《毕加索传》《中外美术家辞典》等。多次在国内外举办画展，作品具有鲜明的个人特色。

（李　莉）

［杨立青(1942—2013.6.10)］　男，四川渠县人。作曲家、钢琴家、音乐理论家、教育家。自幼随父学习钢琴。先后毕业于沈阳音乐学院作曲系、上海音乐学院作曲指挥系。1980 至 1983 年赴原联邦德国留学，学成回国后历任上海音乐学院作曲指挥系副教授、教授，配器教研室主任，作曲指挥系副主任、主任，上海音乐学院副院长、院长。曾先后担任中国音乐家协会教育委员会主任、中国音乐家协会创作委员会副主任、中国音乐家协会理事、上海音乐家协会第六届第七届副主席、上海现代音乐学会会长、上海欧美同学会常务理事及文化艺术分会会长、东亚细亚作曲家联会副主席等职。

创作并发表以下音乐作品包括：声乐套曲《唐诗四首》、交响叙事曲《乌江恨》、管弦乐《节日序曲》、交响舞剧《无字碑》（与陆培合作）、二胡与乐队《悲歌》《引子、吟腔与快板》《荒漠暮色》、室内乐《思》《三重奏——遥远的曲调》《大提琴协奏曲—木卡姆印象》等。撰写论著《梅西安作曲技法初探》《当代欧洲音乐中的“新浪漫主义”与回归倾向》《20 世纪西方现代音乐》《现代音乐记谱法的沿革及其分类问题》《西方后现代主义音乐思潮简述》，作曲技术理论著作《管弦乐配器教程》（三卷）等。

多次应邀担任国际音乐赛事评委。1992 年获国家人事部授予的“有突出贡献的中青年专家”称号，1993 年获国务院特殊津贴。曾获首届上海文学艺术优秀成果奖（1992 年）、首届宝钢高雅艺术优秀成果奖（1994 年）、纪念孙中山先生诞生 130 周年交响乐作品征集评奖第一名（1996 年）、文化部区永熙优秀教育奖（2002）、第十届全国音乐作品（交响音乐）比赛一等奖（2004），入选“二十世纪华人音乐经典”（2004）等。其传略被英国 2001 版《格罗夫音乐与音乐家辞典》《世界名人录》（英国剑桥国际传记中心）《二十世纪杰出人士》《二十世纪杰出音乐家 2000 人》《国际音乐名人录》及美国国际传记中心编辑的《国际杰出学者》等辞书收录。

（王中余）

［胡　导(1915—2013.7.14)］　男，安徽省泾县人。原名胡道祚。戏剧理论家、戏剧教育家、导演、演员。1956 年加入中国共产党。20 世纪 30 年代尚是中学生时参加金山导演的《父归》的演出，中学毕业后与金山、王为一、徐韬等左翼戏剧家一起，积极参与进步戏剧活动。后进入上海邮政管理局工作，仍坚持从事戏剧活动，参加过上海剧艺社、中法剧艺社、大钟剧社等近 20 个专业剧团。曾参演《正气歌》，导演话剧《家》《雷雨》《甜蜜蜜》等。1950 年被邀进入上海戏剧学院任教。1989 年任上海戏剧学院教授。1993 年起享受国务院特殊津贴。导演百余部话剧和戏曲，尤其擅长喜剧，并获中国话剧研究会第三届导演金狮奖。撰写多篇戏剧导演与表演艺术论文及多部著作，《戏剧表演学：论斯氏演剧学说在我国的实践与发展》《戏剧导演技巧学》《干戏七十年杂忆》等填补了中国戏剧理论的空白。2007 年被文化部授予“国家有突出贡献话剧艺术家”荣誉称号。

（李　莉）

［李春生(1936—2013.7.25)］　男，江苏常熟人。华东师范大学开放教育学院教授。1957 年进入中国人民大学哲学系学习，1962 年毕业。1978 年至 1998 年在上海教育学院任党委委员、政教系主任、教育信息中心主任。1993 年被评为教授，并享受国务院颁发的政府特殊津贴。后转入华东师范大学继续教育学院任教授。

潜心教学和科研工作，成果丰硕，主讲的《哲学原理》、《自然辩证法》等课程，深受学员的欢迎并多次荣获优秀教学奖，主编的教材、撰写的学术论文获得诸多荣誉。曾获曾宪梓教育基金会高等师范院校教师奖三等奖、上海市教育科学研究成果一等奖、上海市科学技术进步三等奖、中国教育学会优秀论文二等奖、中国教育学会中学德育研究会首届学术论文评选一等奖。参加上海市中学名牌教师培训工程、全国和上海市中学思想品德思想政治课程教材改革和建设工作、上海市高校及中学高级职称评审工作。出版《新科技革命概论》《邓小平理论基础》《科学人生观教程》等专著、教材10余部。

（桦　石）

［刘　正(1931—2013.8.6)］　女，天津市人。口腔微生物学专家、牙体牙髓病学专家、口腔医学教育家，主任医师，博士生导师，上海交通大学医学院附属第九人民医院终身教授。1955年毕业于北京医学院口腔医学系。历任上海第二医学院(现上海交通大学医学院)口腔系副主任，上海市口腔医学研究所所长、名誉所长，上海第二医科大学(现上海交通大学医学院)附属第九人民医院口腔内科主任，上海市口腔医学会顾问，上海交通大学口腔医学院口腔医学系名誉主任。上海市首批医学领先专业口腔内科学学科带头人，原中华口腔医学会牙体牙髓学专业委员会顾问，中华预防医学会口腔卫生保健专业委员会顾问，上海市医学会口腔专业委员会主任委员。长期从事口腔龋病病因学和预防学的研究，临床特色为牙体牙髓病的诊治。主编著作有普通高等教育“十一五”国家级教材、卫生部“十一五”规划教材《口腔生物学》(第1、2、3版)《口腔微生物学》《口腔科手册》《上海市医疗护理常规一口腔科诊疗常规》《名医谈百病丛书——龋病和牙周病》《中华口腔科学——口腔微生物学》等。其中，《口腔生物学》获全国高等学校医药优秀教材奖(二等奖)。领衔研究课题多次获国家自然科学基金资助，课题成果分获国家教委科技进步二等奖、国家教委科技进步三等奖、卫生部科技进步三等奖、国家教委科技进步三等奖、中国高校自然科学奖二等奖。曾被评为卫生部先进工作者、上海市先进教师、上海市劳动模范等。

（葛鹏程）

［宋光祖(1939—2013.9.1)］　男，上海南汇人。戏曲理论家。上海戏剧学院教授、博士生导师，享受国务院政府特殊津贴，共产党员。上海师范大学中文系毕业后进入上海戏剧学院戏曲创作研究班继续学习，1963年在南汇县沪剧团担任编剧，1978年进入上海戏剧学院戏文系任教。长期从事中国戏曲编剧理论的教学和研究工作，创作多部舞台剧作品，沪剧《迎春花》越剧《乱世奇缘》《风筝误》等。出版了多本戏曲理论方面的著作，《戏曲写作教程》《中国戏曲名著选读》等。主持的“戏曲编剧理论与写作”课程获2001年“上海市教学成果奖”，2001年获“上海市育才奖”，2002年获田汉戏剧评论奖一等奖，2003年获“上海市高校教学名师奖”。

（李　莉）

［朱碧莲(1932—2013.9.14)］　女，浙江青田人。华东师范大学中文系教授。1951年考入复旦大学中文系，学业优异，两度获得陈望道校长嘉奖。1956年被选拔至高校任教，先后在上海教育学院、上海师范大学、华东师范大学从事中国古代文学的教学与研究。历任讲师、副教授、教授。专攻楚辞，对《世说新语》、唐宋文学也有研究，学术成果丰富。在《文学遗产》《学习与探索》等刊物发表《论杜牧与牛李党争》《论屈原的政治思想》《论〈离骚〉中的女媭和“子兰”》《唐勒残简作者考》《论宋玉及其〈九辩〉》《论屈原与伍子胥》《不有屈原、岂见〈离骚〉？——与日本学者冈村繁教授商榷》《柳宗元的传记文》《杜牧与“元和体”诗》等有影响的论文；先后出版专著《楚辞讲读》《宋玉辞赋译解》《楚辞论稿》《中国辞赋史话》《楚辞论学丛稿》《还芝斋读楚辞》(上下卷)《杜牧选集》《世说新语详解》，与人合撰《秦汉文学史案》《杜牧诗文选注》《世说新语译注》等，主编《中国古代文学事典》，整理《留青日札》。另外还参与编写《中国古代文学作品选》等教材和文学工具书多种。

（桦　石）

［林言箴(1924—2013.10.19)］　男，浙江慈溪人。消化系外科专家，主任医师，博士生导师，上海交通大学医学院附属瑞金医院终身教授，享受国务院特殊津贴。1949年7月毕业于上海震旦大学医学院，获医学博士学位。曾任上海第二医科大学(现上海交通大学医学院)腹部外科研究室主任、瑞金医院外科主任、上海市普外科学会主任委员、中华医学会外科学会委员(多届)、中国抗癌协会胃癌分会副主任委员、中华器官移植学会委员、世界卫生组织器官移植工作组成员、国际外科——胃肠病协会上海分部外科主席，美国哈佛大学、意大利米兰大学等7所院校客座教授，并担任上海消化外科研究所名誉

所长，上海市消化外科领先专业重点学科带头人，中华医学会上海市普外科学会资深顾问，中华医学会外科分会肝移植学组顾问，瑞金医院器官移植中心顾问，法国国家外科学院外籍院士，《外科理论与实践杂志》主编，《中华普通外科杂志》《中华胃肠外科杂志》《中国实用外科杂志》《中国肿瘤临床》等 10 余种刊物的编委或顾问。长期从事普外科和消化系外科，尤其是胃癌外科综合治疗的研究。1977 年主持我国第一例（也是亚洲第一例）临床肝脏移植手术，并先后进行六例肝移植获得成功，为中国肝脏移植手术树立里程碑。在胃癌的基础与临床研究方面，主持开展胃癌扩大根治术、合理化手术范围、胃癌术后早期腹腔内化疗、术中腹腔内温热灌注化疗、胃癌围手术期营养支持加化疗、胃癌浸润转移机制及其防治、胃癌生物学行为及生物治疗等领域的基础与临床研究。获卫生部重大科研成果甲级奖，上海市高教局重大科技成果奖，上海市科委重大科研成果二等奖，上海市科技进步二、三等奖。主编、副主编及参编《现代外科基本问题》《外科手术图解（胃肠分册）》等专著 10 余部，发表研究论文 300 余篇。

（葛鹏程）

［陆满堂（1934—2013.11.24）］ 男，上海人，华东师范大学历史系教授。1951 年进入华东师范大学历史系学习，毕业后留校任教。曾任中国教育学会历史教育专业委员会常务理事、副秘书长，上海市中学历史教学研究会副会长等。

长期从事世界古代史、史学史的教学和科研工作，并在历史学科教学论专业上作出了重要贡献。1988 年出版的《历史教学法概论》在全国首届优秀教育理论著作评选中获优秀奖；1991 年出版的《中学历史教学新论点》获中国教育学会历史教育论著一等奖；所撰写的《上海市中学历史教学教改评述》获中国教育学会论文一等奖。科研项目“历史学科情意教学”的实验以及“历史教学法系列音像教材”的研制在当时均属于历史学科领域的国内首创。

（桦　石）

［徐政旦（1922—2013.12.26）］ 江苏无锡市人。1946 年毕业于大夏大学经济系（法学士）。历任淮南铁路局会计科科员，大夏大学讲师兼附中副主任。1952 年后，历任上海财政经济学院、上海社会科学院、复旦大学副教授，上海财经大学会计系副主任、教授等。1986 年被评为博士生导师，指导方向为审计理论。曾兼任复旦大学、上海大学等校顾问（兼职）教授。曾担任中国教育审计学会顾问、上海审计学会顾问、上海总会计师工作研究会常务副会长、上海会计学会常务理事、世界银行及亚洲开发银行的特约顾问等职务。1985 年在上海创办中国高等学校第一家会计师事务所，即大华会计师事务所，1987 年又创办深圳大华会计师事务所。主编《会计辞曲》《现代管理会计学》《成本会计》《世界银行贷款会计》《现代内部审计学》等。《会计辞典》是中国第一本会计辞书，《成本会计学》获财政部及原国家教委一等奖，《现代内部审计学》被评为中国“九五”高校优秀教材。

（王英姿、陈玉琴）

大　事　记

2013年1—12月上海教育大事记

1月

10日 副市长沈晓明到上海科学技术职业学院调研指导市特色高等职业院校建设工作。市教委副主任印杰，嘉定区区长马春雷、副区长李原参加调研。

15日 市教委印发《2013年上海市教育委员会工作要点》。提出，市教委将着力在省级教育统筹综合改革、基础教育高位均衡发展、人才培养体系模式改革、高水平大学办学机制、民办教育规范特色发展、教育对外开放综合改革等6个方面加大探索力度。

同日 市教委发布《2013年上海市基础教育工作要点》。指出，上海市将推进基础教育改革创新；推进城乡基础教育一体化建设，提高义务教育均衡发展水平，深入实施素质教育等多个方面重点工作。

16日 国家教育体制改革试点项目"推进医教结合，提高特殊教育水平"成果鉴定会举行。副市长沈晓明、市政府副秘书长翁铁慧，市教委、市卫生局、市残联相关领导出席会议。

同日 市教委印发《2013年上海市终身教育工作要点》。提出，上海市将积极推进高等教育自学考试综合改革，不断完善上海市高等教育自学考试和自考社会助学管理制度。组织开展上海市高等教育自学考试学习服务中心试点工作。对上海市高等教育自学考试社会助学单位的办学状况和助学质量进行专项评估。此外，落实"教考分离"原则，制定上海市高等教育自学考试标准化考场建设规划，实施上海市高等教育自学考试标准化考场建设。

17日 市委副书记殷一璀、副市长沈晓明视察市教委2012年市政府实事项目"在全市建设四所上海老年大学分校"中的普陀和宝山分校，听取市教委关于推进全市老年教育工作的情况汇报。市委副秘书长姚海同、市政府副秘书长翁铁慧、市委研究室副主任傅爱民等参加调研。

同日 市教委在科学会堂召开2013年教育工作通报座谈会。市教卫工作党委书记、市教委主任薛明扬通报2012年上海教育改革发展情况和2013年教育工作思路。部分教育界市人大代表、市政协委员和各民主党派负责人约140人出席会议。

18日 2012年度国家科学技术奖励大会举行。复旦大学、上海交通大学、同济大学、华东师范大学、上海大学、第二军医大学和上海体育学院，分获国家自然科学奖、国家技术发明奖和国家科学技术进步奖等奖项。由吴孟超院士、王红阳院士、郭亚军教授领衔的第二军医大学肝癌临床与基础集成化研究创新团队，荣获创新团队奖，这是上海首次荣获该奖项。该创新团队取得了一系列重大研究成果，解决了肝癌诊治的系列关键问题。

30日 市教委印发《2013年上海市高等教育工作要点》。提出，将进一步转变政府职能，扩大高校办学自主权，全面实施上海高等教育内涵建设工程，探索创新人才培养模式，全面提高高等教育质量，培养全面发展的高素质人才。

2月

5日 市政府召开上海市规范教育培训市场联席会议。副市长翁铁慧出席并讲话。会议审议并原则通过《2013年上海市规范教育培训市场工作要点》《上海市经营性民办培训机构登记暂行办法》《上海市经营性民办培训机构管理暂行办法》。

16日 副市长翁铁慧到七宝中学和上海市行政管理学校看望慰问民族班师生。市教卫工作党委书记、市教委主任薛明扬，市教委巡视员尹后庆，市民宗委主任赵卫星等参加慰问。

19日 副市长翁铁慧视察同济大学第一附属中学及浦东新区"曹路大型社区"的配套小学——曹路打一小学，市教委巡视员尹后庆、杨浦区委书记陈寅、杨浦区副区长吴乾渝等参加视察。

22—23日 市教卫工作党委、市教委召开上海高校党政负责干部会议。市委副书记、市人大常委会主任殷一璀，副市长翁铁慧出席并讲话。市教卫工作党委书记、市教委主任薛明扬作了题为《以做好人的工作为核心，切实加强和改进上海高校党的建设工作》和《改革引领、整体推进，全面深化上海高等教育内涵式发展》的工作报告。市委副秘书长、市人大常委会秘书长姚海同，市政府副秘书长宗明出席会议。

24 日　副市长翁铁慧到华东师范大学调研指导教师教育及国际化办学等相关工作。

25—26 日　教育部副部长杜玉波带队到沪检查春季开学工作，调研高水平大学自主招生工作情况，并到华东师大和华东理工进行实地调研。副市长翁铁慧、教育部高教司司长张大良、学生司副司长王辉、市教委副主任李瑞阳等陪同调研。

3 月

2—3 日　第 34 届世界头脑奥林匹克中国区决赛暨第 26 届中国上海头脑奥林匹克创新大赛在晋元高级中学举行。副市长翁铁慧，市政府副秘书长宗明，市教卫工作党委书记、市教委主任薛明扬，市教卫工作党委副书记、市教委副主任高德毅等出席闭幕式并为获奖者颁奖。

3 日　由市文明办、市教卫工作党委、团市委等联合推出的“大学生社区志愿服务专员”进社区项目启动。首批来自复旦大学、同济大学、上海财经大学、上海理工大学、上海体育学院、上海电力学院 6 所高校的 36 名大学生社区志愿服务专员，在杨浦区长白、延吉、殷行等街镇的 36 个志愿服务工作站，开展为期一年常态化的志愿服务、联系、协调等工作。

4 日　副市长翁铁慧召开市政府专题会，研究确定教育管理工作的 10 项调研课题、16 项需要研究和推进的工作、4 项需要加快落实的工作。其中，10 个调研课题为：基础教育课程教材改革与国际借鉴研究、基础教育质量评估制度深化研究、基础教育教师培养培训体系架构研究、高等教育布局结构及规划研究、高等教育学科布局结构及规划研究、高等教育投入产出评价机制研究、高校提升创新能力研究、现代职业教育体系规划及建设研究、终身教育体系构建研究、招生考试制度改革研究。4 项需要加快落实的工作为：教育国际化体系构建，民办高校办学体制及政府扶持政策，教育信息化深化及推进，教育经费投入及其绩效评估。

6 日　2013 年市教卫工作党委系统党风廉政建设干部大会召开。会议提出 2013 年系统党风廉政建设和反腐败工作重点。

11 日　市教委召开区县教育工作会议，部署 2013 年区县教育重点工作。副市长翁铁慧、市政府副秘书长宗明出席会议。

12—13 日　市教卫工作党委、市教委召开第一季度工作研讨会。会议着重围绕市政府专题会议确定 10 个调研课题和 4 项需要加快落实的工作进行课题汇报、分组研讨和互动交流。

19 日　上海市教育督导委员会 2013 年工作会议召开。副市长翁铁慧出席会议并讲话。市政府副秘书长宗明主持会议。

同日　上海市青少年保护委员会 2013 年工作会议在市政府召开。副市长、市青保委主任翁铁慧出席会议并讲话。市政府副秘书长宗明主持会议。

21 日　教育部副部长、国家语委主任李卫红等一行在沪调研指导语言文字政策研究工作，出席主题为“加强语言文字政策研究　全面贯彻落实《规划纲要》”的调研座谈会，并宣布国家语言文字政策研究中心正式成立并落户上海市教育科学研究院。

28 日　副市长翁铁慧一行到华东师范大学调研指导师范教育和学科建设工作。市政府副秘书长宗明，市教委巡视员尹后庆、市教委副主任袁雯等参加调研。

同日　副市长翁铁慧一行到上海东海职业技术学院调研指导民办教育改革发展情况。市政府副秘书长宗明，市教卫工作党委副书记、市教委副主任高德毅等参加调研。

4 月

1 日　市教卫工作党委、市教委召开干部调整宣布会议，市委副书记、市人大常委会主任殷一璀出席并讲话。市委组织部副部长于明黎宣读市委关于任命苏明为中共上海市教育卫生工作委员会副书记的决定、市人大关于任命苏明为上海市教育委员会主任的决定。薛明扬不再担任上海市教育委员会主任。市委副秘书长、市人大常委会秘书长姚海同出席会议。

3 日　副市长翁铁慧到上海交通大学闵行校区就学科建设和师资队伍建设等进行调研指导。市政府副秘书长宗明，市教卫工作党委副书记、市教委主任苏明，市教委副主任印杰、袁雯参加调研。

9 日　市委常委、市委政法委书记丁薛祥到上海公安高等专科学校，与市政法系统中青年干部培训班学员座谈交流并讲话，他要求全市政法系统各部门党委、党组要加大政治建设、政治培训的力度，加强对青年干部的培养，并对全体参训学员提出“讲政治、勤学习、强作风”的殷切希望。

同日　市人大常委会副主任、市总工会主席洪浩到上海工会管理职业学院调研。

11 日　团中央书记处第一书记秦宜智到上海

交通大学，参观钱学森图书馆，并与上海高校共青团干部座谈。

同日 副市长赵雯到华东政法大学调研指导知识产权工作。市政府副秘书长肖贵玉及市知识产权局相关部门负责人参加。

同日 副市长翁铁慧专题调研指导宝山区教育工作，视察以招收进城务工人员随迁子女为主的民办顾教小学，并进行调研座谈。市教卫工作党委副书记、市教委主任苏明，市教委副巡视员杨国顺等参加调研。

13日 中共中央政治局委员、国务院副总理刘延东到复旦大学附属儿科医院、上海市疾控中心视察人感染 H7N9 禽流感防控工作。刘延东还看望了第一例 H7N9 禽流感康复患儿。国家卫生计生委、农业部等中央部委领导随行。市委副书记、市长杨雄，副市长沈晓明，市卫生计生委有关领导陪同。

16日 市委副书记、市长杨雄到复旦大学附属公共卫生临床中心调研。了解上海市人感染 H7N9 禽流感病例救治情况，慰问医护人员，并与专家座谈，研究进一步加强救治工作的举措。

同日 “人民科学家钱学森”2013 上海高校巡回展在华东师范大学闵行校区开幕。市委宣传部副部长、市文明办主任燕爽，市教委秘书长王志伟等出席开幕式。巡展由教育部思政司、上海市委宣传部、市教卫工作党委、市教委共同指导，全国高校博物馆育人联盟、上海高校博物馆育人联盟、上海交通大学钱学森图书馆联合主办，华东师大等 10 所高校承办。展览由四个部分组成，分别是“全面发展、成才有道”“科学巨擘、航天元勋”“赤子情怀、大师风范”以及“高山仰止、精神永存”。展览于 4—10 月在各高校巡回展出。

17日 第五届长三角教育协作会议在浙江省杭州举行。教育部党组副书记、副部长杜玉波出席会议并讲话。浙江省副省长郑继伟致欢迎辞。上海市教委主任苏明、江苏省教育厅厅长沈健、浙江省教育厅厅长刘希平、安徽省教育厅厅长程艺分别作主旨演讲，并代表四省市教育厅(教委)签署“2013 年至 2015 年长三角中小学名校长联合培训协议”“长三角地区教育国际合作与交流协作框架协议”“成立长三角教育协作发展研究中心协议”“长三角地区高校教师培训合作协议”“建立长三角地区应用型本科高校联盟协议”“长三角高水平地方高校合作框架协议”等 6 项省际合作协议。

18日 教育部和上海市共建国家教育综合改革试验区领导小组 2013 年工作会议在北京举行。教育部部长、党组书记袁贵仁和上海市委副书记、市长杨雄出席并讲话。上海市副市长翁铁慧代表上海市人民政府，分别与教育部副部长鲁昕、郝平签署《关于共建上海大学的协议》和《共建教育国际合作与交流综合改革试验区协议》。

19日 上海交通大学上海高级金融学院 2013 年度理事会会议召开。市委常委、常务副市长屠光绍主持会议并讲话。市政府副秘书长金兴明，市教卫工作党委副书记、市教委主任苏明，市金融办主任方星海等出席会议。

22日 副市长翁铁慧到上海政法学院调研。参观学校监狱仿真实训实验室和新图书馆等地，并进行座谈。市政府副秘书长宗明，市教委主任苏明、副主任李瑞阳陪同调研。

23日 市委组织部到上海开放大学宣布人事任免决定。宣布任命杜慧芳为中共上海远程教育集团、上海开放大学委员会书记，任命顾晓敏为上海远程教育集团副主任、上海开放大学副校长。

24日 市人大教科文卫委主任委员薛明扬赴市教委调研。市教委主任苏明汇报上海市教育改革发展情况，市人大教科文卫委副主任委员张辰通报 2013 年教育立法和监督工作。双方还就部市共建工作、进城务工人员随迁子女教育、学前教育、教育经费使用管理、教育立法调研等问题进行交流。

5月

3日 副市长赵雯到长白街道、上海理工大学调研指导区校联合打造体育生活圈情况。市政府副秘书长肖贵玉等参加。

7日 市政府召开上海市高校毕业生就业工作联席会议。市教委专题汇报 2013 年高校毕业生就业工作进展情况，各相关委办局提出推进 2013 年高校毕业生就业工作的建议和促进措施。会议部署需要落实和推进的工作。副市长翁铁慧、市政府副秘书长宗明出席会议。

8日 副市长翁铁慧到上海大学调研指导学科建设和人才培养等工作。市政府副秘书长宗明，市教卫工作党委副书记、市教委主任苏明，市教委副主任印杰等参加。

9日 由教育部思想政治工作司指导，全国高校辅导员工作研究会、市教卫工作党委、市教委主办的第六届全国高校辅导员工作创新论坛在上海交通大学举行。论坛主题为“深入学习贯彻党的十八大精神、全面提升辅导员工作科学化水平”。教育部思政司司长冯刚作主题报告。

14 日 市教卫工作党委召开干部调整宣布会议。市教卫工作党委书记薛明扬主持会议，市教卫工作党委副书记、市教委主任苏明出席并讲话。市委组织部部务委员、宣教科技干部处处长杨建荣宣读市委任职决定：虞丽娟任中共上海市教育卫生工作委员会副书记。

15 日 由市委宣传部、市教卫工作党委、市教委、团市委指导，市教育报刊总社主办的 2012 上海大学生年度人物表彰会在上海理工大学召开。市委宣传部副部长、市文明办主任燕爽，市教卫工作党委副书记、市教委副主任高德毅，市教育发展基金会常务副理事长王奇，团市委副书记杨元飞等出席。“上海大学生年度人物”评选活动采取“公众投票＋专家评审”方式进行，近 20 万人次参与投票，共评出 10 个“年度人物”和 10 个“年度人物”提名奖、5 个“建功立业单项奖”和 5 个“建功立业提名奖”。

16 日 副市长翁铁慧到同济大学调研指导学科建设、人才队伍建设、创新能力提升等工作。市政府副秘书长宗明，市教卫工作党委副书记、市教委主任苏明，市教委副主任印杰等参加调研。

17 日 习近平总书记亲切接见上海海洋大学崔维成教授等载人深潜先进工作者代表。“蛟龙”号载人深潜总体与集成项目负责人、第一副总设计师、上海海洋大学教授崔维成获得党中央、国务院授予的“载人深潜英雄”称号，“蛟龙”号载人潜水器 7000 米级海试团队获得党中央、国务院授予的“载人深潜英雄集体”称号。

同日 副市长翁铁慧到闸北区调研教育工作，参观闸北区小学生创造学院，体验创造性活动课程。市教委巡视员尹后庆、闸北区委书记翁祖亮、区长安路生等陪同调研。

21 日 由人力资源和社会保障部、教育部、全国总工会和全国工商联共同主办的“2013 全国民营企业招聘周”启动仪式在上海理工大学举行。活动主题为“帮人才就业，促民企发展”。人力资源和社会保障部副部长信长星，上海市副市长时光辉，教育部部长助理、党组成员林惠青，全国总工会纪检组长、书记处书记王瑞生，全国工商联副主席谢经荣，市教委副主任李瑞阳等出席启动仪式。

23 日 市长杨雄及市政府秘书长蒋卓庆到市教委作专题调研。市教委主任苏明汇报上海教育改革发展情况，市教卫工作党委书记薛明扬作补充汇报。

同日 副市长翁铁慧调研闵行区基础教育均衡发展情况。市政府副秘书长宗明，市教委主任苏明、巡视员尹后庆陪同调研。

25—27 日 以“亚洲智慧：在多元中寻求和谐发展”为主题的“上海论坛 2013”在上海国际会议中心举行。来自各国政、商、学界的 500 余位杰出人士，共同为上海、中国、亚洲乃至世界各国的经济社会发展贡献智慧、建言献策。副市长翁铁慧等出席开幕式。

28 日 由教育部教师工作司、中国教育电视台、市教卫工作党委、市教委主办，上海师范大学承办的“感动你我的瞬间——寻找身边的‘张丽莉’走进上海”师德建设论坛在上海师范大学举行。中国教育电视台党委书记、副台长张剑，市教委副巡视员杨国顺等出席。

30 日 副市长翁铁慧到上海兴韦信息技术职业学院调研。市教委主任苏明、副主任李瑞阳陪同调研。

31 日 全国政协副主席、中共中央对外联络部部长王家瑞应邀到复旦大学党校作题为《当前国际形势和我国对外政策》的专题报告。

6 月

1 日 市领导向全市少儿致节日问候。中共中央政治局委员、市委书记韩正，市委副书记、市长杨雄，市人大常委会主任殷一璀，市政协主席吴志明等到新落成的儿童艺术剧场，和孩子们一起，参加“美丽少年梦，伴我好成长”2013 年上海少年儿童庆“六一”主题活动，向全市少年儿童致以节日问候和衷心祝福，向辛勤耕耘在少年儿童工作第一线的广大老师、辅导员、志愿者们致以诚挚的慰问。中国福利会主席胡启立，市领导徐麟、尹弘、沈晓明等出席活动。

同日 市委副书记、市长杨雄，副市长、浦东新区区委书记沈晓明到上海交通大学医学院附属上海儿童医学中心，参观刚刚建成启用的儿童血液肿瘤大楼，并看望正在接受治疗的白血病患儿和前来参加庆“六一”活动的康复者。

4 日 副市长翁铁慧到复旦大学调研学科建设、重点平台建设、人才队伍建设、服务上海发展等工作，并给予指导。市政府副秘书长宗明，市教委主任苏明、副主任袁雯等陪同调研。

5 日 市教委召开上海市中小学(幼儿园)见习教师规范化培训工作推进会。会议要求各区县积极落实《教育部关于深化中小学教师培训模式改革 全面提升培训质量的指导意见》，进一步加强见习教师规范化培训工作，强化规范意识，科学有效解决工学矛盾，健全培训机制，进一步加强指导教师队伍建设,进一步加强组织与经费保障,全面提升培训质量。市教卫工作党委书记薛明扬、市教委巡视员尹后庆、教育部教师工作司副司长殷长春、市教委副主任李骏修出席会议。

6日 副市长翁铁慧到上海对外经贸大学调研。市政府副秘书长宗明,市教委主任苏明、副主任李瑞阳陪同调研。

同日 副市长翁铁慧视察市二中学和卢湾高级中学两个高考考点。市教卫工作党委副书记、市教委主任苏明,市教委副主任李瑞阳等参加。

8日 2013年上海市未成年人暑期工作会议召开。副市长翁铁慧出席会议并讲话。市政府副秘书长宗明主持会议。市教委主任苏明作校外教育工作报告,市委宣传部副部长、市文明办主任燕爽部署2013年暑期工作。

9日 副市长翁铁慧在东华大学主持召开“环东华时尚创意产业集聚区建设”专题工作会。会后,翁铁慧一行对东华大学整体建设发展情况进行专题调研。市政府副秘书长宗明,市教卫工作党委副书记、市教委主任苏明,市教委副主任李瑞阳等参加会议和调研。

14日 市政府召开推进行业高校管理体制改革专题会议。副市长翁铁慧出席并讲话,明确各行业高校分批划转进度,全面部署具体工作要求和工作任务,宣布成立“上海市推进行业高校管理体制改革领导小组”并担任组长。市政府副秘书长宗明主持会议。会议通报《上海市教育委员会　上海市发展和改革委员会　上海市财政局　上海市机构编制委员会办公室关于推进上海市行业高校管理体制改革的实施意见》,部署划转单位的资产清查核实、人员机构编制、组织干部等工作。

同日 副市长翁铁慧、副秘书长宗明一行到设在复旦大学的高考物理、化学、生命科学学科评卷点,慰问评卷教师,听取一线中学教师对自主招生以及学业水平考试的意见。

同日 市政协副主席方惠萍带领部分市政协委员到设在华东师范大学的高考评卷点,视察高考阅卷工作。市政协副秘书长张喆人、市教委副主任李瑞阳等参加。

19日 副市长翁铁慧一行到喀什师范学院慰问上海市5所高校的援疆教师,向在援疆支教一线辛勤工作的教师们表示亲切慰问并祝愿他们圆满完成援疆任务。市政府副秘书长、上海市对口支援新疆工作前方指挥部总指挥陈靖,市政府副秘书长宗明,市教卫工作党委副书记、市教委主任苏明等参加。

20日 市政协主席吴志明率部分委员到同济大学嘉定校区调研,了解学校深化科技创新、建设公共科技服务平台等情况。市政协副主席周汉民、方惠萍,秘书长贝晓曦参加调研。

24日 副市长赵雯到辛灵中学视察区妇女儿童委员会关于特殊儿童教育的相关工作。

26日 副市长赵雯到东华大学延安路校区调研旅游和知识产权工作。市政府副秘书长肖贵玉、市旅游局局长杨劲松、市知识产权局副局长洪涌清等参加调研。

同日 全国政协常委、上海市工业经济联合会会长蒋以任率上海市制造业创意促进中心代表团赴二工大考察,就“创意产业化、产业创意化”和提升制造业与创意产业能级开展工作调研。

同日 市政府副秘书长宗明主持召开2013年上海市规范教育收费联席会议。市纠风办、市教卫工作党委、市教委、市财政局、市物价局、市审计局、市新闻出版局等市规范教育收费联席会议成员单位领导及有关职能部门负责人出席会议。

同日 市教委领导向民主党派、团体通报提案办理和市教委重点工作推进情况。市政协提案委,民革、民盟、民建、民进、农工、致公、九三、台盟、工商联以及市妇联等负责人及相关部门负责人出席走访活动。

27日 副市长翁铁慧重点视察杨浦区职业技术学校、杨浦区教育局、博申幼稚园、上海理工大学附属小学、上海理工大学等单位的学校安全工作,并对上海理工大学的学科建设、人才培养、协同创新、国际合作办学等工作进行调研。

28日 教育部副部长杜占元到上海财经大学调研指导。杜占元先后考察学生中心、统计与管理学院、会计学院。杜占元指出,要重视学生的第二课堂教育,运用多种形式全方位育人;坚持发挥学校的特色和优势,努力提升学科水平;学科规划和建设要有前瞻性,要与服务国家战略需求密切结合。

7月

1—25日 由市委组织部、市委宣传部、市委党校、市教卫工作党委、市教委、市财政局共同主办的2013年上海市哲学社会科学教学科研骨干研修班举行。市委常委、宣传部部长徐麟作开班动员。市委宣传部副部长李琪在结业典礼上讲话。

2日 2013年上海教育宣传德育重点工作推进会召开。会议听取下半年的重点工作汇报,对有关工作进行交流和研讨，并对下一步的工作提出建议和要求。市教卫工作党委副书记、市教委副主任高德毅出席并讲话。

4日 副市长赵雯到上海对外经贸大学古北校区就知识产权工作进行调研指导。市政府副秘书长肖贵玉等参加调研。

8日 副市长翁铁慧到上海师范大学调研指导。市政府副秘书长宗明，市教卫工作党委副书记、市教委主任苏明，市教委副主任李瑞阳等参加调研。

9日 副市长翁铁慧到华东政法大学松江校区调研指导。市政府副秘书长宗明，市教卫工作党委副书记、市教委主任苏明，市教委副主任陆靖等参加。

同日 副市长翁铁慧到上海立信会计学院调研指导。市政府副秘书长宗明，市教卫工作党委副书记、市教委主任苏明，市教委副主任陆靖等参加调研。

10日 市教育体制改革领导小组分别召开2013年第1—4次专题会议，分别研究上海市行业高校管理体制改革、推进上海市国家教育体制改革试点项目、中央财政支持地方高校发展专项资金2013—2015年项目建设规划、2013年地方教育附加(用于地方高校建设发展部分)第一批项目经费安排相关工作。市委副书记李希、副市长翁铁慧，市委副秘书长彭沉雷、市政府副秘书长宗明，市委研究室副主任傅爱民出席会议。

11—17日 2013年中俄青少年运动会在上海举行。开幕式上，国家体育总局副局长、运动会组委会主任冯建中宣布运动会开幕。副市长、组委会主任赵雯，俄罗斯体育部副部长科洛博科夫・巴维尔・阿耶托利耶维奇分别致词。

16日 副市长翁铁慧到杨浦区调研指导，实地查看打虎山路第一小学暑期校园开放工作，了解学校特色。市政府副秘书长宗明，市教卫工作党委副书记、市教委主任苏明等参加。

17日 副市长翁铁慧调研指导金山教育工作。市政府副秘书长宗明，市教卫工作党委副书记、市教委主任苏明，市教委巡视员尹后庆等参加调研。

17—30日 由市教委主办的2013上海国际友好城市青少年夏令营在上海举行。副市长翁铁慧，市教卫工作党委副书记、市教委主任苏明，市教委副主任李瑞阳等出席开营仪式。该夏令营邀请13个上海国际友好城市的青少年与老师88人，上海高中生志愿者30余人，共同参与此项活动。

18日 副市长翁铁慧到中欧国际工商学院，听取有关中欧办学情况和上海MBA案例库平台筹建进展的汇报，并为"上海MBA课程案例库开发共享平台建设项目"启动及"中欧艺术人文研究中心"成立揭牌。市政府副秘书长宗明、市教委副主任李瑞阳等参加。

22日 市教卫工作党委在科学会堂国际会议厅召开市教卫工作党委领导班子调整宣布会议。市委副书记李希出席并讲话。市委组织部副部长于明黎宣读市委任免决定：陈克宏任中共上海市教育卫生工作委员会书记，薛明扬不再担任中共上海市教育卫生工作委员会书记。

24日 副市长翁铁慧到上海海事大学调研指导。市政府副秘书长宗明，市教卫工作党委副书记、市教委主任苏明，市教委副主任陆靖等参加。

同日 副市长翁铁慧到上海海洋大学调研指导。市政府副秘书长宗明，市教卫工作党委副书记、市教委主任苏明，市教委副主任陆靖、袁雯等参加。

8月

5日 市教卫工作党委系统党的群众路线教育实践活动动员大会在科学会堂举行，上海教育、卫生计生、食品药品监督三个系统的教育实践活动正式启动。

9日 市政府召开易班建设工作专题会议。会议就易班全国推广方案进行汇报和讨论，并就下一步工作提出明确要求。副市长翁铁慧出席并讲话，市教卫工作党委副书记、市教委主任苏明，市教卫工作党委副书记、市教委副主任高德毅，市教委副主任袁雯，市教委秘书长王志伟等参加会议。

15日 市委常委、统战部部长沙海林一行到市教卫工作党委调研指导上海教育卫生系统统战工作开展情况，市教卫工作党委书记陈克宏、副书记虞丽娟、秘书长谢一龙等出席。

16日 市委副书记李希到市教卫工作党委、市教委调研指导党的群众路线教育实践活动。市委副秘书长彭沉雷、市委研究室副主任傅爱民等参加调研。

19日 市教卫工作党委书记陈克宏、秘书长谢一龙到复旦大学调研指导人才培养、管理改革、内涵建设、校区建设、干部队伍建设、开展群众路线教育实践活动等方面的情况。

23日 市教委工作党委、市教委召开第一批行业高校划转大会。市教卫工作党委书记陈克宏，市教卫工作党委副书记、市教委主任苏明出席并讲话。上海电机学院等7所学校划转市教委管理。

26日 市教卫工作党委书记陈克宏、市教卫工作党委秘书长谢一龙一行到上海交通大学调研指导学校内涵发展与建设、干部队伍建设、群众路线教育实践活动等情况。

27日 副市长翁铁慧到上海易班发展中心进行调研指导。市政府副秘书长宗明,市教卫工作党委书记陈克宏,市教卫工作党委副书记、市教委主任苏明,市教卫工作党委副书记、市教委副主任高德毅,市教委巡视员尹后庆,市教委副主任袁雯等出席调研会。

28日 市教卫工作党委书记陈克宏、秘书长谢一龙一行到华东师范大学调研指导学校改革发展等工作。

30—31日 市教卫工作党委、市教委召开上海高校党政负责干部会议。会议的主要任务是:坚持以深入开展党的群众路线教育实践活动为契机,增强领导班子的办学治校能力,聚焦提高本科教育质量、改革教育投入方式、加快人才队伍建设和有中国特色的现代大学制度建设,深入推进上海高等教育内涵建设,全面提高党建科学化水平。市委副书记李希、副市长翁铁慧出席并讲话。市委副秘书长彭沉雷、市政府副秘书长宗明出席会议。

9月

2日 副市长翁铁慧到市东中学、市八中学和向明中学视察新学期开学情况。市政府副秘书长宗明等陪同视察。

3日 中共中央政治局委员、上海市委书记韩正先后到杨浦区辛灵中学、虹口区第四中心小学,看望慰问全国教书育人楷模、辛灵中学校长谢晓忠以及全国优秀教师、四中心小学教师王莉韵、许斌。

同日 市委副书记李希、市委副秘书长彭沉雷先后到闸北区共康中学和黄浦区巨鹿路第一小学看望慰问教师。

4日 市政协主席吴志明、副主席方惠萍、秘书长贝晓曦等到上海视觉艺术学院调研文化创意人才培养情况。

7日 市委副书记、市长杨雄先后到徐汇职业高级中学教师陈珺和高安路第一小学教师俞文岚家中,向工作在教育第一线的教师致以节日的问候。

同日 中共中央政治局委员、上海市委书记韩正,市委副书记、市长杨雄,市委副书记李希会见第三届"上海市教育功臣",向他们表示崇高的敬意,并与他们亲切交谈,探讨创新创造、素质教育等话题。

8日 "教育点亮梦想——2013年上海市庆祝教师节主题活动"在东方艺术中心举行。市人大常委会副主任钟燕群、副市长翁铁慧、市政协副主席方惠萍等出席,上海市教育系统1000多名教师代表现场观摩。

同日 "上海交通大学系统生物医学协同创新中心"建设推进大会举行。全国人大常委会副委员长陈竺、市教委副主任袁雯等出席。

11日 金砖国家信息共享与交流平台在复旦大学开通。商务部副部长俞建华、上海市副市长翁铁慧出席开通仪式并致辞。该平台具有三大功能:一是为世界各国提供关于中国、俄罗斯、印度、巴西和南非等金砖国家经济贸易和投资信息;二是通过信息共享来推动金砖国家之间广泛的经济贸易合作,夯实金砖国家在政治经济各个领域中开展合作的基础;三是以独立的第三方身份,将分散的信息和相关活动整合起来在同一个公共平台的框架内发布,推动金砖国家学术界与所在国的经济界和政府主管部门之间的互动与合作。

11—12日 由市教委、中华医学会儿科学分会、美国儿科学会主办的关注特殊儿童发展——中美医教结合研讨会在浦东召开。市教委主任苏明致开幕词。市教委巡视员尹后庆作《上海特殊教育医教结合的探索与实践》主旨发言。

13日 上海合作组织成员国元首理事会第十三次会议在吉尔吉斯斯坦首都比什凯克举行。中国国家主席习近平发表《弘扬"上海精神" 促进共同发展》的重要讲话。在讲话中,习近平表示,中方将在上海政法学院设立"中国—上海合作组织国际司法交流合作培训基地",愿意利用这一平台为其他成员国培养司法人才。

16日 市教委召开2013年下半年区县教育工作会议,总结上半年区县教育工作、部署下半年区县教育工作要求。市教卫工作党委书记陈克宏、市教委主任苏明、市教委巡视员尹后庆出席会议并讲话。徐汇、闵行、奉贤、崇明等区县分别围绕深化委托管理、中小学生电子学生证应用、随迁子女积分入学、统筹教育资源等方面交流发言。

18日 市政协副主席方惠萍、副秘书长张喆人率部分市政协委员调研上海纽约大学。

23日 市教育体制改革领导小组召开第5—9次专题会议。分别研究《上海市区县基础教育"十二五"建设规划》项目实施及调整方案、《上海市市级教育"十二五"基本建设规划》项目实施及调整方案、进一步完善和深化市级财政高等教育投入机制改革相关工作、2013年地方教育附加(用于地方高校建设发展部分)第二批项目经费安排方案、上海"易班"建设改革方案等五项工作。市委副书记李希、副市长翁铁慧、市委副秘书长彭沉雷、市政府副秘书长宗明、市委研究室副主任傅爱民出席会议。

24日 全国人大常委、致公党中央副主席严以新到上海大学调研国际交流和留学生工作。市教委主任苏明、副主任李瑞阳、致公党上海市委秘书长凤懋伦等陪同调研。

10月

6日 上海电机学院举行建校60周年庆典大会。中共中央政治局原常委、国务院原副总理李岚清为校庆题词;上海市委副书记李希发信祝贺。

8日 中共中央政治局委员、上海市委书记韩正到上海大学调研,视察上海大学莱欧美术创作有限公司和高温合金叶片研究中心,并听取学校发展情况汇报。市委常委、市委秘书长尹弘,副市长翁铁慧,市委副秘书长、市委研究室主任张道根,市委副秘书长王为人,市政府副秘书长宗明,以及市教委、市科委、市文广影视局等相关部门负责人参加调研。

14日 中共中央政治局原常委、国务院原副总理李岚清,中共中央政治局委员、上海市委书记韩正,中央社会主义学院党组书记叶小文,文化部原副部长赵维绥,中共上海市委常委、市委秘书长尹弘等赴上海交大视察。

19日 以"全民学习,放飞梦想"为主题的上海市第九届全民终身学习活动周开幕式暨全民终身学习成果展示活动在闵行区体育公园举行。中国联合国教科文组织全国委员会、教育部、中国成人教育协会领导等近1500余人参加活动。

26日 上海财经大学、对外经济贸易大学、华东政法大学、上海对外经贸大学联合组建中国(上海)自由贸易试验区协同创新中心。市政府发展研究中心主任周振华、市商务委副主任王新培、中国(上海)自由贸易试验区管委会副主任王辛翎、市教委副主任袁雯,以及市发展改革委、上海银监局、市金融办、市经济信息化委、市工商局等有关委办局领导出席签约揭牌仪式。

26—27日 由科技部和上海市政府共同主办,同济大学、中国科学技术发展战略研究院、上海市科委和上海张江(集团)有限公司联合承办,主题为"创新驱动与企业主体"的2013浦江创新论坛在上海东郊宾馆举行。全国政协副主席、科技部部长万钢出席论坛并作题为《深化科技体制改革,落实创新驱动发展战略》的主旨演讲。上海市委副书记、市长杨雄致欢迎辞。

27日 外交部副部长程国平考察上海政法学院"中国—上海合作组织国际司法交流合作培训基地"建设,并为"模拟上海合作组织峰会实训中心"揭牌。

31日 上海高校意识形态工作专题调研座谈会在复旦大学召开。市教卫工作党委书记陈克宏、秘书长谢一龙等参加会议。复旦大学、上海交大、华东师范大学、上海大学、上海师范大学、华东政法大学等6所高校,分别围绕高校哲学社会科学学科建设、科学研究、人才培养、国际交流合作、师生思想教育工作等主题进行交流。

11月

5—9日 以"制造:数字与绿色"为主题的第15届中国国际工业博览会在上海新国际博览中心举办。17所上海高校参展。

11日 市政协副主席方惠萍率部分市政协委员到上海科技大学调研,市政协副秘书长张喆人等参加。方惠萍一行参观正在建设中的上海科技大学校园,了解学校筹建的过程及未来的发展规划。

14日 教育部哲学社会科学研究重大课题攻关项目"大中小学德育课程一体化建设研究"座谈会在上海师范大学举行。教育部副部长李卫红出席并讲话。副市长翁铁慧作为课题首席专家,介绍课题研究的目标取向、总体框架和基本内容。教育部原副部长周远清,教育部社科司司长张东刚、基教二司副司长申继亮,市教卫工作党委副书记、市教委主任苏明,市教卫工作党委副书记、市教委副主任高德毅等出席。

14—15日 由教育部副部长鲁昕任组长的中央专题调研组到上海调研新疆少数民族学生教育管理工作。14日,调研组在复旦大学召开新疆少数民族学生教育管理工作专题座谈会,市教卫工作党委书记陈克宏、秘书长谢一龙等参加会议。15日,调研组到闵行区调研内地新疆高中班学生教育管理工作,并到群益职校考察和调研。市教委副主任王平参加调研。

15日 市教委召开上海高校新型智库建设工作推进会。会上成立"中国高校智库论坛秘书处",市教委与上海社科院、市政府发展研究中心、新华社上海分社、市网信办、自贸区管委会交换了共同推进上海高校新型智库建设的合作协议。教育部副部长李卫红、上海市副市长翁铁慧出席会议并讲话。

同日 教育部副部长李卫红在副市长翁铁慧陪同下，到上海易班发展中心调研指导工作。市教卫工作党委副书记、市教委副主任高德毅，市教委副主任袁雯等参加。

16—17 日 由上海市科技艺术教育中心、青年报社、上海市科普教育促进中心联合主办的“2013—2014 DI 上海青少年创新思维竞赛”在延安中学举行。全国政协常委、上海科普教育发展基金会理事长左焕琛，副市长翁铁慧，市教委副主任王平、团市委书记夏克家等出席活动。

20 日 市政府教育督导室根据《上海市兼职督学聘任管理暂行办法》，开展第六届市督学的聘任工作。副市长翁铁慧，市政府副秘书长宗明，市教卫工作党委副书记、市教委主任苏明，市教委巡视员尹后庆、副巡视员杨国顺等出席会议。徐虹等 183 人受聘为上海市第六届督学；唐盛昌等 20 人受聘为上海市教育督导特聘专家。

同日 市政协副秘书长张喆人率部分市政协委员视察上海市高中学生创新素养培育情况。市教委巡视员尹后庆参加座谈。

21 日 上海市“2011 协同创新中心”推进工作汇报会在复旦大学举行。教育部副部长杜占元，副市长翁铁慧，市政府副秘书长宗明，教育部科技司司长王延觉，市教卫工作党委副书记、市教委主任苏明，市教委副主任袁雯出席会议。

同日 市委副书记李希到上海工艺美术职业学院调研指导工作。市委副秘书长彭沉雷、市委研究室副主任傅爱民，市教卫工作党委秘书长谢一龙等参加。

22 日 副市长翁铁慧到上海戏剧学院调研指导新校区建设和学科专业发展等工作。市教卫工作党委副书记、市教委主任苏明，副主任李瑞阳等参加调研。

25 日 上海高校张江协同创新研究院成立仪式暨工作推进会举行。副市长翁铁慧，市教卫工作党委副书记、市教委主任苏明，市科委副主任、上海市张江高新区管委会常务副主任曹振全，市教委副主任袁雯共同为研究院揭牌。

同日 副市长翁铁慧到上海中医药大学调研指导学科建设工作。市政府副秘书长宗明，市教卫工作党委副书记、市教委主任苏明，市卫生计生委主任徐建光，市教委副主任陆靖、袁雯，市卫生计生委副主任郑锦等参加调研。

26 日 市教育体制改革领导小组召开 2013 年第 10、11 次专题会议，研究推进上海市文教结合工作和促进上海民办教育改革发展工作。市委副书记李希、副市长翁铁慧、市委副秘书长彭沉雷、市政府副秘书长宗明、市委研究室副主任傅爱民，市教卫工作党委、市教委、市财政局、市发展改革委、市人力资源社会保障局等单位负责人列席相关会议。

同日 副市长翁铁慧到市教育评估院调研指导上海高校绩效评估工作。市政府副秘书长宗明，市教卫工作党委副书记、市教委主任苏明，市教委副主任李瑞阳、陆靖，市教委秘书长王志伟等参加调研。

12 月

1 日 上海市欧美同学会百年庆祝大会在上海大学举行，市委书记韩正出席并讲话。市委常委、统战部部长沙海林，市委常委、市委秘书长尹弘等出席。市教卫工作党委副书记虞丽娟等出席大会。

3 日 经济合作与发展组织（OECD）全球统一发布 2012PISA（国际学生评估项目）测试结果，上海学生以数学 613 分、阅读 570 分、科学 580 分，在所有 65 个国家（地区）中位居第一，86.8%的学生达到或超过 OECD 平均成绩，再次呈现出上海义务教育校际差异小、均衡程度高的显著特点。

同日 教育部批准上海市为“国家中小学教育质量综合评价改革实验区”。

3—4 日 国家乒乓球队总教练兼男队主教练刘国梁、女队主教练孔令辉带领刘国正、马琳、王励勤、王皓、张继科、马龙、李晓霞、丁宁、刘诗雯等奥运冠军、世界冠军到上海交通大学和上海体育学院交流。

5 日 由教育部批准、上海市教委承担的国家教育体制改革试点项目《均衡配置教育资源，内涵发展提升质量》通过鉴定，获评优秀。

6 日 市人大常委会副主任郑惠强率部分人大代表到上海交通大学附中嘉定分校、嘉定区德富路学校，就上海市基础教育均衡发展情况开展年终视察活动。

9 日 市委副书记李希到复旦大学考察调研指导。市委副秘书长彭沉雷、市教卫工作党委书记陈克宏、市教卫工作党委秘书长谢一龙参加调研。

10 日 市委副书记李希到上海交通大学考察调研指导。市委副秘书长彭沉雷、市委研究室副主任傅爱民、市教卫工作党委副书记虞丽娟参加调研。

11 日 市委副书记李希到同济大学调研指导。

市委副秘书长彭沉雷、市教卫工作党委副书记虞丽娟参加调研。

11—12日 副市长翁铁慧、市政府副秘书长宗明率市教委等部门负责人到崇明调研指导教育等相关工作。

13—14日 国务院教育督导委员会对上海开展财政教育投入管理专项督导。督导组认为，上海市委、市政府高度重视教育工作，通过建设相应平台和统筹机制，强有力地推动教育发展。上海的教育经费投入紧紧围绕上海实现教育现代化、提高内涵发展、促进教育公平和高位发展的目标，教育经费管理成效显著。

14—15日 市教卫工作党委、市教委召开2014年机关工作务虚会，重点围绕加强意识形态和学校的德育工作、依托两个"试验区"深化教育综合改革、加快转变高等教育管理方式、积极推动基础教育高位均衡发展、加快推进人才和教师队伍建设、加强系统单位干部队伍建设和党的建设工作、大力加强党风廉政建设、完善两委直属单位管理体制等八个专题及2014年需要重点推进的教育综合改革工作进行深入研讨。副市长翁铁慧出席并讲话。市政府副秘书长宗明出席会议。

16—18日 市委组织部和市教卫工作党委、市委党校联合举办上海市属高校党委书记和校长研修班。研修班的主题为"加强市属高校领导班子建设"。16日，中共中央政治局委员、市委书记韩正与高校校长进行座谈交流，并作主题报告，市委副书记李希主持会议，市委常委、市委秘书长尹弘出席。18日，副市长翁铁慧在研修班结束时作《高校内涵建设与科学发展》报告。

19日 副市长翁铁慧到上海电机学院调研指导。市政府副秘书长宗明，市教卫工作党委副书记、市教委主任苏明，市教委副主任李瑞阳、陆靖等参加调研。

同日 市属高校新教师入职培训结业典礼在上海师范大学举行。副市长翁铁慧出席并讲话。

同日 市政府办公厅转发市教委、市发展改革委、市人力资源社会保障局、市公安局《关于来沪人员随迁子女就读本市各级各类学校的实施意见》，提出以"合法稳定就业、合法稳定居住"为基本条件，完善权责对等、梯度赋权的随迁子女公共教育服务制度。

20日 中宣部、教育部在复旦大学召开现场会，总结推广上海市委宣传部与复旦大学共建复旦大学新闻学院的做法经验，指导10个省市党委宣传部门与高等学校签署共建协议，推动加强马克思主义新闻观教育，创新新闻人才培养模式，促进业界与学界互动、教学与科研贯通、理论与实践结合，为党的新闻事业发展培养高素质后备人才。中宣部副部长吴恒权，教育部党组副书记、副部长杜玉波，副市长翁铁慧出席会议。

23日 市人大常委会主任殷一璀、副市长翁铁慧调研指导上海戏剧学院浦江新校区建设工作。市教卫工作党委书记陈克宏等参加。

23—24日 教育部在沪召开国家中等职业教育改革发展示范学校建设现场交流会。会议对第一批项目学校建设的主要进展、成效和经验进行总结交流，并研究部署深入推进国家中等职业教育改革发展示范学校建设，深化职业教育改革创新的工作任务。教育部副部长鲁昕，上海市副市长翁铁慧在会上讲话，并共同开通国家中等职业教育改革发展示范学校建设计划成果展示交流平台。市政府副秘书长宗明，市教卫工作党委副书记、市教委主任苏明等出席开幕式。

24日 副市长翁铁慧到上海第二工业大学、上海金融学院和上海杉达学院调研指导。市政府副秘书长宗明，市教卫工作党委副书记、市教委主任苏明，市教卫工作党委副书记、市教委副主任高德毅，市教委副主任陆靖等参加。

27日 中共中央政治局委员、市委书记韩正到特级教师于漪家中看望并表达新年祝愿。

教 育 统 计

上海市各级普通学校基本情况

单位：万人

指　　　标	学校数（所）	毕业生数	招生数	在校学生数	教职工数	#专任教师
总　计	**3226**	**65.07**	**74.71**	**266.56**	**26.60**	**18.54**
研究生	**59**	**3.57**	**4.62**	**13.48**		
高等学校	27	3.42	4.36	12.78		
科研机构	32	0.15	0.26	0.70		
普通高等学校	**68**	**13.38**	**14.09**	**50.48**	**7.34**	**4.03**
普通高校(本专科)	42	10.21	10.86	41.30	6.60	3.60
职业技术学院	26	3.17	3.23	9.18	0.74	0.43
普通中等学校	**865**	**18.82**	**21.22**	**72.78**	**8.19**	**6.12**
中等专业学校	55	2.76	2.51	9.23	0.82	0.48
技工学校	7	0.30	0.25	0.81	0.10	0.05
普通中学	762	14.68	17.34	59.35	6.82	5.26
高　中		5.27	5.31	15.68		1.66
初　中		9.41	12.03	43.67		3.60
职业中学	28	1.02	1.07	3.24	0.40	0.28
高　中	28	1.01	1.06	3.23	0.40	0.28
初　中		0.01	0.01	0.01		
工读学校	13	0.06	0.06	0.15	0.05	0.04
小　学	**759**	**13.45**	**18.10**	**79.25**	**5.81**	**4.98**
特殊教育	**29**	**0.08**	**0.06**	**0.47**	**0.16**	**0.12**
幼儿园	**1446**	**15.77**	**16.61**	**50.10**	**5.10**	**3.29**

注：1. 表中幼儿园招生数指当年入园幼儿数。
　　2. 普通高校68所校数中包含独立学院3所。

上海市各级成人学校基本情况

单位：万人

指　　　标	学校数（所）	毕业生数	招生数	在校学生数	教职工数	#专任教师
总　计	**770**	**192.47**	**11.08**	**196.92**	**1.90**	**0.79**
成人高等学校	**15**	**5.40**	**5.44**	**17.46**	**0.16**	**0.09**
独立设置成人高校	15	0.37	0.33	0.91	0.16	0.09
广播电视大学	1				0.03	0.02
职工高等学校	11	0.32	0.29	0.82	0.10	0.06
管理干部学院	3	0.05	0.04	0.10	0.03	0.01
普通高校举办	(51)	5.03	5.12	16.55		
函授部	8	0.36	0.24	0.87		
业　余	43	4.67	4.88	15.68		
成人脱产班						
成人网络本、专科		**5.31**	**5.03**	**13.20**		
成人中、初等学校	**30**	**0.89**	**0.60**	**2.32**	**0.06**	**0.03**
成人中等专业学校	21	0.76	0.60	2.02	0.05	0.02
全日制		0.47	0.40	1.28		
非全日制		0.29	0.21	0.75		
成人中学	9	0.13		0.30	0.01	0.01
成人小学						
职业技术培训机构	**725**	**180.87**		**163.93**	**1.68**	**0.67**

注：1. 表中成人中学、职业技术培训机构在校学生指累计注册数，毕业生数指累计结业数。
　　2. 普通高校举办的函授、业余、脱产班学校数是指举办这类教育的学校点数，括号内是点数之和。

研究生基本情况

单位：人

指　　标	合　计	中央部委所属	教育部所属	其他部委所属	地方所属	教育部门	其他部门
毕业生数	**35669**	**24965**	**23686**	**1279**	**10704**	**10462**	**242**
攻读博士学位	5238	4591	3951	640	647	610	37
攻读硕士学位	30431	20374	19735	639	10057	9852	205
招生数	**46223**	**31190**	**28858**	**2332**	**15033**	**14676**	**357**
攻读博士学位	7014	6034	5241	793	980	940	40
攻读硕士学位	39209	25156	23617	1539	14053	13736	317
在校学生数	**134799**	**95708**	**89515**	**6193**	**39091**	**38109**	**982**
攻读博士学位	28840	24821	22183	2638	4019	3863	156
攻读硕士学位	105959	70887	67332	3555	35072	34246	826
预计毕业生数	**50563**	**37333**	**35463**	**1870**	**13230**	**12934**	**296**
攻读博士学位	14684	12580	11449	1131	2104	2028	76
攻读硕士学位	35879	24753	24014	739	11126	10906	220

分学科研究生数

单位：人

指　　标	毕业生数	招生数	在校学生数	预计毕业生数
总　计	**35669**	**46223**	**134799**	**50563**
女　生	17224	22061	62870	22306
学术型学位	25269	28982	90939	35114
专业学位	10400	17241	43860	15449
哲　　学	282	319	1030	403
经 济 学	2054	2688	7165	2944
法　　学	3114	3734	10571	4016
教 育 学	1526	2679	6504	1895
文　　学	2407	2559	7694	3038
历 史 学	338	334	1184	511
理　　学	3403	4849	14862	5442
工　　学	12082	15844	46769	17528
农　　学	323	509	1357	425
医　　学	3258	4049	11811	3877
军 事 学	1		1	1
管 理 学	5992	7507	22543	9381
艺 术 学	889	1152	3308	1102

普通高等学校本科分学科学生数

单位：人

指　　标	毕业生数	招生数	在校学生数	预计毕业生数
总　计	**84636**	**93457**	**362742**	**91174**
哲　学	136	154	513	124
经济学	7785	8628	33165	8437
法　学	5633	5681	22465	5766
教育学	1814	2273	9034	2168
文　学	9038	10057	37464	9545

（续上表）

指　　标	毕业生数	招生数	在校学生数	预计毕业生数
历史学	224	213	862	242
理　学	5071	5952	22386	5420
工　学	28774	31836	126246	31938
农　学	448	437	1877	485
医　学	2027	2649	10562	2274
管理学	17403	18680	71310	18032
艺术学	6283	6897	26858	6743

普通高等学校专科分学科学生数

单位：人

指　　标	毕业生数	招生数	在校学生数	预计毕业生数
总　计	**49158**	**47422**	**142029**	**49179**
农林牧渔大类	535	772	2012	576
交通运输大类	5239	4581	13087	4384
生化与药品大类	387	430	1214	395
资源开发与测绘大类	39		40	40
材料与能源大类	80		139	74
土建大类	2604	3144	8215	2606
水利大类				
制造大类	5598	4793	15348	5487
电子信息大类	3627	2781	8982	3528
环保、气象与安全大类	151	163	505	164
轻纺食品大类	1501	1348	3841	1323
财经大类	9223	8674	28082	9857
医药卫生大类	4734	6445	16953	4883
旅游大类	2678	2453	7795	2774
公共事业大类	1011	871	2453	788
文化教育大类	5158	3839	12925	5066
艺术设计传媒大类	5438	6067	17374	5688
公安大类	736	777	1923	1095
法律大类	419	284	1141	451

普通高等学校基本情况

单位：人

指　　标	学校数（所）	本专科学生数								教职工数	# 专任教师
		毕业生数	# 本科	招生数	# 本科	在校学生数	# 本科	预计毕业生数	# 本科		
总　计	**68**	**133794**	**84636**	**140879**	**93457**	**504771**	**362742**	**140353**	**91174**	**73361**	**40297**
部　　属	10	27102	26333	28245	26596	110312	107131	27443	26789	32687	15309
市　　属	58	106692	58303	112634	66861	394459	255611	112910	64385	40674	24988
民　　办	21	25576	7601	28024	10771	88291	38723	26211	8975	6663	3972
综合大学	3	13468	12224	12724	12486	55325	52487	15390	13992	18802	8160
理工院校	27	57532	35880	58574	38504	211039	151250	58640	38041	26980	15175
农业院校	2	4557	3004	4117	3054	15804	12050	4347	2876	1552	1112
林业院校											

（续上表）

指　　标	学校数（所）	本专科学生数								教职工数	
		毕业生数	#本科	招生数	#本科	在校学生数	#本科	预计毕业生数	#本科		#专任教师
医药院校	3	2937	824	4190	872	12576	3749	3482	922	2022	1231
师范院校	2	8721	8204	9421	8831	36855	35236	9684	9159	6843	3814
语文院校	3	5097	1482	5685	1563	17512	5986	5347	1513	2026	1257
财经院校	18	30776	15626	34294	19608	113756	69980	31804	16842	9596	6062
政法院校	3	6143	4930	6750	5618	23856	20599	6722	5108	2441	1674
体育院校	2	1081	976	1139	1038	4497	4052	1220	1033	1206	617
艺术院校	5	3482	1486	3985	1883	13551	7353	3717	1688	1893	1195
民族院校											

普通高等学校专任教师学历情况

单位：人

指　　标	专任教师数	正高级	副高级	中　级	初　级	未定职称
总　计	**40297**	**7089**	**12941**	**16118**	**2772**	**1377**
研究生毕业	30727	6216	9781	12000	1619	1111
博　士	17683	5262	7090	4744	102	485
硕　士	13044	954	2691	7256	1517	626
高等学校本科毕业	8980	811	2998	3894	1072	205
高等学校专科毕业及以下	590	62	162	224	81	61

普通高等学校专任教师年龄结构情况

单位：人

指　　标	专任教师数	正高级	副高级	中　级	初　级	未定职称
总　计	**40297**	**7089**	**12941**	**16118**	**2772**	**1377**
30岁及以下	3011	1	24	924	1378	684
31～35岁	8267	67	1076	5838	922	364
36～40岁	8102	390	2959	4366	249	138
41～45岁	6294	987	2940	2199	91	77
46～50岁	5686	1767	2491	1323	58	47
51～55岁	4264	1568	1732	901	37	26
56～60岁	3003	1308	1210	418	30	37
61～65岁	1018	638	277	96	3	4
66岁及以上	652	363	232	53	4	

普通高等学校分科专任教师

单位：人

指　　标	专任教师数	正高级	副高级	中　级	初　级	未定职称
总　计	**40297**	**7089**	**12941**	**16118**	**2772**	**1377**
哲　学	978	182	304	381	72	39
经济学	2341	407	890	865	77	102
法　学	2753	421	770	1221	254	87

（续上表）

指　　标	专任教师数	正高级	副高级	中　级	初　级	未定职称
教育学	3673	290	831	1827	527	198
文　学	6228	722	1751	3066	469	220
历史学	443	149	125	147	10	12
理　学	3907	1092	1470	1189	66	90
工　学	11266	2466	4219	3891	403	287
农　学	372	87	152	84	35	14
医　学	2364	449	689	944	245	37
管理学	3181	495	1086	1246	221	133
艺术学	2791	329	654	1257	393	158

普通中等专业学校基本情况

单位:人

指　　标	学校数(所)	毕业生数	招生数	在校学生数	预计毕业生数	教职工数	#专任教师
总　计	**55**	**27598**	**25098**	**92324**	**34577**	**8237**	**4762**
中央部委属	1	1055	401	2492	1070	240	96
市　　属	54	26005	24251	88486	33043	7877	4621
民　　办	3	538	446	1346	464	120	45
农林牧渔类		436	284	1241	585		
资源环境类		657	338	1878	997		
能源与新能源类		375	299	1002	271		
土木水利类		1667	2476	6845	2093		
加工制造类		4609	3803	14197	4463		
石油化工类		706	682	2857	860		
轻纺食品类		263	235	757	321		
交通运输类		2790	2685	8924	2847		
信息技术类		2486	2887	10825	3859		
医药卫生类		3587	2841	10736	4548		
休闲保健类		80	102	347	91		
财经商贸类		7354	5793	23222	10504		
旅游服务类		505	753	2197	634		
文化艺术类		1269	1152	4941	1582		
体育与健身		201	248	750	233		
教育类		67	128	316	92		
司法服务类		147	24	178	110		
公共管理与服务类		399	329	1041	487		
其他			39	70			

普通中等专业学校分学科专任教师数

单位:人

指标	合计	正高级	副高级	中级	初级	未定职称
总计	**4762**	**18**	**1111**	**2377**	**1105**	**151**
文化基础课	1825		415	951	409	50
专业课	2767	18	684	1353	624	88
农林牧渔类	22		8	6	7	1
资源环境类	12		2	7	3	
能源与新能源类	45		18	17	5	5
土木水利类	128		39	61	19	9
加工制造类	351		111	150	88	2
石油化工类	88		32	34	18	4
轻纺食品类	51		14	25	12	
交通运输类	210		42	113	48	7
信息技术类	389		81	214	87	7
医药卫生类	245	1	78	126	28	12
休闲保健类	8		1	6	1	
财经商贸类	429	1	85	220	107	16
旅游服务类	50		12	27	10	1
文化艺术类	336	13	67	170	68	18
体育与健身	209	3	56	95	52	3
教育类	85		13	32	39	1
司法服务类	7		2	4	1	
公共管理与服务类	15		3	5	5	2
其他	87		20	41	26	
实习指导课	170		12	73	72	13

普通中等专业学校专任教师学历情况

单位:人

指标	合计	正高级	副高级	中级	初级	未定职称
专任教师数	**4762**	**18**	**1111**	**2377**	**1105**	**151**
博士	20	1	6	10	1	2
硕士	831	4	149	401	229	48
本科	3688	8	933	1877	791	79
专科	195	2	20	84	72	17
高中阶段及以下	28	3	3	5	12	5

普通中等专业学校专任教师年龄情况

单位:人

指　标	合　计	正高级	副高级	中　级	初　级	未定职称
专任教师数	**4762**	**18**	**1111**	**2377**	**1105**	**151**
30 岁及以下	689			65	511	113
31～35 岁	926		9	554	340	23
36～40 岁	693	1	81	502	107	2
41～45 岁	732	2	258	411	60	1
46～50 岁	780	2	340	392	43	3
51～55 岁	627	5	288	306	26	2
56～60 岁	302	5	130	144	18	5
61 岁及以上	13	3	5	3		2

中等职业学校机构数

单位:所

指　标	合　计	中央部委属	地方所属			民　办
				教育部门	非教育部门	
总　计	**111**	**2**	**102**	**46**	**56**	**7**
普通中专	55	1	51	13	38	3
职业高中	28		25	24	1	3
技工学校	7	1	6	2	4	
成人中专	21		20	7	13	1

国家级重点、中等职业学校单位情况

单位:人

指　标	单位数(所)	毕业生数	招生数	在校学生数	预计毕业生数
总　计	**54**	**33355**	**31923**	**111185**	**40108**
普通中专	33	23491	22254	81114	29875
职业高中	16	7322	7579	23439	7948
技工学校	5	2542	2090	6632	2285

中学校数、班数

指　标	全　市	城　区	镇　区	乡　村	另有:后方基地
学校数(所)	**762**	**604**	**128**	**30**	**8**
完全中学	92	84	6	2	1
高级中学	134	111	20	3	2
初级中学	355	280	62	13	3
九年一贯制学校	164	112	40	12	2
十二年一贯制学校	17	17			
班数(个)	**17020**	**14113**	**2534**	**373**	**135**
初　中	12455	10172	1970	313	88
高　中	4565	3941	564	60	47

中学分年级学生数

单位:人

指　　标	全　市	城　区	镇　区	乡　村	另有:后方基地
总　　计	**593513**	**410322**	**121646**	**61545**	**5636**
初中小计	**436696**	**356942**	**69340**	**10414**	**3505**
初　一	120475	97084	20088	3303	942
初　二	115298	93151	19397	2750	945
初　三	107429	88603	16478	2348	1050
初　四	93494	78104	13377	2013	568
高中小计	**156817**	**53380**	**52306**	**51131**	**2131**
高　一	134093	45676	44767	43650	695
高　二	20644	6919	6906	6819	728
高　三	2080	785	633	662	708

教育系统所属中学校数、班数、学生数

指　　标	全　市	城　区	镇　区	乡　村
学校数(所)	**656**	**506**	**124**	**26**
完全中学	67	60	5	2
高级中学	121	100	19	2
初级中学	319	247	60	12
九年一贯制学校	144	94	40	10
十二年一贯制学校	5	5		
班数(个)	**14904**	**12067**	**2479**	**358**
初　中	10774	8533	1939	302
高　中	4130	3534	540	56
学生数(人)	**516165**	**416121**	**87861**	**12183**
初　中	373861	295438	68226	10197
高　中	142304	120683	19635	1986

民办中学教学机构数、班数、学生数

指　　标	全　市	城　区	镇　区	乡　村
机构数(个)	**103**	**95**	**4**	**4**
完全中学	23	22	1	
高级中学	13	11	1	1
初级中学	36	33	2	1
九年一贯制学校	19	17		2
十二年一贯制学校	12	12		
班数(个)	**2065**	**1995**	**55**	**15**
初　中	1651	1609	31	11
高　中	414	386	24	4
学生数(人)	**75179**	**72745**	**2123**	**311**
初　中	61572	60241	1114	217
高　中	13607	12504	1009	94

2013 年中学招生、毕业生数

单位：人

指　　标	全　市	城　区	镇　区	乡　村	另有：后方基地
2013 年招生数	**173358**	**142382**	**26900**	**4076**	**1637**
初　中	120266	96923	20050	3293	942
高　中	53092	45459	6850	783	695
2013 年毕业生数	**146810**	**122977**	**21034**	**2799**	**1840**
初　中	94135	78457	13597	2081	1040
高　中	52675	44520	7437	718	800

中学教职工、教师分部门人数

单位：人

指　　标	全　市	城　区	镇　区	乡　村	另有：后方基地
教职工数	**68192**	**55959**	**10646**	**1587**	**638**
教育部门办	60098	48163	10422	1513	
其他部门办	265	265			638
民　办	7829	7531	224	74	
其中：专任教师数	**52649**	**43269**	**8183**	**1197**	**511**
教育部门办	47020	37840	8015	1165	
其他部门办	227	227			511
民　办	5402	5202	168	32	

中学专任教师学历情况

指　　标	专　任 教师数	研究生 毕业	大学本 科毕业	大学专 科毕业	高中阶 段毕业	高中阶段 毕业以下
初中(人)	**36049**	**2151**	**32933**	**953**	**10**	**2**
所占比重(%)	100.00	5.97	91.36	2.64	0.03	0.01
高中(人)	**16600**	**2111**	**14423**	**62**	**4**	
所占比重(%)	100.00	12.72	86.89	0.37	0.02	

中学专任教师职称情况

指　　标	专任教师数	中学高级	中学一级	中学二级	中学三级	未评职称
初中(人)	**36049**	**4263**	**18986**	**11038**	**58**	**1704**
所占比重(%)	100.00	11.83	52.67	30.62	0.16	4.73
高中(人)	**16600**	**5367**	**7786**	**2873**	**7**	**567**
所占比重(%)	100.00	32.33	46.90	17.31	0.04	3.42

中学专任教师年龄情况

指　　标	专任教师数	30 岁及以下	31—40 岁	41—50 岁	51—60 岁	61 岁及以上
初中(人)	**36049**	**7526**	**14274**	**11139**	**2900**	**210**
所占比重(%)	100.00	20.88	39.60	30.90	8.04	0.58
高中(人)	**16600**	**2150**	**7226**	**5297**	**1793**	**134**
所占比重(%)	100.00	12.95	43.53	31.91	10.80	0.81

中学占地和校舍建筑面积数

单位:万平方米

指　标	全　市	城　区	镇　区	乡　村
学校占地面积	2155.78	1561.68	490.66	103.44
#运动场地面积	589.46	428.62	138.42	22.42
校舍建筑面积	1261.17	1025.15	196.44	39.58

分区县高中分年级在校生情况

单位:人

指　标	毕业生数	招生数	高中在校学生数	一年级	二年级	三年级
全市合计	**52675**	**53092**	**156817**	**53380**	**52306**	**51131**
黄浦区	3206	3316	9588	3339	3161	3088
徐汇区	3561	3842	10980	3861	3618	3501
长宁区	1714	1772	5407	1783	1831	1793
静安区	1339	1475	4103	1479	1328	1296
普陀区	2611	2735	8131	2766	2764	2601
闸北区	2353	2465	7121	2465	2361	2295
虹口区	2786	2404	7482	2419	2530	2533
杨浦区	3779	3683	11195	3686	3750	3759
闵行区	3387	3698	10715	3702	3596	3417
宝山区	3313	3454	10037	3481	3393	3163
嘉定区	1971	2050	5940	2068	2007	1865
浦东新区	11553	11922	34903	11969	11500	11434
金山区	2242	2033	6071	2077	2002	1992
松江区	2304	2373	7035	2389	2403	2243
青浦区	2013	1981	5953	1994	1936	2023
奉贤区	2131	1961	6018	1970	2092	1956
崇明县	2412	1928	6138	1932	2034	2172

分区县初中分年级在校生情况

单位:人

指　标	毕业生数	招生数	初中在校学生数	一年级	二年级	三年级	四年级
全市合计	**94135**	**120266**	**436696**	**120475**	**115298**	**107429**	**93494**
黄浦区	3491	3749	15036	3754	3794	3861	3627
徐汇区	5965	6139	24778	6152	6431	6446	5749
长宁区	3162	3365	13528	3367	3470	3596	3095
静安区	2012	1899	8003	1899	2019	2098	1987
普陀区	4575	5085	20209	5103	5220	5146	4740

（续上表）

指　标	毕业生数	招生数	初中在校学生数	一年级	二年级	三年级	四年级
闸北区	4624	4443	17244	4443	4324	4423	4054
虹口区	4172	4004	16208	4009	4114	4212	3873
杨浦区	5576	5228	21257	5229	5276	5482	5270
闵行区	6570	11015	36719	11019	9687	8887	7126
宝山区	6666	8826	31953	8880	8498	7819	6756
嘉定区	3766	7271	22647	7295	6099	5206	4047
浦东新区	22299	31026	107031	31066	27770	25754	22441
金山区	3949	5276	17657	5276	4615	4122	3644
松江区	5325	6924	26600	6939	7625	6565	5471
青浦区	3794	5312	19707	5326	5944	4844	3593
奉贤区	4673	7708	25403	7720	7105	5725	4853
崇明县	3516	2996	12716	2998	3307	3243	3168

分区县中学基本情况

单位：人

指　标	学校数（所）					初高中学生数	教职工数	#专任教师		
		完全中学	高级中学	初级中学	九年一贯制学校	十二年一贯制学校				初　中	高　中
全市合计	**762**	**92**	**134**	**355**	**164**	**17**	**593513**	**68192**	**52649**	**36049**	**16600**
黄浦区	36	6	9	17	4		24624	3377	2459	1368	1091
徐汇区	37	9	6	19	2	1	35758	4140	3254	2042	1212
长宁区	26	4	4	14	2	2	18935	2748	1869	1282	587
静安区	15	4	3	6	2		12106	1623	1149	685	464
普陀区	45	9	4	13	18	1	28340	3676	2694	1901	793
闸北区	36	9	6	17	4		24365	3099	2218	1449	769
虹口区	41	4	12	19	6		23690	3108	2495	1503	992
杨浦区	51	7	10	26	8		32452	4082	3207	1985	1222
闵行区	63	7	10	27	18	1	47434	5633	4271	3081	1190
宝山区	57	5	8	27	16	1	41990	4349	3567	2604	963
嘉定区	36	1	7	17	10	1	28587	2900	2280	1688	592
浦东新区	152	20	28	74	22	8	141934	13884	11657	8069	3588
金山区	30	1	8	18	3		23728	2845	2187	1508	679
松江区	35	3	4	9	18	1	33635	3692	2556	1887	669
青浦区	25	1	4	13	7		25660	2710	2189	1644	545
奉贤区	40		6	12	21	1	31421	3140	2341	1767	574
崇明县	37	2	5	27	3		18854	3186	2256	1586	670

实验性示范性中学(含重点及现代寄宿制)基本情况

单位:人

指　　标	总　计	市实验性示范性	市区	郊县	区县重点	市区	郊县
校数(所)	**143**	**60**	**59**	**1**	**83**	**79**	**4**
班数(个)	**4330**	**1886**	**1843**	**43**	**2444**	**2366**	**78**
初　中	877	149	147	2	728	728	
高　中	3453	1737	1696	41	1716	1638	78
毕业生数	**47581**	**22319**	**21658**	**661**	**25262**	**24043**	**1219**
初　中	7948	1960	1876	84	5988	5988	
高　中	39633	20359	19782	577	19274	18055	1219
招生数	**48029**	**22041**	**21558**	**483**	**25988**	**25070**	**918**
初　中	7584	1181	1181		6403	6403	
高　中	40445	20860	20377	483	19585	18667	918
在校学生数	**150971**	**66849**	**65148**	**1701**	**84122**	**81195**	**2927**
初　中	30662	5416	5344	72	25246	25246	
高　中	120309	61433	59804	1629	58876	55949	2927
2013年预计毕业生数	**47219**	**21817**	**21161**	**656**	**25402**	**24322**	**1080**
初　中	7685	1816	1744	72	5869	5869	
高　中	39534	20001	19417	584	19533	18453	1080
教职工数	**20051**	**9358**	**9134**	**224**	**10693**	**10043**	**650**
其中:专任教师	15566	7198	7042	156	8368	7906	462
初　中	2462	388	388		2074	2074	
高　中	13104	6810	6654	156	6294	5832	462
学校占地面积(万平方米)	**690.20**	**423.61**	**408.52**	**15.09**	**266.59**	**249.39**	**17.20**
学校建筑面积(万平方米)	**433.21**	**261.71**	**254.44**	**7.27**	**171.50**	**160.98**	**10.52**

职业高中学校专任教师学历情况

单位:人

指　　标	合　计	研究生	大学本科	大学专科	高中阶段及以下
专任教师	**2848**	**191**	**2630**	**24**	**3**
正高级	2		2		
副高级	480	31	449		
中　级	1600	82	1510	8	
初　级	669	55	600	14	
未定职称	97	23	69	2	3

职业高中学校专任教师年龄职称情况

单位:人

指　　标	专任教师数	30岁及以下	31—40岁	41—50岁	51—60岁	61岁及以上
总　计	**2848**	**320**	**1137**	**966**	**424**	**1**
正高级	2		1	1		
副高级	480		79	254	146	1
中　级	1600	17	706	622	255	
初　级	669	228	338	83	20	
未定职称	97	75	13	6	3	

职业高中(班)基本情况

单位:人

指　　标	学校数(所)	毕业生数	招生数	在校生数	预计毕业生数	教职工数	#专任教师
总　计	**28**	**10138**	**10624**	**32278**	**10590**	**4021**	**2848**
中央部门办							
地方教育部门办	24	9586	10100	30492	9992	3941	2801
地方非教育部门办	1	151	126	425	160	16	11
民　办	3	401	398	1361	438	64	36
农林牧渔类		79	109	321	101		
资源环境类							
能源与新能源类				44	44		
土木水利类							
加工制造类		751	1170	3391	1163		
石油化工类							
轻纺食品类							
交通运输类		2076	1797	5512	1771		
信息技术类		1223	1354	3859	1248		
医药卫生类		23	80	237	80		
休闲保健类		77	59	194	81		
财经商贸类		2051	2022	6666	2343		
旅游服务类		1831	2032	5634	1634		
文化艺术类		806	808	2769	866		
体育与健身		40	68	186	53		
教育类		776	683	2377	849		
司法服务类							
公共管理与服务类		205	73	289	146		
其他		200	369	799	211		

分区县职业高中学校(班)基本情况

单位:人

指　　标	学校数(所)	毕业生数	招生数	在校学生数	预计毕业生数	教职工数	#专任教师
全市合计	**28**	**10138**	**10624**	**32278**	**10590**	**4021**	**2848**
黄浦区	4	1058	699	2309	861	569	331
徐汇区	2	651	552	1853	713	259	183
长宁区	2	487	504	1469	422	198	125
静安区	1	415	317	1071	421	211	147
普陀区	1	223	357	895	218	170	118
闸北区	1	352	390	837	241	151	104
虹口区	3	1172	661	2648	978	350	240

（续上表）

指　　标	学校数（所）	毕业生数	招生数	在校学生数	预计毕业生数	教职工数	#专任教师
杨浦区	1	471	482	1546	532	159	118
闵行区	1	517	684	1933	667	185	145
宝山区	2	786	848	2556	785	216	114
嘉定区	1					72	48
浦东新区	5	3186	3854	11446	3530	772	658
金山区							
松江区	2	248	347	1009	354	331	259
青浦区	1	97	99	359	88	67	39
奉贤区		14					
崇明县	1	461	830	2347	780	311	219

小学校数、班数、学生数、教职工数

指　　标	全　市	教育部门	其他部门	民办	另有：后方基地
学校数（所）	**759**	**580**	**1**	**178**	**9**
班数（个）	**20491**	**16611**	**19**	**3861**	**158**
学生数（人）	**792476**	**624791**	**657**	**167028**	**5154**
一年级	181210	146241	146	34823	1148
二级级	168965	133031	136	35798	839
三年级	163597	129755	142	33700	912
四级级	142492	112345	125	30022	978
五年级	131424	103419	108	27897	892
六年级	4788			4788	385
教职工数（人）	**58138**	**47770**	**49**	**10319**	**550**
#专任教师数	49772	41588	43	8141	492

小学专任教师学历情况

指　　标	合　计	大学本科毕业及以上	大学专科毕　　业	高中阶段毕　　业	高中阶段毕业以下
专任教师（人）	49772	35023	13555	1181	13
所占比重（%）	100.00	70.37	27.23	2.37	0.03

小学专任教师年龄职称情况

单位：人

指　　标	专任教师	30岁及以下	31—40岁	41—50岁	51—60岁	61岁及以上
总　计	**49772**	**12566**	**17115**	**16715**	**3138**	**238**
中学高级	942		194	608	120	20
小学高级	24569	108	8314	13449	2522	176
小学一级	17036	7595	7158	1976	293	14
小学二级	564	284	170	84	25	1
小学三级	58	36	19	3		
未定职称	6603	4543	1260	595	178	27

小学占地和校舍建筑面积数

单位:万平方米

指　标	学校占地面积	运动场地面积	校舍建筑面积
全　市	**911.80**	**296.65**	**502.23**
城　区	665.70	217.73	404.71
镇　区	175.47	55.43	72.90
乡　村	70.64	23.50	24.62

分区县小学基本情况

单位:人

指　标	学校数(所)	毕业生数	招生数	在校学生数							教职工数	#专任教师
					一年级	二年级	三年级	四年级	五年级	六年级		
全市合计	**759**	**134504**	**181037**	**792476**	**181210**	**168965**	**163597**	**142492**	**131424**	**4788**	**58138**	**49772**
黄浦区	30	3379	4521	18892	4526	3939	3923	3335	3169		2146	1670
徐汇区	44	5933	8374	33927	8376	6967	7016	6026	5542		2648	2280
长宁区	23	3428	4650	19745	4656	4109	4225	3515	3240		1838	1500
静安区	12	1681	2159	9472	2159	1940	2018	1701	1654		1052	740
普陀区	25	5277	7705	31187	7708	6625	6531	5398	4925		2406	2195
闸北区	33	3993	5259	22582	5259	4709	4838	4063	3713		2045	1578
虹口区	34	3929	4992	22114	4997	4625	4651	3951	3890		2083	1850
杨浦区	44	5308	6271	27885	6274	5853	5960	5021	4777		2657	2335
闵行区	62	13792	21482	86917	21484	18703	17922	15149	13659		5760	4815
宝山区	72	11068	13647	63919	13664	14101	13342	11755	11057		4723	4258
嘉定区	39	9833	10809	48652	10829	10703	9989	8909	8222		3056	2562
浦东新区	167	32362	48182	195725	48186	41568	40002	34625	31344		12286	11194
金山区	31	5410	5868	28654	5889	5784	6039	5659	5283		2280	1909
松江区	33	9430	14551	64513	14561	13386	12538	11160	10153	2715	3851	3315
青浦区	45	7650	10111	50543	10135	10994	10234	9122	8164	1894	3638	3036
奉贤区	36	8763	8466	48588	8492	10782	10528	9552	9234		3194	2723
崇明县	29	3268	3990	19161	4015	4177	3841	3551	3398	179	2475	1812

幼儿园基本情况

指　标	全　市	教育部门办	集体办	其他部门办	民　办	另有:后方基地
独立幼儿园(所)	1446	861	30	31	524	11
班数(个)	16468	11006	226	284	4952	73
幼儿数(人)	501030	338268	7248	8233	147281	1949
教职工数(人)	51022	29595	640	1236	19551	345
专任教师数(人)	32921	22643	351	643	9284	180

幼儿园园长、教师学历情况

指　　标	合　计	大学本科毕业及以上	大学专科毕业	高中阶段毕业	高中阶段毕业以下	合计中:幼教专业毕业
园长(人)	1862	1421	395	45	1	1632
所占比重(%)	100.00	76.32	21.21	2.42	0.05	87.65
专任教师(人)	32921	20224	10928	1673	96	25185
所占比重(%)	100.00	61.43	33.19	5.08	0.29	76.50

幼儿园园长、教师职称情况

指　　标	中学高级	小学高级	小学一级	小学二级	小学三级	未定职称
园长(人)	408	1035	191	18	4	206
所占比重(%)	21.91	55.59	10.26	0.97	0.21	11.06
专任教师(人)	128	8273	12760	1802	113	9845
所占比重(%)	0.39	25.13	38.76	5.47	0.34	29.90

分区县幼儿园基本情况

单位:人

指　　标	园数(所)	实际办园点数(个)	入　园幼儿数	离　园幼儿数	在　园幼儿数	教职工数	#专任教师	占地面积(万平方米)	校舍面积(万平方米)
全市合计	**1446**	**1897**	**166124**	**157650**	**501030**	**51022**	**32921**	**764.28**	**509.36**
黄浦区	48	66	4294	3818	12421	1387	881	7.64	8.88
徐汇区	87	116	6958	6775	22240	2619	1586	31.32	20.42
长宁区	41	57	3830	4106	13192	1456	957	31.88	14.14
静安区	20	28	1917	1594	5725	758	439	4.55	4.40
普陀区	77	119	8701	7954	27400	2531	1811	32.63	25.12
闸北区	55	73	4348	5053	15241	1602	1081	20.50	16.49
虹口区	52	64	4299	4463	13824	1496	1003	17.18	13.23
杨浦区	83	94	6159	7182	22805	2193	1567	28.26	20.66
闵行区	152	215	21168	18224	59808	8577	4372	97.66	63.84
宝山区	152	164	15764	15653	48758	4477	2915	69.16	47.03
嘉定区	70	88	10497	9569	31073	2846	1933	52.13	32.32
浦东新区	278	409	34507	34427	108715	9272	6953	182.15	124.79
金山区	34	54	5851	4993	15463	1469	1051	34.00	17.55
松江区	103	120	16430	11631	39437	3414	2155	48.59	33.78
青浦区	77	83	9015	8875	26196	3030	1854	38.34	23.57
奉贤区	80	96	8433	9396	27784	2833	1620	44.52	29.07
崇明县	37	51	3953	3937	10948	1062	743	23.78	14.09

注:实际办园点数由市教委基教处提供。

分区县托儿所基本情况

单位:人

指标	独立设置托儿所(所)	班数(个)	托儿数	教职工数	#教养员数
全市合计	**41**	**274**	**6058**	**1029**	**700**
黄浦区		4	106	13	12
徐汇区	2	8	214	33	16
长宁区	17	24	610	162	130
静安区	2	8	163	26	12
普陀区					
闸北区	2	11	237	27	19
虹口区	5	44	1042	80	80
杨浦区	3	29	782	179	96
闵行区					
宝山区					
嘉定区	1	9	240	41	19
浦东新区	5	112	2180	381	269
金山区		6	150	29	14
松江区	4	19	334	58	33
青浦区					
奉贤区					
崇明县					

特殊教育学校基本情况

单位:人

指标	学校数(所)	班数(个)	学生数	教职工数	#专任教师
总计	**29**	**469**	**8105**	**1588**	**1207**
视力残疾		25	228		
听力残疾		66	713		
智力残疾		357	6811		
其他残疾		21	353		
盲校	1	25	185	109	53
聋哑学校	4	66	563	251	167
弱智学校	22	344	3693	1100	879
其他学校	2	20	167	128	108
小学附设特教班		9	59		
中学附设特教班					
中职附设特教班		5	57		
小学随班就读			1392		
中学随班就读			1989		

注:1. 其他学校指对两类以上残疾人进行教育的学校。
2. 随班就读学生是普通中、小学学生的其中数,不计入独立的特教校班数据中。

专门学校基本情况

单位：人

指　　标	学校数（所）	班数（个）	学生数	教职工数	#专任教师
全市合计	**13**	**88**	**1462**	**521**	**406**
黄浦区	1	4	35	28	20
徐汇区	1	5	52	28	21
长宁区	1	3	22	23	16
静安区	1	6	28	37	31
普陀区	1	4	22	28	19
闸北区	1	11	222	39	29
虹口区	1	4	51	29	23
杨浦区	1	6	63	27	20
闵行区	1	7	126	39	31
宝山区	1	11	220	36	28
嘉定区	1	1	28	31	21
浦东新区	1	12	358	108	95
金山区					
松江区					
青浦区					
奉贤区					
崇明县	1	14	235	68	52

成人本、专科分形式学生数

单位：人

指　标	毕业生数	#本科	招生数	#本科	在校学生数	#本科	预计毕业生数	#本科
总　计	**53994**	**37571**	**54447**	**38243**	**174584**	**125403**	**58643**	**39904**
函　授	3550	2952	2421	1724	8700	6483	2840	2174
业　余	50409	34617	51949	36519	165590	118920	55598	37730
脱　产	35	2	77		294		205	

注：含普通高校举办的成人本专科及独立设置的成人高校学生。

网络本、专科学生数

指　标	毕业生数	#本科	招生数	#本科	在校学生数	#本科
总　计	**53096**	**15808**	**50338**	**14450**	**132038**	**32516**
成人生	53096	15808	50338	14450	132038	32516

成人本科分形式、分学科学生数

单位：人

指　标	毕业生数	招生数	在校学生数	预计毕业生数
总　计	**37571**	**38243**	**125403**	**39904**
哲　学	54	45	45	
经济学	3178	2159	9249	3061
法　学	3009	1541	6514	2474
教育学	1542	1162	3673	1259
文　学	3937	3028	10922	4091
历史学				
理　学	615	443	1518	547
工　学	5575	6279	19982	6517
农　学	137	125	411	116
医　学	3324	4806	14184	3632
管理学	14852	17353	54138	16616
艺术学	1348	1302	4767	1591

成人专科分形式、分学科学生数

单位：人

指　标	毕业生数	招生数	在校学生数	预计毕业生数
总　计	**16423**	**16204**	**49181**	**18739**
农林牧渔大类	183	149	349	135
交通运输大类	908	730	2775	1177
生化与药品大类	27	72	237	44
资源开发与测绘大类				
材料与能源大类	181	147	462	109
土建大类	415	541	1351	473
水利大类				
制造大类	805	616	2306	432
电子信息大类	479	313	995	428
环保、气象与安全大类	26	9	69	33
轻纺食品大类	58	117	325	135
财经大类	8278	8254	23466	8774
医药卫生大类	935	706	4371	1521
旅游大类	356	293	976	608
公共事业大类	1911	2342	5814	2615
文化教育大类	1199	1260	3661	1454
艺术设计传媒大类	575	586	1906	772
公安大类				
法律大类	87	69	118	29

独立设置的成人高等学校专任教师学历情况

单位：人

指　　标	总　计	正高级	副高级	中　级	初　级	未定职称
专任教师数	**854**	**27**	**188**	**494**	**121**	**24**
博士生毕业	40	8	23	8	1	
硕士生毕业	288	8	63	163	48	6
大学本科毕业	515	10	102	316	69	18
大学专科毕业及以下	11	1		7	3	

职业技术培训机构基本情况

单位：万人次

指　　标	学校数（所）	教学班（点）（个）	结　业学生数	注　册学生数	教职工数（人）	# 专任教师	聘请校外教师数（人）
总　计	**725**	**27080**	**180.87**	**163.93**	**16797**	**6716**	**13676**
职工技术培训学校	**20**	**1478**	**11.31**	**11.55**	**1311**	**958**	**588**
教育部门办和集体办	11	1125	6.86	7.02	1105	867	307
其他部门办	5	344	3.35	3.42	88	41	235
民办	4	9	1.09	1.12	118	50	46
农村技术培训学校	**117**	**6078**	**60.81**	**48.96**	**944**	**686**	**2712**
教育部门办和集体办	81	4408	31.16	26.97	833	642	1922
县办	62	2812	20.38	18.09	670	520	1529
乡办	19	1596	10.77	8.89	163	122	393
村办							
其他部门办	36	1670	29.65	21.99	111	44	790
民办							
其他培训机构	**588**	**19524**	**108.76**	**103.41**	**14542**	**5072**	**10376**
教育部门办和集体办	23	1000	5.14	5.09	1001	721	411
其他部门办	73	6427	20.72	23.05	1611	543	1964
民办	492	12097	82.89	75.28	11930	3808	8001

注：表中结业生数、注册学生数均指一学年内的累计数。

校外教育单位和教职工数

单位：人

	少　年　宫		少年科技站		少　年　之　家	
	单位数（所）	教职工数	单位数（所）	教职工数	单位数（所）	教职工数
全市合计	**15**	**975**	**5**	**189**	**1**	**29**
黄浦区	1	62	1	48		
徐汇区	1	89				
长宁区	1	42	1	32		
静安区	1	88				
普陀区						
闸北区	1	22	1	27		

（续上表）

	少年宫		少年科技站		少年之家	
	单位数（所）	教职工数	单位数（所）	教职工数	单位数（所）	教职工数
虹口区	1	57				
杨浦区	1	38	1	42		
闵行区						
宝山区	1	49	1	40		
嘉定区	1	55			1	29
浦东新区	1	160				
金山区	1	76				
松江区	1	52				
青浦区	1	54				
奉贤区	1	54				
崇明县	1	77				

普通高等学校基本情况一览表（一）

单位：人

指标	专业（个）	在校研究生数	普通本专科								
			#专业学位	毕业生数	#本科	招生数	#本科	在校学生数	#本科	预计毕业生数	#本科
总计	**2142**	**127803**	**43092**	**133794**	**84636**	**140879**	**93457**	**504771**	**362742**	**140353**	**91174**
部委属高校	**495**	**89545**	**32108**	**27102**	**26333**	**28245**	**26596**	**110312**	**107131**	**27443**	**26789**
复旦大学	70	16026	5430	3118	2886	3408	3170	12933	12227	3350	3116
上海交通大学	65	19632	6646	3723	3723	3930	3930	16099	16099	4066	4066
同济大学	46	18041	6657	4254	4157	4285	4285	18772	18581	4717	4620
华东理工大学	82	8541	2406	4414	4414	3857	3857	15425	15425	3746	3746
东华大学	56	6378	2060	3725	3725	3727	3727	14890	14890	3690	3690
华东师范大学	77	12785	5038	3595	3499	3611	3511	14553	14247	3797	3691
上海外国语大学	42	2996	1018	1764	1482	1563	1563	6203	5986	1730	1513
上海财经大学	42	5116	2823	1945	1945	2015	2015	7876	7876	1928	1928
上海海关学院	7	30	30	564	502	538	538	1800	1800	419	419
上海民航职业技术学院	8					1311		1761			
市属院校	**1647**	**38258**	**10984**	**106692**	**58303**	**112634**	**66861**	**394459**	**255611**	**112910**	**64385**
本科院校	**998**	**38258**	**10984**	**69144**	**58303**	**73336**	**66861**	**283521**	**255611**	**75487**	**64385**
上海理工大学	64	5711	1894	4249	4034	4588	4588	17710	17710	4545	4545
上海大学	86	9998	2535	6627	5615	5386	5386	26293	24161	7974	6810
上海工程技术大学	66	1129		4564	3775	4805	4107	17933	15587	4739	3934
上海中医药大学	14	2076	1089	1067	824	1005	872	4380	3749	1157	922
上海师范大学	91	5065	1112	5126	4705	5810	5320	22302	20989	5887	5468
上海对外经贸大学	31	1310	449	2311	2194	2561	2442	9691	9294	2512	2364
上海应用技术学院	60	923	164	4386	3645	3899	3740	17094	15499	4892	4088

（续上表）

指标	专业（个）	在校研究生数	普通本专科							
			#专业学位	毕业生数	#本科	招生数	#本科	在校学生数	#本科	预计毕业生数	#本科
上海海事大学	57	3010	1000	4936	4150	4677	4384	18715	16888	5313	4419
上海纽约大学	12					150	150	150	150		
上海电力学院	36	772		2465	2414	2658	2658	10712	10652	2959	2899
上海海洋大学	48	2333	477	3248	3004	3054	3054	12608	12050	3165	2876
华东政法大学	24	3717	1424	3081	3081	3121	3121	12022	12022	3113	3113
上海体育学院	17	988	223	976	976	1038	1038	4052	4052	1033	1033
上海戏剧学院	15	301	112	438	438	489	489	1872	1872	476	476
上海音乐学院	7	502	231	289	289	396	396	1592	1592	333	333
上海杉达学院	32			2773	2280	3324	3051	11953	10682	3013	2541
上海立信会计学院	27	96	96	2569	2039	3079	2649	10674	9084	2735	2135
上海电机学院	45	117	117	3071	1864	3378	2680	12183	9456	3190	2099
上海金融学院	32			2097	1807	2414	2101	8496	7591	2178	1896
上海政法学院	26	149		2382	1849	2852	2497	10035	8577	2587	1995
上海第二工业大学	66	61	61	3203	2178	3418	2564	12055	8997	3296	2223
上海商学院	42			3151	1821	2922	2004	10414	7066	2957	1782
上海建桥学院	41			2787	1973	3685	2943	13040	10346	3421	2422
上海视觉艺术学院	13			759	759	998	998	3889	3889	879	879
上海外国语大学贤达经济人文学院	21			1065	1065	1865	1865	6241	6241	1355	1355
上海师范大学天华学院	25			1524	1524	1764	1764	7415	7415	1778	1778
同济大学同科学院											
专科院校	**72**			**5865**		**7022**		**19128**		**6417**	
上海医疗器械高等专科学校	22			1396		1553		4403		1339	
上海出版印刷高等专科学校	20			1406		1701		4527		1409	
上海旅游高等专科学校	12			812		1115		3357		1087	
上海公安高等专科学校	1			680		777		1799		1022	
上海医药高等专科学校	17			1571		1876		5042		1560	
高职学院	**577**			**31683**		**32276**		**91810**		**31006**	
上海行健职业学院	26			1572		1358		4033		1354	
上海城市管理职业技术学院	21			1177		1304		3684		1239	
上海交通职业技术学院	22			1475		1276		4038		1535	
上海海事职业技术学院	23			1455		1128		4003		1414	
上海电子信息职业技术学院	28			2201		2655		7153		2259	

（续上表）

指标	专业（个）	在校研究生数	普通本专科							
			#专业学位	毕业生数	#本科	招生数	#本科	在校学生数	#本科	预计毕业生数	#本科
上海科学技术职业学院	24			1449		1514		4217		1409	
上海农林职业技术学院	39			1309		1063		3196		1182	
上海工艺美术职业学院	14			1331		1415		4157		1294	
上海建峰职业技术学院	33			1155		1322		3667		1128	
上海工会管理职业学院	26			1487		1593		4460		1475	
上海体育职业学院	4			105		101		445		187	
上海健康职业技术学院	10			299		1309		3154		765	
上海东海职业技术学院	28			1455		1630		4545		1539	
上海新侨职业技术学院	29			1497		1564		4194		1376	
上海震旦职业学院	36			1094		1224		3428		1198	
上海民远职业技术学院	24			796		512		1829		713	
上海欧华职业技术学院	12			595		285		1019		430	
上海思博职业技术学院	21			1841		1853		5223		1689	
上海立达职业技术学院	25			1459		1753		4548		1450	
上海济光职业技术学院	29			1583		1751		4596		1522	
上海工商外国语职业学院	24			1846		2529		6849		2142	
上海邦德职业技术学院	24			1154		935		2488		878	
上海兴韦信息技术职业学院	8			623		4		723		715	
上海中侨职业技术学院	32			1331		1511		4120		1378	
上海电影艺术职业学院	15			665		687		2041		735	
上海中华职业技术学院				729							

普通高等学校基本情况一览表(二)

单位:人

指标	成人本专科在校生数	#本科	教职工数	专任教师数	正副高	研究生学历	占地面积（万平方米）		校舍面积（万平方米）	
							学校产权	非产权独用	学校产权	非产权独用
总计	**165435**	**125403**	**73361**	**40297**	**20030**	**30727**	**3356.85**	**555.07**	**1839.47**	**432.65**
部委属高校	**74708**	**65471**	**32687**	**15309**	**9965**	**13620**	**1305.37**	**185.78**	**849.18**	**100.92**
复旦大学	10925	10350	5972	2490	1771	2310	112.23	131.15	154.19	42.60
上海交通大学	14195	13657	7207	2851	2009	2604	322.58		181.44	1.16
同济大学	13215	11841	6287	2786	1852	2463	257.09		164.42	14.74
华东理工大学	11956	8664	3504	1748	1083	1552	176.87		91.15	

（续上表）

指标	成人本专科在校生数	#本科	教职工数	专任教师数	正副高	研究生学历	占地面积（万平方米）学校产权	占地面积（万平方米）非产权独用	校舍面积（万平方米）学校产权	校舍面积（万平方米）非产权独用
东华大学	4350	3417	2298	1267	805	1054	121.88		62.41	15.94
华东师范大学	9530	7627	3998	2118	1436	1862	209.58		122.46	3.31
上海外国语大学	4550	3964	1332	724	349	673	14.12	54.63	16.68	21.92
上海财经大学	5987	5951	1561	1030	573	942	51.07		42.57	1.26
上海海关学院			274	139	58	105	31.23		9.36	
上海民航职业技术学院			254	156	29	55	8.73		4.50	
市属院校	**90727**	**59932**	**40674**	**24988**	**10065**	**17107**	**2051.48**	**369.29**	**990.29**	**331.73**
本科院校	**82109**	**59932**	**31397**	**19527**	**8628**	**14986**	**1612.12**	**134.99**	**795.97**	**177.86**
上海理工大学	4655	3511	2242	1505	646	1235	60.25	10.97	51.90	7.93
上海大学	13580	9977	5623	2819	1441	2362	183.77	12.46	113.93	12.20
上海工程技术大学	4942	3985	1563	1117	419	851	94.53	18.58	39.97	18.58
上海中医药大学	3061	2463	1242	701	319	543	27.67	8.53	20.18	6.61
上海师范大学	12404	9452	2845	1696	826	1305	162.09		77.29	
上海对外经贸大学	602	602	1005	683	426	579	57.37	9.13	15.60	18.89
上海应用技术学院	5083	3015	1726	1117	446	781	110.69	2.42	60.07	5.18
上海海事大学	3182	1894	1980	1070	464	924	138.27	5.26	63.89	9.54
上海纽约大学			121	11		11		1.32		4.85
上海电力学院	4722	4199	1097	770	343	615	41.65	10.00	31.42	9.23
上海海洋大学	5604	3268	1276	911	439	793	137.05	0.08	39.52	5.35
华东政法大学	4088	3972	1296	960	366	838	85.34		33.67	
上海体育学院	1115	887	690	397	228	271	45.98		28.47	
上海戏剧学院	1013	852	518	279	110	140	12.20		10.21	0.55
上海音乐学院	256	256	513	290	132	175	4.80		8.20	1.18
上海杉达学院			746	546	201	351	49.28	4.53	27.49	6.18
上海立信会计学院	4473	3463	818	558	200	375	30.81	1.36	21.45	9.50
上海电机学院	3099	1817	958	642	233	548	67.69		37.28	
上海金融学院	3381	2448	668	442	211	327	26.44	18.70	14.93	10.19
上海政法学院	1422	1010	654	452	193	396	72.46		21.61	
上海第二工业大学	4106	2186	1004	610	289	380	41.01	5.54	23.08	6.58
上海商学院	1138	624	732	539	209	279	65.48	5.04	20.87	4.62
上海建桥学院	183	51	696	430	168	237	19.20	13.27	9.00	16.76
上海视觉艺术学院			366	288	113	167	49.21		12.08	4.18
上海外国语大学贤达经济人文学院			474	320	93	234	8.66	1.93	7.53	9.48
上海师范大学天华学院			544	374	113	269	20.24	5.87	6.33	10.26
同济大学同科学院										

（续上表）

指标	成人本专科在校生数	#本科	教职工数	专任教师数	正副高	研究生学历	占地面积（万平方米）		校舍面积（万平方米）	
							学校产权	非产权独用	学校产权	非产权独用
专科院校	**987**		**1894**	**1164**	**269**	**424**	**77.89**	**71.52**	**27.47**	**35.65**
上海医疗器械高等专科学校	85		293	178	56	110	20.25	1.70	4.05	2.17
上海出版印刷高等专科学校	93		339	191	50	111	20.71	6.48	5.88	8.58
上海旅游高等专科学校	101		250	156	37	97	0.78	21.73	1.57	7.69
上海公安高等专科学校			491	262	41	20	13.40	34.12	5.05	6.93
上海医药高等专科学校	708		521	377	85	86	22.76	7.49	10.92	10.28
高职学院	**7631**		**7383**	**4297**	**1168**	**1697**	**361.47**	**162.78**	**166.85**	**118.21**
上海行健职业学院	597		221	152	34	70	7.08	4.24	9.11	2.14
上海城市管理职业技术学院	629		309	168	51	45	19.22		11.22	
上海交通职业技术学院	379		425	275	55	73	18.27		10.63	4.29
上海海事职业技术学院	320		291	171	35	47	12.48	5.40	7.32	5.34
上海电子信息职业技术学院	195		298	220	49	82	28.11		15.62	
上海科学技术职业学院			249	146	48	74	21.40		11.86	
上海农林职业技术学院			276	201	48	104	26.74	41.33	2.51	9.51
上海工艺美术职业学院	191		317	220	69	54	19.22	0.71	6.75	1.12
上海建峰职业技术学院	258		225	153	49	57	13.21		9.54	
上海工会管理职业学院	250		281	215	47	103	28.60		10.82	
上海体育职业学院	357		516	220	84	17		9.40		4.76
上海健康职业技术学院	1940		259	153	49	75	11.90	1.43	4.31	2.82
上海东海职业技术学院	465		419	156	51	60	12.66		9.46	
上海新侨职业技术学院	405		383	197	54	89	13.87	9.47	8.25	3.84
上海震旦职业学院	359		378	194	64	90	5.77	9.61	4.47	6.24
上海民远职业技术学院			201	89	27	43		10.67		6.24
上海欧华职业技术学院			191	102	23	46		11.47		10.72
上海思博职业技术学院	471		285	189	57	72	33.19		3.62	7.45
上海立达职业技术学院			313	179	50	76	20.96	5.04	10.36	1.47
上海济光职业技术学院			284	142	46	55	11.25	2.59	5.86	4.30
上海工商外国语职业学院	352		413	318	66	172	19.88	0.69	15.64	21.95
上海邦德职业技术学院	235		240	78	15	30	5.13		4.84	0.57
上海兴韦信息技术职业学院	34		115	59	18	21	14.53	8.57	4.65	5.75
上海中侨职业技术学院	194		315	182	64	89	17.98	15.49		11.84
上海电影艺术职业学院			179	118	15	53		26.68		7.88
上海中华职业技术学院										

成人高校基本情况一览表

单位:人

指标	学生情况				教职工数				占地面积(平方米)		校舍面积(平方米)	
	毕业生数	招生数	在校生数	预计毕业生数		#专任教师数	正高	副高	学校产权	非产权独用	学校产权	非产权独用
总计	**3720**	**3283**	**9149**	**5026**	**1610**	**854**	**27**	**188**	**750336**	**128**	**598811**	**38848**
上海科技管理干部学院	58	35	100	38	96	23	2	4	16606		18551	
上海市黄浦区业余大学	687	448	1162	677	147	94		16	46960		43805	
上海市徐汇区业余大学	335	257	830	573	93	62		15	40325		22553	
上海市长宁区业余大学	375	363	1764	1401	84	56	1	9	23581		35732	
上海市静安区业余大学	293	274	627	353	90	76		7	48576		59763	864
上海市普陀区业余大学	538	478	938	460	97	62	2	17	40266		31137	
上海市虹口区业余大学	128	78	244	160	73	39		6	21730	128	30135	3694
上海市杨浦区业余大学	256	316	573	257	77	43	1	9	76935		46750	
上海市宝山区业余大学	385	500	922	419	113	56		10	29700		30857	
上海纺织工业职工大学	45	67	343	132	94	31		2	29049		38134	
上海医药职工大学	171	152	747	276	96	55		19	193802		64759	34290
上海开放大学					308	150	16	42	55936		72944	
上海市经济管理干部学院	265	146	338	111	127	32	1	16	24333		45551	
上海青年管理干部学院	184	169	561	169	115	75	4	16	102537		58140	

实验性示范性中学名单

单位:所

地区	市实验性示范性中学		区重点中学	
	校数	校名	校数	校名
全市合计	**60**		**83**	
黄浦区	7	光明中学 卢湾高级中学 向明中学 上外附属大境中学 大同中学 敬业中学 格致中学	4	五爱高级中学 第十中学 第八中学 储能中学
徐汇区	5	市二中学 南洋中学 南洋模范中学 上海中学 位育中学	5	徐汇中学 第四中学 中国中学 五十四中学 西南位育
长宁区	2	市三女中 延安中学	5	复旦中学 天山中学 建青实验学校 华东政法附中 仙霞中学

（续上表）

地　区	市实验性示范性中学		区重点中学	
	校　数	校　名	校　数	校　名
静安区	3	华东模范中学 市西中学 育才中学	4	市一中学 七一中学 民立中学 上戏附属高中
普陀区	3	宜川中学 曹杨二中 晋元中学	5	同济二附中 甘泉外国语 曹杨中学 长征中学 桐柏中学
闸北区	4	市北中学 市六十中学 新中中学 回民中学	5	风华中学 彭浦中学 久隆模范中学 田家炳中学 第八中学
虹口区	4	北郊中学 上外附中 华师大一附中 复兴中学	5	北虹中学 澄衷中学 继光中学 虹口中学 鲁迅中学
杨浦区	5	杨浦中学 控江中学 复旦附中 同济一附中 交大附中	9	市东中学 上理工附中 中原中学 财大附中 少云中学 同济中学 复旦实验中学 民星中学 体育学院附属中学
闵行区	3	闵行中学 七宝中学 上师大附中闵行分校	4	莘庄中学 闵行二中 文来中学 田园中学
宝山区	3	吴淞中学 行知中学 上大附中	4	罗店中学 宝山中学 通河中学 顾村中学
嘉定区	2	嘉定一中 交大附中嘉定分校	3	上外嘉定外国语 嘉定二中 安亭中学

（续上表）

地区	市实验性示范性中学		区重点中学	
	校数	校名	校数	校名
浦东新区	11	洋泾中学 实验学校 进才中学 建平中学 华师大二附中 南汇中学 川沙中学 浦东复旦附中分校 上海中学东校 上外附属浦东外国语学校 上师大附中	18	东昌中学 上南中学 高桥中学 杨思中学 三林中学 周浦中学 新场中学 大团中学 浦东中学 陆行中学 香山中学 建平世纪中学 新川中学 北蔡中学 高行中学 南汇一中 交大附中浦东实验高中 文建中学
金山区	2	华师大三附中 金山中学	4	上师大二附中 张堰中学 枫泾中学 亭林中学
松江区	2	松江一中 松江二中	1	上师大附属外国语
青浦区	2	青浦中学 朱家角中学	1	青浦一中
奉贤区	1	奉贤中学	2	致远中学 曙光中学
崇明县	1	崇明中学	4	扬子中学 民本中学 城桥中学 堡镇中学

民办中学名单

单位：所

地区	民办中学	
	校数	校名
全市合计	**103**	
黄浦区	4	明珠中学 立达中学 震旦外国语中学 卢湾区永昌学校（九）

（续上表）

地　区	民办中学	
	校　数	校　名
徐汇区	5	西南高级中学 西南模范中学 华育中学 西南位育中学 世界外国语中学
长宁区	3	包玉刚实验学校(九) 新世纪中学 新虹桥中学
静安区	1	上外静安外国语中学
普陀区	6	兰田中学 培佳双语学校(十二) 新黄浦实验学校(九) 玉华中学 进华中学 桐柏中学
闸北区	6	青中初级中学 风范中学 精文中学 田家炳中学 扬波中学 新和中学
虹口区	8	汇民高级中学 迅行中学 新北郊初级中学 上外第一实验学校 瑞虹高级中学 新华初级中学 新复兴初级中学 新江湾高级中学
杨浦区	10	沪东外国语高级中学 控江中学附属学校 存志中学 杨浦凯慧初级中学 上外附属双语学校(九) 东光明中学 杨浦实验学校 兰生复旦中学 同济大学实验学校(九) 交大飞达初级中学

（续上表）

地　区	民办中学	
	校　数	校　　名
闵行区	13	民办文绮中学 燎原实验学校(十二) 文来中学 万源城协和学校(九) 教育学院附中 协和尚音学校(九) 复旦万科实验学校(九) 上宝中学 新河湾双语学校(九) 协和双语高级中学 协和双语学校(九) 教科实验中学 上师初级中学
宝山区	8	和衷中学 行知二中 建峰职业技术学院附属高中 日日学校(九) 锦秋学校(九) 交华中学 行中中学 同洲模范学校(十二)
嘉定区	5	远东学校(十二) 嘉一联合中学 桃李园实验学校(九) 怀少学校(九) 华二初级中学
浦东新区	20	新竹园中学 华洋外国语学校 民远高级中学 浦东交中初级中学 兴知中学 育辛高级中学 常青中学 东方阶梯双语学校(九) 建平远翔学校 丰华高级中学 外高桥中学 弘德学校 东方世纪学校(十二) 金苹果学校(十二) 张江集团学校 中芯学校(十二) 平和学校(十二) 上师大附属第二外国语学校(十二) 工商外国语职业学院附属中学 尚德实验学校(十二)

（续上表）

地　　区	民办中学	
	校　数	校　　　名
金山区	4	金盟学校（九） 师大实验中学 交大南洋中学 枫叶国际学校
松江区	4	西外外国语学校（十二） 九峰实验学校 茸一中学 上大附属外国语中学
青浦区	2	瑞大学校（九） 宋庆龄学校（九）
奉贤区	1	奉浦学校（十二）
崇明县	3	中华中学 民一中学 大通学校

民办小学名单

单位：所

地　　区	民办小学	
	校　数	校　　　名
全市合计	**178**	
黄浦区		
徐汇区	4	爱菊小学 逸夫小学 世界外国语小学 盛大花园小学
长宁区	2	新世纪小学 东展小学
静安区	1	上外静安外国语小学
普陀区	1	金洲小学
闸北区	4	扬波外国语小学 童园（实验）小学 彭浦实验小学 童的梦实验小学
虹口区	3	丽英小学 宏星小学 上外附属民办外国语小学
杨浦区	2	打一外国语小学 阳浦小学

（续上表）

地　区	民办小学	
	校　数	校　名
闵行区	17	双江小学 七宝外国语小学 振兴小学 华星小学 银星学校 华博利星行小学 华虹小学 弘梅小学 弘梅第二小学 咏梅小学 育苗小学 塘湾小学 马桥小学 文汇小学 文博小学 文河小学 浦江文馨学校
宝山区	15	罗希小学 申华小学 沈家桥小学 山海小学 洛河桥小学 杨东小学 杨行小学 惠民小学 沈巷小学 肖径小学 沈宅小学 海兰小学 蓝天小学 顾教小学 益钢小学
嘉定区	14	行知小学 六里小学 天宇小学 桃苑小学 中村小学 杨林小学 包桥小学 仓场小学 育红小学 娄塘小学 少农小学 华武小学 沪宁小学 庆宁小学

（续上表）

地　　区	民办小学	
	校　数	校　　　名
浦东新区	45	金童小学　福山正达外国语小学 上外附属浦东外国语小学 金家小学　振华小学 英才小学　皖蓼小学 阳光海川小学　豫息小学 知见小学　新农小学 竹林小学　鲁冰花小学 利民小学　福德小学 新苗小学　浦光小学 育苗小学　唐四小学 育才小学　精忠小学 南浦小学　大别山小学 昌林小学　阳光小学 金德小学　寿春小学 联营小学　博世凯外国语小学 云翔小学　博奥利星行小学 徐庙小学　紫罗兰小学 梅林小学　明光金都小学 新星小学　淮安小学 永辉小学　康桥工友小学 航头小学　智源小学 博爱小学　航海小学 宣桥小学　明辉小学
金山区	10	金龙小学 东升小学 金安小学 新联小学 金工小学 红扬小学 查山小学 水库小学 金山嘴小学 九阳小学
松江区	19	薛家小学 花桥村小学 张施小学 北干山小学 刘家小学 联庄小学 南门村小学 打铁桥村小学 众兴小学 陈春小学 潘家浜小学 马汤村小学 永悦小学 善荣小学 世泽小学 向阳小学 古松三村小学 新叶小学 昆港小学

（续上表）

地　区	民办小学	
	校　数	校　　名
青浦区	23	隐贤小学 育才小学 蓝天小学 行知小学 青安小学 明天小学 双佳小学 新希望小学 阳光爱心小学 胜利小学 东方红小学 培英小学 民主小学 华益小学 秀龙小学 华夏小学 晨旭小学 叙中小学 小康小学 联合小学 旧青浦小学 曙光小学 立新小学
奉贤区	16	敬贤小学 民友小学 宏翔小学 曙光小学 童梦小学 致和小学 超群小学 福祉小学 志华小学 远航小学 青溪小学 厚才小学 蒲公英小学 育才小学 福星小学 星光小学
崇明县	2	徐卫小学 光辉小学

上海市外籍人员子女学校名单

学校名称	地址
上海美国学校	闵行金丰路258号
上海日本人学校	闵行区虹梅路3185号
上海耀中国际学校	长宁区水城路11号
上海德国学校	青浦区高光路350号
上海法国学校	青浦区高光路350号
上海英国学校	沪南公路2729弄600号(康桥半岛)
上海协和国际学校	浦东金桥明月路999号
上海长宁国际学校	虹桥路1161号
上海新加坡国际学校	闵行区朱建路301号
上海虹桥国际学校	长宁区虹桥路2381号
上海韩国学校	闵行区华漕镇联友路355号
上海美丘第一幼儿园	闵行区虹许路788号(名都城)
奥伊斯嘉上海日本语幼儿园	长宁区茅台路715弄20号
上海东进日本人幼儿园	闵行区虹梅路3081号虹桥别墅内
上海恩吉尔幼儿园	闵行区虹中路375号
上海泰宁国际幼儿园	徐汇区复兴西路43号
上海瑞金国际学校	闵行区淀南路159号
上海李文斯顿美国学校	长宁区甘溪路580号
上海德威英国国际学校	浦东新区金桥蓝桉路266号
上海西华国际学校	青浦区联民路555号
宋庆龄幼儿园国际部	长宁区虹梅北路3908号
上海一麦日本人补习中心	虹梅北路3201弄26号101室
上海骏台日本人补习中心	延安西路2633号美丽华商务中心B308室
东进上海日本人补习中心	浦东新区花木路1883弄御翠园230号
上海飞翔日本人补习中心	长宁区荣华东道96号维多利亚商务楼505—505室
上海日本人教育补习中心	古北新区水城南路55号六月汇广场5F501室
上海新大一韩国人补习中心	长宁区荣华东道96号C座3楼
青海韩国人补习中心	长宁区水城南路37号万科广场北楼705室
上海中学国际部	徐汇区上中路400号
华东师范大学二附中国际部	浦东新区晨晖路555号
上海外国语大学附中国际部	中山北一路295号
进才中学国际部	浦东新区峨山路26号
上海不列颠英国学校	闵行区古北路1988号
上海惠灵顿国际学校	浦东新区济阳路688号

上海市老年教育机构情况

单位:人

	机构数(个)	教职工数	#专任教师数	班级数(个)	学员数
总　计	**284**	**22852**	**975**	**20706**	**643871**
市级老年大学	4	467	4	782	27417
市级老年大学分校、系统校、区县老年大学	68	2160	119	3144	88620
街道、镇老年学校	212	20225	852	16780	527834
另有:远程老年大学	1		5	5179	426754

注:1. 2013 年老年大学(学校)60 周岁及以上老年学员人数 473181 人,占老年人总数(367.32 万人)的 12.9%。
2. 2013 年上海远程老年大学集体收视 199693 人,有组织分散收视 227061 人,合计 426754 人。其中 60 周岁及以上学员人数 378990 人,占老年人总数的 10.3%。

历年研究生基本情况

单位:人

年份	合计			普通高等学校			科研单位		
	招生数	在读学生数	毕业生数	招生数	在读学生数	毕业生数	招生数	在读学生数	毕业生数
1994	5130	13090	2859	4665	11905	2608	465	1185	251
1995	5301	14713	3355	4776	13378	3038	525	1335	317
1996	6507	16835	3860	5915	15307	3537	592	1528	323
1997	6725	18460	4475	6163	16841	4117	562	1619	358
1998	7874	21162	4642	7281	19499	4253	593	1663	389
1999	9413	24420	5611	8758	22656	5196	655	1764	415
2000	12652	30614	5868	11796	28582	5435	856	2032	433
2001	15826	39043	6817	14751	36528	6380	1075	2515	437
2002	19211	48896	7926	17848	45713	7481	1363	3183	445
2003	22524	59090	10079	20767	55092	9501	1757	3998	578
2004	25334	69437	13469	23545	64747	12788	1789	4690	681
2005	27692	78728	16741	25845	73557	15857	1847	5171	884
2006	30099	86906	19931	28250	81487	18833	1849	5419	1098
2007	30610	91763	23926	28748	86177	22691	1862	5586	1235
2008	32142	95498	25753	30195	89778	24431	1947	5720	1322
2009	37425	103492	28291	35418	97639	26949	2007	5853	1342
2010	38643	111717	28207	36619	105711	26843	2024	6006	1364
2011	40080	119017	30816	37971	112902	29431	2109	6115	1385
2012	44229	127014	34606	41899	120503	33189	2330	6511	1417
2013	46223	134799	35669	43659	127803	34148	2564	6996	1521

历年普通高等学校基本情况

单位：万人

年份	学校(所)	毕业生数	招生数	在校生数	教职工数	#专任教师
1994	46	3.18	4.18	14.04	6.75	2.19
1995	45	3.96	4.43	14.41	6.58	2.15
1996	41	3.90	4.38	14.79	6.40	2.10
1997	39	3.90	4.51	15.38	6.26	2.01
1998	40	3.62	4.88	16.51	6.21	2.01
1999	41	4.03	6.32	18.63	6.03	2.01
2000	37	4.09	8.13	22.68	6.08	2.05
2001	45	4.28	9.86	28.00	6.17	2.17
2002	50	5.52	10.92	33.16	6.18	2.29
2003	57	7.12	12.03	37.85	6.31	2.44
2004	59	8.86	13.06	41.57	6.83	2.87
2005	60	10.34	13.18	44.26	7.09	3.18
2006	60	11.05	14.04	46.63	7.17	3.39
2007	60	11.85	14.46	48.49	7.18	3.55
2008	61	12.21	14.58	50.29	7.31	3.69
2009	66	12.69	14.35	51.28	7.45	3.81
2010	66	13.37	14.46	51.57	7.42	3.92
2011	66	13.90	14.11	51.13	7.41	3.96
2012	67	13.98	13.67	50.66	7.33	4.01
2013	68	13.38	14.09	50.48	7.34	4.03

历年成人高等学校基本情况

单位：万人

年份	学校(所)	毕业生数	招生数	在校生数	教职工数	#专任教师
1995	66	1.66	2.43	7.55	1.19	0.52
1996	65	1.84	2.70	8.07	1.17	0.48
1997	64	2.32	2.78	8.16	1.15	0.46
1998	40	2.28	2.91	8.69	0.74	0.28
1999	39	2.27	3.67	9.82	0.77	0.33
2000	37	3.10	4.23	11.49	0.66	0.30
2001	31	2.77	5.38	13.83	0.53	0.24
2002	30	3.08	6.73	17.09	0.49	0.22
2003	27	4.24	7.22	19.80	0.45	0.21
2004	22	6.08	11.64	26.67	0.36	0.18
2005	21	7.68	9.32	22.45	0.32	0.15
2006	21	1.50	6.78	19.46	0.31	0.16

（续上表）

年份	学校(所)	毕业生数	招生数	在校生数	教职工数	# 专任教师
2007	21	5.20	7.26	20.68	0.30	0.15
2008	18	5.69	7.25	21.38	0.24	0.13
2009	18	5.97	6.94	21.33	0.23	0.13
2010	17	6.88	6.54	19.86	0.20	0.11
2011	17	6.06	5.79	18.86	0.19	0.10
2012	16	5.66	5.85	18.37	0.17	0.09
2013	15	5.40	5.44	17.46	0.16	0.09

历年中等技术学校基本情况

单位：万人

年份	学校(所)	毕业生数	招生数	在校生数	教职工数	# 专任教师
1994	89	1.45	3.44	8.32	1.32	0.56
1995	89	1.98	3.84	9.96	1.43	0.56
1996	88	1.82	3.11	9.32	1.39	0.54
1997	88	2.10	3.62	10.65	1.35	0.53
1998	85	2.51	4.20	12.15	1.31	0.52
1999	85	2.54	3.48	12.83	1.27	0.52
2000	83	3.80	2.98	11.77	1.25	0.51
2001	81	2.91	3.48	12.06	1.22	0.50
2002	81	2.94	3.93	12.65	1.18	0.50
2003	83	3.39	4.34	13.69	1.19	0.53
2004	82	3.08	3.87	14.05	1.12	0.53
2005	81	3.39	3.33	13.67	1.09	0.53
2006	81	3.52	3.47	13.70	1.06	0.52
2007	76	3.86	3.23	12.81	1.00	0.51
2008	73	3.71	3.24	12.08	0.97	0.51
2009	70	3.39	2.98	11.50	0.94	0.49
2010	65	3.34	2.99	10.91	0.91	0.50
2011	64	3.14	2.78	10.22	0.89	0.50
2012	61	2.77	2.76	9.88	0.85	0.48
2013	55	2.76	2.51	9.23	0.82	0.48

历年普通中学基本情况

单位：万人

年份	学校(所)	毕业生数	招生数	在校生数	教职工数	# 专任教师
1994	741	16.65	25.53	65.56	7.00	4.43
1995	756	18.38	25.94	72.40	7.22	4.65
1996	784	19.14	23.98	76.23	7.38	4.81
1997	812	24.46	23.69	74.43	7.49	4.87
1998	846	25.05	25.67	73.85	7.58	4.93

（续上表）

年　份	学校(所)	毕业生数	招生数	在校生数	教职工数	#专任教师
1999	855	23.28	27.24	76.68	7.67	5.03
2000	861	22.92	26.46	79.54	7.66	5.01
2001	865	24.91	26.42	80.23	7.65	5.04
2002	857	26.40	26.02	78.97	7.63	5.07
2003	844	25.77	23.04	75.47	7.60	5.08
2004	822	25.68	21.81	82.78	7.54	5.13
2005	807	25.39	20.90	77.02	7.46	5.12
2006	794	22.24	17.84	71.17	7.33	5.14
2007	786	21.23	16.72	65.60	7.11	5.13
2008	774	20.09	16.63	61.77	6.89	5.03
2009	762	17.03	16.50	60.37	6.76	5.05
2010	755	16.13	16.33	59.44	6.73	5.07
2011	754	15.48	16.84	59.17	7.53	5.11
2012	760	14.91	17.00	59.04	7.58	5.18
2013	762	14.68	17.34	59.35	6.82	5.26

历年小学基本情况

单位:万人

年　份	学校(所)	毕业生数	招生数	在校生数	教职工数	#专任教师
1994	1962	21.33	18.46	113.98	7.29	5.50
1995	1807	21.02	17.09	109.78	7.16	5.45
1996	1671	18.83	15.66	106.46	7.07	5.33
1997	1533	16.48	12.46	102.44	6.92	5.24
1998	1382	17.66	11.39	96.14	6.67	4.96
1999	1208	19.19	10.49	87.16	6.40	4.68
2000	1021	18.73	10.28	78.86	6.13	4.43
2001	852	17.43	10.27	72.28	5.87	4.23
2002	751	15.76	10.11	67.24	5.62	4.06
2003	686	12.87	10.05	64.83	5.34	3.88
2004	648	10.97	10.55	53.74	5.07	3.75
2005	640	10.93	10.36	53.5	4.94	3.74
2006	626	10.85	10.87	53.37	4.86	3.75
2007	615	10.55	11.00	53.33	4.84	3.85
2008	672	10.44	12.39	59.06	5.10	4.10
2009	751	11.36	13.86	67.1245	5.48	4.43
2010	766	12.44	15.05	70.16	5.58	4.52
2011	764	13.09	16.94	73.11	4.82	4.63
2012	761	12.95	17.23	76.04	4.89	4.81
2013	759	13.45	18.10	79.25	5.81	4.98

历年幼儿园基本情况

单位:万人

年 份	独立幼儿园(所)	幼儿数	教职工数	#专任教师
1994	1070	34.61	3.42	2.18
1995	1041	30.77	3.08	1.98
1996	970	26.82	2.95	1.83
1997	937	25.72	2.79	1.73
1998	944	24.91	2.60	1.60
1999	937	24.22	2.53	1.55
2000	958	24.12	2.52	1.50
2001	1003	23.40	2.42	1.44
2002	1001	24.21	2.42	1.46
2003	1014	25.22	2.47	1.49
2004	1017	26.58	2.56	1.55
2005	1035	28.70	2.79	1.70
2006	1057	29.98	3.04	1.88
2007	1058	31.32	3.19	2.02
2008	1058	32.88	3.36	2.17
2009	1111	35.38	3.60	2.36
2010	1252	40.03	4.09	2.67
2011	1337	44.42	4.58	2.92
2012	1401	48.06	4.90	3.13
2013	1446	50.10	5.10	3.29

历年特殊教育学校基本情况

单位:人

年 份	学校(所)	毕业生数	招生数	在校生数	教职工数	#专任教师
1994	36	355	1476	5161	1347	770
1995	39	363	1140	5728	1434	841
1996	39	620	910	6164	1512	929
1997	38	749	793	6313	1512	914
1998	36	656	722	5168	1580	953
1999	35	760	902	5269	1604	973
2000	34	844	1139	5407	1584	943
2001	32	615	731	5463	1599	946
2002	32	639	641	5529	1653	987

（续上表）

年　份	学校(所)	毕业生数	招生数	在校生数	教职工数	#专任教师
2003	31	767	692	5463	1629	985
2004	29	809	650	5358	1597	978
2005	28	853	692	5238	1598	1002
2006	28	869	675	5043	1614	1047
2007	28	886	741	5043	1603	1092
2008	29	828	752	5131	1612	1115
2009	29	901	758	5044	1594	1121
2010	29	918	776	5036	1596	1143
2011	29	907	732	4927	1577	1158
2012	29	876	783	4885	1580	1177
2013	29	813	602	4724	1588	1207

分区县人口及街道、乡、镇数

区、县名	户籍人口（万人）	常住人口（万人）	街道办事处（个）	镇（个）	乡（个）
全市合计	**1426.93**	**2380.43**	**98**	**108**	**2**
黄浦区	90.36	70.48	10		
徐汇区	91.69	111.12	12	1	
长宁区	62.65	69.73	9	1	
静安区	30.10	25.58	5		
普陀区	88.38	129.20	6	3	
闸北区	68.69	84.61	8	1	
虹口区	79.00	84.56	8		
杨浦区	109.32	132.07	11	1	
闵行区	100.12	250.80	3	9	
宝山区	90.65	197.19	3	9	
嘉定区	56.71	152.77	3	7	
浦东新区	281.12	526.39	12	24	
金山区	51.70	76.16	1	9	
松江区	58.88	169.84	4	11	
青浦区	46.50	116.98	3	8	
奉贤区	52.53	112.99		8	
崇明县	68.54	69.96		16	2

注：户籍人口和常住人口数为上海市2012年末数。摘自《上海统计年鉴》。

2013年度教育系统校舍基本建设完成情况

	总计	全市高校				全市普教					
		小计	部委高校	委属	其他	小计	市属学校	区县学校	配套学校	市属其他	区县其他
完成投资（万元）	1012642	252185	52962	173875	25348	760457	1026	444116	302302		13013
施工面积（平方米）	4954992	1616413	410757	1088706	116950	3338579	6200	1540332	1519118		272929
竣工面积（平方米）	1672059	196443	70934	125509		1475616		741821	681107		52688

小学基础信息统计表

单位名称	小学学校数（所）	在校生总数（人）	班数（个）	多媒体进普通教室的班数（个）
上海市	**589**	**599960**	**16034**	**16126**
黄浦区	33	18625	654	651
徐汇区	39	28812	812	788
长宁区	21	17912	540	540
静安区	14	9449	308	323
普陀区	25	28850	835	849
闸北区	29	19078	580	580
虹口区	31	19267	596	592
杨浦区	40	23623	849	857
闵行区	46	57288	1432	1432
宝山区	58	49483	1295	1310
嘉定区	25	32133	815	815
浦东新区	122	143304	3660	3685
金山区	21	25343	627	628
松江区	16	38675	828	844
青浦区	22	33667	791	808
奉贤区	20	36964	867	867
崇明县	27	17487	545	557

小学理科教学仪器达标学校统计表

单位名称	理科教学仪器达标校类别:达标(所)	理科教学仪器达标校类别:不达标(所)
上海市	**570**	**19**
黄浦区	33	0
徐汇区	38	1
长宁区	21	0
静安区	14	0

（续上表）

单位名称	理科教学仪器达标校类别:达标(所)	理科教学仪器达标校类别:不达标(所)
普陀区	25	0
闸北区	29	0
虹口区	29	2
杨浦区	40	0
闵行区	46	0
宝山区	48	10
嘉定区	25	0
浦东新区	118	4
金山区	21	0
松江区	16	0
青浦区	21	1
奉贤区	20	0
崇明县	26	1

小学实验教学人员状况统计表

单位名称	实验教学人员合计(人)	专职实验教学人员(人)	兼职实验教学人员(人)	高级职称实验教学人员(人)	中级职称实验教学人员(人)	初级职称实验教学人员(人)	其他实验教学人员(人)
上海市	**1809**	**834**	**975**	**86**	**974**	**665**	**84**
黄浦区	99	56	43	4	56	37	2
徐汇区	38	26	12	5	24	8	1
长宁区	50	11	39	6	24	18	2
静安区	53	26	27	4	27	21	1
普陀区	63	30	33	2	40	20	1
闸北区	62	25	37	1	34	27	0
虹口区	86	28	58	6	54	25	1
杨浦区	148	85	63	8	68	66	6
闵行区	141	57	84	8	83	47	3
宝山区	158	64	94	9	98	40	11
嘉定区	81	26	55	1	36	32	12
浦东新区	452	250	202	14	214	196	28
金山区	73	40	33	3	42	23	5
松江区	36	17	19	0	21	12	3
青浦区	117	56	61	8	66	42	1
奉贤区	109	19	90	6	59	41	3
崇明县	43	18	25	1	28	10	4

小学实验及功能教室数量统计表

单位名称	实验室及功能教室数量合计（个）	科学实验室（个）	综艺实践室（个）	体艺实验室（个）	计算机实验室（个）	语言实验室（个）	多媒体实验室（个）	其他实验室（个）	装备用房使用面积合计（万平方米）	实验室使用面积（万平方米）
上海市	**6760**	**835**	**549**	**2561**	**936**	**156**	**984**	**739**	**65.0**	**8.5**
黄浦区	314	41	18	105	42	5	72	31	2.3	0.3
徐汇区	487	53	24	176	65	0	43	126	3.6	0.3
长宁区	265	26	14	67	28	16	80	34	2.3	0.2
静安区	195	21	18	72	27	2	33	22	1.3	0.2
普陀区	292	44	23	102	42	6	28	47	2.7	0.4
闸北区	235	33	26	75	39	1	22	39	1.3	0.2
虹口区	337	39	25	113	41	7	84	28	2.4	0.3
杨浦区	448	63	27	197	70	1	52	38	3.9	0.5
闵行区	557	72	51	221	77	5	99	32	6.8	1.1
宝山区	611	64	26	234	94	5	128	60	4.9	0.6
嘉定区	280	41	27	123	33	4	13	39	3.5	0.4
浦东新区	1470	157	140	534	196	103	209	131	16.8	2.0
金山区	230	28	21	99	29	0	30	23	2.4	0.3
松江区	186	39	25	92	23	0	4	3	2.1	0.4
青浦区	291	40	33	123	47	1	26	21	2.5	0.5
奉贤区	279	41	24	114	40	0	29	31	3.5	0.6
崇明县	283	33	27	114	43	0	32	34	2.6	0.3

小学实验及功能教室装备状况统计表(一)

单位名称	实验室及功能教室仪器器材设备原价合计(万元)	仪器（万元）	科学仪器（万元）	数学仪器（万元）	科学室设备（万元）
上海市	**96586.8**	**6764.9**	**5402.9**	**1362.0**	**4981.4**
黄浦区	4292.4	466.7	430.3	36.4	218.7
徐汇区	9470.2	504.7	301.7	203.0	320.6
长宁区	2869.4	138.5	126.8	11.7	124.7
静安区	2105.5	184.4	168.4	16.0	150.6
普陀区	4093.2	185.9	161.4	24.4	311.0
闸北区	3700.7	326.6	162.7	163.9	91.1
虹口区	3909.5	259.3	191.1	68.1	127.7
杨浦区	4565.7	336.5	283.6	52.9	174.5
闵行区	7244.9	599.5	490.3	109.2	437.1
宝山区	10266.3	374.4	313.9	60.5	240.3
嘉定区	5439.1	313.8	244.5	69.4	282.9
浦东新区	22229.0	1128.3	959.1	169.1	1071.9
金山区	3633.9	385.2	311.7	73.4	166.7
松江区	1798.1	355.0	303.7	51.3	207.8
青浦区	3298.5	562.9	462.7	100.2	552.8
奉贤区	3311.7	317.0	255.9	61.1	287.2
崇明县	4358.9	326.6	235.0	91.5	215.9

小学实验及功能教室装备状况统计表(二)

单位名称	功能教室器材设备(万元)	综合实践器材设备(万元)	体艺室器材设备(万元)	计算机室器材设备(万元)	语言室器材设备(万元)	其他功能教室器材设备(万元)
上海市	**84840.5**	**4117.7**	**22436.6**	**28427.8**	**2425.2**	**27433.3**
黄浦区	3607.1	104.3	1158.5	1629.7	55.1	659.5
徐汇区	8644.9	74.0	1904.2	2830.1	15.7	3820.9
长宁区	2606.3	103.6	633.3	732.9	286.5	850.1
静安区	1770.5	153.1	670.8	624.6	29.2	292.8
普陀区	3596.3	137.8	842.7	1320.4	76.6	1218.8
闸北区	3283.0	208.2	417.9	1050.4	51.6	1555.0
虹口区	3522.6	478.0	749.1	1333.4	67.8	894.3
杨浦区	4054.6	385.1	1220.6	1640.4	0.0	808.6
闵行区	6208.3	365.3	2672.8	1868.7	20.6	1280.9
宝山区	9651.6	61.3	2483.9	2742.1	101.4	4263.0
嘉定区	4842.4	110.3	1238.9	796.9	20.9	2675.3
浦东新区	20028.8	998.7	4515.0	6613.3	1695.2	6206.6
金山区	3082.0	108.5	841.5	1156.3	0.0	975.7
松江区	1235.3	203.0	454.3	538.0	0.0	40.0
青浦区	2182.8	297.6	788.0	780.2	0.0	317.0
奉贤区	2707.5	219.7	646.7	1480.7	0.0	360.4
崇明县	3816.5	109.1	1198.6	1289.8	4.6	1214.4

小学计算机、校园网装备状况统计表

单位名称	计算机台数(台)	拥有校园网的学校数(所)	拥有计算机室的学校数(所)	计算机原价总金额(万元)	网络及外部设备原价总金额(万元)	多媒体设备总金额(万元)
上海市	**142429**	**581**	**584**	**66639.5**	**25159.4**	**56862.0**
黄浦区	8851	33	30	4772.1	937.5	3300.5
徐汇区	8735	39	39	3951.2	1395.9	2165.0
长宁区	5206	21	21	2802.1	1312.1	1871.1
静安区	4360	14	13	2473.7	1301.5	1569.7
普陀区	5451	25	25	2939.3	1006.3	2680.9
闸北区	6720	29	29	2622.2	857.4	2124.9
虹口区	7526	29	31	3281.4	786.7	2377.4
杨浦区	9198	40	40	4208.6	1964.1	3070.5
闵行区	12615	46	46	6045.3	2041.8	3702.6
宝山区	10361	54	57	4222.7	2083.5	3393.3
嘉定区	6085	25	25	3045.4	944.8	2560.4
浦东新区	30494	120	122	14579.7	6395.7	17832.3
金山区	5007	21	21	2158.5	646.1	1454.9
松江区	4125	16	16	1749.0	216.3	1615.9
青浦区	6627	22	22	2690.2	1166.9	1327.7
奉贤区	5665	20	20	2578.5	776.6	3103.7
崇明县	5403	27	27	2519.6	1326.2	2711.1

小学当年购置教育技术装备经费情况

单位名称	当年教育技术装备购置经费总计(万元)	当年教育技术装备财政拨款(万元)	当年教育技术装备自筹及其他(万元)
上海市	**39452.2**	**35028.6**	**4423.6**
黄浦区	981.0	972.3	8.8
徐汇区	994.8	994.8	0.0
长宁区	1880.5	1618.0	262.6
静安区	1542.7	1240.8	302.0
普陀区	2574.6	2565.9	8.7
闸北区	1526.2	1526.2	0.0
虹口区	2289.3	2102.0	187.3
杨浦区	2217.9	2198.4	19.6
闵行区	3813.3	3520.3	293.0
宝山区	1639.4	1460.0	179.4
嘉定区	1257.6	1257.6	0.0
浦东新区	13144.5	10724.7	2419.8
金山区	691.1	532.8	158.3
松江区	643.1	532.9	110.2
青浦区	1255.8	867.2	388.7
奉贤区	1744.2	1704.7	39.5
崇明县	1256.1	1210.1	46.0

小学实验及功能教室使用状况统计表

单位名称	自然实验演示开出率(%)	科学实验开出情况应做分组实验(个/学年)	科学实验开出情况实做分组实验(个/学年)	自然实验分组开出率(%)
上海市	**100.75**	**2312**	**2301.6**	**99.55**
黄浦区	102.63	144	147.2	102.22
徐汇区	95.00	35	34	97.14
长宁区	100.00	128	127.4	99.53
静安区	109.38	151	182.4	120.79
普陀区	97.62	115	111.9	97.30
闸北区	100.00	113	111.5	98.67
虹口区	105.88	133	130.2	97.89
杨浦区	100.00	170	170	100.00
闵行区	100.00	157	157.2	100.13
宝山区	97.30	122	119	97.54
嘉定区	97.14	118	118.3	100.25
浦东新区	98.80	208	186.3	89.57
金山区	100.00	127	127	100.00
松江区	100.00	127	127	100.00
青浦区	97.46	124	120.9	97.50
奉贤区	100.00	170	169.3	99.59
崇明县	93.75	170	162	95.29

小学图书室(馆)管理人员状况统计表

单位名称	图书室(馆)管理人员总计(人)	专职图书室(馆)管理人员(人)	兼职图书室(馆)管理人员(人)	高级职称图书室(馆)管理人员(人)	中级职称图书室(馆)管理人员(人)	初级职称图书室(馆)管理人员(人)	其他图书室(馆)管理人员(人)
上海市	**862**	**496**	**366**	**19**	**321**	**322**	**200**
黄浦区	38	14	24	0	13	19	6
徐汇区	44	31	13	0	10	22	12
长宁区	27	2	25	3	10	10	4
静安区	16	11	5	0	6	10	0
普陀区	31	16	15	0	14	12	5
闸北区	29	13	16	0	12	15	2
虹口区	44	24	20	3	25	13	3
杨浦区	50	27	23	0	12	34	4
闵行区	67	47	20	3	25	25	14
宝山区	65	36	29	1	33	20	11
嘉定区	39	36	3	1	0	21	17
浦东新区	203	115	88	3	49	77	74
金山区	38	23	15	2	23	5	8
松江区	27	18	9	2	10	6	9
青浦区	51	28	23	1	32	8	10
奉贤区	48	21	27	0	23	13	12
崇明县	45	34	11	0	24	12	9

小学图书室(馆)设施状况统计表

单位名称	建有图书室(馆)的学校数(所)	图书室(馆)设施状况阅览室数量(个)	阅览室使用面积(平方米)	其中电子阅览室数量(个)	电子阅览室使用面积(平方米)	藏书室数量(个)	藏书室使用面积(平方米)	资料室等数量(个)	资料室等使用面积(平方米)
上海市	**584**	**964**	**82913.7**	**281**	**16853.7**	**673**	**40049.2**	**427**	**14875.5**
黄浦区	30	37	3796	15	847.8	19	1343.6	14	369.6
徐汇区	39	71	5141.9	10	402.2	35	1581.8	19	385.9
长宁区	21	28	2530	11	638.5	21	1034.6	19	729
静安区	13	19	2009.8	9	572.5	9	326	9	300.5
普陀区	25	38	3517.5	7	472	27	1706	18	591
闸北区	29	36	2978	20	848	22	1271	17	438
虹口区	31	35	3312.8	11	643	31	1430.8	17	560.8
杨浦区	40	61	4589.5	12	836	39	1870	29	919
闵行区	46	69	7116	32	1994.9	59	3777.3	38	1623.6
宝山区	57	131	6191	33	1698.6	66	3244.7	35	1102.6
嘉定区	25	45	4517.6	20	1287.7	27	1610.3	21	1211.2
浦东新区	122	192	17549.3	59	3832.2	169	10114.1	114	3980.3
金山区	21	32	3080.9	8	481	28	1920.8	16	533.8
松江区	16	23	3390	3	287	21	1859	16	752
青浦区	22	53	5374.4	17	1244.7	30	2391.3	18	557.4
奉贤区	20	48	4801.9	9	577.6	33	2620.4	16	508.8
崇明县	27	46	3017.1	5	190	37	1947.5	11	312

小学图书室(馆)藏书状况统计表

单位名称	图书室(馆)藏书状况图书数量(万册)	图书金额(万元)	电子图书数量(万册)	电子图书金额(万元)
上海市	**2050.7**	**28403.6**	**298.4**	**1185.0**
黄浦区	78.7	862.2	2.4	72.3
徐汇区	112.9	1621.8	0.9	159.2
长宁区	93.6	966.3	0.7	8.2
静安区	39.8	741.9	0.8	22.6
普陀区	82.2	973.5	0.4	17.4
闸北区	86.6	1291.2	1.8	28.6
虹口区	82.7	840.3	0.1	4.8
杨浦区	96.3	1266.6	0.1	5.7
闵行区	180.0	2959.3	2.9	86.6
宝山区	141.1	2269.8	248.1	146.6
嘉定区	92.6	1417.5	7.6	55.8
浦东新区	484.3	6345.7	18.6	362.4
金山区	99.6	1488.8	3.5	35.7
松江区	82.7	1442.1	3.4	19.8
青浦区	99.1	1323.4	1.0	22.2
奉贤区	122.1	1461.3	3.9	59.8
崇明县	76.4	1131.9	2.2	77.1

小学图书室(馆)当年购置情况及尚需量统计表

单位名称	当年图书购置经费合计(万元)	当年图书购置财政拨款(万元)	当年图书购置自筹及其他(万元)
上海市	**4068.1**	**3043.7**	**1024.4**
黄浦区	112.7	109.8	2.9
徐汇区	214.2	214.2	0.0
长宁区	79.3	68.0	11.4
静安区	99.0	98.1	0.9
普陀区	115.1	106.8	8.3
闸北区	98.5	98.5	0.0
虹口区	75.1	61.7	13.4
杨浦区	142.0	140.1	1.9
闵行区	379.8	336.5	43.3
宝山区	393.5	255.5	138.0
嘉定区	183.9	154.9	29.0
浦东新区	1113.6	743.5	370.1
金山区	201.4	170.5	31.0
松江区	258.6	122.2	136.4
青浦区	232.8	40.8	191.9
奉贤区	255.5	249.7	5.9
崇明县	112.8	72.9	39.9

中学基础信息统计表

单位名称	学校数(所)	在校生人数(人)	班数(人)	多媒体进普通教室的班数(人)
上海市	**637**	**523167**	**14949**	**15772**
黄浦区	32	22204	754	841
徐汇区	29	26549	795	929
长宁区	23	18339	617	650
静安区	17	11802	380	445
普陀区	42	24218	714	802
闸北区	30	20395	638	638
虹口区	31	16138	524	489
杨浦区	39	22458	806	846
闵行区	50	38175	1129	1113
宝山区	39	34503	890	962
嘉定区	30	24217	666	809
浦东新区	125	143116	3831	3865
金山区	25	21639	612	612
松江区	28	25387	661	685
青浦区	22	25676	658	718
奉贤区	40	30413	741	729
崇明县	35	17938	533	639

中学理科教学仪器达标学校统计表

单位名称	开展理科实验操作考核的学校(所)	理科教学仪器达标类别:达标(所)	理科教学仪器达标类别:不达标(所)
上海市	**605**	**628**	**9**
黄浦区	32	32	0
徐汇区	29	29	0
长宁区	23	23	0
静安区	14	16	1
普陀区	38	42	0
闸北区	19	30	0
虹口区	29	29	2
杨浦区	39	39	0
闵行区	50	50	0
宝山区	39	39	0
嘉定区	24	29	1
浦东新区	120	122	3
金山区	25	25	0
松江区	28	28	0
青浦区	22	22	0
奉贤区	40	40	0
崇明县	34	33	2

中学实验教学人员状况统计表

单位名称	实验教学人员合计（人）	其中专职实验教学人员(人)	兼职实验教学人员（人）	高级职称实验教学人员(人)	中级职称实验教学人员(人)	初级职称实验教学人员(人)	其他实验教学人员（人）
上海市	**3380**	**1848**	**1532**	**493**	**1583**	**1004**	**300**
黄浦区	215	152	63	58	80	60	17
徐汇区	80	47	33	5	29	27	19
长宁区	85	56	29	2	44	30	9
静安区	92	70	22	11	39	39	3
普陀区	107	44	63	7	74	18	8
闸北区	293	271	22	65	145	70	13
虹口区	90	31	59	8	57	21	4
杨浦区	218	150	68	21	104	79	14
闵行区	239	118	121	27	124	70	18
宝山区	237	142	95	45	128	48	16
嘉定区	160	121	39	29	65	47	19
浦东新区	813	357	456	87	348	259	119
金山区	94	41	53	16	36	32	10
松江区	91	44	47	3	52	27	9
青浦区	193	73	120	44	88	57	4
奉贤区	259	88	171	40	115	94	10
崇明县	114	43	71	25	55	26	8

中学实验及功能教室数量统计表(一)

单位名称	实验室及功能教室数量合计（个）	物理实验室及功能教室(个)	化学实验室及功能教室(个)	生物实验室及功能教室(个)	通用技术/综合实践实验室及功能教室(个)	体艺实验室及功能教室(个)
上海市	**10327**	**1121**	**1012**	**883**	**775**	**2453**
黄浦区	529	60	59	47	41	127
徐汇区	603	56	45	44	33	167
长宁区	438	51	40	38	23	97
静安区	356	29	26	24	14	70
普陀区	679	65	65	51	54	169
闸北区	438	55	48	40	25	104
虹口区	437	47	42	37	26	78
杨浦区	558	64	61	56	47	134
闵行区	727	80	74	69	72	210
宝山区	701	72	64	59	40	134
嘉定区	508	53	48	37	33	138
浦东新区	2201	237	208	182	176	477
金山区	365	44	40	33	35	98
松江区	427	55	49	40	33	125
青浦区	308	47	39	32	27	66
奉贤区	499	54	52	50	47	109
崇明县	553	52	52	44	49	150

中学实验及功能教室数量统计表(二)

单位名称	计算机实验室及功能教室（个）	语言实验室及功能教室（个）	多媒体实验室及功能教室（个）	其他实验室及功能教室(个)	装备用房使用面积合计（万平方米）	其中实验室使用面积（万平方米）
上海市	**1264**	**323**	**1391**	**1105**	**134.2**	**36.8**
黄浦区	66	19	67	43	5.5	2.0
徐汇区	64	2	36	156	7.8	1.4
长宁区	51	26	65	47	5.7	1.5
静安区	41	3	133	16	3.6	1.0
普陀区	95	28	81	71	7.5	2.0
闸北区	69	12	38	47	5.3	1.4
虹口区	50	19	90	48	4.5	1.5
杨浦区	74	6	76	40	5.9	1.8
闵行区	99	17	70	36	10.5	2.7
宝山区	82	9	154	87	10.5	2.5
嘉定区	58	12	21	108	5.9	1.5
浦东新区	248	134	351	188	31.1	8.7
金山区	42	8	31	34	5.0	1.4
松江区	62	11	23	29	8.5	1.6
青浦区	42	5	29	21	4.0	2.1
奉贤区	61	7	58	61	6.7	2.3
崇明县	60	5	68	73	6.2	1.4

中学实验及功能教室装备状况统计表(一)

单位名称	实验室及功能教室仪器器材设备原价合计(万元)	仪器(万元)	其中物理仪器(万元)	化学仪器（万元）	生物仪器（万元）	数学地理仪器(万元)
上海市	**200589.4**	**34394.1**	**16760.4**	**5108.9**	**9696.1**	**2828.7**
黄浦区	14778.3	2756.4	1534.7	508.6	510.2	202.8
徐汇区	19748.1	2594.1	955.3	508.1	1025.9	104.8
长宁区	12299.6	1530.0	634.2	209.3	455.4	231.1
静安区	7614.6	1278.5	440.6	129.0	600.0	109.0
普陀区	9256.7	1105.8	501.5	124.8	306.0	173.4
闸北区	7733.0	692.0	374.1	106.8	160.0	51.1
虹口区	6165.1	2125.8	1000.1	228.9	588.1	308.7
杨浦区	8224.3	1583.5	825.5	204.2	424.1	129.8
闵行区	13100.7	2316.8	923.7	325.8	856.7	210.6
宝山区	14355.7	1241.4	620.3	193.9	301.0	126.2
嘉定区	11270.0	1363.1	502.8	172.2	462.3	225.7
浦东新区	43607.5	10115.0	6243.5	1262.6	2149.3	459.6
金山区	6562.8	978.2	510.2	206.9	218.3	42.8
松江区	5741.1	929.0	323.6	192.7	344.4	68.4
青浦区	3649.0	834.8	294.4	200.1	231.7	108.5
奉贤区	7309.3	1538.8	555.5	270.6	583.1	129.7
崇明县	9173.6	1410.9	520.5	264.4	479.6	146.4

中学实验及功能教室装备状况统计表(二)

单位名称	实验室设备合计(万元)	物理室设备(万元)	化学室设备(万元)	生物室设备(万元)
上海市	**24957.1**	**9516.5**	**8541.6**	**6899.0**
黄浦区	2316.8	1433.3	613.8	269.7
徐汇区	1323.2	396.3	471.8	455.1
长宁区	830.5	312.2	243.1	275.2
静安区	979.3	363.6	251.8	363.9
普陀区	1483.5	555.0	554.5	373.9
闸北区	800.3	317.3	269.6	213.4
虹口区	748.9	292.4	254.4	202.1
杨浦区	817.5	240.3	315.8	261.4
闵行区	1961.5	647.7	756.8	557.0
宝山区	1202.3	401.4	464.0	336.9
嘉定区	1312.6	470.3	492.5	349.8
浦东新区	5912.0	2263.2	2008.4	1640.3
金山区	1018.9	416.7	323.5	278.8
松江区	986.8	374.4	342.8	269.6
青浦区	840.0	225.9	259.3	354.8
奉贤区	1308.5	395.2	511.4	401.9
崇明县	1114.5	411.4	407.9	295.3

中学实验及功能教室装备状况统计表(三)

单位名称	功能教室器材设备(万元)	通用技术、综合实践室器材设备(万元)	体艺室功能教室器材设备(万元)	计算机室功能教室器材设备(万元)	语言室功能教室器材设备(万元)	其他功能教室器材设备(万元)
上海市	**141238.2**	**8241.2**	**32938.2**	**45505.4**	**6263.0**	**48290.4**
黄浦区	9705.1	512.0	2583.8	4427.3	525.9	1656.1
徐汇区	15830.7	205.8	2370.4	3404.9	40.3	9809.3
长宁区	9939.0	274.1	1718.4	1530.6	747.3	5668.6
静安区	5356.8	659.3	913.6	2416.8	124.4	1242.7
普陀区	6667.4	386.6	1627.8	2697.3	377.0	1578.7
闸北区	6240.7	536.5	1588.1	1808.5	245.9	2061.7
虹口区	3290.3	262.2	623.2	1105.7	279.5	1019.8
杨浦区	5823.4	428.5	1685.4	2411.0	218.8	1079.7
闵行区	8822.4	1334.2	2351.6	3957.4	343.6	835.6
宝山区	11912.0	241.3	3431.4	2980.8	199.3	5059.3
嘉定区	8594.3	230.7	2160.6	1622.4	176.4	4404.2
浦东新区	27580.5	1963.9	6068.4	9383.5	2553.5	7611.2
金山区	4565.7	203.8	976.9	1462.9	45.9	1876.2
松江区	3825.3	293.8	1382.3	1184.2	155.1	809.8
青浦区	1974.2	128.9	514.0	1008.5	36.5	286.3
奉贤区	4462.0	300.8	1501.8	1870.8	112.2	676.5
崇明县	6648.1	278.6	1440.6	2232.9	81.3	2614.7

中学计算机、校园网装备状况统计表

单位名称	拥有计算机室的学校数(所)	拥有校园网的学校数(所)	计算机台数(台)	计算机原价总金额(万元)	网络及外部设备原价总金额(万元)	多媒体设备总金额(万元)
上海市	**632**	**632**	**224687**	**111319.9**	**55665.7**	**77008.5**
黄浦区	32	32	15435	9469.8	3451.0	6093.9
徐汇区	29	29	12066	5395.6	2955.9	3492.0
长宁区	23	23	10304	5966.4	3330.5	4637.9
静安区	15	17	7874	4855.7	2983.5	2364.4
普陀区	40	39	14909	8168.6	3009.3	8144.6
闸北区	30	30	11816	4962.4	2036.1	2147.4
虹口区	31	31	10280	4695.0	1825.8	2484.4
杨浦区	39	39	13147	6243.0	2098.3	2437.4
闵行区	50	50	19317	9140.9	3823.5	5220.1
宝山区	38	39	10515	4387.5	6434.7	3203.9
嘉定区	30	29	10132	5394.5	1908.7	4054.7
浦东新区	125	124	47153	23563.9	14218.0	20091.9
金山区	25	25	6990	3021.0	1044.8	2025.0
松江区	28	28	10028	4537.7	1094.5	2716.8
青浦区	22	22	6404	2901.1	1073.5	1412.0
奉贤区	40	40	8561	4081.4	1851.9	2926.1
崇明县	35	35	9756	4535.5	2525.7	3556.0

中学当年购置教育技术装备经费情况

单位名称	当年经费总计(万元)	当年财政拨款(万元)	当年自筹及其他(万元)
上海市	**80405.2**	**71915.7**	**8489.4**
黄浦区	2333.8	2226.3	107.5
徐汇区	2881.3	2881.3	0.0
长宁区	6668.3	5853.8	814.5
静安区	2879.9	2606.9	273.0
普陀区	8983.8	8983.2	0.6
闸北区	4148.3	3365.7	782.6
虹口区	3269.0	2542.4	726.6
杨浦区	3657.4	3657.4	0.0
闵行区	6735.3	6539.1	196.2
宝山区	3972.3	3765.4	206.9
嘉定区	4730.7	4725.2	5.6
浦东新区	16660.6	12013.6	4647.0
金山区	2304.5	1979.8	324.7
松江区	1503.8	1395.6	108.2
青浦区	1156.0	1067.6	88.4
奉贤区	5346.0	5308.1	37.9
崇明县	3174.1	3004.4	169.7

中学实验及功能教室使用状况统计表(一)

单位名称	物理室应做演示实验	物理室实做演示实验	物理室应做分组实验	物理室实做分组实验	化学室应做演示实验	化学室实做演示实验	化学室应做分组实验	化学室实做分组实验
上海市	**1036**	**1047**	**692**	**707**	**1252.6**	**1243.2**	**745.2**	**746**
黄浦区	80	83	50	51.6	82.9	83.1	31.3	34
徐汇区	23	24	16	16.9	29.4	30.9	15.2	17.2
长宁区	94	98	61	65.5	89.4	83.9	47.6	48.9
静安区	89	91	63	72.5	55.5	57.2	41.9	41.1
普陀区	52	52	36	35.6	76.7	76.6	46.5	46.6
闸北区	65	66	42	42	78.6	78.7	53.2	54.9
虹口区	58	60	37	38.1	67.1	67.1	44	36.1
杨浦区	59	59	42	41.1	81.3	81	51.3	50.6
闵行区	59	59	42	42	79.7	79.7	51.3	53.7
宝山区	61	60	42	41.7	82.4	81.2	52	51
嘉定区	56	58	38	39	76.1	79.3	44.9	46.2
浦东新区	68	69	45	44.1	86.4	86.9	47.7	45.8
金山区	45	45	33	32.6	65.7	65.7	40.7	40.7
松江区	59	59	42	42	81.3	81.3	51.3	51.3
青浦区	50	52	20	22.2	58.1	61.6	24.3	30.5
奉贤区	59	54	41	38.3	80.7	79.9	50.7	50.2
崇明县	59	58	42	41.8	81.3	69.1	51.3	47.2

中学实验及功能教室使用状况统计表(二)

单位名称	生物室应做演示实验	生物室实做演示实验	生物室应做分组实验	生物室实做分组实验	计算机室生均计划
上海市	**206.5**	**204.1**	**431.9**	**437.4**	**1661.8**
黄浦区	20.2	20	37.9	39.3	112.5
徐汇区	20.9	21.1	24.1	25.4	103.2
长宁区	14.8	16.1	26	29.5	109.8
静安区	22.4	23.3	24.7	25.3	78.9
普陀区	4.8	6	21.8	22	77.4
闸北区	19.9	19.6	32	35	171.2
虹口区	39.6	32.8	34.8	33.4	205.1
杨浦区	4.7	4.6	24	23.7	79.9
闵行区	4.7	4.7	24	24	96.7
宝山区	5.8	5.8	24.4	23.6	96
嘉定区	5.1	5.5	21.2	23.5	47
浦东新区	13.3	13.8	27	25.4	83.1
金山区	4.7	4.7	18.7	18.7	76
松江区	4.7	4.7	24	24	80
青浦区	11.6	11.6	19.5	19.3	63.3
奉贤区	4.6	4.7	23.8	23.3	101.7
崇明县	4.7	5.1	24	22	80

中学图书室(馆)管理人员状况统计表

单位名称	图书室(馆)管理人员总计(人)	专职图书室(馆)管理人员(人)	兼职图书室(馆)管理人员(人)	高级职称图书室(馆)管理人员(人)	中级职称图书室(馆)管理人员(人)	初级职称图书室(馆)管理人员(人)	其他图书室(馆)管理人员(人)
上海市	**1279**	**970**	**309**	**43**	**497**	**462**	**277**
黄浦区	63	54	9	4	23	32	4
徐汇区	56	50	6	1	15	27	13
长宁区	48	41	7	2	20	18	8
静安区	38	36	2	0	17	12	9
普陀区	66	54	12	5	41	17	3
闸北区	66	59	7	1	25	28	12
虹口区	53	38	15	0	29	16	8
杨浦区	70	53	17	3	27	31	9
闵行区	96	73	23	7	43	27	19
宝山区	86	65	21	4	36	27	19
嘉定区	58	47	11	0	12	21	25
浦东新区	251	170	81	7	71	87	86
金山区	52	43	9	1	15	24	12
松江区	78	52	26	1	28	34	15
青浦区	54	36	18	1	21	14	18
奉贤区	69	42	27	2	30	24	13
崇明县	75	57	18	4	44	23	4

中学图书室(馆)设施状况统计表

单位名称	阅览室数量(个)	阅览室使用面积(平方米)	其中电子阅览室数量(个)	电子阅览室使用面积(平方米)	藏书室数量(个)	藏书室使用面积(平方米)	资料室等数量(个)	资料室等使用面积(平方米)
上海市	**1135**	**157903**	**435**	**39844**	**848**	**84149**	**528**	**35569**
黄浦区	45	8983	21	2065	33	3908	29	2330
徐汇区	73	7943	17	1078	38	3221	14	830
长宁区	35	6417	24	2418	26	2339	19	1721
静安区	40	6441	13	993	18	1473	12	615
普陀区	80	10745	24	1804	51	5232	39	2845
闸北区	50	7574	21	2154	36	3661	23	1792
虹口区	47	6186	19	1106	43	3340	25	1225
杨浦区	56	10192	33	3322	40	3025	26	1944
闵行区	92	11572	43	3378	78	6842	41	2553
宝山区	62	7580	31	2885	52	5399	38	3172
嘉定区	67	7747	29	2558	44	3831	27	2204
浦东新区	218	32945	78	8799	181	20132	106	6803
金山区	37	4991	17	1470	32	4859	19	1153
松江区	53	7208	13	1559	42	3678	24	1235
青浦区	54	8021	14	1322	35	2954	16	2208
奉贤区	61	7274	19	1423	44	4956	42	1721
崇明县	65	6084	19	1510	55	5299	28	1218

中学图书室(馆)藏书状况统计表

单位名称	图书数量(万册)	图书金额(万元)	电子图书数量(万册)	电子图书金额(万元)
上海市	**3062.3**	**48671.0**	**315.3**	**1670.7**
黄浦区	183.6	2515.0	11.1	198.6
徐汇区	171.0	2987.5	1.2	81.9
长宁区	105.7	1389.1	7.9	33.9
静安区	90.8	1608.1	5.4	149.1
普陀区	207.7	2742.6	2.5	82.3
闸北区	141.4	2747.0	5.2	112.5
虹口区	109.7	1443.8	0.3	18.2
杨浦区	154.7	2245.3	10.7	23.8
闵行区	246.0	4543.3	10.8	171.5
宝山区	139.1	2478.4	157.1	81.8
嘉定区	130.1	1961.1	27.0	59.6
浦东新区	665.2	10539.6	39.3	334.1
金山区	119.4	1809.9	1.8	54.4
松江区	175.7	2923.0	12.1	63.1
青浦区	122.6	1782.4	4.0	36.3
奉贤区	143.6	2140.0	12.0	96.9
崇明县	156.1	2814.9	6.8	72.8

中学图书室(馆)当年购置情况及尚需量统计表

单位名称	当年图书购置经费合计(万元)	当年图书购置经费财政拨款(万元)	当年图书购置经费自筹及其他(万元)
上海市	**6256.0**	**5295.1**	**961.0**
黄浦区	169.0	158.7	10.3
徐汇区	278.4	272.2	6.2
长宁区	121.0	99.7	21.3
静安区	113.7	109.2	4.5
普陀区	190.7	187.7	3.0
闸北区	102.4	96.7	5.7
虹口区	46.0	32.7	13.2
杨浦区	179.6	179.6	0.0
闵行区	587.1	555.6	31.5
宝山区	548.7	498.3	50.4
嘉定区	376.7	360.7	16.0
浦东新区	1985.9	1510.1	475.8
金山区	141.6	134.6	7.1
松江区	404.7	252.0	152.7
青浦区	409.7	304.8	104.9
奉贤区	469.3	459.8	9.6
崇明县	131.5	82.6	48.8

高中在校学生人均经费情况

单位:元

区 县	实际生均经费		其中:生均公用经费		2013生均公用经费占%
	2013年	比上年增减%	2013年	比上年增减%	
黄浦区	44348.44	2.49	18126.21	0.08	40.87
徐汇区	37909.00	5.61	11452.45	4.01	30.21
长宁区	52941.19	15.45	24084.97	23.01	45.49
静安区	73297.02	15.28	37442.09	13.64	51.08
普陀区	34521.33	13.43	11515.96	36.42	33.36
闸北区	38704.10	10.13	8534.37	0.17	22.05
虹口区	38550.30	9.71	7092.34	7.89	18.40
杨浦区	34182.95	7.35	6557.06	2.31	19.18
闵行区	36311.23	4.89	8308.69	−14.82	22.88
宝山区	36554.81	9.32	15515.42	10.81	42.44
嘉定区	32793.83	0.45	11623.59	−16.42	35.44
浦东新区	27780.17	5.50	9850.34	1.21	35.46
金山区	23229.53	55.29	2492.42	11.34	10.73
松江区	30454.52	−19.11	7876.57	−53.70	25.86
青浦区	25359.33	24.57	4654.67	1.11	18.35
奉贤区	23899.86	3.74	4803.74	0.99	20.10
崇明县	28995.81	26.94	4365.81	−12.84	15.06
区县合计	34533.83	8.99	10808.06	1.45	31.30

初中在校学生人均经费情况

单位:元

区 县	实际生均经费		其中:生均公用经费		2013生均公用经费占%
	2013年	比上年增减%	2013年	比上年增减%	
黄浦区	47960.93	4.99	22094.88	0.04	46.07
徐汇区	31545.10	6.97	10443.51	4.92	33.11
长宁区	40458.76	22.26	16159.65	39.14	39.94
静安区	37931.71	10.73	11998.19	4.78	31.63
普陀区	31516.31	17.46	12354.66	49.89	39.20
闸北区	37416.91	5.69	14079.18	2.50	37.63
虹口区	38176.11	17.43	10326.27	49.61	27.05
杨浦区	34840.90	12.26	9773.37	30.25	28.05
闵行区	26276.46	4.55	8621.41	−5.48	32.81
宝山区	21929.80	7.21	8671.01	9.63	39.54
嘉定区	23282.02	5.80	6451.90	0.34	27.71
浦东新区	20076.11	3.75	7078.10	2.26	35.26
金山区	19339.68	0.09	3930.43	16.69	20.32
松江区	25429.74	3.59	9241.85	0.22	36.34
青浦区	19404.04	15.52	3611.81	9.33	18.61
奉贤区	20481.87	4.83	5619.68	3.92	27.44
崇明县	30418.98	13.42	7190.98	26.53	23.64
区县合计	26263.32	7.26	8780.46	8.48	33.43

小学在校学生人均经费情况

单位:元

区 县	实际生均经费		其中:生均公用经费		2013 生均公用经费占%
	2013 年	比上年增减%	2013 年	比上年增减%	
黄浦区	42190.35	2.45	18107.38	1.13	42.92
徐汇区	22126.77	6.67	7116.08	6.25	32.16
长宁区	25184.59	4.78	8464.27	6.58	33.61
静安区	35346.72	8.75	10272.81	9.64	29.06
普陀区	20428.03	6.83	6439.44	19.83	31.52
闸北区	28136.36	5.19	9032.88	3.74	32.10
虹口区	26750.29	11.43	8820.18	26.36	32.97
杨浦区	28709.49	11.02	8415.83	31.23	29.31
闵行区	17532.52	0.49	5682.08	−6.23	32.41
宝山区	19401.36	5.34	7945.87	9.33	40.96
嘉定区	17521.34	12.77	5381.25	17.37	30.71
浦东新区	16387.72	2.31	6118.91	3.01	37.34
金山区	14968.78	1.93	2949.53	9.83	19.70
松江区	16169.62	3.33	5526.85	0.33	34.18
青浦区	15734.74	6.64	3699.81	4.89	23.51
奉贤区	12668.20	4.67	3368.61	5.70	26.59
崇明县	26448.50	3.45	6265.84	11.85	23.69
区县合计	19690.11	4.52	6541.53	6.40	33.22

幼儿园在校学生人均经费情况

单位:元

区 县	实际生均经费		其中:生均公用经费		2013 生均公用经费占%
	2013 年	比上年增减%	2013 年	比上年增减%	
黄浦区	29299.49	0.32	11655.87	11.30	39.78
徐汇区	21357.02	2.21	7069.97	2.85	33.10
长宁区	28120.40	12.09	11193.45	18.69	39.81
静安区	38877.18	7.29	10275.90	−2.12	26.43
普陀区	18931.43	0.01	9344.95	4.65	49.36
闸北区	17564.85	7.29	5176.89	0.86	29.47
虹口区	19389.75	7.86	4357.06	16.31	22.47
杨浦区	20625.69	1.51	6072.95	4.89	29.44
闵行区	19942.79	11.49	8838.69	18.79	44.32
宝山区	16423.62	7.21	5181.50	3.91	31.55
嘉定区	20620.57	13.30	6072.74	13.70	29.45
浦东新区	16126.45	2.95	6485.86	3.27	40.22
金山区	15770.05	36.66	2791.23	8.91	17.70
松江区	14926.08	−7.84	2867.11	−46.24	19.21
青浦区	17883.67	18.20	4212.55	0.41	23.56
奉贤区	16706.27	7.58	3242.67	0.65	19.41
崇明县	19002.37	20.79	5267.90	−2.97	27.72
区县合计	18552.97	6.82	6282.42	4.34	33.86

区县所属中等职业学校在校学生人均经费情况

单位:元

区　县	实际生均经费		其中:生均公用经费		2013 生均公用经费占%
	2013 年	比上年增减%	2013 年	比上年增减%	
黄浦区	40506.26	1.44	11779.81	−17.05	29.08
徐汇区	29579.67	5.28	7119.08	4.56	24.07
长宁区	41557.24	19.40	10298.62	7.32	24.78
静安区	57002.77	19.51	14038.46	27.05	24.63
普陀区	26832.59	7.70	6583.66	30.84	24.54
闸北区	33546.60	15.50	3417.79	1.09	10.19
虹口区	27837.48	12.29	6097.87	47.12	21.91
杨浦区	30806.29	4.39	6914.58	14.28	22.45
闵行区	8722.29	−4.93	3782.74	−7.30	43.37
宝山区	21395.55	13.15	3671.14	4.28	17.16
嘉定区	14922.85	21.56	3148.27	15.07	21.10
浦东新区	18798.56	12.42	6863.26	15.05	36.51
金山区	12769.28	47.38	1698.69	1.89	13.30
松江区	18197.35	−20.83	5007.39	−47.31	27.52
青浦区	15818.87	18.64	3641.60	−3.39	23.02
奉贤区	23185.96	3.96	5749.01	20.44	24.80
崇明县	18123.62	−48.06	4242.80	−82.36	23.41
区县合计	19843.81	1.26	5405.91	−15.24	27.24

区县所属职业中学在校学生人均经费情况

单位:元

区　县	实际生均经费		其中:生均公用经费		2013 生均公用经费占%
	2013 年	比上年增减%	2013 年	比上年增减%	
黄浦区	40506.26	1.44	11779.81	−17.05	29.08
徐汇区	29579.67	5.28	7119.08	4.56	24.07
长宁区	41557.24	19.40	10298.62	7.32	24.78
静安区	57002.77	19.51	14038.46	27.05	24.63
普陀区	26832.59	7.70	6583.66	30.84	24.54
闸北区	33546.60	15.50	3417.79	1.09	10.19
虹口区	27837.48	12.29	6097.87	47.12	21.91
杨浦区	30806.29	4.39	6914.58	14.28	22.45
闵行区	12049.53	14.78	5624.25	20.37	46.68
宝山区	17835.10	13.34	3290.41	18.22	18.45
嘉定区	0.00	—	0.00	—	0.00
浦东新区	17969.92	14.01	6630.41	19.69	36.90
金山区	0.00	—	0.00	—	0.00
松江区	18197.35	−20.83	5007.39	−47.31	27.52
青浦区	26833.08	51.91	5716.94	35.53	21.31
奉贤区	33739.64	4.04	10519.66	32.60	31.18
崇明县	18123.62	−48.06	4242.80	−82.36	23.41
区县合计	23810.05	0.78	6704.73	−15.39	28.16

注:① 嘉定区职业技术学校无在校学生,生均经费情况不予反映。
② 金山区无职业中学,生均经费情况不予反映。

索　引

索　　引

说明:①本索引主体采用主题分析索引方法,按主题词首字的汉语拼音字母顺序排列。②索引名称后的数字表示内容所在的页码,数字后面的 a、b 表示内容所在版面的左、右区域。③表格标题和表格中的内容页码后另注有“表”字。④在上海的教育单位和在上海发生的事件名称前的“上海”两字一般均予省略;括号内高校名称一般用简称。

A

B

C

D

E

F

G

J

K

L

M

N

O

P

Q

R

S

T

V

W

X

Y

Z

《2014上海教育年鉴》编纂人员

总编纂：袁雯
副总编纂：王磊　徐钦福
编辑：刘捷　蒋侯玲

供稿单位组稿人：（以姓氏笔画为序）

丁晓丹　万翰杰　于振杰　方乐莺　王刚　王楠　王中余　王春鸟
王洪波　王晓红　卢锟　田原　石群　石月红　刘丰　刘红菊
刘丽英　刘利艾　刘晋波　印成君　孙慧　朱健　江涛　许凌
吴怀莉　宋莉莉　宋偲蕾　张胜利　张毅婷　李旺　李莉　李惠君
杜龙兵　杨琼　杨亚平　杨怿瑢　汪海　沈俭　沈乐华　沈萌耀
陆超　陆隽炜　陈成　陈阳　陈一鸣　尚娅　岳宝华　范冬虹
郑贺春　金宁黎　侯元丽　俞春英　段仁启　胡宾　胡振凯　项慧
倪永培　徐一彦　袁源　贾亮亭　郭秀　钱音肖　顾文华　高兰兰
高红明　高希杰　接剑桥　曹哲　曹婷婷　梅湘瀛　章玲苓　黄华
黄勇　黄成金　龚瑞怡　程菲　葛春晖　葛鹏程　蒋智炜　甄炜旎
虞兰　蔡静玲　潘旻　戴泓　戴彬　戴安然

供稿单位审稿人：（以姓氏笔画为序）

马景红　王英　王邦永　王剑岳　王海兵　冯洁　冯晖　冯磊
冯辉　包玉全　叶阳　田怀香　刘彬　刘庆生　刘宏正　吕洋
孙红　成伯涛　朱桃福　朱景达　许平　严奕　何星海　余忠
吴嘉彦　张伯安　张欣建　张增泰　李静　李新伟　杨玲　杨秀英
肖建农　邱晴　邱培康　邵志勇　陈泓　陈挺　陈彭　陈其毅
陈国兰　陈晓萌　陈晓群　周箴　周春林　周琬琬　孟煜　尚慧萍
欧阳红忠　郑虹　侯立玉　姚志华　姚明强　胡伟青　胡花玉　胡燕红
赵健　郦鸣阳　夏建国　陶海根　顾成明　顾贤凯　高翔　高志刚
高校亚　崔亦田　盛懿　黄复生　喻家琪　游录泉　滑智平　董伊金
蒋明军　谢旭东　鲍贤俊　管琰琰　薛文隽

特邀审稿人：（以姓氏笔画为序）

王正华　江岚　杜道灿　沈勉荣　沈蕴辉　宣念蜀　钟智　郭天和
顾剑华　蒋侯玲

主要摄影作者：（以姓氏笔画为序）

刘祥　朱水苗　李立基　谈乐达　顾超　赖鑫琳

英文翻译：江岚

责任编辑：鲍静
特邀编辑：余鸿源
封面设计：甘晓培

图书在版编目(CIP)数据

2014上海教育年鉴/上海市教育委员会编.—上海：上海人民出版社，2014

ISBN 978-7-208-12641-1

Ⅰ.①2… Ⅱ.①上… Ⅲ.①教育工作-上海市-2014-年鉴 Ⅳ.①G527.51-54

中国版本图书馆CIP数据核字(2014)第253828号

责任编辑　鲍　静
特邀编辑　余鸿源
封面设计　甘晓培

2014上海教育年鉴

上海市教育委员会 编
世纪出版集团
上海人民出版社出版
(200001　上海福建中路193号　www.ewen.co)
世纪出版集团发行中心发行　浙江新华数码印务有限公司印刷
开本890×1240　1/16　印张44　插页20　字数1,286,000
2014年12月第1版　2014年12月第1次印刷
ISBN 978-7-208-12641-1/G·1697
定价180.00元